Texte zum Lebensmittelrecht

Texte zum Lebensmittelrecht

Klein · Rabe · Weiss

Herausgegeben von
Prof. Dr. Matthias Horst

BEHR'S...VERLAG

Bibliografische Information der Deutschen Nationalbibliothek
Die Deutsche Nationalbibliothek verzeichnet diese Publikation in der Deutschen Nationalbibliografie; detaillierte bibliografische Daten sind im Internet über http://dnb.dnb.de abrufbar.

ISBN: 978-3-95468-433-5

© B. Behr's Verlag GmbH & Co. KG · Averhoffstraße 10 · 22085 Hamburg
Tel. 0049/40/22 70 08-0 · Fax 0049/40/220 10 91
E-Mail: info@behrs.de · Homepage: http://www.behrs.de
6. Auflage 2016/2017

Alle Rechte – auch der auszugsweisen Wiedergabe – vorbehalten. Herausgeber und Verlag haben das Werk mit Sorgfalt zusammengestellt. Für etwaige sachliche oder drucktechnische Fehler kann jedoch keine Haftung übernommen werden.

Geschützte Warennamen (Warenzeichen) werden nicht besonders kenntlich gemacht. Aus dem Fehlen eines solchen Hinweises kann nicht geschlossen werden, dass es sich um einen freien Warennamen handelt.

Vorwort

In seiner Breite und Komplexität ist das Lebensmittelrecht „abhängig" von den Erkenntnissen und Ergebnissen der einschlägigen naturwissenschaftlichen Disziplinen ebenso wie von der Verbraucherpolitik auf nationaler und EU-Ebene, sei es, dass es um Fragen des Gesundheitsschutzes, des Täuschungsschutzes oder auch der Information geht, sei es, dass die Politik auf Vorkommnisse wie Krisen reagiert oder gesellschaftlichen Strömungen Rechnung tragen will. Daher befindet sich das Lebensmittelrecht in einem ständigen Prozess der Änderung und Ergänzung, und entsprechend muss die Broschüre „Texte zum Lebensmittelrecht" regelmäßig, in jährlichen Abständen aktualisiert werden.

Die sechste Auflage (2016/2017) berücksichtigt die Änderungen seit dem Herbst 2015; ständigen Anpassungen ist beispielsweise die Verordnung (EG) Nr. 1333/2008 über Lebensmittelzusatzstoffe unterworfen, auch bedingt durch Bewertungen der Europäischen Behörde für Lebensmittelsicherheit (EFSA).

Neu aufgenommen ist die Verordnung (EU) 2015/2283 über neuartige Lebensmittel, mit der dieser Rechtsbereich nach einem jahrelangen Gesetzgebungsverfahren eine neue Basis erhält. Zwar gilt sie in ihren wesentlichen Teilen erst ab dem 1. Januar 2018; im Hinblick auf die notwendigen Vorbereitungen wird sie jedoch bereits jetzt in den „Texten" berücksichtigt.

Ebenfalls neu ist die Verordnung (EU) Nr. 609/2013 über Lebensmittel für Säuglinge und Kleinkinder, Lebensmittel für besondere medizinische Zwecke und Tagesrationen für gewichtskontrollierende Ernährung, die für diese Regelungsbereiche seit dem 20. Juli 2016 gilt.

In dieser Ausgabe finden sich nach wie vor die Lebensmittel-Kennzeichnungsverordnung, die Nährwert-Kennzeichnungsverordnung und die Zusatzstoff-Zulassungsverordnung, obwohl sie schon seit längerem inhaltlich weitgehend durch unmittelbar geltende EU-Verordnungen „überholt" sind; der deutsche Verordnungsgeber hat sie jedoch bisher nicht formell aufgehoben.

Die „Texte zum Lebensmittelrecht" fassen als Auszug aus der Textsammlung „Klein Rabe Weiss" wesentliche horizontale Vorschriften kompakt zusammen und ermöglichen so dem Nutzer einen „einfachen Zugriff" in der Alltagspraxis.

Herausgeber und Verlag

Inhaltsverzeichnis

Vorwort 3

Verordnung (EG) Nr. 178/2002 des Europäischen Parlaments und des Rates zur Festlegung der allgemeinen Grundsätze und Anforderungen des Lebensmittelrechts, zur Errichtung der Europäischen Behörde für Lebensmittelsicherheit und zur Festlegung von Verfahren zur Lebensmittelsicherheit 9

Lebensmittel-, Bedarfsgegenstände- und Futtermittelgesetzbuch (Lebensmittel- und Futtermittelgesetzbuch – LFGB) 51

Verordnung (EU) 2015/2283 des Europäischen Parlaments und des Rates über neuartige Lebensmittel, zur Änderung der Verordnung (EU) Nr. 1169/2011 des Europäischen Parlaments und des Rates und zur Aufhebung der Verordnung (EG) Nr. 258/97 des Europäischen Parlaments und des Rates und der Verordnung (EG) Nr. 1852/2001 der Kommission 135

Verordnung (EU) Nr. 1169/2011 des Europäischen Parlaments und des Rates betreffend die Information der Verbraucher über Lebensmittel und zur Änderung der Verordnungen (EG) Nr. 1924/2006 und (EG) Nr. 1925/2006 des Europäischen Parlaments und des Rates und zur Aufhebung der Richtlinie 87/250/EWG der Kommission, der Richtlinie 90/496/EWG des Rates, der Richtlinie 1999/10/EG der Kommission, der Richtlinie 2000/13/EG des Europäischen Parlaments und des Rates, der Richtlinien 2002/67/EG und 2008/5/EG der Kommission und der Verordnung (EG) Nr. 608/2004 der Kommission 165

Vorläufige Verordnung zur Ergänzung unionsrechtlicher Vorschriften betreffend die Information der Verbraucher über die Art und Weise der Kennzeichnung von Stoffen oder Erzeugnissen, die Allergien und Unverträglichkeiten auslösen, bei unverpackten Lebensmitteln (Vorläufige Lebensmittelinformations-Ergänzungsverordnung – VorlLMIEV) 239

Verordnung über die Kennzeichnung von Lebensmitteln (Lebensmittel-Kennzeichnungsverordnung – LMKV) 243

Verordnung über nährwertbezogene Angaben bei Lebensmitteln und die Nährwertkennzeichnung von Lebensmitteln (Nährwert-Kennzeichnungsverordnung – NKV) 265

Inhaltsverzeichnis

Verordnung (EG) Nr. 1924/2006 des Europäischen Parlaments und
des Rates über nährwert- und gesundheitsbezogene Angaben über
Lebensmittel. 275

Verordnung (EU) Nr. 432/2012 der Kommission zur Festlegung
einer Liste zulässiger anderer gesundheitsbezogener Angaben
über Lebensmittel als Angaben über die Reduzierung eines
Krankheitsrisikos sowie die Entwicklung und die Gesundheit
von Kindern 307

Verordnung (EU) Nr. 609/2013 des Europäischen Parlaments und
des Rates über Lebensmittel für Säuglinge und Kleinkinder, Lebensmittel für besondere medizinische Zwecke und Tagesrationen für
gewichtskontrollierende Ernährung und zur Aufhebung der Richtlinie 92/52/EWG des Rates, der Richtlinien 96/8/EG, 1999/21/EG,
2006/125/EG und 2006/141/EG der Kommission, der Richtlinie
2009/39/EG des Europäischen Parlaments und des Rates sowie der
Verordnungen (EG) Nr. 41/2009 und (EG) Nr. 953/2009 des Rates
und der Kommission 375

Los-Kennzeichnungs-Verordnung (LKV) 411

Verordnung über Fertigpackungen (Fertigpackungsverordnung) 413

Verordnung (EG) Nr. 1925/2006 des Europäischen Parlaments und
des Rates über den Zusatz von Vitaminen und Mineralstoffen sowie
bestimmten anderen Stoffen zu Lebensmitteln 443

Verordnung über Nahrungsergänzungsmittel
(Nahrungsergänzungsmittelverordnung – NemV) 463

Verordnung (EG) Nr. 834/2007 des Rates über die ökologische/
biologische Produktion und die Kennzeichnung von ökologischen/
biologischen Erzeugnissen und zur Aufhebung der Verordnung
(EWG) Nr. 2092/91 467

Verordnung über die Zulassung von Zusatzstoffen
zu Lebensmitteln zu technologischen Zwecken
(Zusatzstoff-Zulassungsverordnung – ZZulV) 511

Verordnung (EG) Nr. 1333/2008 des Europäischen Parlaments und
des Rates über Lebensmittelzusatzstoffe 519

Inhaltsverzeichnis

Verordnung (EG) Nr. 1334/2008 des Europäischen Parlaments und des Rates über Aromen und bestimmte Lebensmittelzutaten mit Aromaeigenschaften zur Verwendung in und auf Lebensmitteln sowie zur Änderung der Verordnung (EWG) Nr. 1601/91 des Rates, der Verordnungen (EG) Nr. 2232/96 und (EG) Nr. 110/2008 und der Richtlinie 2000/13/EG 547

Aromenverordnung 577

Bedarfsgegenständeverordnung 585

Verordnung (EG) Nr. 1935/2004 des Europäischen Parlaments und des Rates über Materialien und Gegenstände, die dazu bestimmt sind, mit Lebensmitteln in Berührung zu kommen und zur Aufhebung der Richtlinien 80/590/EWG und 89/109/EWG 635

Verordnung (EG) Nr. 852/2004 des Europäischen Parlaments und des Rates über Lebensmittelhygiene 657

Verordnung über Anforderungen an die Hygiene beim Herstellen, Behandeln und Inverkehrbringen von Lebensmitteln (Lebensmittelhygiene-Verordnung – LMHV) 687

Gesetz zur Verbesserung der gesundheitsbezogenen Verbraucherinformation (Verbraucherinformationsgesetz – VIG) 699

Verordnung (EG) Nr. 178/2002
**des Europäischen Parlaments und des Rates
zur Festlegung der allgemeinen Grundsätze und Anforderungen
des Lebensmittelrechts, zur Errichtung der Europäischen Behörde für
Lebensmittelsicherheit und zur Festlegung von Verfahren
zur Lebensmittelsicherheit**

Vom 28. Januar 2002

(ABl. Nr. L 31/1) geändert durch VO (EG) Nr. 1642/2003 vom 22. 7. 2003 (ABl. Nr. L 245/4), VO (EG) Nr. 575/2006 vom 7. 4. 2006 (ABl. Nr. L 100/3), VO (EG) Nr. 202/2008 vom 4. 3. 2008 (ABl. Nr. L 60/17), VO (EG) Nr. 596/2009 vom 18. 6. 2009 (ABl. Nr. L 188/14) und VO (EU) Nr. 652/2014 vom 15. 5. 2014 (ABl. Nr. L 189/1)

DAS EUROPÄISCHE PARLAMENT UND DER RAT DER EUROPÄISCHEN UNION –

gestützt auf den Vertrag zur Gründung der Europäischen Gemeinschaft, insbesondere auf die Artikel 37, 95, 133 und 152 Absatz 4 Buchstabe b),

auf Vorschlag der Kommission ([1]),

nach Stellungnahme des Wirtschafts- und Sozialausschusses ([2]),

nach Stellungnahme des Ausschusses der Regionen ([3]),

gemäß dem Verfahren des Artikels 251 des Vertrags ([4]),

in Erwägung nachstehender Gründe:

(1) Der freie Verkehr mit sicheren und bekömmlichen Lebensmitteln ist ein wichtiger Aspekt des Binnenmarktes und trägt wesentlich zur Gesundheit und zum Wohlergehen der Bürger und zu ihren sozialen und wirtschaftlichen Interessen bei.

(2) Bei der Durchführung der Politiken der Gemeinschaft muss ein hohes Maß an Schutz für Leben und Gesundheit des Menschen gewährleistet werden.

(3) Der freie Verkehr mit Lebensmitteln und Futtermitteln in der Gemeinschaft ist nur dann möglich, wenn die Anforderungen an die Lebensmittel- und Futtermittelsicherheit in den einzelnen Mitgliedstaaten nicht wesentlich voneinander abweichen.

(4) Die Konzepte, Grundsätze und Verfahren des Lebensmittelrechts der Mitgliedstaaten weisen große Unterschiede auf. Wenn die Mitgliedstaaten Maßnahmen betreffend Lebensmittel erlassen, können diese Unterschiede den freien Verkehr mit Lebensmitteln behindern, ungleiche Wettbewerbsbedingungen schaffen und dadurch das Funktionieren des Binnenmarktes unmittelbar beeinträchtigen.

(5) Eine Angleichung dieser Konzepte, Grundsätze und Verfahren ist daher notwendig, um eine gemeinsame Grundlage für Maßnahmen des Lebensmittel- und Futtermittelsektors zu schaffen, die in den Mitgliedstaaten und auf Gemeinschaftsebene erlassen werden. Jedoch muss für die Anpassung miteinander kollidierender Bestimmungen im geltenden Recht sowohl auf nationaler als auch auf gemeinschaftlicher Ebene genügend Zeit eingeräumt und vorgesehen werden, dass bis zum Abschluss der Anpassung die geltenden Vorschriften unter Berücksichtigung der in dieser Verordnung dargelegten Grundsätze angewandt werden.

---

[1] ABl. C 96 E vom 27. 3. 2001, S. 247.
[2] ABl. C 155 vom 29. 5. 2001, S. 32.
[3] Stellungnahme vom 14. Juni 2001 (noch nicht im Amtsblatt veröffentlicht).
[4] Stellungnahme des Europäischen Parlaments vom 12. Juni 2001 (noch nicht im Amtsblatt veröffentlicht), Gemeinsamer Standpunkt des Rates vom 17. September 2001 (noch nicht im Amtsblatt veröffentlicht) und Beschluss des Europäischen Parlaments vom 11. Dezember 2001 (noch nicht im Amtsblatt veröffentlicht). Beschluss des Rates vom 21. Januar 2002.

(6) Wasser wird, wie andere Lebensmittel auch, unmittelbar oder mittelbar aufgenommen und trägt daher zur Gesamtexposition des Verbrauchers gegenüber aufgenommenen Stoffen einschließlich chemischer und mikrobiologischer Kontaminanten bei. Da jedoch die Kontrolle der Qualität von Wasser für den menschlichen Gebrauch bereits im Rahmen der Richtlinien 80/778/EWG ([1]) und 98/83/EG ([2]) des Rates erfolgt, genügt es, Wasser ab der Stelle der Einhaltung gemäß Artikel 6 der Richtlinie 98/83/EG zu berücksichtigen.

(7) Es sollten auch Anforderungen an Futtermittel, beispielsweise an die Herstellung und Verwendung von Futtermitteln, die für der Lebensmittelgewinnung dienende Tiere bestimmt sind, in das Lebensmittelrecht aufgenommen werden. Dies gilt unbeschadet entsprechender Anforderungen, die bislang und auch künftig in den Rechtsvorschriften über Futtermittel für alle Tiere einschließlich Heimtieren enthalten sind.

(8) Die Gemeinschaft hat sich für ein hohes Gesundheitsschutzniveau bei der Entwicklung des Lebensmittelrechts entschieden, das sie ohne Diskriminierung anwendet, unabhängig davon, ob die Lebensmittel oder Futtermittel auf dem Binnenmarkt oder international gehandelt werden.

(9) Es muss dafür gesorgt werden, dass Verbraucher, andere Akteure und Handelspartner dem dem Lebensmittelrecht zugrunde liegenden Entscheidungsfindungsprozess, seiner wissenschaftlichen Grundlage und den Strukturen und der Unabhängigkeit der Institutionen, die für den Schutz der Gesundheit und anderer Belange zuständig sind, Vertrauen entgegenbringen.

(10) Die Erfahrung hat gezeigt, dass es zum Schutz der menschlichen Gesundheit und für das reibungslose Funktionieren des Binnenmarktes notwendig ist, Maßnahmen zu treffen, die gewährleisten, dass nicht sichere Lebensmittel nicht in den Verkehr gelangen und dass Systeme vorhanden sind, mit deren Hilfe Probleme der Lebensmittelsicherheit erkannt werden können und hierauf reagiert werden kann. Auch im Zusammenhang mit der Sicherheit von Futtermitteln müssen diese Fragen angegangen werden.

(11) Für ein hinreichend umfassendes einheitliches Konzept der Lebensmittelsicherheit muss die Definition des Lebensmittelrechts so weit gefasst werden, dass sie ein großes Spektrum an Bestimmungen abdeckt, die sich mittelbar oder unmittelbar auf die Sicherheit von Lebensmitteln und Futtermitteln auswirken, darunter auch Vorschriften zu Materialien und Gegenständen, die mit Lebensmitteln in Berührung kommen, zu Futtermitteln und anderen landwirtschaftlichen Produktionsmitteln auf der Ebene der Primärproduktion.

(12) Um Lebensmittelsicherheit gewährleisten zu können, müssen alle Aspekte der Lebensmittelherstellungskette als Kontinuum betrachtet werden, und zwar von – einschließlich – der Primärproduktion und der Futtermittelproduktion bis hin – einschließlich – zum Verkauf bzw. zur Abgabe der Lebensmittel an den Verbraucher, da jedes Glied dieser Kette eine potenzielle Auswirkung auf die Lebensmittelsicherheit haben kann.

(13) Die Erfahrung hat gezeigt, dass es aus diesem Grund notwendig ist, auch die Erzeugung, die Herstellung, den Transport und den Vertrieb von Futtermitteln, die an der Lebensmittelgewinnung dienende Tiere verfüttert werden, zu berücksichtigen, einschließlich der Zucht von Tieren, die in Fischzuchtbetrieben als Futter verwendet werden können, da die absichtliche oder unabsichtliche Kontamination von Futtermitteln, die Verfälschung oder betrügerische oder

---

[1] ABl. L 229 vom 30. 8. 1980, S. 11. Aufgehoben durch die Richtlinie 98/83/EG.
[2] ABl. L 330 vom 5. 12. 1998, S. 32.

andere unzulässige Praktiken im Zusammenhang damit eine mittelbare oder unmittelbare Auswirkung auf die Lebensmittelsicherheit haben können.

(14) Aus dem gleichen Grund ist es notwendig, auch andere Verfahren und landwirtschaftliche Produktionsmittel auf der Ebene der Primärproduktion und ihre potenziellen Auswirkungen auf die Lebensmittelsicherheit insgesamt zu berücksichtigen.

(15) Die Vernetzung von Spitzenlabors auf regionaler und/oder überregionaler Ebene zur kontinuierlichen Überwachung der Lebensmittelsicherheit könnte erheblich zur Verhütung potenzieller gesundheitlicher Risiken für die Menschen beitragen.

(16) Die von den Mitgliedstaaten und der Gemeinschaft erlassenen Maßnahmen für Lebensmittel und Futtermittel sollten in der Regel auf einer Risikoanalyse beruhen, es sei denn, dies ist angesichts der Umstände oder der Art der Maßnahme nicht angebracht. Die Durchführung einer Risikoanalyse vor dem Erlass solcher Maßnahmen sollte dazu beitragen, dass ungerechtfertigte Hemmnisse für den freien Verkehr mit Lebensmitteln vermieden werden.

(17) Soweit das Lebensmittelrecht die Verringerung, Ausschaltung oder Vermeidung eines Gesundheitsrisikos anstrebt, ergibt sich aus den drei miteinander verbundenen Einzelschritten der Risikoanalyse, nämlich Risikobewertung, Risikomanagement und Risikokommunikation, eine systematische Methodik zur Ermittlung effektiver, angemessener und gezielter Maßnahmen oder sonstiger Aktionen des Gesundheitsschutzes.

(18) Im Interesse des Vertrauens in die wissenschaftliche Basis des Lebensmittelrechts sollten Risikobewertungen unabhängig, objektiv und transparent auf der Grundlage der verfügbaren wissenschaftlichen Informationen und Daten durchgeführt werden.

(19) Es wird allgemein anerkannt, dass die wissenschaftliche Risikobewertung allein in manchen Fällen nicht alle Informationen liefert, auf die sich eine Risikomanagemententscheidung gründen sollte, und dass auch noch andere für den jeweils zu prüfenden Sachverhalt relevante Faktoren wie beispielsweise gesellschaftliche, wirtschaftliche und ethische Gesichtspunkte, Traditionen und Umwelterwägungen wie auch die Frage der Kontrollierbarkeit zu berücksichtigen sind.

(20) Zur Gewährleistung des Gesundheitsschutzniveaus in der Gemeinschaft wurde das Vorsorgeprinzip herangezogen, wodurch Hemmnisse für den freien Verkehr mit Lebensmitteln und Futtermitteln geschaffen wurden. Deshalb muss gemeinschaftsweit eine einheitliche Grundlage für die Anwendung dieses Prinzips geschaffen werden.

(21) In besonderen Fällen, in denen ein Risiko für Leben oder Gesundheit gegeben ist, wissenschaftlich aber noch Unsicherheit besteht, ergibt sich aus dem Vorsorgeprinzip ein Mechanismus zur Ermittlung von Risikomanagementmaßnahmen oder anderen Aktionen, um das in der Gemeinschaft gewählte hohe Gesundheitsschutzniveau sicherzustellen.

(22) Die Lebensmittelsicherheit und der Schutz der Verbraucherinteressen sind in zunehmendem Maß ein Anliegen der Öffentlichkeit, der Nichtregierungsorganisationen, Fachverbände, internationalen Handelspartner und Handelsorganisationen. Es muss dafür gesorgt werden, dass das Vertrauen der Verbraucher und der Handelspartner durch eine offene und transparente Entwicklung des Lebensmittelrechts gewährleistet wird, sowie auch dadurch, dass die Behörden in geeigneter Weise dafür sorgen, dass die Öffentlichkeit informiert wird, wenn ein hinreichender Verdacht dafür vorliegt, dass ein Lebensmittel ein Gesundheitsrisiko darstellen kann.

(23) Sicherheit und Vertrauen der Verbraucher in der Gemeinschaft und in Drittländern sind von größter Bedeutung. Die Gemeinschaft ist ein wichtiger globaler Handelspartner im Lebensmittel- und Futtermittelsektor und ist als solcher internationalen Handelsabkommen beigetreten, an der Entwicklung internationaler Normen zum Lebensmittelrecht beteiligt und unterstützt die Grundsätze des freien Handels mit sicheren Futtermitteln und sicheren, bekömmlichen Lebensmitteln, ohne Diskriminierung, nach lauteren und ethisch einwandfreien Handelsgepflogenheiten.

(24) Es muss sichergestellt werden, dass aus der Gemeinschaft ausgeführte oder wieder ausgeführte Lebensmittel und Futtermittel dem Gemeinschaftsrecht oder den vom Einfuhrland gestellten Anforderungen entsprechen. Andernfalls können Lebensmittel und Futtermittel nur dann ausgeführt oder wieder ausgeführt werden, wenn das Einfuhrland ausdrücklich zugestimmt hat. Auch bei Zustimmung des Einfuhrlandes muss aber sichergestellt sein, dass keine gesundheitsschädlichen Lebensmittel oder nicht sicheren Futtermittel ausgeführt oder wieder ausgeführt werden.

(25) Es ist notwendig, die allgemeinen Grundsätze für den Handel mit Lebensmitteln und Futtermitteln und die Ziele und Grundsätze für den Beitrag der Gemeinschaft zur Ausarbeitung internationaler Normen und Handelsabkommen festzulegen.

(26) Einige Mitgliedstaaten haben horizontale Rechtsvorschriften zur Lebensmittelsicherheit erlassen und dabei insbesondere den Unternehmen die allgemeine Verpflichtung auferlegt, nur Lebensmittel in Verkehr zu bringen, die sicher sind. Allerdings wenden diese Mitgliedstaaten bei der Entscheidung, ob ein Lebensmittel sicher ist, unterschiedliche Basiskriterien an. Angesichts dieser unterschiedlichen Konzepte und des Fehlens horizontaler Rechtsvorschriften in anderen Mitgliedstaaten sind Hemmnisse für den Handel mit Lebensmitteln zu erwarten. Ähnliche Hemmnisse können auch im Handel mit Futtermitteln entstehen.

(27) Es ist daher notwendig, allgemeine Anforderungen dahin gehend einzuführen, dass nur sichere Lebensmittel und Futtermittel in Verkehr gebracht werden, damit der Binnenmarkt für solche Erzeugnisse reibungslos funktioniert.

(28) Die Erfahrung hat gezeigt, dass das Funktionieren des Binnenmarktes im Lebensmittel- oder Futtermittelsektor gefährdet sein kann, wenn Lebensmittel und Futtermittel nicht rückverfolgt werden können. Es ist daher notwendig, ein umfassendes System der Rückverfolgbarkeit bei Lebensmittel- und Futtermittelunternehmen festzulegen, damit gezielte und präzise Rücknahmen vorgenommen werden bzw. die Verbraucher oder den Kontrollbediensteten entsprechend informiert und damit womöglich unnötige weiter gehende Eingriffe bei Problemen der Lebensmittelsicherheit vermieden werden können.

(29) Es muss sichergestellt werden, dass ein Lebensmittel- oder Futtermittelunternehmen einschließlich des Importeurs zumindest das Unternehmen feststellen kann, das das Lebensmittel oder Futtermittel, das Tier oder die Substanz, die möglicherweise in einem Lebensmittel oder Futtermittel verarbeitet wurden, geliefert hat, damit bei einer Untersuchung die Rückverfolgbarkeit in allen Stufen gewährleistet ist.

(30) Der Lebensmittelunternehmer ist am besten in der Lage, ein sicheres System der Lebensmittellieferung zu entwickeln und dafür zu sorgen, dass die von ihm gelieferten Lebensmittel sicher sind; er sollte daher auch die primäre rechtliche Verantwortung für die Gewährleistung der Lebensmittelsicherheit tragen. Dieser Grundsatz gilt zwar in einigen Mitgliedstaaten und Teilbereichen des Lebens-

mittelrechts, ist aber in anderen Bereichen nicht ausdrücklich festgelegt, oder die Verantwortung geht infolge der von der zuständigen Behörde des Mitgliedstaats durchgeführten Kontrollen auf diese Behörden über. Solche Diskrepanzen können Handelshemmnisse schaffen und den Wettbewerb zwischen Lebensmittelunternehmern in verschiedenen Mitgliedstaaten beeinträchtigen.

(31) Entsprechende Anforderungen sollten für Futtermittel und Futtermittelunternehmer gelten.

(32) Die wissenschaftliche und technische Basis der Rechtsetzung der Gemeinschaft im Bereich der Lebensmittel- und Futtermittelsicherheit sollte zur Erzielung eines hohen Gesundheitsschutzniveaus in der Gemeinschaft beitragen. Die Gemeinschaft sollte auf hochwertige, unabhängige und effiziente wissenschaftliche und technische Unterstützung zurückgreifen können.

(33) Die wissenschaftlichen und technischen Fragen im Zusammenhang mit der Lebensmittel- und Futtermittelsicherheit werden immer wichtiger und komplexer. Die Errichtung einer Europäischen Behörde für Lebensmittelsicherheit, nachstehend „die Behörde" genannt, soll das derzeitige System der wissenschaftlichen und technischen Unterstützung, das den immer höheren Anforderungen nicht mehr gewachsen ist, verstärken.

(34) Die Behörde sollte bei der Risikobewertung im Einklang mit den allgemeinen Grundsätzen des Lebensmittelrechts als unabhängige wissenschaftliche Referenzstelle fungieren und dadurch zu einem reibungslosen Funktionieren des Binnenmarktes beitragen. Sie kann für die Begutachtung in strittigen wissenschaftlichen Fragen in Anspruch genommen werden, damit die Gemeinschaftsorgane und die Mitgliedstaaten zur Gewährleistung der Lebensmittel- und Futtermittelsicherheit notwendige Risikomanagemententscheidungen in Kenntnis der Sachlage treffen können, was gleichzeitig dazu beiträgt, dass der Binnenmarkt nicht durch neue ungerechtfertigte oder unnötige Hindernisse für den freien Verkehr mit Lebensmitteln und Futtermitteln aufgesplittert wird.

(35) Die Behörde sollte eine unabhängige wissenschaftliche Quelle für Beratung, Information und Risikokommunikation zur Stärkung des Vertrauens der Verbraucher darstellen. Im Interesse der Kohärenz zwischen den Aufgabenbereichen Risikobewertung, Risikomanagement und Risikokommunikation sollte jedoch das Zusammenwirken von Verantwortlichen für die Risikobewertung und Verantwortlichen für das Risikomanagement verstärkt werden.

(36) Die Behörde sollte einen umfassenden, unabhängigen wissenschaftlichen Überblick über die Sicherheit und andere Aspekte der gesamten Lebensmittel- und Futtermittelkette vermitteln, was weit reichende Kompetenzen für die Behörde voraussetzt. Diese Kompetenzen sollten sich auf Fragen erstrecken, die einen mittelbaren oder unmittelbaren Einfluss auf die Sicherheit der Lebensmittel- und Futtermittelkette, auf Tiergesundheit, Tierschutz und Pflanzenschutz haben. Es muss jedoch sichergestellt sein, dass der Schwerpunkt der Arbeit der Behörde auf der Lebensmittelsicherheit liegt; ihr Auftrag in Bezug auf Fragen der Tiergesundheit, des Tierschutzes und des Pflanzenschutzes sollte, soweit kein Zusammenhang mit der Sicherheit der Lebensmittelkette besteht, auf die Erstellung wissenschaftlicher Gutachten beschränkt sein. Ferner sollte die Behörde die Aufgabe haben, in Fragen der menschlichen Ernährung im Zusammenhang mit dem Gemeinschaftsrecht wissenschaftliche Gutachten zu erstellen und wissenschaftliche und technische Unterstützung zu leisten und die Kommission – auf deren Antrag hin – im Bereich der Information im Zusammenhang mit Gesundheitsprogrammen der Gemeinschaft zu unterstützen.

(37) Da einige nach dem Lebensmittelrecht zugelassene Produkte wie Schädlingsbekämpfungsmittel oder Zusatzstoffe in Futtermitteln Risiken für die Umwelt oder die Sicherheit der Arbeitnehmer mit sich bringen können, sollten auch einige Aspekte des Umwelt- und des Arbeitsschutzes nach den einschlägigen Rechtsvorschriften von der Behörde bewertet werden.

(38) Um Doppelarbeit bei der wissenschaftlichen Bewertung und den Gutachten über genetisch veränderte Organismen (GVO) zu vermeiden, sollte die Behörde unbeschadet der in der Richtlinie 2001/18/EG ([1]) festgelegten Verfahren auch wissenschaftliche Gutachten zu anderen Erzeugnissen als Lebensmitteln und Futtermitteln abgeben, die sich auf genetisch veränderte Organismen im Sinne der genannten Richtlinie beziehen.

(39) Die Behörde sollte die Gemeinschaft und die Mitgliedstaaten auch bei der Ausarbeitung und Einführung internationaler Lebensmittelsicherheitsstandards und bei Handelsabkommen in wissenschaftlichen Fragen unterstützen.

(40) Das Vertrauen der Gemeinschaftsorgane, der Öffentlichkeit und der Beteiligten in die Behörde ist von entscheidender Bedeutung. Deshalb muss ihre Unabhängigkeit, ihre hohe wissenschaftliche Qualität, Transparenz und Effizienz unbedingt gewährleistet sein. Auch die Zusammenarbeit mit den Mitgliedstaaten ist unverzichtbar.

(41) Daher sollte die Ernennung der Mitglieder des Verwaltungsrats so erfolgen, dass die höchste fachliche Qualifikation, ein breites Spektrum an einschlägigem Fachwissen, beispielsweise in den Bereichen Management und öffentliche Verwaltung, und die größtmögliche geografische Streuung in der Union gewährleistet sind. Dies sollte durch ein System der Rotation zwischen den verschiedenen Herkunftsländern der Mitglieder des Verwaltungsrates erleichtert werden, wobei kein Posten Angehörigen eines bestimmten Mitgliedstaats vorbehalten sein darf.

(42) Damit die Behörde ihre Funktion erfüllen kann, sollte sie über die Mittel verfügen, die sie zur Wahrnehmung aller an sie gestellten Aufgaben benötigt.

(43) Der Verwaltungsrat sollte die notwendigen Befugnisse zur Feststellung des Haushaltsplans, zur Überprüfung seiner Ausführung, zur Aufstellung der internen Regeln, zum Erlass von Finanzvorschriften, zur Ernennung von Mitgliedern des Wissenschaftlichen Ausschusses und der wissenschaftlichen Gremien und zur Ernennung des Geschäftsführenden Direktors erhalten.

(44) Um ihre Tätigkeit effizient wahrzunehmen, sollte die Behörde eng mit den zuständigen Stellen in den Mitgliedstaaten zusammenarbeiten. Ein Beirat sollte eingesetzt werden, der den geschäftsführenden Direktor berät, einen Mechanismus für den Informationsaustausch schafft und eine enge Zusammenarbeit insbesondere im Hinblick auf das Vernetzungssystem sicherstellt. Diese Zusammenarbeit und ein angemessener Informationsaustausch sollten auch dazu führen, dass divergierende wissenschaftliche Gutachten möglichst selten vorkommen.

(45) Die Behörde sollte, was die wissenschaftliche Begutachtung anbelangt, in ihrem Zuständigkeitsbereich die Aufgabe der der Kommission angeschlossenen Wissenschaftlichen Ausschüsse übernehmen. Diese Ausschüsse müssen reorganisiert werden, um eine bessere wissenschaftliche Kohärenz in Bezug auf die Lebensmittelkette zu gewährleisten und ihre Tätigkeit effizienter zu gestalten.

([1]) Richtlinie 2001/18/EG des Europäischen Parlaments und des Rates vom 12. März 2001 über die absichtliche Freisetzung genetisch veränderter Organismen in die Umwelt und zur Aufhebung der Richtlinie 90/220/EWG des Rates (ABl. L 106 vom 17. 4. 2001, S. 1).

Deshalb sollten für die Erstellung dieser Gutachten innerhalb der Behörde ein Wissenschaftlicher Ausschuss und Ständige Wissenschaftliche Gremien eingesetzt werden.

(46) Um ihre Unabhängigkeit zu gewährleisten, sollten als Mitglieder des Wissenschaftlichen Ausschusses und der Wissenschaftlichen Gremien auf der Grundlage eines offenen Bewerbungsverfahrens unabhängige Wissenschaftler berufen werden.

(47) Die Rolle der Behörde als unabhängige wissenschaftliche Referenzstelle bedeutet, dass ein wissenschaftliches Gutachten nicht nur von der Kommission angefordert werden kann, sondern auch vom Europäischen Parlament und von den Mitgliedstaaten. Um sicherzustellen, dass der Prozess der Erstellung wissenschaftlicher Gutachten handhabbar und kohärent ist, sollte die Behörde die Möglichkeit haben, einen Antrag anhand von vorab festgelegten Kriterien mit entsprechender Begründung abzulehnen oder abzuändern. Auch sind Maßnahmen zu treffen, die dazu beitragen, dass divergierende wissenschaftliche Gutachten möglichst vermieden werden, und für den Fall, dass Gutachten wissenschaftlicher Gremien dennoch voneinander abweichen, sind Verfahren vorzusehen, nach denen die Divergenzen beseitigt oder den für das Risikomanagement Verantwortlichen eine transparente Basis wissenschaftlicher Informationen zur Verfügung gestellt wird.

(48) Die Behörde sollte ferner in der Lage sein, die für die Erfüllung ihrer Aufgaben notwendigen wissenschaftlichen Studien in Auftrag zu geben, wobei sie sicherstellen muss, dass bei den von ihr aufgebauten Verbindungen zur Kommission und zu den Mitgliedstaaten Doppelarbeit vermieden wird. Dies sollte in offener und transparenter Weise erfolgen und die Behörde sollte Fachkompetenz und Strukturen, die in der Gemeinschaft bereits bestehen, berücksichtigen.

(49) Das Fehlen eines wirksamen Systems zur Sammlung und Auswertung von Daten zur Lebensmittelkette auf Gemeinschaftsebene gilt als erhebliches Manko. Deshalb sollte in Form eines von der Behörde koordinierten Netzes ein Sammel- und Auswertungssystem für einschlägige Daten in den Aufgabenbereichen der Behörde eingerichtet werden. Dafür bedarf es einer Überprüfung der in diesen Bereichen bereits bestehenden Datensammelnetze der Gemeinschaft.

(50) Eine bessere Identifizierung neu auftretender Risiken kann sich langfristig für die Mitgliedstaaten und die Gemeinschaft bei der Umsetzung ihrer Politiken als wichtiges Präventionsinstrument erweisen. Deshalb muss der Behörde auch die Aufgabe der vorausschauenden Informationsbeschaffung und Beobachtung sowie der Bewertung neu auftretender Risiken und der Unterrichtung darüber zum Zwecke der Prävention zugewiesen werden.

(51) Die Errichtung der Behörde sollte es den Mitgliedstaaten ermöglichen, stärker an den wissenschaftlichen Verfahren beteiligt zu werden. Es sollte daher eine enge Zusammenarbeit zwischen der Behörde und den Mitgliedstaaten herbeigeführt werden. Insbesondere sollte die Behörde bestimmte Aufgaben an Organisationen in den Mitgliedstaaten übertragen können.

(52) Zwischen der Notwendigkeit, nationale Organisationen zur Ausführung von Aufgaben für die Behörde in Anspruch zu nehmen, und der Notwendigkeit der Einhaltung der hierzu festgelegten Kriterien im Interesse der Gesamtkohärenz muss ein Gleichgewicht gefunden werden. Die bestehenden Verfahren für die Zuweisung wissenschaftlicher Aufgaben an die Mitgliedstaaten, insbesondere in Bezug auf die Bewertung von der Industrie eingereichter Unterlagen für die Zulassung bestimmter Stoffe, Produkte oder Verfahren, sollten innerhalb eines Jahres im Hinblick auf die Errichtung der Behörde und die dadurch gebotenen neuen Möglichkeiten überprüft werden, wobei sichergestellt werden muss, dass die Bewertungsverfahren mindestens so streng sind wie zuvor.

(53) Die Kommission bleibt voll verantwortlich für die Information über Risikomanagementmaßnahmen; daher sollten zwischen der Behörde und der Kommission die entsprechenden Informationen ausgetauscht werden; eine enge Zusammenarbeit zwischen der Behörde, der Kommission und den Mitgliedstaaten ist auch erforderlich, um die Kohärenz des Kommunikationsprozesses insgesamt zu gewährleisten.

(54) Die Unabhängigkeit der Behörde und ihre Rolle bei der Aufklärung der Öffentlichkeit setzen voraus, dass sie in den in ihre Zuständigkeit fallenden Bereichen autonom informieren kann, wobei ihre Aufgabe darin besteht, objektive, verlässliche und leicht verständliche Informationen zu vermitteln.

(55) In dem besonderen Bereich der öffentlichen Informationskampagnen ist zur Berücksichtigung der regionalen Gegebenheiten und des Zusammenhangs mit der Gesundheitspolitik eine sachgemäße Zusammenarbeit mit den Mitgliedstaaten und anderen interessierten Parteien notwendig.

(56) Über ihre an Unabhängigkeit und Transparenz ausgerichteten Leitprinzipien hinaus sollte die Behörde für Kontakte mit Verbrauchern und anderen Beteiligten offen sein.

(57) Die Behörde sollte über den Gesamthaushaltsplan der Europäischen Union finanziert werden. Allerdings sollte innerhalb von drei Jahren nach Inkrafttreten dieser Verordnung anhand der insbesondere bei der Bearbeitung der von der Industrie eingereichten Genehmigungsunterlagen gesammelten Erfahrungen die Möglichkeit einer Gebührenerhebung geprüft werden. Für etwaige Zuschüsse aus dem Gesamthaushaltsplan der Europäischen Union bleibt das Haushaltsverfahren der Gemeinschaft anwendbar. Die Rechnungsprüfung sollte durch den Rechnungshof erfolgen.

(58) Europäischen Ländern, die nicht Mitglied der Europäischen Union sind und Abkommen geschlossen haben, nach denen sie verpflichtet sind, die Vorschriften des Gemeinschaftsrechts in dem in dieser Verordnung erfassten Bereich umzusetzen und durchzuführen, muss die Möglichkeit einer Beteiligung eingeräumt werden.

(59) Ein Schnellwarnsystem besteht bereits im Rahmen der Richtlinie 92/59/EWG des Rates vom 29. Juni 1992 über die allgemeine Produktsicherheit ([1]). Der Anwendungsbereich dieses Systems umfasst Lebensmittel und Industrieerzeugnisse, nicht jedoch Futtermittel. Die jüngsten Krisen im Lebensmittelsektor haben die Notwendigkeit eines verbesserten und erweiterten Schnellwarnsystems für Lebensmittel und Futtermittel aufgezeigt. Dieses überarbeitete System sollte von der Kommission verwaltet werden und als Mitglieder des Netzes die Mitgliedstaaten, die Kommission und die Behörde umfassen. Es sollte sich nicht auf die Gemeinschaftsvereinbarungen für den beschleunigten Informationsaustausch im Fall einer radiologischen Notstandssituation nach der Entscheidung 87/600/Euratom des Rates ([2]) erstrecken.

(60) Vorkommnisse im Zusammenhang mit der Lebensmittelsicherheit in jüngerer Zeit haben gezeigt, dass es notwendig ist, geeignete Maßnahmen für Notfallsituationen festzulegen, wonach auf alle Lebensmittel unabhängig von

---

([1]) ABl. L 228 vom 11. 8. 1992, S. 24.
([2]) ABl. L 371 vom 30. 12. 1987, S. 76.

ihrer Art und Herkunft und alle Futtermittel bei einer ernsthaften Gefährdung der Gesundheit von Mensch und Tier und der Umwelt einheitliche Verfahren angewandt werden können. Durch einen solchen umfassenden Ansatz für Sofortmaßnahmen zur Lebensmittelsicherheit dürfte es möglich sein, wirksam einzugreifen und künstliche Diskrepanzen beim Umgang mit einem ernsthaften Risiko im Zusammenhang mit Lebensmitteln und Futtermitteln zu vermeiden.

(61) Die jüngsten Krisen im Lebensmittelsektor haben auch gezeigt, welche Vorteile gut konzipierte, zügigere Verfahren des Krisenmanagements für die Kommission mit sich bringen würden. Solche organisatorischen Verfahren sollten es ermöglichen, die Koordinierung der Maßnahmen zu verbessern und die wirksamsten Lösungen nach dem neuesten Stand der wissenschaftlichen Erkenntnisse zu ermitteln. Bei den überarbeiteten Verfahren sollten daher die Zuständigkeiten der Behörde berücksichtigt und ihre wissenschaftliche und technische Unterstützung bei Lebensmittelkrisen in Form von Gutachten vorgesehen werden.

(62) Zur Gewährleistung einer effizienteren Gesamtkonzeption für die Lebensmittelkette sollte ein Ständiger Ausschuss für die Lebensmittelkette und Tiergesundheit eingerichtet werden, der den Ständigen Veterinärausschuss, den Ständigen Lebensmittelausschuss und den Ständigen Futtermittelausschuss ersetzt. Die Beschlüsse 68/361/EWG ([1]), 69/414/EWG ([2]) und 70/372/EWG ([3]) des Rates sind dementsprechend aufzuheben. Aus demselben Grund sollte der Ausschuss für die Lebensmittelkette und Tiergesundheit auch den Ständigen Ausschuss für Pflanzenschutz in Bezug auf dessen Zuständigkeit für Pflanzenschutzmittel und für die Festsetzung von Rückstandshöchstgehalten (gemäß den Richtlinien 76/895/EG ([4]), 86/362/EG ([5]), 86/363/EWG ([6]), 90/642/EWG ([7]) und 91/414/EWG ([8])) ersetzen.

(63) Die zur Durchführung dieser Verordnung erforderlichen Maßnahmen sollten gemäß dem Beschluss 1999/468/EG des Rates vom 28. Juni 1999 zur Festlegung der Modalitäten für die Ausübung der der Kommission übertragenen Durchführungsbefugnisse ([9]) erlassen werden.

(64) Die Unternehmer müssen genügend Zeit erhalten, um sich an einige der in dieser Verordnung festgelegten Anforderungen anzupassen, und die Europäische Behörde für Lebensmittelsicherheit sollte ihre Tätigkeit am 1. Januar 2002 aufnehmen.

(65) Es ist wichtig, dass eine Überschneidung der Aufgaben der Behörde mit den Aufgaben der mit Verordnung (EWG) Nr. 2309/93 des Rates ([10]) errichteten Europäischen Agentur für die Beurteilung von Arzneimitteln (EMEA) vermieden wird. Es muss daher festgehalten werden, dass die vorliegende Verordnung unbeschadet der durch Gemeinschaftsvorschriften der EMEA übertragenen

---

([1]) ABl. L 255 vom 18. 10. 1968, S. 23.
([2]) ABl. L 291 vom 19. 11. 1969, S. 9.
([3]) ABl. L 170 vom 3. 8. 1970, S. 1.
([4]) ABl. L 340 vom 9. 12. 1976, S. 26. Richtlinie zuletzt geändert durch die Richtlinie 2000/57/EG der Kommission (ABl. L 244 vom 29. 9. 2001, S. 76).
([5]) ABl. L 221 vom 7. 8. 1986, S. 37. Richtlinie zuletzt geändert durch die Richtlinie 2001/57/EG der Kommission (ABl. L 208 vom 1. 8. 2001, S. 36).
([6]) ABl. L 221 vom 7. 8. 1986, S. 43. Richtlinie zuletzt geändert durch die Richtlinie 2001/57/EG der Kommission.
([7]) ABl. L 350 vom 14. 12. 1990, S. 71. Richtlinie zuletzt geändert durch die Richtlinie 2001/57/EG der Kommission.
([8]) ABl. L 230 vom 19. 8. 1991, S. 1. Richtlinie zuletzt geändert durch die Richtlinie 2001/49/EG der Kommission (ABl. L 176 vom 29. 6. 2001, S. 61).
([9]) ABl. L 184 vom 17. 7. 1999, S. 23.
([10]) ABl. L 214 vom 24. 8. 1993, S. 1. Verordnung geändert durch die Verordnung Nr. 649/98/EG der Kommission (ABl. L 88 vom 24. 3. 1998, S. 7).

Befugnisse gilt. Hierzu zählen auch die der Agentur aufgrund der Verordnung (EWG) Nr. 2377/90 des Rates vom 26. Juni 1990 zur Schaffung eines Gemeinschaftsverfahrens für die Festsetzung von Höchstmengen für Tierarzneimittelrückstände in Nahrungsmitteln tierischen Ursprungs ([1]) übertragenen Befugnisse.

(66) Zur Erreichung der grundlegenden Ziele dieser Verordnung ist es erforderlich und angemessen, eine Angleichung der Konzepte, Grundsätze und Verfahren, die eine gemeinsame Grundlage für das Lebensmittelrecht in der Gemeinschaft bilden, vorzusehen und eine Europäische Behörde für Lebensmittelsicherheit zu errichten. Entsprechend dem in Artikel 5 des Vertrags verankerten Grundsatz der Verhältnismäßigkeit geht diese Verordnung nicht über das zur Erreichung der Ziele erforderliche Maß hinaus –

HABEN FOLGENDE VERORDNUNG ERLASSEN:

KAPITEL I
ANWENDUNGSBEREICH UND BEGRIFFSBESTIMMUNGEN

Artikel 1   Ziel und Anwendungsbereich

(1) Diese Verordnung schafft die Grundlage für ein hohes Schutzniveau für die Gesundheit des Menschen und die Verbraucherinteressen bei Lebensmitteln unter besonderer Berücksichtigung der Vielfalt des Nahrungsmittelangebots, einschließlich traditioneller Erzeugnisse, wobei ein reibungsloses Funktionieren des Binnenmarkts gewährleistet wird. In ihr werden einheitliche Grundsätze und Zuständigkeiten, die Voraussetzungen für die Schaffung eines tragfähigen wissenschaftlichen Fundaments und effiziente organisatorische Strukturen und Verfahren zur Untermauerung der Entscheidungsfindung in Fragen der Lebensmittel- und Futtermittelsicherheit festgelegt.

(2) Für die Zwecke von Absatz 1 werden in dieser Verordnung die allgemeinen Grundsätze für Lebensmittel und Futtermittel im Allgemeinen und für die Lebensmittel- und Futtermittelsicherheit im Besonderen auf gemeinschaftlicher und einzelstaatlicher Ebene festgelegt.

Mit dieser Verordnung wird die Europäische Behörde für Lebensmittelsicherheit errichtet.

Ferner werden Verfahren für Fragen festgelegt, die sich mittelbar oder unmittelbar auf die Lebensmittel- und Futtermittelsicherheit auswirken.

(3) Diese Verordnung gilt für alle Produktions-, Verarbeitungs- und Vertriebsstufen von Lebensmitteln und Futtermitteln. Sie gilt nicht für die Primärproduktion für den privaten häuslichen Gebrauch oder für die häusliche Verarbeitung, Handhabung oder Lagerung von Lebensmitteln zum häuslichen privaten Verbrauch.

Artikel 2   Definition von „Lebensmittel"

Im Sinne dieser Verordnung sind „Lebensmittel" alle Stoffe oder Erzeugnisse, die dazu bestimmt sind oder von denen nach vernünftigem Ermessen erwartet werden kann, dass sie in verarbeitetem, teilweise verarbeitetem oder unverarbeitetem Zustand von Menschen aufgenommen werden.

---

[1] ABl. L 224 vom 18. 8. 1990. S. 1. Verordnung zuletzt geändert durch die Verordnung Nr. 1533/2001/EG der Kommission (ABl. L 205 vom 31. 7. 2001, S. 16).

Zu „Lebensmitteln" zählen auch Getränke, Kaugummi sowie alle Stoffe – einschließlich Wasser –, die dem Lebensmittel bei seiner Herstellung oder Ver- oder Bearbeitung absichtlich zugesetzt werden. Wasser zählt hierzu unbeschadet der Anforderungen der Richtlinien 80/778/EWG und 98/83/EG ab der Stelle der Einhaltung im Sinne des Artikels 6 der Richtlinie 98/83/EG.
Nicht zu „Lebensmitteln" gehören:
a) Futtermittel,
b) lebende Tiere, soweit sie nicht für das Inverkehrbringen zum menschlichen Verzehr hergerichtet worden sind,
c) Pflanzen vor dem Ernten,
d) Arzneimittel im Sinne der Richtlinien 65/65/EWG ([1]) und 92/73/EWG ([2]) des Rates,
e) kosmetische Mittel im Sinne der Richtlinie 76/768/EWG ([3]) des Rates,
f) Tabak und Tabakerzeugnisse im Sinne der Richtlinie 89/622/EWG ([4]) des Rates,
g) Betäubungsmittel und psychotrope Stoffe im Sinne des Einheitsübereinkommens der Vereinten Nationen über Suchtstoffe, 1961, und des Übereinkommens der Vereinten Nationen über psychotrope Stoffe, 1971,
h) Rückstände und Kontaminanten.

Artikel 3 Sonstige Definitionen

Im Sinne dieser Verordnung bezeichnet der Ausdruck
1. „Lebensmittelrecht" die Rechts- und Verwaltungsvorschriften für Lebensmittel im Allgemeinen und die Lebensmittelsicherheit im Besonderen, sei es auf gemeinschaftlicher oder auf einzelstaatlicher Ebene, wobei alle Produktions-, Verarbeitungs- und Vertriebsstufen von Lebensmitteln wie auch von Futtermitteln, die für der Lebensmittelgewinnung dienende Tiere hergestellt oder an sie verfüttert werden, einbezogen sind;
2. „Lebensmittelunternehmen" alle Unternehmen, gleichgültig, ob sie auf Gewinnerzielung ausgerichtet sind oder nicht und ob sie öffentlich oder privat sind, die eine mit der Produktion, der Verarbeitung und dem Vertrieb von Lebensmitteln zusammenhängende Tätigkeit ausführen;
3. „Lebensmittelunternehmer" die natürlichen oder juristischen Personen, die dafür verantwortlich sind, dass die Anforderungen des Lebensmittelrechts in dem ihrer Kontrolle unterstehenden Lebensmittelunternehmen erfüllt werden;
4. „Futtermittel" Stoffe oder Erzeugnisse, auch Zusatzstoffe, verarbeitet, teilweise verarbeitet oder unverarbeitet, die zur oralen Tierfütterung bestimmt sind;
5. „Futtermittelunternehmen" alle Unternehmen, gleichgültig, ob sie auf Gewinnerzielung ausgerichtet sind oder nicht und ob sie öffentlich oder privat sind, die an der Erzeugung, Herstellung, Verarbeitung, Lagerung, Beförderung oder dem Vertrieb von Futtermitteln beteiligt sind, einschließlich Erzeuger, die Futtermittel zur Verfütterung in ihrem eigenen Betrieb erzeugen, verarbeiten oder lagern;

([1]) ABl. 22 vom 9. 2. 1965, S. 369. Richtlinie zuletzt geändert durch die Richtlinie 93/39/EWG (ABl. L 214 vom 24. 8. 1993, S. 22).
([2]) ABl. L 297 vom 13. 10. 1992, S. 8.
([3]) ABl. L 262 vom 27. 9. 1976, S. 169. Richtlinie zuletzt geändert durch die Richtlinie 2000/41/EG der Kommission (ABl. L 145 vom 20. 6. 2000, S. 25).
([4]) ABl. L 359 vom 8. 12. 1989, S. 1. Richtlinie zuletzt geändert durch die Richtlinie 92/41/EWG (ABl. L 158 vom 11. 6. 1992, S. 30).

6. „Futtermittelunternehmer" die natürlichen oder juristischen Personen, die dafür verantwortlich sind, dass die Anforderungen des Lebensmittelrechts in dem ihrer Kontrolle unterstehenden Futtermittelunternehmen erfüllt werden;
7. „Einzelhandel" die Handhabung und/oder Be- oder Verarbeitung von Lebensmitteln und ihre Lagerung am Ort des Verkaufs oder der Abgabe an den Endverbraucher; hierzu gehören Verladestellen, Verpflegungsvorgänge, Betriebskantinen, Großküchen, Restaurants und ähnliche Einrichtungen der Lebensmittelversorgung, Läden, Supermarkt-Vertriebszentren und Großhandelsverkaufsstellen;
8. „Inverkehrbringen" das Bereithalten von Lebensmitteln oder Futtermitteln für Verkaufszwecke einschließlich des Anbietens zum Verkauf oder jeder anderen Form der Weitergabe, gleichgültig, ob unentgeltlich oder nicht, sowie den Verkauf, den Vertrieb oder andere Formen der Weitergabe selbst;
9. „Risiko" eine Funktion der Wahrscheinlichkeit einer die Gesundheit beeinträchtigenden Wirkung und der Schwere dieser Wirkung als Folge der Realisierung einer Gefahr;
10. „Risikoanalyse" einen Prozess aus den drei miteinander verbundenen Einzelschritten Risikobewertung, Risikomanagement und Risikokommunikation;
11. „Risikobewertung" einen wissenschaftlich untermauerten Vorgang mit den vier Stufen Gefahrenidentifizierung, Gefahrenbeschreibung, Expositionsabschätzung und Risikobeschreibung;
12. „Risikomanagement" den von der Risikobewertung unterschiedenen Prozess der Abwägung strategischer Alternativen in Konsultation mit den Beteiligten unter Berücksichtigung der Risikobewertung und anderer berücksichtigenswerter Faktoren und gegebenenfalls der Wahl geeigneter Präventions- und Kontrollmöglichkeiten;
13. „Risikokommunikation" im Rahmen der Risikoanalyse den interaktiven Austausch von Informationen und Meinungen über Gefahren und Risiken, risikobezogene Faktoren und Risikowahrnehmung zwischen Risikobewertern, Risikomanagern, Verbrauchern, Lebensmittel- und Futtermittelunternehmen, Wissenschaftlern und anderen interessierten Kreisen einschließlich der Erläuterung von Ergebnissen der Risikobewertung und der Grundlage für Risikomanagemententscheidungen;
14. „Gefahr" ein biologisches, chemisches oder physikalisches Agens in einem Lebensmittel oder Futtermittel oder einen Zustand eines Lebensmittels oder Futtermittels, der eine Gesundheitsbeeinträchtigung verursachen kann;
15. „Rückverfolgbarkeit" die Möglichkeit, ein Lebensmittel oder Futtermittel, ein der Lebensmittelgewinnung dienendes Tier oder einen Stoff, der dazu bestimmt ist oder von dem erwartet werden kann, dass er in einem Lebensmittel oder Futtermittel verarbeitet wird, durch alle Produktions-, Verarbeitungs- und Vertriebsstufen zu verfolgen;
16. „Produktions-, Verarbeitungs- und Vertriebsstufen" alle Stufen, einschließlich der Einfuhr von – einschließlich – der Primärproduktion eines Lebensmittels bis – einschließlich – zu seiner Lagerung, seiner Beförderung, seinem Verkauf oder zu seiner Abgabe an den Endverbraucher und, soweit relevant, die Einfuhr, die Erzeugung, die Herstellung, die Lagerung, die Beförderung, den Vertrieb, den Verkauf und die Lieferung von Futtermitteln;

17. „Primärproduktion" die Erzeugung, die Aufzucht oder den Anbau von Primärprodukten einschließlich Ernten, Melken und landwirtschaftlicher Nutztierproduktion vor dem Schlachten. Sie umfasst auch das Jagen und Fischen und das Ernten wild wachsender Erzeugnisse.
18. „Endverbraucher" den letzten Verbraucher eines Lebensmittels, der das Lebensmittel nicht im Rahmen der Tätigkeit eines Lebensmittelunternehmens verwendet.

KAPITEL II
ALLGEMEINES LEBENSMITTELRECHT

Artikel 4 Anwendungsbereich

(1) Dieses Kapitel bezieht sich auf alle Produktions-, Verarbeitungs- und Vertriebsstufen von Lebensmitteln wie auch von Futtermitteln, die für der Lebensmittelgewinnung dienende Tiere hergestellt oder an sie verfüttert werden.

(2) Die in den Artikeln 5 bis 10 festgelegten allgemeinen Grundsätze bilden einen horizontalen Gesamtrahmen, der einzuhalten ist, wenn Maßnahmen getroffen werden.

(3) Die bestehenden lebensmittelrechtlichen Grundsätze und Verfahren werden so bald wie möglich, spätestens jedoch bis zum 1. Januar 2007 so angepasst, dass sie mit den Artikeln 5 bis 10 in Einklang stehen.

(4) Bis dahin werden abweichend von Absatz 2 die bestehenden Rechtsvorschriften unter Berücksichtigung der in den Artikeln 5 bis 10 festgelegten Grundsätze durchgeführt.

ABSCHNITT 1
ALLGEMEINE GRUNDSÄTZE DES LEBENSMITTELRECHTS

Artikel 5 Allgemeine Ziele

(1) Das Lebensmittelrecht verfolgt eines oder mehrere der allgemeinen Ziele eines hohen Maßes an Schutz für das Leben und die Gesundheit der Menschen, des Schutzes der Verbraucherinteressen, einschließlich lauterer Handelsgepflogenheiten im Lebensmittelhandel, gegebenenfalls unter Berücksichtigung des Schutzes der Tiergesundheit, des Tierschutzes, des Pflanzenschutzes und der Umwelt.

(2) Das Lebensmittelrecht soll in der Gemeinschaft den freien Verkehr mit Lebensmitteln und Futtermitteln, die nach den allgemeinen Grundsätzen und Anforderungen dieses Kapitels hergestellt oder in Verkehr gebracht werden, herbeiführen.

(3) Soweit internationale Normen bestehen oder in Kürze zu erwarten sind, sind sie bei der Entwicklung oder Anpassung des Lebensmittelrechts zu berücksichtigen, außer wenn diese Normen oder wichtige Teile davon ein unwirksames oder ungeeignetes Mittel zur Erreichung der legitimen Ziele des Lebensmittelrechts darstellen würden, wenn wissenschaftliche Gründe dagegen sprechen oder wenn die Normen zu einem anderen Schutzniveau führen würden, als es in der Gemeinschaft als angemessen festgelegt ist.

Artikel 6 Risikoanalyse

(1) Um das allgemeine Ziel eines hohen Maßes an Schutz für Leben und Gesundheit der Menschen zu erreichen, stützt sich das Lebensmittelrecht auf Risikoanalysen, außer wenn dies nach den Umständen oder der Art der Maßnahme unangebracht wäre.

(2) Die Risikobewertung beruht auf den verfügbaren wissenschaftlichen Erkenntnissen und ist in einer unabhängigen, objektiven und transparenten Art und Weise vorzunehmen.
(3) Beim Risikomanagement ist den Ergebnissen der Risikobewertung, insbesondere den Gutachten der Behörde gemäß Artikel 22, anderen angesichts des betreffenden Sachverhalts berücksichtigenswerten Faktoren sowie – falls die in Artikel 7 Absatz 1 dargelegten Umstände vorliegen – dem Vorsorgeprinzip Rechnung zu tragen, um die allgemeinen Ziele des Lebensmittelrechts gemäß Artikel 5 zu erreichen.

Artikel 7 Vorsorgeprinzip
(1) In bestimmten Fällen, in denen nach einer Auswertung der verfügbaren Informationen die Möglichkeit gesundheitsschädlicher Auswirkungen festgestellt wird, wissenschaftlich aber noch Unsicherheit besteht, können vorläufige Risikomanagementmaßnahmen zur Sicherstellung des in der Gemeinschaft gewählten hohen Gesundheitsschutzniveaus getroffen werden, bis weitere wissenschaftliche Informationen für eine umfassendere Risikobewertung vorliegen.
(2) Maßnahmen, die nach Absatz 1 getroffen werden, müssen verhältnismäßig sein und dürfen den Handel nicht stärker beeinträchtigen, als dies zur Erreichung des in der Gemeinschaft gewählten hohen Gesundheitsschutzniveaus unter Berücksichtigung der technischen und wirtschaftlichen Durchführbarkeit und anderer angesichts des betreffenden Sachverhalts für berücksichtigenswert gehaltener Faktoren notwendig ist. Diese Maßnahmen müssen innerhalb einer angemessenen Frist überprüft werden, die von der Art des festgestellten Risikos für Leben oder Gesundheit und der Art der wissenschaftlichen Informationen abhängig ist, die zur Klärung der wissenschaftlichen Unsicherheit und für eine umfassendere Risikobewertung notwendig sind.

Artikel 8 Schutz der Verbraucherinteressen
(1) Das Lebensmittelrecht hat den Schutz der Verbraucherinteressen zum Ziel und muss den Verbrauchern die Möglichkeit bieten, in Bezug auf die Lebensmittel, die sie verzehren, eine sachkundige Wahl zu treffen. Dabei müssen verhindert werden:
a) Praktiken des Betrugs oder der Täuschung,
b) die Verfälschung von Lebensmitteln und
c) alle sonstigen Praktiken, die den Verbraucher irreführen können.

ABSCHNITT 2
GRUNDSÄTZE DER TRANSPARENZ

Artikel 9 Konsultation der Öffentlichkeit
Bei der Erarbeitung, Bewertung und Überprüfung des Lebensmittelrechts ist unmittelbar oder über Vertretungsgremien in offener und transparenter Weise eine Konsultation der Öffentlichkeit durchzuführen, es sei denn, dies ist aus Dringlichkeitsgründen nicht möglich.

Artikel 10 Information der Öffentlichkeit
Besteht ein hinreichender Verdacht, dass ein Lebensmittel oder Futtermittel ein Risiko für die Gesundheit von Mensch oder Tier mit sich bringen kann, so unternehmen die Behörden unbeschadet der geltenden nationalen oder Gemeinschaftsbestimmungen über den Zugang zu Dokumenten je nach Art, Schwere und

Ausmaß des Risikos geeignete Schritte, um die Öffentlichkeit über die Art des Gesundheitsrisikos aufzuklären; dabei sind möglichst umfassend das Lebensmittel oder Futtermittel oder die Art des Lebensmittels oder Futtermittels, das möglicherweise damit verbundene Risiko und die Maßnahmen anzugeben, die getroffen wurden oder getroffen werden, um dem Risiko vorzubeugen, es zu begrenzen oder auszuschalten.

ABSCHNITT 3
ALLGEMEINE VERPFLICHTUNGEN FÜR DEN LEBENSMITTELHANDEL

Artikel 11 In die Gemeinschaft eingeführte Lebensmittel und Futtermittel
In die Gemeinschaft eingeführte Lebensmittel und Futtermittel, die in der Gemeinschaft in den Verkehr gebracht werden sollen, müssen die entsprechenden Anforderungen des Lebensmittelrechts oder von der Gemeinschaft als zumindest gleichwertig anerkannte Bedingungen erfüllen oder aber, soweit ein besonderes Abkommen zwischen der Gemeinschaft und dem Ausfuhrland besteht, die darin enthaltenen Anforderungen.

Artikel 12 Aus der Gemeinschaft ausgeführte Lebensmittel und Futtermittel
(1) Aus der Gemeinschaft ausgeführte oder wieder ausgeführte Lebensmittel und Futtermittel, die in einem Drittland in den Verkehr gebracht werden sollen, haben die entsprechenden Anforderungen des Lebensmittelrechts zu erfüllen, sofern die Behörden des Einfuhrlandes nichts anderes verlangen oder die Gesetze, Verordnungen, Normen, Verfahrensvorschriften und andere Rechts- und Verwaltungsverfahren, die im Einfuhrland in Kraft sind, nichts anderes festlegen.
Andernfalls, außer wenn Lebensmittel gesundheitsschädlich oder Futtermittel nicht sicher sind, dürfen Lebensmittel und Futtermittel nur dann aus der Gemeinschaft ausgeführt oder wieder ausgeführt werden, wenn die zuständigen Behörden des Bestimmungslandes dem ausdrücklich zugestimmt haben, nachdem sie über die Gründe, aus denen die betreffenden Lebensmittel oder Futtermittel in der Gemeinschaft nicht in Verkehr gebracht werden durften, und die näheren Umstände umfassend unterrichtet worden sind.
(2) Soweit Bestimmungen eines zwischen der Gemeinschaft oder einem ihrer Mitgliedstaaten und einem Drittland geschlossenen bilateralen Abkommens anwendbar sind, sind diese bei der Ausfuhr von Lebensmitteln und Futtermitteln aus der Gemeinschaft oder aus diesem Mitgliedstaat in dieses Drittland einzuhalten.

Artikel 13 Internationale Normen
Unbeschadet ihrer Rechte und Pflichten
a) tragen die Gemeinschaft und die Mitgliedstaaten zur Entwicklung von internationalen technischen Normen für Lebensmittel und Futtermittel und von Gesundheits- und Pflanzenschutznormen bei;
b) fördern sie die Koordinierung der Arbeit internationaler Regierungs- und Nichtregierungsorganisationen zu Lebensmittel- und Futtermittelnormen;
c) tragen sie soweit sachdienlich und angemessen zur Ausarbeitung von Abkommen über die Anerkennung der Gleichwertigkeit spezieller Maßnahmen in Bezug auf Lebensmittel und Futtermittel bei;
d) richten sie besonderes Augenmerk auf die besonderen Entwicklungs-, Finanz- und Handelserfordernisse der Entwicklungsländer, um zu gewährleisten, dass internationale Normen keine unnötigen Hindernisse für Ausfuhren aus den Entwicklungsländern bilden;

e) fördern sie die Kohärenz zwischen den internationalen technischen Standards und dem Lebensmittelrecht und gewährleisten zugleich, dass das hohe in der Gemeinschaft geltende Schutzniveau nicht gesenkt wird.

ABSCHNITT 4
ALLGEMEINE ANFORDERUNGEN DES LEBENSMITTELRECHTS

Artikel 14   Anforderungen an die Lebensmittelsicherheit
(1) Lebensmittel, die nicht sicher sind, dürfen nicht in Verkehr gebracht werden.
(2) Lebensmittel gelten als nicht sicher, wenn davon auszugehen ist, dass sie
a) gesundheitsschädlich sind,
b) für den Verzehr durch den Menschen ungeeignet sind.
(3) Bei der Entscheidung der Frage, ob ein Lebensmittel sicher ist oder nicht, sind zu berücksichtigen:
a) die normalen Bedingungen seiner Verwendung durch den Verbraucher und auf allen Produktions-, Verarbeitungs- und Vertriebsstufen sowie
b) die dem Verbraucher vermittelten Informationen einschließlich der Angaben auf dem Etikett oder sonstige ihm normalerweise zugängliche Informationen über die Vermeidung bestimmter die Gesundheit beeinträchtigender Wirkungen eines bestimmten Lebensmittels oder einer bestimmten Lebensmittelkategorie.
(4) Bei der Entscheidung der Frage, ob ein Lebensmittel gesundheitsschädlich ist, sind zu berücksichtigen
a) die wahrscheinlichen sofortigen und/oder kurzfristigen und/oder langfristigen Auswirkungen des Lebensmittels nicht nur auf die Gesundheit des Verbrauchers, sondern auch auf nachfolgende Generationen,
b) die wahrscheinlichen kumulativen toxischen Auswirkungen,
c) die besondere gesundheitliche Empfindlichkeit einer bestimmten Verbrauchergruppe, falls das Lebensmittel für diese Gruppe von Verbrauchern bestimmt ist.
(5) Bei der Entscheidung der Frage, ob ein Lebensmittel für den Verzehr durch den Menschen ungeeignet ist, ist zu berücksichtigen, ob das Lebensmittel infolge einer durch Fremdstoffe oder auf andere Weise bewirkten Kontamination, durch Fäulnis, Verderb oder Zersetzung ausgehend von dem beabsichtigten Verwendungszweck nicht für den Verzehr durch den Menschen inakzeptabel geworden ist.
(6) Gehört ein nicht sicheres Lebensmittel zu einer Charge, einem Posten oder einer Lieferung von Lebensmitteln der gleichen Klasse oder Beschreibung, so ist davon auszugehen, dass sämtliche Lebensmittel in dieser Charge, diesem Posten oder dieser Lieferung ebenfalls nicht sicher sind, es sei denn, bei einer eingehenden Prüfung wird kein Nachweis dafür gefunden, dass der Rest der Charge, des Postens oder der Lieferung nicht sicher ist.
(7) Lebensmittel, die spezifischen Bestimmungen der Gemeinschaft zur Lebensmittelsicherheit entsprechen, gelten hinsichtlich der durch diese Bestimmungen abgedeckten Aspekte als sicher.
(8) Entspricht ein Lebensmittel den für es geltenden spezifischen Bestimmungen, so hindert dies die zuständigen Behörden nicht, geeignete Maßnahmen zu treffen, um Beschränkungen für das Inverkehrbringen dieses Lebensmittels zu verfügen oder seine Rücknahme vom Markt zu verlangen, wenn, obwohl es den genannten Bestimmungen entspricht, der begründete Verdacht besteht, dass es nicht sicher ist.

(9) Fehlen spezifische Bestimmungen der Gemeinschaft, so gelten Lebensmittel als sicher, wenn sie mit den entsprechenden Bestimmungen des nationalen Lebensmittelrechts des Mitgliedstaats, in dessen Hoheitsgebiet sie vermarktet werden, in Einklang stehen, sofern diese Bestimmungen unbeschadet des Vertrags, insbesondere der Artikel 28 und 30, erlassen und angewandt werden.

Artikel 15   Anforderungen an die Futtermittelsicherheit

(1) Futtermittel, die nicht sicher sind, dürfen nicht in Verkehr gebracht oder an der Lebensmittelgewinnung dienende Tiere verfüttert werden.
(2) Futtermittel gelten als nicht sicher in Bezug auf den beabsichtigten Verwendungszweck, wenn davon auszugehen ist, dass sie
– die Gesundheit von Mensch oder Tier beeinträchtigen können;
– bewirken, dass die Lebensmittel, die aus den der Lebensmittelgewinnung dienenden Tieren hergestellt werden, als nicht sicher für den Verzehr durch den Menschen anzusehen sind.
(3) Gehört ein Futtermittel, bei dem festgestellt worden ist, dass es die Anforderungen an die Futtermittelsicherheit nicht erfüllt, zu einer Charge, einem Posten oder einer Lieferung von Futtermitteln der gleichen Klasse oder Beschreibung, so ist davon auszugehen, dass sämtliche Futtermittel in dieser Charge, diesem Posten oder dieser Lieferung ebenfalls betroffen sind, es sei denn, bei einer eingehenden Prüfung wird kein Nachweis dafür gefunden, dass der Rest der Charge, des Postens oder der Lieferung die Anforderungen an die Futtermittelsicherheit nicht erfüllt.
(4) Futtermittel, die spezifischen Bestimmungen der Gemeinschaft zur Futtermittelsicherheit entsprechen, gelten hinsichtlich der durch diese Bestimmungen abgedeckten Aspekte als sicher.
(5) Entspricht ein Futtermittel den für es geltenden spezifischen Bestimmungen, so hindert dies die zuständigen Behörden nicht, geeignete Maßnahmen zu treffen, um Beschränkungen für das Inverkehrbringen dieses Futtermittels zu verfügen oder seine Rücknahme vom Markt zu verlangen, wenn, obwohl es den genannten Bestimmungen entspricht, der begründete Verdacht besteht, dass es nicht sicher ist.
(6) Fehlen spezifische Bestimmungen der Gemeinschaft, so gelten Futtermittel als sicher, wenn sie mit den entsprechenden Bestimmungen des nationalen Rechts des Mitgliedstaats, in dessen Hoheitsgebiet sie in Verkehr sind, in Einklang stehen, sofern diese Bestimmungen unbeschadet des Vertrags, insbesondere der Artikel 28 und 30, erlassen und angewandt werden.

Artikel 16   Aufmachung

Unbeschadet spezifischer Bestimmungen des Lebensmittelrechts dürfen die Kennzeichnung, Werbung und Aufmachung von Lebensmitteln oder Futtermitteln auch in Bezug auf ihre Form, ihr Aussehen oder ihre Verpackung, die verwendeten Verpackungsmaterialien, die Art ihrer Anordnung und den Rahmen ihrer Darbietung sowie die über sie verbreiteten Informationen, gleichgültig über welches Medium, die Verbraucher nicht irreführen.

Artikel 17   Zuständigkeiten

(1) Die Lebensmittel- und Futtermittelunternehmer sorgen auf allen Produktions-, Verarbeitungs- und Vertriebsstufen in den ihrer Kontrolle unterstehenden Unternehmen dafür, dass die Lebensmittel oder Futtermittel die Anforderungen des Lebensmittelrechts erfüllen, die für ihre Tätigkeit gelten, und überprüfen die Einhaltung dieser Anforderungen.

(2) Die Mitgliedstaaten setzen das Lebensmittelrecht durch und überwachen und überprüfen, dass die entsprechenden Anforderungen des Lebensmittelrechts von den Lebensmittel- und Futtermittelunternehmern in allen Produktions-, Verarbeitungs- und Vertriebsstufen eingehalten werden.
Hierzu betreiben sie ein System amtlicher Kontrollen und führen andere den Umständen angemessene Maßnahmen durch, einschließlich der öffentlichen Bekanntgabe von Informationen über die Sicherheit und Risiken von Lebensmitteln und Futtermitteln, der Überwachung der Lebensmittel- und Futtermittelsicherheit und anderer Aufsichtsmaßnahmen auf allen Produktions-, Verarbeitungs- und Vertriebsstufen.
Außerdem legen sie Vorschriften für Maßnahmen und Sanktionen bei Verstößen gegen das Lebensmittel- und Futtermittelrecht fest. Diese Maßnahmen und Sanktionen müssen wirksam, verhältnismäßig und abschreckend sein.

Artikel 18 Rückverfolgbarkeit

(1) Die Rückverfolgbarkeit von Lebensmitteln und Futtermitteln, von der Lebensmittelgewinnung dienenden Tieren und allen sonstigen Stoffen, die dazu bestimmt sind oder von denen erwartet werden kann, dass sie in einem Lebensmittel oder Futtermittel verarbeitet werden, ist in allen Produktions-, Verarbeitungs- und Vertriebsstufen sicherzustellen.
(2) Die Lebensmittel- und Futtermittelunternehmer müssen in der Lage sein, jede Person festzustellen, von der sie ein Lebensmittel, Futtermittel, ein der Lebensmittelgewinnung dienendes Tier oder einen Stoff, der dazu bestimmt ist oder von dem erwartet werden kann, dass er in einem Lebensmittel oder Futtermittel verarbeitet wird, erhalten haben.
Sie richten hierzu Systeme und Verfahren ein, mit denen diese Informationen den zuständigen Behörden auf Aufforderung mitgeteilt werden können.
(3) Die Lebensmittel- und Futtermittelunternehmer richten Systeme und Verfahren zur Feststellung der anderen Unternehmen ein, an die ihre Erzeugnisse geliefert worden sind. Diese Informationen sind den zuständigen Behörden auf Aufforderung zur Verfügung zu stellen.
(4) Lebensmittel oder Futtermittel, die in der Gemeinschaft in Verkehr gebracht werden oder bei denen davon auszugehen ist, dass sie in der Gemeinschaft in Verkehr gebracht werden, sind durch sachdienliche Dokumentation oder Information gemäß den diesbezüglich in spezifischeren Bestimmungen enthaltenen Auflagen ausreichend zu kennzeichnen oder kenntlich zu machen, um ihre Rückverfolgbarkeit zu erleichtern.
(5) Bestimmungen zur Anwendung der Anforderungen dieses Artikels auf bestimmte Sektoren können nach dem in Artikel 58 Absatz 2 genannten Verfahren erlassen werden.

Artikel 19 Verantwortung für Lebensmittel: Lebensmittelunternehmen

(1) Erkennt ein Lebensmittelunternehmer oder hat er Grund zu der Annahme, dass ein von ihm eingeführtes, erzeugtes, verarbeitetes, hergestelltes oder vertriebenes Lebensmittel den Anforderungen an die Lebensmittelsicherheit nicht entspricht, so leitet er unverzüglich Verfahren ein, um das betreffende Lebensmittel vom Markt zu nehmen, sofern das Lebensmittel nicht mehr unter der unmittelbaren Kontrolle des ursprünglichen Lebensmittelunternehmers steht, und die zuständigen Behörden darüber zu unterrichten. Wenn das Produkt den Verbraucher bereits erreicht haben könnte, unterrichtet der Unternehmer die Verbraucher effektiv und genau über den Grund für die Rücknahme und ruft

erforderlichenfalls bereits an diese gelieferte Produkte zurück, wenn andere Maßnahmen zur Erzielung eines hohen Gesundheitsschutzniveaus nicht ausreichen.

(2) Lebensmittelunternehmer, die für Tätigkeiten im Bereich des Einzelhandels oder Vertriebs verantwortlich sind, die nicht das Verpacken, das Etikettieren, die Sicherheit oder die Unversehrtheit der Lebensmittel betreffen, leiten im Rahmen ihrer jeweiligen Tätigkeiten Verfahren zur Rücknahme von Produkten, die die Anforderungen an die Lebensmittelsicherheit nicht erfüllen, vom Markt ein und tragen zur Lebensmittelsicherheit dadurch bei, dass sie sachdienliche Informationen, die für die Rückverfolgung eines Lebensmittels erforderlich sind, weitergeben und an den Maßnahmen der Erzeuger, Verarbeiter, Hersteller und/ oder der zuständigen Behörden mitarbeiten.

(3) Erkennt ein Lebensmittelunternehmer oder hat er Grund zu der Annahme, dass ein von ihm in Verkehr gebrachtes Lebensmittel möglicherweise die Gesundheit des Menschen schädigen kann, teilt er dies unverzüglich den zuständigen Behörden mit. Der Unternehmer unterrichtet die Behörden über die Maßnahmen, die getroffen worden sind, um Risiken für den Endverbraucher zu verhindern, und darf niemanden daran hindern oder davon abschrecken, gemäß einzelstaatlichem Recht und einzelstaatlicher Rechtspraxis mit den zuständigen Behörden zusammenzuarbeiten, um einem mit einem Lebensmittel verbundenen Risiko vorzubeugen, es zu begrenzen oder auszuschalten.

(4) Die Lebensmittelunternehmer arbeiten bei Maßnahmen, die getroffen werden, um die Risiken durch ein Lebensmittel, das sie liefern oder geliefert haben, zu vermeiden oder zu verringern, mit den zuständigen Behörden zusammen.

Artikel 20   Verantwortung für Futtermittel: Futtermittelunternehmen

(1) Erkennt ein Futtermittelunternehmer oder hat er Grund zu der Annahme, dass ein von ihm eingeführtes, erzeugtes, verarbeitetes, hergestelltes oder vertriebenes Futtermittel die Anforderungen an die Futtermittelsicherheit nicht erfüllt, so leitet er unverzüglich Verfahren ein, um das betreffende Futtermittel vom Markt zu nehmen und unterrichtet die zuständigen Behörden hiervon. In diesem Fall bzw. im Fall von Artikel 15 Absatz 3, d. h. wenn eine Charge, ein Posten oder eine Lieferung die Anforderungen an die Futtermittelsicherheit nicht erfüllt, wird das Futtermittel vernichtet, sofern die Bedenken der zuständigen Behörde nicht auf andere Weise ausgeräumt werden. Das Unternehmen unterrichtet die Verwender des Futtermittels effektiv und genau über den Grund für die Rücknahme und ruft erforderlichenfalls bereits an diese gelieferte Produkte zurück, wenn andere Maßnahmen zur Erzielung eines hohen Gesundheitsschutzniveaus nicht ausreichen.

(2) Futtermittelunternehmer, die für Tätigkeiten im Bereich des Einzelhandels oder Vertriebs verantwortlich sind, die nicht das Verpacken, das Etikettieren, die Sicherheit oder die Unversehrtheit der Futtermittel betreffen, leiten im Rahmen ihrer jeweiligen Tätigkeiten Verfahren zur Rücknahme von Produkten, die die Anforderungen an die Futtermittelsicherheit nicht erfüllen, vom Markt ein und tragen zur Lebensmittelsicherheit dadurch bei, dass sie sachdienliche Informationen, die für die Rückverfolgung eines Futtermittels erforderlich sind, weitergeben und an den Maßnahmen der Erzeuger, Verarbeiter, Hersteller und/ oder der zuständigen Behörden mitarbeiten.

(3) Erkennt ein Futtermittelunternehmer oder hat er Grund zu der Annahme, dass ein von ihm in Verkehr gebrachtes Futtermittel möglicherweise die Anforderungen an die Futtermittelsicherheit nicht erfüllt, teilt er dies unverzüg-

lich den zuständigen Behörden mit. Der Unternehmer unterrichtet die zuständigen Behörden über die Maßnahmen, die getroffen worden sind, um eine Gefährdung durch die Verwendung des Futtermittels zu verhindern, und darf niemanden daran hindern oder davon abschrecken, gemäß einzelstaatlichem Recht und einzelstaatlicher Rechtspraxis mit den zuständigen Behörden zusammenzuarbeiten, um einem mit einem Futtermittel verbundenen Risiko vorzubeugen, es zu begrenzen oder auszuschalten.

(4) Die Futtermittelunternehmer arbeiten bei den Maßnahmen, die getroffen werden, um Risiken durch ein Futtermittel, das sie liefern oder geliefert haben, zu vermeiden, mit den zuständigen Behörden zusammen.

Artikel 21 Haftung

Die Bestimmungen dieses Kapitels gelten unbeschadet der Richtlinie 85/374/EWG des Rates vom 25. Juli 1985 zur Angleichung der Rechts- und Verwaltungsvorschriften der Mitgliedstaaten über die Haftung für fehlerhafte Produkte ([1]).

KAPITEL III
EUROPÄISCHE BEHÖRDE FÜR LEBENSMITTELSICHERHEIT

ABSCHNITT 1
AUFTRAG UND AUFGABEN

Artikel 22 Auftrag der Behörde

(1) Es wird eine Europäische Behörde für Lebensmittelsicherheit, im Folgenden „die Behörde" genannt, errichtet.

(2) Aufgabe der Behörde ist die wissenschaftliche Beratung sowie die wissenschaftliche und technische Unterstützung für die Rechtsetzung und Politik der Gemeinschaft in allen Bereichen, die sich unmittelbar oder mittelbar auf die Lebensmittel- und Futtermittelsicherheit auswirken. Sie stellt unabhängige Informationen über alle Fragen in diesen Bereichen bereit und macht auf Risiken aufmerksam.

(3) Die Behörde trägt zu einem hohen Maß an Schutz für Leben und Gesundheit der Menschen bei und berücksichtigt dabei im Rahmen des Funktionierens des Binnenmarktes die Tiergesundheit und den Tierschutz, die Pflanzengesundheit und die Umwelt.

(4) Die Behörde sammelt und analysiert Daten, um die Beschreibung und Überwachung von Risiken zu ermöglichen, die sich unmittelbar oder mittelbar auf die Lebensmittel- und Futtermittelsicherheit auswirken.

(5) Der Auftrag der Behörde umfasst ferner
a) wissenschaftliche Beratung und wissenschaftliche und technische Unterstützung in Bezug auf die menschliche Ernährung im Zusammenhang mit der Rechtsetzung der Gemeinschaft sowie – auf Antrag der Kommission – Hilfe bei der Information über Ernährungsfragen im Rahmen des Gesundheitsprogramms der Gemeinschaft,
b) wissenschaftliche Gutachten zu anderen Fragen im Zusammenhang mit Tiergesundheit, Tierschutz und Pflanzengesundheit,

---

[1] ABl. L 210 vom 7. 8. 1985, S. 29. Richtlinie zuletzt geändert durch die Richtlinie 1999/34/EG des Europäischen Parlaments und des Rates (ABl. L 141 vom 4. 6. 1999, S. 20).

c) wissenschaftliche Gutachten zu anderen Erzeugnissen als Lebensmitteln und Futtermitteln, die sich auf genetisch veränderte Organismen im Sinne der Richtlinie 2001/18/EG beziehen, unbeschadet der dort festgelegten Verfahren.

(6) Die Behörde erstellt wissenschaftliche Gutachten, die als wissenschaftliche Grundlage für die Ausarbeitung und den Erlass von Gemeinschaftsmaßnahmen in den Bereichen ihres Auftrags dienen.

(7) Die Behörde nimmt ihre Aufgaben unter Bedingungen wahr, die es ihr ermöglichen, aufgrund ihrer Unabhängigkeit, der wissenschaftlichen und technischen Qualität ihrer Gutachten und der von ihr verbreiteten Informationen, der Transparenz ihrer Verfahren und ihrer Arbeitsweise sowie ihres Engagements bei der Wahrnehmung ihrer Aufgaben als eine maßgebliche Referenzstelle zu fungieren.

Sie handelt in enger Zusammenarbeit mit den zuständigen Stellen in den Mitgliedstaaten, die ähnliche Aufgaben wahrnehmen wie die Behörde.

(8) Die Behörde, die Kommission und die Mitgliedstaaten arbeiten zusammen, um eine effektive Kohärenz zwischen den Funktionen Risikobewertung, Risikomanagement und Risikokommunikation herbeizuführen.

(9) Die Mitgliedstaaten arbeiten mit der Behörde zusammen, um die Erfüllung ihres Auftrags zu gewährleisten.

Artikel 23 Aufgaben der Behörde

Die Behörde hat folgende Aufgaben:
a) Sie liefert den Organen der Gemeinschaft und den Mitgliedstaaten die bestmöglichen wissenschaftlichen Gutachten in allen im Gemeinschaftsrecht vorgesehenen Fällen und zu jeder Frage, die unter ihren Auftrag fällt;
b) sie fördert und koordiniert die Erarbeitung einheitlicher Risikobewertungsverfahren in den Bereichen ihres Auftrags;
c) sie gewährt der Kommission wissenschaftliche und technische Unterstützung in den Bereichen ihres Auftrags sowie – auf Wunsch – bei der Auslegung und Prüfung von Gutachten zur Risikobewertung;
d) sie gibt für die Erfüllung ihres Auftrags erforderliche wissenschaftliche Studien in Auftrag;
e) sie macht in den Bereichen ihres Auftrags wissenschaftliche und technische Daten ausfindig, sammelt sie, stellt sie zusammen, analysiert sie und fasst sie zusammen;
f) sie führt in den Bereichen ihres Auftrags Maßnahmen zur Identifizierung und Beschreibung neu auftretender Risiken durch;
g) sie sorgt für die Vernetzung von Organisationen, die in den Bereichen ihres Auftrags tätig sind, und trägt die Verantwortung für den Betrieb der Netze;
h) sie gewährt auf Anforderung der Kommission wissenschaftliche und technische Unterstützung bei den von der Kommission durchgeführten Verfahren für das Krisenmanagement im Bereich der Sicherheit von Lebensmitteln und Futtermitteln;
i) sie gewährt in den Bereichen ihres Auftrags auf Anforderung der Kommission wissenschaftliche und technische Unterstützung mit dem Ziel, die Zusammenarbeit zwischen der Gemeinschaft, beitrittswilligen Ländern, internationalen Organisationen und Drittländern zu verbessern;
j) sie stellt in den Bereichen ihres Auftrags sicher, dass die Öffentlichkeit und die Beteiligten rasch zuverlässige, objektive und verständliche Informationen erhalten;

k) sie erstellt in Fragen, auf die sich ihr Auftrag erstreckt, unabhängig ihre eigenen Schlussfolgerungen und Leitlinien;
l) sie führt in den Bereichen ihres Auftrags alle sonstigen Aufgaben aus, die ihr von der Kommission zugewiesen werden.

ABSCHNITT 2
ORGANISATION

Artikel 24 Organe der Behörde
Die Behörde umfasst
a) einen Verwaltungsrat,
b) einen Geschäftsführenden Direktor mit zugehörigem Personal,
c) einen Beirat,
d) einen Wissenschaftlichen Ausschuss und Wissenschaftliche Gremien.

Artikel 25 Verwaltungsrat
(1) Der Verwaltungsrat setzt sich aus 14 Mitgliedern, die vom Rat im Benehmen mit dem Europäischen Parlament anhand einer Liste ernannt werden, welche von der Kommission erstellt wird und die eine deutlich höhere Zahl von Bewerbern enthält, als Mitglieder zu ernennen sind, sowie einem Vertreter der Kommission zusammen. Vier der Mitglieder kommen aus dem Kreis der Organisationen, die die Verbraucherschaft und andere Interessen in der Lebensmittelkette vertreten.
Die von der Kommission erstellte Liste wird dem Europäischen Parlament gemeinsam mit der entsprechenden Dokumentation übermittelt. So rasch wie möglich und innerhalb von drei Monaten nach der Mitteilung kann das Europäische Parlament seine Positionen zur Prüfung dem Rat vorlegen, der dann den Verwaltungsrat ernennt.
Die Ernennung der Mitglieder des Verwaltungsrats erfolgt so, dass die höchste fachliche Qualifikation, ein breites Spektrum an einschlägigem Fachwissen und im Einklang damit die größtmögliche geografische Streuung in der Union gewährleistet sind.
(2) Die Amtszeit der Mitglieder beträgt vier Jahre und kann einmal verlängert werden. Für die Hälfte der Mitglieder beträgt die erste Amtszeit jedoch sechs Jahre.
(3) Der Verwaltungsrat legt auf Vorschlag des Geschäftsführenden Direktors die internen Regeln der Behörde fest. Diese Regeln werden veröffentlicht.
(4) Der Verwaltungsrat wählt eines seiner Mitglieder als seinen Vorsitzenden für einen Zeitraum von zwei Jahren; Wiederwahl ist möglich.
(5) Der Verwaltungsrat gibt sich eine Geschäftsordnung.
Sofern nicht anders vorgesehen, ist für die Beschlüsse des Verwaltungsrats die Mehrheit seiner Mitglieder erforderlich.
(6) Der Verwaltungsrat tritt auf Einladung durch den Vorsitzenden oder auf Verlangen von mindestens einem Drittel seiner Mitglieder zusammen.
(7) Der Verwaltungsrat sorgt dafür, dass die Behörde ihren Auftrag erfüllt und die ihr zugewiesenen Aufgaben nach Maßgabe dieser Verordnung wahrnimmt.
(8) Vor dem 31. Januar jeden Jahres nimmt der Verwaltungsrat das Arbeitsprogramm der Behörde für das kommende Jahr an. Ferner nimmt er ein mehrjähriges Programm an, das abgeändert werden kann. Der Verwaltungsrat sorgt dafür, dass diese Programme mit den Prioritäten der Gemeinschaft für Rechtsetzung und Politik im Bereich der Lebensmittelsicherheit im Einklang stehen.

Vor dem 30. März jeden Jahres nimmt der Verwaltungsrat den Gesamtbericht über die Tätigkeit der Behörde im abgelaufenen Jahr an.

(9) Der Verwaltungsrat erlässt nach Konsultation der Kommission die für die Behörde geltende Finanzregelung. Diese darf von der Verordnung (EG, Euratom) Nr. 2343/2002 der Kommission vom 19. November 2002 betreffend die Rahmenfinanzierung für Einrichtungen gemäß Artikel 185 der Verordnung (EG, Euratom) Nr. 1605/2002 des Rates über die Haushaltsordnung für den Gesamthaushaltsplan der Europäischen Gemeinschaften ([1]) nur abweichen, wenn besondere Merkmale der Funktionsweise der Behörde es erfordern und nachdem die Kommission dem zugestimmt hat.

(10) Der Geschäftsführende Direktor nimmt ohne Stimmberechtigung an den Sitzungen des Verwaltungsrats teil und nimmt die Sekretariatsgeschäfte wahr. Der Verwaltungsrat lädt den Vorsitzenden des Wissenschaftlichen Ausschusses ein, ohne Stimmrecht an seinen Sitzungen teilzunehmen.

Artikel 26 Geschäftsführender Direktor

(1) Der Geschäftsführende Direktor wird vom Verwaltungsrat für einen Zeitraum von fünf Jahren auf der Grundlage einer Bewerberliste ernannt, die von der Kommission nach einem allgemeinen Auswahlverfahren im Anschluss an die Veröffentlichung eines Aufrufs zur Interessenbekundung im Amtsblatt der Europäischen Gemeinschaften und an anderer Stelle vorgeschlagen wird; Wiederernennung ist möglich. Vor der Ernennung wird der vom Verwaltungsrat benannte Kandidat unverzüglich aufgefordert, vor dem Europäischen Parlament eine Erklärung abzugeben und Fragen der Abgeordneten zu beantworten. Er kann von der Mehrheit des Verwaltungsrates seines Amtes enthoben werden.

(2) Der Geschäftsführende Direktor ist der gesetzliche Vertreter der Behörde. Er trägt die Verantwortung
  a) für die laufende Verwaltung der Behörde,
  b) für die Erstellung eines Vorschlags für die Arbeitsprogramme der Behörde im Benehmen mit der Kommission,
  c) für die Umsetzung des Arbeitsprogramms und der vom Verwaltungsrat angenommenen Beschlüsse,
  d) für die Bereitstellung angemessener wissenschaftlicher, technischer und administrativer Unterstützung für den Wissenschaftlichen Ausschuss und die Wissenschaftlichen Gremien,
  e) dafür, dass die Behörde ihre Aufgaben gemäß den Erfordernissen ihrer Nutzer wahrnimmt, insbesondere, dass die erbrachten Dienstleistungen und die dafür aufgewendete Zeit angemessen sind,
  f) für die Vorbereitung des Entwurfs eines Voranschlags der Einnahmen und Ausgaben sowie für die Ausführung des Haushaltsplans der Behörde,
  g) für sämtliche Personalangelegenheiten,
  h) für die Entwicklung und Unterhaltung der Kontakte zum Europäischen Parlament und die Sicherstellung eines regelmäßigen Dialogs mit dessen zuständigen Ausschüssen.

(3) Der Geschäftsführende Direktor legt dem Verwaltungsrat jährlich
  a) den Entwurf eines allgemeinen Berichts über sämtliche Tätigkeiten der Behörde im abgelaufenen Jahr,
  b) den Entwurf der Arbeitsprogramme,
zur Genehmigung vor.

([1]) ABl. L 357 vom 31. 12. 2002, S. 72. Berichtigt in ABl. L 2 vom 7. 1. 2003, S. 39.

Nach Annahme durch den Verwaltungsrat übermittelt der Geschäftsführende Direktor die Arbeitsprogramme dem Europäischen Parlament, dem Rat, der Kommission und den Mitgliedstaaten und sorgt für ihre Veröffentlichung.
Spätestens am 15. Juni und nach Annahme durch den Verwaltungsrat übermittelt der Geschäftsführende Direktor den allgemeinen Bericht über die Tätigkeiten der Behörde dem Europäischen Parlament, dem Rat, der Kommission, dem Rechnungshof, dem Europäischen Wirtschafts- und Sozialausschuss sowie dem Ausschuss der Regionen und sorgt für seine Veröffentlichung.
Der Geschäftsführende Direktor übermittelt der Haushaltsbehörde jährlich alle einschlägigen Informationen zu den Ergebnissen der Bewertungsverfahren.

Artikel 27 Beirat
(1) Der Beirat setzt sich aus Vertretern zuständiger, ähnliche Aufgaben wie die Behörde wahrnehmender Stellen der Mitgliedstaaten zusammen, wobei jeder Mitgliedstaat einen Vertreter benennt. Die Mitglieder können durch zur selben Zeit ernannte Stellvertreter vertreten werden.
(2) Die Mitglieder des Beirats dürfen nicht dem Verwaltungsrat angehören.
(3) Der Beirat berät den Geschäftsführenden Direktor bei der Ausübung seines Amtes gemäß dieser Verordnung, insbesondere bei der Erstellung eines Vorschlags für das Arbeitsprogramm der Behörde. Der Geschäftsführende Direktor kann den Beirat ferner ersuchen, ihn bei der Festlegung von Prioritäten bei den Ersuchen um wissenschaftliche Gutachten zu beraten.
(4) Der Beirat dient als Einrichtung für den Austausch von Informationen über potenzielle Risiken und die Zusammenführung von Erkenntnissen. Er sorgt für eine enge Zusammenarbeit zwischen der Behörde und den zuständigen Stellen in den Mitgliedstaaten insbesondere in Bezug auf Folgendes:
a) Vermeidung von Überschneidungen bei von der Behörde in Auftrag gegebenen wissenschaftlichen Studien mit entsprechenden Programmen der Mitgliedstaaten gemäß Artikel 32,
b) die in Artikel 30 Absatz 4 genannten Fälle, in denen die Behörde und eine Stelle eines Mitgliedstaats verpflichtet sind, zusammenzuarbeiten,
c) Förderung der Vernetzung von Organisationen, die in den Bereichen des Auftrags der Behörde tätig sind, gemäß Artikel 36 Absatz 1,
d) Fälle, in denen die Behörde oder ein Mitgliedstaat ein neu auftretendes Risiko identifiziert.
(5) Den Vorsitz im Beirat führt der Geschäftsführende Direktor. Der Beirat tritt nach Einberufung durch den Vorsitzenden oder auf Antrag von mindestens einem Drittel seiner Mitglieder mindestens vier Mal im Jahr zusammen. Die Arbeitsweise des Beirats wird in den internen Regeln der Behörde festgelegt und veröffentlicht.
(6) Die Behörde stellt die für den Beirat erforderliche technische und logistische Unterstützung bereit und nimmt die Sekretariatsgeschäfte im Zusammenhang mit den Beiratssitzungen wahr.
(7) Vertreter der zuständigen Dienststellen der Kommission können sich an der Arbeit des Beirats beteiligen. Der Geschäftsführende Direktor kann Vertreter des Europäischen Parlaments und andere einschlägige Einrichtungen zur Teilnahme einladen.
Berät der Beirat über Fragen gemäß Artikel 22 Absatz 5 Buchstabe b), so können sich Vertreter einschlägiger Einrichtungen der Mitgliedstaaten, die ähnliche Aufgaben wie die in Artikel 22 Absatz 5 Buchstabe b) genannten wahrnehmen, an der Arbeit des Beirats beteiligen; hierfür kann jeder Mitgliedstaat einen Vertreter entsenden.

Artikel 28 Wissenschaftlicher Ausschuss und Wissenschaftliche Gremien
(1) Der Wissenschaftliche Ausschuss und die ständigen Wissenschaftlichen Gremien sind in ihrem jeweiligen Zuständigkeitsbereich verantwortlich für die Erstellung der wissenschaftlichen Gutachten der Behörde und haben die Möglichkeit, bei Bedarf öffentliche Anhörungen zu veranstalten.

(2) Der Wissenschaftliche Ausschuss ist für die allgemeine Koordinierung verantwortlich, die zur Gewährleistung der Kohärenz der Verfahren zur Erstellung der wissenschaftlichen Gutachten erforderlich ist, insbesondere für die Festlegung der Arbeitsverfahren und die Harmonisierung der Arbeitsmethoden. Er gibt Gutachten zu interdisziplinären Fragen ab, die in die Zuständigkeit von mehr als einem Wissenschaftlichen Gremium fallen, sowie zu Fragen, für die kein Wissenschaftliches Gremium zuständig ist.

Im Bedarfsfall setzt er Arbeitsgruppen ein, insbesondere für Fragen, für die kein wissenschaftliches Gremium zuständig ist. In diesem Fall stützt er sich bei der Erstellung der wissenschaftlichen Gutachten auf das Fachwissen dieser Arbeitsgruppen.

(3) Der Wissenschaftliche Ausschuss setzt sich aus den Vorsitzenden der Wissenschaftlichen Gremien sowie sechs unabhängigen Wissenschaftlern, die keinem der Wissenschaftlichen Gremien angehören, zusammen.

(4) Die Wissenschaftlichen Gremien setzen sich aus unabhängigen Wissenschaftlern zusammen. Zum Zeitpunkt der Errichtung der Behörde werden folgende Wissenschaftliche Gremien eingesetzt:
a) das Gremium für Lebensmittelzusatzstoffe und Lebensmitteln zugesetzte Nährstoffquellen,
b) das Gremium für Zusatzstoffe, Erzeugnisse und Stoffe in der Tierernährung,
c) das Gremium für Pflanzenschutzmittel und ihre Rückstände,
d) das Gremium für genetisch veränderte Organismen,
e) das Gremium für diätetische Produkte, Ernährung und Allergien,
f) das Gremium für biologische Gefahren,
g) das Gremium für Kontaminanten in der Lebensmittelkette,
h) das Gremium für Tiergesundheit und Tierschutz,
i) das Gremium für Pflanzengesundheit,
j) das Gremium für Materialien, die mit Lebensmitteln in Berührung kommen, Enzyme, Aromastoffe und Verarbeitungshilfsstoffe.

Anzahl und Bezeichnungen der Wissenschaftlichen Gremien können von der Kommission auf Antrag der Behörde an die technische und wissenschaftliche Entwicklung angepasst werden. Diese Maßnahmen zur Änderung nicht wesentlicher Bestimmungen dieser Verordnung durch Ergänzung werden nach dem in Artikel 58 Absatz 3 genannten Regelungsverfahren mit Kontrolle erlassen.

(5) Die Mitglieder des Wissenschaftlichen Ausschusses, die keinem Wissenschaftlichen Gremium angehören, und die Mitglieder der Wissenschaftlichen Gremien werden im Anschluss an die Veröffentlichung eines Aufrufs zur Interessenbekundung im Amtsblatt der Europäischen Gemeinschaften, in den einschlägigen führenden wissenschaftlichen Publikationen und auf der Website der Behörde vom Verwaltungsrat auf Vorschlag des Geschäftsführenden Direktors für eine Amtszeit von drei Jahren ernannt; Wiederernennung ist möglich.

(6) Der Wissenschaftliche Ausschuss und die Wissenschaftlichen Gremien wählen aus dem Kreis ihrer Mitglieder je einen Vorsitzenden und zwei Stellvertretende Vorsitzende.

(7) Für die Beschlüsse des Wissenschaftlichen Ausschusses und der Wissenschaftlichen Gremien ist die Mehrheit ihrer Mitglieder erforderlich. Positionen von Minderheiten werden aufgezeichnet.
(8) Die Vertreter der zuständigen Dienststellen der Kommission sind berechtigt, an den Sitzungen des Wissenschaftlichen Ausschusses, der Wissenschaftlichen Gremien und ihrer Arbeitsgruppen teilzunehmen. Wenn sie darum gebeten werden, können sie Klarstellungen und Informationen liefern, dürfen jedoch nicht versuchen, auf die Diskussionen Einfluss zu nehmen.
(9) Die Verfahren für die Tätigkeit und Zusammenarbeit des Wissenschaftlichen Ausschusses und der Wissenschaftlichen Gremien werden in den internen Regeln der Behörde festgelegt.
Geregelt werden insbesondere
a) die Frage, wie oft die Mitgliedschaft im Wissenschaftlichen Ausschuss und in den Wissenschaftlichen Gremien verlängert werden kann,
b) die Anzahl der Mitglieder jedes Wissenschaftlichen Gremiums,
c) die Erstattung von Auslagen der Mitglieder des Wissenschaftlichen Ausschusses und der Wissenschaftlichen Gremien,
d) das Verfahren für die Zuweisung der Aufgaben und der angeforderten wissenschaftlichen Gutachten an den Wissenschaftlichen Ausschuss und die Wissenschaftlichen Gremien,
e) die Einsetzung und Organisation der Arbeitsgruppen des Wissenschaftlichen Ausschusses und der Wissenschaftlichen Gremien sowie die Möglichkeit, externe Sachverständige an diesen Arbeitsgruppen zu beteiligen,
f) die Möglichkeit, Beobachter zu den Sitzungen des Wissenschaftlichen Ausschusses und der Wissenschaftlichen Gremien einzuladen,
g) die Möglichkeit, öffentliche Anhörungen zu veranstalten.

ABSCHNITT 3
ARBEITSWEISE

Artikel 29 Wissenschaftliche Gutachten
(1) Die Behörde gibt wissenschaftliche Gutachten ab
a) auf Ersuchen der Kommission zu jeder Frage in den Bereichen ihres Auftrags und in allen Fällen, in denen das Gemeinschaftsrecht die Anhörung der Behörde vorsieht;
b) auf eigene Initiative zu Fragen in den Bereichen ihres Auftrags.
Das Europäische Parlament oder ein Mitgliedstaat kann von der Behörde zu Fragen in den Bereichen ihres Auftrags ein wissenschaftliches Gutachten anfordern.
(2) Ersuchen um Gutachten gemäß Absatz 1 müssen Hintergrundinformationen zur Erläuterung der wissenschaftlichen Problemstellung sowie des Gemeinschaftsinteresses enthalten.
(3) Sieht das Gemeinschaftsrecht nicht bereits eine Frist für die Abgabe eines wissenschaftlichen Gutachtens vor, so gibt die Behörde außer in hinreichend begründeten Fällen ihre wissenschaftlichen Gutachten innerhalb der in den jeweiligen Ersuchen angegebenen Frist ab.
(4) Gehen verschiedene Ersuchen um ein Gutachten zu den gleichen Fragen ein oder entspricht ein Ersuchen nicht den Anforderungen von Absatz 2 oder ist es unklar abgefasst, so kann die Behörde das Ersuchen entweder ablehnen oder im Benehmen mit der ersuchenden Einrichtung bzw. dem/den ersuchenden Mitgliedstaat(en) Änderungen an dem betreffenden Ersuchen vorschlagen. Der ersuchenden Einrichtung bzw. dem/den ersuchenden Mitgliedstaat(en) werden die Gründe für die Ablehnung mitgeteilt.

(5) Hat die Behörde zu einem speziellen Punkt eines Ersuchens bereits ein wissenschaftliches Gutachten abgegeben, so kann sie das Ersuchen ablehnen, wenn sie zu dem Schluss kommt, dass keine neuen wissenschaftlichen Erkenntnisse vorliegen, die eine erneute Überprüfung rechtfertigen würden. Der ersuchenden Einrichtung bzw. dem/den ersuchenden Mitgliedstaat(en) werden die Gründe für die Ablehnung mitgeteilt.
(6) Die Durchführungsvorschriften zu diesem Artikel werden von der Kommission nach Anhörung der Behörde festgelegt. Darin werden insbesondere geregelt:
a) das von der Behörde bei den an sie gerichteten Ersuchen anzuwendende Verfahren,
b) die Leitlinien für die wissenschaftliche Beurteilung von Stoffen, Produkten oder Verfahren, die nach dem Gemeinschaftsrecht einer vorherigen Zulassung oder der Aufnahme in eine Positivliste bedürfen, vor allem in den Fällen, in denen das Gemeinschaftsrecht vorsieht oder zulässt, dass der Antragsteller zu diesem Zweck Unterlagen vorlegt.

Die Maßnahme gemäß Buchstabe a zur Änderung nicht wesentlicher Bestimmungen dieser Verordnung durch Ergänzung wird nach dem in Artikel 58 Absatz 3 genannten Regelungsverfahren mit Kontrolle erlassen.
Die Leitlinien gemäß Buchstabe b werden nach dem in Artikel 58 Absatz 2 genannten Regelungsverfahren erlassen.
(7) Die Geschäftsordnung der Behörde regelt die Anforderungen an Format, begleitende Erläuterungen und Veröffentlichung von wissenschaftlichen Gutachten.

Artikel 30   Divergierende wissenschaftliche Gutachten

(1) Die Behörde nimmt eine Beobachtungsfunktion wahr, um potenzielle Divergenzen zwischen ihren wissenschaftlichen Gutachten und den wissenschaftlichen Gutachten anderer Stellen mit ähnlichen Aufgaben zu einem frühen Zeitpunkt festzustellen.
(2) Stellt die Behörde eine potenzielle Divergenz fest, so nimmt sie Kontakt zu der betreffenden Stelle auf, um sicherzustellen, dass alle relevanten wissenschaftlichen Informationen weitergegeben werden, und um die möglicherweise strittigen wissenschaftlichen Fragen einzugrenzen.
(3) Wurde eine substanzielle Divergenz in wissenschaftlichen Fragen festgestellt und handelt es sich bei der betreffenden Stelle um eine Einrichtung der Gemeinschaft oder um einen der wissenschaftlichen Ausschüsse der Kommission, so sind die Behörde und die betreffende Stelle verpflichtet zusammenzuarbeiten, um entweder die Divergenz zu beseitigen oder der Kommission ein gemeinsames Papier vorzulegen, in dem die strittigen wissenschaftlichen Fragen verdeutlicht und die entsprechenden Unsicherheiten in Bezug auf die Daten ermittelt werden. Dieses Dokument wird veröffentlicht.
(4) Wurde eine substanzielle Divergenz in wissenschaftlichen Fragen festgestellt und handelt es sich bei der betreffenden Stelle um eine Stelle eines Mitgliedstaats, so sind die Behörde und die nationale Stelle verpflichtet, zusammenzuarbeiten, um entweder die Divergenz zu beseitigen oder ein gemeinsames Papier zu erstellen, in dem die strittigen wissenschaftlichen Fragen verdeutlicht und die entsprechenden Unsicherheiten in Bezug auf die Daten ermittelt werden. Dieses Dokument wird veröffentlicht.

Artikel 31   Wissenschaftliche und technische Unterstützung

(1) Die Kommission kann bei der Behörde wissenschaftliche oder technische Unterstützung in den Bereichen ihres Auftrags anfordern. Die Aufgabe der wissenschaftlichen und technischen Unterstützung besteht in wissenschaftlicher

oder technischer Arbeit unter Anwendung anerkannter wissenschaftlicher oder technischer Grundsätze, die keine wissenschaftliche Beurteilung durch den Wissenschaftlichen Ausschuss oder ein Wissenschaftliches Gremium erfordert. Zu diesen Aufgaben zählen insbesondere die Unterstützung der Kommission bei der Festlegung oder Bewertung technischer Kriterien wie auch bei der Konzipierung technischer Leitlinien.
(2) Fordert die Kommission wissenschaftliche oder technische Unterstützung bei der Behörde an, so setzt sie im Einvernehmen mit der Behörde die Frist fest, innerhalb deren die Aufgabe ausgeführt werden muss.

Artikel 32   Wissenschaftliche Studien
(1) Die Behörde gibt für die Erfüllung ihres Auftrags erforderliche wissenschaftliche Studien in Auftrag und bedient sich dabei der besten verfügbaren unabhängigen wissenschaftlichen Ressourcen. Die Studien werden auf offene und transparente Weise in Auftrag gegeben. Die Behörde achtet darauf, Überschneidungen mit Forschungsprogrammen der Mitgliedstaaten oder der Gemeinschaft zu vermeiden und fördert die Zusammenarbeit durch geeignete Koordination.
(2) Die Behörde informiert das Europäische Parlament, die Kommission und die Mitgliedstaaten über die Ergebnisse ihrer wissenschaftlichen Studien.

Artikel 33   Datenerhebung
(1) Die Behörde macht in den Bereichen ihres Auftrags relevante wissenschaftliche und technische Daten ausfindig, sammelt sie, stellt sie zusammen, analysiert sie und fasst sie zusammen. Dies betrifft insbesondere die Erhebung von Daten über
a) den Verzehr von Lebensmitteln und die Exposition von Menschen gegenüber den damit verbundenen Risiken,
b) die Inzidenz und Prävalenz biologischer Risiken,
c) Kontaminanten in Lebensmitteln und Futtermitteln,
d) Rückstände.
(2) Für die Zwecke von Absatz 1 arbeitet die Behörde eng mit allen im Bereich der Datenerhebung tätigen Organisationen zusammen, auch solchen aus beitrittswilligen Ländern und Drittländern, sowie mit internationalen Stellen.
(3) Die Mitgliedstaaten treffen die erforderlichen Maßnahmen, damit die Daten, die in den unter die Absätze 1 und 2 fallenden Bereichen von ihnen erhoben werden, an die Behörde übermittelt werden können.
(4) Die Behörde legt den Mitgliedstaaten und der Kommission geeignete Empfehlungen für mögliche Verbesserungen in Bezug auf die technische Vergleichbarkeit der Daten vor, die sie erhält und analysiert, um eine Konsolidierung auf Gemeinschaftsebene zu erleichtern.
(5) Innerhalb eines Jahres nach dem Inkrafttreten dieser Verordnung veröffentlicht die Kommission ein Verzeichnis der auf Gemeinschaftsebene in den Bereichen des Auftrags der Behörde existierenden Datenerhebungssysteme.
Der Bericht, dem gegebenenfalls entsprechende Vorschläge beizufügen sind, gibt insbesondere an:
a) die Funktion, die der Behörde im Rahmen jedes einzelnen Systems zugewiesen werden soll, sowie etwa erforderliche Veränderungen oder Verbesserungen, damit die Behörde in Zusammenarbeit mit den Mitgliedstaaten ihren Auftrag erfüllen kann;
b) die Mängel, die behoben werden sollen, damit die Behörde auf Gemeinschaftsebene relevante wissenschaftliche und technische Daten in den Bereichen ihres Auftrags erheben und zusammenfassen kann.

(6) Die Behörde übermittelt dem Europäischen Parlament, der Kommission und den Mitgliedstaaten die Ergebnisse ihrer Tätigkeit im Bereich der Datenerhebung.

Artikel 34   Identifizierung neu auftretender Risiken
(1) Die Behörde erarbeitet Überwachungsverfahren für das systematische Ermitteln, Sammeln, Zusammenstellen und Analysieren von Informationen und Daten, um neu auftretende Risiken in den Bereichen ihres Auftrags zu identifizieren.
(2) Liegen der Behörde Informationen vor, die ein neu auftretendes ernstes Risiko vermuten lassen, so fordert sie zusätzliche Informationen bei den Mitgliedstaaten, bei anderen Einrichtungen der Gemeinschaft und bei der Kommission an. Die Mitgliedstaaten, die betroffenen Einrichtungen der Gemeinschaft und die Kommission reagieren hierauf unverzüglich und übermitteln sämtliche relevanten Informationen, über die sie verfügen.
(3) Die Behörde verwendet in Erfüllung ihres Auftrags sämtliche ihr zugehenden Informationen zur Identifizierung neu auftretender Risiken.
(4) Die Behörde leitet die Bewertung und die erhobenen Informationen über neu auftretende Risiken an das Europäische Parlament, die Kommission und die Mitgliedstaaten weiter.

Artikel 35   Schnellwarnsystem
Die im Rahmen des Schnellwarnsystems übermittelten Informationen werden an die Behörde gerichtet, damit diese ihrem Auftrag, die gesundheitlichen und ernährungsphysiologischen Risiken von Lebensmitteln zu überwachen, optimal nachkommen kann. Sie analysiert den Inhalt dieser Informationen, um der Kommission und den Mitgliedstaaten alle zur Risikoanalyse erforderlichen Angaben mitteilen zu können.

Artikel 36   Vernetzung von Organisationen, die in den Bereichen, auf die sich der Auftrag der Behörde erstreckt, tätig sind
(1) Die Behörde fördert die Vernetzung von Organisationen, die in den Bereichen ihres Auftrags tätig sind, auf europäischer Ebene. Ziel einer solchen Vernetzung ist es insbesondere, durch die Koordinierung von Tätigkeiten, den Informationsaustausch, die Konzipierung und Durchführung gemeinsamer Projekte sowie den Austausch von Erfahrungen und bewährten Praktiken in den Bereichen des Auftrags der Behörde einen Rahmen für die wissenschaftliche Zusammenarbeit zu schaffen.
(2) Auf Vorschlag des Geschäftsführenden Direktors erstellt der Verwaltungsrat ein zu veröffentlichendes Verzeichnis der von den Mitgliedstaaten benannten zuständigen Organisationen, die die Behörde einzeln oder im Rahmen von Netzen bei der Erfüllung ihres Auftrags unterstützen können. Die Behörde kann diese Organisationen mit bestimmten Aufgaben betrauen, insbesondere mit vorbereitenden Arbeiten für wissenschaftliche Gutachten, mit wissenschaftlicher und technischer Unterstützung, mit der Erhebung von Daten und der Identifizierung neu auftretender Risiken. Für einige der Aufgaben kann eine finanzielle Unterstützung in Betracht gezogen werden.
(3) Die Kommission legt nach Anhörung der Behörde Vorschriften zur Festlegung der Kriterien für die Aufnahme einer Einrichtung in das Verzeichnis der von den Mitgliedstaaten benannten zuständigen Organisationen, die Regelungen für die Aufstellung harmonisierter Qualitätsanforderungen sowie die finanziellen Bestimmungen für eine etwaige finanzielle Unterstützung fest. Diese Maßnahmen zur Änderung nicht wesentlicher Bestimmungen dieser Verordnung, auch durch

Ergänzung, werden nach dem in Artikel 58 Absatz 3 genannten Regelungsverfahren mit Kontrolle erlassen.
Sonstige Durchführungsvorschriften zu den Absätzen 1 und 2 werden von der Kommission nach Anhörung der Behörde nach dem in Artikel 58 Absatz 2 genannten Regelungsverfahren aufgestellt.
(4) Innerhalb eines Jahres nach Inkrafttreten dieser Verordnung veröffentlicht die Kommission ein Verzeichnis der in den Bereichen des Auftrags der Behörde existierenden gemeinschaftlichen Systeme, welche vorsehen, dass die Mitgliedstaaten bestimmte Aufgaben im Bereich der wissenschaftlichen Beurteilung ausführen, insbesondere die Prüfung von Zulassungsunterlagen. Der Bericht, dem gegebenenfalls entsprechende Vorschläge beizufügen sind, gibt insbesondere für jedes System an, welche Veränderungen oder Verbesserungen möglicherweise erforderlich sind, damit die Behörde in Zusammenarbeit mit den Mitgliedstaaten ihren Auftrag erfüllen kann.

ABSCHNITT 4
UNABHÄNGIGKEIT, TRANSPARENZ, VERTRAULICHKEIT UND INFORMATION

Artikel 37   Unabhängigkeit
(1) Die Mitglieder des Verwaltungsrats, die Mitglieder des Beirats und der Geschäftsführende Direktor verpflichten sich, im öffentlichen Interesse unabhängig zu handeln.
Zu diesem Zweck geben sie eine Verpflichtungserklärung sowie eine Interessenerklärung ab, aus der entweder hervorgeht, dass keinerlei Interessen bestehen, die als ihre Unabhängigkeit beeinträchtigend angesehen werden könnten, oder dass unmittelbare oder mittelbare Interessen vorhanden sind, die als ihre Unabhängigkeit beeinträchtigend angesehen werden könnten. Diese Erklärungen werden jedes Jahr schriftlich abgegeben.
(2) Die Mitglieder des Wissenschaftlichen Ausschusses und der Wissenschaftlichen Gremien verpflichten sich, unabhängig von jedem äußeren Einfluss zu handeln.
Zu diesem Zweck geben sie eine Verpflichtungserklärung sowie eine Interessenerklärung ab, aus der entweder hervorgeht, dass keinerlei Interessen bestehen, die als ihre Unabhängigkeit beeinträchtigend angesehen werden könnten, oder dass unmittelbare oder mittelbare Interessen vorhanden sind, die als ihre Unabhängigkeit beeinträchtigend angesehen werden könnten. Diese Erklärungen werden jedes Jahr schriftlich abgegeben.
(3) Die Mitglieder des Verwaltungsrats, der Geschäftsführende Direktor, die Mitglieder des Beirats, die Mitglieder des Wissenschaftlichen Ausschusses und der Wissenschaftlichen Gremien sowie die externen Sachverständigen, die an deren Arbeitsgruppen beteiligt sind, geben auf jeder Sitzung etwaige Interessen an, die bezüglich der jeweiligen Tagesordnungspunkte als ihre Unabhängigkeit beeinträchtigend angesehen werden könnten.

Artikel 38   Transparenz
(1) Die Behörde gewährleistet, dass sie ihre Tätigkeiten mit einem hohen Maß an Transparenz ausübt. Sie veröffentlicht insbesondere unverzüglich
a) die Tagesordnungen und Protokolle der Sitzungen des Wissenschaftlichen Ausschusses und der Wissenschaftlichen Gremien;
b) die Gutachten des Wissenschaftlichen Ausschusses und der Wissenschaftlichen Gremien sofort nach ihrer Annahme, unter Beifügung der Positionen von Minderheiten;

c) unbeschadet der Artikel 39 und 41 die Informationen, auf die sich ihre Gutachten stützen;
d) die von den Mitgliedern des Verwaltungsrats, dem Geschäftsführenden Direktor, den Mitgliedern des Beirats und den Mitgliedern des Wissenschaftlichen Ausschusses und der Wissenschaftlichen Gremien jährlich abgegebenen Interessenerklärungen sowie die Interessenerklärungen in Bezug auf Tagesordnungspunkte von Sitzungen;
e) die Ergebnisse ihrer wissenschaftlichen Studien;
f) ihren jährlichen Tätigkeitsbericht;
g) abgelehnte oder geänderte Ersuchen des Europäischen Parlaments, der Kommission oder eines Mitgliedstaats um wissenschaftliche Gutachten sowie die Gründe für die Ablehnung bzw. Änderung.

(2) Der Verwaltungsrat hält seine Sitzungen öffentlich ab, soweit er nicht für bestimmte Verwaltungsfragen betreffende Tagesordnungspunkte auf Vorschlag des Geschäftsführenden Direktors anders entscheidet, und er kann Vertreter der Verbraucher oder sonstige Beteiligte ermächtigen, bestimmte Tätigkeiten der Behörde zu beobachten.

(3) Die Behörde legt die praktischen Vorkehrungen zur Umsetzung der in den Absätzen 1 und 2 genannten Transparenzregeln in ihren internen Regeln fest.

Artikel 39 Vertraulichkeit

(1) Abweichend von Artikel 38 gibt die Behörde vertrauliche Informationen, die ihr mit der begründeten Bitte um vertrauliche Behandlung übermittelt wurden, nicht an Dritte weiter, es sei denn, es handelt sich um Informationen, die aus Gründen des Gesundheitsschutzes öffentlich bekannt gegeben werden müssen, wenn die Umstände dies erfordern.

(2) Die Mitglieder des Verwaltungsrats, der Geschäftsführende Direktor, die Mitglieder des Wissenschaftlichen Ausschusses und der Wissenschaftlichen Gremien sowie die an ihren Arbeitsgruppen beteiligten externen Sachverständigen, die Mitglieder des Beirats sowie die Beamten und sonstigen Bediensteten der Behörde unterliegen auch nach ihrem Ausscheiden aus der jeweiligen Funktion dem Berufsgeheimnis gemäß Artikel 287 des Vertrags.

(3) Die Schlussfolgerungen der wissenschaftlichen Gutachten der Behörde, welche vorhersehbare gesundheitliche Wirkungen betreffen, sind in keinem Fall vertraulich.

(4) Die Behörde legt die praktischen Vorkehrungen zur Umsetzung der in den Absätzen 1 und 2 genannten Vertraulichkeitsregeln in ihrer Geschäftsordnung fest.

Artikel 40 Information seitens der Behörde

(1) Unbeschadet der Zuständigkeit der Kommission für die Bekanntgabe ihrer Risikomanagemententscheidungen sorgt die Behörde in den Bereichen ihres Auftrags von sich aus für Information.

(2) Die Behörde stellt sicher, dass die Öffentlichkeit und die Beteiligten rasch objektive, zuverlässige und leicht zugängliche Informationen erhalten, insbesondere über die Ergebnisse ihrer Arbeit. Um dieses Ziel zu erreichen, erstellt und verbreitet die Behörde Informationsmaterial für die Allgemeinheit.

(3) Die Behörde arbeitet eng mit der Kommission und den Mitgliedstaaten zusammen, um die erforderliche Kohärenz bei der Risikokommunikation herbeizuführen.

Die Behörde veröffentlicht gemäß Artikel 38 alle von ihr abgegebenen Stellungnahmen.
(4) Die Behörde sorgt bei Informationskampagnen für eine angemessene Zusammenarbeit mit den zuständigen Stellen in den Mitgliedstaaten und sonstigen Beteiligten.

Artikel 41 Zugang zu den Dokumenten
(1) Die Verordnung (EG) Nr. 1049/2001 des Europäischen Parlaments und des Rates vom 30. Mai 2001 über den Zugang der Öffentlichkeit zu Dokumenten des Europäischen Parlaments, des Rates und der Kommission ([1]) findet Anwendung auf die Dokumente der Behörde.
(2) Der Verwaltungsrat erlässt innerhalb von sechs Monaten nach Inkrafttreten der Verordnung (EG) Nr. 1642/2003 des Europäischen Parlaments und des Rates vom 22. Juli 2003 zur Änderung der Verordnung (EG) Nr. 178/2002 zur Festlegung der allgemeinen Grundsätze und Anforderungen des Lebensmittelrechts, zur Errichtung der Europäischen Behörde für Lebensmittelsicherheit und zur Festlegung von Verfahren zur Lebensmittelsicherheit ([2]) die praktischen Durchführungsbestimmungen für die Verordnung (EG) Nr. 1049/2001.
(3) Gegen die Entscheidungen der Behörde gemäß Artikel 8 der Verordnung (EG) Nr. 1049/2001 kann Beschwerde beim Bürgerbeauftragten oder Klage beim Gerichtshof nach Maßgabe von Artikel 195 bzw. 230 des Vertrags erhoben werden.

Artikel 42 Verbraucher, Erzeuger und sonstige Beteiligte
Die Behörde unterhält effektive Kontakte mit Vertretern der Verbraucher, der Erzeuger, der verarbeitenden Industrie und sonstigen Beteiligten.

ABSCHNITT 5
FINANZBESTIMMUNGEN

Artikel 43 Feststellung des Haushalts der Behörde
(1) Die Einnahmen der Behörde bestehen aus einem Beitrag der Gemeinschaft und Beiträgen der Staaten, mit denen die Gemeinschaft Abkommen im Sinne von Artikel 49 geschlossen hat, sowie Gebühren für Veröffentlichungen, Konferenzen, Ausbildungsveranstaltungen und andere derartige von der Behörde angebotene Tätigkeiten.
(2) Die Ausgaben der Behörde umfassen die Personal-, Verwaltungs-, Infrastruktur- und Betriebskosten sowie Verpflichtungen, die durch Verträge mit Dritten oder durch die finanzielle Unterstützung gemäß Artikel 36 entstehen.
(3) Rechtzeitig vor dem in Absatz 5 genannten Zeitpunkt erstellt der Geschäftsführende Direktor einen Entwurf eines Voranschlags der Einnahmen und Ausgaben der Behörde für das folgende Haushaltsjahr, den er zusammen mit einem vorläufigen Stellenplan dem Verwaltungsrat übermittelt.
(4) Einnahmen und Ausgaben müssen ausgeglichen sein.
(5) Auf der Grundlage des vom Geschäftsführenden Direktor vorgelegten Entwurfs eines Voranschlags der Einnahmen und Ausgaben stellt der Verwaltungsrat jedes Jahr den Voranschlag der Einnahmen und Ausgaben der Behörde für das folgende Haushaltsjahr auf. Dieser Vorschlag umfasst auch einen vorläufi-

---
[1] ABl. L 145 vom 31. 5. 2001, S. 43.
[2] ABl. L 245 vom 29. 9. 2003, S. 4.

gen Stellenplan zusammen mit vorläufigen Arbeitsprogrammen und wird der Kommission und den Staaten, mit denen die Gemeinschaft Abkommen gemäß Artikel 49 geschlossen hat, spätestens am 31. März durch den Verwaltungsrat zugeleitet.

(6) Die Kommission übermittelt den Voranschlag zusammen mit dem Vorentwurf des Gesamthaushaltsplans der Europäischen Union dem Europäischen Parlament und dem Rat (nachstehend ‚Haushaltsbehörde' genannt).

(7) Die Kommission setzt auf der Grundlage des Voranschlags die von ihr für erforderlich erachteten Mittelansätze für den Stellenplan und Betrag des Zuschusses aus dem Gesamthaushaltsplan in den Vorentwurf des Gesamthaushaltsplans der Europäischen Union ein, den sie gemäß Artikel 272 des Vertrags der Haushaltsbehörde vorlegt.

(8) Die Haushaltsbehörde bewilligt die Mittel für den Zuschuss für die Behörde. Die Haushaltsbehörde stellt den Stellenplan der Behörde fest.

(9) Der Haushaltsplan wird vom Verwaltungsrat festgestellt. Er wird endgültig, wenn der Gesamthaushaltsplan der Europäischen Union endgültig festgestellt ist. Er wird gegebenenfalls entsprechend angepasst.

(10) Der Verwaltungsrat unterrichtet die Haushaltsbehörde schnellstmöglich über alle von ihm geplanten Vorhaben, die erhebliche finanzielle Auswirkungen auf die Finanzierung des Haushaltsplans haben könnten, was insbesondere für Immobilienvorhaben wie die Anmietung oder den Erwerb von Gebäuden gilt. Er setzt die Kommission von diesen Vorhaben in Kenntnis.

Hat ein Teil der Haushaltsbehörde mitgeteilt, dass er eine Stellungnahme abgeben will, übermittelt er diese Stellungnahme dem Verwaltungsrat innerhalb von sechs Wochen nach der Unterrichtung über das Vorhaben.

Artikel 44   Ausführung des Haushaltsplans der Behörde

(1) Der Geschäftsführende Direktor führt den Haushaltsplans der Behörde aus.

(2) Spätestens zum 1. März nach dem Ende des Haushaltsjahrs übermittelt der Rechnungsführer der Behörde dem Rechnungsführer der Kommission die vorläufigen Rechnungen zusammen mit dem Bericht über die Haushaltsführung und das Finanzmanagement für das abgeschlossene Haushaltsjahr. Der Rechnungsführer der Kommission konsolidiert die vorläufigen Rechnungen der Organe und dezentralisierten Einrichtungen gemäß Artikel 128 der Haushaltsordnung.

(3) Spätestens am 31. März nach dem Ende des Haushaltsjahrs übermittelt der Rechnungsführer der Kommission dem Rechnungshof die vorläufigen Rechnungen der Behörde zusammen mit dem Bericht über die Haushaltsführung und das Finanzmanagement für das abgeschlossene Haushaltsjahr. Dieser Bericht geht auch dem Europäischen Parlament und dem Rat zu.

(4) Nach Eingang der Bemerkungen des Rechnungshofes zu den vorläufigen Rechnungen der Behörde gemäß Artikel 129 der Haushaltsordnung stellt der Geschäftsführende Direktor in eigener Verantwortung die endgültigen Jahresabschlüsse der Behörde auf und legt sie dem Verwaltungsrat zur Stellungnahme vor.

(5) Der Verwaltungsrat gibt eine Stellungnahme zu den endgültigen Jahresabschlüssen der Behörde ab.

(6) Der Geschäftsführende Direktor leitet diese endgültigen Jahresabschlüsse zusammen mit der Stellungnahme des Verwaltungsrats spätestens am 1. Juli nach dem Ende des Haushaltsjahrs dem Europäischen Parlament, dem Rat, der Kommission und dem Rechnungshof zu.

(7) Die endgültigen Jahresabschlüsse werden veröffentlicht.

(8) Der Geschäftsführende Direktor übermittelt dem Rechnungshof spätestens am 30. September eine Antwort auf seine Bemerkungen. Diese Antwort geht auch dem Verwaltungsrat zu.
(9) Der Geschäftsführende Direktor unterbreitet dem Europäischen Parlament auf dessen Anfrage hin gemäß Artikel 146 Absatz 3 der Haushaltsordnung alle Informationen, die für die ordnungsgemäße Abwicklung des Entlastungsverfahrens für das betreffende Haushaltsjahr erforderlich sind.
(10) Auf Empfehlung des Rates, der mit qualifizierter Mehrheit beschließt, erteilt das Europäische Parlament dem Geschäftsführenden Direktor vor dem 30. April des Jahres n + 2 Entlastung zur Ausführung des Haushaltsplans für das Jahr n.

Artikel 45   Von der Behörde eingenommene Gebühren
Innerhalb von drei Jahren nach Inkrafttreten dieser Verordnung veröffentlicht die Kommission nach Konsultation der Behörde, der Mitgliedstaaten und der Beteiligten einen Bericht zu der Frage, ob es möglich und ratsam ist, gemäß dem Mitentscheidungsverfahren und im Einklang mit dem Vertrag einen Legislativvorschlag für sonstige Dienstleistungen der Behörde vorzulegen.

ABSCHNITT 6
ALLGEMEINE BESTIMMUNGEN

Artikel 46   Rechtspersönlichkeit und Vorrechte
(1) Die Behörde besitzt Rechtspersönlichkeit. Sie genießt in allen Mitgliedstaaten die weitreichendsten Befugnisse, die die jeweilige Rechtsordnung juristischen Personen zuerkennt. Insbesondere kann sie bewegliches und unbewegliches Eigentum erwerben und veräußern wie auch gerichtliche Verfahren einleiten.
(2) Das Protokoll über Vorrechte und Befreiungen der Europäischen Gemeinschaften findet auf die Behörde Anwendung.

Artikel 47   Haftung
(1) Die vertragliche Haftung der Behörde unterliegt dem für den betreffenden Vertrag geltenden Recht. Der Gerichtshof der Europäischen Gemeinschaften ist für Entscheidungen aufgrund von Schiedsklauseln in den von der Behörde geschlossenen Verträgen zuständig.
(2) Was die nicht vertragliche Haftung betrifft, so leistet die Behörde gemäß den allgemeinen Grundsätzen in den Rechtsordnungen der Mitgliedstaaten Ersatz für Schäden, die sie oder ihre Bediensteten in Ausübung ihres Amtes verursacht haben. Der Europäische Gerichtshof ist für Entscheidungen in Schadensersatzstreitigkeiten zuständig.
(3) Die persönliche Haftung der Bediensteten gegenüber der Behörde unterliegt den einschlägigen Bestimmungen, die für das Personal der Behörde gelten.

Artikel 48   Personal
(1) Das Personal der Behörde unterliegt den für die Beamten und sonstigen Bediensteten der Europäischen Gemeinschaften geltenden Regeln und Verordnungen.
(2) Bezüglich ihres Personals übt die Behörde die Befugnisse aus, die der Anstellungsbehörde übertragen wurden.

Artikel 49 Beteiligung von Drittländern

Die Behörde steht der Beteiligung von Ländern offen, die mit der Europäischen Gemeinschaft Abkommen geschlossen und zu deren Umsetzung gemeinschaftsrechtliche Vorschriften in dem unter diese Verordnung fallenden Bereich übernommen haben und anwenden.

Gemäß den einschlägigen Bestimmungen jener Abkommen werden Vereinbarungen getroffen, die insbesondere die Natur, das Ausmaß und die Art und Weise einer Beteiligung dieser Länder an der Arbeit der Behörde festlegen; hierzu zählen auch Bestimmungen über die Mitwirkung in von der Behörde betriebenen Netzen, die Aufnahme in die Liste der einschlägigen Organisationen, denen die Behörde bestimmte Aufgaben übertragen kann, finanzielle Beiträge und Personal.

KAPITEL IV
SCHNELLWARNSYSTEM, KRISENMANAGEMENT UND NOTFÄLLE

ABSCHNITT 1
SCHNELLWARNSYSTEM

Artikel 50 Schnellwarnsystem

(1) Es wird ein Schnellwarnsystem für die Meldung eines von Lebensmitteln oder Futtermitteln ausgehenden unmittelbaren oder mittelbaren Risikos für die menschliche Gesundheit als Netz eingerichtet. An ihm sind die Mitgliedstaaten, die Kommission und die Behörde beteiligt. Die Mitgliedstaaten, die Kommission und die Behörde ernennen jeweils eine Kontaktstelle, die Mitglied des Netzes ist. Die Kommission ist für die Verwaltung des Netzes zuständig.

(2) Liegen einem Mitglied des Netzes Informationen über das Vorhandensein eines ernsten unmittelbaren oder mittelbaren Risikos für die menschliche Gesundheit vor, das von Lebensmitteln oder Futtermitteln ausgeht, so werden diese Informationen der Kommission unverzüglich über das Schnellwarnsystem gemeldet. Die Kommission leitet diese Informationen unverzüglich an die Mitglieder des Netzes weiter.

Die Behörde kann die Meldung durch wissenschaftliche oder technische Informationen ergänzen, die den Mitgliedstaaten ein rasches und angemessenes Risikomanagement erleichtern.

(3) Unbeschadet sonstiger Rechtsvorschriften der Gemeinschaft melden die Mitgliedstaaten der Kommission unverzüglich über das Schnellwarnsystem

a) sämtliche von ihnen ergriffenen Maßnahmen zur Beschränkung des Inverkehrbringens von Lebensmitteln oder Futtermitteln oder zur Erzwingung ihrer Rücknahme vom Markt oder ihres Rückrufs aus Gründen des Gesundheitsschutzes in Fällen, in denen rasches Handeln erforderlich ist;

b) sämtliche Empfehlungen oder Vereinbarungen mit der gewerblichen Wirtschaft, die zum Ziel haben, bei einem ernsten Risiko für die menschliche Gesundheit, das rasches Handeln erforderlich macht, das Inverkehrbringen oder die Verwendung von Lebensmitteln oder Futtermitteln auf freiwilliger Basis oder durch eine entsprechende Auflage zu verhindern, einzuschränken oder besonderen Bedingungen zu unterwerfen;

c) jede mit einem unmittelbaren oder mittelbaren Risiko für die menschliche Gesundheit zusammenhängende Zurückweisung eines Postens, eines Behälters oder einer Fracht Lebensmittel oder Futtermittel durch eine zuständige Behörde an einer Grenzkontrollstelle innerhalb der Europäischen Union.

Der Meldung ist eine eingehende Erläuterung der Gründe für die Maßnahme der zuständigen Behörden des meldenden Mitgliedstaats beizufügen. Die Meldung ist zu gegebener Zeit durch zusätzliche Informationen zu ergänzen, insbesondere wenn die Maßnahmen, die Anlass der Meldung waren, geändert oder aufgehoben werden.

Die Kommission übermittelt den Mitgliedern des Netzes unverzüglich die Meldung und die gemäß den Unterabsätzen 1 und 2 erhaltenen zusätzlichen Informationen.

Weist eine zuständige Behörde an einer Grenzkontrollstelle innerhalb der Europäischen Union einen Posten, einen Behälter oder eine Fracht zurück, so setzt die Kommission unverzüglich sämtliche Grenzkontrollstellen innerhalb der Europäischen Union sowie das Ursprungsdrittland hiervon in Kenntnis.

(4) Wurde ein Lebensmittel oder Futtermittel, das Gegenstand einer Meldung über das Schnellwarnsystem war, in ein Drittland versendet, so übermittelt die Kommission diesem Land die entsprechenden Informationen.

(5) Die Mitgliedstaaten setzen die Kommission unverzüglich davon in Kenntnis, welche Schritte oder Maßnahmen sie nach Erhalt der Meldungen und zusätzlichen Informationen, die über das Schnellwarnsystem übermittelt wurden, eingeleitet haben. Die Kommission leitet diese Informationen umgehend an die Mitglieder des Netzes weiter.

(6) Die Teilnahme am Schnellwarnsystem kann beitrittswilligen Ländern, Drittländern und internationalen Organisationen durch Abkommen zwischen der Gemeinschaft und den betreffenden Ländern oder internationalen Organisationen ermöglicht werden; die Verfahren sind in diesen Abkommen festzulegen. Diese Abkommen müssen auf Gegenseitigkeit beruhen und Vertraulichkeitsregeln enthalten, die den in der Gemeinschaft geltenden Regeln gleichwertig sind.

Artikel 51 Durchführungsmaßnahmen

Die Durchführungsmaßnahmen zu Artikel 50 werden von der Kommission nach Erörterung mit der Behörde gemäß dem in Artikel 58 Absatz 2 genannten Verfahren festgelegt. Sie regeln insbesondere die spezifischen Bedingungen und Verfahren für die Weiterleitung von Meldungen und zusätzlichen Informationen.

Artikel 52 Vertraulichkeitsregeln für das Schnellwarnsystem

(1) Den Mitgliedern des Netzes vorliegende Informationen über Risiken für die menschliche Gesundheit aufgrund von Lebensmitteln und Futtermitteln sind in der Regel in Übereinstimmung mit dem Informationsprinzip nach Artikel 10 der Öffentlichkeit zugänglich zu machen. Die Öffentlichkeit muss in der Regel Zugang zu Informationen über die Identifizierung des fraglichen Produkts, die Art des Risikos und die ergriffenen Maßnahmen haben.

Die Mitglieder des Netzes tragen jedoch dafür Sorge, dass ihre Mitarbeiter und sonstigen Bediensteten in hinreichend begründeten Fällen Informationen, die sie für die Zwecke dieses Abschnitts erhalten haben und die ihrer Natur gemäß der Geheimhaltung unterliegen, nicht weitergeben; hiervon ausgenommen sind Informationen, die aus Gründen des Gesundheitsschutzes öffentlich bekannt gegeben werden müssen, wenn die Umstände dies erfordern.

(2) Der Schutz der Geheimhaltung darf die Weitergabe von Informationen, die für die Wirksamkeit der Marktüberwachung und der Durchsetzungsmaßnahmen im Bereich der Lebensmittel und Futtermittel relevant sind, an die zuständigen Behörden nicht verhindern. Behörden, die Informationen erhalten, welche der Geheimhaltung unterliegen, gewährleisten deren Vertraulichkeit gemäß Absatz 1.

ABSCHNITT 2
NOTFÄLLE

Artikel 53 Sofortmaßnahmen in Bezug auf Lebensmittel und Futtermittel mit Ursprung in der Gemeinschaft oder auf aus Drittländern eingeführte Lebensmittel und Futtermittel

(1) Ist davon auszugehen, dass ein Lebensmittel oder Futtermittel mit Ursprung in der Gemeinschaft oder ein aus einem Drittland eingeführtes Lebensmittel oder Futtermittel wahrscheinlich ein ernstes Risiko für die Gesundheit von Mensch oder Tier oder für die Umwelt darstellt und dass diesem Risiko durch Maßnahmen des betreffenden Mitgliedstaats oder der betreffenden Mitgliedstaaten nicht auf zufrieden stellende Weise begegnet werden kann, so trifft die Kommission nach dem in Artikel 58 Absatz 2 genannten Verfahren von sich aus oder auf Verlangen eines Mitgliedstaats unverzüglich eine oder mehrere der folgenden Maßnahmen, je nachdem, wie ernst die Situation ist:
a) bei einem Lebensmittel oder Futtermittel mit Ursprung in der Gemeinschaft:
  i) Aussetzung des Inverkehrbringens oder der Verwendung des fraglichen Lebensmittels,
  ii) Aussetzung des Inverkehrbringens oder der Verwendung des fraglichen Futtermittels,
  iii) Festlegung besonderer Bedingungen für das fragliche Lebensmittel oder Futtermittel,
  iv) jede sonst geeignete vorläufige Maßnahme;
b) bei einem aus einem Drittland eingeführten Lebensmittel oder Futtermittel:
  i) Aussetzung der Einfuhr des fraglichen Lebensmittels oder Futtermittels aus dem gesamten betroffenen Drittland oder aus einem Gebiet dieses Landes sowie gegebenenfalls aus dem Durchfuhrdrittland,
  ii) Festlegung besonderer Bedingungen für das fragliche Lebensmittel oder Futtermittel aus dem gesamten betroffenen Drittland oder einem Gebiet dieses Landes,
  iii) jede sonst geeignete vorläufige Maßnahme.

(2) In dringenden Fällen kann die Kommission die Maßnahmen nach Absatz 1 jedoch vorläufig erlassen, nachdem sie den oder die betroffenen Mitgliedstaaten angehört und die übrigen Mitgliedstaaten darüber unterrichtet hat.
Die Maßnahmen werden nach dem in Artikel 58 Absatz 2 genannten Verfahren so rasch wie möglich, auf jeden Fall aber innerhalb von 10 Arbeitstagen bestätigt, geändert, aufgehoben oder verlängert; die Gründe für die Entscheidung der Kommission werden unverzüglich veröffentlicht.

Artikel 54 Sonstige Sofortmaßnahmen

(1) Setzt ein Mitgliedstaat die Kommission offiziell von der Notwendigkeit in Kenntnis, Sofortmaßnahmen zu ergreifen, und hat die Kommission nicht gemäß Artikel 53 gehandelt, so kann der Mitgliedstaat vorläufige Schutzmaßnahmen ergreifen. In diesem Fall unterrichtet er die anderen Mitgliedstaaten und die Kommission unverzüglich.

(2) Innerhalb von 10 Arbeitstagen befasst die Kommission den mit Artikel 58 Absatz 1 eingesetzten Ausschuss nach dem in Artikel 58 Absatz 2 genannten Verfahren mit der Frage der Verlängerung, der Änderung oder der Aufhebung der vorläufigen nationalen Schutzmaßnahmen.

(3) Der Mitgliedstaat darf seine vorläufigen nationalen Schutzmaßnahmen so lange beibehalten, bis die Gemeinschaftsmaßnahmen erlassen sind.

ABSCHNITT 3
KRISENMANAGEMENT

Artikel 55 Allgemeiner Plan für das Krisenmanagement

(1) Die Kommission erstellt in enger Zusammenarbeit mit der Behörde und den Mitgliedstaaten einen allgemeinen Plan für das Krisenmanagement im Bereich der Lebensmittel- und Futtermittelsicherheit (im Folgenden „der allgemeine Plan" genannt).

(2) Der allgemeine Plan legt insbesondere fest, in welchen Fällen auf Lebensmittel oder Futtermittel zurückzuführende unmittelbare oder mittelbare Risiken für die menschliche Gesundheit voraussichtlich nicht durch bereits vorhandene Vorkehrungen verhütet, beseitigt oder auf ein akzeptables Maß gesenkt werden oder ausschließlich durch Anwendung der in den Artikeln 53 und 54 genannten Maßnahmen angemessen bewältigt werden können.

Der allgemeine Plan legt auch fest, welche praktischen Verfahren erforderlich sind, um eine Krise zu bewältigen, welche Transparenzgrundsätze hierbei Anwendung finden sollen und welche Kommunikationsstrategie gewählt werden soll.

Artikel 56 Krisenstab

(1) Stellt die Kommission fest, dass ein Fall vorliegt, in dem ein von einem Lebensmittel oder Futtermittel ausgehendes ernstes unmittelbares oder mittelbares Risiko für die menschliche Gesundheit nicht durch die bereits getroffenen Vorkehrungen verhütet, beseitigt oder verringert werden oder ausschließlich durch Anwendung der in den Artikeln 53 und 54 genannten Maßnahmen angemessen bewältigt werden kann, so unterrichtet sie unverzüglich die Mitgliedstaaten und die Behörde; die Zuständigkeit der Kommission für die Sicherstellung der Anwendung des Gemeinschaftsrechts bleibt hiervon unberührt.

(2) Die Kommission richtet unverzüglich einen Krisenstab ein, an welchem die Behörde beteiligt wird und dem diese erforderlichenfalls wissenschaftliche und technische Unterstützung gewährt.

Artikel 57 Aufgaben des Krisenstabs

(1) Der Krisenstab ist verantwortlich für die Sammlung und Beurteilung sämtlicher relevanter Informationen und die Ermittlung der gangbaren Wege zu einer möglichst effektiven und raschen Verhütung oder Beseitigung des Risikos für die menschliche Gesundheit oder seiner Senkung auf ein akzeptables Maß.

(2) Der Krisenstab kann die Unterstützung jeder juristischen oder natürlichen Person anfordern, deren Fachwissen er zur wirksamen Bewältigung der Krise für nötig hält.

(3) Der Krisenstab informiert die Öffentlichkeit über die bestehenden Risiken und die getroffenen Maßnahmen.

KAPITEL V
VERFAHREN UND SCHLUSSBESTIMMUNGEN

ABSCHNITT 1
AUSSCHUSS- UND VERMITTLUNGSVERFAHREN

Artikel 58 Ausschuss

(1) Die Kommission wird von einem Ständigen Ausschuss für Pflanzen, Tiere, Lebensmittel und Futtermittel (im Folgenden „der Ausschuss" genannt) unterstützt. Dieser Ausschuss ist ein Ausschuss im Sinne der Verordnung (EU) Nr. 182/2011 des Europäischen Parlaments und des Rates (¹). Der Ausschuss wird nach Fachgruppen organisiert, die alle einschlägigen Themen behandeln.

Alle Verweise im Unionsrecht auf den Ständigen Ausschuss für die Lebensmittelkette und Tiergesundheit gelten als Verweise auf den Ausschuss gemäß Unterabsatz 1.

(2) Wird auf diesen Absatz Bezug genommen, so gelten die Artikel 5 und 7 des Beschlusses 1999/468/EG unter Beachtung von dessen Artikel 8.

Der Zeitraum nach Artikel 5 Absatz 6 des Beschlusses 1999/468/EG wird auf drei Monate festgesetzt.

(3) Wird auf diesen Absatz Bezug genommen, so gelten Artikel 5a Absätze 1 bis 4 und Artikel 7 des Beschlusses 1999/468/EG unter Beachtung von dessen Artikel 8.

Artikel 59 Funktionen des Ausschusses

Der Ausschuss nimmt die ihm durch diese Verordnung und sonstige einschlägige Gemeinschaftsbestimmungen zugewiesenen Funktionen in den Fällen und unter den Bedingungen wahr, die in den genannten Vorschriften festgelegt sind. Ferner kann er entweder auf Initiative des Vorsitzenden oder auf schriftlichen Antrag eines seiner Mitglieder jede Frage prüfen, die unter die genannten Vorschriften fällt.

Artikel 60 Vermittlungsverfahren

(1) Ist ein Mitgliedstaat der Ansicht, dass eine von einem anderen Mitgliedstaat im Bereich der Lebensmittelsicherheit getroffene Maßnahme entweder mit dieser Verordnung unvereinbar oder so beschaffen ist, dass sie das Funktionieren des Binnenmarktes beeinträchtigen kann, so legt er unbeschadet der Anwendung sonstiger Gemeinschaftsvorschriften die Angelegenheit der Kommission vor, die den betreffenden Mitgliedstaat unverzüglich unterrichtet.

(2) Die beiden betroffenen Mitgliedstaaten und die Kommission bemühen sich nach Kräften, das Problem zu lösen. Kann keine Einigung erzielt werden, so kann die Kommission bei der Behörde ein Gutachten zu etwaigen relevanten strittigen wissenschaftlichen Fragen anfordern. Die Bedingungen einer solchen Anforderung und die Frist, innerhalb deren die Behörde das Gutachten zu erstellen hat, werden zwischen der Kommission und der Behörde nach Konsultation der beiden betroffenen Mitgliedstaaten einvernehmlich festgelegt.

(¹) Verordnung (EU) Nr. 182/2011 des Europäischen Parlaments und des Rates vom 16. Februar 2011 zur Festlegung der allgemeinen Regeln und Grundsätze, nach denen die Mitgliedstaaten die Wahrnehmung der Durchführungsbefugnisse durch die Kommission kontrollieren (ABl. L 55 vom 28.2.2011, S. 13).

ABSCHNITT 2
SCHLUSSBESTIMMUNGEN

Artikel 61 Überprüfungsklausel

(1) Vor dem 1. Januar 2005 und danach alle sechs Jahre gibt die Behörde in Zusammenarbeit mit der Kommission eine unabhängige externe Bewertung ihrer Leistungen auf der Grundlage der vom Verwaltungsrat in Absprache mit der Kommission erteilten Vorgaben in Auftrag. Bewertungsgegenstand sind die Arbeitsweise und die Wirkung der Behörde. Bei der Bewertung werden die Standpunkte der beteiligten Kreise auf gemeinschaftlicher wie auf nationaler Ebene berücksichtigt.

Der Verwaltungsrat der Behörde prüft die Schlussfolgerungen der Bewertung und gibt erforderlichenfalls gegenüber der Kommission Empfehlungen für Veränderungen bei der Behörde und ihrer Arbeitsweise ab. Die Bewertung und die Empfehlungen werden veröffentlicht.

(2) Vor dem 1. Januar 2005 veröffentlicht die Kommission einen Bericht über die bei der Durchführung von Kapitel IV Abschnitte 1 und 2 gesammelten Erfahrungen.

(3) Die in den Absätzen 1 und 2 genannten Berichte und Empfehlungen werden dem Europäischen Parlament und dem Rat übermittelt.

Artikel 62 Bezugnahmen auf die Europäische Behörde für Lebensmittelsicherheit und auf den Ständigen Ausschuss für die Lebensmittelkette und Tiergesundheit

(1) Bezugnahmen auf den Wissenschaftlichen Lebensmittelausschuss, den Wissenschaftlichen Futtermittelausschuss, den Wissenschaftlichen Veterinärausschuss, den Wissenschaftlichen Ausschuss für Schädlingsbekämpfungsmittel, den Wissenschaftlichen Ausschuss „Pflanzen" sowie den Wissenschaftlichen Lenkungsausschuss in den Rechtsvorschriften der Gemeinschaft werden durch eine Bezugnahme auf die Europäische Behörde für Lebensmittelsicherheit ersetzt.

(2) Bezugnahmen auf den Ständigen Lebensmittelausschuss, den Ständigen Futtermittelausschuss und den Ständigen Veterinärausschuss in den Rechtsvorschriften der Gemeinschaft werden durch eine Bezugnahme auf den Ständigen Ausschuss für die Lebensmittelkette und Tiergesundheit ersetzt.

Bezugnahmen auf den Ständigen Ausschuss für Pflanzenschutz im Zusammenhang mit Pflanzenschutzmitteln und Rückstandshöchstgehalten in den Rechtsvorschriften der Gemeinschaft, die sich auf die Richtlinien 76/895/EWG, 86/362/EWG, 86/363/EWG, 90/642/EWG und 91/414/EWG stützen, wie auch in diesen Richtlinien selbst, werden durch eine Bezugnahme auf den Ständigen Ausschuss für die Lebensmittelkette und Tiergesundheit ersetzt.

(3) Im Sinne der Absätze 1 und 2 bezeichnet der Ausdruck „Rechtsvorschriften der Gemeinschaft" sämtliche Verordnungen, Richtlinien, Beschlüsse und Entscheidungen der Gemeinschaft.

(4) Die Beschlüsse 68/361/EWG, 69/414/EWG und 70/372/EWG werden aufgehoben.

Artikel 63 Zuständigkeit der Europäischen Agentur für die Beurteilung von Arzneimitteln

Diese Verordnung berührt nicht die Zuständigkeit, die der Europäischen Agentur für die Beurteilung von Arzneimitteln gemäß der Verordnung (EWG) Nr. 2309/93, der Verordnung (EWG) Nr. 2377/90, der Richtlinie 75/319/EWG des Rates [1] und der Richtlinie 81/851/EWG des Rates [2] übertragen wurde.

Artikel 64 Beginn der Tätigkeit der Behörde

Die Behörde nimmt ihre Tätigkeit am 1. Januar 2002 auf.

Artikel 65 Inkrafttreten

Diese Verordnung tritt am zwanzigsten Tag nach ihrer Veröffentlichung im *Amtsblatt der Europäischen Gemeinschaften* in Kraft.

Die Artikel 11 und 12 sowie 14 bis 20 gelten ab dem 1. Januar 2005.

Die Artikel 29, 56, 57, 60 und Artikel 62 Absatz 1 gelten vom Tag der Ernennung der Mitglieder des Wissenschaftlichen Ausschusses und der Wissenschaftlichen Gremien an, die durch eine Mitteilung in der C-Reihe des Amtsblatts bekannt gegeben wird.

---

[1] ABl. L 147 vom 9. 6. 1975, S. 13. Richtlinie geändert durch die Richtlinie 2001/83/EG des Europäischen Parlaments und des Rates (ABl. L 311 vom 28. 11. 2001, S. 67).
[2] ABl. L 317 vom 6. 11. 1981, S. 1. Richtlinie geändert durch die Richtlinie 2001/82/EG des Europäischen Parlaments und des Rates (ABl. L 311 vom 28. 11. 2001, S. 1).

Lebensmittel-, Bedarfsgegenstände- und Futtermittelgesetzbuch
(Lebensmittel- und Futtermittelgesetzbuch – LFGB)[1][2][3]

In der Neufassung vom 3. Juni 2013

(BGBl. I S. 1426), geänd. durch Art. 3 des G zur Durchführung der VO (EU) Nr. 528/2012 vom 23. 7. 2013 (BGBl. I S. 2565), Art. 2 Abs. 33 des G zur Strukturreform des Gebührenrechts des Bundes vom 7. 8. 2013 (BGBl. I S. 3154), 3. Änd.-VO vom 28. 5. 2014 (BGBl. I S. 698), Art. 2 des 3. G zur Änd. des Agrarstatistikgesetzes vom 5. 12. 2014 (BGBl. I S. 1975), Art. 67 der 10. ZuständigkeitsanpassungsVO vom 31. 8. 2015 (BGBl. I S. 1474), Art. 8 Abs. 3 des G zur Neuorganisation der Zollverwaltung vom 3. 12. 2015 (BGBl. I S. 2178) und Art. 1 der VO zur Änd. des Lebensmittel- und Futtermittelgesetzbuches sowie anderer Vorschriften vom 26. 1. 2016 (BGBl. I S. 108)

Inhaltsübersicht
Abschnitt 1
Allgemeine Bestimmungen

§ 1	Zweck des Gesetzes
§ 2	Begriffsbestimmungen
§ 3	Weitere Begriffsbestimmungen
§ 4	Vorschriften zum Geltungsbereich

Abschnitt 2
Verkehr mit Lebensmitteln

§ 5	Verbote zum Schutz der Gesundheit
§ 6	Verbote für Lebensmittelzusatzstoffe
§ 7	Ermächtigungen für Lebensmittelzusatzstoffe
§ 8	Bestrahlungsverbot und Zulassungsermächtigung
§ 9	Pflanzenschutz- oder sonstige Mittel
§ 10	Stoffe mit pharmakologischer Wirkung
§ 11	Vorschriften zum Schutz vor Täuschung
§ 12	(weggefallen)
§ 13	Ermächtigungen zum Schutz der Gesundheit und vor Täuschung
§ 14	Weitere Ermächtigungen

---

[1] Das Gesetz dient der Umsetzung der in der Anlage zu Fußnote 1) des Gesetzes zur Neuordnung des Lebensmittel- und Futtermittelrechts vom 1. September 2005 (BGBl. I S. 2618, 3007) in den Nummern 1 bis 72 und 75 aufgeführten Rechtsakte.

[2] Die Verpflichtungen aus der Richtlinie 98/34/EG des Europäischen Parlaments und des Rates vom 22. Juni 1998 über ein Informationsverfahren auf dem Gebiet der Normen und technischen Vorschriften und der Vorschriften für die Dienste der Informationsgesellschaft (ABl. L 204 vom 21.7.1998, S. 37), die zuletzt durch die Richtlinie 2006/96/EG (ABl. L 363 vom 20.12.2006, S. 81) geändert worden ist, sind beachtet worden.

[3] Das Gesetz dient der Umsetzung der Richtlinie 2008/112/EG des Europäischen Parlaments und des Rates vom 16. Dezember 2008 zur Änderung der Richtlinien 76/768/EWG, 88/378/EWG und 1999/13/EG des Rates sowie der Richtlinien 2000/53/EG, 2002/96/EG und 2004/42/EG des Europäischen Parlaments und des Rates zwecks ihrer Anpassung an die Verordnung (EG) Nr. 1272/2008 über die Einstufung, Kennzeichnung und Verpackung von Stoffen und Gemischen (ABl. L 345 vom 23.12.2008, S. 68).

§ 15 Deutsches Lebensmittelbuch
§ 16 Deutsche Lebensmittelbuch-Kommission

Abschnitt 3
Verkehr mit Futtermitteln

§ 17 Verbote
§ 17a Versicherung
§ 18 Verfütterungsverbot und Ermächtigungen
§ 19 Verbote zum Schutz vor Täuschung
§ 20 Verbot der krankheitsbezogenen Werbung
§ 21 Weitere Verbote sowie Beschränkungen
§ 22 Ermächtigungen zum Schutz der Gesundheit
§ 23 Weitere Ermächtigungen zum Schutz der Gesundheit
§ 23a Ermächtigung zum Schutz der tierischen Gesundheit und zur Förderung der tierischen Erzeugung
§ 24 Gewähr für bestimmte Anforderungen
§ 25 Mitwirkung bestimmter Behörden

Abschnitt 4
Verkehr mit kosmetischen Mitteln

§ 26 Verbote zum Schutz der Gesundheit
§ 27 Vorschriften zum Schutz vor Täuschung
§ 28 Ermächtigungen zum Schutz der Gesundheit
§ 29 Weitere Ermächtigungen

Abschnitt 5
Verkehr mit sonstigen Bedarfsgegenständen

§ 30 Verbote zum Schutz der Gesundheit
§ 31 Übergang von Stoffen auf Lebensmittel
§ 32 Ermächtigungen zum Schutz der Gesundheit
§ 33 Vorschriften zum Schutz vor Täuschung

Abschnitt 6
Gemeinsame Vorschriften für alle Erzeugnisse

§ 34 Ermächtigungen zum Schutz der Gesundheit
§ 35 Ermächtigungen zum Schutz vor Täuschung und zur Unterrichtung
§ 36 Ermächtigungen für betriebseigene Kontrollen und Maßnahmen
§ 37 Weitere Ermächtigungen

Abschnitt 7
Überwachung

- § 38 Zuständigkeit, gegenseitige Information
- § 38a Übermittlung von Daten über den Internethandel
- § 39 Aufgabe und Maßnahmen der zuständigen Behörden
- § 40 Information der Öffentlichkeit
- § 41 Maßnahmen im Erzeugerbetrieb, Viehhandelsunternehmen und Transportunternehmen
- § 42 Durchführung der Überwachung
- § 43 Probenahme
- § 44 Duldungs-, Mitwirkungs- und Übermittlungspflichten
- § 44a Mitteilungs- und Übermittlungspflichten über Untersuchungsergebnisse zu gesundheitlich nicht erwünschten Stoffen
- § 45 Schiedsverfahren
- § 46 Ermächtigungen
- § 47 Weitere Ermächtigungen
- § 48 Landesrechtliche Bestimmungen
- § 49 Erstellung eines Lagebildes, Verwendung bestimmter Daten
- § 49a Zusammenarbeit von Bund und Ländern

Abschnitt 8
Monitoring

- § 50 Monitoring
- § 51 Durchführung des Monitorings
- § 52 Erlass von Verwaltungsvorschriften

Abschnitt 9
Verbringen in das und aus dem Inland

- § 53 Verbringungsverbote
- § 54 Bestimmte Erzeugnisse aus anderen Mitgliedstaaten oder anderen Vertragsstaaten des Abkommens über den Europäischen Wirtschaftsraum
- § 55 Mitwirkung von Zollstellen
- § 56 Ermächtigungen
- § 57 Ausfuhr; sonstiges Verbringen aus dem Inland

Abschnitt 10
Straf- und Bußgeldvorschriften

- § 58 Strafvorschriften
- § 59 Strafvorschriften
- § 60 Bußgeldvorschriften

§ 61 Einziehung
§ 62 Ermächtigungen

Abschnitt 11
Schlussbestimmungen

§ 63 Gebühren und Auslagen
§ 64 Amtliche Sammlung von Untersuchungsverfahren; Bekanntmachungen
§ 65 Aufgabendurchführung
§ 66 Statistik
§ 67 Ausnahmeermächtigungen für Krisenzeiten
§ 68 Zulassung von Ausnahmen
§ 69 Zulassung weiterer Ausnahmen
§ 70 Rechtsverordnungen in bestimmten Fällen
§ 71 Beteiligung der Öffentlichkeit
§ 72 Außenverkehr
§ 73 Verkündung von Rechtsverordnungen
§ 74 Geltungsbereich bestimmter Vorschriften
§ 75 Übergangsregelungen

Abschnitt 1
Allgemeine Bestimmungen

§ 1 Zweck des Gesetzes

(1) Zweck des Gesetzes ist es,
1. vorbehaltlich des Absatzes 2 bei Lebensmitteln, Futtermitteln, kosmetischen Mitteln und Bedarfsgegenständen den Schutz der Verbraucherinnen und Verbraucher durch Vorbeugung gegen eine oder Abwehr einer Gefahr für die menschliche Gesundheit sicherzustellen,
2. beim Verkehr mit Lebensmitteln, Futtermitteln, kosmetischen Mitteln und Bedarfsgegenständen vor Täuschung zu schützen,
3. die Unterrichtung der Wirtschaftsbeteiligten und
    a) der Verbraucherinnen und Verbraucher beim Verkehr mit Lebensmitteln, kosmetischen Mitteln und Bedarfsgegenständen,
    b) der Verwenderinnen und Verwender beim Verkehr mit Futtermitteln
  sicherzustellen,
4. a) bei Futtermitteln
    aa) den Schutz von Tieren durch Vorbeugung gegen eine oder Abwehr einer Gefahr für die tierische Gesundheit sicherzustellen,
    bb) vor einer Gefahr für den Naturhaushalt durch in tierischen Ausscheidungen vorhandene unerwünschte Stoffe, die ihrerseits bereits in Futtermitteln vorhanden gewesen sind, zu schützen,

b) durch Futtermittel die tierische Erzeugung so zu fördern, dass

aa) die Leistungsfähigkeit der Nutztiere erhalten und verbessert wird und

bb) die von Nutztieren gewonnenen Lebensmittel und sonstigen Produkte den an sie gestellten qualitativen Anforderungen, auch im Hinblick auf ihre Unbedenklichkeit für die menschliche Gesundheit, entsprechen.

(1a) Absatz 1 Nummer 2 erfasst auch den Schutz

1. vor Täuschung im Falle zum Verzehr ungeeigneter Lebensmittel im Sinne des Artikels 14 Absatz 2 Buchstabe b und Absatz 5 der Verordnung (EG) Nr. 178/2002 des Europäischen Parlaments und des Rates vom 28. Januar 2002 zur Festlegung der allgemeinen Grundsätze und Anforderungen des Lebensmittelrechts, zur Errichtung der Europäischen Behörde für Lebensmittelsicherheit und zur Festlegung von Verfahren zur Lebensmittelsicherheit (ABl. L 31 vom 1.2.2002, S. 1), die zuletzt durch die Verordnung (EU) Nr. 652/2014 (ABl. L 189 vom 27.6.2014, S. 1) geändert worden ist, oder

2. vor Verwendung ungeeigneter Bedarfsgegenstände im Sinne des § 2 Absatz 6 Satz 1 Nummer 1.

(2) Zweck dieses Gesetzes ist es, den Schutz der menschlichen Gesundheit im privaten häuslichen Bereich durch Vorbeugung gegen eine oder Abwehr einer Gefahr, die von Erzeugnissen ausgeht oder ausgehen kann, sicherzustellen, soweit dies in diesem Gesetz angeordnet ist.

(3) Dieses Gesetz dient ferner der Umsetzung und Durchführung von Rechtsakten der Europäischen Gemeinschaft oder der Europäischen Union, die Sachbereiche dieses Gesetzes betreffen, wie durch ergänzende Regelungen zur Verordnung (EG) Nr. 178/2002.

§ 2 Begriffsbestimmungen

(1) Erzeugnisse sind Lebensmittel, einschließlich Lebensmittelzusatzstoffe, Futtermittel, kosmetische Mittel und Bedarfsgegenstände.

(2) Lebensmittel sind Lebensmittel im Sinne des Artikels 2 der Verordnung (EG) Nr. 178/2002.

(3) Lebensmittelzusatzstoffe sind Lebensmittelzusatzstoffe im Sinne des Artikels 3 Absatz 2 Buchstabe a in Verbindung mit Artikel 2 Absatz 2 der Verordnung (EG) Nr. 1333/2008 des Europäischen Parlaments und des Rates vom 16. Dezember 2008 über Lebensmittelzusatzstoffe (ABl. L 354 vom 31.12.2008, S. 16, L 105 vom 27.4.2010, S. 114, L 322 vom 21.11.2012, S. 8, L 123 vom 19.5.2015, S. 122), die zuletzt durch die Verordnung (EU) 2015/1832 (ABl. L 266 vom 13.10.2015, S. 27) geändert worden ist. Den Lebensmittelzusatzstoffen stehen gleich

1. Stoffe mit oder ohne Nährwert, die üblicherweise weder selbst als Lebensmittel verzehrt noch als charakteristische Zutat eines Lebensmittels verwendet werden und die einem Lebensmittel aus anderen als technologischen Gründen beim Herstellen oder Behandeln zugesetzt werden, wodurch sie selbst oder ihre Abbau- oder Reaktionsprodukte mittelbar oder unmittelbar zu einem Bestandteil des Lebensmittels werden oder werden können; ausgenommen sind Stoffe, die natürlicher Herkunft oder den natürlichen chemisch

gleich sind und nach allgemeiner Verkehrsauffassung überwiegend wegen ihres Nähr-, Geruchs- oder Geschmackswertes oder als Genussmittel verwendet werden,
2. Mineralstoffe und Spurenelemente sowie deren Verbindungen außer Kochsalz,
3. Aminosäuren und deren Derivate,
4. Vitamine A und D sowie deren Derivate.

(4) Futtermittel sind Futtermittel im Sinne des Artikels 3 Nummer 4 der Verordnung (EG) Nr. 178/2002.

(5) Kosmetische Mittel sind Stoffe oder Gemische aus Stoffen, die ausschließlich oder überwiegend dazu bestimmt sind, äußerlich am Körper des Menschen oder in seiner Mundhöhle zur Reinigung, zum Schutz, zur Erhaltung eines guten Zustandes, zur Parfümierung, zur Veränderung des Aussehens oder dazu angewendet zu werden, den Körpergeruch zu beeinflussen. Als kosmetische Mittel gelten nicht Stoffe oder Gemische aus Stoffen, die zur Beeinflussung der Körperformen bestimmt sind.

(6) Bedarfsgegenstände sind
1. Materialien und Gegenstände im Sinne des Artikels 1 Absatz 2 der Verordnung (EG) Nr. 1935/2004 des Europäischen Parlaments und des Rates vom 27. Oktober 2004 über Materialien und Gegenstände, die dazu bestimmt sind, mit Lebensmitteln in Berührung zu kommen und zur Aufhebung der Richtlinien 80/590/EWG und 89/109/EWG (ABl. L 338 vom 13.11.2004, S. 4), die durch die Verordnung (EG) Nr. 596/2009 (ABl. L 188 vom 18.7.2009, S. 14) geändert worden ist,
2. Packungen, Behältnisse oder sonstige Umhüllungen, die dazu bestimmt sind, mit kosmetischen Mitteln in Berührung zu kommen,
3. Gegenstände, die dazu bestimmt sind, mit den Schleimhäuten des Mundes in Berührung zu kommen,
4. Gegenstände, die zur Körperpflege bestimmt sind,
5. Spielwaren und Scherzartikel,
6. Gegenstände, die dazu bestimmt sind, nicht nur vorübergehend mit dem menschlichen Körper in Berührung zu kommen, wie Bekleidungsgegenstände, Bettwäsche, Masken, Perücken, Haarteile, künstliche Wimpern, Armbänder,
7. Reinigungs- und Pflegemittel, die für den häuslichen Bedarf oder für Bedarfsgegenstände im Sinne der Nummer 1 bestimmt sind,
8. Imprägnierungsmittel und sonstige Ausrüstungsmittel für Bedarfsgegenstände im Sinne der Nummer 6, die für den häuslichen Bedarf bestimmt sind,
9. Mittel und Gegenstände zur Geruchsverbesserung in Räumen, die zum Aufenthalt von Menschen bestimmt sind.

Bedarfsgegenstände sind nicht Gegenstände, die nach § 2 Absatz 2 des Arzneimittelgesetzes als Arzneimittel gelten, nach § 3 des Medizinproduktegesetzes Medizinprodukte oder Zubehör für Medizinprodukte oder nach Artikel 3 Absatz 1 Buchstabe a der Verordnung (EU) Nr. 528/2012 des Europäischen Parlaments und des Rates vom 22. Mai 2012 über die Bereitstellung auf dem Markt und die Verwendung von Biozidprodukten (ABl. L 167 vom 27.6.2012, S. 1), die zuletzt durch die Verordnung (EU) Nr. 334/2014 (ABl. L 103 vom 5.4.2014, S. 22) geändert worden ist, Biozid-Produkte sind, sowie nicht die in Artikel 1 Absatz 3 der Verordnung (EG) Nr. 1935/2004 genannten Materialien und Gegenstände, Überzugs- und Beschichtungsmaterialien und Wasserversorgungsanlagen.

§ 3 Weitere Begriffsbestimmungen

Im Sinne dieses Gesetzes sind:
1. Inverkehrbringen: Inverkehrbringen im Sinne des Artikels 3 Nummer 8 der Verordnung (EG) Nr. 178/2002; für kosmetische Mittel, Bedarfsgegenstände und mit Lebensmitteln verwechselbare Produkte gilt Artikel 3 Nummer 8 der Verordnung (EG) Nr. 178/2002 entsprechend,
2. Herstellen: das Gewinnen, einschließlich des Schlachtens oder Erlegens lebender Tiere, deren Fleisch als Lebensmittel zu dienen bestimmt ist, das Herstellen, das Zubereiten, das Be- und Verarbeiten und das Mischen,
3. Behandeln: das Wiegen, Messen, Um- und Abfüllen, Stempeln, Bedrucken, Verpacken, Kühlen, Gefrieren, Tiefgefrieren, Auftauen, Lagern, Aufbewahren, Befördern sowie jede sonstige Tätigkeit, die nicht als Herstellen oder Inverkehrbringen anzusehen ist,
4. Verbraucherin oder Verbraucher: Endverbraucher im Sinne des Artikels 3 Nummer 18 der Verordnung (EG) Nr. 178/2002, im Übrigen diejenige, an die oder derjenige, an den ein kosmetisches Mittel oder ein Bedarfsgegenstand zur persönlichen Verwendung oder zur Verwendung im eigenen Haushalt abgegeben wird, wobei Gewerbetreibende, soweit sie ein kosmetisches Mittel oder ein Bedarfsgegenstand zum Verbrauch innerhalb ihrer Betriebsstätte beziehen, der Verbraucherin oder dem Verbraucher gleichstehen,
5. Verzehren: das Aufnehmen von Lebensmitteln durch den Menschen durch Essen, Kauen, Trinken sowie durch jede sonstige Zufuhr von Stoffen in den Magen,
6. Lebensmittelunternehmen: Lebensmittelunternehmen im Sinne des Artikels 3 Nummer 2 der Verordnung (EG) Nr. 178/2002,
7. Lebensmittelunternehmerin oder Lebensmittelunternehmer: Lebensmittelunternehmer im Sinne des Artikels 3 Nummer 3 der Verordnung (EG) Nr. 178/2002,
8. Information über Lebensmittel: Information über Lebensmittel im Sinne des Artikels 2 Absatz 2 Buchstabe a der Verordnung (EU) Nr. 1169/2011 des Europäischen Parlaments und des Rates vom 25. Oktober 2011 betreffend die Information der Verbraucher über Lebensmittel und zur Änderung der Verordnungen (EG) Nr. 1924/2006 und (EG) Nr. 1925/2006 des Europäischen Parlaments und des Rates und zur Aufhebung der Richtlinie 87/250/EWG der Kommission, der Richtlinie 90/496/EWG des Rates, der Richtlinie 1999/10/EG der Kommission, der Richtlinie 2000/13/EG des Europäischen Parlaments und des Rates, der Richtlinien 2002/67/EG und 2008/5/EG der Kommission und der Verordnung (EG) Nr. 608/2004 der Kommission (ABl. L 304 vom 22.11.2011, S. 18, L 331 vom 18.11.2014, S. 41, L 50 vom 21.2.2015, S. 48), die zuletzt durch die Verordnung (EU) 2015/2283 (ABl. L 327 vom 11.12.2015, S. 1) geändert worden ist,
9. Auslösewert: Grenzwert für den Gehalt an einem gesundheitlich nicht erwünschten Stoff, der in oder auf einem Lebensmittel enthalten ist, bei dessen Überschreitung Untersuchungen vorgenommen werden müssen, um die

Ursachen für das Vorhandensein des jeweiligen Stoffs mit dem Ziel zu ermitteln, Maßnahmen zu seiner Verringerung oder Beseitigung einzuleiten,
10. mit Lebensmitteln verwechselbare Produkte: Produkte, die zwar keine Lebensmittel sind, bei denen jedoch aufgrund ihrer Form, ihres Geruchs, ihrer Farbe, ihres Aussehens, ihrer Aufmachung, ihrer Kennzeichnung, ihres Volumens oder ihrer Größe vorhersehbar ist, dass sie von den Verbraucherinnen und Verbrauchern, insbesondere von Kindern, mit Lebensmitteln verwechselt werden und deshalb zum Mund geführt, gelutscht oder geschluckt werden, wodurch insbesondere die Gefahr des Erstickens, der Vergiftung, der Perforation oder des Verschlusses des Verdauungskanals entstehen kann; ausgenommen sind Arzneimittel, die einem Zulassungs- oder Registrierungsverfahren unterliegen,
11. Futtermittelunternehmen: Futtermittelunternehmen im Sinne des Artikels 3 Nummer 5 der Verordnung (EG) Nr. 178/2002, auch soweit sich deren Tätigkeit auf Futtermittel bezieht, die zur oralen Tierfütterung von nicht der Lebensmittelgewinnung dienenden Tieren bestimmt sind,
12. Futtermittelunternehmerin oder Futtermittelunternehmer: Futtermittelunternehmer im Sinne des Artikels 3 Nummer 6 der Verordnung (EG) Nr. 178/2002, auch soweit sich deren Verantwortung auf Futtermittel bezieht, die zur oralen Tierfütterung von nicht der Lebensmittelgewinnung dienenden Tieren bestimmt sind,
13. Einzelfuttermittel: Einzelfuttermittel im Sinne des Artikels 3 Absatz 2 Buchstabe g der Verordnung (EG) Nr. 767/2009 des Europäischen Parlaments und des Rates vom 13. Juli 2009 über das Inverkehrbringen und die Verwendung von Futtermitteln, zur Änderung der Verordnung (EG) Nr. 1831/2003 des Europäischen Parlaments und des Rates und zur Aufhebung der Richtlinien 79/373/EWG des Rates, 80/511/EWG der Kommission, 82/471/EWG des Rates, 83/228/EWG des Rates, 93/74/EWG des Rates, 93/113/EG des Rates und 96/25/EG des Rates und der Entscheidung 2004/217/EG der Kommission (ABl. L 229 vom 1.9.2009, S. 1, L 192 vom 22.7.2011, S. 71), die zuletzt durch die Verordnung (EU) Nr. 939/2010 (ABl. L 277 vom 21.10.2010, S. 4) geändert worden ist,
14. Mischfuttermittel: Mischfuttermittel im Sinne des Artikels 3 Absatz 2 Buchstabe h der Verordnung (EG) Nr. 767/2009,
15. Diätfuttermittel: Mischfuttermittel, die dazu bestimmt sind, den besonderen Ernährungsbedarf der Tiere zu decken, bei denen insbesondere Verdauungs-, Resorptions- oder Stoffwechselstörungen vorliegen oder zu erwarten sind,
16. Futtermittelzusatzstoffe: Futtermittelzusatzstoffe im Sinne des Artikels 2 Absatz 2 Buchstabe a der Verordnung (EG) Nr. 1831/2003 des Europäischen Parlaments und des Rates vom 22. September 2003 über Zusatzstoffe zur Verwendung in der Tierernährung (ABl. L 268 vom 18.10.2003, S. 29, L 192 vom 29.5.2004, S. 34, L 98 vom 13.4.2007, S. 29), die zuletzt durch die Verordnung (EU) 2015/2294 (ABl. L 324 vom 10.12.2015, S. 3) geändert worden ist,
17. Vormischungen: Vormischungen im Sinne des Artikels 2 Absatz 2 Buchstabe e der Verordnung (EG) Nr. 1831/2003,
18. unerwünschte Stoffe: Stoffe – außer Tierseuchenerregern –, die in oder auf Futtermitteln enthalten sind und

a) als Rückstände in von Nutztieren gewonnenen Lebensmitteln oder sonstigen Produkten eine Gefahr für die menschliche Gesundheit darstellen,
b) eine Gefahr für die tierische Gesundheit darstellen,
c) vom Tier ausgeschieden werden und als solche eine Gefahr für den Naturhaushalt darstellen oder
d) die Leistung von Nutztieren oder als Rückstände in von Nutztieren gewonnenen Lebensmitteln oder sonstigen Produkten die Qualität dieser Lebensmittel oder Produkte nachteilig beeinflussen

können,
19. Mittelrückstände: Rückstände an Pflanzenschutzmitteln im Sinne des Pflanzenschutzgesetzes, Vorratsschutzmitteln oder Schädlingsbekämpfungsmitteln, soweit sie in Rechtsakten der Europäischen Gemeinschaft oder der Europäischen Union im Anwendungsbereich dieses Gesetzes aufgeführt sind und die in oder auf Futtermitteln vorhanden sind,
20. Naturhaushalt: seine Bestandteile Boden, Wasser, Luft, Klima, Tiere und Pflanzen sowie das Wirkungsgefüge zwischen ihnen,
21. Nutztiere: Tiere einer Art, die üblicherweise zum Zweck der Gewinnung von Lebensmitteln oder sonstigen Produkten gehalten wird, sowie Pferde,
22. Aktionsgrenzwert: Grenzwert für den Gehalt an einem unerwünschten Stoff, bei dessen Überschreitung Untersuchungen vorgenommen werden müssen, um die Ursachen für das Vorhandensein des unerwünschten Stoffs mit dem Ziel zu ermitteln, Maßnahmen zu seiner Verringerung oder Beseitigung einzuleiten.

§ 4 Vorschriften zum Geltungsbereich

(1) Die Vorschriften dieses Gesetzes
1. für Lebensmittel gelten auch für lebende Tiere, die der Gewinnung von Lebensmitteln dienen, soweit dieses Gesetz dies bestimmt,
2. für Lebensmittelzusatzstoffe gelten auch für die ihnen nach § 2 Absatz 3 Satz 2 oder aufgrund des Absatzes 3 Nummer 2 gleichgestellten Stoffe,
3. für kosmetische Mittel gelten auch für Mittel zum Tätowieren einschließlich vergleichbarer Stoffe und Gemische aus Stoffen, die dazu bestimmt sind, zur Beeinflussung des Aussehens in oder unter die menschliche Haut eingebracht zu werden und dort, auch vorübergehend, zu verbleiben,
4. und der aufgrund dieses Gesetzes erlassenen Rechtsverordnungen gelten nicht für Erzeugnisse im Sinne des Weingesetzes – ausgenommen die in § 1 Absatz 2 des Weingesetzes genannten Erzeugnisse –; sie gelten jedoch, soweit das Weingesetz oder aufgrund des Weingesetzes erlassene Rechtsverordnungen auf Vorschriften dieses Gesetzes oder der aufgrund dieses Gesetzes erlassenen Rechtsverordnungen verweisen.

(2) In Rechtsverordnungen nach diesem Gesetz können
1. Gaststätten, Einrichtungen zur Gemeinschaftsverpflegung sowie Gewerbetreibende, soweit sie in § 2 Absatz 2, 5 und 6 genannte Erzeugnisse zum Verbrauch innerhalb ihrer Betriebsstätte beziehen, der Verbraucherin oder dem Verbraucher gleichgestellt werden,

2. weitere als in den §§ 2 und 3 genannte Begriffsbestimmungen oder davon abweichende Begriffsbestimmungen vorgesehen werden, soweit dadurch der Anwendungsbereich dieses Gesetzes nicht erweitert wird.

(3) Das Bundesministerium für Ernährung und Landwirtschaft (Bundesministerium) wird ermächtigt, im Einvernehmen mit dem Bundesministerium für Wirtschaft und Energie durch Rechtsverordnung mit Zustimmung des Bundesrates, soweit es zur Erfüllung der in § 1 Absatz 1 Nummer 1, auch in Verbindung mit § 1 Absatz 3, genannten Zwecke erforderlich ist,
1. andere Gegenstände und Mittel des persönlichen oder häuslichen Bedarfs, von denen bei bestimmungsgemäßem oder vorauszusehendem Gebrauch aufgrund ihrer stofflichen Zusammensetzung, insbesondere durch toxikologisch wirksame Stoffe oder durch Verunreinigungen, gesundheitsgefährdende Einwirkungen auf den menschlichen Körper ausgehen können, den Bedarfsgegenständen,
2. bestimmte Stoffe oder Gruppen von Stoffen, auch nur für bestimmte Verwendungszwecke, den Lebensmittelzusatzstoffen

gleichzustellen.

Abschnitt 2
Verkehr mit Lebensmitteln

§ 5 Verbote zum Schutz der Gesundheit

(1) Es ist verboten, Lebensmittel für andere derart herzustellen oder zu behandeln, dass ihr Verzehr gesundheitsschädlich im Sinne des Artikels 14 Absatz 2 Buchstabe a der Verordnung (EG) Nr. 178/2002 ist. Unberührt bleiben
1. das Verbot des Artikels 14 Absatz 1 in Verbindung mit Absatz 2 Buchstabe a der Verordnung (EG) Nr. 178/2002 über das Inverkehrbringen gesundheitsschädlicher Lebensmittel und
2. Regelungen in Rechtsverordnungen aufgrund des § 13 Absatz 1 Nummer 3 und 4, soweit sie für den privaten häuslichen Bereich gelten.

(2) Es ist ferner verboten,
1. Stoffe, die keine Lebensmittel sind und deren Verzehr gesundheitsschädlich im Sinne des Artikels 14 Absatz 2 Buchstabe a der Verordnung (EG) Nr. 178/2002 ist, als Lebensmittel in den Verkehr zu bringen,
2. mit Lebensmitteln verwechselbare Produkte für andere herzustellen, zu behandeln oder in den Verkehr zu bringen.

§ 6 Verbote für Lebensmittelzusatzstoffe

(1) Es ist verboten,
1. bei dem Herstellen oder Behandeln von Lebensmitteln, die dazu bestimmt sind, in den Verkehr gebracht zu werden,
   a) nicht zugelassene Lebensmittelzusatzstoffe unvermischt oder in Mischungen mit anderen Stoffen zu verwenden,
   b) Ionenaustauscher zu benutzen, soweit dadurch nicht zugelassene Lebensmittelzusatzstoffe in die Lebensmittel gelangen,
   c) Verfahren zu dem Zweck anzuwenden, nicht zugelassene Lebensmittelzusatzstoffe in den Lebensmitteln zu erzeugen,

2. Lebensmittel in den Verkehr zu bringen, die entgegen dem Verbot der Nummer 1 hergestellt oder behandelt sind oder einer nach § 7 Absatz 1 oder 2 Nummer 1 oder 5 erlassenen Rechtsverordnung nicht entsprechen,
3. Lebensmittelzusatzstoffe oder Ionenaustauscher, die bei dem Herstellen oder Behandeln von Lebensmitteln nicht verwendet werden dürfen, für eine solche Verwendung oder zur Verwendung bei dem Herstellen oder Behandeln von Lebensmitteln durch die Verbraucherin oder den Verbraucher in den Verkehr zu bringen.

(2) Absatz 1 Nummer 1 Buchstabe a findet keine Anwendung auf Enzyme und Mikroorganismenkulturen. Absatz 1 Nummer 1 Buchstabe c findet keine Anwendung auf Stoffe, die bei einer allgemein üblichen küchenmäßigen Zubereitung von Lebensmitteln entstehen.

(3) Die Verordnung (EG) Nr. 1333/2008 und die Verordnung (EG) Nr. 1332/2008 des Europäischen Parlaments und des Rates vom 16. Dezember 2008 über Lebensmittelenzyme und zur Änderung der Richtlinie 83/417/EWG des Rates, der Verordnung (EG) Nr. 1493/1999 des Rates, der Richtlinie 2000/13/EG des Rates und der Verordnung (EG) Nr. 258/97 (ABl. L 354 vom 31.12.2008, S. 7), die durch die Verordnung (EU) Nr. 1056/2012 (ABl. L 313 vom 13.11.2012, S. 9) geändert worden ist, bleiben unberührt.

§ 7 Ermächtigungen für Lebensmittelzusatzstoffe

(1) Das Bundesministerium wird ermächtigt, im Einvernehmen mit dem Bundesministerium für Wirtschaft und Energie durch Rechtsverordnung mit Zustimmung des Bundesrates, soweit es unter Berücksichtigung technologischer, ernährungsphysiologischer oder diätetischer Erfordernisse mit den in § 1 Absatz 1 Nummer 1 oder 2, jeweils auch in Verbindung mit § 1 Absatz 3, genannten Zwecken vereinbar ist,
1. Lebensmittelzusatzstoffe allgemein oder für bestimmte Lebensmittel oder für bestimmte Verwendungszwecke zuzulassen,
2. Ausnahmen von den Verboten des § 6 Absatz 1 zuzulassen.

(2) Das Bundesministerium wird ferner ermächtigt, im Einvernehmen mit dem Bundesministerium für Wirtschaft und Energie durch Rechtsverordnung mit Zustimmung des Bundesrates, soweit es zur Erfüllung der in § 1 Absatz 1 Nummer 1 oder 2, jeweils auch in Verbindung mit § 1 Absatz 3, genannten Zwecke erforderlich ist,
1. Höchstmengen für den Gehalt an Lebensmittelzusatzstoffen oder deren Umwandlungsprodukten in Lebensmitteln sowie Reinheitsanforderungen für Lebensmittelzusatzstoffe oder für Ionenaustauscher festzusetzen,
2. Mindestmengen für den Gehalt an Lebensmittelzusatzstoffen in Lebensmitteln festzusetzen,
3. Vorschriften über das Herstellen, das Behandeln oder das Inverkehrbringen von Ionenaustauschern zu erlassen,
4. bestimmte Enzyme oder Mikroorganismenkulturen von der Regelung des § 6 Absatz 2 Satz 1 auszunehmen,
5. die Verwendung bestimmter Ionenaustauscher bei dem Herstellen von Lebensmitteln zu verbieten oder zu beschränken.

§ 8 Bestrahlungsverbot und Zulassungsermächtigung

(1) Es ist verboten,
1. bei Lebensmitteln eine nicht zugelassene Bestrahlung mit ultravioletten oder ionisierenden Strahlen anzuwenden,
2. Lebensmittel in den Verkehr zu bringen, die entgegen dem Verbot der Nummer 1 oder einer nach Absatz 2 erlassenen Rechtsverordnung bestrahlt sind.

(2) Das Bundesministerium wird ermächtigt, im Einvernehmen mit den Bundesministerien für Bildung und Forschung und für Umwelt, Naturschutz, Bau und Reaktorsicherheit durch Rechtsverordnung mit Zustimmung des Bundesrates,
1. soweit es mit den Zwecken des § 1 Absatz 1 Nummer 1 oder 2, jeweils auch in Verbindung mit § 1 Absatz 3, vereinbar ist, eine solche Bestrahlung allgemein oder für bestimmte Lebensmittel oder für bestimmte Verwendungszwecke zuzulassen,
2. soweit es zur Erfüllung der in § 1 Absatz 1 Nummer 1 oder 2, jeweils auch in Verbindung mit § 1 Absatz 3, genannten Zwecke erforderlich ist, bestimmte technische Verfahren für zugelassene Bestrahlungen vorzuschreiben.

§ 9 Pflanzenschutz- oder sonstige Mittel

(1) Es ist verboten, Lebensmittel in den Verkehr zu bringen,
1. wenn in oder auf ihnen Pflanzenschutzmittel im Sinne des Pflanzenschutzgesetzes, Düngemittel im Sinne des Düngemittelgesetzes, andere Pflanzen- oder Bodenbehandlungsmittel, Biozid-Produkte im Sinne des Chemikaliengesetzes, soweit sie dem Vorratsschutz, der Schädlingsbekämpfung oder dem Schutz von Lebensmitteln dienen (Pflanzenschutz- oder sonstige Mittel) oder deren Umwandlungs- oder Reaktionsprodukte vorhanden sind, die nach Absatz 2 Nummer 1 Buchstabe a festgesetzte Höchstmengen überschreiten,
2. wenn in oder auf ihnen Pflanzenschutzmittel im Sinne des Pflanzenschutzgesetzes vorhanden sind, die nicht zugelassen sind oder die bei den Lebensmitteln oder deren Ausgangsstoffen nicht angewendet werden dürfen,
3. die den Anforderungen nach Artikel 18 Absatz 1, auch in Verbindung mit Artikel 20 Absatz 1, der Verordnung (EG) Nr. 396/2005 des Europäischen Parlaments und des Rates vom 23. Februar 2005 über Höchstgehalte an Pestizidrückständen in oder auf Lebens- und Futtermitteln pflanzlichen und tierischen Ursprungs und zur Änderung der Richtlinie 91/414/EWG des Rates (ABl. L 70 vom 16.3.2005, S. 1), die zuletzt durch die Verordnung (EU) 2016/1 (ABl. L 2 vom 5.1.2016, S. 1) geändert worden ist, nicht entsprechen.

Satz 1 Nummer 2 gilt nicht, soweit für die dort genannten Mittel Höchstmengen nach Absatz 2 Nummer 1 Buchstabe a festgesetzt sind.

(2) Das Bundesministerium wird ermächtigt, im Einvernehmen mit dem Bundesministerium für Wirtschaft und Energie durch Rechtsverordnung mit Zustimmung des Bundesrates,
1. soweit es zur Erfüllung der in § 1 Absatz 1 Nummer 1 oder 2, jeweils auch in Verbindung mit § 1 Absatz 3, genannten Zwecke erforderlich ist,

a) für Pflanzenschutz- oder sonstige Mittel oder deren Umwandlungs- und Reaktionsprodukte Höchstmengen festzusetzen, die in oder auf Lebensmitteln beim Inverkehrbringen nicht überschritten sein dürfen,
b) das Inverkehrbringen von Lebensmitteln, bei denen oder bei deren Ausgangsstoffen bestimmte Stoffe als Pflanzenschutz- oder sonstige Mittel angewendet worden sind, zu verbieten,
c) Maßnahmen zur Entwesung, Entseuchung oder Entkeimung von Räumen oder Geräten, in denen oder mit denen Lebensmittel hergestellt, behandelt oder in den Verkehr gebracht werden, von einer Genehmigung oder Anzeige abhängig zu machen sowie die Anwendung bestimmter Mittel, Geräte oder Verfahren bei solchen Maßnahmen vorzuschreiben, zu verbieten oder zu beschränken,
2. soweit es mit den in § 1 Absatz 1 Nummer 1 oder Nummer 2, jeweils auch in Verbindung mit § 1 Absatz 3, genannten Zwecken vereinbar ist, Ausnahmen von dem Verbot
a) des Absatzes 1 Satz 1 Nummer 2 oder
b) des Absatzes 1 Satz 1 Nummer 3 oder des Artikels 18 Absatz 1 der Verordnung (EG) Nr. 396/2005
zuzulassen.

§ 10 Stoffe mit pharmakologischer Wirkung

(1) Es ist verboten, vom Tier gewonnene Lebensmittel in den Verkehr zu bringen, wenn in oder auf ihnen Stoffe mit pharmakologischer Wirkung oder deren Umwandlungsprodukte vorhanden sind. Satz 1 gilt nicht, wenn
1. die für die in Satz 1 bezeichneten Stoffe oder deren Umwandlungsprodukte in einem unmittelbar geltenden Rechtsakt der Europäischen Gemeinschaft oder der Europäischen Union, insbesondere
a) im Anhang der Verordnung (EU) Nr. 37/2010 der Kommission vom 22. Dezember 2009 über pharmakologisch wirksame Stoffe und ihre Einstufung hinsichtlich der Rückstandshöchstmengen in Lebensmitteln tierischen Ursprungs (ABl. L 15 vom 20.1.2010, S. 1, L 293 vom 11.11.2010, S. 72), die zuletzt durch die Durchführungsverordnung (EU) 2015/2062 (ABl. L 301 vom 18.11.2015, S. 7) geändert worden ist,
b) in einem auf Artikel 14 der Verordnung (EG) Nr. 470/2009 des Europäischen Parlaments und des Rates vom 6. Mai 2009 über die Schaffung eines Gemeinschaftsverfahrens für die Festsetzung von Höchstmengen für Rückstände pharmakologisch wirksamer Stoffe in Lebensmitteln tierischen Ursprungs, zur Aufhebung der Verordnung (EWG) Nr. 2377/90 des Rates und zur Änderung der Richtlinie 2001/82/EG des Europäischen Parlaments und des Rates und der Verordnung (EG) Nr. 726/2004 des Europäischen Parlaments und des Rates (ABl. L 152 vom 16.6.2009, S. 11, L 154 vom 19.6.2015, S. 28) gestützten unmittelbar geltenden Rechtsakt der Europäischen Union oder
c) in einem auf die Verordnung (EG) Nr. 1831/2003 gestützten unmittelbar geltenden Rechtsakt der Europäischen Gemeinschaft oder der Europäischen Union,
festgesetzten Höchstmengen nicht überschritten werden,

2. die in Satz 1 bezeichneten Stoffe oder deren Umwandlungsprodukte
   a) im Anhang der Verordnung (EU) Nr. 37/2010 oder
   b) in einem auf Artikel 14 der Verordnung (EG) Nr. 470/2009 gestützten unmittelbar geltenden Rechtsakt der Europäischen Union

   als Stoffe aufgeführt sind, für die eine Festlegung von Höchstmengen nicht erforderlich ist,
3. für die in Satz 1 bezeichneten Stoffe oder deren Umwandlungsprodukte Referenzwerte in einem auf Artikel 18 der Verordnung (EG) Nr. 470/2009 gestützten unmittelbar geltenden Rechtsakt der Europäischen Union festgelegt worden sind und diese unterschritten werden oder
4. nach Absatz 4 Nummer 1 Buchstabe a festgesetzte Höchstmengen nicht überschritten werden.

Die Verordnung (EG) Nr. 396/2005 bleibt unberührt.

(2) Es ist ferner verboten, lebende Tiere im Sinne des § 4 Absatz 1 Nummer 1 in den Verkehr zu bringen, wenn in oder auf ihnen Stoffe mit pharmakologischer Wirkung oder deren Umwandlungsprodukte vorhanden sind, die
1. im Anhang Tabelle 2 der Verordnung (EU) Nr. 37/2010 als verbotene Stoffe aufgeführt sind,
2. nicht als Arzneimittel zur Anwendung bei diesen Tieren zugelassen oder registriert sind oder, ohne entsprechende Zulassung oder Registrierung, nicht aufgrund sonstiger arzneimittelrechtlicher Vorschriften bei diesen Tieren angewendet werden dürfen oder
3. nicht als Futtermittelzusatzstoffe für diese Tiere zugelassen sind.

(3) Sind Stoffe mit pharmakologischer Wirkung, die als Arzneimittel zugelassen oder registriert sind oder als Futtermittelzusatzstoffe zugelassen sind, einem lebenden Tier zugeführt worden, so dürfen
1. von dem Tier Lebensmittel nur gewonnen werden,
2. von dem Tier gewonnene Lebensmittel nur in den Verkehr gebracht werden,

wenn die festgesetzten Wartezeiten eingehalten worden sind.

(4) Das Bundesministerium wird ermächtigt, durch Rechtsverordnung mit Zustimmung des Bundesrates,
1. soweit es zur Erfüllung der in § 1 Absatz 1 Nummer 1 oder 2, jeweils auch in Verbindung mit § 1 Absatz 3, genannten Zwecke erforderlich ist,
   a) für Stoffe mit pharmakologischer Wirkung oder deren Umwandlungsprodukte Höchstmengen festzusetzen, die in oder auf Lebensmitteln beim Inverkehrbringen nicht überschritten sein dürfen,
   b) bestimmte Stoffe mit pharmakologischer Wirkung, ausgenommen Stoffe, die als Futtermittel-Zusatzstoffe in den Verkehr gebracht oder verwendet werden dürfen, von der Anwendung bei Tieren ganz oder für bestimmte Verwendungszwecke oder innerhalb bestimmter Wartezeiten auszuschließen und zu verbieten, dass entgegen solchen Vorschriften gewonnene Lebensmittel oder für eine verbotene Anwendung bestimmte Stoffe in den Verkehr gebracht werden,

c) bestimmte Stoffe oder Gruppen von Stoffen, ausgenommen Stoffe, die als Einzelfuttermittel oder Mischfuttermittel oder Futtermittel-Zusatzstoffe in den Verkehr gebracht oder verwendet werden dürfen, den Stoffen mit pharmakologischer Wirkung gleichzustellen, sofern Tatsachen die Annahme rechtfertigen, dass diese Stoffe in von Tieren gewonnene Lebensmittel übergehen,

d) das Inverkehrbringen von Lebensmitteln, in oder auf denen Stoffe mit pharmakologischer Wirkung oder deren Umwandlungsprodukte vorhanden sind, zu verbieten oder zu beschränken,

e) das Herstellen oder das Behandeln von in Buchstabe d bezeichneten Lebensmitteln zu verbieten oder zu beschränken,

2. soweit es zur Erfüllung der in § 1 Absatz 1 Nummer 1 oder 2, jeweils auch in Verbindung mit § 1 Absatz 3, genannten Zwecke erforderlich ist, die Regelungen des Absatzes 1 auf andere als die im einleitenden Satzteil des Absatzes 1 Satz 1 genannten Lebensmittel ganz oder teilweise zu erstrecken,

3. soweit es mit den in § 1 Absatz 1 Nummer 1 oder 2 genannten Zwecken vereinbar ist, Ausnahmen von dem Verbot des Absatzes 3 zuzulassen.

(5) Sobald und soweit ein Bescheid nach § 41 Absatz 2 Satz 1 oder 2, auch in Verbindung mit § 41 Absatz 4, ergangen ist, sind die Absätze 1 bis 3 nicht mehr anzuwenden.

§ 11 Vorschriften zum Schutz vor Täuschung

(1) Es ist verboten, als nach Artikel 8 Absatz 1 der Verordnung (EU) Nr. 1169/2011 verantwortlicher Lebensmittelunternehmer oder Importeur Lebensmittel mit Informationen über Lebensmittel, die den Anforderungen

1. des Artikels 7 Absatz 1, auch in Verbindung mit Absatz 4, der Verordnung (EU) Nr. 1169/2011,

2. des Artikels 7 Absatz 3, auch in Verbindung mit Absatz 4, der Verordnung (EU) Nr. 1169/2011 oder

3. des Artikels 36 Absatz 2 Buchstabe a in Verbindung mit Artikel 7 Absatz 1 oder Absatz 3, jeweils auch in Verbindung mit Artikel 7 Absatz 4, der Verordnung (EU) Nr. 1169/2011

nicht entsprechen, in den Verkehr zu bringen oder allgemein oder im Einzelfall dafür zu werben.

(2) Es ist ferner verboten,

1. andere als dem Verbot des Artikels 14 Absatz 1 in Verbindung mit Absatz 2 Buchstabe b der Verordnung (EG) Nr. 178/2002 unterliegende Lebensmittel, die für den Verzehr durch den Menschen ungeeignet sind, in den Verkehr zu bringen,

2. a) nachgemachte Lebensmittel,

b) Lebensmittel, die hinsichtlich ihrer Beschaffenheit von der Verkehrsauffassung abweichen und dadurch in ihrem Wert, insbesondere in ihrem Nähr- oder Genusswert oder in ihrer Brauchbarkeit nicht unerheblich gemindert sind oder

c) Lebensmittel, die geeignet sind, den Anschein einer besseren als der tatsächlichen Beschaffenheit zu erwecken,

ohne ausreichende Kenntlichmachung in den Verkehr zu bringen.

(3) Absatz 1 Nummer 2 gilt nicht für nach Artikel 14 Absatz 1 der Verordnung (EG) Nr. 1924/2006 des Europäischen Parlaments und des Rates vom 20. Dezember 2006 über nährwert- und gesundheitsbezogene Angaben über Lebensmittel (ABl. L 404 vom 30.12.2006, S. 9, L 12 vom 18.1.2007, S. 3, L 86 vom 28.3.2008, S. 34, L 198 vom 30.7.2009, S. 87, L 160 vom 12.6.2013, S. 15), die zuletzt durch die Verordnung (EU) Nr. 1047/2012 (ABl. L 310 vom 9.11.2012, S. 36) geändert worden ist, zugelassene Angaben.

§ 12
(weggefallen)

§ 13 Ermächtigungen zum Schutz der Gesundheit und vor Täuschung

(1) Das Bundesministerium wird ermächtigt, in den Fällen der Nummern 1 und 2 im Einvernehmen mit dem Bundesministerium für Wirtschaft und Energie, durch Rechtsverordnung mit Zustimmung des Bundesrates, soweit es zur Erfüllung der in § 1 Absatz 1 Nummer 1, in den Fällen der Nummer 3, soweit diese zu Regelungen über das Herstellen oder Behandeln ermächtigt, und Nummer 4 auch zur Erfüllung der in § 1 Absatz 2, stets jeweils auch in Verbindung mit § 1 Absatz 3, genannten Zwecke erforderlich ist,

1. bei dem Herstellen oder Behandeln von Lebensmitteln
   a) die Verwendung bestimmter Stoffe, Gegenstände oder Verfahren zu verbieten oder zu beschränken,
   b) die Anwendung bestimmter Verfahren vorzuschreiben,
2. für bestimmte Lebensmittel Anforderungen an das Herstellen, das Behandeln oder das Inverkehrbringen zu stellen,
3. das Herstellen, das Behandeln oder das Inverkehrbringen von
   a) bestimmten Lebensmitteln,
   b) lebenden Tieren im Sinne des § 4 Absatz 1 Nummer 1
   von einer amtlichen Untersuchung abhängig zu machen,
4. vorzuschreiben, dass bestimmte Lebensmittel nach dem Gewinnen amtlich zu untersuchen sind,
5. das Herstellen oder das Behandeln von bestimmten Stoffen, die im Sinne des Artikels 14 Absatz 2 Buchstabe a der Verordnung (EG) Nr. 178/2002 gesundheitsschädlich sind, in Lebensmittelunternehmen sowie das Verbringen in diese zu verbieten oder zu beschränken,
6. für bestimmte Lebensmittel Warnhinweise, sonstige warnende Aufmachungen oder Sicherheitsvorkehrungen vorzuschreiben,
7. vorbehaltlich des Absatzes 5 Satz 1 Nummer 2 Auslösewerte für einen gesundheitlich nicht erwünschten Stoff, der in oder auf einem Lebensmittel enthalten ist, festzusetzen.

(2) Lebensmittel, die entgegen einer nach Absatz 1 Nummer 1 erlassenen Rechtsverordnung hergestellt oder behandelt sind, dürfen nicht in den Verkehr gebracht werden.

(3) Das Bundesministerium wird ferner ermächtigt, durch Rechtsverordnung mit Zustimmung des Bundesrates, soweit es zur Erfüllung der in § 1 Absatz 1 Nummer 1 oder 2, jeweils auch in Verbindung mit § 1 Absatz 3, genannten Zwecke erforderlich ist,

1. vorzuschreiben, dass der Gehalt der Lebensmittel an den in Rechtsverordnungen nach § 7 Absatz 1 Nummer 1 zugelassenen Zusatzstoffen und die Anwendung der in Rechtsverordnungen nach § 8 Absatz 2 Nummer 1 zugelassenen Behandlung oder Bestrahlung kenntlich zu machen sind und dabei die Art der Kenntlichmachung zu regeln,
2. Vorschriften über die Kenntlichmachung der in oder auf Lebensmitteln vorhandenen Stoffe im Sinne der §§ 9 und 10 zu erlassen.

Rechtsverordnungen nach Satz 1 Nummer 2 bedürfen des Einvernehmens mit dem Bundesministerium für Wirtschaft und Energie.

(4) Das Bundesministerium wird weiter ermächtigt, im Einvernehmen mit dem Bundesministerium für Wirtschaft und Energie durch Rechtsverordnung mit Zustimmung des Bundesrates, soweit es zur Erfüllung der in § 1 Absatz 1 Nummer 2, auch in Verbindung mit § 1 Absatz 3, genannten Zwecke erforderlich ist,

1. vorzuschreiben, dass
   a) Lebensmittel unter bestimmten Bezeichnungen nur in den Verkehr gebracht werden dürfen, wenn sie bestimmten Anforderungen an die Herstellung, Zusammensetzung oder Beschaffenheit entsprechen,
   b) Lebensmittel, die bestimmten Anforderungen an die Herstellung, Zusammensetzung oder Beschaffenheit nicht entsprechen oder sonstige Lebensmittel von bestimmter Art oder Beschaffenheit nicht, nur unter ausreichender Kenntlichmachung oder nur unter bestimmten Bezeichnungen, sonstigen Angaben oder Aufmachungen in den Verkehr gebracht werden dürfen, und die Einzelheiten hierfür zu bestimmen,
   c) Lebensmittel unter bestimmten zur Irreführung geeigneten Bezeichnungen, Angaben oder Aufmachungen nicht in den Verkehr gebracht werden dürfen und dass für sie mit bestimmten zur Irreführung geeigneten Darstellungen oder sonstigen Aussagen nicht geworben werden darf,
   d) Lebensmittel, bei denen bestimmte Verfahren angewendet worden sind, nur unter bestimmten Voraussetzungen in den Verkehr gebracht werden dürfen,
   e) Lebensmitteln zur vereinfachten Feststellung ihrer Beschaffenheit bestimmte Indikatoren zugesetzt werden müssen,
   f) Lebensmittel nur in bestimmten Einheiten in den Verkehr gebracht werden dürfen,
   g) bestimmten Lebensmitteln bestimmte Angaben, insbesondere über die Anwendung von Stoffen oder über die weitere Verarbeitung der Erzeugnisse, beizufügen sind,

2. zu verbieten, dass Gegenstände oder Stoffe, die bei dem Herstellen oder dem Behandeln von Lebensmitteln nicht verwendet werden dürfen, für diese Zwecke hergestellt oder in den Verkehr gebracht werden, auch wenn die Verwendung nur für den eigenen Bedarf des Abnehmers erfolgen soll.

(5) Das Bundesministerium für Umwelt, Naturschutz, Bau und Reaktorsicherheit wird ermächtigt, durch Rechtsverordnung mit Zustimmung des Bundesrates, soweit es zur Erfüllung der in § 1 Absatz 1 Nummer 1, auch in Verbindung mit § 1 Absatz 3, genannten Zwecke erforderlich ist,

1. das Inverkehrbringen von Lebensmitteln, die einer Einwirkung durch Verunreinigungen der Luft, des Wassers oder des Bodens ausgesetzt waren, zu verbieten oder zu beschränken,
2. Auslösewerte für einen gesundheitlich nicht erwünschten Stoff, der in oder auf einem Lebensmittel, das einer Einwirkung durch Verunreinigungen der Luft, des Wassers oder des Bodens ausgesetzt war, enthalten ist, festzusetzen.

Rechtsverordnungen nach Satz 1 bedürfen des Einvernehmens mit dem Bundesministerium und dem Bundesministerium für Wirtschaft und Energie.

§ 14 Weitere Ermächtigungen

(1) Das Bundesministerium wird ermächtigt, durch Rechtsverordnung mit Zustimmung des Bundesrates, soweit dies zur Erfüllung der in § 1 Absatz 1 Nummer 1 oder 2, in den Fällen der Nummern 3 und 6 auch zur Erfüllung der in Absatz 2, stets jeweils auch in Verbindung mit § 1 Absatz 3, genannten Zwecke erforderlich ist,

1. das Inverkehrbringen von vom Tier gewonnenen Lebensmitteln davon abhängig zu machen, dass sie von einer Genusstauglichkeitsbescheinigung, von einer vergleichbaren Urkunde oder von sonstigen Dokumenten begleitet werden sowie Inhalt, Form und Ausstellung dieser Urkunden oder Dokumente zu regeln,
2. das Herstellen, das Behandeln, das Inverkehrbringen oder das Erwerben von vom Tier gewonnenen Lebensmitteln von einer Kennzeichnung, amtlichen Kennzeichnung oder amtlichen Anerkennung oder das Inverkehrbringen von natürlichen Mineralwässern von einer amtlichen Anerkennung abhängig zu machen sowie Inhalt, Art und Weise und das Verfahren einer solchen Kennzeichnung, amtlichen Kennzeichnung oder amtlichen Anerkennung zu regeln,
3. die Voraussetzungen zu bestimmen, unter denen vom Tier gewonnene Lebensmittel als mit infektiösem Material verunreinigt anzusehen sind, sowie die erforderlichen Maßnahmen, insbesondere die Sicherstellung und unschädliche Beseitigung zu regeln,
4. zu bestimmen, unter welchen Voraussetzungen milchwirtschaftliche Unternehmen bestimmte Bezeichnungen führen dürfen,
5. vorzuschreiben, dass Sendungen bestimmter Lebensmittel aus anderen Mitgliedstaaten oder anderen Vertragsstaaten des Abkommens über den Europäischen Wirtschaftsraum, auch während der Beförderung, daraufhin überprüft oder untersucht werden können, ob sie von den vorgeschriebenen Ur-

kunden begleitet werden und den Vorschriften dieses Gesetzes, der aufgrund dieses Gesetzes erlassenen Rechtsverordnungen oder der unmittelbar geltenden Rechtsakte der Europäischen Gemeinschaft oder der Europäischen Union im Anwendungsbereich dieses Gesetzes entsprechen,
6. das Verfahren für die amtliche Untersuchung nach § 13 Absatz 1 Nummer 3 und 4 zu regeln.

(2) Das Bundesministerium wird ferner ermächtigt, durch Rechtsverordnung mit Zustimmung des Bundesrates, soweit dies zur Erfüllung der in § 1 Absatz 1 Nummer 1, auch in Verbindung mit § 1 Absatz 3, genannten Zwecke erforderlich ist,

1. und sofern die Voraussetzungen für eine Regelung durch Rechtsverordnungen nach § 13 Absatz 1 oder § 34 Absatz 1 dieses Gesetzes oder nach § 38 des Infektionsschutzgesetzes nicht erfüllt sind, Vorschriften zu erlassen, die eine einwandfreie Beschaffenheit der Lebensmittel von ihrer Herstellung bis zur Abgabe an die Verbraucherin oder den Verbraucher sicherstellen und dabei auch zu bestimmen, welche gesundheitlichen oder hygienischen Anforderungen lebende Tiere im Sinne des § 4 Absatz 1 Nummer 1, die Lebensmittelunternehmen oder die dort beschäftigten Personen hinsichtlich der Gewinnung bestimmter Lebensmittel erfüllen müssen, um eine nachteilige Beeinflussung dieser Lebensmittel zu vermeiden,

2. und sofern die Voraussetzungen für eine Regelung durch Rechtsverordnung nach § 6 Absatz 1 Nummer 3 Buchstabe b oder § 38 Absatz 9 oder 10 des Tiergesundheitsgesetzes nicht erfüllt sind, vorzuschreiben, dass und in welcher Weise Räume, Anlagen oder Einrichtungen, in denen lebende Tiere im Sinne des § 4 Absatz 1 Nummer 1 gehalten werden, gereinigt, desinfiziert oder sonst im Hinblick auf die Einhaltung hygienischer Anforderungen behandelt werden müssen, sowie die Führung von Nachweisen zu regeln,

3. vorzuschreiben, dass über die Reinigung, die Desinfektion oder sonstige Behandlungsmaßnahmen im Hinblick auf die Einhaltung der hygienischen Anforderungen von Räumen, Anlagen, Einrichtungen oder Beförderungsmitteln, in denen Lebensmittel hergestellt, behandelt oder in den Verkehr gebracht werden, Nachweise zu führen sind,

4. das Nähere über Art, Form und Inhalt der Nachweise nach den Nummern 2 und 3 sowie über die Dauer ihrer Aufbewahrung zu regeln,

5. das Verfahren für die Überwachung der Einhaltung der hygienischen Anforderungen nach Nummer 1 zu regeln.

(3) Das Bundesministerium wird weiter ermächtigt, im Einvernehmen mit dem Bundesministerium für Wirtschaft und Energie durch Rechtsverordnung mit Zustimmung des Bundesrates, soweit dies zur Erfüllung der in § 1 Absatz 1 Nummer 1, 2 oder 3 Buchstabe a, jeweils auch in Verbindung mit § 1 Absatz 3, genannten Zwecke erforderlich ist, Vorschriften über die Werbung für Säuglingsanfangsnahrung und Folgenahrung zu erlassen.

§ 15 Deutsches Lebensmittelbuch

(1) Das Deutsche Lebensmittelbuch ist eine Sammlung von Leitsätzen, in denen Herstellung, Beschaffenheit oder sonstige Merkmale von Lebensmitteln, die für die Verkehrsfähigkeit der Lebensmittel von Bedeutung sind, beschrieben werden.

(2) Die Leitsätze werden von der Deutschen Lebensmittelbuch-Kommission unter Berücksichtigung des von der Bundesregierung anerkannten internationalen Lebensmittelstandards beschlossen.

(3) Die Leitsätze werden vom Bundesministerium im Einvernehmen mit dem Bundesministerium für Wirtschaft und Energie veröffentlicht. Die Veröffentlichung von Leitsätzen kann aus rechtlichen oder fachlichen Gründen abgelehnt oder rückgängig gemacht werden.

§ 16 Deutsche Lebensmittelbuch-Kommission

(1) Die Deutsche Lebensmittelbuch-Kommission wird beim Bundesministerium gebildet.

(2) Das Bundesministerium beruft im Einvernehmen mit dem Bundesministerium für Wirtschaft und Energie die Mitglieder der Kommission aus den Kreisen der Wissenschaft, der Lebensmittelüberwachung, der Verbraucherschaft und der Lebensmittelwirtschaft in zahlenmäßig gleichem Verhältnis. Das Bundesministerium bestellt den Vorsitzenden der Kommission und seine Stellvertreter und erlässt nach Anhörung der Kommission eine Geschäftsordnung.

(3) Die Kommission soll über die Leitsätze grundsätzlich einstimmig beschließen. Beschlüsse, denen nicht mehr als drei Viertel der Mitglieder der Kommission zugestimmt haben, sind unwirksam. Das Nähere regelt die Geschäftsordnung.

Abschnitt 3
Verkehr mit Futtermitteln

§ 17 Verbote

(1) Es ist verboten, Futtermittel derart herzustellen oder zu behandeln, dass bei ihrer bestimmungsgemäßen und sachgerechten Verfütterung die von der Lebensmittelgewinnung dienenden Tieren für andere gewonnenen Lebensmittel
1. die menschliche Gesundheit beeinträchtigen können,
2. für den Verzehr durch den Menschen ungeeignet sind.

Die Verbote des Artikels 15 Absatz 1 in Verbindung mit Absatz 2 der Verordnung (EG) Nr. 178/2002 über das
1. Inverkehrbringen,
2. Verfüttern an der Lebensmittelgewinnung dienende Tiere

von nicht sicheren Futtermitteln bleiben unberührt.

(2) Es ist ferner verboten,
1. Futtermittel
   a) für andere derart herzustellen oder zu behandeln, dass sie bei bestimmungsgemäßer und sachgerechter Verwendung geeignet sind, die tierische Gesundheit zu schädigen,
   b) derart herzustellen oder zu behandeln, dass sie bei bestimmungsgemäßer und sachgerechter Verwendung geeignet sind,
      aa) die Qualität der von Nutztieren gewonnenen Lebensmittel oder sonstigen Produkte zu beeinträchtigen,
      bb) durch in tierischen Ausscheidungen vorhandene unerwünschte Stoffe, die ihrerseits bereits in Futtermitteln enthalten gewesen sind, den Naturhaushalt zu gefährden,
2. Futtermittel in den Verkehr zu bringen, wenn sie bei bestimmungsgemäßer und sachgerechter Verwendung geeignet sind,
   a) die Qualität der von Nutztieren gewonnenen Lebensmittel oder sonstigen Produkte zu beeinträchtigen,
   b) durch in tierischen Ausscheidungen vorhandene unerwünschte Stoffe, die ihrerseits bereits in Futtermitteln enthalten gewesen sind, den Naturhaushalt zu gefährden,
3. Futtermittel zu verfüttern, die geeignet sind,
   a) die Qualität der von Nutztieren gewonnenen Lebensmittel oder sonstigen Produkte zu beeinträchtigen,
   b) durch in tierischen Ausscheidungen vorhandene unerwünschte Stoffe, die ihrerseits bereits in Futtermitteln enthalten gewesen sind, den Naturhaushalt zu gefährden.

§ 17a Versicherung

(1) Ein Futtermittelunternehmer mit mindestens einem im Inland zugelassenen oder registrierten Betrieb, der dort in einem Kalenderjahr voraussichtlich mehr als 500 Tonnen Mischfuttermittel für der Lebensmittelgewinnung dienende Tiere herstellt und diese ganz oder teilweise an andere abgibt, hat für den Fall, dass das Futtermittel den futtermittelrechtlichen Anforderungen nicht entspricht und seine Verfütterung deswegen Schäden verursacht, nach Maßgabe der Sätze 2 und 3 dafür Sorge zu tragen, dass eine Versicherung zur Deckung dieser Schäden besteht. Die Versicherung muss bei einem im Inland zum Geschäftsbetrieb zugelassenen Versicherungsunternehmen abgeschlossen worden sein. Die Mindestversicherungssumme beträgt
1. zwei Millionen Euro, wenn der Futtermittelunternehmer in einem Kalenderjahr voraussichtlich mehr als 500 Tonnen und nicht mehr als 5000 Tonnen Mischfuttermittel herstellt,
2. fünf Millionen Euro, wenn der Futtermittelunternehmer in einem Kalenderjahr voraussichtlich mehr als 5000 Tonnen und nicht mehr als 50 000 Tonnen Mischfuttermittel herstellt, und
3. zehn Millionen Euro, wenn der Futtermittelunternehmer in einem Kalenderjahr voraussichtlich mehr als 50 000 Tonnen Mischfuttermittel herstellt,

jeweils für alle Versicherungsfälle eines Versicherungsjahres.

(2) Vom Versicherungsschutz können Ersatzansprüche ausgeschlossen werden, deren Ausschluss im Rahmen bestehender Betriebs- und Produkthaftpflichtversicherungen im Mischfuttermittelbereich marktüblich ist.

(3) In den Fällen des Absatzes 1 Satz 3 Nummer 2 und 3 beträgt die Mindestversicherungssumme zwei Millionen Euro, wenn die abgeschlossene Versicherung durch eine andere Versicherung nach Maßgabe des Satzes 2 ergänzt wird. Die in der ergänzenden Versicherung vereinbarte Versicherungssumme muss für die Futtermittelunternehmer, zu deren Gunsten diese Versicherung besteht, insgesamt mindestens dreißig Millionen Euro für alle Versicherungsfälle eines Versicherungsjahres betragen.

(4) Absatz 1 Satz 1 gilt nicht für einen Betrieb, soweit er das Mischfuttermittel
1. ausschließlich aus selbst gewonnenen Erzeugnissen pflanzlichen Ursprungs ohne Verwendung von Futtermittelzusatzstoffen oder von Vormischungen herstellt und
2. an einen Betrieb abgibt, der
   a) Tiere mit dem Ziel hält, von ihnen Lebensmittel zu gewinnen, und
   b) dieses Mischfuttermittel im eigenen Betrieb verfüttert.

Ein Fall des Satzes 1 Nummer 1 liegt auch dann noch vor, wenn das Mischfuttermittel unter Verwendung von Ergänzungsfuttermitteln hergestellt worden ist.

(5) Der Versicherer hat der nach § 38 Absatz 1 Satz 1 zuständigen Behörde, in deren Bezirk der Versicherte seinen Sitz oder, soweit der Versicherte keinen Sitz im Inland hat, seinen Betrieb hat, den Beginn und die Beendigung oder Kündigung des Versicherungsvertrages sowie jede Änderung des Versicherungsvertrages, die den vorgeschriebenen Versicherungsschutz beeinträchtigt, unverzüglich mitzuteilen. Die zuständige Behörde nach Satz 1 erteilt Dritten zur Geltendmachung von Schadensersatzansprüchen auf Antrag Auskunft über den Namen und die Adresse der Versicherung der Futtermittelunternehmers sowie die Versicherungsnummer, soweit der Futtermittelunternehmer kein überwiegendes schutzwürdiges Interesse an der Nichterteilung der Auskunft hat.

(6) Zuständige Stelle im Sinne des § 117 Absatz 2 des Versicherungsvertragsgesetzes ist die in Absatz 5 Satz 1 bezeichnete Behörde.

§ 18 Verfütterungsverbot und Ermächtigungen

(1) Das Verfüttern von Fetten aus Gewebe warmblütiger Landtiere und von Fischen sowie von Mischfuttermitteln, die diese Einzelfuttermittel enthalten, an Nutztiere, soweit es sich um Wiederkäuer handelt, ist verboten. Das Verbot des Satzes 1 gilt nicht für Milch und Milcherzeugnisse. Vorschriften über die Verfütterung von Speise- und Küchenabfällen bleiben unberührt. Unberührt bleiben auch die Verfütterungsverbote nach der Verordnung (EG) Nr. 999/2001 des Europäischen Parlaments und des Rates vom 22. Mai 2001 mit Vorschriften zur Verhütung, Kontrolle und Tilgung bestimmter transmissibler spongiformer Enzephalopathien (ABl. L 147 vom 31.5.2001, S. 1) in der jeweils geltenden Fassung.

(2) Abweichend von tierseuchenrechtlichen Vorschriften über das innergemeinschaftliche Verbringen und die Ausfuhr dürfen Futtermittel im Sinne des Absatzes 1 nicht nach

1. anderen Mitgliedstaaten verbracht oder
2. Vertragsstaaten des Abkommens über den Europäischen Wirtschaftsraum oder andere Drittländer ausgeführt

werden.

(3) Das Bundesministerium wird ermächtigt, durch Rechtsverordnung mit Zustimmung des Bundesrates,
1. soweit es zur Erfüllung der in § 1 Absatz 1 Nummer 1 oder Nummer 4 oder Absatz 2, jeweils auch in Verbindung mit § 1 Absatz 3, genannten Zwecke erforderlich ist, die Verbote der Absätze 1 und 2 auf andere als die in Absatz 1 Satz 1 genannten Futtermittel oder Tiere ganz oder teilweise zu erstrecken, oder
2. soweit es mit den in § 1 Absatz 1 Nummer 1 oder Nummer 4 oder Absatz 2, jeweils auch in Verbindung mit § 1 Absatz 3, genannten Zwecken vereinbar ist, Ausnahmen von den Verboten der Absätze 1 und 2 zuzulassen.

§ 19 Verbote zum Schutz vor Täuschung

Es ist verboten, Futtermittel, deren Kennzeichnung oder Aufmachung den Anforderungen des Artikels 11 Absatz 1 der Verordnung (EG) Nr. 767/2009 nicht entspricht, in den Verkehr zu bringen oder für solche Futtermittel allgemein oder im Einzelfall zu werben.

§ 20 Verbot der krankheitsbezogenen Werbung

(1) Es ist verboten, beim Verkehr mit Futtermittelzusatzstoffen oder Vormischungen oder in der Werbung für sie allgemein oder im Einzelfall Aussagen zu verwenden, die sich
1. auf die Beseitigung oder Linderung von Krankheiten oder
2. auf die Verhütung solcher Krankheiten, die nicht Folge mangelhafter Ernährung sind,

beziehen.

(2) Das Verbot nach Absatz 1 Nummer 2 bezieht sich nicht auf Aussagen über Futtermittelzusatzstoffe oder Vormischungen soweit diese Aussagen der Zweckbestimmung dieser Stoffe entsprechen.

(3) Artikel 13 Absatz 3 der Verordnung (EG) Nr. 767/2009 bleibt unberührt.

§ 21 Weitere Verbote sowie Beschränkungen

(1) Vormischungen dürfen nicht in den Verkehr gebracht werden, wenn sie einer durch Rechtsverordnung aufgrund von Ermächtigungen nach diesem Abschnitt festgesetzten Anforderung nicht entsprechen.

(2) Einzelfuttermittel oder Mischfuttermittel dürfen nicht in den Verkehr gebracht werden, wenn sie einer durch Rechtsverordnung aufgrund von Ermächtigungen nach diesem Abschnitt festgesetzten Anforderung nicht entsprechen.

(3) Soweit in Satz 2 nichts anderes bestimmt ist, dürfen Futtermittel,
1. bei deren Herstellen oder Behandeln
   a) ein Futtermittelzusatzstoff der in Artikel 6 Absatz 1 Buchstabe e der Verordnung (EG) Nr. 1831/2003 genannten Kategorie der Kokzidiostatika und Histomonostatika oder
   b) ein Futtermittelzusatzstoff einer anderen als der in Artikel 6 Absatz 1 Buchstabe e der Verordnung (EG) Nr. 1831/2003 genannten Kategorie
   verwendet worden ist,
2. die einer durch
   a) eine Rechtsverordnung nach § 23 Nummer 1,
   b) eine Rechtsverordnung nach § 23a Nummer 1,
   c) eine Rechtsverordnung nach § 23a Nummer 3,
   d) eine Rechtsverordnung nach § 23a Nummer 11
   festgesetzten Anforderung nicht entsprechen, oder
3. die den Anforderungen nach Artikel 18 Absatz 1, auch in Verbindung mit Artikel 20 Absatz 1, der Verordnung (EG) Nr. 396/2005 nicht entsprechen,

nicht in Verkehr gebracht und nicht verfüttert werden. Satz 1 Nummer 1 gilt nicht, wenn der verwendete Futtermittelzusatzstoff durch einen unmittelbar geltenden Rechtsakt der Europäischen Gemeinschaft oder der Europäischen Union zugelassen ist und der verwendete Futtermittelzusatzstoff oder das Futtermittel einer im Rahmen dieses unmittelbar geltenden Rechtsaktes oder in der Verordnung (EG) Nr. 1831/2003 festgesetzten Anforderung entspricht, sofern eine solche Anforderung dort festgesetzt worden ist. Abweichend von Satz 1 dürfen Futtermittel in den Fällen des Satzes 1

1. Nummer 2 Buchstabe b und
2. Nummer 2 Buchstabe c, soweit ein nach § 23a Nummer 3 festgesetzter Mindestgehalt unterschritten wird,

verfüttert werden. Das Bundesministerium wird ermächtigt, durch Rechtsverordnung mit Zustimmung des Bundesrates, soweit es mit den in § 1 Absatz 1 Nummer 1, 2 oder Nummer 4, jeweils auch in Verbindung mit § 1 Absatz 3, genannten Zwecken vereinbar ist,

1. abweichend von Satz 1 Nummer 2 Buchstabe a und b die Abgabe von Futtermitteln in bestimmten Fällen oder zu bestimmten Zwecken zuzulassen und, soweit erforderlich, von einer Genehmigung abhängig zu machen,
2. Ausnahmen von dem Verbot des Satzes 1 Nummer 3 oder Artikels 18 Absatz 1 der Verordnung (EG) Nr. 396/2005 zuzulassen.

§ 22 Ermächtigungen zum Schutz der Gesundheit

Das Bundesministerium wird ermächtigt, durch Rechtsverordnung mit Zustimmung des Bundesrates, soweit es zur Erfüllung der in § 1 Absatz 1 Nummer 1, auch in Verbindung mit Absatz 3, genannten Zwecke erforderlich ist, bei dem Herstellen oder dem Behandeln von Futtermitteln die Verwendung bestimmter Stoffe oder Verfahren vorzuschreiben, zu verbieten oder zu beschränken.

§ 23 Weitere Ermächtigungen zum Schutz der Gesundheit

Das Bundesministerium wird ermächtigt, durch Rechtsverordnung mit Zustimmung des Bundesrates, soweit es zur Erfüllung der in § 1 Absatz 1 Nummer 1, 2, 3 Buchstabe b oder Nummer 4, jeweils auch in Verbindung mit § 1 Absatz 3, genannten Zwecke erforderlich ist,

1. den Höchstgehalt an unerwünschten Stoffen festzusetzen,
2. die hygienischen Anforderungen zu erlassen, die eine einwandfreie Beschaffenheit der Futtermittel von ihrer Herstellung bis zur Verfütterung sicherstellen,
3. Anforderungen an die Beschaffenheit und Ausstattung von Räumen, Anlagen und Behältnissen zu stellen, in denen Futtermittel hergestellt oder behandelt werden,
4. die Ausstattung, Reinigung oder Desinfektion der in Nummer 3 bezeichneten Räume, Anlagen oder Behältnisse, der zur Beförderung von Futtermitteln dienenden Transportmittel, der bei einer solchen Beförderung benutzten Behältnisse und Gerätschaften und der Ladeplätze sowie die Führung von Nachweisen über die Reinigung und Desinfektion zu regeln,
5. das Verwenden oder das Inverkehrbringen von Gegenständen zu verbieten oder zu beschränken, die dazu bestimmt sind, bei dem Herstellen, Behandeln, Inverkehrbringen oder Verfüttern von Futtermitteln verwendet zu werden und dabei mit Futtermitteln in Berührung kommen oder auf diese einwirken, wenn zu befürchten ist, dass gesundheitlich nicht unbedenkliche Anteile eines Stoffs in ein Futtermittel übergehen,
6. das Verwenden oder das Inverkehrbringen von Materialien oder Gegenständen zu verbieten oder zu beschränken, die dazu bestimmt sind, beim Halten von Tieren, die der Lebensmittelgewinnung dienen, verwendet zu werden und dabei mit diesen Tieren in Berührung zu kommen und bei denen nicht ausgeschlossen werden kann, dass sie von Tieren aufgenommen werden, wenn zu befürchten ist, dass gesundheitlich nicht unbedenkliche Anteile eines Stoffs
   a) in das Tier übergehen und dies für die von diesen Tieren gewonnenen Lebensmittel ein Verkehrsverbot zur Folge haben kann, oder
   b) auf das Tier einwirken und dies eine Schädigung der Gesundheit des Tieres zur Folge haben kann.

§ 23a Ermächtigungen zum Schutz der tierischen Gesundheit und zur Förderung der tierischen Erzeugung

Das Bundesministerium wird ermächtigt, durch Rechtsverordnung mit Zustimmung des Bundesrates, soweit es zur Erfüllung der in § 1 Absatz 1 Nummer 2, 3 Buchstabe b oder Nummer 4, jeweils auch in Verbindung mit § 1 Absatz 3, genannten Zwecke erforderlich ist,

1. den Höchstgehalt an Mittelrückständen festzusetzen,
2. Aktionsgrenzwerte für unerwünschte Stoffe festzusetzen,
3. den Gehalt oder den Höchstgehalt an Futtermittelzusatzstoffen in Einzelfuttermitteln oder Mischfuttermitteln festzusetzen,

4. Verwendungszwecke für Diätfuttermittel festzusetzen,
5. Futtermittelzusatzstoffe für bestimmte andere Futtermittel zuzulassen, soweit Futtermittelzusatzstoffe nach anderen Vorschriften einer Zulassung bedürfen,
6. Stoffe, die zur Verhütung bestimmter, verbreitet auftretender Krankheiten von Tieren bestimmt sind, als Futtermittelzusatzstoffe zuzulassen,
7. vorzuschreiben, dass bestimmte Stoffe als Einzelfuttermittel oder Mischfuttermittel nicht in den Verkehr gebracht und nicht verfüttert werden dürfen,
8. das Herstellen, das Verfüttern, das Inverkehrbringen oder die Verwendung von bestimmten Futtermitteln oder die Verwendung von Stoffen für die Herstellung von Futtermitteln
   a) zu verbieten,
   b) zu beschränken,
   c) von einer Zulassung abhängig zu machen sowie die Voraussetzungen und das Verfahren für die Zulassung einschließlich des Ruhens der Zulassung zu regeln,
   d) von Anforderungen an bestimmte Futtermittel hinsichtlich ihrer Auswirkungen auf andere Futtermittel und die tierische Erzeugung abhängig zu machen, insbesondere hinsichtlich ihrer Wirksamkeit, Reinheit, Haltbarkeit, Zusammensetzung und technologischen Beschaffenheit, ihres Gehaltes an bestimmten Inhaltsstoffen, ihres Energiewertes, ihrer Beschaffenheit oder ihrer Zusammensetzung,
9. für bestimmte Einzelfuttermittel oder Mischfuttermittel eine Wartezeit festzusetzen und vorzuschreiben, dass innerhalb dieser Wartezeit tierische Produkte als Lebensmittel nicht gewonnen werden dürfen,
10. Anforderungen an
    a) Futtermittelzusatzstoffe oder Vormischungen hinsichtlich ihrer Auswirkungen auf die Einzelfuttermittel oder Mischfuttermittel und die tierische Erzeugung, insbesondere hinsichtlich ihrer Wirksamkeit, Reinheit, Haltbarkeit, Zusammensetzung und technologischen Beschaffenheit,
    b) Einzelfuttermittel oder Mischfuttermittel hinsichtlich ihres Gehaltes an bestimmten Inhaltsstoffen, ihres Energiewertes, ihrer Beschaffenheit und ihrer Zusammensetzung
    festzusetzen,
11. bei dem Herstellen oder Behandeln von Futtermitteln die Verwendung bestimmter Stoffe oder Gegenstände oder die Anwendung bestimmter Verfahren vorzuschreiben, zu verbieten, zu beschränken oder von einer Zulassung abhängig zu machen.

§ 24 Gewähr für bestimmte Anforderungen

Der Verkäufer eines Futtermittels übernimmt die Gewähr dafür, dass das Futtermittel die in Artikel 4 Absatz 2 Unterabsatz 1 Buchstabe a der Verordnung (EG) Nr. 767/2009 bezeichneten Anforderungen erfüllt.

§ 25 Mitwirkung bestimmter Behörden

Das Bundesministerium wird ermächtigt, durch Rechtsverordnung, die nicht der Zustimmung des Bundesrates bedarf, soweit es zur Erfüllung der in § 1 Absatz 1 Nummer 1 oder 4, jeweils auch in Verbindung mit § 1 Absatz 3, genannten Zwecke erforderlich ist, die Mitwirkung des Bundesamtes für Verbraucherschutz und Lebensmittelsicherheit oder des Bundesinstitutes für Risikobewertung sowie Art und Umfang dieser Mitwirkung bei der in Rechtsakten der Europäischen Gemeinschaft oder der Europäischen Union vorgesehenen
1. Aufnahme eines Futtermittels in einen Anhang eines Rechtsaktes der Europäischen Gemeinschaft oder der Europäischen Union,
2. Festsetzung eines Verwendungszwecks für Futtermittel,
3. Durchführung gemeinschaftlicher oder unionsrechtlicher Untersuchungs- oder Erhebungsprogramme

zu regeln.

Abschnitt 4
Verkehr mit kosmetischen Mitteln

§ 26 Verbote zum Schutz der Gesundheit

Es ist verboten,
1. kosmetische Mittel für andere derart herzustellen oder zu behandeln, dass sie bei bestimmungsgemäßem oder vorauszusehendem Gebrauch geeignet sind, die Gesundheit zu schädigen,
2. Stoffe oder Gemische aus Stoffen, die bei bestimmungsgemäßem oder vorauszusehendem Gebrauch geeignet sind, die Gesundheit zu schädigen, als kosmetische Mittel in den Verkehr zu bringen.

Der bestimmungsgemäße oder vorauszusehende Gebrauch beurteilt sich insbesondere unter Heranziehung der Aufmachung der in Satz 1 genannten Mittel, Stoffe und Gemische aus Stoffen, ihrer Kennzeichnung, soweit erforderlich, der Hinweise für ihre Verwendung und der Anweisungen für ihre Entfernung sowie aller sonstigen, die Mittel, die Stoffe oder die Zubereitungen aus Stoffen begleitenden Angaben oder Informationen seitens des Herstellers oder des für das Inverkehrbringen der kosmetischen Mittel Verantwortlichen.

§ 27 Vorschriften zum Schutz vor Täuschung

(1) Es ist verboten, kosmetische Mittel unter irreführender Bezeichnung, Angabe oder Aufmachung in den Verkehr zu bringen oder für kosmetische Mittel allgemein oder im Einzelfall mit irreführenden Darstellungen oder sonstigen Aussagen zu werben. Eine Irreführung liegt insbesondere dann vor, wenn
1. einem kosmetischen Mittel Wirkungen beigelegt werden, die ihm nach den Erkenntnissen der Wissenschaft nicht zukommen oder die wissenschaftlich nicht hinreichend gesichert sind,

2. durch die Bezeichnung, Angabe, Aufmachung, Darstellung oder sonstige Aussage fälschlich der Eindruck erweckt wird, dass ein Erfolg mit Sicherheit erwartet werden kann,
3. zur Täuschung geeignete Bezeichnungen, Angaben, Aufmachungen, Darstellungen oder sonstige Aussagen über
    a) die Person, Vorbildung, Befähigung oder Erfolge des Herstellers, Erfinders oder der für sie tätigen Personen,
    b) Eigenschaften, insbesondere über Art, Beschaffenheit, Zusammensetzung, Menge, Haltbarkeit, Herkunft oder Art der Herstellung
    verwendet werden,
4. ein kosmetisches Mittel für die vorgesehene Verwendung nicht geeignet ist.

(2) Die Vorschriften des Gesetzes über die Werbung auf dem Gebiete des Heilwesens bleiben unberührt.

§ 28 Ermächtigungen zum Schutz der Gesundheit

(1) Das Bundesministerium wird ermächtigt, im Einvernehmen mit dem Bundesministerium für Wirtschaft und Energie durch Rechtsverordnung mit Zustimmung des Bundesrates, soweit es zur Erfüllung der in § 1 Absatz 1 Nummer 1, auch in Verbindung mit § 1 Absatz 3, genannten Zwecke erforderlich ist,
1. Anforderungen an die mikrobiologische Beschaffenheit bestimmter kosmetischer Mittel zu stellen,
2. für kosmetische Mittel Vorschriften zu erlassen, die den in § 32 Absatz 1 Nummer 1 bis 5 und 8 für Bedarfsgegenstände vorgesehenen Regelungen entsprechen.

(2) Kosmetische Mittel, die einer nach Absatz 1 Nummer 1 oder nach Absatz 1 Nummer 2 in Verbindung mit § 32 Absatz 1 Nummer 1 bis 4 Buchstabe a oder Nummer 5 erlassenen Rechtsverordnung nicht entsprechen, dürfen nicht in den Verkehr gebracht werden.

(3) Das Bundesministerium wird ermächtigt, im Einvernehmen mit dem Bundesministerium für Wirtschaft und Energie durch Rechtsverordnung mit Zustimmung des Bundesrates, soweit es für eine medizinische Behandlung bei gesundheitlichen Beeinträchtigungen, die auf die Einwirkung von kosmetischen Mitteln zurückgehen können, erforderlich ist,
1. vorzuschreiben, dass von dem Hersteller oder demjenigen, der das kosmetische Mittel in den Verkehr bringt, dem Bundesamt für Verbraucherschutz und Lebensmittelsicherheit bestimmte Angaben über das kosmetische Mittel, insbesondere Angaben zu seiner Identifizierung, über seine Verwendungszwecke, über die in dem kosmetischen Mittel enthaltenen Stoffe und deren Menge sowie jede Veränderung dieser Angaben mitzuteilen sind, und die Einzelheiten über Form, Inhalt, Ausgestaltung und Zeitpunkt der Mitteilungen zu bestimmen,
2. zu bestimmen, dass das Bundesamt für Verbraucherschutz und Lebensmittelsicherheit die Angaben nach Nummer 1 an die von den Ländern zu bezeichnenden medizinischen Einrichtungen, die Erkenntnisse über die gesundheitlichen Auswirkungen kosmetischer Mittel sammeln und auswerten

und bei Stoff bezogenen gesundheitlichen Beeinträchtigungen durch Beratung und Behandlung Hilfe leisten (Informations- und Behandlungszentren für Vergiftungen), weiterleiten kann,
3. zu bestimmen, dass die Informations- und Behandlungszentren für Vergiftungen dem Bundesamt für Verbraucherschutz und Lebensmittelsicherheit über Erkenntnisse aufgrund ihrer Tätigkeit berichten, die für die Beratung bei und die Behandlung von Stoff bezogenen gesundheitlichen Beeinträchtigungen von allgemeiner Bedeutung sind.

Die Angaben nach Satz 1 Nummer 1 und 2 sind vertraulich zu behandeln und dürfen nur zu dem Zweck verwendet werden, Anfragen zur Behandlung von gesundheitlichen Beeinträchtigungen zu beantworten. In Rechtsverordnungen nach Satz 1 Nummer 1 und 2 können nähere Bestimmungen über die vertrauliche Behandlung und die Zweckbindung nach Satz 2 erlassen werden.

§ 29 Weitere Ermächtigungen

(1) Das Bundesministerium wird ermächtigt, im Einvernehmen mit dem Bundesministerium für Wirtschaft und Energie durch Rechtsverordnung mit Zustimmung des Bundesrates, soweit es zur Erfüllung der in § 1 Absatz 1 Nummer 1 oder 2, jeweils auch in Verbindung mit § 1 Absatz 3, genannten Zwecke erforderlich ist,
1. vorzuschreiben, dass von dem Hersteller oder dem Einführer bestimmte Angaben, insbesondere über das Herstellen, das Inverkehrbringen oder die Zusammensetzung kosmetischer Mittel, über die hierbei verwendeten Stoffe, über die Wirkungen von kosmetischen Mitteln sowie über die Bewertungen, aus denen sich die gesundheitliche Beurteilung kosmetischer Mittel ergibt, und über den für die Bewertung Verantwortlichen für die für die Überwachung des Verkehrs mit kosmetischen Mitteln zuständigen Behörden bereitgehalten werden müssen sowie den Ort und die Einzelheiten über die Art und Weise des Bereithaltens zu bestimmen,
2. vorzuschreiben, dass der Hersteller oder der Einführer den für die Überwachung des Verkehrs mit kosmetischen Mitteln zuständigen Behörden bestimmte Angaben nach Nummer 1 mitzuteilen hat,
3. bestimmte Anforderungen und Untersuchungsverfahren, nach denen die gesundheitliche Unbedenklichkeit kosmetischer Mittel zu bestimmen und zu beurteilen ist, festzulegen und das Herstellen, das Behandeln und das Inverkehrbringen von kosmetischen Mitteln hiervon abhängig zu machen,
4. vorzuschreiben, dass der Hersteller oder der Einführer bestimmte Angaben über
   a) die mengenmäßige oder inhaltliche Zusammensetzung kosmetischer Mittel oder
   b) Nebenwirkungen kosmetischer Mittel auf die menschliche Gesundheit
   auf geeignete Art und Weise der Öffentlichkeit leicht zugänglich zu machen hat, soweit die Angaben nicht Betriebs- oder Geschäftsgeheimnisse betreffen.

(2) Das Bundesministerium wird ferner ermächtigt, im Einvernehmen mit dem Bundesministerium für Wirtschaft und Energie durch Rechtsverordnung mit Zustimmung des Bundesrates, soweit es

1. zur Erfüllung der in § 1 Absatz 1 Nummer 2, auch in Verbindung mit § 1 Absatz 3, genannten Zwecke erforderlich ist, vorzuschreiben, dass kosmetische Mittel unter bestimmten zur Irreführung geeigneten Bezeichnungen, Angaben oder Aufmachungen nicht in den Verkehr gebracht werden dürfen und dass für sie mit bestimmten zur Irreführung geeigneten Darstellungen oder sonstigen Aussagen nicht geworben werden darf,
2. zur Erfüllung der in § 1 Absatz 1 Nummer 1, 2 oder 3 Buchstabe a, jeweils auch in Verbindung mit § 1 Absatz 3, genannten Zwecke erforderlich ist, das Inverkehrbringen von kosmetischen Mitteln zu verbieten oder zu beschränken.

Abschnitt 5
Verkehr mit sonstigen Bedarfsgegenständen

§ 30 Verbote zum Schutz der Gesundheit

Es ist verboten,
1. Bedarfsgegenstände für andere derart herzustellen oder zu behandeln, dass sie bei bestimmungsgemäßem oder vorauszusehendem Gebrauch geeignet sind, die Gesundheit durch ihre stoffliche Zusammensetzung, insbesondere durch toxikologisch wirksame Stoffe oder durch Verunreinigungen, zu schädigen,
2. Gegenstände oder Mittel, die bei bestimmungsgemäßem oder vorauszusehendem Gebrauch geeignet sind, die Gesundheit durch ihre stoffliche Zusammensetzung, insbesondere durch toxikologisch wirksame Stoffe oder durch Verunreinigungen, zu schädigen, als Bedarfsgegenstände in den Verkehr zu bringen,
3. Bedarfsgegenstände im Sinne des § 2 Absatz 6 Satz 1 Nummer 1 bei dem Herstellen oder Behandeln von Lebensmitteln so zu verwenden, dass die Bedarfsgegenstände geeignet sind, bei der Aufnahme der Lebensmittel die Gesundheit zu schädigen.

§ 31 Übergang von Stoffen auf Lebensmittel

(1) Es ist verboten, Materialien oder Gegenstände im Sinne des § 2 Absatz 6 Satz 1 Nummer 1, die den in Artikel 3 Absatz 1 der Verordnung (EG) Nr. 1935/2004 festgesetzten Anforderungen an ihre Herstellung nicht entsprechen, als Bedarfsgegenstände zu verwenden oder in den Verkehr zu bringen.

(2) Das Bundesministerium wird ermächtigt, durch Rechtsverordnung mit Zustimmung des Bundesrates, soweit es zur Erfüllung der in § 1 Absatz 1 Nummer 1 oder 2, jeweils auch in Verbindung mit § 1 Absatz 3, genannten Zwecke erforderlich ist,
1. vorzuschreiben, dass Materialien oder Gegenstände als Bedarfsgegenstände im Sinne des § 2 Absatz 6 Satz 1 Nummer 1 nur so hergestellt werden dürfen, dass sie unter den üblichen oder vorhersehbaren Bedingungen ihrer Verwendung keine Stoffe auf Lebensmittel oder deren Oberfläche in Mengen abgeben, die geeignet sind,

a) die menschliche Gesundheit zu gefährden,

b) die Zusammensetzung oder Geruch, Geschmack oder Aussehen der Lebensmittel zu beeinträchtigen,

2. für bestimmte Stoffe in Bedarfsgegenständen festzulegen, ob und in welchen bestimmten Anteilen die Stoffe auf Lebensmittel übergehen dürfen.

Materialien oder Gegenstände, die den Anforderungen des Satzes 1 Nummer 2 nicht entsprechen, dürfen nicht als Bedarfsgegenstände im Sinne des § 2 Absatz 6 Satz 1 Nummer 1 verwendet oder in den Verkehr gebracht werden.

(3) Es ist verboten, Lebensmittel, die unter Verwendung eines in Absatz 1 genannten Bedarfsgegenstandes hergestellt oder behandelt worden sind, als Lebensmittel in den Verkehr zu bringen.

§ 32 Ermächtigungen zum Schutz der Gesundheit

(1) Das Bundesministerium wird ermächtigt, im Einvernehmen mit dem Bundesministerium für Wirtschaft und Energie durch Rechtsverordnung mit Zustimmung des Bundesrates, soweit es zur Erfüllung der in § 1 Absatz 1 Nummer 1, auch in Verbindung mit § 1 Absatz 3, genannten Zwecke erforderlich ist,

1. die Verwendung bestimmter Stoffe, Stoffgruppen oder Stoffgemische bei dem Herstellen oder Behandeln von bestimmten Bedarfsgegenständen zu verbieten oder zu beschränken,

2. vorzuschreiben, dass für das Herstellen bestimmter Bedarfsgegenstände oder einzelner Teile von ihnen nur bestimmte Stoffe verwendet werden dürfen,

3. die Anwendung bestimmter Verfahren bei dem Herstellen von bestimmten Bedarfsgegenständen zu verbieten oder zu beschränken,

4. Höchstmengen für Stoffe festzusetzen, die

 a) aus bestimmten Bedarfsgegenständen auf Verbraucherinnen oder Verbraucher einwirken oder übergehen können oder

 b) die beim Herstellen, Behandeln oder Inverkehrbringen von bestimmten Bedarfsgegenständen in oder auf diesen vorhanden sein dürfen,

5. Reinheitsanforderungen für bestimmte Stoffe festzusetzen, die bei dem Herstellen bestimmter Bedarfsgegenstände verwendet werden,

6. Vorschriften über die Wirkungsweise von Bedarfsgegenständen im Sinne des § 2 Absatz 6 Satz 1 Nummer 1 zu erlassen,

7. vorzuschreiben, dass bestimmte Bedarfsgegenstände im Sinne des § 2 Absatz 6 Satz 1 Nummer 3 bis 6 nur in den Verkehr gebracht werden dürfen, wenn bestimmte Anforderungen an ihre mikrobiologische Beschaffenheit eingehalten werden,

8. beim Verkehr mit bestimmten Bedarfsgegenständen Warnhinweise, sonstige warnende Aufmachungen, Sicherheitsvorkehrungen oder Anweisungen für das Verhalten bei Unglücksfällen vorzuschreiben.

(2) Bedarfsgegenstände, die einer nach Absatz 1 Nummer 1 bis 4 Buchstabe a, Nummer 5 oder 6 erlassenen Rechtsverordnung nicht entsprechen, dürfen nicht in den Verkehr gebracht werden.

LFGB

§ 33 Vorschriften zum Schutz vor Täuschung

(1) Es ist verboten, Materialien oder Gegenstände im Sinne des § 2 Absatz 6 Satz 1 Nummer 1 unter irreführender Bezeichnung, Angabe oder Aufmachung in den Verkehr zu bringen oder beim Verkehr mit solchen Bedarfsgegenständen hierfür allgemein oder im Einzelfall mit irreführenden Darstellungen oder sonstigen Aussagen zu werben.

(2) Das Bundesministerium wird ermächtigt, im Einvernehmen mit dem Bundesministerium für Wirtschaft und Energie durch Rechtsverordnung mit Zustimmung des Bundesrates, soweit es zur Erfüllung der in § 1 Absatz 1 Nummer 2, auch in Verbindung mit § 1 Absatz 3, genannten Zwecke erforderlich ist, vorzuschreiben, dass andere als in Absatz 1 genannte Bedarfsgegenstände nicht unter irreführender Bezeichnung, Angabe oder Aufmachung in den Verkehr gebracht werden dürfen oder für solche Bedarfsgegenstände allgemein oder im Einzelfall nicht mit irreführenden Darstellungen oder sonstigen Aussagen geworben werden darf und die Einzelheiten dafür zu bestimmen.

Abschnitt 6
Gemeinsame Vorschriften für alle Erzeugnisse

§ 34 Ermächtigungen zum Schutz der Gesundheit

Das Bundesministerium wird ermächtigt, im Einvernehmen mit dem Bundesministerium für Wirtschaft und Energie durch Rechtsverordnung mit Zustimmung des Bundesrates, soweit es zur Erfüllung der in § 1 Absatz 1 Nummer 1, auch in Verbindung mit § 1 Absatz 3, genannten Zwecke erforderlich ist, das Herstellen, das Behandeln, das Verwenden oder, vorbehaltlich des § 13 Absatz 5 Satz 1, das Inverkehrbringen von bestimmten Erzeugnissen

1. zu verbieten sowie die hierfür erforderlichen Maßnahmen, insbesondere die Sicherstellung und unschädliche Beseitigung, zu regeln,
2. zu beschränken sowie die hierfür erforderlichen Maßnahmen vorzuschreiben; hierbei kann insbesondere vorgeschrieben werden, dass die Erzeugnisse nur von bestimmten Betrieben oder unter Einhaltung bestimmter gesundheitlicher Anforderungen hergestellt, behandelt oder in den Verkehr gebracht werden dürfen,
3. von einer Zulassung, einer Registrierung oder einer Genehmigung abhängig zu machen,
4. von einer Anzeige abhängig zu machen,
5. die Voraussetzungen und das Verfahren für die Zulassung, die Registrierung und die Genehmigung nach Nummer 3 einschließlich des Ruhens der Zulassung, der Registrierung oder der Genehmigung zu regeln,
6. das Verfahren für die Anzeige nach Nummer 4 und für die Überprüfung bestimmter Anforderungen des Erzeugnisses zu regeln sowie die Maßnahmen zu regeln, die zu ergreifen sind, wenn das Erzeugnis den Anforderungen dieses Gesetzes oder der aufgrund dieses Gesetzes erlassenen Rechtsverordnungen nicht entspricht,

7. von dem Nachweis bestimmter Fachkenntnisse abhängig zu machen; dies gilt auch für die Durchführung von Bewertungen, aus denen sich die gesundheitliche Beurteilung eines Erzeugnisses ergibt.

In einer Rechtsverordnung nach Satz 1 Nummer 5 oder 6 kann bestimmt werden, dass die zuständige Behörde für die Durchführung eines Zulassungs-, Genehmigungs-, Registrierungs- oder Anzeigeverfahrens das Bundesamt für Verbraucherschutz und Lebensmittelsicherheit ist.

§ 35 Ermächtigungen zum Schutz vor Täuschung und zur Unterrichtung

Das Bundesministerium wird ermächtigt, im Einvernehmen mit dem Bundesministerium für Wirtschaft und Energie durch Rechtsverordnung mit Zustimmung des Bundesrates, soweit es zur Erfüllung der in § 1 Absatz 1 Nummer 2 oder 3, jeweils auch in Verbindung mit § 1 Absatz 3, genannten Zwecke erforderlich ist,

1. Inhalt, Art und Weise und Umfang der Kennzeichnung von Erzeugnissen bei deren Inverkehrbringen oder Behandeln zu regeln und dabei insbesondere

    a) die Angabe der Bezeichnung, der Masse oder des Volumens sowie

    b) Angaben über

    aa) den Inhalt, insbesondere über die Zusammensetzung, die Beschaffenheit, Inhaltsstoffe oder Energiewerte,

    bb) den Hersteller, den für das Inverkehrbringen Verantwortlichen, die Anwendung von Verfahren, den Zeitpunkt oder die Art und Weise der Herstellung, die Haltbarkeit, die Herkunft, die Zubereitung, den Verwendungszweck oder, für bestimmte Erzeugnisse, eine Wartezeit

    vorzuschreiben,

2. für bestimmte Erzeugnisse vorzuschreiben, dass

    a) sie nur in Packungen, Behältnissen oder sonstigen Umhüllungen, auch verschlossen oder von bestimmter Art, in den Verkehr gebracht werden dürfen und dabei die Art oder Sicherung eines Verschlusses zu regeln,

    b) an den Vorratsgefäßen oder ähnlichen Behältnissen, in denen Erzeugnisse feilgehalten oder sonst zum Verkauf vorrätig gehalten werden, der Inhalt anzugeben ist,

    c) für sie bestimmte Lagerungsbedingungen anzugeben sind,

3. für bestimmte Erzeugnisse Vorschriften über das Herstellen oder das Behandeln zu erlassen,

4. für bestimmte Erzeugnisse duldbare Abweichungen bei bestimmten vorgeschriebenen Angaben festzulegen,

5. vorzuschreiben, dass derjenige, der bestimmte Erzeugnisse herstellt, behandelt, einführt oder in den Verkehr bringt, bestimmte Informationen, insbesondere über die Verwendung der Erzeugnisse, bereitzuhalten oder der zuständigen Behörde auf Aufforderung zu übermitteln hat, sowie Inhalt, Art und Weise und Beschränkungen des Bereithaltens zu regeln.

§ 36 Ermächtigungen für betriebseigene Kontrollen und Maßnahmen

Das Bundesministerium wird ermächtigt, im Einvernehmen mit dem Bundesministerium für Wirtschaft und Energie durch Rechtsverordnung mit Zustimmung des Bundesrates, soweit es zur Erfüllung der in § 1 Absatz 1 Nummer 1 oder 4 Buchstabe a Doppelbuchstabe aa, auch in Verbindung mit § 1 Absatz 3, genannten Zwecke erforderlich ist,

1. vorzuschreiben, dass Betriebe, die bestimmte Erzeugnisse herstellen, behandeln oder in den Verkehr bringen, bestimmte betriebseigene Kontrollen und Maßnahmen sowie Unterrichtungen oder Schulungen von Personen in der erforderlichen Hygiene durchzuführen und darüber Nachweise zu führen haben, sowie dass Betriebe bestimmten Prüfungs- und Mitteilungspflichten unterliegen,
2. das Nähere über Art, Umfang und Häufigkeit der betriebseigenen Kontrollen und Maßnahmen nach Nummer 1 sowie die Auswertung und Mitteilung der Kontrollergebnisse zu regeln,
3. das Nähere über Art, Form und Inhalt der Nachweise nach Nummer 1 sowie über die Dauer ihrer Aufbewahrung zu regeln,
4. vorzuschreiben, dass Betriebe, die bestimmte Erzeugnisse herstellen, behandeln oder in den Verkehr bringen, oder von diesen Betrieben beauftragte Labors, bei der Durchführung mikrobiologischer Untersuchungen im Rahmen der betriebseigenen Kontrollen nach Nummer 1 bestimmtes Untersuchungsmaterial aufzubewahren und der zuständigen Behörde auf Verlangen auszuhändigen haben sowie die geeignete Art und Weise und die Dauer der Aufbewahrung und die Verwendung des ausgehändigten Untersuchungsmaterials zu regeln.

Satz 1 gilt entsprechend für Lebensmittelunternehmen, in denen lebende Tiere im Sinne des § 4 Absatz 1 Nummer 1 gehalten werden. Eine Mitteilung aufgrund einer Rechtsverordnung nach Satz 1 Nummer 2 oder eine Aushändigung von Untersuchungsmaterial aufgrund einer Rechtsverordnung nach Satz 1 Nummer 4 darf nicht zur strafrechtlichen Verfolgung des Mitteilenden oder Aushändigenden oder für ein Verfahren nach dem Gesetz über Ordnungswidrigkeiten gegen den Mitteilenden oder Aushändigenden verwendet werden.

§ 37 Weitere Ermächtigungen

(1) Das Bundesministerium wird ermächtigt, im Einvernehmen mit dem Bundesministerium für Wirtschaft und Energie durch Rechtsverordnung mit Zustimmung des Bundesrates, soweit es zur Erfüllung der in § 1 Absatz 1 Nummer 1, 2 oder 4, jeweils auch in Verbindung mit § 1 Absatz 3, genannten Zwecke erforderlich ist,

1. vorzuschreiben, dass Betriebe, die bestimmte Erzeugnisse herstellen, behandeln, in den Verkehr bringen oder verwenden, anerkannt, zugelassen oder registriert sein müssen sowie das Verfahren für die Anerkennung, Zulassung oder Registrierung einschließlich des Ruhens der Anerkennung oder Zulassung zu regeln,
2. die Voraussetzungen festzulegen, unter denen eine Anerkennung, Zulassung oder Registrierung zu erteilen ist.

(2) In der Rechtsverordnung nach Absatz 1 Nummer 2 können an das Herstellen, das Behandeln, das Inverkehrbringen oder das Verwenden des jeweiligen Erzeugnisses Anforderungen insbesondere über
1. die bauliche Gestaltung der Anlagen und Einrichtungen, insbesondere hinsichtlich der für die betroffene Tätigkeit einzuhaltenden hygienischen Anforderungen,
2. die Gewährleistung der von den betroffenen Betrieben nach der Anerkennung, Zulassung, Registrierung oder Zertifizierung einzuhaltenden Vorschriften dieses Gesetzes und der aufgrund dieses Gesetzes erlassenen Rechtsverordnungen,
3. die Einhaltung der Vorschriften über den Arbeitsschutz,
4. das Vorliegen der im Hinblick auf die betroffene Tätigkeit erforderlichen Zuverlässigkeit der Betriebsinhaberin oder des Betriebsinhabers oder der von der Betriebsinhaberin oder vom Betriebsinhaber bestellten verantwortlichen Person,
5. die im Hinblick auf die betroffene Tätigkeit erforderliche Sachkunde der Betriebsinhaberin oder des Betriebsinhabers oder der von der Betriebsinhaberin oder vom Betriebsinhaber bestellten verantwortlichen Person,
6. die Anfertigung von Aufzeichnungen und ihre Aufbewahrung

festgelegt werden.

Abschnitt 7
Überwachung

§ 38 Zuständigkeit, gegenseitige Information

(1) Die Zuständigkeit für die Überwachungsmaßnahmen nach diesem Gesetz, den aufgrund dieses Gesetzes erlassenen Rechtsverordnungen und den unmittelbar geltenden Rechtsakten der Europäischen Gemeinschaft oder der Europäischen Union im Anwendungsbereich dieses Gesetzes richtet sich nach Landesrecht, soweit in diesem Gesetz nichts anderes bestimmt ist. § 55 bleibt unberührt.

(2) Im Geschäftsbereich des Bundesministeriums der Verteidigung obliegt die Durchführung dieses Gesetzes, der aufgrund dieses Gesetzes erlassenen Rechtsverordnungen und der unmittelbar geltenden Rechtsakte der Europäischen Gemeinschaft oder der Europäischen Union im Anwendungsbereich dieses Gesetzes den zuständigen Stellen und Sachverständigen der Bundeswehr. Das Bundesministerium der Verteidigung kann für seinen Geschäftsbereich im Einvernehmen mit dem Bundesministerium Ausnahmen von diesem Gesetz und aufgrund dieses Gesetzes erlassenen Rechtsverordnungen zulassen, wenn dies zur Durchführung der besonderen Aufgaben der Bundeswehr gerechtfertigt ist und der vorbeugende Gesundheitsschutz gewahrt bleibt.

(3) Die für die Durchführung dieses Gesetzes zuständigen Behörden und Stellen des Bundes und der Länder haben sich gegenseitig
1. die für den Vollzug des Gesetzes zuständigen Stellen mitzuteilen und
2. bei der Ermittlungstätigkeit zu unterstützen.

(4) Die zuständigen Behörden
1. erteilen der zuständigen Behörde eines anderen Mitgliedstaates auf begründetes Ersuchen Auskünfte und übermitteln die erforderlichen Urkunden und Schriftstücke, um ihr die Überwachung der Einhaltung der für Erzeugnisse und mit Lebensmitteln verwechselbare Produkte geltenden Vorschriften zu ermöglichen,
2. überprüfen alle von der ersuchenden Behörde eines anderen Mitgliedstaates mitgeteilten Sachverhalte, teilen ihr das Ergebnis der Prüfung mit und unterrichten das Bundesministerium darüber.

(5) Hat die nach § 39 Absatz 1 Satz 1 für die Einhaltung der Vorschriften über den Verkehr mit Futtermitteln zuständige Behörde Grund zu der Annahme, dass Futtermittel, die geeignet sind, die von Nutztieren gewonnenen Erzeugnisse im Hinblick auf ihre Unbedenklichkeit für die menschliche Gesundheit zu beeinträchtigen, verfüttert worden sind, so unterrichtet sie die für die Durchführung des § 41 zuständige Behörde über die ihr bekannten Tatsachen.

(6) Die zuständigen Behörden teilen den zuständigen Behörden eines anderen Mitgliedstaates alle Tatsachen und Sachverhalte mit, die für die Überwachung der Einhaltung der für Erzeugnisse und mit Lebensmitteln verwechselbare Produkte geltenden Vorschriften in diesem Mitgliedstaat erforderlich sind, insbesondere bei Zuwiderhandlungen und bei Verdacht auf Zuwiderhandlungen gegen für Erzeugnisse und mit Lebensmitteln verwechselbare Produkte geltende Vorschriften.

(7) Die zuständigen Behörden können, soweit dies zur Einhaltung der Anforderungen dieses Gesetzes oder der aufgrund dieses Gesetzes erlassenen Rechtsverordnungen erforderlich oder durch Rechtsakte der Europäischen Gemeinschaft oder der Europäischen Union vorgeschrieben ist, Daten, die sie im Rahmen der Überwachung gewonnen haben, anderen zuständigen Behörden desselben Landes, den zuständigen Behörden anderer Länder, des Bundes oder anderer Mitgliedstaaten oder der Europäischen Kommission mitteilen.

(8) Auskünfte, Mitteilungen und Übermittlung von Urkunden und Schriftstücken über lebensmittel- und futtermittelrechtliche Kontrollen nach den Absätzen 4, 6 und 7 erfolgen, sofern sie andere Vertragsstaaten des Abkommens über den Europäischen Wirtschaftsraum als Mitgliedstaaten betreffen, an die Europäische Kommission.

§ 38a Übermittlung von Daten über den Internethandel

(1) Das Bundeszentralamt für Steuern übermittelt nach Maßgabe des Satzes 2 oder 3 zur Unterstützung der den Ländern obliegenden Überwachung der Einhaltung der Vorschriften
1. dieses Gesetzes,
2. der aufgrund dieses Gesetzes erlassenen Rechtsverordnungen und
3. der unmittelbar geltenden Rechtsakte der Europäischen Gemeinschaft oder der Europäischen Union im Anwendungsbereich dieses Gesetzes

den zuständigen Behörden der Länder auf deren Anforderung die ihm aus der Beobachtung elektronisch angebotener Dienstleistungen nach § 5 Absatz 1 Nummer 17 des Finanzverwaltungsgesetzes vorliegenden Daten über Unternehmen, die diesem Gesetz unterliegende Erzeugnisse oder mit Lebensmitteln verwechselbare Produkte im Internet anbieten. Die Anforderungen sind über das Bundesamt für Verbraucherschutz und Lebensmittelsicherheit an das Bundeszentralamt für Steuern zu richten; das Bundeszentralamt für Steuern übermittelt die Daten an das Bundesamt für Verbraucherschutz und Lebensmittelsicherheit, das die Daten den anfordernden Behörden weiterleitet. Soweit die Länder für den Zweck des Satzes 1 eine gemeinsame Stelle einrichten, ergeht die Anforderung durch diese Stelle und sind die in Satz 1 bezeichneten Daten dieser Stelle zu übermitteln; diese Stelle leitet die übermittelten Daten den zuständigen Behörden weiter.

(2) Daten im Sinne des Absatzes 1 Satz 1 sind
1. der Name, die Anschrift und die Telekommunikationsinformationen des Unternehmens,
2. das eindeutige Ordnungsmerkmal, die Domaininformationen und die Landzuordnung,
3. die betroffenen Erzeugnisse oder mit Lebensmitteln verwechselbare Produkte.

(3) Das Bundesamt für Verbraucherschutz und Lebensmittelsicherheit und die Stelle im Sinne des Absatzes 1 Satz 3 haben die ihnen übermittelten Daten unverzüglich nach der Weiterleitung an die zuständigen Behörden zu löschen. Die zuständigen Behörden haben die Daten zu löschen, soweit sie nicht mehr erforderlich sind, spätestens jedoch mit Ablauf des dritten Jahres nach der Übermittlung an sie. Die Frist des Satzes 2 gilt nicht, wenn wegen eines anhängigen Bußgeldverfahrens, staatsanwaltlichen Ermittlungsverfahrens oder gerichtlichen Verfahrens eine längere Aufbewahrung erforderlich ist; in diesem Falle sind die Daten mit rechtskräftigem Abschluss des Verfahrens zu löschen.

(4) Das Bundesministerium wird ermächtigt, im Einvernehmen mit dem Bundesministerium der Finanzen durch Rechtsverordnung mit Zustimmung des Bundesrates die Einzelheiten des Verfahrens der Datenübermittlung zu regeln.

§ 39 Aufgabe und Maßnahmen der zuständigen Behörden

(1) Die Überwachung der Einhaltung der Vorschriften dieses Gesetzes, der aufgrund dieses Gesetzes erlassenen Rechtsverordnungen und der unmittelbar geltenden Rechtsakte der Europäischen Gemeinschaft oder der Europäischen Union im Anwendungsbereich dieses Gesetzes über Erzeugnisse und lebende Tiere im Sinne des § 4 Absatz 1 Nummer 1 ist Aufgabe der zuständigen Behörden. Dazu haben sie sich durch regelmäßige Überprüfungen und Probennahmen davon zu überzeugen, dass die Vorschriften eingehalten werden.

(2) Die zuständigen Behörden treffen die notwendigen Anordnungen und Maßnahmen, die zur Feststellung oder zur Ausräumung eines hinreichenden Verdachts eines Verstoßes oder zur Beseitigung festgestellter Verstöße oder zur Verhütung künftiger Verstöße sowie zum Schutz vor Gefahren für die Gesundheit oder vor Täuschung erforderlich sind. Sie können insbesondere
1. anordnen, dass derjenige, der ein Erzeugnis hergestellt, behandelt oder in den Verkehr gebracht hat oder dies beabsichtigt,

a) eine Prüfung durchführt oder durchführen lässt und das Ergebnis der Prüfung mitteilt,

b) ihr den Eingang eines Erzeugnisses anzeigt,

wenn Grund zu der Annahme besteht, dass das Erzeugnis den Vorschriften dieses Gesetzes, der aufgrund dieses Gesetzes erlassenen Rechtsverordnungen oder der unmittelbar geltenden Rechtsakte der Europäischen Gemeinschaft oder der Europäischen Union im Anwendungsbereich dieses Gesetzes nicht entspricht,

2. vorübergehend verbieten, dass ein Erzeugnis in den Verkehr gebracht wird, bis das Ergebnis einer entnommenen Probe oder einer nach Nummer 1 angeordneten Prüfung vorliegt,

3. das Herstellen, Behandeln oder das Inverkehrbringen von Erzeugnissen verbieten oder beschränken,

4. eine Maßnahme überwachen oder, falls erforderlich, anordnen, mit der verhindert werden soll, dass ein Erzeugnis, das den Verbraucher noch nicht erreicht hat, auch durch andere Wirtschaftsbeteiligte weiter in den Verkehr gebracht wird (Rücknahme), oder die auf die Rückgabe eines in den Verkehr gebrachten Erzeugnisses abzielt, das den Verbraucher oder den Verwender bereits erreicht hat oder erreicht haben könnte (Rückruf),

5. Erzeugnisse, auch vorläufig, sicherstellen und, soweit dies zum Erreichen der in § 1 Absatz 1 Nummer 1 oder 4 Buchstabe a Doppelbuchstabe aa oder Absatz 2, stets jeweils auch in Verbindung mit § 1 Absatz 3, genannten Zwecke erforderlich ist, die unschädliche Beseitigung der Erzeugnisse veranlassen,

6. das Verbringen von Erzeugnissen, einschließlich lebender Tiere im Sinne des § 4 Absatz 1 Nummer 1, in das Inland im Einzelfall vorübergehend verbieten oder beschränken, wenn

a) die Bundesrepublik Deutschland von der Kommission hierzu ermächtigt worden ist und dies das Bundesministerium im Bundesanzeiger bekannt gemacht hat oder

b) Tatsachen vorliegen, die darauf schließen lassen, dass die Erzeugnisse oder lebenden Tiere ein Risiko für die Gesundheit von Mensch oder Tier mit sich bringen,

7. anordnen, dass diejenigen, die einer von einem in Verkehr gebrachten Erzeugnis ausgehenden Gefahr ausgesetzt sein können, rechtzeitig in geeigneter Form auf diese Gefahr hingewiesen werden,

8. Anordnungen zur Durchsetzung der Pflicht des Lebensmittelunternehmers zur Unterrichtung der Verbraucher nach Artikel 19 der Verordnung (EG) Nr. 178/2002 und der Pflicht des Futtermittelunternehmers zur Unterrichtung der Verwender nach Artikel 20 der Verordnung (EG) Nr. 178/2002 treffen und

9. die Öffentlichkeit nach Maßgabe von § 40 informieren.

Artikel 54 Absatz 1 und 2 der Verordnung (EG) Nr. 882/2004 des Europäischen Parlaments und des Rates vom 29. April 2004 über amtliche Kontrollen zur Überprüfung der Einhaltung des Lebensmittel- und Futtermittelrechts sowie der Bestimmungen über Tiergesundheit und Tierschutz (ABl. L 165 vom

30.4.2004, S. 1, L 191 vom 28.5.2004, S. 1, L 204 vom 4.8.2007, S. 29), die zuletzt durch die Verordnung (EU) Nr. 652/2014 (ABl. L 189 vom 27.6.2014, S. 1) geändert worden ist, über Maßnahmen im Fall eines Verstoßes bleibt unberührt.

(3) Eine Anordnung nach

1. Absatz 2 Satz 2 Nummer 3 und 5 kann auch in Bezug auf das Verwenden eines zugelassenen Erzeugnisses ergehen, soweit dies erforderlich ist, um eine unmittelbare drohende Gefahr für die Gesundheit des Menschen abzuwehren; die Anordnung ist zu befristen, bis über die weitere Zulassung des betroffenen Erzeugnisses von der zuständigen Stelle entschieden ist,
2. Absatz 2 Satz 2 Nummer 1 bis 3 und 5 kann auch in Bezug auf das Verfüttern eines Futtermittels ergehen.

(4) Die Absätze 1 und 2 Satz 1 und 2 sowie § 40 gelten für mit Lebensmitteln verwechselbare Produkte entsprechend.

(5) Zum Zweck der Verringerung oder Beseitigung der Ursachen für einen gesundheitlich nicht erwünschten Stoff, der in oder auf einem Lebensmittel enthalten ist, führen die zuständigen Behörden, wenn eine Überschreitung von durch Rechtsverordnung nach § 13 Absatz 1 Nummer 7 oder § 13 Absatz 5 Satz 1 Nummer 2 festgesetzten Auslösewerten festgestellt wird, Untersuchungen mit dem Ziel durch, die Ursachen für das Vorhandensein des gesundheitlich nicht erwünschten Stoffs zu ermitteln. Soweit es erforderlich ist, kann die zuständige Behörde die zur Verringerung oder Beseitigung der Ursachen für das Vorhandensein des gesundheitlich nicht erwünschten Stoffs erforderlichen Maßnahmen anordnen. Dabei kann sie auch anordnen, dass der Wirtschaftsbeteiligte selbst eine Untersuchung durchführt oder durchführen lässt und das Ergebnis der Untersuchung mitteilt. Die zuständigen Behörden informieren das Bundesministerium, im Fall einer Rechtsverordnung nach § 13 Absatz 5 Satz 1 Nummer 2 auch das Bundesministerium für Umwelt, Naturschutz, Bau und Reaktorsicherheit, oder im Fall einer Rechtsverordnung nach § 72 Satz 2 das Bundesamt für Verbraucherschutz und Lebensmittelsicherheit unverzüglich über ermittelte Ursachen für das Vorhandensein des gesundheitlich nicht erwünschten Stoffs und die zur Verringerung oder Beseitigung dieser Ursachen angeordneten Maßnahmen zum Zweck der Information der Kommission und der anderen Mitgliedstaaten.

(6) Zum Zweck der Verringerung oder Beseitigung der Ursachen für unerwünschte Stoffe in Futtermitteln führen die zuständigen Behörden, wenn eine Überschreitung von festgesetzten Höchstgehalten an unerwünschten Stoffen oder Aktionsgrenzwerten festgestellt wird, Untersuchungen mit dem Ziel durch, die Ursachen für das Vorhandensein unerwünschter Stoffe zu ermitteln. Soweit es erforderlich ist, kann die zuständige Behörde die zur Verringerung oder Beseitigung der Ursachen für das Vorhandensein unerwünschter Stoffe erforderlichen Maßnahmen anordnen. Dabei kann sie auch anordnen, dass der Wirtschaftsbeteiligte selbst eine Untersuchung durchführt oder durchführen lässt und das Ergebnis der Untersuchung mitteilt. Die zuständigen Behörden informieren das Bundesministerium oder im Fall einer Rechtsverordnung nach § 72 Satz 2 das Bundesamt für Verbraucherschutz und Lebensmittelsicherheit unverzüglich über ermittelte Ursachen für das Vorhandensein unerwünschter Stoffe und die zur Verringerung oder Beseitigung dieser Ursachen angeord-

neten Maßnahmen zum Zweck der Information der Kommission und der anderen Mitgliedstaaten.

(7) Widerspruch und Anfechtungsklage gegen Anordnungen, die der Durchführung von Verboten nach

1. Artikel 14 Absatz 1 in Verbindung mit Absatz 2 Buchstabe a der Verordnung (EG) Nr. 178/2002,
2. Artikel 15 Absatz 1 in Verbindung mit Absatz 2 erster Anstrich der Verordnung (EG) Nr. 178/2002 oder
3. § 5, § 17 Absatz 1 Satz 1 Nummer 1, § 26 oder § 30

dienen, haben keine aufschiebende Wirkung.

(7a) Soweit im Einzelfall eine notwendige Anordnung oder eine sonstige notwendige Maßnahme nicht aufgrund der Absätze 2 bis 4 getroffen werden kann, bleiben weitergehende Regelungen der Länder, einschließlich der Regelungen auf dem Gebiet des Polizeirechts, aufgrund derer eine solche Anordnung oder Maßnahme getroffen werden kann, anwendbar.

(8) Das Bundesministerium wird ermächtigt, abweichend von Absatz 1 Satz 1 durch Rechtsverordnung mit Zustimmung des Bundesrates, soweit es mit den in § 1 Absatz 1 Nummer 1 und Absatz 2, jeweils auch in Verbindung mit § 1 Absatz 3, genannten Zwecken vereinbar ist, zu bestimmen, dass die zuständige Behörde im Fall erlegter Wildschweine oder anderer fleischfressender Tiere, die Träger von Trichinen sein können, bei denen keine Merkmale festgestellt werden, die das Fleisch als bedenklich für den Verzehr erscheinen lassen,

1. einem Jagdausübungsberechtigten für seinen Jagdbezirk oder
2. einem Jäger, dem die Jagd vom Jagdausübungsberechtigten gestattet worden ist,

in dessen Person die Voraussetzungen des Artikels 1 Absatz 3 Buchstabe a oder Buchstabe e der Verordnung (EG) Nr. 853/2004 des Europäischen Parlaments und des Rates vom 29. April 2004 mit spezifischen Hygienevorschriften für Lebensmittel tierischen Ursprungs (ABl. L 139 vom 30.4.2004, S. 55, L 226 vom 25.6.2004, S. 22, L 204 vom 4.8.2007, S. 26, L 46 vom 21.2.2008, S. 50, L 119 vom 13.5.2010, S. 26, L 160 vom 12.6.2013, S. 15, L 66 vom 11.3.2015, S. 22), die zuletzt durch die Verordnung (EU) Nr. 1137/2014 (ABl. L 307 vom 28.10.2014, S. 28) geändert worden ist, vorliegen, die Entnahme von Proben zur Untersuchung auf Trichinen und die Kennzeichnung übertragen kann. In der Rechtsverordnung nach Satz 1 sind die Voraussetzungen und das Verfahren für die Übertragung und die Überwachung der Einhaltung der Vorschriften zu regeln.

§ 40 Information der Öffentlichkeit

(1) Die zuständige Behörde soll die Öffentlichkeit unter Nennung der Bezeichnung des Lebensmittels oder Futtermittels und des Lebensmittel- oder Futtermittelunternehmens, unter dessen Namen oder Firma das Lebensmittel oder Futtermittel hergestellt oder behandelt wurde oder in den Verkehr gelangt ist, und, wenn dies zur Gefahrenabwehr geeigneter ist, auch unter Nennung des Inverkehrbringers, nach Maßgabe des Artikels 10 der Verordnung (EG) Nr. 178/2002 informieren. Eine Information der Öffentlichkeit in der in Satz 1 genannten Art und Weise soll vorbehaltlich des Absatzes 1a auch erfolgen, wenn

1. der hinreichende Verdacht besteht, dass ein kosmetisches Mittel oder ein Bedarfsgegenstand ein Risiko für die menschliche Gesundheit mit sich bringen kann,
2. der hinreichende Verdacht besteht, dass gegen Vorschriften im Anwendungsbereich dieses Gesetzes, die dem Schutz der Verbraucherinnen und Verbraucher vor Gesundheitsgefährdungen dienen, verstoßen wurde,
3. im Einzelfall hinreichende Anhaltspunkte dafür vorliegen, dass von einem Erzeugnis eine Gefährdung für die Sicherheit und Gesundheit ausgeht oder ausgegangen ist und aufgrund unzureichender wissenschaftlicher Erkenntnis oder aus sonstigen Gründen die Unsicherheit nicht innerhalb der gebotenen Zeit behoben werden kann,
4. ein nicht gesundheitsschädliches, aber zum Verzehr ungeeignetes, insbesondere ekelerregendes Lebensmittel in nicht unerheblicher Menge in den Verkehr gelangt oder gelangt ist oder wenn ein solches Lebensmittel wegen seiner Eigenart zwar nur in geringen Mengen, aber über einen längeren Zeitraum in den Verkehr gelangt ist,
4a. der durch Tatsachen hinreichend begründete Verdacht besteht, dass gegen Vorschriften im Anwendungsbereich dieses Gesetzes, die dem Schutz der Verbraucherinnen und Verbraucher vor Täuschung dienen, in nicht nur unerheblichem Ausmaß verstoßen wurde,
5. Umstände des Einzelfalles die Annahme begründen, dass ohne namentliche Nennung des zu beanstandenden Erzeugnisses und erforderlichenfalls des Wirtschaftsbeteiligten oder des Inverkehrbringers, unter dessen Namen oder Firma das Erzeugnis hergestellt oder behandelt wurde oder in den Verkehr gelangt ist, erhebliche Nachteile für die Hersteller oder Vertreiber gleichartiger oder ähnlicher Erzeugnisse nicht vermieden werden können.

In den Fällen des Satzes 2 Nummer 3 bis 5 ist eine Information der Öffentlichkeit zulässig nach Abwägung der Belange der Betroffenen mit den Interessen der Öffentlichkeit an der Veröffentlichung.

(1a) Die zuständige Behörde informiert die Öffentlichkeit unter Nennung der Bezeichnung des Lebensmittels oder Futtermittels sowie unter Nennung des Lebensmittel- oder Futtermittelunternehmens, unter dessen Namen oder Firma das Lebensmittel oder Futtermittel hergestellt oder behandelt oder in den Verkehr gelangt ist, wenn der durch Tatsachen, im Falle von Proben nach § 39 Absatz 1 Satz 2 auf der Grundlage mindestens zweier unabhängiger Untersuchungen von Stellen nach Artikel 12 Absatz 2 der Verordnung (EG) Nr. 882/2004, hinreichend begründete Verdacht besteht, dass

1. in Vorschriften im Anwendungsbereich dieses Gesetzes festgelegte zulässige Grenzwerte, Höchstgehalte oder Höchstmengen überschritten wurden oder
2. gegen sonstige Vorschriften im Anwendungsbereich dieses Gesetzes, die dem Schutz der Verbraucherinnen und Verbraucher vor Gesundheitsgefährdungen oder vor Täuschung oder der Einhaltung hygienischer Anforderungen dienen, in nicht nur unerheblichem Ausmaß oder wiederholt verstoßen worden ist und die Verhängung eines Bußgeldes von mindestens dreihundertfünfzig Euro zu erwarten ist.

(2) Eine Information der Öffentlichkeit nach Absatz 1 durch die Behörde ist nur zulässig, wenn andere ebenso wirksame Maßnahmen, insbesondere eine Information der Öffentlichkeit durch den Lebensmitteloder Futtermittelunternehmer oder den Wirtschaftsbeteiligten, nicht oder nicht rechtzeitig getroffen werden oder die Verbraucherinnen und Verbraucher nicht erreichen. Unbeschadet des Satzes 1 kann die Behörde ihrerseits die Öffentlichkeit auf

1. eine Information der Öffentlichkeit oder
2. eine Rücknahme- oder Rückrufaktion

durch den Lebensmittel- oder Futtermittelunternehmer oder den sonstigen Wirtschaftsbeteiligten hinweisen. Die Behörde kann unter den Voraussetzungen des Satzes 1 auch auf eine Information der Öffentlichkeit einer anderen Behörde hinweisen, soweit berechtigte Interessen der Verbraucherinnen und Verbraucher in ihrem eigenen Zuständigkeitsbereich berührt sind.

(3) Bevor die Behörde die Öffentlichkeit nach den Absätzen 1 und 1a informiert, hat sie den Hersteller oder den Inverkehrbringer anzuhören, sofern hierdurch die Erreichung des mit der Maßnahme verfolgten Zwecks nicht gefährdet wird. Satz 1 gilt nicht in einem Fall des Absatzes 2 Satz 2 oder 3.

(4) Stellen sich die von der Behörde an die Öffentlichkeit gegebenen Informationen im Nachhinein als falsch oder die zu Grunde liegenden Umstände als unrichtig wiedergegeben heraus, so ist dies unverzüglich öffentlich bekannt zu machen, sofern der betroffene Wirtschaftsbeteiligte dies beantragt oder dies zur Wahrung erheblicher Belange des Gemeinwohls erforderlich ist. Diese Bekanntmachung soll in derselben Weise erfolgen, in der die Information der Öffentlichkeit ergangen ist.

(5) Abweichend von Absatz 1 ist das Bundesamt für Verbraucherschutz und Lebensmittelsicherheit zuständige Behörde, soweit ein nicht im Inland hergestelltes Erzeugnis erkenntlich nicht im Inland in den Verkehr gebracht worden ist und

1. ein Fall des Absatzes 1 Satz 1 aufgrund einer Meldung nach Artikel 50 der Verordnung (EG) Nr. 178/2002 eines anderen Mitgliedstaates oder
2. ein Fall des Absatzes 1 Satz 2 Nummer 1 aufgrund einer sonstigen Mitteilung eines anderen Mitgliedstaates

vorliegt.

§ 41 Maßnahmen im Erzeugerbetrieb, Viehhandelsunternehmen und Transportunternehmen

(1) Die zuständige Behörde hat zur Durchführung der Richtlinie 96/23/EG in einem Erzeugerbetrieb, Viehhandelsunternehmen oder Transportunternehmen Ermittlungen über die Ursachen für das Vorhandensein von Rückständen pharmakologisch wirksamer Stoffe oder deren Umwandlungsprodukte sowie von anderen Stoffen, die von Tieren auf von ihnen gewonnene Erzeugnisse übergehen und für den Menschen gesundheitlich bedenklich sein können, anzustellen, wenn

1. bei lebenden Tieren im Sinne des § 4 Absatz 1 Nummer 1 in oder aus diesem Betrieb oder Unternehmen oder bei von ihnen gewonnenen Lebensmitteln
    a) Stoffe mit pharmakologischer Wirkung, deren Anwendung verboten ist, oder

b) die Anwendung von Stoffen mit pharmakologischer Wirkung für Tiere oder Anwendungsgebiete, für die die Anwendung ausgeschlossen ist, nachgewiesen oder

2. bei von lebenden Tieren im Sinne des § 4 Absatz 1 Nummer 1 aus diesem Betrieb oder Unternehmen gewonnenen Lebensmitteln, bei denen festgestellt wurde, dass festgesetzte Höchstmengen für Rückstände von Stoffen nach Anhang I der Richtlinie 96/23/EG oder deren Umwandlungsprodukte überschritten

wurden oder Tatsachen zuverlässig hierauf schließen lassen. Die Ermittlungen nach Satz 1 betreffen auch für die in Satz 1 Nummer 1 genannten Tiere bestimmte Futtermittel.

(2) Die zuständige Behörde hat die Abgabe oder Beförderung von lebenden Tieren im Sinne des § 4 Absatz 1 Nummer 1 oder von ihnen gewonnener Lebensmittel aus dem Betrieb oder Unternehmen zu verbieten, wenn die Voraussetzungen nach Absatz 1 für die dort vorgesehenen Ermittlungen gegeben sind. Abweichend von Satz 1 und § 10 Absatz 2 kann die zuständige Behörde die Abgabe oder Beförderung von lebenden Tieren im Sinne des § 4 Absatz 1 Nummer 1 oder von ihnen gewonnener Lebensmittel zu einem anderen Betrieb oder Unternehmen mit Zustimmung der für diesen Betrieb oder dieses Unternehmen zuständigen Behörde genehmigen, soweit Belange der vorgesehenen Ermittlungen nicht entgegenstehen und die noch ausstehenden Ermittlungen dort durchgeführt werden können. Die zuständige Behörde hat Anordnungen nach Satz 1 aufzuheben, wenn die Voraussetzungen für sie nicht mehr gegeben sind. Widerspruch und Anfechtungsklage gegen Anordnungen nach Satz 1 haben keine aufschiebende Wirkung.

(3) Die zuständige Behörde hat die Tötung eines lebenden Tieres im Sinne des § 4 Absatz 1 Nummer 1 eines Erzeugerbetriebes, Viehhandelsunternehmens oder Transportunternehmens und dessen unschädliche Beseitigung anzuordnen, bei dem auf der Grundlage einer Untersuchung nachgewiesen worden ist, dass

1. Stoffe, die im Anhang Tabelle 2 der Verordnung (EU) Nr. 37/2010 der Kommission als verbotene Stoffe aufgeführt sind, oder
2. Stoffe, die nach Maßgabe einer aufgrund des § 10 Absatz 4 Nummer 1 Buchstabe b zur Umsetzung von Rechtsakten der Europäischen Gemeinschaft oder der Europäischen Union erlassenen Rechtsverordnung lebenden Tieren im Sinne des § 4 Absatz 1 Nummer 1 nicht oder nur zu bestimmten Zwecken zugeführt werden dürfen, nachweislich entgegen den Vorschriften dieser Rechtsverordnung, sofern dort jeweils ausdrücklich auf die Umsetzung verwiesen wird,

angewendet worden sind.

(4) Sind die in Absatz 3 genannten Stoffe bei dem Tier, nicht aber deren Anwendung nachgewiesen worden, hat die zuständige Behörde das Verbot nach Absatz 2 Satz 1 aufrechtzuerhalten. Abweichend von Satz 1 und § 10 Absatz 2 kann die zuständige Behörde die Abgabe oder Beförderung von lebenden Tieren vorbehaltlich des Satzes 3 nach Zustimmung der für den Betrieb oder das Unternehmen des Empfängers zuständigen Behörde genehmigen. Die zuständige Behörde darf die Abgabe oder Beförderung von Tieren zu einem Schlachtbetrieb

nur im Fall des Nachweises von Stoffen nach Absatz 3 Nummer 1 und nur unter der Voraussetzung genehmigen, dass
1. eine Gefährdung der Gesundheit des Menschen durch Rückstände ausgeschlossen ist oder
2. der Verfügungsberechtigte durch Untersuchung jedes einzelnen Tieres nachweist, dass keine Rückstände von Stoffen mehr vorliegen, deren Anwendung verboten ist.

(5) Die zuständige Behörde hat im Fall einer Anordnung nach Absatz 3 vor deren Vollzug eine Untersuchung auf Rückstände bei einer statistisch repräsentativen Zahl von lebenden Tieren im Sinne des § 4 Absatz 1 Nummer 1 des in Absatz 3 genannten Betriebes oder Unternehmens durchzuführen, bei denen Stoffe mit pharmakologischer Wirkung im Sinne des Absatzes 3 angewendet worden sein könnten. Die Inhaberin oder der Inhaber des Betriebes oder Unternehmens hat die Maßnahmen nach Satz 1 zu dulden. Die Auswahl der Tiere hat nach international anerkannten wissenschaftlichen Grundsätzen zu erfolgen.

(6) Die zuständige Behörde hat die Tötung aller Tiere im Sinne des § 4 Absatz 1 Nummer 1 des in Absatz 3 genannten Betriebes oder Unternehmens, bei denen Stoffe mit pharmakologischer Wirkung im Sinne des Absatzes 3 angewendet worden sein könnten, und deren unschädliche Beseitigung anzuordnen, wenn diese Anwendung bei mindestens der Hälfte der nach Absatz 5 Satz 1 untersuchten Tiere nachgewiesen wurde. Satz 1 gilt nicht, wenn der Verfügungsberechtigte sich unverzüglich für die Untersuchung jedes einzelnen Tieres in einem Labor, das die Anforderungen nach Artikel 12 Absatz 2 der Verordnung (EG) Nr. 882/2004 erfüllt, entscheidet. Bei Vorliegen einer Entscheidung nach Satz 2 hat die zuständige Behörde die Tötung und unschädliche Beseitigung der Tiere anzuordnen, bei denen bei der Untersuchung Stoffe mit pharmakologischer Wirkung im Sinne von Absatz 3 nachgewiesen wurden.

(7) Derjenige, bei dem die Maßnahmen nach den Absätzen 3 und 6 durchgeführt worden sind, hat die Kosten der Tötung und unschädlichen Beseitigung der Tiere zu tragen.

§ 42 Durchführung der Überwachung

(1) Die Überwachung der Einhaltung dieses Gesetzes, der aufgrund dieses Gesetzes erlassenen Rechtsverordnungen und der unmittelbar geltenden Rechtsakte der Europäischen Gemeinschaft oder der Europäischen Union im Anwendungsbereich dieses Gesetzes ist durch fachlich ausgebildete Personen durchzuführen. Das Bundesministerium wird ermächtigt, durch Rechtsverordnung mit Zustimmung des Bundesrates
1. vorzuschreiben, dass bestimmte Überwachungsmaßnahmen einer wissenschaftlich ausgebildeten Person obliegen und dabei andere fachlich ausgebildete Personen nach Weisung der zuständigen Behörde und unter der fachlichen Aufsicht einer wissenschaftlich ausgebildeten Person eingesetzt werden können,
2. vorzuschreiben, dass abweichend von Satz 1 bestimmte Überwachungsmaßnahmen von sachkundigen Personen durchgeführt werden können,

3. Vorschriften über die
   a) Anforderungen an die Sachkunde zu erlassen, die an die in Nummer 1 genannte wissenschaftlich ausgebildete Person und die in Nummer 2 genannten sachkundigen Personen,
   b) fachlichen Anforderungen zu erlassen, die an die in Satz 1 genannten Personen zu stellen sind, sowie das Verfahren des Nachweises der Sachkunde und der fachlichen Anforderungen zu regeln.

Die Landesregierungen werden ermächtigt, Rechtsverordnungen nach Satz 2 Nummer 3 zu erlassen, soweit das Bundesministerium von seiner Befugnis keinen Gebrauch macht. Die Landesregierungen sind befugt, die Ermächtigung durch Rechtsverordnung auf andere Behörden zu übertragen.

(2) Soweit es zur Überwachung der Einhaltung der Rechtsakte der Europäischen Gemeinschaft oder der Europäischen Union, dieses Gesetzes und der aufgrund dieses Gesetzes erlassenen Rechtsverordnungen erforderlich ist, sind die mit der Überwachung beauftragten Personen, bei Gefahr im Verzug auch alle Beamten der Polizei, befugt,

1. Grundstücke, Betriebsräume und Transportmittel, in oder auf denen
   a) Erzeugnisse hergestellt, behandelt oder in den Verkehr gebracht werden,
   b) sich lebende Tiere im Sinne des § 4 Absatz 1 Nummer 1 befinden oder
   c) Futtermittel verfüttert werden,

   sowie die dazugehörigen Geschäftsräume während der üblichen Betriebs- oder Geschäftszeit zu betreten;

2. zur Verhütung dringender Gefahren für die öffentliche Sicherheit und Ordnung
   a) die in Nummer 1 bezeichneten Grundstücke, Betriebsräume und Räume auch außerhalb der dort genannten Zeiten,
   b) Wohnräume der nach Nummer 5 zur Auskunft Verpflichteten zu betreten; das Grundrecht der Unverletzlichkeit der Wohnung (Artikel 13 des Grundgesetzes) wird insoweit eingeschränkt;

3. alle geschäftlichen Schrift- und Datenträger, insbesondere Aufzeichnungen, Frachtbriefe, Herstellungsbeschreibungen und Unterlagen über die bei der Herstellung verwendeten Stoffe, einzusehen und hieraus Abschriften, Auszüge, Ausdrucke oder sonstige Vervielfältigungen, auch von Datenträgern, anzufertigen oder Ausdrucke von elektronisch gespeicherten Daten zu verlangen sowie Mittel, Einrichtungen und Geräte zur Beförderung von Erzeugnissen oder lebenden Tieren im Sinne des § 4 Absatz 1 Nummer 1 zu besichtigen;

4. von Mitteln, Einrichtungen oder Geräten zur Beförderung von Erzeugnissen oder lebenden Tieren im Sinne des § 4 Absatz 1 Nummer 1 sowie von den in Nummer 1 bezeichneten Grundstücken, Betriebsräumen oder Räumen Bildaufnahmen oder -aufzeichnungen anzufertigen;

5. von natürlichen und juristischen Personen und nicht rechtsfähigen Personenvereinigungen alle erforderlichen Auskünfte, insbesondere solche über die Herstellung, das Behandeln, die zur Verarbeitung gelangenden Stoffe und deren Herkunft, das Inverkehrbringen und das Verfüttern zu verlangen;

6. entsprechend § 43 Proben zu fordern oder zu entnehmen.

Im Falle des Satzes 1 Nummer 4 dürfen folgende personenbezogene Daten aufgenommen oder aufgezeichnet werden, soweit dies zur Sicherung von Beweisen erforderlich ist:
1. Name, Anschrift und Markenzeichen des Unternehmers,
2. Namen von Beschäftigten.

Die Aufnahmen oder Aufzeichnungen sind zu vernichten, soweit sie nicht mehr erforderlich sind, spätestens jedoch mit Ablauf des dritten Jahres nach ihrer Aufnahme oder Aufzeichnung. Die Frist des Satzes 3 gilt nicht, wenn wegen eines anhängigen Bußgeldverfahrens, staatsanwaltlichen Ermittlungsverfahrens oder gerichtlichen Verfahrens eine längere Aufbewahrung erforderlich ist, in diesem Falle sind die Aufnahmen oder Aufzeichnungen mit rechtskräftigem Abschluss des Verfahrens zu vernichten.

(3) Erhält eine für die Überwachung nach § 38 Absatz 1 Satz 1 zuständige Behörde von Tatsachen Kenntnis, die Grund zu der Annahme geben, dass durch das Verzehren eines Lebensmittels, das in den Verkehr gebracht worden ist, eine übertragbare Krankheit im Sinne des § 2 Nummer 3 des Infektionsschutzgesetzes verursacht werden kann oder verursacht worden ist, so unterrichtet die nach § 38 Absatz 1 Satz 1 zuständige Behörde unverzüglich die für Ermittlungen nach § 25 Absatz 1 des Infektionsschutzgesetzes zuständige Behörde. Dabei stellt die nach § 38 Absatz 1 Satz 1 zuständige Behörde der nach § 25 des Infektionsschutzgesetzes zuständigen Behörde die Angaben
1. zu dem Lebensmittel,
2. zu der an Endverbraucher abgegebenen Menge des Lebensmittels,
3. zu dem Namen oder der Firma und der Anschrift sowie zu den Kontaktdaten
   a) des Lebensmittelunternehmers, unter dessen Namen oder Firma das Lebensmittel hergestellt oder behandelt worden ist oder in den Verkehr gelangt ist, und
   b) der in § 4 Absatz 2 Nummer 1 bezeichneten Unternehmen oder Personen, an die das Lebensmittel geliefert wurde,
   c) der Endverbraucher, die das Lebensmittel verzehrt haben und der zuständigen Behörde von einer möglichen Erkrankung Mitteilung gemacht haben, sofern diese in die damit verbundene Datenübermittlung an die nach § 25 Absatz 1 des Infektionsschutzgesetzes zuständige Behörde schriftlich eingewilligt haben,
4. zu dem Ort unter Angabe der Anschrift und zu dem Zeitraum der Abgabe sowie
5. zu dem festgestellten Krankheitserreger

zur Verfügung. Die Angaben nach Satz 2 sind um die Proben, Isolate und Nachweise über die Feststellung des Krankheitserregers zu ergänzen und nur mitzuteilen, sofern sie
1. der nach § 38 Absatz 1 Satz 1 zuständigen Behörde vorliegen und
2. für die Behörde, die für die Ermittlungen nach § 25 Absatz 1 des Infektionsschutzgesetzes zuständig ist, erforderlich sind.

(4) Soweit es zur Durchführung von Vorschriften, die durch Rechtsakte der Europäischen Gemeinschaft oder der Europäischen Union, dieses Gesetz oder

durch aufgrund dieses Gesetzes erlassene Rechtsverordnungen geregelt sind, erforderlich ist, sind auch die Sachverständigen der Mitgliedstaaten, der Kommission und der EFTA-Überwachungsbehörde in Begleitung der mit der Überwachung beauftragten Personen berechtigt, Befugnisse nach Absatz 2 Nummer 1, 3, 4 und 5 wahrzunehmen und Proben nach Maßgabe des § 43 Absatz 1 Satz 1 und Absatz 4 zu entnehmen. Die Befugnisse nach Absatz 2 Nummer 1, 3 und 4 gelten auch für diejenigen, die sich in der Ausbildung zu einer die Überwachung durchführenden Person befinden.

(5) Die Zollstellen können den Verdacht von Verstößen gegen Verbote und Beschränkungen dieses Gesetzes oder der nach diesem Gesetz erlassenen Rechtsverordnungen, der sich bei der Durchführung des Gesetzes über das Branntweinmonopol ergibt, den zuständigen Verwaltungsbehörden mitteilen.

(6) Die Staatsanwaltschaft hat die nach § 38 Absatz 1 Satz 1 zuständige Behörde unverzüglich über die Einleitung des Strafverfahrens, soweit es sich auf Verstöße gegen Verbote und Beschränkungen dieses Gesetzes, der nach diesem Gesetz erlassenen Rechtsverordnungen oder der unmittelbar geltenden Rechtsakte der Europäischen Gemeinschaft oder der Europäischen Union im Anwendungsbereich dieses Gesetzes bezieht, unter Angabe der Rechtsvorschriften zu unterrichten. Satz 1 gilt nicht, wenn das Verfahren aufgrund einer Abgabe der Verwaltungsbehörde nach § 41 Absatz 1 des Gesetzes über Ordnungswidrigkeiten eingeleitet worden ist. Eine Übermittlung personenbezogener Daten nach Satz 1 unterbleibt, wenn ihr besondere bundesgesetzliche oder entsprechende landesgesetzliche Verwendungsregelungen entgegenstehen; eine Übermittlung nach Satz 1 unterbleibt ferner in der Regel, solange und soweit ihr Zwecke des Strafverfahrens entgegenstehen.

(7) Absatz 2 Nummer 1 gilt nicht für Wohnräume.

§ 43 Probenahme

(1) Die mit der Überwachung beauftragten Personen und, bei Gefahr im Verzug, die Beamten der Polizei sind befugt, gegen Empfangsbescheinigung Proben nach ihrer Auswahl zum Zweck der Untersuchung zu fordern oder zu entnehmen. Soweit in unmittelbar geltenden Rechtsakten der Europäischen Gemeinschaft oder der Europäischen Union oder in Rechtsverordnungen nach diesem Gesetz nichts anderes bestimmt ist, ist ein Teil der Probe oder, sofern die Probe nicht oder ohne Gefährdung des Untersuchungszwecks nicht in Teile von gleicher Beschaffenheit teilbar ist, ein zweites Stück der gleichen Art und, soweit vorhanden aus demselben Los, und von demselben Hersteller wie das als Probe entnommene, zurückzulassen; der Hersteller kann auf die Zurücklassung einer Probe verzichten.

(2) Zurückzulassende Proben sind amtlich zu verschließen oder zu versiegeln. Sie sind mit dem Datum der Probenahme und dem Datum des Tages zu versehen, nach dessen Ablauf der Verschluss oder die Versiegelung als aufgehoben gilt.

(3) Derjenige, bei dem die Probe zurückgelassen worden ist und der nicht der Hersteller ist, hat die Probe sachgerecht zu lagern und aufzubewahren und sie auf Verlangen des Herstellers auf dessen Kosten und Gefahr einem vom Her-

steller bestimmten, nach lebensmittelrechtlichen Vorschriften zugelassenen privaten Sachverständigen zur Untersuchung auszuhändigen.

(4) Für Proben, die im Rahmen der amtlichen Überwachung nach diesem Gesetz entnommen werden, wird grundsätzlich keine Entschädigung geleistet. Im Einzelfall ist eine Entschädigung bis zur Höhe des Verkaufspreises zu leisten, wenn andernfalls eine unbillige Härte eintreten würde.

(5) Absatz 1 Satz 2 und die Absätze 2 und 3 gelten nicht für Proben von Futtermitteln.

§ 44 Duldungs-, Mitwirkungs- und Übermittlungspflichten

(1) Die Inhaberinnen oder Inhaber der in § 42 Absatz 2 bezeichneten Grundstücke, Räume, Einrichtungen und Geräte und die von ihnen bestellten Vertreter sind verpflichtet, die Maßnahmen nach den §§ 41 bis 43 zu dulden und die in der Überwachung tätigen Personen bei der Erfüllung ihrer Aufgabe zu unterstützen, insbesondere ihnen auf Verlangen

1. die Räume und Geräte zu bezeichnen,
2. Räume und Behältnisse zu öffnen und
3. die Entnahme der Proben zu ermöglichen.

(2) Die in § 42 Absatz 2 Nummer 5 genannten Personen und Personenvereinigungen sind verpflichtet, den in der Überwachung tätigen Personen auf Verlangen unverzüglich die dort genannten Auskünfte zu erteilen. Vorbehaltlich des Absatzes 3 kann der zur Auskunft Verpflichtete die Auskunft auf solche Fragen verweigern, deren Beantwortung ihn selbst oder einen der in § 383 Absatz 1 Nummer 1 bis 3 der Zivilprozessordnung bezeichneten Angehörigen der Gefahr strafgerichtlicher Verfolgung oder eines Verfahrens nach dem Gesetz über Ordnungswidrigkeiten aussetzen würde.

(3) Ein Lebensmittelunternehmer oder ein Futtermittelunternehmer ist verpflichtet, den in der Überwachung tätigen Personen auf Verlangen Informationen, die

1. er aufgrund eines nach Artikel 18 Absatz 2 Unterabsatz 2 der Verordnung (EG) Nr. 178/2002, auch in Verbindung mit Artikel 5 Absatz 1 der Verordnung (EG) Nr. 767/2009, eingerichteten Systems oder Verfahrens besitzt und
2. zur Rückverfolgbarkeit bestimmter Lebensmittel oder Futtermittel erforderlich sind,

zu übermitteln. Sind die in

1. Satz 1 oder
2. Artikel 18 Absatz 3 Satz 2 der Verordnung (EG) Nr. 178/2002, auch in Verbindung mit Artikel 5 Absatz 1 der Verordnung (EG) Nr. 767/2009,

genannten Informationen in elektronischer Form verfügbar, sind sie elektronisch zu übermitteln.

(4) Ergänzend zu Artikel 19 Absatz 1 Satz 1 der Verordnung (EG) Nr. 178/2002 hat ein Lebensmittelunternehmer, der Grund zu der Annahme hat, dass

1. ein ihm angeliefertes Lebensmittel oder
2. ein von ihm erworbenes Lebensmittel, über das er die tatsächliche unmittelbare Sachherrschaft erlangt hat,

einem Verkehrsverbot nach Artikel 14 Absatz 1 der Verordnung (EG) Nr. 178/2002 unterliegt, unverzüglich die zuständige Behörde schriftlich oder elektronisch unter Angabe seines Namens und seiner Anschrift darüber unter Angabe des Namens und der Anschrift desjenigen, von dem ihm das Lebensmittel angeliefert worden ist oder von dem er das Lebensmittel erworben hat, und des Datums der Anlieferung oder des Erwerbs zu unterrichten. Er unterrichtet dabei auch über von ihm hinsichtlich des Lebensmittels getroffene oder beabsichtigte Maßnahmen. Eine Unterrichtung nach Satz 1 ist nicht erforderlich bei einem Lebensmittel pflanzlicher Herkunft, das der Lebensmittelunternehmer

1. unschädlich beseitigt hat oder
2. so hergestellt oder behandelt hat oder nachvollziehbar so herzustellen oder zu behandeln beabsichtigt, dass es einem Verkehrsverbot nach Artikel 14 Absatz 1 der Verordnung (EG) Nr. 178/2002 nicht mehr unterliegt.

(4a) Hat der Verantwortliche eines Labors, das Analysen bei Lebensmitteln durchführt, aufgrund einer von dem Labor erstellten Analyse einer im Inland von einem Lebensmittel gezogenen Probe Grund zu der Annahme, dass das Lebensmittel einem Verkehrsverbot nach Artikel 14 Absatz 1 der Verordnung (EG) Nr. 178/2002 unterliegen würde, so hat er die zuständige Behörde von dem Zeitpunkt und dem Ergebnis der Analyse, der angewandten Analysenmethode und dem Auftraggeber der Analyse unverzüglich schriftlich oder elektronisch zu unterrichten. Die Befugnisse nach § 42 Absatz 2 gelten auch im Fall des Satzes 1.

(5) Ergänzend zu Artikel 20 Absatz 1 Satz 1 der Verordnung (EG) Nr. 178/2002, auch in Verbindung mit Artikel 5 Absatz 1 der Verordnung (EG) Nr. 767/2009, hat ein Futtermittelunternehmer, der Grund zu der Annahme hat, dass

1. ein ihm angeliefertes Futtermittel oder
2. ein von ihm erworbenes Futtermittel, über das er die tatsächliche unmittelbare Sachherrschaft erlangt hat,

einem Verkehrsverbot nach Artikel 15 Absatz 1 der Verordnung (EG) Nr. 178/2002, auch in Verbindung mit Artikel 4 Absatz 1 Unterabsatz 2 der Verordnung (EG) Nr. 767/2009, unterliegt, unverzüglich die zuständige Behörde schriftlich oder elektronisch unter Angabe seines Namens und seiner Anschrift darüber unter Angabe des Namens und der Anschrift desjenigen, von dem ihm das Futtermittel angeliefert worden ist oder von dem er das Futtermittel erworben hat, und des Datums der Anlieferung oder des Erwerbs zu unterrichten. Er unterrichtet dabei auch über von ihm hinsichtlich des Futtermittels getroffene oder beabsichtigte Maßnahmen. Eine Unterrichtung nach Satz 1 ist nicht erforderlich bei

1. einem Futtermittel, das der Futtermittelunternehmer unschädlich beseitigt hat,
2. einem Futtermittel pflanzlicher Herkunft, das der Futtermittelunternehmer so hergestellt oder behandelt hat oder nachvollziehbar so herzustellen oder zu behandeln beabsichtigt, dass es einem Verkehrsverbot nach Artikel 15 Absatz 1 der Verordnung (EG) Nr. 178/2002, auch in Verbindung mit Artikel 4

Absatz 1 Unterabsatz 2 der Verordnung (EG) Nr. 767/2009, nicht mehr unterliegt.

(5a) Hat der Verantwortliche eines Labors, das Analysen bei Futtermitteln durchführt, aufgrund einer von dem Labor erstellten Analyse einer im Inland von einem Futtermittel gezogenen Probe Grund zu der Annahme, dass das Futtermittel einem Verbot nach Artikel 15 Absatz 1 der Verordnung (EG) Nr. 178/2002 unterliegen würde, so hat er die zuständige Behörde von dem Zeitpunkt und dem Ergebnis der Analyse, der angewandten Analysenmethode und dem Auftraggeber der Analyse unverzüglich schriftlich oder elektronisch zu unterrichten. Die Befugnisse nach § 42 Absatz 2 gelten auch im Fall des Satzes 1.

(6) Eine

1. Unterrichtung nach Artikel 19 Absatz 1 oder 3 Satz 1 der Verordnung (EG) Nr. 178/2002 oder Artikel 20 Absatz 1 oder 3 Satz 1 der Verordnung (EG) Nr. 178/2002, auch in Verbindung mit Artikel 5 Absatz 1 der Verordnung (EG) Nr. 767/2009, oder nach Absatz 4a oder Absatz 5a,
2. Übermittlung nach Absatz 3 Satz 1 oder nach Artikel 18 Absatz 3 Satz 2 der Verordnung (EG) Nr. 178/2002, auch in Verbindung mit Artikel 5 Absatz 1 der Verordnung (EG) Nr. 767/2009,
3. Übermittlung nach Artikel 17 Absatz 2 Satz 2 der Verordnung (EG) Nr. 1935/2004

darf nicht zur strafrechtlichen Verfolgung des Unterrichtenden oder Übermittelnden oder für ein Verfahren nach dem Gesetz über Ordnungswidrigkeiten gegen den Unterrichtenden oder Übermittelnden verwendet werden. Satz 1 Nummer 1 gilt auch, wenn der Unterrichtung eine Unterrichtung nach Absatz 4 Satz 1 oder Absatz 5 Satz 1 vorausgegangen ist. Die durch eine Unterrichtung nach Artikel 19 Absatz 1 oder 3 Satz 1 oder Artikel 20 Absatz 1 oder 3 Satz 1 der Verordnung (EG) Nr. 178/2002, auch in Verbindung mit Artikel 5 Absatz 1 der Verordnung (EG) Nr. 767/2009, erlangten Informationen dürfen von der für die Überwachung zuständigen Behörde nur für Maßnahmen zur Erfüllung der in

1. § 1 Absatz 1 Nummer 1,
2. § 1 Absatz 1 Nummer 2, soweit ein Fall des § 1 Absatz 1a Nummer 1 vorliegt,
3. § 1 Absatz 1 Nummer 4 Buchstabe a Doppelbuchstabe aa oder
4. § 1 Absatz 2

genannten Zwecke verwendet werden.

§ 44a Mitteilungs- und Übermittlungspflichten über Untersuchungsergebnisse zu gesundheitlich nicht erwünschten Stoffen

(1) Ein Lebensmittelunternehmer oder ein Futtermittelunternehmer ist verpflichtet, unter Angabe seines Namens und seiner Anschrift ihm vorliegende Untersuchungsergebnisse über Gehalte an gesundheitlich nicht erwünschten Stoffen wie Pflanzenschutzmitteln, Stoffen mit pharmakologischer Wirkung, Schwermetallen, Mykotoxinen und Mikroorganismen in und auf Lebensmitteln oder Futtermitteln nach näherer Bestimmung einer Rechtsverordnung nach Absatz 3 den zuständigen Behörden mitzuteilen, sofern sich eine solche Verpflichtung nicht bereits aus anderen Rechtsvorschriften ergibt. Eine Mitteilung nach

Satz 1 darf nicht zur strafrechtlichen Verfolgung des Mitteilenden oder für ein Verfahren nach dem Gesetz über Ordnungswidrigkeiten gegen den Mitteilenden verwendet werden.

(2) Die zuständigen Behörden der Länder übermitteln nach näherer Bestimmung einer Rechtsverordnung nach Absatz 3 in anonymisierter Form die ihnen vorliegenden Untersuchungsergebnisse über Gehalte an gesundheitlich nicht erwünschten Stoffen in oder auf Lebensmitteln oder Futtermitteln an das Bundesamt für Verbraucherschutz und Lebensmittelsicherheit, sofern sich eine solche Verpflichtung nicht bereits aufgrund anderer Rechtsvorschriften ergibt. Das Bundesamt für Verbraucherschutz und Lebensmittelsicherheit erstellt vierteljährlich einen Bericht über Gehalte an gesundheitlich nicht erwünschten Stoffen in oder auf Lebensmitteln oder Futtermitteln.

(3) Das Bundesministerium wird ermächtigt, im Einvernehmen mit dem Bundesministerium für Umwelt, Naturschutz, Bau und Reaktorsicherheit durch Rechtsverordnung mit Zustimmung des Bundesrates, soweit es zur Erfüllung der in § 1 Absatz 1 Nummer 1 oder 4 Buchstabe a Doppelbuchstabe aa, auch in Verbindung mit § 1 Absatz 3, genannten Zwecke erforderlich ist,

1. die Stoffe zu bestimmen, für die die Mitteilungspflicht nach Absatz 1 besteht,
2. das Nähere über Zeitpunkt, Art, Form und Inhalt der Mitteilung nach Absatz 1 und der Übermittlung nach Absatz 2 zu regeln.

§ 45 Schiedsverfahren

(1) Ist eine von der zuständigen Behörde getroffene Maßnahme, die sich auf Sendungen von Lebensmitteln tierischer Herkunft aus anderen Mitgliedstaaten bezieht, zwischen ihr und dem Verfügungsberechtigten streitig, so können beide Parteien einvernehmlich den Streit durch den Schiedsspruch eines Sachverständigen schlichten lassen. Die Streitigkeit ist binnen eines Monats nach Bekanntgabe der Maßnahme einem Sachverständigen zu unterbreiten, der in einem von der Kommission aufgestellten Verzeichnis aufgeführt ist. Der Sachverständige hat das Gutachten binnen 72 Stunden zu erstatten.

(2) Auf den Schiedsvertrag und das schiedsrichterliche Verfahren finden die Vorschriften der §§ 1025 bis 1065 der Zivilprozessordnung entsprechende Anwendung. Gericht im Sinne des § 1062 der Zivilprozessordnung ist das zuständige Verwaltungsgericht, Gericht im Sinne des § 1065 der Zivilprozessordnung das zuständige Oberverwaltungsgericht. Abweichend von § 1059 Absatz 3 Satz 1 der Zivilprozessordnung muss der Aufhebungsantrag innerhalb eines Monats bei Gericht eingereicht werden.

§ 46 Ermächtigungen

(1) Das Bundesministerium wird ermächtigt, zur Erfüllung der in § 1 genannten Zwecke, insbesondere um eine einheitliche Durchführung der Überwachung zu fördern, durch Rechtsverordnung mit Zustimmung des Bundesrates
1. Vorschriften über
   a) die personelle, apparative und sonstige technische Mindestausstattung von Einrichtungen, die amtliche Untersuchungen durchführen,

b) die Voraussetzungen und das Verfahren für die Zulassung privater Sachverständiger, die zur Untersuchung von amtlichen oder amtlich zurückgelassenen Proben befugt sind,

zu erlassen; in der Rechtsverordnung nach Buchstabe b kann vorgesehen werden, dass private Sachverständige sich nur solcher Dritter zur Untersuchung von amtlichen oder amtlich zurückgelassenen Proben bedienen dürfen, die zugelassen oder registriert sind,

2. Vorschriften

   a) über die Art und Weise der Untersuchung oder Verfahren zur Untersuchung von Erzeugnissen, einschließlich lebender Tiere im Sinne des § 4 Absatz 1 Nummer 1, auch in den Fällen der Nummer 1 Buchstabe b, einschließlich der Probenahmeverfahren und der Analysemethoden, zu erlassen,

   b) über die Art und Weise der Probenahme, auch im Falle des Fernabsatzes von Erzeugnissen, zu treffen und die Einzelheiten des Verfahrens hierfür zu regeln,

3. die Verkehrsfähigkeit einer gleichartigen Partie von bestimmten Erzeugnissen vom Ergebnis der Stichprobenuntersuchung dieser Partie abhängig zu machen,

4. Vorrichtungen für die amtliche Entnahme von Proben in Herstellungsbetrieben und an Behältnissen vorzuschreiben,

5. vorzuschreiben, dass, zu welchem Zeitpunkt, in welcher Art und Weise und von wem der Hersteller eines Erzeugnisses oder eines mit einem Lebensmittel verwechselbaren Produkts oder ein anderer für ein Erzeugnis oder für ein mit einem Lebensmittel verwechselbaren Produkt nach diesem Gesetz, den aufgrund dieses Gesetzes erlassenen Rechtsverordnungen oder den unmittelbar geltenden Rechtsakten der Europäischen Gemeinschaft oder der Europäischen Union im Anwendungsbereich dieses Gesetzes Verantwortlicher über eine zurückgelassene Probe, die zum Zweck der Untersuchung entnommen wurde, oder eine Probenahme zu unterrichten ist.

Soweit in den Fällen des Satzes 1 Nummer 1 bis 4 Rechtsverordnungen nach § 13 Absatz 5 Satz 1 betroffen sind, tritt an die Stelle des Bundesministeriums das Bundesministerium für Umwelt, Naturschutz, Bau und Reaktorsicherheit im Einvernehmen mit dem Bundesministerium.

(2) Das Bundesministerium wird ferner ermächtigt, durch Rechtsverordnung mit Zustimmung des Bundesrates, zur Sicherung einer ausreichenden oder gleichmäßigen Überwachung,

1. vorzuschreiben,

   a) dass über das Herstellen, das Behandeln, das Inverkehrbringen, das Verbringen in das Inland oder das Verbringen aus dem Inland von Erzeugnissen oder zu ihrer Herstellung oder Behandlung bestimmten Stoffe und das Verfüttern von Futtermitteln Buch zu führen ist und die zugehörigen Unterlagen aufzubewahren sind,

   b) dass Erzeugnisse oder zu ihrer Herstellung oder Behandlung bestimmte Stoffe nur mit einem Begleitpapier in den Verkehr gebracht, in das Inland oder aus dem Inland verbracht werden dürfen,

c) dass und in welcher Weise

    aa) Vorhaben, Futtermittel zu behandeln, herzustellen, in den Verkehr zu bringen oder zu verfüttern,

    bb) das Überlassen von ortsfesten oder beweglichen Anlagen zum Behandeln, Herstellen, Inverkehrbringen oder Verfüttern von Futtermitteln und der Einsatz solcher Anlagen

    anzuzeigen sind,

2. Vorschriften zu erlassen über die Führung von Nachweisen über die Feststellung von oder über die Übermittlung von Informationen über

    a) Art, Menge, Herkunft und Beschaffenheit der Erzeugnisse oder der lebenden Tiere im Sinne des § 4 Absatz 1 Nummer 1, die Betriebe von anderen Betrieben beziehen oder an andere Betriebe abgeben,

    b) Name und Anschrift der Lieferanten und der Abnehmer der in Buchstabe a genannten Erzeugnisse und lebenden Tiere,

3. Vorschriften zu erlassen über Art, Umfang und Häufigkeit von amtlichen Untersuchungen oder Probenahmen bei Erzeugnissen, einschließlich lebender Tiere im Sinne des § 4 Absatz 1 Nummer 1,

4. Vorschriften zu erlassen über die Durchführung der Überwachung, die Handhabung der Kontrollen in Betrieben und die Zusammenarbeit der Überwachungsbehörden,

5. vorzuschreiben, dass und in welcher Art und Weise Betriebe Rückstellproben zu bilden haben und die Dauer ihrer Aufbewahrung zu regeln,

6. das Inverkehrbringen von bestimmten Erzeugnissen von einer Anzeige abhängig zu machen sowie das Verfahren hierfür zu regeln.

In Rechtsverordnungen nach

1. Satz 1 Nummer 1 Buchstabe a können Art, Form und Umfang der Buchführung und die Dauer der Aufbewahrung von Unterlagen,

2. Satz 1 Nummer 1 Buchstabe b können Art, Form, Inhalt, Erteilung, Verwendung und Aufbewahrung von Begleitpapieren,

3. Satz 1 Nummer 2 können

    a) Art, Form und Umfang der Nachweise und die Dauer ihrer Aufbewahrung,

    b) Art, Form und Umfang der Informationen und zu welchem Zeitpunkt und auf welche Art und Weise diese anderen Betrieben oder den zuständigen Behörden zur Verfügung zu stellen sind,

näher geregelt werden. In Rechtsverordnungen nach Satz 1 Nummer 4 kann bestimmt werden, dass die zuständige Behörde für die Durchführung des Anzeigeverfahrens, einschließlich einer Weiterleitung von Anzeigen an die zuständigen Behörden der Länder und das Bundesministerium, das Bundesamt für Verbraucherschutz und Lebensmittelsicherheit ist.

§ 47 Weitere Ermächtigungen

(1) Das Bundesministerium wird ermächtigt, durch Rechtsverordnung mit Zustimmung des Bundesrates, soweit dies zur Erfüllung der in § 1 Absatz 1 Nummer 1, auch in Verbindung mit § 1 Absatz 3, genannten Zwecke erforderlich ist,

1. ergänzend zu § 41 Absatz 2 bis 5 Verbote und Beschränkungen des Inverkehrbringens oder der Beförderung von lebenden Tieren im Sinne des § 4 Absatz 1 Nummer 1 oder von diesen gewonnenen Lebensmitteln einschließlich der Voraussetzungen dafür zu erlassen,

2. zusätzlich zu den in § 41 Absatz 1 bis 5 aufgeführten Maßnahmen Vorschriften zur Durchführung der Kontrolle im Erzeugerbetrieb, Viehhandels- oder Transportunternehmen bei lebenden Tieren im Sinne des § 4 Absatz 1 Nummer 1 oder in von diesen Tieren gewonnenen Lebensmitteln, einschließlich der Kennzeichnung von Tieren, zu erlassen,

3. andere als von § 41 erfasste lebende Tiere im Sinne des § 4 Absatz 1 Nummer 1 oder von ihnen gewonnene Lebensmittel den Vorschriften des § 41 Absatz 1 bis 5 zu unterstellen, soweit dies zur Umsetzung gemeinschaftsrechtlicher oder unionsrechtlicher Vorschriften zur Rückstandskontrolle bei lebenden Tieren im Sinne des § 4 Absatz 1 Nummer 1 oder bei Lebensmitteln erforderlich ist,

4. das Verfahren der
   a) Überwachung von Betrieben oder Unternehmen, die in § 41 Absatz 2 bis 5 genannt sind,
   b) der Ursachenermittlung für das Vorhandensein von Rückständen bei Tieren im Sinne des § 4 Absatz 1 Nummer 1 oder in von diesen gewonnenem Fleisch

   zu regeln.

(2) Das Bundesministerium wird ferner ermächtigt, um eine einheitliche Durchführung im Hinblick auf die Zulassung von neuartigen Lebensmitteln und neuartigen Lebensmittelzutaten zu fördern, durch Rechtsverordnung mit Zustimmung des Bundesrates

1. das Bundesamt für Verbraucherschutz und Lebensmittelsicherheit oder eine andere Bundesoberbehörde als zuständige Behörde bei Anzeige-, Genehmigungs- oder Zulassungsverfahren von neuartigen Lebensmitteln und Lebensmittelzutaten zu bestimmen sowie

2. das Verfahren, insbesondere die Beteiligung der nach § 38 Absatz 1 zuständigen Behörden sowie die Beteiligung des Bundesinstitutes für Risikobewertung, zu regeln.

Rechtsverordnungen nach Satz 1 Nummer 2 bedürfen des Einvernehmens mit dem Bundesministerium für Wirtschaft und Energie. § 38 Absatz 7 gilt für bei der Durchführung der in Satz 1 genannten Verfahren gewonnene Daten entsprechend.

§ 48 Landesrechtliche Bestimmungen

Die Länder können zur Durchführung der Überwachung weitere Vorschriften erlassen.

§ 49 Erstellung eines Lagebildes, Verwendung bestimmter Daten

(1) Das Bundesministerium kann
1. in den in § 40 Absatz 1 Satz 1 oder Satz 2 Nummer 1 genannten Fällen oder
2. in Fällen, in denen ein nicht gesundheitsschädliches, aber zum Verzehr ungeeignetes, insbesondere ekelerregendes Lebensmittel in den Verkehr gelangt oder gelangt ist,

ein länderübergreifendes Lagebild erstellen, soweit hinreichender Grund zu der Annahme besteht, dass der jeweils zu Grunde liegende Sachverhalt eine die Grenze eines Landes überschreitende Wirkung hat. Das Lagebild dient der Einschätzung eines sich insbesondere zur Erfüllung der in § 1 Absatz 1 Nummer 1 genannten Zwecke ergebenden Handlungsbedarfs durch das Bundesministerium sowie, soweit erforderlich, zur Unterrichtung insbesondere des Deutschen Bundestages. Das Bundesamt für Verbraucherschutz und Lebensmittelsicherheit wirkt bei der Erstellung des Lagebildes mit. Eine die Grenze eines Landes überschreitende Wirkung nach Satz 1 liegt insbesondere vor, wenn Grund zu der Annahme besteht, dass ein Erzeugnis aus dem Land, in dem der maßgebliche Sachverhalt festgestellt worden ist, in zumindest ein anderes Land verbracht worden ist.

(2) Die zuständigen obersten Landesbehörden übermitteln dem Bundesministerium auf Anforderung die zur Erstellung eines in Absatz 1 Satz 1 genannten Lagebildes erforderlichen Daten, die sie im Rahmen der Überwachung gewonnen haben. Die Aufbereitung dieser Daten erfolgt durch das Bundesministerium.

(3) Einer Übermittlung von Daten nach Absatz 2 Satz 1 bedarf es nicht, soweit
1. dem Bundesamt für Verbraucherschutz und Lebensmittelsicherheit die zur Erstellung eines Lagebildes notwendigen Daten bereits aufgrund einer Vorschrift in Rechtsakten der Europäischen Gemeinschaft oder der Europäischen Union gemeldet oder übermittelt worden sind oder
2. dem Bundesamt für Verbraucherschutz und Lebensmittelsicherheit elektronisch Zugriff auf die zur Erstellung eines Lagebildes notwendigen Daten gewährt wird.

Daten, die dem Bundesamt für Verbraucherschutz und Lebensmittelsicherheit aufgrund einer in Satz 1 genannten Vorschrift übermittelt worden sind oder auf die ihm elektronisch Zugriff gewährt worden ist, dürfen auch für die Erstellung eines Lagebildes oder die Mitwirkung daran verwendet werden. Das Bundesamt für Verbraucherschutz und Lebensmittelsicherheit hat die Daten unverzüglich dem Bundesministerium zur Verfügung zu stellen.

(4) Die nach § 26 der Viehverkehrsverordnung zuständigen Behörden übermitteln auf Ersuchen der nach § 39 Absatz 1 Satz 1 für die Einhaltung der Vorschriften über Lebensmittel und Futtermittel jeweils zuständigen Behörde die zu deren Aufgabenerfüllung erforderlichen Daten. Für die Übermittlung der Daten nach Satz 1 durch Abruf im automatisierten Verfahren gilt § 10 des Bundesdatenschutzgesetzes, soweit in landesrechtlichen Vorschriften nichts anderes bestimmt ist.

(5) Für die Zwecke des Artikels 15 Absatz 1 Satz 1 der Verordnung (EG) Nr. 882/2004 übermitteln die nach § 55 Absatz 1 Satz 1 zuständigen Zollstellen auf

Ersuchen der nach § 39 Absatz 1 Satz 1 zuständigen Behörden diesen die zur Überwachung erforderlichen Daten über das Eintreffen oder den voraussichtlichen Zeitpunkt des Eintreffens eines bestimmten, durch Risikoanalyse der ersuchenden Behörden ermittelten
1. Lebensmittels nicht tierischen Ursprungs oder
2. Futtermittels nicht tierischen Ursprungs.

Insbesondere die Daten über die Menge, das Herkunftsland, den Einführer, den Hersteller oder einen anderen aufgrund dieses Gesetzes, der aufgrund dieses Gesetzes erlassenen Rechtsverordnungen oder der unmittelbar geltenden Rechtsakte der Europäischen Gemeinschaft oder der Europäischen Union Verantwortlichen (sonstiger Verantwortlicher) und über das Transportunternehmen sind zu übermitteln. Die Daten der Einführer, Hersteller und sonstigen Verantwortlichen und des Transportunternehmens umfassen deren Name, Anschrift und Telekommunikationsinformationen, soweit der ersuchten Behörde die Daten im Rahmen ihrer Mitwirkung bei der Überwachung vorliegen. Die Einzelheiten des Verfahrens zur Durchführung der Sätze 1 und 2 werden durch das Bundesministerium im Einvernehmen mit dem Bundesministerium der Finanzen durch Rechtsverordnung mit Zustimmung des Bundesrates geregelt.

(6) Die Daten dürfen nur zu dem Zweck verwendet und genutzt werden, zu dem sie übermittelt worden sind. Sie dürfen höchstens für die Dauer von drei Jahren aufbewahrt werden. Die Frist beginnt mit Ablauf desjenigen Jahres, in dem die Daten übermittelt worden sind. Nach Ablauf der Aufbewahrungsfrist sind die Daten zu löschen, sofern nicht aufgrund anderer Vorschriften die Befugnis zur längeren Speicherung besteht.

§ 49a Zusammenarbeit von Bund und Ländern

Bund und Länder wirken im Rahmen ihrer Zuständigkeiten und Befugnisse zur Gewährleistung der Sicherheit der Erzeugnisse zusammen. Nähere Einzelheiten können in Vereinbarungen geregelt werden; hierbei können insbesondere besondere Gremien für das Zusammenwirken vorgesehen werden.

Abschnitt 8
Monitoring

§ 50 Monitoring

Monitoring ist ein System wiederholter Beobachtungen, Messungen und Bewertungen von Gehalten an gesundheitlich nicht erwünschten Stoffen wie Pflanzenschutzmitteln, Stoffen mit pharmakologischer Wirkung, Schwermetallen, Mykotoxinen und Mikroorganismen in und auf Erzeugnissen, einschließlich lebender Tiere im Sinne des § 4 Absatz 1 Nummer 1, die zum frühzeitigen Erkennen von Gefahren für die menschliche Gesundheit unter Verwendung repräsentativer Proben einzelner Erzeugnisse oder Tiere, der Gesamtnahrung oder einer anderen Gesamtheit desselben Erzeugnisses durchgeführt werden.

§ 51 Durchführung des Monitorings

(1) Die zuständigen Behörden der Länder ermitteln den Gehalt an Stoffen im Sinne des § 50 in und auf Erzeugnissen, soweit dies durch allgemeine Verwaltungsvorschriften vorgesehen ist, auf deren Grundlage.

(2) Das Monitoring ist durch fachlich geeignete Personen durchzuführen. Soweit es zur Durchführung des Monitorings erforderlich ist, sind die Behörden nach Absatz 1 befugt, Proben zum Zweck der Untersuchung zu fordern oder zu entnehmen. § 43 Absatz 4 findet Anwendung.

(3) Soweit es zur Durchführung des Monitorings erforderlich ist, sind die mit der Durchführung beauftragten Personen befugt, Grundstücke und Betriebsräume, in oder auf denen Erzeugnisse hergestellt, behandelt oder in den Verkehr gebracht werden, sowie die dazugehörigen Geschäftsräume während der üblichen Betriebs- oder Geschäftszeiten zu betreten. Die Inhaberinnen oder Inhaber der in Satz 1 bezeichneten Grundstücke und Räume und die von ihnen bestellten Vertreter sind verpflichtet, die Maßnahmen nach Satz 1 sowie die Entnahme der Proben zu dulden und die in der Durchführung des Monitorings tätigen Personen bei der Erfüllung ihrer Aufgaben zu unterstützen, insbesondere ihnen auf Verlangen die Räume und Einrichtungen zu bezeichnen, Räume und Behältnisse zu öffnen und die Entnahme der Proben zu ermöglichen. Die in Satz 2 genannten Personen sind über den Zweck der Entnahme zu unterrichten; abgesehen von Absatz 4 sind sie auch darüber zu unterrichten, dass die Überprüfung der Probe eine anschließende Durchführung der Überwachung nach § 39 Absatz 1 Satz 1 und Absatz 2 und 3 zur Folge haben kann.

(4) Proben, die zur Durchführung der Überwachung nach § 39 Absatz 1 Satz 1 und Absatz 2 und 3, und Proben, die zur Durchführung des Monitorings entnommen werden, können jeweils auch für den anderen Zweck verwendet werden. In diesem Fall sind die für beide Maßnahmen geltenden Anforderungen einzuhalten.

(5) Die zuständigen Behörden übermitteln die bei der Durchführung des Monitorings erhobenen Daten an das Bundesamt für Verbraucherschutz und Lebensmittelsicherheit zur Aufbereitung, Zusammenfassung, Dokumentation und Erstellung von Berichten; das Bundesamt für Verbraucherschutz und Lebensmittelsicherheit übermittelt dem Bundesinstitut für Risikobewertung die bei der Durchführung des Monitorings erhobenen Daten zur Bewertung. Personenbezogene Daten dürfen nicht übermittelt werden; sie sind zu löschen, soweit sie nicht zur Durchführung der Überwachung nach § 39 Absatz 1 Satz 1 und Absatz 2 und 3 oder zur Durchführung des Monitorings erforderlich sind. Sofern die übermittelten Angaben die Gemeinde bezeichnen, in der die Probe entnommen worden ist, darf das Bundesamt für Verbraucherschutz und Lebensmittelsicherheit diese Angabe nur in Berichte aufnehmen, die für das Bundesministerium, für das Bundesministerium für Umwelt, Naturschutz, Bau und Reaktorsicherheit sowie für die zuständigen Behörden des Landes bestimmt sind, das die Angaben übermittelt hat. In den Berichten an die Länder sind außerdem die Besonderheiten des jeweiligen Landes angemessen zu berücksichtigen. Das Bundesamt für Verbraucherschutz und Lebensmittelsicherheit veröffentlicht jährlich einen Bericht über die Ergebnisse des Monitorings.

§ 52 Erlass von Verwaltungsvorschriften

Die zur Durchführung des Monitorings erforderlichen Vorschriften, insbesondere die Monitoringpläne, werden in Verwaltungsvorschriften geregelt, die im Benehmen mit einem Ausschuss aus Vertretern der Länder vorbereitet werden. Das Bundesministerium beruft die Mitglieder des Ausschusses auf Vorschlag der Länder.

Abschnitt 9
Verbringen in das und aus dem Inland

§ 53 Verbringungsverbote

(1) Erzeugnisse und mit Lebensmitteln verwechselbare Produkte, die nicht den im Inland geltenden Bestimmungen dieses Gesetzes, der aufgrund dieses Gesetzes erlassenen Rechtsverordnungen und der unmittelbar geltenden Rechtsakte der Europäischen Gemeinschaft oder der Europäischen Union im Anwendungsbereich dieses Gesetzes entsprechen, dürfen nicht in das Inland verbracht werden. Dies gilt nicht für die Durchfuhr unter zollamtlicher Überwachung. Das Verbot nach Satz 1 steht der zollamtlichen Abfertigung nicht entgegen, soweit sich aus den auf § 56 gestützten Rechtsverordnungen über das Verbringen der in Satz 1 genannten Erzeugnisse oder der mit Lebensmitteln verwechselbaren Produkte nichts anderes ergibt.

(2) Das Bundesministerium wird ermächtigt, im Einvernehmen mit dem Bundesministerium der Finanzen durch Rechtsverordnung mit Zustimmung des Bundesrates, soweit es zur Erfüllung der in § 1 genannten Zwecke erforderlich oder mit diesen Zwecken vereinbar ist, abweichend von Absatz 1 Satz 1 das Verbringen von bestimmten Erzeugnissen oder von mit Lebensmitteln verwechselbaren Produkten in das Inland zuzulassen sowie die Voraussetzungen und das Verfahren hierfür einschließlich der Festlegung mengenmäßiger Beschränkungen zu regeln und dabei Vorschriften nach § 56 Absatz 1 Satz 1 Nummer 2 und Satz 2 zu erlassen; § 56 Absatz 1 Satz 3 gilt entsprechend.

§ 54 Bestimmte Erzeugnisse aus anderen Mitgliedstaaten oder anderen Vertragsstaaten des Abkommens über den Europäischen Wirtschaftsraum

(1) Abweichend von § 53 Absatz 1 Satz 1 dürfen Lebensmittel, kosmetische Mittel oder Bedarfsgegenstände, die

1. in einem anderen Mitgliedstaat der Europäischen Union oder einem anderen Vertragsstaat des Abkommens über den Europäischen Wirtschaftsraum rechtmäßig hergestellt oder rechtmäßig in den Verkehr gebracht werden oder

2. aus einem Drittland stammen und sich in einem Mitgliedstaat der Europäischen Union oder einem anderen Vertragsstaat des Abkommens über den Europäischen Wirtschaftsraum rechtmäßig im Verkehr befinden,

in das Inland verbracht und hier in den Verkehr gebracht werden, auch wenn sie den in der Bundesrepublik Deutschland geltenden Vorschriften für Lebensmittel, kosmetische Mittel oder Bedarfsgegenstände nicht entsprechen. Satz 1 gilt nicht für die dort genannten Erzeugnisse, die

1. den Verboten des § 5 Absatz 1 Satz 1, des § 26 oder des § 30, des Artikels 14 Absatz 2 Buchstabe a der Verordnung (EG) Nr. 178/2002 oder des Artikels 3 Absatz 1 Buchstabe a der Verordnung (EG) Nr. 1935/2004 nicht entsprechen oder

2. anderen zum Zweck des § 1 Absatz 1 Nummer 1, auch in Verbindung mit § 1 Absatz 3, erlassenen Rechtsvorschriften nicht entsprechen, soweit nicht die Verkehrsfähigkeit der Erzeugnisse in der Bundesrepublik Deutschland nach Absatz 2 durch eine Allgemeinverfügung des Bundesamtes für Verbraucherschutz und Lebensmittelsicherheit im Bundesanzeiger bekannt gemacht worden ist.

(2) Allgemeinverfügungen nach Absatz 1 Satz 2 Nummer 2 werden vom Bundesamt für Verbraucherschutz und Lebensmittelsicherheit im Einvernehmen mit dem Bundesamt für Wirtschaft und Ausfuhrkontrolle erlassen, soweit nicht zwingende Gründe des Gesundheitsschutzes entgegenstehen. Sie sind von demjenigen zu beantragen, der als Erster die Erzeugnisse in das Inland zu verbringen beabsichtigt. Bei der Beurteilung der gesundheitlichen Gefahren eines Erzeugnisses sind die Erkenntnisse der internationalen Forschung sowie bei Lebensmitteln die Ernährungsgewohnheiten in der Bundesrepublik Deutschland zu berücksichtigen. Allgemeinverfügungen nach Satz 1 wirken zugunsten aller Einführer der betreffenden Erzeugnisse aus Mitgliedstaaten der Europäischen Union oder anderen Vertragsstaaten des Abkommens über den Europäischen Wirtschaftsraum.

(3) Dem Antrag sind eine genaue Beschreibung des Erzeugnisses sowie die für die Entscheidung erforderlichen verfügbaren Unterlagen beizufügen. Über den Antrag ist in angemessener Frist zu entscheiden. Sofern innerhalb von 90 Tagen eine endgültige Entscheidung über den Antrag noch nicht möglich ist, ist der Antragsteller über die Gründe zu unterrichten.

(4) Weichen Lebensmittel von den Vorschriften dieses Gesetzes oder der aufgrund dieses Gesetzes erlassenen Rechtsverordnungen ab, sind die Abweichungen angemessen kenntlich zu machen, soweit dies zum Schutz der Verbraucherinnen oder Verbraucher erforderlich ist.

§ 55 Mitwirkung von Zollstellen

(1) Das Bundesministerium der Finanzen und die von ihm bestimmten Zollstellen wirken bei der Überwachung des Verbringens von Erzeugnissen und von mit Lebensmitteln verwechselbaren Produkten in das Inland oder die Europäische Union, aus dem Inland oder bei der Durchfuhr mit. Eine nach Satz 1 zuständige Behörde kann

1. Sendungen von Erzeugnissen und von mit Lebensmitteln verwechselbaren Produkten sowie deren Beförderungsmittel, Behälter, Lade- und Verpackungsmittel bei dem Verbringen in das oder aus dem Inland oder bei der Durchfuhr zur Überwachung anhalten,

2. den Verdacht von Verstößen gegen Verbote und Beschränkungen dieses Gesetzes, der nach diesem Gesetz erlassenen Rechtsverordnungen oder der unmittelbar geltenden Rechtsakte der Europäischen Gemeinschaft oder der Europäischen Union im Anwendungsbereich dieses Gesetzes, der sich bei

der Abfertigung ergibt, den nach § 38 Absatz 1 Satz 1 zuständigen Behörden mitteilen,

3. in den Fällen der Nummer 2 anordnen, dass die Sendungen von Erzeugnissen und von mit Lebensmitteln verwechselbaren Produkten auf Kosten und Gefahr des Verfügungsberechtigten einer für die Überwachung jeweils zuständigen Behörde vorgeführt werden.

(2) Wird bei der Überwachung nach Absatz 1 festgestellt, dass ein Futtermittel nicht zum freien Verkehr abgefertigt werden soll, stellen die Zollstellen, soweit erforderlich im Benehmen mit den für die Futtermittelüberwachung zuständigen Behörden, dem Verfügungsberechtigten eine Bescheinigung mit Angaben über die Art der durchgeführten Kontrollen und deren Ergebnisse aus.

(3) Das Bundesministerium der Finanzen regelt im Einvernehmen mit dem Bundesministerium durch Rechtsverordnung ohne Zustimmung des Bundesrates die Einzelheiten des Verfahrens nach Absatz 1. Es kann dabei insbesondere Pflichten zu Anzeigen, Anmeldungen, Auskünften und zur Leistung von Hilfsdiensten bei der Durchführung von Überwachungsmaßnahmen sowie zur Duldung der Einsichtnahme in Geschäftspapiere und sonstige Unterlagen und zur Duldung von Besichtigungen und von Entnahmen unentgeltlicher Muster und Proben vorsehen. Soweit Rechtsverordnungen nach § 13 Absatz 5 Satz 1 betroffen sind, bedürfen die Rechtsverordnungen nach Satz 1 auch des Einvernehmens mit dem Bundesministerium für Umwelt, Naturschutz, Bau und Reaktorsicherheit.

§ 56 Ermächtigungen

(1) Das Bundesministerium wird ermächtigt, im Einvernehmen mit dem Bundesministerium der Finanzen durch Rechtsverordnung mit Zustimmung des Bundesrates, soweit es zur Erfüllung der in § 1 Absatz 1 Nummer 1 oder Nummer 4 oder Absatz 2, stets jeweils auch in Verbindung mit § 1 Absatz 3, genannten Zwecke erforderlich ist, das Verbringen von Erzeugnissen, einschließlich lebender Tiere im Sinne des § 4 Absatz 1 Nummer 1, in das Inland oder die Europäische Union, in eine Freizone, in ein Freilager oder in ein Zolllager

1. auf Dauer oder vorübergehend zu verbieten oder zu beschränken,
2. abhängig zu machen von
   a) der Tauglichkeit bestimmter Lebensmittel zum Genuss für den Menschen,
   b) der Registrierung, Erlaubnis, Anerkennung, Zulassung oder Bekanntgabe von Betrieben oder Ländern, in denen die Erzeugnisse hergestellt oder behandelt werden, und die Einzelheiten dafür festzulegen,
   c) einer Zulassung, einer Registrierung, einer Genehmigung oder einer Anzeige sowie die Voraussetzungen und das Verfahren für die Zulassung, die Registrierung, die Genehmigung und die Anzeige einschließlich des Ruhens der Zulassung, der Registrierung oder der Genehmigung zu regeln,
   d) der Anmeldung oder Vorführung bei der zuständigen Behörde und die Einzelheiten dafür festzulegen,
   e) einer Dokumenten- oder Nämlichkeitsprüfung oder einer Warenuntersuchung und deren Einzelheiten, insbesondere deren Häufigkeit und

Verfahren, festzulegen sowie Vorschriften über die Beurteilung im Rahmen solcher Untersuchungen zu erlassen,
f) der Begleitung durch
  aa) eine Genusstauglichkeitsbescheinigung oder durch eine vergleichbare Urkunde oder durch Vorlage zusätzlicher Bescheinigungen sowie Inhalt, Form, Ausstellung und Bekanntgabe dieser Bescheinigungen oder Urkunde zu regeln,
  bb) Nachweise über die Art des Herstellens, der Zusammensetzung oder der Beschaffenheit sowie das Nähere über Art, Form und Inhalt der Nachweise, über das Verfahren ihrer Erteilung oder die Dauer ihrer Geltung und Aufbewahrung zu regeln,
g) einer Kennzeichnung, amtlichen Kennzeichnung oder amtlichen Anerkennung sowie Inhalt, Art und Weise und das Verfahren einer solchen Kennzeichnung, amtlichen Kennzeichnung oder amtlichen Anerkennung zu regeln,
h) der Beibringung eines amtlichen Untersuchungszeugnisses oder einer amtlichen Gesundheitsbescheinigung oder der Vorlage einer vergleichbaren Urkunde,
i) der Vorlage einer, auch amtlichen, oder der Begleitung durch eine, auch amtliche, Bescheinigung und deren Verwendung über Art, Umfang oder Ergebnis durchgeführter Überprüfungen und dabei das Nähere über Art, Form und Inhalt der Bescheinigung, über das Verfahren ihrer Erteilung oder die Dauer ihrer Geltung und Aufbewahrung zu regeln,
j) der Dauer einer Lagerung oder dem Verbot oder der Erlaubnis der zuständigen Behörde zur Beförderung zwischen zwei Lagerstätten sowie der Festlegung bestimmter Lagerungszeiten und von Mitteilungspflichten über deren Einhaltung sowie über den Verbleib der Erzeugnisse und dabei das Nähere über Art, Form und Inhalt der Mitteilungspflichten zu regeln.

In Rechtsverordnungen nach Satz 1 kann vorgeschrieben werden, dass
1. die Dokumenten- und Nämlichkeitsprüfung sowie die Warenuntersuchung in oder bei einer Grenzkontrollstelle oder Grenzeingangsstelle oder von einer oder unter Mitwirkung einer Zolldienststelle,
2. die Anmeldung oder Vorführung in oder bei einer Grenzkontrollstelle oder Grenzeingangsstelle

vorzunehmen sind. Soweit die Einhaltung von Rechtsverordnungen nach § 13 Absatz 5 Satz 1 betroffen ist, tritt an die Stelle des Bundesministeriums das Bundesministerium für Umwelt, Naturschutz, Bau und Reaktorsicherheit im Einvernehmen mit den in § 13 Absatz 5 Satz 2 genannten Bundesministerien.

(2) Das Bundesministerium wird ferner ermächtigt, im Einvernehmen mit dem Bundesministerium der Finanzen durch Rechtsverordnung mit Zustimmung des Bundesrates, soweit es zur Erfüllung der in § 1 genannten Zwecke erforderlich ist,
1. Vorschriften zu erlassen über die zollamtliche Überwachung von Erzeugnissen oder deren Überwachung durch die zuständige Behörde bei dem Verbringen in das Inland,

2. Vorschriften zu erlassen über die Maßnahmen, die zu ergreifen sind, wenn zum Verbringen in das Inland bestimmte Erzeugnisse unmittelbar geltenden Rechtsakten der Europäischen Gemeinschaft oder der Europäischen Union, diesem Gesetz oder einer aufgrund dieses Gesetzes erlassenen Rechtsverordnung nicht entsprechen,
3. die Anforderungen an die Beförderung von Erzeugnissen bei dem Verbringen in das Inland zu regeln,
4. vorzuschreiben, dass Betriebe, die bestimmte Erzeugnisse in das Inland verbringen, bestimmte betriebseigene Kontrollen und Maßnahmen sowie Unterrichtungen oder Schulungen von Personen in der Lebensmittelhygiene durchzuführen und darüber Nachweise zu führen haben, sowie bestimmten Prüfungs- und Mitteilungspflichten unterliegen,
5. vorzuschreiben, dass über das Verbringen bestimmter Erzeugnisse in das Inland oder über

    a) die Reinigung,

    b) die Desinfektion oder

    c) sonstige Behandlungsmaßnahmen im Hinblick auf die Einhaltung der hygienischen Anforderungen

    von Räumen, Anlagen, Einrichtungen oder Beförderungsmitteln, in denen Erzeugnisse in das Inland verbracht werden, Nachweise zu führen sind,
6. Vorschriften zu erlassen über Umfang und Häufigkeit der Kontrollen nach Nummer 4 sowie das Nähere über Art, Form und Inhalt der Nachweise nach Nummer 5 und über die Dauer ihrer Aufbewahrung zu regeln,
7. die hygienischen Anforderungen festzusetzen, unter denen bestimmte Lebensmittel in das Inland verbracht werden dürfen,
8. das Verfahren für die Überwachung der Einhaltung von gesundheitlichen, insbesondere hygienischen Anforderungen beim Verbringen von Lebensmitteln in das Inland zu regeln.

(3) In der Rechtsverordnung nach Absatz 1 Satz 1 kann angeordnet werden, dass bestimmte Erzeugnisse, einschließlich lebender Tiere im Sinne des § 4 Absatz 1 Nummer 1, nur über bestimmte Zollstellen, Grenzkontrollstellen, Grenzein- oder -übergangsstellen oder andere amtliche Stellen in das Inland verbracht werden dürfen und solche Stellen von einer wissenschaftlich ausgebildeten Person geleitet werden. Das Bundesamt für Verbraucherschutz und Lebensmittelsicherheit gibt die in Satz 1 genannten Stellen im Einvernehmen mit dem Bundesministerium der Finanzen im Bundesanzeiger bekannt, soweit diese Stellen nicht im Amtsblatt der Europäischen Union bekannt gegeben sind oder nicht in Rechtsakten der Europäischen Union eine Bekanntgabe durch die Europäische Kommission vorgesehen ist. Das Bundesministerium der Finanzen kann die Erteilung des Einvernehmens nach Satz 2 auf die Generalzolldirektion übertragen.

(4) Das Bundesministerium wird ferner ermächtigt, im Einvernehmen mit dem Bundesministerium der Finanzen durch Rechtsverordnung mit Zustimmung des Bundesrates, soweit es zur Erfüllung der in § 1 Absatz 1 Nummer 1 oder 4, jeweils auch in Verbindung mit § 1 Absatz 3, genannten Zwecke erforderlich ist,

1. die Durchfuhr von Erzeugnissen, einschließlich lebender Tiere im Sinne des § 4 Absatz 1 Nummer 1, oder von mit Lebensmitteln verwechselbaren Produkten sowie deren Lagerung in Freilagern, in Lagern in Freizonen oder in Zolllagern abhängig zu machen von
   a) einer Erlaubnis der zuständigen Behörde und dabei das Nähere über Art, Form und Inhalt der Erlaubnis, über das Verfahren ihrer Erteilung oder die Dauer ihrer Geltung und Aufbewahrung zu regeln,
   b) Anforderungen an die Beförderung und Lagerung im Inland,
   c) dem Verbringen aus dem Inland, auch innerhalb bestimmter Fristen, über bestimmte Grenzkontrollstellen und die Einzelheiten hierfür festzulegen,
   d) einer Kontrolle bei dem Verbringen aus dem Inland unter Mitwirkung einer Zollstelle,
   e) einer zollamtlichen Überwachung oder einer Überwachung durch die zuständige Behörde,
   f) einer Anerkennung der Freilager, der Lager in Freizonen oder der Zolllager durch die zuständige Behörde und dabei das Nähere über Art, Form und Inhalt der Anerkennung, über das Verfahren ihrer Erteilung oder die Dauer ihrer Geltung zu regeln,
2. für die Durchfuhr Vorschriften nach Absatz 1 oder 2 zu erlassen.

§ 57 Ausfuhr; sonstiges Verbringen aus dem Inland

(1) Für die Ausfuhr und Wiederausfuhr von kosmetischen Mitteln, Bedarfsgegenständen und mit Lebensmitteln verwechselbaren Produkten gilt Artikel 12 der Verordnung (EG) Nr. 178/2002 mit der Maßgabe, dass an die Stelle der dort genannten Anforderungen des Lebensmittelrechts die für diese Erzeugnisse und die für mit Lebensmitteln verwechselbaren Produkte geltenden Vorschriften dieses Gesetzes, der aufgrund dieses Gesetzes erlassenen Rechtsverordnungen und der unmittelbar geltenden Rechtsakte der Europäischen Gemeinschaft oder der Europäischen Union im Anwendungsbereich dieses Gesetzes treten.

(2) Es ist verboten, Futtermittel auszuführen, die
1. wegen ihres Gehalts an unerwünschten Stoffen nach § 17 nicht hergestellt, behandelt, in den Verkehr gebracht oder verfüttert werden dürfen,
2. einer durch Rechtsverordnung nach § 23 Nummer 1 festgesetzten Anforderung nicht entsprechen.

Abweichend von Satz 1 dürfen dort genannte Futtermittel, die eingeführt worden sind, nach Maßgabe des Artikels 12 der Verordnung (EG) Nr. 178/2002 wieder ausgeführt werden.

(3) Lebensmittel, Einzelfuttermittel oder Mischfuttermittel, die vor der Ausfuhr behandelt worden sind und im Fall von Lebensmitteln höhere Gehalte an Rückständen von Pflanzenschutz- oder sonstigen Mitteln als durch Rechtsverordnung nach § 9 Absatz 2 Nummer 1 Buchstabe a oder im Fall von Einzelfuttermitteln oder Mischfuttermitteln höhere Gehalte an Mittelrückständen als durch Rechtsverordnung nach § 23a Nummer 1 festgesetzt aufweisen, dürfen in einen Staat, der der Europäischen Union nicht angehört, nur verbracht werden, sofern nachgewiesen wird, dass

1. das Bestimmungsland eine besondere Behandlung mit den Mitteln verlangt, um die Einschleppung von Schadorganismen in seinem Hoheitsgebiet vorzubeugen, oder
2. die Behandlung notwendig ist, um die Erzeugnisse während des Transports nach dem Bestimmungsland und der Lagerung in diesem Land vor Schadorganismen zu schützen.

(4) Erzeugnisse und mit Lebensmitteln verwechselbare Produkte, die nach Maßgabe des Absatzes 1 oder 2 den Vorschriften dieses Gesetzes, der aufgrund dieses Gesetzes erlassenen Rechtsverordnungen oder der unmittelbar geltenden Rechtsakte der Europäischen Gemeinschaft oder der Europäischen Union im Anwendungsbereich dieses Gesetzes nicht entsprechen, müssen von Erzeugnissen, die für das Inverkehrbringen im Inland oder in anderen Mitgliedstaaten bestimmt sind, getrennt gehalten und kenntlich gemacht werden.

(5) Für Erzeugnisse und für mit Lebensmitteln verwechselbare Produkte, die zur Lieferung in einen anderen Mitgliedstaat bestimmt sind, gilt Artikel 12 der Verordnung (EG) Nr. 178/2002 mit der Maßgabe, dass an die Stelle der dort genannten Anforderungen des Lebensmittelrechts die für diese Erzeugnisse und die für mit Lebensmitteln verwechselbaren Produkte geltenden Vorschriften dieses Gesetzes, der aufgrund dieses Gesetzes erlassenen Rechtsverordnungen und der unmittelbar geltenden Rechtsakte der Europäischen Gemeinschaft oder der Europäischen Union im Anwendungsbereich dieses Gesetzes treten.

(6) Die Vorschriften dieses Gesetzes und der aufgrund dieses Gesetzes erlassenen Rechtsverordnungen finden mit Ausnahme der §§ 5 und 17 Absatz 1 Satz 1 Nummer 1 und der §§ 26 und 30 auf Erzeugnisse, die für die Ausrüstung von Seeschiffen bestimmt sind, keine Anwendung.

(7) Das Bundesministerium wird ermächtigt, durch Rechtsverordnung mit Zustimmung des Bundesrates
1. weitere Vorschriften dieses Gesetzes sowie aufgrund dieses Gesetzes erlassene Rechtsverordnungen auf Erzeugnisse, die für die Ausrüstung von Seeschiffen bestimmt sind, für anwendbar zu erklären, soweit es zur Erfüllung der in § 1 genannten Zwecke erforderlich ist,
2. abweichende oder zusätzliche Vorschriften für Erzeugnisse zu erlassen, die für die Ausrüstung von Seeschiffen bestimmt sind, soweit es mit den in § 1 genannten Zwecken vereinbar ist,
3. soweit es zur Erfüllung der in § 1 genannten Zwecke erforderlich ist,
   a) die Registrierung von Betrieben, die Seeschiffe ausrüsten, vorzuschreiben,
   b) die Lagerung von Erzeugnissen, die für die Ausrüstung von Seeschiffen bestimmt sind, in Freilagern, in Lagern in Freizonen oder in Zolllagern abhängig zu machen von
      aa) einer Erlaubnis der zuständigen Behörde und dabei das Nähere über Art, Form und Inhalt der Erlaubnis, über das Verfahren ihrer Erteilung oder die Dauer ihrer Geltung und Aufbewahrung zu regeln,
      bb) Anforderungen an die Beförderung und Lagerung im Inland,

cc) dem Verbringen aus dem Inland, auch innerhalb bestimmter Fristen, über bestimmte Grenzkontrollstellen und die Einzelheiten hierfür festzulegen,

dd) einer Kontrolle bei dem Verbringen aus dem Inland unter Mitwirkung einer Zollstelle,

ee) einer zollamtlichen Überwachung oder einer Überwachung durch die zuständige Behörde,

ff) einer Anerkennung der Freilager, der Lager in Freizonen oder der Zolllager durch die zuständige Behörde und dabei das Nähere über Art, Form und Inhalt der Anerkennung, über das Verfahren ihrer Erteilung oder die Dauer ihrer Geltung zu regeln,

c) für Erzeugnisse, die für die Ausrüstung von Seeschiffen bestimmt sind, Vorschriften nach § 56 Absatz 1 oder 2 zu erlassen.

Soweit Rechtsverordnungen nach § 13 Absatz 5 Satz 1 betroffen sind, tritt an die Stelle des Bundesministeriums das Bundesministerium für Umwelt, Naturschutz, Bau und Reaktorsicherheit im Einvernehmen mit dem Bundesministerium.

(8) Das Bundesministerium wird ferner ermächtigt, durch Rechtsverordnung mit Zustimmung des Bundesrates,

1. soweit es zur Erfüllung der in § 1 genannten Zwecke erforderlich ist, das Verbringen von

   a) lebenden Tieren im Sinne des § 4 Absatz 1 Nummer 1,

   b) Erzeugnissen oder

   c) mit Lebensmitteln verwechselbaren Produkten

   aus dem Inland zu verbieten oder zu beschränken,

2. soweit es zur Erleichterung des Handelsverkehrs beiträgt und die in § 1 genannten Zwecke nicht entgegenstehen, bei der Ausfuhr von Erzeugnissen bestimmten Betrieben auf Antrag eine besondere Kontrollnummer zu erteilen, wenn die Einfuhr vom Bestimmungsland von der Erteilung einer solchen Kontrollnummer abhängig gemacht wird und die zuständige Behörde den Betrieb für die Ausfuhr in dieses Land zugelassen hat, sowie die Voraussetzungen und das Verfahren für die Erteilung der besonderen Kontrollnummer zu regeln.

(9) Die Vorschrift des § 18 Absatz 2 bleibt unberührt.

Abschnitt 10
Straf- und Bußgeldvorschriften

§ 58 Strafvorschriften

(1) Mit Freiheitsstrafe bis zu drei Jahren oder mit Geldstrafe wird bestraft, wer

1. entgegen § 5 Absatz 1 Satz 1 ein Lebensmittel herstellt oder behandelt,

2. entgegen § 5 Absatz 2 Nummer 1 einen Stoff als Lebensmittel in den Verkehr bringt,

3. entgegen § 5 Absatz 2 Nummer 2 ein mit Lebensmitteln verwechselbares Produkt herstellt, behandelt oder in den Verkehr bringt,
4. entgegen § 10 Absatz 1 Satz 1, auch in Verbindung mit einer Rechtsverordnung nach § 10 Absatz 4 Nummer 2, oder entgegen § 10 Absatz 3 Nummer 2 ein Lebensmittel in den Verkehr bringt,
5. entgegen § 10 Absatz 2 ein Tier in den Verkehr bringt,
6. entgegen § 10 Absatz 3 Nummer 1 Lebensmittel von einem Tier gewinnt,
7. entgegen § 13 Absatz 2 in Verbindung mit einer Rechtsverordnung nach Absatz 1 Nummer 1 ein Lebensmittel in den Verkehr bringt,
8. entgegen § 17 Absatz 1 Satz 1 Nummer 1 ein Futtermittel herstellt oder behandelt,
9. entgegen § 18 Absatz 1 Satz 1, auch in Verbindung mit einer Rechtsverordnung nach Absatz 3 Nummer 1, ein Futtermittel verfüttert,
10. entgegen § 18 Absatz 2, auch in Verbindung mit einer Rechtsverordnung nach Absatz 3 Nummer 1, ein Futtermittel verbringt oder ausführt,
11. entgegen
    a) § 26 Satz 1 Nummer 1 ein kosmetisches Mittel herstellt oder behandelt oder
    b) § 26 Satz 1 Nummer 2 einen Stoff oder ein Gemisch aus Stoffen als kosmetisches Mittel in den Verkehr bringt,
12. entgegen § 28 Absatz 2 ein kosmetisches Mittel in den Verkehr bringt, das einer Rechtsverordnung nach § 28 Absatz 1 Nummer 2 in Verbindung mit § 32 Absatz 1 Nummer 1, 2 oder 3 nicht entspricht,
13. entgegen § 30 Nummer 1 einen Bedarfsgegenstand herstellt oder behandelt,
14. entgegen § 30 Nummer 2 einen Gegenstand oder ein Mittel als Bedarfsgegenstand in den Verkehr bringt,
15. entgegen § 30 Nummer 3 einen Bedarfsgegenstand verwendet,
16. entgegen § 32 Absatz 2 in Verbindung mit einer Rechtsverordnung nach Absatz 1 Nummer 1, 2 oder 3 einen Bedarfsgegenstand in den Verkehr bringt,
17. einer vollziehbaren Anordnung
    a) nach Artikel 54 Absatz 1 Satz 1 der Verordnung (EG) Nr. 882/2004 des Europäischen Parlaments und des Rates vom 29. April 2004 über amtliche Kontrollen zur Überprüfung der Einhaltung des Lebensmittel- und Futtermittelrechts sowie der Bestimmungen über Tiergesundheit und Tierschutz (ABl. L 165 vom 30.4.2004, S. 1, L 191 vom 28.5.2004, S. 1, L 204 vom 4.8.2007, S. 29), die zuletzt durch die Verordnung (EU) Nr. 652/2014 (ABl. L 189 vom 27.6.2014, S. 1) geändert worden ist, die der Durchführung eines in § 39 Absatz 7 Nummer 1, 2 oder Nummer 3, soweit sich die Nummer 3 auf § 5 und § 17 Absatz 1 Satz 1 Nummer 1 bezieht, bezeichneten Verbots dient, oder
    b) nach § 39 Absatz 2 Satz 1, die der Durchführung eines in § 39 Absatz 7 bezeichneten Verbots dient,
    zuwiderhandelt oder

18. einer Rechtsverordnung nach § 10 Absatz 4 Nummer 1 Buchstabe b, d oder Buchstabe e, § 13 Absatz 1 Nummer 1 oder 2, § 22, § 32 Absatz 1 Nummer 1, 2 oder 3, jeweils auch in Verbindung mit § 28 Absatz 1 Nummer 2, oder § 34 Satz 1 Nummer 1 oder 2 oder einer vollziehbaren Anordnung aufgrund einer solchen Rechtsverordnung zuwiderhandelt, soweit die Rechtsverordnung für einen bestimmten Tatbestand auf diese Strafvorschrift verweist.

(2) Ebenso wird bestraft, wer gegen die Verordnung (EG) Nr. 178/2002 des Europäischen Parlaments und des Rates vom 28. Januar 2002 zur Festlegung der allgemeinen Grundsätze und Anforderungen des Lebensmittelrechts, zur Errichtung der Europäischen Behörde für Lebensmittelsicherheit und zur Festlegung von Verfahren zur Lebensmittelsicherheit (ABl. L 31 vom 1.2.2002, S. 1), die zuletzt durch die Verordnung (EU) Nr. 652/2014 (ABl. L 189 vom 27.6.2014, S. 1) geändert worden ist, verstößt, indem er

1. entgegen Artikel 14 Absatz 1 in Verbindung mit Absatz 2 Buchstabe a ein Lebensmittel in den Verkehr bringt oder
2. entgegen Artikel 15 Absatz 1 in Verbindung mit Absatz 2 Spiegelstrich 1, soweit sich dieser auf die Gesundheit des Menschen bezieht, jeweils auch in Verbindung mit Artikel 4 Absatz 1 Unterabsatz 2 der Verordnung (EG) Nr. 767/2009 des Europäischen Parlaments und des Rates vom 13. Juli 2009 über das Inverkehrbringen und die Verwendung von Futtermitteln, zur Änderung der Verordnung (EG) Nr. 1831/2003 des Europäischen Parlaments und des Rates und zur Aufhebung der Richtlinien 79/373/EWG des Rates, 80/511/EWG der Kommission, 82/471/EWG des Rates, 83/228/EWG des Rates, 93/74/EWG des Rates, 93/113/EG des Rates und 96/25/EG des Rates und der Entscheidung 2004/217/EG der Kommission (ABl. L 229 vom 1.9.2009, S. 1, L 192 vom 22.7.2011, S. 71), die zuletzt durch die Verordnung (EU) Nr. 939/2010 (ABl. L 277 vom 21.10.2010, S. 4) geändert worden ist, ein Futtermittel in den Verkehr bringt oder verfüttert.

(2a) Ebenso wird bestraft, wer
1. gegen die Verordnung (EG) Nr. 1334/2008 des Europäischen Parlaments und des Rates vom 16. Dezember 2008 über Aromen und bestimmte Lebensmittelzutaten mit Aromaeigenschaften zur Verwendung in und auf Lebensmitteln sowie zur Änderung der Verordnung (EWG) Nr. 1601/91 des Rates, der Verordnungen (EG) Nr. 2232/96 und (EG) Nr. 110/2008 und der Richtlinie 2000/13/EG (ABl. L 354 vom 31.12.2008, S. 34, L 105 vom 27.4.2010, S. 115), die zuletzt durch die Verordnung (EU) 2015/1760 (ABl. L 257 vom 2.10.2015, S. 27) geändert worden ist, verstößt, indem er
    a) entgegen Artikel 5 in Verbindung mit Anhang III oder Anhang IV ein Aroma oder ein Lebensmittel in den Verkehr bringt,
    b) entgegen Artikel 6 Absatz 1 einen dort bezeichneten Stoff zusetzt,
    c) entgegen Artikel 7 einen Ausgangsstoff, ein Aroma oder eine Lebensmittelzutat verwendet,
2. entgegen Artikel 1 Absatz 1 Unterabsatz 1 der Verordnung (EG) Nr. 124/2009 der Kommission vom 10. Februar 2009 zur Festlegung von Höchstgehalten an Kokzidiostatika und Histomonostatika, die in Lebensmitteln aufgrund unvermeidbarer Verschleppung in Futtermittel für Nichtzieltierarten vorhanden sind (ABl. L 40 vom 11.2.2009, S. 7), die durch die Verordnung (EU)

Nr. 610/2012 (ABl. L 178 vom 10.7.2012, S. 1) geändert worden ist, ein Lebensmittel in Verkehr bringt oder
3. gegen die Verordnung (EU) Nr. 10/2011 der Kommission vom 14. Januar 2011 über Materialien und Gegenstände aus Kunststoff, die dazu bestimmt sind, mit Lebensmitteln in Berührung zu kommen (ABl. L 12 vom 15.1.2011, S. 1, L 278 vom 25.10.2011, S. 13), die zuletzt durch die Verordnung (EU) 2015/174 (ABl. L 30 vom 6.2.2015, S. 2) geändert worden ist, verstößt, indem er
   a) entgegen Artikel 4 Buchstabe e in Verbindung mit Artikel 5 Absatz 1 oder Artikel 9 Absatz 1 Buchstabe c, jeweils auch in Verbindung mit Artikel 13 Absatz 1 oder Artikel 14 Absatz 1, ein Material oder einen Gegenstand aus Kunststoff in Verkehr bringt oder
   b) entgegen Artikel 5 Absatz 1 in Verbindung mit Artikel 13 Absatz 1 oder Artikel 14 Absatz 1 bei der Herstellung einer Kunststoffschicht in einem Material oder einem Gegenstand aus Kunststoff einen nicht zugelassenen Stoff verwendet.

(3) Ebenso wird bestraft, wer
1. einer unmittelbar geltenden Vorschrift in Rechtsakten der Europäischen Gemeinschaft oder der Europäischen Union zuwiderhandelt, die inhaltlich einem in Absatz 1 Nummer 1 bis 17 genannten Gebot oder Verbot entspricht, soweit eine Rechtsverordnung nach § 62 Absatz 1 Nummer 1 für einen bestimmten Tatbestand auf diese Strafvorschrift verweist oder
2. einer anderen als in Absatz 2 genannten unmittelbar geltenden Vorschrift in Rechtsakten der Europäischen Gemeinschaft oder der Europäischen Union zuwiderhandelt, die inhaltlich einer Regelung entspricht, zu der die in Absatz 1 Nummer 18 genannten Vorschriften ermächtigen, soweit eine Rechtsverordnung nach § 62 Absatz 1 Nummer 1 für einen bestimmten Straftatbestand auf diese Strafvorschrift verweist.

(4) Der Versuch ist strafbar.

(5) In besonders schweren Fällen ist die Strafe Freiheitsstrafe von sechs Monaten bis zu fünf Jahren. Ein besonders schwerer Fall liegt in der Regel vor, wenn der Täter durch eine der in Absatz 1, 2 oder 3 bezeichneten Handlungen
1. die Gesundheit einer großen Zahl von Menschen gefährdet,
2. einen anderen in die Gefahr des Todes oder einer schweren Schädigung an Körper oder Gesundheit bringt oder
3. aus grobem Eigennutz für sich oder einen anderen Vermögensvorteile großen Ausmaßes erlangt.

(6) Wer eine der in Absatz 1, 2, 2a oder 3 bezeichneten Handlungen fahrlässig begeht, wird mit Freiheitsstrafe bis zu einem Jahr oder mit Geldstrafe bestraft.

§ 59 Strafvorschriften

(1) Mit Freiheitsstrafe bis zu einem Jahr oder mit Geldstrafe wird bestraft, wer
1. entgegen § 6 Absatz 1 Nummer 1 in Verbindung mit einer Rechtsverordnung nach § 7 Absatz 1 Nummer 1 einen nicht zugelassenen Lebensmittelzusatzstoff verwendet, Ionenaustauscher benutzt oder ein Verfahren anwendet,

2. entgegen § 6 Absatz 1 Nummer 2 in Verbindung mit einer Rechtsverordnung nach § 7 Absatz 1 Nummer 1 oder Absatz 2 Nummer 1 oder 5 ein Lebensmittel in den Verkehr bringt,
3. entgegen § 6 Absatz 1 Nummer 3 in Verbindung mit einer Rechtsverordnung nach § 7 Absatz 1 Nummer 1 oder Absatz 2 Nummer 5 einen Lebensmittelzusatzstoff oder Ionenaustauscher in den Verkehr bringt,
4. entgegen § 8 Absatz 1 Nummer 1 in Verbindung mit einer Rechtsverordnung nach Absatz 2 Nummer 1 eine nicht zugelassene Bestrahlung anwendet,
5. entgegen § 8 Absatz 1 Nummer 2 in Verbindung mit einer Rechtsverordnung nach Absatz 2 ein Lebensmittel in den Verkehr bringt,
6. entgegen § 9 Absatz 1 Satz 1 Nummer 1 in Verbindung mit einer Rechtsverordnung nach Absatz 2 Nummer 1 Buchstabe a oder entgegen § 9 Absatz 1 Satz 1 Nummer 2 oder Nummer 3 ein Lebensmittel in den Verkehr bringt,
7. entgegen § 11 Absatz 1 ein Lebensmittel in den Verkehr bringt oder für ein Lebensmittel wirbt,
8. entgegen § 11 Absatz 2 Nummer 1 ein Lebensmittel in den Verkehr bringt,
9. entgegen § 11 Absatz 2 Nummer 2 ein Lebensmittel ohne ausreichende Kenntlichmachung in den Verkehr bringt,
10. entgegen § 17 Absatz 1 Satz 1 Nummer 2 ein Futtermittel herstellt oder behandelt,
10a. entgegen § 17a Absatz 1 Satz 1 nicht dafür Sorge trägt, dass eine dort genannte Versicherung besteht,
11. entgegen § 19 ein Futtermittel in den Verkehr bringt oder für ein Futtermittel wirbt,
12. entgegen § 21 Absatz 3 Satz 1 Nummer 1 Buchstabe a ein Futtermittel in den Verkehr bringt oder verfüttert,
13. entgegen § 27 Absatz 1 Satz 1 ein kosmetisches Mittel unter einer irreführenden Bezeichnung, Angabe oder Aufmachung in den Verkehr bringt oder mit einer irreführenden Darstellung oder Aussage wirbt,
14. entgegen § 28 Absatz 2 ein kosmetisches Mittel in den Verkehr bringt, das einer Rechtsverordnung nach § 28 Absatz 1 Nummer 1 oder 2 in Verbindung mit § 32 Absatz 1 Nummer 4 Buchstabe a oder Nummer 5 nicht entspricht,
15. entgegen § 31 Absatz 1 oder 2 Satz 2 ein Material oder einen Gegenstand als Bedarfsgegenstand verwendet oder in den Verkehr bringt,
16. entgegen § 31 Absatz 3 ein Lebensmittel in den Verkehr bringt,
17. entgegen § 32 Absatz 2 in Verbindung mit einer Rechtsverordnung nach Absatz 1 Nummer 4 Buchstabe a oder Nummer 5 einen Bedarfsgegenstand in den Verkehr bringt,
18. entgegen § 33 Absatz 1 ein Material oder einen Gegenstand unter einer irreführenden Bezeichnung, Angabe oder Aufmachung in den Verkehr bringt oder mit einer irreführenden Darstellung oder Aussage wirbt,

19. entgegen § 53 Absatz 1 Satz 1 in Verbindung mit
    a) § 17 Absatz 1 Satz 1 Nummer 1 Futtermittel,
    b) § 26 Satz 1 ein kosmetisches Mittel, einen Stoff oder ein Gemisch,
    c) § 30 einen Bedarfsgegenstand, einen Gegenstand oder ein Mittel oder
    d) Artikel 14 Absatz 2 Buchstabe a der Verordnung (EG) Nr. 178/2002 ein gesundheitsschädliches Lebensmittel
    in das Inland verbringt,
20. einer vollziehbaren Anordnung nach § 41 Absatz 2 Satz 1, Absatz 3 oder 6 Satz 1 oder 3 zuwiderhandelt oder
21. einer Rechtsverordnung nach
    a) § 7 Absatz 2 Nummer 1, 2, 3 oder 5, § 8 Absatz 2 Nummer 2, § 9 Absatz 2 Nummer 1 Buchstabe b, § 13 Absatz 1 Nummer 4, 5 oder Nummer 6, Absatz 3 Satz 1 oder Absatz 4 Nummer 1 Buchstabe a, b oder c oder Nummer 2, § 29 Absatz 1 Nummer 3, § 31 Absatz 2 Satz 1, § 32 Absatz 1 Nummer 4 Buchstabe b, auch in Verbindung mit § 28 Absatz 1 Nummer 2, § 32 Absatz 1 Nummer 7, § 33 Absatz 2, § 34 Satz 1 Nummer 3 oder 4, § 56 Absatz 1 Satz 1 Nummer 1 oder Absatz 4 Nummer 2 in Verbindung mit Absatz 1 Satz 1 Nummer 1 oder § 57 Absatz 7 Satz 1 Nummer 3 Buchstabe c in Verbindung mit § 56 Absatz 1 Satz 1 Nummer 1 oder
    b) § 13 Absatz 5 Satz 1 Nummer 1
    oder einer vollziehbaren Anordnung aufgrund einer solchen Rechtsverordnung zuwiderhandelt, soweit die Rechtsverordnung für einen bestimmten Tatbestand auf diese Strafvorschrift verweist.

(2) Ebenso wird bestraft, wer
1. gegen die Verordnung (EG) Nr. 178/2002 verstößt, indem er
    a) entgegen Artikel 14 Absatz 1 in Verbindung mit Absatz 2 Buchstabe b ein Lebensmittel in den Verkehr bringt,
    b) entgegen Artikel 15 Absatz 1 in Verbindung mit Absatz 2 Spiegelstrich 2 ein Futtermittel in den Verkehr bringt oder verfüttert,
    c) entgegen Artikel 19 Absatz 1 Satz 1 ein Verfahren nicht, nicht vollständig oder nicht rechtzeitig einleitet, um ein Lebensmittel vom Markt zu nehmen, oder
    d) entgegen Artikel 20 Absatz 1 Satz 1 ein Verfahren nicht, nicht vollständig oder nicht rechtzeitig einleitet, um ein Futtermittel für Tiere, die der Lebensmittelgewinnung dienen, vom Markt zu nehmen,
2. entgegen Artikel 19 der Verordnung (EG) Nr. 396/2005 des Europäischen Parlaments und des Rates vom 23. Februar 2005 über Höchstgehalte an Pestizidrückständen in oder auf Lebens- und Futtermitteln pflanzlichen und tierischen Ursprungs und zur Änderung der Richtlinie 91/414/EWG des Rates (ABl. L 70 vom 16.3.2005, S. 1), die zuletzt durch die Verordnung (EU) 2016/1 (ABl. L 2 vom 5.1.2016, S. 1) geändert worden ist, ein Erzeugnis, soweit es sich dabei um ein Lebensmittel handelt, verarbeitet oder mit einem anderen Erzeugnis, soweit es sich dabei um ein Lebensmittel handelt, mischt,

3. gegen die Verordnung (EG) Nr. 1924/2006 des Europäischen Parlaments und des Rates vom 20. Dezember 2006 über nährwert- und gesundheitsbezogene Angaben über Lebensmittel (ABl. L 404 vom 30.12.2006, S. 9, L 12 vom 18.1.2007, S. 3, L 86 vom 28.3.2008, S. 34, L 198 vom 30.7.2009, S. 87, L 160 vom 12.6.2013, S. 15), die zuletzt durch die Verordnung (EU) Nr. 1047/2012 (ABl. L 310 vom 9.11.2012, S. 36) geändert worden ist, verstößt, indem er entgegen Artikel 3 Unterabsatz 1 in Verbindung mit

a) Artikel 3 Unterabsatz 2 Buchstabe a bis c, d Satz 1 oder Buchstabe e,

b) Artikel 4 Absatz 3,

c) Artikel 5 Absatz 1 Buchstabe a bis d oder Absatz 2,

d) Artikel 8 Absatz 1,

e) Artikel 9 Absatz 2,

f) Artikel 10 Absatz 1, 2 oder Absatz 3 oder

g) Artikel 12

eine nährwert- oder gesundheitsbezogene Angabe bei der Kennzeichnung oder Aufmachung eines Lebensmittels oder bei der Werbung verwendet,

4. entgegen Artikel 4 der Verordnung (EG) Nr. 1332/2008 des Europäischen Parlaments und des Rates vom 16. Dezember 2008 über Lebensmittelenzyme und zur Änderung der Richtlinie 83/417/EWG des Rates, der Verordnung (EG) Nr. 1493/1999 des Rates, der Richtlinie 2000/13/EG des Rates sowie der Verordnung (EG) Nr. 258/97 (ABl. L 354 vom 31.12.2008, S. 7), die durch die Verordnung (EU) Nr. 1056/2012 (ABl. L 313 vom 13.11.2012, S. 9) geändert worden ist, ein Lebensmittelenzym als solches in den Verkehr bringt oder in Lebensmitteln verwendet,

5. gegen die Verordnung (EG) Nr. 1333/2008 des Europäischen Parlaments und des Rates vom 16. Dezember 2008 über Lebensmittelzusatzstoffe (ABl. L 354 vom 31.12.2008, S. 16, L 105 vom 27.4.2010, S. 114, L 322 vom 21.11.2012, S. 8, L 123 vom 19.5.2015, S. 122), die zuletzt durch die Verordnung (EU) 2015/1832 (ABl. L 266 vom 13.10.2015, S. 27) geändert worden ist, verstößt, indem er

a) entgegen Artikel 4 Absatz 1 einen Lebensmittelzusatzstoff als solchen in den Verkehr bringt oder in Lebensmitteln verwendet,

b) entgegen Artikel 4 Absatz 2 einen Lebensmittelzusatzstoff in Lebensmittelzusatzstoffen, -enzymen oder -aromen verwendet oder

c) entgegen Artikel 5 in Verbindung mit

aa) Artikel 15,

bb) Artikel 16,

cc) Artikel 17 oder

dd) Artikel 18

einen Lebensmittelzusatzstoff oder ein Lebensmittel in den Verkehr bringt,

6. gegen die Verordnung (EG) Nr. 1334/2008 verstößt, indem er

a) entgegen Artikel 5 in Verbindung mit Artikel 4 ein Aroma oder ein Lebensmittel in Verkehr bringt, wenn die Tat nicht in § 58 Absatz 2a Nummer 1 Buchstabe a mit Strafe bedroht ist, oder

b) entgegen Artikel 10 ein Aroma oder einen Ausgangsstoff verwendet oder

7. gegen die Verordnung (EU) Nr. 10/2011 verstößt, indem er
   a) entgegen Artikel 4 Buchstabe e in Verbindung mit Artikel 10, auch in Verbindung mit Artikel 13 Absatz 1, ein Material oder einen Gegenstand aus Kunststoff in Verkehr bringt, oder
   b) entgegen Artikel 4 Buchstabe e in Verbindung mit Artikel 11 Absatz 1 Satz 1 oder Absatz 2 oder Artikel 12, jeweils auch in Verbindung mit Artikel 13 Absatz 1 oder Absatz 5, ein Material oder einen Gegenstand aus Kunststoff in Verkehr bringt.

(3) Ebenso wird bestraft, wer
1. einer unmittelbar geltenden Vorschrift in Rechtsakten der Europäischen Gemeinschaft oder der Europäischen Union zuwiderhandelt, die inhaltlich einem in Absatz 1 Nummer 1 bis 19 bezeichneten Gebot oder Verbot entspricht, soweit eine Rechtsverordnung nach § 62 Absatz 1 Nummer 1 für einen bestimmten Tatbestand auf diese Strafvorschrift verweist oder
2. einer anderen als in Absatz 2 genannten unmittelbar geltenden Vorschrift in Rechtsakten der Europäischen Gemeinschaft oder der Europäischen Union zuwiderhandelt, die inhaltlich einer Regelung entspricht, zu der die in
   a) Absatz 1 Nummer 21 Buchstabe a genannten Vorschriften ermächtigen, soweit eine Rechtsverordnung nach § 62 Absatz 1 Nummer 1 für einen bestimmten Straftatbestand auf diese Strafvorschrift verweist,
   b) Absatz 1 Nummer 21 Buchstabe b genannten Vorschriften ermächtigen, soweit eine Rechtsverordnung nach § 62 Absatz 2 für einen bestimmten Straftatbestand auf diese Strafvorschrift verweist.

(4) Mit Freiheitsstrafe bis zu zwei Jahren oder mit Geldstrafe wird bestraft, wer
1. durch eine in Absatz 1 Nummer 8 oder Nummer 10 oder in Absatz 2 Nummer 1 Buchstabe a oder Buchstabe b bezeichnete Handlung aus grobem Eigennutz für sich oder einen anderen Vermögensvorteile großen Ausmaßes erlangt oder
2. eine in Absatz 1 Nummer 8 oder Nummer 10 oder in Absatz 2 Nummer 1 Buchstabe a oder Buchstabe b bezeichnete Handlung beharrlich wiederholt.

§ 60 Bußgeldvorschriften

(1) Ordnungswidrig handelt, wer eine der in
1. § 59 Absatz 1 Nummer 8 oder Nummer 10 oder Absatz 2 Nummer 1 Buchstabe a oder Buchstabe b oder
2. § 59 Absatz 1 Nummer 1 bis 7, 9, 10a, 11 bis 20 oder Nummer 21, Absatz 2 Nummer 1 Buchstabe c oder Buchstabe d, Nummer 2 bis 6 oder Nummer 7 oder Absatz 3

bezeichneten Handlung fahrlässig begeht.

(2) Ordnungswidrig handelt, wer vorsätzlich oder fahrlässig
1. (weggefallen)
2. entgegen § 17 Absatz 2 Nummer 1 Futtermittel herstellt oder behandelt,
3. entgegen § 17 Absatz 2 Nummer 2 Futtermittel in den Verkehr bringt,

4. entgegen § 17 Absatz 2 Nummer 3 Futtermittel verfüttert,
5. entgegen § 20 Absatz 1 eine dort genannte Angabe verwendet,
6. entgegen § 21 Absatz 1 in Verbindung mit einer Rechtsverordnung nach § 23a Nummer 10 Buchstabe a eine Vormischung in den Verkehr bringt,
7. entgegen § 21 Absatz 2 in Verbindung mit einer Rechtsverordnung nach § 23a Nummer 10 Buchstabe b Einzelfuttermittel oder Mischfuttermittel in den Verkehr bringt,
8. entgegen § 21 Absatz 3 Satz 1 Nummer 1 Buchstabe b Futtermittel in den Verkehr bringt oder verfüttert,
9. entgegen § 21 Absatz 3 Satz 1 Nummer 2 Buchstabe a in Verbindung mit einer Rechtsverordnung nach § 23 Nummer 1 Futtermittel in den Verkehr bringt oder verfüttert,
10. entgegen § 21 Absatz 3 Satz 1 Nummer 2 Buchstabe b in Verbindung mit einer Rechtsverordnung nach § 23a Nummer 1 Futtermittel in den Verkehr bringt,
11. entgegen § 21 Absatz 3 Satz 1 Nummer 2 Buchstabe c in Verbindung mit einer Rechtsverordnung nach § 23a Nummer 3 Futtermittel in den Verkehr bringt oder verfüttert,
12. entgegen § 21 Absatz 3 Satz 1 Nummer 2 Buchstabe d in Verbindung mit einer Rechtsverordnung nach § 23a Nummer 11 Futtermittel in den Verkehr bringt oder verfüttert,
13. entgegen § 21 Absatz 3 Satz 1 Nummer 3 Futtermittel in den Verkehr bringt oder verfüttert,
14. (weggefallen)
15. (weggefallen)
16. (weggefallen)
17. (weggefallen)
18. entgegen § 32 Absatz 2 in Verbindung mit einer Rechtsverordnung nach Absatz 1 Nummer 6 einen Bedarfsgegenstand in den Verkehr bringt,
19. entgegen § 44 Absatz 1 eine Maßnahme nach § 42 Absatz 2 Nummer 1 oder 2 oder eine Probenahme nach § 43 Absatz 1 Satz 1 nicht duldet oder eine in der Überwachung tätige Person nicht unterstützt,
20. entgegen § 44 Absatz 2 Satz 1 eine Auskunft nicht, nicht richtig, nicht vollständig oder nicht rechtzeitig erteilt,
21. entgegen § 44 Absatz 3 Satz 1 eine Information nicht, nicht richtig, nicht vollständig oder nicht rechtzeitig übermittelt,
22. entgegen § 44 Absatz 4 Satz 1 oder Satz 2, Absatz 4a oder Absatz 5 Satz 1 oder Satz 2 oder Absatz 5a die zuständige Behörde nicht, nicht richtig, nicht vollständig oder nicht rechtzeitig unterrichtet,
22a. entgegen § 44a Absatz 1 Satz 1 in Verbindung mit einer Rechtsverordnung nach § 44a Absatz 3 oder in Verbindung mit § 75 Absatz 4 Satz 1 Nummer 1 und 2 eine Mitteilung nicht, nicht richtig, nicht vollständig oder nicht rechtzeitig macht,

23. entgegen § 51 Absatz 3 Satz 2 eine dort genannte Maßnahme oder die Entnahme einer Probe nicht duldet oder eine in der Durchführung des Monitorings tätige Person nicht unterstützt,
24. in anderen als den in § 59 Absatz 1 Nummer 19 bezeichneten Fällen entgegen § 53 Absatz 1 Satz 1 ein Erzeugnis in das Inland verbringt,
25. entgegen § 57 Absatz 2 Satz 1 Nummer 2 in Verbindung mit einer Rechtsverordnung nach § 23 Nummer 1 ein Futtermittel ausführt,
26. einer Rechtsverordnung nach
    a) § 13 Absatz 1 Nummer 3 oder Absatz 4 Nummer 1 Buchstabe d, e, f oder Buchstabe g, § 14 Absatz 1 Nummer 1, 3 oder 5, Absatz 2 oder 3, § 23 Nummer 2 bis 6, § 23a Nummer 5 bis 9, § 28 Absatz 3 Satz 1 Nummer 1 oder 3, § 29 Absatz 1 Nummer 1, 2 oder 4 oder Absatz 2, § 32 Absatz 1 Nummer 8, auch in Verbindung mit § 28 Absatz 1 Nummer 2, § 34 Satz 1 Nummer 7, § 35 Nummer 1 oder Nummer 5, § 36 Satz 1, auch in Verbindung mit Satz 2, § 37 Absatz 1, § 46 Absatz 2 oder § 47 Absatz 1 Nummer 2 oder
    b) § 9 Absatz 2 Nummer 1 Buchstabe c, § 14 Absatz 1 Nummer 2 oder 4, § 35 Nummer 2 oder 3, § 46 Absatz 1 Satz 1 Nummer 5, § 55 Absatz 3 Satz 1 oder 2, § 56 Absatz 1 Satz 1 Nummer 2, Absatz 2, 3 Satz 1 oder Absatz 4 Nummer 1 oder 2 in Verbindung mit Absatz 1 Satz 1 Nummer 2 oder Absatz 2, oder § 57 Absatz 7 Satz 1 Nummer 1, 2 oder 3 Buchstabe a, b oder c in Verbindungmit § 56 Absatz 1 Satz 1 Nummer 2 oder Absatz 2, oder § 57 Absatz 8 Nummer 1

    oder einer vollziehbaren Anordnung aufgrund einer solchen Rechtsverordnung zuwiderhandelt, soweit die Rechtsverordnung für einen bestimmten Tatbestand auf diese Bußgeldvorschrift verweist.

(3) Ordnungswidrig handelt, wer
1. gegen die Verordnung (EG) Nr. 178/2002 verstößt, indem er vorsätzlich oder fahrlässig
    a) entgegen Artikel 15 Absatz 1 in Verbindung mit Absatz 2 Spiegelstrich 1, soweit sich dieser auf die Gesundheit des Tieres bezieht, jeweils auch in Verbindung mit Artikel 4 Absatz 1 Unterabsatz 2 der Verordnung (EG) Nr. 767/2009, ein Futtermittel in den Verkehr bringt oder verfüttert,
    b) entgegen Artikel 18 Absatz 2 Unterabsatz 2 oder Absatz 3 Satz 1, jeweils auch in Verbindung mit Artikel 5 Absatz 1 der Verordnung (EG) Nr. 767/2009, ein System oder Verfahren nicht, nicht richtig oder nicht vollständig einrichtet,
    c) entgegen Artikel 18 Absatz 3 Satz 2, auch in Verbindung mit Artikel 5 Absatz 1 der Verordnung (EG) Nr. 767/2009, eine Information nicht, nicht richtig, nicht vollständig oder nicht rechtzeitig zur Verfügung stellt,
    d) entgegen Artikel 19 Absatz 1 Satz 1 ein Verfahren nicht, nicht vollständig oder nicht rechtzeitig einleitet, um die zuständigen Behörden zu unterrichten,
    e) entgegen Artikel 19 Absatz 1 Satz 2 einen Verbraucher nicht, nicht richtig, nicht vollständig oder nicht rechtzeitig unterrichtet,

f) entgegen Artikel 19 Absatz 3 Satz 1 oder Artikel 20 Absatz 3 Satz 1, auch in Verbindung mit Artikel 5 Absatz 1 der Verordnung (EG) Nr. 767/2009, eine Mitteilung nicht, nicht richtig, nicht vollständig oder nicht rechtzeitig macht,

g) entgegen Artikel 19 Absatz 3 Satz 2 oder Artikel 20 Absatz 3 Satz 2, auch in Verbindung mit Artikel 5 Absatz 1 der Verordnung (EG) Nr. 767/2009, die Behörde nicht, nicht richtig oder nicht vollständig unterrichtet,

h) entgegen Artikel 20 Absatz 1 Satz 1 in Verbindung mit Artikel 5 Absatz 1 der Verordnung (EG) Nr. 767/2009 ein Verfahren nicht, nicht richtig oder nicht rechtzeitig einleitet, um ein Futtermittel für Tiere, die nicht der Lebensmittelgewinnung dienen, vom Markt zu nehmen oder

i) entgegen Artikel 20 Absatz 1 Satz 1, auch in Verbindung mit Artikel 5 Absatz 1 der Verordnung (EG) Nr. 767/2009, die Behörde nicht, nicht richtig, nicht vollständig oder nicht rechtzeitig unterrichtet,

2. vorsätzlich oder fahrlässig entgegen Artikel 19 der Verordnung (EG) Nr. 396/2005 ein Erzeugnis, soweit es sich dabei um ein Futtermittel handelt, verarbeitet oder mit einem anderen Erzeugnis mischt oder

3. gegen die Verordnung (EU) Nr. 10/2011 verstößt, indem er

   a) vorsätzlich oder fahrlässig entgegen Artikel 4 Buchstabe e in Verbindung mit Artikel 15 Absatz 1 oder Absatz 2 ein Material oder einen Gegenstand aus Kunststoff, ein Produkt aus einer Zwischenstufe ihrer Herstellung oder einen zur Herstellung dieser Materialien und Gegenstände bestimmten Stoff in Verkehr bringt, ohne eine schriftliche Erklärung zur Verfügung zu stellen, oder

   b) entgegen Artikel 16 Absatz 1 eine Unterlage nicht, nicht richtig, nicht vollständig oder nicht rechtzeitig zur Verfügung stellt.

(4) Ordnungswidrig handelt, wer vorsätzlich oder fahrlässig

1. einer unmittelbar geltenden Vorschrift in Rechtsakten der Europäischen Gemeinschaft oder der Europäischen Union zuwiderhandelt, die inhaltlich einem in Absatz 2

   a) Nummer 1 bis 13, 18, 24 oder Nummer 25 bezeichneten Gebot oder Verbot entspricht, soweit eine Rechtsverordnung nach § 62 Absatz 1 Nummer 2 Buchstabe a für einen bestimmten Tatbestand auf diese Bußgeldvorschrift verweist,

   b) Nummer 19 bis 22a oder Nummer 23 bezeichneten Gebot oder Verbot entspricht, soweit eine Rechtsverordnung nach § 62 Absatz 1 Nummer 2 Buchstabe b für einen bestimmten Tatbestand auf diese Bußgeldvorschrift verweist, oder

2. einer anderen als in Absatz 3 genannten unmittelbar geltenden Vorschrift in Rechtsakten der Europäischen Gemeinschaft oder der Europäischen Union zuwiderhandelt, die inhaltlich einer Regelung entspricht, zu der die in Absatz 2

   a) Nummer 26 Buchstabe a genannten Vorschriften ermächtigen, soweit eine Rechtsverordnung nach § 62 Absatz 1 Nummer 2 Buchstabe a für einen bestimmten Tatbestand auf diese Bußgeldvorschrift verweist,

b) Nummer 26 Buchstabe b genannten Vorschriften ermächtigen, soweit eine Rechtsverordnung nach § 62 Absatz 1 Nummer 2 Buchstabe b für einen bestimmten Tatbestand auf diese Bußgeldvorschrift verweist.

(5) Die Ordnungswidrigkeit kann
1. in den Fällen des Absatzes 1 Nummer 1 mit einer Geldbuße bis zu hunderttausend Euro,
2. in den Fällen des Absatzes 1 Nummer 2, des Absatzes 2 Nummer 1 bis 13, 18, 24, 25 und 26 Buchstabe a, des Absatzes 3 Nummer 1 und 3 sowie des Absatzes 4 Nummer 1 Buchstabe a und Nummer 2 Buchstabe a mit einer Geldbuße bis zu fünfzigtausend Euro,
3. in den übrigen Fällen mit einer Geldbuße bis zu zwanzigtausend Euro

geahndet werden.

§ 61 Einziehung

Gegenstände, auf die sich eine Straftat nach § 58 oder § 59 oder eine Ordnungswidrigkeit nach § 60 bezieht, können eingezogen werden. § 74a des Strafgesetzbuches und § 23 des Gesetzes über Ordnungswidrigkeiten sind anzuwenden.

§ 62 Ermächtigungen

(1) Das Bundesministerium wird ermächtigt, soweit dies zur Durchsetzung der Rechtsakte der Europäischen Gemeinschaft oder der Europäischen Union erforderlich ist, durch Rechtsverordnung ohne Zustimmung des Bundesrates die Tatbestände zu bezeichnen, die
1. als Straftat nach § 58 Absatz 3 oder § 59 Absatz 3 Nummer 1 oder 2 Buchstabe a zu ahnden sind oder
2. als Ordnungswidrigkeit nach
   a) § 60 Absatz 4 Nummer 1 Buchstabe a oder Nummer 2 Buchstabe a oder
   b) § 60 Absatz 4 Nummer 1 Buchstabe b oder Nummer 2 Buchstabe b

geahndet werden können.

(2) Das Bundesministerium für Umwelt, Naturschutz, Bau und Reaktorsicherheit wird ermächtigt, soweit dies zur Durchsetzung der Rechtsakte der Europäischen Gemeinschaft oder der Europäischen Union erforderlich ist, durch Rechtsverordnung ohne Zustimmung des Bundesrates die Tatbestände zu bezeichnen, die als Straftat nach § 59 Absatz 3 Nummer 2 Buchstabe b zu ahnden sind.

Abschnitt 11

Schlussbestimmungen

§ 63 Gebühren und Auslagen

(1) Das Bundesamt für Verbraucherschutz und Lebensmittelsicherheit erhebt für individuell zurechenbare öffentliche Leistungen im Zusammenhang mit den Aufgaben nach § 68 Gebühren und Auslagen.

(2) Das Bundesministerium wird ermächtigt, im Einvernehmen mit den Bundesministerien der Finanzen und für Wirtschaft und Energie durch Rechtsverordnung, die nicht der Zustimmung des Bundesrates bedarf, die gebührenpflichtigen Tatbestände im Sinne des Absatzes 1 und die Höhe der Gebühren näher zu bestimmen und dabei feste Sätze oder Rahmensätze vorzusehen. Die zu erstattenden Auslagen können abweichend vom Bundesgebührengesetz geregelt werden.

§ 64 Amtliche Sammlung von Untersuchungsverfahren; Bekanntmachungen

(1) Das Bundesamt für Verbraucherschutz und Lebensmittelsicherheit veröffentlicht eine amtliche Sammlung von Verfahren zur Probenahme und Untersuchung von den in § 2 Absatz 2, 3, 5 und 6 genannten Erzeugnissen sowie von mit Lebensmitteln verwechselbaren Produkten. Die Verfahren werden unter Mitwirkung von Sachkennern aus den Bereichen der Überwachung, der Wissenschaft und der beteiligten Wirtschaft festgelegt. Die Sammlung ist laufend auf dem neuesten Stand zu halten.

(2) Das Bundesamt für Verbraucherschutz und Lebensmittelsicherheit veröffentlicht eine amtliche Sammlung von Verfahren zur Probenahme und von Analysemethoden für die Untersuchung von Futtermitteln. Vor deren Veröffentlichung soll ein jeweils auszuwählender Kreis von Vertretern der Wissenschaft, der Fütterungsberatung, der Futtermitteluntersuchung, der Futtermittelüberwachung, der Landwirtschaft und der sonst beteiligten Wirtschaft angehört werden.

(3) Zulassungen, Registrierungen, Genehmigungen und Anzeigen werden vom Bundesamt für Verbraucherschutz und Lebensmittelsicherheit im Bundesanzeiger bekannt gemacht, soweit dies durch dieses Gesetz oder eine aufgrund dieses Gesetzes erlassene Rechtsverordnung bestimmt ist.

§ 65 Aufgabendurchführung

Das Bundesministerium wird ermächtigt,
1. durch Rechtsverordnung ohne Zustimmung des Bundesrates, soweit es zur Erfüllung der in § 1 genannten Zwecke erforderlich ist, dem Bundesamt für Verbraucherschutz und Lebensmittelsicherheit, dem Bundesinstitut für Risikobewertung oder dem Max Rubner-Institut, Bundesforschungsinstitut für Ernährung und Lebensmittel, die Funktion eines gemeinschaftlichen oder nationalen Referenzlabors mit den dazugehörigen Aufgaben zuzuweisen,
2. um eine einheitliche Durchführung im Hinblick auf Berichtspflichten, die sich aus Rechtsakten der Europäischen Gemeinschaft oder der Europäischen Union ergeben und gegenüber den Organen der Europäischen Union bestehen, zu fördern, durch Rechtsverordnung mit Zustimmung des Bundesrates zu bestimmen, dass die zuständigen Behörden der Länder die zur Erfüllung dieser Berichtspflichten erforderlichen Daten dem Bundesamt für Verbraucherschutz und Lebensmittelsicherheit oder dem Bundesinstitut für Risikobewertung zu übermitteln haben,
3. durch Rechtsverordnung mit Zustimmung des Bundesrates das Bundesamt für Verbraucherschutz und Lebensmittelsicherheit im Rahmen der ihm durch § 2 Absatz 1 des BVL-Gesetzes zugewiesenen Tätigkeiten, das Bundes-

institut für Risikobewertung im Rahmen der ihm durch § 2 Absatz 1 des BfR-Gesetzes zugewiesenen Tätigkeiten oder die Bundesanstalt für Landwirtschaft und Ernährung im Rahmen der ihr durch § 2 Absatz 1 Nummer 1 bis 7 des Gesetzes über die Errichtung einer Bundesanstalt für Landwirtschaft und Ernährung zugewiesenen Aufgaben als zuständige Stelle für die Durchführung von Rechtsakten der Europäischen Gemeinschaft oder Europäischen Union im Anwendungsbereich dieses Gesetzes zu bestimmen, soweit dies zu einer einheitlichen Durchführung von Rechtsakten der Europäischen Gemeinschaft erforderlich ist.

Soweit im Fall des Satzes 1 Nummer 2 der Anwendungsbereich des § 13 Absatz 5 Satz 1 betroffen ist, tritt an die Stelle des Bundesministeriums das Bundesministerium für Umwelt, Naturschutz, Bau und Reaktorsicherheit im Einvernehmen mit dem Bundesministerium.

§ 66 Statistik

(1) Über die Schlachttier- und Fleischuntersuchung und deren Ergebnis ist eine Statistik zu führen, die vom Statistischen Bundesamt zu erheben und aufzubereiten ist.

(2) Das Bundesministerium wird ermächtigt, durch Rechtsverordnung mit Zustimmung des Bundesrates zur Erlangung einer umfassenden Übersicht
1. das Nähere über Art und Inhalt der Statistik nach Absatz 1 zu regeln,
2. Meldungen über die Ergebnisse bestimmter Untersuchungen vorzuschreiben; auskunftspflichtig sind die zuständigen Behörden.

§ 67 Ausnahmeermächtigungen für Krisenzeiten

(1) Das Bundesministerium wird ermächtigt, im Einvernehmen mit dem Bundesministerium für Wirtschaft und Energie durch Rechtsverordnung ohne Zustimmung des Bundesrates Ausnahmen von den Vorschriften dieses Gesetzes und der aufgrund dieses Gesetzes erlassenen Rechtsverordnungen zuzulassen, wenn die lebensnotwendige Versorgung der Bevölkerung mit in § 2 Absatz 2, 5 und 6 genannten Erzeugnissen sonst ernstlich gefährdet wäre. Satz 1 gilt nicht für die Verbote der §§ 5, 12, 26 und 30 sowie für nach § 13 Absatz 1 Nummer 1 bis 4 und Absatz 5 Satz 1 und nach § 34 für Lebensmittel erlassenen Rechtsverordnungen. Ausnahmen von dem Verbot des § 8 bedürfen zusätzlich des Einvernehmens mit den in § 8 Absatz 2 genannten Bundesministerien.

(2) Das Bundesministerium wird ferner ermächtigt, durch Rechtsverordnung ohne Zustimmung des Bundesrates Ausnahmen von den Vorschriften dieses Gesetzes und der aufgrund dieses Gesetzes erlassenen Rechtsverordnungen zuzulassen, wenn die lebensnotwendige Versorgung der Tiere mit Futtermitteln oder die Produktion tierischer Erzeugnisse oder sonstiger Produkte sonst ernstlich gefährdet wäre. Satz 1 gilt nicht für die Verbote der §§ 17 bis 20.

(3) Die Geltungsdauer von Rechtsverordnungen nach Absatz 1 oder 2 ist zu befristen; Rechtsverordnungen nach Absatz 1 oder 2 sind aufzuheben, wenn die Gefahr, die Anlass für die angeordneten Ausnahmen war, beendet ist.

§ 68 Zulassung von Ausnahmen

(1) Von den Vorschriften dieses Gesetzes und der aufgrund dieses Gesetzes erlassenen Rechtsverordnungen können im Einzelfall auf Antrag Ausnahmen nach Maßgabe der Absätze 2 und 3 zugelassen werden. Satz 1 gilt nicht für

1. die Verbote der §§ 5, 12 und 17 Absatz 1 Satz 1 Nummer 1 und der §§ 18, 20, 26 und 30 und
2. nach § 13 Absatz 1 Nummer 1 bis 4 und Absatz 5 Satz 1, § 14 Absatz 2 Nummer 1, § 18 Absatz 3 Nummer 1 und § 34 erlassene Rechtsverordnungen.

(2) Ausnahmen dürfen nur zugelassen werden

1. für das Herstellen, Behandeln und Inverkehrbringen bestimmter Lebensmittel, kosmetischer Mittel oder Bedarfsgegenstände, sofern Ergebnisse zu erwarten sind, die für eine Änderung oder Ergänzung der für Lebensmittel, kosmetische Mittel oder Bedarfsgegenstände geltenden Vorschriften von Bedeutung sein können, unter amtlicher Beobachtung oder sofern eine Angleichung der Rechtsvorschriften an Rechtsakte der Europäischen Gemeinschaft oder der Europäischen Union noch nicht erfolgt ist; dabei sollen die schutzwürdigen Interessen des Einzelnen sowie alle Faktoren, die die allgemeine Wettbewerbslage des betreffenden Industriezweiges beeinflussen können, angemessen berücksichtigt werden,
2. für das Herstellen, Behandeln und Inverkehrbringen bestimmter Lebensmittel als Sonderverpflegung für Angehörige

    a) der Bundeswehr und verbündeter Streitkräfte,

    b) der Bundespolizei und der Polizei,

    c) des Katastrophenschutzes, des Warn- und Alarmdienstes und der sonstigen Hilfs- und Notdienste

    einschließlich der hierfür erforderlichen Versuche sowie der Abgabe solcher Lebensmittel an andere, wenn dies zur ordnungsgemäßen Vorratshaltung erforderlich ist,
3. für das Herstellen, den Vertrieb und die Ausgabe bestimmter Lebensmittel als Notrationen für die Bevölkerung,
4. in sonstigen Fällen, in denen besondere Umstände, insbesondere der drohende Verderb von Lebensmitteln oder Einzelfuttermitteln oder Mischfuttermitteln, dies zur Vermeidung unbilliger Härten geboten erscheinen lassen; das Bundesministerium ist von den getroffenen Maßnahmen zu unterrichten.

(3) Ausnahmen dürfen nur zugelassen werden, wenn Tatsachen die Annahme rechtfertigen, dass eine Gefahr für die menschliche oder tierische Gesundheit nicht zu erwarten ist; Ausnahmen dürfen nicht zugelassen werden

1. in den Fällen des Absatzes 2 Nummer 1 und 4 von den Rechtsvorschriften über ausreichende Kenntlichmachung,
2. in den Fällen des Absatzes 2 Nummer 4 von den Verboten der §§ 6, 8 und 10.

(4) Zuständig für die Zulassung von Ausnahmen nach Absatz 2 Nummer 1 und 3 ist das Bundesamt für Verbraucherschutz und Lebensmittelsicherheit, im Einvernehmen mit dem Bundesamt für Wirtschaft und Ausfuhrkontrolle, im Fall des Absatzes 2 Nummer 3 auch im Einvernehmen mit der Bundesanstalt

Technisches Hilfswerk. In den Fällen des Absatzes 2 Nummer 2 ist hinsichtlich der Organisationen des Bundes und der verbündeten Streitkräfte das Bundesministerium im Einvernehmen mit dem für diese fachlich zuständigen Bundesministerium zuständig. In den übrigen Fällen des Absatzes 2 Nummer 2 sowie in den Fällen des Absatzes 2 Nummer 4 sind die von den Landesregierungen bestimmten Behörden zuständig. Die Zulassung kann mit Auflagen versehen werden.

(5) Die Zulassung einer Ausnahme nach Absatz 2 ist auf längstens drei Jahre zu befristen. In den Fällen des Absatzes 2 Nummer 1 kann sie auf Antrag dreimal, in den Fällen des Absatzes 2 Nummer 2 und 3 wiederholt um jeweils längstens drei Jahre verlängert werden, sofern die Voraussetzungen für die Zulassung fortdauern.

(6) Die Zulassung einer Ausnahme kann jederzeit aus wichtigem Grund widerrufen werden. Hierauf ist bei der Zulassung hinzuweisen.

(7) Das Bundesministerium wird ermächtigt, durch Rechtsverordnung mit Zustimmung des Bundesrates in den Fällen des Absatzes 2 Nummer 1, 2, soweit es sich um Organisationen des Bundes oder um verbündete Streitkräfte handelt, und Nummer 3 Vorschriften über das Verfahren bei der Zulassung von Ausnahmen, insbesondere über Art und Umfang der vom Antragsteller beizubringenden Nachweise und sonstigen Unterlagen sowie über die Veröffentlichung von Anträgen oder erteilten Ausnahmen zu erlassen.

§ 69 Zulassung weiterer Ausnahmen

Die nach Landesrecht zuständige Behörde kann im Einzelfall

1. zeitlich befristete Ausnahmen von § 21 Absatz 1 und 2 und den durch Rechtsverordnung nach § 23a Nummer 8 und 9 erlassenen Vorschriften für entsprechend gekennzeichnete Futtermittel zu Forschungs- und Untersuchungszwecken zulassen, wenn das Vorhaben unter wissenschaftlicher Leitung oder Aufsicht steht; sie unterrichtet das Bundesministerium von den getroffenen Maßnahmen,
2. zeitlich befristete Ausnahmen von § 21 Absatz 2 und den für Futtermittel nach § 35 Nummer 1 und 2 Buchstabe a erlassenen Rechtsverordnungen zulassen, soweit besondere Umstände, insbesondere Naturereignisse oder Unfälle, dies zur Vermeidung unbilliger Härten geboten erscheinen lassen und es mit den in § 1 genannten Zwecken vereinbar ist; sie sorgt für eine entsprechende Kennzeichnung und unterrichtet das Bundesministerium von den getroffenen Maßnahmen,
3. Ausnahmen von § 53 Absatz 1 Satz 1 hinsichtlich Futtermitteln zur Fütterung von Tieren, die zur Teilnahme an Tierschauen oder ähnlichen Veranstaltungen aus einem Drittland in die Europäische Union verbracht worden sind, sowie für Forschungs- und Untersuchungszwecke zulassen,
4. Ausnahmen von den Vorschriften der Verordnung (EG) Nr. 767/2009 nach Maßgabe des Artikels 21 Absatz 8 der Verordnung (EG) Nr. 767/2009 zulassen; sie unterrichtet unverzüglich das Bundesministerium von den getroffenen Maßnahmen.

Die nach Landesrecht zuständige Behörde kann darüber hinaus
1. Stoffe als Futtermittelzusatzstoffe nach Maßgabe des Artikels 3 der Verordnung (EG) Nr. 1831/2003 in der jeweils geltenden Fassung,
2. in den Fällen der Nummer 1 Ausnahmen von § 21 Absatz 3 Satz 1

zulassen.

§ 70 Rechtsverordnungen in bestimmten Fällen

(1) Rechtsverordnungen nach diesem Gesetz, die der Zustimmung des Bundesrates bedürfen, können bei Gefahr im Verzuge oder wenn ihr unverzügliches Inkrafttreten zur Durchführung von Rechtsakten der Europäischen Gemeinschaft oder der Europäischen Union erforderlich ist, ohne Zustimmung des Bundesrates erlassen werden.

(2) Das Bundesministerium kann ferner ohne Zustimmung des Bundesrates Rechtsverordnungen nach § 7, § 8 Absatz 2, § 9 Absatz 2 oder § 10 Absatz 4 ändern, soweit unvorhergesehene gesundheitliche Bedenken eine sofortige Änderung einer Rechtsverordnung erfordern.

(3) Bei Gefahr im Verzuge und soweit dies nach gemeinschaftsrechtlichen oder unionsrechtlichen Vorschriften zulässig ist, kann das Bundesministerium durch Rechtsverordnung ohne Zustimmung des Bundesrates zum Zweck des § 1 Absatz 1 Nummer 1 oder 4 Buchstabe a die Anwendung eines unmittelbar geltenden Rechtsaktes der Europäischen Gemeinschaft oder der Europäischen Union aussetzen oder beschränken.

(4) Rechtsverordnungen nach den Absätzen 1 bis 3 bedürfen nicht des Einvernehmens mit den jeweils zu beteiligenden Bundesministerien. Die Rechtsverordnungen treten spätestens sechs Monate nach ihrem Inkrafttreten außer Kraft. Ihre Geltungsdauer kann nur mit Zustimmung des Bundesrates verlängert werden.

(5) Rechtsverordnungen nach diesem Gesetz, die ausschließlich der Umsetzung verbindlicher technischer Vorschriften aus Richtlinien oder Entscheidungen der Europäischen Gemeinschaft oder aus Richtlinien, Beschlüssen oder Entscheidungen der Europäischen Union dienen, können ohne Zustimmung des Bundesrates erlassen werden.

(6) Das Bundesministerium wird ermächtigt, durch Rechtsverordnung ohne Zustimmung des Bundesrates Verweisungen auf Vorschriften in Rechtsakten der Europäischen Gemeinschaft oder der Europäischen Union in diesem Gesetz oder in aufgrund dieses Gesetzes erlassenen Rechtsverordnungen zu ändern, soweit es zur Anpassung an Änderungen dieser Vorschriften erforderlich ist.

(7) Das Bundesministerium wird ermächtigt, durch Rechtsverordnung ohne Zustimmung des Bundesrates Vorschriften dieses Gesetzes oder der aufgrund dieses Gesetzes erlassenen Rechtsverordnungen zu streichen oder in ihrem Wortlaut einem verbleibenden Anwendungsbereich anzupassen, soweit sie durch den Erlass entsprechender Vorschriften in unmittelbar geltenden Rechtsakten der Europäischen Gemeinschaft oder der Europäischen Union im Anwendungsbereich dieses Gesetzes unanwendbar geworden sind.

(8) Soweit es zur besseren Lesbarkeit erforderlich ist, wird das Bundesministerium ermächtigt, durch Rechtsverordnung ohne Zustimmung des Bundesrates in aufgrund dieses Gesetzes erlassenen Rechtsverordnungen die Einzelvorschriften, deren Untergliederungen und die Anlagen mit neuen Ordnungszeichen zu versehen und die übrigen Gliederungseinheiten entsprechend anzupassen; inhaltliche Änderungen dürfen dabei nicht vorgenommen werden.

(9) Die Rechtsverordnungen nach Absatz 6, 7 und 8 werden vom Bundesministerium für Umwelt, Naturschutz, Bau und Reaktorsicherheit im Einvernehmen mit dem Bundesministerium erlassen, soweit Rechtsverordnungen aufgrund des § 13 Absatz 5 oder des § 62 Absatz 2 betroffen sind.

(10) Soweit Rechtsverordnungen nach diesem Gesetz für Lebensmittel erlassen werden können, können solche Rechtsverordnungen auch für lebende Tiere im Sinne des § 4 Absatz 1 Nummer 1 erlassen werden.

(11) Soweit für das Verbringen von Erzeugnissen, einschließlich lebender Tiere nach § 4 Absatz 1 Nummer 1, Rechtsverordnungen nach diesem Gesetz erlassen werden können, können solche Rechtsverordnungen auch für

1. das Verbringen von Erzeugnissen, einschließlich lebender Tiere im Sinne des § 4 Absatz 1 Nummer 1, unter Abfertigung zum freien Verkehr oder
2. das Verbringen von Erzeugnissen, einschließlich lebender Tiere im Sinne des § 4 Absatz 1 Nummer 1, mit dem Ziel der Abfertigung zum freien Verkehr

erlassen werden, soweit dies zur Erfüllung der in § 1 genannten Zwecke erforderlich ist.

(12) Abweichend von § 9 Absatz 2 oder § 21 Absatz 3 Satz 4 bedürfen Rechtsverordnungen nach § 9 Absatz 2 Nummer 2 Buchstabe b oder nach § 21 Absatz 3 Satz 4 Nummer 2 nicht der Zustimmung des Bundesrates und, in den Fällen des § 9 Absatz 2 Nummer 2 Buchstabe b, nicht des Einvernehmens des Bundesministeriums für Wirtschaft und Energie. Das Bundesministerium wird ermächtigt, durch Rechtsverordnung ohne Zustimmung des Bundesrates die Befugnis zum Erlass von Rechtsverordnungen nach § 9 Absatz 2 Nummer 2 Buchstabe b oder nach § 21 Absatz 3 Satz 4 Nummer 2 ganz oder teilweise auf das Bundesamt für Verbraucherschutz und Lebensmittelsicherheit zu übertragen. Rechtsverordnungen des Bundesamtes für Verbraucherschutz und Lebensmittelsicherheit aufgrund einer Rechtsverordnung nach Satz 2 bedürfen nicht der Zustimmung des Bundesrates und, in den Fällen des § 9 Absatz 2 Nummer 2 Buchstabe b, nicht des Einvernehmens des Bundesministeriums für Wirtschaft und Energie.

(13) In den Rechtsverordnungen aufgrund dieses Gesetzes kann die jeweilige Ermächtigung ganz oder teilweise auf die Landesregierungen übertragen werden. Soweit eine nach Satz 1 erlassene Rechtsverordnung die Landesregierungen zum Erlass von Rechtsverordnungen ermächtigt, sind diese befugt, die Ermächtigung durch Rechtsverordnung ganz oder teilweise auf andere Behörden zu übertragen.

(14) Die Landesregierungen werden ermächtigt, Rechtsverordnungen nach § 14 Absatz 1 Nummer 4 hinsichtlich der Voraussetzungen, unter denen milchwirtschaftliche Unternehmen bestimmte Bezeichnungen wie Molkerei, Meierei, Sennerei oder Käserei führen dürfen, zu erlassen, solange der Bund von seiner Ermächtigung nach § 14 Absatz 1 Nummer 4 insoweit keinen Gebrauch gemacht hat oder sich in einer Rechtsverordnung die Regelung bestimmter Gegenstände nicht ausdrücklich vorbehält. Die Landesregierungen sind befugt, die Ermächti-

gung durch Rechtsverordnung ganz oder teilweise auf andere Behörden zu übertragen.

§ 71 Beteiligung der Öffentlichkeit

Vor Erlass von Rechtsverordnungen nach diesem Gesetz ist die in Artikel 9 der Verordnung (EG) Nr. 178/2002 vorgesehene Beteiligung der Öffentlichkeit durchzuführen. Dies gilt nicht für Rechtsverordnungen nach den §§ 46, 55 und 70 Absatz 1 bis 3 und 5 bis 9.

§ 72 Außenverkehr

Der Verkehr mit den zuständigen Behörden anderer Mitgliedstaaten und anderen Vertragsstaaten des Abkommens über den Europäischen Wirtschaftsraum sowie mit der Europäischen Kommission, Einrichtungen der Europäischen Union und der EFTA-Überwachungsbehörde obliegt dem Bundesministerium. Es kann diese Befugnis durch Rechtsverordnung ohne Zustimmung des Bundesrates auf Bundesoberbehörden oder bundesunmittelbare rechtsfähige Anstalten des öffentlichen Rechts, durch Rechtsverordnung mit Zustimmung des Bundesrates auf die zuständigen obersten Landesbehörden übertragen. Ferner kann es im Einzelfall im Benehmen mit der zuständigen obersten Landesbehörde dieser die Befugnis übertragen. Die obersten Landesbehörden können die Befugnisse nach den Sätzen 2 und 3 auf andere Behörden übertragen.

§ 73 Verkündung von Rechtsverordnungen

Rechtsverordnungen nach diesem Gesetz können abweichend von § 2 Absatz 1 des Verkündungs- und Bekanntmachungsgesetzes im Bundesanzeiger verkündet werden.

§ 74 Geltungsbereich bestimmter Vorschriften

§ 9 Absatz 1 Satz 1 Nummer 3, § 21 Absatz 3 Satz 1 Nummer 3, § 59 Absatz 1 Nummer 6, soweit er auf § 9 Absatz 1 Satz 1 Nummer 3 verweist, und Absatz 2 Nummer 2 und § 60 Absatz 2 Nummer 8, soweit er auf § 21 Absatz 3 Satz 1 Nummer 3 verweist, und Absatz 3 Nummer 2 gelten nicht für Erzeugnisse, für die nach Maßgabe des Artikels 49 Absatz 1 der Verordnung (EG) Nr. 396/2005 die Anforderungen des Kapitels III der vorgenannten Verordnung nicht gelten.

§ 75 Übergangsregelungen

(1) Hinsichtlich der Verfolgung von Straftaten sind auf Sachverhalte, die vor dem 4. August 2011 entstanden sind, § 10 Absatz 1 Satz 1, Absatz 3 Nummer 2 und § 58 Absatz 1 Nummer 4 in der bis zum 3. August 2011 geltenden Fassung weiter anzuwenden.

(2) Für Sachverhalte, die bis zu dem Tag, der dem Datum des Tages 18 Monate nach dem Tag der Anwendung der Gemeinschaftsliste nach Artikel 30 Unterabsatz 3 der Verordnung (EG) Nr. 1334/2008 entspricht, entstanden sind, gilt Satz 2. Als Lebensmittelzusatzstoffe gelten nicht zur Verwendung in Lebensmitteln bestimmte Aromen, ausgenommen künstliche Aromastoffe im Sinne des

Artikels 1 Absatz 2 Buchstabe b Unterbuchstabe iii der Richtlinie 88/388/EWG des Rates vom 22. Juni 1988 zur Angleichung der Rechtsvorschriften der Mitgliedstaaten über Aromen zur Verwendung in Lebensmitteln und über Ausgangsstoffe für ihre Herstellung (ABl. L 184 vom 15.7.1988, S. 61, L 345 vom 14.12.1988, S. 29), die zuletzt durch die Verordnung (EG) Nr. 1882/2003 (ABl. L 284 vom 31.10.2003, S. 1) geändert worden ist. Das Bundesministerium macht den Tag nach Satz 1 im Bundesgesetzblatt bekannt.

(3) Es sind anzuwenden:
1. § 59 Absatz 2 Nummer 5 Buchstabe a und c Doppelbuchstabe aa, bb und cc im Hinblick auf Artikel 4 Absatz 1 und Artikel 5 der Verordnung (EG) Nr. 1333/2008 ab dem Tag der Anwendung der Gemeinschaftsliste nach Artikel 4 Absatz 1 der Verordnung (EG) Nr. 1333/2008,
2. § 59 Absatz 2 Nummer 5 Buchstabe b im Hinblick auf Artikel 4 Absatz 2 der Verordnung (EG) Nr. 1333/2008 ab dem Tag der Anwendung der Gemeinschaftsliste nach Artikel 4 Absatz 2 der Verordnung (EG) Nr. 1333/2008,
3. § 59 Absatz 2 Nummer 6 Buchstabe b ab dem Tag, der dem Datum des Tages 18 Monate nach dem Tag der Anwendung der Gemeinschaftsliste nach Artikel 30 Unterabsatz 3 der Verordnung (EG) Nr. 1334/2008 entspricht,
4. § 59 Absatz 2 Nummer 4 ab dem Tag der Anwendung der Gemeinschaftsliste nach Artikel 24 Absatz 2 der Verordnung (EG) Nr. 1332/2008.

(4) Bis zum erstmaligen Erlass einer Rechtsverordnung nach § 44a Absatz 3 gilt Folgendes:
1. Die Pflicht zur Mitteilung nach § 44a Absatz 1 Satz 1 besteht für die Kongenere von Dioxinen und dioxinähnlichen polychlorierten Biphenylen nach Maßgabe der Fußnote 31 des Anhangs der Verordnung (EG) Nr. 1881/2006 der Kommission vom 19. Dezember 2006 zur Festsetzung der Höchstgehalte für bestimmte Kontaminanten in Lebensmitteln (ABl. L 364 vom 20.12.2006, S. 5), die zuletzt durch die Verordnung (EU) Nr. 165/2010 (ABl. L 50 vom 27.2.2010, S. 8) geändert worden ist, und für die Kongenere von nicht dioxinähnlichen polychlorierten Biphenylen hinsichtlich der in Abschnitt 4 der Kontaminanten-Verordnung genannten Kongenere,
2. jede Mitteilung ist unverzüglich schriftlich oder elektronisch abzugeben, nachdem der zur Mitteilung Verpflichtete Kenntnis von einer mitteilungspflichtigen Tatsache erhalten hat,
3. die zuständigen Behörden der Länder haben die ihnen im Sinne des § 44a Absatz 2 vorliegenden Untersuchungsergebnisse bis zum 15. Tag eines Monats für den Vormonat an das Bundesamt für Verbraucherschutz und Lebensmittelsicherheit zu übermitteln.

In der in Satz 1 bezeichneten Verordnung ist das Nichtanwenden des Satzes 1 festzustellen.

(5) § 17a ist erst ab dem 1. Juli 2013 anzuwenden.

(6) Das Bundesministerium für Ernährung und Landwirtschaft macht jeweils die Tage, ab denen die in Absatz 3 bezeichneten Vorschriften anzuwenden sind, im Bundesgesetzblatt bekannt.

Verordnung (EU) 2015/2283 des Europäischen Parlaments und des Rates über neuartige Lebensmittel, zur Änderung der Verordnung (EU) Nr. 1169/2011 des Europäischen Parlaments und des Rates und zur Aufhebung der Verordnung (EG) Nr. 258/97 des Europäischen Parlaments und des Rates und der Verordnung (EG) Nr. 1852/2001 der Kommission

Vom 25. November 2015

(ABl. Nr. L 327/1)

DAS EUROPÄISCHE PARLAMENT UND DER RAT DER EUROPÄISCHEN UNION –

gestützt auf den Vertrag über die Arbeitsweise der Europäischen Union, insbesondere auf Artikel 114,

auf Vorschlag der Europäischen Kommission,

nach Zuleitung des Entwurfs des Gesetzgebungsakts an die nationalen Parlamente,

nach Stellungnahme des Europäischen Wirtschafts- und Sozialausschusses ([1]),

gemäß dem ordentlichen Gesetzgebungsverfahren ([2]),

in Erwägung nachstehender Gründe:

(1) Der freie Verkehr mit unbedenklichen und gesunden Lebensmitteln ist ein wichtiger Aspekt des Binnenmarktes und trägt wesentlich zur Gesundheit und zum Wohlergehen der Bürger und zur Wahrung ihrer sozialen und wirtschaftlichen Interessen bei. Unterschiede zwischen nationalen Gesetzesvorschriften bei der Bewertung der Sicherheit und der Zulassung neuartiger Lebensmittel können den freien Verkehr mit diesen Lebensmitteln behindern und dadurch Rechtsunsicherheit und unfaire Wettbewerbsbedingungen schaffen.

(2) Bei der Durchführung der Unionspolitik im Lebensmittelbereich muss sowohl für Transparenz als auch für ein hohes Niveau beim Schutz der Gesundheit des Menschen und der Interessen der Verbraucher sowie für das reibungslose Funktionieren des Binnenmarktes gesorgt werden. Gemäß dem Vertrag über die Europäische Union (EUV) zählen ein hohes Niveau beim Umweltschutz und die Verbesserung der Umweltqualität zu den Zielen der Union. Es ist von großer Bedeutung, dass diese Ziele in allen einschlägigen Rechtsvorschriften der Union berücksichtigt werden, auch in dieser Verordnung.

(3) Das für Lebensmittel geltende Unionsrecht findet auch auf in der Union in Verkehr gebrachte neuartige Lebensmittel, einschließlich der aus Drittländern eingeführten neuartigen Lebensmittel, Anwendung.

(4) Neuartige Lebensmittel sind in der Union durch die Verordnung (EG) Nr. 258/97 des Europäischen Parlaments und des Rates ([3]) und die Verordnung (EG)

---

[1] ABl. C 311 vom 12.9.2014, S. 73.
[2] Standpunkt des Europäischen Parlaments vom 28. Oktober 2015 (noch nicht im Amtsblatt veröffentlicht) und Beschluss des Rates vom 16. November 2015.
[3] Verordnung (EG) Nr. 258/97 des Europäischen Parlaments und des Rates vom 27. Januar 1997 über neuartige Lebensmittel und neuartige Lebensmittelzutaten (ABl. L 43 vom 14.2.1997, S. 1).

Nr. 1852/2001 der Kommission (¹) geregelt. Die entsprechenden Bestimmungen müssen aktualisiert werden, um das derzeitige Genehmigungsverfahren zu vereinfachen und den neuesten Entwicklungen im Unionsrecht sowie dem technologischen Fortschritt Rechnung zu tragen. Die Verordnungen (EG) Nr. 258/97 und (EG) Nr. 1852/2001 sollten aufgehoben und durch die vorliegende Verordnung ersetzt werden.

(5) Für technologische Zwecke bestimmte Lebensmittel und genetisch veränderte Lebensmittel, die bereits durch andere Unionsvorschriften geregelt sind, sollten nicht unter die vorliegende Verordnung fallen. Folgende Lebensmittel sollten daher vom Anwendungsbereich der Verordnung ausgenommen sein: genetisch veränderte Lebensmittel gemäß der Verordnung (EG) Nr. 1829/2003 des Europäischen Parlaments und des Rates (²), Lebensmittelenzyme gemäß der Verordnung (EG) Nr. 1332/2008 des Europäischen Parlaments und des Rates (³), ausschließlich als Zusatzstoffe verwendete Lebensmittel gemäß der Verordnung (EG) Nr. 1333/2008 des Europäischen Parlaments und des Rates (⁴), Lebensmittelaromen gemäß der Verordnung (EG) Nr. 1334/2008 des Europäischen Parlaments und des Rates (⁵) und Extraktionslösungsmittel gemäß der Richtlinie 2009/32/EG des Europäischen Parlaments und des Rates (⁶).

(6) Die bestehende Begriffsbestimmung für neuartige Lebensmittel gemäß der Verordnung (EG) Nr. 258/97 sollte klarer formuliert und durch einen Verweis auf die allgemeine Begriffsbestimmung für Lebensmittel gemäß der Verordnung (EG) Nr. 178/2002 des Europäischen Parlaments und des Rates (⁷) aktualisiert werden.

(7) Damit die Kontinuität mit den Bestimmungen der Verordnung (EG) Nr. 258/97 gewährleistet ist, sollte eines der Kriterien für die Einstufung von Lebensmitteln als neuartige Lebensmittel weiterhin sein, dass sie vor dem Datum des Inkrafttretens der genannten Verordnung, das heißt dem 15. Mai 1997, in der Union nicht in nennenswertem Umfang für den menschlichen Verzehr verwendet wurden. Verwendung in der Union sollte sich auch auf eine Verwen-

---

[1] Verordnung (EG) Nr. 1852/2001 der Kommission vom 20. September 2001 mit Durchführungsbestimmungen gemäß der Verordnung (EG) Nr. 258/97 des Europäischen Parlaments und des Rates für die Information der Öffentlichkeit und zum Schutz der übermittelten Informationen (ABl. L 253 vom 21.9.2001, S. 17).

[2] Verordnung (EG) Nr. 1829/2003 des Europäischen Parlaments und des Rates vom 22. September 2003 über genetisch veränderte Lebensmittel und Futtermittel (ABl. L 268 vom 18.10.2003, S. 1).

[3] Verordnung (EG) Nr. 1332/2008 des Europäischen Parlaments und des Rates vom 16. Dezember 2008 über Lebensmittelenzyme und zur Änderung der Richtlinie 83/417/EWG des Rates, der Verordnung (EG) Nr. 1493/1999 des Rates, der Richtlinie 2000/13/EG, der Richtlinie 2001/112/EG des Rates sowie der Verordnung (EG) Nr. 258/97 (ABl. L 354 vom 31.12.2008, S. 7).

[4] Verordnung (EG) Nr. 1333/2008 des Europäischen Parlaments und des Rates vom 16. Dezember 2008 über Lebensmittelzusatzstoffe (ABl. L 354 vom 31.12.2008, S. 16).

[5] Verordnung (EG) Nr. 1334/2008 des Europäischen Parlaments und des Rates vom 16. Dezember 2008 über Aromen und bestimmte Lebensmittelzutaten mit Aromaeigenschaften zur Verwendung in und auf Lebensmitteln sowie zur Änderung der Verordnung (EWG) Nr. 1601/91 des Rates, der Verordnung (EG) Nr. 2232/96 und (EG) Nr. 110/2008 und der Richtlinie 2000/13/EG (ABl. L 354 vom 31.12.2008, S. 34).

[6] Richtlinie 2009/32/EG des Europäischen Parlaments und des Rates vom 23. April 2009 zur Angleichung der Rechtsvorschriften der Mitgliedstaaten über Extraktionslösungsmittel, die bei der Herstellung von Lebensmitteln und Lebensmittelzutaten verwendet werden (ABl. L 141 vom 6.6.2009, S. 3).

[7] Verordnung (EG) Nr. 178/2002 des Europäischen Parlaments und des Rates vom 28. Januar 2002 zur Festlegung der allgemeinen Grundsätze und Anforderungen des Lebensmittelrechts, zur Errichtung der Europäischen Behörde für Lebensmittelsicherheit und zur Festlegung von Verfahren zur Lebensmittelsicherheit (ABl. L 31 vom 1.2.2002, S. 1).

dung in den Mitgliedstaaten beziehen, ungeachtet ihres jeweiligen Beitrittszeitpunkts.

(8) Der Anwendungsbereich dieser Verordnung sollte sich grundsätzlich nicht vom Anwendungsbereich der Verordnung (EG) Nr. 258/97 unterscheiden. Aufgrund der wissenschaftlichen und technologischen Entwicklungen seit 1997 ist es jedoch angebracht, die Kategorien der Lebensmittel, die als neuartige Lebensmittel eingestuft werden, zu überprüfen, klarer zu beschreiben und zu aktualisieren. Diese Kategorien sollten ganze Insekten und Teile davon umfassen. Es sollte unter anderem Kategorien für Lebensmittel mit neuer oder gezielt modifizierter Molekularstruktur sowie für Lebensmittel, die aus von Tieren, Pflanzen, Mikroorganismen, Pilzen oder Algen gewonnenen Zell- oder Gewebekulturen erzeugt wurden, für Lebensmittel, die aus Mikroorganismen, Pilzen oder Algen erzeugt wurden, und für Lebensmittel, die aus Materialien mineralischen Ursprungs erzeugt wurden, geben. Ferner sollte eine Kategorie für Lebensmittel eingeführt werden, die aus mithilfe nicht herkömmlicher Vermehrungsverfahren gewonnenen Pflanzen erzeugt werden, wenn diese Verfahren bedeutende Veränderungen der Zusammensetzung oder Struktur des Lebensmittels bewirken, die seinen Nährwert, seine Verstoffwechselung oder seinen Gehalt an unerwünschten Stoffen beeinflussen. Die Begriffsbestimmung für neuartige Lebensmittel kann auch Lebensmittel umfassen, die aus bestimmten Mizellen oder Liposomen bestehen.

(9) Neue Technologien für Lebensmittelherstellungsverfahren können sich auf die Lebensmittel und somit auf deren Sicherheit auswirken. Daher sollte in dieser Verordnung außerdem festgelegt werden, dass ein Lebensmittel als neuartiges Lebensmittel eingestuft werden sollte, wenn es mit einem vor dem 15. Mai 1997 nicht für die Lebensmittelherstellung in der Union verwendeten Herstellungsverfahren hergestellt wurde, das bedeutende Veränderungen seiner Zusammensetzung oder Struktur bewirkt, die seinen Nährwert, seine Verstoffwechselung oder seinen Gehalt an unerwünschten Stoffen beeinflussen.

(10) Damit für ein hohes Niveau beim Schutz der Gesundheit des Menschen und der Interessen der Verbraucher gesorgt wird, sollten auch Lebensmittel, die aus technisch hergestellten Nanomaterialen bestehen, als neuartige Lebensmittel gemäß dieser Verordnung anzusehen sein. Der Begriff „technisch hergestellte Nanomaterialien" wird derzeit in der Verordnung (EU) Nr. 1169/2011 des Europäischen Parlaments und des Rates [1] definiert. Aus Gründen der Einheitlichkeit und Kohärenz muss dafür gesorgt werden, dass es im Bereich des Lebensmittelrechts nur eine einzige Begriffsbestimmung für technisch hergestellte Nanomaterialien gibt. Diese Verordnung ist der angemessene Rechtsrahmen für eine derartige Begriffsbestimmung. Daher sollte die Begriffsbestimmung für technisch hergestellte Nanomaterialien sowie die damit verbundene Übertragung von Befugnissen auf die Kommission in der Verordnung (EU) Nr. 1169/2011 gestrichen und durch einen Verweis auf die Begriffsbestimmung in dieser Verordnung ersetzt werden. Darüber hinaus sollte in der vorliegenden

---

[1] Verordnung (EU) Nr. 1169/2011 des Europäischen Parlaments und des Rates vom 25. Oktober 2011 betreffend die Information der Verbraucher über Lebensmittel und zur Änderung der Verordnungen (EG) Nr. 1924/2006 und (EG) Nr. 1925/2006 des Europäischen Parlaments und des Rates und zur Aufhebung der Richtlinie 87/250/EWG der Kommission, der Richtlinie 90/496/EWG des Rates, der Richtlinie 1999/10/EG der Kommission, der Richtlinie 2000/13/EG des Europäischen Parlaments und des Rates, der Richtlinien 2002/67/EG und 2008/5/EG der Kommission und der Verordnung (EG) Nr. 608/2004 der Kommission (ABl. L 304 vom 22.11.2011, S. 18).

Verordnung festgelegt werden, dass die Kommission die in der vorliegenden Verordnung enthaltene Begriffsbestimmung für technisch hergestellte Nanomaterialien mittels delegierter Rechtsakte an den technischen und wissenschaftlichen Fortschritt oder die auf internationaler Ebene vereinbarten Begriffsbestimmungen anpassen sollte.

(11) Vitamine, Mineralstoffe und andere Stoffe für die Verwendung in Nahrungsergänzungsmitteln gemäß der Richtlinie 2002/46/EG des Europäischen Parlaments und des Rates ([1]) und der Verordnung (EG) Nr. 1925/2006 des Europäischen Parlaments und des Rates ([2]) oder in Säuglingsanfangsnahrung und Folgenahrung, Getreidebeikost und andere Beikost, Lebensmittel für besondere medizinische Zwecke und Tagesrationen für gewichtskontrollierende Ernährung gemäß der Verordnung (EU) Nr. 609/2013 des Europäischen Parlaments und des Rates ([3]) sollten ebenfalls gemäß der vorliegenden Verordnung bewertet werden, wenn die darin enthaltene Begriffsbestimmung für neuartige Lebensmittel auf sie zutrifft.

(12) Wenn bei der Herstellung von Vitaminen, Mineralstoffen und anderen Stoffen, die gemäß der Richtlinie 2002/46/EG, der Verordnung (EG) Nr. 1925/2006 oder der Verordnung (EU) Nr. 609/2013 verwendet werden, ein vor dem 15. Mai 1997 für die Lebensmittelherstellung in der Union nicht übliches Verfahren angewandt worden ist, das bedeutende Veränderungen der Zusammensetzung oder Struktur des Lebensmittels bewirkt, die seinen Nährwert, seine Verstoffwechselung oder seinen Gehalt an unerwünschten Stoffen beeinflussen, oder wenn diese Vitamine, Mineralstoffe und anderen Stoffe aus technisch hergestellten Nanomaterialien bestehen oder diese enthalten, sollten sie ebenfalls als neuartige Lebensmittel gemäß der vorliegenden Verordnung angesehen werden und zuerst gemäß dieser Verordnung und danach gemäß den einschlägigen besonderen Rechtsvorschriften neu bewertet werden.

(13) Ein Lebensmittel, das vor dem 15. Mai 1997 ausschließlich als Nahrungsergänzungsmittel oder in Nahrungsergänzungsmitteln gemäß der Definition in der Richtlinie 2002/46/EG verwendet wurde, sollte auch nach diesem Datum mit demselben Verwendungszweck in der Union in Verkehr gebracht werden dürfen, da es nicht als neuartiges Lebensmittel gemäß der vorliegenden Verordnung betrachtet werden sollte. Eine solche Verwendung als Nahrungsergänzungsmittel oder in Nahrungsergänzungsmitteln sollte jedoch bei der Beurteilung der Frage, ob das Lebensmittel vor dem 15. Mai 1997 in der Union in nennenswertem Umfang für den menschlichen Verzehr verwendet wurde, keine Berücksichtigung finden. Andere Verwendungen des Lebensmittels – nicht in Nahrungsergänzungsmitteln oder nicht als Nahrungsergänzungsmittel – sollten deshalb unter die vorliegende Verordnung fallen.

([1]) Richtlinie 2002/46/EG des Europäischen Parlaments und des Rates vom 10. Juni 2002 zur Angleichung der Rechtsvorschriften der Mitgliedstaaten über Nahrungsergänzungsmittel (ABl. L 183 vom 12.7.2002, S. 51).
([2]) Verordnung (EG) Nr. 1925/2006 des Europäischen Parlaments und des Rates vom 20. Dezember 2006 über den Zusatz von Vitaminen und Mineralstoffen sowie bestimmten anderen Stoffen zu Lebensmitteln (ABl. L 404 vom 30.12.2006, S. 26).
([3]) Verordnung (EU) Nr. 609/2013 des Europäischen Parlaments und des Rates vom 12. Juni 2013 über Lebensmittel für Säuglinge und Kleinkinder, Lebensmittel für besondere medizinische Zwecke und Tagesrationen für gewichtskontrollierende Ernährung und zur Aufhebung der Richtlinie 92/52/EWG des Rates, der Richtlinien 96/8/EG, 1999/21/EG, 2006/125/EG und 2006/141/EG der Kommission, der Richtlinie 2009/39/EG des Europäischen Parlaments und des Rates sowie der Verordnungen (EG) Nr. 41/2009 und (EG) Nr. 953/2009 der Kommission (ABl. L 181 vom 29.6.2013, S. 35).

(14) Lebensmittel aus geklonten Tieren sind in der Verordnung (EG) Nr. 258/97 geregelt. Es ist von wesentlicher Bedeutung, dass es im Übergangszeitraum nach dem Ende des Geltungszeitraums der Verordnung (EG) Nr. 258/97 nicht zu Rechtsunsicherheit in Bezug auf das Inverkehrbringen von Lebensmitteln aus geklonten Tieren kommt. Solange keine besonderen Rechtsvorschriften für Lebensmittel aus geklonten Tieren in Kraft getreten sind, sollten diese Lebensmittel daher als Lebensmittel aus Tieren, die mithilfe nicht herkömmlicher Zuchtverfahren gewonnen wurden, in den Anwendungsbereich dieser Verordnung fallen und gemäß dem geltenden Unionsrecht für den Endverbraucher angemessen gekennzeichnet werden.

(15) Das Inverkehrbringen von traditionellen Lebensmitteln aus Drittländern in der Union sollte erleichtert werden, wenn die bisherige Verwendungsgeschichte als sicheres Lebensmittel in einem Drittland nachgewiesen ist. Solche Lebensmittel sollten in mindestens einem Drittland mindestens 25 Jahre lang als Bestandteil der üblichen Ernährung einer bedeutenden Anzahl von Personen verwendet worden sein. Die Verwendung für andere Zwecke, das heißt nicht als Lebensmittel oder nicht im Rahmen einer normalen Ernährung, sollte nicht in die Verwendungsgeschichte als sicheres Lebensmittel einfließen.

(16) Lebensmittel aus Drittländern, die in der Union als neuartige Lebensmittel gelten, sollten nur als traditionelle Lebensmittel aus Drittländern betrachtet werden, wenn sie aus der Primärproduktion gemäß der Verordnung (EG) Nr. 178/2002 stammen, unabhängig davon, ob es sich um verarbeitete oder unverarbeitete Lebensmittel handelt.

(17) Lebensmittel, die ausschließlich aus Lebensmittelzutaten hergestellt werden, die nicht in den Anwendungsbereich dieser Verordnung fallen, insbesondere im Zuge einer Änderung der verwendeten Lebensmittelzutaten oder ihrer Anteile, sollten nicht als neuartige Lebensmittel betrachtet werden. Lebensmittelzutaten, die verändert wurden und die in der Union bisher nicht in nennenswertem Umfang für den menschlichen Verzehr verwendet wurden, sollten hingegen in den Anwendungsbereich dieser Verordnung fallen.

(18) Die Richtlinie 2001/83/EG des Europäischen Parlaments und des Rates (¹) gilt in Fällen, in denen ein Produkt bei Berücksichtigung all seiner Merkmale sowohl als „Arzneimittel" im Sinne jener Richtlinie als auch als Produkt gemäß den Begriffsbestimmungen der vorliegenden Verordnung eingestuft werden kann. In diesem Fall kann ein Mitgliedstaat, wenn er gemäß der Richtlinie 2001/83/EG feststellt, dass ein Produkt ein Arzneimittel ist, das Inverkehrbringen eines solchen Produkts im Einklang mit dem Unionsrecht einschränken. Darüber hinaus gelten Arzneimittel nicht als Lebensmittel im Sinne der Verordnung (EG) Nr. 178/2002 und sollten daher nicht in den Anwendungsbereich der vorliegenden Verordnung fallen.

(19) Die Feststellung, ob ein Lebensmittel vor dem 15. Mai 1997 in der Union in nennenswertem Umfang für den menschlichen Verzehr verwendet wurde, sollte sich auf Informationen stützen, die von den Lebensmittelunternehmern vorgelegt und, falls notwendig, durch andere in den Mitgliedstaaten verfügbare Informationen ergänzt werden. Die Lebensmittelunternehmer sollten die Mitgliedstaaten konsultieren, wenn sie nicht sicher sind, welchen Status Lebensmittel

---

(¹) Richtlinie 2001/83/EG des Europäischen Parlaments und des Rates vom 6. November 2001 zur Schaffung eines Gemeinschaftskodexes für Humanarzneimittel (ABl. L 311 vom 28.11.2001, S. 69).

haben, die sie in Verkehr bringen wollen. Für die Fälle, in denen keine Informationen über die Verwendung für den menschlichen Verzehr vor dem 15. Mai 1997 vorliegen oder die vorliegenden Informationen unzureichend sind, sollte ein einfaches, transparentes Verfahren zur Erfassung solcher Informationen eingeführt werden, in das die Kommission, die Mitgliedstaaten und die Lebensmittelunternehmer eingebunden sind.

(20) Neuartige Lebensmittel sollten nur zugelassen und verwendet werden, wenn sie den in dieser Verordnung festgelegten Kriterien genügen. Neuartige Lebensmittel sollten sicher sein; falls ihre Sicherheit nicht bewertet werden kann und wissenschaftliche Unsicherheiten fortbestehen, kann das Vorsorgeprinzip angewandt werden. Die Verbraucher sollten durch die Verwendung neuartiger Lebensmittel nicht irregeführt werden. Daher sollte sich das neuartige Lebensmittel, sofern es ein anderes Lebensmittel ersetzen soll, nicht derart von diesem Lebensmittel unterscheiden, dass es für den Verbraucher in Bezug auf die Ernährung weniger vorteilhaft wäre.

(21) Neuartige Lebensmittel sollten nur in Verkehr gebracht oder für die menschliche Ernährung verwendet werden, wenn sie in eine Liste der neuartigen Lebensmittel aufgenommen wurden, die in der Union in Verkehr gebracht werden dürfen (im Folgenden „Unionsliste"). Daher sollte mittels eines Durchführungsrechtsakts die Unionsliste erstellt werden, in die alle neuartigen Lebensmittel aufgenommen werden, die bereits gemäß der Verordnung (EG) Nr. 258/97 genehmigt oder gemeldet wurden, gegebenenfalls mit den bestehenden Genehmigungsbedingungen. Diese Liste sollte transparent und leicht zugänglich sein.

(22) Ein neuartiges Lebensmittel sollte gemäß den in dieser Verordnung festgelegten Kriterien und Verfahren durch Aktualisierung der Unionsliste zugelassen werden. Dazu sollte ein effizientes, zeitlich begrenztes und transparentes Verfahren eingeführt werden. Bei traditionellen Lebensmitteln aus Drittländern mit einer Verwendungsgeschichte als sicheres Lebensmittel sollten die Antragsteller ein schnelleres und vereinfachtes Verfahren für die Aktualisierung der Unionsliste wählen können, wenn keine hinreichend begründeten Einwände bezüglich der Sicherheit vorgebracht werden.

(23) Zudem sollten Kriterien für die Bewertung der möglichen Sicherheitsrisiken im Zusammenhang mit neuartigen Lebensmitteln klar definiert und festgelegt werden. Damit neuartige Lebensmittel einheitlich wissenschaftlich bewertet werden, sollte die Europäische Behörde für Lebensmittelsicherheit (im Folgenden „Behörde") solche Bewertungen vornehmen. Die Behörde sollte im Rahmen des Verfahrens für die Zulassung eines neuartigen Lebensmittels und die Aktualisierung der Unionsliste aufgefordert werden, ein Gutachten abzugeben, wenn die Aktualisierung voraussichtlich Auswirkungen auf die Gesundheit des Menschen hat. In ihrem Gutachten sollte die Behörde unter anderem alle Eigenschaften des neuartigen Lebensmittels, die ein Sicherheitsrisiko für die Gesundheit des Menschen darstellen können, sowie mögliche Folgen für besonders empfindliche Bevölkerungsgruppen prüfen. Die Behörde sollte vor allem prüfen, ob für die Bewertung der Sicherheit die modernsten Testmethoden angewandt werden, wenn ein neuartiges Lebensmittel aus technisch hergestellten Nanomaterialien besteht.

(24) Für die Kommission und die Behörde sollten spezifische Fristen gelten, damit die Anträge reibungslos bearbeitet werden. In bestimmen Fällen sollten die

Kommission und die Behörde jedoch das Recht haben, diese Fristen zu verlängern.

(25) Die Behörde oder die Kommission kann den Antragsteller auffordern, für die Risikobewertung bzw. das Risikomanagement ergänzende Informationen zur Verfügung zu stellen. Stellt der Antragsteller innerhalb der von der Behörde oder der Kommission nach Anhörung des Antragstellers festgelegten Frist die angeforderten ergänzenden Informationen nicht zur Verfügung, kann sich dies auf das Gutachten der Behörde oder auf eine mögliche Zulassung und Aktualisierung der Unionsliste auswirken.

(26) In ihrem Gutachten zu einem Leitfaden für die Risikobewertung bei der Anwendung der Nanowissenschaft und Nanotechnologien in der Lebens- und Futtermittelkette („Guidance on the risk assessment of the application of nanoscience and nanotechnologies in the food and feed chain") vom 6. April 2011 vertrat die Behörde im Zusammenhang mit der möglichen Verwendung von Nanomaterialien in Lebensmitteln die Ansicht, dass nur wenige Informationen zur Toxikokinetik und Toxikologie technisch hergestellter Nanomaterialien verfügbar sind und dass die derzeitigen Methoden für Toxizitätstests möglicherweise methodisch geändert werden müssen. Die Empfehlung des Rates der Organisation für wirtschaftliche Zusammenarbeit und Entwicklung (OECD) vom 19. September 2013 zur Sicherheitsprüfung und Bewertung von hergestellten Nanomaterialien kam zu dem Schluss, dass die Verfahren für die Prüfung und Bewertung herkömmlicher Chemikalien im Allgemeinen für die Bewertung der Sicherheit von Nanomaterialien geeignet sind, möglicherweise jedoch an die besonderen Eigenschaften von Nanomaterialien angepasst werden müssen. Damit die Sicherheit von in Lebensmitteln verwendeten Nanomaterialien besser bewertet werden kann und den bisherigen Wissenslücken in Bezug auf Toxikologie und Analytik begegnet werden kann, werden möglicherweise Testmethoden, einschließlich Methoden ohne Tierversuche, benötigt, die den besonderen Merkmalen von technisch hergestellten Nanomaterialien Rechnung tragen.

(27) Werden Versuchsmethoden für Nanomaterialien angewendet, sollte ihre wissenschaftliche Eignung für Nanomaterialien durch den Antragsteller begründet werden; gegebenenfalls sind die technischen Anpassungen zu erläutern, die vorgenommen wurden, um den spezifischen Eigenschaften dieser Materialien gerecht zu werden.

(28) Wenn ein neuartiges Lebensmittel zugelassen und in die Unionsliste aufgenommen wird, sollte die Kommission die Befugnis haben, Vorschriften für die Überwachung nach dem Inverkehrbringen einzuführen, um sicherzustellen, dass bei der Verwendung des zugelassenen neuartigen Lebensmittels die in der Risikobewertung der Behörde festgelegten Grenzen eingehalten werden. Vorschriften für die Überwachung nach dem Inverkehrbringen werden daher möglicherweise durch die Notwendigkeit gerechtfertigt, Informationen über das tatsächliche Inverkehrbringen des Lebensmittels zu erfassen. In jedem Fall sollten die Lebensmittelunternehmer die Kommission von allen einschlägigen Informationen über die Sicherheit der Lebensmittel in Kenntnis setzen, die sie in Verkehr gebracht haben.

(29) Neue Technologien und Innovationen in der Lebensmittelherstellung sollten begünstigt werden, weil dadurch die Umweltfolgen der Lebensmittelherstellung gemindert werden könnten, sich die Ernährungssicherung verbes-

sern ließe und den Verbrauchern Vorteile entstehen könnten, solange für das hohe Niveau beim Verbraucherschutz gesorgt wird.

(30) Um die Forschung und Entwicklung und damit Innovationen in der Agrar- und Ernährungsindustrie zu fördern, ist es unter bestimmten Umständen angebracht, die Investitionen, die von den Antragstellern bei der Beschaffung von zur Unterstützung eines Antrags in Bezug auf neuartige Lebensmittel gemäß dieser Verordnung vorgelegten Informationen und Daten getätigt werden, zu schützen. Die neu gewonnenen wissenschaftlichen Erkenntnisse und die proprietären Daten, die zur Unterstützung eines Antrags auf Aufnahme eines neuartigen Lebensmittels in die Unionsliste vorgelegt werden, sollten geschützt werden. Solche Daten und Informationen sollten während eines begrenzten Zeitraums nicht ohne die Zustimmung des ursprünglichen Antragstellers von einem späteren Antragsteller verwendet werden dürfen. Der Schutz der von einem Antragsteller vorgelegten wissenschaftlichen Daten sollte andere Antragsteller nicht daran hindern, auf der Grundlage ihrer eigenen wissenschaftlichen Daten oder mit Verweis auf geschützte Daten, für den der ursprüngliche Antragsteller seine Zustimmung erteilt hat, die Aufnahme eines neuartigen Lebensmittels in die Unionsliste zu beantragen. Die dem ursprünglichen Antragsteller gewährte Datenschutzfrist von insgesamt fünf Jahren sollte jedoch nicht verlängert werden, weil späteren Antragstellern Datenschutz gewährt wird.

(31) Wenn ein Antragsteller für dasselbe Lebensmittel den Schutz der wissenschaftlichen Daten gemäß dieser Verordnung und der Verordnung (EG) Nr. 1924/2006 des Europäischen Parlaments und des Rates ([1]) beantragt, sollten die jeweiligen Datenschutzzeiträume gleichzeitig laufen können. Daher sollten Vorkehrungen für eine vom Antragsteller beantragte Aussetzung des Zulassungsverfahrens für ein neuartiges Lebensmittel getroffen werden.

(32) Tierversuche sollten in Übereinstimmung mit der Richtlinie 2010/63/EU des Europäischen Parlaments und des Rates ([2]) ersetzt, verringert oder weiterentwickelt werden. Daher sollte im Anwendungsbereich dieser Verordnung eine doppelte Durchführung von Tierversuchen wenn möglich verhindert werden. Durch dieses Ziel können mögliche Bedenken im Bereich Tierschutz und ethische Vorbehalte in Bezug auf Anträge von neuartigen Lebensmitteln verringert werden.

(33) Neuartige Lebensmittel unterliegen den allgemeinen Kennzeichnungsbestimmungen der Verordnung (EU) Nr. 1169/2011 sowie anderen einschlägigen Kennzeichnungs-vorschriften des Lebensmittelrechts der Union. In bestimmten Fällen kann es erforderlich sein, zusätzliche Kennzeichnungsangaben vorzusehen, vor allem hinsichtlich der Beschreibung, der Herkunft, der Zusammensetzung oder der Bedingungen für die beabsichtigte Verwendung des Lebensmittels, damit sichergestellt ist, dass die Verbraucher umfassend über die Art und die Sicherheit des neuartigen Lebensmittels informiert sind, insbesondere mit Blick auf besonders empfindliche Bevölkerungsgruppen.

([1]) Verordnung (EG) Nr. 1924/2006 des Europäischen Parlaments und des Rates vom 20. Dezember 2006 über nährwert- und gesundheitsbezogene Angaben über Lebensmittel (ABl. L 404 vom 30.12.2006, S. 9).
([2]) Richtlinie 2010/63/EU des Europäischen Parlaments und des Rates vom 22. September 2010 zum Schutz der für wissenschaftliche Zwecke verwendeten Tiere (ABl. L 276 vom 20.10.2010, S. 33).

(34) Für Materialien und Gegenstände, die dazu bestimmt sind, mit neuartigen Lebensmitteln in Berührung zu kommen, gilt die Verordnung (EG) Nr. 1935/2004 des Europäischen Parlaments und des Rates [1] und die auf deren Grundlage erlassenen spezifischen Maßnahmen.

(35) In Übereinstimmung mit ihrer Strategie für eine bessere Rechtsetzung sollte die Kommission eine Ex-post-Bewertung der Durchführung dieser Verordnung vornehmen und dabei besonders auf die neuen Verfahren für traditionelle Lebensmittel aus Drittländern eingehen.

(36) Bei Anträgen, die aufgrund der Verordnung (EG) Nr. 258/97 gestellt wurden und über die vor dem Geltungsbeginn der vorliegenden Verordnung noch nicht endgültig entschieden wurde, sollten die Verfahren für die Risikobewertung und Zulassung nach Maßgabe der vorliegenden Verordnung abgeschlossen werden. Zudem sollte ein Lebensmittel, das nicht in den Geltungsbereich der Verordnung (EG) Nr. 258/97 fällt, vor dem Geltungsbeginn dieser Verordnung rechtmäßig in Verkehr gebracht wurde und in den Geltungsbereich dieser Verordnung fällt, im Prinzip weiterhin in Verkehr bleiben dürfen, bis die Verfahren für die Risikobewertung und Zulassung aufgrund dieser Verordnung abgeschlossen sind. Um für einen reibungslosen Übergang auf die vorliegende Verordnung zu sorgen, sollten daher Übergangsbestimmungen festgelegt werden.

(37) Diese Verordnung steht im Einklang mit den Grundrechten und Grundsätzen, die insbesondere mit der Charta der Grundrechte der Europäischen Union anerkannt wurden.

(38) Die Mitgliedstaaten sollten Vorschriften über die bei einem Verstoß gegen diese Verordnung zu verhängenden Sanktionen erlassen und alle erforderlichen Maßnahmen treffen, um sicherzustellen, dass die Sanktionen angewandt werden. Diese Sanktionen sollten wirksam, verhältnismäßig und abschreckend sein.

(39) Um die Ziele dieser Verordnung zu erreichen, sollte der Kommission die Befugnis übertragen werden, gemäß Artikel 290 des Vertrags über die Arbeitsweise der Europäischen Union delegierte Rechtsakte hinsichtlich der Anpassung der Begriffsbestimmung für technisch hergestellte Nanomaterialien an den technischen und wissenschaftlichen Fortschritt oder die auf internationaler Ebene vereinbarten Begriffsbestimmungen zu erlassen. Es ist von besonderer Bedeutung, dass die Kommission im Zuge ihrer Vorbereitungsarbeit angemessene Konsultationen, auch auf der Ebene von Sachverständigen, durchführt. Bei der Vorbereitung und Ausarbeitung delegierter Rechtsakte sollte die Kommission dafür sorgen, dass die einschlägigen Dokumente dem Europäischen Parlament und dem Rat gleichzeitig, rechtzeitig und auf angemessene Weise übermittelt werden.

(40) Die Kommission sollte Durchführungsbefugnisse erhalten, damit die einheitliche Durchführung dieser Verordnung sichergestellt ist, wenn die Unionsliste durch Hinzufügen eines traditionellen Lebensmittels aus einem Drittland, bei dem keine begründeten Sicherheitseinwände erhoben wurden, aktualisiert wird.

---

[1] Verordnung (EG) Nr. 1935/2004 des Europäischen Parlaments und des Rates vom 27. Oktober 2004 über Materialien und Gegenstände, die dazu bestimmt sind, mit Lebensmitteln in Berührung zu kommen, und zur Aufhebung der Richtlinien 80/590/EWG und 89/109/EWG (ABl. L 338 vom 13.11.2004, S. 4).

(41) Der Durchführungsrechtsakt, mit dem die Unionsliste erstmalig erstellt wird, sollte im Rahmen des Beratungsverfahrens erlassen werden, da die Liste nur für neuartige Lebensmittel gilt, die bereits einer Bewertung der Sicherheit unterzogen, rechtmäßig hergestellt und in der Union in Verkehr gebracht wurden und bisher gesundheitlich unbedenklich waren. In allen anderen Fällen sollte für den Erlass von Durchführungsrechtsakten das Prüfverfahren angewendet werden.

(42) Da die Ziele dieser Verordnung, vor allem die Festlegung von Vorschriften für das Inverkehrbringen von neuartigen Lebensmitteln in der Union, von den Mitgliedstaaten nicht ausreichend verwirklicht werden können, sondern auf Unionsebene besser zu verwirklichen sind, kann die Union im Einklang mit dem in Artikel 5 EUV verankerten Subsidiaritätsprinzip tätig werden. Entsprechend dem in demselben Artikel genannten Grundsatz der Verhältnismäßigkeit geht diese Verordnung nicht über das für die Verwirklichung dieser Ziele erforderliche Maß hinaus –

HABEN FOLGENDE VERORDNUNG ERLASSEN:

KAPITEL I
GEGENSTAND, ANWENDUNGSBEREICH UND BEGRIFFSBESTIMMUNGEN

Artikel 1
Gegenstand und Zweck

(1) In dieser Verordnung ist das Inverkehrbringen neuartiger Lebensmittel in der Union geregelt.

(2) Der Zweck dieser Verordnung besteht darin, das reibungslose Funktionieren des Binnenmarkts sicherzustellen und gleichzeitig ein hohes Niveau beim Schutz der menschlichen Gesundheit und der Verbraucherinteressen herbeizuführen.

Artikel 2
Anwendungsbereich

(1) Diese Verordnung gilt für das Inverkehrbringen neuartiger Lebensmittel in der Union.

(2) Diese Verordnung gilt nicht für

a) genetisch veränderte Lebensmittel gemäß der Verordnung (EG) Nr. 1829/2003;

b) Lebensmittel, die verwendet werden als
   i) Lebensmittelenzyme gemäß der Verordnung (EG) Nr. 1332/2008,
   ii) Lebensmittelzusatzstoffe gemäß der Verordnung (EG) Nr. 1333/2008,
   iii) Lebensmittelaromen gemäß der Verordnung (EG) Nr. 1334/2008,

iv) Extraktionslösungsmittel, die für die Herstellung von Lebensmitteln oder Lebensmittelzutaten gemäß der Richtlinie 2009/32/EG verwendet werden oder verwendet werden sollen.

Artikel 3

Begriffsbestimmungen

(1) Für die Zwecke dieser Verordnung gelten die Begriffsbestimmungen der Artikel 2 und 3 der Verordnung (EG) Nr. 178/2002.

(2) Außerdem bezeichnet der Ausdruck:

a) „neuartige Lebensmittel" alle Lebensmittel, die vor dem 15. Mai 1997 unabhängig von den Zeitpunkten der Beitritte von Mitgliedstaaten zur Union nicht in nennenswertem Umfang in der Union für den menschlichen Verzehr verwendet wurden und in mindestens eine der folgenden Kategorien fallen:

  i) Lebensmittel mit neuer oder gezielt veränderter Molekularstruktur, soweit diese Struktur in der Union vor dem 15. Mai 1997 nicht in Lebensmitteln oder als Lebensmittel verwendet wurde,

  ii) Lebensmittel, die aus Mikroorganismen, Pilzen oder Algen bestehen oder daraus isoliert oder erzeugt wurden,

  iii) Lebensmittel, die aus Materialien mineralischen Ursprungs bestehen oder daraus isoliert oder erzeugt wurden,

  iv) Lebensmittel, die aus Pflanzen oder Pflanzenteilen bestehen oder daraus isoliert oder erzeugt wurden, ausgenommen Fälle, in denen das Lebensmittel eine Verwendungsgeschichte als sicheres Lebensmittel in der Union hat und das Lebensmittel aus einer Pflanze oder einer Sorte derselben Pflanzenart besteht oder daraus isoliert oder erzeugt wurde, die ihrerseits gewonnen wurde mithilfe

  – herkömmlicher Vermehrungsverfahren, die vor dem 15. Mai 1997 in der Union zur Lebensmittelerzeugung eingesetzt wurden, oder

  – nicht herkömmlicher Vermehrungsverfahren, die vor dem 15. Mai 1997 in der Union nicht zur Lebensmittelerzeugung eingesetzt wurden, sofern diese Verfahren nicht bedeutende Veränderungen der Zusammensetzung oder Struktur des Lebensmittels bewirken, die seinen Nährwert, seine Verstoffwechselung oder seinen Gehalt an unerwünschten Stoffen beeinflussen,

  v) Lebensmittel, die aus Tieren oder deren Teilen bestehen oder daraus isoliert oder erzeugt wurden, ausgenommen Tiere, die mithilfe von vor dem 15. Mai 1997 in der Union zur Lebensmittelerzeugung verwendeten herkömmlichen Zuchtverfahren gewonnen wurden, sofern die aus diesen Tieren gewonnenen Lebensmittel eine Verwendungsgeschichte als sicheres Lebensmittel in der Union haben,

  vi) Lebensmittel, die aus von Tieren, Pflanzen, Mikroorganismen, Pilzen oder Algen gewonnenen Zell- oder Gewebekulturen bestehen oder daraus isoliert oder erzeugt wurden,

vii) Lebensmittel, bei deren Herstellung ein vor dem 15. Mai 1997 in der Union für die Herstellung von Lebensmitteln nicht übliches Verfahren angewandt worden ist, das bedeutende Veränderungen der Zusammensetzung oder Struktur eines Lebensmittels bewirkt, die seinen Nährwert, seine Verstoffwechselung oder seinen Gehalt an unerwünschten Stoffen beeinflussen,

viii) Lebensmittel, die aus technisch hergestellten Nanomaterialien im Sinne der Definition unter Buchstabe f dieses Absatzes bestehen,

ix) Vitamine, Mineralstoffe und andere Stoffe, die im Einklang mit der Richtlinie 2002/46/EG, der Verordnung (EG) Nr. 1925/2006 oder der Verordnung (EU) Nr. 609/2013 verwendet werden, sofern

– ein Herstellungsverfahren, das vor dem 15. Mai 1997 in der Union nicht zur Lebensmittelerzeugung eingesetzt wurde, gemäß Buchstabe a Ziffer vii dieses Absatzes angewandt wurde oder

– sie technisch hergestellte Nanomaterialien im Sinne der Definition unter Buchstabe f dieses Absatzes enthalten oder daraus bestehen,

x) Lebensmittel, die vor dem 15. Mai 1997 in der Union ausschließlich in Nahrungsergänzungsmitteln verwendet wurden, sofern sie in anderen Lebensmitteln als Nahrungsergänzungsmitteln gemäß Artikel 2 Buchstabe a der Richtlinie 2002/46/EG verwendet werden sollen;

b) „Verwendungsgeschichte als sicheres Lebensmittel in einem Drittland" den Sachverhalt, dass die Sicherheit des fraglichen Lebensmittels vor einer Meldung gemäß Artikel 14 durch Daten über die Zusammensetzung und durch Erfahrungen mit der fortgesetzten Verwendung über mindestens 25 Jahre hinweg als Bestandteil der üblichen Ernährung einer signifikanten Anzahl an Personen in mindestens einem Drittland belegt worden ist;

c) „traditionelle Lebensmittel aus einem Drittland" neuartige Lebensmittel im Sinne der Definition in Buchstabe a dieses Absatzes, mit Ausnahme der neuartigen Lebensmittel gemäß Buchstabe a Ziffern i, iii, vii, viii, ix und x dieses Absatzes, die aus der Primärproduktion im Sinne der Definition in Artikel 3 Nummer 17 der Verordnung (EG) Nr. 178/2002 stammen und eine Verwendungsgeschichte als sicheres Lebensmittel in einem Drittland haben;

d) „Antragsteller" den Mitgliedstaat, den Drittstaat oder den interessierten Kreis, der auch mehrere interessierte Kreise vertreten kann, welcher bei der Kommission einen Antrag gemäß Artikel 10 bzw. 16 eingereicht oder eine Meldung gemäß Artikel 14 gemacht hat;

e) „gültig" in Bezug auf einen Antrag bzw. eine Meldung solche Anträge und Meldungen, die in den Anwendungsbereich dieser Verordnung fallen und alle für die Risikobewertung und das Zulassungsverfahren erforderlichen Informationen enthalten;

f) „technisch hergestelltes Nanomaterial" ein absichtlich hergestelltes Material, das in einer oder mehreren Dimensionen eine Abmessung in der Größenordnung von 100 nm oder weniger aufweist oder dessen innere Struktur oder Oberfläche aus einzelnen funktionellen Teilen besteht, von denen viele in einer oder mehreren Dimensionen eine Abmessung in der Größenordnung von 100 nm oder weniger haben, einschließlich Strukturen, Agglomerate und

Aggregate, die zwar größer als 100 nm sein können, deren durch die Nanoskaligkeit bedingte Eigenschaften jedoch erhalten bleiben.

Zu den durch die Nanoskaligkeit bedingten Eigenschaften gehören
i) diejenigen Eigenschaften, die im Zusammenhang mit der großen spezifischen Oberfläche des jeweiligen Materials stehen, und/oder
ii) besondere physikalisch-chemische Eigenschaften, die sich von denen desselben Materials in nicht-nanoskaliger Form unterscheiden.

Artikel 4

Verfahren zur Bestimmung des Status als neuartiges Lebensmittel

(1) Die Lebensmittelunternehmer überprüfen, ob Lebensmittel, die sie in der Union in Verkehr bringen wollen, in den Anwendungsbereich dieser Verordnung fallen oder nicht.

(2) Wenn sie nicht sicher sind, ob Lebensmittel, die sie in der Union in Verkehr bringen wollen, in den Anwendungsbereich dieser Verordnung fallen, konsultieren die Lebensmittelunternehmer den Mitgliedstaat, in dem sie das neuartige Lebensmittel zuerst in Verkehr bringen wollen. Die Lebensmittelunternehmer liefern dem Mitgliedstaat die erforderlichen Informationen, damit er feststellen kann, ob ein Lebensmittel in den Anwendungsbereich dieser Verordnung fällt oder nicht.

(3) Um festzustellen, ob ein Lebensmittel in den Anwendungsbereich dieser Verordnung fällt, können die Mitgliedstaaten andere Mitgliedstaaten und die Kommission konsultieren.

(4) Die Kommission legt mittels Durchführungsrechtsakten die einzelnen Schritte des in den Absätzen 2 und 3 dieses Artikels genannten Konsultationsprozesses sowie die Fristen und die Mittel fest, in bzw. mit denen der Status öffentlich bekanntzugeben ist. Diese Durchführungsrechtsakte werden nach dem Prüfverfahren gemäß Artikel 30 Absatz 3 erlassen.

Artikel 5

Durchführungsbefugnis in Bezug auf die Begriffsbestimmung für neuartige Lebensmittel

Die Kommission kann nach eigenem Ermessen oder auf Antrag eines Mitgliedstaats und mittels Durchführungsrechtsakten entscheiden, ob ein bestimmtes Lebensmittel unter die Begriffsbestimmung für neuartige Lebensmittel gemäß Artikel 3 Absatz 2 Buchstabe a fällt oder nicht. Diese Durchführungsrechtsakte werden nach dem Prüfverfahren gemäß Artikel 30 Absatz 3 erlassen.

KAPITEL II
ANFORDERUNGEN AN DAS INVERKEHRBRINGEN NEUARTIGER LEBENSMITTEL IN DER UNION

Artikel 6
Unionsliste zugelassener neuartiger Lebensmittel

(1) Die Kommission erstellt eine Liste der gemäß den Artikeln 7, 8 und 9 für das Inverkehrbringen in der Union zugelassenen neuartigen Lebensmittel (im Folgenden „Unionsliste") und hält sie auf dem neuesten Stand.

(2) Nur zugelassene und in der Unionsliste aufgeführte neuartige Lebensmittel dürfen nach Maßgabe der in der Liste festgelegten Bedingungen und Kennzeichnungsvorschriften als solche in Verkehr gebracht oder in und auf Lebensmitteln verwendet werden.

Artikel 7
Allgemeine Bedingungen für die Aufnahme neuartiger Lebensmittel in die Unionsliste

Die Zulassung eines neuartigen Lebensmittels und seine Aufnahme in die Unionsliste durch die Kommission hängt von folgenden Bedingungen ab:

a) Das Lebensmittel bringt auf der Grundlage der verfügbaren wissenschaftlichen Daten kein Sicherheitsrisiko für die menschliche Gesundheit mit sich;

b) durch die beabsichtigte Verwendung des Lebensmittels werden Verbraucher nicht irregeführt, insbesondere dann, wenn das Lebensmittel ein anderes ersetzen soll und eine bedeutende Veränderung des Nährwerts vorliegt;

c) sofern das Lebensmittel ein anderes Lebensmittel ersetzen soll, unterscheidet es sich nicht derart von jenem Lebensmittel, dass sein normaler Verzehr für den Verbraucher in Bezug auf die Ernährung nachteilig wäre.

Artikel 8
Erstmalige Erstellung der Unionsliste

Bis 1. Januar 2018 erstellt die Kommission mittels eines Durchführungsrechtsakts die Unionsliste, in die alle neuartigen Lebensmittel, die gemäß Artikel 4, 5 oder 7 der Verordnung (EG) Nr. 258/97 genehmigt oder gemeldet wurden, mit etwaigen bestehenden Genehmigungsbedingungen aufgenommen werden.

Dieser Durchführungsrechtsakt wird nach dem Beratungsverfahren gemäß Artikel 30 Absatz 2 erlassen.

Artikel 9
Inhalt und Aktualisierung der Unionsliste

(1) Die Zulassung eines neuartigen Lebensmittels und die Aktualisierung der Unionsliste werden durch die Kommission vorgenommen gemäß

a) den Artikeln 10, 11 und 12 sowie gegebenenfalls Artikel 27 oder
b) den Artikeln 14 bis 19.

(2) Unter Zulassung eines neuartigen Lebensmittels und Aktualisierung der Unionsliste gemäß Absatz 1 ist einer der folgenden Schritte zu verstehen:
a) das Hinzufügen eines neuartigen Lebensmittels in der Unionsliste;
b) die Streichung eines neuartigen Lebensmittels von der Unionsliste;
c) das Hinzufügen, die Streichung oder die Änderung von Spezifikationen, Verwendungsbedingungen, zusätzlichen spezifischen Kennzeichnungsvorschriften oder Vorschriften für die Überwachung nach dem Inverkehrbringen im Zusammenhang mit der Aufnahme eines neuartigen Lebensmittels in die Unionsliste.

(3) Der Eintrag für ein neuartiges Lebensmittel in der Unionsliste gemäß Absatz 2 umfasst die Spezifikation des neuartigen Lebensmittels und, soweit angebracht,
a) die Bedingungen, unter denen das neuartige Lebensmittel verwendet werden darf, einschließlich insbesondere der Anforderungen, die notwendig sind, um mögliche nachteilige Auswirkungen auf bestimmte Bevölkerungsgruppen, die Überschreitung von Höchstaufnahmemengen und Risiken bei übermäßigem Verzehr zu vermeiden;
b) zusätzliche besondere Kennzeichnungsanforderungen zur Information der Endverbraucher über besondere Merkmale oder Eigenschaften des Lebensmittels – wie etwa Zusammensetzung, Nährwert oder ernährungsspezifische Wirkung und Verwendungszweck –, durch die ein neuartiges Lebensmittel einem bisher bestehenden Lebensmittel nicht mehr gleichwertig ist, oder über die gesundheitlichen Auswirkungen für bestimmte Bevölkerungsgruppen;
c) Anforderungen an die Überwachung nach dem Inverkehrbringen gemäß Artikel 24.

KAPITEL III
ZULASSUNGSVERFAHREN FÜR NEUARTIGE LEBENSMITTEL

ABSCHNITT I
Allgemeine Bestimmungen

Artikel 10
Verfahren für die Genehmigung des Inverkehrbringens eines neuartigen Lebensmittels in der Union und die Aktualisierung der Unionsliste

(1) Das Verfahren für die Genehmigung des Inverkehrbringens eines neuartigen Lebensmittels in der Union und die Aktualisierung der Unionsliste gemäß Artikel 9 wird entweder von der Kommission selbst oder auf Antrag eines Antragstellers an die Kommission eingeleitet. Die Kommission stellt den Mitgliedstaaten den Antrag unverzüglich zur Verfügung. Die Kommission macht die

Zusammenfassung des Antrags, die auf den Informationen nach Absatz 2 Buchstaben a, b und e dieses Artikels beruht, öffentlich zugänglich.

(2) Ein Antrag auf Zulassung muss Folgendes enthalten:
a) den Namen und die Anschrift des Antragstellers,
b) die Bezeichnung und die Beschreibung des neuartigen Lebensmittels,
c) die Beschreibung des Herstellungsverfahrens bzw. der Herstellungsverfahren,
d) die genaue Zusammensetzung des neuartigen Lebensmittels,
e) wissenschaftliche Daten, die belegen, dass das neuartige Lebensmittel kein Sicherheitsrisiko für die menschliche Gesundheit mit sich bringt,
f) soweit angebracht, die Analysemethode(n),
g) einen Vorschlag für die Bedingungen der beabsichtigten Verwendung und für spezifische Anforderungen an eine Kennzeichnung, die für die Verbraucher nicht irreführend ist, oder eine nachprüfbare Begründung dafür, weshalb diese Elemente nicht erforderlich sind.

(3) Auf Ersuchen der Kommission gibt die Europäische Behörde für Lebensmittelsicherheit (im Folgenden „Behörde") ein Gutachten dazu ab, ob die Aktualisierung voraussichtlich Auswirkungen auf die menschliche Gesundheit hat.

(4) Werden Testmethoden für technisch hergestellte Nanomaterialien gemäß Artikel 3 Absatz 2 Buchstabe a Ziffern viii und ix angewendet, ist ihre wissenschaftliche Eignung für Nanomaterialien von den Antragstellern zu begründen; gegebenenfalls sind die technischen Anpassungen zu erläutern, die vorgenommen wurden, um den spezifischen Eigenschaften der Materialien gerecht zu werden.

(5) Das Verfahren für die Genehmigung des Inverkehrbringens eines neuartigen Lebensmittels in der Union und die Aktualisierung der Unionsliste gemäß Artikel 9 endet mit den Erlass eines Durchführungsrechtsakts gemäß Artikel 12.

(6) Abweichend von Absatz 5 kann die Kommission das Verfahren zu jedem Zeitpunkt beenden und beschließen, eine Aktualisierung nicht vorzunehmen, wenn sie eine solche Aktualisierung für nicht gerechtfertigt erachtet.
In diesem Fall trägt die Kommission gegebenenfalls den Standpunkten von Mitgliedstaaten, dem Gutachten der Behörde und allen anderen zu berücksichtigenden Faktoren Rechnung, die für die jeweilige Aktualisierung von Bedeutung sind.

Die Kommission unterrichtet den Antragsteller und alle Mitgliedstaaten direkt von den Gründen dafür, dass sie die Aktualisierung für nicht gerechtfertigt erachtet. Die Kommission macht das Verzeichnis der entsprechenden Anträge öffentlich zugänglich.

(7) Der Antragsteller kann seinen Antrag jederzeit zurückziehen und damit das Verfahren beenden.

Artikel 11
Gutachten der Behörde

(1) Ersucht die Kommission die Behörde um ein Gutachten, leitet sie den gültigen Antrag unverzüglich, spätestens jedoch einen Monat nach der Prüfung seiner Gültigkeit, an die Behörde weiter. Die Behörde erstellt ihr Gutachten spätestens neun Monate nach Eingang eines gültigen Antrags.

(2) Bei der Bewertung der Unbedenklichkeit neuartiger Lebensmittel berücksichtigt die Behörde gegebenenfalls, ob

a) das jeweilige neuartige Lebensmittel so sicher ist wie Lebensmittel einer vergleichbaren Lebensmittelkategorie, die in der Union bereits in Verkehr gebracht wurde;

b) die Zusammensetzung des neuartigen Lebensmittels und seine Verwendungsbedingungen für die menschliche Gesundheit in der Union kein Sicherheitsrisiko darstellen;

c) ein neuartiges Lebensmittel, das ein anderes Lebensmittel ersetzen soll, sich nicht derart von jenem Lebensmittel unterscheidet, dass sein normaler Verzehr für den Verbraucher in Bezug auf die Ernährung nachteilig wäre.

(3) Die Behörde übermittelt ihr Gutachten der Kommission, den Mitgliedstaaten und gegebenenfalls dem Antragsteller.

(4) In ausreichend begründeten Fällen kann die in Absatz 1 vorgesehene Frist von neun Monaten verlängert werden, wenn die Behörde vom Antragsteller ergänzende Informationen anfordert.

Die Behörde legt nach Rücksprache mit dem Antragsteller eine Frist für die Vorlage dieser ergänzenden Informationen fest und unterrichtet die Kommission darüber.

Macht die Kommission innerhalb von acht Arbeitstagen nach Unterrichtung durch die Behörde keine Einwände gegen die Verlängerung geltend, wird die in Absatz 1 vorgesehene Frist von neun Monaten automatisch um die zusätzliche Frist verlängert. Die Kommission unterrichtet die Mitgliedstaaten von dieser Verlängerung.

(5) Werden die ergänzenden Informationen gemäß Absatz 4 nicht innerhalb der dort genannten zusätzlichen Frist der Behörde zur Verfügung gestellt, erstellt die Behörde ihr Gutachten auf der Grundlage der verfügbaren Informationen.

(6) Legt ein Antragsteller von sich aus ergänzende Informationen vor, übermittelt er diese Informationen der Behörde.

In diesem Fall gibt die Behörde ihr Gutachten innerhalb der in Absatz 1 vorgesehenen Frist von neun Monaten ab.

(7) Die Behörde macht die gemäß den Absätzen 4 und 6 vorgelegten ergänzenden Informationen der Kommission und den Mitgliedstaaten zugänglich.

Artikel 12
Zulassung eines neuartigen Lebensmittels und Aktualisierung der Unionsliste

(1) Binnen sieben Monaten ab dem Datum der Veröffentlichung des Gutachtens der Behörde übermittelt die Kommission dem Ausschuss gemäß Artikel 30 Absatz 1 den Entwurf eines Durchführungsrechtsakts zur Genehmigung des Inverkehrbringens eines neuartigen Lebensmittels in der Union und zur Aktualisierung der Unionsliste, wobei sie Folgendes berücksichtigt:
a) die Bedingungen gemäß Artikel 7 Buchstaben a und b und gegebenenfalls die Bedingungen gemäß Artikel 7 Buchstabe c,
b) sämtliche einschlägige Vorschriften des Unionsrechts einschließlich des Vorsorgeprinzips gemäß Artikel 7 der Verordnung (EG) Nr. 178/2002,
c) das Gutachten der Behörde,
d) alle anderen zu berücksichtigenden Faktoren, die für den jeweiligen Antrag ausschlaggebend sind.

Dieser Durchführungsrechtsakt wird nach dem Prüfverfahren gemäß Artikel 30 Absatz 3 erlassen.

(2) Wurde die Behörde von der Kommission gemäß Artikel 10 Absatz 3 nicht um ein Gutachten ersucht, beginnt die Frist von sieben Monaten gemäß Absatz 1 dieses Artikels an dem Datum, an dem die Kommission einen gültigen Antrag gemäß Artikel 10 Absatz 1 erhalten hat.

Artikel 13
Durchführungsrechtsakte zur Festlegung administrativer und wissenschaftlicher Anforderungen an die Anträge

Bis zum 1. Januar 2018 erlässt die Kommission Durchführungsrechtsakte über
a) den Inhalt, die Aufmachung und die Vorlage des Antrags gemäß Artikel 10 Absatz 1,
b) die Regelungen über die unverzügliche Prüfung der Gültigkeit der Anträge,
c) die Art der Informationen, die im Gutachten der Behörde gemäß Artikel 11 enthalten sein müssen.

Diese Durchführungsrechtsakte werden nach dem Prüfverfahren gemäß Artikel 30 Absatz 3 erlassen.

ABSCHNITT II

Besondere Bestimmungen für traditionelle Lebensmittel aus Drittländern

Artikel 14
Meldung eines traditionellen Lebensmittels aus einem Drittland

Antragsteller, die ein traditionelles Lebensmittel aus einem Drittland in der Union in Verkehr zu bringen beabsichtigen, können der Kommission diesbezüglich eine Meldung übermitteln, statt das in Artikel 10 genannte Verfahren zu befolgen.

Die Meldung muss folgende Angaben enthalten:
a) Namen und Anschrift des Antragstellers,
b) die Bezeichnung und Beschreibung des traditionellen Lebensmittels,
c) die genaue Zusammensetzung des traditionellen Lebensmittels,
d) das Ursprungsland oder die Ursprungsländer des traditionellen Lebensmittels,
e) den Nachweis über die Verwendungsgeschichte als sicheres Lebensmittel in einem Drittland,
f) einen Vorschlag über die Bedingungen der beabsichtigten Verwendung und spezifische Anforderungen an eine Kennzeichnung, die für die Verbraucher nicht irreführend ist, oder eine nachprüfbare Begründung dafür, dass diese Elemente nicht erforderlich sind.

Artikel 15
Verfahren für die Meldung des Inverkehrbringens eines traditionellen Lebensmittels aus einem Drittland in der Union

(1) Die Kommission leitet die gültige Meldung gemäß Artikel 14 unverzüglich, spätestens jedoch einen Monat nach der Prüfung seiner Gültigkeit, an die Mitgliedstaaten und die Behörde weiter.

(2) Innerhalb von vier Monaten nach Weiterleitung einer gültigen Meldung durch die Kommission gemäß Absatz 1 kann ein Mitgliedstaat oder die Behörde der Kommission mit einer hinreichenden Begründung versehene Einwände in Bezug auf die Sicherheit des Inverkehrbringens des jeweiligen traditionellen Lebensmittels in der Union übermitteln.

(3) Die Kommission unterrichtet den Antragsteller über etwaige hinreichend begründete, die Sicherheit betreffende Einwände, sobald sie eingereicht werden. Die Mitgliedstaaten, die Behörde und der Antragsteller werden über das Ergebnis des Verfahrens nach Absatz 2 unterrichtet.

(4) Wurden keine hinreichend begründeten, die Sicherheit betreffenden Einwände gemäß Absatz 2 innerhalb der dort genannten Frist eingereicht, genehmigt die Kommission das Inverkehrbringen des jeweiligen traditionellen Lebensmittels in der Union und aktualisiert unverzüglich die Unionsliste.

Der Eintrag in die Unionsliste enthält den Hinweis, dass er sich auf ein traditionelles Lebensmittel aus einem Drittland bezieht.

Falls erforderlich, werden bestimmte Verwendungsbedingungen, spezifische Kennzeichnungsvorschriften oder Vorschriften für die Überwachung nach dem Inverkehrbringen festgelegt.

(5) Wurden der Kommission hinreichend begründete, die Sicherheit betreffende Einwände gemäß Absatz 2 übermittelt, genehmigt die Kommission weder das Inverkehrbringen des jeweiligen traditionellen Lebensmittels in der Union noch aktualisiert sie die Unionsliste.

In diesem Fall kann der Antragsteller der Kommission einen Antrag gemäß Artikel 16 vorlegen.

Artikel 16
Antrag auf Zulassung eines traditionellen Lebensmittels aus einem Drittland

Wenn die Kommission gemäß Artikel 15 Absatz 5 weder das Inverkehrbringen eines traditionellen Lebensmittels aus einem Drittland in der Union genehmigt noch die Unionsliste aktualisiert, kann der Antragsteller einen Antrag stellen, der ergänzend zu den bereits gemäß Artikel 14 vorgelegten Informationen dokumentierte Daten zu den gemäß Artikel 15 Absatz 2 übermittelten hinreichend begründeten, die Sicherheit betreffenden Einwänden enthalten muss.

Die Kommission leitet den gültigen Antrag nach Möglichkeit unverzüglich an die Behörde weiter und macht ihn den Mitgliedstaaten zugänglich.

Artikel 17
Gutachten der Behörde über ein traditionelles Lebensmittel aus einem Drittland

(1) Die Behörde erstellt ihr Gutachten spätestens sechs Monate nach Eingang eines gültigen Antrags.

(2) Bei der Bewertung der Sicherheit eines traditionellen Lebensmittels aus einem Drittland prüft die Behörde, ob

a) die Verwendungsgeschichte als sicheres Lebensmittel in einem Drittland durch die vom Antragsteller gemäß den Artikeln 14 und 16 übermittelten Daten verlässlich belegt wird;

b) die Zusammensetzung des Lebensmittels und die Bedingungen für seine Verwendung für die menschliche Gesundheit in der Union kein Sicherheitsrisiko darstellen;

c) in dem Fall, dass das traditionelle Lebensmittel aus dem Drittland ein anderes Lebensmittel ersetzen soll, ob es sich nicht derart von jenem Lebensmittel unterscheidet, dass sein normaler Verzehr für den Verbraucher in Bezug auf die Ernährung nachteilig wäre.

(3) Die Behörde übermittelt ihr Gutachten der Kommission, den Mitgliedstaaten und dem Antragsteller.

(4) In ausreichend begründeten Fällen kann die in Absatz 1 vorgesehene Frist von sechs Monaten verlängert werden, wenn die Behörde vom Antragsteller ergänzende Informationen anfordert.

Die Behörde legt nach Rücksprache mit dem Antragsteller eine Frist für die Vorlage dieser ergänzenden Informationen fest und unterrichtet die Kommission darüber.

Macht die Kommission innerhalb von acht Arbeitstagen nach Unterrichtung durch die Behörde keine Einwände gegen die Verlängerung geltend, wird die in Absatz 1 vorgesehene Frist von sechs Monaten automatisch um die zusätzliche

Frist verlängert. Die Kommission unterrichtet die Mitgliedstaaten von dieser Verlängerung.

(5) Werden die ergänzenden Informationen gemäß Absatz 4 nicht innerhalb der dort genannten zusätzlichen Frist der Behörde zur Verfügung gestellt, erstellt die Behörde ihr Gutachten auf der Grundlage der verfügbaren Informationen.

(6) Legt ein Antragsteller von sich aus ergänzende Informationen vor, übermittelt er diese Informationen der Behörde.

In solchen Fällen gibt die Behörde ihr Gutachten innerhalb der in Absatz 1 vorgesehenen Frist von sechs Monaten ab.

(7) Die Behörde macht die gemäß den Absätzen 4 und 6 vorgelegten ergänzenden Informationen der Kommission und den Mitgliedstaaten zugänglich.

Artikel 18
Zulassung eines traditionellen Lebensmittels aus einem Drittland und Aktualisierung der Unionsliste

(1) Binnen drei Monaten ab dem Datum der Veröffentlichung des Gutachtens der Behörde übermittelt die Kommission dem Ausschuss gemäß Artikel 30 Absatz 1 den Entwurf eines Durchführungsrechtsakts zur Genehmigung des Inverkehrbringens des traditionellen Lebensmittels aus einem Drittland in der Union und zur Aktualisierung der Unionsliste, wobei sie Folgendes berücksichtigt:

a) die Bedingungen gemäß Artikel 7 Buchstaben a und b und gegebenenfalls die Bedingungen gemäß Artikel 7 Buchstabe c,

b) sämtliche einschlägige Vorschriften des Unionsrechts einschließlich des Vorsorgeprinzips gemäß Artikel 7 der Verordnung (EG) Nr. 178/2002,

c) das Gutachten der Behörde,

d) alle anderen zu berücksichtigenden Faktoren, die für den fraglichen Antrag ausschlaggebend sind.

Dieser Durchführungsrechtsakt wird nach dem Prüfverfahren gemäß Artikel 30 Absatz 3 erlassen.

(2) Abweichend von Absatz 1 kann die Kommission das Verfahren zu jedem Zeitpunkt beenden und beschließen, eine Aktualisierung nicht vorzunehmen, wenn sie eine solche Aktualisierung für nicht gerechtfertigt erachtet.

In diesem Fall trägt die Kommission gegebenenfalls den Standpunkten von Mitgliedstaaten, dem Gutachten der Behörde und allen anderen zu berücksichtigenden Faktoren Rechnung, die für die jeweilige Aktualisierung von Bedeutung sind.

Die Kommission unterrichtet den Antragsteller und alle Mitgliedstaaten direkt von den Gründen dafür, dass sie die Aktualisierung für nicht gerechtfertigt erachtet.

(3) Der Antragsteller kann seinen Antrag gemäß Artikel 16 jederzeit zurückziehen und damit das Verfahren beenden.

Artikel 19

Aktualisierung der Unionsliste bei zugelassenen traditionellen Lebensmitteln aus Drittländern

Für die Streichung eines traditionellen Lebensmittels aus einem Drittland von der Unionsliste oder das Hinzufügen, die Streichung oder die Änderung von Spezifikationen, Verwendungsbedingungen, zusätzlichen spezifischen Kennzeichnungsvorschriften oder Vorschriften für die Überwachung nach dem Inverkehrbringen im Zusammenhang mit der Aufnahme eines traditionellen Lebensmittels aus einem Drittland in die Unionsliste gelten die Artikel 10 bis 13.

Artikel 20

Durchführungsrechtsakte zur Festlegung administrativer und wissenschaftlicher Anforderungen an traditionelle Lebensmittel aus Drittländern

Bis zum 1. Januar 2018 erlässt die Kommission Durchführungsrechtsakte über

a) den Inhalt, die Aufmachung und die Vorlage der Meldungen gemäß Artikel 14 und der Anträge gemäß Artikel 16,

b) die Regelungen für die unverzügliche Prüfung der Gültigkeit dieser Meldungen und Anträge,

c) die Regelungen für den Informationsaustausch mit den Mitgliedstaaten und der Behörde zum Vorbringen hinreichend begründeter, die Sicherheit betreffender Einwände gemäß Artikel 15 Absatz 2,

d) die Art der Informationen, die in dem Gutachten der Behörde gemäß Artikel 17 enthalten sein müssen.

Diese Durchführungsrechtsakte werden nach dem Prüfverfahren gemäß Artikel 30 Absatz 3 erlassen.

KAPITEL IV
ZUSÄTZLICHE VERFAHRENSBESTIMMUNGEN UND SONSTIGE BESTIMMUNGEN

Artikel 21

Zusätzliche Informationen zum Risikomanagement

(1) Fordert die Kommission von einem Antragsteller zusätzliche Informationen zu Aspekten im Zusammenhang mit dem Risikomanagement an, legt sie in Absprache mit dem Antragsteller die Frist fest, binnen derer diese Informationen vorzulegen sind.

In solchen Fällen kann die Frist gemäß Artikel 12 Absatz 1 bzw. Absatz 2 oder gemäß Artikel 18 Absatz 1 entsprechend verlängert werden. Die Kommission unterrichtet die Mitgliedstaaten von dieser Verlängerung und macht die zusätzlichen Informationen den Mitgliedstaaten zugänglich, sobald sie diese erhalten hat.

(2) Treffen die zusätzlichen Informationen gemäß Absatz 1 nicht innerhalb der dort genannten zusätzlichen Frist ein, wird die Kommission auf der Grundlage der zur Verfügung stehenden Informationen tätig.

Artikel 22

Ad-hoc-Verlängerung von Fristen

Unter besonderen Umständen kann die Kommission die Fristen gemäß Artikel 11 Absatz 1, Artikel 12 Absatz 1 bzw. 2, Artikel 17 Absatz 1 und Artikel 18 Absatz 1 auf eigene Initiative oder gegebenenfalls auf Ersuchen der Behörde angemessen verlängern, wenn die Art der fraglichen Angelegenheit dies rechtfertigt.

Die Kommission informiert den Antragsteller und die Mitgliedstaaten über diese Verlängerung sowie die Gründe dafür.

Artikel 23

Vertraulichkeit von Anträgen auf Aktualisierung der Unionsliste

(1) Die Antragsteller können um vertrauliche Behandlung bestimmter gemäß dieser Verordnung übermittelter Informationen ersuchen, wenn deren Weitergabe ihrer Wettbewerbsposition schaden könnte.

(2) Für die Zwecke von Absatz 1 geben die Antragsteller an, welche Teile der vorgelegten Informationen vertraulich behandelt werden sollen, und belegen dieses Ersuchen um Vertraulichkeit mit allen erforderlichen Angaben. Die gelieferte Begründung muss nachprüfbar sein.

(3) Nach Kenntnisnahme des Standpunkts der Kommission zu dem Ersuchen können die Antragsteller binnen drei Wochen ihren Antrag zurückziehen. In diesem Zeitraum wird die Vertraulichkeit der vorgelegten Informationen gewahrt.

(4) Wenn ein Antragsteller den Antrag nach Ablauf der Frist gemäß Absatz 3 nicht zurückgezogen hat und sofern keine Einigung erzielt wird, entscheidet die Kommission, welche Teile der Informationen vertraulich zu bleiben haben; wenn sie eine Entscheidung getroffen hat, teilt sie sie den Mitgliedstaaten und dem Antragsteller mit.

Vertraulichkeit gilt nicht für folgende Informationen:

a) den Namen und die Anschrift des Antragstellers;
b) die Bezeichnung und die Beschreibung des neuartigen Lebensmittels;
c) die beabsichtigten Verwendungsbedingungen des neuartigen Lebensmittels;
d) eine Zusammenfassung der vom Antragssteller vorgelegten Studien;
e) die Ergebnisse der Studien, die durchgeführt wurden, um die Sicherheit des Lebensmittels nachzuweisen;
f) soweit angebracht, die Analysemethode(n);
g) von einem Drittland gegen das Lebensmittel verhängte Verbote oder Beschränkungen.

(5) Die Kommission, die Mitgliedstaaten und die Behörde treffen erforderliche Maßnahmen, damit die Vertraulichkeit der Informationen gemäß Absatz 4, die sie im Rahmen dieser Verordnung erhalten, angemessen gewahrt ist, mit Ausnahme der Informationen, die der Öffentlichkeit bekannt gegeben werden müssen, um die menschliche Gesundheit zu schützen.

(6) Zieht ein Antragsteller seinen Antrag zurück oder hat er ihn zurückgezogen, geben die Kommission, die Mitgliedstaaten und die Behörde die vertraulichen Informationen, einschließlich der Informationen, über deren Vertraulichkeit die Kommission und der Antragsteller geteilter Meinung sind, nicht weiter.

(7) Die Anwendung der Absätze 1 bis 6 darf keine Auswirkungen auf den Austausch von Informationen über den Antrag zwischen Kommission, Mitgliedstaaten und Behörde haben.

(8) Die Kommission kann mittels Durchführungsrechtsakten ausführliche Bestimmungen über die Durchführung der Absätze 1 bis 6 festlegen.

Diese Durchführungsrechtsakte werden nach dem Prüfverfahren gemäß Artikel 30 Absatz 3 erlassen.

Artikel 24

Vorschriften für die Überwachung nach dem Inverkehrbringen

Die Kommission kann aus Gründen der Lebensmittelsicherheit und unter Berücksichtigung des Gutachtens der Behörde Vorschriften für die Überwachung nach dem Inverkehrbringen auferlegen. Solche Vorschriften können im Einzelfall die Festlegung der betroffenen Lebensmittelunternehmer umfassen.

Artikel 25

Zusätzliche Auskunftspflichten

Jeder Lebensmittelunternehmer, der ein neuartiges Lebensmittel in Verkehr gebracht hat, unterrichtet die Kommission unverzüglich über alle ihm vorliegenden Informationen in Bezug auf

a) neue wissenschaftliche oder technische Informationen, die die Bewertung der Sicherheit der Verwendung des neuartigen Lebensmittels beeinflussen könnten;

b) Verbote oder Einschränkungen, die von einem Drittland ausgesprochen wurden, in dem das neuartige Lebensmittel in Verkehr gebracht wird.

Die Kommission macht diese Informationen den Mitgliedstaaten zugänglich.

KAPITEL V
DATENSCHUTZ

Artikel 26
Zulassungsverfahren bei Vorliegen geschützter Daten

(1) Auf Ersuchen des Antragstellers und sofern dies im Antrag gemäß Artikel 10 Absatz 1 auf geeignete und überprüfbare Informationen gestützt wird, dürfen neu gewonnene wissenschaftliche Erkenntnisse oder wissenschaftliche Daten zur Stützung des Antrags für eine Dauer von fünf Jahren ab dem Datum der Zulassung des neuartigen Lebensmittels ohne die Zustimmung des ursprünglichen Antragstellers für einen späteren Antrag nicht verwendet werden.

(2) Der Datenschutz wird von der Kommission gemäß Artikel 27 Absatz 1 gewährt, wenn folgende Bedingungen erfüllt sind:

a) Die neu gewonnenen wissenschaftlichen Erkenntnisse oder wissenschaftlichen Daten wurden vom ursprünglichen Antragsteller zum Zeitpunkt des ersten Antrags als geschützt bezeichnet,

b) der ursprüngliche Antragsteller hatte zum Zeitpunkt des ersten Antrags ausschließlichen Anspruch auf die Nutzung der geschützten wissenschaftlichen Erkenntnisse oder wissenschaftlichen Daten, und

c) das neuartige Lebensmittel hätte ohne die Vorlage der geschützten wissenschaftlichen Erkenntnisse oder wissenschaftlichen Daten durch den ursprünglichen Antragsteller nicht von der Behörde bewertet und zugelassen werden können.

Der ursprüngliche Antragsteller kann jedoch mit einem nachfolgenden Antragsteller vereinbaren, dass solche wissenschaftlichen Erkenntnisse und wissenschaftlichen Daten verwendet werden dürfen.

(3) Die Absätze 1 und 2 gelten nicht für Meldungen und Anträge in Bezug auf das Inverkehrbringen von traditionellen Lebensmitteln aus Drittländern in der Union.

Artikel 27
Zulassung eines neuartigen Lebensmittels und Aufnahme in die Unionsliste gestützt auf geschützte wissenschaftliche Erkenntnisse oder wissenschaftliche Daten

(1) Wird ein neuartiges Lebensmittel gemäß den Artikeln 10 bis 12 auf der Grundlage geschützter wissenschaftlicher Erkenntnisse oder wissenschaftlicher Daten, für die ein Datenschutz gemäß Artikel 26 Absatz 1 gilt, zugelassen und in die Unionsliste aufgenommen, ist in dem Eintrag für dieses neuartige Lebensmittel in der Unionsliste zusätzlich zu den Informationen gemäß Artikel 9 Absatz 3 Folgendes anzugeben:

a) das Datum der Aufnahme des neuartigen Lebensmittels in die Unionsliste;

b) der Hinweis, dass diese Aufnahme auf Grundlage geschützter wissenschaftlicher Erkenntnisse und wissenschaftlicher Daten erfolgt, die dem Datenschutz gemäß Artikel 26 unterliegen;

c) der Name und die Anschrift des Antragstellers;
d) der Hinweis, dass, solange der Datenschutz gilt, das neuartige Lebensmittel nur von dem Antragsteller gemäß Buchstabe c dieses Absatzes in der Union in Verkehr gebracht werden darf, es sei denn, ein späterer Antragsteller erhält die Zulassung für das betreffende neuartige Lebensmittel ohne Bezugnahme auf die wissenschaftlichen Erkenntnisse oder wissenschaftlichen Daten, die dem Datenschutz gemäß Artikel 26 unterliegen, oder er hat die Zustimmung des ursprünglichen Antragstellers;
e) der Zeitpunkt, zu dem der Datenschutz gemäß Artikel 26 erlischt.

(2) Wissenschaftlichen Erkenntnissen oder wissenschaftlichen Daten, die dem Datenschutz gemäß Artikel 26 unterliegen oder für die die darin vorgesehene Schutzfrist abgelaufen ist, wird nicht nochmals Schutz gewährt.

Artikel 28
Zulassungsverfahren im Fall eines parallelen Antrags auf Zulassung einer gesundheitsbezogenen Angabe

(1) Auf Antrag des Antragstellers setzt die Kommission ein Zulassungsverfahren für ein neuartiges Lebensmittel aus, das nach einem Antrag eingeleitet wurde, wenn der Antragsteller Folgendes eingereicht hat:
a) ein Ersuchen um Datenschutz gemäß Artikel 26, und
b) einen Antrag auf Zulassung einer gesundheitsbezogenen Angabe zu demselben neuartigen Lebensmittel nach Artikel 15 oder 18 der Verordnung (EG) Nr. 1924/2006 in Verbindung mit einem Antrag auf Datenschutz nach Artikel 21 der genannten Verordnung.

Die Aussetzung des Zulassungsverfahrens erfolgt unbeschadet der Bewertung des Lebensmittels durch die Behörde gemäß Artikel 11.

(2) Die Kommission unterrichtet den Antragsteller über den Zeitpunkt, in dem die Aussetzung wirksam wird.

(3) Während der Aussetzung des Zulassungsverfahrens ist der Ablauf der in Artikel 12 Absatz 1 genannten Frist gehemmt.

(4) Das Zulassungsverfahren wird wieder aufgenommen, sobald die Kommission die gemäß der Verordnung (EG) Nr. 1924/2006 abgegebene Stellungnahme der Behörde zu der gesundheitsbezogenen Angabe erhalten hat.

Die Kommission unterrichtet den Antragsteller über den Zeitpunkt der Wiederaufnahme des Zulassungsverfahrens. Ab dem Zeitpunkt der Wiederaufnahme beginnt die in Artikel 12 Absatz 1 dieser Verordnung genannte Frist erneut zu laufen.

(5) Wurde in einem in Absatz 1 dieses Artikels genannten Fall Datenschutz gemäß Artikel 21 der Verordnung (EG) Nr. 1924/2006 gewährt, darf der Zeitraum, für den gemäß Artikel 26 der vorliegenden Verordnung Datenschutz gewährt wird, nicht über den Zeitraum hinausgehen, für den gemäß Artikel 21 der Verordnung (EG) Nr. 1924/2006 Datenschutz gewährt wurde.

(6) Der Antragsteller kann seinen nach Absatz 1 eingereichten Antrag auf Aussetzung des Zulassungsverfahrens jederzeit zurückziehen. In diesem Fall wird

das Zulassungsverfahren wieder aufgenommen, und Absatz 5 kommt nicht zur Anwendung.

KAPITEL VI

SANKTIONEN UND ALLGEMEINE BESTIMMUNGEN

Artikel 29

Sanktionen

Die Mitgliedstaaten erlassen Vorschriften über die bei einem Verstoß gegen diese Verordnung zu verhängenden Sanktionen und treffen alle erforderlichen Maßnahmen, um sicherzustellen, dass diese Sanktionen angewandt werden. Die vorgesehenen Sanktionen müssen wirksam, verhältnismäßig und abschreckend sein. Die Mitgliedstaaten teilen der Kommission diese Vorschriften bis zum 1. Januar 2018 mit und unterrichten sie unverzüglich über alle die Vorschriften betreffenden späteren Änderungen.

Artikel 30

Ausschussverfahren

(1) Die Kommission wird vom Ständigen Ausschuss für Pflanzen, Tiere, Lebensmittel und Futtermittel unterstützt, der mit Artikel 58 Absatz 1 der Verordnung (EG) Nr. 178/2002 eingesetzt wurde. Dieser Ausschuss ist ein Ausschuss im Sinne der Verordnung (EU) Nr. 182/2011 des Europäischen Parlaments und des Rates ([1]).

(2) Wird auf diesen Absatz Bezug genommen, gilt Artikel 4 der Verordnung (EU) Nr. 182/2011.

Wird die Stellungnahme des Ausschusses im schriftlichen Verfahren eingeholt, wird das Verfahren ohne Ergebnis abgeschlossen, wenn der Vorsitz dies innerhalb der Frist für die Abgabe der Stellungnahme beschließt oder eine einfache Mehrheit der Ausschussmitglieder dies verlangt.

(3) Wird auf diesen Absatz Bezug genommen, gilt Artikel 5 der Verordnung (EU) Nr. 182/2011.

Wird die Stellungnahme des Ausschusses im schriftlichen Verfahren eingeholt, wird das Verfahren ohne Ergebnis abgeschlossen, wenn der Vorsitz dies innerhalb der Frist für die Abgabe der Stellungnahme beschließt oder eine einfache Mehrheit der Ausschussmitglieder dies verlangt.

Gibt der Ausschuss keine Stellungnahme ab, erlässt die Kommission den Durchführungsrechtsakt nicht, und Artikel 5 Absatz 4 Unterabsatz 3 der Verordnung (EU) Nr. 182/2011 findet Anwendung.

([1]) Verordnung (EU) Nr. 182/2011 des Europäischen Parlaments und des Rates vom 16. Februar 2011 zur Festlegung der allgemeinen Regeln und Grundsätze, nach denen die Mitgliedstaaten die Wahrnehmung der Durchführungsbefugnisse durch die Kommission kontrollieren (ABl. L 55 vom 28.2.2011, S. 13).

Artikel 31
Delegierte Rechtsakte

Damit die Ziele dieser Verordnung erreicht werden, wird der Kommission die Befugnis übertragen, delegierte Rechtsakte nach Maßgabe von Artikel 32 zu erlassen, um die in Artikel 3 Absatz 2 Buchstabe f aufgeführte Begriffsbestimmung für technisch hergestellte Nanomaterialien an den technischen und wissenschaftlichen Fortschritt oder an auf internationaler Ebene vereinbarte Begriffsbestimmungen anzugleichen und anzupassen.

Artikel 32
Ausübung der Befugnisübertragung

(1) Die Befugnis zum Erlass delegierter Rechtsakte wird der Kommission unter den in diesem Artikel festgelegten Bedingungen übertragen.

(2) Es ist von besonderer Bedeutung, dass die Kommission ihrer üblichen Praxis folgt und vor dem Erlass dieser delegierten Rechtsakte Konsultationen mit Sachverständigen, einschließlich mit Sachverständigen der Mitgliedstaaten, durchführt.

(3) Die Befugnis zum Erlass delegierter Rechtsakte gemäß Artikel 31 wird der Kommission für einen Zeitraum von fünf Jahren ab dem 31. Dezember 2015 übertragen. Die Kommission erstellt spätestens neun Monate vor Ablauf des Zeitraums von fünf Jahren einen Bericht über die Befugnisübertragung. Die Befugnisübertragung verlängert sich stillschweigend um Zeiträume gleicher Länge, es sei denn, das Europäische Parlament oder der Rat widersprechen einer solchen Verlängerung spätestens drei Monate vor Ablauf des jeweiligen Zeitraums.

(4) Die Befugnisübertragung nach Artikel 31 kann vom Europäischen Parlament oder vom Rat jederzeit widerrufen werden. Der Beschluss über den Widerruf beendet die Übertragung der in diesem Beschluss angegebenen Befugnis. Er wird am Tag nach seiner Veröffentlichung im *Amtsblatt der Europäischen Union* oder zu einem im Beschluss angegebenen späteren Zeitpunkt wirksam. Die Gültigkeit von delegierten Rechtsakten, die bereits in Kraft sind, wird von dem Beschluss über den Widerruf nicht berührt.

(5) Sobald die Kommission einen delegierten Rechtsakt erlässt, übermittelt sie ihn gleichzeitig dem Europäischen Parlament und dem Rat.

(6) Ein delegierter Rechtsakt, der gemäß Artikel 31 erlassen wurde, tritt nur in Kraft, wenn weder das Europäische Parlament noch der Rat innerhalb einer Frist von zwei Monaten nach Übermittlung dieses Rechtsakts an das Europäische Parlament und den Rat Einwände erhoben haben oder wenn vor Ablauf dieser Frist das Europäische Parlament und der Rat beide der Kommission mitgeteilt haben, dass sie keine Einwände erheben werden. Auf Initiative des Europäischen Parlaments oder des Rates wird diese Frist um zwei Monate verlängert.

KAPITEL VII
ÜBERGANGSMASSNAHMEN UND SCHLUSSBESTIMMUNGEN

Artikel 33

Änderung der Verordnung (EU) Nr. 1169/2011

Die Verordnung (EU) Nr. 1169/2011 wird wie folgt geändert:

(1) In Artikel 2 Absatz 1 wird folgender Buchstabe angefügt:

„h) die Begriffsbestimmung für ‚technisch hergestellte Nanomaterialien' in Artikel 3 Absatz 2 Buchstabe f der Verordnung (EU) 2015/2283 des Europäischen Parlaments und des Rates (*).

(*) Verordnung (EU) 2015/2283 des Europäischen Parlaments und des Rates vom 25. November 2015 über neuartige Lebensmittel, zur Änderung der Verordnung (EU) Nr. 1169/2011 des Europäischen Parlaments und des Rates und zur Aufhebung der Verordnung (EG) Nr. 258/97 des Europäischen Parlaments und des Rates und der Verordnung (EG) Nr. 1852/2001 der Kommission (ABl. L 327 vom 11.12.2015, S. 1)."

(2) Artikel 2 Absatz 2 Buchstabe t wird gestrichen.

Verweise auf die gestrichene Bestimmung Artikel 2 Absatz 2 Buchstabe t der Verordnung (EU) Nr. 1169/2011 sind als Verweise auf Artikel 3 Absatz 2 Buchstabe f dieser Verordnung zu verstehen.

(3) Artikel 18 Absatz 5 wird gestrichen.

Artikel 34

Aufhebung

Die Verordnungen (EG) Nr. 258/97 und (EG) Nr. 1852/2001 werden ab dem 1. Januar 2018 aufgehoben. Verweise auf die Verordnung (EG) Nr. 258/97 gelten als Verweise auf die vorliegende Verordnung.

Artikel 35

Übergangsmaßnahmen

(1) Anträge auf das Inverkehrbringen eines neuartigen Lebensmittels in der Union, die gemäß Artikel 4 der Verordnung (EG) Nr. 258/97 bei einem Mitgliedstaat gestellt wurden und über die bis zum 1. Januar 2018 noch keine endgültige Entscheidung getroffen worden ist, werden als Anträge gemäß der vorliegenden Verordnung behandelt.

Die Kommission wendet Artikel 11 der vorliegenden Verordnung nicht an, wenn bereits gemäß der Verordnung (EG) Nr. 258/97 eine Risikobewertung von einem Mitgliedstaat bereitgestellt wurde und von keinem anderen Mitgliedstaat ein begründeter Einwand gegen diese Bewertung erhoben wurde.

(2) Nicht in den Anwendungsbereich der Verordnung (EG) Nr. 258/97 fallende Lebensmittel, die bis zum 1. Januar 2018 rechtmäßig in Verkehr gebracht werden und in den Anwendungsbereich der vorliegenden Verordnung fallen, dürfen im Anschluss an einen Antrag auf Zulassung eines neuartigen Lebensmittels oder eine Meldung über ein traditionelles Lebensmittel aus einem Drittstaat, der bzw.

die bis zu dem in den gemäß Artikel 13 bzw. 20 der vorliegenden Verordnung erlassenen Durchführungsbestimmungen genannten Zeitpunkt, jedoch spätestens bis zum 2. Januar 2020 übermittelt wurde, so lange weiterhin in Verkehr gebracht werden, bis eine Entscheidung gemäß den Artikeln 10 bis 12 bzw. den Artikeln 14 bis 19 der vorliegenden Verordnung getroffen worden ist.

(3) Die Kommission kann im Wege von Durchführungsrechtsakten Maßnahmen in Bezug auf die in den Artikeln 13 und 20 genannten Anforderungen, die für die Anwendung der Absätze 1 und 2 des vorliegenden Artikels erforderlich sind, erlassen. Diese Durchführungsrechtsakte werden nach dem Prüfverfahren gemäß Artikel 30 Absatz 3 erlassen.

Artikel 36

Inkrafttreten

Diese Verordnung tritt am zwanzigsten Tag nach ihrer Veröffentlichung im *Amtsblatt der Europäischen Union in Kraft.*

Sie gilt ab dem 1. Januar 2018, mit Ausnahme der folgenden Bestimmungen:

a) Artikel 4 Absatz 4, Artikel 8, 13 und 20, Artikel 23 Absatz 8, Artikel 30 und Artikel 35 Absatz 3 gelten ab dem 31. Dezember 2015.

b) Artikel 4 Absätze 2 und 3 gelten ab dem Beginn der Geltung der in Artikel 4 Absatz 4 genannten Durchführungsrechtsakte.

c) Artikel 5 gilt ab dem 31. Dezember 2015. Die nach Artikel 5 erlassenen Durchführungsrechtsakte gelten jedoch nicht vor dem 1. Januar 2018.

d) Artikel 31 und 32 gelten ab dem 31. Dezember 2015. Die nach Artikel 31 und 32 erlassenen Durchführungsrechtsakte gelten jedoch nicht vor dem 1. Januar 2018.

Verordnung (EU) Nr. 1169/2011 des Europäischen Parlaments und des Rates betreffend die Information der Verbraucher über Lebensmittel und zur Änderung der Verordnungen (EG) Nr. 1924/2006 und (EG) Nr. 1925/2006 des Europäischen Parlaments und des Rates und zur Aufhebung der Richtlinie 87/250/EWG der Kommission, der Richtlinie 90/496/EWG des Rates, der Richtlinie 1999/10/EG der Kommission, der Richtlinie 2000/13/EG des Europäischen Parlaments und des Rates, der Richtlinien 2002/67/EG und 2008/5/EG der Kommission und der Verordnung (EG) Nr. 608/2004 der Kommission

Vom 25. Oktober 2011

(ABl. Nr. L 304/18), geänd. durch Deleg. VO (EU) Nr. 1155/2013 vom 21. 8. 2013 (ABl. Nr. L 306/7) und Deleg. VO (EU) Nr. 78/2014 vom 22. 11. 2013 (ABl. Nr. L 27/7), ber. durch ABl. Nr. L 331/41 vom 18. 11. 2014 und ABl. Nr. L 50/48 vom 21. 2. 2015

DAS EUROPÄISCHE PARLAMENT UND DER RAT DER EUROPÄISCHEN UNION –

gestützt auf den Vertrag über die Arbeitsweise der Europäischen Union, insbesondere auf Artikel 114,

auf Vorschlag der Europäischen Kommission,

nach Stellungnahme des Europäischen Wirtschafts- und Sozialausschusses ([1]),

gemäß dem ordentlichen Gesetzgebungsverfahren ([2]),

in Erwägung nachstehender Gründe:

(1) Nach Artikel 169 des Vertrags über die Arbeitsweise des Europäischen Union (AEUV) leistet die Union durch die Maßnahmen, die sie nach Artikel 114 des Vertrags erlässt, einen Beitrag zur Erreichung eines hohen Verbraucherschutzniveaus.

(2) Der freie Verkehr mit sicheren und gesunden Lebensmitteln ist ein wichtiger Aspekt des Binnenmarkts und trägt wesentlich zum Schutz der Gesundheit und des Wohlergehens der Bürger und zur Wahrung ihrer sozialen und wirtschaftlichen Interessen bei.

(3) Um auf dem Gebiet des Gesundheitsschutzes der Verbraucher ein hohes Niveau zu erreichen und das Recht der Verbraucher auf Information zu gewährleisten, sollte sichergestellt werden, dass die Verbraucher in Bezug auf die Lebensmittel, die sie verzehren, in geeigneter Weise informiert werden. Die Wahl der Verbraucher kann unter anderem durch gesundheitsbezogene, wirtschaftliche, umweltbezogene, soziale und ethische Erwägungen beeinflusst werden.

(4) Nach der Verordnung (EG) Nr. 178/2002 des Europäischen Parlaments und des Rates vom 28. Januar 2002 zur Festlegung der allgemeinen Grundsätze und Anforderungen des Lebensmittelrechts, zur Errichtung der Europäischen Behörde für Lebensmittelsicherheit und zur Festlegung von Verfahren zur Lebensmittelsicherheit ([3]) ist es ein allgemeiner Grundsatz des Lebensmittelrechts, den Verbrauchern die Möglichkeit zu bieten, in Bezug auf die Lebensmittel, die sie

---

([1]) ABl. C 77 vom 31.3.2009, S. 81.
([2]) Standpunkt des Europäischen Parlaments vom 16. Juni 2010 (ABl. C 236 E vom 12.8.2011, S. 187) und Standpunkt des Rates in erster Lesung vom 21. Februar 2011 (ABl. C 102 E vom 2.4.2011, S. 1). Standpunkt des Europäischen Parlaments vom 6. Juli 2011 (noch nicht im Amtsblatt veröffentlicht) und Beschluss des Rates vom 29. September 2011.
([3]) ABl. L 31 vom 1.2.2002, S. 1.

verzehren, eine fundierte Wahl zu treffen, und alle Praktiken, die die Verbraucher irreführen können, zu verhindern.

(5) Die Richtlinie 2005/29/EG des Europäischen Parlaments und des Rates vom 11. Mai 2005 über unlautere Geschäftspraktiken von Unternehmen gegenüber Verbrauchern im Binnenmarkt ([1]) umfasst bestimmte Aspekte der Information der Verbraucher, insbesondere um irreführende Verhaltensweisen oder Unterlassungen im Zusammenhang mit Informationen zu verhindern. Die allgemeinen Grundsätze in Bezug auf unlautere Geschäftspraktiken sollten durch spezielle Regelungen für die Information der Verbraucher über Lebensmittel ergänzt werden.

(6) Für alle Lebensmittel geltende Unionsvorschriften für die Kennzeichnung von Lebensmitteln finden sich in der Richtlinie 2000/13/EG des Europäischen Parlaments und des Rates vom 20. März 2000 zur Angleichung der Rechtsvorschriften der Mitgliedstaaten über die Etikettierung und Aufmachung von Lebensmitteln sowie die Werbung hierfür ([2]). Die meisten Bestimmungen dieser Richtlinie gehen auf das Jahr 1978 zurück und sollten deshalb aktualisiert werden.

(7) Die Richtlinie 90/496/EWG des Rates vom 24. September 1990 über die Nährwertkennzeichnung von Lebensmitteln ([3]) regelt den Inhalt und die Darstellung von Informationen zum Nährwert auf vorverpackten Lebensmitteln. Nach diesen Regeln ist die Aufnahme von Informationen zum Nährwert freiwillig, es sei denn, es wird eine nährwertbezogene Angabe zum Lebensmittel gemacht. Die meisten Bestimmungen dieser Richtlinie gehen auf das Jahr 1990 zurück und sollten deshalb aktualisiert werden.

(8) Die allgemeinen Kennzeichnungsanforderungen werden ergänzt durch eine Reihe von Vorschriften, die unter bestimmten Umständen für alle Lebensmittel oder für bestimmte Klassen von Lebensmitteln gelten. Darüber hinaus gibt es mehrere spezielle Regelungen, die für bestimmte Lebensmittel gelten.

(9) Die geltenden Kennzeichnungsvorschriften sind in ihren ursprünglichen Zielsetzungen und Kernbestimmungen weiterhin gültig, müssen jedoch gestrafft werden, um den Akteuren die Einhaltung zu erleichtern und ihnen mehr Klarheit zu verschaffen; außerdem müssen sie modernisiert werden, um neuen Entwicklungen im Bereich der Lebensmittelinformation Rechnung zu tragen. Diese Verordnung dient sowohl den Binnenmarktinteressen, indem sie die Rechtsvorschriften vereinfacht, für Rechtssicherheit sorgt und den Verwaltungsaufwand verringert, als auch den Bürgern, indem sie eine klare, verständliche und lesbare Kennzeichnung von Lebensmitteln vorschreibt.

(10) In der allgemeinen Öffentlichkeit besteht Interesse an dem Zusammenhang zwischen Ernährung und Gesundheit und an der Wahl einer geeigneten, individuellen Bedürfnissen entsprechenden Ernährung. Die Kommission hat in ihrem Weißbuch vom 30. Mai 2007 „Ernährung, Übergewicht, Adipositas: Eine Strategie für Europa" („Weißbuch der Kommission") ausgeführt, dass die Nährwertkennzeichnung eine wichtige Methode darstellt, um Verbraucher über die Zusammensetzung von Lebensmitteln zu informieren und ihnen zu helfen, eine fundierte Wahl zu treffen. In der Mitteilung der Kommission vom 13. Mai 2007

---

[1] ABl. L 149 vom 11.6.2005, S. 22.
[2] ABl. L 109 vom 6.5.2000, S. 29.
[3] ABl. L 276 vom 6.10.1990, S. 40.

mit dem Titel „Verbraucherpolitische Strategie der EU (2007-2013) Stärkung der Verbraucher – Verbesserung des Verbraucherwohls – wirksamer Verbraucherschutz" wird betont, dass es für einen wirksamen Wettbewerb und das Wohlergehen der Verbraucher wichtig ist, dass diese eine fundierte Wahl treffen können. Die Kenntnis der wichtigsten Ernährungsgrundsätze und eine angemessene Information über den Nährwert von Lebensmitteln würden wesentlich dazu beitragen, den Verbrauchern eine solche fundierte Wahl zu ermöglichen. Aufklärungs- und Informationskampagnen sind ein wichtiges Instrument, um das Verständnis der Verbraucher von Informationen über Lebensmittel zu verbessern.

(11) Im Interesse einer größeren Rechtssicherheit sowie einer rationalen und kohärenten Durchsetzung sollten die Richtlinien 90/496/EWG und 2000/13/EG aufgehoben und durch eine einzige Verordnung ersetzt werden, die Verbrauchern und anderen betroffenen Akteuren Gewissheit bringt und den Verwaltungsaufwand verringert.

(12) Aus Gründen der Klarheit sollten andere horizontale Rechtsakte aufgehoben und in diese Verordnung aufgenommen werden, namentlich die Richtlinie 87/250/EWG der Kommission vom 15. April 1987 betreffend die Angabe des Alkoholgehalts als Volumenkonzentration in der Etikettierung von alkoholhaltigen, für den Endverbraucher bestimmten Lebensmitteln ([1]), die Richtlinie 1999/10/EG der Kommission vom 8. März 1999 über Ausnahmen von Artikel 7 der Richtlinie 79/112/EWG des Rates hinsichtlich der Etikettierung von Lebensmitteln ([2]), die Richtlinie 2002/67/EG der Kommission vom 18. Juli 2002 über die Etikettierung von chininhaltigen und von koffeinhaltigen Lebensmitteln ([3]), die Verordnung (EG) Nr. 608/2004 der Kommission vom 31. März 2004 über die Etikettierung von Lebensmitteln und Lebensmittelzutaten mit Phytosterin-, Phytosterinester-, Phytostanol- und/oder Phytostanolesterzusatz ([4]) und die Richtlinie 2008/5/EG der Kommission vom 30. Januar 2008 über Angaben, die zusätzlich zu den in der Richtlinie 2000/13/EG des Europäischen Parlaments und des Rates aufgeführten Angaben auf dem Etikett bestimmter Lebensmittel verpflichtend sind ([5]).

(13) Es ist notwendig, gemeinsame Begriffsbestimmungen, Grundsätze, Anforderungen und Verfahren festzulegen, um einen klaren Rahmen und eine gemeinsame Grundlage für die Maßnahmen der Union und einzelstaatliche Maßnahmen zur Regulierung der Information über Lebensmittel zu schaffen.

(14) Um bei der Information der Verbraucher über die Lebensmittel, die sie verzehren, ein umfassendes und entwicklungsorientiertes Konzept zu verfolgen sollte der Begriff des Lebensmittelinformationsrechts weit gefasst werden und allgemeine wie auch spezielle Regelungen einbeziehen; ebenso sollte der Begriff der Information über Lebensmittel weit gefasst werden und Informationen einbeziehen, die auch auf andere Weise als durch das Etikett bereitgestellt werden.

(15) Das Unionsrecht sollte nur für Unternehmen gelten, wobei der Unternehmensbegriff eine gewisse Kontinuität der Aktivitäten und einen gewissen Organisationsgrad voraussetzt. Tätigkeiten wie der gelegentliche Umgang mit

---

[1] ABl. L 113 vom 30.4.1987, S. 57.
[2] ABl. L 69 vom 16.3.1999, S. 22.
[3] ABl. L 191 vom 19.7.2002, S. 20.
[4] ABl. L 97 vom 1.4.2004, S. 44.
[5] ABl. L 27 vom 31.1.2008, S. 12.

Lebensmitteln und deren Lieferung, das Servieren von Mahlzeiten und der Verkauf von Lebensmitteln durch Privatpersonen z. B. bei Wohltätigkeitsveranstaltungen oder auf Märkten und Zusammenkünften auf lokaler Ebene sollten nicht in den Anwendungsbereich dieser Verordnung fallen.

(16) Das Lebensmittelinformationsrecht sollte hinreichend flexibel sein, um neuem Informationsbedarf der Verbraucher Rechnung zu tragen und um das Gleichgewicht zwischen dem Schutz des Binnenmarkts und den unterschiedlichen Erwartungen der Verbraucher in den Mitgliedstaaten zu wahren.

(17) Die Einführung verpflichtender Informationen über Lebensmittel sollte hauptsächlich dem Zweck dienen, die Verbraucher in die Lage zu versetzen, das gewünschte Lebensmittel zu finden und in geeigneter Weise zu verwenden und eine Wahl zu treffen, die ihren individuellen Ernährungsbedürfnissen entspricht. Zu diesem Zweck sollten die Lebensmittelunternehmer diese Informationen auch für Sehbehinderte leichter zugänglich machen.

(18) Damit das Lebensmittelinformationsrecht den sich wandelnden Informationsbedürfnissen der Verbraucher Rechnung tragen kann, sollte bei der Prüfung, ob eine Information über ein Lebensmittel verpflichtend sein muss, auch dem nachweislich großen Interesse der Mehrheit der Verbraucher an der Offenlegung bestimmter Informationen Rechnung getragen werden.

(19) Neue Anforderungen hinsichtlich der verpflichtenden Informationen über Lebensmittel sollten jedoch nur dann aufgestellt werden, wenn und insoweit sie im Einklang mit den Grundsätzen der Subsidiarität, der Verhältnismäßigkeit und der Nachhaltigkeit notwendig sind.

(20) Das Lebensmittelinformationsrecht sollte die Verwendung von Informationen verbieten, die die Verbraucher irreführen würden, insbesondere in Bezug auf die Merkmale des Lebensmittels, seine Wirkungen oder Eigenschaften, oder die den Lebensmitteln medizinische Eigenschaften zuschreiben. Um wirksam zu sein, sollte dieses Verbot auch auf die Lebensmittelwerbung und auf die Aufmachung der Lebensmittel ausgedehnt werden.

(21) Damit es nicht zu einer Zersplitterung der Rechtsvorschriften über die Haftung von Lebensmittelunternehmern für Informationen über Lebensmittel kommt, sollten die Pflichten der Lebensmittelunternehmer auf diesem Gebiet geklärt werden. Diese Klarstellung sollte im Einklang mit den Zuständigkeiten im Hinblick auf die Verbraucher gemäß Artikel 17 der Verordnung (EG) Nr. 178/2002 erfolgen.

(22) Es sollte eine Liste aller verpflichtenden Informationen erstellt werden, die grundsätzlich zu allen für Endverbraucher oder Anbieter von Gemeinschaftsverpflegung bestimmten Lebensmitteln bereitzustellen sind. Diese Liste sollte weiterhin diejenigen Informationen enthalten, die schon jetzt nach geltendem Unionsrecht verpflichtend sind, da das geltende Recht allgemein als wertvolle Errungenschaft im Hinblick auf Verbraucherinformationen betrachtet wird.

(23) Damit Änderungen und Entwicklungen im Bereich der Information über Lebensmittel berücksichtigt werden können, sollte die Kommission ermächtigt werden, die Bereitstellung bestimmter Angaben durch andere Mittel zuzulassen. Die Anhörung der betroffenen Akteure sollte zügige und gezielte Änderungen an den Vorschriften für die Information über Lebensmittel erleichtern.

(24) Bestimmte Zutaten oder andere Stoffe oder Erzeugnisse (wie Verarbeitungshilfsstoffe), die bei der Herstellung von Lebensmitteln verwendet werden und darin verbleiben, können bei manchen Menschen Allergien und Unverträglichkeiten verursachen, die teilweise die Gesundheit der Betroffenen gefährden. Es ist wichtig, dass die Verbraucher Informationen zum Vorhandensein von Lebensmittelzusatzstoffen, Verarbeitungshilfen und sonstigen Stoffen oder Erzeugnissen, bei denen wissenschaftlich belegt ist, dass sie Allergien oder Unverträglichkeiten verursachen können, erhalten, damit insbesondere diejenigen Verbraucher, die unter einer Lebensmittelallergie oder -unverträglichkeit leiden, eine fundierte Wahl treffen und Lebensmittel auswählen können, die für sie unbedenklich sind.

(25) Um Verbraucher über das Vorhandensein von technisch hergestellten Nanomaterialien in Lebensmitteln zu informieren, sollte eine Begriffsbestimmung für technisch hergestellte Nanomaterialien vorgesehen werden. Da Lebensmittel, die technisch hergestellte Nanomaterialien enthalten oder aus solchen bestehen, als neuartige Lebensmittel gelten können, sollte der angemessene Rechtsrahmen für diese Begriffsbestimmung im Zusammenhang mit der anstehenden Überarbeitung der Verordnung (EG) Nr. 258/97 des Europäischen Parlaments und des Rates vom 27. Januar 1997 über neuartige Lebensmittel und neuartige Lebensmittelzutaten ([1]) überprüft werden.

(26) Die Etiketten von Lebensmitteln sollten klar und verständlich sein, um Verbraucher zu unterstützen, die sich auf der Grundlage besserer Informationen für bestimmte Lebensmittel und die gewünschte Ernährungsweise entscheiden möchten. Studien haben gezeigt, dass gute Lesbarkeit eine erhebliche Rolle dabei spielt, wie stark sich die Kunden durch die Informationen auf den Etiketten beeinflussen lassen, und dass eine unleserliche Produktinformation eine der Hauptursachen der Unzufriedenheit der Verbraucher mit Lebensmitteletiketten ist. Daher sollte ein umfassendes Konzept entwickelt werden, das allen Aspekten in Bezug auf die Lesbarkeit, einschließlich Schriftart, Farbe und Kontrast, Rechnung trägt.

(27) Um die Bereitstellung der Informationen über Lebensmittel sicherzustellen, müssen alle Arten der Bereitstellung von Lebensmitteln an Verbraucher berücksichtigt werden, darunter der Verkauf mittels Fernkommunikation. Zwar sollten Lebensmittel, die im Fernabsatz geliefert werden, hinsichtlich der Information selbstverständlich denselben Anforderungen unterliegen wie Lebensmittel, die in Geschäften verkauft werden, doch ist eine Klarstellung dahingehend geboten, dass in solchen Fällen die einschlägigen verpflichtenden Informationen schon vor dem Abschluss des Kaufvertrags verfügbar sein sollten.

(28) Die beim Einfrieren von Lebensmitteln eingesetzte Technologie hat sich in den letzten Jahrzehnten erheblich weiterentwickelt und findet inzwischen breite Anwendung, was den Warenverkehr auf dem Binnenmarkt der Union verbessert und die Risiken im Bereich der Lebensmittelsicherheit verringert. Allerdings wird durch das Einfrieren und das spätere Auftauen von bestimmten Lebensmitteln, insbesondere Fleisch- und Fischereierzeugnissen, ihre mögliche Weiterverwendung eingeschränkt und möglicherweise ihre Sicherheit, ihr Geschmack und ihre äußere Beschaffenheit beeinträchtigt. Hingegen hat das Einfrieren bei anderen Erzeugnissen, insbesondere Butter, keine derartigen Aus-

---

[1] ABl. L 43 vom 14.2.1997, S. 1.

wirkungen. Daher sollte der Endverbraucher über den Zustand von Lebensmitteln, die aufgetaut wurden, angemessen informiert werden.

(29) Das Ursprungsland oder der Herkunftsort eines Lebensmittels sollten immer dann angegeben werden, wenn ohne diese Angabe die Verbraucher über das eigentliche Ursprungsland oder den eigentlichen Herkunftsort dieses Erzeugnisses irregeführt werden könnten. In allen Fällen sollte die Angabe des Ursprungslands oder des Herkunftsorts so gestaltet sein, dass die Verbraucher nicht getäuscht werden; ferner sollte sie auf eindeutig definierten Kriterien beruhen, die gleiche Ausgangsbedingungen für Unternehmen gewährleisten und das Verständnis der Informationen zum Ursprungsland oder Herkunftsort eines Lebensmittels seitens der Verbraucher fördern. Für Angaben zum Namen oder zur Anschrift des Lebensmittelunternehmers sollten keine derartigen Kriterien gelten.

(30) Mitunter wollen Lebensmittelunternehmer möglicherweise freiwillige Ursprungsangaben zu einem Lebensmittel liefern, um auf diese Weise die Verbraucher auf die Qualität ihres Erzeugnisses aufmerksam zu machen. Derartige Angaben sollten ebenfalls harmonisierten Kriterien entsprechen.

(31) Ursprungsangaben sind derzeit in der Union aufgrund der Krise um die Spongiforme Rinderenzephalopathie (BSE) für Rindfleisch und Rindfleischerzeugnisse verpflichtend (¹), was zu einer gewissen Erwartungshaltung der Verbraucher geführt hat. Die Folgenabschätzung der Kommission bestätigt, dass die Herkunft des Fleisches das wichtigste Anliegen der Verbraucher zu sein scheint. In der Union ist auch der Verbrauch anderer Fleischsorten, wie Schweine-, Schaf-, Ziegen- und Geflügelfleisch, weit verbreitet. Es ist daher angezeigt, für diese Erzeugnisse die Angabe des Ursprungs verbindlich vorzuschreiben. Je nach Fleischsorte könnten entsprechend den Merkmalen der Tierart unterschiedliche spezielle Ursprungsangaben verpflichtend werden. Es ist angezeigt, durch Durchführungsvorschriften zwingende Anforderungen vorzuschreiben, die sich je nach Fleischsorte unterscheiden können, wobei der Grundsatz der Verhältnismäßigkeit und der Verwaltungsaufwand für Lebensmittelunternehmer und Aufsichtsbehörden zu berücksichtigen sind.

(32) Auf der Grundlage vertikaler Ansätze sind bereits zwingende Ursprungsangaben ausgearbeitet worden, so etwa für Honig (²), Obst und Gemüse (³), Fisch (⁴), Rindfleisch und Rindfleischerzeugnisse (⁵) sowie Olivenöl (⁶). Es muss geprüft werden, ob es möglich ist, auch für andere Lebensmittel Ursprungsangaben verbindlich vorzuschreiben. Daher sollte die Kommission ersucht werden, Berichte zu folgenden Lebensmitteln zu erstellen: andere Fleischsorten als Rind-, Schweine-, Schaf-, Ziegen- und Geflügelfleisch; Milch; Milch, die als Zu-

---

(¹) Verordnung (EG) Nr. 1760/2000 des Europäischen Parlaments und des Rates vom 17. Juli 2000 zur Einführung eines Systems zur Kennzeichnung und Registrierung von Rindern und über die Etikettierung von Rindfleisch und Rindfleischerzeugnissen (ABl. L 204 vom 11.8.2000, S. 1).
(²) Richtlinie 2001/110/EG des Rates vom 20. Dezember 2001 über Honig (ABl. L 10 vom 12.1.2002, S. 47).
(³) Verordnung (EG) Nr. 1580/2007 der Kommission vom 21. Dezember 2007 mit Durchführungsbestimmungen zu den Verordnungen (EG) Nr. 2200/96, (EG) Nr. 2201/96 und (EG) Nr. 1182/2007 des Rates im Sektor Obst und Gemüse (ABl. L 350 vom 31.12.2007, S. 1).
(⁴) Verordnung (EG) Nr. 104/2000 des Rates vom 17. Dezember 1999 über die gemeinsame Marktorganisation für Erzeugnisse der Fischerei und der Aquakultur (ABl. L 17 vom 21.1.2000, S. 22).
(⁵) Verordnung (EG) Nr. 1760/2000.
(⁶) Verordnung (EG) Nr. 1019/2002 der Kommission vom 13. Juni 2002 mit Vermarktungsvorschriften für Olivenöl (ABl. L 155 vom 14.6.2002, S. 27).

tat in Milchprodukten verwendet wird; als Zutat verwendetem Fleisch; unverarbeiteten Lebensmitteln; Erzeugnisse aus einer Zutat; sowie Zutaten, die über 50 % eines Lebensmittels ausmachen. Da Milch als eines der Erzeugnisse gilt, für die eine Ursprungsangabe von besonderem Interesse ist, sollte der Bericht der Kommission zu diesem Erzeugnis baldmöglichst vorgelegt werden. Die Kommission kann auf der Grundlage der Schlussfolgerungen solcher Berichte Vorschläge zur Änderung der einschlägigen Unionsvorschriften vorlegen oder gegebenenfalls neue Initiativen für die verschiedenen Sektoren ergreifen.

(33) Die nicht präferenziellen Ursprungsregeln der Union sind in der Verordnung (EWG) Nr. 2913/92 des Rates vom 12. Oktober 1992 zur Festlegung des Zollkodex der Gemeinschaften (¹) und ihren Durchführungsvorschriften gemäß der Verordnung (EWG) Nr. 2454/93 der Kommission vom 2. Juli 1993 mit Durchführungsvorschriften zu der Verordnung (EWG) Nr. 2913/92 des Rates zur Festlegung des Zollkodex der Gemeinschaften (²) festgelegt. Die Bestimmung des Ursprungslands von Lebensmitteln wird auf den genannten Vorschriften beruhen, die den Lebensmittelunternehmern und Behörden bereits bekannt sind, und sollte deren Umsetzung erleichtern.

(34) Die Nährwertdeklaration für Lebensmittel bezieht sich auf Informationen zum Energiegehalt und zu bestimmten Nährstoffen in Lebensmitteln. Die Pflicht zur Information über den Nährwert auf der Verpackung sollte Ernährungsmaßnahmen als Bestandteil der Gesundheitspolitik ergänzen, die wissenschaftliche Empfehlungen im Bereich der Aufklärung der Öffentlichkeit über Ernährungsfragen umfassen und eine fundierte Auswahl von Lebensmitteln fördern können.

(35) Aus Gründen der Vergleichbarkeit von Produkten in unterschiedlichen Packungsgrößen ist es sinnvoll, weiterhin vorzuschreiben, dass sich die verpflichtende Nährwertdeklaration auf Mengen von 100 g oder 100 ml beziehen sollte, und gegebenenfalls zusätzliche Angaben auf Portionsbasis zuzulassen. Ist das Lebensmittel in Form von Einzelportionen oder Verzehreinheiten vorverpackt, sollte zusätzlich zur Angabe je 100 g oder je 100 ml eine Nährwertdeklaration je Portion oder je Verzehreinheit zulässig sein. Damit vergleichbare Angaben zu den Portionen oder den Verzehreinheiten bereitgestellt werden, sollte der Kommission die Befugnis übertragen werden, Vorschriften über die Nährwertdeklaration je Portion oder je Verzehreinheit bei bestimmten Klassen von Lebensmitteln zu erlassen.

(36) Im Weißbuch der Kommission wurden bestimmte Nährwertelemente, die für die öffentliche Gesundheit von Bedeutung sind, wie gesättigtes Fett, Zucker oder Natrium, besonders hervorgehoben. Deshalb sollten die Anforderungen an die verpflichtenden Informationen zum Nährwert diese Elemente berücksichtigen.

(37) Da das Ziel dieser Verordnung darin besteht, dem Endverbraucher eine Grundlage für eine fundierte Wahl zu schaffen, ist es wichtig, in diesem Zusammenhang dafür zu sorgen, dass die auf der Kennzeichnung angegebenen Informationen für den Endverbraucher leicht verständlich sind. Daher ist es angezeigt, auf der Kennzeichnung die Bezeichnung „Salz" anstelle der entsprechenden Nährstoffbezeichnung „Natrium" zu verwenden.

(¹) ABl. L 302 vom 19.10.1992, S. 1.
(²) ABl. L 253 vom 11.10.1993, S. 1.

(38) Im Interesse der Stimmigkeit und Kohärenz des Unionsrechts sollten freiwillige nährwert- oder gesundheitsbezogene Angaben auf den Etiketten von Lebensmitteln der Verordnung (EG) Nr. 1924/2006 des Europäischen Parlaments und des Rates vom 20. Dezember 2006 über nährwert- und gesundheitsbezogene Angaben über Lebensmittel entsprechen ([1]).

(39) Um eine unnötige Belastung der Lebensmittelunternehmen zu vermeiden, sollten bestimmte Klassen von Lebensmitteln, die unverarbeitet sind oder bei denen Informationen zum Nährwert für die Kaufentscheidung der Verbraucher nicht ausschlaggebend sind oder deren Verpackung zu klein ist, um die Pflichtkennzeichnung aufzubringen, von der Pflicht zur Bereitstellung einer Nährwertdeklaration ausgenommen werden, es sei denn, andere Rechtsvorschriften der Union sehen bereits eine Pflicht zur Bereitstellung solcher Information vor.

(40) Angesichts der Besonderheiten alkoholischer Getränke sollte die Kommission aufgefordert werden, die Anforderungen an Informationen für diese Produkte weiter zu analysieren. Daher sollte die Kommission innerhalb von drei Jahren nach Inkrafttreten dieser Verordnung einen Bericht über die Anwendung der Anforderungen in Bezug auf die Bereitstellung von Informationen über die Zutaten in alkoholischen Getränken und deren Nährwert ausarbeiten, wobei sie die erforderliche Kohärenz mit anderen einschlägigen Politikbereichen der Union berücksichtigen sollte. Unter Berücksichtigung der Entschließung des Europäischen Parlaments vom 5. September 2007 zur EU-Strategie zur Unterstützung der Mitgliedstaaten bei der Verringerung alkoholbedingter Schäden ([2]), der Stellungnahme des Europäischen Wirtschafts- und Sozialausschusses ([3]), der Tätigkeiten der Kommission und der allgemeinen Besorgnis wegen der durch Alkohol bedingten Schäden insbesondere bei jungen und empfindlichen Verbrauchern sollte die Kommission nach Konsultation der betroffenen Akteure und der Mitgliedstaaten prüfen, ob eine Begriffsbestimmung für Getränke wie „Alkopops", die gezielt auf junge Menschen ausgerichtet sind, erforderlich ist. Die Kommission sollte gegebenenfalls auch spezielle Anforderungen in Bezug auf alkoholische Getränke im Rahmen dieser Verordnung vorschlagen.

(41) Damit die Informationen zum Nährwert den Durchschnittsverbraucher ansprechen und den Informationszweck erfüllen, für den sie eingeführt werden, sollten sie – in Anbetracht des derzeitigen Kenntnisstands über das Thema Ernährung – einfach und leicht verständlich sein. Es kann den Verbraucher verwirren, wenn ein Teil der Informationen zum Nährwert im allgemein als Packungsvorderseite bekannten Hauptsichtfeld und ein Teil auf einer anderen Packungsseite, wie z. B. der Packungsrückseite, steht. Deshalb sollten alle Bestandteile der Nährwertdeklaration im selben Sichtfeld stehen. Ferner können auf freiwilliger Basis die wichtigsten Bestandteile der Nährwertdeklaration ein weiteres Mal im Hauptsichtfeld erscheinen, damit die Verbraucher die wesentlichen Informationen zum Nährwert beim Kauf von Lebensmitteln leicht sehen können. Es könnte den Verbraucher verwirren, wenn frei gewählt werden kann, welche Informationen ein weiteres Mal erscheinen. Deshalb ist es notwendig zu präzisieren, welche Informationen ein weiteres Mal erscheinen dürfen.

---

[1] ABl. L 404 vom 30.12.2006, S. 9.
[2] ABl. C 187 E vom 24.7.2008, S. 160.
[3] ABl. C 77 vom 31.3.2009, S. 81.

(42) Um die Lebensmittelunternehmer dazu anzuhalten, die in der Nährwertdeklaration vorgesehenen Informationen über Lebensmittel, wie alkoholische Getränke und unverpackte Lebensmittel, für die unter Umständen keine Nährwertdeklaration vorgeschrieben ist, auf freiwilliger Basis zu erteilen, sollte es möglich sein, die Nährwertdeklaration auf bestimmte Bestandteile zu beschränken. Dennoch ist es angezeigt, eindeutig festzulegen, welche Informationen freiwillig erteilt werden können, damit die Verbraucher durch die freie Wahl der Lebensmittelunternehmen nicht irregeführt werden.

(43) In jüngster Zeit hat es bei der Nährwertdeklaration, die von der Angabe je 100 g, je 100 ml oder je Portion abweicht, bzw. bei ihrer Darstellungsform insofern Entwicklungen gegeben, als von einigen Mitgliedstaaten und Organisationen der Lebensmittelbranche grafische Formen oder Symbole verwendet werden. Diese zusätzlichen Angabe- und Darstellungsformen können dem Verbraucher helfen, die Nährwertdeklaration besser zu verstehen. Es gibt jedoch unionsweit keinen gültigen hinreichenden Nachweis dafür, wie der Durchschnittsverbraucher diese zusätzlichen Angabe- und Darstellungsformen versteht und verwendet. Daher ist es angezeigt zuzulassen, auf Grundlage der in dieser Verordnung festgelegten Kriterien weitere Angabe- und Darstellungsformen zu entwickeln, und die Kommission zu ersuchen, einen Bericht darüber zu erstellen, inwieweit diese Angabe- und Darstellungsformen verwendet werden, wie sie sich auf den Binnenmarkt auswirken und ob eine weitere Harmonisierung angezeigt ist.

(44) Um der Kommission bei der Erstellung dieses Berichts zu helfen, sollten die Mitgliedstaaten ihr einschlägige Informationen über die auf dem Markt in ihrem Hoheitsgebiet verwendeten zusätzlichen Angabe- und Darstellungsformen bei der Nährwertdeklaration übermitteln. Deshalb sollten die Mitgliedstaaten ermächtigt werden, Lebensmittelunternehmer, die in ihrem Hoheitsgebiet Lebensmittel mit zusätzlichen Angabe- und Darstellungsformen in Verkehr bringen, zu verpflichten, den nationalen Behörden die Verwendung dieser zusätzlichen Formen mitzuteilen und einschlägige Belege dafür vorzulegen, dass die Anforderungen dieser Verordnung erfüllt sind.

(45) Die Entwicklung zusätzlicher Angabe- und Darstellungsformen bei der Nährwertdeklaration sollte in gewissem Grade kohärent verlaufen. Daher sollte es unterstützt werden, dass die Mitgliedstaaten sich untereinander und mit der Kommission fortlaufend über bewährte Verfahren und Erfahrungen austauschen und dass sich auch andere Akteure an diesem Austausch beteiligen.

(46) Die Angabe der Mengen der einzelnen Nährwertelemente und von vergleichenden Indikatoren, die in leicht erkennbarer Form im selben Blickfeld erscheinen soll, damit die ernährungsphysiologischen Eigenschaften eines Lebensmittels beurteilt werden können, sollte in ihrer Gesamtheit als Bestandteil der Nährwertdeklaration betrachtet und nicht als Gruppe von Einzelangaben behandelt werden.

(47) Erfahrungsgemäß wird die Klarheit der verpflichtenden Informationen über Lebensmittel in vielen Fällen durch freiwillig hinzugefügte Informationen beeinträchtigt. Aus diesem Grund sollten Kriterien festgelegt werden, mit deren Hilfe die Lebensmittelunternehmer und Aufsichtsbehörden für ein ausgewogenes Verhältnis zwischen verpflichtenden und freiwilligen Informationen sorgen können.

(48) Die Mitgliedstaaten sollten weiterhin die Möglichkeit haben, entsprechend den örtlichen Gegebenheiten und praktischen Umständen Regelungen über die Bereitstellung von Informationen über nicht vorverpackte Lebensmittel festzulegen. Obgleich die Verbraucher in solchen Fällen kaum andere Informationen verlangen, betrachten sie Informationen über potenzielle Allergene als sehr wichtig. Es hat sich gezeigt, dass die meisten Fälle von Lebensmittelallergien durch nicht vorverpackte Lebensmittel ausgelöst werden. Deshalb sollten die Verbraucher Informationen über potenzielle Allergene immer erhalten.

(49) Es sollte den Mitgliedstaaten nicht gestattet sein, in Bezug auf die durch diese Verordnung speziell harmonisierten Aspekte einzelstaatliche Vorschriften zu erlassen, es sei denn, das Unionsrecht gestattet dies. Diese Verordnung sollte die Mitgliedstaaten nicht daran hindern, einzelstaatliche Maßnahmen zu nicht speziell durch diese Verordnung harmonisierten Aspekten zu erlassen. Allerdings sollten diese einzelstaatlichen Maßnahmen nicht den freien Verkehr der Waren, die dieser Verordnung entsprechen, unterbinden, behindern oder einschränken.

(50) Die Verbraucher in der Union sind zunehmend daran interessiert, dass beim Schlachten die Tierschutzvorschriften der Union angewandt werden, und möchten unter anderem wissen, ob die Tiere vor dem Schlachten betäubt wurden. In diesem Zusammenhang sollte im Rahmen einer künftigen Strategie der Union für den Tierschutz und das Wohlergehen der Tiere die Durchführung einer Studie in Betracht gezogen werden, in der untersucht wird, ob den Verbrauchern einschlägige Informationen über die Betäubung von Tieren zur Verfügung gestellt werden sollten.

(51) Die Vorschriften über Lebensmittelinformationen sollten an sich rasch wandelnde soziale, wirtschaftliche und technologische Rahmenbedingungen angepasst werden können.

(52) Die Mitgliedstaaten sollten amtliche Kontrollen durchführen, um die Einhaltung der vorliegenden Verordnung gemäß der Verordnung (EG) Nr. 882/2004 des Europäischen Parlaments und des Rates vom 29. April 2004 über amtliche Kontrollen zur Überprüfung der Einhaltung des Lebensmittel- und Futtermittelrechts sowie der Bestimmungen über Tiergesundheit und Tierschutz durchzusetzen ([1]).

(53) Die Bezugnahmen auf die Richtlinie 90/496/EWG in der Verordnung (EG) Nr. 1924/2006 und in der Verordnung (EG) Nr. 1925/2006 des Europäischen Parlaments und des Rates vom 20. Dezember 2006 über den Zusatz von Vitaminen und Mineralstoffen sowie bestimmten anderen Stoffen zu Lebensmitteln ([2]) sollten unter Berücksichtigung der vorliegenden Verordnung aktualisiert werden. Die Verordnungen (EG) Nr. 1924/2006 und (EG) Nr. 1925/2006 sollten daher entsprechend geändert werden.

(54) Unregelmäßige und häufige Aktualisierungen der Anforderungen an Informationen für Lebensmittel können zu einem erheblichen Verwaltungsaufwand für Lebensmittelunternehmen, insbesondere für kleine und mittlere Unternehmen, führen. Daher sollte sichergestellt werden, dass Maßnahmen, die die Kommission in Ausübung der ihr durch diese Verordnung übertragenen Befugnisse erlassen kann, nach einer angemessenen Übergangsfrist in jedem Kalenderjahr

---

([1]) ABl. L 165 vom 30.4.2004, S. 1.
([2]) ABl. L 404 vom 30.12.2006, S. 26.

am selben Tag zur Anwendung gelangen. Ausnahmen von diesem Grundsatz sollten in Notfällen gestattet sein, sofern die betreffenden Maßnahmen dem Schutz der menschlichen Gesundheit dienen.

(55) Damit die Lebensmittelunternehmer die Kennzeichnung ihrer Erzeugnisse an die mit dieser Verordnung eingeführten neuen Anforderungen anpassen können, ist es wichtig, angemessene Übergangsfristen für die Anwendung dieser Verordnung festzulegen.

(56) In Anbetracht der Tatsache, dass die Anforderungen an die Nährwertkennzeichnung – insbesondere in Bezug auf den Inhalt der Nährwertdeklaration – mit dieser Verordnung erheblich geändert werden, sollte den Lebensmittelunternehmern gestattet werden, diese Verordnung schon früher als vorgeschrieben anzuwenden.

(57) Da die Ziele dieser Verordnung auf Ebene der Mitgliedstaaten nicht ausreichend verwirklicht werden können und daher besser auf Unionsebene zu erreichen sind, kann die Union im Einklang mit dem in Artikel 5 des Vertrags über die Europäische Union niedergelegten Subsidiaritätsprinzip tätig werden. Entsprechend dem in demselben Artikel genannten Grundsatz der Verhältnismäßigkeit geht diese Verordnung nicht über das zur Erreichung dieser Ziele erforderliche Maß hinaus.

(58) Der Kommission sollte die Befugnis übertragen werden, gemäß Artikel 290 AEUV delegierte Rechtsakte zu erlassen, in denen unter anderem Folgendes geregelt wird: die Bereitstellung bestimmter verpflichtender Angaben auf andere Weise als auf der Verpackung oder auf dem Etikett, das Verzeichnis der Lebensmittel, für die kein Zutatenverzeichnis erforderlich ist, die Überprüfung des Verzeichnisses der Stoffe oder Erzeugnisse, die Allergien oder Unverträglichkeiten auslösen, oder das Verzeichnis der Nährwerte, die freiwillig deklariert werden dürfen. Es ist von besonderer Wichtigkeit, dass die Kommission im Zuge ihrer Vorbereitungsarbeit angemessene Konsultationen, auch auf der Ebene von Sachverständigen, durchführt. Bei der Vorbereitung und Ausarbeitung delegierter Rechtsakte sollte die Kommission gewährleisten, dass die einschlägigen Dokumente dem Europäischen Parlament und dem Rat gleichzeitig, rechtzeitig und auf angemessene Weise übermittelt werden.

(59) Zur Gewährleistung einheitlicher Bedingungen für die Durchführung dieser Verordnung sollten der Kommission Durchführungsbefugnisse übertragen werden, damit sie Durchführungsrechtsakte erlassen kann, in denen unter anderem Folgendes geregelt wird: die Modalitäten für die Angabe einer oder mehrerer Informationen mit Hilfe von Piktogrammen oder Symbolen statt mit Worten oder Zahlen, die Art und Weise, in der das Mindesthaltbarkeitsdatum anzugeben ist, die Art und Weise, in der bei Fleisch das Ursprungsland oder der Herkunftsort anzugeben ist, die Genauigkeit der in der Nährwertdeklaration anzugebenden Werte oder die Angabe je Portion oder je Verzehreinheit in der Nährwertdeklaration. Diese Befugnisse sollten im Einklang mit der Verordnung (EU) Nr. 182/2011 des Europäischen Parlaments und des Rates vom 16. Februar 2011 zur Festlegung der allgemeinen Regeln und Grundsätze, nach denen die Mitgliedstaaten die Wahrnehmung der Durchführungsbefugnisse durch die Kommission kontrollieren ([1]), wahrgenommen werden –

---

[1] ABl. L 55 vom 28.2.2011, S. 13.

HABEN FOLGENDE VERORDNUNG ERLASSEN:

KAPITEL I
ALLGEMEINE VORSCHRIFTEN

Artikel 1

Gegenstand und Anwendungsbereich

(1) Diese Verordnung bildet die Grundlage für die Gewährleistung eines hohen Verbraucherschutzniveaus in Bezug auf Informationen über Lebensmittel unter Berücksichtigung der unterschiedlichen Erwartungen der Verbraucher und ihrer unterschiedlichen Informationsbedürfnisse bei gleichzeitiger Gewährleistung des reibungslosen Funktionierens des Binnenmarkts.

(2) Diese Verordnung legt allgemeine Grundsätze, Anforderungen und Zuständigkeiten für die Information über Lebensmittel und insbesondere für die Kennzeichnung von Lebensmitteln fest. Unter Berücksichtigung der Notwendigkeit einer hinreichenden Flexibilität, damit künftigen Entwicklungen und neuen Informationserfordernissen Rechnung getragen werden kann, legt sie die Mittel zur Wahrung des Rechts der Verbraucher auf Information und die Verfahren für die Bereitstellung von Informationen über Lebensmittel fest.

(3) Diese Verordnung gilt für Lebensmittelunternehmer auf allen Stufen der Lebensmittelkette, sofern deren Tätigkeiten die Bereitstellung von Information über Lebensmittel an die Verbraucher betreffen. Sie gilt für alle Lebensmittel, die für den Endverbraucher bestimmt sind, einschließlich Lebensmitteln, die von Anbietern von Gemeinschaftsverpflegung abgegeben werden, sowie für Lebensmittel, die für die Lieferung an Anbieter von Gemeinschaftsverpflegung bestimmt sind.

Diese Verordnung gilt für durch Verkehrsunternehmen erbrachte Verpflegungsdienstleistungen, wenn der Abfahrtsort innerhalb der Hoheitsgebiete der Mitgliedstaaten liegt, für die die Verträge gelten.

(4) Diese Verordnung gilt unbeschadet der in speziellen Rechtsvorschriften der Union für bestimmte Lebensmittel enthaltenen Kennzeichnungsvorschriften.

Artikel 2

Begriffsbestimmungen

(1) Für die Zwecke dieser Verordnung gelten folgende Begriffsbestimmungen:

a) die Begriffsbestimmungen für „Lebensmittel", „Lebensmittelrecht", „Lebensmittelunternehmen", „Lebensmittelunternehmer", „Einzelhandel", „Inverkehrbringen" und „Endverbraucher" in Artikel 2 und Artikel 3 Absätze 1, 2, 3, 7, 8 und 18 der Verordnung (EG) Nr. 178/2002;

b) die Begriffsbestimmungen für „Verarbeitung", „unverarbeitete Erzeugnisse" und „Verarbeitungserzeugnisse" in Artikel 2 Absatz 1 Buchstaben m, n und o der Verordnung (EG) Nr. 852/2004 des Europäischen Parlaments und des Rates vom 29. April 2004 über Lebensmittelhygiene ([1]);

([1]) ABl. L 139 vom 30.4.2004, S. 1.

c) die Begriffsbestimmung für „Lebensmittelenzym" in Artikel 3 Absatz 2 Buchstabe a der Verordnung (EG) Nr. 1332/2008 des Europäischen Parlaments und des Rates vom 16. Dezember 2008 über Lebensmittelenzyme ([1]);

d) die Begriffsbestimmungen für „Lebensmittelzusatzstoff" und „Verarbeitungshilfsstoff" und „Trägerstoff" in Artikel 3 Absatz 2 Buchstaben a und b und Anhang I Ziffer 5 der Verordnung (EG) Nr. 1333/2008 des Europäischen Parlaments und des Rates vom 16. Dezember 2008 über Lebensmittelzusatzstoffe ([2]);

e) die Begriffsbestimmung für „Aroma" in Artikel 3 Absatz 2 Buchstabe a der Verordnung (EG) Nr. 1334/2008 des Europäischen Parlaments und des Rates vom 16. Dezember 2008 über Aromen und bestimmte Lebensmittelzutaten mit Aromaeigenschaften zur Verwendung in und auf Lebensmitteln ([3]);

f) die Begriffsbestimmungen für „Fleisch", „Separatorenfleisch", „Fleischzubereitungen", „Fischereierzeugnisse" und „Fleischerzeugnisse" in Anhang I Nummern 1.1, 1.14, 1.15, 3.1 und 7.1 der Verordnung (EG) Nr. 853/2004 des Europäischen Parlaments und des Rates vom 29. April 2004 mit spezifischen Hygienevorschriften für Lebensmittel tierischen Ursprungs ([4]);

g) die Begriffsbestimmung für „Werbung" in Artikel 2 Buchstabe a der Richtlinie 2006/114/EG des Europäischen Parlaments und des Rates vom 12. Dezember 2006 über irreführende und vergleichende Werbung ([5]);

(2) Ferner bezeichnet der Ausdruck

a) „Information über Lebensmittel" jede Information, die ein Lebensmittel betrifft und dem Endverbraucher durch ein Etikett, sonstiges Begleitmaterial oder in anderer Form, einschließlich über moderne technologische Mittel oder mündlich, zur Verfügung gestellt wird;

b) „Lebensmittelinformationsrecht" die Unionsvorschriften auf dem Gebiet der Information über Lebensmittel, insbesondere Kennzeichnungsvorschriften, einschließlich Vorschriften allgemeiner Art, die unter bestimmten Umständen für alle Lebensmittel oder für bestimmte Klassen von Lebensmittel gelten, sowie Vorschriften, die nur für bestimmte Lebensmittel gelten;

c) „verpflichtende Informationen über Lebensmittel" diejenigen Angaben, die dem Endverbraucher aufgrund von Unionsvorschriften bereitgestellt werden müssen;

d) „Anbieter von Gemeinschaftsverpflegung" Einrichtungen jeder Art (darunter auch Fahrzeuge oder fest installierte oder mobile Stände) wie Restaurants, Kantinen, Schulen, Krankenhäuser oder Catering-Unternehmen, in denen im Rahmen einer gewerblichen Tätigkeit Lebensmittel für den unmittelbaren Verzehr durch den Endverbraucher zubereitet werden;

e) „vorverpacktes Lebensmittel" jede Verkaufseinheit, die als solche an den Endverbraucher und an Anbieter von Gemeinschaftsverpflegung abgegeben werden soll und die aus einem Lebensmittel und der Verpackung besteht, in die das Lebensmittel vor dem Feilbieten verpackt worden ist, gleichviel, ob

---

[1] ABl. L 354 vom 31.12.2008, S. 7.
[2] ABl. L 354 vom 31.12.2008, S. 16.
[3] ABl. L 354 vom 31.12.2008, S. 34.
[4] ABl. L 139 vom 30.4.2004, S. 55.
[5] ABl. L 376 vom 27.12.2006, S. 21.

die Verpackung es ganz oder teilweise umschließt, jedoch auf solche Weise, dass der Inhalt nicht verändert werden kann, ohne dass die Verpackung geöffnet werden muss oder eine Veränderung erfährt; Lebensmittel, die auf Wunsch des Verbrauchers am Verkaufsort verpackt oder im Hinblick auf ihren unmittelbaren Verkauf vorverpackt werden, werden von dem Begriff „vorverpacktes Lebensmittel" nicht erfasst;

f) „Zutat" jeden Stoff und jedes Erzeugnis, einschließlich Aromen, Lebensmittelzusatzstoffen und Lebensmittelenzymen, sowie jeden Bestandteil einer zusammengesetzten Zutat, der bei der Herstellung oder Zubereitung eines Lebensmittels verwendet wird und der – gegebenenfalls in veränderter Form – im Enderzeugnis vorhanden bleibt; Rückstände gelten nicht als „Zutaten";

g) „Herkunftsort" den Ort, aus dem ein Lebensmittel laut Angabe kommt und der nicht sein „Ursprungsland" im Sinne der Artikel 23 bis 26 der Verordnung (EWG) Nr. 2913/92 ist; der Name, die Firma oder die Anschrift des Lebensmittelunternehmens auf dem Etikett gilt nicht als Angabe des Ursprungslands oder Herkunftsorts von Lebensmitteln im Sinne dieser Verordnung;

h) „zusammengesetzte Zutat" eine Zutat, die selbst aus mehr als einer Zutat besteht;

i) „Etikett" alle Aufschriften, Marken- oder Kennzeichen, bildlichen oder anderen Beschreibungen, die auf die Verpackung oder das Behältnis des Lebensmittels geschrieben, gedruckt, geprägt, markiert, graviert oder gestempelt werden bzw. daran angebracht sind;

j) „Kennzeichnung" alle Wörter, Angaben, Hersteller- oder Handelsmarken, Abbildungen oder Zeichen, die sich auf ein Lebensmittel beziehen und auf Verpackungen, Schriftstücken, Tafeln, Etiketten, Ringen oder Verschlüssen jeglicher Art angebracht sind und dieses Lebensmittel begleiten oder sich auf dieses Lebensmittel beziehen;

k) „Sichtfeld" alle Oberflächen einer Verpackung, die von einem einzigen Blickpunkt aus gelesen werden können;

l) „Hauptsichtfeld" das Sichtfeld einer Verpackung, das vom Verbraucher beim Kauf höchstwahrscheinlich auf den ersten Blick wahrgenommen wird und ihm ermöglicht, die Beschaffenheit oder die Art und gegebenenfalls die Handelsmarke eines Produkts sofort zu erkennen. Hat eine Verpackung mehrere identische Hauptsichtfelder, gilt das vom Lebensmittelunternehmen ausgewählte Sichtfeld als Hauptsichtfeld;

m) „Lesbarkeit" das äußere Erscheinungsbild von Informationen, durch das die Informationen für die Allgemeinheit visuell zugänglich sind und das von verschiedenen Faktoren bestimmt wird, so u. a. der Schriftgröße, dem Buchstabenabstand, dem Zeilenabstand, der Strichstärke der Schrift, der Schriftfarbe, der Schriftart, dem Verhältnis zwischen Buchstabenbreite und -höhe, der Materialoberfläche und dem Kontrast zwischen Schrift und Hintergrund;

n) „rechtlich vorgeschriebene Bezeichnung" die Bezeichnung eines Lebensmittels, die durch die für dieses Lebensmittel geltenden Rechtsvorschriften der Union vorgeschrieben ist, oder, wenn es keine derartigen Unionsvorschriften gibt, die Bezeichnung, welche in den Rechts- und Verwaltungsvorschriften des Mitgliedstaats vorgesehen ist, in dem das Lebensmittel an die Endverbraucher oder Anbieter von Gemeinschaftsverpflegung verkauft wird;

o) „verkehrsübliche Bezeichnung" eine Bezeichnung, die von den Verbrauchern in dem Mitgliedstaat, in dem das Lebensmittel verkauft wird, als Bezeichnung dieses Lebensmittels akzeptiert wird, ohne dass eine weitere Erläuterung notwendig wäre;

p) „beschreibende Bezeichnung" eine Bezeichnung, die das Lebensmittel und erforderlichenfalls seine Verwendung beschreibt und die hinreichend genau ist, um es den Verbrauchern zu ermöglichen, die tatsächliche Art des Lebensmittels zu erkennen und es von Erzeugnissen zu unterscheiden, mit denen es verwechselt werden könnte;

q) „primäre Zutat" diejenige Zutat oder diejenigen Zutaten eines Lebensmittels, die über 50 % dieses Lebensmittels ausmachen oder die die Verbraucher üblicherweise mit der Bezeichnung des Lebensmittels assoziieren und für die in den meisten Fällen eine mengenmäßige Angabe vorgeschrieben ist;

r) „Mindesthaltbarkeitsdatum eines Lebensmittels" das Datum, bis zu dem dieses Lebensmittel bei richtiger Aufbewahrung seine spezifischen Eigenschaften behält;

s) „Nährstoff" Eiweiße, Kohlenhydrate, Fett, Ballaststoffe, Natrium, Vitamine und Mineralstoffe, die in Anhang XIII Teil A Nummer 1 dieser Verordnung aufgeführt sind, sowie Stoffe, die zu einer dieser Klassen gehören oder Bestandteil einer dieser Klassen sind.

t) „technisch hergestelltes Nanomaterial" jedes absichtlich hergestellte Material, das in einer oder mehreren Dimensionen eine Abmessung in der Größenordnung von 100 nm oder weniger aufweist oder deren innere Struktur oder Oberfläche aus funktionellen Kompartimenten besteht, von denen viele in einer oder mehreren Dimensionen eine Abmessung in der Größenordnung von 100 nm oder weniger haben, einschließlich Strukturen, Agglomerate und Aggregate, die zwar größer als 100 nm sein können, deren durch die Nanoskaligkeit bedingte Eigenschaften jedoch erhalten bleiben.

Zu den durch die Nanoskaligkeit bedingten Eigenschaften gehören

i) diejenigen Eigenschaften, die im Zusammenhang mit der großen spezifischen Oberfläche des betreffenden Materials stehen, und/oder

ii) besondere physikalisch-chemische Eigenschaften, die sich von den Eigenschaften desselben Materials in nicht nanoskaliger Form unterscheiden.

u) „Fernkommunikationstechnik" jedes Kommunikationsmittel, das zum Abschluss eines Vertrags zwischen einem Verbraucher und einem Lieferer ohne gleichzeitige körperliche Anwesenheit der Vertragsparteien eingesetzt werden kann.

(3) Für die Zwecke dieser Verordnung bezieht sich der Begriff „Ursprungsland eines Lebensmittels" auf den Ursprung eines Lebensmittels im Sinne der Artikel 23 bis 26 der Verordnung (EWG) Nr. 2913/92.

(4) Die speziellen Begriffsbestimmungen in Anhang I gelten ebenfalls.

KAPITEL II
ALLGEMEINE GRUNDSÄTZE DER INFORMATION ÜBER LEBENSMITTEL

Artikel 3
Allgemeine Ziele

(1) Die Bereitstellung von Informationen über Lebensmittel dient einem umfassenden Schutz der Gesundheit und Interessen der Verbraucher, indem Endverbrauchern eine Grundlage für eine fundierte Wahl und die sichere Verwendung von Lebensmitteln unter besonderer Berücksichtigung von gesundheitlichen, wirtschaftlichen, umweltbezogenen, sozialen und ethischen Gesichtspunkten geboten wird.

(2) Ziel des Lebensmittelinformationsrechts ist es, in der Union den freien Verkehr von rechtmäßig erzeugten und in Verkehr gebrachten Lebensmitteln zu gewährleisten, wobei gegebenenfalls die Notwendigkeit des Schutzes der berechtigten Interessen der Erzeuger und der Förderung der Erzeugung qualitativ guter Erzeugnisse zu berücksichtigen ist.

(3) Werden im Lebensmittelinformationsrecht neue Anforderungen eingeführt, so wird für die Zeit nach dem Inkrafttreten der neuen Anforderungen – außer in hinreichend begründeten Fällen – eine Übergangsfrist gewährt. Während dieser Übergangsfrist dürfen Lebensmittel, deren Etikett nicht den neuen Anforderungen entspricht, in Verkehr gebracht werden, und dürfen die Bestände solcher Lebensmittel, die vor dem Ablauf der Übergangsfrist in Verkehr gebracht wurden, bis zur Erschöpfung der Bestände verkauft werden.

(4) Bei der Erarbeitung, Bewertung und Überprüfung des Lebensmittelinformationsrechts ist unmittelbar oder über Vertretungsgremien in offener und transparenter Weise eine Konsultation der Öffentlichkeit, einschließlich der betroffenen Akteure, durchzuführen, es sei denn, dies ist aus Dringlichkeitsgründen nicht möglich.

Artikel 4
Grundsätze für verpflichtende Informationen über Lebensmittel

(1) Schreibt das Lebensmittelinformationsrecht verpflichtende Informationen über Lebensmittel vor, so gilt dies insbesondere für Informationen, die unter eine der folgenden Kategorien fallen:

a) Informationen zu Identität und Zusammensetzung, Eigenschaften oder sonstigen Merkmalen des Lebensmittels;

b) Informationen zum Schutz der Gesundheit der Verbraucher und zur sicheren Verwendung eines Lebensmittels. Hierunter fallen insbesondere Informationen zu

   i) einer Zusammensetzung, die für die Gesundheit bestimmter Gruppen von Verbrauchern schädlich sein könnte;

   ii) Haltbarkeit, Lagerung und sicherer Verwendung;

   iii) den Auswirkungen auf die Gesundheit, insbesondere zu den Risiken und Folgen eines schädlichen und gefährlichen Konsums von Lebensmitteln;

c) Informationen zu ernährungsphysiologischen Eigenschaften, damit die Verbraucher – auch diejenigen mit besonderen Ernährungsbedürfnissen – eine fundierte Wahl treffen können.

(2) Bei der Prüfung, ob verpflichtende Informationen über Lebensmittel erforderlich sind, und um Verbraucher zu einer fundierten Wahl zu befähigen, ist zu berücksichtigen, ob ein weit verbreiteter, eine Mehrheit der Verbraucher betreffender Bedarf an bestimmten Informationen besteht, denen sie erhebliche Bedeutung beimessen, oder ob Verbrauchern durch verpflichtende Informationen nach allgemeiner Auffassung ein Nutzen entsteht.

Artikel 5
Anhörung der Europäischen Behörde für Lebensmittelsicherheit

Alle Maßnahmen der Union auf dem Gebiet des Lebensmittelinformationsrechts, die sich auf die öffentliche Gesundheit auswirken können, werden nach Anhörung der Europäischen Behörde für Lebensmittelsicherheit („European Food Safety Agency – EFSA") erlassen.

KAPITEL III
ALLGEMEINE ANFORDERUNGEN AN DIE INFORMATION ÜBER LEBENSMITTEL UND PFLICHTEN DER LEBENSMITTELUNTERNEHMER

Artikel 6
Grundlegende Anforderung

Jedem Lebensmittel, das für die Lieferung an Endverbraucher oder Anbieter von Gemeinschaftsverpflegung bestimmt ist, sind Informationen nach Maßgabe dieser Verordnung beizufügen.

Artikel 7
Lauterkeit der Informationspraxis

(1) Informationen über Lebensmittel dürfen nicht irreführend sein, insbesondere
a) in Bezug auf die Eigenschaften des Lebensmittels, insbesondere in Bezug auf Art, Identität, Eigenschaften, Zusammensetzung, Menge, Haltbarkeit, Ursprungsland oder Herkunftsort und Methode der Herstellung oder Erzeugung;
b) indem dem Lebensmittel Wirkungen oder Eigenschaften zugeschrieben werden, die es nicht besitzt;
c) indem zu verstehen gegeben wird, dass sich das Lebensmittel durch besondere Merkmale auszeichnet, obwohl alle vergleichbaren Lebensmittel dieselben Merkmale aufweisen, insbesondere durch besondere Hervorhebung des Vorhandenseins oder Nicht-Vorhandenseins bestimmter Zutaten und/oder Nährstoffe;

d) indem durch das Aussehen, die Bezeichnung oder bildliche Darstellungen das Vorhandensein eines bestimmten Lebensmittels oder einer Zutat suggeriert wird, obwohl tatsächlich in dem Lebensmittel ein von Natur aus vorhandener Bestandteil oder eine normalerweise in diesem Lebensmittel verwendete Zutat durch einen anderen Bestandteil oder eine andere Zutat ersetzt wurde;

(2) Informationen über Lebensmittel müssen zutreffend, klar und für die Verbraucher leicht verständlich sein.

(3) Vorbehaltlich der in den Unionsvorschriften über natürliche Mineralwässer und über Lebensmittel, die für eine besondere Ernährung bestimmt sind, vorgesehenen Ausnahmen dürfen Informationen über ein Lebensmittel diesem keine Eigenschaften der Vorbeugung, Behandlung oder Heilung einer menschlichen Krankheit zuschreiben oder den Eindruck dieser Eigenschaften entstehen lassen.

(4) Die Absätze 1, 2 und 3 gelten auch für

a) die Werbung;

b) die Aufmachung von Lebensmitteln, insbesondere für ihre Form, ihr Aussehen oder ihre Verpackung, die verwendeten Verpackungsmaterialien, die Art ihrer Anordnung und den Rahmen ihrer Darbietung.

Artikel 8

Verantwortlichkeiten

(1) Verantwortlich für die Information über ein Lebensmittel ist der Lebensmittelunternehmer, unter dessen Namen oder Firma das Lebensmittel vermarktet wird, oder, wenn dieser Unternehmer nicht in der Union niedergelassen ist, der Importeur, der das Lebensmittel in die Union einführt.

(2) Der für die Information über das Lebensmittel verantwortliche Lebensmittelunternehmer gewährleistet gemäß dem anwendbaren Lebensmittelinformationsrecht und den Anforderungen der einschlägigen einzelstaatlichen Rechtsvorschriften das Vorhandensein und die Richtigkeit der Informationen über das Lebensmittel.

(3) Lebensmittelunternehmer, deren Tätigkeiten die Informationen über Lebensmittel nicht beeinflussen, dürfen keine Lebensmittel abgeben, von denen sie aufgrund der ihnen im Rahmen ihrer Berufstätigkeit vorliegenden Informationen wissen oder annehmen müssen, dass sie dem anwendbaren Lebensmittelinformationsrecht und den Anforderungen der einschlägigen einzelstaatlichen Rechtsvorschriften nicht entsprechen.

(4) Lebensmittelunternehmer dürfen in den ihrer Kontrolle unterstehenden Unternehmen keine Änderung der Informationen zu einem Lebensmittel vornehmen, wenn diese Änderung den Endverbraucher irreführen oder in anderer Weise den Verbraucherschutz und die Möglichkeit des Endverbrauchers, eine fundierte Wahl zu treffen, verringern würde. Die Lebensmittelunternehmer sind für jede Änderung, die sie an den Informationen zu einem Lebensmittel vornehmen, verantwortlich.

(5) Unbeschadet der Absätze 2 bis 4 stellen die Lebensmittelunternehmer in den ihrer Kontrolle unterstehenden Unternehmen die Einhaltung der für ihre Tätigkeiten relevanten Anforderungen des Lebensmittelinformationsrechts und der einschlägigen einzelstaatlichen Rechtsvorschriften sicher und prüfen die Einhaltung dieser Vorschriften nach.

(6) Die Lebensmittelunternehmer stellen in den ihrer Kontrolle unterstehenden Unternehmen sicher, dass Informationen über nicht vorverpackte Lebensmittel, die für die Abgabe an Endverbraucher oder Anbieter von Gemeinschaftsverpflegung bestimmt sind, an den Lebensmittelunternehmer übermittelt werden, der die Lebensmittel erhält, damit erforderlichenfalls verpflichtende Informationen über das Lebensmittel an den Endverbraucher weitergegeben werden können.

(7) In folgenden Fällen stellen die Lebensmittelunternehmer in den ihrer Kontrolle unterstehenden Unternehmen sicher, dass die nach den Artikeln 9 und 10 verlangten verpflichtenden Angaben auf der Vorverpackung oder auf einem mit ihr verbundenen Etikett oder aber auf den Handelspapieren, die sich auf das Lebensmittel beziehen, erscheinen, sofern gewährleistet werden kann, dass diese Papiere entweder dem Lebensmittel, auf das sie sich beziehen, beiliegen oder aber vor oder gleichzeitig mit der Lieferung versendet wurden:

a) wenn vorverpackte Lebensmittel für den Endverbraucher bestimmt sind, aber auf einer dem Verkauf an den Endverbraucher vorangehenden Stufe vermarktet werden, sofern auf dieser Stufe nicht der Verkauf an einen Anbieter von Gemeinschaftsverpflegung erfolgt;

b) wenn vorverpackte Lebensmittel für die Abgabe an Anbieter von Gemeinschaftsverpflegung bestimmt sind, um dort zubereitet, verarbeitet, aufgeteilt oder geschnitten zu werden.

Ungeachtet des Unterabsatzes 1 stellen Lebensmittelunternehmer sicher, dass die in Artikel 9 Absatz 1 Buchstaben a, f, g und h genannten Angaben auch auf der Außenverpackung erscheinen, in der die vorverpackten Lebensmittel vermarktet werden.

(8) Lebensmittelunternehmer, die anderen Lebensmittelunternehmern Lebensmittel liefern, die nicht für die Abgabe an Endverbraucher oder Anbieter von Gemeinschaftsverpflegung bestimmt sind, stellen sicher, dass diese anderen Lebensmittelunternehmer ausreichende Informationen erhalten, um ihre Verpflichtungen nach Absatz 2 erfüllen zu können.

KAPITEL IV
VERPFLICHTENDE INFORMATIONEN ÜBER LEBENSMITTEL

ABSCHNITT 1

Inhalt und Darstellungsform

Artikel 9

Verzeichnis der verpflichtenden Angaben

(1) Nach Maßgabe der Artikel 10 bis 35 und vorbehaltlich der in diesem Kapitel vorgesehenen Ausnahmen sind folgende Angaben verpflichtend:

a) die Bezeichnung des Lebensmittels;

b) das Verzeichnis der Zutaten;

c) alle in Anhang II aufgeführten Zutaten und Verarbeitungshilfsstoffe sowie Zutaten und Verarbeitungshilfsstoffe, die Derivate eines in Anhang II aufgeführten Stoffes oder Erzeugnisses sind, die bei der Herstellung oder Zubereitung eines Lebensmittels verwendet werden und – gegebenenfalls in veränderter Form – im Enderzeugnis vorhanden sind und die Allergien und Unverträglichkeiten auslösen;

d) die Menge bestimmter Zutaten oder Klassen von Zutaten;

e) die Nettofüllmenge des Lebensmittels;

f) das Mindesthaltbarkeitsdatum oder das Verbrauchsdatum;

g) gegebenenfalls besondere Anweisungen für Aufbewahrung und/oder Anweisungen für die Verwendung;

h) der Name oder die Firma und die Anschrift des Lebensmittelunternehmers nach Artikel 8 Absatz 1;

i) das Ursprungsland oder der Herkunftsort, wo dies nach Artikel 26 vorgesehen ist;

j) eine Gebrauchsanleitung, falls es schwierig wäre, das Lebensmittel ohne eine solche angemessen zu verwenden;

k) für Getränke mit einem Alkoholgehalt von mehr als 1,2 Volumenprozent die Angabe des vorhandenen Alkoholgehalts in Volumenprozent;

l) eine Nährwertdeklaration.

(2) Die in Absatz 1 genannten Angaben sind in Worten und Zahlen zu machen. Unbeschadet des Artikels 35 können sie zusätzlich durch Piktogramme oder Symbole ausgedrückt werden.

(3) Erlässt die Kommission die in diesem Artikel genannten delegierten Rechtsakte und Durchführungsrechtsakte, können die in Absatz 1 genannten Angaben alternativ durch Piktogramme oder Symbole anstatt durch Worte oder Zahlen ausgedrückt werden.

Um sicherzustellen, dass die Verbraucher verpflichtende Informationen über Lebensmittel auch auf andere Weise als durch Worte oder Zahlen erhalten, und sofern derselbe Umfang an Informationen wie mit Worten oder Zahlen gewährleistet ist, kann die Kommission gemäß Artikel 51 durch delegierte Rechtsakte die Kriterien festlegen, anhand deren eine oder mehrere der in Absatz 1 genannten Angaben durch Piktogramme oder Symbole anstatt durch Worte oder Zahlen ausgedrückt werden können, wobei sie Nachweisen eines einheitlichen Verständnisses der Verbraucher Rechnung trägt.

(4) Um die einheitliche Durchführung von Absatz 3 dieses Artikels zu gewährleisten, kann die Kommission Durchführungsrechtsakte zu den Modalitäten der Anwendung der gemäß Absatz 3 festgelegten Kriterien erlassen, nach denen eine oder mehrere Angaben durch Piktogramme oder Symbole anstatt durch Worte oder Zahlen ausgedrückt werden können. Diese Durchführungsrechtsakte werden gemäß dem in Artikel 48 Absatz 2 genannten Prüfverfahren erlassen.

Artikel 10

Weitere verpflichtende Angaben für bestimmte Arten oder Klassen von Lebensmitteln

(1) Zusätzlich zu den in Artikel 9 Absatz 1 aufgeführten Angaben sind in Anhang III für bestimmte Arten oder Klassen von Lebensmitteln weitere Angaben verpflichtend.

(2) Um die Information des Verbrauchers über bestimmte Arten oder Klassen von Lebensmitteln sicherzustellen und dem technischen Fortschritt, dem Stand der Wissenschaft, dem Schutz der Gesundheit der Verbraucher oder der sicheren Verwendung eines Lebensmittels Rechnung zu tragen, kann die Kommission Anhang III gemäß Artikel 51 durch delegierte Rechtsakte ändern.

Ist dies im Falle einer Gefährdung der Gesundheit der Verbraucher aus Gründen äußerster Dringlichkeit erforderlich, so findet das Verfahren gemäß Artikel 52 auf delegierte Rechtsakte, die gemäß dem vorliegenden Artikel erlassen werden, Anwendung.

Artikel 11

Maße und Gewichte

Artikel 9 lässt speziellere Bestimmungen der Union über Maße und Gewichte unberührt.

Artikel 12

Bereitstellung und Platzierung verpflichtender Informationen über Lebensmittel

(1) Die verpflichtenden Informationen über Lebensmittel müssen gemäß dieser Verordnung bei allen Lebensmitteln verfügbar und leicht zugänglich sein.

(2) Bei vorverpackten Lebensmitteln sind die verpflichtenden Informationen über Lebensmittel direkt auf der Verpackung oder auf einem an dieser befestigten Etikett anzubringen.

(3) Um sicherzustellen, dass die Verbraucher verpflichtende Informationen über Lebensmittel auch auf eine andere, für bestimmte verpflichtende Angaben besser geeignete Weise erhalten, und sofern derselbe Umfang an Informationen wie auf der Verpackung oder auf dem Etikett gewährleistet ist, kann die Kommission gemäß Artikel 51 durch delegierte Rechtsakte Kriterien festlegen, anhand deren bestimmte verpflichtende Angaben auf andere Weise als auf der Verpackung oder auf dem Etikett ausgedrückt werden können, wobei sie Nachweisen eines einheitlichen Verständnisses der Verbraucher und der verbreiteten Nutzung der entsprechenden Ausdrucksmittel durch die Verbraucher Rechnung trägt.

(4) Um die einheitliche Durchführung von Absatz 3 dieses Artikels zu gewährleisten, kann die Kommission Durchführungsrechtsakte zu den Modalitäten der Anwendung der gemäß Absatz 3 festgelegten Kriterien erlassen, nach denen bestimmte verpflichtende Angaben auf andere Weise als auf der Verpackung oder auf dem Etikett ausgedrückt werden können. Diese Durchführungsrechtsakte werden gemäß dem in Artikel 48 Absatz 2 genannten Prüfverfahren erlassen.

(5) Im Fall von nicht vorverpackten Lebensmitteln gelten die Bestimmungen des Artikels 44.

Artikel 13
Darstellungsform der verpflichtenden Angaben

(1) Unbeschadet der gemäß Artikel 44 Absatz 2 erlassenen einzelstaatlichen Vorschriften sind verpflichtende Informationen über Lebensmittel an einer gut sichtbaren Stelle deutlich, gut lesbar und gegebenenfalls dauerhaft anzubringen. Sie dürfen in keiner Weise durch andere Angaben oder Bildzeichen oder sonstiges eingefügtes Material verdeckt, undeutlich gemacht oder getrennt werden, und der Blick darf nicht davon abgelenkt werden.

(2) Unbeschadet spezieller Unionsvorschriften, die auf bestimmte Lebensmittel anwendbar sind, sind die verpflichtenden Angaben gemäß Artikel 9 Absatz 1, wenn sie auf der Packung oder dem daran befestigten Etikett gemacht werden, auf die Verpackung oder das Etikett in einer Schriftgröße mit einer x-Höhe gemäß Anhang IV von mindestens 1,2 mm so aufzudrucken, dass eine gute Lesbarkeit sichergestellt ist.

(3) Bei Verpackungen oder Behältnissen, deren größte Oberfläche weniger als 80 cm² beträgt, beträgt die x-Höhe der Schriftgröße gemäß Absatz 2 mindestens 0,9 mm.

(4) Damit die Ziele dieser Verordnung erreicht werden, legt die Kommission durch delegierte Rechtsakte gemäß Artikel 51 Vorschriften zur Lesbarkeit fest.

Zu dem in Unterabsatz 1 genannten Zweck kann die Kommission außerdem durch delegierte Rechtsakte gemäß Artikel 51 die Anforderungen des Absatzes 5 dieses Artikels auf weitere verpflichtende Angaben für bestimmte Arten oder Klassen von Lebensmitteln ausdehnen.

(5) Die in Artikel 9 Absatz 1 Buchstaben a, e und k aufgeführten Angaben müssen im selben Sichtfeld erscheinen.

(6) Absatz 5 dieses Artikels gilt nicht in den in Artikel 16 Absätze 1 und 2 aufgeführten Fällen.

Artikel 14
Fernabsatz

(1) Unbeschadet der Informationspflichten, die sich aus Artikel 9 ergeben, gilt im Falle von vorverpackten Lebensmitteln, die durch Einsatz von Fernkommunikationstechniken zum Verkauf angeboten werden, Folgendes:

a) Verpflichtende Informationen über Lebensmittel mit Ausnahme der Angaben gemäß Artikel 9 Absatz 1 Buchstabe f müssen vor dem Abschluss des Kaufvertrags verfügbar sein und auf dem Trägermaterial des Fernabsatzgeschäfts erscheinen oder durch andere geeignete Mittel, die vom Lebensmittelunternehmer eindeutig anzugeben sind, bereitgestellt werden. Wird auf andere geeignete Mittel zurückgegriffen, so sind die verpflichtenden Informationen über Lebensmittel bereitzustellen, ohne dass der Lebensmittelunternehmer den Verbrauchern zusätzliche Kosten in Rechnung stellt;

b) alle verpflichtenden Angaben müssen zum Zeitpunkt der Lieferung verfügbar sein.

(2) Im Falle von nicht vorverpackten Lebensmitteln, die durch Einsatz von Fernkommunikationstechniken zum Verkauf angeboten werden, sind die nach Artikel 44 vorgeschriebenen Angaben gemäß Absatz 1 des vorliegenden Artikels verfügbar zu machen.

(3) Absatz 1 Buchstabe a gilt nicht für Lebensmittel, die in Automaten oder automatisierten Anlagen zum Verkauf angeboten werden.

Artikel 15

Sprachliche Anforderungen

(1) Unbeschadet des Artikels 9 Absatz 3 sind verpflichtende Informationen über Lebensmittel in einer für die Verbraucher der Mitgliedstaaten, in denen ein Lebensmittel vermarktet wird, leicht verständlichen Sprache abzufassen.

(2) Innerhalb ihres Hoheitsgebiets können die Mitgliedstaaten, in denen ein Lebensmittel vermarktet wird, bestimmen, dass diese Angaben in einer Amtssprache oder mehreren Amtssprachen der Union zu machen sind.

(3) Die Absätze 1 und 2 stehen der Abfassung der Angaben in mehreren Sprachen nicht entgegen.

Artikel 16

Ausnahmen von dem Erfordernis bestimmter verpflichtender Angaben

(1) Bei zur Wiederverwendung bestimmten Glasflaschen, die eine nicht entfernbare Aufschrift tragen und dementsprechend weder ein Etikett noch eine Halsschleife noch ein Brustschild haben, sind nur die in Artikel 9 Absatz 1 Buchstaben a, c, e, f und l aufgeführten Angaben verpflichtend.

(2) Bei Verpackungen oder Behältnissen, deren größte Oberfläche weniger als 10 cm² beträgt, sind nur die in Artikel 9 Absatz 1 Buchstaben a, c, e und f aufgeführten Angaben auf der Packung oder dem Etikett verpflichtend. Die in Artikel 9 Absatz 1 Buchstabe b genannten Angaben sind auf andere Weise zu machen oder dem Verbraucher auf Wunsch zur Verfügung zu stellen.

(3) Unbeschadet anderer Unionsvorschriften, die eine Nährwertdeklaration vorschreiben, ist die in Artikel 9 Absatz 1 Buchstabe l genannte Deklaration bei in Anhang V aufgeführten Lebensmitteln nicht verpflichtend.

(4) Unbeschadet anderer Unionsvorschriften, die ein Zutatenverzeichnis oder eine Nährwertdeklaration vorschreiben, sind die in Artikel 9 Absatz 1 Buchstaben b und l aufgeführten Angaben nicht verpflichtend für Getränke mit einem Alkoholgehalt von mehr als 1,2 Volumenprozent.

Die Kommission legt bis zum 13. Dezember 2014 einen Bericht über die Anwendung von Artikel 18 und Artikel 30 Absatz 1 auf die in diesem Absatz genannten Erzeugnisse vor, der auch darauf eingeht, ob alkoholische Getränke in Zukunft insbesondere der Pflicht zur Angabe des Brennwertes unterliegen sollten, und die Gründe für mögliche Ausnahmen angibt, wobei der Notwendigkeit der Kohärenz mit den übrigen einschlägigen Politiken der Union Rechnung zu tragen ist. In diesem Zusammenhang prüft die Kommission, ob es erforderlich ist, eine Begriffsbestimmung für „Alkopops" vorzuschlagen.

Die Kommission fügt diesem Bericht gegebenenfalls einen Gesetzgebungsvorschlag bei, in dem die Regeln für ein Zutatenverzeichnis oder eine verpflichtende Nährwertdeklaration für diese Erzeugnisse festgelegt werden.

ABSCHNITT 2
Detaillierte Bestimmungen für verpflichtende Angaben

Artikel 17
Bezeichnung des Lebensmittels

(1) Ein Lebensmittel wird mit seiner rechtlich vorgeschriebenen Bezeichnung bezeichnet. Fehlt eine solche, so wird das Lebensmittel mit seiner verkehrsüblichen Bezeichnung oder, falls es keine verkehrsübliche Bezeichnung gibt oder diese nicht verwendet wird, mit einer beschreibenden Bezeichnung bezeichnet.

(2) Die Verwendung der Bezeichnung des Lebensmittels, unter der das Erzeugnis im Herstellungsmitgliedstaat rechtmäßig hergestellt und vermarktet wird, ist im Vermarktungsmitgliedstaat zulässig. Wenn jedoch die Anwendung der anderen Bestimmungen dieser Verordnung, insbesondere denjenigen des Artikels 9, es den Verbrauchern im Vermarktungsmitgliedstaat nicht ermöglicht, die tatsächliche Art des Lebensmittels zu erkennen und es von Lebensmitteln zu unterscheiden, mit denen es verwechselt werden könnte, ist die Bezeichnung des Lebensmittels durch weitere beschreibende Informationen zu ergänzen, die in der Nähe der Bezeichnung des Lebensmittels anzubringen sind.

(3) In Ausnahmefällen darf die Bezeichnung des Lebensmittels im Herstellungsmitgliedstaat im Vermarktungsmitgliedstaat nicht verwendet werden, wenn das mit ihr im Herstellungsmitgliedstaat bezeichnete Lebensmittel im Hinblick auf seine Zusammensetzung oder Herstellung von dem unter dieser Bezeichnung im Vermarktungsmitgliedstaat bekannten Lebensmittel derart abweicht, dass Absatz 2 nicht ausreicht, um im Vermarktungsmitgliedstaat eine korrekte Unterrichtung des Käufers zu gewährleisten.

(4) Die Bezeichnung des Lebensmittels darf durch keine als geistiges Eigentum geschützte Bezeichnung, Handelsmarke oder Fantasiebezeichnung ersetzt werden.

(5) Anhang VI enthält spezielle Vorschriften für die Bezeichnung eines Lebensmittels und die Angaben, die dazu zu machen sind.

Artikel 18
Zutatenverzeichnis

(1) Dem Zutatenverzeichnis ist eine Überschrift oder eine geeignete Bezeichnung voranzustellen, in der das Wort „Zutaten" erscheint. Das Zutatenverzeichnis besteht aus einer Aufzählung sämtlicher Zutaten des Lebensmittels in absteigender Reihenfolge ihres Gewichtsanteils zum Zeitpunkt ihrer Verwendung bei der Herstellung des Lebensmittels.

(2) Die Zutaten werden mit ihrer speziellen Bezeichnung, gegebenenfalls nach Maßgabe der Bestimmungen in Artikel 17 und Anhang VI, bezeichnet.

(3) Alle Zutaten, die in Form technisch hergestellter Nanomaterialien vorhanden sind, müssen im Zutatenverzeichnis eindeutig aufgeführt werden. Auf die Bezeichnung solcher Zutaten muss das in Klammern gesetzte Wort „Nano" folgen.

(4) Anhang VII enthält technische Vorschriften für die Anwendung der Absätze 1 und 2 dieses Artikels.

(5) Damit die Ziele dieser Verordnung erreicht werden, passt die Kommission durch delegierte Rechtsakte gemäß Artikel 51 die in Artikel 2 Absatz 2 Buchstabe t aufgeführte Begriffsbestimmung für technisch hergestellte Nanomaterialien an den wissenschaftlichen und technischen Fortschritt oder die auf internationaler Ebene vereinbarten Begriffsbestimmungen an.

Artikel 19
Ausnahme vom Erfordernis eines Zutatenverzeichnisses

(1) Ein Zutatenverzeichnis ist bei folgenden Lebensmitteln nicht erforderlich:

a) frischem Obst und Gemüse – einschließlich Kartoffeln –, das nicht geschält, geschnitten oder auf ähnliche Weise behandelt worden ist;

b) Tafelwasser, das mit Kohlensäure versetzt ist und in dessen Beschreibung dieses Merkmal aufgeführt ist,

c) Gärungsessig, der nur aus einem Grundstoff hergestellt ist und dem keine weitere Zutat zugesetzt worden ist;

d) Käse, Butter, fermentierter Milch und Sahne, denen keine Zutat zugesetzt wurde außer für die Herstellung notwendige Milchinhaltsstoffe, Lebensmittelenzyme und Mikroorganismen-Kulturen oder für die Herstellung von Käse – ausgenommen Frisch- oder Schmelzkäse – notwendiges Salz;

e) Lebensmitteln, die aus einer einzigen Zutat bestehen, sofern
  i) die Bezeichnung des Lebensmittels mit der Zutatenbezeichnung identisch ist oder
  ii) die Bezeichnung des Lebensmittels eindeutig auf die Art der Zutat schließen lässt.

(2) Um der Bedeutung eines Zutatenverzeichnisses für die Verbraucher bei bestimmten Arten oder Klassen von Lebensmitteln Rechnung zu tragen, kann die Kommission in Ausnahmefällen die in Absatz 1 dieses Artikels enthaltene Liste durch delegierte Rechtsakte gemäß Artikel 51 ergänzen, sofern das Fehlen des Zutatenverzeichnisses nicht dazu führt, dass Endverbraucher oder Anbieter von Gemeinschaftsverpflegung unzureichend informiert werden.

Artikel 20

Ausnahme vom Erfordernis der Angabe von Bestandteilen von Lebensmitteln im Zutatenverzeichnis

Unbeschadet des Artikels 21 brauchen die folgenden Bestandteile eines Lebensmittels nicht im Zutatenverzeichnis aufgeführt zu werden:

a) Bestandteile einer Zutat, die während der Herstellung vorübergehend entfernt und dann dem Lebensmittel wieder hinzugefügt werden, ohne dass sie mengenmäßig ihren ursprünglichen Anteil überschreiten;
b) Lebensmittelzusatzstoffe und Lebensmittelenzyme,
   i) deren Vorhandensein in einem Lebensmittel lediglich darauf beruht, dass sie – in Übereinstimmung mit dem Übertragungsgrundsatz gemäß Artikel 18 Absatz 1 Buchstaben a und b der Verordnung (EG) Nr. 1333/2008 – in einer Zutat oder in mehreren Zutaten dieses Lebensmittels enthalten waren, sofern sie im Enderzeugnis keine technologische Wirkung mehr ausüben, oder
   ii) die als Verarbeitungshilfsstoffe verwendet werden;
c) Trägerstoffe und andere Stoffe, die keine Lebensmittelzusatzstoffe sind, aber in derselben Weise und zu demselben Zweck verwendet werden wie Trägerstoffe, und die nur in den unbedingt erforderlichen Mengen verwendet werden;
d) Stoffe, die keine Lebensmittelzusatzstoffe sind, aber auf dieselbe Weise und zu demselben Zweck wie Verarbeitungshilfsstoffe verwendet werden und – selbst wenn in veränderter Form – im Enderzeugnis vorhanden sind;
e) Wasser:
   i) wenn das Wasser bei der Herstellung lediglich dazu dient, eine Zutat in konzentrierter oder getrockneter Form in ihren ursprünglichen Zustand zurückzuführen; oder
   ii) bei Aufgussflüssigkeit, die üblicherweise nicht mitverzehrt wird.

Artikel 21

Kennzeichnung bestimmter Stoffe oder Erzeugnisse, die Allergien oder Unverträglichkeiten auslösen

(1) Unbeschadet der gemäß Artikel 44 Absatz 2 erlassenen Vorschriften müssen die in Artikel 9 Absatz 1 Buchstabe c genannten Angaben den folgenden Anforderungen entsprechen:

a) sie sind in dem Zutatenverzeichnis nach den Vorschriften, die in Artikel 18 Absatz 1 niedergelegt sind, aufzuführen, und zwar unter genauer Bezugnahme auf die in Anhang II aufgeführte Bezeichnung des Stoffs oder Erzeugnisses; und
b) die in Anhang II aufgeführte Bezeichnung des Stoffs oder Erzeugnisses wird durch einen Schriftsatz hervorgehoben, durch den sie sich von dem Rest des Zutatenverzeichnisses eindeutig abhebt, z.B. durch die Schriftart, den Schriftstil oder die Hintergrundfarbe.

Ist kein Zutatenverzeichnis vorgesehen, so umfasst die Angabe gemäß Artikel 9 Absatz 1 Buchstabe c das Wort „Enthält", gefolgt von der in Anhang II aufgeführten Bezeichnung des Stoffs oder Erzeugnisses.

Wurden mehrere Zutaten oder Verarbeitungshilfsstoffe eines Lebensmittels aus einem einzigen in Anhang II aufgeführten Stoff oder Erzeugnis gewonnen, so muss die Kennzeichnung dies für jede dieser Zutaten oder Verarbeitungshilfsstoffe deutlich machen.

Die Angaben gemäß Artikel 9 Absatz 1 Buchstabe c sind nicht erforderlich, wenn sich die Bezeichnung des Lebensmittels eindeutig auf den betreffenden Stoff oder das betreffende Erzeugnis bezieht.

(2) Um eine bessere Information der Verbraucher sicherzustellen und den neuesten wissenschaftlichen und technischen Erkenntnissen Rechnung zu tragen, überprüft die Kommission das Verzeichnis in Anhang II systematisch und aktualisiert es erforderlichenfalls durch delegierte Rechtsakte gemäß Artikel 51.

Ist dies im Falle einer Gefährdung der Gesundheit der Verbraucher aus Gründen äußerster Dringlichkeit erforderlich, so findet das Verfahren gemäß Artikel 52 auf delegierte Rechtsakte, die gemäß dem vorliegenden Artikel erlassen werden, Anwendung.

Artikel 22

Quantitative Angabe der Zutaten

(1) Die Angabe der Menge einer bei der Herstellung oder Zubereitung eines Lebensmittels verwendeten Zutat oder Zutatenklasse ist erforderlich, wenn die betreffende Zutat oder Zutatenklasse:

a) in der Bezeichnung des Lebensmittels genannt ist oder normalerweise von Verbrauchern mit dieser Bezeichnung in Verbindung gebracht wird;

b) auf der Kennzeichnung durch Worte, Bilder oder eine graphische Darstellung hervorgehoben ist; oder

c) von wesentlicher Bedeutung für die Charakterisierung eines Lebensmittels und seine Unterscheidung von anderen Erzeugnissen ist, mit denen es aufgrund seiner Bezeichnung oder seines Aussehens verwechselt werden könnte.

(2) Anhang VIII enthält technische Vorschriften für die Anwendung von Absatz 1, die sich auch auf spezielle Fälle beziehen können, in denen eine Mengenangabe für bestimmte Zutaten nicht erforderlich ist.

Artikel 23

Nettofüllmenge

(1) Die Nettofüllmenge eines Lebensmittels ist in Litern, Zentilitern, Millilitern, Kilogramm oder Gramm auszudrücken, und zwar, je nachdem, was angemessen ist:

a) bei flüssigen Erzeugnissen in Volumeneinheiten,

b) bei sonstigen Erzeugnissen in Masseeinheiten.

(2) Um ein besseres Verständnis der Verbraucher für die Information über Lebensmittel auf der Kennzeichnung sicherzustellen, kann die Kommission für bestimmte Lebensmittel durch delegierte Rechtsakte gemäß Artikel 51 eine andere Art der Angabe der Nettofüllmenge als die in Absatz 1 dieses Artikels beschriebene Art festlegen.

(3) Anhang IX enthält technische Vorschriften für die Anwendung von Absatz 1, auch für spezielle Fälle, in denen die Angabe der Nettofüllmenge nicht erforderlich ist.

Artikel 24
Mindesthaltbarkeits- und Verbrauchsdatum und Datum des Einfrierens

(1) Bei in mikrobiologischer Hinsicht sehr leicht verderblichen Lebensmitteln, die folglich nach kurzer Zeit eine unmittelbare Gefahr für die menschliche Gesundheit darstellen können, wird das Mindesthaltbarkeitsdatum durch das Verbrauchsdatum ersetzt. Nach Ablauf des Verbrauchsdatums gilt ein Lebensmittel als nicht sicher im Sinne von Artikel 14 Absätze 2 bis 5 der Verordnung (EG) Nr. 178/2002.

(2) Das jeweilige Datum ist gemäß Anhang X auszudrücken.

(3) Um eine einheitliche Anwendung der Art der Angabe des in Anhang X Nummer 1 Buchstabe c genannten Mindesthaltbarkeitsdatums sicherzustellen, kann die Kommission Durchführungsrechtsakte erlassen, in denen Vorschriften hierzu festgelegt werden. Diese Durchführungsrechtsakte werden gemäß dem in Artikel 48 Absatz 2 genannten Prüfverfahren erlassen.

Artikel 25
Aufbewahrungs- oder Verwendungsbedingungen

(1) Erfordern Lebensmitteln besondere Aufbewahrungs- und/oder Verwendungsbedingungen, müssen diese angegeben werden.

(2) Um eine angemessene Aufbewahrung oder Verwendung der Lebensmittel nach dem Öffnen der Verpackung zu ermöglichen, müssen gegebenenfalls die Aufbewahrungsbedingungen und/oder der Verzehrzeitraum angegeben werden.

Artikel 26
Ursprungsland oder Herkunftsort

(1) Die Anwendung dieses Artikels lässt die Kennzeichnungsvorschriften bestimmter Rechtsvorschriften der Union, insbesondere der Verordnung (EG) Nr. 509/2006 des Rates vom 20. März 2006 über die garantiert traditionellen Spezialitäten bei Agrarerzeugnissen und Lebensmitteln [1] und der Verordnung (EG) Nr. 510/2006 des Rates vom 20. März 2006 zum Schutz von geografischen Angaben und Ursprungsbezeichnungen für Agrarerzeugnisse und Lebensmittel [2] unberührt.

---

[1] ABl. L 93 vom 31.3.2006, S. 1.
[2] ABl. L 93 vom 31.3.2006, S. 12.

(2) Die Angabe des Ursprungslands oder des Herkunftsorts ist in folgenden Fällen verpflichtend:

a) falls ohne diese Angabe eine Irreführung der Verbraucher über das tatsächliche Ursprungsland oder den tatsächlichen Herkunftsort des Lebensmittels möglich wäre, insbesondere wenn die dem Lebensmittel beigefügten Informationen oder das Etikett insgesamt sonst den Eindruck erwecken würden, das Lebensmittel komme aus einem anderen Ursprungsland oder Herkunftsort;

b) bei Fleisch, das in die Codes der Kombinierten Nomenklatur (KN) fällt, die in Anhang XI aufgeführt sind. Für die Anwendung dieses Buchstabens müssen zuvor die Durchführungsbestimmungen gemäß Absatz 8 erlassen worden sein.

(3) Ist das Ursprungsland oder der Herkunftsort eines Lebensmittels angegeben und dieses/dieser nicht mit dem Ursprungsland oder dem Herkunftsort seiner primären Zutat identisch, so

a) ist auch das Ursprungsland oder der Herkunftsort der primären Zutat anzugeben; oder

b) ist anzugeben, dass die primäre Zutat aus einem anderen Ursprungsland oder Herkunftsort kommt als das Lebensmittel.

Für die Anwendung dieses Absatzes müssen zuvor die Durchführungsrechtsakte gemäß Absatz 8 erlassen worden sein.

(4) Die Kommission übermittelt binnen fünf Jahren ab Anwendung des Absatzes 2 Buchstabe b einen Bericht an das Europäische Parlament und den Rat, in dem die verpflichtende Angabe des Ursprungslands oder Herkunftsorts bei der Kennzeichnung der in dem genannten Buchstaben genannten Erzeugnisse bewertet wird.

(5) Die Kommission übermittelt bis zum 13. Dezember 2014 einen Bericht an das Europäische Parlament und den Rat über die verpflichtende Angabe des Ursprungslands oder Herkunftsorts bei folgenden Lebensmitteln:

a) anderen Arten von Fleisch als Rindfleisch und den in Absatz 2 Buchstabe b genannten;

b) Milch;

c) Milch, die als Zutat in Milchprodukten verwendet wird;

d) unverarbeiteten Lebensmitteln;

e) Erzeugnissen aus einer Zutat;

f) Zutaten, die über 50 % eines Lebensmittels ausmachen.

(6) Die Kommission übermittelt bis zum 13. Dezember 2013 einen Bericht an das Europäische Parlament und den Rat über die verpflichtende Angabe des Ursprungslands oder Herkunftsorts bei Fleisch, das als Zutat verwendet wird.

(7) Die in den Absätzen 5 und 6 genannten Berichte berücksichtigen die Notwendigkeit der Information der Verbraucher, die Frage, ob die Beibringung der verpflichtenden Angabe des Ursprungslands oder des Herkunftsorts praktikabel ist, und eine Analyse der Kosten und des Nutzens der Einführung solcher Maßnahmen einschließlich der rechtlichen Auswirkungen auf den Binnenmarkt und der Auswirkungen auf den internationalen Handel.

Die Kommission kann diesen Berichten Vorschläge zur Änderung der entsprechenden Unionsvorschriften beifügen.

(8) Die Kommission erlässt nach der Durchführung von Folgenabschätzungen bis zum 13. Dezember 2013 Durchführungsrechtsakte zur Anwendung von Absatz 2 Buchstabe b und Absatz 3 dieses Artikels. Diese Durchführungsrechtsakte werden gemäß dem in Artikel 48 Absatz 2 genannten Prüfverfahren erlassen.

(9) Bei den in Absatz 2 Buchstabe b, Absatz 5 Buchstabe a und Absatz 6 genannten Lebensmitteln ist in den Berichten und Folgenabschätzungen nach diesem Artikel unter anderem zu prüfen, welche Optionen es für die Modalitäten der Angabe des Ursprungslands oder Herkunftsorts dieser Lebensmittel gibt, insbesondere in Bezug auf sämtliche folgenden im Leben eines Tieres entscheidenden Punkte:

a) Geburtsort;
b) Aufzuchtsort;
c) Schlachtort.

Artikel 27
Gebrauchsanweisung

(1) Die Gebrauchsanweisung für ein Lebensmittel muss so abgefasst sein, dass die Verwendung des Lebensmittels in geeigneter Weise ermöglicht wird.

(2) Die Kommission kann Durchführungsrechtsakte erlassen, in denen Durchführungsbestimmungen zu Absatz 1 für bestimmte Lebensmittel festgelegt werden. Diese Durchführungsrechtsakte werden gemäß dem in Artikel 48 Absatz 2 genannten Prüfverfahren erlassen.

Artikel 28
Alkoholgehalt

(1) In Bezug auf die Angabe des Alkoholgehalts in Volumenprozent gelten für Erzeugnisse, die in KN-Code 2204 eingereiht sind, die in den auf solche Erzeugnisse anwendbaren speziellen Unionsvorschriften festgelegten Bestimmungen.

(2) Der vorhandene Alkoholgehalt in Volumenprozent anderer als der in Absatz 1 genannten Getränke, die mehr als 1,2 Volumenprozent Alkohol enthalten, ist gemäß Anhang XII anzugeben.

ABSCHNITT 3
Nährwertdeklaration

Artikel 29
Verhältnis zu anderen Rechtsvorschriften

(1) Dieser Abschnitt gilt nicht für Lebensmittel, die in den Geltungsbereich der folgenden Rechtsvorschriften fallen:

a) Richtlinie 2002/46/EG des Europäischen Parlaments und des Rates vom 10. Juni 2002 zur Angleichung der Rechtsvorschriften der Mitgliedstaaten über Nahrungsergänzungsmittel ([1]);

b) Richtlinie 2009/54/EG des Europäischen Parlaments und des Rates vom 18. Juni 2009 über die Gewinnung von und den Handel mit natürlichen Mineralwässern ([2]).

(2) Dieser Abschnitt gilt unbeschadet der Richtlinie 2009/39/EG des Europäischen Parlaments und des Rates vom 6. Mai 2009 über Lebensmittel, die für eine besondere Ernährung bestimmt sind ([3]), und der in Artikel 4 Absatz 1 dieser Richtlinie genannten speziellen Richtlinien.

Artikel 30

Inhalt

(1) Die verpflichtende Nährwertdeklaration enthält folgende Angaben:

a) Brennwert und

b) die Mengen an Fett, gesättigten Fettsäuren, Kohlenhydraten, Zucker, Eiweiß und Salz.

Gegebenenfalls kann in unmittelbarer Nähe zur Nährwertdeklaration eine Angabe erscheinen, wonach der Salzgehalt ausschließlich auf die Anwesenheit natürlich vorkommenden Natriums zurückzuführen ist.

(2) Der Inhalt der verpflichtenden Nährwertdeklaration gemäß Absatz 1 kann durch die Angabe der Mengen eines oder mehrerer der nachfolgenden Stoffe ergänzt werden:

a) einfach ungesättigte Fettsäuren,

b) mehrfach ungesättigte Fettsäuren,

c) mehrwertige Alkohole,

d) Stärke,

e) Ballaststoffe;

f) jegliche in Anhang XIII Teil A Nummer 1 aufgeführten und gemäß den in Anhang XIII Teil A Nummer 2 angegebenen Werten in signifikanten Mengen vorhandenen Vitamine oder Mineralstoffe.

(3) Enthält die Kennzeichnung eines vorverpackten Lebensmittels die verpflichtende Nährwertdeklaration gemäß Absatz 1, so können die folgenden Angaben darauf wiederholt werden:

a) der Brennwert oder

b) der Brennwert zusammen mit den Mengen an Fett, gesättigten Fettsäuren, Zucker und Salz.

(4) Abweichend von Artikel 36 Absatz 1 darf sich für den Fall, dass die Kennzeichnung der Erzeugnisse gemäß Artikel 16 Absatz 4 eine Nährwertdeklaration enthält, der Inhalt der Deklaration lediglich auf den Brennwert beschränken.

---

[1] ABl. L 183 vom 12.7.2002, S. 51.
[2] ABl. L 164 vom 26.6.2009, S. 45.
[3] ABl. L 124 vom 20.5.2009, S. 21.

(5) Unbeschadet des Artikels 44 und abweichend von Artikel 36 Absatz 1 darf sich für den Fall, dass die Kennzeichnung der in Artikel 44 Absatz 1 genannten Erzeugnisse eine Nährwertdeklaration enthält, der Inhalt der Deklaration lediglich auf
a) den Brennwert oder
b) den Brennwert zusammen mit den Mengen an Fett, gesättigten Fettsäuren, Zucker und Salz beschränken.

(6) Um der Bedeutung der in den Absätzen 2 bis 5 dieses Artikels genannten Angaben für die Information der Verbraucher Rechnung zu tragen, kann die Kommission durch delegierte Rechtsakte gemäß Artikel 51 die in den Absätzen 2 bis 5 dieses Artikels enthaltenen Listen durch Hinzufügung oder Streichung bestimmter Angaben ändern.

(7) Unter Berücksichtigung der in den Mitgliedstaaten gewonnenen wissenschaftlichen Erkenntnisse und Erfahrungen legt die Kommission bis zum 13. Dezember 2014 einen Bericht über Trans-Fettsäuren in Lebensmitteln und in der generellen Ernährung der Bevölkerung der Union vor. Mit diesem Bericht sollen die Auswirkungen geeigneter Mittel bewertet werden, die den Verbrauchern die Möglichkeit an die Hand geben könnten, sich für gesündere Lebensmittel und für eine gesündere generelle Ernährung zu entscheiden, oder mit denen ein größeres Angebot an gesünderen Lebensmitteln für die Verbraucher gefördert werden kann; dazu gehört auch die Bereitstellung von Verbraucherinformationen über Trans-Fettsäuren oder die Beschränkung ihrer Verwendung. Die Kommission fügt dem Bericht gegebenenfalls einen entsprechenden Gesetzgebungsvorschlag bei.

Artikel 31
Berechnung

(1) Der Brennwert ist unter Verwendung der in Anhang XIV aufgeführten Umrechnungsfaktoren zu berechnen.

(2) Die Kommission kann durch delegierte Rechtsakte gemäß Artikel 51 Umrechnungsfaktoren für die in Anhang XIII Teil A Nummer 1 genannten Vitamine und Mineralstoffe festlegen, um den Gehalt solcher Vitamine und Mineralstoffe in Lebensmitteln genauer zu berechnen. Diese Umrechnungsfaktoren werden in Anhang XIV hinzugefügt.

(3) Der Brennwert und die Nährstoffmengen gemäß Artikel 30 Absätze 1 bis 5 sind diejenigen des Lebensmittels zum Zeitpunkt des Verkaufs.

Gegebenenfalls können sich diese Informationen auf das zubereitete Lebensmittel beziehen, sofern ausreichend genaue Angaben über die Zubereitungsweise gemacht werden und sich die Informationen auf das verbrauchsfertige Lebensmittel beziehen.

(4) Die angegebenen Zahlen sind Durchschnittswerte, die je nach Fall beruhen auf

a) der Lebensmittelanalyse des Herstellers,
b) einer Berechnung auf der Grundlage der bekannten oder tatsächlichen durchschnittlichen Werte der verwendeten Zutaten oder

c) einer Berechnung auf der Grundlage von allgemein nachgewiesenen und akzeptierten Daten.

Die Kommission kann Durchführungsrechtsakte erlassen, in denen Durchführungsbestimmungen für die einheitliche Durchführung dieses Absatzes hinsichtlich der Genauigkeit der angegebenen Werte, etwa im Hinblick auf Abweichungen zwischen den angegebenen und den bei amtlichen Überprüfungen festgestellten Werten, festgelegt sind. Diese Durchführungsrechtsakte werden gemäß dem in Artikel 48 Absatz 2 genannten Prüfverfahren erlassen.

Artikel 32
Angabe je 100 g oder je 100 ml

(1) Der Brennwert und die Nährstoffmengen gemäß Artikel 30 Absätze 1 bis 5 sind unter Verwendung der in Anhang XV aufgeführten Maßeinheiten auszudrücken.

(2) Der Brennwert und die Nährstoffmengen gemäß Artikel 30 Absätze 1 bis 5 sind je 100 g oder je 100 ml anzugeben.

(3) Eine etwaige Deklaration der Vitamine und Mineralstoffe ist zusätzlich zu der in Absatz 2 genannten Form der Angabe als Prozentsatz der in Anhang XIII Teil A Nummer 1 festgelegten Referenzmengen im Verhältnis zu 100 g oder zu 100 ml auszudrücken.

(4) Der Brennwert und die Nährstoffmengen gemäß Artikel 30 Absätze 1, 3, 4 und 5 können zusätzlich zu der in Absatz 2 dieses Artikels genannten Form der Angabe gegebenenfalls als Prozentsatz der in Anhang XIII Teil B festgelegten Referenzmengen im Verhältnis zu 100 g oder zu 100 ml ausgedrückt werden.

(5) Werden Angaben nach Absatz 4 gemacht, muss in unmittelbarer Nähe folgende zusätzliche Erklärung angegeben werden: „Referenzmenge für einen durchschnittlichen Erwachsenen (8400 kJ / 2000 kcal)".

Artikel 33
Angabe je Portion oder je Verzehreinheit

(1) In den folgenden Fällen können der Brennwert und die Mengen an Nährstoffen gemäß Artikel 30 Absätze 1 bis 5 je Portion und / oder je Verzehreinheit in für Verbraucher leicht erkennbarer Weise ausgedrückt werden, sofern die zugrunde gelegte Portion bzw. Verzehreinheit auf dem Etikett quantifiziert wird und die Anzahl der in der Packung enthaltenen Portionen bzw. Verzehreinheiten angegeben ist:

a) zusätzlich zu der Form der Angabe je 100 g oder je 100 ml gemäß Artikel 32 Absatz 2;

b) zusätzlich zu der Form der Angabe je 100 g oder je 100 ml gemäß Artikel 32 Absatz 3 betreffend den Gehalt an Vitaminen und Mineralstoffen;

c) zusätzlich zu oder anstelle der Form der Angabe je 100 g oder je 100 ml gemäß Artikel 32 Absatz 4.

(2) Abweichend von Artikel 32 Absatz 2 dürfen in den Fällen gemäß Artikel 30 Absatz 3 Buchstabe b die Nährstoffmengen und / oder der Prozentsatz der in An-

hang XIII Teil B festgelegten Referenzmengen auch nur je Portion oder je Verzehreinheit ausgedrückt werden.

Sind die Nährstoffmengen gemäß Unterabsatz 1 lediglich je Portion oder je Verzehreinheit ausgedrückt, wird der Brennwert je 100 g oder je 100 ml und je Portion oder je Verzehreinheit ausgedrückt.

(3) Abweichend von Artikel 32 Absatz 2 dürfen in den Fällen gemäß Artikel 30 Absatz 5 der Brennwert und die Nährstoffmengen und/oder der Prozentsatz der in Anhang XIII Teil B festgelegten Referenzmengen auch nur je Portion oder je Verzehreinheit ausgedrückt werden.

(4) Die zugrunde gelegte Portion oder Verzehreinheit ist in unmittelbarer Nähe zu der Nährwertdeklaration anzugeben.

(5) Um die einheitliche Durchführung der Angabe der Nährwertdeklaration je Portion oder je Verzehreinheit sicherzustellen und eine einheitliche Vergleichsbasis für Verbraucher bereitzustellen, erlässt die Kommission unter Berücksichtigung tatsächlicher Verbrauchsmuster der Verbraucher und Ernährungsempfehlungen durch Durchführungsrechtsakte Vorschriften für die Angabe je Portion oder je Verzehreinheit für bestimmte Klassen von Lebensmitteln. Diese Durchführungsrechtsakte werden gemäß dem in Artikel 48 Absatz 2 genannten Prüfverfahren erlassen.

Artikel 34

Darstellungsform

(1) Die Angaben gemäß Artikel 30 Absätze 1 und 2 müssen im selben Sichtfeld erscheinen. Sie müssen als Ganzes in einem übersichtlichen Format und gegebenenfalls in der in Anhang XV vorgegebenen Reihenfolge erscheinen.

(2) Die Angaben gemäß Artikel 30 Absätze 1 und 2 sind, sofern genügend Platz vorhanden ist, in Tabellenform darzustellen, wobei die Zahlen untereinander stehen. Bei Platzmangel können sie hintereinander aufgeführt werden.

(3) Die Angaben gemäß Artikel 30 Absatz 3 müssen wie folgt dargestellt werden:

a) im Hauptsichtfeld und

b) unter Verwendung einer Schriftgröße im Einklang mit Artikel 13 Absatz 2.

Die Angaben gemäß Artikel 30 Absatz 3 können in anderer Form als der Form gemäß Absatz 2 dieses Artikels erscheinen.

(4) Die Angaben gemäß Artikel 30 Absätze 4 und 5 können in anderer Form als der Form gemäß Absatz 2 dieses Artikels erscheinen.

(5) Sind der Brennwert oder die Nährstoffmenge(n) in einem Erzeugnis vernachlässigbar, so können die Angaben dazu durch eine Angabe wie „Enthält geringfügige Mengen von ..." ersetzt werden, die in unmittelbarer Nähe zu einer etwaigen Nährwertdeklaration stehen muss.

Um die einheitliche Durchführung dieses Absatzes sicherzustellen, kann die Kommission Durchführungsrechtsakte zum Brennwert und zu den Mengen an Nährstoffen gemäß Artikel 30 Absätze 1 bis 5, die als vernachlässigbar gelten können, erlassen. Diese Durchführungsrechtsakte werden gemäß dem in Artikel 48 Absatz 2 genannten Prüfverfahren erlassen.

(6) Um eine einheitliche Anwendung der Darstellungsweise der Nährwertdeklaration in den in den Absätzen 1 bis 4 dieses Artikels genannten Formen sicherzustellen, kann die Kommission hierzu Durchführungsrechtsakte erlassen. Diese Durchführungsrechtsakte werden gemäß dem in Artikel 48 Absatz 2 genannten Prüfverfahren erlassen.

Artikel 35
Weitere Formen der Angabe und der Darstellung

(1) Zusätzlich zu den Formen der Angabe gemäß Artikel 32 Absätze 2 und 4 und Artikel 33 und der Darstellungsform gemäß Artikel 34 Absatz 2 können der Brennwert und die Nährstoffmengen gemäß Artikel 30 Absätze 1 bis 5 in anderer Form angegeben und/oder mittels grafischer Formen oder Symbole zusätzlich zu Worten oder Zahlen dargestellt werden, sofern diese Angabe- bzw. Darstellungsformen folgende Anforderungen erfüllen:

a) sie beruhen auf fundierten und wissenschaftlich haltbaren Erkenntnissen der Verbraucherforschung und sind für Verbraucher nicht irreführend im Sinne des Artikels 7;

b) ihre Entwicklung ist das Ergebnis der Konsultation einer Vielzahl von Gruppen betroffener Akteure;

c) sie sollen Verbrauchern das Verständnis dafür erleichtern, welchen Beitrag das Lebensmittel für den Energie- und Nährstoffgehalt einer Ernährungsweise leistet oder welche Bedeutung es für sie hat;

d) es gibt wissenschaftlich haltbare Nachweise dafür, dass diese Formen der Angabe oder Darstellung vom Durchschnittsverbraucher verstanden werden;

e) sie basieren, im Falle anderer Formen der Angabe, entweder auf den in Anhang XIII genannten harmonisierten Referenzmengen oder, falls es solche nicht gibt, auf allgemein akzeptierten wissenschaftlichen Empfehlungen in Bezug auf die Zufuhr von Energie und Nährstoffen;

f) sie sind objektiv und nicht diskriminierend; und

g) ihre Anwendung beeinträchtigt nicht den freien Warenverkehr.

(2) Die Mitgliedstaaten können den Lebensmittelunternehmern empfehlen, eine oder mehrere zusätzliche Formen der Angabe oder Darstellung der Nährwertdeklaration zu verwenden, die ihrer Ansicht nach die in Absatz 1 Buchstaben a bis g dargelegten Anforderungen am besten erfüllen. Die Mitgliedstaaten teilen der Kommission die Einzelheiten dieser zusätzlichen Formen der Angabe oder Darstellung mit.

(3) Die Mitgliedstaaten gewährleisten eine angemessene Beobachtung der zusätzlichen Formen der Angabe oder Darstellung der Nährwertdeklaration, die auf dem Markt in ihrem Hoheitsgebiet vorhanden sind.

Um die Beobachtung der Verwendung dieser zusätzlichen Formen der Angabe oder Darstellung zu erleichtern, können die Mitgliedstaaten verlangen, dass die Lebensmittelunternehmer, die auf dem Markt in ihrem Hoheitsgebiet Lebensmittel in Verkehr bringen, die solche Informationen tragen, die zuständige Behörde über die Verwendung einer zusätzlichen Form der Angabe oder Darstellung unterrichten und ihnen die einschlägigen Belege für die Erfüllung der in

Absatz 1 Buchstaben a bis g niedergelegten Anforderungen vorlegen. In diesem Fall kann auch eine Unterrichtung über die Einstellung der Verwendung solcher zusätzlicher Formen der Angabe oder Darstellung verlangt werden.

(4) Die Kommission erleichtert und organisiert den Austausch von Informationen zwischen den Mitgliedstaaten und ihr selbst sowie den einschlägigen Akteuren über Angelegenheiten im Zusammenhang mit der Verwendung zusätzlicher Formen der Angabe oder Darstellung der Nährwertdeklaration.

(5) Anhand der gewonnenen Erfahrungen übermittelt die Kommission dem Europäischen Parlament und dem Rat bis zum 13. Dezember 2017 einen Bericht über die Verwendung zusätzlicher Formen der Angabe oder Darstellung, über deren Wirkung auf dem Binnenmarkt und darüber, ob eine weitere Harmonisierung dieser Formen der Angabe und Darstellung empfehlenswert ist. Zu diesem Zweck stellen die Mitgliedstaaten der Kommission die einschlägigen Informationen über die Verwendung solcher zusätzlicher Formen der Angabe oder Darstellung auf dem Markt in ihrem Hoheitsgebiet zur Verfügung. Die Kommission kann diesem Bericht Vorschläge zur Änderung der entsprechenden Unionsvorschriften beifügen.

(6) Um die einheitliche Anwendung dieses Artikels sicherzustellen, erlässt die Kommission Durchführungsrechtsakte, in denen die Durchführungsbestimmungen zu den Absätzen 1, 3 und 4 dieses Artikels festgelegt werden. Diese Durchführungsrechtsakte werden gemäß dem in Artikel 48 Absatz 2 genannten Prüfverfahren erlassen.

KAPITEL V
FREIWILLIGE INFORMATIONEN ÜBER LEBENSMITTEL

Artikel 36

Geltende Anforderungen

(1) Werden Informationen über Lebensmittel gemäß den Artikeln 9 und 10 freiwillig bereitgestellt, so müssen sie den Anforderungen des Kapitels IV Abschnitte 2 und 3 entsprechen.

(2) Freiwillig bereitgestellte Informationen über Lebensmittel müssen den folgenden Anforderungen entsprechen:

a) sie dürfen für die Verbraucher nicht irreführend im Sinne des Artikels 7 sein;

b) sie dürfen für Verbraucher nicht zweideutig oder missverständlich sein; und

c) sie müssen gegebenenfalls auf einschlägigen wissenschaftlichen Daten beruhen.

(3) Die Kommission erlässt Durchführungsrechtsakte zur Anwendung der in Absatz 2 dieses Artikels genannten Anforderungen für die folgenden freiwillig bereitgestellten Informationen über Lebensmittel:

a) Informationen über das mögliche und unbeabsichtigte Vorhandensein von Stoffen oder Erzeugnissen im Lebensmittel, die Allergien oder Unverträglichkeiten auslösen;

b) Informationen über die Eignung eines Lebensmittels für Vegetarier oder Veganer;

c) die Angabe von Referenzmengen für spezifische Bevölkerungsgruppen zusätzlich zu den in Anhang XIII festgelegten Referenzmengen; und

d) Informationen über das Nichtvorhandensein oder das reduzierte Vorhandensein von Gluten in Lebensmitteln.

Diese Durchführungsrechtsakte werden gemäß dem in Artikel 48 Absatz 2 genannten Prüfverfahren erlassen.

(4) Um eine angemessene Information der Verbraucher sicherzustellen, wenn Lebensmittelunternehmer auf abweichender Basis freiwillige Informationen über Lebensmittel bereitstellen, die Verbraucher irreführen oder zu Verwechslungen führen könnten, kann die Kommission durch delegierte Rechtsakte gemäß Artikel 51 zusätzliche Fälle der Bereitstellung freiwilliger Informationen über Lebensmittel über die in Absatz 3 dieses Artikels genannten Fälle hinaus vorsehen.

Artikel 37

Darstellungsform

Freiwillig bereitgestellte Informationen über Lebensmittel dürfen nicht auf Kosten des für verpflichtende Informationen über Lebensmittel verfügbaren Raums gehen.

KAPITEL VI
EINZELSTAATLICHE VORSCHRIFTEN

Artikel 38

Einzelstaatliche Vorschriften

(1) Die Mitgliedstaaten dürfen in Bezug auf die speziell durch diese Verordnung harmonisierten Aspekte einzelstaatliche Vorschriften weder erlassen noch aufrechterhalten, es sei denn, dies ist nach dem Unionsrecht zulässig. Diese einzelstaatlichen Vorschriften dürfen nicht den freien Warenverkehr behindern, beispielsweise durch die Diskriminierung von Lebensmitteln aus anderen Mitgliedstaaten.

(2) Unbeschadet des Artikels 39 dürfen die Mitgliedstaaten einzelstaatliche Vorschriften zu Aspekten erlassen, die nicht speziell durch diese Verordnung harmonisiert sind, sofern diese Vorschriften den freien Verkehr der Waren, die dieser Verordnung entsprechen, nicht unterbinden, behindern oder einschränken.

Artikel 39

Einzelstaatliche Vorschriften über zusätzliche verpflichtende Angaben

(1) Zusätzlich zu den in Artikel 9 Absatz 1 und Artikel 10 genannten verpflichtenden Angaben können die Mitgliedstaaten nach dem Verfahren des Artikels 45 Vorschriften erlassen, die zusätzliche Angaben für bestimmte Arten oder

Klassen von Lebensmitteln vorschreiben, die aus mindestens einem der folgenden Gründe gerechtfertigt sind:
a) Schutz der öffentlichen Gesundheit;
b) Verbraucherschutz;
c) Betrugsvorbeugung;
d) Schutz von gewerblichen und kommerziellen Eigentumsrechten, Herkunftsbezeichnungen, eingetragenen Ursprungsbezeichnungen sowie vor unlauterem Wettbewerb.

(2) Die Mitgliedstaaten können auf der Grundlage von Absatz 1 nur dann Maßnahmen hinsichtlich der verpflichtenden Angabe des Ursprungslands oder des Herkunftsorts von Lebensmitteln treffen, wenn nachweislich eine Verbindung zwischen bestimmten Qualitäten des Lebensmittels und seinem Ursprung oder seiner Herkunft besteht. Bei der Mitteilung solcher Maßnahmen an die Kommission weisen die Mitgliedstaaten nach, dass die Mehrheit der Verbraucher diesen Informationen wesentliche Bedeutung beimisst.

Artikel 40
Milch und Milcherzeugnisse

Die Mitgliedstaaten können für Milch und Milcherzeugnisse in Glasflaschen, die zur Wiederverwendung bestimmt sind, Maßnahmen erlassen, die von Artikel 9 Absatz 1 und Artikel 10 Absatz 1 abweichen.

Sie übermitteln der Kommission unverzüglich den Wortlaut dieser Maßnahmen.

Artikel 41
Alkoholische Getränke

Die Mitgliedstaaten können bis zum Erlass der in Artikel 16 Absatz 4 genannten Unionsvorschriften einzelstaatliche Vorschriften über das Zutatenverzeichnis von Getränken mit einem Alkoholgehalt von mehr als 1,2 Volumenprozent beibehalten.

Artikel 42
Angabe der Nettofüllmenge

Bestehen keine Unionsvorschriften im Sinne des Artikels 23 Absatz 2 hinsichtlich der Angabe der Nettofüllmenge für bestimmte Lebensmittel in einer anderen als der in Artikel 23 Absatz 1 vorgesehenen Art, so können die Mitgliedstaaten einzelstaatliche Vorschriften, die vor dem 12. Dezember 2011 erlassen wurden, aufrechterhalten.

Die Mitgliedstaaten teilen der Kommission die entsprechenden Vorschriften bis zum 13. Dezember 2014 mit. Die Kommission unterrichtet die anderen Mitgliedstaaten hiervon.

Artikel 43
Freiwillige Angabe von Referenzmengen für spezifische Bevölkerungsgruppen

Bis zum Erlass der in Artikel 36 Absatz 3 Buchstabe c genannten Unionsvorschriften können die Mitgliedstaaten einzelstaatliche Maßnahmen zur freiwilligen Angabe von Referenzmengen für spezifische Bevölkerungsgruppen erlassen.

Die Mitgliedstaaten übermitteln der Kommission unverzüglich den Wortlaut dieser Maßnahmen.

Artikel 44
Einzelstaatliche Vorschriften für nicht vorverpackte Lebensmittel

(1) Werden Lebensmittel Endverbrauchern oder Anbietern von Gemeinschaftsverpflegung ohne Vorverpackung zum Verkauf angeboten oder auf Wunsch des Verbrauchers am Verkaufsort verpackt oder im Hinblick auf ihren unmittelbaren Verkauf vorverpackt, so

a) sind die Angaben gemäß Artikel 9 Absatz 1 Buchstabe c verpflichtend;

b) sind die anderen Angaben gemäß den Artikeln 9 und 10 nicht verpflichtend, es sei denn, die Mitgliedstaaten erlassen nationale Vorschriften, nach denen einige oder alle dieser Angaben oder Teile dieser Angaben verpflichtend sind.

(2) Die Mitgliedstaaten können nationale Vorschriften darüber erlassen, auf welche Weise und gegebenenfalls in welcher Form der Angabe und Darstellung die Angaben oder die Teile der Angaben gemäß Absatz 1 bereitzustellen sind.

(3) Die Mitgliedstaaten teilen der Kommission den Wortlaut der Vorschriften gemäß Absatz 1 Buchstabe b und Absatz 2 unverzüglich mit.

Artikel 45
Mitteilungsverfahren

(1) Bei Bezugnahme auf diesen Artikel teilt der Mitgliedstaat, der den Erlass neuer Rechtsvorschriften auf dem Gebiet der Information über Lebensmittel für erforderlich hält, der Kommission und den anderen Mitgliedstaaten die geplanten Vorschriften zuvor unter Angabe der Gründe mit.

(2) Die Kommission konsultiert den durch Artikel 58 Absatz 1 der Verordnung (EG) Nr. 178/2002 eingesetzten Ständigen Ausschuss für die Lebensmittelkette und Tiergesundheit, wenn sie dies für zweckdienlich hält oder wenn ein Mitgliedstaat dies beantragt. In diesem Fall sorgt die Kommission dafür, dass dieser Prozess für alle betroffenen Akteure transparent ist.

(3) Der Mitgliedstaat, der den Erlass neuer Rechtsvorschriften auf dem Gebiet der Information über Lebensmittel für erforderlich hält, darf die in Aussicht genommenen Vorschriften erst drei Monate nach der Mitteilung nach Absatz 1 und unter der Bedingung treffen, dass er keine ablehnende Stellungnahme der Kommission erhalten hat.

(4) Ist die Stellungnahme der Kommission ablehnend, so leitet die Kommission vor Ablauf der in Absatz 3 dieses Artikels genannten Frist das in Artikel 48 Absatz 2 genannte Prüfverfahren ein, um zu bestimmen, ob die in Aussicht genommenen Vorschriften – gegebenenfalls mit geeigneten Änderungen – zur Anwendung gebracht werden können.

(5) Die Richtlinie 98/34/EG des Europäischen Parlaments und des Rates vom 22. Juni 1998 über ein Informationsverfahren auf dem Gebiet der Normen und technischen Vorschriften und der Vorschriften für die Dienste der Informationsgesellschaft ([1]) gilt nicht für die unter das Mitteilungsverfahren nach diesem Artikel fallenden Vorschriften.

KAPITEL VII
DURCHFÜHRUNGS-, ÄNDERUNGS- UND SCHLUSSBESTIMMUNGEN

Artikel 46
Änderungen der Anhänge

Um dem technischen Fortschritt, dem Stand der Wissenschaft, der Gesundheit der Verbraucher oder dem Informationsbedarf der Verbraucher Rechnung zu tragen, kann die Kommission vorbehaltlich der Bestimmungen des Artikels 10 Absatz 2 und des Artikels 21 Absatz 2 über Änderungen an den Anhängen II und III die Anhänge dieser Verordnung durch delegierte Rechtsakte gemäß Artikel 51 ändern.

Artikel 47
Übergangszeitraum für und Beginn der Anwendung von Durchführungsmaßnahmen oder delegierten Rechtsakten

(1) Unbeschadet des Absatzes 2 dieses Artikels wird die Kommission bei der Ausübung der ihr durch diese Verordnung übertragenen Befugnisse zum Erlass von Maßnahmen durch Durchführungsrechtsakte gemäß dem in Artikel 48 Absatz 2 genannten Prüfverfahren oder durch delegierte Rechtsakte gemäß Artikel 51

a) eine geeignete Übergangsfrist für die Anwendung der neuen Maßnahmen festlegen, in der Lebensmittel, deren Etiketten nicht den neuen Maßnahmen entsprechen, in Verkehr gebracht werden dürfen und in der die Bestände solcher Lebensmittel, die vor dem Ablauf der Übergangsfrist in Verkehr gebracht wurden, bis zur Erschöpfung der Bestände verkauft werden dürfen, und

b) sicherstellen, dass diese Maßnahmen ab dem 1. April eines Kalenderjahres anwendbar sind.

(2) Absatz 1 gilt nicht in dringenden Fällen, in denen die in Absatz 1 genannten Maßnahmen dem Schutz der menschlichen Gesundheit dienen.

---

[1] ABl. L 204 vom 21.7.1998, S. 37.

Artikel 48

Ausschuss

(1) Die Kommission wird durch den Ständigen Ausschuss für die Lebensmittelkette und Tiergesundheit, der durch Artikel 58 Absatz 1 der Verordnung (EG) Nr. 178/2002 eingesetzt wurde, unterstützt. Dieser Ausschuss ist ein Ausschuss im Sinne der Verordnung (EU) Nr. 182/2011.

(2) Wird auf diesen Absatz Bezug genommen, so gilt Artikel 5 der Verordnung (EU) Nr. 182/2011.

Gibt der Ausschuss keine Stellungnahme ab, so erlässt die Kommission den Durchführungsrechtsakt nicht und Artikel 5 Absatz 4 Unterabsatz 3 der Verordnung (EU) Nr. 182/2011 findet Anwendung.

Artikel 49

Änderungen der Verordnung (EG) Nr. 1924/2006

Artikel 7 Absätze 1 und 2 der Verordnung (EG) Nr. 1924/2006 erhalten folgende Fassung:

„Die Nährwertkennzeichnung von Erzeugnissen, bei denen nährwert- und/ oder gesundheitsbezogene Angaben gemacht werden, ist obligatorisch, es sei denn, es handelt sich um produktübergreifende Werbeaussagen. Es sind die in Artikel 30 Absatz 1 der Verordnung (EU) Nr. 1169/2011 des Europäischen Parlaments und des Rates vom 25. Oktober 2011 betreffend die Information der Verbraucher über Lebensmittel (*) aufgeführten Angaben zu machen. Bei nährwert- und/oder gesundheitsbezogenen Angaben für einen in Artikel 30 Absatz 2 der Verordnung (EU) Nr. 1169/2011 genannten Nährstoff wird die Menge dieses Nährstoffs nach Maßgabe der Artikel 31 bis 34 der genannten Verordnung angegeben.

Für Stoffe, die Gegenstand einer nährwert- oder gesundheitsbezogenen Angabe sind und nicht in der Nährwertkennzeichnung erscheinen, sind die jeweiligen Mengen nach Maßgabe der Artikel 31, 32 und 33 der Verordnung (EU) Nr. 1169/2011 in demselben Blickfeld anzugeben wie die Nährwertkennzeichnung. Zur Angabe der Mengen werden den jeweiligen einzelnen Stoffen angemessene Maßeinheiten verwendet.

(*) ABl. L 304 vom 22.11.2011, S. 18".

Artikel 50

Änderungen der Verordnung (EG) Nr. 1925/2006

Artikel 7 Absatz 3 der Verordnung (EG) Nr. 1925/2006 erhält folgende Fassung:

„(3) Die Nährwertkennzeichnung von Erzeugnissen, denen Vitamine und Mineralstoffe zugesetzt wurden und die in den Anwendungsbereich dieser Verordnung fallen, ist obligatorisch. Es sind die in Artikel 30 Absatz 1 der Verordnung (EU) Nr. 1169/2011 des Europäischen Parlaments und des Rates vom 25. Oktober 2011 betreffend die Information der Verbraucher über Lebensmittel (*) aufgeführten Angaben zu machen und es ist der Gesamtgehalt an Vitaminen und Mineralstoffen anzugeben, den das Lebensmittel nach dem Zusatz aufweist.

(*) ABl. L 304 vom 22.11.2011, S. 18".

Artikel 51
Ausübung der Befugnisübertragung

(1) Die Befugnis zum Erlass delegierter Rechtsakte wird der Kommission unter den in diesem Artikel festgelegten Bedingungen übertragen.

(2) Die Befugnis zum Erlass delegierter Rechtsakte gemäß Artikel 9 Absatz 3, Artikel 10 Absatz 2, Artikel 12 Absatz 3, Artikel 13 Absatz 4, Artikel 18 Absatz 5, Artikel 19 Absatz 2, Artikel 21 Absatz 2, Artikel 23 Absatz 2, Artikel 30 Absatz 6, Artikel 31 Absatz 2, Artikel 36 Absatz 4 und Artikel 46 wird der Kommission für einen Zeitraum von fünf Jahren ab dem 12. Dezember 2011 übertragen. Die Kommission erstellt spätestens neun Monate vor Ablauf des Zeitraums von fünf Jahren einen Bericht über die Befugnisübertragung. Die Befugnisübertragung verlängert sich stillschweigend um Zeiträume gleicher Länge, es sei denn, das Europäische Parlament oder der Rat widersprechen einer solchen Verlängerung spätestens drei Monate vor Ablauf des jeweiligen Zeitraums.

(3) Die Befugnisübertragung gemäß Artikel 9 Absatz 3, Artikel 10 Absatz 2, Artikel 12 Absatz 3, Artikel 13 Absatz 4, Artikel 18 Absatz 5, Artikel 19 Absatz 2, Artikel 21 Absatz 2, Artikel 23 Absatz 2, Artikel 30 Absatz 6, Artikel 31 Absatz 2, Artikel 36 Absatz 4 und Artikel 46 kann vom Europäischen Parlament oder vom Rat jederzeit widerrufen werden. Der Beschluss über den Widerruf beendet die Übertragung der in diesem Beschluss angegebenen Befugnis. Er wird am Tag nach seiner Veröffentlichung im *Amtsblatt der Europäischen Union* oder zu einem im Beschluss über den Widerruf angegebenen späteren Zeitpunkt wirksam. Die Gültigkeit von delegierten Rechtsakten, die bereits in Kraft sind, wird von dem Beschluss über den Widerruf nicht berührt.

(4) Sobald die Kommission einen delegierten Rechtsakt erlässt, übermittelt sie ihn gleichzeitig dem Europäischen Parlament und dem Rat.

(5) Ein delegierter Rechtsakt, der gemäß Artikel 9 Absatz 3, Artikel 10 Absatz 2, Artikel 12 Absatz 3, Artikel 13 Absatz 4, Artikel 18 Absatz 5, Artikel 19 Absatz 2, Artikel 21 Absatz 2, Artikel 23 Absatz 2, Artikel 30 Absatz 6, Artikel 31 Absatz 2, Artikel 36 Absatz 4 und Artikel 46 erlassen wurde, tritt nur in Kraft, wenn weder das Europäische Parlament noch der Rat innerhalb einer Frist von zwei Monaten nach Übermittlung dieses Rechtsakts an das Europäische Parlament und den Rat Einwände erhoben haben oder wenn vor Ablauf dieser Frist das Europäische Parlament und der Rat beide der Kommission mitgeteilt haben, dass sie keine Einwände erheben werden. Auf Initiative des Europäischen Parlaments oder des Rates wird diese Frist um zwei Monate verlängert.

Artikel 52

Dringlichkeitsverfahren

(1) Delegierte Rechtsakte, die gemäß diesem Artikel erlassen werden, treten umgehend in Kraft und sind anwendbar, solange keine Einwände gemäß Absatz 2 erhoben werden. Bei der Übermittlung eines delegierten Rechtsakts an das Europäische Parlament und den Rat werden die Gründe für die Anwendung des Dringlichkeitsverfahrens angegeben.

(2) Das Europäische Parlament oder der Rat können gemäß dem Verfahren des Artikels 51 Absatz 5 Einwände gegen einen delegierten Rechtsakt erheben. In diesem Fall hebt die Kommission den Rechtsakt umgehend nach der Übermittlung des Beschlusses des Europäischen Parlaments oder des Rates, Einwände zu erheben, auf.

Artikel 53

Aufhebung

(1) Die Richtlinien 87/250/EWG, 90/496/EWG, 1999/10/EG, 2000/13/EG, 2002/67/EG und 2008/5/EG und die Verordnung (EG) Nr. 608/2004 werden mit Wirkung vom 13. Dezember 2014 aufgehoben.

(2) Bezugnahmen auf die aufgehobenen Rechtsakte gelten als Bezugnahmen auf die vorliegende Verordnung.

Artikel 54

Übergangsmaßnahmen

(1) Lebensmittel, die vor dem 13. Dezember 2014 in Verkehr gebracht oder gekennzeichnet wurden, die den Anforderungen dieser Verordnung jedoch nicht entsprechen, dürfen weiterhin vermarktet werden, bis die jeweiligen Bestände erschöpft sind.

Lebensmittel, die vor dem 13. Dezember 2016 in Verkehr gebracht oder gekennzeichnet wurden, die den in Artikel 9 Absatz 1 Buchstabe l niedergelegten Anforderungen jedoch nicht entsprechen, dürfen weiterhin vermarktet werden, bis die jeweiligen Bestände erschöpft sind.

Lebensmittel, die vor dem 1. Januar 2014 in Verkehr gebracht oder gekennzeichnet wurden, die den in Anhang VI Teil B niedergelegten Anforderungen nicht entsprechen, dürfen weiterhin vermarktet werden, bis die jeweiligen Bestände erschöpft sind.

(2) Zwischen dem 13. Dezember 2014 und dem 13. Dezember 2016 muss eine Nährwertdeklaration, die freiwillig bereitgestellt wird, den Artikeln 30 bis 35 entsprechen.

(3) Ungeachtet der Richtlinie 90/496/EWG, des Artikels 7 der Verordnung (EG) Nr. 1924/2006 und des Artikels 7 Absatz 3 der Verordnung (EG) Nr. 1925/2006 dürfen gemäß den Artikeln 30 bis 35 dieser Verordnung gekennzeichnete Lebensmittel vor dem 13. Dezember 2014 in Verkehr gebracht werden.

Ungeachtet der Verordnung (EG) Nr. 1162/2009 der Kommission vom 30. November 2009 zur Festlegung von Übergangsregelungen für die Durchführung der Verordnungen (EG) Nr. 853/2004, (EG) Nr. 854/2004 und (EG) Nr. 882/2004 des Europäischen Parlament und des Rates ([1]) dürfen gemäß Anhang VI Teil B dieser Verordnung gekennzeichnete Lebensmittel vor dem 1. Januar 2014 in Verkehr gebracht werden.

Artikel 55
Inkrafttreten und Anwendung

Diese Verordnung tritt am zwanzigsten Tag nach ihrer Veröffentlichung im *Amtsblatt der Europäischen Union* in Kraft.

Sie gilt ab dem 13. Dezember 2014, mit Ausnahme des Artikels 9 Absatz 1 Buchstabe l, der ab dem 13. Dezember 2016 gilt, und Anhang VI Teil B, der ab dem 1. Januar 2014 gilt.

---

[1] ABl. L 314 vom 1.12.2009, S. 10.

ANHANG I
SPEZIELLE BEGRIFFSBESTIMMUNGEN
im Sinne von Artikel 2 Absatz 4

1. „Nährwertdeklaration" oder „Nährwertkennzeichnung" bedeutet Informationen über
   a) den Brennwert oder
   b) den Brennwert sowie lediglich einen oder mehrere der folgenden Nährstoffe:
   - Fett (gesättigte Fettsäuren, einfach ungesättigte Fettsäuren, mehrfach ungesättigte Fettsäuren);
   - Kohlenhydrate (Zucker, mehrwertige Alkohole, Stärke);
   - Salz;
   - Ballaststoffe;
   - Eiweiß;
   - in Anhang XIII Teil A Nummer 1 aufgeführte Vitamine und Mineralstoffe, die gemäß der Begriffsbestimmung in Anhang XIII Teil A Nummer 2 in erheblichen Mengen vorkommen;
2. „Fett" bedeutet alle Lipide, einschließlich Phospholipide;
3. „gesättigte Fettsäuren" bedeutet Fettsäuren ohne Doppelbindung;
4. „Trans-Fettsäuren" bedeutet Fettsäuren mit mindestens einer nicht konjugierten (namentlich durch mindestens eine Methylengruppe unterbrochenen) Kohlenstoff-Kohlenstoff-Doppelbindung in der trans-Konfiguration;
5. „einfach ungesättigte Fettsäuren" bedeutet Fettsäuren mit einer cis-Doppelbindung;
6. „mehrfach ungesättigte Fettsäuren" bedeutet Fettsäuren mit zwei oder mehr durch cis-Methylengruppen unterbrochenen Doppelbindungen in der cis-Konfiguration;
7. „Kohlenhydrat" bedeutet jegliches Kohlenhydrat, das im Stoffwechsel des Menschen umgesetzt wird, einschließlich mehrwertiger Alkohole;
8. „Zucker" bedeutet alle in Lebensmitteln vorhandenen Monosaccharide und Disaccharide, ausgenommen mehrwertige Alkohole;
9. „mehrwertige Alkohole" bedeutet Alkohole, die mehr als zwei Hydroxylgruppen enthalten;
10. „Eiweiß" bedeutet den nach folgender Formel berechneten Eiweißgehalt: Eiweiß = Gesamtstickstoff (nach Kjeldahl) × 6,25;
11. „Salz" bedeutet den nach folgender Formel berechneten Gehalt an Salzäquivalent: Salz = Natrium × 2,5;

12. „Ballaststoffe" bedeutet Kohlenhydratpolymere mit drei oder mehr Monomereinheiten, die im Dünndarm des Menschen weder verdaut noch absorbiert werden und zu folgenden Klassen zählen:
    – essbare Kohlenhydratpolymere, die in Lebensmitteln, wenn diese verzehrt werden, auf natürliche Weise vorkommen;
    – essbare Kohlenhydratpolymere, die auf physikalische, enzymatische oder chemische Weise aus Lebensmittelrohstoffen gewonnen werden und laut allgemein anerkannten wissenschaftlichen Nachweisen eine positive physiologische Wirkung besitzen;
    – essbare synthetische Kohlenhydratpolymere, die laut allgemein anerkannten wissenschaftlichen Nachweisen eine positive physiologische Wirkung besitzen;
13. „Durchschnittswert" bedeutet den Wert, der die in einem bestimmten Lebensmittel enthaltenen Nährstoffmengen am besten repräsentiert und jahreszeitlich bedingte Unterschiede, Verbrauchsmuster und sonstige Faktoren berücksichtigt, die eine Veränderung des tatsächlichen Wertes bewirken können.

ANHANG II
STOFFE ODER ERZEUGNISSE, DIE ALLERGIEN ODER UNVERTRÄGLICHKEITEN AUSLÖSEN

1. Glutenhaltiges Getreide, namentlich Weizen (wie Dinkel und Khorasan-Weizen), Roggen, Gerste, Hafer oder Hybridstämme davon, sowie daraus hergestellte Erzeugnisse, ausgenommen
   a) Glukosesirupe auf Weizenbasis einschließlich Dextrose ([1]);
   b) Maltodextrine auf Weizenbasis ([1]);
   c) Glukosesirupe auf Gerstenbasis;
   d) Getreide zur Herstellung von alkoholischen Destillaten einschließlich Ethylalkohol landwirtschaftlichen Ursprungs;
2. Krebstiere und daraus gewonnene Erzeugnisse;
3. Eier und daraus gewonnene Erzeugnisse;
4. Fische und daraus gewonnene Erzeugnisse, außer
   a) Fischgelatine, die als Trägerstoff für Vitamin- oder Karotinoidzubereitungen verwendet wird;
   b) Fischgelatine oder Hausenblase, die als Klärhilfsmittel in Bier und Wein verwendet wird;
5. Erdnüsse und daraus gewonnene Erzeugnisse;
6. Sojabohnen und daraus gewonnene Erzeugnisse, außer
   a) vollständig raffiniertes Sojabohnenöl und -fett ([1]);
   b) natürliche gemischte Tocopherole (E306), natürliches D-alpha-Tocopherol, natürliches D-alpha-Tocopherolacetat, natürliches D-alpha-Tocopherolsukzinat aus Sojabohnenquellen;
   c) aus pflanzlichen Ölen gewonnene Phytosterine und Phytosterinester aus Sojabohnenquellen;
   d) aus Pflanzenölsterinen gewonnene Phytostanolester aus Sojabohnenquellen;
7. Milch und daraus gewonnene Erzeugnisse (einschließlich Laktose), außer
   a) Molke zur Herstellung von alkoholischen Destillaten einschließlich Ethylalkohol landwirtschaftlichen Ursprungs;
   b) Lactit;
8. Schalenfrüchte, namentlich Mandeln (*Amygdalus communis* L.), Haselnüsse (*Corylus avellana*), Walnüsse (*Juglans regia*), Kaschunüsse (*Anacardium occidentale*), Pecannüsse (*Carya illinoiesis* (Wangenh.) K. Koch), Paranüsse (*Bertholletia excelsa*), Pistazien (*Pistacia vera*), Macadamia- oder Queenslandnüsse (*Macadamia ternifolia*) sowie daraus gewonnene Erzeugnisse, außer Nüssen zur Herstellung von alkoholischen Destillaten einschließlich Ethylalkohol landwirtschaftlichen Ursprungs;

---

[1] und daraus gewonnene Erzeugnisse, soweit das Verfahren, das sie durchlaufen haben, die Allergenität, die von der EFSA für das entsprechende Erzeugnis ermittelt wurde, aus dem sie gewonnen wurden, wahrscheinlich nicht erhöht.

9. Sellerie und daraus gewonnene Erzeugnisse;
10. Senf und daraus gewonnene Erzeugnisse;
11. Sesamsamen und daraus gewonnene Erzeugnisse;
12. Schwefeldioxid und Sulphite in Konzentrationen von mehr als 10 mg/kg oder 10 mg/l als insgesamt vorhandenes SO_2, die für verzehrfertige oder gemäß den Anweisungen des Herstellers in den ursprünglichen Zustand zurückgeführte Erzeugnisse zu berechnen sind;
13. Lupinen und daraus gewonnene Erzeugnisse;
14. Weichtiere und daraus gewonnene Erzeugnisse.

ANHANG III

LEBENSMITTEL, DEREN KENNZEICHNUNG EINE ODER MEHRERE ZUSÄTZLICHE ANGABEN ENTHALTEN MUSS

ART ODER KLASSE DES LEBENSMITTELS	ANGABEN
1. In bestimmten Gasen verpackte Lebensmittel	
1.1. Lebensmittel, deren Haltbarkeit durch nach der Verordnung (EG) Nr. 1333/2008 zugelassenes Packgas verlängert wurde	„unter Schutzatmosphäre verpackt"
2. Lebensmittel, die Süßungsmittel enthalten	
2.1. Lebensmittel, die ein oder mehrere nach der Verordnung (EG) Nr. 1333/2008 zugelassene Süßungsmittel enthalten	„mit Süßungsmittel(n)"; dieser Hinweis ist in Verbindung mit der Bezeichnung des Lebensmittels anzubringen
2.2. Lebensmittel, die sowohl einen Zuckerzusatz oder mehrere Zuckerzusätze als auch ein oder mehrere nach der Verordnung (EG) Nr. 1333/2008 zugelassene Süßungsmittel enthalten	„mit Zucker(n) und Süßungsmittel(n)"; dieser Hinweis ist in Verbindung mit der Bezeichnung des Lebensmittels anzubringen
2.3. Lebensmittel, die nach der Verordnung (EG) Nr. 1333/2008 zugelassenes Aspartam/Aspartam-Acesulfamsalz enthalten	Der Hinweis „enthält Aspartam (eine Phenylalaninquelle)" muss auf dem Etikett erscheinen, wenn das Aspartam/Aspartam-Acesulfamsalz in der Zutatenliste lediglich mit der E-Nummer aufgeführt ist. Der Hinweis „enthält eine Phenylalaninquelle" muss auf dem Etikett erscheinen, wenn das Aspartam/Aspartam-Acesulfamsalz in der Zutatenliste mit seiner spezifischen Bezeichnung benannt ist.
2.4. Lebensmittel mit über 10 % zugesetzten, nach der Verordnung (EG) Nr. 1333/2008 zugelassenen mehrwertigen Alkoholen	„kann bei übermäßigem Verzehr abführend wirken"
3. Lebensmittel, die Glycyrrhizinsäure oder deren Ammoniumsalz enthalten	
3.1. Süßwaren oder Getränke, die Glycyrrhizinsäure oder deren Ammoniumsalz durch Zusatz der Substanz(en) selbst oder der Süßholzpflanze *Glycyrrhiza glabra* in einer Konzentration von mindestens 100 mg/kg oder 10 mg/l enthalten	Der Hinweis „enthält Süßholz" ist unmittelbar nach der Zutatenliste anzufügen, es sei denn, der Begriff „Süßholz" ist bereits im Zutatenverzeichnis oder in der Bezeichnung des Lebensmittels enthalten. Ist kein Zutatenverzeichnis vorgesehen, ist der Hinweis in Verbindung mit der Bezeichnung des Lebensmittels anzubringen.
3.2. Süßwaren, die Glycyrrhizinsäure oder ihr Ammoniumsalz durch Zusatz der Substanz(en) selbst oder der Süßholzpflanze *Glycyrrhiza glabra* in Konzentrationen von mindestens 4 g/kg enthalten	Der Hinweis „enthält Süßholz – bei hohem Blutdruck sollte ein übermäßiger Verzehr dieses Erzeugnisses vermieden werden" ist unmittelbar nach dem Zutatenverzeichnis anzufügen. Ist kein Zutatenverzeichnis vorgesehen, ist der Hinweis in Verbindung mit der Bezeichnung des Lebensmittels anzubringen.

VO (EU) Nr. 1169/2011

ART ODER KLASSE DES LEBENSMITTELS	ANGABEN
3.3. Getränke, die Glycyrrhizinsäure oder ihr Ammoniumsalz durch Zusatz der Substanz(en) selbst oder der Süßholzpflanze *Glycyrrhiza glabra* in Konzentrationen von mindestens 50 mg/l oder mindestens 300 mg/l im Fall von Getränken enthalten, die einen Volumenanteil von mehr als 1,2 % Alkohol enthalten ([1]).	Der Hinweis „enthält Süßholz – bei hohem Blutdruck sollte ein übermäßiger Verzehr dieses Erzeugnisses vermieden werden" ist unmittelbar nach dem Zutatenverzeichnis anzufügen. Ist kein Zutatenverzeichnis vorgesehen, ist der Hinweis in Verbindung mit der Bezeichnung des Lebensmittels anzubringen.
4. Getränke mit erhöhtem Koffeingehalt oder Lebensmittel mit Zusatz von Koffein	
4.1. Getränke mit Ausnahme derjenigen, die auf Kaffee, Tee bzw. Kaffee- oder Teeextrakt basieren und bei denen der Begriff „Kaffee" oder „Tee" in der Bezeichnung vorkommt, die – zur Aufnahme in unverarbeitetem Zustand bestimmt sind und Koffein aus beliebiger Quelle in einer Menge enthalten, die 150 mg/l übersteigt, oder – konzentriert oder getrocknet sind und nach der Rekonstituierung Koffein aus beliebiger Quelle in einer Menge enthalten, die 150 mg/l übersteigt	Der Hinweis „Erhöhter Koffeingehalt. Für Kinder und schwangere oder stillende Frauen nicht empfohlen" muss im selben Sichtfeld wie die Bezeichnung des Getränks erscheinen, gefolgt von einem Hinweis in Klammern nach Artikel 13 Absatz 1 dieser Verordnung auf den Koffeingehalt, ausgedrückt in mg je 100 ml.
4.2. Andere Lebensmittel als Getränke, denen zu physiologischen Zwecken Koffein zugesetzt wird.	Der Hinweis „Enthält Koffein. Für Kinder und schwangere Frauen nicht empfohlen" muss im selben Sichtfeld wie die Bezeichnung des Lebensmittels erscheinen, gefolgt von einem Hinweis in Klammern nach Artikel 13 Absatz 1 dieser Verordnung auf den Koffeingehalt, ausgedrückt in mg je 100 g/ml. Bei Nahrungsergänzungsmitteln ist der Koffeingehalt pro empfohlener täglicher Verzehrsmenge, die in der Kennzeichnung angegeben ist, anzugeben.
5. Lebensmittel, denen Phytosterine, Phytosterinester, Phytostanole oder Phytostanolester zugesetzt sind	
5.1. Lebensmittel oder Lebensmittelzutaten, denen Phytosterine, Phytosterinester, Phytostanole oder Phytostanolester zugesetzt sind	(1) „mit zugesetzten Pflanzensterinen" bzw. „mit zugesetzten Pflanzenstanolen" im selben Sichtfeld wie die Bezeichnung des Lebensmittels; (2) die Menge an zugesetzten Phytosterinen, Phytosterinestern, Phytostanolen oder Phytostanolestern (Angabe in % oder g der freien Pflanzensterine/Pflanzenstanole je 100 g oder 100 ml des Lebensmittels) muss im Zutatenverzeichnis aufgeführt sein;

ART ODER KLASSE DES LEBENSMITTELS	ANGABEN
	(3) Hinweis darauf, dass das Erzeugnis nicht für Personen bestimmt ist, die ihren Cholesterinspiegel im Blut nicht zu kontrollieren brauchen;
	(4) Hinweis darauf, dass Patienten, die Arzneimittel zur Senkung des Cholesterinspiegels einnehmen, das Erzeugnis nur unter ärztlicher Aufsicht zu sich nehmen sollten;
	(5) gut sichtbarer Hinweis darauf, dass das Erzeugnis für die Ernährung schwangerer und stillender Frauen sowie von Kindern unter fünf Jahren möglicherweise nicht geeignet ist;
	(6) Empfehlung, das Erzeugnis als Bestandteil einer ausgewogenen und abwechslungsreichen Ernährung zu verwenden, zu der auch zur Aufrechterhaltung des Carotinoid-Spiegels der regelmäßige Verzehr von Obst und Gemüse zählt;
	(7) im selben Sichtfeld, das den unter Nummer 3 genannten Hinweis enthält, Hinweis darauf, dass die Aufnahme von mehr als 3 g/Tag an zugesetzten Pflanzensterinen/Pflanzenstanolen vermieden werden sollte;
	(8) Definition einer Portion des betreffenden Lebensmittels oder der Lebensmittelzutat (vorzugsweise in g oder ml) unter Angabe der Menge an Pflanzensterinen/Pflanzenstanolen, die in einer Portion enthalten ist.
6. **Eingefrorenes Fleisch, eingefrorene Fleischzubereitungen und eingefrorene unverarbeitete Fischereierzeugnisse**	
6.1. Eingefrorenes Fleisch, eingefrorene Fleischzubereitungen und eingefrorene unverarbeitete Fischereierzeugnisse	gemäß Anhang X Nummer 3 das Datum des Einfrierens oder das Datum des ersten Einfrierens in Fällen, in denen das Produkt mehr als einmal eingefroren wurde

(¹) Diese Menge gilt für verzehrfertige oder gemäß den Anweisungen des Herstellers in den ursprünglichen Zustand zurückgeführte Erzeugnisse.

ANHANG IV
DEFINITION DER X-HÖHE

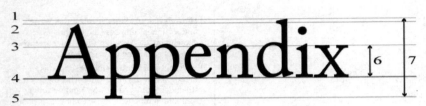

Legende

1	Oberlinie
2	Versallinie
3	Mittelinie
4	Grundlinie
5	Unterlinie
6	x-Höhe
7	Schriftgröße

ANHANG V
LEBENSMITTEL, DIE VON DER VERPFLICHTENDEN NÄHRWERTDEKLARATION AUSGENOMMEN SIND

1. Unverarbeitete Erzeugnisse, die nur aus einer Zutat oder Zutatenklasse bestehen;
2. verarbeitete Erzeugnisse, die lediglich einer Reifungsbehandlung unterzogen wurden und die nur aus einer Zutat oder Zutatenklasse bestehen;
3. für den menschlichen Gebrauch bestimmtes Wasser, auch solches, dem lediglich Kohlendioxid und/oder Aromen zugesetzt wurden;
4. Kräuter, Gewürze oder Mischungen daraus;
5. Salz und Salzsubstitute;
6. Tafelsüßen;
7. Erzeugnisse im Sinne der Richtlinie 1999/4/EG des Europäischen Parlaments und des Rates vom 22. Februar 1999 über Kaffee- und Zichorien-Extrakte ([1]), ganze oder gemahlene Kaffeebohnen und ganze oder gemahlene entkoffeinierte Kaffeebohnen;
8. Kräuter- oder Früchtetees, Tee, entkoffeinierter Tee, Instant- oder löslicher Tee oder Teeextrakt, entkoffeinierter Instant- oder löslicher Tee oder Teeextrakt ohne Zusatz weiterer Zutaten als Aromen, die den Nährwert des Tees nicht verändern;
9. Gärungsessig und Essigersatz, auch solche, denen lediglich Aromen zugesetzt wurden;
10. Aromen;
11. Lebensmittelzusatzstoffe;
12. Verarbeitungshilfsstoffe;
13. Lebensmittelenzyme;
14. Gelatine;
15. Gelierhilfen für Konfitüre;
16. Hefe;
17. Kaugummi;
18. Lebensmittel in Verpackungen oder Behältnissen, deren größte Oberfläche weniger als 25 cm^2 beträgt;
19. Lebensmittel, einschließlich handwerklich hergestellter Lebensmittel, die direkt in kleinen Mengen von Erzeugnissen durch den Hersteller an den Endverbraucher oder an lokale Einzelhandelsgeschäfte abgegeben werden, die die Erzeugnisse unmittelbar an den Endverbraucher abgeben.

---

[1] ABl. L 66 vom 13.3.1999, S. 26.

ANHANG VI
BEZEICHNUNG DES LEBENSMITTELS UND SPEZIELLE ZUSÄTZLICHE ANGABEN

TEIL A – VERPFLICHTENDE ANGABEN ZUR ERGÄNZUNG DER BEZEICHNUNG DES LEBENSMITTELS

1. Die Bezeichnung des Lebensmittels enthält oder wird ergänzt durch Angaben zum physikalischen Zustand des Lebensmittels oder zur besonderen Behandlung, die es erfahren hat (z. B. pulverisiert, wieder eingefroren, gefriergetrocknet, tiefgefroren, konzentriert, geräuchert), sofern die Unterlassung einer solchen Angabe geeignet wäre, den Käufer irrezuführen.

2. Im Falle von Lebensmitteln, die vor dem Verkauf tiefgefroren wurden und aufgetaut verkauft werden, wird der Bezeichnung des Lebensmittels der Hinweis „aufgetaut" hinzugefügt.

   Diese Anforderung gilt nicht für:

   a) Zutaten, die im Enderzeugnis enthalten sind;

   b) Lebensmittel, bei denen das Einfrieren ein technologisch notwendiger Schritt im Herstellungsprozess ist;

   c) Lebensmittel, bei denen das Auftauen keine negativen Auswirkungen auf die Sicherheit oder Qualität des Lebensmittels hat.

   Diese Nummer lässt Nummer 1 unberührt.

3. Mit ionisierenden Strahlen behandelte Lebensmittel müssen mit einer der folgenden Angaben versehen sein:

   „bestrahlt" oder „mit ionisierenden Strahlen behandelt" oder einer anderen in der Richtlinie 1999/2/EG des Europäischen Parlaments und des Rates vom 22. Februar 1999 zur Angleichung der Rechtsvorschriften der Mitgliedstaaten über mit ionisierenden Strahlen behandelte Lebensmittel und Lebensmittelbestandteile genannten Angabe ([1]).

4. Im Falle von Lebensmitteln, bei denen ein Bestandteil oder eine Zutat, von dem/der die Verbraucher erwarten, dass er/sie normalerweise verwendet wird oder von Natur aus vorhanden ist, durch einen anderen Bestandteil oder eine andere Zutat ersetzt wurde, muss die Kennzeichnung – zusätzlich zum Zutatenverzeichnis – mit einer deutlichen Angabe des Bestandteils oder der Zutat versehen sein, der/die für die teilweise oder vollständige Ersetzung verwendet wurde, und zwar

   a) in unmittelbarer Nähe zum Produktnamen und

   b) in einer Schriftgröße, deren x-Höhe mindestens 75 % der x-Höhe des Produktnamens beträgt und die nicht kleiner als die in Artikel 13 Absatz 2 dieser Verordnung vorgeschriebene Mindestschriftgröße sein darf.

5. Bei Fleischerzeugnissen, Fleischzubereitungen und Fischereierzeugnissen, die zugesetzte Eiweiße als solche, einschließlich hydrolysierte Proteine, unterschiedlicher tierischer Herkunft enthalten, ist die Bezeichnung des Le-

---

([1]) ABl. L 66 vom 13.3.1999, S. 16.

bensmittels mit einem Hinweis auf das Vorhandensein dieser Eiweiße und ihren Ursprung zu versehen.

6. Bei Fleischerzeugnissen und Fleischzubereitungen, die aussehen wie ein Abschnitt, ein Stück, eine Scheibe oder eine Portion Fleisch oder wie ein Tierkörper, enthält die Bezeichnung des Lebensmittels die Angabe, dass Wasser zugesetzt wurde, wenn das zugesetzte Wasser mehr als 5 % des Gewichts des Enderzeugnisses ausmacht. Diese Bestimmung gilt auch für Fischereierzeugnisse und zubereitete Fischereierzeugnisse, die aussehen wie ein Abschnitt, ein Stück, eine Scheibe oder eine Portion Fisch, ein Filet oder wie ein ganzes Fischereierzeugnis.

7. Fleischerzeugnisse, Fleischzubereitungen und Fischereierzeugnisse, die den Anschein erwecken könnten, dass es sich um ein gewachsenes Stück Fleisch oder Fisch handelt, die jedoch tatsächlich aus verschiedenen Stücken bestehen, die durch andere Zutaten, einschließlich Lebensmittelzusatzstoffe und Enzyme, oder durch andere Mittel zusammengefügt sind, tragen den folgenden Hinweis:

auf Bulgarisch:	„формовано месо" und „формована риба";
auf Spanisch:	„combinado de piezas de carne" und „combinado de piezas de pescado";
auf Tschechisch:	„ze spojovaných kousků masa" und „ze spojovaných kousků rybího masa";
auf Dänisch:	„Sammensat af stykker af kød" und „Sammensat af stykker af fisk";
auf Deutsch:	„aus Fleischstücken zusammengefügt" und „aus Fischstücken zusammengefügt";
auf Estnisch:	„liidetud liha" und „liidetud kala";
auf Griechisch:	„μορφοποιημένο κρέας" und „μορφοποιημένο ψάρι";
auf Englisch:	„formed meat" und „formed fish";
auf Französisch:	„viande reconstituée" und „poisson reconstitué";
auf Irisch:	„píosaí feola ceangailte" und „píosaí éisc ceangailte";
auf Italienisch:	„carne ricomposta" und „pesce ricomposto";
auf Lettisch:	„formēta gaļa" und „formēta zivs";
auf Litauisch:	„sudarytas (-a) iš mėsos gabalų" und „sudarytas (-a) iš žuvies gabalų";
auf Ungarisch:	„darabokból újraformázott hús" und „darabokból újraformázott hal";
auf Maltesisch:	„laħam rikostitwit" und „ħut rikostitwit";
auf Niederländisch:	„samengesteld uit stukjes vlees" und „samengesteld uit stukjes vis";
auf Polnisch:	„z połączonych kawałków mięsa" und „z połączonych kawałków ryby";
auf Portugiesisch:	„carne reconstituída" und „peixe reconstituído";
auf Rumänisch:	„carne formată" und „carne de peşte formată";

auf Slowakisch:	„spájané alebo formované mäso" und „spájané alebo formované ryby";
auf Slowenisch:	„sestavljeno, iz koščkov oblikovano meso" und „sestavljene, iz koščkov oblikovane ribe";
auf Finnisch:	„paloista yhdistetty liha" und „paloista yhdistetty kala";
auf Schwedisch:	„sammanfogade bitar av kött" und „sammanfogade bitar av fisk".

TEIL B – SPEZIELLE ANFORDERUNGEN AN DIE BEZEICHNUNG „HACKFLEISCH / FASCHIERTES"

1. Auf der Grundlage eines Tagesdurchschnitts kontrollierte Zusammensetzung:

	Fettgehalt	Verhältnis Kollagen/ Fleischeiweiß ([1])
– mageres Hackfleisch/Faschiertes	$\leq 7\%$	$\leq 12\%$
– reines Rinderhackfleisch/-faschiertes	$\leq 20\%$	$\leq 15\%$
– Hackfleisch/Faschiertes mit Schweinefleischanteil	$\leq 30\%$	$\leq 18\%$
– Hackfleisch/Faschiertes von anderen Tierarten	$\leq 25\%$	$\leq 15\%$

([1]) Das Verhältnis Kollagen/Fleischeiweiß wird als Prozentsatz des im Fleischeiweiß enthaltenen Kollagens ausgedrückt. Der Kollagengehalt ist der mit dem Faktor 8 vervielfältigte Gehalt an Hydroxyprolin.

2. Neben den Anforderungen gemäß Anhang III Abschnitt V Kapitel IV der Verordnung (EG) Nr. 853/2004 muss die Kennzeichnung die folgenden Angaben enthalten:
   – „Fettgehalt geringer als ...";
   – „Verhältnis Kollagen/Fleischeiweiß geringer als ...".
3. Die Mitgliedstaaten können gestatten, dass auf ihrem Inlandsmarkt Hackfleisch/Faschiertes, das die Kriterien der Nummer 1 dieses Teils nicht erfüllt, mit einem nationalen Kennzeichen, das nicht mit den Kennzeichen gemäß Artikel 5 Absatz 1 der Verordnung (EG) Nr. 853/2004 verwechselt werden kann, in Verkehr gebracht wird.

TEIL C – SPEZIELLE ANFORDERUNGEN AN DIE BEZEICHNUNG VON WURSTHÜLLEN

Ist eine Wursthülle nicht essbar, muss dies angegeben werden.

ANHANG VII

ANGABE UND BEZEICHNUNG VON ZUTATEN

TEIL A – SPEZIELLE VORSCHRIFTEN FÜR DIE ANGABE VON ZUTATEN IN ABSTEIGENDER REIHENFOLGE IHRES GEWICHTSANTEILS

Zutatenklasse	Vorschriften für die Angabe des Gewichtsanteils
1. Zugefügtes Wasser und flüchtige Zutaten	Werden nach Maßgabe ihres Gewichtsanteils am Enderzeugnis angegeben. Die in einem Lebensmittel als Zutat verwendete Menge Wasser wird durch Abzug aller anderen einbezogenen Zutaten von der Gesamtmenge des Enderzeugnisses bestimmt. Stellt die Menge nicht mehr als 5 % des Gewichts des Enderzeugnisses dar, so kann sie unberücksichtigt bleiben. Diese Ausnahme gilt nicht für Fleisch, Fleischzubereitungen, unverarbeitete Fischereierzeugnisse und unverarbeitete Muscheln.
2. In konzentrierter oder getrockneter Form verwendete und bei der Herstellung in ihren ursprünglichen Zustand zurückgeführte Zutaten	Können nach Maßgabe ihres Gewichtsanteils vor der Eindickung oder vor dem Trocknen im Verzeichnis angegeben werden.
3. Zutaten, die in konzentrierten oder getrockneten Lebensmitteln verwendet werden, denen Wasser zugesetzt werden muss, um sie in ihren ursprünglichen Zustand zurückzuführen	Können in der Reihenfolge der Anteile an dem in seinen ursprünglichen Zustand zurückgeführten Erzeugnis aufgezählt werden, sofern das Zutatenverzeichnis eine Wendung wie „Zutaten des in seinen ursprünglichen Zustand zurückgeführten Erzeugnisses" oder „Zutaten des gebrauchsfertigen Erzeugnisses" enthält.
4. Obst, Gemüse oder Pilze, von denen keines nach seinem Gewichtsanteil deutlich dominiert und die mit potenziell veränderlichen Anteilen in einer Mischung als Zutat für ein Lebensmittel verwendet werden	Können im Zutatenverzeichnis unter der Bezeichnung „Obst", „Gemüse" oder „Pilze" zusammengefasst werden, gefolgt von der Wendung „in veränderlichen Gewichtsanteilen", wobei unmittelbar danach die vorhandenen Obst-, Gemüse- oder Pilzsorten aufzuführen sind. In diesen Fällen wird die Mischung gemäß Artikel 18 Absatz 1 nach dem Gewichtsanteil der Gesamtheit der vorhandenen Obst-, Gemüse- oder Pilzsorten im Zutatenverzeichnis aufgeführt.
5. Mischungen aus Gewürzen oder Kräutern, die sich in ihrem Gewichtsanteil nicht wesentlich unterscheiden	Können in einer anderen Reihenfolge aufgezählt werden, sofern das Verzeichnis der Zutaten eine Wendung wie „in veränderlichen Gewichtsanteilen" enthält.
6. Zutaten, die weniger als 2 % des Enderzeugnisses ausmachen	Können in anderer Reihenfolge nach den übrigen Zutaten aufgezählt werden.
7. Ähnliche und untereinander austauschbare Zutaten, die bei der Herstellung oder Zubereitung eines Lebensmittels verwendet werden können, ohne dass sie dessen Zusammensetzung, dessen Art oder dessen empfundenen Wert verändern, sofern sie weniger als 2 % des Enderzeugnisses ausmachen	Können im Zutatenverzeichnis mit der Angabe „Enthält ... und / oder ..." aufgeführt werden, sofern mindestens eine von höchstens zwei Zutaten im Enderzeugnis vorhanden ist. Diese Vorschrift gilt nicht für in Teil C dieses Anhangs aufgeführte Lebensmittelzusatzstoffe oder Zutaten und in Anhang II aufgeführte Stoffe oder Erzeugnisse, die Allergien oder Unverträglichkeiten auslösen.

Zutatenklasse	Vorschriften für die Angabe des Gewichtsanteils
8. Raffinierte Öle pflanzlicher Herkunft	Können im Zutatenverzeichnis unter der Bezeichnung „pflanzliche Öle" zusammengefasst werden, wobei unmittelbar danach eine Liste mit den Angaben der speziellen pflanzlichen Herkunft aufzuführen ist, nach der die Wendung „in veränderlichen Gewichtsanteilen" folgen kann. Im Falle einer Zusammenfassung werden die pflanzlichen Öle gemäß Artikel 18 Absatz 1 nach dem Gewichtsanteil der Gesamtheit der vorhandenen pflanzlichen Öle im Zutatenverzeichnis aufgeführt. Der Hinweis auf ein gehärtetes Öl muss gegebenenfalls mit dem Ausdruck „ganz gehärtet" oder „teilweise gehärtet" versehen sein.
9. Raffinierte Fette pflanzlicher Herkunft	Können im Zutatenverzeichnis unter der Bezeichnung „pflanzliche Fette" zusammengefasst werden, wobei unmittelbar danach eine Liste mit den Angaben der speziellen pflanzlichen Herkunft aufzuführen ist, nach der die Wendung „in veränderlichen Gewichtsanteilen" folgen kann. Im Falle einer Zusammenfassung werden die pflanzlichen Fette gemäß Artikel 18 Absatz 1 nach dem Gewichtsanteil der Gesamtheit der vorhandenen pflanzlichen Fette im Zutatenverzeichnis aufgeführt. Der Hinweis auf ein gehärtetes Fett muss gegebenenfalls mit dem Ausdruck „ganz gehärtet" oder „teilweise gehärtet" versehen sein.

VO (EU) Nr. 1169/2011

TEIL B – BEZEICHNUNG BESTIMMTER ZUTATEN, BEI DENEN DIE SPEZIELLE BEZEICHNUNG DURCH DIE BEZEICHNUNG EINER KLASSE ERSETZT WERDEN KANN

Unbeschadet des Artikels 21 können Zutaten, die zu einer der im Folgenden aufgeführten Lebensmittelklasse gehören und die Bestandteile eines anderen Lebensmittels sind, statt mit ihrer speziellen Bezeichnung mit der Bezeichnung der betreffenden Klasse benannt werden.

Definition der Lebensmittelklasse	Bezeichnung
1. Raffinierte Öle tierischer Herkunft	„Öl", ergänzt entweder durch das Adjektiv „tierisch" oder die Angabe der speziellen tierischen Herkunft
	Der Hinweis auf ein gehärtetes Öl muss gegebenenfalls mit dem Ausdruck „ganz gehärtet" oder „teilweise gehärtet" versehen sein.
2. Raffinierte Fette tierischer Herkunft	„Fett", ergänzt entweder durch das Adjektiv „tierisch" oder die Angabe der speziellen tierischen Herkunft
	Der Hinweis auf ein gehärtetes Fett muss gegebenenfalls mit dem Ausdruck „ganz gehärtet" oder „teilweise gehärtet" versehen sein.
3. Mischungen von Mehl aus zwei oder mehr Getreidearten	„Mehl", gefolgt von der Aufzählung der Getreidearten, aus denen es hergestellt ist, in abnehmender Reihenfolge ihres Gewichtsanteils
4. Natürliche Stärke und auf physikalischem oder enzymatischem Wege modifizierte Stärke	„Stärke"
5. Fisch aller Art, wenn der Fisch Zutat eines anderen Lebensmittels ist und sofern sich Bezeichnung und Darstellung dieses Lebensmittels nicht auf eine bestimmte Fischart beziehen	„Fisch"
6. Käse aller Art, wenn der Käse oder die Käsemischung Zutat eines anderen Lebensmittels ist und sofern sich Bezeichnung und Darstellung dieses Lebensmittels nicht auf eine bestimmte Käseart beziehen	„Käse"
7. Gewürze jeder Art, die nicht mehr als 2 Gewichtsprozent des Lebensmittels ausmachen	„Gewürz(e)" oder „Gewürzmischung"
8. Kräuter oder Kräuterteile jeder Art, die nicht mehr als 2 Gewichtsprozent des Lebensmittels ausmachen	„Kräuter" oder „Kräutermischung"
9. Grundstoffe jeder Art, die für die Herstellung der Kaumasse von Kaugummi verwendet werden	„Kaumasse"
10. Paniermehl jeglichen Ursprungs	„Paniermehl"
11. Saccharose jeder Art	„Zucker"
12. Dextroseanhydrid oder Dextrosemonohydrat	„Dextrose"
13. Glucosesirup und getrockneter Glucosesirup	„Glukosesirup"

Definition der Lebensmittelklasse	Bezeichnung
14. Milcheiweiß aller Art (Kaseine, Kaseinate und Molkenproteine) und Mischungen daraus	„Milcheiweiß"
15. Kakaopressbutter, Expeller-Kakaobutter, raffinierte Kakaobutter	„Kakaobutter"
16. Weine aller Art gemäß Anhang XIb der Verordnung (EG) Nr. 1234/2007 (^{1})	„Wein"
17. Skelettmuskeln (^{2}) von Tieren der Spezies „Säugetiere" und „Vögel", die als für den menschlichen Verzehr geeignet gelten, mitsamt dem natürlicherweise darin eingebetteten oder damit verbundenen Gewebe, deren Gesamtanteil an Fett und Bindegewebe die nachstehend aufgeführten Werte nicht übersteigt, und soweit das Fleisch Zutat eines anderen Lebensmittels ist. Höchstwerte der Fett- und Bindegewebeanteile für Zutaten, die mit dem Begriff „… fleisch" bezeichnet werden: 	Art	Fettgehalt	Verhältnis Kollagen/Fleischeiweiß (^{1})
---	---	---
– Säugetiere (ausgenommen Kaninchen und Schweine) und Mischungen von Tierarten, bei denen Säugetiere überwiegen	25 %	25 %
– Schweine	30 %	25 %
– Vögel und Kaninchen	15 %	10 % | (^{1}) Das Verhältnis Kollagen/Fleischeiweiß wird als Prozentsatz des im Fleischeiweiß enthaltenen Kollagens ausgedrückt. Der Kollagengehalt ist der mit dem Faktor 8 vervielfältigte Gehalt an Hydroxyprolin. Werden diese Höchstwerte überschritten und sind alle anderen Kriterien der Definition von „… fleisch" erfüllt, so muss der „… fleisch-Anteil" entsprechend nach unten angepasst werden und das Zutatenverzeichnis muss neben der Angabe des Begriffs „… fleisch" die Angabe der Zutat Fett bzw. Bindegewebe enthalten. Die unter die Definition von „Separatorenfleisch" fallenden Erzeugnisse fallen nicht unter die vorliegende Definition.	„… fleisch", dem der Name/die Namen (^{3}) der Tierart, von der/denen es stammt, vorangestellt ist/sind
18. Alle Arten von Erzeugnissen, die unter die Definition von „Separatorenfleisch" fallen	„Separatorenfleisch", dem der Name/die Namen (^{3}) der Tierart/Tierarten, von der/denen es stammt, vorangestellt ist/sind

(^{1}) Verordnung (EG) Nr. 1234/2007 des Rates vom 22. Oktober 2007 über eine gemeinsame Organisation der Agrarmärkte und mit Sondervorschriften für bestimmte landwirtschaftliche Erzeugnisse (Verordnung über die einheitliche GMO) (ABl. L 299 vom 16.11.2007, S. 1).
(^{2}) Das Zwerchfell und die Kaumuskeln gehören zu den Skelettmuskeln, während das Herz, die Zunge, die Muskeln des Kopfes (außer den Kaumuskeln), des Karpal- und Tarsalgelenks und des Schwanzes nicht darunter fallen.
(^{3}) Bei der Kennzeichnung in englischer Sprache kann diese Bezeichnung durch die allgemeine Bezeichnung für das Fleisch der betreffenden Tierspezies ersetzt werden.

TEIL C – NENNUNG BESTIMMTER ZUTATEN MIT DER BEZEICHNUNG DER BETREFFENDEN KLASSE, GEFOLGT VON IHRER SPEZIELLEN BEZEICHNUNG ODER DER E-NUMMER

Unbeschadet des Artikels 21 sind Lebensmittelzusatzstoffe und Lebensmittelenzyme, die nicht in Artikel 20 Buchstabe b aufgeführt sind und zu einer der in diesem Teil aufgeführten Klassen gehören, mit der Bezeichnung dieser Klasse zu benennen, gefolgt von ihrer speziellen Bezeichnung, oder gegebenenfalls der E-Nummer. Gehört eine Zutat zu mehreren Klassen, so ist die Klasse anzugeben, der die Zutat aufgrund ihrer hauptsächlichen Wirkung für das betreffende Lebensmittel zuzuordnen ist.

Antioxidationsmittel	Modifizierte Stärke [1]
Backtriebmittel	Säuerungsmittel
Emulgator	Säureregulator
Farbstoff	Schaummittel
Festigungsmittel	Schaumverhüter
Feuchthaltemittel	Schmelzsalz [2]
Füllstoff	Stabilisator
Geliermittel	Süßungsmittel
Geschmacksverstärker	Treibgas
Komplexbildner	Trennmittel
Konservierungsstoff	Überzugsmittel
Mehlbehandlungsmittel	Verdickungsmittel

[1] Die Angabe der spezifischen Bezeichnung oder der E-Nummer ist nicht erforderlich.
[2] Nur im Fall von Schmelzkäse und von Erzeugnissen auf der Grundlage von Schmelzkäse.

TEIL D – BEZEICHNUNG VON AROMEN IM ZUTATENVERZEICHNIS

1. Aromen sind mit folgenden Begriffen zu bezeichnen:
   – „Aroma/Aromen" oder einer genaueren Bezeichnung bzw. einer Beschreibung des Aromas, wenn der Aromabestandteil Aromen im Sinne von Artikel 3 Absatz 2 Buchstaben b, c, d, e, f, g oder h der Verordnung (EG) Nr. 1334/2008 enthält;
   – „Raucharoma/Raucharomen" oder „Raucharoma/Raucharomen aus einem Lebensmittel/Lebensmitteln bzw. einer Lebensmittelklasse bzw. einem Ausgangsstoff/Ausgangsstoffen" (z. B. „Raucharoma aus Buchenholz"), wenn der Aromabestandteil Aromen im Sinne von Artikel 3 Absatz 2 Buchstabe f der Verordnung (EG) Nr. 1334/2008 enthält und den Lebensmitteln einen Räuchergeschmack verleiht.

2. Der Begriff „natürlich" wird zur Bezeichnung von Aromen im Sinne von Artikel 16 der Verordnung (EG) Nr. 1334/2008 verwendet.
3. Chinin und/oder Koffein, die als Aromen bei der Herstellung oder Zubereitung von Lebensmitteln Verwendung finden, sind im Zutatenverzeichnis unmittelbar nach dem Begriff „Aroma/Aromen" unter ihrer Bezeichnung aufzuführen.

TEIL E – BEZEICHNUNG VON ZUSAMMENGESETZTEN ZUTATEN

1. Eine zusammengesetzte Zutat kann im Zutatenverzeichnis unter ihrer Bezeichnung, sofern diese in einer Rechtsvorschrift festgelegt oder üblich ist, nach Maßgabe ihres Gesamtgewichtsanteils angegeben werden, sofern unmittelbar danach eine Aufzählung ihrer Zutaten folgt.
2. Unbeschadet des Artikels 21 ist das Zutatenverzeichnis bei zusammengesetzten Zutaten nicht verpflichtend,
   a) wenn die Zusammensetzung der zusammengesetzten Zutat in einer geltenden Unionsvorschrift festgelegt ist, sofern die zusammengesetzte Zutat weniger als 2 % des Enderzeugnisses ausmacht; dies gilt jedoch vorbehaltlich des Artikels 20 Buchstaben a bis d nicht für Zusatzstoffe; oder
   b) für die aus Gewürz- und/oder Kräutermischungen bestehenden zusammengesetzten Zutaten, die weniger als 2 % des Enderzeugnisses ausmachen, mit Ausnahme von Lebensmittelzusatzstoffen, vorbehaltlich des Artikels 20 Buchstaben a bis d; oder
   c) wenn die zusammengesetzte Zutat ein Lebensmittel ist, für das nach Unionsvorschriften kein Zutatenverzeichnis erforderlich ist.

ANHANG VIII
MENGENMÄSSIGE ANGABE DER ZUTATEN

1. Die mengenmäßige Angabe ist nicht erforderlich
   a) für eine Zutat oder Zutatenklasse,
      i) deren Abtropfgewicht gemäß Anhang IX Nummer 5 angegeben ist;
      ii) deren Mengenangabe aufgrund von Unionsvorschriften bereits in der Kennzeichnung aufzuführen ist;
      iii) die in kleinen Mengen zur Geschmacksgebung verwendet wird; oder
      iv) die, obwohl sie in der Bezeichnung des Lebensmittels vorkommt, für die Wahl des Verbrauchers im Land der Vermarktung nicht ausschlaggebend ist, weil unterschiedliche Mengen für die Charakterisierung des betreffenden Lebensmittels nicht wesentlich sind oder es nicht von ähnlichen Lebensmitteln unterscheiden;
   b) wenn in speziellen Unionsbestimmungen die Menge der Zutat oder der Zutatenklasse präzise festgelegt, deren Angabe in der Kennzeichnung aber nicht vorgesehen ist; oder
   c) in den in Anhang VII Teil A Nummern 4 und 5 genannten Fällen.

2. Artikel 22 Absatz 1 Buchstaben a und b gelten nicht für
   a) Zutaten oder Zutatenklassen, die unter die Angabe „mit Süßungsmittel(n)" oder „mit Zucker(n) und Süßungsmittel(n)" fallen, wenn diese Angabe gemäß Anhang III in Verbindung mit der Bezeichnung des Lebensmittels erscheint; oder
   b) zugesetzte Vitamine und Mineralstoffe, wenn diese Stoffe in eine Nährwertdeklaration aufgenommen werden müssen.

3. Die Angabe der Menge einer Zutat oder Zutatenklasse erfolgt
   a) als Prozentsatz der Menge der Zutat bzw. Zutaten zum Zeitpunkt ihrer Verwendung; und
   b) erscheint entweder in der Bezeichnung des Lebensmittels selbst oder in ihrer unmittelbaren Nähe oder im Zutatenverzeichnis zusammen mit der betreffenden Zutat oder Zutatenklasse.

4. Abweichend von Nummer 3
   a) ist die Menge bei Lebensmitteln, denen infolge einer Hitzebehandlung oder einer sonstigen Behandlung Feuchtigkeit entzogen wurde, als Prozentsatz auszudrücken, der der Menge der verarbeiteten Zutat oder Zutaten, bezogen auf das Enderzeugnis, entspricht, es sei denn, diese Menge oder die in der Kennzeichnung angegebene Gesamtmenge aller Zutaten übersteigt 100 %; in diesem Fall erfolgt die Angabe nach Maßgabe des Gewichts der für die Zubereitung von 100 g des Enderzeugnisses verwendeten Zutat bzw. Zutaten;
   b) wird die Menge der flüchtigen Zutaten nach Maßgabe ihres Gewichtsanteils am Enderzeugnis angegeben;

c) kann die Menge derjenigen Zutaten, die in konzentrierter oder getrockneter Form verwendet und während der Herstellung in ihren ursprünglichen Zustand zurückgeführt werden, nach Maßgabe ihres Gewichtsanteils vor der Konzentration oder der Trocknung angegeben werden;

d) kann die Menge der Zutaten bei konzentrierten oder getrockneten Lebensmitteln, denen Wasser zugefügt werden muss, nach Maßgabe ihres Gewichtsanteils im in seinen ursprünglichen Zustand zurückgeführten Erzeugnis angegeben werden.

ANHANG IX
ANGABE DER NETTOFÜLLMENGE

1. Die Angabe der Nettofüllmenge ist nicht verpflichtend bei Lebensmitteln,
   a) bei denen in Volumen oder Masse erhebliche Verluste auftreten können und die nach Stückzahlen in den Verkehr gebracht oder in Anwesenheit des Käufers abgewogen werden;
   b) deren Nettofüllmenge unter 5 g oder 5 ml liegt; dies gilt jedoch nicht für Gewürze und Kräuter; oder
   c) die normalerweise nach Stückzahlen in den Verkehr gebracht werden, sofern die Stückzahl von außen leicht zu sehen und einfach zu zählen ist oder anderenfalls in der Kennzeichnung angegeben ist.
2. Ist die Angabe einer bestimmten Mengenart (wie Nennfüllmenge, Mindestmenge, mittlere Menge) in den Unionsvorschriften oder – falls solche fehlen – in den einzelstaatlichen Vorschriften vorgesehen, so gilt diese Menge als Nettofüllmenge im Sinne dieser Verordnung.
3. Besteht eine Vorverpackung aus zwei oder mehr Einzelpackungen mit derselben Menge desselben Erzeugnisses, so wird die Nettofüllmenge in der Weise angegeben, dass die in jeder Einzelpackung enthaltene Nettofüllmenge und die Gesamtzahl der Einzelpackungen angegeben werden. Diese Angaben sind jedoch nicht verpflichtend, wenn die Gesamtzahl der Einzelpackungen von außen leicht zu sehen und einfach zu zählen ist und wenn mindestens eine Angabe der Nettofüllmenge jeder Einzelpackung deutlich von außen sichtbar ist.
4. Besteht eine Vorverpackung aus zwei oder mehr Einzelpackungen, die nicht als Verkaufseinheiten anzusehen sind, so wird die Nettofüllmenge in der Weise angegeben, dass die Gesamtnettofüllmenge und die Gesamtzahl der Einzelpackungen angegeben werden.
5. Befindet sich ein festes Lebensmittel in einer Aufgussflüssigkeit, so ist auch das Abtropfgewicht des Lebensmittels anzugeben. Bei glasierten Lebensmitteln ist das Überzugsmittel nicht im angegebenen Nettogewicht des Lebensmittels enthalten.

   Als Aufgussflüssigkeiten im Sinne dieser Nummer gelten folgende Erzeugnisse – gegebenenfalls in Mischungen und auch gefroren oder tiefgefroren –, sofern sie gegenüber den wesentlichen Bestandteilen der betreffenden Zubereitung nur eine untergeordnete Rolle spielen und folglich für den Kauf nicht ausschlaggebend sind: Wasser, wässrige Salzlösungen, Salzlake, Genusssäure in wässriger Lösung; Essig, wässrige Zuckerlösungen, wässrige Lösungen von anderen Süßungsstoffen oder -mitteln, Frucht- oder Gemüsesäfte bei Obst und Gemüse.

ANHANG X
MINDESTHALTBARKEITSDATUM, VERBRAUCHSDATUM UND DATUM DES EINFRIERENS

1. Das Mindesthaltbarkeitsdatum wird wie folgt angegeben:
   a) Diesem Datum geht folgende Angabe voran:
      - „mindestens haltbar bis ...", wenn der Tag genannt wird;
      - „mindestens haltbar bis Ende ..." in den anderen Fällen.
   b) In Verbindung mit der Angabe nach Buchstabe a wird angegeben
      - entweder das Datum selbst oder
      - ein Hinweis darauf, wo das Datum in der Kennzeichnung zu finden ist.

      Diese Angaben werden erforderlichenfalls durch eine Beschreibung der Aufbewahrungsbedingungen ergänzt, deren Einhaltung die angegebene Haltbarkeit gewährleistet.
   c) Das Datum besteht aus der unverschlüsselten Angabe von Tag, Monat und gegebenenfalls Jahr in dieser Reihenfolge.

      Ausreichend ist jedoch im Falle von Lebensmitteln,
      - deren Haltbarkeit weniger als drei Monate beträgt: die Angabe des Tages und des Monats;
      - deren Haltbarkeit mehr als drei Monate, jedoch höchstens achtzehn Monate beträgt: die Angabe des Monats und des Jahres;
      - deren Haltbarkeit mehr als achtzehn Monate beträgt: die Angabe des Jahres.
   d) Die Angabe des Mindesthaltbarkeitsdatums ist vorbehaltlich der Unionsvorschriften, in denen andere Datumsangaben vorgeschrieben sind, nicht erforderlich bei
      - frischem Obst und Gemüse – einschließlich Kartoffeln –, das nicht geschält, geschnitten oder auf ähnliche Weise behandelt worden ist; diese Ausnahmeregelung gilt nicht für Keime von Samen und ähnliche Erzeugnisse, wie Sprossen von Hülsenfrüchten;
      - Wein, Likörwein, Schaumwein, aromatisiertem Wein und ähnlichen Erzeugnissen aus anderen Früchten als Weintrauben sowie aus Weintrauben oder Traubenmost gewonnenen Getränken des KN-Codes 2206 00;
      - Getränken mit einem Alkoholgehalt von 10 oder mehr Volumenprozent;
      - Backwaren, die ihrer Art nach normalerweise innerhalb von 24 Stunden nach der Herstellung verzehrt werden;
      - Essig;
      - Speisesalz;
      - Zucker in fester Form;

- Zuckerwaren, die fast nur aus Zuckerarten mit Aromastoffen und/oder Farbstoffen bestehen;
- Kaugummi und ähnlichen Erzeugnissen zum Kauen.
2. Das Verbrauchsdatum wird wie folgt angegeben:
   a) Dem Datum geht der Wortlaut „zu verbrauchen bis" voran.
   b) Dem unter Buchstabe a genannten Wortlaut wird Folgendes hinzugefügt:
      - entweder das Datum selbst oder
      - ein Hinweis darauf, wo das Datum in der Kennzeichnung zu finden ist.

      Diesen Angaben folgt eine Beschreibung der einzuhaltenden Aufbewahrungsbedingungen.
   c) Das Datum besteht aus der unverschlüsselten Angabe von Tag, Monat und gegebenenfalls Jahr in dieser Reihenfolge.
   d) Das Verbrauchsdatum wird auf jeder vorverpackten Einzelportion angegeben.
3. Das Datum des Einfrierens bzw. das Datum des ersten Einfrierens gemäß Anhang III Nummer 6 wird wie folgt angegeben:
   a) Dem Datum geht der Wortlaut „eingefroren am ..." voran.
   b) Dem in Buchstabe a genannten Wortlaut wird Folgendes hinzugefügt:
      - entweder das Datum selbst oder
      - ein Hinweis darauf, wo das Datum in der Kennzeichnung zu finden ist.
   c) Das Datum besteht aus der unverschlüsselten Angabe von Tag, Monat und Jahr in dieser Reihenfolge.

ANHANG XI
SORTEN VON FLEISCH, FÜR DIE DIE ANGABE DES URSPRUNGS-LANDS ODER DES HERKUNFTSORTS VERPFLICHTEND IST

KN-Codes (Kombinierte Nomenklatur 2010)	Beschreibung
0203	Fleisch von Schweinen, frisch, gekühlt oder gefroren
0204	Fleisch von Schafen oder Ziegen, frisch, gekühlt oder gefroren
Ex 0207	Fleisch von Hausgeflügel der Position 0105, frisch, gekühlt oder gefroren

ANHANG XII
ALKOHOLGEHALT

Der vorhandene Alkoholgehalt von Getränken mit einem Alkoholgehalt von mehr als 1,2 Volumenprozent ist durch eine Ziffer mit nicht mehr als einer Dezimalstelle anzugeben. Ihr ist das Symbol „% vol" anzufügen; dieser Angabe darf das Wort „Alkohol" oder die Abkürzung „Alk." oder „alc." vorangestellt werden.

Der Alkoholgehalt wird bei 20 °C bestimmt.

Die für die Angabe des Alkoholgehalts zugelassenen und in absoluten Werten ausgedrückten Abweichungen nach oben und nach unten werden in der folgenden Tabelle festgesetzt. Sie gelten unbeschadet der Toleranzen, die sich aus der für die Bestimmung des Alkoholgehalts verwendeten Analysenmethode ergeben.

Beschreibung des Getränks	Positive oder negative Abweichungen
1. Bier des KN-Codes 2203 00 mit einem Alkoholgehalt von höchstens 5,5 % vol; nicht schäumende Getränke des KN-Codes 2206 00, die aus Weintrauben gewonnen werden	0,5 % vol
2. Bier mit einem Alkoholgehalt von mehr als 5,5 % vol; schäumende Getränke des KN-Codes 2206 00, die aus Weintrauben gewonnen werden, Apfelwein, Birnenwein, Fruchtwein und ähnliche gegorene Getränke, die aus anderen Früchten als Weintrauben gewonnen werden, auch perlend oder schäumend; Met/Honigwein	1 % vol
3. Getränke mit eingelegten Früchten oder Pflanzenteilen	1,5 % vol
4. Sonstige Getränke mit einem Alkoholgehalt von mehr als 1,2 Volumenprozent	0,3 % vol

ANHANG XIII
REFERENZMENGEN

TEIL A – REFERENZMENGEN FÜR DIE TÄGLICHE ZUFUHR VON VITAMINEN UND MINERALSTOFFEN (ERWACHSENE)

1. Vitamine und Mineralstoffe, die angegeben werden können, sowie ihre Nährstoffbezugswerte (nutrient reference values – NRV)

Vitamin A (µg)	800	Chlorid (mg)	800
Vitamin D (µg)	5	Calcium (mg)	800
Vitamin E (mg)	12	Phosphor (mg)	700
Vitamin K (µg)	75	Magnesium (mg)	375
Vitamin C (mg)	80	Eisen (mg)	14
Thiamin (mg)	1,1	Zink (mg)	10
Riboflavin (mg)	1,4	Kupfer (mg)	1
Niacin (mg)	16	Mangan (mg)	2
Vitamin B6 (mg)	1,4	Fluorid (mg)	3,5
Folsäure (µg)	200	Selen (µg)	55
Vitamin B12 (µg)	2,5	Chrom (µg)	40
Biotin (µg)	50	Molybdän (µg)	50
Pantothensäure (mg)	6	Jod (µg)	150
Kalium (mg)	2000		

2. Signifikante Menge an Vitaminen und Mineralstoffen

   Bei der Festsetzung der signifikanten Menge sollten in der Regel folgende Werte berücksichtigt werden:
   - 15 % der Nährstoffbezugswerte nach Nummer 1 je 100 g oder 100 ml im Falle von anderen Erzeugnissen als Getränken;
   - 7,5 % der Nährstoffbezugswerte nach Nummer 1 je 100 ml im Falle von Getränken; oder
   - 15 % der Nährstoffbezugswerte nach Nummer 1 je Portion, wenn die Packung nur eine einzige Portion enthält.

VO (EU) Nr. 1169/2011

TEIL B – REFERENZMENGEN FÜR DIE ZUFUHR VON ENERGIE UND AUSGEWÄHLTEN NÄHRSTOFFEN, DIE KEINE VITAMINE ODER MINERALSTOFFE SIND (ERWACHSENE)

Energie oder Nährstoff	Referenzmenge
Energie	8400 kJ / 2000 kcal
Gesamtfett	70 g
gesättigte Fettsäuren	20 g
Kohlenhydrate	260 g
Zucker	90 g
Eiweiß	50 g
Salz	6 g

VO (EU) Nr. 1169/2011

ANHANG XIV
UMRECHNUNGSFAKTOREN

UMRECHNUNGSFAKTOREN FÜR DIE BERECHNUNG DER ENERGIE

Der anzugebende Brennwert wird unter Anwendung der folgenden Umrechnungsfaktoren berechnet:

– Kohlenhydrate (ausgenommen mehrwertige Alkohole)	17 kJ/g – 4 kcal/g
– mehrwertige Alkohole	10 kJ/g – 2,4 kcal/g
– Eiweiß	17 kJ/g – 4 kcal/g
– Fett	37 kJ/g – 9 kcal/g
– Salatrims	25 kJ/g – 6 kcal/g
– Ethylalkohol	29 kJ/g – 7 kcal/g
– organische Säuren	13 kJ/g – 3 kcal/g
– Ballaststoffe	8 kJ/g – 2 kcal/g
– Erythritol	0 kJ/g – 0 kcal/g

ANHANG XV

ABFASSUNG UND DARSTELLUNG DER NÄHRWERTDEKLARATION

In der Nährwertdeklaration sind für die Energiewerte (Kilojoule (kJ) und Kilokalorien (kcal)) und für die Masse (Gramm (g), Milligramm (mg) oder Mikrogramm (µg)) folgende Maßeinheiten zu verwenden und die entsprechenden Angaben müssen in der nachstehenden Reihenfolge erscheinen:

Energie	kJ/kcal
Fett	g
davon:	
– gesättigte Fettsäuren	g
– einfach ungesättigte Fettsäuren	g
– mehrfach ungesättigte Fettsäuren	g
Kohlenhydrate	g
davon:	
– Zucker	g
– mehrwertige Alkohole	g
– Stärke	g
Ballaststoffe	g
Eiweiß	g
Salz	g
Vitamine und Mineralstoffe	in Anhang XIII Teil A Nummer 1 angegebene Maßeinheiten

Vorläufige Verordnung zur Ergänzung unionsrechtlicher Vorschriften betreffend die Information der Verbraucher über die Art und Weise der Kennzeichnung von Stoffen oder Erzeugnissen, die Allergien und Unverträglichkeiten auslösen, bei unverpackten Lebensmitteln (Vorläufige Lebensmittelinformations-Ergänzungsverordnung – VorlLMIEV)

Vom 28. November 2014

(BGBl. I S. 1994)

Das Bundesministerium für Ernährung und Landwirtschaft verordnet, jeweils in Verbindung mit § 1 Absatz 2 des Zuständigkeitsanpassungsgesetzes vom 16. August 2002 (BGBl. I S. 3165) und mit dem Organisationserlass vom 17. Dezember 2013 (BGBl. I S. 4310), auf Grund

– des § 35 Nummer 1 in Verbindung mit § 4 Absatz 2 Nummer 1 des Lebensmittel- und Futtermittelgesetzbuches in der Fassung der Bekanntmachung vom 3. Juni 2013 (BGBl. I S. 1426) im Einvernehmen mit dem Bundesministerium für Wirtschaft und Energie und

– des § 24 Absatz 3 Nummer 4 des Weingesetzes in der Fassung der Bekanntmachung vom 18. Januar 2011 (BGBl. I S. 66), § 24 Absatz 3 geändert durch Artikel 1 Nummer 21 des Gesetzes vom 2. Oktober 2014 (BGBl. I S. 1586):

§ 1 Anwendungsbereich

(1) Diese Verordnung ergänzt die Vorschriften der Verordnung (EU) Nr. 1169/2011 des Europäischen Parlaments und des Rates vom 25. Oktober 2011 betreffend die Information der Verbraucher über Lebensmittel und zur Änderung der Verordnungen (EG) Nr. 1924/2006 und (EG) Nr. 1925/2006 des Europäischen Parlaments und des Rates und zur Aufhebung der Richtlinie 87/250/EWG der Kommission, der Richtlinie 90/496/EWG des Rates, der Richtlinie 1999/10/EG der Kommission, der Richtlinie 2000/13/EG des Europäischen Parlaments und des Rates, der Richtlinien 2002/67/EG und 2008/5/EG der Kommission und der Verordnung (EG) Nr. 608/2004 der Kommission (ABl. L 304 vom 22.11.2011, S. 18), die zuletzt durch die Delegierte Verordnung (EU) Nr. 78/2014 (ABl. L 27 vom 30.1.2014, S. 7) geändert worden ist, über die Art und Weise der Kennzeichnung von in Anhang II der Verordnung (EU) Nr. 1169/2011 aufgeführten Stoffen oder Erzeugnissen, die Allergien und Unverträglichkeiten auslösen, bei Lebensmitteln und Erzeugnissen im Sinne des § 2 Nummer 1 des Weingesetzes, die zur Abgabe an

1. Endverbraucher im Sinne des Artikels 3 Nummer 18 der Verordnung (EG) Nr. 178/2002 des Europäischen Parlaments und des Rates vom 28. Januar 2002 zur Festlegung der allgemeinen Grundsätze und Anforderungen des Lebensmittelrechts, zur Errichtung der Europäischen Behörde für Lebensmittelsicherheit und zur Festlegung von Verfahren zur Lebensmittelsicherheit, die zuletzt durch die Verordnung (EG) Nr. 202/2002 (ABl. L 60 vom 5.3.2008, S. 17) und Verordnung (EG) Nr. 596/2009 (ABl. L 188 vom 18.7.2009, S. 14) geändert worden ist, oder

2. Anbieter von Gemeinschaftsverpflegung im Sinne des Artikels 2 Absatz 2 Buchstabe d der Verordnung (EU) Nr. 1169/2011

bestimmt sind.

(2) Diese Verordnung gilt nicht soweit in besonderen Rechtsvorschriften Kennzeichnungsvorschriften im Sinne des Absatzes 1 geregelt sind.

§ 2 Art und Weise der Kennzeichnung nicht vorverpackter Lebensmittel

(1) Lebensmittel, die

1. ohne Verpackung zum Verkauf angeboten werden,
2. auf Wunsch des Endverbrauchers oder des Anbieters von Gemeinschaftsverpflegung am Verkaufsort verpackt werden oder
3. im Hinblick auf ihren unmittelbaren Verkauf vorverpackt und nicht zur Selbstbedienung angeboten werden,

dürfen an Endverbraucher oder Anbieter von Gemeinschaftsverpflegung nur dann abgegeben werden, wenn die in Artikel 9 Absatz 1 Buchstabe c der Verordnung (EU) Nr. 1169/2011 bezeichneten Zutaten und Verarbeitungshilfsstoffe nach Maßgabe der nachfolgenden Bestimmungen angegeben sind.

(2) Die in Absatz 1 zweiter Halbsatz bezeichnete Angabe ist bezogen auf das jeweilige Lebensmittel, gut sichtbar, deutlich und gut lesbar

1. auf einem Schild auf dem Lebensmittel oder in der Nähe des Lebensmittels,
2. bei der Abgabe von Lebensmitteln durch Anbieter von Gemeinschaftsverpflegung auf Speise- und Getränkekarten oder in Preisverzeichnissen,
3. durch einen Aushang in der Verkaufsstätte oder
4. durch sonstige schriftliche oder vom Lebensmittelunternehmer bereitgestellte elektronische Unterrichtung, die für Endverbraucher und Anbieter für Gemeinschaftsverpflegung unmittelbar und leicht zugänglich ist,

so zu machen, dass der Endverbraucher oder der Anbieter von Gemeinschaftsverpflegung vor Kaufabschluss und vor Abgabe des Lebensmittels davon Kenntnis nehmen kann. Im Falle des Satzes 1 Nummer 2 kann die Angabe auch in leicht verständlichen Fuß- oder Endnoten angebracht werden, wenn auf diese bei der Bezeichnung des Lebensmittels in hervorgehobener Weise hingewiesen wird. Im Falle des Satzes 1 Nummer 4 muss bei dem Lebensmittel oder in einem Aushang in der Verkaufsstätte darauf hingewiesen werden, wie die in Absatz 1 zweiter Halbsatz bezeichnete Angabe erfolgt. Die in Absatz 1 zweiter Halbsatz bezeichnete Angabe und der in Satz 3 genannte Hinweis dürfen in keiner Weise durch andere Angaben oder Bildzeichen oder sonstiges eingefügtes Material verdeckt, undeutlich gemacht oder getrennt werden und der Blick darf nicht davon abgelenkt werden.

(3) Abweichend von Absatz 2 Satz 1 kann die in Absatz 1 bezeichnete Angabe auch durch mündliche Auskunft des Lebensmittelunternehmers oder eines über die Verwendung der betreffenden Zutaten oder Verarbeitungshilfsstoffe hinreichend unterrichteten Mitarbeiters erfolgen, wenn

1. die in Absatz 1 zweiter Halbsatz bezeichnete Angabe auf Nachfrage der Endverbraucher diesen unverzüglich vor Kaufabschluss und vor Abgabe des Lebensmittels mitgeteilt wird,

2. eine schriftliche Aufzeichnung der bei der Herstellung des jeweiligen Lebensmittels verwendeten Zutaten oder Verarbeitungshilfsstoffe im Sinne des Absatzes 1 vorliegt und
3. die schriftliche Aufzeichnung für die zuständige Behörde und auf Nachfrage auch für den Endverbraucher leicht zugänglich ist.

Bei dem Lebensmittel oder in einem Aushang in der Verkaufsstätte muss an gut sichtbarer Stelle und deutlich lesbar darauf hingewiesen werden, dass die in Absatz 1 zweiter Halbsatz bezeichnete Angabe mündlich erfolgt und eine schriftliche Aufzeichnung auf Nachfrage zugänglich ist. Der Hinweis darf in keiner Weise durch andere Angaben oder Bildzeichen oder sonstiges eingefügtes Material verdeckt, undeutlich gemacht oder getrennt werden und der Blick darf nicht davon abgelenkt werden.

§ 3 Art und Weise der Kennzeichnung bei offenem Ausschank von Weinerzeugnissen

Im Falle des offenen Ausschankes von Erzeugnissen im Sinne des § 2 Nummer 1 des Weingesetzes gilt § 2 entsprechend.

§ 4 Inkrafttreten

Diese Verordnung tritt am Tag nach der Verkündung in Kraft.

LMKV

Verordnung über die Kennzeichnung von Lebensmitteln (Lebensmittel-Kennzeichnungsverordnung – LMKV)

In der Neufassung vom 15. Dezember 1999

(BGBl. I S. 2464), geänd. durch Art. 3 der Änd.V der V über Spirituosen und anderer lebensmittelrechtlicher Verordnungen vom 8. 12. 2000 (BGBl. I Nr. 54, S. 1686), VO über Kaffee, Kaffee- und Zichorien-Etrakte vom 15. 11. 2001 (BGBl. I S. 3107), 7. Änd.VO vom 18. 12. 2002 (BGBl. I S. 4644), Art. 1 der ÄndVO der LebensmittelkennzeichnungsVO der Lebensmitteleinfuhr-VO vom 23. 7. 2003 (BGBl. I S. 1531), § 7 der ZuckerartenVO vom 23. 10. 2003 (BGBl. I S. 2096), § 7 der KakaoVO vom 15. 12. 2003 (BGBl. I S. 2738), Art. 1 der 2. ÄndVO zur LMKV und anderer lebensmittelrechtlicher VOen vom 13. 1. 2004 (BGBl. I S. 67), § 8 der HonigV vom 16. 1. 2004 (BGBl. I S. 92), Art. 1 der 3. ÄndVO zur LMKV und anderer lebensmittelrechtlicher VOen vom 10. 11. 2004 (BGBl. I S. 2799), Art. 1 der 4. ÄndVO zur LMKV und anderer lebensmittelrechtlicher VOen vom 18. 5. 2005 (BGBl. I S. 1401), Art. 2 § 3 des G zur Neuordnung des Lebensmittel- und des Futtermittelrechts vom 1. 9. 2005 (BGBl. I S. 2618), 5. Änd.V zur LMKV vom 23. 9. 2005 (BGBl. I S. 2896), 6. Änd.V zur LMKV vom 10. 11. 2005 (BGBl. I S. 3160), Art. 3 der VO zur Änd. der FruchtsaftVO und anderer lebensmittelrechtlicher Vorschriften vom 9. 10. 2006 (BGBl. I S. 2260), Art. 11 der VO zur Durchführung von Vorschriften des gemeinschaftlichen Lebensmittelhygienerechts vom 8. 8. 2007 (BGBl. I S. 1816), Art. 1 der VO zur Änd. der LMKV und der KosmetikVO vom 18. 12. 2007 (BGBl. I S. 3011), 7. Änd.-VO vom 2. 6. 2010 (BGBl. I S. 752), Art. 2 der 2. VO zur Änd. der Aromenverordnung und anderer lebensmittelrechtlicher Verordnungen vom 29. 9. 2011 (BGBl. I S. 1996), Art. 2 der 2. VO zur Änd. der Fruchtsaftverordnung und anderer lebensmittelrechtlicher Vorschriften vom 21. 5. 2012 (BGBl. I S. 1201), Art. 3 des G zur Neuregelung des gesetzlichen Messwesens vom 25. 7. 2013 (BGBl. I S. 2722), Art. 2 der VO zur Änd. der DiätVO und der Lebensmittel-KennzeichnungsVO vom 25. 2. 2014 (BGBl. I S. 218)

Auf Grund des Artikels 3 der Verordnung zur Änderung der Lebensmittel-Kennzeichnungsverordnung und anderer lebensmittelrechtlicher Verordnungen vom 14. Oktober 1999 (BGBl. I S. 2053, 2193) wird nachstehend der Wortlaut der Lebensmittel-Kennzeichnungsverordnung in der seit dem 30. Oktober 1999 geltenden Fassung bekannt gemacht. Die Neufassung berücksichtigt:

1. die Fassung der Bekanntmachung der Verordnung vom 6. September 1984 (BGBl. I S. 1221),
2. die am 25. Juni 1986 in Kraft getretene Verordnung vom 16. Juni 1986 (BGBl. I S. 910),
3. den am 21. März 1987 in Kraft getretenen Artikel 2 der Verordnung vom 10. März 1987 (BGBl. I S. 906),
4. den am 1. Mai 1989 in Kraft getretenen Artikel 1 der Verordnung vom 9. Dezember 1988 (BGBl. I S. 2231),
5. die mit Wirkung vom 1. Januar 1990 in Kraft getretene Verordnung vom 5. März 1990 (BGBl. I S. 435),
6. den am 9. November 1991 in Kraft getretenen Artikel 2 der Verordnung vom 29. Oktober 1991 (BGBl. I S. 2045),
7. den am 16. November 1991 in Kraft getretenen § 8 der Verordnung vom 8. November 1991 (BGBl. I S. 2100),
8. den am 1. Juli 1993 in Kraft getretenen Artikel 1 der Verordnung vom 18. Dezember 1992 (BGBl. I S. 2423),
9. den 1. Januar 1994 in Kraft getretenen Artikel 23 des Gesetzes vom 27. April 1993 (BGBl. I S. 512, 2436),
10. den am 17. Dezember 1994 in Kraft getretenen Artikel 1 der Verordnung vom 7. Dezember 1994 (BGBl. I S. 3743),
11. den am 21. April 1995 in Kraft getretenen Artikel 1 der Verordnung vom 28. März 1995 (BGBl. I S. 502),
12. den am 1. September 1995 in Kraft getretenen Artikel 5 Abs. 1 der Verordnung vom 9. Mai 1995 (BGBl. I S. 630),
13. den am 19. März 1996 in Kraft getretenen Artikel 5 der Verordnung vom 8. März 1996 (BGBl. I S. 460),

14. den am 6. Februar 1998 in Kraft getretenen Artikel 22 der Verordnung vom 29. Januar 1998 (BGBl. I S. 230),
15. den am 6. Februar 1998 in Kraft getretenen § 10 Abs. 2 der Verordnung vom 29. Januar 1998 (BGBl. I S. 310),
16. den am 30. Oktober 1999 in Kraft getretenen Artikel 1 der eingangs genannten Verordnung.

Die Rechtsvorschriften wurden erlassen auf Grund

zu 2. des § 19 Nr. 2 Buchstabe b des Lebensmittel- und Bedarfsgegenständegesetzes vom 15. August 1974 (BGBl. I S. 1945, 1946),

zu 3. des § 19 Nr. 1 des Lebensmittel- und Bedarfsgegenständegesetzes vom 15. August 1974 (BGBl. I S. 1945, 1946),

zu 4. des § 19 Nr. 1 und 2 Buchstabe b des Lebensmittel- und Bedarfsgegenund 5 ständegesetzes vom 15. August 1974 (BGBl. I S. 1945, 1946),

zu 6. des § 17 Abs. 2 und des § 19 Abs. 1 Nr. 1, 2 Buchstabe b und Nr. 4 Buchstabe a und b des Lebensmittel- und Bedarfsgegenständegesetzes vom 15. August 1974 (BGBl. I S. 1945, 1946), von denen § 19 durch Artikel 1 Nr. 3 des Gesetzes vom 22. Januar 1991 (BGBl. I S. 121) geändert worden ist,

zu 7. des § 19 Abs. 1 Nr. 1, 2 Buchstabe b des Lebensmittel- und Bedarfsgegenständegesetzes vom 15. August 1974 (BGBl. I S. 1945, 1946), der durch Artikel 1 Nr. 3 des Gesetzes vom 22. Januar 1991 (BGBl. I S. 121) geändert worden ist, in Verbindung mit Artikel 56 Abs. 1 des Zuständigkeitsanpassungs-Gesetzes vom 18. März 1975 (BGBl. I S. 705) und dem Organisationserlass vom 23. Januar 1991 (BGBl. I S. 530),

zu 8. des § 19 Abs. 1 Nr. 1, 2 Buchstabe b und Nr. 4 Buchstabe b des Lebensmittel- und Bedarfsgegenständegesetzes vom 15. August 1974 (BGBl. I S. 1945, 1946), der durch Artikel 1 Nr. 3 des Gesetzes vom 22. Januar 1991 (BGBl. I S. 121) geändert worden ist, in Verbindung mit Artikel 56 Abs. 1 des Zuständigkeitsanpassungs-Gesetzes vom 18. März 1975 (BGBl. I S. 705) und dem Organisationserlass vom 23. Januar 1991 (BGBl. I S. 530),

zu 10. des § 19 Abs. 1 Nr. 1 des Lebensmittel- und Bedarfsgegenständegesetzes in der Fassung der Bekanntmachung vom 8. Juli 1993 (BGBl. I S. 1169),

zu 11. des § 19 Abs. 1 Nr. 1 in Verbindung mit Abs. 2 des Lebensmittel- und Bedarfsgegenständegesetzes in der Fassung der Bekanntmachung vom 8. Juli 1993 (BGBl. I S. 1169), der durch Artikel 1 des Gesetzes vom 25. November 1994 (BGBl. I S. 3538) geändert worden ist,

zu 12. des § 19 Abs. 1 Nr. 1 und Nr. 2 Buchstabe b des Lebensmittel- und Bedarfsgegenständegesetzes in der Fassung der Bekanntmachung vom 8. Juli 1993 (BGBl. I S. 1169), der durch Artikel 1 Nr. 3 und 4 des Gesetzes vom 25. November 1994 (BGBl. I S. 3538) geändert worden ist,

zu 13. des § 19 Abs. 1 Nr. 1 des Lebensmittel- und Bedarfsgegenständegesetzes in der Fassung der Bekanntmachung vom 8. Juli 1993 (BGBl. I S. 1169), der durch Artikel 1 Nr. 3 und 4 des Gesetzes vom 25. November 1994 (BGBl. I S. 3538) geändert worden ist,

zu 14. des § 19 Abs. 1 Nr. 1, 2 Buchstabe b und Nr. 4 Buchstabe b des Lebensmittel- und Bedarfsgegenständegesetzes in der Fassung der Bekanntmachung vom 9. September 1997 (BGBl. I S. 2296),

zu 15. des § 19 Abs. 1 Nr. 1 und 4 Buchstabe b des Lebensmittel- und Bedarfsgegenständegesetzes in der Fassung der Bekanntmachung vom 9. September 1997 (BGBl. I S. 2296), zu 16. des § 19 Abs. 1 Nr. 1, 2 Buchstabe b und Nr. 4 Buchstabe b des Lebensmittel- und Bedarfsgegenständegesetzes in der Fassung der Bekanntmachung vom 9. September 1997 (BGBl. I S. 2296), in Verbindung mit Artikel 56 Abs. 1 des Zuständigkeitsanpassungs-Gesetzes vom 18. März 1975 (BGBl. I S. 705) und dem Organisationserlass vom 27. Oktober 1998 (BGBl. I S. 3288).

Erster Abschnitt
Allgemeine Vorschriften

§ 1 Anwendungsbereich

(1) Diese Verordnung gilt für die Kennzeichnung von Lebensmitteln in Fertigpackungen im Sinne des § 42 Absatz 1 des Mess- und Eichgesetzes, die dazu bestimmt sind, an den Verbraucher (§ 3 Nr. 4 des Lebensmittel- und Futtermittelgesetzbuches) abgegeben zu werden. Dem Verbraucher stehen Gaststätten, Einrichtungen zur Gemeinschaftsverpflegung sowie Gewerbetreibende, soweit sie Lebensmittel zum Verbrauch innerhalb ihrer Betriebsstätte beziehen, gleich.
(2) Diese Verordnung gilt nicht für die Kennzeichnung von Lebensmitteln in Fertigpackungen, die in der Verkaufsstätte zur alsbaldigen Abgabe an den Verbraucher hergestellt und dort, jedoch nicht zur Selbstbedienung, abgegeben werden.
(3) Die Vorschriften dieser Verordnung gelten ferner nicht für die Kennzeichnung von
1.–8. (weggefallen)
9. Lebensmitteln, soweit deren Kennzeichnung in Verordnungen des Rates oder der Kommission der Europäischen Union geregelt ist.
Für Milcherzeugnisse, die in der Butterverordnung, Käseverordnung oder Verordnung über Milcherzeugnisse geregelt sind, sowie für Konsummilch im Sinne der Konsummilch-Kennzeichnungsverordnung gilt diese Verordnung nur, soweit Vorschriften der genannten Verordnungen sie für anwendbar erklären.

§ 2 Unberührtheitsklausel

Rechtsvorschriften, die für bestimmte Lebensmittel in Fertigpackungen eine von den Vorschriften dieser Verordnung abweichende oder zusätzliche Kennzeichnung vorschreiben, bleiben unberührt.

§ 3 Kennzeichnungselemente

(1) Lebensmittel in Fertigpackungen dürfen gewerbsmäßig nur in den Verkehr gebracht werden, wenn angegeben sind:
1. die Verkehrsbezeichnung nach Maßgabe des § 4 Abs. 1 bis 4,
1a. Angaben nach Maßgabe des § 4 Abs. 5,
2. der Name oder die Firma und die Anschrift des Herstellers, des Verpackers oder eines in einem Mitgliedstaat der Europäischen Union oder in einem anderen Vertragsstaat des Abkommens über den Europäischen Wirtschaftsraum niedergelassenen Verkäufers,
3. das Verzeichnis der Zutaten nach Maßgabe der §§ 5 und 6,
4. das Mindesthaltbarkeitsdatum nach Maßgabe des § 7 oder bei in mikrobiologischer Hinsicht sehr leicht verderblichen Lebensmitteln das Verbrauchsdatum nach Maßgabe des § 7 a Abs. 1 bis 3,

5. der vorhandene Alkoholgehalt bei Getränken mit einem Alkoholgehalt von mehr als 1,2 Volumenprozent nach Maßgabe des § 7 b,
6. die Menge bestimmter Zutaten oder Gattungen von Zutaten nach Maßgabe des § 8,
7. nach Maßgabe des § 9a die Angabe der dort genannten Stoffe,
8. nach Maßgabe der Verordnung (EG) Nr. 608/2004 der Kommission vom 31. März 2004 über die Etikettierung von Lebensmitteln und Lebensmittelzutaten mit Phytosterin-, Phytosterinester-, Phytostanol- und/oder Phytostanolesterzusatz (ABl. EU Nr. L 97 S. 44), die durch die Verordnung (EU) Nr. 718/2013 der Kommission vom 25. Juli 2013 (ABl. L 201 vom 26.7.2013, S. 49) geändert worden ist, die Angaben
    a) des Artikels 2 Satz 2 Nr. 1, 3, 4, 5, 7 und 8 der Verordnung (EG) Nr. 608/2004, die durch die Verordnung (EU) Nr. 718/2013 (ABl. L 201 vom 26.7.2013, S. 49) geändert worden ist,
    b) des Artikels 2 Satz 2 Nr. 2 und 6 der Verordnung (EG) Nr. 608/2004, die durch die Verordnung (EU) Nr. 718/2013 (ABl. L 201 vom 26.7.2013, S. 49) geändert worden ist.

(2) Die Angaben nach Absatz 1 Nr. 2, 3, 7 und 8 können entfallen
1. bei einzeln abgegebenen figürlichen Zuckerwaren,
2. bei Fertigpackungen, deren größte Einzelfläche weniger als 10 cm² beträgt,
3. bei zur Wiederverwendung bestimmten Glasflaschen, die eine unverwischbare Aufschrift tragen und dementsprechend weder ein Etikett noch eine Halsschleife oder ein Brustschild haben,
4. bei Fertigpackungen, die verschiedene Mahlzeiten oder Teile von Mahlzeiten in vollständig gekennzeichneten Fertigpackungen enthalten und zu karitativen Zwecken abgegeben werden.

Abweichend von Satz 1 sind in den Fällen des Satzes 1 Nr. 1 und 4 die Zutaten der Anlage 3 stets anzugeben, es sei denn, die Verkehrsbezeichnung des Lebensmittels lässt auf das Vorhandensein der jeweiligen Zutat schließen.

(3) Die Angaben nach Absatz 1 sind auf der Fertigpackung oder einem mit ihr verbundenem Etikett an gut sichtbarer Stelle in deutscher Sprache, leicht verständlich, deutlich lesbar und unverwischbar anzubringen. Die Angaben nach Absatz 1 können auch in einer anderen leicht verständlichen Sprache angegeben werden, wenn dadurch die Information des Verbrauchers nicht beeinträchtigt wird. Sie dürfen nicht durch andere Angaben oder Bildzeichen verdeckt oder getrennt werden; die Angaben nach Absatz 1 Nr. 1, 4 und 5 und die Mengenkennzeichnung nach § 43 Absatz 1 des Mess- und Eichgesetzes sind im gleichen Sichtfeld anzubringen.

(4) Abweichend von Absatz 3 können
1. die Angaben nach Absatz 1 bei
    a) tafelfertig zubereiteten, portionierten Gerichten, die zur Abgabe an Einrichtungen zur Gemeinschaftsverpflegung zum Verzehr an Ort und Stelle bestimmt sind,
    b) Fertigpackungen, die unter dem Namen oder der Firma eines in einem Mitgliedstaat der Europäischen Union oder in einem anderen Vertragsstaat des Abkommens über den Europäischen Wirtschaftsraum niedergelassenen Verkäufers in den Verkehr gebracht werden sollen, bei der Abgabe an diesen,
    c) Lebensmittel in Fertigpackungen, die zur Abgabe an Verbraucher im Sinne des § 1 Abs. 1 Satz 2 bestimmt sind, um dort zubereitet, verarbeitet, aufgeteilt oder abgegeben zu werden,

2. die Angaben nach Absatz 1 bei Fleisch in Reife- und Transportpackungen, die zur Abgabe an Verbraucher im Sinne des § 1 Abs. 1 Satz 2 bestimmt sind,

in den dazugehörenden Geschäftspapieren enthalten sein, wenn sichergestellt ist, dass diese Papiere mit allen Etikettierungsangaben entweder die Lebensmittel auf die sie sich beziehen, begleiten, oder vor oder gleichzeitig mit der Lieferung abgesandt wurden. Im Falle der Nummer 1 Buchstabe b und c sind die in Absatz 1 Nr. 1, 2 und 4 genannten Angaben auch auf der äußeren Verpackung der Lebensmittel anzubringen. Im Falle des Absatzes 2 Nr. 3 müssen die Angaben nach Absatz 1 Nr. 1 und 4 nicht im gleichen Sichtfeld angebracht sein.

(5) Die Angaben nach Absatz 1 können entfallen bei
1. Lebensmitteln, die kurz vor der Abgabe zubereitet und verzehrfertig hergerichtet
   a) in Gaststätten und Einrichtungen zur Gemeinschaftsverpflegung im Rahmen der Selbstbedienung oder
   b) zu karitativen Zwecken
   zum unmittelbaren Verzehr abgegeben werden,
2. Dauerbackwaren und Süßwaren, die in der Verkaufsstätte zur alsbaldigen Abgabe an den Verbraucher verpackt werden, sofern die Unterrichtung des Verbrauchers über die Angaben nach Absatz 1 auf andere Weise gewährleistet ist.

(6) Abweichend von Absatz 3 können die Angaben nach Absatz 1 bei Brötchen auf einem Schild auf oder neben der Ware angebracht werden.

§ 4 Verkehrsbezeichnung

(1) Die Verkehrsbezeichnung eines Lebensmittels ist die in Rechtsvorschriften festgelegte Bezeichnung, bei deren Fehlen
1. die nach allgemeiner Verkehrsauffassung übliche Bezeichnung oder
2. eine Beschreibung des Lebensmittels und erforderlichenfalls seiner Verwendung, die es dem Verbraucher ermöglicht, die Art des Lebensmittels zu erkennen und es von verwechselbaren Erzeugnissen zu unterscheiden.

(2) Abweichend von Absatz 1 gilt als Verkehrsbezeichnung für ein Lebensmittel ferner die Bezeichnung, unter der das Lebensmittel in einem anderen Mitgliedstaat der Europäischen Union oder einem anderen Vertragsstaat des Abkommens über den Europäischen Wirtschaftsraum rechtmäßig hergestellt und rechtmäßig in den Verkehr gebracht wird. Diese Verkehrsbezeichnung ist durch beschreibende Angaben zu ergänzen, wenn anderenfalls, insbesondere unter Berücksichtigung der sonstigen in dieser Verordnung vorgeschriebenen Angaben, der Verbraucher nicht in der Lage wäre, die Art des Lebensmittels zu erkennen und es von verwechselbaren Erzeugnissen zu unterscheiden. Die Angaben nach Satz 2 sind in der Nähe der Verkehrsbezeichnung anzubringen.

(3) Absatz 2 gilt nicht, wenn das Lebensmittel im Hinblick auf seine Zusammensetzung oder Herstellung von einem unter der verwendeten Verkehrsbezeichnung bekannten Lebensmittel derart abweicht, dass durch die in Absatz 2 vorgesehenen Angaben eine Unterrichtung des Verbrauchers nicht gewährleistet werden kann.

(4) Hersteller- oder Handelsmarken oder Fantasienamen können die Verkehrsbezeichnung nicht ersetzen.

(5) Die Verkehrsbezeichnung wird durch die Angabe „aufgetaut" ergänzt, wenn das Lebensmittel gefroren oder tiefgefroren war und die Unterlassung einer solchen Angabe geeignet wäre, beim Verbraucher einen Irrtum herbeizuführen.

§ 5 Begriffsbestimmung der Zutaten

(1) Zutat ist jeder Stoff, einschließlich der Zusatzstoffe sowie der Enzyme im Sinne des Artikels 6 Absatz 4 Buchstabe a der Richtlinie 2000/13/EG des Europäischen Parlaments und des Rates vom 20. März 2000 zur Angleichung der Rechtsvorschriften der Mitgliedstaaten über die Etikettierung und Aufmachung von Lebensmitteln sowie die Werbung hierfür (ABl. L 109 vom 6.5.2000, S. 29) in der jeweils geltenden Fassung, der bei der Herstellung oder Zubereitung eines Lebensmittels verwendet wird und – wenn auch möglicherweise in veränderter Form – im Enderzeugnis vorhanden bleibt. Besteht eine Zutat eines Lebensmittels aus mehreren Zutaten (zusammengesetzte Zutat), so gelten diese als Zutaten des Lebensmittels.

(2) Als Zutaten gelten nicht:
1. Bestandteile einer Zutat, die während der Herstellung vorübergehend entfernt und dem Lebensmittel wieder hinzugefügt werden, ohne daß sie mengenmäßig ihren ursprünglichen Anteil überschreiten,
2. Stoffe der Anlage 2 der Zusatzstoff-Verkehrsverordnung, Aromen, Enzyme nach Maßgabe des Artikels 6 Absatz 4 Buchstabe c Doppelbuchstabe ii der Richtlinie 2000/13/EG in der jeweils geltenden Fassung und Mikroorganismenkulturen, die in einer oder mehreren Zutaten eines Lebensmittels enthalten waren, sofern sie im Enderzeugnis keine technologische Wirkung ausüben,
3. Stoffe im Sinne des § 2 Abs. 3 Satz 3 Nr. 1 des Lebensmittel- und Futtermittelgesetzbuches,
4. Lösungsmittel und Trägerstoffe für Stoffe der Anlage 2 der Zusatzstoff-Verkehrsverordnung, Aromen, Enzyme nach Maßgabe des Artikels 6 Absatz 4 Buchstabe c Dreifachbuchstabe iii der Richtlinie 2000/13/EG in der jeweils geltenden Fassung und Mikroorganismenkulturen, sofern sie in nicht mehr als technologisch erforderlichen Mengen verwendet werden,
5. Extraktionslösungsmittel,
6. Stoffe, die auf dieselbe Weise und zu demselben Zweck wie Stoffe im Sinne des § 2 Abs. 3 Satz 3 Nr. 1 des Lebensmittel- und Futtermittelgesetzbuches verwendet werden und – auch in veränderter Form – im Enderzeugnis vorhanden sind.

(3) Abweichend von Absatz 2 gelten Stoffe im Sinne des Absatzes 2 Nr. 2 bis 6 als Zutaten, soweit diese aus Zutaten der Anlage 3 Nr. 1 hergestellt worden sind und unverändert oder verändert im Enderzeugnis vorhanden sind, es sei denn, die Verkehrsbezeichnung des Lebensmittels lässt auf das Vorhandensein des jeweiligen Stoffes schließen.

§ 6 Verzeichnis der Zutaten

(1) Das Verzeichnis der Zutaten besteht aus einer Aufzählung der Zutaten des Lebensmittels in absteigender Reihenfolge ihres Gewichtsanteils zum Zeitpunkt ihrer Verwendung bei der Herstellung des Lebensmittels. Der Aufzählung ist ein geeigneter Hinweis voranzustellen, in dem das Wort „Zutaten" erscheint.

(2) Abweichend von Absatz 1
1. sind zugefügtes Wasser und flüchtige Zutaten nach Maßgabe ihres Gewichtsanteils am Enderzeugnis anzugeben, wobei der Anteil des zugefügten Wassers durch Abzug der Summe der Gewichtsanteile aller anderen verwendeten Zutaten von der Gesamtmenge des Enderzeugnisses ermittelt wird; die Angabe kann entfallen, sofern der errechnete Anteil nicht mehr als 5 Gewichtshundertteile beträgt;
2. können die in konzentrierter oder getrockneter Form verwendeten und bei der Herstellung des Lebensmittels in ihren ursprünglichen Zustand zurückgeführten Zutaten nach Maßgabe ihres Gewichtsanteils vor der Eindickung oder vor dem Trocknen im Verzeichnis angegeben werden; dabei kann die Angabe des lediglich zur Rückverdünnung zugesetzten Wassers entfallen;
3. kann die Angabe des Zusatzes von Wasser bei Aufgußflüssigkeiten, die üblicherweise nicht mitverzehrt werden, entfallen;
4. können bei konzentrierten oder getrockneten Lebensmitteln, bei deren bestimmungsgemäßem Gebrauch Wasser zuzusetzen ist, die Zutaten in der Reihenfolge ihres Anteils an dem in seinen ursprünglichen Zustand zurückgeführten Erzeugnis angegeben werden, sofern das Verzeichnis der Zutaten eine Angabe wie „Zutaten des gebrauchsfertigen Erzeugnisses" enthält;
5. können Obst-, Gemüse- oder Pilzmischungen, sofern sich die Obst-, Gemüse- oder Pilzarten in ihrem Gewichtsanteil nicht wesentlich unterscheiden, im Verzeichnis der Zutaten unter der Bezeichnung „Obst", „Gemüse" oder „Pilze", gefolgt von dem Hinweis „in veränderlichen Gewichtsanteilen", unmittelbar gefolgt von den vorhandenen Obst-, Gemüse- oder Pilzsorten angegeben werden; in diesem Fall ist die Mischung nach dem Gewichtsanteil der Gesamtheit der jeweils vorhandenen Obst-, Gemüse- oder Pilzsorten im Verzeichnis der Zutaten anzugeben;
6. können bei Gewürzmischungen oder Gewürzzubereitungen die Gewürzarten in anderer Reihenfolge angegeben werden, sofern sich die Gewürzarten in ihrem Gewichtsanteil nicht wesentlich unterscheiden und im Verzeichnis der Zutaten ein Hinweis wie „in veränderlichen Gewichtsanteilen" erfolgt;
7. können Zutaten, deren Anteil weniger als 2 Gewichtshundertteile des Enderzeugnisses beträgt, in beliebiger Reihenfolge nach den übrigen Zutaten angegeben werden;
8. kann eine zusammengesetzte Zutat (§ 5 Abs. 1 Satz 2) nach Maßgabe ihres Gewichtsanteils angegeben werden, sofern für sie eine Verkehrsbezeichnung durch Rechtsvorschrift festgelegt oder nach allgemeiner Verkehrsauffassung üblich ist und ihr eine Aufzählung ihrer Zutaten in absteigender Reihenfolge des Gewichtsanteils zum Zeitpunkt der Verwendung bei ihrer Herstellung unmittelbar folgt; diese Aufzählung ist nicht erforderlich, wenn
   a) die zusammengesetzte Zutat ein Lebensmittel ist, für das ein Verzeichnis der Zutaten nicht vorgeschrieben ist, oder
   b) der Anteil der zusammengesetzten Zutat weniger als 2 Gewichtshundertteile des Enderzeugnisses beträgt und die Zusammensetzung der zusammengesetzten Zutat in einer Rechtsvorschrift festgelegt ist oder die zusammengesetzte Zutat aus Gewürz- oder Kräutermischungen oder aus Mischungen derartiger Erzeugnisse besteht;
   Absatz 5 bleibt unberührt;
9. können nach Art, Beschaffenheit und Charakter vergleichbare und untereinander austauschbare Zutaten, deren Anteil weniger als 2 Gewichtshundertteile des Enderzeugnisses beträgt, mit dem Vermerk „Enthält ... und/oder

..." angegeben werden, sofern mindestens eine von höchstens zwei Zutaten im Enderzeugnis vorhanden ist.
Satz 1 Nr. 8 Buchstabe b sowie Nr. 9 gelten nicht für Stoffe der Anlage 2 der Zusatzstoff-Verkehrsverordnung, Enzyme und Mikroorganismenkulturen, ausgenommen Natriumjodat und Kaliumjodat. Abweichend von Satz 1 Nr. 8 Buchstabe a und b sowie Nr. 9 sind Zutaten der Anlage 3 stets anzugeben, es sei denn, die Verkehrsbezeichnung des Lebensmittels lässt auf das Vorhandensein der jeweiligen Zutat schließen.

(3) Die Zutaten sind mit ihrer Verkehrsbezeichnung nach Maßgabe des § 4 anzugeben.

(4) Abweichend von Absatz 3
1. kann bei Zutaten, die zu einer der in Anlage 1 aufgeführten Klasse gehören, der Name dieser Klasse angegeben werden; der Klassenname „Stärke" ist durch die Angabe der spezifischen pflanzlichen Herkunft zu ergänzen, wenn die Zutaten Gluten enthalten könnten;
2. müssen Stoffe der Anlage 2 der Zusatzstoff-Verkehrsverordnung, die zu einer der in Anlage 2 aufgeführten Klassen gehören, ausgenommen physikalisch oder enzymatisch modifizierte Stärken, mit dem Namen dieser Klasse, gefolgt von der Verkehrsbezeichnung oder der E-Nummer angegeben werden; gehört eine Zutat zu mehreren Klassen, so ist die Klasse anzugeben, der die Zutat auf Grund ihrer hauptsächlichen Wirkung für das betreffende Lebensmittel zuzuordnen ist; der Klassenname „modifizierte Stärke" ist durch die Angabe der spezifischen pflanzlichen Herkunft zu ergänzen, wenn diese Zutaten Gluten enthalten könnten; im Übrigen genügt bei chemisch modifizierten Stärken die Angabe des Klassennamens;
3. müssen Enzyme im Sinne des Artikels 6 Absatz 6 fünfter Gedankenstrich der Richtlinie 2000/13/EG, der durch Artikel 21 Nummer 2 der Verordnung (EG) Nr. 1332/2008 des Europäischen Parlaments und des Rates vom 16. Dezember 2008 über Lebensmittelenzyme und zur Änderung der Richtlinie 83/417/EWG des Rates, der Verordnung (EG) Nr. 1493/1999 des Rates, der Richtlinie 2000/13/EG, der Richtlinie 2001/112/EG des Rates sowie der Verordnung (EG) Nr. 258/97 (ABl. L 354 vom 31.12.2008, S. 7) eingefügt worden ist, nach Maßgabe dieser Vorschrift mit der Bezeichnung einer der Klassen der in Anlage 2 aufgeführten Zutaten gefolgt von ihrer Verkehrsbezeichnung angegeben werden.

(5) Bei der Verwendung von Aromen sind diese gemäß Anhang III der Richtlinie 2000/13/EG, der durch Artikel 29 der Verordnung (EG) Nr. 1334/2008 des Europäischen Parlaments und des Rates vom 16. Dezember 2008 über Aromen und bestimmte Lebensmittelzutaten mit Aromaeigenschaften zur Verwendung in und auf Lebensmitteln sowie zur Änderung der Verordnung (EWG) Nr. 1601/91 des Rates, der Verordnungen (EG) Nr. 2232/96 und (EG) Nr. 110/2008 und der Richtlinie 2000/13/EG (ABl. L 354 vom 31.12.2008, S. 34, L 105 vom 27.4.2010, S. 115) neu gefasst worden ist, zu kennzeichnen. Abweichend von Satz 1 sind
1. Chinin oder dessen Salze als solche oder als Chinin und
2. Koffein als solches
unmittelbar nach der Bezeichnung „Aroma" anzugeben.

(5a) Im Fall von Zutaten der Anlage 3 ist der Angabe nach Absatz 3, 4 Nr. 1 oder 2 sowie Absatz 5 Satz 1 eine Bezeichnung der Zutat dieser Anlage hinzuzufügen, sofern die Angabe nicht auf das Vorhandensein der jeweiligen Zutat schließen lässt. Dies gilt nicht, sofern die Verkehrsbezeichnung des Lebensmittels auf das Vorhandensein der jeweiligen Zutat schließen lässt.

(6) Die Angabe des Verzeichnisses der Zutaten ist nicht erforderlich bei
1. frischem Obst, frischem Gemüse und Kartoffeln, nicht geschält, geschnitten oder ähnlich behandelt,
2. Getränken mit einem Alkoholgehalt von mehr als 1,2 Volumenprozent, ausgenommen Bier,
3. Erzeugnissen aus nur einer Zutat, sofern die Verkehrsbezeichnung des Lebensmittels dieselbe Bezeichnung wie die Zutat hat oder die Verkehrsbezeichnung des Lebensmittels eindeutig auf die Art der Zutat schließen lässt.

Abweichend von Satz 1 sind Zutaten der Anlage 3 stets anzugeben, es sei denn, die Verkehrsbezeichnung des Lebensmittels lässt auf das Vorhandensein der jeweiligen Zutat schließen. Im Fall des Satzes 1 Nr. 2 ist der Aufzählung der Zutaten der Anlage 3 das Wort „Enthält" voranzustellen; dies gilt nicht, sofern die Zutaten der Anlage 3 in einem Verzeichnis der Zutaten angegeben sind.

§ 7 Mindesthaltbarkeitsdatum

(1) Das Mindesthaltbarkeitsdatum eines Lebensmittels ist das Datum, bis zu dem dieses Lebensmittel unter angemessenen Aufbewahrungsbedingungen seine spezifischen Eigenschaften behält.
(2) Das Mindesthaltbarkeitsdatum ist unverschlüsselt mit den Worten „mindestens haltbar bis ..." unter Angabe von Tag, Monat und Jahr in dieser Reihenfolge anzugeben. Die Angabe von Tag, Monat und Jahr kann auch an anderer Stelle erfolgen, wenn in Verbindung mit der Angabe nach Satz 1 auf diese Stelle hingewiesen wird.
(3) Abweichend von Absatz 2 kann bei Lebensmitteln,
1. deren Mindesthaltbarkeit nicht mehr als drei Monate beträgt, die Angabe des Jahres entfallen,
2. a) deren Mindesthaltbarkeit mehr als drei Monate beträgt, der Tag
   b) deren Mindesthaltbarkeit mehr als achtzehn Monate beträgt, der Tag und der Monat

entfallen, wenn das Mindesthaltbarkeitsdatum unverschlüsselt mit den Worten „mindestens haltbar bis Ende ..." angegeben wird.
(4) (weggefallen)
(5) Ist die angegebene Mindesthaltbarkeit nur bei Einhaltung bestimmter Temperaturen oder sonstiger Bedingungen gewährleistet, so ist ein entsprechender Hinweis in Verbindung mit der Angabe nach den Absätzen 2 und 3 anzubringen.
(6) Die Angabe des Mindesthaltbarkeitsdatums ist nicht erforderlich bei:
1. frischem Obst, frischem Gemüse und Kartoffeln, nicht geschält, geschnitten oder ähnlich behandelt, ausgenommen Keime von Samen und ähnlichen Erzeugnissen, wie Sprossen von Hülsenfrüchten,
2. Getränken mit einem Alkoholgehalt von 10 oder mehr Volumenprozent,
3. alkoholfreien Erfrischungsgetränken, Fruchtsäften, Fruchtnektaren und alkoholhaltigen Getränken in Behältnissen von mehr als 5 Litern, die zur Abgabe an Verbraucher im Sinne des § 1 Abs. 1 Satz 2 bestimmt sind,
4. Speiseeis in Portionspackungen,
5. Backwaren, die ihrer Art nach normalerweise innerhalb von 24 Stunden nach ihrer Herstellung verzehrt werden,
6. Speisesalz, ausgenommen jodiertes Speisesalz,
7. Zucker in fester Form,

8. Zuckerwaren, die fast nur aus Zuckerarten mit Aromastoffen oder Farbstoffen oder Aromastoffen und Farbstoffen bestehen,
9. Kaugummi und ähnlichen Erzeugnissen zum Kauen,
10. weinähnlichen und schaumweinähnlichen Getränken und hieraus weiterverarbeiteten alkoholhaltigen Getränken.

§ 7 a Verbrauchsdatum

(1) Bei in mikrobiologischer Hinsicht sehr leicht verderblichen Lebensmitteln, die nach kurzer Zeit eine unmittelbare Gefahr für die menschliche Gesundheit darstellen könnten, ist anstelle des Mindesthaltbarkeitsdatums das Verbrauchsdatum anzugeben.
(2) Diesem Datum ist die Angabe „verbrauchen bis" voranzustellen, verbunden mit
1. dem Datum selbst oder
2. einem Hinweis darauf, wo das Datum in der Etikettierung zu finden ist.

Diesen Angaben ist eine Beschreibung der einzuhaltenden Aufbewahrungsbedingungen hinzuzufügen.
(3) Das Datum besteht aus der unverschlüsselten Angabe von Tag, Monat und gegebenenfalls Jahr in dieser Reihenfolge.
(4) Lebensmittel nach Absatz 1 dürfen nach Ablauf des Verbrauchsdatums nicht mehr in den Verkehr gebracht werden.

§ 7 b Vorhandener Alkoholgehalt

(1) Der Angabe des vorhandenen Alkoholgehaltes ist der bei 20 °C bestimmte Alkoholgehalt zugrunde zu legen.
(2) Der vorhandene Alkoholgehalt ist in Volumenprozenten bis auf höchstens eine Dezimalstelle anzugeben. Dieser Angabe ist das Symbol „% vol" anzufügen. Der Angabe kann das Wort „Alkohol" oder die Abkürzung „alc." vorangestellt werden.
(3) Für die Angabe des Alkoholgehalts sind die in Anlage 4 aufgeführten Abweichungen zulässig. Die Abweichungen gelten unbeschadet der Toleranzen, die sich aus der für die Bestimmung des Alkoholgehalts verwendeten Analysenmethode ergeben.

§ 8 Mengenkennzeichnung von Zutaten

(1) Die Menge einer bei der Herstellung eines zusammengesetzten Lebensmittels verwendeten Zutat oder einer verwendeten Klasse oder vergleichbaren Gruppe von Zutaten (Gattung von Zutaten) ist gemäß Absatz 4 anzugeben,
1. wenn die Bezeichnung der Zutat oder der Gattung von Zutaten in der Verkehrsbezeichnung des Lebensmittels angegeben ist,
2. wenn die Verkehrsbezeichnung darauf hindeutet, dass das Lebensmittel die Zutat oder die Gattung von Zutaten enthält,
3. wenn die Zutat oder die Gattung von Zutaten auf dem Etikett durch Worte, Bilder oder eine grafische Darstellung hervorgehoben ist oder
4. wenn die Zutat oder die Gattung von Zutaten von wesentlicher Bedeutung für die Charakterisierung des Lebensmittels und seine Unterscheidung von anderen Lebensmitteln ist, mit denen es auf Grund seiner Bezeichnung oder seines Aussehens verwechselt werden könnte.

Lebensmittel in Fertigpackungen dürfen ohne die nach Satz 1 vorgeschriebenen Angaben gewerbsmäßig nicht in den Verkehr gebracht werden.
(2) Absatz 1 gilt nicht
1. für eine Zutat oder Gattung von Zutaten,
   a) deren Abtropfgewicht nach § 11 der Fertigpackungsverordnung angegeben ist,
   b) deren Mengenangabe bereits auf dem Etikett durch eine andere Rechtsvorschrift vorgeschrieben ist,
   c) die in geringer Menge zur Geschmacksgebung verwendet wird oder
   d) die, obwohl sie in der Verkehrsbezeichnung aufgeführt wird, für die Wahl des Verbrauchers nicht ausschlaggebend ist, da unterschiedliche Mengen für die Charakterisierung des betreffenden Lebensmittels nicht wesentlich sind oder es nicht von ähnlichen Lebensmitteln unterscheiden;
2. wenn in Rechtsvorschriften die Menge der Zutat oder der Gattung von Zutaten konkret festgelegt, deren Angabe auf dem Etikett in den Rechtsvorschriften aber nicht vorgesehen ist;
3. in den Fällen des § 6 Abs. 2 Nr. 5.

(3) Absatz 1 Nr. 1 bis 3 gilt nicht
1. in den Fällen des § 9 Abs. 2 und 3 der Zusatzstoff-Zulassungsverordnung;
2. für die Angabe von Vitaminen oder Mineralstoffen sofern eine Nährwertkennzeichnung dieser Stoffe erfolgt.

(4) Die Menge der Zutaten oder der Gattung von Zutaten ist in Gewichtshundertteilen, bezogen auf den Zeitpunkt ihrer Verwendung bei der Herstellung des Lebensmittels, anzugeben. Die Angabe hat in der Verkehrsbezeichnung, in ihrer unmittelbaren Nähe oder im Verzeichnis der Zutaten bei der Angabe der betroffenen Zutat oder Gattung von Zutaten zu erfolgen. Abweichend von Satz 1
1. ist die Menge der bei der Herstellung des Lebensmittels verwendeten Zutat oder Zutaten bei Lebensmitteln, denen infolge einer Hitze- oder einer sonstigen Behandlung Feuchtigkeit entzogen wurde, nach ihrem Anteil bei der Verwendung, bezogen auf das Enderzeugnis anzugeben; übersteigt hiernach die Menge einer Zutat oder die in der Etikettierung anzugebende Gesamtmenge aller Zutaten 100 Gewichtshundertteile, so erfolgt die Angabe in Gewicht der für die Herstellung von 100 Gramm des Enderzeugnisses verwendeten Zutat oder Zutaten;
2. ist die Menge flüchtiger Zutaten nach Maßgabe ihres Gewichtsanteiles im Enderzeugnis anzugeben;
3. kann die Menge an Zutaten im Sinne des § 6 Abs. 2 Nr. 2 nach Maßgabe ihres Gewichtsanteiles vor der Eindickung oder dem Trocknen angegeben werden;
4. kann bei Lebensmitteln im Sinne des § 6 Abs. 2 Nr. 4 die Menge an Zutaten nach Maßgabe ihres Gewichtsanteiles an dem in seinen ursprünglichen Zustand zurückgeführten Erzeugnis angegeben werden.
Satz 3 Nr. 1 bis 4 gilt entsprechend für Gattungen von Zutaten.

(5) Bei anderen als in § 4 der Fruchtsaft- und Erfrischungsgetränkeverordnung genannten Getränken, die im verzehrfertigen Zustand mehr als 150 Milligramm Koffein pro Liter enthalten, ist die Angabe „erhöhter Koffeingehalt", gefolgt von der Angabe des Koffeingehaltes in Klammern in Milligramm pro 100 Milliliter, im selben Sichtfeld wie die Verkehrsbezeichnung anzubringen. Bei konzentrierten Getränken kann auf den verzehrfertigen Zustand Bezug genommen werden. Die Angaben nach Satz 1 sind nicht erforderlich bei Getränken auf der Basis von Kaffee, Tee oder Kaffee- oder Tee-Extrakt, deren Verkehrsbezeichnung die Wortbestandteile „Kaffee" oder „Tee" enthält.

Zweiter Abschnitt
Spezielle Vorschriften für bestimmte Lebensmittel

§ 9 Bestimmte Lebensmittel mit bestimmten geographischen Angaben

Sofern ihre Anerkennung nicht bereits nach anderen Vorschriften erfolgt ist, dürfen Erzeugnisse der KN-Codes 2009, 2202, 2206, 2208 und 2209 des Anhangs I der Verordnung (EWG) Nr. 2658/87 des Rates über die zolltarifliche und statistische Nomenklatur sowie den Gemeinsamen Zolltarif in der jeweils geltenden Fassung mit geographischen Bezeichnungen, die mit dem Namen eines bestimmten Anbaugebietes oder einer kleineren geographischen Einheit als des bestimmten Anbaugebietes im Sinne des Anhang VII, B Nr. 1 Buchstabe c der Verordnung (EG) Nr. 1493/1999 des Rates über die gemeinsame Marktorganisation für Wein vom 17. Mai 1999 (ABl. EG Nr. L 179 S. 1) in der jeweils geltenden Fassung übereinstimmen, unter folgenden geographischen Bezeichnungen in den Verkehr gebracht werden:
a) Name eines nach § 3 Abs. 1 Satz 1 des Weingesetzes in der jeweils geltenden Fassung genannten bestimmten Anbaugebietes oder
b) Name eines Bereiches nach § 23 Abs. 1 Nr. Buchstabe a des Weingesetzes oder
c) Name einer Gemeinde oder eines Ortsteils nach § 23 Abs. 1 Nr. 1 Buchstabe b des Weingesetzes.
Dies gilt nur, wenn die geographische Bezeichnung im Einklang mit den hierzu bestehenden Rechtsvorschriften im Sinne des Artikels 52 Abs. 4 der Verordnung (EG) Nr. 1493/1999, insbesondere den zum Schutz vor Täuschung erlassenen Vorschriften, verwendet wird. Das Bundesministerium macht die ihm von den Bundesländern mitgeteilten Erzeugnisse, die diesen Anforderungen entsprechen, im Bundesanzeiger bekannt.

§ 9a Kennzeichnung bestimmter Lebensmittel, die Glycyrrhizinsäure oder deren Ammoniumsalz enthalten

Süßwaren und Getränke, die Glycyrrhizinsäure oder ihr Ammoniumsalz durch Zusatz der Stoffe selbst oder der Süßholzpflanze Glycyrrhiza glabra enthalten, sind nach Maßgabe der Anlage 5 zu kennzeichnen.

Dritter Abschnitt
Straftaten und Ordnungswidrigkeiten

§ 10

(1) Nach § 59 Abs. 1 Nr. 21 Buchstabe a des Lebensmittel- und Futtermittelgesetzbuches wird bestraft, wer entgegen § 3 Abs. 1 Nr. 1a oder Nr. 8 Buchstabe a oder § 7a Abs. 4 ein Lebensmittel gewerbsmäßig in den Verkehr bringt.
(2) Wer eine nach Absatz 1 bezeichnete Handlung fahrlässig begeht, handelt nach § 60 Abs. 1 des Lebensmittel- und Futtermittelgesetzbuches ordnungswidrig.
(3) Ordnungswidrig im Sinne des § 60 Abs. 2 Nr. 26 Buchstabe a des Lebensmittel- und Futtermittelgesetzbuches handelt, wer vorsätzlich oder fahrlässig entgegen § 3 Abs. 1 Nr. 1, 2, 3, 4, 5, 6, 7 oder 8 Buchstabe b jeweils in Verbindung mit Abs. 3 Satz 1 oder 3 Lebensmittel in Fertigpackungen gewerbsmäßig in den Verkehr bringt, die nicht oder nicht in der vorgeschriebenen Weise mit den dort vorgeschriebenen Angaben gekennzeichnet sind.

Vierter Abschnitt

§ 10 a Übergangsregelungen

(1) Lebensmittel, die den Vorschriften dieser Verordnung in der ab dem 30. Oktober 1999 an geltenden Fassung nicht entsprechen, dürfen noch bis zum 31. Dezember 2000 nach den bis zum 29. Oktober 1999 geltenden Vorschriften gekennzeichnet und auch nach dem 31. Dezember 2000 noch bis zum Aufbrauchen der Bestände in den Verkehr gebracht werden.
(2) (weggefallen)
(3) Alkoholische Getränke, die vor dem 1. Mai 1989 ohne Angabe des Alkoholgehalts erstmals in den Verkehr gebracht worden sind, dürfen ohne diese Angabe weiter in den Verkehr gebracht werden.
(4) (aufgehoben)
(5) § 2 Nr. 1 in Verbindung mit Anlage 2 Kapitel III Nr. 9 der EG-Recht-Überleitungsverordnung vom 18. Dezember 1990 (BGBl. I S. 2915) bleibt unberührt.
(6) Soweit die Absätze 1 bis 5 keine abweichenden Regelungen enthalten, dürfen Erzeugnisse, die noch vor dem 1. Juli 1993 nach den bis dahin geltenden Kennzeichnungsvorschriften gekennzeichnet worden sind, weiter in den Verkehr gebracht werden.
(7) Lebensmittel, die vor dem 1. Juli 2003 noch nach den bis zum 30. Dezember 2002 geltenden Kennzeichnungsvorschriften gekennzeichnet worden sind, dürfen weiter in den Verkehr gebracht werden.
(8) Bis zum 30. Juni 2004 dürfen Erzeugnisse nach den bis zum 16. Januar 2004 geltenden Vorschriften gekennzeichnet werden. Nach Satz 1 gekennzeichnete Erzeugnisse dürfen bis zum Abbau der Vorräte in den Verkehr gebracht werden.
(9) Lebensmittel, die den Vorschriften dieser Verordnung in der ab dem 13. November 2004 an geltenden Fassung nicht entsprechen, dürfen noch bis zum 24. November 2005 nach den bis zum 12. November 2004 geltenden Vorschriften gekennzeichnet und auch nach dem 24. November 2005 noch bis zum Aufbrauchen der Bestände in den Verkehr gebracht werden.
(10) Lebensmittel, die den Vorschriften des § 9a der Verordnung in der ab dem 28. Mai 2005 an geltenden Fassung nicht entsprechen, dürfen noch bis zum Ablauf des 19. Mai 2006 nach den bis zum 27. Mai 2005 geltenden Vorschriften gekennzeichnet und auch nach dem 19. Mai 2006 noch bis zum Aufbrauchen der Bestände in den Verkehr gebracht werden.
(11) Lebensmittel, die den Vorschriften dieser Verordnung in der ab dem 22. Dezember 2007 an geltenden Fassung nicht entsprechen, dürfen noch bis zum 31. Mai 2009 nach den bis zum 21. Dezember 2007 geltenden Vorschriften gekennzeichnet und bis zum Aufbrauchen der Bestände in den Verkehr gebracht werden. Satz 1 gilt nicht für Lebensmittel, soweit diese aus Zutaten der Anlage 3 Nr. 1 Buchstabe m oder n hergestellt worden sind.
(12) Lebensmittel, soweit diese aus Zutaten der Anlage 3 Nr. 1 Buchstabe m oder n hergestellt worden sind und die den Vorschriften dieser Verordnung in der ab dem 22. Dezember 2007 an geltenden Fassung nicht entsprechen, dürfen noch bis zum 23. Dezember 2008 nach den bis zum 21. Dezember 2007 geltenden Vorschriften gekennzeichnet und bis zum Aufbrauchen der Bestände in den Verkehr gebracht werden.
(13) Lebensmittel, die bis zum 11. Juni 2010 nach den bis dahin geltenden Vorschriften gekennzeichnet worden sind, dürfen weiter in den Verkehr gebracht werden.

LMKV

Anlage 1
(zu § 6 Abs. 4 Nr. 1)

Zutaten, die mit dem Namen ihrer Klasse angegeben werden können, wenn sie Zutat eines anderen Lebensmittels sind

Zutat:	Klassenname:
Raffinierte Öle, ausgenommen Olivenöl	„Öl", ergänzt durch die Angabe 1. „pflanzlich" oder „tierisch" oder 2. der spezifischen pflanzlichen oder tierischen Herkunft Auf ein gehärtetes Öl muss mit der Angabe „gehärtet" hingewiesen werden.
raffinierte Fette	„Fett", ergänzt durch die Angabe 1. „pflanzlich" oder „tierisch" oder 2. der spezifischen pflanzlichen oder tierischen Herkunft. Auf ein gehärtetes Fett muss mit der Angabe „gehärtet" hingewiesen werden.
Mischungen von Mehl aus zwei oder mehreren Getreidearten	„Mehl", anschließend die Aufzählung der Getreidearten, aus denen es hergestellt ist, in absteigender Reihenfolge ihres Gewichtsanteils
Stärke, physikalisch modifizierte oder enzymatisch modifizierte Stärke	„Stärke"
Fisch aller Art, wenn Bezeichnung oder Aufmachung sich nicht auf eine bestimmte Fischart beziehen	„Fisch"
Käse oder Käsemischungen aller Art, wenn Bezeichnung oder Aufmachung sich nicht auf eine bestimmte Käsesorte beziehen	„Käse"
Gewürze jeder Art, sofern sie insgesamt nicht mehr als 2 v. H. des Gewichts des Lebensmittels betragen	„Gewürz(e)" oder „Gewürzmischung"
Kräuter oder Kräuterteile jeder Art, sofern sie insgesamt nicht mehr als 2 v. H. des Gewichts des Lebensmittels betragen	„Kräuter" oder „Kräutermischung"

Grundstoffe jeder Art, die für die Herstellung der Kaumasse von Kaugummi verwendet werden	„Kaumasse"
Paniermehl jeglichen Ursprungs	„Paniermehl"
Saccharose jeder Art	„Zucker"
Glukosesirup und getrockneter Glukosesirup jeweils mit einem Fruktosegehalt von nicht mehr als 5 Prozent in Gewicht in der Trockenmasse	„Glukosesirup"
kristallwasserfreie und kristallwasserhaltige Dextrose	„Dextrose" oder „Traubenzucker"
Milcheiweiß jeder Art (Kaseine, Kaseinate und Molkeneiweiß) und Mischungen daraus	„Milcheiweiß"
Kakaopressbutter, Expeller-Kakaobutter, raffinierte Kakaobutter	„Kakaobutter"
Wein jeder Art im Sinne der Vorschriften über die gemeinsame Marktorganisation für Wein der Europäischen Union	„Wein"
Die Skelettmuskeln[1]) von Tieren der Arten „Säugetiere" und „Vögel", die als für den menschlichen Verzehr geeignet gelten, mitsamt dem wesensgemäß darin eingebetteten oder damit verbundenen Gewebe, deren Gesamtanteil an Fett und Bindegewebe die nachstehend aufgeführten Werte nicht übersteigt, und soweit das Fleisch Zutat eines anderen Lebensmittels ist. Ausgenommen ist Separatorenfleisch im Sinne des Anhangs I Nr. 1.14 der Verordnung (EG) Nr. 853/2004 des Europäischen Parlaments und des Rates vom 29. April 2004 mit spezifischen Hygienevorschriften für Lebensmittel tierischen Urspungs (ABl. EU Nr. L 139 S. 55; Nr. L 226 S. 22)	„...fleisch", dem die Namen der Tierarten, von denen es stammt, vorangestellt sind.

---

[1]) Das Zwerchfell und die Kaumuskeln gehören zu den Skelettmuskeln, während das Herz, die Zunge sowie die Muskeln des Kopfes (außer den Kaumuskeln), des Karpal- und Tarsalgelenkes und des Schwanzes nicht darunter fallen.

Höchstwerte der Fett- und Bindegewebeanteile für Zutaten, die mit dem Begriff „...fleisch" bezeichnet werden:

Tierarten (%)	Fett (%)	Binde-gewebe[2])
Säugetiere (ausgenommen Kaninchen und Schweine) und Mischungen von Tierarten, bei denen Säugetiere überwiegen	25	25
Schweine	30	25
Vögel und Kaninchen	15	10

Werden diese Höchstwerte überschritten und sind alle anderen Voraussetzungen der Definition von „...fleisch" erfüllt, so muss der „...fleischanteil" entsprechend nach unten angepasst werden. Das Verzeichnis der Zutaten muss in diesem Fall die Angabe „...fleisch", dem die Namen der Tierarten, von denen es stammt, vorangestellt sind, und die Angabe „Fett" oder „Bindegewebe" enthalten.

---

[2]) Der Bindegewebeanteil wird berechnet auf Grund des Verhältnisses zwischen Kollagengehalt und Fleischeiweißgehalt. Als Kollagengehalt gilt der mit dem Faktor 8 vervielfältigte Gehalt an Hydroxyprolin.

LMKV

Anlage 2
(zu § 6 Abs. 4 Nr. 2)

**Klassen von Zutaten, bei denen die aufgeführten Bezeichnungen
verwendet werden müssen:**

Farbstoff
Konservierungsstoff
Antioxidationsmittel
Emulgator
Verdickungsmittel
Geliermittel
Stabilisator
Geschmacksverstärker
Säuerungsmittel
Säureregulator
Trennmittel
modifizierte Stärke
Süßstoff
Backtriebmittel
Schaumverhüter
Überzugsmittel
Schmelzsalz (nur bei Schmelzkäse und Erzeugnisse auf der Grundlage von Schmelzkäse)
Mehlbehandlungsmittel
Festigungsmittel
Feuchthaltemittel
Füllstoff
Treibgas

Anlage 3
(zu § 3 Abs. 1 Nr. 3, § 5 Abs. 3 und § 6 Abs. 2, 5a und 6)

Zutaten, die allergische oder andere Unverträglichkeitsreaktionen auslösen können

1. a) Glutenhaltige Getreide (d. h. Weizen, Roggen, Gerste, Hafer, Dinkel, Kamut oder deren Hybridstämme) sowie daraus hergestellte Erzeugnisse, außer:

    aa) Glukosesirupe auf Weizenbasis einschließlich Dextrose[1]),

    bb) Maltodextrine auf Weizenbasis[1]),

    cc) Glukosesirupe auf Gerstenbasis,

    dd) Getreide zur Herstellung von Destillaten oder Ethylalkohol landwirtschaftlichen Ursprungs für Spirituosen und andere alkoholische Getränke;

   b) Krebstiere und daraus hergestellte Erzeugnisse;

   c) Eier und daraus hergestellte Erzeugnisse;

   d) Fische und daraus hergestellte Erzeugnisse, außer:

    aa) Fischgelatine, die als Träger für Vitamin- oder Karotinoidzubereitungen verwendet wird,

    bb) Fischgelatine oder Hausenblase, die als Klärhilfsmittel in Bier und Wein verwendet wird;

   e) Erdnüsse und daraus hergestellte Erzeugnisse;

   f) Sojabohnen und daraus hergestellte Erzeugnisse, außer:

    aa) vollständig raffiniertes Sojabohnenöl und -fett[1]),

    bb) natürliche gemischte Tocopherole (E 306), natürliches D-alpha-Tocopherol, natürliches D-alpha-Tocopherolazetat, natürliches D-alpha-Tocopherolsukzinat aus Sojabohnenquellen,

    cc) aus pflanzlichen Ölen aus Sojabohnen gewonnene Phytosterine und Phytosterinester,

    dd) aus Pflanzenölsterinen gewonnene Phytostanolester aus Sojabohnenquellen;

   g) Milch und daraus hergestellte Erzeugnisse (einschließlich Laktose), außer:

    aa) Molke zur Herstellung von Destillaten oder Ethylalkohol landwirtschaftlichen Ursprungs für Spirituosen und andere alkoholische Getränke,

    bb) Lactit;

   h) Schalenfrüchte, d. h. Mandeln (*Amygdalus communis* L.), Haselnüsse (*Corylus avellana*), Walnüsse (*Juglans regia*), Kaschunüsse (*Anacardium occidentale*), Pekannüsse (*Carya illinoiesis (Wangenh.) K. Koch*), Para-

---

[1]) und daraus gewonnene Erzeugnisse, soweit das Verfahren, das sie durchlaufen haben, die Allergenität, die durch die Europäische Behörde für Lebensmittelsicherheit für das jeweilige Erzeugnis, von dem sie stammen, festgestellt wurde, wahrscheinlich nicht erhöht.

nüsse (*Bertholletia excelsa*), Pistazien (*Pistacia vera*), Makadamianüsse und Queenslandnüsse (*Macadamia ternifolia*) und daraus hergestellte Erzeugnisse, außer:

Schalenfrüchte für die Herstellung von Destillaten oder Ethylalkohol landwirtschaftlichen Ursprungs für Spirituosen und andere alkoholische Getränke;

i) Sellerie und daraus hergestellte Erzeugnisse;
j) Senf und daraus hergestellte Erzeugnisse;
k) Sesamsamen und daraus hergestellte Erzeugnisse;
l) Schwefeldioxid und Sulphite in Konzentrationen von mehr als 10 mg/kg oder 10 mg/l, als SO_2 angegeben;
m) Lupinen und daraus hergestellte Erzeugnisse;
n) Weichtiere und daraus hergestellte Erzeugnisse;

2. Stoffe im Sinne des § 5 Abs. 3.

Anlage 4
(zu § 7 b Abs. 3)

Erzeugnisse	Zulässige Abweichung ± % vol.
Bier mit einem Alkoholgehalt bis zu 5,5 % vol Gegorene Getränke aus Weintrauben, die nicht Erzeugnisse im Sinne des Weingesetzes sind	0,5
Bier mit einem Alkoholgehalt von mehr als 5,5 % vol Weinähnliche und schaumweinähnliche Getränke Schäumende gegorene Getränke aus Weintrauben, die nicht Erzeugnisse im Sinne des Weingesetzes sind	1,0
Getränke mit eingelegten Früchten und Pflanzenteilen	1,5
Sonstige Getränke	0,3

Anlage 5
(zu § 9a)

Kennzeichnung bestimmter Lebensmittel, die Glycyrrhizinsäure oder deren Ammoniumsalz enthalten

Gehalt an Glycyrrhizinsäure oder ihrem Ammoniumsalz*):	Im unmittelbaren Anschluss an das Verzeichnis der Zutaten (§ 3 Abs. 1 Nr. 3) oder, sofern ein Verzeichnis der Zutaten nicht angegeben ist, in der Nähe der Verkehrsbezeichnung ist folgende Angabe zu machen:
– Süßwaren: mindestens 100 mg/kg – Getränke: mindestens 10 mg/l	„enthält Süßholz", sofern der Begriff nicht bereits im Verzeichnis der Zutaten oder in der Verkehrsbezeichnung enthalten ist
– Süßwaren: mindestens 4 g/kg – Getränke, die mehr als 1,2 Volumenprozent Alkohol enthalten: mindestens 300 mg/l – sonstige Getränke: mindestens 50 mg/l	„Enthält Süßholz – bei hohem Blutdruck sollte ein übermäßiger Verzehr dieses Erzeugnisses vermieden werden."

*) Sofern das Erzeugnis der Zubereitung bedarf, bezieht sich die angegebene Menge auf das gemäß der Gebrauchsanleitung des Herstellers zubereitete Erzeugnis.

Verordnung über nährwertbezogene Angaben bei Lebensmitteln und die Nährwertkennzeichnung von Lebensmitteln (Nährwert-Kennzeichnungsverordnung – NKV)

Vom 25. November 1994

(BGBl. I S. 3526), geändert durch Art. 23 der VO zur Neuordnung lebensmittelrechtlicher Vorschriften über Zusatzstoffe vom 29. 1. 1998 (BGBl. I S. 230), Art. 2 der V zur Änd. der DiätVO und der NährwertkennzeichnungsVO vom 5. 5. 1999 (BGBl. I. S. 924), Art. 3 der VO zur Änd. der DiätVO und zur Änd. oder Aufhebung weiterer lebensmittelrechtlicher Vorschriften vom 15. 6. 2004 (BGBl. I S. 1097), Art. 1 der VO zur Änderung lebensmittelrechtlicher und tabakrechtlicher Bestimmungen vom 22. 2. 2006 (BGBl. I S. 444) und 1. VO zur Änd. der Nährwert-KennzeichnungsVO vom 1. 10. 2009 (BGBl. I S. 3221)

§ 1 Anwendungsbereich

(1) Diese Verordnung regelt die nährwertbezogenen Angaben im Verkehr mit Lebensmitteln und in der Werbung für Lebensmittel sowie die Nährwertkennzeichnung von Lebensmitteln, soweit sie zur Abgabe an Verbraucher bestimmt sind. Dem Verbraucher stehen Gaststätten, Einrichtungen zur Gemeinschaftsverpflegung sowie Gewerbetreibende, soweit sie Lebensmittel zum Verbrauch innerhalb ihrer Betriebsstätte beziehen, gleich.

(2) Die Vorschriften dieser Verordnung gelten nicht für natürliches Mineralwasser, Trink- und Quellwasser.

(3) Mit Ausnahme des § 6 gelten die Vorschriften dieser Verordnung nicht für Nahrungsergänzungen.

(4) Die Vorschriften der Diätverordnung bleiben unberührt.

§ 2 Begriffsbestimmungen

Im Sinne dieser Verordnung bedeutet:

1. nährwertbezogene Angabe:
   jede im Verkehr mit Lebensmitteln oder in der Werbung für Lebensmittel erscheinende Darstellung oder Aussage, mit der erklärt, suggeriert oder mittelbar zum Ausdruck gebracht wird, daß ein Lebensmittel auf Grund seines Energiegehaltes oder Nährstoffgehaltes besondere Nährwerteigenschaften besitzt. Die durch Rechtsvorschrift vorgeschriebene Angabe der Art oder der Menge eines Nährstoffes sowie Angaben oder Hinweise auf den Alkoholgehalt eines Lebensmittels sind keine nährwertbezogenen Angaben im Sinne dieser Verordnung;

2. Nährwertkennzeichnung:
   jede in der Etikettierung eines Lebensmittels erscheinende Angabe über

   a) den Brennwert,

   b) den Gehalt an Eiweiß, Kohlenhydraten, Fett, Ballaststoffen,

   c) die in Anlage 1 aufgeführten und gemäß den dort angegebenen Werten in signifikanten Mengen vorhandenen Vitamine und Mineralstoffe sowie Natrium,

   d) Stoffe, die einer der Nährstoffgruppen nach den Buchstaben b und c angehören oder deren Bestandteil bilden, einschließlich Cholesterin;

3. Brennwert:
der berechnete Energiegehalt eines Lebensmittels, wobei der Berechnung für
   - ein Gramm Fett   37 kJ (oder 9   kcal),
   - ein Gramm Eiweiß   17 kJ (oder 4   kcal),
   - ein Gramm Kohlenhydrate   17 kJ (oder 4   kcal),
     (ausgenommen mehrwertige Alkohole)
   - ein Gramm Ethylalkohol   29 kJ (oder 7   kcal),
   - ein Gramm organische Säure   13 kJ (oder 3   kcal),
   - ein Gramm mehrwertige Alkohole   10 kJ (oder 2,4 kcal),
   - ein Gramm Salatrims   25 kJ (oder 6   kcal),
   - ein Gramm Ballaststoffe   8 kJ (oder 2   kcal),
   - ein Gramm Erythritol   0 kJ (oder 0   kcal)

   zugrunde gelegt werden;
4. Eiweiß:
der nach der Formel „Eiweiß = Gesamtstickstoff (nach Kjeldahl) × 6,25" berechnete Eiweißgehalt; im Einzelfall können auch andere anerkannte lebensmittelspezifische Faktoren verwendet werden;
5. Kohlenhydrat:
jegliches Kohlenhydrat, das im menschlichen Stoffwechsel umgesetzt wird, einschließlich mehrwertiger Alkohole;
6. Zucker:
alle in Lebensmitteln vorhandenen Monosaccharide und Disaccharide, ausgenommen mehrwertige Alkohole;
7. Fett:
alle Lipide, einschließlich Phospholipide;
8. gesättigte Fettsäuren:
Fettsäuren ohne Doppelbindung;
9. einfach ungesättigte Fettsäuren:
Fettsäuren mit einer cis-Doppelbindung;
10. mehrfach ungesättigte Fettsäuren:
Fettsäuren mit durch cis-cis-Methylengruppen unterbrochenen Doppelbindungen;
11. Ballaststoffe:
Kohlenhydratpolymere mit drei oder mehr Monomereinheiten, die im Dünndarm des Menschen weder verdaut noch absorbiert werden und zu folgenden Kategorien zählen:
   a) essbare Kohlenhydratpolymere, die in Lebensmitteln, wenn diese verzehrt werden, auf natürliche Weise vorkommen;
   b) essbare Kohlenhydratpolymere, die auf physikalische, enzymatische oder chemische Weise aus Lebensmittelrohstoffen gewonnen werden und nach allgemein anerkannten wissenschaftlichen Nachweisen eine positive physiologische Wirkung besitzen;
   c) essbare synthetische Kohlenhydratpolymere, die nach allgemein anerkannten wissenschaftlichen Nachweisen eine positive physiologische Wirkung besitzen;

12. „durchschnittlicher Wert" oder „durchschnittlicher Gehalt":
der Wert oder der Gehalt, der die in einem bestimmten Lebensmittel enthaltenen Nährstoffmengen am besten repräsentiert und jahreszeitlich bedingte Unterschiede, Verbrauchsmuster und sonstige Faktoren berücksichtigt, die eine Veränderung des tatsächlichen Wertes bewirken können.

§ 3 Beschränkung nährwertbezogener Angaben

Im Verkehr mit Lebensmitteln oder in der Werbung dürfen nur nährwertbezogene Angaben verwendet werden, die sich auf den Brennwert oder auf die in § 2 Nr. 2 aufgeführten Nährstoffe, Nährstoffgruppen, deren Bestandteile oder auf Kochsalz beziehen.

§ 4 Nährwertkennzeichnung

(1) Wer nährwertbezogene Angaben nach § 3 im Verkehr mit Lebensmitteln oder in der Werbung für Lebensmittel mit Ausnahme produktübergreifender Werbekampagnen verwendet, hat folgende Nährwertkennzeichnung anzugeben:
1. den Brennwert und den Gehalt an Eiweiß, Kohlenhydraten und Fett oder
2. den Brennwert und den Gehalt an Eiweiß, Kohlenhydraten, Zucker, Fett, gesättigten Fettsäuren, Ballaststoffen und Natrium

des Lebensmittels, über das die nährwertbezogene Angabe erfolgt. Bezieht sich die nährwertbezogene Angabe auf Zucker, gesättigte Fettsäuren, Ballaststoffe, Natrium oder Kochsalz, so hat die Nährwertkennzeichnung mit den Angaben gemäß Nummer 2 zu erfolgen.

(2) Die Nährwertkennzeichnung darf zusätzlich zu den Angaben nach Absatz 1 den Gehalt an
1. Stärke,
2. mehrwertigen Alkoholen,
3. einfach ungesättigten Fettsäuren,
4. mehrfach ungesättigten Fettsäuren,
5. Cholesterin oder
6. den in Anlage 1 aufgeführten und gemäß den dort angegebenen Werten in signifikanten Mengen vorhandenen Vitaminen und Mineralstoffen

enthalten.

(3) Bezieht sich eine nährwertbezogene Angabe auf Stoffe, die einer der in Absatz 1 oder 2 genannten Nährstoffgruppen angehören oder deren Bestandteil bilden, so ist die Angabe des Gehaltes dieser Stoffe erforderlich. Bei der Angabe des Gehaltes an einfach oder mehrfach ungesättigten Fettsäuren oder an Cholesterin ist zusätzlich der Gehalt an gesättigten Fettsäuren anzugeben. Diese Angabe verpflichtet nicht zu der Nährwertkennzeichnung gemäß Absatz 1 Nr. 2.

§ 5 Art und Weise der Kennzeichnung

(1) Die Angaben nach § 4 sind in einer Tabelle zusammenzufassen und untereinander aufzuführen. Sofern die Anordnung der Angaben aus Platzmangel untereinander nicht möglich ist, dürfen diese hintereinander aufgeführt werden. Die Angaben nach § 4 Abs. 1 sind in der dort angegebenen Reihenfolge anzugeben.

(2) Die Angabe des Brennwertes und des Gehaltes an Nährstoffen oder Nährstoffbestandteilen hat je 100 Gramm oder 100 Milliliter des Lebensmittels zu erfolgen. Bei Lebensmitteln in Fertigpackungen, die erst nach Zugabe von anderen Lebensmitteln verzehrfertig sind, können diese Angaben stattdessen auf der Grundlage der Zubereitung gemacht werden, sofern ausreichend genaue Angaben über die Zubereitungsweise gemacht werden und die Angaben sich auf das verbrauchsfertige Lebensmittel beziehen. Zusätzlich können die Angaben je Portion erfolgen, die mengenmäßig auf dem Etikett festgelegt ist, oder je Portion, sofern die Anzahl der in der Verpackung enthaltenen Portionen angegeben ist.

(3) Die Angabe des Brennwertes und des Gehaltes an Nährstoffen oder Nährstoffbestandteilen hat jeweils mit den durchschnittlichen Wert oder Gehalt sowie in folgenden Einheiten zu erfolgen:

1. der Brennwert in Kilojoule (kJ) und Kilokalorien (kcal),
2. der Gehalt an Eiweiß, Kohlenhydraten, Fett (ausgenommen Cholesterin), Ballaststoffen und Natrium in Gramm (g),
3. der Gehalt an Cholesterin in Milligramm (mg),
4. der Gehalt an Vitaminen und Mineralstoffen in den in Anlage 1 aufgeführten Einheiten.

(4) In den Fällen, in denen Zucker, mehrwertige Alkohole oder Stärke angegeben werden, hat diese Angabe unmittelbar auf die Angabe des Kohlenhydratgehaltes in folgender Weise zu erfolgen:

Kohlenhydrate	g,
davon	
– Zucker	g,
– mehrwertige Alkohole	g,
– Stärke	g.

(5) In den Fällen, in denen die Menge oder die Art der Fettsäuren oder die Menge des Cholesterins angegeben wird, hat diese Angabe unmittelbar auf die Angabe des Gesamtfetts in folgender Weise zu erfolgen:

Fett	g,
davon	
– gesättigte Fettsäuren[1]	g,
– einfach ungesättigte Fettsäuren[1]	g,
– mehrfach ungesättigte Fettsäuren[1]	g,
– Cholesterin	mg.

(6) Angaben über Vitamine und Mineralstoffe müssen zusätzlich als Prozentsatz der in Anlage 1 empfohlenen Tagesdosen ausgedrückt werden.

---

[1] Jeweils berechnet als Triglycerid

(7) Die Angaben der Nährwertkennzeichnung sind an gut sichtbarer Stelle, in deutscher Sprache, leicht lesbar und bei Fertigpackungen unverwischbar anzubringen. Sie können auch in einer anderen leicht verständlichen Sprache angegeben werden, wenn dadurch die Information des Verbrauchers nicht beeinträchtigt wird. Die Angaben sind wie folgt anzubringen:
1. bei Abgabe in Fertigpackungen auf der Fertigpackung oder einem mit ihr verbundenen Etikett;
2. bei anderer Abgabe als in Fertigpackungen jeweils in Zusammenhang mit den nährwertbezogenen Angaben.

(8) Abweichend von Absatz 7 Satz 3 Nr. 1 können die Angaben
1. bei Abgabe der Fertigpackungen an Gaststätten oder Einrichtungen zur Gemeinschaftsverpflegung auf einer Sammelpackung oder in einem den Erzeugnissen beigefügten Begleitpapier enthalten sein;
2. bei Fertigpackungen, die in der Verkaufsstätte zur alsbaldigen Abgabe an den Verbraucher hergestellt und dort, jedoch nicht zur Selbstbedienung, abgegeben werden, jeweils in Zusammenhang mit den nährwertbezogenen Angaben erfolgen;
3. bei Fertigpackungen, die in Gaststätten oder Einrichtungen zur Gemeinschaftsverpflegung zur alsbaldigen Abgabe an den Verbraucher hergestellt und dort, jedoch nicht zur Selbstbedienung, abgegeben werden, in einer dem Verbraucher zugänglichen Aufzeichnung enthalten sein, wenn der Verbraucher darauf aufmerksam gemacht wird.

(9) Abweichend von Absatz 7 Satz 3 Nr. 2 können die Angaben
1. bei loser Abgabe an Gaststätten oder Einrichtungen zur Gemeinschaftsverpflegung in einem den Erzeugnissen beigefügten Begleitpapier enthalten sein;
2. bei Abgabe in Gaststätten oder Einrichtungen zur Gemeinschaftsverpflegung zum Verkehr an Ort und Stelle in einer dem Verbraucher zugänglichen Aufzeichnung enthalten sein, wenn der Verbraucher darauf aufmerksam gemacht wird.

§ 6 Verbot bestimmter Hinweise

(1) Es ist verboten, im Verkehr mit Lebensmitteln oder in der Werbung für Lebensmittel Bezeichnungen, Angaben oder Aufmachungen zu verwenden, die darauf hindeuten, daß ein Lebensmittel schlankmachende, schlankheitsfördernde oder gewichtsverringernde Eigenschaften besitzt. Satz 1 gilt nicht für Lebensmittel in Sinne des § 14 a der Diätverordnung, die zur Verwendung als Tagesration bestimmt sind.

(2) Es ist ferner verboten, im Verkehr mit Lebensmitteln oder in der Werbung für Lebensmittel Bezeichnungen, Angaben oder Aufmachungen zu verwenden, die
1. auf einen geringen Brennwert hindeuten, wenn
    a) bei Lebensmitteln, ausgenommen Getränken, Suppen und Brühen, der Brennwert mehr als 210 Kilojoule oder 50 Kilokalorien pro 100 Gramm des verzehrfertigen Lebensmittels beträgt,

b) bei Getränken, Suppen und Brühen der Brennwert mehr als 84 Kilojoule oder 20 Kilokalorien pro 100 Milliliter des verzehrfertigen Lebensmittels beträgt;

2. auf einen verminderten Brennwert hindeuten, wenn der Brennwert den durchschnittlichen Brennwert vergleichbarer herkömmlicher Lebensmittel um weniger als 30 vom Hundert unterschreitet,

3. auf einen verminderten Nährstoffgehalt hindeuten, wenn der Gehalt an Nährstoffen den durchschnittlichen Nährstoffgehalt vergleichbarer herkömmlicher Lebensmittel um weniger als 30 vom Hundert unterschreitet; abweichend davon darf auf eine Kochsalz- oder Natriumverminderung nur bei den in Anlage 2 genannten Lebensmitteln hingewiesen werden; die dort festgesetzen Höchstwerte der Natriumgehalte dürfen nicht überschritten werden.

4. auf einen geringen Kochsalz- oder Natriumgehalt hindeuten, wenn
   a) bei Lebensmitteln, ausgenommen Getränken, der Natriumgehalt mehr als 120 Milligramm pro 100 Gramm des verzehrfertigen Lebensmittels beträgt,
   b) bei Getränken der Natriumgehalt mehr als 2 Milligramm pro 100 Milliliter des verzehrfertigen Lebensmittels beträgt.

(3) Im Verkehr mit Lebensmitteln, die zur Verwendung als Mahlzeit oder anstelle einer Mahlzeit bestimmt sind, oder in der Werbung für solche Lebensmittel dürfen Bezeichnungen oder Angaben, die auf einen geringen oder verminderten Brennwert hindeuten, nur verwendet werden, wenn der physiologische Brennwert des verzehrfertigen Lebensmittels 1680 Kilojoule oder 400 Kilokalorien pro Mahlzeit nicht überschreitet. Für diese Lebensmittel werden die in Anlage 2 Liste A Nr. 2.2 der Diätverordnung genannten Eisenverbindungen als Zusatzstoffe zugelassen; die zugesetzte Menge an diesen Stoffen ist in entsprechender Anwendung des § 17 Abs. 1 in Verbindung mit § 25 Abs. 1 Nr. 2 der Diätverordnung anzugeben.

(4) Abweichend von Absatz 3 darf in Gaststätten oder Einrichtungen zur Gemeinschaftsverpflegung für Hauptmahlzeiten zum Verzehr an Ort und Stelle der Hinweis „zur gewichtskontrollierten Ernährung" verwendet werden, sofern der Brennwert 2100 Kilojoule oder 500 Kilokalorien pro Hauptmahlzeit nicht überschreitet.

§ 7 Straftaten und Ordnungswidrigkeiten

(1) Nach § 59 Abs. 1 Nr. 21 Buchstabe a des Lebensmittel- und Futtermittelgesetzbuches wird bestraft, wer Lebensmittel gewerbsmäßig in den Verkehr bringt, bei denen ein Gehalt an Zusatzstoffen entgegen § 6 Abs. 3 Satz 2 nicht oder nicht in der vorgeschriebenen Weise kenntlich gemacht ist.

(2) Nach § 59 Abs. 1 Nr. 21 Buchstabe a des Lebensmittel- und Futtermittelgesetzbuches wird bestraft, wer gewerbsmäßig im Verkehr mit Lebensmitteln oder in der Werbung für Lebensmittel entgegen § 3 oder § 6 Abs. 1 Satz 1, Abs. 2 oder 3 Satz 1 Bezeichnungen, Angaben oder Aufmachungen verwendet.

(3) Wer eine in Absatz 1 oder 2 bezeichnete Handlung fahrlässig begeht, handelt nach § 60 Abs. 1 des Lebensmittel- und Futtermittelgesetzbuches ordnungswidrig.

(4) Ordnungswidrig im Sinne des § 60 Abs. 2 Nr. 26 Buchstabe a des Lebensmittel- und Futtermittelgesetzbuches handelt, wer vorsätzlich oder fahrlässig entgegen § 4 Abs. 1 oder 3 Satz 1 oder 2 oder § 5 Abs. 2 Satz 1, Abs. 3, 4, 5, 6 oder 7 Satz 1 oder 3 Lebensmittel ohne die vorgeschriebene Kennzeichnung gewerbsmäßig in den Verkehr bringt.

§ 8 Übergangsfristen

(1) Bis zum 1. Oktober 1995 dürfen Lebensmittel noch nach den bisher geltenden Vorschriften gekennzeichnet werden und die so gekennzeichneten Lebensmittel über diesen Zeitpunkt hinaus in Verkehr gebracht werden.

(2) Lebensmittel, die den bis zum Ablauf des 8. Oktober 2009 geltenden Vorschriften dieser Verordnung entsprechen, dürfen noch bis zum 30. Oktober 2012 in Verkehr gebracht werden.

Anlage 1
(zu § 2 Nummer 2 Buchstabe c, § 4 Absatz 2
Nummer 6 und § 5 Absatz 3 Nummer 4 und Absatz 6)

**Vitamine und Mineralstoffe,
die in der Angabe enthalten sein können, und ihre empfohlene Tagesdosis**

Vitamin A (μg)[1]	800
Vitamin D (μg)	5
Vitamin E (mg)	12
Vitamin K (μg)	75
Vitamin C (mg)	80
Thiamin (Vitamin B_1) (mg)	1,1
Riboflavin (Vitamin B_2) (mg)	1,4
Niacin (mg)	16
Vitamin B_6 (mg)	1,4
Folsäure (μg)	200
Vitamin B_{12} (μg)	2,5
Biotin (μg)	50
Pantothensäure (mg)	6
Kalium (mg)	2 000
Chlorid (mg)	800
Kalzium (mg)	800
Phosphor (mg)	700
Magnesium (mg)	375
Eisen (mg)	14
Zink (mg)	10
Kupfer (mg)	1
Mangan (mg)	2
Fluorid (mg)	3,5
Selen (μg)	55
Chrom (μg)	40
Molybdän (μg)	50
Jod (μg)	150

In der Regel sollte eine Menge von 15 Prozent der in dieser Anlage angegebenen empfohlenen Tagesdosis in 100 g oder 100 ml oder in einer Packung, sofern die Packung nur eine einzige Portion enthält, bei der Festsetzung der signifikanten Menge berücksichtigt werden.

---

[1] Amtliche Anmerkung: 1 μg Vitamin A entsprechen 6 μg all-trans-β-Carotin oder 12 μg andere Provitamin A-Carotinoide.

Anlage 2
(§ 6 Abs. 2 Nr. 3)

Lebensmittel	Natriumgehalt des verzehrfertigen Lebensmittels höchstens mg in 100 g
Brot, Kleingebäck und sonstige Backwaren	250
Fertiggerichte und fertige Teilgerichte	250
Suppen, Brühen und Soßen	250
Erzeugnisse aus Fischen, Krusten-, Schalen- und Weichtieren	250
Kartoffeltrockenerzeugnisse	300
Kochwürste	400
Käse und Erzeugnisse aus Käse	450
Brühwürste und Kochpökelwaren	500

Verordnung (EG) Nr. 1924/2006 des Europäischen Parlaments und des Rates über nährwert- und gesundheitsbezogene Angaben über Lebensmittel

Vom 20. Dezember 2006

(ABl. Nr. L 404/9), in der Fassung der Berichtigung vom 18. 1. 2007 (ABl. Nr. L 12/3, ber. durch ABl. Nr. L 160/15 vom 12. 6. 2013), geänd. durch VO (EG) Nr. 107/2008 vom 15. 1. 2008 (ABl. Nr. L 39/8, ber. durch ABl. Nr. L 24/60 vom 30. 1. 2015) und VO (EG) Nr. 109/2008 vom 15. 1. 2008 (ABl. Nr. L 39/14), ber. durch ABl. Nr. L 86/34 vom 28. 3. 2008 und ABl. Nr. L 198/87 vom 30. 7. 2009, geänd. durch VO (EU) Nr. 116/2010 vom 9. 2. 2010 (ABl. Nr. L 37/16), VO (EU) Nr. 1169/2011 vom 25. 10. 2011 (ABl. Nr. L 304/18) und VO (EU) Nr. 1047/2012 vom 8. 11. 2012 (ABl. Nr. L 310/36)

DAS EUROPÄISCHE PARLAMENT UND DER RAT DER EUROPÄISCHEN UNION –

gestützt auf den Vertrag zur Gründung der Europäischen Gemeinschaft, insbesondere auf Artikel 95,

auf Vorschlag der Kommission,

nach Stellungnahme des Europäischen Wirtschafts- und Sozialausschusses ([1]),

gemäß dem Verfahren des Artikels 251 des Vertrags ([2]),

in Erwägung nachstehender Gründe:

(1) Zunehmend werden Lebensmittel in der Gemeinschaft mit nährwert- und gesundheitsbezogenen Angaben gekennzeichnet, und es wird mit diesen Angaben für sie Werbung gemacht. Um dem Verbraucher ein hohes Schutzniveau zu gewährleisten und ihm die Wahl zu erleichtern, sollten die im Handel befindlichen Produkte, einschließlich der eingeführten Produkte, sicher sein und eine angemessene Kennzeichnung aufweisen. Eine abwechslungsreiche und ausgewogene Ernährung ist eine Grundvoraussetzung für eine gute Gesundheit, und einzelne Produkte sind im Kontext der gesamten Ernährung von relativer Bedeutung.

(2) Unterschiede zwischen den nationalen Bestimmungen über solche Angaben können den freien Warenverkehr behindern und ungleiche Wettbewerbsbedingungen schaffen. Sie haben damit eine unmittelbare Auswirkung auf das Funktionieren des Binnenmarktes. Es ist daher notwendig, Gemeinschaftsregeln für die Verwendung von nährwert- und gesundheitsbezogenen Angaben über Lebensmittel zu erlassen.

(3) Die Richtlinie 2000/13/EG des Europäischen Parlaments und des Rates vom 20. März 2000 zur Angleichung der Rechtsvorschriften der Mitgliedstaaten über die Etikettierung und Aufmachung von Lebensmitteln sowie die Werbung hierfür ([3]) enthält allgemeine Kennzeichnungsbestimmungen. Mit der Richtlinie 2000/13/EG wird allgemein die Verwendung von Informationen untersagt, die den Käufer irreführen können oder den Lebensmitteln medizinische Eigenschaften zuschreiben. Mit der vorliegenden Verordnung sollten die allgemeinen Grundsätze der Richtlinie 2000/13/EG ergänzt und spezielle Vorschriften für die Verwendung von nährwert- und gesundheitsbezogenen Angaben bei Lebensmitteln, die als solche an den Endverbraucher abgegeben werden sollen, festgelegt werden.

([1]) ABl. C 110 vom 30.4.2004, S. 18.
([2]) Stellungnahme des Europäischen Parlaments vom 26. Mai 2005 (ABl. C 117 E vom 18.5.2006, S. 187), Gemeinsamer Standpunkt des Rates vom 8. Dezember 2005 (ABl. C 80 E vom 4.4.2006, S. 43) und Standpunkt des Europäischen Parlaments vom 16. Mai 2006 (noch nicht im Amtsblatt veröffentlicht). Beschluss des Rates vom 12. Oktober 2006.
([3]) ABl. L 109 vom 6.5.2000, S. 29. Zuletzt geändert durch die Richtlinie 2003/89/EG (ABl. L 308 vom 25.11.2003, S. 15).

(4) Diese Verordnung sollte für alle nährwert- und gesundheitsbezogenen Angaben gelten, die in kommerziellen Mitteilungen, u.a. auch in allgemeinen Werbeaussagen über Lebensmittel und in Werbekampagnen wie solchen, die ganz oder teilweise von Behörden gefördert werden, gemacht werden. Auf Angaben in nichtkommerziellen Mitteilungen, wie sie z. B. in Ernährungsrichtlinien oder -empfehlungen von staatlichen Gesundheitsbehörden und -stellen oder in nichtkommerziellen Mitteilungen und Informationen in der Presse und in wissenschaftlichen Veröffentlichungen zu finden sind, sollte sie jedoch keine Anwendung finden. Diese Verordnung sollte ferner auf Handelsmarken und sonstige Markennamen Anwendung finden, die als nährwert- oder gesundheitsbezogene Angabe ausgelegt werden können.

(5) Allgemeine Bezeichnungen, die traditionell zur Angabe einer Eigenschaft einer Kategorie von Lebensmitteln oder Getränken verwendet werden, die Auswirkungen auf die menschliche Gesundheit haben könnte, wie z. B. „Digestif" oder „Hustenbonbon", sollten von der Anwendung dieser Verordnung ausgenommen werden.

(6) Nährwertbezogene Angaben mit negativen Aussagen fallen nicht unter den Anwendungsbereich dieser Verordnung; Mitgliedstaaten, die nationale Regelungen für negative nährwertbezogene Angaben einzuführen gedenken, sollten dies der Kommission und den anderen Mitgliedstaaten gemäß der Richtlinie 98/34/EG des Europäischen Parlaments und des Rates vom 22. Juni 1998 über ein Informationsverfahren auf dem Gebiet der Normen und technischen Vorschriften und der Vorschriften für die Dienste der Informationsgesellschaft ([1]) mitteilen.

(7) Auf internationaler Ebene hat der Codex Alimentarius 1991 allgemeine Leitsätze für Angaben und 1997 Leitsätze für die Verwendung nährwertbezogener Angaben verabschiedet. Die Codex-Alimentarius-Kommission hat 2004 eine Änderung des letztgenannten Dokuments verabschiedet. Dabei geht es um die Aufnahme gesundheitsbezogener Angaben in die Leitsätze von 1997. Die in den Codex-Leitsätzen vorgegebenen Definitionen und Bedingungen werden entsprechend berücksichtigt.

(8) Die in der Verordnung (EG) Nr. 2991/94 des Rates vom 5. Dezember 1994 mit Normen für Streichfette ([2]) vorgesehene Möglichkeit, für Streichfette die Angabe „fettarm" zu verwenden, sollte so bald wie möglich an die Bestimmungen dieser Verordnung angepasst werden. Zwischenzeitlich gilt die Verordnung (EG) Nr. 2991/94 für die darin erfassten Erzeugnisse.

(9) Es gibt eine Vielzahl von Nährstoffen und anderen Substanzen – unter anderem Vitamine, Mineralstoffe einschließlich Spurenelementen, Aminosäuren, essenzielle Fettsäuren, Ballaststoffe, verschiedene Pflanzen- und Kräuterextrakte und andere – mit ernährungsbezogener oder physiologischer Wirkung, die in Lebensmitteln vorhanden und Gegenstand entsprechender Angaben sein können. Daher sollten allgemeine Grundsätze für alle Angaben über Lebensmittel festgesetzt werden, um ein hohes Verbraucherschutzniveau zu gewährleisten, dem Verbraucher die notwendigen Informationen für eine sachkundige Entscheidung zu liefern und gleiche Wettbewerbsbedingungen für die Lebensmittelindustrie zu schaffen.

---

[1] ABl. L 204 vom 21.7.1998, S. 37. Zuletzt geändert durch die Beitrittsakte von 2003.
[2] ABl. L 316 vom 9.12.1994, S. 2.

(10) Lebensmittel, die mit entsprechenden Angaben beworben werden, können vom Verbraucher als Produkte wahrgenommen werden, die gegenüber ähnlichen oder anderen Produkten, denen solche Nährstoffe oder andere Stoffe nicht zugesetzt sind, einen nährwertbezogenen, physiologischen oder anderweitigen gesundheitlichen Vorteil bieten. Dies kann den Verbraucher zu Entscheidungen veranlassen, die die Gesamtaufnahme einzelner Nährstoffe oder anderer Substanzen unmittelbar in einer Weise beeinflussen, die den einschlägigen wissenschaftlichen Empfehlungen widersprechen könnte. Um diesem potenziellen unerwünschten Effekt entgegenzuwirken, wird es für angemessen erachtet, gewisse Einschränkungen für Produkte, die solche Angaben tragen, festzulegen. In diesem Zusammenhang sind Faktoren wie das Vorhandensein von bestimmten Substanzen in einem Produkt oder das Nährwertprofil eines Produkts ein geeignetes Kriterium für die Entscheidung, ob das Produkt Angaben tragen darf. Die Verwendung solcher Kriterien auf nationaler Ebene ist zwar für den Zweck gerechtfertigt, dem Verbraucher sachkundige Entscheidungen über seine Ernährung zu ermöglichen, könnte jedoch zu Behinderungen des innergemeinschaftlichen Handels führen und sollte daher auf Gemeinschaftsebene harmonisiert werden. Gesundheitsbezogene Information und Kommunikation zur Unterstützung von Botschaften der nationalen Behörden oder der Gemeinschaft über die Gefahren des Alkoholmissbrauchs sollten nicht von dieser Verordnung erfasst werden.

(11) Durch die Anwendung des Nährwertprofils als Kriterium soll vermieden werden, dass die nährwert- und gesundheitsbezogenen Angaben den Ernährungsstatus eines Lebensmittels verschleiern und so den Verbraucher irreführen können, wenn dieser bemüht ist, durch ausgewogene Ernährung eine gesunde Lebensweise anzustreben. Die in dieser Verordnung vorgesehenen Nährwertprofile sollten einzig dem Zweck dienen, festzulegen, unter welchen Voraussetzungen solche Angaben gemacht werden dürfen. Sie sollten sich auf allgemein anerkannte wissenschaftliche Nachweise über das Verhältnis zwischen Ernährung und Gesundheit stützen. Die Nährwertprofile sollten jedoch auch Produktinnovationen ermöglichen und die Verschiedenartigkeit der Ernährungsgewohnheiten und -traditionen sowie den Umstand, dass einzelne Produkte eine bedeutende Rolle im Rahmen der Gesamternährung spielen können, berücksichtigen.

(12) Bei der Festlegung von Nährwertprofilen sollten die Anteile verschiedener Nährstoffe und Substanzen mit ernährungsbezogener Wirkung oder physiologischer Wirkung, insbesondere solcher wie Fett, gesättigte Fettsäuren, trans-Fettsäuren, Salz/Natrium und Zucker, deren übermäßige Aufnahme im Rahmen der Gesamternährung nicht empfohlen wird, sowie mehrfach und einfach ungesättigte Fettsäuren, verfügbare Kohlenhydrate außer Zucker, Vitamine, Mineralstoffe, Proteine und Ballaststoffe, berücksichtigt werden. Bei der Festlegung der Nährwertprofile sollten die verschiedenen Lebensmittelkategorien sowie der Stellenwert und die Rolle dieser Lebensmittel in der Gesamternährung berücksichtigt werden, und den verschiedenen Ernährungsgewohnheiten und Konsummustern in den Mitgliedstaaten sollte gebührende Beachtung geschenkt werden. Ausnahmen von der Anforderung, etablierte Nährwertprofile zu berücksichtigen, können für bestimmte Lebensmittel oder Lebensmittelkategorien je nach ihrer Rolle und ihrer Bedeutung für die Ernährung der Bevölkerung erforderlich sein. Dies würde eine komplexe technische Aufgabe bedeuten und die Verabschiedung entsprechender Maßnahmen sollte daher der Kommission übertragen werden, wobei den Empfehlungen der Europäischen Behörde für Lebensmittelsicherheit Rechnung zu tragen ist.

(13) Die in der Richtlinie 2002/46/EG des Europäischen Parlaments und des Rates vom 10. Juni 2002 über die Angleichung der Rechtsvorschriften der Mitgliedstaaten über Nahrungsergänzungsmittel ([1]) definierten Nahrungsergänzungsmittel, die in flüssiger Form dargereicht werden und mehr als 1,2 % vol. Alkohol enthalten, gelten nicht als Getränke im Sinne dieser Verordnung.

(14) Es gibt eine Vielzahl von Angaben, die derzeit bei der Kennzeichnung von Lebensmitteln und der Werbung hierfür in manchen Mitgliedstaaten gemacht werden und sich auf Stoffe beziehen, deren positive Wirkung nicht nachgewiesen wurde bzw. zu denen derzeit noch keine ausreichende Einigkeit in der Wissenschaft besteht. Es muss sichergestellt werden, dass für Stoffe, auf die sich eine Angabe bezieht, der Nachweis einer positiven ernährungsbezogenen Wirkung oder physiologischen Wirkung erbracht wird.

(15) Um zu gewährleisten, dass die Angaben der Wahrheit entsprechen, muss die Substanz, die Gegenstand der Angabe ist, im Endprodukt in einer ausreichenden Menge vorhanden bzw. im umgekehrten Fall nicht vorhanden oder ausreichend reduziert sein, um die behauptete ernährungsbezogene Wirkung oder physiologische Wirkung zu erzeugen. Die Substanz sollte zudem in einer für den Körper verwertbaren Form verfügbar sein. Außerdem sollte – falls sachgerecht – eine wesentliche Menge der Substanz, die für die behauptete ernährungsbezogene Wirkung oder physiologische Wirkung verantwortlich ist, durch den Verzehr einer vernünftigerweise anzunehmenden Menge des Lebensmittels bereitgestellt werden.

(16) Es ist wichtig, dass Angaben über Lebensmittel vom Verbraucher verstanden werden können und es ist angezeigt, alle Verbraucher vor irreführenden Angaben zu schützen. Der Gerichtshof der Europäischen Gemeinschaften hat es allerdings in seiner Rechtsprechung in Fällen im Zusammenhang mit Werbung seit dem Erlass der Richtlinie 84/450/EWG des Rates vom 10. September 1984 über irreführende und vergleichende Werbung ([2]) für erforderlich gehalten, die Auswirkungen auf einen fiktiven typischen Verbraucher zu prüfen. Entsprechend dem Grundsatz der Verhältnismäßigkeit und im Interesse der wirksamen Anwendung der darin vorgesehenen Schutzmaßnahmen nimmt diese Verordnung den normal informierten, aufmerksamen und verständigen Durchschnittsverbraucher unter Berücksichtigung sozialer, kultureller und sprachlicher Faktoren nach der Auslegung des Gerichtshofs als Maßstab, zielt mit ihren Bestimmungen jedoch darauf ab, die Ausnutzung von Verbrauchern zu vermeiden, die aufgrund bestimmter Charakteristika besonders anfällig für irreführende Angaben sind. Richtet sich eine Angabe speziell an eine besondere Verbrauchergruppe wie z. B. Kinder, so sollte die Auswirkung der Angabe aus der Sicht eines Durchschnittsmitglieds dieser Gruppe beurteilt werden. Der Begriff des Durchschnittsverbrauchers beruht dabei nicht auf einer statistischen Grundlage. Die nationalen Gerichte und Verwaltungsbehörden müssen sich bei der Beurteilung der Frage, wie der Durchschnittsverbraucher in einem gegebenen Fall typischerweise reagieren würde, auf ihre eigene Urteilsfähigkeit unter Berücksichtigung der Rechtsprechung des Gerichtshofs verlassen.

([1]) ABl. L 183 vom 12.7.2002, S. 51. Geändert durch die Richtlinie 2006/37/EG der Kommission (ABl. L 94 vom 1.4.2006, S. 32).
([2]) ABl. L 250 vom 19.9.1984, S. 17. Zuletzt geändert durch die Richtlinie 2005/29/EG des Europäischen Parlaments und des Rates (ABl. L 149 vom 11.6.2005, S. 22).

(17) Eine wissenschaftliche Absicherung sollte der Hauptaspekt sein, der bei der Verwendung nährwert- und gesundheitsbezogener Angaben berücksichtigt wird, und die Lebensmittelunternehmer, die derartige Angaben verwenden, sollten diese auch begründen. Eine Angabe sollte wissenschaftlich abgesichert sein, wobei alle verfügbaren wissenschaftlichen Daten berücksichtigt und die Nachweise abgewogen werden sollten.

(18) Eine nährwert- oder gesundheitsbezogene Angabe sollte nicht gemacht werden, wenn sie den allgemein akzeptierten Ernährungs- und Gesundheitsgrundsätzen zuwiderläuft oder wenn sie zum übermäßigen Verzehr eines Lebensmittels verleitet oder diesen gutheißt oder von vernünftigen Ernährungsgewohnheiten abbringt.

(19) Angesichts des positiven Bildes, das Lebensmitteln durch nährwert- und gesundheitsbezogene Angaben verliehen wird, und der potenziellen Auswirkung solcher Lebensmittel auf Ernährungsgewohnheiten und die Gesamtaufnahme an Nährstoffen sollte der Verbraucher in die Lage versetzt werden, den Nährwert insgesamt zu beurteilen. Daher sollte die Nährwertkennzeichnung obligatorisch und bei allen Lebensmitteln, die gesundheitsbezogene Angaben tragen, umfassend sein.

(20) Die Richtlinie 90/496/EWG des Rates vom 24. September 1990 über die Nährwertkennzeichnung von Lebensmitteln ([1]) enthält allgemeine Vorschriften für die Nährwertkennzeichnung von Lebensmitteln. Nach der genannten Richtlinie sollte die Nährwertkennzeichnung zwingend vorgeschrieben sein, wenn auf dem Etikett, in der Aufmachung oder in der Werbung, mit Ausnahme allgemeiner Werbeaussagen, eine nährwertbezogene Angabe gemacht wurde. Bezieht sich eine nährwertbezogene Angabe auf Zucker, gesättigte Fettsäuren, Ballaststoffe oder Natrium, so sind die Angaben der in Artikel 4 Absatz 1 der Richtlinie 90/496/EWG definierten Gruppe 2 zu machen. Im Interesse eines hohen Verbraucherschutzniveaus sollte diese Pflicht, die Angaben der Gruppe 2 zu liefern, entsprechend für gesundheitsbezogene Angaben, mit Ausnahme allgemeiner Werbeaussagen, gelten.

(21) Es sollte eine Liste zulässiger nährwertbezogener Angaben und der spezifischen Bedingungen für ihre Verwendung erstellt werden, beruhend auf den Verwendungsbedingungen für derartige Angaben, die auf nationaler und internationaler Ebene vereinbart sowie in Gemeinschaftsvorschriften festgelegt wurden. Für jede Angabe, die als für den Verbraucher gleich bedeutend mit einer in der oben genannten Aufstellung aufgeführten nährwertbezogenen Angabe angesehen wird, sollten die in dieser Aufstellung angegebenen Verwendungsbedingungen gelten. So sollten beispielsweise für Angaben über den Zusatz von Vitaminen und Mineralstoffen wie „mit ...", „mit wieder hergestelltem Gehalt an ...", „mit Zusatz von ...", „mit ... angereichert" die Bedingungen gelten, die für die Angabe „Quelle von ..." festgelegt wurden. Die Liste sollte zur Berücksichtigung des wissenschaftlichen und technischen Fortschritts regelmäßig aktualisiert werden. Außerdem müssen bei vergleichenden Angaben dem Endverbraucher gegenüber die miteinander verglichenen Produkte eindeutig identifiziert werden.

([1]) ABl. L 276 vom 6.10.1990, S. 40. Zuletzt geändert durch die Richtlinie 2003/120/EG der Kommission (ABl. L 333 vom 20.12.2003, S. 51).

(22) Die Bedingungen für die Verwendung von Angaben wie „laktose-" oder „glutenfrei", die an eine Verbrauchergruppe mit bestimmten Gesundheitsstörungen gerichtet sind, sollten in der Richtlinie 89/398/EWG des Rates vom 3. Mai 1989 zur Angleichung der Rechtsvorschriften der Mitgliedstaaten über Lebensmittel, die für eine besondere Ernährung bestimmt sind ([1]), geregelt werden. Überdies bietet die genannte Richtlinie die Möglichkeit, bei für den allgemeinen Verzehr bestimmten Lebensmitteln auf ihre Eignung für diese Verbrauchergruppen hinzuweisen, sofern die Bedingungen für einen solchen Hinweis erfüllt sind. Bis die Bedingungen für solche Hinweise auf Gemeinschaftsebene festgelegt worden sind, können die Mitgliedstaaten einschlägige nationale Maßnahmen beibehalten oder erlassen.

(23) Gesundheitsbezogene Angaben sollten für die Verwendung in der Gemeinschaft nur nach einer wissenschaftlichen Bewertung auf höchstmöglichem Niveau zugelassen werden. Damit eine einheitliche wissenschaftliche Bewertung dieser Angaben gewährleistet ist, sollte die Europäische Behörde für Lebensmittelsicherheit solche Bewertungen vornehmen. Der Antragsteller sollte auf Antrag Zugang zu seinem Dossier erhalten, um sich über den jeweiligen Stand des Verfahrens zu informieren.

(24) Neben die Ernährung betreffenden gibt es zahlreiche andere Faktoren, die den psychischen Zustand und die Verhaltensfunktion beeinflussen können. Die Kommunikation über diese Funktionen ist somit sehr komplex, und es ist schwer, in einer kurzen Angabe bei der Kennzeichnung von Lebensmitteln und in der Werbung hierfür eine umfassende, wahrheitsgemäße und bedeutungsvolle Aussage zu vermitteln. Daher ist es angebracht, bei der Verwendung von Angaben, die sich auf psychische oder verhaltenspsychologische Wirkungen beziehen, einen wissenschaftlichen Nachweis zu verlangen.

(25) Im Lichte der Richtlinie 96/8/EG der Kommission vom 26. Februar 1996 über Lebensmittel für kalorienarme Ernährung zur Gewichtsverringerung ([2]), in der festgelegt ist, dass die Kennzeichnung und die Verpackung der Erzeugnisse sowie die Werbung hierfür keine Angaben über Dauer und Ausmaß der aufgrund ihrer Verwendung möglichen Gewichtsabnahme enthalten dürfen, wird es als angemessen betrachtet, diese Einschränkung auf alle Lebensmittel auszudehnen.

(26) Andere gesundheitsbezogene Angaben als Angaben über die Reduzierung eines Krankheitsrisikos sowie die Entwicklung und die Gesundheit von Kindern, die sich auf allgemein anerkannte wissenschaftliche Nachweise stützen, sollten einer anderen Art von Bewertung und Zulassung unterzogen werden. Es ist daher erforderlich, nach Konsultation der Europäischen Behörde für Lebensmittelsicherheit eine Gemeinschaftsliste solcher zulässiger Angaben zu erstellen. Ferner sollten zur Förderung der Innovation diejenigen gesundheitsbezogenen Angaben, die auf neuen wissenschaftlichen Nachweisen beruhen, einem beschleunigten Zulassungsverfahren unterzogen werden.

(27) Zur Anpassung an den wissenschaftlichen und technischen Fortschritt sollte die vorstehend erwähnte Liste umgehend geändert werden, wann immer dies nötig ist. Eine solche Überarbeitung ist eine Durchführungsmaßnahme technischer Art, deren Erlass der Kommission übertragen werden sollte, um das Verfahren zu vereinfachen und zu beschleunigen.

---

[1] ABl. L 186 vom 30.6.1989, S. 27. Zuletzt geändert durch die Verordnung (EG) Nr. 1882/2003 des Europäischen Parlaments und des Rates (ABl. L 284 vom 31.10.2003, S. 1).
[2] ABl. L 55 vom 6.3.1996, S. 22.

VO (EG) Nr. 1924/2006

(28) Die Ernährung ist einer von vielen Faktoren, die das Auftreten bestimmter Krankheiten beim Menschen beeinflussen. Andere Faktoren wie Alter, genetische Veranlagung, körperliche Aktivität, Konsum von Tabak und anderen Drogen, Umweltbelastungen und Stress können ebenfalls das Auftreten von Krankheiten beeinflussen. Daher sollten für Angaben, die sich auf die Verringerung eines Krankheitsrisikos beziehen, spezifische Kennzeichnungsvorschriften gelten.

(29) Damit sichergestellt ist, dass gesundheitsbezogene Angaben wahrheitsgemäß, klar, verlässlich und für den Verbraucher bei der Entscheidung für eine gesunde Ernährungsweise hilfreich sind, sollte die Formulierung und Aufmachung gesundheitsbezogener Angaben bei der Stellungnahme der Europäischen Behörde für Lebensmittelsicherheit und in anschließenden Verfahren berücksichtigt werden.

(30) In manchen Fällen kann die wissenschaftliche Risikobewertung allein nicht alle Informationen bereitstellen, die für eine Risikomanagemententscheidung erforderlich sind. Andere legitime Faktoren, die für die zu prüfende Frage relevant sind, sollten daher ebenfalls berücksichtigt werden.

(31) Im Sinne der Transparenz und zur Vermeidung wiederholter Anträge auf Zulassung bereits bewerteter Angaben sollte die Kommission ein öffentliches Register mit den Listen solcher Angaben erstellen und laufend aktualisieren.

(32) Zur Förderung von Forschung und Entwicklung in der Agrar- und Lebensmittelindustrie sind die Investitionen, die von Innovatoren bei der Beschaffung von Informationen und Daten zur Unterstützung eines Antrags auf Zulassung nach dieser Verordnung getätigt werden, zu schützen. Dieser Schutz sollte jedoch befristet werden, um die unnötige Wiederholung von Studien und Erprobungen zu vermeiden und den kleinen und mittleren Unternehmen (KMU), die selten die finanzielle Kapazität zur Durchführung von Forschungstätigkeiten besitzen, den Zugang zur Verwendung von Angaben zu erleichtern.

(33) KMU bedeuten für die europäische Lebensmittelindustrie einen erheblichen Mehrwert, was die Qualität und die Bewahrung unterschiedlicher Ernährungsgewohnheiten betrifft. Zur Erleichterung der Umsetzung dieser Verordnung sollte die Europäische Behörde für Lebensmittelsicherheit rechtzeitig insbesondere den KMU geeignete technische Anweisungen und Hilfsmittel anbieten.

(34) Angesichts der besonderen Eigenschaften von Lebensmitteln, die solche Angaben tragen, sollten den Überwachungsstellen neben den üblichen Möglichkeiten zusätzliche Instrumente zur Verfügung gestellt werden, um eine effiziente Überwachung dieser Produkte zu ermöglichen.

(35) Es sind angemessene Übergangsmaßnahmen erforderlich, damit sich die Lebensmittelunternehmer an die Bestimmungen dieser Verordnung anpassen können.

(36) Da das Ziel dieser Verordnung, nämlich das ordnungsgemäße Funktionieren des Binnenmarkts für nährwert- und gesundheitsbezogene Angaben sicherzustellen und gleichzeitig ein hohes Verbraucherschutzniveau zu bieten, auf Ebene der Mitgliedstaaten nicht ausreichend verwirklicht werden kann und daher besser auf Gemeinschaftsebene zu verwirklichen ist, kann die Gemeinschaft im Einklang mit dem in Artikel 5 des Vertrags niedergelegten Subsidiaritätsgrundsatz tätig werden. Entsprechend dem in demselben Artikel genannten Verhältnismäßigkeitsprinzip geht diese Verordnung nicht über das zur Erreichung dieses Ziels erforderliche Maß hinaus.

(37) Die zur Durchführung dieser Verordnung erforderlichen Maßnahmen sollten gemäß dem Beschluss 1999/468/EG des Rates vom 28. Juni 1999 zur Festlegung der Modalitäten für die Ausübung der der Kommission übertragenen Durchführungsbefugnisse ([1]) erlassen werden –

HABEN FOLGENDE VERORDNUNG ERLASSEN:

KAPITEL I
GEGENSTAND, ANWENDUNGSBEREICH UND BEGRIFFSBESTIMMUNGEN

Artikel 1
Gegenstand und Anwendungsbereich

(1) Mit dieser Verordnung werden die Rechts- und Verwaltungsvorschriften der Mitgliedstaaten über nährwert- und gesundheitsbezogene Angaben harmonisiert, um das ordnungsgemäße Funktionieren des Binnenmarkts zu gewährleisten und gleichzeitig ein hohes Verbraucherschutzniveau zu bieten.

(2) Diese Verordnung gilt für nährwert- und gesundheitsbezogene Angaben, die in kommerziellen Mitteilungen bei der Kennzeichnung und Aufmachung von oder bei der Werbung für Lebensmittel gemacht werden, die als solche an den Endverbraucher abgegeben werden sollen.

Auf nicht vorverpackte Lebensmittel (einschließlich Frischprodukte wie Obst, Gemüse oder Brot), die dem Endverbraucher oder Einrichtungen zur Gemeinschaftsverpflegung zum Kauf angeboten werden, und auf Lebensmittel, die entweder an der Verkaufsstelle auf Wunsch des Käufers verpackt oder zum sofortigen Verkauf fertig verpackt werden, finden Artikel 7 und Artikel 10 Absatz 2 Buchstaben a und b keine Anwendung. Einzelstaatliche Bestimmungen können angewandt werden, bis gegebenenfalls Gemeinschaftsmaßnahmen zur Änderung nicht wesentlicher Bestimmungen dieser Verordnung, auch durch Ergänzung, nach dem in Artikel 25 Absatz 3 genannten Regelungsverfahren mit Kontrolle erlassen werden.

Diese Verordnung gilt auch für Lebensmittel, die für Restaurants, Krankenhäuser, Schulen, Kantinen und ähnliche Einrichtungen zur Gemeinschaftsverpflegung bestimmt sind.

(3) Handelsmarken, Markennamen oder Phantasiebezeichnungen, die in der Kennzeichnung, Aufmachung oder Werbung für ein Lebensmittel verwendet werden und als nährwert- oder gesundheitsbezogene Angabe aufgefasst werden können, dürfen ohne die in dieser Verordnung vorgesehenen Zulassungsverfahren verwendet werden, sofern der betreffenden Kennzeichnung, Aufmachung oder Werbung eine nährwert- oder gesundheitsbezogene Angabe beigefügt ist, die dieser Verordnung entspricht.

(4) Im Fall allgemeiner Bezeichnungen, die traditionell zur Angabe einer Eigenschaft einer Kategorie von Lebensmitteln oder Getränken verwendet werden und die auf Auswirkungen auf die menschliche Gesundheit hindeuten könnten, kann auf Antrag der betroffenen Lebensmittelunternehmer eine Ausnahme von Absatz 3, die eine Änderung nicht wesentlicher Bestimmungen dieser Verordnung durch Ergänzung bewirkt, nach dem in Artikel 25 Absatz 3 genannten Regelungsverfahren mit Kontrolle erlassen werden. Der Antrag ist an die zuständige natio-

---

([1]) ABl. L 184 vom 17.7.1999, S. 23.

nale Behörde eines Mitgliedstaats zu richten, die ihn unverzüglich an die Kommission weiterleitet. Die Kommission erlässt und veröffentlicht Regeln, nach denen Lebensmittelunternehmer derartige Anträge stellen können, um sicherzustellen, dass der Antrag in transparenter Weise und innerhalb einer vertretbaren Frist bearbeitet wird.

(5) Diese Verordnung gilt unbeschadet der folgenden Bestimmungen des Gemeinschaftsrechts:

a) Richtlinie 89/398/EWG und Richtlinien, die über Lebensmittel erlassen werden, die für besondere Ernährungszwecke bestimmt sind;

b) Richtlinie 80/777/EWG des Rates vom 15. Juli 1980 zur Angleichung der Rechtsvorschriften der Mitgliedstaaten über die Gewinnung von und den Handel mit natürlichen Mineralwässern ([1]);

c) Richtlinie 98/83/EG des Rates vom 3. November 1998 über die Qualität von Wasser für den menschlichen Gebrauch ([2]);

d) Richtlinie 2002/46/EG.

Artikel 2
Begriffsbestimmungen

(1) Für die Zwecke dieser Verordnung

a) gelten für „Lebensmittel", „Lebensmittelunternehmer", „Inverkehrbringen" und „Endverbraucher" die Begriffsbestimmungen in Artikel 2 und Artikel 3 Nummern 3, 8 und 18 der Verordnung (EG) Nr. 178/2002 des Europäischen Parlaments und des Rates vom 28. Januar 2002 zur Festlegung der allgemeinen Grundsätze und Anforderungen des Lebensmittelrechts, zur Errichtung der Europäischen Behörde für Lebensmittelsicherheit und zur Festlegung von Verfahren zur Lebensmittelsicherheit ([3]);

b) gilt für „Nahrungsergänzungsmittel" die Begriffsbestimmung der Richtlinie 2002/46/EG;

c) gelten für „Nährwertkennzeichnung", „Eiweiß", „Kohlenhydrat", „Zucker", „Fett", „gesättigte Fettsäuren", „einfach ungesättigte Fettsäuren", „mehrfach ungesättigte Fettsäuren" und „Ballaststoffe" die Begriffsbestimmungen der Richtlinie 90/496/EWG;

d) gilt für „Kennzeichnung" die Begriffsbestimmung in Artikel 1 Absatz 3 Buchstabe a der Richtlinie 2000/13/EG.

(2) Ferner bezeichnet der Ausdruck

1. „Angabe" jede Aussage oder Darstellung, die nach dem Gemeinschaftsrecht oder den nationalen Vorschriften nicht obligatorisch ist, einschließlich Darstellungen durch Bilder, grafische Elemente oder Symbole in jeder Form, und mit der erklärt, suggeriert oder auch nur mittelbar zum Ausdruck gebracht wird, dass ein Lebensmittel besondere Eigenschaften besitzt;

2. „Nährstoff" ein Protein, ein Kohlenhydrat, ein Fett, einen Ballaststoff, Natrium, eines der im Anhang der Richtlinie 90/496/EWG aufgeführten Vitamine

---

([1]) ABl. L 229 vom 30.8.1980, S. 1. Zuletzt geändert durch die Verordnung (EG) Nr. 1882/2003.
([2]) ABl. L 330 vom 5.12.1998, S. 32. Geändert durch die Verordnung (EG) Nr. 1882/2003.
([3]) ABl. L 31 vom 1.2.2002, S. 1. Zuletzt geändert durch die Verordnung (EG) Nr. 575/2006 der Kommission (ABl. L 100 vom 8.4.2006, S.3).

und Mineralstoffe, sowie jeden Stoff, der zu einer dieser Kategorien gehört oder Bestandteil eines Stoffes aus einer dieser Kategorien ist;

3. „andere Substanz" einen anderen Stoff als einen Nährstoff, der eine ernährungsbezogene Wirkung oder eine physiologische Wirkung hat;

4. „nährwertbezogene Angabe" jede Angabe, mit der erklärt, suggeriert oder auch nur mittelbar zum Ausdruck gebracht wird, dass ein Lebensmittel besondere positive Nährwerteigenschaften besitzt, und zwar aufgrund

   a) der Energie (des Brennwerts), die es
      i) liefert,
      ii) in vermindertem oder erhöhtem Maße liefert oder
      iii) nicht liefert, und/oder
   b) der Nährstoffe oder anderen Substanzen, die es
      i) enthält,
      ii) in verminderter oder erhöhter Menge enthält oder
      iii) nicht enthält;

5. „gesundheitsbezogene Angabe" jede Angabe, mit der erklärt, suggeriert oder auch nur mittelbar zum Ausdruck gebracht wird, dass ein Zusammenhang zwischen einer Lebensmittelkategorie, einem Lebensmittel oder einem seiner Bestandteile einerseits und der Gesundheit andererseits besteht;

6. „Angabe über die Reduzierung eines Krankheitsrisikos" jede Angabe, mit der erklärt, suggeriert oder auch nur mittelbar zum Ausdruck gebracht wird, dass der Verzehr einer Lebensmittelkategorie, eines Lebensmittels oder eines Lebensmittelbestandteils einen Risikofaktor für die Entwicklung einer Krankheit beim Menschen deutlich senkt;

7. „Behörde" die Europäische Behörde für Lebensmittelsicherheit, die durch die Verordnung (EG) Nr. 178/2002 eingesetzt wurde.

KAPITEL II
ALLGEMEINE GRUNDSÄTZE

Artikel 3
Allgemeine Grundsätze für alle Angaben

Nährwert- und gesundheitsbezogene Angaben dürfen bei der Kennzeichnung und Aufmachung von Lebensmitteln, die in der Gemeinschaft in Verkehr gebracht werden, bzw. bei der Werbung hierfür nur verwendet werden, wenn sie der vorliegenden Verordnung entsprechen.

Unbeschadet der Richtlinien 2000/13/EG und 84/450/EWG dürfen die verwendeten nährwert- und gesundheitsbezogenen Angaben

a) nicht falsch, mehrdeutig oder irreführend sein;

b) keine Zweifel über die Sicherheit und/oder die ernährungsphysiologische Eignung anderer Lebensmittel wecken;

c) nicht zum übermäßigen Verzehr eines Lebensmittels ermutigen oder diesen wohlwollend darstellen;

d) nicht erklären, suggerieren oder auch nur mittelbar zum Ausdruck bringen, dass eine ausgewogene und abwechslungsreiche Ernährung generell nicht die erforderlichen Mengen an Nährstoffen liefern kann; bei Nährstoffen, von denen eine ausgewogene und abwechslungsreiche Ernährung keine ausreichenden Mengen liefern kann, können unter Beachtung der in Mitgliedstaaten vorliegenden besonderen Umstände abweichende Regelungen, einschließlich der Bedingungen für ihre Anwendung zur Änderung nicht wesentlicher Bestimmungen dieser Verordnung durch Ergänzung nach dem in Artikel 25 Absatz 3 genannten Regelungsverfahren mit Kontrolle erlassen werden;

e) nicht – durch eine Textaussage oder durch Darstellungen in Form von Bildern, grafischen Elementen oder symbolischen Darstellungen – auf Veränderungen bei Körperfunktionen Bezug nehmen, die beim Verbraucher Ängste auslösen oder daraus Nutzen ziehen könnten.

Artikel 4
Bedingungen für die Verwendung nährwert- und gesundheitsbezogener Angaben

(1) Bis zum 19. Januar 2009 legt die Kommission spezifische Nährwertprofile, einschließlich der Ausnahmen, fest, denen Lebensmittel oder bestimmte Lebensmittelkategorien entsprechen müssen, um nährwert- oder gesundheitsbezogene Angaben tragen zu dürfen, sowie die Bedingungen für die Verwendung von nährwert- oder gesundheitsbezogenen Angaben bei Lebensmitteln oder Lebensmittelkategorien in Bezug auf die Nährwertprofile. Diese Maßnahmen zur Änderungen nicht wesentlicher Bestimmungen dieser Verordnung durch Ergänzung werden nach dem in dem in Artikel 25 Absatz 3 genannten Regelungsverfahren mit Kontrolle erlassen.

Die Nährwertprofile für Lebensmittel und / oder bestimmte Lebensmittelkategorien werden insbesondere unter Berücksichtigung folgender Faktoren festgelegt:

a) der Mengen bestimmter Nährstoffe und anderer Substanzen, die in dem betreffenden Lebensmittel enthalten sind, wie z. B. Fett, gesättigte Fettsäuren, trans-Fettsäuren, Zucker und Salz / Natrium;

b) der Rolle und der Bedeutung des Lebensmittels (oder der Lebensmittelkategorie) und seines (oder ihres) Beitrags zur Ernährung der Bevölkerung allgemein oder gegebenenfalls bestimmter Risikogruppen, einschließlich Kindern;

c) der gesamten Nährwertzusammensetzung des Lebensmittels und des Vorhandenseins von Nährstoffen, deren Wirkung auf die Gesundheit wissenschaftlich anerkannt ist.

Die Nährwertprofile stützen sich auf wissenschaftliche Nachweise über die Ernährung und ihre Bedeutung für die Gesundheit.

Bei der Festlegung der Nährwertprofile fordert die Kommission die Behörde auf, binnen zwölf Monaten sachdienliche wissenschaftliche Ratschläge zu erarbeiten, die sich auf folgende Kernfragen konzentrieren:

i) ob Nährwertprofile für Lebensmittel generell und / oder für Lebensmittelkategorien erarbeitet werden sollten

ii) die Auswahl und Ausgewogenheit der zu berücksichtigenden Nährstoffe

iii) die Wahl der Referenzqualität / Referenzbasis für Nährwertprofile

iv) den Berechnungsansatz für die Nährwertprofile

v) die Durchführbarkeit und die Erprobung eines vorgeschlagenen Systems.

Bei der Festlegung der Nährwertprofile führt die Kommission Anhörungen der Interessengruppen, insbesondere von Lebensmittelunternehmern und Verbraucherverbänden, durch.

Nährwertprofile und die Bedingungen für ihre Verwendung, die eine Änderung nicht wesentlicher Bestimmungen dieser Verordnung durch Ergänzung bewirken, werden zur Berücksichtigung maßgeblicher wissenschaftlicher Entwicklungen nach Anhörung der Interessengruppen, insbesondere von Lebensmittelunternehmern und Verbraucherverbänden, nach dem in Artikel 25 Absatz 3 genannten Regelungsverfahren mit Kontrolle aktualisiert.

(2) Abweichend von Absatz 1 sind nährwertbezogene Angaben zulässig,

a) die sich auf die Verringerung von Fett, gesättigten Fettsäuren, trans-Fettsäuren, Zucker und Salz/Natrium beziehen, ohne Bezugnahme auf ein Profil für den/die konkreten Nährstoff (e), zu dem/denen die Angabe gemacht wird, sofern sie den Bedingungen dieser Verordnung entsprechen;

b) wenn ein einziger Nährstoff das Nährstoffprofil übersteigt, sofern in unmittelbarer Nähe der nährwertbezogenen Angabe auf derselben Seite und genau so deutlich sichtbar wie diese ein Hinweis auf diesen Nährstoff angebracht wird. Dieser Hinweis lautet: „Hoher Gehalt an [... ([1])]".

(3) Getränke mit einem Alkoholgehalt von mehr als 1,2 Volumenprozent dürfen keine gesundheitsbezogenen Angaben tragen.

Bei Getränken mit einem Alkoholgehalt von mehr als 1,2 Volumenprozent sind nur nährwertbezogene Angaben zulässig, die sich auf einen geringen Alkoholgehalt oder eine Reduzierung des Alkoholgehalts oder eine Reduzierung des Brennwerts beziehen.

(4) In Ermangelung spezifischer Gemeinschaftsbestimmungen über nährwertbezogene Angaben zu geringem Alkoholgehalt oder einem reduzierten bzw. nicht vorhandenen Alkoholgehalt oder Brennwert von Getränken, die normalerweise Alkohol enthalten, können nach Maßgabe der Bestimmungen des Vertrags die einschlägigen einzelstaatlichen Regelungen angewandt werden.

(5) Maßnahmen zur Bestimmung anderer als der in Absatz 3 genannten Lebensmittel oder Kategorien von Lebensmitteln, bei denen die Verwendung nährwert- oder gesundheitsbezogener Angaben eingeschränkt oder verboten werden soll, und zur Änderung nicht wesentlicher Bestimmungen dieser Verordnung können im Licht wissenschaftlicher Nachweise nach dem in Artikel 25 Absatz 3 genannten Regelungsverfahren mit Kontrolle erlassen werden.

Artikel 5
Allgemeine Bedingungen

(1) Die Verwendung nährwert- und gesundheitsbezogener Angaben ist nur zulässig, wenn die nachstehenden Bedingungen erfüllt sind:

a) Es ist anhand allgemein anerkannter wissenschaftlicher Nachweise nachgewiesen, dass das Vorhandensein, das Fehlen oder der verringerte Gehalt des Nährstoffs oder der anderen Substanz, auf die sich die Angabe bezieht, in einem Lebensmittel oder einer Kategorie von Lebensmitteln eine positive ernährungsbezogene Wirkung oder physiologische Wirkung hat.

([1]) Name des Nährstoffs, der das Nährstoffprofil übersteigt.

b) Der Nährstoff oder die andere Substanz, für die die Angabe gemacht wird,

　　i) ist im Endprodukt in einer gemäß dem Gemeinschaftsrecht signifikanten Menge oder, wo einschlägige Bestimmungen nicht bestehen, in einer Menge vorhanden, die nach allgemein anerkannten wissenschaftlichen Nachweisen geeignet ist, die behauptete ernährungsbezogene Wirkung oder physiologische Wirkung zu erzielen, oder

　　ii) ist nicht oder in einer verringerten Menge vorhanden, was nach allgemein anerkannten wissenschaftlichen Nachweisen geeignet ist, die behauptete ernährungsbezogene Wirkung oder physiologische Wirkung zu erzielen.

c) Soweit anwendbar liegt der Nährstoff oder die andere Substanz, auf die sich die Angabe bezieht, in einer Form vor, die für den Körper verfügbar ist.

d) Die Menge des Produkts, deren Verzehr vernünftigerweise erwartet werden kann, liefert eine gemäß dem Gemeinschaftsrecht signifikante Menge des Nährstoffs oder der anderen Substanz, auf die sich die Angabe bezieht, oder, wo einschlägige Bestimmungen nicht bestehen, eine signifikante Menge, die nach allgemein anerkannten wissenschaftlichen Nachweisen geeignet ist, die behauptete ernährungsbezogene Wirkung oder physiologische Wirkung zu erzielen.

e) Die besonderen Bedingungen in Kapitel III bzw. Kapitel IV, soweit anwendbar, sind erfüllt.

(2) Die Verwendung nährwert- oder gesundheitsbezogener Angaben ist nur zulässig, wenn vom durchschnittlichen Verbraucher erwartet werden kann, dass er die positive Wirkung, wie sie in der Angabe dargestellt wird, versteht.

(3) Nährwert- und gesundheitsbezogene Angaben müssen sich gemäß der Anweisung des Herstellers auf das verzehrfertige Lebensmittel beziehen.

Artikel 6
Wissenschaftliche Absicherung von Angaben

(1) Nährwert- und gesundheitsbezogene Angaben müssen sich auf allgemein anerkannte wissenschaftliche Nachweise stützen und durch diese abgesichert sein.

(2) Ein Lebensmittelunternehmer, der eine nährwert- oder gesundheitsbezogene Angabe macht, muss die Verwendung dieser Angabe begründen.

(3) Die zuständigen Behörden der Mitgliedstaaten können einen Lebensmittelunternehmer oder eine Person, die ein Produkt in Verkehr bringt, verpflichten, alle einschlägigen Angaben zu machen und Daten vorzulegen, die die Übereinstimmung mit dieser Verordnung belegen.

Artikel 7
Nährwertkennzeichnung

Die Nährwertkennzeichnung von Erzeugnissen, bei denen nährwert- und/oder gesundheitsbezogene Angaben gemacht werden, ist obligatorisch, es sei denn, es handelt sich um produktübergreifende Werbeaussagen. Es sind die in Artikel 30 Absatz 1 der Verordnung (EU) Nr. 1169/2011 des Europäischen Parlaments und des Rates vom 25. Oktober 2011 betreffend die Information der Verbraucher über Lebensmittel ([1]) aufgeführten Angaben zu machen. Bei nährwert- und/oder gesundheitsbezogenen Angaben für einen in Artikel 30 Absatz 2 der Verordnung (EU) Nr. 1169/2011 genannten Nährstoff wird die Menge dieses

---

[1] ABl. L 304 vom 22.11.2011, S. 18.

Nährstoffs nach Maßgabe der Artikel 31 bis 34 der genannten Verordnung angegeben.

Für Stoffe, die Gegenstand einer nährwert- oder gesundheitsbezogenen Angabe sind und nicht in der Nährwertkennzeichnung erscheinen, sind die jeweiligen Mengen nach Maßgabe der Artikel 31, 32 und 33 der Verordnung (EU) Nr. 1169/2011 in demselben Blickfeld anzugeben wie die Nährwertkennzeichnung. Zur Angabe der Mengen werden den jeweiligen einzelnen Stoffen angemessene Maßeinheiten verwendet.

Im Falle von Nahrungsergänzungsmitteln ist die Nährwertkennzeichnung gemäß Artikel 8 der Richtlinie 2002/46/EG anzugeben.

KAPITEL III
NÄHRWERTBEZOGENE ANGABEN

Artikel 8
Besondere Bedingungen

(1) Nährwertbezogene Angaben dürfen nur gemacht werden, wenn sie im Anhang aufgeführt sind und den in dieser Verordnung festgelegten Bedingungen entsprechen.

(2) Änderungen des Anhangs werden nach dem in Artikel 25 Absatz 3 genannten Regelungsverfahren mit Kontrolle, gegebenenfalls nach Anhörung der Behörde, erlassen. Gegebenenfalls bezieht die Kommission Interessengruppen, insbesondere Lebensmittelunternehmer und Verbraucherverbände, ein, um die Wahrnehmung und das Verständnis der betreffenden Angaben zu bewerten.

Artikel 9
Vergleichende Angaben

(1) Unbeschadet der Richtlinie 84/450/EWG ist ein Vergleich nur zwischen Lebensmitteln derselben Kategorie und unter Berücksichtigung einer Reihe von Lebensmitteln dieser Kategorie zulässig. Der Unterschied in der Menge eines Nährstoffs und/oder im Brennwert ist anzugeben, und der Vergleich muss sich auf dieselbe Menge des Lebensmittels beziehen.

(2) Vergleichende nährwertbezogene Angaben müssen die Zusammensetzung des betreffenden Lebensmittels mit derjenigen einer Reihe von Lebensmitteln derselben Kategorie vergleichen, deren Zusammensetzung die Verwendung einer Angabe nicht erlaubt, darunter auch Lebensmittel anderer Marken.

KAPITEL IV
GESUNDHEITSBEZOGENE ANGABEN

Artikel 10
Spezielle Bedingungen

(1) Gesundheitsbezogene Angaben sind verboten, sofern sie nicht den allgemeinen Anforderungen in Kapitel II und den speziellen Anforderungen im vorliegenden Kapitel entsprechen, gemäß dieser Verordnung zugelassen und in die Liste der zugelassenen Angaben gemäß den Artikeln 13 und 14 aufgenommen sind.

(2) Gesundheitsbezogene Angaben dürfen nur gemacht werden, wenn die Kennzeichnung oder, falls diese Kennzeichnung fehlt, die Aufmachung der Lebensmittel und die Lebensmittelwerbung folgende Informationen tragen:

a) einen Hinweis auf die Bedeutung einer abwechslungsreichen und ausgewogenen Ernährung und einer gesunden Lebensweise,
b) Informationen zur Menge des Lebensmittels und zum Verzehrmuster, die erforderlich sind, um die behauptete positive Wirkung zu erzielen,
c) gegebenenfalls einen Hinweis an Personen, die es vermeiden sollten, dieses Lebensmittel zu verzehren, und
d) einen geeigneten Warnhinweis bei Produkten, die bei übermäßigem Verzehr eine Gesundheitsgefahr darstellen könnten.

(3) Verweise auf allgemeine, nichtspezifische Vorteile des Nährstoffs oder Lebensmittels für die Gesundheit im Allgemeinen oder das gesundheitsbezogene Wohlbefinden sind nur zulässig, wenn ihnen eine in einer der Listen nach Artikel 13 oder 14 enthaltene spezielle gesundheitsbezogene Angabe beigefügt ist.

(4) Gegebenenfalls werden nach dem in Artikel 25 Absatz 2 genannten Verfahren und, falls erforderlich, nach der Anhörung der Interessengruppen, insbesondere von Lebensmittelunternehmern und Verbraucherverbänden, Leitlinien für die Durchführung dieses Artikels angenommen.

Artikel 11
Nationale Vereinigungen von Fachleuten der Bereiche Medizin, Ernährung oder Diätetik und karitative medizinische Einrichtungen

Fehlen spezifische Gemeinschaftsvorschriften über Empfehlungen oder Bestätigungen von nationalen Vereinigungen von Fachleuten der Bereiche Medizin, Ernährung oder Diätetik oder karitativen gesundheitsbezogenen Einrichtungen, so können nach Maßgabe der Bestimmungen des Vertrags einschlägige nationale Regelungen angewandt werden.

Artikel 12
Beschränkungen der Verwendung bestimmter gesundheitsbezogener Angaben

Die folgenden gesundheitsbezogenen Angaben sind nicht zulässig:

a) Angaben, die den Eindruck erwecken, durch Verzicht auf das Lebensmittel könnte die Gesundheit beeinträchtigt werden;
b) Angaben über Dauer und Ausmaß der Gewichtsabnahme;
c) Angaben, die auf Empfehlungen von einzelnen Ärzten oder Angehörigen von Gesundheitsberufen und von Vereinigungen, die nicht in Artikel 11 genannt werden, verweisen.

Artikel 13
Andere gesundheitsbezogene Angaben als Angaben über die Reduzierung eines Krankheitsrisikos sowie die Entwicklung und die Gesundheit von Kindern

(1) In der in Absatz 3 vorgesehenen Liste genannten gesundheitsbezogenen Angaben, die

a) die Bedeutung eines Nährstoffs oder einer anderen Substanz für Wachstum, Entwicklung und Körperfunktionen,

b) die psychischen Funktionen oder Verhaltensfunktionen oder

c) unbeschadet der Richtlinie 96/8/EG die schlank machenden oder gewichtskontrollierenden Eigenschaften des Lebensmittels oder die Verringerung des Hungergefühls oder ein verstärktes Sättigungsgefühl oder eine verringerte Energieaufnahme durch den Verzehr des Lebensmittels

beschreiben oder darauf verweisen, dürfen gemacht werden, ohne den Verfahren der Artikel 15 bis 19 zu unterliegen, wenn sie

i) sich auf allgemein anerkannte wissenschaftliche Nachweise stützen und

ii) vom durchschnittlichen Verbraucher richtig verstanden werden.

(2) Die Mitgliedstaaten übermitteln der Kommission spätestens am 31. Januar 2008 Listen von Angaben gemäß Absatz 1 zusammen mit den für sie geltenden Bedingungen und mit Hinweisen auf die entsprechende wissenschaftliche Absicherung.

(3) Nach Anhörung der Behörde verabschiedet die Kommission nach dem in Artikel 25 Absatz 3 genannten Regelungsverfahren mit Kontrolle spätestens am 31. Januar 2010 als Änderung nicht wesentlicher Bestimmungen dieser Verordnung durch Ergänzung eine Gemeinschaftsliste zulässiger Angaben gemäß Absatz 1 sowie alle für die Verwendung dieser Angaben notwendigen Bedingungen.

(4) Änderungen an der in Absatz 3 genannten Liste, die auf allgemein anerkannten wissenschaftlichen Nachweisen beruhen, und zur Änderung nicht wesentlicher Elemente dieser Verordnung durch Ergänzung werden nach Anhörung der Behörde auf eigene Initiative der Kommission oder auf Antrag eines Mitgliedstaats nach dem in Artikel 25 Absatz 3 genannten Regelungsverfahren mit Kontrolle erlassen.

(5) Weitere Angaben, die auf neuen wissenschaftlichen Nachweisen beruhen und/oder einen Antrag auf den Schutz geschützter Daten enthalten, werden nach dem Verfahren des Artikels 18 in die in Absatz 3 genannte Liste aufgenommen, mit Ausnahme der Angaben über die Entwicklung und die Gesundheit von Kindern, die nach dem Verfahren der Artikel 15, 16, 17 und 19 zugelassen werden.

Artikel 14
Angaben über die Verringerung eines Krankheitsrisikos sowie Angaben über die Entwicklung und die Gesundheit von Kindern

(1) Ungeachtet des Artikels 2 Absatz 1 Buchstabe b der Richtlinie 2000/13/EG können die folgenden Angaben gemacht werden, wenn sie nach dem Verfahren der Artikel 15, 16, 17 und 19 der vorliegenden Verordnung zur Aufnahme in eine Gemeinschaftsliste zulässiger Angaben und aller erforderlichen Bedingungen für die Verwendung dieser Angaben zugelassen worden sind:

a) Angaben über die Verringerung eines Krankheitsrisikos,

b) Angaben über die Entwicklung und die Gesundheit von Kindern.

(2) Zusätzlich zu den allgemeinen Anforderungen dieser Verordnung und den spezifischen Anforderungen in Absatz 1 muss bei Angaben über die Verringerung eines Krankheitsrisikos der Kennzeichnung oder, falls diese Kennzeichnung fehlt, die Aufmachung der Lebensmittel und die Lebensmittelwerbung außerdem eine Erklärung dahin gehend enthalten, dass die Krankheit, auf die sich die Angabe bezieht, durch mehrere Risikofaktoren bedingt ist und dass die Veränderung eines dieser Risikofaktoren eine positive Wirkung haben kann oder auch nicht.

Artikel 15
Beantragung der Zulassung

(1) Bei Bezugnahme auf diesen Artikel ist ein Antrag auf Zulassung nach Maßgabe der nachstehenden Absätze zu stellen.

(2) Der Antrag wird der zuständigen nationalen Behörde eines Mitgliedstaats zugeleitet.

a) Die zuständige nationale Behörde

    i) bestätigt den Erhalt eines Antrags schriftlich innerhalb von 14 Tagen nach Eingang. In der Bestätigung ist das Datum des Antragseingangs zu vermerken;

    ii) informiert die Behörde unverzüglich und

    iii) stellt der Behörde den Antrag und alle vom Antragsteller ergänzend vorgelegten Informationen zur Verfügung.

b) Die Behörde

    i) unterrichtet die Mitgliedstaaten und die Kommission unverzüglich über den Antrag und stellt ihnen den Antrag sowie alle vom Antragsteller ergänzend vorgelegten Informationen zur Verfügung;

    ii) stellt die in Absatz 3 Buchstabe g genannte Zusammenfassung des Antrags der Öffentlichkeit zur Verfügung.

(3) Der Antrag muss Folgendes enthalten:

a) Name und Anschrift des Antragstellers;

b) Bezeichnung des Nährstoffs oder der anderen Substanz oder des Lebensmittels oder der Lebensmittelkategorie, wofür die gesundheitsbezogene Angabe gemacht werden soll, sowie die jeweiligen besonderen Eigenschaften;

c) eine Kopie der Studien einschließlich – soweit verfügbar – unabhängiger und nach dem Peer-Review-Verfahren erstellter Studien zu der gesundheitsbezogenen Angabe sowie alle sonstigen verfügbaren Unterlagen, aus denen hervorgeht, dass die gesundheitsbezogene Angabe die Kriterien dieser Verordnung erfüllt;

d) gegebenenfalls einen Hinweis, welche Informationen als eigentumsrechtlich geschützt einzustufen sind, zusammen mit einer entsprechenden nachprüfbaren Begründung;

e) eine Kopie anderer wissenschaftlicher Studien, die für die gesundheitsbezogene Angabe relevant sind;

f) einen Vorschlag für die Formulierung der gesundheitsbezogenen Angabe, deren Zulassung beantragt wird, gegebenenfalls einschließlich spezieller Bedingungen für die Verwendung;

g) eine Zusammenfassung des Antrags.

(4) Nach vorheriger Anhörung der Behörde legt die Kommission nach dem in Artikel 25 Absatz 2 genannten Verfahren Durchführungsvorschriften zum vorliegenden Artikel, einschließlich Vorschriften zur Erstellung und Vorlage des Antrags, fest.

(5) Um den Lebensmittelunternehmern, insbesondere den KMU, bei der Vorbereitung und Stellung eines Antrags auf wissenschaftliche Bewertung behilflich zu sein, stellt die Kommission in enger Zusammenarbeit mit der Behörde geeignete technische Anleitungen und Hilfsmittel bereit.

Artikel 16
Stellungnahme der Behörde

(1) Bei der Abfassung ihrer Stellungnahme hält die Behörde eine Frist von fünf Monaten ab dem Datum des Eingangs eines gültigen Antrags ein. Wenn die Behörde beim Antragsteller zusätzliche Informationen gemäß Absatz 2 anfordert, wird diese Frist um bis zu zwei Monate nach dem Datum des Eingangs der vom Antragsteller übermittelten Informationen verlängert.

(2) Die Behörde – oder über sie eine nationale zuständige Behörde – kann gegebenenfalls den Antragsteller auffordern, die Unterlagen zum Antrag innerhalb einer bestimmten Frist zu ergänzen.

(3) Zur Vorbereitung ihrer Stellungnahme überprüft die Behörde, ob

a) die gesundheitsbezogene Angabe durch wissenschaftliche Nachweise abgesichert ist;

b) die Formulierung der gesundheitsbezogenen Angabe den Kriterien dieser Verordnung entspricht.

(4) Wird in der Stellungnahme die Zulassung der Verwendung der gesundheitsbezogenen Angabe befürwortet, so muss sie außerdem folgende Informationen enthalten:

a) Name und Anschrift des Antragstellers;

b) Bezeichnung des Nährstoffs oder der anderen Substanz oder des Lebensmittels oder der Lebensmittelkategorie, wofür die gesundheitsbezogene Angabe gemacht werden soll, sowie die jeweiligen besonderen Eigenschaften;

c) einen Vorschlag für die Formulierung der gesundheitsbezogenen Angabe, gegebenenfalls einschließlich der speziellen Bedingungen für ihre Verwendung;

d) gegebenenfalls Bedingungen für die oder Beschränkungen der Verwendung des Lebensmittels und/oder zusätzliche Erklärungen oder Warnungen, die die gesundheitsbezogene Angabe auf dem Etikett oder bei der Werbung begleiten sollten.

(5) Die Behörde übermittelt der Kommission, den Mitgliedstaaten und dem Antragsteller ihre Stellungnahme einschließlich eines Berichts mit der Beurteilung der gesundheitsbezogenen Angabe, einer Begründung ihrer Stellungnahme und über die Informationen, auf denen ihre Stellungnahme beruht.

(6) Die Behörde veröffentlicht ihre Stellungnahme gemäß Artikel 38 Absatz 1 der Verordnung (EG) Nr. 178/2002.

Der Antragsteller bzw. Vertreter der Öffentlichkeit können innerhalb von 30 Tagen nach dieser Veröffentlichung gegenüber der Kommission Bemerkungen dazu abgeben.

Artikel 17
Gemeinschaftszulassung

(1) Innerhalb von zwei Monaten nach Erhalt der Stellungnahme der Behörde legt die Kommission dem in Artikel 23 Absatz 2 genannten Ausschuss einen Entwurf für eine Entscheidung über die Listen der zugelassenen gesundheitsbezogenen Angaben vor, wobei die Stellungnahme der Behörde, alle einschlägigen Bestimmungen des Gemeinschaftsrechts und andere für den jeweils zu prüfenden Sachverhalt relevante legitime Faktoren berücksichtigt werden. Stimmt der Entwurf der Entscheidung nicht mit der Stellungnahme der Behörde überein, so erläutert die Kommission die Gründe für die Abweichung.

(2) Jeder Entwurf für eine Entscheidung zur Änderung der Listen der zugelassenen gesundheitsbezogenen Angaben enthält die in Artikel 16 Absatz 4 genannten Informationen.

(3) Die endgültige Entscheidung über den Antrag zur Änderung nicht wesentlicher Bestimmungen dieser Verordnung durch Ergänzung wird nach dem in Artikel 25 Absatz 3 genannten Regelungsverfahren mit Kontrolle getroffen.

In den Fällen, in denen die Kommission auf das Ersuchen eines Antragstellers um den Schutz geschützter Daten hin beabsichtigt, die Verwendung der Angabe zugunsten des Antragstellers einzuschränken, gilt jedoch folgendes:

a) Eine Entscheidung über die Zulassung der Angabe wird nach dem in Artikel 25 Absatz 2 genannten Regelungsverfahren getroffen. In solchen Fällen wird die erteilte Zulassung nach fünf Jahren ungültig.

b) Vor Ablauf der fünf Jahre legt die Kommission, falls die Angabe immer noch den Anforderungen dieser Verordnung entspricht, einen Entwurf von Maßnahmen zur Änderung nicht wesentlicher Bestimmungen dieser Verordnung durch Ergänzung zur Zulassung der Angabe ohne Einschränkung ihrer Verwendung vor; über diesen Entwurf wird nach dem in Artikel 25 Absatz 3 genannten Regelungsverfahren mit Kontrolle entschieden.

(4) Die Kommission unterrichtet den Antragsteller unverzüglich über die Entscheidung und veröffentlicht die Einzelheiten dieser Entscheidung im *Amtsblatt der Europäischen Union*.

(5) Gesundheitsbezogene Angaben, die in den Listen nach den Artikeln 13 und 14 enthalten sind, können von jedem Lebensmittelunternehmer unter den für sie geltenden Bedingungen verwendet werden, wenn ihre Verwendung nicht nach Artikel 21 eingeschränkt ist.

(6) Die Erteilung der Zulassung schränkt die allgemeine zivil- und strafrechtliche Haftung eines Lebensmittelunternehmens für das betreffende Lebensmittel nicht ein.

Artikel 18
Angaben gemäß Artikel 13 Absatz 5

(1) Ein Lebensmittelunternehmer, der eine gesundheitsbezogene Angabe zu verwenden beabsichtigt, die nicht in der in Artikel 13 Absatz 3 vorgesehenen Liste aufgeführt ist, kann die Aufnahme der Angabe in diese Liste beantragen.

(2) Der Aufnahmeantrag ist bei der zuständigen nationalen Behörde eines Mitgliedstaats einzureichen, die den Eingang des Antrags innerhalb von 14 Tagen nach Eingang schriftlich bestätigt. In der Bestätigung ist das Datum des Eingangs des Antrags anzugeben. Der Antrag muss die in Artikel 15 Absatz 3 aufgeführten Daten und eine Begründung enthalten.

(3) Der gültige Antrag, der gemäß den in Artikel 15 Absatz 5 genannten Anweisungen erstellt wurde, sowie alle vom Antragsteller übermittelten Informationen werden unverzüglich der Behörde für eine wissenschaftliche Bewertung sowie der Kommission und den Mitgliedstaaten zur Kenntnisnahme übermittelt. Die Behörde gibt ihre Stellungnahme innerhalb einer Frist von fünf Monaten ab dem Datum des Eingangs des Antrags ab. Diese Frist kann um bis zu einem Monat verlängert werden, falls es die Behörde für erforderlich erachtet, zusätzliche Informationen vom Antragsteller anzufordern. In diesem Fall übermittelt der Antragsteller die angeforderten Informationen binnen 15 Tagen ab dem Datum des Erhalts der Anfrage der Behörde.

Das Verfahren des Artikels 16 Absatz 3 Buchstaben a und b, Absatz 5 und Absatz 6 findet sinngemäß Anwendung.

(4) Gibt die Behörde nach der wissenschaftlichen Bewertung eine Stellungnahme zu Gunsten der Aufnahme der betreffenden Angabe in die in Artikel 13 Absatz 3 vorgesehene Liste ab, so entscheidet die Kommission binnen zwei Monaten nach Eingang der Stellungnahme der Behörde, und nachdem sie die Mitgliedstaaten konsultiert hat, über den Antrag, wobei sie die Stellungnahme der Behörde, alle einschlägigen Vorschriften des Gemeinschaftsrechts und sonstige für die betreffende Angelegenheit relevante legitime Faktoren berücksichtigt.

(5) Gibt die Behörde eine Stellungnahme ab, in der die Aufnahme der betreffenden Angabe in die in Absatz 4 genannte Liste nicht befürwortet wird, wird nach dem in Artikel 25 Absatz 3 genannten Regelungsverfahren mit Kontrolle eine Entscheidung über den Antrag zur Änderung nicht wesentlicher Bestimmungen dieser Verordnung durch Ergänzung getroffen.

In den Fällen, in denen die Kommission auf das Ersuchen eines Antragstellers um den Schutz geschützter Daten hin vorschlägt, die Verwendung der Angabe zugunsten des Antragstellers einzuschränken, gilt jedoch folgendes:

a) Eine Entscheidung über die Zulassung der Angabe wird nach dem in Artikel 25 Absatz 2 genannten Regelungsverfahren getroffen. In solchen Fällen wird die erteilte Zulassung nach fünf Jahren ungültig.

b) Vor Ablauf der fünf Jahre legt die Kommission, falls die Angabe immer noch den Bedingungen dieser Verordnung entspricht, einen Entwurf von Maßnahmen zur Änderung nicht wesentlicher Bestimmungen dieser Verordnung durch Ergänzung zur Zulassung der Angabe ohne Einschränkung ihrer Verwendung vor; über diesen Entwurf wird nach dem in Artikel 25 Absatz 3 genannten Regelungsverfahren mit Kontrolle entschieden.

Artikel 19
Änderung, Aussetzung und Widerruf von Zulassungen

(1) Der Antragsteller/Nutzer einer Angabe, die in einer der Listen nach den Artikeln 13 und 14 aufgeführt ist, kann eine Änderung der jeweils einschlägigen Liste beantragen. Das Verfahren der Artikel 15 bis 18 findet sinngemäß Anwendung.

(2) Die Behörde legt auf eigene Initiative oder auf Antrag eines Mitgliedstaats oder der Kommission eine Stellungnahme darüber vor, ob eine in einer der Listen nach den Artikeln 13 und 14 aufgeführte gesundheitsbezogene Angabe immer noch den Bedingungen dieser Verordnung entspricht.

Sie übermittelt ihre Stellungnahme unverzüglich der Kommission, den Mitgliedstaaten und gegebenenfalls dem ursprünglichen Antragsteller, der die Verwendung der betreffenden Angabe beantragt hat. Die Behörde veröffentlicht ihre Stellungnahme gemäß Artikel 38 Absatz 1 der Verordnung (EG) Nr. 178/2002.

Der Antragsteller/Nutzer bzw. ein Vertreter der Öffentlichkeit kann innerhalb von 30 Tagen nach dieser Veröffentlichung gegenüber der Kommission Bemerkungen dazu abgeben.

Die Kommission prüft die Stellungnahme der Behörde sowie alle eingegangenen Bemerkungen so bald wie möglich. Gegebenenfalls wird die Zulassung nach dem Verfahren der Artikel 17 und 18 abgeändert, ausgesetzt oder widerrufen.

KAPITEL V
ALLGEMEINE UND SCHLUSSBESTIMMUNGEN

Artikel 20
Gemeinschaftsregister

(1) Die Kommission erstellt und unterhält ein Gemeinschaftsregister der nährwert- und gesundheitsbezogenen Angaben über Lebensmittel, nachstehend „Register" genannt.

(2) Das Register enthält Folgendes:

a) die nährwertbezogenen Angaben und die Bedingungen für ihre Verwendung gemäß dem Anhang;

b) gemäß Artikel 4 Absatz 5 festgelegte Einschränkungen;

c) die zugelassenen gesundheitsbezogenen Angaben und die Bedingungen für ihre Verwendung nach Artikel 13 Absätze 3 und 5, Artikel 14 Absatz 1, Artikel 19 Absatz 2, Artikel 21, Artikel 24 Absatz 2 und Artikel 28 Absatz 6 sowie die innerstaatlichen Maßnahmen nach Artikel 23 Absatz 3;

d) eine Liste abgelehnter gesundheitsbezogener Angaben und die Gründe für ihre Ablehnung.

Gesundheitsbezogene Angaben, die aufgrund geschützter Daten zugelassen wurden, werden in einen gesonderten Anhang des Registers aufgenommen, zusammen mit folgenden Informationen:

1. Datum der Zulassung der gesundheitsbezogenen Angabe durch die Kommission und Name des ursprünglichen Antragstellers, dem die Zulassung erteilt wurde;

2. die Tatsache, dass die Kommission die gesundheitsbezogene Angabe auf der Grundlage geschützter Daten und mit Einschränkung der Verwendung zugelassen hat;

3. in den in Artikel 17 Absatz 3 Unterabsatz 2 und Artikel 18 Absatz 5 Unterabsatz 2 genannten Fällen die Tatsache, dass die gesundheitsbezogene Angabe auf begrenzte Zeit zugelassen ist.

(3) Das Register wird veröffentlicht.

Artikel 21
Datenschutz

(1) Die wissenschaftlichen Daten und anderen Informationen in dem in Artikel 15 Absatz 3 vorgeschriebenen Antrag dürfen während eines Zeitraums von fünf Jahren ab dem Datum der Zulassung nicht zugunsten eines späteren Antragstellers verwendet werden, es sei denn, dieser nachfolgende Antragsteller hat mit dem früheren Antragsteller vereinbart, dass solche Daten und Informationen verwendet werden können, vorausgesetzt,

a) die wissenschaftlichen Daten und anderen Informationen wurden vom ursprünglichen Antragsteller zum Zeitpunkt des ursprünglichen Antrags als geschützt bezeichnet und

b) der ursprüngliche Antragsteller hatte zum Zeitpunkt des ursprünglichen Antrags ausschließlichen Anspruch auf die Nutzung der geschützten Daten und

c) die gesundheitsbezogene Angabe hätte ohne die Vorlage der geschützten Daten durch den ursprünglichen Antragsteller nicht zugelassen werden können.

(2) Bis zum Ablauf des in Absatz 1 genannten Zeitraums von fünf Jahren hat kein nachfolgender Antragsteller das Recht, sich auf von einem vorangegangenen Antragsteller als geschützt bezeichnete Daten zu beziehen, sofern und solange die Kommission nicht darüber entscheidet, ob eine Angabe ohne die von dem vorangegangenen Antragsteller als geschützt bezeichneten Daten in die in Artikel 14 oder gegebenenfalls in Artikel 13 vorgesehene Liste aufgenommen werden könnte oder hätte aufgenommen werden können.

Artikel 22
Nationale Vorschriften

Die Mitgliedstaaten dürfen unbeschadet des Vertrags, insbesondere seiner Artikel 28 und 30, den Handel mit Lebensmitteln oder die Werbung für Lebensmittel, die dieser Verordnung entsprechen, nicht durch die Anwendung nicht harmonisierter nationaler Vorschriften über Angaben über bestimmte Lebensmittel oder über Lebensmittel allgemein einschränken oder verbieten.

Artikel 23
Notifizierungsverfahren

(1) Hält ein Mitgliedstaat es für erforderlich, neue Rechtsvorschriften zu erlassen, so teilt er der Kommission und den übrigen Mitgliedstaaten die in Aussicht genommenen Maßnahmen mit einer schlüssigen Begründung mit, die diese rechtfertigen.

(2) Die Kommission hört den mit Artikel 58 Absatz 1 der Verordnung (EG) Nr. 178/2002 eingesetzten Ständigen Ausschuss für die Lebensmittelkette und Tiergesundheit (nachstehend „Ausschuss" genannt) an, sofern sie dies für nützlich hält oder ein Mitgliedstaat es beantragt, und nimmt zu den in Aussicht genommenen Maßnahmen Stellung.

(3) Der betroffene Mitgliedstaat kann die in Aussicht genommenen Maßnahmen sechs Monate nach der Mitteilung nach Absatz 1 und unter der Bedingung treffen, dass er keine gegenteilige Stellungnahme der Kommission erhalten hat.

Ist die Stellungnahme der Kommission ablehnend, so entscheidet die Kommission nach dem in Artikel 25 Absatz 2 genannten Verfahren vor Ablauf der in Unterabsatz 1 des vorliegenden Absatzes genannten Frist, ob die in Aussicht genommenen Maßnahmen durchgeführt werden dürfen. Die Kommission kann bestimmte Änderungen an den vorgesehenen Maßnahmen verlangen.

Artikel 24
Schutzmaßnahmen

(1) Hat ein Mitgliedstaat stichhaltige Gründe für die Annahme, dass eine Angabe nicht dieser Verordnung entspricht oder dass die wissenschaftliche Absicherung nach Artikel 6 unzureichend ist, so kann er die Verwendung der betreffenden Angabe in seinem Hoheitsgebiet vorübergehend aussetzen.

Er unterrichtet die übrigen Mitgliedstaaten und die Kommission und begründet die Aussetzung.

(2) Eine Entscheidung hierüber wird gegebenenfalls nach Einholung einer Stellungnahme der Behörde nach dem in Artikel 25 Absatz 2 genannten Verfahren getroffen.

Die Kommission kann dieses Verfahren auf eigene Initiative einleiten.

(3) Der in Absatz 1 genannte Mitgliedstaat kann die Aussetzung beibehalten, bis ihm die in Absatz 2 genannte Entscheidung notifiziert wurde.

Artikel 25
Ausschussverfahren

(1) Die Kommission wird vom Ausschuss unterstützt.

(2) Wird auf diesen Absatz Bezug genommen, so gelten die Artikel 5 und 7 des Beschlusses 1999/468/EG unter Beachtung von dessen Artikel 8.

Der Zeitraum nach Artikel 5 Absatz 6 des Beschlusses 1999/468/EG wird auf drei Monate festgesetzt.

(3) Wird auf diesen Absatz Bezug genommen, so gelten Artikel 5a Absätze 1 bis 4 und Artikel 7 des Beschlusses 1999/468/EG unter Beachtung von dessen Artikel 8.

Artikel 26
Überwachung

Um die wirksame Überwachung von Lebensmitteln mit nährwert- oder gesundheitsbezogenen Angaben zu erleichtern, können die Mitgliedstaaten die Hersteller oder die Personen, die derartige Lebensmittel in ihrem Hoheitsgebiet in Verkehr bringen, verpflichten, die zuständige Behörde über das Inverkehrbringen zu unterrichten und ihr ein Muster des für das Produkt verwendeten Etiketts zu übermitteln.

Artikel 27
Bewertung

Spätestens am 19. Januar 2013 legt die Kommission dem Europäischen Parlament und dem Rat einen Bericht über die Anwendung dieser Verordnung vor, insbesondere über die Entwicklung des Markts für Lebensmittel, für die nährwert- oder gesundheitsbezogene Angaben gemacht werden, und darüber, wie die Angaben von den Verbrauchern verstanden werden; gegebenenfalls fügt sie diesem Bericht einen Vorschlag für Änderungen bei. Der Bericht umfasst auch eine Beurteilung der Auswirkungen dieser Verordnung auf die Wahl der Ernährungsweise und der möglichen Auswirkungen auf Übergewicht und nicht übertragbare Krankheiten.

Artikel 28
Übergangsmaßnahmen

(1) Lebensmittel, die vor dem Beginn der Anwendung dieser Verordnung in Verkehr gebracht oder gekennzeichnet wurden und dieser Verordnung nicht entsprechen, dürfen bis zu ihrem Mindesthaltbarkeitsdatum, jedoch nicht länger als bis zum 31. Juli 2009 weiter in Verkehr gebracht werden. Unter Berücksichtigung von Artikel 4 Absatz 1 dürfen Lebensmittel bis 24 Monate nach Annahme der entsprechenden Nährwertprofile und der Bedingungen für ihre Verwendung in Verkehr gebracht werden.

(2) Produkte mit bereits vor dem 1. Januar 2005 bestehenden Handelsmarken oder Markennamen, die dieser Verordnung nicht entsprechen, dürfen bis zum 19. Januar 2022 weiterhin in den Verkehr gebracht werden; danach gelten die Bestimmungen dieser Verordnung.

(3) Nährwertbezogene Angaben, die in einem Mitgliedstaat vor dem 1. Januar 2006 gemäß den einschlägigen innerstaatlichen Vorschriften verwendet wurden und nicht im Anhang aufgeführt sind, dürfen bis zum 19. Januar 2010 unter der Verantwortung von Lebensmittelunternehmern verwendet werden; dies gilt unbeschadet der Annahme von Schutzmaßnahmen gemäß Artikel 24.

(4) Nährwertbezogene Angaben in Form von Bildern, Grafiken oder Symbolen, die den allgemeinen Grundsätzen dieser Verordnung entsprechen, jedoch nicht im Anhang aufgeführt sind, und die entsprechend den durch einzelstaatliche Bestimmungen oder Vorschriften aufgestellten besonderen Bedingungen und Kriterien verwendet werden, unterliegen folgenden Bestimmungen:

a) Die Mitgliedstaaten übermitteln der Kommission spätestens bis zum 31. Januar 2008 diese nährwertbezogenen Angaben und die anzuwendenden einzelstaatlichen Bestimmungen oder Vorschriften zusammen mit den wissenschaftlichen Daten zu deren Absicherung;

b) Die Kommission fasst nach dem in Artikel 25 Absatz 3 genannten Regelungsverfahren mit Kontrolle einen Beschluss über die Verwendung solcher Angaben zur Änderung nicht wesentlicher Bestimmungen dieser Verordnung.

Nährwertbezogene Angaben, die nicht nach diesem Verfahren zugelassen wurden, können bis zu zwölf Monate nach Erlass des Beschlusses weiter verwendet werden.

(5) Gesundheitsbezogene Angaben im Sinne des Artikels 13 Absatz 1 Buchstabe a dürfen ab Inkrafttreten dieser Verordnung bis zur Annahme der in Artikel 13 Absatz 3 genannten Liste unter der Verantwortung von Lebensmittelunternehmern verwendet werden, sofern die Angaben dieser Verordnung und den einschlägigen einzelstaatlichen Vorschriften entsprechen; dies gilt unbeschadet der Annahme von Schutzmaßnahmen gemäß Artikel 24.

(6) Für gesundheitsbezogene Angaben, die nicht unter Artikel 13 Absatz 1 Buchstabe a und Artikel 14 Absatz 1 Buchstabe a fallen und unter Beachtung der

nationalen Rechtsvorschriften vor dem Inkrafttreten dieser Verordnung verwendet wurden, gilt Folgendes:

a) Gesundheitsbezogene Angaben, die in einem Mitgliedstaat einer Bewertung unterzogen und zugelassen wurden, werden nach folgendem Verfahren zugelassen:

i) Die Mitgliedstaaten übermitteln der Kommission spätestens bis zum 31. Januar 2008 die betreffenden Angaben sowie den Bericht mit der Bewertung der zur Absicherung der Angaben vorgelegten wissenschaftlichen Daten;

ii) nach Anhörung der Behörde fasst die Kommission nach dem in Artikel 25 Absatz 3 genannten Regelungsverfahren mit Kontrolle einen Beschluss über die gesundheitsbezogenen Angaben, die auf diese Weise zugelassen wurden, zur Änderung nicht wesentlicher Bestimmungen dieser Verordnung durch Ergänzung.

Gesundheitsbezogene Angaben, die nicht nach diesem Verfahren zugelassen wurden, dürfen bis zu sechs Monate nach Erlass des Beschlusses weiter verwendet werden.

b) Gesundheitsbezogene Angaben, die keiner Bewertung in einem Mitgliedstaat unterzogen und nicht zugelassen wurden, dürfen weiterhin verwendet werden, sofern vor dem 19. Januar 2008 ein Antrag nach dieser Verordnung gestellt wird; gesundheitsbezogene Angaben, die nicht nach diesem Verfahren zugelassen wurden, dürfen bis zu sechs Monate nach einer Entscheidung im Sinne des Artikels 17 Absatz 3 weiter verwendet werden.

Artikel 29
Inkrafttreten

Diese Verordnung tritt am zwanzigsten Tag nach ihrer Veröffentlichung im *Amtsblatt der Europäischen Union* in Kraft.

Sie gilt ab dem 1. Juli 2007.

ANHANG
Nährwertbezogene Angaben und Bedingungen für ihre Verwendung

ENERGIEARM

Die Angabe, ein Lebensmittel sei energiearm, sowie jede Angabe, die für den Verbraucher voraussichtlich dieselbe Bedeutung hat, ist nur zulässig, wenn das Produkt im Falle von festen Lebensmitteln nicht mehr als 40 kcal (170 kJ)/100 g oder im Falle von flüssigen Lebensmitteln nicht mehr als 20 kcal (80 kJ)/100 ml enthält. Für Tafelsüßen gilt ein Grenzwert von 4 kcal (17 kJ) pro Portion, die der süßenden Wirkung von 6 g Saccharose (ca. 1 Teelöffel Zucker) entspricht.

ENERGIEREDUZIERT

Die Angabe, ein Lebensmittel sei energiereduziert, sowie jegliche Angabe, die für den Verbraucher voraussichtlich dieselbe Bedeutung hat, ist nur zulässig, wenn der Brennwert um mindestens 30 % verringert ist; dabei sind die Eigenschaften anzugeben, die zur Reduzierung des Gesamtbrennwerts des Lebensmittels führen.

ENERGIEFREI

Die Angabe, ein Lebensmittel sei energiefrei, sowie jegliche Angabe, die für den Verbraucher voraussichtlich dieselbe Bedeutung hat, ist nur zulässig, wenn das Produkt nicht mehr als 4 kcal (17 kJ)/100 ml enthält. Für Tafelsüßen gilt ein Grenzwert von 0,4 kcal (1,7 kJ) pro Portion, die der süßenden Wirkung von 6 g Saccharose (ca. 1 Teelöffel Zucker) entspricht.

FETTARM

Die Angabe, ein Lebensmittel sei fettarm, sowie jegliche Angabe, die für den Verbraucher voraussichtlich dieselbe Bedeutung hat, ist nur zulässig, wenn das Produkt im Fall von festen Lebensmitteln nicht mehr als 3 g Fett/100 g oder nicht mehr als 1,5 g Fett/100 ml im Fall von flüssigen Lebensmitteln enthält (1,8 g Fett pro 100 ml bei teilentrahmter Milch).

FETTFREI/OHNE FETT

Die Angabe, ein Lebensmittel sei fettfrei/ohne Fett, sowie jegliche Angabe, die für den Verbraucher voraussichtlich dieselbe Bedeutung hat, ist nur zulässig, wenn das Produkt nicht mehr als 0,5 g Fett pro 100 g oder 100 ml enthält. Angaben wie „X % fettfrei" sind verboten.

ARM AN GESÄTTIGTEN FETTSÄUREN

Die Angabe, ein Lebensmittel sei arm an gesättigten Fettsäuren, sowie jegliche Angabe, die für den Verbraucher voraussichtlich dieselbe Bedeutung hat, ist nur zulässig, wenn die Summe der gesättigten Fettsäuren und der trans-Fettsäuren bei einem Produkt im Fall von festen Lebensmitteln 1,5 g/100 g oder 0,75 g/100 ml im Fall von flüssigen Lebensmitteln nicht übersteigt; in beiden Fällen dürfen die gesättigten Fettsäuren und die trans-Fettsäuren insgesamt nicht mehr als 10 % des Brennwerts liefern.

FREI VON GESÄTTIGTEN FETTSÄUREN

Die Angabe, ein Lebensmittel sei frei von gesättigten Fettsäuren, sowie jegliche Angabe, die für den Verbraucher voraussichtlich dieselbe Bedeutung hat, ist nur zulässig, wenn die Summe der gesättigten Fettsäuren und der trans-Fettsäuren 0,1 g je 100 g bzw. 100 ml nicht übersteigt.

ZUCKERARM

Die Angabe, ein Lebensmittel sei zuckerarm, sowie jegliche Angabe, die für den Verbraucher voraussichtlich dieselbe Bedeutung hat, ist nur zulässig, wenn das Produkt im Fall von festen Lebensmitteln nicht mehr als 5 g Zucker pro 100 g oder im Fall von flüssigen Lebensmitteln 2,5 g Zucker pro 100 ml enthält.

ZUCKERFREI

Die Angabe, ein Lebensmittel sei zuckerfrei, sowie jegliche Angabe, die für den Verbraucher voraussichtlich dieselbe Bedeutung hat, ist nur zulässig, wenn das Produkt nicht mehr als 0,5 g Zucker pro 100 g bzw. 100 ml enthält.

OHNE ZUCKERZUSATZ

Die Angabe, einem Lebensmittel sei kein Zucker zugesetzt worden, sowie jegliche Angabe, die für den Verbraucher voraussichtlich dieselbe Bedeutung hat, ist nur zulässig, wenn das Produkt keine zugesetzten Mono- oder Disaccharide oder irgend ein anderes wegen seiner süßenden Wirkung verwendetes Lebensmittel enthält. Wenn das Lebensmittel von Natur aus Zucker enthält, sollte das Etikett auch den folgenden Hinweis enthalten: „ENTHÄLT VON NATUR AUS ZUCKER".

NATRIUMARM/KOCHSALZARM

Die Angabe, ein Lebensmittel sei natrium-/kochsalzarm, sowie jegliche Angabe, die für den Verbraucher voraussichtlich dieselbe Bedeutung hat, ist nur zulässig, wenn das Produkt nicht mehr als 0,12 g Natrium oder den gleichwertigen Gehalt an Salz pro 100 g bzw. 100 ml enthält. Bei anderen Wässern als natürlichen Mineralwässern, die in den Geltungsbereich der Richtlinie 80/777/EWG fallen, darf dieser Wert 2 mg Natrium pro 100 ml nicht übersteigen.

SEHR NATRIUMARM/KOCHSALZARM

Die Angabe, ein Lebensmittel sei sehr natrium-/salzarm, sowie jegliche Angabe, die für den Verbraucher voraussichtlich dieselbe Bedeutung hat, ist nur zulässig, wenn das Produkt nicht mehr als 0,04 g Natrium oder den entsprechenden Gehalt an Salz pro 100 g bzw. 100 ml enthält. Für natürliche Mineralwässer und andere Wässer darf diese Angabe nicht verwendet werden.

NATRIUMFREI oder KOCHSALZFREI

Die Angabe, ein Lebensmittel sei natriumfrei oder kochsalzfrei, sowie jegliche Angabe, die für den Verbraucher voraussichtlich dieselbe Bedeutung hat, ist nur zulässig, wenn das Produkt nicht mehr als 0,005 g Natrium oder den gleichwertigen Gehalt an Salz pro 100 g enthält.

OHNE ZUSATZ VON NATRIUM/KOCHSALZ

Die Angabe, einem Lebensmittel sei kein Natrium/Kochsalz zugesetzt worden, sowie jegliche Angabe, die für den Verbraucher voraussichtlich dieselbe Bedeutung hat, ist nur zulässig, wenn das Produkt kein zugesetztes Natrium/Kochsalz oder irgendeine andere Zutat enthält, der Natrium/Kochsalz zugesetzt wurde, und das Produkt nicht mehr als 0,12 g Natrium oder den entsprechenden Gehalt an Kochsalz pro 100 g bzw. 100 ml enthält.

BALLASTSTOFFQUELLE

Die Angabe, ein Lebensmittel sei eine Ballaststoffquelle, sowie jegliche Angabe, die für den Verbraucher voraussichtlich dieselbe Bedeutung hat, ist nur zulässig, wenn das Produkt mindestens 3 g Ballaststoffe pro 100 g oder mindestens 1,5 g Ballaststoffe pro 100 kcal enthält.

HOHER BALLASTSTOFFGEHALT

Die Angabe, ein Lebensmittel habe einen hohen Ballaststoffgehalt, sowie jegliche Angabe, die für den Verbraucher voraussichtlich dieselbe Bedeutung hat, ist nur zulässig, wenn das Produkt mindestens 6 g Ballaststoffe pro 100 g oder mindestens 3 g Ballaststoffe pro 100 kcal enthält.

PROTEINQUELLE

Die Angabe, ein Lebensmittel sei eine Proteinquelle, sowie jegliche Angabe, die für den Verbraucher voraussichtlich dieselbe Bedeutung hat, ist nur zulässig, wenn auf den Proteinanteil mindestens 12 % des gesamten Brennwerts des Lebensmittels entfallen.

HOHER PROTEINGEHALT

Die Angabe, ein Lebensmittel habe einen hohen Proteingehalt, sowie jegliche Angabe, die für den Verbraucher voraussichtlich dieselbe Bedeutung hat, ist nur zulässig, wenn auf den Proteinanteil mindestens 20 % des gesamten Brennwerts des Lebensmittels entfallen.

[NAME DES VITAMINS/DER VITAMINE] UND/ODER [NAME DES MINERALSTOFFS/DER MINERALSTOFFE]-QUELLE

Die Angabe, ein Lebensmittel sei eine Vitaminquelle oder Mineralstoffquelle, sowie jegliche Angabe, die für den Verbraucher voraussichtlich dieselbe Bedeutung hat, ist nur zulässig, wenn das Produkt mindestens eine gemäß dem Anhang der Richtlinie 90/496/EWG signifikante Menge oder eine Menge enthält, die den gemäß Artikel 6 der Verordnung (EG) Nr. 1925/2006 des Europäischen Parlaments und des Rates vom 20. Dezember 2006 über den Zusatz von Vitaminen und Mineralstoffen sowie bestimmten anderen Stoffen zu Lebensmitteln [1] zugelassenen Abweichungen entspricht.

---

[1] ABl. L 404 vom 30.12.2006, S. 26.

HOHER [NAME DES VITAMINS/DER VITAMINE] UND/ODER [NAME DES MINERALSTOFFS/DER MINERALSTOFFE]-GEHALT

Die Angabe, ein Lebensmittel habe einen hohen Vitamingehalt und/oder Mineralstoffgehalt, sowie jegliche Angabe, die für den Verbraucher voraussichtlich dieselbe Bedeutung hat, ist nur zulässig, wenn das Produkt mindestens das Doppelte des unter „[NAME DES VITAMINS/ DER VITAMINE] und/oder [NAME DES MINERALSTOFFS/DER MINERALSTOFFE]-Quelle" genannten Werts enthält.

ENTHÄLT [NAME DES NÄHRSTOFFS ODER DER ANDEREN SUBSTANZ]

Die Angabe, ein Lebensmittel enthalte einen Nährstoff oder eine andere Substanz, für die in dieser Verordnung keine besonderen Bedingungen vorgesehen sind, sowie jegliche Angabe, die für den Verbraucher voraussichtlich dieselbe Bedeutung hat, ist nur zulässig, wenn das Produkt allen entsprechenden Bestimmungen dieser Verordnung und insbesondere Artikel 5 entspricht. Für Vitamine und Mineralstoffe gelten die Bedingungen für die Angabe „Quelle von".

ERHÖHTER [NAME DES NÄHRSTOFFS]-ANTEIL

Die Angabe, der Gehalt an einem oder mehreren Nährstoffen, die keine Vitamine oder Mineralstoffe sind, sei erhöht worden, sowie jegliche Angabe, die für den Verbraucher voraussichtlich dieselbe Bedeutung hat, ist nur zulässig, wenn das Produkt die Bedingungen für die Angabe „Quelle von" erfüllt und die Erhöhung des Anteils mindestens 30 % gegenüber einem vergleichbaren Produkt ausmacht.

REDUZIERTER [NAME DES NÄHRSTOFFS]-ANTEIL

Die Angabe, der Gehalt an einem oder mehreren Nährstoffen sei reduziert worden, sowie jegliche Angabe, die für den Verbraucher voraussichtlich dieselbe Bedeutung hat, ist nur zulässig, wenn die Reduzierung des Anteils mindestens 30 % gegenüber einem vergleichbaren Produkt ausmacht; ausgenommen sind Mikronährstoffe, für die ein 10 %iger Unterschied im Nährstoffbezugswert gemäß der Richtlinie 90/496/EWG akzeptabel ist, sowie Natrium oder der entsprechende Gehalt an Salz, für das ein 25 %iger Unterschied akzeptabel ist.

Die Angabe „reduzierter Anteil an gesättigten Fettsäuren" sowie jegliche Angabe, die für den Verbraucher voraussichtlich dieselbe Bedeutung hat, ist nur in folgenden Fällen zulässig:

a) wenn bei einem Produkt mit dieser Angabe die Summe der gesättigten Fettsäuren und der trans-Fettsäuren mindestens 30 % unter der Summe der gesättigten Fettsäuren und der trans-Fettsäuren eines vergleichbaren Produkts liegt und

b) wenn bei einem Produkt mit dieser Angabe der Gehalt an trans-Fettsäuren gleich oder geringer ist als in einem vergleichbaren Produkt.

Die Angabe „reduzierter Zuckeranteil" sowie jegliche Angabe, die für den Verbraucher voraussichtlich dieselbe Bedeutung hat, ist nur zulässig, wenn der Brennwert des Produkts mit dieser Angabe gleich oder geringer ist als der Brennwert eines vergleichbaren Produkts.

LEICHT

Die Angabe, ein Produkt sei „leicht", sowie jegliche Angabe, die für den Verbraucher voraussichtlich dieselbe Bedeutung hat, muss dieselben Bedingungen erfüllen wie die Angabe „reduziert"; die Angabe muss außerdem mit einem Hinweis auf die Eigenschaften einhergehen, die das Lebensmittel „leicht" machen.

VON NATUR AUS / NATÜRLICH

Erfüllt ein Lebensmittel von Natur aus die in diesem Anhang aufgeführte(n) Bedingung(en) für die Verwendung einer nährwertbezogenen Angabe, so darf dieser Angabe der Ausdruck „von Natur aus / natürlich" vorangestellt werden.

QUELLE VON OMEGA-3-FETTSÄUREN

Die Angabe, ein Lebensmittel sei eine Quelle von Omega-3-Fettsäuren, sowie jegliche Angabe, die für den Verbraucher voraussichtlich dieselbe Bedeutung hat, ist nur zulässig, wenn das Produkt mindestens 0,3 g Alpha-Linolensäure pro 100 g und pro 100 kcal oder zusammengenommen mindestens 40 mg Eicosapentaensäure und Docosahexaenoidsäure pro 100 g und pro 100 kcal enthält.

MIT EINEM HOHEN GEHALT AN OMEGA-3-FETTSÄUREN

Die Angabe, ein Lebensmittel habe einen hohen Gehalt an Omega-3-Fettsäuren, sowie jegliche Angabe, die für den Verbraucher voraussichtlich dieselbe Bedeutung hat, ist nur zulässig, wenn das Produkt mindestens 0,6 g Alpha- Linolensäure pro 100 g und pro 100 kcal oder zusammengenommen mindestens 80 mg Eicosapentaensäure und Docosahexaenoidsäure pro 100 g und pro 100 kcal enthält.

MIT EINEM HOHEN GEHALT AN EINFACH UNGESÄTTIGTEN FETTSÄUREN

Die Angabe, ein Lebensmittel habe einen hohen Gehalt an einfach ungesättigten Fettsäuren, sowie jegliche Angabe, die für den Verbraucher voraussichtlich dieselbe Bedeutung hat, ist nur zulässig, wenn mindestens 45 % der im Produkt enthaltenen Fettsäuren aus einfach ungesättigten Fettsäuren stammen und sofern die einfach ungesättigten Fettsäuren über 20 % der Energie des Produktes liefern.

MIT EINEM HOHEN GEHALT AN MEHRFACH UNGESÄTTIGTEN FETTSÄUREN

Die Angabe, ein Lebensmittel habe einen hohen Gehalt an mehrfach ungesättigten Fettsäuren, sowie jegliche Angabe, die für den Verbraucher voraussichtlich dieselbe Bedeutung hat, ist nur zulässig, wenn mindestens 45 % der im Produkt enthaltenen Fettsäuren aus mehrfach ungesättigten Fettsäuren stammen und sofern die mehrfach ungesättigten Fettsäuren über 20 % der Energie des Produktes liefern.

MIT EINEM HOHEN GEHALT AN UNGESÄTTIGTEN FETTSÄUREN

Die Angabe, ein Lebensmittel habe einen hohen Gehalt an ungesättigten Fettsäuren, sowie jegliche Angabe, die für den Verbraucher voraussichtlich dieselbe Bedeutung hat, ist nur zulässig, wenn mindestens 70 % der Fettsäuren im Produkt aus ungesättigten Fettsäuren stammen und sofern die ungesättigten Fettsäuren über 20 % der Energie des Produktes liefern.

**Verordnung (EU) Nr. 432/2012 der Kommission
zur Festlegung einer Liste zulässiger anderer gesundheitsbezogener
Angaben über Lebensmittel als Angaben über die Reduzierung
eines Krankheitsrisikos sowie die Entwicklung und die
Gesundheit von Kindern**

Vom 16. Mai 2012

(ABl. Nr. L 136/1), geänd. durch VO (EU) Nr. 536/2013 vom 11. 6. 2013 (ABl. Nr. L 160/4, ber. durch ABl. Nr. L 265/16 vom 8. 10. 2013), VO (EU) Nr. 851/2013 vom 3. 9. 2013 (ABl. Nr. L 235/3), VO (EU) Nr. 1018/2013 vom 23. 10. 2013 (ABl. Nr. L 282/43), VO (EU) Nr. 40/2014 vom 17. 1. 2014 (ABl. Nr. L 14/8), VO (EU) 2015/7 vom 6. 1. 2015 (ABl. Nr. L 3/3), VO (EU) 2015/539 vom 31. 3. 2015 (ABl. Nr. L 88/7), VO (EU) 2015/2314 vom 7. 12. 2015 (ABl. Nr. L 328/46) und DVO (EU) 2016/854 vom 30. 5. 2016 (ABl. Nr. L 142/5)

DIE EUROPÄISCHE KOMMISSION –

gestützt auf den Vertrag über die Arbeitsweise der Europäischen Union,

gestützt auf die Verordnung (EG) Nr. 1924/2006 des Europäischen Parlaments und des Rates vom 20. Dezember 2006 über nährwert- und gesundheitsbezogene Angaben über Lebensmittel ([1]), insbesondere auf Artikel 13 Absatz 3,

in Erwägung nachstehender Gründe:

(1) Gemäß Artikel 10 Absatz 1 der Verordnung (EG) Nr. 1924/2006 sind gesundheitsbezogene Angaben über Lebensmittel verboten, sofern sie nicht von der Kommission im Einklang mit der genannten Verordnung zugelassen und in eine Liste zulässiger Angaben aufgenommen wurden.

(2) Artikel 13 Absatz 2 der Verordnung (EG) Nr. 1924/2006 sieht vor, dass die Mitgliedstaaten der Kommission spätestens am 31. Januar 2008 nationale Listen gesundheitsbezogener Angaben über Lebensmittel gemäß Artikel 13 Absatz 1 der genannten Verordnung übermitteln. Zusammen mit diesen Listen sind auch die für diese Angaben geltenden Bedingungen und Hinweise auf die entsprechende wissenschaftliche Absicherung vorzulegen.

(3) In Artikel 13 Absatz 3 der Verordnung (EG) Nr. 1924/2006 ist festgelegt, dass die Kommission nach Anhörung der Europäischen Behörde für Lebensmittelsicherheit (EFSA, die „Behörde") spätestens am 31. Januar 2010 eine Liste zulässiger gesundheitsbezogener Angaben über Lebensmittel gemäß Artikel 13 Absatz 1 der genannten Verordnung sowie alle für die Verwendung dieser Angaben erforderlichen Bedingungen verabschiedet.

(4) Am 31. Januar 2008 waren bei der Kommission Listen mit über 44 000 gesundheitsbezogenen Angaben aus den Mitgliedstaaten eingegangen. Aufgrund der bei der Prüfung festgestellten zahlreichen Doppeleinträge und nach Beratungen mit den Mitgliedstaaten mussten die nationalen Listen zu einer konsolidierten Liste der Angaben zusammengeführt werden, zu der die Behörde eine wissenschaftliche Begutachtung vorlegen sollte („konsolidierte Liste") ([2]).

(5) Am 24. Juli 2008 übermittelte die Kommission der Behörde formell ein Ersuchen um ein wissenschaftliches Gutachten gemäß Artikel 13 Absatz 3 der Verordnung (EG) Nr. 1924/2006 zusammen mit einem Mandat und einem ersten Teil der konsolidierten Liste. Weitere Teile der konsolidierten Liste wurden im

---

([1]) ABl. L 404 vom 30.12.2006, S. 9.
([2]) http://www.efsa.europa.eu/en/ndaclaims13/docs/ndaclaims13.zip

November und Dezember 2008 übermittelt. Zum Abschluss übermittelte die Kommission der Behörde am 12. März 2010 ein Addendum. Einige Angaben der konsolidierten Liste wurden von den Mitgliedstaaten zurückgezogen, bevor sie von der Behörde bewertet worden waren. Die Behörde schloss die wissenschaftliche Bewertung mit ihren Gutachten ab, die sie im Zeitraum von Oktober 2009 bis Juli 2011 veröffentlichte ([1]).

(6) Bei der Bewertung stellte die Behörde fest, dass in einigen Einträgen verschiedene Wirkungen angegeben waren oder dieselbe angegebene Wirkung Gegenstand mehrerer Einträge war. Daher kann eine unter die vorliegende Verordnung fallende gesundheitsbezogene Angabe auf einen oder mehrere Einträge in der konsolidierten Liste zurückgeführt werden.

(7) Bei einigen der gesundheitsbezogenen Angaben kam die Behörde auf der Grundlage der vorgelegten Daten zu dem Schluss, dass zwischen der Lebensmittelkategorie, dem Lebensmittel oder einem Lebensmittelbestandteil und der angegebenen Wirkung ein kausaler Zusammenhang nachgewiesen worden war. Gesundheitsbezogene Angaben, die dieser Schlussfolgerung entsprechen und den Anforderungen der Verordnung (EG) Nr. 1924/2006 genügen, sollten gemäß Artikel 13 Absatz 3 der Verordnung (EG) Nr. 1924/2006 zugelassen und in eine Liste zulässiger Angaben aufgenommen werden.

(8) Artikel 13 Absatz 3 der Verordnung (EG) Nr. 1924/2006 sieht vor, dass zusammen mit den zulässigen gesundheitsbezogenen Angaben alle erforderlichen Bedingungen (einschließlich Beschränkungen) für deren Verwendung festzulegen sind. Daher sollte die Liste zulässiger Angaben gemäß den Bestimmungen der Verordnung (EG) Nr. 1924/2006 und den Gutachten der Behörde den Wortlaut der Angaben und spezielle Bedingungen für ihre Verwendung sowie gegebenenfalls Bedingungen bzw. Beschränkungen hinsichtlich ihrer Verwendung und/oder zusätzliche Erklärungen oder Warnungen enthalten.

(9) Mit der Verordnung (EG) Nr. 1924/2006 soll u. a. sichergestellt werden, dass gesundheitsbezogene Angaben wahrheitsgemäß, klar, verlässlich und für den Verbraucher hilfreich sind. Formulierung und Aufmachung der Angaben sind vor diesem Hintergrund zu bewerten. In den Fällen, in denen der Wortlaut einer Angabe aus Verbrauchersicht gleichbedeutend ist mit demjenigen einer zugelassenen gesundheitsbezogenen Angabe, weil damit auf den gleichen Zusammenhang zwischen einer Lebensmittelkategorie, einem Lebensmittel oder einem Lebensmittelbestandteil und einer bestimmten Wirkung auf die Gesundheit hingewiesen wird, sollte diese Angabe auch den Verwendungsbedingungen für die zugelassene gesundheitsbezogene Angabe unterliegen.

(10) Aus den zur Bewertung vorgelegten Angaben hat die Kommission eine Reihe von Angaben ermittelt, die sich auf die Wirkung pflanzlicher Stoffe beziehen und die gemeinhin als „Botanicals" bezeichnet werden; diese müssen von der Behörde erst noch wissenschaftlich bewertet werden. Bestimmte andere gesundheitsbezogene Angaben müssen ferner erneut bewertet werden, bevor die Kommission über ihre Aufnahme in die Liste zulässiger Angaben befinden kann, bzw. über andere bereits bewertete Angaben kann die Kommission aus anderen gerechtfertigten Gründen zum gegenwärtigen Zeitpunkt nicht abschließend befinden.

---

[1] http//www.efsa.europa.eu/en/topics/topic/article13.htm

(11) Angaben, deren Bewertung durch die Behörde oder deren Prüfung durch die Kommission noch nicht abgeschlossen ist, werden auf der Kommissions-Website (¹) veröffentlicht und dürfen gemäß Artikel 28 Absätze 5 und 6 der Verordnung (EG) Nr. 1924/2006 weiter verwendet werden.

(12) Gemäß Artikel 6 Absatz 1 und Artikel 13 Absatz 1 der Verordnung (EG) Nr. 1924/2006 müssen sich gesundheitsbezogene Angaben auf allgemein anerkannte wissenschaftliche Nachweise stützen. Folglich sollten gesundheitsbezogene Angaben, deren wissenschaftliche Absicherung von der Behörde nicht positiv bewertet wurde, weil ein kausaler Zusammenhang zwischen der Lebensmittel oder Lebensmittelkategorie, dem Lebensmittel oder einem seiner Bestandteile und der angegebenen Wirkung nicht als nachgewiesen galt, nicht zugelassen werden. Die Zulassung kann auch dann rechtmäßig verweigert werden, wenn eine gesundheitsbezogene Angabe gegen andere allgemeine oder spezifische Anforderungen der Verordnung (EG) Nr. 1924/2006 verstößt, und zwar auch dann, wenn ihre wissenschaftliche Bewertung durch die Behörde positiv ausgefallen ist. Es sollten keine gesundheitsbezogenen Angaben gemacht werden, die den allgemein anerkannten Ernährungs- und Gesundheitsgrundsätzen zuwiderlaufen. Bei einer Angabe (²) zur Wirkung von Fett auf die normale Aufnahme fettlöslicher Vitamine und einer weiteren Angabe (³) zur Wirkung von Natrium auf die Beibehaltung der normalen Muskelfunktion schloss die Behörde, dass ein kausaler Zusammenhang nachgewiesen worden war. Die Verwendung dieser gesundheitsbezogenen Angaben würde jedoch ein widersprüchliches und verwirrendes Signal an die Verbraucher senden, da diese zum Verzehr der genannten Nährstoffe aufgerufen würden, für die europäische, nationale und internationale Behörden aufgrund allgemein anerkannter wissenschaftlicher Nachweise den Verbrauchern eine Verringerung des Verzehrs empfehlen. Daher verstoßen die genannten beiden Angaben gegen Artikel 3 Absatz 2 Buchstabe a der Verordnung (EG) Nr. 1924/2006, demzufolge keine mehrdeutigen oder irreführenden Angaben verwendet werden dürfen. Selbst wenn die betreffenden gesundheitsbezogenen Angaben nur mit speziellen Bedingungen für ihre Verwendung und/oder mit zusätzlichen Erklärungen oder Warnungen zugelassen würden, würde die Irreführung der Verbraucher nicht genügend eingedämmt, so dass von einer Zulassung dieser Angaben abgesehen werden sollte.

(13) Geltungsbeginn der vorliegenden Verordnung sollte sechs Monate nach ihrem Inkrafttreten sein, damit sich die Lebensmittelunternehmer an die dort festgelegten Anforderungen anpassen können, worunter auch das Verbot gemäß Artikel 10 Absatz 1 der Verordnung (EG) Nr. 1924/2006 in Bezug auf diejenigen gesundheitsbezogenen Angaben fällt, deren Bewertung durch die Behörde und deren Prüfung durch die Kommission abgeschlossen ist.

(14) Artikel 20 Absatz 1 der Verordnung (EG) Nr. 1924/2006 sieht vor, dass die Kommission ein EU-Register der nährwert- und gesundheitsbezogenen Angaben über Lebensmittel, nachstehend „Register" genannt, erstellt und unterhält. Das Register enthält alle zugelassenen Angaben und u. a. auch die Bedingungen für ihre Verwendung. Das Register enthält ferner eine Liste abgelehnter gesundheitsbezogener Angaben und die Gründe für ihre Ablehnung.

(¹) http://ec.europa.eu/food/food/labellingnutrition/claims/index_en.htm
(²) Entspricht den Einträgen ID 670 und ID 2902 in der konsolidierten Liste.
(³) Entspricht Eintrag ID 359 der konsolidierten Liste.

(15) Gesundheitsbezogene Angaben, die von den Mitgliedstaaten zurückgezogen wurden, werden nicht in der Liste der abgelehnten Angaben im EU-Register geführt. Das Register wird in regelmäßigen Abständen und je nach dem Fortschritt bei den gesundheitsbezogenen Angaben, deren Bewertung durch die Behörde und/oder deren Prüfung durch die Kommission bisher noch nicht abgeschlossen ist, aktualisiert.

(16) Bei der Festlegung der in der vorliegenden Verordnung vorgesehenen Maßnahmen wurden Bemerkungen und Stellungnahmen der Öffentlichkeit sowie der betroffenen Kreise gebührend berücksichtigt.

(17) Für den Zusatz von Stoffen zu Lebensmitteln bzw. ihre Verwendung in Lebensmitteln wie auch für die Einstufung von Produkten als Lebensmittel oder Arzneimittel gelten spezifische EU- und einzelstaatliche Rechtsvorschriften. Eine gemäß der Verordnung (EG) Nr. 1924/2006 getroffene Entscheidung über eine gesundheitsbezogene Angabe, wie die Aufnahme in die Liste zulässiger Angaben gemäß Artikel 13 Absatz 3 der genannten Verordnung, ist nicht gleichbedeutend mit einer Zulassung für das Inverkehrbringen des Stoffes, auf den sich die Angabe bezieht, einer Entscheidung darüber, ob der Stoff in Lebensmitteln verwendet werden darf, bzw. einer Einstufung eines bestimmten Produkts als Lebensmittel.

(18) Die in dieser Verordnung vorgesehenen Maßnahmen entsprechen der Stellungnahme des Ständigen Ausschusses für die Lebensmittelkette und Tiergesundheit und weder das Europäische Parlament noch der Rat haben ihnen widersprochen –

HAT FOLGENDE VERORDNUNG ERLASSEN:

Artikel 1
Zugelassene gesundheitsbezogene Angaben

(1) Die Liste der zulässigen gesundheitsbezogenen Angaben gemäß Artikel 13 Absatz 3 der Verordnung (EG) Nr. 1924/2006, die über Lebensmittel gemacht werden dürfen, ist im Anhang dieser Verordnung festgelegt.

(2) Die in Absatz 1 genannten gesundheitsbezogenen Angaben dürfen gemäß den im Anhang aufgeführten Bedingungen über Lebensmittel gemacht werden.

Artikel 2
Inkrafttreten und Gültigkeit

Diese Verordnung tritt am zwanzigsten Tag nach ihrer Veröffentlichung im *Amtsblatt der Europäischen Union* in Kraft.

Diese Verordnung gilt ab dem 14. Dezember 2012.

ANHANG

LISTE DER ZULÄSSIGEN GESUNDHEITSBEZOGENEN ANGABEN

Nährstoff, Substanz, Lebensmittel oder Lebensmittelkategorie	Angabe	Bedingungen für die Verwendung der Angabe	Bedingungen und/oder Beschränkungen hinsichtlich der Verwendung des Lebensmittels und/oder zusätzliche Erklärungen oder Warnungen	Nummer im EFSA Journal	Nummer des Eintrags in der konsolidierten Liste, die der EFSA zur Bewertung vorgelegt wurde
Aktivkohle	Aktivkohle trägt zur Verringerung übermäßiger Blähungen nach dem Essen bei	Die Angabe darf nur für Lebensmittel verwendet werden, die 1 g Aktivkohle je angegebene Portion enthalten. Damit die Angabe zulässig ist, sind die Verbraucher darüber zu unterrichten, dass sich die positive Wirkung einstellt, wenn je 1 g mindestens 30 Minuten vor bzw. kurz nach der Mahlzeit aufgenommen werden.		2011; 9(4):2049	1938
Alpha-Cyclodextrin	Der Verzehr von Alpha-Cyclodextrin als Bestandteil einer stärkehaltigen Mahlzeit trägt dazu bei, dass der Blutzuckerspiegel nach der Mahlzeit weniger stark ansteigt	Die Angabe darf verwendet werden für Lebensmittel, die mindestens 5 g Alpha-Cyclodextrin pro 50 g Stärke in einer angegebenen Portion als Teil einer Mahlzeit enthalten. Damit die Angabe zulässig ist, sind die Verbraucher darüber zu unterrichten, dass sich die positive Wirkung einstellt, wenn Alpha-Cyclodextrin als Bestandteil der Mahlzeit aufgenommen wird.		2012;10(6):2713	2926
Alpha-Linolensäure (ALA)	ALA trägt zur Aufrechterhaltung eines normalen Cholesterinspiegels im Blut bei	Die Angabe darf nur für Lebensmittel verwendet werden, die die Mindestanforderungen an eine ALA-Quelle gemäß der im Anhang der Verordnung (EG) Nr. 1924/2006 aufgeführten Angabe QUELLE VON OMEGA-3-FETTSÄUREN erfüllen. Unterrichtung der Verbraucher, dass sich die positive Wirkung bei einer täglichen Aufnahme von 2 g ALA einstellt.		2009; 7(9):1252 2011; 9(6):2203	493, 568

Nährstoff, Substanz, Lebensmittel oder Lebensmittelkategorie	Angabe	Bedingungen für die Verwendung der Angabe	Bedingungen und/oder Beschränkungen hinsichtlich der Verwendung des Lebensmittels und/oder zusätzliche Erklärungen oder Warnungen	Nummer im EFSA Journal	Nummer des Eintrags in der konsolidierten Liste, die der EFSA zur Bewertung vorgelegt wurde
Arabinoxylan, hergestellt aus Weizenendosperm	Die Aufnahme von Arabinoxylan als Bestandteil einer Mahlzeit trägt dazu bei, dass der Blutzuckerspiegel nach der Mahlzeit weniger stark ansteigt	Die Angabe darf nur für Lebensmittel verwendet werden, die mindestens 8 g Arabinoxylan (AX)-reiche Fasern aus Weizenendosperm (mit einem Gewichtsanteil von mindestens 60 % AX) je 100 g verfügbare Kohlenhydrate in einer angegebenen Portion als Bestandteil der Mahlzeit enthalten. Damit die Angabe zulässig ist, sind die Verbraucher darüber zu unterrichten, dass sich die positive Wirkung einstellt, wenn Arabinoxylan (AX)-reiche Fasern aus Weizenendosperm als Bestandteil der Mahlzeit aufgenommen werden.		2011; 9(6):2205	830
Beta-Glucane	Beta-Glucane tragen zur Aufrechterhaltung eines normalen Cholesterinspiegels im Blut bei	Die Angabe darf nur für Lebensmittel verwendet werden, die mindestens 1 g Beta-Glucane aus Hafer, Haferkleie, Gerste oder Gerstenkleie bzw. aus Gemischen dieser Getreide je angegebene Portion enthalten. Damit die Angabe zulässig ist, sind die Verbraucher darüber zu unterrichten, dass sich die positive Wirkung bei einer täglichen Aufnahme von 3 g Beta-Glucanen aus Hafer, Haferkleie, Gerste oder Gerstenkleie bzw. aus Gemischen dieser Getreide einstellt.		2009; 7(9):1254 2011; 9(6):2207	754, 755, 757, 801, 1465, 2934 1236, 1299
Beta-Glucane aus Hafer und Gerste	Die Aufnahme von Beta-Glucanen aus Hafer oder Gerste als Bestandteil einer Mahlzeit trägt dazu bei, dass der Blutzuckerspiegel nach der Mahlzeit weniger stark ansteigt	Die Angabe darf nur für Lebensmittel verwendet werden, die mindestens 4 g Beta-Glucane aus Hafer oder Gerste je 30 g verfügbare Kohlenhydrate in einer angegebenen Portion als Bestandteil der Mahlzeit enthalten. Damit die Angabe zulässig ist, sind die Verbraucher darüber zu unterrichten, dass sich die positive Wirkung einstellt, wenn Beta-Glucane aus Hafer oder Gerste als Bestandteil der Mahlzeit aufgenommen werden.		2011; 9(6):2207	821, 824

Nährstoff, Substanz, Lebensmittel oder Lebensmittelkategorie	Angabe	Bedingungen für die Verwendung der Angabe	Bedingungen und/oder Beschränkungen hinsichtlich der Verwendung des Lebensmittels und/oder zusätzliche Erklärungen oder Warnungen	Nummer im EFSA Journal	Nummer des Eintrags in der konsolidierten Liste, die der EFSA zur Bewertung vorgelegt wurde
Betain	Betain trägt zu einem normalen Homocystein-Stoffwechsel bei	Die Angabe darf nur für Lebensmittel verwendet werden, die mindestens 500 mg Betain je angegebene Portion enthalten. Damit die Angabe zulässig ist, sind die Verbraucher darüber zu unterrichten, dass sich die positive Wirkung bei einer täglichen Aufnahme von 1,5 g Betain einstellt.	Damit die Angabe zulässig ist, sind die Verbraucher darüber zu unterrichten, dass eine tägliche Aufnahme von mehr als 4 g den Blut-Cholesterinspiegel erheblich erhöhen kann.	2011; 9(4):2052	4325
Biotin	Biotin trägt zu einem normalen Energiestoffwechsel bei	Die Angabe darf nur für Lebensmittel verwendet werden, die die Mindestanforderungen an eine Biotinquelle gemäß der im Anhang der Verordnung (EG) Nr. 1924/2006 aufgeführten Angabe [NAME DES VITAMINS/DER VITAMINE] UND/ODER [NAME DES MINERALSTOFFS/DER MINERALSTOFFE]-QUELLE erfüllen.		2009; 7(9):1209	114, 117
Biotin	Biotin trägt zu einer normalen Funktion des Nervensystems bei	Die Angabe darf nur für Lebensmittel verwendet werden, die die Mindestanforderungen an eine Biotinquelle gemäß der im Anhang der Verordnung (EG) Nr. 1924/2006 aufgeführten Angabe [NAME DES VITAMINS/DER VITAMINE] UND/ODER [NAME DES MINERALSTOFFS/DER MINERALSTOFFE]-QUELLE erfüllen.		2009; 7(9):1209	116
Biotin	Biotin trägt zu einem normalen Stoffwechsel von Makronährstoffen bei	Die Angabe darf nur für Lebensmittel verwendet werden, die die Mindestanforderungen an eine Biotinquelle gemäß der im Anhang der Verordnung (EG) Nr. 1924/2006 aufgeführten Angabe [NAME DES VITAMINS/DER VITAMINE] UND/ODER [NAME DES MINERALSTOFFS/DER MINERALSTOFFE]-QUELLE erfüllen.		2009; 7(9):1209 2010; 8(10):1728	113, 114, 117, 4661

Nährstoff, Substanz, Lebensmittel oder Lebensmittelkategorie	Angabe	Bedingungen für die Verwendung der Angabe	Bedingungen und/oder Beschränkungen hinsichtlich der Verwendung des Lebensmittels und/oder zusätzliche Erklärungen oder Warnungen	Nummer im EFSA Journal	Nummer des Eintrags in der konsolidierten Liste, die der EFSA zur Bewertung vorgelegt wurde
Biotin	Biotin trägt zur normalen psychischen Funktion bei	Die Angabe darf nur für Lebensmittel verwendet werden, die die Mindestanforderungen an eine Biotinquelle gemäß der im Anhang der Verordnung (EG) Nr. 1924/2006 aufgeführten Angabe [NAME DES VITAMINS/DER VITAMINE] UND/ODER [NAME DES MINERALSTOFFS/DER MINERALSTOFFE]-QUELLE erfüllen.		2010; 8(10):1728	120
Biotin	Biotin trägt zur Erhaltung normaler Haare bei	Die Angabe darf nur für Lebensmittel verwendet werden, die die Mindestanforderungen an eine Biotinquelle gemäß der im Anhang der Verordnung (EG) Nr. 1924/2006 aufgeführten Angabe [NAME DES VITAMINS/DER VITAMINE] UND/ODER [NAME DES MINERALSTOFFS/DER MINERALSTOFFE]-QUELLE erfüllen.		2009; 7(9):1209 2010; 8(10):1728	118, 121, 2876
Biotin	Biotin trägt zur Erhaltung normaler Schleimhäute bei	Die Angabe darf nur für Lebensmittel verwendet werden, die die Mindestanforderungen an eine Biotinquelle gemäß der im Anhang der Verordnung (EG) Nr. 1924/2006 aufgeführten Angabe [NAME DES VITAMINS/DER VITAMINE] UND/ODER [NAME DES MINERALSTOFFS/DER MINERALSTOFFE]-QUELLE erfüllen.		2009; 7(9):1209	115
Biotin	Biotin trägt zur Erhaltung normaler Haut bei	Die Angabe darf nur für Lebensmittel verwendet werden, die die Mindestanforderungen an eine Biotinquelle gemäß der im Anhang der Verordnung (EG) Nr. 1924/2006 aufgeführten Angabe [NAME DES VITAMINS/DER VITAMINE] UND/ODER [NAME DES MINERALSTOFFS/DER MINERALSTOFFE]-QUELLE erfüllen.		2009; 7(9):1209 2010; 8(10):1728	115, 121

Nährstoff, Substanz, Lebensmittel oder Lebensmittelkategorie	Angabe	Bedingungen für die Verwendung der Angabe	Bedingungen und/oder Beschränkungen hinsichtlich der Verwendung des Lebensmittels und/oder zusätzliche Erklärungen oder Warnungen	Nummer im EFSA Journal	Nummer des Eintrags in der konsolidierten Liste, die der EFSA zur Bewertung vorgelegt wurde
Calcium	Calcium trägt zu einer normalen Blutgerinnung bei	Die Angabe darf nur für Lebensmittel verwendet werden, die die Mindestanforderungen an eine Calciumquelle gemäß der im Anhang der Verordnung (EG) Nr. 1924/2006 aufgeführten Angabe [NAME DES VITAMINS/DER VITAMINE] UND/ODER [NAME DES MINERALSTOFFS/DER MINERALSTOFFE]-QUELLE erfüllen.		2009; 7(9):1210	230, 236
Calcium	Calcium trägt zu einem normalen Energiestoffwechsel bei	Die Angabe darf nur für Lebensmittel verwendet werden, die die Mindestanforderungen an eine Calciumquelle gemäß der im Anhang der Verordnung (EG) Nr. 1924/2006 aufgeführten Angabe [NAME DES VITAMINS/DER VITAMINE] UND/ODER [NAME DES MINERALSTOFFS/DER MINERALSTOFFE]-QUELLE erfüllen.		2009; 7(9):1210	234
Calcium	Calcium trägt zu einer normalen Muskelfunktion bei	Die Angabe darf nur für Lebensmittel verwendet werden, die die Mindestanforderungen an eine Calciumquelle gemäß der im Anhang der Verordnung (EG) Nr. 1924/2006 aufgeführten Angabe [NAME DES VITAMINS/DER VITAMINE] UND/ODER [NAME DES MINERALSTOFFS/DER MINERALSTOFFE]-QUELLE erfüllen.		2009; 7(9):1210	226, 230, 235
Calcium	Calcium trägt zu einer normalen Signalübertragung zwischen den Nervenzellen bei	Die Angabe darf nur für Lebensmittel verwendet werden, die die Mindestanforderungen an eine Calciumquelle gemäß der im Anhang der Verordnung (EG) Nr. 1924/2006 aufgeführten Angabe [NAME DES VITAMINS/DER VITAMINE] UND/ODER [NAME DES MINERALSTOFFS/DER MINERALSTOFFE]-QUELLE erfüllen.		2009; 7(9):1210	227, 230, 235

Nährstoff, Substanz, Lebensmittel oder Lebensmittelkategorie	Angabe	Bedingungen für die Verwendung der Angabe	Bedingungen und/oder Beschränkungen hinsichtlich der Verwendung des Lebensmittels und/oder zusätzliche Erklärungen oder Warnungen	Nummer im EFSA Journal	Nummer des Eintrags in der konsolidierten Liste, die der EFSA zur Bewertung vorgelegt wurde
Calcium	Calcium trägt zur normalen Funktion von Verdauungsenzymen bei	Die Angabe darf nur für Lebensmittel verwendet werden, die die Mindestanforderungen an eine Calciumquelle gemäß der im Anhang der Verordnung (EG) Nr. 1924/2006 aufgeführten Angabe [NAME DES VITAMINS/DER VITAMINE] UND/ODER [NAME DES MINERALSTOFFS/DER MINERALSTOFFE]-QUELLE erfüllen.		2009; 7(9):1210	355
Calcium	Calcium hat eine Funktion bei der Zellteilung und -spezialisierung	Die Angabe darf nur für Lebensmittel verwendet werden, die die Mindestanforderungen an eine Calciumquelle gemäß der im Anhang der Verordnung (EG) Nr. 1924/2006 aufgeführten Angabe [NAME DES VITAMINS/DER VITAMINE] UND/ODER [NAME DES MINERALSTOFFS/DER MINERALSTOFFE]-QUELLE erfüllen.		2010; 8(10):1725	237
Calcium	Calcium wird für die Erhaltung normaler Knochen benötigt	Die Angabe darf nur für Lebensmittel verwendet werden, die die Mindestanforderungen an eine Calciumquelle gemäß der im Anhang der Verordnung (EG) Nr. 1924/2006 aufgeführten Angabe [NAME DES VITAMINS/DER VITAMINE] UND/ODER [NAME DES MINERALSTOFFS/DER MINERALSTOFFE]-QUELLE erfüllen.		2009; 7(9):1210 2009; 7(9):1272 2010; 8(10):1725 2011; 9(6):2203	224, 230, 350, 354, 2731, 3155, 4311, 4312, 4703 4704
Calcium	Calcium wird für die Erhaltung normaler Zähne benötigt	Die Angabe darf nur für Lebensmittel verwendet werden, die die Mindestanforderungen an eine Calciumquelle gemäß der im Anhang der Verordnung (EG) Nr. 1924/2006 aufgeführten Angabe [NAME DES VITAMINS/DER VITAMINE] UND/ODER [NAME DES MINERALSTOFFS/DER MINERALSTOFFE]-QUELLE erfüllen.		2009; 7(9):1210 2010; 8(10):1725 2011; 9(6):2203	224, 230, 231, 2731, 3099,3155, 4311, 4312, 4703 4704

Nährstoff, Substanz, Lebensmittel oder Lebensmittelkategorie	Angabe	Bedingungen für die Verwendung der Angabe	Bedingungen und/oder Beschränkungen hinsichtlich der Verwendung des Lebensmittels und/oder zusätzliche Erklärungen oder Warnungen	Nummer im EFSA Journal	Nummer des Eintrags in der konsolidierten Liste, die der EFSA zur Bewertung vorgelegt wurde
Chitosan	Chitosan trägt zur Aufrechterhaltung eines normalen Cholesterinspiegels im Blut bei	Die Angabe darf nur für Lebensmittel verwendet werden, deren Verzehr eine tägliche Aufnahme von 3 g Chitosan gewährleistet. Damit die Angabe zulässig ist, sind die Verbraucher darüber zu unterrichten, dass sich die positive Wirkung bei einer täglichen Aufnahme von 3 g Chitosan einstellt.		2011; 9(6):2214	4663
Chlorid	Chlorid trägt durch die Bildung von Magensäure zu einer normalen Verdauung bei	Die Angabe darf nur für Lebensmittel verwendet werden, die die Mindestanforderungen an eine Chloridquelle gemäß der im Anhang der Verordnung (EG) Nr. 1924/2006 aufgeführten Angabe [NAME DES VITAMINS/DER VITAMINE] UND/ODER [NAME DES MINERALSTOFFS/DER MINERALSTOFFE]-QUELLE erfüllen.	Die Angabe darf nicht für Chlorid verwendet werden, das aus Natriumchlorid gewonnen wird.	2010; 8(10):1764	326
Cholin	Cholin trägt zu einem normalen Homocystein-Stoffwechsel bei	Die Angabe darf nur für Lebensmittel verwendet werden, die mindestens 82,5 mg Cholin je 100 g oder 100 ml bzw. je Portion Lebensmittel enthalten.		2011; 9(4):2056	3090
Cholin	Cholin trägt zu einem normalen Fettstoffwechsel bei	Die Angabe darf nur für Lebensmittel verwendet werden, die mindestens 82,5 mg Cholin je 100 g oder 100 ml bzw. je Portion Lebensmittel enthalten.		2011; 9(4):2056	3186
Cholin	Cholin trägt zur Erhaltung einer normalen Leberfunktion bei	Die Angabe darf nur für Lebensmittel verwendet werden, die mindestens 82,5 mg Cholin je 100 g oder 100 ml bzw. je Portion Lebensmittel enthalten.		2011; 9(4):2056 2011; 9(6):2203	1501 712, 1633

Nährstoff, Substanz, Lebensmittel oder Lebensmittelkategorie	Angabe	Bedingungen für die Verwendung der Angabe	Bedingungen und/oder Beschränkungen hinsichtlich der Verwendung des Lebensmittels und/oder zusätzliche Erklärungen oder Warnungen	Nummer im EFSA Journal	Nummer des Eintrags in der konsolidierten Liste, die der EFSA zur Bewertung vorgelegt wurde
Chrom	Chrom trägt zu einem normalen Stoffwechsel von Makronährstoffen bei	Die Angabe darf nur für Lebensmittel verwendet werden, die die Mindestanforderungen an eine Quelle von dreiwertigem Chrom gemäß der im Anhang der Verordnung (EG) Nr. 1924/2006 aufgeführten Angabe [NAME DES VITAMINS/DER VITAMINE] UND/ODER [NAME DES MINERALSTOFFS/DER MINERALSTOFFE]-QUELLE erfüllen.		2010; 8(10):1732	260, 401, 4665, 4666, 4667
Chrom	Chrom trägt zur Aufrechterhaltung eines normalen Blutzuckerspiegels bei	Die Angabe darf nur für Lebensmittel verwendet werden, die die Mindestanforderungen an eine Quelle von dreiwertigem Chrom gemäß der im Anhang der Verordnung (EG) Nr. 1924/2006 aufgeführten Angabe [NAME DES VITAMINS/DER VITAMINE] UND/ODER [NAME DES MINERALSTOFFS/DER MINERALSTOFFE]-QUELLE erfüllen.		2010; 8(10):1732 2011; 9(6):2203	262, 4667 4698
Docosahexaensäure (DHA)	DHA trägt zur Erhaltung einer normalen Gehirnfunktion bei	Die Angabe darf nur für Lebensmittel verwendet werden, die mindestens 40 mg DHA je 100 g und je 100 kcal enthalten. Damit die Angabe zulässig ist, sind die Verbraucher darüber zu unterrichten, dass sich die positive Wirkung bei einer täglichen Aufnahme von 250 mg DHA einstellt.		2010; 8(10):1734 2011; 9(4):2078	565, 626, 631, 689, 704, 742, 3148, 690, 3151, 497, 501, 510, 513, 519, 521, 534, 540, 688, 1323, 1360, 4294
Docosahexaensäure (DHA)	DHA trägt zur Erhaltung normaler Sehkraft bei	Die Angabe darf nur für Lebensmittel verwendet werden, die mindestens 40 mg DHA je 100 g und je 100 kcal enthalten. Damit die Angabe zulässig ist, sind die Verbraucher darüber zu unterrichten, dass sich die positive Wirkung bei einer täglichen Aufnahme von 250 mg DHA einstellt.		2010; 8(10):1734 2011; 9(4):2078	627, 632, 743, 3149, 2905, 508, 510, 513, 519, 529, 540, 688, 4294

VO (EU) Nr. 432/2012

Nährstoff, Substanz, Lebensmittel oder Lebensmittelkategorie	Angabe	Bedingungen für die Verwendung der Angabe	Bedingungen und/oder Beschränkungen hinsichtlich der Verwendung des Lebensmittels und/oder zusätzliche Erklärungen oder Warnungen	Nummer im EFSA Journal	Nummer des Eintrags in der konsolidierten Liste, die der EFSA zur Bewertung vorgelegt wurde
Docosahexaensäure (DHA)	DHA trägt zur Aufrechterhaltung eines normalen Triglyceridspiegels im Blut bei	Die Angabe darf nur für Lebensmittel verwendet werden, deren Verzehr eine tägliche Aufnahme von 2 g DHA gewährleistet und die DHA in Kombination mit Eicosapentaensäure (EPA) enthalten. Damit die Angabe zulässig ist, sind die Verbraucher darüber zu unterrichten, dass sich die positive Wirkung bei einer täglichen Aufnahme von 2 g DHA einstellt. Wird die Angabe bei Nahrungsergänzungsmitteln und/oder angereicherten Lebensmitteln verwendet, sind die Verbraucher darüber zu unterrichten, dass eine tägliche Gesamtaufnahme aus diesen Lebensmitteln von 5 g EPA und DHA kombiniert nicht überschritten werden darf.	Die Angabe darf nicht für Lebensmittel verwendet werden, die für Kinder bestimmt sind.	2010;8(10):1734	533, 691, 3150
Docosahexaensäure und Eicosapentaensäure (DHA/EPA)	DHA und EPA tragen zur Aufrechterhaltung eines normalen Blutdrucks bei	Die Angabe darf nur für Lebensmittel verwendet werden, deren Verzehr eine tägliche Aufnahme von 3 g EPA und DHA gewährleistet. Damit die Angabe zulässig ist, sind die Verbraucher darüber zu unterrichten, dass sich die positive Wirkung bei einer täglichen Aufnahme von 3 g EPA und DHA einstellt. Wird die Angabe bei Nahrungsergänzungsmitteln und/oder angereicherten Lebensmitteln verwendet, sind die Verbraucher darüber zu unterrichten, dass eine tägliche Gesamtaufnahme aus diesen Lebensmitteln von 5 g EPA und DHA kombiniert nicht überschritten werden darf.	Die Angabe darf nicht für Lebensmittel verwendet werden, die für Kinder bestimmt sind.	2009;7(9):1263 2010;8(10):1796	502, 506, 516, 703, 1317, 1324

Nährstoff, Substanz, Lebensmittel oder Lebensmittelkategorie	Angabe	Bedingungen für die Verwendung der Angabe	Bedingungen und/oder Beschränkungen hinsichtlich der Verwendung des Lebensmittels und/oder zusätzliche Erklärungen oder Warnungen	Nummer im EFSA Journal	Nummer des Eintrags in der konsolidierten Liste, die der EFSA zur Bewertung vorgelegt wurde
Docosahexaensäure und Eicosapentaensäure (DHA/EPA)	DHA und EPA tragen zur Aufrechterhaltung eines normalen Triglycerid-spiegels im Blut bei	Die Angabe darf nur für Lebensmittel verwendet werden, deren Verzehr eine tägliche Aufnahme von 2 g EPA und DHA gewährleistet. Damit die Angabe zulässig ist, sind die Verbraucher darüber zu unterrichten, dass sich die positive Wirkung bei einer täglichen Aufnahme von 2 g EPA und DHA einstellt. Wird die Angabe bei Nahrungsergänzungsmitteln und/oder angereicherten Lebensmitteln verwendet, sind die Verbraucher darüber zu unterrichten, dass eine tägliche Gesamtaufnahme aus diesen Lebensmitteln von 5 g EPA und DHA kombiniert nicht überschritten werden darf.	Die Angabe darf nicht für Lebensmittel verwendet werden, die für Kinder bestimmt sind.	2009; 7(9):1263 2010;8(10):1796	506, 517, 527, 538, 1317, 1324, 1325
Eicosapentaensäure und Docosahexaensäure (EPA/DHA)	EPA und DHA tragen zu einer normalen Herzfunktion bei	Die Angabe darf nur für Lebensmittel verwendet werden, die die Mindestanforderungen an eine EPA- bzw. DPA-Quelle gemäß der im Anhang der Verordnung (EG) Nr. 1924/2006 aufgeführten Angabe QUELLE VON OMEGA3-FETTSÄUREN erfüllen. Damit die Angabe zulässig ist, sind die Verbraucher darüber zu unterrichten, dass sich die positive Wirkung bei einer täglichen Aufnahme von 250 mg EPA und DHA einstellt.		2010; 8(10):1796 2011; 9(4):2078	504, 506, 516, 527, 538, 703, 1128, 1317, 1324, 1325, 510, 688, 1360
Einfach ungesättigte und/oder mehrfach ungesättigte Fettsäuren	Der Ersatz gesättigter Fettsäuren durch einfach und/oder mehrfach ungesättigte Fettsäuren in der Ernährung trägt zur Aufrechterhaltung eines normalen Cholesterinspiegels im Blut bei	Die Angabe darf nur für Lebensmittel verwendet werden, die einen hohen Gehalt an ungesättigten Fettsäuren gemäß der im Anhang der Verordnung (EG) Nr. 1924/2006 aufgeführten Angabe MIT EINEM HOHEN GEHALT AN UNGESÄTTIGTEN FETTSÄUREN aufweisen.		2011; 9(4):2069 2011; 9(6):2203	621, 1190, 1203, 2906, 2910, 3065 674, 4335

Nährstoff, Substanz, Lebensmittel oder Lebensmittelkategorie	Angabe	Bedingungen für die Verwendung der Angabe	Bedingungen und/oder Beschränkungen hinsichtlich der Verwendung des Lebensmittels und/oder zusätzliche Erklärungen oder Warnungen	Nummer im EFSA Journal	Nummer des Eintrags in der konsolidierten Liste, die der EFSA zur Bewertung vorgelegt wurde
Eisen	Eisen trägt zu einer normalen kognitiven Funktion bei	Die Angabe darf nur für Lebensmittel verwendet werden, die die Mindestanforderungen an eine Eisenquelle gemäß der im Anhang der Verordnung (EG) Nr. 1924/2006 aufgeführten Angabe [NAME DES VITAMINS/DER VITAMINE] UND/ODER [NAME DES MINERALSTOFFS/DER MINERALSTOFFE]-QUELLE erfüllen.		2009;7(9):1215	253
Eisen	Eisen trägt zu einem normalen Energiestoffwechsel bei	Die Angabe darf nur für Lebensmittel verwendet werden, die die Mindestanforderungen an eine Eisenquelle gemäß der im Anhang der Verordnung (EG) Nr. 1924/2006 aufgeführten Angabe [NAME DES VITAMINS/DER VITAMINE] UND/ODER [NAME DES MINERALSTOFFS/DER MINERALSTOFFE]-QUELLE erfüllen.		2009;7(9):1215 2010;8(10):1740	251, 1589, 255
Eisen	Eisen trägt zur normalen Bildung von roten Blutkörperchen und Hämoglobin bei	Die Angabe darf nur für Lebensmittel verwendet werden, die die Mindestanforderungen an eine Eisenquelle gemäß der im Anhang der Verordnung (EG) Nr. 1924/2006 aufgeführten Angabe [NAME DES VITAMINS/DER VITAMINE] UND/ODER [NAME DES MINERALSTOFFS/DER MINERALSTOFFE]-QUELLE erfüllen.		2009;7(9):1215 2010;8(10):1740	249, 1589, 374, 2889
Eisen	Eisen trägt zu einem normalen Sauerstofftransport im Körper bei	Die Angabe darf nur für Lebensmittel verwendet werden, die die Mindestanforderungen an eine Eisenquelle gemäß der im Anhang der Verordnung (EG) Nr. 1924/2006 aufgeführten Angabe [NAME DES VITAMINS/DER VITAMINE] UND/ODER [NAME DES MINERALSTOFFS/DER MINERALSTOFFE]-QUELLE erfüllen.		2009;7(9):1215 2010;8(10):1740	250, 254, 256, 255

Nährstoff, Substanz, Lebensmittel oder Lebensmittelkategorie	Angabe	Bedingungen für die Verwendung der Angabe	Bedingungen und/oder Beschränkungen hinsichtlich der Verwendung des Lebensmittels und/oder zusätzliche Erklärungen oder Warnungen	Nummer im EFSA Journal	Nummer des Eintrags in der konsolidierten Liste, die der EFSA zur Bewertung vorgelegt wurde
Eisen	Eisen trägt zu einer normalen Funktion des Immunsystems bei	Die Angabe darf nur für Lebensmittel verwendet werden, die die Mindestanforderungen an eine Eisenquelle gemäß der im Anhang der Verordnung (EG) Nr. 1924/2006 aufgeführten Angabe [NAME DES VITAMINS/DER VITAMINE] UND/ODER [NAME DES MINERALSTOFFS/DER MINERALSTOFFE]-QUELLE erfüllen.		2009; 7(9):1215	252, 259
Eisen	Eisen trägt zur Verringerung von Müdigkeit und Ermüdung bei	Die Angabe darf nur für Lebensmittel verwendet werden, die die Mindestanforderungen an eine Eisenquelle gemäß der im Anhang der Verordnung (EG) Nr. 1924/2006 aufgeführten Angabe [NAME DES VITAMINS/DER VITAMINE] UND/ODER [NAME DES MINERALSTOFFS/DER MINERALSTOFFE]-QUELLE erfüllen.		2010; 8(10):1740	255, 374, 2889
Eisen	Eisen hat eine Funktion bei der Zellteilung	Die Angabe darf nur für Lebensmittel verwendet werden, die die Mindestanforderungen an eine Eisenquelle gemäß der im Anhang der Verordnung (EG) Nr. 1924/2006 aufgeführten Angabe [NAME DES VITAMINS/DER VITAMINE] UND/ODER [NAME DES MINERALSTOFFS/DER MINERALSTOFFE]-QUELLE erfüllen.		2009; 7(9):1215	368
Fleisch und Fisch	Fleisch bzw. Fisch trägt bei Verzehr mit anderen eisenhaltigen Lebensmitteln zu einer verbesserten Eisenaufnahme bei	Die Angabe darf nur für Lebensmittel verwendet werden, die mindestens 50 g Fleisch oder Fisch je angegebene Einzelportion enthalten. Damit die Angabe zulässig ist, sind die Verbraucher darüber zu unterrichten, dass sich die positive Wirkung einstellt, wenn 50 g Fleisch oder Fisch zusammen mit einem oder mehreren Lebensmitteln verzehrt werden, die Nicht-Häm-Eisen enthalten.		2011; 9(4):2040	1223

Nährstoff, Substanz, Lebensmittel oder Lebensmittelkategorie	Angabe	Bedingungen für die Verwendung der Angabe	Bedingungen und/oder Beschränkungen hinsichtlich der Verwendung des Lebensmittels und/oder zusätzliche Erklärungen oder Warnungen	Nummer im EFSA Journal	Nummer des Eintrags in der konsolidierten Liste, die der EFSA zur Bewertung vorgelegt wurde
Fluorid	Fluorid trägt zur Erhaltung der Zahnmineralisierung bei	Die Angabe darf nur für Lebensmittel verwendet werden, die die Mindestanforderungen an eine Fluoridquelle gemäß der im Anhang der Verordnung (EG) Nr. 1924/2006 aufgeführten Angabe [NAME DES VITAMINS/DER VITAMINE] UND/ODER [NAME DES MINERALSTOFFS/DER MINERALSTOFFE]-QUELLE erfüllen.		2009; 7(9):1212 2010; 8(10):1797	275, 276, 338, 4238
Folat	Folat trägt zum Wachstum des mütterlichen Gewebes während der Schwangerschaft bei	Die Angabe darf nur für Lebensmittel verwendet werden, die die Mindestanforderungen an eine Folatquelle gemäß der im Anhang der Verordnung (EG) Nr. 1924/2006 aufgeführten Angabe [NAME DES VITAMINS/DER VITAMINE] UND/ODER [NAME DES MINERALSTOFFS/DER MINERALSTOFFE]-QUELLE erfüllen.		2009; 7(9):1213	2882
Folat	Folat trägt zu einer normalen Aminsäuresynthese bei	Die Angabe darf nur für Lebensmittel verwendet werden, die die Mindestanforderungen an eine Folatquelle gemäß der im Anhang der Verordnung (EG) Nr. 1924/2006 aufgeführten Angabe [NAME DES VITAMINS/DER VITAMINE] UND/ODER [NAME DES MINERALSTOFFS/DER MINERALSTOFFE]-QUELLE erfüllen.		2010; 8(10):1760	195, 2881
Folat	Folat trägt zu einer normalen Blutbildung bei	Die Angabe darf nur für Lebensmittel verwendet werden, die die Mindestanforderungen an eine Folatquelle gemäß der im Anhang der Verordnung (EG) Nr. 1924/2006 aufgeführten Angabe [NAME DES VITAMINS/DER VITAMINE] UND/ODER [NAME DES MINERALSTOFFS/DER MINERALSTOFFE]-QUELLE erfüllen.		2009; 7(9):1213	79

Nährstoff, Substanz, Lebensmittel oder Lebensmittelkategorie	Angabe	Bedingungen für die Verwendung der Angabe	Bedingungen und/oder Beschränkungen hinsichtlich der Verwendung des Lebensmittels und/oder zusätzliche Erklärungen oder Warnungen	Nummer im EFSA Journal	Nummer des Eintrags in der konsolidierten Liste, die der EFSA zur Bewertung vorgelegt wurde
Folat	Folat trägt zu einem normalen Homocystein-Stoffwechsel bei	Die Angabe darf nur für Lebensmittel verwendet werden, die die Mindestanforderungen an eine Folatquelle gemäß der im Anhang der Verordnung (EG) Nr. 1924/2006 aufgeführten Angabe [NAME DES VITAMINS/DER VITAMINE] UND/ODER [NAME DES MINERALSTOFFS/DER MINERALSTOFFE]-QUELLE erfüllen.		2009; 7(9):1213	80
Folat	Folat trägt zur normalen psychischen Funktion bei	Die Angabe darf nur für Lebensmittel verwendet werden, die die Mindestanforderungen an eine Folatquelle gemäß der im Anhang der Verordnung (EG) Nr. 1924/2006 aufgeführten Angabe [NAME DES VITAMINS/DER VITAMINE] UND/ODER [NAME DES MINERALSTOFFS/DER MINERALSTOFFE]-QUELLE erfüllen.		2010; 8(10):1760	81, 85, 86, 88
Folat	Folat trägt zu einer normalen Funktion des Immunsystems bei	Die Angabe darf nur für Lebensmittel verwendet werden, die die Mindestanforderungen an eine Folatquelle gemäß der im Anhang der Verordnung (EG) Nr. 1924/2006 aufgeführten Angabe [NAME DES VITAMINS/DER VITAMINE] UND/ODER [NAME DES MINERALSTOFFS/DER MINERALSTOFFE]-QUELLE erfüllen.		2009; 7(9):1213	91
Folat	Folat trägt zur Verringerung von Müdigkeit und Ermüdung bei	Die Angabe darf nur für Lebensmittel verwendet werden, die die Mindestanforderungen an eine Folatquelle gemäß der im Anhang der Verordnung (EG) Nr. 1924/2006 aufgeführten Angabe [NAME DES VITAMINS/DER VITAMINE] UND/ODER [NAME DES MINERALSTOFFS/DER MINERALSTOFFE]-QUELLE erfüllen.		2010; 8(10):1760	84

Nährstoff, Substanz, Lebensmittel oder Lebensmittelkategorie	Angabe	Bedingungen für die Verwendung der Angabe	Bedingungen und/oder Beschränkungen hinsichtlich der Verwendung des Lebensmittels und/oder zusätzliche Erklärungen oder Warnungen	Nummer im EFSA Journal	Nummer des Eintrags in der konsolidierten Liste, die der EFSA zur Bewertung vorgelegt wurde
Folat	Folat hat eine Funktion bei der Zellteilung	Die Angabe darf nur für Lebensmittel verwendet werden, die die Mindestanforderungen an eine Folatquelle gemäß der im Anhang der Verordnung (EG) Nr. 1924/2006 aufgeführten Angabe [NAME DES VITAMINS/DER VITAMINE] UND/ODER [NAME DES MINERALSTOFFS/DER MINERALSTOFFE]-QUELLE erfüllen.		2009; 7(9):1213 2010; 8(10):1760	193, 195, 2881
Fructose	Der Verzehr von Lebensmitteln, die Fructose enthalten, führt zu einem geringeren Glucoseanstieg im Blut im Vergleich zu Lebensmitteln, die Saccharose oder Glucose enthalten.	Damit die Angabe zulässig ist, sollte in zuckergesüßten Lebensmitteln oder Getränken Glucose und/oder Saccharose durch Fructose ersetzt werden, so dass die Verringerung des Glucose- und/oder Saccharosegehalts in diesen Lebensmitteln oder Getränken mindestens 30 % beträgt.		2011;9(6):2223	558
Gerstenkorn-Ballaststoffe	Gerstenkorn-Ballaststoffe tragen zur Erhöhung des Stuhlvolumens bei	Die Angabe darf nur für Lebensmittel verwendet werden, die einen hohen Gehalt an diesem Ballaststoff gemäß der im Anhang der Verordnung (EG) Nr. 1924/2006 aufgeführten Angabe HOHER BALLASTSTOFFGEHALT haben.		2011; 9(6):2249	819
Getrocknete Pflaumen von „prunus"-Kultivaren (*Prunus domestica* L.)	Getrocknete Pflaumen tragen zu einer normalen Darmfunktion bei	Die Angabe darf nur für Lebensmittel verwendet werden, deren Verzehr eine tägliche Aufnahme von 100 g getrockneter Pflaumen gewährleistet. Damit die Angabe zulässig ist, sind die Verbraucher darüber zu unterrichten, dass sich die positive Wirkung bei einer täglichen Aufnahme von 100 g getrockneter Pflaumen einstellt.		2012;10(6):2712	1164

VO (EU) Nr. 432/2012

Nährstoff, Substanz, Lebensmittel oder Lebensmittelkategorie	Angabe	Bedingungen für die Verwendung der Angabe	Bedingungen und/oder Beschränkungen hinsichtlich der Verwendung des Lebensmittels und/oder zusätzliche Erklärungen oder Warnungen	Nummer im EFSA Journal	Nummer des Eintrags in der konsolidierten Liste, die der EFSA zur Bewertung vorgelegt wurde
Glucomannan (Konjak Mannan)	Glucomannan trägt zur Aufrechterhaltung eines normalen Cholesterinspiegels im Blut bei	Die Angabe darf nur für Lebensmittel verwendet werden, deren Verzehr eine tägliche Aufnahme von 4 g Glucomannan gewährleistet. Damit die Angabe zulässig ist, sind die Verbraucher darüber zu unterrichten, dass sich die positive Wirkung bei einer täglichen Aufnahme von 4 g Glucomannan einstellt.	Warnung, dass bei Verbrauchern mit Schluckbeschwerden oder bei unzureichender Flüssigkeitszufuhr Erstickungsgefahr besteht – Empfehlung der Einnahme mit reichlich Wasser, damit Glucomannan in den Magen gelangt.	2009; 7(9):1258 2010; 8(10):1798	836, 1560, 3100, 3217
Glucomannan (Konjak Mannan)	Glucomannan trägt im Rahmen einer kalorienarmen Ernährung zu Gewichtsverlust bei	Die Angabe darf nur für Lebensmittel verwendet werden, die 1 g Glucomannan je angegebene Portion enthalten. Damit die Angabe zulässig ist, sind die Verbraucher darüber zu unterrichten, dass sich die positive Wirkung bei einer täglichen Aufnahme von 3 g Glucomannan in drei Portionen à 1 g in Verbindung mit 1–2 Gläsern Wasser vor den Mahlzeiten und im Rahmen einer kalorienarmen Ernährung einstellt.	Warnung, dass bei Verbrauchern mit Schluckbeschwerden oder bei unzureichender Flüssigkeitszufuhr Erstickungsgefahr besteht – Empfehlung der Einnahme mit reichlich Wasser, damit Glucomannan in den Magen gelangt.	2010; 8(10):1798	854, 1556, 3725,
Guarkernmehl	Guarkernmehl trägt zur Aufrechterhaltung eines normalen Cholesterinspiegels im Blut bei	Die Angabe darf nur für Lebensmittel verwendet werden, deren Verzehr eine tägliche Aufnahme von 10 g Guarkernmehl gewährleistet. Damit die Angabe zulässig ist, sind die Verbraucher darüber zu unterrichten, dass sich die positive Wirkung bei einer täglichen Aufnahme von 10 g Guarkernmehl einstellt.	Warnung, dass bei Verbrauchern mit Schluckbeschwerden oder bei unzureichender Flüssigkeitszufuhr Erstickungsgefahr besteht – Empfehlung der Einnahme mit reichlich Wasser, damit Guarkernmehl in den Magen gelangt.	2010; 8(2):1464	808

Nährstoff, Substanz, Lebensmittel oder Lebensmittelkategorie	Angabe	Bedingungen für die Verwendung der Angabe	Bedingungen und/oder Beschränkungen hinsichtlich der Verwendung des Lebensmittels und/oder zusätzliche Erklärungen oder Warnungen	Nummer im EFSA Journal	Nummer des Eintrags in der konsolidierten Liste, die der EFSA zur Bewertung vorgelegt wurde
Haferkorn-Ballaststoffe	Haferkorn-Ballaststoffe tragen zur Erhöhung des Stuhlvolumens bei	Die Angabe darf nur für Lebensmittel verwendet werden, die einen hohen Gehalt an diesem Ballaststoff gemäß der im Anhang der Verordnung (EG) Nr. 1924/2006 aufgeführten Angabe HOHER BALLASTSTOFFGEHALT aufweisen.		2011; 9(6):2249	822
Hydroxypropylmethylcellulose (HPMC)	Die Aufnahme von Hydroxypropylmethylcellulose im Rahmen einer Mahlzeit trägt dazu bei, dass der Blutzuckerspiegel nach der Mahlzeit weniger stark ansteigt	Die Angabe darf nur für Lebensmittel verwendet werden, die 4 g HPMC je angegebene Portion im Rahmen einer Mahlzeit enthalten. Damit die Angabe zulässig ist, sind die Verbraucher darüber zu unterrichten, dass sich die positive Wirkung einstellt, wenn 4 g HPMC im Rahmen der Mahlzeit aufgenommen werden.	Warnung, dass bei Verbrauchern mit Schluckbeschwerden oder bei unzureichender Flüssigkeitszufuhr Erstickungsgefahr besteht – Empfehlung der Einnahme mit reichlich Wasser, damit Hydroxypropylmethylcellulose in den Magen gelangt.	2010; 8(10):1739	814
Hydroxypropylmethylcellulose (HPMC)	Hydroxypropylmethylcellulose trägt zur Aufrechterhaltung eines normalen Cholesterinspiegels im Blut bei	Die Angabe darf nur für Lebensmittel verwendet werden, deren Verzehr eine tägliche Aufnahme von 5 g HPMC gewährleistet. Damit die Angabe zulässig ist, sind die Verbraucher darüber zu unterrichten, dass sich die positive Wirkung bei einer täglichen Aufnahme von 5 g HPMC einstellt.	Warnung, dass bei Verbrauchern mit Schluckbeschwerden oder bei unzureichender Flüssigkeitszufuhr Erstickungsgefahr besteht – Empfehlung der Einnahme mit reichlich Wasser, damit Hydroxypropylmethylcellulose in den Magen gelangt.	2010; 8(10):1739	815

Nährstoff, Substanz, Lebensmittel oder Lebensmittelkategorie	Angabe	Bedingungen für die Verwendung der Angabe	Bedingungen und/oder Beschränkungen hinsichtlich der Verwendung des Lebensmittels und/oder zusätzliche Erklärungen oder Warnungen	Nummer im EFSA Journal	Nummer des Eintrags in der konsolidierten Liste, die der EFSA zur Bewertung vorgelegt wurde
Jod	Jod trägt zu einer normalen kognitiven Funktion bei	Die Angabe darf nur für Lebensmittel verwendet werden, die die Mindestanforderungen an eine Jodquelle gemäß der im Anhang der Verordnung (EG) Nr. 1924/2006 aufgeführten Angabe [NAME DES VITAMINS/DER VITAMINE] UND/ODER [NAME DES MINERALSTOFFS/DER MINERALSTOFFE]-QUELLE erfüllen.		2010; 8(10):1800	273
Jod	Jod trägt zu einem normalen Energiestoffwechsel bei	Die Angabe darf nur für Lebensmittel verwendet werden, die die Mindestanforderungen an eine Jodquelle gemäß der im Anhang der Verordnung (EG) Nr. 1924/2006 aufgeführten Angabe [NAME DES VITAMINS/DER VITAMINE] UND/ODER [NAME DES MINERALSTOFFS/DER MINERALSTOFFE]-QUELLE erfüllen.		2009; 7(9):1214 2010; 8(10):1800	274, 402
Jod	Jod trägt zu einer normalen Funktion des Nervensystems bei	Die Angabe darf nur für Lebensmittel verwendet werden, die die Mindestanforderungen an eine Jodquelle gemäß der im Anhang der Verordnung (EG) Nr. 1924/2006 aufgeführten Angabe [NAME DES VITAMINS/DER VITAMINE] UND/ODER [NAME DES MINERALSTOFFS/DER MINERALSTOFFE]-QUELLE erfüllen.		2010; 8(10):1800	273
Jod	Jod trägt zur Erhaltung normaler Haut bei	Die Angabe darf nur für Lebensmittel verwendet werden, die die Mindestanforderungen an eine Jodquelle gemäß der im Anhang der Verordnung (EG) Nr. 1924/2006 aufgeführten Angabe [NAME DES VITAMINS/DER VITAMINE] UND/ODER [NAME DES MINERALSTOFFS/DER MINERALSTOFFE]-QUELLE erfüllen.		2009; 7(9):1214	370

Nährstoff, Substanz, Lebensmittel oder Lebensmittelkategorie	Angabe	Bedingungen für die Verwendung der Angabe	Bedingungen und/oder Beschränkungen hinsichtlich der Verwendung des Lebensmittels und/oder zusätzliche Erklärungen oder Warnungen	Nummer im EFSA Journal	Nummer des Eintrags in der konsolidierten Liste, die der EFSA zur Bewertung vorgelegt wurde
Jod	Jod trägt zu einer normalen Produktion von Schilddrüsenhormonen und zu einer normalen Schilddrüsenfunktion bei	Die Angabe darf nur für Lebensmittel verwendet werden, die Mindestanforderungen an eine Jodquelle gemäß der im Anhang der Verordnung (EG) Nr. 1924/2006 aufgeführten Angabe [NAME DES VITAMINS/DER VITAMINE] UND/ODER [NAME DES MINERALSTOFFS/DER MINERALSTOFFE]-QUELLE erfüllen.		2009;7(9):1214 2010; 8(10):1800	274, 1237
Kakaoflavanole	Kakaoflavanole fördern die Elastizität der Blutgefäße, was zum normalen Blutfluss beiträgt (*) (**).	Die Verbraucher sind darüber zu informieren, dass die positive Wirkung bei einer täglichen Aufnahme von 200 mg Kakaoflavanolen erzielt wird. Die Angabe darf nur bei Kakaogetränken (mit Kakaopulver) oder bei dunkler Schokolade verwendet werden, die mindestens eine tägliche Aufnahme von 200 mg Kakaoflavanolen mit einem Polymerisationsgrad von 1-10 liefern (*). Die Angabe darf nur für Kapseln oder Tabletten mit Kakaoextrakt mit einem hohen Anteil an Flavanolen verwendet werden, die mindestens eine tägliche Aufnahme von 200 mg Kakaoflavanolen mit einem Polymerisationsgrad von 1-10 liefern (**).	–	2012;10(7): 2809 (*) 2014;12(5): 3654 (**)	–
Kalium	Kalium trägt zu einer normalen Funktion des Nervensystems bei	Die Angabe darf nur für Lebensmittel verwendet werden, die Mindestanforderungen an eine Kaliumquelle gemäß der im Anhang der Verordnung (EG) Nr. 1924/2006 aufgeführten Angabe [NAME DES VITAMINS/DER VITAMINE] UND/ODER [NAME DES MINERALSTOFFS/DER MINERALSTOFFE]-QUELLE erfüllen.		2010; 8(2):1469	386

(*) Zugelassen am 24. September 2013, für einen Zeitraum von fünf Jahren beschränkt auf die Verwendung durch Barry Callebaut Belgium NV, Aalstersestraat 122, B-9280 Lebbeke-Wieze, Belgien.

(**) Zugelassen am 21. April 2015, für einen Zeitraum von fünf Jahren beschränkt auf die Verwendung durch Barry Callebaut Belgium NV, Aalstersestraat 122, B-9280 Lebbeke-Wieze, Belgien.

Nährstoff, Substanz, Lebensmittel oder Lebensmittelkategorie	Angabe	Bedingungen für die Verwendung der Angabe	Bedingungen und/oder Beschränkungen hinsichtlich der Verwendung des Lebensmittels und/oder zusätzliche Erklärungen oder Warnungen	Nummer im EFSA Journal	Nummer des Eintrags in der konsolidierten Liste, die der EFSA zur Bewertung vorgelegt wurde
Kalium	Kalium trägt zu einer normalen Muskelfunktion bei	Die Angabe darf nur für Lebensmittel verwendet werden, die die Mindestanforderungen an eine Kaliumquelle gemäß der im Anhang der Verordnung (EG) Nr. 1924/2006 aufgeführten Angabe [NAME DES VITAMINS/DER VITAMINE] UND/ODER [NAME DES MINERALSTOFFS/DER MINERALSTOFFE]-QUELLE erfüllen.		2010;8(2):1469	320
Kalium	Kalium trägt zur Aufrechterhaltung eines normalen Blutdrucks bei	Die Angabe darf nur für Lebensmittel verwendet werden, die die Mindestanforderungen an eine Kaliumquelle gemäß der im Anhang der Verordnung (EG) Nr. 1924/2006 aufgeführten Angabe [NAME DES VITAMINS/DER VITAMINE] UND/ODER [NAME DES MINERALSTOFFS/DER MINERALSTOFFE]-QUELLE erfüllen.		2010;8(2):1469	321
Kohlenhydrate	Kohlenhydrate tragen zur Aufrechterhaltung einer normalen Gehirnfunktion bei	Damit die Angabe zulässig ist, sind die Verbraucher darüber zu unterrichten, dass sich die positive Wirkung bei einer täglichen Aufnahme von 130 g Kohlenhydraten aus allen Quellen einstellt. Die Angabe darf verwendet werden für Lebensmittel, die mindestens 20 g vom Menschen verstoffwechselbare Kohlenhydrate außer Polyolen pro quantifizierter Portion enthalten und der nährwertbezogenen Angabe ZUCKERARM oder OHNE ZUCKERZUSATZ gemäß dem Anhang der Verordnung (EG) Nr. 1924/2006 entsprechen.	Die Angabe darf nicht für Lebensmittel verwendet werden, die zu 100 % aus Zucker bestehen.	2011;9(6):2226	603, 653

Nährstoff, Substanz, Lebensmittel oder Lebensmittelkategorie	Angabe	Bedingungen für die Verwendung der Angabe	Bedingungen und/oder Beschränkungen hinsichtlich der Verwendung des Lebensmittels und/oder zusätzliche Erklärungen oder Warnungen	Nummer im EFSA Journal	Nummer des Eintrags in der konsolidierten Liste, die der EFSA zur Bewertung vorgelegt wurde
Kohlenhydrate	Kohlenhydrate tragen nach sehr intensiver und/oder sehr langer körperlicher Betätigung, die zur Erschöpfung der Muskulatur und der Glykogenvorräte in der Skelettmuskulatur führt, zur Wiederherstellung der normalen Muskelfunktion (Kontraktion) bei.	Die Angabe darf nur für Lebensmittel verwendet werden, die vom Menschen verstoffwechselbare Kohlenhydrate (außer Polyole) bereitstellen. Die Verbraucher sind darüber zu unterrichten, dass die positive Wirkung durch den Verzehr von insgesamt 4 g Kohlenhydraten pro kg Körpergewicht aus allen Quellen in einzelnen Dosen in den ersten 4 Stunden und spätestens 6 Stunden nach Beendigung der sehr intensiven und/oder sehr langen körperlichen Betätigung, die zur Erschöpfung der Muskulatur und der Glykogenvorräte in der Skelettmuskulatur führt, erreicht wird.	Die Angabe darf nur für Lebensmittel verwendet werden, die für erwachsene Menschen bestimmt sind, die sich sehr intensiv und/oder sehr lange körperlich betätigt und damit ihre Muskulatur und Glykogenvorräte in der Skelettmuskulatur erschöpft haben.	2013;11(10):3409	
Kohlenhydrat-Elektrolyt-Lösungen	Kohlenhydrat-Elektrolyt-Lösungen tragen zur Aufrechterhaltung der Ausdauerleistung bei längerem Ausdauertraining bei.	Damit die Angabe zulässig ist, sollten Kohlenhydrat-Elektrolyt-Lösungen 80–350 kcal/l aus Kohlenhydraten enthalten und mindestens 75 % der Energie sollten aus Kohlenhydraten gewonnen werden, die eine deutliche blutzuckersteigernde Wirkung haben, wie Glucose, Glucosepolymere und Saccharose. Die Getränke sollten ferner zwischen 20 mmol/l (460 mg/l) und 50 mmol/l (1 150 mg/l) Natrium enthalten und eine Osmolalität von 200–330 mOsm/kg Wasser aufweisen.		2011; 9(6):2211	466, 469
Kohlenhydrat-Elektrolyt-Lösungen	Kohlenhydrat-Elektrolyt-Lösungen verbessern die Aufnahme von Wasser während der körperlichen Betätigung	Damit die Angabe zulässig ist, sollten Kohlenhydrat-Elektrolyt-Lösungen 80–350 kcal/l aus Kohlenhydraten enthalten und mindestens 75 % der Energie sollten aus Kohlenhydraten gewonnen werden, die eine deutliche blutzuckersteigernde Wirkung haben, wie Glucose, Glucosepolymere und Saccharose. Die Getränke sollten ferner zwischen 20 mmol/l (460 mg/l) und 50 mmol/l (1 150 mg/l) Natrium enthalten und eine Osmolalität von 200–330 mOsm/kg Wasser aufweisen.		2011; 9(6):2211	314, 315, 316, 317, 319, 322, 325, 332, 408, 465, 473, 1168, 1574, 1593, 1618, 4302, 4309

Nährstoff, Substanz, Lebensmittel oder Lebensmittelkategorie	Angabe	Bedingungen für die Verwendung der Angabe	Bedingungen und/oder Beschränkungen hinsichtlich der Verwendung des Lebensmittels und/oder zusätzliche Erklärungen oder Warnungen	Nummer im EFSA Journal	Nummer des Eintrags in der konsolidierten Liste, die der EFSA zur Bewertung vorgelegt wurde
Kreatin	Kreatin erhöht die körperliche Leistung bei Schnellkrafttraining im Rahmen kurzzeitiger intensiver körperlicher Betätigung	Die Angabe darf nur für Lebensmittel verwendet werden, deren Verzehr eine tägliche Aufnahme von 3 g Kreatin gewährleistet. Damit die Angabe zulässig ist, sind die Verbraucher darüber zu unterrichten, dass sich die positive Wirkung bei einer täglichen Aufnahme von 3 g Kreatin einstellt.	Die Angabe darf nur für Lebensmittel verwendet werden, die für Erwachsene bestimmt sind, die einer intensiven körperlichen Betätigung nachgehen.	2011; 9(7):2303	739, 1520, 1521, 1522, 1523, 1525, 1526, 1531, 1532, 1533, 1534, 1922, 1923, 1924
Kupfer	Kupfer trägt zur Erhaltung von normalem Bindegewebe bei	Die Angabe darf nur für Lebensmittel verwendet werden, die die Mindestanforderungen an eine Kupferquelle gemäß der im Anhang der Verordnung (EG) Nr. 1924/2006 aufgeführten Angabe [NAME DES VITAMINS/DER VITAMINE] UND/ODER [NAME DES MINERALSTOFFS/DER MINERALSTOFFE]-QUELLE erfüllen.		2009; 7(9):1211	265, 271, 1722
Kupfer	Kupfer trägt zu einem normalen Energiestoffwechsel bei	Die Angabe darf nur für Lebensmittel verwendet werden, die die Mindestanforderungen an eine Kupferquelle gemäß der im Anhang der Verordnung (EG) Nr. 1924/2006 aufgeführten Angabe [NAME DES VITAMINS/DER VITAMINE] UND/ODER [NAME DES MINERALSTOFFS/DER MINERALSTOFFE]-QUELLE erfüllen.		2009; 7(9):1211 2011; 9(4):2079	266, 1729
Kupfer	Kupfer trägt zu einer normalen Funktion des Nervensystems bei	Die Angabe darf nur für Lebensmittel verwendet werden, die die Mindestanforderungen an eine Kupferquelle gemäß der im Anhang der Verordnung (EG) Nr. 1924/2006 aufgeführten Angabe [NAME DES VITAMINS/DER VITAMINE] UND/ODER [NAME DES MINERALSTOFFS/DER MINERALSTOFFE]-QUELLE erfüllen.		2009; 7(9):1211 2011; 9(4):2079	267, 1723

Nährstoff, Substanz, Lebensmittel oder Lebensmittelkategorie	Angabe	Bedingungen für die Verwendung der Angabe	Bedingungen und/oder Beschränkungen hinsichtlich der Verwendung des Lebensmittels und/oder zusätzliche Erklärungen oder Warnungen	Nummer im EFSA Journal	Nummer des Eintrags in der konsolidierten Liste, die der EFSA zur Bewertung vorgelegt wurde
Kupfer	Kupfer trägt zu einer normalen Haarpigmentierung bei	Die Angabe darf nur für Lebensmittel verwendet werden, die die Mindestanforderungen an eine Kupferquelle gemäß der im Anhang der Verordnung (EG) Nr. 1924/2006 aufgeführten Angabe [NAME DES VITAMINS/DER VITAMINE] UND/ODER [NAME DES MINERALSTOFFS/DER MINERALSTOFFE]-QUELLE erfüllen.		2009; 7(9):1211	268, 1724
Kupfer	Kupfer trägt zu einem normalen Eisentransport im Körper bei	Die Angabe darf nur für Lebensmittel verwendet werden, die die Mindestanforderungen an eine Kupferquelle gemäß der im Anhang der Verordnung (EG) Nr. 1924/2006 aufgeführten Angabe [NAME DES VITAMINS/DER VITAMINE] UND/ODER [NAME DES MINERALSTOFFS/DER MINERALSTOFFE]-QUELLE erfüllen.		2009; 7(9):1211	269, 270, 1727
Kupfer	Kupfer trägt zu einer normalen Hautpigmentierung bei	Die Angabe darf nur für Lebensmittel verwendet werden, die die Mindestanforderungen an eine Kupferquelle gemäß der im Anhang der Verordnung (EG) Nr. 1924/2006 aufgeführten Angabe [NAME DES VITAMINS/DER VITAMINE] UND/ODER [NAME DES MINERALSTOFFS/DER MINERALSTOFFE]-QUELLE erfüllen.		2009; 7(9):1211	268, 1724
Kupfer	Kupfer trägt zu einer normalen Funktion des Immunsystems bei	Die Angabe darf nur für Lebensmittel verwendet werden, die die Mindestanforderungen an eine Kupferquelle gemäß der im Anhang der Verordnung (EG) Nr. 1924/2006 aufgeführten Angabe [NAME DES VITAMINS/DER VITAMINE] UND/ODER [NAME DES MINERALSTOFFS/DER MINERALSTOFFE]-QUELLE erfüllen.		2009; 7(9):1211 2011; 9(4):2079	264, 1725

VO (EU) Nr. 432/2012

Nährstoff, Substanz, Lebensmittel oder Lebensmittelkategorie	Angabe	Bedingungen für die Verwendung der Angabe	Bedingungen und/oder Beschränkungen hinsichtlich der Verwendung des Lebensmittels und/oder zusätzliche Erklärungen oder Warnungen	Nummer im EFSA Journal	Nummer des Eintrags in der konsolidierten Liste, die der EFSA zur Bewertung vorgelegt wurde
Kupfer	Kupfer trägt dazu bei, die Zellen vor oxidativem Stress zu schützen	Die Angabe darf nur für Lebensmittel verwendet werden, die die Mindestanforderungen an eine Kupferquelle gemäß der im Anhang der Verordnung (EG) Nr. 1924/2006 aufgeführten Angabe [NAME DES VITAMINS/DER VITAMINE] UND/ODER [NAME DES MINERALSTOFFS/DER MINERALSTOFFE]-QUELLE erfüllen.		2009; 7(9):1211	263, 1726
Lactase	Bei Personen, die Probleme mit der Verdauung von Lactose haben, verbessert Lactase die Lactoseverdauung	Die Angabe darf nur verwendet werden für Nahrungsergänzungsmittel mit einem Mindestgehalt von 4500 FCC-Einheiten (Food Chemicals Codex) in Verbindung mit der an die Zielgruppe gerichteten Empfehlung der Einnahme bei jeder lactosehaltigen Mahlzeit.	Die Zielgruppe ist ferner darüber zu unterrichten, dass es Unterschiede bei der Lactosetoleranz gibt und dass die Betroffenen sich Rat bezüglich der Funktion des Stoffes bei ihrer Ernährung holen sollten.	2009; 7(9):1236 2011; 9(6):2203	1697, 1818 1974
Lactulose	Lactulose trägt zur Beschleunigung der Darmpassage bei	Die Angabe darf nur für Lebensmittel verwendet werden, die 10 g Lactulose je angegebene Portion enthalten. Damit die Angabe zulässig ist, sind die Verbraucher darüber zu unterrichten, dass sich die positive Wirkung bei einmaliger Aufnahme von 10 g Lactulose pro Tag einstellt.		2010; 8(10):1806	807
Langsam verdauliche Stärke	Beim Verzehr von Erzeugnissen mit einem hohen Gehalt an langsam verdaulicher Stärke (SDS) steigt die Blutzuckerkonzentration nach einer Mahlzeit weniger stark an als beim Verzehr von Erzeugnissen mit geringem SDS-Gehalt (*).	Die Angabe darf nur bei Lebensmitteln verwendet werden, bei denen die verdaulichen Kohlenhydrate mindestens 60 % der gesamten Energieaufnahme liefern und bei denen mindestens 55 % dieser Kohlenhydrate aus verdaulicher Stärke bestehen, wobei diese zu mindestens 40 % aus SDS besteht.		2011; 9(7):2292	–

(*) Zugelassen am 24.9.2013, für einen Zeitraum von fünf Jahren beschränkt auf die Verwendung durch Mondelēz International group, Three Parkway North Deerfield, IL 60015, USA.

Nährstoff, Substanz, Lebensmittel oder Lebensmittelkategorie	Angabe	Bedingungen für die Verwendung der Angabe	Bedingungen und/oder Beschränkungen hinsichtlich der Verwendung des Lebensmittels und/oder zusätzliche Erklärungen oder Warnungen	Nummer im EFSA Journal	Nummer des Eintrags in der konsolidierten Liste, die der EFSA zur Bewertung vorgelegt wurde
Lebende Joghurtkulturen	Die Verdauung der im Produkt enthaltenen Lactose wird durch Lebendkulturen in Joghurt oder fermentierter Milch bei Personen, die Probleme mit der Lactoseverdauung haben, verbessert	Damit die Angabe zulässig ist, sollte der Joghurt bzw. die fermentierte Milch mindestens 10⁸ koloniebildende Einheiten lebender Startermikroorganismen (*Lactobacillus delbrueckii* subsp. *bulgaricus* und *Streptococcus thermophilus*) je Gramm enthalten.		2010; 8(10):1763	1143, 2976
Lebensmittel mit geringem oder reduziertem Gehalt an gesättigten Fettsäuren	Eine Reduzierung der Aufnahme an gesättigten Fettsäuren trägt zur Aufrechterhaltung eines normalen Cholesterinspiegels im Blut bei	Die Angabe darf nur für Lebensmittel verwendet werden, die die Mindestanforderungen an einen geringen Gehalt an gesättigten Fettsäuren gemäß der im Anhang der Verordnung (EG) Nr. 1924/2006 aufgeführten Angabe ARM AN GESÄTTIGTEN FETTSÄUREN oder an einen reduzierten Gehalt an gesättigten Fettsäuren gemäß der in der genannten Verordnung aufgeführten Angabe REDUZIERTER [NAME DES NÄHRSTOFFS]-ANTEIL erfüllen.		2011; 9(4):2062	620, 671, 4332
Lebensmittel mit geringem oder reduziertem Natriumgehalt	Eine Reduzierung der Natrium-Aufnahme trägt zur Aufrechterhaltung eines normalen Blutdrucks bei	Die Angabe darf nur für Lebensmittel verwendet werden, die die Mindestanforderungen an einen geringen Gehalt an Natrium/Kochsalz gemäß der im Anhang der Verordnung (EG) Nr. 1924/2006 aufgeführten Angabe NATRIUMARM/KOCHSALZARM oder an einen reduzierten Natrium-/Kochsalzgehalt gemäß der in der genannten Verordnung aufgeführten Angabe REDUZIERTER [NAME DES NÄHRSTOFFS]-ANTEIL erfüllen.		2011; 9(6):2237	336, 705, 1148, 1178, 1185, 1420

VO (EU) Nr. 432/2012

Nährstoff, Substanz, Lebensmittel oder Lebensmittelkategorie	Angabe	Bedingungen für die Verwendung der Angabe	Bedingungen und/oder Beschränkungen hinsichtlich der Verwendung des Lebensmittels und/oder zusätzliche Erklärungen oder Warnungen	Nummer im EFSA Journal	Nummer des Eintrags in der konsolidierten Liste, die der EFSA zur Bewertung vorgelegt wurde
Linolsäure	Linolsäure trägt zur Aufrechterhaltung eines normalen Cholesterinspiegels im Blut bei	Die Angabe darf nur für Lebensmittel verwendet werden, die mindestens 1,5 g Linolsäure je 100 g und je 100 kcal bereitstellen. Unterrichtung der Verbraucher, dass sich die positive Wirkung bei einer täglichen Aufnahme von 10 g Linolsäure einstellt.		2009; 7(9):1276 2011; 9(6):2235	489, 2899
Magnesium	Magnesium trägt zur Verringerung von Müdigkeit und Ermüdung bei	Die Angabe darf nur für Lebensmittel verwendet werden, die die Mindestanforderungen an eine Magnesiumquelle gemäß der im Anhang der Verordnung (EG) Nr. 1924/2006 aufgeführten Angabe [NAME DES VITAMINS/DER VITAMINE] UND/ODER [NAME DES MINERALSTOFFS/DER MINERALSTOFFE]-QUELLE erfüllen.		2010; 8(10):1807	244
Magnesium	Magnesium trägt zum Elektrolytgleichgewicht bei	Die Angabe darf nur für Lebensmittel verwendet werden, die die Mindestanforderungen an eine Magnesiumquelle gemäß der im Anhang der Verordnung (EG) Nr. 1924/2006 aufgeführten Angabe [NAME DES VITAMINS/DER VITAMINE] UND/ODER [NAME DES MINERALSTOFFS/DER MINERALSTOFFE]-QUELLE erfüllen.		2009; 7(9):1216	238
Magnesium	Magnesium trägt zu einem normalen Energiestoffwechsel bei	Die Angabe darf nur für Lebensmittel verwendet werden, die die Mindestanforderungen an eine Magnesiumquelle gemäß der im Anhang der Verordnung (EG) Nr. 1924/2006 aufgeführten Angabe [NAME DES VITAMINS/DER VITAMINE] UND/ODER [NAME DES MINERALSTOFFS/DER MINERALSTOFFE]-QUELLE erfüllen.		2009; 7(9):1216	240, 247, 248

Nährstoff, Substanz, Lebensmittel oder Lebensmittelkategorie	Angabe	Bedingungen für die Verwendung der Angabe	Bedingungen und/oder Beschränkungen hinsichtlich der Verwendung des Lebensmittels und/oder zusätzliche Erklärungen oder Warnungen	Nummer im EFSA Journal	Nummer des Eintrags in der konsolidierten Liste, die der EFSA zur Bewertung vorgelegt wurde
Magnesium	Magnesium trägt zu einer normalen Funktion des Nervensystems bei	Die Angabe darf nur für Lebensmittel verwendet werden, die die Mindestanforderungen an eine Magnesiumquelle gemäß der im Anhang der Verordnung (EG) Nr. 1924/2006 aufgeführten Angabe [NAME DES VITAMINS/DER VITAMINE] UND/ODER [NAME DES MINERALSTOFFS/DER MINERALSTOFFE]-QUELLE erfüllen.		2009; 7(9):1216	242
Magnesium	Magnesium trägt zu einer normalen Muskelfunktion bei	Die Angabe darf nur für Lebensmittel verwendet werden, die die Mindestanforderungen an eine Magnesiumquelle gemäß der im Anhang der Verordnung (EG) Nr. 1924/2006 aufgeführten Angabe [NAME DES VITAMINS/DER VITAMINE] UND/ODER [NAME DES MINERALSTOFFS/DER MINERALSTOFFE]-QUELLE erfüllen.		2009; 7(9):1216 2010; 8(10):1807	241, 380, 3083
Magnesium	Magnesium trägt zu einer normalen Eiweißsynthese bei	Die Angabe darf nur für Lebensmittel verwendet werden, die die Mindestanforderungen an eine Magnesiumquelle gemäß der im Anhang der Verordnung (EG) Nr. 1924/2006 aufgeführten Angabe [NAME DES VITAMINS/DER VITAMINE] UND/ODER [NAME DES MINERALSTOFFS/DER MINERALSTOFFE]-QUELLE erfüllen.		2009; 7(9):1216	364
Magnesium	Magnesium trägt zur normalen psychischen Funktion bei	Die Angabe darf nur für Lebensmittel verwendet werden, die die Mindestanforderungen an eine Magnesiumquelle gemäß der im Anhang der Verordnung (EG) Nr. 1924/2006 aufgeführten Angabe [NAME DES VITAMINS/DER VITAMINE] UND/ODER [NAME DES MINERALSTOFFS/DER MINERALSTOFFE]-QUELLE erfüllen.		2010; 8(10):1807	245, 246

Nährstoff, Substanz, Lebensmittel oder Lebensmittelkategorie	Angabe	Bedingungen für die Verwendung der Angabe	Bedingungen und/oder Beschränkungen hinsichtlich der Verwendung des Lebensmittels und/oder zusätzliche Erklärungen oder Warnungen	Nummer im EFSA Journal	Nummer des Eintrags in der konsolidierten Liste, die der EFSA zur Bewertung vorgelegt wurde
Magnesium	Magnesium trägt zur Erhaltung normaler Knochen bei	Die Angabe darf nur für Lebensmittel verwendet werden, die die Mindestanforderungen an eine Magnesiumquelle gemäß der im Anhang der Verordnung (EG) Nr. 1924/2006 aufgeführten Angabe [NAME DES VITAMINS/DER VITAMINE] UND/ODER [NAME DES MINERALSTOFFS/DER MINERALSTOFFE]-QUELLE erfüllen.		2009;7(9):1216	239
Magnesium	Magnesium trägt zur Erhaltung normaler Zähne bei	Die Angabe darf nur für Lebensmittel verwendet werden, die die Mindestanforderungen an eine Magnesiumquelle gemäß der im Anhang der Verordnung (EG) Nr. 1924/2006 aufgeführten Angabe [NAME DES VITAMINS/DER VITAMINE] UND/ODER [NAME DES MINERALSTOFFS/DER MINERALSTOFFE]-QUELLE erfüllen.		2009;7(9):1216	239
Magnesium	Magnesium hat eine Funktion bei der Zellteilung	Die Angabe darf nur für Lebensmittel verwendet werden, die die Mindestanforderungen an eine Magnesiumquelle gemäß der im Anhang der Verordnung (EG) Nr. 1924/2006 aufgeführten Angabe [NAME DES VITAMINS/DER VITAMINE] UND/ODER [NAME DES MINERALSTOFFS/DER MINERALSTOFFE]-QUELLE erfüllen.		2009;7(9):1216	365
Mahlzeitersatz für eine gewichtskontrollierende Ernährung	Das Ersetzen von einer der täglichen Mahlzeiten im Rahmen einer kalorienarmen Ernährung durch einen solchen Mahlzeitersatz trägt dazu bei, das Gewicht nach Gewichtsabnahme zu halten	Damit die Angabe zulässig ist, sollte das Lebensmittel den Anforderungen der Richtlinie 96/8/EG an Lebensmittelprodukte im Sinne von Artikel 1 Absatz 2 Buchstabe b der genannten Richtlinie entsprechen. Um die angegebene Wirkung zu erzielen, sollte täglich eine Mahlzeit durch einen solchen Mahlzeitersatz ersetzt werden.		2010;8(2):1466	1418

VO (EU) Nr. 432/2012

Nährstoff, Substanz, Lebensmittel oder Lebensmittelkategorie	Angabe	Bedingungen für die Verwendung der Angabe	Bedingungen und/oder Beschränkungen hinsichtlich der Verwendung des Lebensmittels und/oder zusätzliche Erklärungen oder Warnungen	Nummer im EFSA Journal	Nummer des Eintrags in der konsolidierten Liste, die der EFSA zur Bewertung vorgelegt wurde
Mahlzeitersatz für eine gewichtskontrollierende Ernährung	Das Ersetzen von zwei der täglichen Mahlzeiten im Rahmen einer kalorienarmen Ernährung durch einen solchen Mahlzeitersatz trägt zu Gewichtsabnahme bei	Damit die Angabe zulässig ist, sollte das Lebensmittel den Anforderungen der Richtlinie 96/8/EG an Lebensmittelprodukte im Sinne von Artikel 1 Absatz 2 Buchstabe b der genannten Richtlinie entsprechen. Um die angegebene Wirkung zu erzielen, sollten täglich zwei Mahlzeiten durch einen solchen Mahlzeitersatz ersetzt werden.		2010;8(2):1466	1417
Mangan	Mangan trägt zu einem normalen Energiestoffwechsel bei	Die Angabe darf nur für Lebensmittel verwendet werden, die die Mindestanforderungen an eine Manganquelle gemäß der im Anhang der Verordnung (EG) Nr. 1924/2006 aufgeführten Angabe [NAME DES VITAMINS/DER VITAMINE] UND/ODER [NAME DES MINERALSTOFFS/DER MINERALSTOFFE]-QUELLE erfüllen.		2009;7(9):1217 2010;8(10):1808	311, 405
Mangan	Mangan trägt zur Erhaltung normaler Knochen bei	Die Angabe darf nur für Lebensmittel verwendet werden, die die Mindestanforderungen an eine Manganquelle gemäß der im Anhang der Verordnung (EG) Nr. 1924/2006 aufgeführten Angabe [NAME DES VITAMINS/DER VITAMINE] UND/ODER [NAME DES MINERALSTOFFS/DER MINERALSTOFFE]-QUELLE erfüllen.		2009;7(9):1217	310
Mangan	Mangan trägt zu einer normalen Bindegewebsbildung bei	Die Angabe darf nur für Lebensmittel verwendet werden, die die Mindestanforderungen an eine Manganquelle gemäß der im Anhang der Verordnung (EG) Nr. 1924/2006 aufgeführten Angabe [NAME DES VITAMINS/DER VITAMINE] UND/ODER [NAME DES MINERALSTOFFS/DER MINERALSTOFFE]-QUELLE erfüllen.		2010;8(10):1808	404

Nährstoff, Substanz, Lebensmittel oder Lebensmittelkategorie	Angabe	Bedingungen für die Verwendung der Angabe	Bedingungen und/oder Beschränkungen hinsichtlich der Verwendung des Lebensmittels und/oder zusätzliche Erklärungen oder Warnungen	Nummer im EFSA Journal	Nummer des Eintrags in der konsolidierten Liste, die der EFSA zur Bewertung vorgelegt wurde
Mangan	Mangan trägt dazu bei, die Zellen vor oxidativem Stress zu schützen	Die Angabe darf nur für Lebensmittel verwendet werden, die die Mindestanforderungen an eine Manganquelle gemäß der im Anhang der Verordnung (EG) Nr. 1924/2006 aufgeführten Angabe [NAME DES VITAMINS/DER VITAMINE] UND/ODER [NAME DES MINERALSTOFFS/DER MINERALSTOFFE] QUELLE erfüllen.		2009; 7(9):1217	309
Melatonin	Melatonin trägt zur Linderung der subjektiven Jetlag-Empfindung bei	Die Angabe darf nur für Lebensmittel verwendet werden, die mindestens 0,5 mg Melatonin je angegebene Portion enthalten. Damit die Angabe zulässig ist, sind die Verbraucher darüber zu unterrichten, dass sich die positive Wirkung einstellt, wenn am ersten Reisetag kurz vor dem Schlafengehen sowie an den ersten Tagen nach Ankunft am Zielort mindestens 0,5 mg aufgenommen werden.		2010; 8(2):1467	1953
Melatonin	Melatonin trägt dazu bei, die Einschlafzeit zu verkürzen	Die Angabe darf nur für Lebensmittel verwendet werden, die mindestens 1 mg Melatonin je angegebene Portion enthalten. Damit die Angabe zulässig ist, sind die Verbraucher darüber zu unterrichten, dass sich die positive Wirkung einstellt, wenn kurz vor dem Schlafengehen 1 mg Melatonin aufgenommen wird.		2011; 9(6):2241	1698, 1780, 4080
Molybdän	Molybdän trägt zu einer normalen Verstoffwechslung schwefelhaltiger Aminosäuren bei	Die Angabe darf nur für Lebensmittel verwendet werden, die die Mindestanforderungen an eine Molybdänquelle gemäß der im Anhang der Verordnung (EG) Nr. 1924/2006 aufgeführten Angabe [NAME DES VITAMINS/DER VITAMINE] UND/ODER [NAME DES MINERALSTOFFS/DER MINERALSTOFFE] QUELLE erfüllen.		2010; 8(10):1745	313

Nährstoff, Substanz, Lebensmittel oder Lebensmittelkategorie	Angabe	Bedingungen für die Verwendung der Angabe	Bedingungen und/oder Beschränkungen hinsichtlich der Verwendung des Lebensmittels und/oder zusätzliche Erklärungen oder Warnungen	Nummer im EFSA Journal	Nummer des Eintrags in der konsolidierten Liste, die der EFSA zur Bewertung vorgelegt wurde
Monascus purpureus (Rotschimmelreis)	Monacolin K aus Rotschimmelreis trägt zur Aufrechterhaltung eines normalen Cholesterinspiegels im Blut bei	Die Angabe darf nur für Lebensmittel verwendet werden, deren Verzehr eine tägliche Aufnahme von 10 mg Monacolin K aus Rotschimmelreis gewährleistet. Damit die Angabe zulässig ist, sind die Verbraucher darüber zu unterrichten, dass sich die positive Wirkung bei einer täglichen Aufnahme von 10 mg Monacolin K aus Rotschimmelreiszubereitungen einstellt.		2011; 9(7):2304	1648, 1700
Natives Zichorieninulin	Zichorieninulin trägt durch Erhöhung der Stuhlfrequenz zu einer normalen Darmfunktion bei (*)	Die Verbraucher sind darüber zu unterrichten, dass sich die positive Wirkung bei einer täglichen Aufnahme von 12 g Zichorieninulin einstellt. Die Angabe darf nur für Lebensmittel verwendet werden, deren Verzehr eine tägliche Aufnahme von mindestens 12 g nativem Zichorieninulin liefert, einer nicht fraktionierten Mischung von Monosacchariden (< 10 %), Disacchariden, inulinartigen Fructanen und aus Zichorienwurzeln gewonnenem Inulin mit einem mittleren Polymerisationsgrad von ≥ 9.		2015; 13(1):3951	
Neuformuliertes alkoholfreies säuerliches Getränk mit - weniger als 1 g gärfähigem Kohlenhydrat pro 100 ml (Zucker und sonstige Kohlenhydrate mit	Wer zuckerhaltige säuerliche Getränke wie Soft Drinks (die typischerweise 8–12 g Zucker/100 ml enthalten) durch neuformulierte Getränke ersetzt, trägt zur Erhaltung der Mineralisierung der Zähne bei (**).	Neuformulierte säuerliche Getränke dürfen nur dann mit der Angabe versehen werden, wenn sie der Beschreibung des Lebensmittels entsprechen, zu dem die Angabe gemacht wird.		2010; 8(12): 1884	—

(*) Zugelassen am 1. Januar 2016, für einen Zeitraum von fünf Jahren beschränkt auf die Verwendung durch BENEO-Orafti S.A., Rue L. Maréchal 1, B-4360 Oreye, Belgien.
(**) Zugelassen am 24.9.2013, für einen Zeitraum von fünf Jahren beschränkt auf die Verwendung durch GlaxoSmithKline Services Unlimited und die dazugehörigen Tochterunternehmen, GSK House, 980 Great West Road, Brentford, TW89GS, Vereinigtes Königreich.

Nährstoff, Substanz, Lebensmittel oder Lebensmittelkategorie	Angabe	Bedingungen für die Verwendung der Angabe	Bedingungen und/oder Beschränkungen hinsichtlich der Verwendung des Lebensmittels und/oder zusätzliche Erklärungen oder Warnungen	Nummer im EFSA Journal	Nummer des Eintrags in der konsolidierten Liste, die der EFSA zur Bewertung vorgelegt wurde
Ausnahme von mehrwertigen Alkoholen); - einem Calciumgehalt zwischen 0,3 und 0,8 mol pro mol Säuerungsmittel; - Anzeige eines pH-Werts zwischen 3,7 und 4,0.					
Niacin	Niacin trägt zu einem normalen Energiestoffwechsel bei	Die Angabe darf nur für Lebensmittel verwendet werden, die die Mindestanforderungen an eine Niacinquelle gemäß der im Anhang der Verordnung (EG) Nr. 1924/2006 aufgeführten Angabe [NAME DES VITAMINS/DER VITAMINE] UND/ODER [NAME DES MINERALSTOFFS/DER MINERALSTOFFE]-QUELLE erfüllen.		2009; 7(9):1224 2010; 8(10):1757	43, 49, 54, 51
Niacin	Niacin trägt zu einer normalen Funktion des Nervensystems bei	Die Angabe darf nur für Lebensmittel verwendet werden, die die Mindestanforderungen an eine Niacinquelle gemäß der im Anhang der Verordnung (EG) Nr. 1924/2006 aufgeführten Angabe [NAME DES VITAMINS/DER VITAMINE] UND/ODER [NAME DES MINERALSTOFFS/DER MINERALSTOFFE]-QUELLE erfüllen.		2009; 7(9):1224	44, 53

Nährstoff, Substanz, Lebensmittel oder Lebensmittelkategorie	Angabe	Bedingungen für die Verwendung der Angabe	Bedingungen und/oder Beschränkungen hinsichtlich der Verwendung des Lebensmittels und/oder zusätzliche Erklärungen oder Warnungen	Nummer im EFSA Journal	Nummer des Eintrags in der konsolidierten Liste, die der EFSA zur Bewertung vorgelegt wurde
Niacin	Niacin trägt zur normalen psychischen Funktion bei	Die Angabe darf nur für Lebensmittel verwendet werden, die die Mindestanforderungen an eine Niacinquelle gemäß der im Anhang der Verordnung (EG) Nr. 1924/2006 aufgeführten Angabe [NAME DES VITAMINS/DER VITAMINE] UND/ODER [NAME DES MINERALSTOFFS/DER MINERALSTOFFE]-QUELLE erfüllen.		2010;8(10):1757	55
Niacin	Niacin trägt zur Erhaltung normaler Schleimhäute bei	Die Angabe darf nur für Lebensmittel verwendet werden, die die Mindestanforderungen an eine Niacinquelle gemäß der im Anhang der Verordnung (EG) Nr. 1924/2006 aufgeführten Angabe [NAME DES VITAMINS/DER VITAMINE] UND/ODER [NAME DES MINERALSTOFFS/DER MINERALSTOFFE]-QUELLE erfüllen.		2009;7(9):1224	45, 52, 4700
Niacin	Niacin trägt zur Erhaltung normaler Haut bei	Die Angabe darf nur für Lebensmittel verwendet werden, die die Mindestanforderungen an eine Niacinquelle gemäß der im Anhang der Verordnung (EG) Nr. 1924/2006 aufgeführten Angabe [NAME DES VITAMINS/DER VITAMINE] UND/ODER [NAME DES MINERALSTOFFS/DER MINERALSTOFFE]-QUELLE erfüllen.		2009;7(9):1224 2010;8(10):1757	45, 48, 50, 52, 4700
Niacin	Niacin trägt zur Verringerung von Müdigkeit und Ermüdung bei	Die Angabe darf nur für Lebensmittel verwendet werden, die die Mindestanforderungen an eine Niacinquelle gemäß der im Anhang der Verordnung (EG) Nr. 1924/2006 aufgeführten Angabe [NAME DES VITAMINS/DER VITAMINE] UND/ODER [NAME DES MINERALSTOFFS/DER MINERALSTOFFE]-QUELLE erfüllen.		2010;8(10):1757	47

Nährstoff, Substanz, Lebensmittel oder Lebensmittelkategorie	Angabe	Bedingungen für die Verwendung der Angabe	Bedingungen und/oder Beschränkungen hinsichtlich der Verwendung des Lebensmittels und/oder zusätzliche Erklärungen oder Warnungen	Nummer im EFSA Journal	Nummer des Eintrags in der konsolidierten Liste, die der EFSA zur Bewertung vorgelegt wurde
Nicht fermentierbare Kohlenhydrate	Der Verzehr von Lebensmitteln/Getränken, die anstelle von fermentierbaren Kohlenhydraten <Bezeichnung aller verwendeten nicht fermentierbaren Kohlenhydrate> enthalten, trägt zur Erhaltung der Zahnmineralisierung bei.	Damit die Angabe zulässig ist, sollten fermentierbare Kohlenhydrate (1**) in Lebensmitteln oder Getränken durch nicht fermentierbare Kohlenhydrate (2***) ersetzt werden, und zwar in solchen Anteilen, dass der Verzehr dieser Lebensmittel oder Getränke den pH-Wert des Zahnbelags während des Verzehrs und bis 30 Minuten nach dem Verzehr nicht unter 5,7 absenkt. (1**) Fermentierbare Kohlenhydrate werden definiert als in Lebensmitteln oder Getränken verzehrte Kohlenhydrate oder Kohlenhydratmischungen, die den in vivo oder in situ durch pH-Telemetrietests bestimmten pH-Wert des Zahnbelags während des Verzehrs und bis 30 Minuten nach dem Verzehr durch bakterielle Fermentation unter 5,7 absenken. (2***) Nicht fermentierbare Kohlenhydrate werden definiert als in Lebensmitteln oder Getränken verzehrte Kohlenhydrate oder Kohlenhydratmischungen, die den in vivo oder in situ durch pH-Telemetrietests bestimmten pH-Wert des Zahnbelags während des Verzehrs und bis 30 Minuten nach dem Verzehr durch bakterielle Fermentation nicht unter einen konservativen Wert von 5,7 absenken.		2013;11(7):3329	
Olivenöl-Polyphenole	Olivenöl-Polyphenole tragen dazu bei, die Blutfette vor oxidativem Stress zu schützen	Die Angabe darf nur für Olivenöl verwendet werden, das mindestens 5 mg Hydroxytyrosol und dessen Derivate (z. B. Oleuropein-Komplex und Tyrosol) je 20 g Olivenöl enthält. Damit die Angabe zulässig ist, sind die Verbraucher darüber zu unterrichten, dass sich die positive Wirkung bei einer täglichen Aufnahme von 20 g Olivenöl einstellt.		2011; 9(4):2033	1333, 1638, 1639, 1696, 2865

Nährstoff, Substanz, Lebensmittel oder Lebensmittelkategorie	Angabe	Bedingungen für die Verwendung der Angabe	Bedingungen und/oder Beschränkungen hinsichtlich der Verwendung des Lebensmittels und/oder zusätzliche Erklärungen oder Warnungen	Nummer im EFSA Journal	Nummer des Eintrags in der konsolidierten Liste, die der EFSA zur Bewertung vorgelegt wurde
Ölsäure	Der Ersatz von gesättigten Fettsäuren durch ungesättigte Fettsäuren in der Ernährung trägt zur Aufrechterhaltung eines normalen Cholesterinspiegels im Blut bei. Ölsäure ist eine ungesättigte Fettsäure	Die Angabe darf nur für Lebensmittel verwendet werden, die einen hohen Gehalt an ungesättigten Fettsäuren gemäß der im Anhang der Verordnung (EG) Nr. 1924/2006 aufgeführten Angabe MIT EINEM HOHEN GEHALT AN UNGESÄTTIGTEN FETTSÄUREN aufweisen.		2011; 9(4):2043	673, 728, 729, 1302, 4334
Pantothensäure	Pantothensäure trägt zu einem normalen Energiestoffwechsel bei	Die Angabe darf nur für Lebensmittel verwendet werden, die die Mindestanforderungen an eine Pantothensäurequelle gemäß der im Anhang der Verordnung (EG) Nr. 1924/2006 aufgeführten Angabe [NAME DES VITAMINS/DER VITAMINE] UND/ODER [NAME DES MINERALSTOFFS/DER MINERALSTOFFE]-QUELLE erfüllen.		2009; 7(9):1218	56, 59, 60, 64, 171, 172, 208
Pantothensäure	Pantothensäure trägt zu einer normalen Synthese und zu einem normalen Stoffwechsel von Steroidhormonen, Vitamin D und einigen Neurotransmittern bei	Die Angabe darf nur für Lebensmittel verwendet werden, die die Mindestanforderungen an eine Pantothensäurequelle gemäß der im Anhang der Verordnung (EG) Nr. 1924/2006 aufgeführten Angabe [NAME DES VITAMINS/DER VITAMINE] UND/ODER [NAME DES MINERALSTOFFS/DER MINERALSTOFFE]-QUELLE erfüllen.		2009; 7(9):1218	181
Pantothensäure	Pantothensäure trägt zur Verringerung von Müdigkeit und Ermüdung bei	Die Angabe darf nur für Lebensmittel verwendet werden, die die Mindestanforderungen an eine Pantothensäurequelle gemäß der im Anhang der Verordnung (EG) Nr. 1924/2006 aufgeführten Angabe [NAME DES VITAMINS/DER VITAMINE] UND/ODER [NAME DES MINERALSTOFFS/DER MINERALSTOFFE]-QUELLE erfüllen.		2010; 8(10):1758	63

Nährstoff, Substanz, Lebensmittel oder Lebensmittelkategorie	Angabe	Bedingungen für die Verwendung der Angabe	Bedingungen und/oder Beschränkungen hinsichtlich der Verwendung des Lebensmittels und/oder zusätzliche Erklärungen oder Warnungen	Nummer im EFSA Journal	Nummer des Eintrags in der konsolidierten Liste, die der EFSA zur Bewertung vorgelegt wurde
Pantothensäure	Pantothensäure trägt zu einer normalen geistigen Leistung bei	Die Angabe darf nur für Lebensmittel verwendet werden, die die Mindestanforderungen an eine Pantothensäurequelle gemäß der im Anhang der Verordnung (EG) Nr. 1924/2006 aufgeführten Angabe [NAME DES VITAMINS/DER VITAMINE] UND/ODER [NAME DES MINERALSTOFFS/DER MINERALSTOFFE]-QUELLE erfüllen.		2009;7(9):1218 2010; 8(10):1758	57, 58
Pektine	Pektine tragen zur Aufrechterhaltung eines normalen Cholesterinspiegels im Blut bei	Die Angabe darf nur für Lebensmittel verwendet werden, deren Verzehr eine tägliche Aufnahme von 6 g Pektinen gewährleistet. Damit die Angabe zulässig ist, sind die Verbraucher darüber zu unterrichten, dass sich die positive Wirkung bei einer täglichen Aufnahme von 6 g Pektinen einstellt.	Warnung, dass bei Verbrauchern mit Schluckbeschwerden oder bei unzureichender Flüssigkeitszufuhr Erstickungsgefahr besteht - Empfehlung der Einnahme mit reichlich Wasser, damit die Pektine in den Magen gelangen.	2010; 8(10):1747	818, 4236
Pektine	Die Aufnahme von Pektinen im Rahmen einer Mahlzeit trägt dazu bei, dass der Blutzuckerspiegel nach der Mahlzeit weniger stark ansteigt	Die Angabe darf nur für Lebensmittel verwendet werden, die 10 g Pektine je angegebene Portion enthalten. Damit die Angabe zulässig ist, sind die Verbraucher darüber zu unterrichten, dass sich die positive Wirkung einstellt, wenn 10 g Pektine als Bestandteil der Mahlzeit aufgenommen werden.	Warnung, dass bei Verbrauchern mit Schluckbeschwerden oder bei unzureichender Flüssigkeitszufuhr Erstickungsgefahr besteht - Empfehlung der Einnahme mit reichlich Wasser, damit die Pektine in den Magen gelangen.	2010; 8(10):1747	786

Nährstoff, Substanz, Lebensmittel oder Lebensmittelkategorie	Angabe	Bedingungen für die Verwendung der Angabe	Bedingungen und/oder Beschränkungen hinsichtlich der Verwendung des Lebensmittels und/oder zusätzliche Erklärungen oder Warnungen	Nummer im EFSA Journal	Nummer des Eintrags in der konsolidierten Liste, die der EFSA zur Bewertung vorgelegt wurde
Phosphor	Phosphor trägt zu einem normalen Energiestoffwechsel bei	Die Angabe darf nur für Lebensmittel verwendet werden, die die Mindestanforderungen an eine Phosphorquelle gemäß der im Anhang der Verordnung (EG) Nr. 1924/2006 aufgeführten Angabe [NAME DES VITAMINS/DER VITAMINE] UND/ODER [NAME DES MINERALSTOFFS/DER MINERALSTOFFE]-QUELLE erfüllen.		2009;7(9):1219	329, 373
Phosphor	Phosphor trägt zu einer normalen Funktion der Zellmembran bei	Die Angabe darf nur für Lebensmittel verwendet werden, die die Mindestanforderungen an eine Phosphorquelle gemäß der im Anhang der Verordnung (EG) Nr. 1924/2006 aufgeführten Angabe [NAME DES VITAMINS/DER VITAMINE] UND/ODER [NAME DES MINERALSTOFFS/DER MINERALSTOFFE]-QUELLE erfüllen.		2009;7(9):1219	328
Phosphor	Phosphor trägt zur Erhaltung normaler Knochen bei	Die Angabe darf nur für Lebensmittel verwendet werden, die die Mindestanforderungen an eine Phosphorquelle gemäß der im Anhang der Verordnung (EG) Nr. 1924/2006 aufgeführten Angabe [NAME DES VITAMINS/DER VITAMINE] UND/ODER [NAME DES MINERALSTOFFS/DER MINERALSTOFFE]-QUELLE erfüllen.		2009;7(9):1219	324, 327
Phosphor	Phosphor trägt zur Erhaltung normaler Zähne bei	Die Angabe darf nur für Lebensmittel verwendet werden, die die Mindestanforderungen an eine Phosphorquelle gemäß der im Anhang der Verordnung (EG) Nr. 1924/2006 aufgeführten Angabe [NAME DES VITAMINS/DER VITAMINE] UND/ODER [NAME DES MINERALSTOFFS/DER MINERALSTOFFE]-QUELLE erfüllen.		2009;7(9):1219	324, 327

Nährstoff, Substanz, Lebensmittel oder Lebensmittelkategorie	Angabe	Bedingungen für die Verwendung der Angabe	Bedingungen und/oder Beschränkungen hinsichtlich der Verwendung des Lebensmittels und/oder zusätzliche Erklärungen oder Warnungen	Nummer im EFSA Journal	Nummer des Eintrags in der konsolidierten Liste, die der EFSA zur Bewertung vorgelegt wurde
Phytosterine und Phytostanole	Phytosterine/Phytostanole tragen zur Aufrechterhaltung eines normalen Cholesterinspiegels im Blut bei	Damit die Angabe zulässig ist, sind die Verbraucher darüber zu unterrichten, dass sich die positive Wirkung bei einer täglichen Aufnahme von mindestens 0,8 g Phytosterinen/Phytostanolen einstellt.		2010; 8(10):1813 2011; 9(6):2203	549, 550, 567, 713, 1234, 1235, 1466, 1634, 1984, 2909, 3140 568
Proteine	Proteine tragen zu einer Zunahme an Muskelmasse bei	Die Angabe darf nur für Lebensmittel verwendet werden, die die Mindestanforderungen an eine Proteinquelle gemäß der im Anhang der Verordnung (EG) Nr. 1924/2006 aufgeführten Angabe PROTEINQUELLE erfüllen.		2010; 8(10):1811 2011; 9(6):2203	415, 417, 593, 594, 595, 715 1398
Proteine	Proteine tragen zur Erhaltung von Muskelmasse bei	Die Angabe darf nur für Lebensmittel verwendet werden, die die Mindestanforderungen an eine Proteinquelle gemäß der im Anhang der Verordnung (EG) Nr. 1924/2006 aufgeführten Angabe PROTEINQUELLE erfüllen.		2010; 8(10):1811 2011; 9(6):2203	415, 417, 593, 594, 595, 715 1398
Proteine	Proteine tragen zur Erhaltung normaler Knochen bei	Die Angabe darf nur für Lebensmittel verwendet werden, die die Mindestanforderungen an eine Proteinquelle gemäß der im Anhang der Verordnung (EG) Nr. 1924/2006 aufgeführten Angabe PROTEINQUELLE erfüllen.		2010; 8(10):1811 2011; 9(6):2203	416 4704
Resistente Stärke	Der Ersatz von verdaulicher Stärke durch resistente Stärke in einer Mahlzeit trägt dazu bei, dass der Blutzuckerspiegel nach der Mahlzeit weniger stark ansteigt	Die Angabe darf nur für Lebensmittel verwendet werden, in denen die verdauliche Stärke durch resistente Stärke ersetzt wurde, wobei der Anteil der resistenten Stärke am Stärkegehalt insgesamt mindestens 14 % beträgt.		2011; 9(4):2024	681

VO (EU) Nr. 432/2012

Nährstoff, Substanz, Lebensmittel oder Lebensmittelkategorie	Angabe	Bedingungen für die Verwendung der Angabe	Bedingungen und/oder Beschränkungen hinsichtlich der Verwendung des Lebensmittels und/oder zusätzliche Erklärungen oder Warnungen	Nummer im EFSA Journal	Nummer des Eintrags in der konsolidierten Liste, die der EFSA zur Bewertung vorgelegt wurde
Riboflavin (Vitamin B2)	Riboflavin trägt zu einem normalen Energiestoffwechsel bei	Die Angabe darf nur für Lebensmittel verwendet werden, die die Mindestanforderungen an eine Riboflavinquelle gemäß der im Anhang der Verordnung (EG) Nr. 1924/2006 aufgeführten Angabe [NAME DES VITAMINS/DER VITAMINE] UND/ODER [NAME DES MINERALSTOFFS/DER MINERALSTOFFE]-QUELLE erfüllen.		2010; 8(10):1814	29, 35, 36, 42
Riboflavin (Vitamin B2)	Riboflavin trägt zu einer normalen Funktion des Nervensystems bei	Die Angabe darf nur für Lebensmittel verwendet werden, die die Mindestanforderungen an eine Riboflavinquelle gemäß der im Anhang der Verordnung (EG) Nr. 1924/2006 aufgeführten Angabe [NAME DES VITAMINS/DER VITAMINE] UND/ODER [NAME DES MINERALSTOFFS/DER MINERALSTOFFE]-QUELLE erfüllen.		2010; 8(10):1814	213
Riboflavin (Vitamin B2)	Riboflavin trägt zur Erhaltung normaler Schleimhäute bei	Die Angabe darf nur für Lebensmittel verwendet werden, die die Mindestanforderungen an eine Riboflavinquelle gemäß der im Anhang der Verordnung (EG) Nr. 1924/2006 aufgeführten Angabe [NAME DES VITAMINS/DER VITAMINE] UND/ODER [NAME DES MINERALSTOFFS/DER MINERALSTOFFE]-QUELLE erfüllen.		2010; 8(10):1814	31
Riboflavin (Vitamin B2)	Riboflavin trägt zur Erhaltung normaler roter Blutkörperchen bei	Die Angabe darf nur für Lebensmittel verwendet werden, die die Mindestanforderungen an eine Riboflavinquelle gemäß der im Anhang der Verordnung (EG) Nr. 1924/2006 aufgeführten Angabe [NAME DES VITAMINS/DER VITAMINE] UND/ODER [NAME DES MINERALSTOFFS/DER MINERALSTOFFE]-QUELLE erfüllen.		2010; 8(10):1814	40

Nährstoff, Substanz, Lebensmittel oder Lebensmittelkategorie	Angabe	Bedingungen für die Verwendung der Angabe	Bedingungen und/oder Beschränkungen hinsichtlich der Verwendung des Lebensmittels und/oder zusätzliche Erklärungen oder Warnungen	Nummer im EFSA Journal	Nummer des Eintrags in der konsolidierten Liste, die der EFSA zur Bewertung vorgelegt wurde
Riboflavin (Vitamin B2)	Riboflavin trägt zur Erhaltung normaler Haut bei	Die Angabe darf nur für Lebensmittel verwendet werden, die die Mindestanforderungen an eine Riboflavinquelle gemäß der im Anhang der Verordnung (EG) Nr. 1924/2006 aufgeführten Angabe [NAME DES VITAMINS/DER VITAMINE] UND/ODER [NAME DES MINERALSTOFFS/DER MINERALSTOFFE]-QUELLE erfüllen.		2010; 8(10):1814	31, 33
Riboflavin (Vitamin B2)	Riboflavin trägt zur Erhaltung normaler Sehkraft bei	Die Angabe darf nur für Lebensmittel verwendet werden, die die Mindestanforderungen an eine Riboflavinquelle gemäß der im Anhang der Verordnung (EG) Nr. 1924/2006 aufgeführten Angabe [NAME DES VITAMINS/DER VITAMINE] UND/ODER [NAME DES MINERALSTOFFS/DER MINERALSTOFFE]-QUELLE erfüllen.		2010; 8(10):1814	39
Riboflavin (Vitamin B2)	Riboflavin trägt zu einem normalen Eisenstoffwechsel bei	Die Angabe darf nur für Lebensmittel verwendet werden, die die Mindestanforderungen an eine Riboflavinquelle gemäß der im Anhang der Verordnung (EG) Nr. 1924/2006 aufgeführten Angabe [NAME DES VITAMINS/DER VITAMINE] UND/ODER [NAME DES MINERALSTOFFS/DER MINERALSTOFFE]-QUELLE erfüllen.		2010; 8(10):1814	30, 37
Riboflavin (Vitamin B2)	Riboflavin trägt dazu bei, die Zellen vor oxidativem Stress zu schützen	Die Angabe darf nur für Lebensmittel verwendet werden, die die Mindestanforderungen an eine Riboflavinquelle gemäß der im Anhang der Verordnung (EG) Nr. 1924/2006 aufgeführten Angabe [NAME DES VITAMINS/DER VITAMINE] UND/ODER [NAME DES MINERALSTOFFS/DER MINERALSTOFFE]-QUELLE erfüllen.		2010; 8(10):1814	207

Nährstoff, Substanz, Lebensmittel oder Lebensmittelkategorie	Angabe	Bedingungen für die Verwendung der Angabe	Bedingungen und/oder Beschränkungen hinsichtlich der Verwendung des Lebensmittels und/oder zusätzliche Erklärungen oder Warnungen	Nummer im EFSA Journal	Nummer des Eintrags in der konsolidierten Liste, die der EFSA zur Bewertung vorgelegt wurde
Riboflavin (Vitamin B2)	Riboflavin trägt zur Verringerung von Müdigkeit und Ermüdung bei	Die Angabe darf nur für Lebensmittel verwendet werden, die die Mindestanforderungen an eine Riboflavinquelle gemäß der im Anhang der Verordnung (EG) Nr. 1924/2006 aufgeführten Angabe [NAME DES VITAMINS/DER VITAMINE] UND/ODER [NAME DES MINERALSTOFFS/DER MINERALSTOFFE]-QUELLE erfüllen.		2010; 8(10):1814	41
Roggen-Ballaststoffe	Roggen-Ballaststoffe tragen zu einer normalen Darmfunktion bei	Die Angabe darf nur für Lebensmittel verwendet werden, die einen hohen Gehalt an diesem Ballaststoff gemäß der im Anhang der Verordnung (EG) Nr. 1924/2006 aufgeführten Angabe HOHER BALLASTSTOFFGEHALT haben.		2011; 9(6):2258	825
Selen	Selen trägt zu einer normalen Spermabildung bei	Die Angabe darf nur für Lebensmittel verwendet werden, die die Mindestanforderungen an eine Selenquelle gemäß der im Anhang der Verordnung (EG) Nr. 1924/2006 aufgeführten Angabe [NAME DES VITAMINS/DER VITAMINE] UND/ODER [NAME DES MINERALSTOFFS/DER MINERALSTOFFE]-QUELLE erfüllen.		2009; 7(9):1220	396
Selen	Selen trägt zur Erhaltung normaler Haare bei	Die Angabe darf nur für Lebensmittel verwendet werden, die die Mindestanforderungen an eine Selenquelle gemäß der im Anhang der Verordnung (EG) Nr. 1924/2006 aufgeführten Angabe [NAME DES VITAMINS/DER VITAMINE] UND/ODER [NAME DES MINERALSTOFFS/DER MINERALSTOFFE]-QUELLE erfüllen.		2010; 8(10):1727	281

Nährstoff, Substanz, Lebensmittel oder Lebensmittelkategorie	Angabe	Bedingungen für die Verwendung der Angabe	Bedingungen und/oder Beschränkungen hinsichtlich der Verwendung des Lebensmittels und/oder zusätzliche Erklärungen oder Warnungen	Nummer im EFSA Journal	Nummer des Eintrags in der konsolidierten Liste, die der EFSA zur Bewertung vorgelegt wurde
Selen	Selen trägt zur Erhaltung normaler Nägel bei	Die Angabe darf nur für Lebensmittel verwendet werden, die die Mindestanforderungen an eine Selenquelle gemäß der im Anhang der Verordnung (EG) Nr. 1924/2006 aufgeführten Angabe [NAME DES VITAMINS/DER VITAMINE] UND/ODER [NAME DES MINERALSTOFFS/DER MINERALSTOFFE]-QUELLE erfüllen.		2010; 8(10):1727	281
Selen	Selen trägt zu einer normalen Funktion des Immunsystems bei	Die Angabe darf nur für Lebensmittel verwendet werden, die die Mindestanforderungen an eine Selenquelle gemäß der im Anhang der Verordnung (EG) Nr. 1924/2006 aufgeführten Angabe [NAME DES VITAMINS/DER VITAMINE] UND/ODER [NAME DES MINERALSTOFFS/DER MINERALSTOFFE]-QUELLE erfüllen.		2009; 7(9):1220 2010; 8(10):1727	278, 1750
Selen	Selen trägt zu einer normalen Schilddrüsenfunktion bei	Die Angabe darf nur für Lebensmittel verwendet werden, die die Mindestanforderungen an eine Selenquelle gemäß der im Anhang der Verordnung (EG) Nr. 1924/2006 aufgeführten Angabe [NAME DES VITAMINS/DER VITAMINE] UND/ODER [NAME DES MINERALSTOFFS/DER MINERALSTOFFE]-QUELLE erfüllen.		2010; 8(10):1727 2009; 7(9):1220	279, 282, 286, 410, 1289, 1290, 1291, 1292, 1293
Selen	Selen trägt dazu bei, die Zellen vor oxidativem Stress zu schützen	Die Angabe darf nur für Lebensmittel verwendet werden, die die Mindestanforderungen an eine Selenquelle gemäß der im Anhang der Verordnung (EG) Nr. 1924/2006 aufgeführten Angabe [NAME DES VITAMINS/DER VITAMINE] UND/ODER [NAME DES MINERALSTOFFS/DER MINERALSTOFFE]-QUELLE erfüllen.		2009; 7(9):1220 2010; 8(10):1727	277, 283, 286, 1289, 1290, 1291, 1293, 1751, 410, 1292

Nährstoff, Substanz, Lebensmittel oder Lebensmittelkategorie	Angabe	Bedingungen für die Verwendung der Angabe	Bedingungen und/oder Beschränkungen hinsichtlich der Verwendung des Lebensmittels und/oder zusätzliche Erklärungen oder Warnungen	Nummer im EFSA Journal	Nummer des Eintrags in der konsolidierten Liste, die der EFSA zur Bewertung vorgelegt wurde
Thiamin	Thiamin trägt zu einem normalen Energiestoffwechsel bei	Die Angabe darf nur für Lebensmittel verwendet werden, die die Mindestanforderungen an eine Thiaminquelle gemäß der im Anhang der Verordnung (EG) Nr. 1924/2006 aufgeführten Angabe [NAME DES VITAMINS/DER VITAMINE] UND/ODER [NAME DES MINERALSTOFFS/DER MINERALSTOFFE]-QUELLE erfüllen.		2009; 7(9):1222	21, 24, 28
Thiamin	Thiamin trägt zu einer normalen Funktion des Nervensystems bei	Die Angabe darf nur für Lebensmittel verwendet werden, die die Mindestanforderungen an eine Thiaminquelle gemäß der im Anhang der Verordnung (EG) Nr. 1924/2006 aufgeführten Angabe [NAME DES VITAMINS/DER VITAMINE] UND/ODER [NAME DES MINERALSTOFFS/DER MINERALSTOFFE]-QUELLE erfüllen.		2009; 7(9):1222	22, 27
Thiamin	Thiamin trägt zur normalen psychischen Funktion bei	Die Angabe darf nur für Lebensmittel verwendet werden, die die Mindestanforderungen an eine Thiaminquelle gemäß der im Anhang der Verordnung (EG) Nr. 1924/2006 aufgeführten Angabe [NAME DES VITAMINS/DER VITAMINE] UND/ODER [NAME DES MINERALSTOFFS/DER MINERALSTOFFE]-QUELLE erfüllen.		2010; 8(10):1755	205
Thiamin	Thiamin trägt zu einer normalen Herzfunktion bei	Die Angabe darf nur für Lebensmittel verwendet werden, die die Mindestanforderungen an eine Thiaminquelle gemäß der im Anhang der Verordnung (EG) Nr. 1924/2006 aufgeführten Angabe [NAME DES VITAMINS/DER VITAMINE] UND/ODER [NAME DES MINERALSTOFFS/DER MINERALSTOFFE]-QUELLE erfüllen.		2009; 7(9):1222	20

Nährstoff, Substanz, Lebensmittel oder Lebensmittelkategorie	Angabe	Bedingungen für die Verwendung der Angabe	Bedingungen und/oder Beschränkungen hinsichtlich der Verwendung des Lebensmittels und/oder zusätzliche Erklärungen oder Warnungen	Nummer im EFSA Journal	Nummer des Eintrags in der konsolidierten Liste, die der EFSA zur Bewertung vorgelegt wurde
Unverdauliche Kohlenhydrate	Der Verzehr von Lebensmitteln/Getränken, die anstelle von Zucker <Bezeichnung aller verwendeten unverdaulichen Kohlenhydrate> enthalten, bewirkt, dass der Blutzuckerspiegel nach ihrem Verzehr weniger stark ansteigt als beim Verzehr von zuckerhaltigen Lebensmitteln/Getränken.	Damit die Angabe zulässig ist, sollten Zucker in Lebensmitteln oder Getränken durch unverdauliche Kohlenhydrate ersetzt werden, die im Dünndarm weder verdaut noch absorbiert werden, sodass der Zuckergehalt der Lebensmittel oder Getränke mindestens um den in der Angabe REDUZIERTER [NAME DES NÄHRSTOFFS]-Anteil gemäß dem Anhang der Verordnung (EG) Nr. 1924/2006 genannten Anteil reduziert ist.		2014;12(1):3513 2014;12(10):3838 2014;12(10):3839	
Vitamin A	Vitamin A trägt zu einem normalen Eisenstoffwechsel bei	Die Angabe darf nur für Lebensmittel verwendet werden, die die Mindestanforderungen an eine Vitamin-A-Quelle gemäß der im Anhang der Verordnung (EG) Nr. 1924/2006 aufgeführten Angabe [NAME DES VITAMINS/DER VITAMINE] UND/ODER [NAME DES MINERALSTOFFS/DER MINERALSTOFFE]-QUELLE erfüllen.		2009;7(9):1221	206
Vitamin A	Vitamin A trägt zur Erhaltung normaler Schleimhäute bei	Die Angabe darf nur für Lebensmittel verwendet werden, die die Mindestanforderungen an eine Vitamin-A-Quelle gemäß der im Anhang der Verordnung (EG) Nr. 1924/2006 aufgeführten Angabe [NAME DES VITAMINS/DER VITAMINE] UND/ODER [NAME DES MINERALSTOFFS/DER MINERALSTOFFE]-QUELLE erfüllen.		2009;7(9):1221 2010;8(10):1754	15, 4702

Nährstoff, Substanz, Lebensmittel oder Lebensmittelkategorie	Angabe	Bedingungen für die Verwendung der Angabe	Bedingungen und/oder Beschränkungen hinsichtlich der Verwendung des Lebensmittels und/oder zusätzliche Erklärungen oder Warnungen	Nummer im EFSA Journal	Nummer des Eintrags in der konsolidierten Liste, die der EFSA zur Bewertung vorgelegt wurde
Vitamin A	Vitamin A trägt zur Erhaltung normaler Haut bei	Die Angabe darf nur für Lebensmittel verwendet werden, die die Mindestanforderungen an eine Vitamin-A-Quelle gemäß der im Anhang der Verordnung (EG) Nr. 1924/2006 aufgeführten Angabe [NAME DES VITAMINS/DER VITAMINE] UND/ODER [NAME DES MINERALSTOFFS/DER MINERALSTOFFE]-QUELLE erfüllen.		2009; 7(9):1221 2010; 8(10):1754	15, 17, 4660, 4702
Vitamin A	Vitamin A trägt zur Erhaltung normaler Sehkraft bei	Die Angabe darf nur für Lebensmittel verwendet werden, die die Mindestanforderungen an eine Vitamin-A-Quelle gemäß der im Anhang der Verordnung (EG) Nr. 1924/2006 aufgeführten Angabe [NAME DES VITAMINS/DER VITAMINE] UND/ODER [NAME DES MINERALSTOFFS/DER MINERALSTOFFE]-QUELLE erfüllen.		2009; 7(9):1221 2010; 8(10):1754	16, 4239, 4701
Vitamin A	Vitamin A trägt zu einer normalen Funktion des Immunsystems bei	Die Angabe darf nur für Lebensmittel verwendet werden, die die Mindestanforderungen an eine Vitamin-A-Quelle gemäß der im Anhang der Verordnung (EG) Nr. 1924/2006 aufgeführten Angabe [NAME DES VITAMINS/DER VITAMINE] UND/ODER [NAME DES MINERALSTOFFS/DER MINERALSTOFFE]-QUELLE erfüllen.		2009; 7(9):1222 2011; 9(4):2021	14, 200, 1462
Vitamin A	Vitamin A hat eine Funktion bei der Zellspezialisierung	Die Angabe darf nur für Lebensmittel verwendet werden, die die Mindestanforderungen an eine Vitamin-A-Quelle gemäß der im Anhang der Verordnung (EG) Nr. 1924/2006 aufgeführten Angabe [NAME DES VITAMINS/DER VITAMINE] UND/ODER [NAME DES MINERALSTOFFS/DER MINERALSTOFFE]-QUELLE erfüllen.		2009; 7(9):1221	14

Nährstoff, Substanz, Lebensmittel oder Lebensmittelkategorie	Angabe	Bedingungen für die Verwendung der Angabe	Bedingungen und/oder Beschränkungen hinsichtlich der Verwendung des Lebensmittels und/oder zusätzliche Erklärungen oder Warnungen	Nummer im EFSA Journal	Nummer des Eintrags in der konsolidierten Liste, die der EFSA zur Bewertung vorgelegt wurde
Vitamin B12	Vitamin B12 trägt zu einem normalen Energiestoffwechsel bei	Die Angabe darf nur für Lebensmittel verwendet werden, die die Mindestanforderungen an eine Vitamin-B12-Quelle gemäß der im Anhang der Verordnung (EG) Nr. 1924/2006 aufgeführten Angabe [NAME DES VITAMINS/DER VITAMINE] UND/ODER [NAME DES MINERALSTOFFS/DER MINERALSTOFFE]-QUELLE erfüllen.		2009; 7(9):1223	99, 190
Vitamin B12	Vitamin B12 trägt zu einer normalen Funktion des Nervensystems bei	Die Angabe darf nur für Lebensmittel verwendet werden, die die Mindestanforderungen an eine Vitamin-B12-Quelle gemäß der im Anhang der Verordnung (EG) Nr. 1924/2006 aufgeführten Angabe [NAME DES VITAMINS/DER VITAMINE] UND/ODER [NAME DES MINERALSTOFFS/DER MINERALSTOFFE]-QUELLE erfüllen.		2010; 8(10):4114	95, 97, 98, 100, 102, 109
Vitamin B12	Vitamin B12 trägt zu einem normalen Homocystein-Stoffwechsel bei	Die Angabe darf nur für Lebensmittel verwendet werden, die die Mindestanforderungen an eine Vitamin-B12-Quelle gemäß der im Anhang der Verordnung (EG) Nr. 1924/2006 aufgeführten Angabe [NAME DES VITAMINS/DER VITAMINE] UND/ODER [NAME DES MINERALSTOFFS/DER MINERALSTOFFE]-QUELLE erfüllen.		2010; 8(10):4114	96, 103, 106
Vitamin B12	Vitamin B12 trägt zur normalen psychischen Funktion bei	Die Angabe darf nur für Lebensmittel verwendet werden, die die Mindestanforderungen an eine Vitamin-B12-Quelle gemäß der im Anhang der Verordnung (EG) Nr. 1924/2006 aufgeführten Angabe [NAME DES VITAMINS/DER VITAMINE] UND/ODER [NAME DES MINERALSTOFFS/DER MINERALSTOFFE]-QUELLE erfüllen.		2010; 8(10):4114	95, 97, 98, 100, 102, 109

Nährstoff, Substanz, Lebensmittel oder Lebensmittelkategorie	Angabe	Bedingungen für die Verwendung der Angabe	Bedingungen und/oder Beschränkungen hinsichtlich der Verwendung des Lebensmittels und/oder zusätzliche Erklärungen oder Warnungen	Nummer im EFSA Journal	Nummer des Eintrags in der konsolidierten Liste, die der EFSA zur Bewertung vorgelegt wurde
Vitamin B12	Vitamin B12 trägt zu einer normalen Bildung roter Blutkörperchen bei	Die Angabe darf nur für Lebensmittel verwendet werden, die die Mindestanforderungen an eine Vitamin-B12-Quelle gemäß der im Anhang der Verordnung (EG) Nr. 1924/2006 aufgeführten Angabe [NAME DES VITAMINS/DER VITAMINE] UND/ODER [NAME DES MINERALSTOFFS/DER MINERALSTOFFE]-QUELLE erfüllen.		2009;7(9):1223	92, 101
Vitamin B12	Vitamin B12 trägt zu einer normalen Funktion des Immunsystems bei	Die Angabe darf nur für Lebensmittel verwendet werden, die die Mindestanforderungen an eine Vitamin-B12-Quelle gemäß der im Anhang der Verordnung (EG) Nr. 1924/2006 aufgeführten Angabe [NAME DES VITAMINS/DER VITAMINE] UND/ODER [NAME DES MINERALSTOFFS/DER MINERALSTOFFE]-QUELLE erfüllen.		2009;7(9):1223	107
Vitamin B12	Vitamin B12 trägt zur Verringerung von Müdigkeit und Ermüdung bei	Die Angabe darf nur für Lebensmittel verwendet werden, die die Mindestanforderungen an eine Vitamin-B12-Quelle gemäß der im Anhang der Verordnung (EG) Nr. 1924/2006 aufgeführten Angabe [NAME DES VITAMINS/DER VITAMINE] UND/ODER [NAME DES MINERALSTOFFS/DER MINERALSTOFFE]-QUELLE erfüllen.		2010;8(10):4114	108
Vitamin B12	Vitamin B12 hat eine Funktion bei der Zellteilung	Die Angabe darf nur für Lebensmittel verwendet werden, die die Mindestanforderungen an eine Vitamin-B12-Quelle gemäß der im Anhang der Verordnung (EG) Nr. 1924/2006 aufgeführten Angabe [NAME DES VITAMINS/DER VITAMINE] UND/ODER [NAME DES MINERALSTOFFS/DER MINERALSTOFFE]-QUELLE erfüllen.		2009;7(9):1223 2010;8(10):1756	93, 212

Nährstoff, Substanz, Lebensmittel oder Lebensmittelkategorie	Angabe	Bedingungen für die Verwendung der Angabe	Bedingungen und/oder Beschränkungen hinsichtlich der Verwendung des Lebensmittels und/oder zusätzliche Erklärungen oder Warnungen	Nummer im EFSA Journal	Nummer des Eintrags in der konsolidierten Liste, die der EFSA zur Bewertung vorgelegt wurde
Vitamin B6	Vitamin B6 trägt zu einer normalen Cystein-Synthese bei	Die Angabe darf nur für Lebensmittel verwendet werden, die die Mindestanforderungen an eine Vitamin-B6-Quelle gemäß der im Anhang der Verordnung (EG) Nr. 1924/2006 aufgeführten Angabe [NAME DES VITAMINS/DER VITAMINE] UND/ODER [NAME DES MINERALSTOFFS/DER MINERALSTOFFE]-QUELLE erfüllen.		2010; 8(10):1759	4283
Vitamin B6	Vitamin B6 trägt zu einem normalen Energiestoffwechsel bei	Die Angabe darf nur für Lebensmittel verwendet werden, die die Mindestanforderungen an eine Vitamin-B6-Quelle gemäß der im Anhang der Verordnung (EG) Nr. 1924/2006 aufgeführten Angabe [NAME DES VITAMINS/DER VITAMINE] UND/ODER [NAME DES MINERALSTOFFS/DER MINERALSTOFFE]-QUELLE erfüllen.		2010; 8(10):1759	75, 214
Vitamin B6	Vitamin B6 trägt zu einer normalen Funktion des Nervensystems bei	Die Angabe darf nur für Lebensmittel verwendet werden, die die Mindestanforderungen an eine Vitamin-B6-Quelle gemäß der im Anhang der Verordnung (EG) Nr. 1924/2006 aufgeführten Angabe [NAME DES VITAMINS/DER VITAMINE] UND/ODER [NAME DES MINERALSTOFFS/DER MINERALSTOFFE]-QUELLE erfüllen.		2009; 7(9):1225	66
Vitamin B6	Vitamin B6 trägt zu einem normalen Homocystein-Stoffwechsel bei	Die Angabe darf nur für Lebensmittel verwendet werden, die die Mindestanforderungen an eine Vitamin-B6-Quelle gemäß der im Anhang der Verordnung (EG) Nr. 1924/2006 aufgeführten Angabe [NAME DES VITAMINS/DER VITAMINE] UND/ODER [NAME DES MINERALSTOFFS/DER MINERALSTOFFE]-QUELLE erfüllen.		2010; 8(10):1759	73, 76, 199

Nährstoff, Substanz, Lebensmittel oder Lebensmittelkategorie	Angabe	Bedingungen für die Verwendung der Angabe	Bedingungen und/oder Beschränkungen hinsichtlich der Verwendung des Lebensmittels und/oder zusätzliche Erklärungen oder Warnungen	Nummer im EFSA Journal	Nummer des Eintrags in der konsolidierten Liste, die der EFSA zur Bewertung vorgelegt wurde
Vitamin B6	Vitamin B6 trägt zu einem normalen Eiweiß- und Glycogenstoffwechsel bei	Die Angabe darf nur für Lebensmittel verwendet werden, die die Mindestanforderungen an eine Vitamin-B6-Quelle gemäß der im Anhang der Verordnung (EG) Nr. 1924/2006 aufgeführten Angabe [NAME DES VITAMINS/DER VITAMINE] UND/ODER [NAME DES MINERALSTOFFS/DER MINERALSTOFFE]-QUELLE erfüllen.		2009; 7(9):1225	65, 70, 71
Vitamin B6	Vitamin B6 trägt zur normalen psychischen Funktion bei	Die Angabe darf nur für Lebensmittel verwendet werden, die die Mindestanforderungen an eine Vitamin-B6-Quelle gemäß der im Anhang der Verordnung (EG) Nr. 1924/2006 aufgeführten Angabe [NAME DES VITAMINS/DER VITAMINE] UND/ODER [NAME DES MINERALSTOFFS/DER MINERALSTOFFE]-QUELLE erfüllen.		2010; 8(10):1759	77
Vitamin B6	Vitamin B6 trägt zur normalen Bildung roter Blutkörperchen bei	Die Angabe darf nur für Lebensmittel verwendet werden, die die Mindestanforderungen an eine Vitamin-B6-Quelle gemäß der im Anhang der Verordnung (EG) Nr. 1924/2006 aufgeführten Angabe [NAME DES VITAMINS/DER VITAMINE] UND/ODER [NAME DES MINERALSTOFFS/DER MINERALSTOFFE]-QUELLE erfüllen.		2009; 7(9):1225	67, 72, 186
Vitamin B6	Vitamin B6 trägt zu einer normalen Funktion des Immunsystems bei	Die Angabe darf nur für Lebensmittel verwendet werden, die die Mindestanforderungen an eine Vitamin-B6-Quelle gemäß der im Anhang der Verordnung (EG) Nr. 1924/2006 aufgeführten Angabe [NAME DES VITAMINS/DER VITAMINE] UND/ODER [NAME DES MINERALSTOFFS/DER MINERALSTOFFE]-QUELLE erfüllen.		2009; 7(9):1225	68

VO (EU) Nr. 432/2012

Nährstoff, Substanz, Lebensmittel oder Lebensmittelkategorie	Angabe	Bedingungen für die Verwendung der Angabe	Bedingungen und/oder Beschränkungen hinsichtlich der Verwendung des Lebensmittels und/oder zusätzliche Erklärungen oder Warnungen	Nummer im EFSA Journal	Nummer des Eintrags in der konsolidierten Liste, die der EFSA zur Bewertung vorgelegt wurde
Vitamin B6	Vitamin B6 trägt zur Verringerung von Müdigkeit und Ermüdung bei	Die Angabe darf nur für Lebensmittel verwendet werden, die die Mindestanforderungen an eine Vitamin-B6-Quelle gemäß der im Anhang der Verordnung (EG) Nr. 1924/2006 aufgeführten Angabe [NAME DES VITAMINS/DER VITAMINE] UND/ODER [NAME DES MINERALSTOFFS/DER MINERALSTOFFE]-QUELLE erfüllen.		2010; 8(10):1759	78
Vitamin B6	Vitamin B6 trägt zur Regulierung der Hormontätigkeit bei	Die Angabe darf nur für Lebensmittel verwendet werden, die die Mindestanforderungen an eine Vitamin-B6-Quelle gemäß der im Anhang der Verordnung (EG) Nr. 1924/2006 aufgeführten Angabe [NAME DES VITAMINS/DER VITAMINE] UND/ODER [NAME DES MINERALSTOFFS/DER MINERALSTOFFE]-QUELLE erfüllen.		2009; 7(9):1225	69
Vitamin C	Vitamin C trägt zu einer normalen Funktion des Immunsystems während und nach intensiver körperlicher Betätigung bei	Die Angabe darf nur für Lebensmittel verwendet werden, deren Verzehr eine tägliche Aufnahme von 200 mg Vitamin C gewährleistet. Damit die Angabe zulässig ist, sind die Verbraucher darüber zu unterrichten, dass sich die positive Wirkung einstellt, wenn zusätzlich zu der empfohlenen Tagesdosis an Vitamin C täglich 200 mg eingenommen werden.		2009; 7(9):1226	144
Vitamin C	Vitamin C trägt zu einer normalen Kollagenbildung für eine normale Funktion der Blutgefäße bei	Die Angabe darf nur für Lebensmittel verwendet werden, die die Mindestanforderungen an eine Vitamin-C-Quelle gemäß der im Anhang der Verordnung (EG) Nr. 1924/2006 aufgeführten Angabe [NAME DES VITAMINS/DER VITAMINE] UND/ODER [NAME DES MINERALSTOFFS/DER MINERALSTOFFE]-QUELLE erfüllen.		2009; 7(9):1226	130, 131, 149

Nährstoff, Substanz, Lebensmittel oder Lebensmittelkategorie	Angabe	Bedingungen für die Verwendung der Angabe	Bedingungen und/oder Beschränkungen hinsichtlich der Verwendung des Lebensmittels und/oder zusätzliche Erklärungen oder Warnungen	Nummer im EFSA Journal	Nummer des Eintrags in der konsolidierten Liste, die der EFSA zur Bewertung vorgelegt wurde
Vitamin C	Vitamin C trägt zu einer normalen Kollagenbildung für eine normale Funktion der Knochen bei	Die Angabe darf nur für Lebensmittel verwendet werden, die die Mindestanforderungen an eine Vitamin-C-Quelle gemäß der im Anhang der Verordnung (EG) Nr. 1924/2006 aufgeführten Angabe [NAME DES VITAMINS/DER VITAMINE] UND/ODER [NAME DES MINERALSTOFFS/DER MINERALSTOFFE]-QUELLE erfüllen.		2009; 7(9):1226	131, 149
Vitamin C	Vitamin C trägt zu einer normalen Kollagenbildung für eine normale Knorpelfunktion bei	Die Angabe darf nur für Lebensmittel verwendet werden, die die Mindestanforderungen an eine Vitamin-C-Quelle gemäß der im Anhang der Verordnung (EG) Nr. 1924/2006 aufgeführten Angabe [NAME DES VITAMINS/DER VITAMINE] UND/ODER [NAME DES MINERALSTOFFS/DER MINERALSTOFFE]-QUELLE erfüllen.		2009; 7(9):1226	131, 149
Vitamin C	Vitamin C trägt zu einer normalen Kollagenbildung für eine normale Funktion des Zahnfleisches bei	Die Angabe darf nur für Lebensmittel verwendet werden, die die Mindestanforderungen an eine Vitamin-C-Quelle gemäß der im Anhang der Verordnung (EG) Nr. 1924/2006 aufgeführten Angabe [NAME DES VITAMINS/DER VITAMINE] UND/ODER [NAME DES MINERALSTOFFS/DER MINERALSTOFFE]-QUELLE erfüllen.		2009; 7(9):1226	131, 136, 149
Vitamin C	Vitamin C trägt zu einer normalen Kollagenbildung für eine normale Funktion der Haut bei	Die Angabe darf nur für Lebensmittel verwendet werden, die die Mindestanforderungen an eine Vitamin-C-Quelle gemäß der im Anhang der Verordnung (EG) Nr. 1924/2006 aufgeführten Angabe [NAME DES VITAMINS/DER VITAMINE] UND/ODER [NAME DES MINERALSTOFFS/DER MINERALSTOFFE]-QUELLE erfüllen.		2009; 7(9):1226	131, 137, 149

Nährstoff, Substanz, Lebensmittel oder Lebensmittelkategorie	Angabe	Bedingungen für die Verwendung der Angabe	Bedingungen und/oder Beschränkungen hinsichtlich der Verwendung des Lebensmittels und/oder zusätzliche Erklärungen oder Warnungen	Nummer im EFSA Journal	Nummer des Eintrags in der konsolidierten Liste, die der EFSA zur Bewertung vorgelegt wurde
Vitamin C	Vitamin C trägt zu einer normalen Kollagenbildung für eine normale Funktion der Zähne bei	Die Angabe darf nur für Lebensmittel verwendet werden, die die Mindestanforderungen an eine Vitamin-C-Quelle gemäß der im Anhang der Verordnung (EG) Nr. 1924/2006 aufgeführten Angabe [NAME DES VITAMINS/DER VITAMINE] UND/ODER [NAME DES MINERALSTOFFS/DER MINERALSTOFFE]-QUELLE erfüllen.		2009; 7(9):1226	131, 149
Vitamin C	Vitamin C trägt zu einem normalen Energiestoffwechsel bei	Die Angabe darf nur für Lebensmittel verwendet werden, die die Mindestanforderungen an eine Vitamin-C-Quelle gemäß der im Anhang der Verordnung (EG) Nr. 1924/2006 aufgeführten Angabe [NAME DES VITAMINS/DER VITAMINE] UND/ODER [NAME DES MINERALSTOFFS/DER MINERALSTOFFE]-QUELLE erfüllen.		2009; 7(9):1226 2010; 8(10):1815	135, 2334, 3196
Vitamin C	Vitamin C trägt zu einer normalen Funktion des Nervensystems bei	Die Angabe darf nur für Lebensmittel verwendet werden, die die Mindestanforderungen an eine Vitamin-C-Quelle gemäß der im Anhang der Verordnung (EG) Nr. 1924/2006 aufgeführten Angabe [NAME DES VITAMINS/DER VITAMINE] UND/ODER [NAME DES MINERALSTOFFS/DER MINERALSTOFFE]-QUELLE erfüllen.		2009; 7(9):1226	133
Vitamin C	Vitamin C trägt zur normalen psychischen Funktion bei	Die Angabe darf nur für Lebensmittel verwendet werden, die die Mindestanforderungen an eine Vitamin-C-Quelle gemäß der im Anhang der Verordnung (EG) Nr. 1924/2006 aufgeführten Angabe [NAME DES VITAMINS/DER VITAMINE] UND/ODER [NAME DES MINERALSTOFFS/DER MINERALSTOFFE]-QUELLE erfüllen.		2010; 8(10):1815	140

Nährstoff, Substanz, Lebensmittel oder Lebensmittelkategorie	Angabe	Bedingungen für die Verwendung der Angabe	Bedingungen und/oder Beschränkungen hinsichtlich der Verwendung des Lebensmittels und/oder zusätzliche Erklärungen oder Warnungen	Nummer im EFSA Journal	Nummer des Eintrags in der konsolidierten Liste, die der EFSA zur Bewertung vorgelegt wurde
Vitamin C	Vitamin C trägt zu einer normalen Funktion des Immunsystems bei	Die Angabe darf nur für Lebensmittel verwendet werden, die die Mindestanforderungen an eine Vitamin-C-Quelle gemäß der im Anhang der Verordnung (EG) Nr. 1924/2006 aufgeführten Angabe [NAME DES VITAMINS/DER VITAMINE] UND/ODER [NAME DES MINERALSTOFFS/DER MINERALSTOFFE]-QUELLE erfüllen.		2009; 7(9):1226 2010; 8(10):1815	134, 4321
Vitamin C	Vitamin C trägt dazu bei, die Zellen vor oxidativem Stress zu schützen	Die Angabe darf nur für Lebensmittel verwendet werden, die die Mindestanforderungen an eine Vitamin-C-Quelle gemäß der im Anhang der Verordnung (EG) Nr. 1924/2006 aufgeführten Angabe [NAME DES VITAMINS/DER VITAMINE] UND/ODER [NAME DES MINERALSTOFFS/DER MINERALSTOFFE]-QUELLE erfüllen.		2009; 7(9):1226 2010; 8(10):1815	129, 138, 143, 148, 3331
Vitamin C	Vitamin C trägt zur Verringerung von Müdigkeit und Ermüdung bei	Die Angabe darf nur für Lebensmittel verwendet werden, die die Mindestanforderungen an eine Vitamin-C-Quelle gemäß der im Anhang der Verordnung (EG) Nr. 1924/2006 aufgeführten Angabe [NAME DES VITAMINS/DER VITAMINE] UND/ODER [NAME DES MINERALSTOFFS/DER MINERALSTOFFE]-QUELLE erfüllen.		2010; 8(10):1815	139, 2622
Vitamin C	Vitamin C trägt zur Regeneration der reduzierten Form von Vitamin E bei	Die Angabe darf nur für Lebensmittel verwendet werden, die die Mindestanforderungen an eine Vitamin-C-Quelle gemäß der im Anhang der Verordnung (EG) Nr. 1924/2006 aufgeführten Angabe [NAME DES VITAMINS/DER VITAMINE] UND/ODER [NAME DES MINERALSTOFFS/DER MINERALSTOFFE]-QUELLE erfüllen.		2010; 8(10):1815	202

Nährstoff, Substanz, Lebensmittel oder Lebensmittelkategorie	Angabe	Bedingungen für die Verwendung der Angabe	Bedingungen und/oder Beschränkungen hinsichtlich der Verwendung des Lebensmittels und/oder zusätzliche Erklärungen oder Warnungen	Nummer im EFSA Journal	Nummer des Eintrags in der konsolidierten Liste, die der EFSA zur Bewertung vorgelegt wurde
Vitamin C	Vitamin C erhöht die Eisenaufnahme	Die Angabe darf nur für Lebensmittel verwendet werden, die die Mindestanforderungen an eine Vitamin-C-Quelle gemäß der im Anhang der Verordnung (EG) Nr. 1924/2006 aufgeführten Angabe [NAME DES VITAMINS/DER VITAMINE] UND/ODER [NAME DES MINERALSTOFFS/DER MINERALSTOFFE]-QUELLE erfüllen.		2009;7(9):1226	132, 147
Vitamin D	Vitamin D trägt zu einer normalen Aufnahme/Verwertung von Calcium und Phosphor bei	Die Angabe darf nur für Lebensmittel verwendet werden, die die Mindestanforderungen an eine Vitamin-D-Quelle gemäß der im Anhang der Verordnung (EG) Nr. 1924/2006 aufgeführten Angabe [NAME DES VITAMINS/DER VITAMINE] UND/ODER [NAME DES MINERALSTOFFS/DER MINERALSTOFFE]-QUELLE erfüllen.		2009;7(9):1227	152, 157, 215
Vitamin D	Vitamin D trägt zu einem normalen Calciumspiegel im Blut bei	Die Angabe darf nur für Lebensmittel verwendet werden, die die Mindestanforderungen an eine Vitamin-D-Quelle gemäß der im Anhang der Verordnung (EG) Nr. 1924/2006 aufgeführten Angabe [NAME DES VITAMINS/DER VITAMINE] UND/ODER [NAME DES MINERALSTOFFS/DER MINERALSTOFFE]-QUELLE erfüllen.		2009;7(9):1227 2011;9(6):2203	152, 157 215
Vitamin D	Vitamin D trägt zur Erhaltung normaler Knochen bei	Die Angabe darf nur für Lebensmittel verwendet werden, die die Mindestanforderungen an eine Vitamin-D-Quelle gemäß der im Anhang der Verordnung (EG) Nr. 1924/2006 aufgeführten Angabe [NAME DES VITAMINS/DER VITAMINE] UND/ODER [NAME DES MINERALSTOFFS/DER MINERALSTOFFE]-QUELLE erfüllen.		2009;7(9):1227	150, 151, 158, 350

VO (EU) Nr. 432/2012

Nährstoff, Substanz, Lebensmittel oder Lebensmittelkategorie	Angabe	Bedingungen für die Verwendung der Angabe	Bedingungen und/oder Beschränkungen hinsichtlich der Verwendung des Lebensmittels und/oder zusätzliche Erklärungen oder Warnungen	Nummer im EFSA Journal	Nummer des Eintrags in der konsolidierten Liste, die der EFSA zur Bewertung vorgelegt wurde
Vitamin D	Vitamin D trägt zur Erhaltung einer normalen Muskelfunktion bei	Die Angabe darf nur für Lebensmittel verwendet werden, die die Mindestanforderungen an eine Vitamin-D-Quelle gemäß der im Anhang der Verordnung (EG) Nr. 1924/2006 aufgeführten Angabe [NAME DES VITAMINS/DER VITAMINE] UND/ODER [NAME DES MINERALSTOFFS/DER MINERALSTOFFE]-QUELLE erfüllen.		2010; 8(2):1468	155
Vitamin D	Vitamin D trägt zur Erhaltung normaler Zähne bei	Die Angabe darf nur für Lebensmittel verwendet werden, die die Mindestanforderungen an eine Vitamin-D-Quelle gemäß der im Anhang der Verordnung (EG) Nr. 1924/2006 aufgeführten Angabe [NAME DES VITAMINS/DER VITAMINE] UND/ODER [NAME DES MINERALSTOFFS/DER MINERALSTOFFE]-QUELLE erfüllen.		2009; 7(9):1227	151, 158
Vitamin D	Vitamin D trägt zu einer normalen Funktion des Immunsystems bei	Die Angabe darf nur für Lebensmittel verwendet werden, die die Mindestanforderungen an eine Vitamin-D-Quelle gemäß der im Anhang der Verordnung (EG) Nr. 1924/2006 aufgeführten Angabe [NAME DES VITAMINS/DER VITAMINE] UND/ODER [NAME DES MINERALSTOFFS/DER MINERALSTOFFE]-QUELLE erfüllen.		2010; 8(2):1468	154, 159
Vitamin D	Vitamin D hat eine Funktion bei der Zellteilung	Die Angabe darf nur für Lebensmittel verwendet werden, die die Mindestanforderungen an eine Vitamin-D-Quelle gemäß der im Anhang der Verordnung (EG) Nr. 1924/2006 aufgeführten Angabe [NAME DES VITAMINS/DER VITAMINE] UND/ODER [NAME DES MINERALSTOFFS/DER MINERALSTOFFE]-QUELLE erfüllen.		2009; 7(9):1227	153

Nährstoff, Substanz, Lebensmittel oder Lebensmittelkategorie	Angabe	Bedingungen für die Verwendung der Angabe	Bedingungen und/oder Beschränkungen hinsichtlich der Verwendung des Lebensmittels und/oder zusätzliche Erklärungen oder Warnungen	Nummer im EFSA Journal	Nummer des Eintrags in der konsolidierten Liste, die der EFSA zur Bewertung vorgelegt wurde
Vitamin E	Vitamin E trägt dazu bei, die Zellen vor oxidativem Stress zu schützen	Die Angabe darf nur für Lebensmittel verwendet werden, die die Mindestanforderungen an eine Vitamin-E-Quelle gemäß der im Anhang der Verordnung (EG) Nr. 1924/2006 aufgeführten Angabe [NAME DES VITAMINS/DER VITAMINE] UND/ODER [NAME DES MINERALSTOFFS/DER MINERALSTOFFE]-QUELLE erfüllen.		2010; 8(10):1816	160, 162, 1947
Vitamin K	Vitamin K trägt zu einer normalen Blutgerinnung bei	Die Angabe darf nur für Lebensmittel verwendet werden, die die Mindestanforderungen an eine Vitamin-K-Quelle gemäß der im Anhang der Verordnung (EG) Nr. 1924/2006 aufgeführten Angabe [NAME DES VITAMINS/DER VITAMINE] UND/ODER [NAME DES MINERALSTOFFS/DER MINERALSTOFFE]-QUELLE erfüllen.		2009; 7 (9):1228	124, 126
Vitamin K	Vitamin K trägt zur Erhaltung normaler Knochen bei	Die Angabe darf nur für Lebensmittel verwendet werden, die die Mindestanforderungen an eine Vitamin-K-Quelle gemäß der im Anhang der Verordnung (EG) Nr. 1924/2006 aufgeführten Angabe [NAME DES VITAMINS/DER VITAMINE] UND/ODER [NAME DES MINERALSTOFFS/DER MINERALSTOFFE]-QUELLE erfüllen.		2009; 7 (9):1228	123, 127, 128, 2879
Walnüsse	Walnüsse tragen dazu bei, die Elastizität der Blutgefäße zu verbessern	Die Angabe darf nur für Lebensmittel verwendet werden, die eine tägliche Verzehrsmenge von 30 g Walnüssen gewährleisten. Damit die Angabe zulässig ist, sind die Verbraucher darüber zu unterrichten, dass sich die positive Wirkung bei einem täglichen Verzehr von 30 g Walnüssen einstellt.		2011; 9(4):2074	1155, 1157

VO (EU) Nr. 432/2012

Nährstoff, Substanz, Lebensmittel oder Lebensmittelkategorie	Angabe	Bedingungen für die Verwendung der Angabe	Bedingungen und/oder Beschränkungen hinsichtlich der Verwendung des Lebensmittels und/oder zusätzliche Erklärungen oder Warnungen	Nummer im EFSA Journal	Nummer des Eintrags in der konsolidierten Liste, die der EFSA zur Bewertung vorgelegt wurde
Wasser	Wasser trägt zur Erhaltung normaler körperlicher und kognitiver Funktionen bei	Damit die Angabe zulässig ist, sind die Verbraucher darüber zu unterrichten, dass täglich mindestens 2,0 l Wasser (aus allen Quellen) verzehrt werden sollten, um die angegebene Wirkung zu erzielen.	Die Angabe darf nur für Wasser verwendet werden, das den Anforderungen der Richtlinien 2009/54/EG und/oder 98/83/EG genügt.	2011; 9(4):2075	1102, 1209, 1294, 1331
Wasser	Wasser trägt zur Erhaltung einer normalen Regulierung der Körpertemperatur bei	Damit die Angabe zulässig ist, sind die Verbraucher darüber zu unterrichten, dass täglich mindestens 2,0 l Wasser (aus allen Quellen) verzehrt werden sollten, um die angegebene Wirkung zu erzielen.	Die Angabe darf nur für Wasser verwendet werden, das den Anforderungen der Richtlinien 2009/54/EG und/oder 98/83/EG genügt.	2011; 9(4):2075	1208
Weizenkleie	Weizenkleie trägt zur Beschleunigung der Darmpassage bei	Die Angabe darf nur für Lebensmittel verwendet werden, die einen hohen Gehalt an diesem Ballaststoff gemäß der im Anhang der Verordnung (EG) Nr. 1924/2006 aufgeführten Angabe HOHER BALLASTSTOFFGEHALT haben. Damit die Angabe zulässig ist, sind die Verbraucher darüber zu unterrichten, dass sich die positive Wirkung bei einer täglichen Aufnahme von mindestens 10 g Weizenkleie einstellt.		2010; 8(10):1817	828, 839, 3067, 4699
Weizenkleie	Weizenkleie trägt zur Erhöhung des Stuhlvolumens bei	Die Angabe darf nur für Lebensmittel verwendet werden, die einen hohen Gehalt an diesem Ballaststoff gemäß der im Anhang der Verordnung (EG) Nr. 1924/2006 aufgeführten Angabe HOHER BALLASTSTOFFGEHALT haben.		2010; 8(10):1817	3066

Nährstoff, Substanz, Lebensmittel oder Lebensmittelkategorie	Angabe	Bedingungen für die Verwendung der Angabe	Bedingungen und/oder Beschränkungen hinsichtlich der Verwendung des Lebensmittels und/oder zusätzliche Erklärungen oder Warnungen	Nummer im EFSA Journal	Nummer des Eintrags in der konsolidierten Liste, die der EFSA zur Bewertung vorgelegt wurde
Zink	Zink trägt zu einem normalen Säure-Basen-Stoffwechsel bei	Die Angabe darf nur für Lebensmittel verwendet werden, die die Mindestanforderungen an eine Zinkquelle gemäß der im Anhang der Verordnung (EG) Nr. 1924/2006 aufgeführten Angabe [NAME DES VITAMINS/DER VITAMINE] UND/ODER [NAME DES MINERALSTOFFS/DER MINERALSTOFFE]-QUELLE erfüllen.		2009; 7(9):1229	360
Zink	Zink trägt zu einem normalen Kohlenhydrat-Stoffwechsel bei	Die Angabe darf nur für Lebensmittel verwendet werden, die die Mindestanforderungen an eine Zinkquelle gemäß der im Anhang der Verordnung (EG) Nr. 1924/2006 aufgeführten Angabe [NAME DES VITAMINS/DER VITAMINE] UND/ODER [NAME DES MINERALSTOFFS/DER MINERALSTOFFE]-QUELLE erfüllen.		2010; 8(10):1819	382
Zink	Zink trägt zu einer normalen kognitiven Funktion bei	Die Angabe darf nur für Lebensmittel verwendet werden, die die Mindestanforderungen an eine Zinkquelle gemäß der im Anhang der Verordnung (EG) Nr. 1924/2006 aufgeführten Angabe [NAME DES VITAMINS/DER VITAMINE] UND/ODER [NAME DES MINERALSTOFFS/DER MINERALSTOFFE]-QUELLE erfüllen.		2009; 7(9):1229	296
Zink	Zink trägt zu einer normalen DNA-Synthese bei	Die Angabe darf nur für Lebensmittel verwendet werden, die die Mindestanforderungen an eine Zinkquelle gemäß der im Anhang der Verordnung (EG) Nr. 1924/2006 aufgeführten Angabe [NAME DES VITAMINS/DER VITAMINE] UND/ODER [NAME DES MINERALSTOFFS/DER MINERALSTOFFE]-QUELLE erfüllen.		2010; 8(10):1819	292, 293, 1759

Nährstoff, Substanz, Lebensmittel oder Lebensmittelkategorie	Angabe	Bedingungen für die Verwendung der Angabe	Bedingungen und/oder Beschränkungen hinsichtlich der Verwendung des Lebensmittels und/oder zusätzliche Erklärungen oder Warnungen	Nummer im EFSA Journal	Nummer des Eintrags in der konsolidierten Liste, die der EFSA zur Bewertung vorgelegt wurde
Zink	Zink trägt zu einer normalen Fruchtbarkeit und einer normalen Reproduktion bei	Die Angabe darf nur für Lebensmittel verwendet werden, die die Mindestanforderungen an eine Zinkquelle gemäß der im Anhang der Verordnung (EG) Nr. 1924/2006 aufgeführten Angabe [NAME DES VITAMINS/DER VITAMINE] UND/ODER [NAME DES MINERALSTOFFS/DER MINERALSTOFFE]-QUELLE erfüllen.		2009; 7(9):1229	297, 300
Zink	Zink trägt zu einem normalen Stoffwechsel von Makronährstoffen bei	Die Angabe darf nur für Lebensmittel verwendet werden, die die Mindestanforderungen an eine Zinkquelle gemäß der im Anhang der Verordnung (EG) Nr. 1924/2006 aufgeführten Angabe [NAME DES VITAMINS/DER VITAMINE] UND/ODER [NAME DES MINERALSTOFFS/DER MINERALSTOFFE]-QUELLE erfüllen.		2010; 8(10):1819	2890
Zink	Zink trägt zu einem normalen Fettsäurestoffwechsel bei	Die Angabe darf nur für Lebensmittel verwendet werden, die die Mindestanforderungen an eine Zinkquelle gemäß der im Anhang der Verordnung (EG) Nr. 1924/2006 aufgeführten Angabe [NAME DES VITAMINS/DER VITAMINE] UND/ODER [NAME DES MINERALSTOFFS/DER MINERALSTOFFE]-QUELLE erfüllen.		2009; 7(9):1229	302
Zink	Zink trägt zu einem normalen Vitamin-A-Stoffwechsel bei	Die Angabe darf nur für Lebensmittel verwendet werden, die die Mindestanforderungen an eine Zinkquelle gemäß der im Anhang der Verordnung (EG) Nr. 1924/2006 aufgeführten Angabe [NAME DES VITAMINS/DER VITAMINE] UND/ODER [NAME DES MINERALSTOFFS/DER MINERALSTOFFE]-QUELLE erfüllen.		2009; 7(9):1229	361

Nährstoff, Substanz, Lebensmittel oder Lebensmittelkategorie	Angabe	Bedingungen für die Verwendung der Angabe	Bedingungen und/oder Beschränkungen hinsichtlich der Verwendung des Lebensmittels und/oder zusätzliche Erklärungen oder Warnungen	Nummer im EFSA Journal	Nummer des Eintrags in der konsolidierten Liste, die der EFSA zur Bewertung vorgelegt wurde
Zink	Zink trägt zu einer normalen Eiweißsynthese bei	Die Angabe darf nur für Lebensmittel verwendet werden, die die Mindestanforderungen an eine Zinkquelle gemäß der im Anhang der Verordnung (EG) Nr. 1924/2006 aufgeführten Angabe [NAME DES VITAMINS/DER VITAMINE] UND/ODER [NAME DES MINERALSTOFFS/DER MINERALSTOFFE]-QUELLE erfüllen.		2010; 8(10):1819	293, 4293
Zink	Zink trägt zur Erhaltung normaler Knochen bei	Die Angabe darf nur für Lebensmittel verwendet werden, die die Mindestanforderungen an eine Zinkquelle gemäß der im Anhang der Verordnung (EG) Nr. 1924/2006 aufgeführten Angabe [NAME DES VITAMINS/DER VITAMINE] UND/ODER [NAME DES MINERALSTOFFS/DER MINERALSTOFFE]-QUELLE erfüllen.		2009; 7(9):1229	295, 1756
Zink	Zink trägt zur Erhaltung normaler Haare bei	Die Angabe darf nur für Lebensmittel verwendet werden, die die Mindestanforderungen an eine Zinkquelle gemäß der im Anhang der Verordnung (EG) Nr. 1924/2006 aufgeführten Angabe [NAME DES VITAMINS/DER VITAMINE] UND/ODER [NAME DES MINERALSTOFFS/DER MINERALSTOFFE]-QUELLE erfüllen.		2010; 8(10):1819	412
Zink	Zink trägt zur Erhaltung normaler Nägel bei	Die Angabe darf nur für Lebensmittel verwendet werden, die die Mindestanforderungen an eine Zinkquelle gemäß der im Anhang der Verordnung (EG) Nr. 1924/2006 aufgeführten Angabe [NAME DES VITAMINS/DER VITAMINE] UND/ODER [NAME DES MINERALSTOFFS/DER MINERALSTOFFE]-QUELLE erfüllen.		2010; 8(10):1819	412

VO (EU) Nr. 432/2012

Nährstoff, Substanz, Lebensmittel oder Lebensmittelkategorie	Angabe	Bedingungen für die Verwendung der Angabe	Bedingungen und/oder Beschränkungen hinsichtlich der Verwendung des Lebensmittels und/oder zusätzliche Erklärungen oder Warnungen	Nummer im EFSA Journal	Nummer des Eintrags in der konsolidierten Liste, die der EFSA zur Bewertung vorgelegt wurde
Zink	Zink trägt zur Erhaltung normaler Haut bei	Die Angabe darf nur für Lebensmittel verwendet werden, die die Mindestanforderungen an eine Zinkquelle gemäß der im Anhang der Verordnung (EG) Nr. 1924/2006 aufgeführten Angabe [NAME DES VITAMINS/DER VITAMINE] UND/ODER [NAME DES MINERALSTOFFS/ DER MINERALSTOFFE]-QUELLE erfüllen.		2010;8(10):1819	293
Zink	Zink trägt zur Erhaltung eines normalen Testosteronspiegels im Blut bei	Die Angabe darf nur für Lebensmittel verwendet werden, die die Mindestanforderungen an eine Zinkquelle gemäß der im Anhang der Verordnung (EG) Nr. 1924/2006 aufgeführten Angabe [NAME DES VITAMINS/DER VITAMINE] UND/ODER [NAME DES MINERALSTOFFS/ DER MINERALSTOFFE]-QUELLE erfüllen.		2010;8(10):1819	301
Zink	Zink trägt zur Erhaltung normaler Sehkraft bei	Die Angabe darf nur für Lebensmittel verwendet werden, die die Mindestanforderungen an eine Zinkquelle gemäß der im Anhang der Verordnung (EG) Nr. 1924/2006 aufgeführten Angabe [NAME DES VITAMINS/DER VITAMINE] UND/ODER [NAME DES MINERALSTOFFS/ DER MINERALSTOFFE]-QUELLE erfüllen.		2009;7(9):1229	361
Zink	Zink trägt zu einer normalen Funktion des Immunsystems bei	Die Angabe darf nur für Lebensmittel verwendet werden, die die Mindestanforderungen an eine Zinkquelle gemäß der im Anhang der Verordnung (EG) Nr. 1924/2006 aufgeführten Angabe [NAME DES VITAMINS/DER VITAMINE] UND/ODER [NAME DES MINERALSTOFFS/ DER MINERALSTOFFE]-QUELLE erfüllen.		2009;7(9):1229	291, 1757

Nährstoff, Substanz, Lebensmittel oder Lebensmittelkategorie	Angabe	Bedingungen für die Verwendung der Angabe	Bedingungen und/oder Beschränkungen hinsichtlich der Verwendung des Lebensmittels und/oder zusätzliche Erklärungen oder Warnungen	Nummer im EFSA Journal	Nummer des Eintrags in der konsolidierten Liste, die der EFSA zur Bewertung vorgelegt wurde
Zink	Zink trägt dazu bei, die Zellen vor oxidativem Stress zu schützen	Die Angabe darf nur für Lebensmittel verwendet werden, die die Mindestanforderungen an eine Zinkquelle gemäß der im Anhang der Verordnung (EG) Nr. 1924/2006 aufgeführten Angabe [NAME DES VITAMINS/DER VITAMINE] UND/ODER [NAME DES MINERALSTOFFS/DER MINERALSTOFFE]-QUELLE erfüllen.		2009; 7(9):1229	294, 1758
Zink	Zink hat eine Funktion bei der Zellteilung	Die Angabe darf nur für Lebensmittel verwendet werden, die die Mindestanforderungen an eine Zinkquelle gemäß der im Anhang der Verordnung (EG) Nr. 1924/2006 aufgeführten Angabe [NAME DES VITAMINS/DER VITAMINE] UND/ODER [NAME DES MINERALSTOFFS/DER MINERALSTOFFE]-QUELLE erfüllen.		2009; 7(9):1229	292, 293, 1759
Zuckerersatzstoffe, d.h. stark süßende Verbindungen; Xylit, Sorbit, Mannit, Maltit, Lactit, Isomalt, Erythrit, Sucralose und Polydextrose; D-Tagatose und Isomaltulose	Der Verzehr von Lebensmitteln/Getränken, die anstelle von Zucker <name of sugar replacer> (*) enthalten, bewirkt, dass der Blutzuckerspiegel nach ihrem Verzehr weniger stark ansteigt als beim Verzehr von zuckerhaltigen Lebensmitteln/Getränken	Damit die Angabe zulässig ist, sollten Zuckerarten im Lebensmittel bzw. Getränk durch Zuckerersatzstoffe, d. h. stark süßende Verbindungen, Xylit, Sorbit, Mannit, Maltit, Lactit, Isomalt, Erythrit, Sucralose oder Polydextrose bzw. durch eine Kombination dieser Stoffe ersetzt werden, so dass der Zuckergehalt des Lebensmittels bzw. Getränks mindestens um den in der Angabe REDUZIERTER [NAME DES NÄHRSTOFFS]-Anteil gemäß dem Anhang der Verordnung (EG) Nr. 1924/2006 genannten Anteil reduziert ist. Mit D-Tagatose und Isomaltulose sollten vergleichbare Anteile anderer Zuckerarten in gleichem Verhältnis wie in der im Anhang der Verordnung (EG) Nr. 1924/2006 aufgeführten Angabe REDUZIERTER [NAME DES NÄHRSTOFFS]-Anteil ersetzt werden.		2011; 9(4):2076 2011; 9(6):2229	617, 619, 669, 1590, 1762, 2903, 2908, 2920 4298

(*) Im Fall von D-Tagatose und Isomaltulose muss es hier „andere Zuckerarten" heißen

Nährstoff, Substanz, Lebensmittel oder Lebensmittelkategorie	Angabe	Bedingungen für die Verwendung der Angabe	Bedingungen und/oder Beschränkungen hinsichtlich der Verwendung des Lebensmittels und/oder zusätzliche Erklärungen oder Warnungen	Nummer im EFSA Journal	Nummer des Eintrags in der konsolidierten Liste, die der EFSA zur Bewertung vorgelegt wurde
Zuckerersatzstoffe, d. h. stark süßende Verbindungen; Xylit, Sorbit, Mannit, Maltit, Lactit, Isomalt, Erythrit, Sucralose und Polydextrose; D-Tagatose und Isomaltulose	Der Verzehr von Lebensmitteln/Getränken, die anstelle von Zucker <name of sugar replacer> (*) enthalten, trägt zur Erhaltung der Zahnmineralisierung bei	Damit die Angabe zulässig ist, sollten Zuckerarten in Lebensmitteln bzw. Getränken (die den pH-Wert des Zahnbelags unter 5,7 absenken) durch Zuckerersatzstoffe, d. h. stark süßende Verbindungen, Xylit, Sorbit, Mannit, Maltit, Lactit, Isomalt, Erythrit, D-tagatose, Isomaltulose, Sucralose oder Polydextrose bzw. durch eine Kombination aus diesen Stoffen ersetzt werden, und zwar in solchen Anteilen, dass der Verzehr dieser Lebensmittel bzw. Getränke den pH-Wert des Zahnbelags während des Verzehrs und bis 30 Minuten nach dem Verzehr nicht unter 5,7 absenkt.		2011; 9(4):2076 2011; 9(6):2229	463, 464, 563, 618, 647, 1182, 1591, 2907, 2921, 4300 1134, 1167, 1283
Zuckerfreier Kaugummi	Zuckerfreier Kaugummi trägt zur Erhaltung der Zahnmineralisierung bei	Die Angabe darf nur für Kaugummi verwendet werden, der den Verwendungsbedingungen für die im Anhang der Verordnung (EG) Nr. 1924/2006 aufgeführte nährwertbezogene Angabe ZUCKERFREI entspricht. Unterrichtung der Verbraucher, dass sich die positive Wirkung bei mindestens 20-minütigem Kauen nach dem Essen oder Trinken einstellt.		2009; 7(9):1271 2011; 9(4):2072 2011; 9(6):2266	1151, 1154 486, 562, 1181
Zuckerfreier Kaugummi	Zuckerfreier Kaugummi trägt zur Neutralisierung der Säuren des Zahnbelags bei	Die Angabe darf nur für Kaugummi verwendet werden, der den Verwendungsbedingungen für die im Anhang der Verordnung (EG) Nr. 1924/2006 aufgeführte nährwertbezogene Angabe ZUCKERFREI entspricht. Unterrichtung der Verbraucher, dass sich die positive Wirkung bei mindestens 20-minütigem Kauen nach dem Essen oder Trinken einstellt.		2009; 7(9):1271 2011; 6(6):2266	1150 485

(*) Im Fall von D-Tagatose und Isomaltulose muss es hier „andere Zuckerarten" heißen

Nährstoff, Substanz, Lebensmittel oder Lebensmittelkategorie	Angabe	Bedingungen für die Verwendung der Angabe	Bedingungen und/oder Beschränkungen hinsichtlich der Verwendung des Lebensmittels und/oder zusätzliche Erklärungen oder Warnungen	Nummer im EFSA Journal	Nummer des Eintrags in der konsolidierten Liste, die der EFSA zur Bewertung vorgelegt wurde
Zuckerfreier Kaugummi	Zuckerfreier Kaugummi trägt zur Verringerung von Mundtrockenheit bei	Die Angabe darf nur für Kaugummi verwendet werden, der den Verwendungsbedingungen für die im Anhang der Verordnung (EG) Nr. 1924/2006 aufgeführte nährwertbezogene Angabe ZUCKERFREI entspricht. Unterrichtung der Verbraucher, dass sich die positive Wirkung einstellt, wenn der Kaugummi jedes Mal bei Trockenheitsgefühl im Mund verwendet wird.		2009; 7(9):1271	1240
Zuckerfreier Kaugummi mit Carbamid	Zuckerfreier Kaugummi mit Carbamid neutralisiert die Säuren des Zahnbelags wirksamer als zuckerfreier Kaugummi ohne Carbamid	Die Angabe darf nur für Kaugummi verwendet werden, der den Verwendungsbedingungen für die im Anhang der Verordnung (EG) Nr. 1924/2006 aufgeführte nährwertbezogene Angabe ZUCKERFREI entspricht. Damit die Angabe zulässig ist, sollte jedes Stück zuckerfreier Kaugummi mindestens 20 mg Carbamid enthalten. Unterrichtung der Verbraucher, dass der Kaugummi nach dem Essen oder Trinken mindestens 20 Minuten lang gekaut werden sollte.		2011; 9(4):2071	1153
Zuckerrübenfasern	Zuckerrübenfasern tragen zur Erhöhung des Stuhlvolumens bei	Die Angabe darf nur für Lebensmittel verwendet werden, die einen hohen Gehalt an diesem Ballaststoff gemäß der im Anhang der Verordnung (EG) Nr. 1924/2006 aufgeführten Angabe HOHER BALLASTSTOFFGEHALT haben.		2011; 9(12):2468	

Verordnung (EU) Nr. 609/2013 des Europäischen Parlaments und des Rates über Lebensmittel für Säuglinge und Kleinkinder, Lebensmittel für besondere medizinische Zwecke und Tagesrationen für gewichtskontrollierende Ernährung und zur Aufhebung der Richtlinie 92/52/EWG des Rates, der Richtlinien 96/8/EG, 1999/21/EG, 2006/125/EG und 2006/141/EG der Kommission, der Richtlinie 2009/39/EG des Europäischen Parlaments und des Rates sowie der Verordnungen (EG) Nr. 41/2009 und (EG) Nr. 953/2009 des Rates und der Kommission

Vom 12. Juni 2013

(ABl. Nr. L 181/35), ber. durch ABl. Nr. L 349/67 vom 5. 12. 2014

DAS EUROPÄISCHE PARLAMENT UND DER RAT DER EUROPÄISCHEN UNION –

gestützt auf den Vertrag über die Arbeitsweise der Europäischen Union, insbesondere auf Artikel 114,

auf Vorschlag der Europäischen Kommission,

nach Zuleitung des Entwurfs des Gesetzgebungsakts an die nationalen Parlamente,

nach Stellungnahme des Europäischen Wirtschafts- und Sozialausschusses ([1]),

gemäß dem ordentlichen Gesetzgebungsverfahren ([2]),

in Erwägung nachstehender Gründe:

(1) Gemäß Artikel 114 des Vertrags über die Arbeitsweise der Europäischen Union (AEUV) hat die Kommission bei Maßnahmen, welche die Verwirklichung und das Funktionieren des Binnenmarkts zum Ziel haben und die unter anderem Gesundheit, Sicherheit und Verbraucherschutz betreffen, von einem hohen Schutzniveau auszugehen, wobei sie insbesondere alle auf wissenschaftliche Ergebnisse gestützten neuen Entwicklungen berücksichtigt.

(2) Der freie Verkehr von sicheren und bekömmlichen Lebensmitteln ist ein wichtiger Aspekt des Binnenmarkts und trägt wesentlich zum Schutz der Gesundheit und des Wohlergehens der Bürger und zur Wahrung ihrer sozialen und wirtschaftlichen Interessen bei.

(3) Das Lebensmittelrecht der Union soll unter anderem gewährleisten, dass kein Lebensmittel in Verkehr gebracht werden darf, das als nicht sicher einzustufen ist. Daher sollten alle Stoffe, die als gesundheitsschädlich für die betreffenden Bevölkerungsgruppen oder als ungeeignet für den menschlichen Verzehr betrachtet werden, bei der Zusammenstellung der Lebensmittelkategorien, die in den Anwendungsbereich der vorliegenden Verordnung fallen, ausgeschlossen werden.

([1]) ABl. C 24 vom 28.1.2012, S. 119.
([2]) Standpunkt des Europäischen Parlaments vom 14. Juni 2012 (noch nicht im Amtsblatt veröffentlicht) und Standpunkt des Rates in erster Lesung vom 22. April 2013 (noch nicht im Amtsblatt veröffentlicht). Standpunkt des Europäischen Parlaments vom 11. Juni 2013 (noch nicht im Amtsblatt veröffentlicht).

(4) In der Richtlinie 2009/39/EG des Europäischen Parlaments und des Rates vom 6. Mai 2009 über Lebensmittel, die für eine besondere Ernährung bestimmt sind [1], sind allgemeine Vorschriften für die Zusammensetzung und Herstellung von Lebensmitteln festgelegt, die besonders beschaffen sind, damit sie den besonderen Ernährungsanforderungen des Personenkreises entsprechen, für den sie bestimmt sind. Die meisten Bestimmungen dieser Richtlinie gehen auf das Jahr 1977 zurück und erfordern eine Überprüfung.

(5) Die Richtlinie 2009/39/EG enthält eine einheitliche Bestimmung des Begriffs „Lebensmittel, die für eine besondere Ernährung bestimmt sind", sowie allgemeine Kennzeichnungsanforderungen, die unter anderem besagen, dass solche Lebensmittel mit einem Hinweis auf ihre Eignung für den angegebenen Ernährungszweck versehen sein sollten.

(6) Die allgemeinen Anforderungen an Zusammensetzung und Kennzeichnung, die in der Richtlinie 2009/39/EG niedergelegt sind, werden durch eine Reihe von Unionsrechtsakten ohne Gesetzescharakter für bestimmte Lebensmittelkategorien ergänzt. So sind in den Richtlinien der Kommission 96/8/EG vom 26. Februar 1996 über Lebensmittel für kalorienarme Ernährung zur Gewichtsverringerung [2] und 1999/21/EG vom 25. März 1999 über diätetische Lebensmittel für besondere medizinische Zwecke [3] harmonisierte Vorschriften festgelegt. In ähnlicher Weise legt Richtlinie 2006/125/EG der Kommission [4] harmonisierte Vorschriften für Getreidebeikost und andere Beikost für Säuglinge und Kleinkinder fest. Die Richtlinie 2006/141/EG der Kommission [5] legt harmonisierte Vorschriften in Bezug auf Säuglingsanfangsnahrung und Folgenahrung fest und die Verordnung (EG) Nr. 41/2009 der Kommission [6] harmonisierte Vorschriften betreffend die Zusammensetzung und Kennzeichnung von Lebensmitteln, die für Menschen mit einer Glutenunverträglichkeit geeignet sind.

(7) Außerdem sind harmonisierte Vorschriften in der Richtlinie 92/52/EWG des Rates vom 18. Juni 1992 über Säuglingsanfangsnahrung und Folgenahrung zur Ausfuhr in Drittländer [7] und in der Verordnung (EG) Nr. 953/2009 der Kommission vom 13. Oktober 2009 über Stoffe, die Lebensmitteln für eine besondere Ernährung zu besonderen Ernährungszwecken zugefügt werden dürfen [8], festgelegt.

(8) In der Richtlinie 2009/39/EG ist vorgesehen, dass Lebensmittel, die von den Lebensmittelunternehmern als „Lebensmittel, die für eine besondere Ernährung bestimmt sind" präsentiert werden und für die keine besonderen Vorschriften im Unionsrecht festgelegt worden sind, vor ihrem Inverkehrbringen in der Union auf einzelstaatlicher Ebene einem allgemeinen Notifizierungsverfahren unterliegen, um eine wirksame Überwachung dieser Lebensmittel durch die Mitgliedstaaten zu ermöglichen.

---

[1] ABl. L 124 vom 20.5.2009, S. 21.
[2] ABl. L 55 vom 6.3.1996, S. 22.
[3] ABl. L 91 vom 7.4.1999, S. 29.
[4] ABl. L 339 vom 6.12.2006, S. 16.
[5] ABl. L 401 vom 30.12.2006, S. 1.
[6] ABl. L 16 vom 21.1.2009, S. 3.
[7] ABl. L 179 vom 1.7.1992, S. 129.
[8] ABl. L 269 vom 14.10.2009, S. 9.

(9) Aus einem Bericht der Kommission vom 27. Juni 2008 an das Europäische Parlament und den Rat über die Durchführung des Notifizierungsverfahrens geht hervor, dass es bei der Definition von „Lebensmitteln, die für eine besondere Ernährung bestimmt sind", die durch nationale Behörden anscheinend unterschiedlich ausgelegt werden kann, zu Problemen kommen kann. Daher kam die Kommission zu dem Schluss, dass eine Überarbeitung der Richtlinie 2009/39/EG erforderlich ist, um eine wirksamere und einheitlichere Durchführung der Unionsrechtsakte zu gewährleisten.

(10) Die Schlussfolgerungen des Kommissionsberichts vom 27. Juni 2008 über die Durchführung des Notifizierungsverfahrens wurden in einem Untersuchungsbericht von Agra CEAS Consulting vom 29. April 2009 über die Überarbeitung der Richtlinie 2009/39/EG bestätigt; außerdem wurde in dem Bericht darauf hingewiesen, dass aufgrund der breiten Begriffsbestimmung in dieser Richtlinie derzeit immer mehr Lebensmittel als für eine besondere Ernährung geeignet gekennzeichnet und vermarktet werden. In dem Bericht wurde auch betont, dass die Art der Lebensmittel, auf die diese Richtlinie angewandt wird, je nach Mitgliedstaat sehr unterschiedlich ist; ähnliche Lebensmittel könnten gleichzeitig in verschiedenen Mitgliedstaaten in Verkehr gebracht werden und in dem einen als Lebensmittel für eine besondere Ernährung und in dem anderen als Lebensmittel des allgemeinen Verzehrs, einschließlich Nahrungsergänzungsmitteln, für die allgemeine Bevölkerung oder aber für Untergruppen, beispielsweise für schwangere oder postmenopausale Frauen, ältere Erwachsene, Kinder im Wachstum, Jugendliche, unterschiedlich aktive Menschen usw. vermarktet werden. Durch diese Situation wird der Binnenmarkt gestört, es kommt zu Rechtsunsicherheit für die zuständigen Behörden, Lebensmittelunternehmer, insbesondere kleine und mittlere Unternehmen (KMU), und Verbraucher; Marktmissbrauch und Wettbewerbsverzerrung können nicht ausgeschlossen werden. Es ist daher notwendig, durch eine Vereinfachung des rechtlichen Rahmens die Auslegungsunterschiede zu beseitigen.

(11) Andere in jüngster Zeit verabschiedete Rechtsakte der Union sind offensichtlich besser an einen sich weiterentwickelnden und innovativen Lebensmittelmarkt angepasst als die Richtlinie 2009/39/EG. Besonders relevant und wichtig sind diesbezüglich die Richtlinie 2002/46/EG des Europäischen Parlaments und des Rates vom 10. Juni 2002 zur Angleichung der Rechtsvorschriften der Mitgliedstaaten über Nahrungsergänzungsmittel ([1]), die Verordnung (EG) Nr. 1924/2006 des Europäischen Parlaments und des Rates vom 20. Dezember 2006 über nährwert- und gesundheitsbezogene Angaben über Lebensmittel ([2]) und die Verordnung (EG) Nr. 1925/2006 des Europäischen Parlaments und des Rates vom 20. Dezember 2006 über den Zusatz von Vitaminen und Mineralstoffen sowie bestimmten anderen Stoffen zu Lebensmitteln ([3]). Die in diesen Unionsrechtsakten enthaltenen Bestimmungen würden des Weiteren ausreichen, um eine Reihe der von der Richtlinie 2009/39/EG erfassten Lebensmittelkategorien zu regeln, und dies mit geringerem Verwaltungsaufwand und mehr Klarheit in Bezug auf Geltungsbereich und Ziele.

---

[1] ABl. L 183 vom 12.7.2002, S. 51.
[2] ABl. L 404 vom 30.12.2006, S. 9.
[3] ABl. L 404 vom 30.12.2006, S. 26.

(12) Darüber hinaus zeigt die Erfahrung, dass bestimmte in der Richtlinie 2009/39/EG enthaltene oder in ihrem Rahmen erlassene Vorschriften das Funktionieren des Binnenmarktes nicht mehr wirksam gewährleisten.

(13) Daher sollte das Konzept „Lebensmittel, die für eine besondere Ernährung bestimmt sind" abgeschafft und die Richtlinie 2009/39/EG durch den vorliegenden Rechtsakt ersetzt werden. Um die Anwendung des vorliegenden Rechtsakts zu vereinfachen und um die Einheitlichkeit der Anwendung in allen Mitgliedstaaten zu gewährleisten, sollte für diesen Rechtsakt die Form einer Verordnung gewählt werden.

(14) Mit der Verordnung (EG) Nr. 178/2002 des Europäischen Parlaments und des Rates vom 28. Januar 2002 zur Festlegung der allgemeinen Grundsätze und Anforderungen des Lebensmittelrechts, zur Errichtung der Europäischen Behörde für Lebensmittelsicherheit und zur Festlegung von Verfahren zur Lebensmittelsicherheit ([1]) wurden gemeinsame Grundsätze und Begriffsbestimmungen für das Lebensmittelrecht der Union eingeführt. Gewisse in der genannten Verordnung festgelegte Begriffsbestimmungen sollten auch für die vorliegende Verordnung gelten.

(15) Eine begrenzte Zahl von Lebensmittelkategorien stellt die teilweise oder einzige Nahrungsquelle für bestimmte Bevölkerungsgruppen dar. Diese Lebensmittelkategorien sind für die Regulierung bestimmter Krankheitsbilder und/oder, um den Ernährungsanforderungen bestimmter eindeutig bezeichneter gefährdeter Bevölkerungsgruppen gerecht zu werden, unverzichtbar. Zu diesen Lebensmittelkategorien gehören Säuglingsanfangsnahrung und Folgenahrung, Getreidebeikost und andere Beikost sowie Lebensmittel für besondere medizinische Zwecke. Erfahrungsgemäß reichen die Bestimmungen der Richtlinien 1999/21/EG, 2006/125/EG und 2006/141/EG aus, um den freien Verkehr dieser Lebensmittelkategorien auf zufriedenstellende Weise zu gewährleisten und gleichzeitig ein hohes Gesundheitsschutzniveau zu garantieren. Daher sollte der Schwerpunkt der vorliegenden Verordnung unter Berücksichtigung der Richtlinien 1999/21/EG, 2006/125/EG und 2006/141/EG auf den allgemeinen Zusammensetzungs- und Informationsanforderungen in Bezug auf diese Lebensmittelkategorien liegen.

(16) Zudem wird angesichts des wachsenden Bevölkerungsanteils, der mit Übergewicht und Adipositas zusammenhängende Probleme hat, eine zunehmende Zahl von Lebensmitteln als Tagesrationen für gewichtskontrollierende Ernährung in Verkehr gebracht. Bei den derzeitig in Verkehr gebrachten Lebensmitteln kann unterschieden werden zwischen Erzeugnissen, die für eine kalorienarme Ernährung bestimmt sind und zwischen 3360 kJ (800 kcal) und 5040 kJ (1200 kcal) enthalten, sowie Erzeugnissen, die für eine sehr kalorienarme Ernährung bestimmt sind, die üblicherweise weniger als 3360 kJ (800 kcal) enthält. Angesichts der Besonderheit dieser Lebensmittel ist es angebracht, hierfür bestimmte besondere Vorschriften festzulegen. Erfahrungsgemäß reichen die einschlägigen Bestimmungen der Richtlinie 96/8/EG aus, um den freien Verkehr von Lebensmitteln, die als Tagesration für gewichtskontrollierende Ernährung angeboten werden, auf zufriedenstellende Weise zu gewährleisten und gleichzeitig einen hohen Gesundheitsschutz zu garantieren. Daher sollte der Schwerpunkt der vorliegenden Verordnung unter Berücksichtigung der einschlägigen

---

([1]) ABl. L 31 vom 1.2.2002, S. 1.

Bestimmungen der Richtlinie 96/8/EG auf den allgemeinen Zusammensetzungs- und Informationsanforderungen an Lebensmittel zum Ersatz einer Tagesration, einschließlich von Lebensmitteln mit sehr niedrigem Kaloriengehalt, liegen.

(17) In der vorliegenden Verordnung sollten unter Berücksichtigung der einschlägigen Bestimmungen der Richtlinien 96/8/EG, 1999/21/EG, 2006/125/EG und 2006/141/EG unter anderem die Begriffsbestimmungen für Säuglingsanfangsnahrung und Folgenahrung, Getreidebeikost und andere Beikost sowie für Lebensmittel für besondere medizinische Zwecke und Tagesrationen für eine gewichtskontrollierende Ernährung festgelegt werden.

(18) In der Verordnung (EG) Nr. 178/2002 werden die Grundsätze der Risikoanalyse im Zusammenhang mit Lebensmitteln festgelegt sowie die Strukturen und Verfahren für die wissenschaftlichen und technischen Bewertungen, die von der Europäischen Behörde für Lebensmittelsicherheit (im Folgenden „Behörde") durchgeführt werden. Für die Zwecke der vorliegenden Verordnung sollte die Behörde zu allen Belangen konsultiert werden, die die öffentliche Gesundheit tangieren könnten.

(19) Es ist wichtig, dass die Zutaten, die bei der Herstellung der von der vorliegenden Verordnung erfassten Lebensmittel verwendet werden, den Ernährungsanforderungen der Personen, für die diese Lebensmittel bestimmt sind, entsprechen und für diese geeignet sind und dass ihre ernährungsphysiologische Eignung durch allgemein anerkannte wissenschaftliche Daten nachgewiesen ist. Eine solche Eignung sollte durch eine systematische Auswertung der verfügbaren wissenschaftlichen Daten nachgewiesen werden.

(20) Die im einschlägigen Unionsrecht, insbesondere in der Verordnung (EG) Nr. 396/2005 des Europäischen Parlaments und des Rates vom 23. Februar 2005 über Höchstgehalte an Pestizidrückständen in oder auf Lebens- und Futtermitteln pflanzlichen und tierischen Ursprungs ([1]), festgelegten Höchstgehalte für Pestizidrückstände sollten unbeschadet besonderer, in der vorliegenden Verordnung festgelegter Bestimmungen und unbeschadet der im Einklang mit der vorliegenden Verordnung erlassenen delegierten Rechtsakte gelten.

(21) Die Verwendung von Pestiziden kann zu Pestizidrückständen in von der vorliegenden Verordnung erfassten Lebensmitteln führen. Deshalb sollte die Verwendung unter Berücksichtigung der Anforderungen der Verordnung (EG) Nr. 1107/2009 des Europäischen Parlaments und des Rates vom 21. Oktober 2009 über das Inverkehrbringen von Pflanzenschutzmitteln ([2]) so weit wie möglich eingeschränkt werden. Eine Einschränkung oder ein Verbot ihrer Verwendung würde jedoch nicht notwendigerweise garantieren, dass die von dieser Verordnung erfassten Lebensmittel und damit auch Lebensmittel für Säuglinge und Kleinkinder pestizidfrei sind, da bestimmte Pestizide die Umwelt kontaminieren und ihre Rückstände möglicherweise in diesen Lebensmitteln zu finden sind. Um gefährdete Bevölkerungsgruppen zu schützen, sollte daher der Höchstgehalt an Pestizidrückständen in diesen Lebensmitteln auf das niedrigste erreichbare Maß festgelegt werden, wobei die gute landwirtschaftliche Praxis sowie andere Expositionsquellen wie Umweltkontamination zu berücksichtigen sind.

([1]) ABl. L 70 vom 16.3.2005, S. 1.
([2]) ABl. L 309 vom 24.11.2009, S. 1.

(22) Verbote und Einschränkungen für den Einsatz bestimmter Pestizide, die jenen der Anhänge der Richtlinien 2006/125/EG und 2006/141/EG entsprechen, sollten in den gemäß dieser Verordnung erlassenen delegierten Rechtsakten berücksichtigt werden. Diese Verbote und Einschränkungen sollten regelmäßig aktualisiert werden, wobei Pestiziden, die Wirkstoffe, Safener oder Synergisten enthalten, die gemäß der Verordnung (EG) Nr. 1272/2008 des Europäischen Parlaments und des Rates vom 16. Dezember 2008 über die Einstufung, Kennzeichnung und Verpackung von Stoffen und Gemischen ([1]) als mutagene Stoffe der Kategorie 1A oder 1B, als karzinogene Stoffe der Kategorie 1A oder 1B oder als reproduktionstoxische Stoffe der Kategorie 1A oder 1B oder als Stoffe mit endokrinschädigenden Eigenschaften eingestuft sind, die für den Menschen schädlich sein könnten, besondere Aufmerksamkeit gewidmet werden muss.

(23) Stoffe, die in den Anwendungsbereich der Verordnung (EG) Nr. 258/97 des Europäischen Parlaments und des Rates vom 27. Januar 1997 über neuartige Lebensmittel und neuartige Lebensmittelzutaten ([2]) fallen, sollten nicht zu den von der vorliegenden Verordnung erfassten Lebensmitteln gezählt werden, sofern sie nicht zusätzlich zu den in der vorliegenden Verordnung und in den gemäß der vorliegenden Verordnung erlassenen delegierten Rechtsakten festgelegten Bedingungen auch die Bedingungen für das Inverkehrbringen nach der Verordnung (EG) Nr. 258/97 erfüllen. Wenn die Herstellungsverfahren eines Stoffes, der nach dieser Verordnung verwendet worden ist, erheblich geändert werden oder die Partikelgröße eines solchen Stoffes beispielsweise durch Nanotechnologie geändert wird, sollte dieser Stoff als ein anderer betrachtet werden als der, der nach dieser Verordnung verwendet worden ist, und gemäß der Verordnung (EG) Nr. 258/97 und anschließend gemäß der vorliegenden Verordnung einer erneuten Beurteilung unterzogen werden.

(24) Die Verordnung (EU) Nr. 1169/2011 des Europäischen Parlaments und des Rates vom 25. Oktober 2011 betreffend die Information der Verbraucher über Lebensmittel ([3]) legt allgemeine Kennzeichnungsbestimmungen fest. Grundsätzlich sollten diese allgemeinen Kennzeichnungsbestimmungen auf die von der vorliegenden Verordnung erfassten Lebensmittelkategorien angewendet werden. In der vorliegenden Verordnung sollten jedoch, soweit dies für ihre besonderen Ziele erforderlich ist, Ausnahmen von der Verordnung (EU) Nr. 1169/2011 bzw. Anforderungen, die über deren Bestimmungen hinausgehen, festgelegt werden.

(25) Die Kennzeichnung, Aufmachung und Bewerbung von Lebensmitteln, die unter diese Verordnung fallen, sollten diesen Lebensmitteln keine Eigenschaften der Vorbeugung, Behandlung oder Heilung einer menschlichen Krankheit zuschreiben oder den Eindruck dieser Eigenschaften entstehen lassen. Lebensmittel für besondere medizinische Zwecke sind jedoch zum Diätmanagement von Patienten bestimmt, deren Fähigkeit beispielsweise zur Aufnahme gewöhnlicher Lebensmittel aufgrund einer spezifischen Krankheit oder Störung oder spezifischer Beschwerden eingeschränkt, behindert oder gestört ist. Der Hinweis auf Diätmanagement von Krankheiten, Störungen oder Beschwerden, für die das Lebensmittel bestimmt ist, sollte nicht als Zuschreibung einer Eigen-

---

([1]) ABl. L 353 vom 31.12.2008, S. 1.
([2]) ABl. L 43 vom 14.2.1997, S. 1.
([3]) ABl. L 304 vom 22.11.2011, S. 18.

schaft hinsichtlich der Vorbeugung, Behandlung oder Heilung einer menschlichen Krankheit gelten.

(26) Um gefährdete Verbraucher zu schützen, sollten die Kennzeichnungsvorschriften eine genaue Produktidentifizierung durch Verbraucher gewährleisten. Bei Säuglingsanfangsnahrung und Folgenahrung sollten alle Angaben in Wort und Bild eine eindeutige Unterscheidung zwischen den verschiedenen Anfangsnahrungen ermöglichen. Schwierigkeiten bei der Bestimmung des genauen Alters eines auf einer Kennzeichnung abgebildeten Säuglings könnten die Verbraucher verwirren und die Produktidentifizierung erschweren. Diese Gefahr sollte durch geeignete Kennzeichnungsbeschränkungen vermieden werden. Unter Berücksichtigung der Tatsache, dass Säuglingsanfangsnahrung eine Nahrung darstellt, die für sich allein die Ernährungsanforderungen von Säuglingen von der Geburt bis zur Einführung einer angemessenen Beikost deckt, ist eine ordnungsgemäße Produktidentifizierung zudem von größter Bedeutung für den Verbraucherschutz. Angemessene Beschränkungen hinsichtlich der Aufmachung von Säuglingsanfangsnahrung und der Werbung hierfür sollten daher eingeführt werden.

(27) In der vorliegenden Verordnung sollten unter Berücksichtigung der Richtlinien 96/8/EG, 1999/21/EG, 2006/125/EG und 2006/141/EG die Kriterien für die besonderen Zusammensetzungs- und Informationsanforderungen in Bezug auf Säuglingsanfangsnahrung und Folgenahrung, Getreidebeikost und andere Beikost, Lebensmittel für besondere medizinische Zwecke und Tagesrationen für gewichtskontrollierende Ernährung festgelegt werden.

(28) Mit der Verordnung (EG) Nr. 1924/2006 werden Regeln und Bedingungen hinsichtlich der Verwendung nährwert- und gesundheitsbezogener Angaben über Lebensmittel aufgestellt. Grundsätzlich sollten diese Regeln für die von der vorliegenden Verordnung erfassten Lebensmittelkategorien gelten, sofern in der vorliegenden Verordnung oder in den in ihrem Rahmen erlassenen delegierten Rechtsakten nichts anderes verfügt wird.

(29) Gemäß den Empfehlungen der Weltgesundheitsorganisation (WHO) sollten Säuglinge mit geringem Geburtsgewicht Muttermilch erhalten. Jedoch können für Säuglinge mit geringem Geburtsgewicht und Frühgeborene oft besondere Ernährungsanforderungen bestehen, denen die Muttermilch oder die gewöhnliche Säuglingsanfangsnahrung nicht genügt. Die Ernährungsanforderungen eines Säuglings mit geringem Geburtsgewicht und eines Frühgeborenen können vom medizinischen Zustand dieses Säuglings abhängen, insbesondere von seinem Gewicht im Vergleich zum Gewicht eines gesunden Säuglings bzw. von der Zahl der Wochen, die er zu früh geboren wurde. Es ist auf Einzelfallbasis zu entscheiden, ob der Zustand des Säuglings die Verwendung eines Lebensmittels für besondere medizinische Zwecke unter ärztlicher Aufsicht erfordert, das für die Ernährungsanforderungen von Säuglingen entwickelt wurde (Anfangsnahrung) und an das in seinem Fall spezifische Diätmanagement angepasst ist.

(30) In der Richtlinie 1999/21/EG wird vorgeschrieben, dass bestimmte Zusammensetzungsanforderungen für Säuglingsanfangsnahrung und Folgenahrung nach der Richtlinie 2006/141/EG auch auf Lebensmittel für besondere medizinische Zwecke für Säuglinge abhängig von deren Alter anzuwenden sind. Einige Bestimmungen der Richtlinie 2006/141/EG, unter anderem solche hinsichtlich Etikettierung, Aufmachung, Werbung sowie hinsichtlich Werbe- und Handelspraktiken, gelten derzeit jedoch nicht für solche Lebensmittel. Auf-

grund der Marktentwicklungen und eines erheblichen Zuwachses solcher Lebensmittel ist es erforderlich, die Anforderungen für Anfangsnahrung für Säuglinge zu überprüfen, wie die Anforderungen an die Verwendung von Pestiziden in Erzeugnissen, die zur Herstellung dieser Anfangsnahrung bestimmt sind, Pestizidrückstände, Kennzeichnung, Aufmachung, Werbung sowie Werbe- und Handelspraktiken, die gegebenenfalls auch für Lebensmittel für besondere medizinische Zwecke, die für die Ernährungsanforderungen von Säuglingen entwickelt wurden, gelten sollten.

(31) In der Union werden immer mehr Milchgetränke und gleichartige Erzeugnisse auf den Markt gebracht, die als besonders geeignet für Kleinkinder beworben werden. Diese Erzeugnisse, die aus Proteinen tierischen oder pflanzlichen Ursprungs wie Kuhmilch, Ziegenmilch, Soja oder Reis gewonnen werden können, werden oft als „Wachstumsmilch", „Milch für Kleinkinder" oder unter ähnlichen Bezeichnungen angeboten. Für diese Erzeugnisse gelten derzeit verschiedene Rechtsakte der Union, wie die Verordnungen (EG) Nr. 178/2002, (EG) Nr. 1924/2006 und (EG) Nr. 1925/2006 und die Richtlinie 2009/39/EG, sie fallen hingegen nicht unter die bestehenden spezifischen Maßnahmen, die für Lebensmittel für Säuglinge und Kleinkinder gelten. Darüber, ob die genannten Erzeugnisse den spezifischen Ernährungsanforderungen der Zielbevölkerungsgruppe gerecht werden, herrschen unterschiedliche Auffassungen. Die Kommission sollte daher nach Konsultation der Behörde dem Europäischen Parlament und dem Rat einen Bericht über die Frage vorlegen, ob gegebenenfalls besondere Vorschriften für die Zusammensetzung und Kennzeichnung von diesen Erzeugnissen sowie gegebenenfalls in Bezug auf andere Anforderungen an diese erforderlich sind. In diesem Bericht sollte unter anderem den Ernährungsanforderungen von Kleinkindern und der Rolle dieser Erzeugnisse in ihrer Ernährung unter Berücksichtigung der Verbrauchsgewohnheiten, der Nährstoffzufuhr und der Höhe der Exposition von Kleinkindern durch Schadstoffe und Pestizide Rechnung getragen werden. Darüber hinaus sollte in diesem Bericht bewertet werden, welche Zusammensetzung diese Erzeugnisse haben und ob sie im Vergleich zu einer normalen kindgerechten Ernährung während der Abstillzeit einen ernährungsphysiologischen Nutzen haben. Die Kommission könnte diesem Bericht einen Gesetzgebungsvorschlag beifügen.

(32) Gemäß der Richtlinie 2009/39/EG können außerdem für die folgenden zwei Gruppen von Lebensmitteln, die für eine besondere Ernährung bestimmt sind, besondere Vorschriften erlassen werden: „Lebensmittel für intensive Muskelanstrengungen, vor allem für Sportler" und „Lebensmittel für Personen, die unter einer Störung des Glukosestoffwechsels leiden (Diabetes)". Was besondere Vorschriften für Lebensmittel für Personen mit einer Störung des Glukosestoffwechsels (Diabetes) angeht, so kam die Kommission in ihrem Bericht an das Europäische Parlament und den Rat vom 26. Juni 2008 über Lebensmittel für Personen, die unter einer Störung des Glukosestoffwechsels (Diabetes mellitus) leiden, zu dem Schluss, dass eine wissenschaftliche Grundlage für die Festlegung bestimmter Zusammensetzungsanforderungen fehlt. Bei Lebensmitteln für intensive Muskelanstrengungen, vor allem für Sportler, konnte keine Einigung über besondere Vorschriften erzielt werden, da die Ansichten der Mitgliedstaaten und Interessenträger über Geltungsbereich, Zahl der Unterkategorien, der zu berücksichtigenden Lebensmittel, Kriterien für die Festlegung der Zusammensetzungsanforderungen und potenzielle Auswirkungen auf die Inno-

vation bei der Produktentwicklung weit auseinandergingen. Daher sollten zum jetzigen Zeitpunkt keine besonderen Vorschriften ausgearbeitet werden. Auf Grundlage der von den Lebensmittelunternehmern eingereichten Anträge ist für die einschlägigen Anträge inzwischen in Einklang mit den Vorschriften der Verordnung (EG) Nr. 1924/2006 die Zulassung erwogen worden.

(33) Es gibt jedoch unterschiedliche Auffassungen zu der Frage, ob zusätzliche Vorschriften für Lebensmittel, die für Sportler bestimmt sind, und die auch als Lebensmittel für intensive Muskelanstrengungen bezeichnet werden, erforderlich sind, um einen angemessenen Verbraucherschutz zu gewährleisten. Die Kommission sollte daher ersucht werden, dem Europäischen Parlament und dem Rat nach Anhörung der Behörde einen Bericht über die Frage vorzulegen, ob gegebenenfalls Vorschriften für Lebensmittel, die für Sportler bestimmt sind, erforderlich sind. Die Anhörung der Behörde sollte dem Bericht des Wissenschaftlichen Lebensmittelausschusses vom 28. Februar 2001 über die Zusammensetzung und die Merkmale von Lebensmitteln für intensive Muskelanstrengungen, vor allem für Sportler, Rechnung tragen. In ihrem Bericht sollte die Kommission insbesondere bewerten, ob Bestimmungen zur Gewährleistung des Verbraucherschutzes erforderlich sind.

(34) Die Kommission sollte technische Leitlinien annehmen können, die bezwecken, es Lebensmittelunternehmen, insbesondere KMU, zu erleichtern, diese Verordnung einzuhalten.

(35) Unter Berücksichtigung der gegenwärtigen Marktlage sowie der Richtlinien 2006/125/EG und 2006/141/EG sowie der Verordnung (EG) Nr. 953/2009 sollte eine Unionsliste mit Stoffen der folgenden Kategorien – Vitamine, Mineralstoffe, Aminosäuren, Carnitin und Taurin, Nucleotide, Cholin und Inositol – erstellt und als Anhang in die vorliegende Verordnung aufgenommen werden. Von den Stoffen, die in diese Kategorien fallen, sollten nur diejenigen den unter diese Verordnung fallenden Lebensmitteln zugesetzt werden dürfen, die in die Unionsliste aufgenommen wurden. Bei der Aufnahme von Stoffen in die Unionsliste ist anzugeben, welcher Kategorie von unter diese Verordnung fallenden Lebensmitteln diese Stoffe zugesetzt werden dürfen.

(36) Die Aufnahme von Stoffen in die Unionsliste sollte nicht bedeuten, dass es erforderlich oder wünschenswert ist, dass sie einer oder mehreren unter diese Verordnung fallenden Lebensmittelkategorien zugesetzt werden. Die Unionsliste ist lediglich dazu bestimmt wiederzugeben, welche Stoffe einer bestimmten Stoffkategorie als Zusatz für eine oder mehrere unter diese Verordnung fallende Lebensmittelkategorien zugelassen sind, während die besonderen Zusammensetzungsanforderungen dazu dienen sollen, die Zusammensetzung jeder einzelnen unter diese Verordnung fallenden Lebensmittelkategorie festzulegen.

(37) Einige Stoffe, die den unter diese Verordnung fallenden Lebensmitteln zugesetzt werden dürfen, könnten zu technologischen Zwecken als Lebensmittelzusatzstoffe, Farbstoffe oder Aromen oder zu anderen derartigen Zwecken zugesetzt werden, einschließlich zugelassener önologischer Verfahren und Verarbeitungsprozessen, die in den entsprechenden auf Lebensmittel anwendbaren Rechtsakten der Union vorgesehen sind. Die Spezifikationen für diese Stoffe werden auf Unionsebene festgelegt. Es ist angezeigt, die Spezifikationen für diese Stoffe unabhängig vom Zweck ihrer Verwendung in Lebensmitteln anzuwenden, sofern in dieser Verordnung nichts anderes bestimmt ist.

(38) Für die Stoffe auf der Unionsliste, für die bisher noch keine Reinheitskriterien auf Unionsebene festgelegt worden sind, und um den Schutz der öffentlichen Gesundheit auf hohem Niveau zu gewährleisten, sollten allgemein annehmbare, von internationalen Organisationen oder Einrichtungen, unter anderem vom Gemeinsamen FAO/WHO-Sachverständigenausschuss für Lebensmittelzusatzstoffe (JECFA) sowie im Europäischen Arzneibuch, empfohlene Reinheitskriterien angewandt werden. Unbeschadet der Bestimmungen des AEUV sollten die Mitgliedstaaten nationale Vorschriften beibehalten dürfen, in denen strengere Reinheitskriterien festgelegt sind.

(39) Zur Festlegung der Anforderungen für die unter diese Verordnung fallenden Lebensmittelkategorien sollte der Kommission gemäß Artikel 290 AEUV die Befugnis zum Erlass delegierter Rechtsakte in Bezug auf die Festlegung der Anforderungen an die Zusammensetzung und Informationen hinsichtlich der von der vorliegenden Verordnung erfassten Lebensmittelkategorien, einschließlich zusätzlicher Kennzeichnungsanforderungen zu oder Ausnahmen von der Verordnung (EU) Nr. 1169/2011 sowie hinsichtlich der Zulassung von nährwert- und gesundheitsbezogenen Angaben, übertragen werden. Damit die Verbraucher zudem rasch den technischen und wissenschaftlichen Fortschritt, insbesondere in Bezug auf innovative Erzeugnisse, nutzen können und somit die Innovation gefördert wird, sollte der Kommission die Befugnis übertragen werden, gemäß Artikel 290 AEUV Rechtsakte zu erlassen, auch zum Zweck einer regelmäßigen Aktualisierung dieser besonderen Anforderungen, wobei alle einschlägigen Daten, auch die von den interessierten Parteien bereitgestellten Daten, zu berücksichtigen sind. Um dem technischen Fortschritt, den wissenschaftlichen Entwicklungen oder der Gesundheit der Verbraucher Rechnung zu tragen, sollte die Kommission darüber hinaus die Befugnis übertragen werden, nach Artikel 290 AEUV Rechtsakte in Bezug auf die Ergänzung der Unionsliste um zusätzliche Kategorien von Stoffen mit ernährungsbezogener oder physiologischer Wirkung oder hinsichtlich der Streichung solcher Kategorien von den Kategorien der Stoffe, die unter die Unionsliste fallen sollen, zu erlassen. Zum gleichen Zweck und vorbehaltlich der in dieser Verordnung festgelegten zusätzlichen Anforderungen sollte der Kommission ferner die Befugnis übertragen werden, Rechtsakte nach Artikel 290 AEUV in Bezug auf die Änderung der Unionsliste durch Ergänzung eines neuen Stoffs oder der Streichung eines Stoffs oder der Ergänzung, Streichung oder Änderung von Elementen betreffend einen Stoff auf der Unionsliste zu erlassen. Es ist von besonderer Bedeutung, dass die Kommission im Zuge ihrer Vorbereitungsarbeit angemessene Konsultationen, auch auf der Ebene von Sachverständigen, durchführt. Bei der Vorbereitung und Ausarbeitung der delegierten Rechtsakte sollte die Kommission gewährleisten, dass die einschlägigen Dokumente dem Europäischen Parlament und dem Rat gleichzeitig, zügig und auf angemessene Weise übermittelt werden.

(40) Um einheitliche Voraussetzungen für die Durchführung dieser Verordnung zu gewährleisten, sollten der Kommission Durchführungsbefugnisse übertragen werden, damit sie entscheiden kann, ob ein bestimmtes Lebensmittel unter die Verordnung fällt und zu welcher Lebensmittelkategorie es gehört. Diese Befugnisse sollten im Einklang mit der Verordnung (EU) Nr. 182/2011 des Europäischen Parlaments und des Rates vom 16. Februar 2011 zur Festlegung der allgemeinen Regeln und Grundsätze, nach denen die Mitgliedstaaten die Wahrneh-

mung der Durchführungsbefugnisse durch die Kommission kontrollieren (¹), ausgeübt werden.

(41) Derzeit sind die Regeln für die Verwendung der Angaben „glutenfrei" und „sehr geringer Glutengehalt" in der Verordnung (EG) Nr. 41/2009 festgelegt. Mit dieser Verordnung werden die Informationen harmonisiert, die Verbraucher über das Nichtvorhandensein oder geringe Vorhandensein von Gluten in Lebensmitteln erhalten, und es werden spezielle Regeln für Lebensmittel aufgestellt, die zur Reduzierung des Glutengehalts einer oder mehrerer glutenhaltiger Zutaten oder als Ersatz für solche glutenhaltigen Zutaten in spezieller Weise hergestellt, zubereitet und/oder verarbeitet werden, sowie für weitere Lebensmittel, die ausschließlich aus Zutaten hergestellt wurden, die von Natur aus glutenfrei sind. In der Verordnung (EU) Nr. 1169/2011 wird geregelt, welche Informationen für alle Lebensmittel, einschließlich nicht vorverpackter Lebensmittel, über das Vorhandensein von Zutaten wie glutenhaltigen Zutaten, bei denen wissenschaftlich belegt ist, dass sie Allergien oder Unverträglichkeiten verursachen können, bereitzustellen sind, damit insbesondere diejenigen Verbraucher, die unter einer Lebensmittelallergie oder -unverträglichkeit leiden, etwa Menschen mit einer Glutenunverträglichkeit, eine fundierte Wahl treffen und Lebensmittel auswählen können, die für sie unbedenklich sind. Im Interesse der Klarheit und Kohärenz sollten die Regeln für die Verwendung der Angaben „glutenfrei" und „sehr geringer Glutengehalt" auch im Rahmen der Verordnung (EU) Nr. 1169/ 2011 geregelt werden. Rechtsakte, die nach der Verordnung (EU) Nr. 1169/2011 zu erlassen sind, um die Regeln für die Verwendung der Angaben „glutenfrei" und „sehr geringer Glutengehalt" aus der Verordnung (EG) Nr. 41/2009 zu übernehmen, sollten Menschen mit einer Glutenunverträglichkeit mindestens das gleiche Schutzniveau bieten, wie es derzeit die Verordnung (EG) Nr. 41/2009 tut. Die Übernahme der Regeln sollte vor Anwendung der vorliegenden Verordnung abgeschlossen sein. Ferner sollte die Kommission prüfen, wie zu gewährleisten ist, dass Menschen mit einer Glutenunverträglichkeit angemessen über den Unterschied zwischen Lebensmitteln, die zur Reduzierung des Glutengehalts einer oder mehrerer glutenhaltiger Zutaten in spezieller Weise hergestellt, zubereitet und/oder verarbeitet, und Lebensmitteln, die ausschließlich aus Zutaten hergestellt wurden, die von Natur aus glutenfrei sind, unterrichtet werden.

(42) Für die Zusammensetzung und die Kennzeichnung bezüglich des Nichtvorhandenseins oder des geringen Vorhandenseins von Laktose in Lebensmitteln bestehen derzeit auf Ebene der Union keine Harmonisierungsvorschriften. Diese Angaben sind für Menschen mit Laktoseunverträglichkeit jedoch wichtig. In der Verordnung (EU) Nr. 1169/2011 wird geregelt, welche Informationen hinsichtlich von Stoffen, bei denen wissenschaftlich belegt ist, dass sie Allergien oder Unverträglichkeiten verursachen können, bereitzustellen sind, damit Verbraucher, etwa Menschen mit einer Laktoseunverträglichkeit, eine fundierte Wahl treffen und Lebensmittel auswählen können, die für sie unbedenklich sind. Im Interesse der Klarheit und Kohärenz sollte die Festlegung von Regeln für die Verwendung von Angaben wie „laktosefrei" oder „sehr geringer Laktosegehalt" in der Verordnung (EU) Nr. 1169/2011 geregelt werden, wobei dem wissenschaftlichen Gutachten der Behörde vom 10. September 2010 über Laktosegrenz-

---

(¹) ABl. L 55 vom 28.2.2011, S. 13.

werte für Laktoseintoleranz und Galaktosämie Rechnung getragen werden sollte.

(43) Lebensmittel mit der Angabe „Mahlzeit für eine gewichtskontrollierende Ernährung", die einen Teil der täglichen Nahrungsmittelration ersetzen sollen, gelten als Lebensmittel für eine besondere Ernährung und unterliegen derzeit den besonderen Bestimmungen gemäß Richtlinie 96/8/EG. Auf dem Markt sind jedoch immer mehr Lebensmittel zu finden, die für die Gesamtbevölkerung bestimmt sind und die Angaben tragen, die als gesundheitsbezogene Angaben für eine gewichtskontrollierende Ernährung präsentiert werden. Zur Vermeidung jeglicher Gefahr einer Verwechslung innerhalb dieser Gruppe von zur Gewichtskontrolle vermarkteten Lebensmitteln und im Interesse der Rechtssicherheit und Kohärenz von Rechtsakten der Union sollten diese Angaben allein der Verordnung (EG) Nr. 1924/2006 unterliegen und den in jener Verordnung enthaltenen Anforderungen genügen. Die technischen Anpassungen in der Verordnung (EG) Nr. 1924/2006 in Bezug auf gesundheitsbezogene Angaben über Gewichtskontrolle und im Hinblick auf Lebensmittel, die als „Mahlzeit für eine gewichtskontrollierende Ernährung" angeboten werden, und der Bedingungen für die Verwendung dieser Angaben gemäß der Richtlinie 96/8/EG sollten vor der Anwendung der vorliegenden Verordnung vorgenommen werden.

(44) Diese Verordnung berührt nicht die Verpflichtung zur Achtung der Grundrechte und der allgemeinen Rechtsgrundsätze, einschließlich der Meinungsfreiheit, gemäß Artikel 11 in Verbindung mit Artikel 52 der Charta der Grundrechte der Europäischen Union und anderen einschlägigen Bestimmungen.

(45) Da die Ziele dieser Verordnung, nämlich die Einführung von Zusammensetzungs- und Informationsanforderungen für bestimmte Lebensmittelkategorien, die Einführung einer Unionsliste von Stoffen, die bestimmten Lebensmittelkategorien hinzugefügt werden dürfen, und die Festlegung von Vorschriften zur Aktualisierung der Unionsliste auf Ebene der Mitgliedstaaten nicht ausreichend verwirklicht werden können und daher aufgrund des Umfangs der vorgeschlagenen Maßnahme besser auf Unionsebene zu verwirklichen sind, kann die Union im Einklang mit dem in Artikel 5 des Vertrags über die Europäische Union niedergelegten Subsidiaritätsprinzip tätig werden. Entsprechend dem in demselben Artikel genannten Grundsatz der Verhältnismäßigkeit geht die vorliegende Verordnung nicht über das für die Erreichung dieser Ziele erforderliche Maß hinaus.

(46) Gemäß der Richtlinie 92/52/EWG müssen Säuglingsanfangsnahrung und Folgenahrung, die aus der Union ausgeführt oder wiederausgeführt werden, dem Unionsrecht entsprechen, sofern das einführende Land nichts anderes verlangt oder die Vorschriften des einführenden Landes nichts anderes festlegen. Für Lebensmittel wurde dieser Grundsatz bereits in der Verordnung (EG) Nr. 178/2002 festgelegt. Der Einfachheit und Rechtssicherheit halber sollte die Richtlinie 92/52/EWG daher aufgehoben werden.

(47) Die Richtlinien 96/8/EG, 1999/21/EG, 2006/125/EG, 2006/141/EG, 2009/39/EG sowie die Verordnungen (EG) Nr. 41/2009 und (EG) Nr. 953/2009 sollten auch aufgehoben werden.

(48) Es sind angemessene Übergangsmaßnahmen erforderlich, damit sich die Lebensmittelunternehmer an die Bestimmungen dieser Verordnung anpassen können –

HABEN FOLGENDE VERORDNUNG ERLASSEN:

KAPITEL I
ALLGEMEINE BESTIMMUNGEN

Artikel 1

Gegenstand

(1) Mit dieser Verordnung werden Zusammensetzungs- und Informationsanforderungen bezüglich folgender Lebensmittelkategorien festgelegt:
a) Säuglingsanfangsnahrung und Folgenahrung;
b) Getreidebeikost und andere Beikost;
c) Lebensmittel für besondere medizinische Zwecke;
d) Tagesrationen für eine gewichtskontrollierende Ernährung.

(2) In dieser Verordnung werden eine Unionsliste der Stoffe, die einer oder mehreren in Absatz 1 genannten Lebensmittelkategorien zugesetzt werden dürfen, sowie die Regeln, die für die Aktualisierung dieser Liste gelten, festgelegt.

Artikel 2

Begriffsbestimmungen

(1) Für die Zwecke dieser Verordnung gelten für die Begriffe
a) „Lebensmittel", „Lebensmittelunternehmer", „Einzelhandel" und „Inverkehrbringen" die Begriffsbestimmungen gemäß Artikel 2 und Artikel 3 Nummern 3, 7 und 8 der Verordnung (EG) Nr. 178/2002;
b) „vorverpacktes Lebensmittel", „Kennzeichnung" und „technisch hergestelltes Nanomaterial" die Begriffsbestimmungen gemäß Artikel 2 Absatz 2 Buchstaben e, j bzw. t der Verordnung (EU) Nr. 1169/2011;
c) „nährwertbezogene Angabe" und „gesundheitsbezogene Angabe" die Begriffsbestimmungen gemäß Artikel 2 Absatz 2 Nummern 4 bzw. 5 der Verordnung (EG) Nr. 1924/2006.

(2) Ferner bezeichnet der Ausdruck
a) „Säugling" ein Kind unter 12 Monaten;
b) „Kleinkind" ein Kind im Alter zwischen einem Jahr und drei Jahren;
c) „Säuglingsanfangsnahrung" Lebensmittel, die zur Verwendung für Säuglinge während der ersten Lebensmonate bestimmt sind und bis zur Einführung einer angemessenen Beikost für sich allein die Ernährungsanforderungen dieser Säuglinge decken;
d) „Folgenahrung" Lebensmittel, die zur Verwendung für Säuglinge ab Einführung einer angemessenen Beikost bestimmt sind und den größten flüssigen Anteil einer nach und nach abwechslungsreicheren Kost für diese Säuglinge darstellen;

e) „Getreidebeikost" Lebensmittel,

  i) die zur Deckung der besonderen Bedürfnisse gesunder Säuglinge während der Abstillzeit und zur Ergänzung der Ernährung und/oder progressiven Gewöhnung an normale Lebensmittel bei gesunden Kleinkindern bestimmt sind und

  ii) die zu einer der folgenden Kategorien gehören:

  - einfache Getreideprodukte, die mit Milch oder anderen geeigneten nahrhaften Flüssigkeiten zubereitet sind oder zubereitet werden müssen;

  - Getreideprodukte mit einem zugesetzten proteinreichen Lebensmittel, die mit Wasser oder anderen eiweißfreien Flüssigkeiten zubereitet sind oder zubereitet werden müssen;

  - Teigwaren, die nach dem Kochen in siedendem Wasser oder anderen geeigneten Flüssigkeiten verzehrt werden;

  - Zwiebacke und Kekse, die entweder direkt oder nach dem Zerkleinern unter Zusatz von Wasser, Milch oder anderen geeigneten Flüssigkeiten verzehrt werden;

f) „Beikost" Lebensmittel zur Deckung der besonderen Bedürfnisse gesunder Säuglinge während der Abstillzeit und zur Ergänzung der Ernährung und/oder progressiven Gewöhnung an normale Lebensmittel bei gesunden Kleinkindern, mit Ausnahme von

  i) Getreidebeikost und

  ii) Milchgetränken und gleichartigen Erzeugnissen, die für Kleinkinder bestimmt sind;

g) „Lebensmittel für besondere medizinische Zwecke" unter ärztlicher Aufsicht zu verwendende Lebensmittel zum Diätmanagement von Patienten, einschließlich Säuglingen, die in spezieller Weise verarbeitet oder formuliert werden; sie sind zur ausschließlichen oder teilweisen Ernährung von Patienten mit eingeschränkter, behinderter oder gestörter Fähigkeit zur Aufnahme, Verdauung, Resorption, Verstoffwechslung oder Ausscheidung gewöhnlicher Lebensmittel oder bestimmter darin enthaltener Nährstoffe oder Stoffwechselprodukte oder von Patienten mit einem sonstigen medizinisch bedingten Nährstoffbedarf bestimmt ist, für deren Diätmanagement die Modifizierung der normalen Ernährung allein nicht ausreicht;

h) „Tagesration für gewichtskontrollierende Ernährung" Lebensmittel mit einer besonderen Zusammensetzung für eine kalorienarme Ernährung zur Gewichtsverringerung, die, sofern sie gemäß den Anweisungen des Lebensmittelunternehmers verwendet werden, die tägliche Nahrungsmittelration vollständig ersetzen.

Artikel 3

Auslegungsentscheidungen

Um die einheitliche Durchführung dieser Verordnung sicherzustellen, kann die Kommission im Wege von Durchführungsrechtsakten entscheiden,

a) ob ein bestimmtes Lebensmittel in den Anwendungsbereich dieser Verordnung fällt;

b) zu welcher spezifischen Lebensmittelkategorie gemäß Artikel 1 Absatz 1 ein bestimmtes Lebensmittel gehört.

Diese Durchführungsrechtsakte werden gemäß dem in Artikel 17 Absatz 2 genannten Prüfverfahren erlassen.

Artikel 4

Inverkehrbringen

(1) Die in Artikel 1 Absatz 1 genannten Lebensmittel dürfen nur in Verkehr gebracht werden, wenn sie dieser Verordnung genügen.

(2) Die in Artikel 1 Absatz 1 genannten Lebensmittel dürfen nur in Form vorverpackter Lebensmittel im Einzelhandel vertrieben werden.

(3) Die Mitgliedstaaten dürfen das Inverkehrbringen von Lebensmitteln, die dieser Verordnung genügen, nicht aus Gründen ihrer Zusammensetzung, Herstellungsmerkmale, Aufmachung oder Kennzeichnung untersagen oder beschränken.

Artikel 5

Vorsorgeprinzip

Zur Gewährleistung eines hohen Gesundheitsschutzniveaus für die Personen, für die die in Artikel 1 Absatz 1 dieser Verordnung aufgeführten Lebensmittel bestimmt sind, findet das Vorsorgeprinzip gemäß Artikel 7 der Verordnung (EG) Nr. 178/2002 Anwendung.

KAPITEL II
ZUSAMMENSETZUNGS- UND INFORMATIONSANFORDERUNGEN

ABSCHNITT 1
Allgemeine Anforderungen

Artikel 6

Allgemeine Bestimmungen

(1) Die in Artikel 1 Absatz 1 genannten Lebensmittel müssen sämtlichen Anforderungen des Lebensmittelrechts der Union genügen.

(2) Die in dieser Verordnung festgelegten Anforderungen haben gegenüber jeder anderen widersprüchlichen Bestimmung des Lebensmittelrechts der Union Anwendungsvorrang.

Artikel 7
Gutachten der Behörde

Die Behörde gibt gemäß den Artikeln 22 und 23 der Verordnung (EG) Nr. 178/2002 für die Zwecke der Anwendung der vorliegenden Verordnung wissenschaftliche Gutachten ab. Diese Gutachten bilden die wissenschaftliche Grundlage für alle Maßnahmen der Union, die gemäß der vorliegenden Verordnung erlassen werden und die sich auf die öffentliche Gesundheit auswirken können.

Artikel 8
Zugang zu Dokumenten

Die Kommission wendet auf Anträge auf Zugang zu Dokumenten, die unter die vorliegende Verordnung fallen, die Verordnung (EG) Nr. 1049/2001 des Europäischen Parlaments und des Rates vom 30. Mai 2001 über den Zugang der Öffentlichkeit zu Dokumenten des Europäischen Parlaments, des Rates und der Kommission ([1]) an.

Artikel 9
Allgemeine Anforderungen an Zusammensetzung und Information

(1) Die Zusammensetzung der in Artikel 1 Absatz 1 genannten Lebensmittel muss so beschaffen sein, dass sie gemäß allgemein anerkannten wissenschaftlichen Daten den Ernährungsanforderungen der Personen, für die sie bestimmt sind, entsprechen und für diese Personen geeignet sind.

(2) Die in Artikel 1 Absatz 1 genannten Lebensmittel dürfen keinen Stoff in einer solchen Menge enthalten, dass dadurch die Gesundheit der Personen, für die sie bestimmt sind, gefährdet wird.

Für Stoffe, bei denen es sich um technisch hergestellte Nanomaterialien handelt, ist die Einhaltung der in Unterabsatz 1 genannten Anforderung gegebenenfalls anhand geeigneter Testverfahren nachzuweisen.

(3) Auf der Grundlage allgemein anerkannter wissenschaftlicher Daten müssen die Stoffe, die den in Artikel 1 Absatz 1 genannten Lebensmitteln für die Zwecke der Anforderungen nach Absatz 1 dieses Artikels zugesetzt werden, in bioverfügbarer Form vorliegen, damit sie vom menschlichen Körper aufgenommen und verwertet werden können, eine ernährungsspezifische oder physiologische Wirkung haben und für die Personen, für die sie bestimmt sind, geeignet sein.

(4) Unbeschadet des Artikels 4 Absatz 1 dieser Verordnung dürfen die in Artikel 1 Absatz 1 dieser Verordnung genannten Lebensmittel Stoffe enthalten, die unter Artikel 1 der Verordnung (EG) Nr. 258/97 fallen, sofern diese Stoffe die Bedingungen für das Inverkehrbringen gemäß jener Verordnung erfüllen.

(5) Kennzeichnung und Aufmachung der in Artikel 1 Absatz 1 genannten Lebensmittel sowie die Werbung dafür müssen Informationen über die angemessene Verwendung dieser Lebensmittel bieten und dürfen weder irreführend sein noch diesen Erzeugnissen Eigenschaften der Vorbeugung, Behandlung oder

---

([1]) ABl. L 145 vom 31.5.2001, S. 43.

Heilung einer menschlichen Krankheit zuschreiben oder den Eindruck dieser Eigenschaft erwecken.

(6) Absatz 5 steht zweckdienlichen Angaben oder Empfehlungen, die ausschließlich für medizinisch, ernährungswissenschaftlich oder pharmazeutisch qualifizierte Personen oder für andere für die Betreuung von Mutter und Kind zuständige Angehörige der Gesundheitsberufe bestimmt sind, nicht entgegen.

Artikel 10
Zusätzliche Anforderungen an Säuglingsanfangsnahrung und Folgenahrung

(1) Die Kennzeichnung und Aufmachung von Säuglingsanfangsnahrung und Folgenahrung sowie die Werbung dafür ist so zu gestalten, dass sie nicht vom Stillen abhält.

(2) Die Kennzeichnung und Aufmachung von Säuglingsanfangsnahrung und die Werbung dafür sowie die Kennzeichnung von Folgenahrung darf weder Bilder von Säuglingen noch andere Bilder oder einen Wortlaut aufweisen, die den Gebrauch dieser Nahrung idealisieren könnten.

Unbeschadet des Unterabsatzes 1 sind Zeichnungen zur leichteren Identifizierung der Säuglingsanfangsnahrung und Folgenahrung und als Illustration der Zubereitungsmethoden zulässig.

ABSCHNITT 2
Besondere Anforderungen

Artikel 11
Besondere Anforderungen an Zusammensetzung und Information

(1) Die Kommission wird ermächtigt, nach Maßgabe der allgemeinen Anforderungen gemäß Artikel 6 und 9 sowie der zusätzlichen Anforderungen des Artikels 10 und unter Berücksichtigung des einschlägigen technischen und wissenschaftlichen Fortschritts delegierte Rechtsakte gemäß Artikel 18 zu folgenden Punkten zu erlassen:

a) besondere Anforderungen an die Zusammensetzung, die auf die in Artikel 1 Absatz 1 genannten Lebensmittel anwendbar sind, mit Ausnahme der Anforderungen gemäß dem Anhang;

b) besondere Anforderungen an die Verwendung von Pestiziden in Erzeugnissen, die zur Herstellung der in Artikel 1 Absatz 1 genannten Lebensmittel bestimmt sind, und an deren Rückstände in den Lebensmitteln. Die besonderen Anforderungen an die in Artikel 1 Absatz 1 Buchstaben a und b genannten Lebensmittelkategorien und an Lebensmittel für besondere medizinische Zwecke, die für die Ernährungsanforderungen von Säuglingen und Kleinkindern entwickelt wurden, werden regelmäßig aktualisiert und enthalten unter anderem Bestimmungen, die die Verwendung von Pestiziden so weit wie möglich einschränken;

c) besondere Anforderungen an die Kennzeichnung und Aufmachung der in Artikel 1 Absatz 1 genannten Lebensmittel sowie an die Werbung dafür, einschließlich der Zulassung nährwert- und gesundheitsbezogener Angaben;
d) Anforderungen an die Notifizierung für das Inverkehrbringen der in Artikel 1 Absatz 1 genannten Lebensmittel zur Ermöglichung einer wirksamen amtlichen Überwachung dieser Lebensmittel, auf deren Grundlage die Lebensmittelunternehmer die zuständigen Behörden der Mitgliedstaaten, in denen diese Lebensmittel vermarktet werden sollen, unterrichten;
e) Anforderungen hinsichtlich Werbe- und Geschäftspraktiken im Zusammenhang mit Säuglingsanfangsnahrung;
f) Anforderungen hinsichtlich der Informationen, die bezüglich der Ernährung von Säuglingen und Kleinkindern bereitzustellen sind, damit eine angemessene Information über das geeignete Ernährungsverhalten gewährleistet ist;
g) besondere Anforderungen an Lebensmittel für besondere medizinische Zwecke, die für die Ernährungsanforderungen von Säuglingen entwickelt wurden, einschließlich Anforderungen an die Zusammensetzung sowie Anforderungen an die Verwendung von Pestiziden in Erzeugnissen, die zur Herstellung derartiger Lebensmittel bestimmt sind, und Anforderungen in Bezug auf Pestizidrückstände, die Kennzeichnung und Aufmachung sowie die Werbung und gegebenenfalls Werbe- und Handelspraktiken dafür.

Diese delegierten Rechtsakte werden bis zum 20. Juli 2015 erlassen.

(2) Die Kommission wird ermächtigt, nach Maßgabe der allgemeinen Anforderungen gemäß Artikel 6 und 9 sowie der zusätzlichen Anforderungen des Artikels 10 und unter Berücksichtigung des einschlägigen technischen und wissenschaftlichen Fortschritts, einschließlich der von den betroffenen Parteien in Bezug auf innovative Erzeugnisse vorgelegten Daten, delegierte Rechtsakte gemäß Artikel 18 zu erlassen, um die in Absatz 1 genannten Rechtsakte zu aktualisieren.

Wenn es im Falle neu auftretender Gesundheitsrisiken aus Gründen der Dringlichkeit zwingend erforderlich ist, findet das in Artikel 19 genannte Verfahren auf die gemäß diesem Absatz erlassenen delegierten Rechtsakte Anwendung.

Artikel 12

Milchgetränke und gleichartige Erzeugnisse, die für Kleinkinder bestimmt sind

Die Kommission legt dem Europäischen Parlament und dem Rat nach Anhörung der Behörde bis zum 20. Juli 2015 einen Bericht über die Frage vor, ob gegebenenfalls besondere Vorschriften für Milchgetränke und gleichartige Erzeugnisse, die für Kleinkinder bestimmt sind, in Bezug auf Anforderungen an die Zusammensetzung und Kennzeichnung sowie gegebenenfalls andere Anforderungen erforderlich sind. Die Kommission wird sich in dem Bericht unter anderem mit den Ernährungsanforderungen von Kleinkindern, mit der Rolle, die diese Erzeugnisse in der Ernährung von Kleinkindern spielen, und mit der Frage befassen, ob diese Erzeugnisse im Vergleich zu einer normalen kindgerechten Ernährung während der Abstillzeit einen ernährungsphysiologischen Nutzen haben. Dieser Bericht kann erforderlichenfalls von einem entsprechenden Gesetzgebungsvorschlag begleitet werden.

Artikel 13

Lebensmittel für Sportler

Die Kommission legt dem Europäischen Parlament und dem Rat nach Anhörung der Behörde bis zum 20. Juli 2015 einen Bericht über die Frage vor, ob gegebenenfalls Vorschriften für Lebensmittel, die für Sportler bestimmt sind, erforderlich sind. Dieser Bericht kann erforderlichenfalls von einem entsprechenden Gesetzgebungsvorschlag begleitet werden.

Artikel 14

Technische Leitlinien

Die Kommission kann technische Leitlinien annehmen, die es Lebensmittelunternehmen, insbesondere KMU, erleichtern, dieses Kapitel und das Kapitel III einzuhalten.

KAPITEL III

UNIONSLISTE

Artikel 15

Unionsliste

(1) Stoffe einer der folgenden Kategorien von Stoffen dürfen einer oder mehreren der in Artikel 1 Absatz 1 genannten Kategorien von Lebensmitteln zugesetzt werden, sofern sie in der im Anhang enthaltenen Unionsliste aufgeführt sind und mit den Angaben in dieser Liste gemäß Absatz 3 übereinstimmen:

a) Vitamine;

b) Mineralstoffe;

c) Aminosäuren;

d) Carnitin und Taurin;

e) Nucleotide;

f) Cholin und Inositol.

(2) Stoffe, die in der Unionsliste aufgeführt sind, müssen die allgemeinen Anforderungen der Artikel 6 und 9 und gegebenenfalls die gemäß Artikel 11 festgelegten besonderen Anforderungen erfüllen.

(3) Die Unionsliste enthält die folgenden Angaben:

a) die in Artikel 1 Absatz 1 genannte Kategorie von Lebensmitteln, der Stoffe zugesetzt werden dürfen, die in die in Absatz 1 dieses Artikels aufgeführten Kategorien fallen;

b) die Bezeichnung und Beschreibung des Stoffes sowie gegebenenfalls die Spezifikation seiner Form;

c) gegebenenfalls die Bedingungen für die Verwendung des Stoffes;
d) gegebenenfalls die auf den Stoff anwendbaren Reinheitskriterien.

(4) Die im Lebensmittelrecht der Union festgelegten Reinheitskriterien, die auf die in der Unionsliste aufgeführten Stoffe Anwendung finden, wenn sie bei der Herstellung von Lebensmitteln zu anderen als den von dieser Verordnung erfassten Zwecken verwendet werden, gelten auch dann für diese Stoffe, wenn sie für die von dieser Verordnung erfassten Zwecke verwendet werden, es sei denn, in dieser Verordnung ist etwas anderes festgelegt.

(5) Für in der Unionsliste aufgeführte Stoffe, für die im Lebensmittelrecht der Union keine Reinheitskriterien festgelegt sind, gelten bis zur Festlegung solcher Kriterien die von internationalen Einrichtungen empfohlenen allgemein annehmbaren Reinheitskriterien.

Die Mitgliedstaaten dürfen nationale Vorschriften mit strengeren Reinheitskriterien beibehalten.

(6) Um dem technischen Fortschritt, den wissenschaftlichen Entwicklungen oder dem Schutz der Gesundheit der Verbraucher Rechnung zu tragen, wird der Kommission die Befugnis übertragen, in Bezug auf die in Absatz 1 genannten Kategorien von Stoffen delegierte Rechtsakte gemäß Artikel 18 zu folgenden Zwecken zu erlassen:
a) Streichung einer Kategorie von Stoffen;
b) Aufnahme einer Kategorie von Stoffen mit ernährungsspezifischer oder physiologischer Wirkung.

(7) Stoffe, die keiner der in Absatz 1 dieses Artikels genannten Kategorien zugehören, dürfen den in Artikel 1 Absatz 1 genannten Lebensmitteln zugesetzt werden, sofern sie die allgemeinen Anforderungen der Artikel 6 und 9 und gegebenenfalls die gemäß Artikel 11 festgelegten besonderen Anforderungen erfüllen.

Artikel 16

Aktualisierung der Unionsliste

(1) Vorbehaltlich der allgemeinen Vorschriften in den Artikeln 6 und 9 und soweit anwendbar gemäß der besonderen Vorschriften, die im Einklang mit Artikel 11 erstellt worden sind, und um dem technischen Fortschritt, den wissenschaftlichen Entwicklungen oder dem Schutz der Gesundheit der Verbraucher Rechnung zu tragen, wird der Kommission die Befugnis übertragen, gemäß Artikel 18 delegierte Rechtsakte zu erlassen, um den Anhang in folgender Hinsicht zu ändern:
a) die Aufnahme eines Stoffes in die Unionsliste;
b) die Streichung eines Stoffes aus der Unionsliste;
c) die Aufnahme, Streichung oder Änderung der Angaben nach Artikel 15 Absatz 3.

(2) Wenn es im Falle neu auftretender Gesundheitsrisiken wegen äußerster Dringlichkeit zwingend erforderlich ist, findet das in Artikel 19 genannte Verfahren auf die gemäß diesem Artikel erlassenen delegierten Rechtsakte Anwendung.

KAPITEL IV

VERFAHRENSBESTIMMUNGEN

Artikel 17

Ausschussverfahren

(1) Die Kommission wird von dem durch die Verordnung (EG) Nr. 178/2002 eingesetzten Ständigen Ausschuss für die Lebensmittelkette und Tiergesundheit unterstützt. Dieser Ausschuss ist ein Ausschuss im Sinne der Verordnung (EU) Nr. 182/2011.

(2) Wird auf diesen Absatz Bezug genommen, so gilt Artikel 5 der Verordnung (EU) Nr. 182/2011.

Wird die Stellungnahme des Ausschusses im schriftlichen Verfahren eingeholt, so wird das Verfahren ohne Ergebnis abgeschlossen, wenn der Vorsitz dies innerhalb der Frist für die Abgabe der Stellungnahme beschließt oder eine einfache Mehrheit der Ausschussmitglieder dies verlangt.

Artikel 18

Ausübung der Befugnisübertragung

(1) Die Befugnis zum Erlass delegierter Rechtsakte wird der Kommission unter den in diesem Artikel festgelegten Bedingungen übertragen.

(2) Die Befugnis zum Erlass delegierter Rechtsakte gemäß Artikel 11, Artikel 15 Absatz 6 und Artikel 16 Absatz 1 genannte wird der Kommission für einen Zeitraum von fünf Jahren ab dem 19. Juli 2013 übertragen. Die Kommission erstellt spätestens neun Monate vor Ablauf des Zeitraums von fünf Jahren einen Bericht über die Befugnisübertragung. Die Befugnisübertragung verlängert sich stillschweigend um Zeiträume gleicher Länge, es sei denn, das Europäische Parlament oder der Rat widersprechen einer solchen Verlängerung spätestens drei Monate vor Ablauf des jeweiligen Zeitraums.

(3) Die Befugnisübertragung gemäß Artikel 11, Artikel 15 Absatz 6 und Artikel 16 Absatz 1 genannte kann vom Europäischen Parlament oder vom Rat jederzeit widerrufen werden. Der Beschluss über den Widerruf beendet die Übertragung der in diesem Beschluss angegebenen Befugnis. Er wird am Tag nach seiner Veröffentlichung im *Amtsblatt der Europäischen Union* oder zu einem im Beschluss über den Widerruf angegebenen späteren Zeitpunkt wirksam. Die Gültigkeit von delegierten Rechtsakten, die bereits in Kraft getreten sind, wird nicht berührt.

(4) Sobald die Kommission einen delegierten Rechtsakt erlässt, übermittelt sie ihn gleichzeitig dem Europäischen Parlament und dem Rat.

(5) Ein delegierter Rechtsakt, der gemäß Artikel 11, Artikel 15 Absatz 6 und Artikel 16 Absatz 1 erlassen wurde, tritt nur in Kraft, wenn weder das Europäische Parlament noch der Rat innerhalb einer Frist von zwei Monaten ab Übermittlung dieses Rechtsakts an das Europäische Parlament und den Rat Einwände erhoben haben oder wenn vor Ablauf dieser Frist das Europäische Parlament und der Rat beide der Kommission mitgeteilt haben, dass sie keine Einwände erheben werden. Auf Initiative des Europäischen Parlaments oder des Rates wird diese Frist um zwei Monate verlängert.

Artikel 19
Dringlichkeitsverfahren

(1) Delegierte Rechtsakte, die nach diesem Artikel erlassen werden, treten umgehend in Kraft und sind anwendbar, solange keine Einwände gemäß Absatz 2 erhoben werden. Bei der Übermittlung eines delegierten Rechtsakts an das Europäische Parlament und den Rat werden die Gründe für die Anwendung des Dringlichkeitsverfahrens angegeben.

(2) Das Europäische Parlament und der Rat können gemäß dem Verfahren des Artikels 18 Absatz 5 Einwände gegen einen delegierten Rechtsakt Einwände erheben. In diesem Fall hebt die Kommission den Rechtsakt umgehend nach der Übermittlung des Beschlusses des Europäischen Parlaments oder des Rates, Einwände zu erheben, auf.

KAPITEL V
SCHLUSSBESTIMMUNGEN

Artikel 20
Aufhebung

(1) Die Richtlinie 2009/39/EG wird mit Wirkung ab dem 20. Juli 2016 aufgehoben. Verweise auf die aufgehobenen Rechtsakte gelten als Verweise auf die vorliegende Verordnung.

(2) Die Richtlinie 92/52/EWG und die Verordnung (EG) Nr. 41/2009 werden mit Wirkung ab dem 20. Juli 2016 aufgehoben.

(3) Unbeschadet des Absatzes 4 Unterabsatz 1 gilt die Richtlinie 96/8/EG ab dem 20. Juli 2016 nicht für Lebensmittel, die als Ersatz für eine oder mehrere Mahlzeiten im Rahmen der Tagesration angeboten werden.

(4) Die Verordnung (EG) Nr. 953/2009 und die Richtlinien 96/8/EG, 1999/21/EG, 2006/125/EG und 2006/141/EG werden mit Wirkung ab dem Zeitpunkt der Anwendung der delegierten Rechtsakte gemäß Artikel 11 Absatz 1 aufgehoben.

Stehen die Verordnung (EG) Nr. 953/2009, die Richtlinien 96/8/EG, 1999/21/EG, 2006/125/EG und 2006/141/EG im Widerspruch zur vorliegenden Verordnung, so hat letztere Vorrang.

Artikel 21

Übergangsbestimmungen

(1) Lebensmittel im Sinne von Artikel 1 Absatz 1 der vorliegenden Verordnung, die den Anforderungen der vorliegenden Verordnung nicht genügen, wohl aber den Anforderungen der Richtlinie 2009/39/EG und gegebenenfalls der Verordnung (EG) Nr. 953/2009 und der Richtlinien 96/8/EG, 1999/21/EG, 2006/125/EG und 2006/141/EG, und vor dem 20. Juli 2016 in Verkehr gebracht oder gekennzeichnet wurden, dürfen auch nach diesem Datum bis zur Erschöpfung der Bestände des betreffenden Lebensmittels vermarktet werden.

Beginnt die Anwendung der delegierten Rechtsakte gemäß Artikel 11 Absatz 1 der vorliegenden Verordnung nach dem 20. Juli 2016, so dürfen Lebensmittel im Sinne von Artikel 1 Absatz 1, die den Anforderungen der vorliegenden Verordnung und gegebenenfalls der Verordnung (EG) Nr. 953/2009 sowie der Richtlinien 96/8/EG, 1999/21/EG, 2006/125/EG und 2006/141/EG genügen, jedoch nicht den Anforderungen dieser delegierten Rechtsakte, und die vor dem Zeitpunkt der Anwendung dieser delegierten Rechtsakte in Verkehr gebracht oder gekennzeichnet wurden, auch nach diesem Datum bis zur Erschöpfung der Bestände des betreffenden Lebensmittels vermarktet werden.

(2) Lebensmittel, die nicht in Artikel 1 Absatz 1 der vorliegenden Verordnung genannt sind, jedoch im Einklang mit der Richtlinie 2009/39/EG und der Verordnung (EG) Nr. 953/2009 sowie gegebenenfalls mit der Richtlinie 96/8/EG und der Verordnungen (EG) Nr. 41/2009 vor dem 20. Juli 2016 in Verkehr gebracht oder gekennzeichnet wurden, dürfen auch nach diesem Datum bis zur Erschöpfung der Bestände des betreffenden Lebensmittels vermarktet werden.

Artikel 22

Inkrafttreten

Diese Verordnung tritt am zwanzigsten Tag nach ihrer Veröffentlichung im *Amtsblatt der Europäischen Union* in Kraft.

Sie gilt ab dem 20. Juli 2016, mit Ausnahme der folgenden Bestimmungen:

- Artikel 11, 16, 18 und 19, die ab dem 19. Juli 2013 gelten;
- Artikel 15 und der Anhang dieser Verordnung, die ab dem Zeitpunkt der Anwendung der delegierten Rechtsakte gemäß Artikel 11 Absatz 1 gelten.

ANLAGE

Unionsliste gemäß Artikel 15 Absatz 1

Stoff		Säuglingsanfangsnahrung und Folgenahrung	Getreidebeikost und andere Beikost	Lebensmittel für besondere medizinische Zwecke	Tagesration für gewichtskontrollierende Ernährung
Vitamine					
Vitamin A	Retinol	X	X	X	X
	Retinylacetat	X	X	X	X
	Retinylpalmitat	X	X	X	X
	Beta-Carotin		X	X	X
Vitamin D	Ergocalciferol	X	X	X	X
	Cholecalciferol	X	X	X	X
Vitamin E	D-alpha-Tocopherol	X	X	X	X
	DL-alpha-Tocopherol	X	X	X	X
	D-alpha-Tocopherylacetat	X	X	X	X
	DL-alpha-Tocopherylacetat	X	X	X	X
	D-alpha-Tocopherylsäuresuccinat			X	X
	D-alpha-Tocopheryl-Polyethylenglycol-1000-Succinat (TPGS)			X	

Stoff		Säuglingsanfangsnahrung und Folgenahrung	Lebensmittelkategorie		
			Getreidebeikost und andere Beikost	Lebensmittel für besondere medizinische Zwecke	Tagesration für gewichtskontrollierende Ernährung
Vitamin K	Phyllochinon (Phytomenadion)	X		X	X
	Menachinon (¹)		X	X	X
Vitamin C	L-Ascorbinsäure	X	X	X	X
	Natrium-L-ascorbat	X	X	X	X
	Calcium-L-ascorbat	X	X	X	X
	Kalium-L-ascorbat	X	X	X	X
	L-Ascorbyl-6-palmitat	X	X	X	
Thiamin	Thiaminhydrochlorid	X	X	X	X
	Thiaminmononitrat	X	X	X	X
Riboflavin	Riboflavin	X	X	X	X
	Natrium-Riboflavin-5'-phosphat	X	X	X	X
Niacin	Nicotinsäure	X	X	X	X
	Nicotinamid	X	X	X	X

VO (EU) Nr. 609/2013

Stoff			Lebensmittelkategorie			
			Säuglingsanfangsnahrung und Folgenahrung	Getreidebeikost und andere Beikost	Lebensmittel für besondere medizinische Zwecke	Tagesration für gewichtskontrollierende Ernährung
Vitamin B_6		Pyridoxinhydrochlorid	X	X	X	X
		Pyridoxin-5'-phosphat	X	X	X	X
		Pyridoxindipalmitat		X	X	X
Folat		Folsäure (Pteroylmonoglutaminsäure)	X	X	X	X
		Calcium-L-methylfolat			X	X
Vitamin B_{12}		Cyanocobalamin	X	X	X	X
		Hydroxocobalamin	X	X	X	X
Biotin		D-Biotin	X	X	X	X
Pantothensäure		Calcium-D-pantothenat	X	X	X	X
		Natrium-D-pantothenat	X	X	X	X
		Dexpanthenol	X	X	X	X
Mineralstoffe	Kalium	Kaliumbicarbonat	X		X	X

400   Behr's Verlag, Hamburg

VO (EU) Nr. 609/2013

Stoff		Lebensmittelkategorie			
		Säuglings-anfangsnahrung und Folgenahrung	Getreide-beikost und andere Beikost	Lebensmittel für besondere medizinische Zwecke	Tagesration für gewichtskontrollierende Ernährung
	Kaliumcarbonat	X			X
	Kaliumchlorid	X	X	X	X
	Kaliumcitrat	X	X	X	X
	Kaliumgluconat	X	X	X	X
	Kaliumglycerophosphat		X	X	X
	Kaliumlactat	X	X	X	X
	Kaliumhydroxid	X		X	X
	Kaliumsalze der Ortho-phosphorsäure	X		X	X
	Magnesiumkaliumcitrat			X	X
Calcium	Calciumcarbonat	X	X	X	X
	Calciumchlorid	X	X	X	X
	Calciumsalze der Zitronen-säure	X	X	X	X
	Calciumgluconat	X	X	X	X
	Calciumglycerophosphat	X	X	X	X
	Calciumlaktat	X	X	X	X
	Calciumsalze der Ortho-phosphorsäure	X	X	X	X
	Calciumhydroxid	X	X	X	X

VO (EU) Nr. 609/2013

Stoff		Lebensmittelkategorie			Tagesration für gewichtskontrollierende Ernährung
		Säuglingsanfangsnahrung und Folgenahrung	Getreidebeikost und andere Beikost	Lebensmittel für besondere medizinische Zwecke	
	Calciumoxid		X	X	X
	Calciumsulfat			X	X
	Calciumbisglycinat			X	X
	Calciumcitratmalat			X	X
	Calciummalat			X	X
	Calcium-L-pidolat			X	X
Magnesium	Magnesiumacetat			X	X
	Magnesiumcarbonat	X	X	X	X
	Magnesiumchlorid	X	X	X	X
	Magnesiumsalze der Zitronensäure	X	X	X	X
	Magnesiumgluconat		X	X	X
	Magnesiumglycerophosphat		X	X	X
	Magnesiumsalze der Orthophosphorsäure	X	X	X	X
	Magnesiumlactat		X	X	X
	Magnesiumhydroxid	X	X	X	X
	Magnesiumoxid	X	X	X	X
	Magnesiumsulfat	X	X	X	X

Stoff		Säuglingsanfangsnahrung und Folgenahrung	Getreidebeikost und andere Beikost	Lebensmittel für besondere medizinische Zwecke	Tagesration für gewichtskontrollierende Ernährung
	Magnesium-L-aspartat			X	
	Magnesiumbisglycinat			X	X
	Magnesium-L-pidolat			X	X
	Magnesiumkaliumcitrat			X	X
Eisen	Eisencarbonat		X	X	X
	Eisencitrat	X	X	X	X
	Eisenammoniumcitrat	X	X	X	X
	Eisengluconat	X	X	X	X
	Eisenfumarat	X	X	X	X
	Eisennatriumdiphosphat		X	X	X
	Eisenlactat	X	X	X	X
	Eisensulfat	X	X	X	X
	Eisenammoniumphosphat			X	X
	Eisen-Natrium-EDTA			X	X
	Eisendiphosphat (Eisenpyrophosphat)	X	X	X	X
	Eisensaccharat			X	X
	Elementares Eisen (aus Carbonyl + elektrolytisch + wasserstoffreduziert)			X	X

VO (EU) Nr. 609/2013

Stoff		Säuglingsanfangsnahrung und Folgenahrung	Getreidebeikost und andere Beikost	Lebensmittel für besondere medizinische Zwecke	Tagesration für gewichtskontrollierende Ernährung
	Eisenbisglycinat	X		X	X
	Eisen-L-pidolat			X	X
Zink	Zinkacetat	X	X	X	X
	Zinkchlorid	X	X	X	X
	Zinkcitrat	X	X	X	X
	Zinkgluconat	X	X	X	X
	Zinklactat	X	X	X	X
	Zinkoxid	X	X	X	X
	Zinkcarbonat			X	X
	Zinksulfat	X	X	X	X
	Zinkbisglycinat			X	X
Kupfer	Kupfercarbonat	X	X	X	X
	Kupfercitrat	X	X	X	X
	Kupfergluconat	X	X	X	X
	Kupfersulfat	X	X	X	X
	Kupfer-Lysinkomplex	X	X	X	X
Mangan	Mangancarbonat	X	X	X	X

Stoff		Lebensmittelkategorie			
		Säuglingsanfangsnahrung und Folgenahrung	Getreidebeikost und andere Beikost	Lebensmittel für besondere medizinische Zwecke	Tagesration für gewichtskontrollierende Ernährung
	Manganchlorid	X	X	X	X
	Mangancitrat	X	X	X	X
	Mangangluconat	X	X	X	X
	Manganglycerophosphat		X	X	X
	Mangansulfat	X	X	X	X
Fluorid	Kaliumfluorid			X	X
	Natriumfluorid			X	X
Selen	Natriumselenat	X		X	X
	Natriumhydrogenselenit			X	X
	Natriumselenit	X		X	X
	Selenangereicherte Hefe (2)			X	X
Chrom	Chrom-(III)-Chlorid und sein Hexahydrat			X	X
	Chrom-(III)-Sulfat und sein Hexahydrat			X	X
	Chrompicolinat			X	X

Stoff		Lebensmittelkategorie			
		Säuglingsanfangsnahrung und Folgenahrung	Getreidebeikost und andere Beikost	Lebensmittel für besondere medizinische Zwecke	Tagesration für gewichtskontrollierende Ernährung
Molybdän	Ammoniummolybdat			X	X
	Natriummolybdat			X	X
Jod	Kaliumiodid	X	X	X	X
	Kaliumiodat	X	X	X	X
	Natriumiodid	X	X	X	X
	Natriumiodat		X	X	X
Natrium	Natriumbicarbonat	X		X	X
	Natriumcarbonat	X		X	X
	Natriumchlorid	X		X	X
	Natriumcitrat	X		X	X
	Natriumgluconat	X		X	X
	Natriumlactat	X		X	X
	Natriumhydroxid	X		X	X
	Natriumsalze der Orthophosphorsäure	X		X	X
Bor	Natriumborat			X	X
	Borsäure			X	X

Stoff	Lebensmittelkategorie			
	Säuglings-anfangsnahrung und Folgenahrung	Getreide-beikost und andere Beikost	Lebensmittel für besondere medi-zinische Zwecke	Tagesration für gewichtskontrollie-rende Ernährung
Amino-säuren (³)				
L-Alanin		–	X	X
L-Arginin	X und sein Hydrochlorid	X und sein Hydrochlorid	X	X
L-Asparaginsäure			X	
L-Citrullin			X	
L-Cystein	X und sein Hydrochlorid	X und sein Hydrochlorid	X	X
Cystin (⁴)	X und sein Hydrochlorid	X und sein Hydrochlorid	X	X
L-Histidin	X und sein Hydrochlorid	X und sein Hydrochlorid	X	X
L-Glutaminsäure			X	X
L-Glutamin			X	X
Glycin			X	
L-Isoleucin	X und sein Hydrochlorid	X und sein Hydrochlorid	X	X

VO (EU) Nr. 609/2013

Stoff	Lebensmittelkategorie			
	Säuglingsanfangsnahrung und Folgenahrung	Getreidebeikost und andere Beikost	Lebensmittel für besondere medizinische Zwecke	Tagesration für gewichtskontrollierende Ernährung
L-Leucin	X und sein Hydrochlorid	X und sein Hydrochlorid	X	X
L-Lysin	X und sein Hydrochlorid	X und sein Hydrochlorid	X	X
L-Lysinacetat			X	X
L-Methionin	X	X	X	X
L-Ornithin			X	X
L-Phenylalanin	X	X	X	X
L-Prolin			X	
L-Threonin	X	X	X	X
L-Tryptophan	X	X	X	X
L-Tyrosin	X	X	X	X
L-Valin	X	X	X	X
L-Serin			X	
L-Arginin-L-Aspartat			X	
L-Lysin-L-Aspartat			X	
L-Lysin-L-Glutamat			X	
N-Acetyl-L-Cystein			X	

VO (EU) Nr. 609/2013

Stoff		Lebensmittelkategorie			
		Säuglingsanfangsnahrung und Folgenahrung	Getreidebeikost und andere Beikost	Lebensmittel für besondere medizinische Zwecke	Tagesration für gewichtskontrollierende Ernährung
	N-Acetyl-L-Methionin			X (in Erzeugnissen, die für Personen ab 1 Jahr bestimmt sind)	
Carnitin und Taurin	L-Carnitin	X	X	X	X
	L-Carnitin-hydrochlorid	X	X	X	X
	Taurin	X		X	X
	L-Carnitin-L-Tartrat	X		X	X
Nucleotide	Adenosin-5′-phosphorsäure (AMP)	X		X	X
	Natriumsalze der AMP	X		X	X
	Cytidin-5′-monophosphorsäure (CMP)	X		X	X
	Natriumsalze der CMP	X		X	X
	Guanosin-5′-phosphorsäure (GMP)	X		X	X
	Natriumsalze der GMP	X		X	X
	Inosin-5′-phosphorsäure (IMP)	X		X	X

Stoff		Lebensmittelkategorie			
		Säuglingsanfangsnahrung und Folgenahrung	Getreidebeikost und andere Beikost	Lebensmittel für besondere medizinische Zwecke	Tagesration für gewichtskontrollierende Ernährung
	Natriumsalze der IMP			X	X
	Uridin-5′-phosphorsäure (UMP)	X		X	X
	Natriumsalze der UMP	X		X	X
Cholin und Inositol	Cholin	X	X	X	X
	Cholinchlorid	X	X	X	X
	Cholinbitartrat	X	X	X	X
	Cholincitrat	X	X	X	X
	Inositol	X	X	X	X

(1) Menachinon kommt in erster Linie als Menachinon-7 und in geringerem Maße als Menachinon-6 vor.
(2) In Gegenwart von Natriumselenit als Selenquelle in Kultur gewonnene Selen-Hefen, die in handelsüblicher getrockneter Form nicht mehr als 2,5 mg Se/g enthalten. Die in der Hefe vorherrschende organische Selenart ist Selenomethionin (zwischen 60 und 85 % des insgesamt im Produkt enthaltenen Selenextrakts). Der Gehalt an anderen organischen Selenverbindungen einschließlich Selenocystein darf 10 % des gesamten Selenextrakts nicht überschreiten. Der Gehalt an anorganischem Selen darf üblicherweise 1 % des gesamten Selenextrakts nicht überschreiten.
(3) Für Aminosäuren, die Säuglingsanfangsnahrung und Folgenahrung, Getreidebeikost und anderer Beikost zugesetzt werden, dürfen nur die ausdrücklich genannten Hydrochloride verwendet werden. Für Aminosäuren, die Lebensmitteln für besondere medizinische Zwecke und für Tagesrationen für gewichtskontrollierende Ernährung zugesetzt werden, dürfen gegebenenfalls auch die Natrium-, Kalium-, Calcium- und Magnesiumsalze sowie ihre Hydrochloride verwendet werden.
(4) Im Falle der Verwendung in Säuglingsanfangsnahrung und Folgenahrung, Getreidebeikost und anderer Beikost darf Cystin nur in Form von L-Cystin zugesetzt werden.

Los-Kennzeichnungs-Verordnung
(LKV)

Vom 23. Juni 1993

(BGBl. I S. 1022), geändert durch Art. 13 der VO zur Änd. lebensmittelrechtlicher und tabakrechtlicher Bestimmungen vom 22. 2. 2006 (BGBl. I S. 444), Art. 6 der VO zur Anpassung von Verordnungen nach dem BMELV-Vertrag von Lissabon-Anpassungsgesetz vom 13. 12. 2011 (BGBl. I S. 2720) und Art. 4 des G zur Neuregelung des gesetzlichen Messwesens vom 25. 7. 2013 (BGBl. I S. 2722)

Auf Grund des § 19 Abs. 1 Nr. 1 und 2 Buchstabe b des Lebensmittel- und Bedarfsgegenständegesetzes vom 15. August 1974 (BGBl. I S. 1945, 1946), der durch Artikel 1 Nr. 3 des Gesetzes vom 22. Januar 1991 (BGBl. I S. 121) geändert worden ist, verordnet der Bundesminister für Gesundheit im Einvernehmen mit den Bundesministern für Ernährung, Landwirtschaft und Forsten und für Wirtschaft:

§ 1 Kennzeichnungspflicht

(1) Lebensmittel dürfen nur in den Verkehr gebracht werden, wenn sie mit einer Angabe gekennzeichnet sind aus der das Los zu ersehen ist zu dem sie gehören. Die Angabe muß aus einer Buchstaben-Kombination, Ziffern-Kombination oder Buchstaben-/Ziffern-Kombination bestehen. Der Angabe ist der Buchstabe „L" voranzustellen, soweit sie sich nicht deutlich von den anderen Angaben der Kennzeichnung unterscheidet.

(2) Ein Los ist die Gesamtheit von Verkaufseinheiten eines Lebensmittels, das unter praktisch gleichen Bedingungen erzeugt, hergestellt oder verpackt wurde. Das Los wird vom Erzeuger, Hersteller, Verpacker oder ersten im Inland niedergelassenen Verkäufer des betreffenden Lebensmittels festgelegt.

§ 2 Ausnahmen von der Kennzeichnungspflicht

§ 1 gilt nicht für

1. Agrarerzeugnisse, die unmittelbar von einem landwirtschaftlichen Betrieb
    a) an Lager-, Aufmachungs- oder Verpackungsstellen verkauft oder verbracht werden;
    b) an Erzeugerorganisationen weitergeleitet werden,
    c) zur sofortigen Verwendung in einem in Betrieb befindlichen Zubereitungs- oder Verarbeitungssystem gesammelt werden;
2. Lebensmittel, die erst in der Verkaufsstätte auf Anfrage des Käufers oder im Hinblick auf ihre alsbaldige Abgabe an den Verbraucher, wobei dem Verbraucher Gaststätten, Einrichtungen zur Gemeinschaftsverpflegung sowie Gewerbetreibende, soweit sie Lebensmittel zum Verbrauch innerhalb ihrer Betriebsstätte beziehen, gleichstehen, verpackt und dort abgegeben werden;
3. Lebensmittel, die lose an den Verbraucher abgegeben werden;
4. Lebensmittel in Verpackungen oder Behältnissen, deren größte Einzelfläche weniger als 10 cm^2 beträgt;

5. Lebensmittel, bei denen das Mindesthaltbarkeitsdatum oder Verbrauchsdatum unverschlüsselt unter Angabe mindestens des Tages und des Monats in dieser Reihenfolge angegeben ist;
6. Lebensmittel, deren Kennzeichnung mit der Angabe des Loses
   a) in Verordnungen der Europäischen Union,
   b) in Rechtsverordnungen auf Grund des Weingesetzes geregelt ist;
7. Speiseeis-Einzelpackungen.

§ 3 Art der Kennzeichnung

Die Angabe nach § 1 Abs. 1 muß gut sichtbar, deutlich lesbar und unverwischbar angebracht sein
1. bei Lebensmitteln in Fertigpackungen im Sinne des § 42 Absatz 1 des Mess- und Eichgesetzes, die dazu bestimmt sind, an den Verbraucher im Sinne des § 2 Nr. 2 abgegeben zu werden, auf der Fertigpackung oder einem mit ihr verbundenen Etikett,
2. bei anderen Lebensmitteln auf dem Behältnis oder der Verpackung oder in einem Begleitpapier.

§ 4 Unberührtheitsklausel

Rechtsvorschriften, die für bestimmte Lebensmittel eine von den Vorschriften dieser Verordnung abweichende oder zusätzliche Kennzeichnung vorschreiben, bleiben unberührt.

§ 5 Ordnungswidrigkeiten

Ordnungswidrig im Sinne des § 60 Abs. 2 Nr. 26 Buchstabe a des Lebensmittel- und Futtermittelgesetzbuches handelt, wer vorsätzlich oder fahrlässig Lebensmittel in den Verkehr bringt, die entgegen § 1 Abs. 1 in Verbindung mit § 3 nicht oder nicht in der vorgeschriebenen Weise gekennzeichnet sind.

§ 6 Übergangsvorschriften

(1) Erzeugnisse, die vor dem 1. Juli 1993 gekennzeichnet oder in den Verkehr gebracht worden sind, dürfen weiter ohne die Angabe nach § 1 Abs. 1 in den Verkehr gebracht werden.
(2) Getränke in Dauerbrandflaschen dürfen noch bis zum 31. Dezember 1996 ohne die Angabe nach §1 Abs. 1 in den Verkehr gebracht werden.

§ 7 Inkrafttreten

Diese Verordnung tritt am 1. Juli 1993 in Kraft.

Verordnung über Fertigpackungen
(Fertigpackungsverordnung)
In der Neufassung vom 8. März 1994

(BGBl. I S. 451), ber. 14. 6. 1994 (BGBl. I S. 1307), geänd. durch 5. Änd.-VO vom 21. 8. 1996 (BGBl. I S. 1333), Art. 2 d. V. zur Änd. der Preisangaben- und der FertigpackungsV vom 28. 7. 2000 (BGBl. I S. 1238), Art. 286 der 8. ZuständigkeitsanpassungsVO vom 25. 11. 2003 (BGBl. I S. 2304), Art. 392 der 9. ZuständigkeitsanpassungsVO vom 31. 10. 2006 (BGBl. I S. 2407), 6. Änd.-VO vom 11. 6. 2008 (BGBl. I S. 1079), Art. 4 der VO zur Neuregelung des gesetzlichen Messwesens und zur Anpassung an europäische Rechtsprechung vom 11. 12. 2014 (BGBl. I S. 2010) und Art. 2 Abs. 2 des G zur Durchführung der Verordnung (EU) Nr. 1007/2011 und zur Ablösung des Textilkennzeichnungsgesetzes vom 15. 2. 2016 (BGBl. I S. 198)

ERSTER ABSCHNITT
Verbindliche Standardisierung und Maßbehältnisse

§ 1 Verbindliche Werte für Nennfüllmengen von Fertigpackungen mit Lebensmitteln

(1) Fertigpackungen mit den in Anlage 1 unter Nummer 2 aufgeführten Erzeugnissen und einer Nennfüllmenge, die innerhalb der in Anlage 1 unter Nummer 1 genannten Füllmengenbereiche liegt, dürfen gewerbsmäßig nur dann in Verkehr gebracht werden, wenn die Nennfüllmenge einem der in Anlage 1 unter Nummer 1 aufgeführten Werte entspricht.

(2) Bei Sammelpackungen ist Absatz 1 nur auf die einzelnen Fertigpackungen anzuwenden.

(3) Absatz 1 gilt nicht für Erzeugnisse, die in Duty-Free-Geschäften für den Verzehr außerhalb der Europäischen Union verkauft werden.

§ 2 Maßbehältnisse

(1) Behältnisse aus formbeständigem Material in Flaschenform (Flaschen) mit einem Nennvolumen von nicht mehr als fünf Liter sind Maßbehältnisse, wenn sie die Angaben nach Absatz 3 tragen und die Genauigkeitsanforderungen nach § 3 Abs. 1 bis 3 einhalten. Haben Flaschen ein in der nachstehenden Tabelle aufgeführtes Nennvolumen und halten ihre Randvollvolumen die in der Tabelle festgelegten Größenwerte und die Genauigkeitsanforderungen des § 3 Abs. 1 bis 3 ein, so sind sie Maßbehältnisse, auch wenn sie die Angaben nach Absatz 3 Nr. 1 und 2 nicht tragen:

Nennvolumen in Milliliter	Randvollvolumen in Milliliter
20	21,5
25	27
30	32,5
40	42,5

(2) Bei Maßbehältnissen ist
1. das Nennvolumen das auf der Flasche angegebene Volumen,
2. das Randvollvolumen das Flüssigkeitsvolumen, das die Flasche enthält, wenn sie bis zur oberen Randebene gefüllt ist.

(3) Wer Maßbehältnisse gewerbsmäßig herstellt oder in den Geltungsbereich dieser Verordnung verbringt, muss folgende Angaben am Boden, an der Bodennaht oder am Mantel der Flasche anbringen oder aufbringen lassen:
1. das Nennvolumen in Milliliter, Zentiliter oder Liter unter Anfügung der Volumeneinheit oder ihres Einheitenzeichens,
2. das Randvollvolumen in Zentiliter ohne Anfügung der Volumeneinheit oder ihres Einheitenzeichens oder die Entfernung zwischen der dem Nennvolumen entsprechenden Füllhöhe und der oberen Randebene in Millimeter unter Anfügung des Einheitenzeichens.
3. das Herstellerzeichen nach § 4,
4. bei Flaschen mit einem Nennvolumen
   a) bis 50 Milliliter den Buchstaben M,
   b) von 50 Milliliter bis 5 Liter das Zeichen nach Anlage 8.

(4) Die Angaben nach Absatz 3 müssen unverwischbar, gut sichtbar und deutlich lesbar sein und mindestens die in § 20 Abs. 1 festgelegte Schriftgröße haben.

(5) Wer Flaschen, die keine Maßbehältnisse sind, gewerbsmäßig herstellt oder in den Geltungsbereich dieser Verordnung verbringt, darf die Bezeichnungen des Absatzes 3 Nr. 2 und 4 nicht aufbringen oder aufbringen lassen.

§ 3 Genauigkeitsanforderungen an Maßbehältnisse

(1) Bei Maßbehältnissen müssen der Unterschied zwischen dem Nennvolumen und dem Randvollvolumen und die Entfernung zwischen der dem Nennvolumen entsprechenden Füllhöhe und der oberen Randebene für alle Flaschen desselben Musters hinreichend konstant sein.

(2) Wird gemäß § 2 Abs. 3 Nr. 2 das Randvollvolumen angegeben, darf das Randvollvolumen vom angegebenen Randvollvolumen um die nachstehenden Werte abweichen:

Nennvolumen in Milliliter	% des Nennvolumens	Milliliter
bis 50	6	–
50 bis 100	–	3
100 bis 200	3	–
200 bis 300	–	6
300 bis 500	2	–
500 bis 1000	–	10
1000 bis 5000	1	–

(3) Wird gemäß § 2 Abs. 3 Nr. 2 die Entfernung angegeben, darf das durch die angegebene Entfernung begrenzte Volumen vom Nennvolumen um die in Absatz 2 festgelegten Werte abweichen.

(4) Die zulässigen Abweichungen dürfen nicht planmäßig ausgenutzt werden.

(5) Die Randvollvolumen von Maßbehältnissen sollen den Größenwerten nach den allgemein anerkannten Regeln der Technik entsprechen.

§ 4 Herstellerzeichen

(1) Wer Maßbehältnisse herstellt, kann die Erteilung eines Herstellerzeichens beantragen.

(2) Der Antrag ist schriftlich bei der Physikalisch-Technischen Bundesanstalt zu stellen.

(3) Die Physikalisch-Technische Bundesanstalt kann vom Antragsteller verlangen,
1. das beantragte Herstellerzeichen zu ändern, wenn Verwechslungen mit bereits erteilten Herstellerzeichen zu befürchten sind,
2. zusätzliche Zahlen und Buchstaben im Herstellerzeichen anzubringen.

(4) Die Physikalisch-Technische Bundesanstalt hat das Herstellerzeichen in dem für amtliche Bekanntmachungen vorgesehenen Veröffentlichungsblatt bekanntzugeben.

(5) Einem von der Physikalisch-Technischen Bundesanstalt erteilten Herstellerzeichen steht ein Herstellerzeichen gleich, das von einem anderen Mitgliedstaat der Europäischen Gemeinschaften oder einem anderen Vertragsstaat des Abkommens über den Europäischen Wirtschaftsraum erteilt worden ist.

§ 5
(aufgehoben)

ZWEITER ABSCHNITT
Füllmengenkennzeichnung von Fertigpackungen

§ 6 Kennzeichnung der Füllmenge

(1) Fertigpackungen dürfen gewerbsmäßig nur in den Verkehr gebracht werden, wenn die Füllmenge nach Gewicht, Volumen oder Stückzahl oder in einer an deren Größe angegeben ist. Sofern nicht nach den §§ 7 bis 9 die Angabe in einer bestimmten Größe vorgeschrieben ist, hat die Angabe der allgemeinen Verkehrsauffassung zu entsprechen.

(2) Unbestimmte Füllmengenangaben, die Angabe eines Füllmengenbereichs oder die zusätzliche Angabe des Bruttogewichts sind unzulässig.

(3) Besteht eine Fertigpackung aus mehreren, nicht zum Einzelverkauf bestimmten Packungen desselben Erzeugnisses, so ist die gesamte Füllmenge und die Anzahl der einzelnen Packungen anzugeben. Die Angabe der Anzahl der Packungen darf entfallen, wenn alle Packungen sichtbar und leicht zählbar sind.

(4) Besteht eine Fertigpackung aus mehreren, nicht zum Einzelverkauf bestimmten Packungen mit verschiedenartigen Erzeugnissen oder sind in eine Fertigpackung verschiedenartige Erzeugnisse gesondert abgefüllt, so sind die Mengen der einzelnen Erzeugnisse anzugeben.

(5) Bei Packungen, die aus mehreren einzelnen Fertigpackungen bestehen (Sammelpackungen), ist zusätzlich zur Angabe der Füllmenge auf den einzelnen Fertigpackungen auf der Umhüllung der Sammelpackung die Anzahl und die Nennfüllmenge der einzelnen Fertigpackungen anzugeben. Diese zusätzlichen Angaben sind nicht erforderlich, wenn die einzelnen Fertigpackungen sichtbar

Fertigpackungsverordnung

und leicht zählbar sind und die Angabe der Füllmenge auf allen Fertigpackungen, bei Fertigpackungen gleicher Nennfüllmenge wenigstens auf einer Fertigpackung, erkennbar ist.

(6) Die Absätze 1 bis 5 gelten nicht, soweit andere Rechtsvorschriften Bestimmungen über die Füllmengenkennzeichnung enthalten.

§ 7 Kennzeichnung der Füllmenge bei Fertigpackungen mit bestimmten Erzeugnissen

(1) Fertigpackungen mit Erzeugnissen in Aerosolform sind nach Volumen zu kennzeichnen, auch wenn für das Erzeugnis sonst eine Kennzeichnung nach Gewicht vorgeschrieben ist. Als Volumen ist das Volumen der Flüssigphase anzugeben. Darüber hinaus ist das Gesamtfassungsvermögen der Packung anzugeben. Die Angabe ist so zu gestalten, dass sie nicht mit der Angabe des Nennvolumens des Inhalts verwechselt werden kann.

(2) Fertigpackungen mit flüssigen Lebensmitteln sind nach Volumen zu kennzeichnen, Fertigpackungen mit anderen Lebensmitteln nach Gewicht. Abweichend davon sind zu kennzeichnen:
1. nach Gewicht Fertigpackungen mit
    a) Honig, Pektin, Malzextrakt und zur Verwendung als Brotaufstrich bestimmtem Sirup,
    b) Milcherzeugnissen mit Ausnahme der Milchmischgetränke, bei ungezuckerten Kondensmilcherzeugnissen, die in anderen Behältnissen als Metalldosen oder Tuben abgefüllt sind, ist das Gewicht und das Volumen anzugeben, bei Buttermilcherzeugnissen das Gewicht oder das Volumen,
    c) Essigessenz,
    d) Würzen,
2. nach Volumen Fertigpackungen mit
    a) Feinkostsoßen und Senf,
    b) Speiseeis,
3. Fertigpackungen mit konzentrierten Suppen, Brühen, Braten-, Würz- und Salatsoßen mit dem Volumen der verzehrfertigen Zubereitung nach Liter oder Milliliter,
4. Fertigpackungen mit Backpulver und Backhefe mit dem Gewicht des Mehls, zu dessen Verarbeitung die Füllmenge auch noch nach der im Verkehr vor auszusehenden Lagerzeit ausreicht,
5. Fertigpackungen mit Puddingpulver und verwandten Erzeugnissen sowie Trockenerzeugnissen für Pürees, Klöße und ähnliche Beilagen mit der Menge Flüssigkeit, die zur Zubereitung der Füllmenge erforderlich ist.

Bei Fertigpackungen, die ausschließlich für Letztverbraucher bestimmt sind, die das Erzeugnis in ihrer selbständigen beruflichen oder gewerblichen Tätigkeit verwenden, kann von den Sätzen 1 und 2 abgewichen werden.

(3) Fertigpackungen mit kosmetischen Mitteln, Wasch- und Reinigungsmitteln sowie Putz- und Pflegemitteln in flüssiger oder pastöser Form sind nach Volumen zu kennzeichnen. Fertigpackungen mit diesen Erzeugnissen in fester oder pulveriger Form sind nach Gewicht zu kennzeichnen. Abweichend davon sind weiche Seifen nach Gewicht, feste Deodorants und Erfrischungsstifte nach Volumen zu kennzeichnen.

(4) Fertigpackungen mit Klebstoffen sind nach Gewicht zu kennzeichnen.

(5) Fertigpackungen gleicher Nennfüllmenge mit Lacken und Anstrichfarben sind nach Volumen zu kennzeichnen.

(6) Fertigpackungen mit Futtermitteln für Heimtiere und freilebende Vögel sind nach Gewicht oder Volumen zu kennzeichnen.

(7) Auf Fertigpackungen mit photochemischen Erzeugnissen und mit chemischen und technischen Standard- und Reagenzmaterialien darf an Stelle der Füllmenge das Volumen der gebrauchsfertigen Zubereitung oder die Anzahl der Anwendungen oder Untersuchungen angegeben werden.

§ 8 Kennzeichnung der Stückzahl bei Fertigpackungen mit Lebensmitteln

(1) Abweichend von § 7 Abs. 2 darf bei Fertigpackungen mit Obst und Gemüse, Backoblaten und Gewürzen die Stückzahl angegeben werden, wenn die Erzeugnisse der allgemeinen Verkehrsauffassung entsprechend nur nach Stückzahl gehandelt werden.

(2) Die Stückzahl darf ferner bei folgenden Lebensmitteln angegeben werden, sofern sie in Fertigpackungen mit mehr als einem Stück abgegeben werden und die Füllmenge weniger als 100 Gramm beträgt:

1. bei figürlichen Zuckerwaren, figürlichen Schokoladenwaren, ausgenommen Pralinen, und Dauerbackwaren mit einem Einzelgewicht von mehr als 5 Gramm,
2. bei Kaugummi, Kaubonbons und Schaumzuckerwaren.

(3) Bei Fertigpackungen mit Süßstofftabletten ist die Stückzahl anzugeben.

§ 9 Kennzeichnung der Stückzahl bei Fertigpackungen mit anderen Erzeugnissen

Abweichend von § 7 Abs. 3 bis 6 darf die Stückzahl angegeben werden bei

1. Fertigpackungen mit kosmetischen Mitteln, deren Füllmenge für eine einmalige Anwendung oder einen einmaligen Gebrauch vorgesehen ist (Portionspackungen), sowie Fertigpackungen mit kosmetischen Mitteln, für die die Angabe des Gewichts oder Volumens nicht von Bedeutung ist,
2. Duft- und Spülreinigern in Stückform mit einem Gewicht von weniger als 50 Gramm,
3. Mitteln für die Kraftfahrzeugpflege in Portionspackungen,
4. Futtermitteln für Heimtiere und freilebende Vögel, wenn die Futtermittel der allgemeinen Verkehrsauffassung entsprechend nur nach Stückzahl gehandelt werden,
5. Klebstiften,
6. Lackstiften mit einer Füllmenge von weniger als 50 Milliliter.

§ 10 Befreiung von der Füllmengenkennzeichnung

(1) Bei Fertigpackungen mit Erzeugnissen, die der allgemeinen Verkehrsauffassung entsprechend nach Stückzahl gehandelt werden dürfen oder bei denen nach den §§ 8 und 9 die Stückzahl angegeben werden darf, ist die Angabe der Stückzahl nicht erforderlich, wenn alle Stücke sichtbar und leicht zählbar sind oder wenn das Erzeugnis handelsüblich nur als einzelnes Stück oder Paar in den Verkehr gebracht wird.

(2) Die Angabe der Füllmenge ist ferner nicht erforderlich bei Fertigpackungen mit
1. Aromen mit einer Füllmenge von weniger als 10 Gramm oder Milliliter,
2. Essig sowie Zubereitungen aus Meerrettich oder Senf mit einer Füllmenge von weniger als 25 Gramm oder Milliliter,
3. Zuckerwaren, aus Mandeln, Nüssen und sonstigen Ölsamen hergestellten Erzeugnissen, Dauerbackwaren und Knabbererzeugnissen mit einer Füllmenge von weniger als 50 Gramm oder mit Zucker mit einer Füllmenge von weniger als 20 Gramm,
4. Feinen Backwaren, mit Ausnahme der Dauerbackwaren Knäckebrot und in Scheiben geschnittenem Brot mit einer Füllmenge von 100 Gramm oder weniger,
5. Speiseeis mit einer Füllmenge von 200 Milliliter oder weniger,
6. Brot in Form von Kleingebäck mit einem Gewicht des Einzelstücks von 250 Gramm oder weniger,
7. Brot, das zu den in § 68 Abs. 2 Nr. 2 des Lebensmittel- und Futtermittelgesetzbuches bezeichneten Zwecken abgegeben wird.

Werden mehrere einzelne Fertigpackungen, die nach Satz 1 Nr. 3 von der Kennzeichnung der Füllmenge befreit sind, zusätzlich verpackt und beträgt die gesamte Füllmenge mehr als 100 Gramm, so ist auf dieser Verpackung die Anzahl und die Füllmenge der einzelnen Fertigpackungen anzugeben.

§ 11 Abtropfgewicht

(1) Befindet sich ein festes Lebensmittel in einer Aufgußflüssigkeit, so ist auf der Fertigpackung neben der gesamten Füllmenge auch das Abtropfgewicht dieses Lebensmittels anzugeben. Als Aufgußflüssigkeiten gelten folgende Erzeugnisse – einschließlich ihrer Mischungen –, auch gefroren oder tiefgefroren, sofern sie gegenüber den wesentlichen Bestandteilen der betreffenden Zubereitung nur eine untergeordnete Rolle spielen und folglich für den Kauf nicht ausschlaggebend sind: Wasser, wäßrige Salzlösungen, Salzlake, Genußsäure in wäßriger Lösung, Essig, wäßrige Zuckerlösungen, wäßrige Lösungen von anderen Süßungsstoffen oder -mitteln, Frucht- oder Gemüsesäfte bei Obst und Gemüse.

(2) Das Abtropfgewicht ist leicht erkennbar und deutlich lesbar in unmittelbarer Nähe der gesamten Füllmenge und mindestens in gleicher Schriftgröße wie diese anzugeben.

§§ 12 bis 17
(weggefallen)

§ 18 Art und Weise der Füllmengenangabe

(1) Wer Fertigpackungen gewerbsmäßig in den Verkehr bringt, hat die Füllmenge auf der Fertigpackung leicht erkennbar, deutlich lesbar und unverwischbar anzugeben. Bei Fertigpackungen mit kosmetischen Mitteln, deren Verpackung aus einer Innenverpackung und einer Außenverpackung besteht, ist die Füllmenge auf beiden Verpackungen anzugeben.

(2) Wer Fertigpackungen zum alsbaldigen Verkauf überwiegend von Hand herstellt und sie feilhält, darf die Füllmenge durch ein Schild auf oder neben der Fertigpackung angeben.

(3) Bei Großpackungen mit frischem Obst und Gemüse, die

1. auf einer der Abgabe an den Letztverbraucher vorausgehenden Handelsstufe in den Verkehr gebracht werden oder
2. ausschließlich an Letztverbraucher abgegeben werden, die das Erzeugnis in ihrer selbständigen beruflichen oder gewerblichen oder in ihrer behördlichen oder dienstlichen Tätigkeit verwenden,

braucht die Füllmenge nur in den Begleitpapieren angegeben zu sein. Großpackungen im Sinne dieser Vorschrift sind Fertigpackungen, die nach ihrer Füllmenge üblicherweise nicht an andere als die in Satz 1 Nr. 2 genannten Letztverbraucher abgegeben werden.

(4) Wer Fertigpackungen gewerbsmäßig in den Verkehr bringt, hat die Füllmenge anzugeben

– bei Abgabe nach Gewicht in Gramm oder Kilogramm,
– bei Abgabe nach Volumen in Millimeter, Zentiliter oder Liter,
– bei Abgabe nach Länge in Zentimeter oder Meter,
– bei Abgabe nach Fläche in Quadratzentimeter oder Quadratmeter.

(5) Der Name der Einheit oder das Einheitszeichen ist anzufügen.

§ 19
(weggefallen)

§ 20 Schriftgrößen

(1) Die Zahlenangaben nach § 2 Abs. 3, § 6 Abs. 3 und 4 und §§ 11 und 18 müssen mindestens folgende Schriftgrößen haben:

Nennfüllmenge in g oder ml	Schriftgröße in mm
5 bis 50	2
mehr als 50 bis 200	3
mehr als 200 bis 1000	4
mehr als 1000	6

(2) Die nach § 6 Abs. 5 vorgeschriebenen Zahlenangaben auf Sammelpackungen müssen mindestens folgende Schriftgrößen haben:

Nennfüllmenge der Einzelpackungen in g oder ml	Schriftgröße in mm
bis 50	3
50 und mehr als 50	6

(3) Abweichend von den Absätzen 1 und 2 richtet sich die Schriftgröße der Zahlenangaben auf Fertigpackungen ungleicher Nennfüllmenge, zu deren Herstellung Waagen mit Gewichtsdruckwerk verwendet werden, nach den Vorschriften der Eichordnung.

§ 21 EWG-Zeichen für Fertigpackungen

(1) Das in Anlage 9 wiedergegebene EWG-Zeichen darf auf Fertigpackungen gleicher Nennfüllmenge aufgebracht werden, wenn die in den §§ 6, 7, 18 Abs. 1 und 4, § 20 Abs. 1, §§ 22, 26, 27 und 29 Abs. 1 festgelegten Anforderungen erfüllt sind und die Nennfüllmenge nicht weniger als 5 Gramm oder Milliliter und nicht mehr als 10 Kilogramm oder Liter beträgt. Ist neben der gesamten Füllmenge auch das Abtropfgewicht anzugeben, so bezieht sich das EWG-Zeichen nur auf die gesamte Füllmenge.
(2) Das EWG-Zeichen muß im gleichen Sichtfeld wie die Angabe der Nennfüllmenge liegen.

DRITTER ABSCHNITT

Füllmengen von Fertigpackungen

§ 22 Füllmengenanforderungen bei Kennzeichnung nach Gewicht und Volumen
(1) Nach Gewicht oder Volumen gekennzeichnete Fertigpackungen gleicher Nennfüllmenge dürfen gewerbsmäßig nur so hergestellt werden, daß die Füllmenge zum Zeitpunkt der Herstellung
1. im Mittel die Nennfüllmenge nicht unterschreitet und
2. die in Absatz 3 festgelegten Werte für die Minusabweichung von der Nennfüllmenge nicht überschreitet.
(2) Nach Gewicht oder Volumen gekennzeichnete Fertigpackungen gleicher Nennfüllmenge dürfen gewerbsmäßig nur in den Geltungsbereich dieser Verordnung verbracht werden, wenn die Füllmenge zum Zeitpunkt der Herstellung

Fertigpackungsverordnung

1. im Mittel die Nennfüllmenge nicht unterschreitet und
2. die in Absatz 3 festgelegten Werte für die Minusabweichung von der Nennfüllmenge nicht überschreitet.

(3) Die zulässigen Minusabweichungen betragen:

Nennfüllmenge Q_N in g oder ml	Zulässige Minusabweichung in % von Q_N	in g oder ml
5 bis 50	9	–
50 bis 100	–	4,5
100 bis 200	4,5	–
200 bis 300	–	9
300 bis 500	3	–
500 bis 1000	–	15
1000 bis 10000	1,5	–

Bei der Anwendung dieser Tabelle sind die in Gewichts- oder Volumeneinheiten berechneten Werte der zulässigen Minusabweichungen, die in Prozent angegeben sind, auf 0,1 Gramm oder 0,1 Milliliter aufzurunden. Die Minusabweichungen dürfen von höchstens 2 vom Hundert der Fertigpackungen überschritten werden.

(4) Nach Gewicht oder Volumen gekennzeichnete Fertigpackungen gleicher Nennfüllmenge dürfen erstmals gewerbsmäßig nur in den Verkehr gebracht werden, wenn die Minusabweichung von der Nennfüllmenge das Zweifache der in der Tabelle des Absatzes 3 festgelegten Werte nicht überschreitet.

(5) Für Fertigpackungen mit gefrorenem oder tiefgefrorenem Geflügelfleisch nach Artikel 8 der Verordnung (EWG) Nr. 1538/91 der Kommission vom 5. Juni 1991 mit ausführlichen Durchführungsvorschriften zur Verordnung (EWG) Nr. 1906/90 des Rates über bestimmte Vermarktungsnormen für Geflügelfleisch (ABl. EG Nr. L 143 S. 11), zuletzt geändert durch die Verordnung (EG) Nr. 1474/2007 der Kommission vom 13. Dezember 2007 (ABl. EU Nr. L 329 S. 14), gelten die dort in Artikel 8 Abs. 4 festgelegten Füllmengenanforderungen.

§ 22 a Füllmengenanforderungen bei Kennzeichnung des Abtropfgewichts

(1) Mit dem Abtropfgewicht gekennzeichnete Fertigpackungen gleicher Nennfüllmenge dürfen gewerbsmäßig nur so hergestellt werden, daß das Abtropfgewicht im Mittel das angegebene Abtropfgewicht nicht unterschreitet.

(2) Mit dem Abtropfgewicht gekennzeichnete Fertigpackungen gleicher Nennfüllmenge dürfen gewerbsmäßig nur in den Geltungsbereich dieser Verordnung verbracht werden, wenn das Abtropfgewicht im Mittel das angegebene Abtropfgewicht nicht unterschreitet.

(3) Mit dem Abtropfgewicht gekennzeichnete Fertigpackungen gleicher Nennfüllmenge dürfen erstmals gewerbsmäßig nur in den Verkehr gebracht werden, wenn die Minusabweichung vom angegebenen Abtropfgewicht das Dreifache der in der Tabelle des § 22 Abs. 3 festgelegten Werte nicht überschreitet.

(4) Die Vorschriften der Absätze 1 bis 3 gelten als eingehalten, wenn das Abtropfgewicht der Fertigpackungen in dem in Nummer 8 a der Anlage 4 a festgelegten Zeitraum den Anforderungen genügt.

§ 23 Füllmengenanforderungen bei Kennzeichnung nach Länge oder Fläche
(1) Nach Länge oder Fläche gekennzeichnete Fertigpackungen gleicher Nennfüllmenge dürfen gewerbsmäßig nur so hergestellt werden, daß die Füllmenge zum Zeitpunkt der Herstellung im Mittel die Nennfüllmenge nicht unterschreitet.
(2) Nach Länge oder Fläche gekennzeichnete Fertigpackungen gleicher Nennfüllmenge dürfen gewerbsmäßig nur in den Geltungsbereich dieser Verordnung verbracht werden, wenn die Füllmenge zum Zeitpunkt der Herstellung im Mittel die Nennfüllmenge nicht unterschreitet.
(3) Nach Länge oder Fläche gekennzeichnete Fertigpackungen gleicher Nennfüllmenge dürfen erstmals gewerbsmäßig nur in den Verkehr gebracht werden, wenn die Minusabweichung von der Nennfüllmenge bei einer Kennzeichnung
- nach Länge 2 vom Hundert
- nach Fläche 3 vom Hundert

nicht überschreitet. Abweichend davon darf die Minusabweichung bei Garnen mit einer Nennlänge von 100 Meter und weniger 4 von Hundert nicht überschreiten.
(4) Als Fläche gilt auch das Produkt aus gekennzeichneter Länge und Breite.
(5) Für Verbandstoffe, Heftpflaster und Wundschnellverbände gelten nur die Anforderungen nach den Absätzen 1 und 2. Für Erzeugnisse, für die im Arzneibuch Anforderungen an die Länge festgelegt sind, gelten diese Anforderungen. Für Reißverschlüsse gelten die in den allgemein anerkannten Regeln der Technik festgelegten Anforderungen.

§ 24 Füllmengenanforderungen bei Kennzeichnung nach Stückzahl
(1) Nach Stückzahl gekennzeichnete Fertigpackungen gleicher Nennfüllmenge mit einer Nennfüllmenge von 30 Stück oder weniger dürfen erstmals gewerbsmäßig nur in den Verkehr gebracht werden, wenn sie mindestens die angegebene Menge enthalten.
(2) Nach Stückzahl gekennzeichnete Fertigpackungen gleicher Nennfüllmenge mit einer Nennfüllmenge von mehr als 30 Stück dürfen erstmals gewerbsmäßig nur in den Verkehr gebracht werden, wenn
1. die Füllmenge im Mittel die Nennfüllmenge nicht unterschreitet und
2. die Minusabweichung von der Nennfüllmenge ein Stück auf jedes angefangene Hundert nicht überschreitet.

§ 25 Minusabweichungen bei bestimmten Fertigpackungen ungleicher Nennfüllmenge
(1) Nach Gewicht gekennzeichnete Fertigpackungen ungleicher Nennfüllmenge dürfen erstmals nur in den Verkehr gebracht werden, wenn die Minusabweichung von der Nennfüllmenge die in der nachstehenden Tabelle festgelegten Werte nicht überschreiten:

Nennfüllmenge Q_N in g	zulässige Minusabweichung in g
weniger als 100	1,0
100 bis weniger als 500	2,0
500 bis weniger als 2000	5,0
2000 bis 10000	10,0

(2) Nach Länge oder Fläche gekennzeichnete Fertigpackungen ungleicher Nennfüllmenge dürfen erstmals gewerbsmäßig nur in den Verkehr gebracht werden, wenn die Minusabweichung von der Nennfüllmenge die in § 23 Abs. 3 festgelegten Werte nicht überschreitet.

§ 26 Bezugstemperatur
Die Anforderungen in den §§ 3 und 22 sind auf eine Temperatur von 20 °C (Bezugstemperatur) bezogen. Die Bezugstemperatur gilt nicht für Speiseeis.

§ 27 Kontrollmeßgeräte und Aufzeichnungen
(1) Wer Fertigpackungen gleicher Nennfüllmenge gewerbsmäßig herstellt, hat diese nach den allgemein anerkannten Regeln der statistischen Qualitätssicherung so regelmäßig zu überprüfen, daß die Einhaltung der Verpflichtungen nach den §§ 22 bis 24 gewährleistet ist. Die Überprüfung ist mit geeigneten Kontrollmeßgeräten nach Anlage 7 und mit allgemein anerkannten Meßverfahren vorzunehmen.
(2) Kontrollwaagen nach Anlage 7 Nr. 1 dürfen zur Überprüfung nur verwendet werden, wenn sie mit dem Verwendungsbereich in der Form „Kontrollmeßgerät für Packungen von ... g (oder kg) bis zur Höchstlast" dauerhaft gekennzeichnet sind. Die untere Grenze des Verwendungsbereichs ergibt sich aus Anlage 7, die obere Grenze durch die Höchstlast der Waage.
(3) Zur Überprüfung der Füllmengen von Maßbehältnissen und der Gewichte von Garnen können an Stelle von Kontrollmeßgeräten andere geeignete Kontrolleinrichtungen oder Kontrollmittel verwendet werden. Das gleiche gilt für die Überprüfung der Füllmengen nach Länge, Fläche oder Stückzahl gekennzeichneter Fertigpackungen.
(4) Bei Fertigpackungen mit Gewichts- oder Volumenkennzeichnung sind die Ergebnisse der Überprüfung nach Absatz 1 entsprechend den allgemein anerkannten Regeln der statistischen Qualitätssicherung aufzuzeichnen. Die Aufzeichnungen sind bis zur jeweils folgenden Prüfung nach § 34 Abs. 1 aufzubewahren und zur Einsicht vorzulegen.
(5) Werden Fertigpackungen, auf die nicht das EWG-Zeichen der Anlage 9 aufgebracht wird, überwiegend von Hand hergestellt, kann die zuständige Behörde Ausnahmen von den Absätzen 2 bis 4 und von Anlage 7 Nr. 1 zulassen, wenn dadurch die Einhaltung der Verpflichtungen nach den §§ 22 bis 24 nicht gefährdet wird.

§ 28 Verwendung von Meßgeräten
Fertigpackungen gleicher Nennfüllmenge dürfen ohne Verwendung von Meßgeräten hergestellt und in den Verkehr gebracht werden, wenn die §§ 22 bis 24 und 27 eingehalten sind. Unter der gleichen Voraussetzung sind Meßgeräte, die nur zur Herstellung von Fertigpackungen gleicher Nennfüllmenge verwendet werden, von der Eichpflicht ausgenommen.

§ 29 Herstellerangabe
(1) Auf Fertigpackungen gleicher Nennfüllmenge müssen der Name oder die Firma und der Ort der gewerblichen Niederlassung dessen, der die Fertigpackungen hergestellt hat, angegeben sein. Bringt ein anderer als der Hersteller die Fertigpackungen unter seinem Namen oder seiner Firma in den Verkehr, ist anstatt des Herstellers dieser andere anzugeben. Die Angabe darf abgekürzt oder durch ein Zeichen ersetzt werden, sofern das Unternehmen für die zuständige Behörde aus der Abkürzung oder dem Zeichen leicht zu ermitteln ist.

(2) Absatz 1 ist nicht anzuwenden auf
1. Fertigpackungen, die nach § 18 Abs. 2 gekennzeichnet sind,
2. Fertigpackungen mit Saatgut, die mit einer Betriebsnummer gekennzeichnet sind, die nach den Vorschriften der zum Saatgutverkehrsgesetz erlassenen Rechtsverordnungen festgesetzt ist,
3. Aerosolpackungen, die nach den Vorschriften der Druckbehälterverordnung und den hierzu vom Bundesministerium für Arbeit und Soziales erlassenen Technischen Regeln gekennzeichnet sind,
4. Fertigpackungen mit Tabakerzeugnissen, bei denen das Steuerzeichen nach § 13 Abs. 1 der Tabaksteuerverordnung vom 14. Oktober 1993 (BGBl. I S. 1738), zuletzt geändert durch Artikel 1 der Verordnung vom 13. September 2004 (BGBl. I S. 2334), entwertet ist.

VIERTER ABSCHNITT
Besondere Vorschriften für Fertigpackungen mit Füllmengen von weniger als 5 Gramm oder Milliliter oder mehr als 10 Kilogramm oder Liter

§ 30 Fertigpackungen mit Füllmengen von weniger als 5 Gramm oder Milliliter
(1) Fertigpackungen mit einer Füllmenge von weniger als 5 Gramm oder Milliliter dürfen ohne Füllmengenangaben in den Verkehr gebracht werden, soweit nicht andere Rechtsvorschriften eine Mengenkennzeichnung vorschreiben.
(2) Werden Fertigpackungen auf Grund des Absatzes 1 ohne Füllmengenangaben in den Verkehr gebracht, so sind die Vorschriften dieser Verordnung nicht anzuwenden.

§ 31 Fertigpackungen mit Füllmengen von mehr als 10 Kilogramm oder Liter
(1) Die Vorschriften dieser Verordnung sind auf Fertigpackungen mit einer Füllmenge von mehr als 10 Kilogramm oder Liter nicht anzuwenden.
(2) Abweichend von Absatz 1 gilt:
1. Abfülleinrichtungen zur Herstellung von Fertigpackungen gleicher Nennfüllmenge sind von der Eichpflicht ausgenommen, wenn ihnen eine geeignete Waage nach Anlage 7 so nachgeschaltet ist, daß alle Fertigpackungen aussortiert werden, bei denen die Minusabweichung von der angegebenen Füllmenge die in der nachstehenden Tabelle festgelegten Werte überschreitet. Bei Fertigpackungen mit einer Füllmengenangabe nach Volumen, ist die Dichte mit einem geeigneten Dichtemeßgerät zu bestimmen.

Nennfüllmenge Q_N in Kilogramm oder Liter	zulässige Minusabweichung	
	in % von Q_N	in Gramm oder Milliliter
10 bis 15	–	150
15 bis 50	1,0	–
50 bis 100	–	500
mehr als 100	0,5	–

2. Bei Fertigpackungen mit Lebensmitteln darf von der Füllmengenangabe auf der Fertigpackung nur abgesehen werden, wenn die Füllmenge in den Begleitpapieren angegeben ist und die Fertigpackungen
    a) auf einer der Abgabe an den Letztverbraucher vorausgehenden Handelsstufe in den Verkehr gebracht werden oder
    b) ausschließlich an Letztverbraucher abgegeben werden, die das Erzeugnis in ihrer selbständigen beruflichen oder gewerblichen oder in ihrer behördlichen oder dienstlichen Tätigkeit verwenden.

Fertigpackungen mit Obst oder Kartoffeln dürfen erstmals gewerbsmäßig nur in den Verkehr gebracht werden, wenn die Minusabweichung von der angegebenen Füllmenge die in der Tabelle zu Nummer 1 festgelegten Werte nicht überschreitet.
3. Bei Fertigpackungen mit Kohlen, Koks oder Briketts darf von der Füllmengenangabe auf der Fertigpackung nur abgesehen werden, wenn die Füllmenge in den Begleitpapieren angegeben ist. Fertigpackungen mit diesen Erzeugnissen dürfen erstmals gewerbsmäßig nur in den Verkehr gebracht werden, wenn die Minusabweichung von der angegebenen Füllmenge die in der Tabelle zu Nummer 1 festgelegten Werte nicht überschreitet. Die Minusabweichung darf bei jedem folgenden Inverkehrbringen das 2fache der Werte der Tabelle zu Nummer 1 nicht überschreiten. Die Fertigpackungen dürfen gewerbsmäßig nur mit einer Nennfüllmenge von 25, 50 oder 75 Kilogramm in den Verkehr gebracht werden, ausgenommen sind Fertigpackungen, die in einem anderen Mitgliedstaat der Europäischen Gemeinschaften hergestellt worden sind oder sich dort in freiem Verkehr befunden haben.
4. Auf Fertigpackungen mit Stoffen im Sinne des § 1 Nr. 2, 3 bis 5 des Düngemittelgesetzes oder mit Torf ist die Füllmenge nach den §§ 6 und 18 anzugeben. Die Fertigpackungen dürfen nicht geeichte Meßgeräten oder ohne Verwendung von Meßgeräten hergestellt werden. Sie dürfen erstmals gewerbsmäßig nur in den Verkehr gebracht werden, wenn die Minusabweichung von der angegebenen Füllmenge 3 Prozent nicht überschreitet. Die Einhaltung dieser Verpflichtung ist mit geeigneten Kontrollmeßgeräten zu überwachen.
5. Auf Fertigpackungen gleicher Nennfüllmenge mit Lacken und Anstrichfarben mit einer Füllmenge bis einschließlich 20 Liter ist die Füllmenge nach den §§ 6, 7 Abs. 5 und § 18 und der Hersteller nach § 29 anzugeben.

FÜNFTER ABSCHNITT

Offene Packungen, unverpackte Backwaren und Verkaufseinheiten ohne Umhüllung

§ 31a Offene Packungen

Die Vorschriften dieser Verordnung über Fertigpackungen sind auf offene Packungen, die in Abwesenheit des Käufers abgefüllt werden, entsprechend anzuwenden. Abweichend von § 22 Abs. 4 dürfen nachfüllbare offene Packungen gleicher Nennfüllmenge auch auf einer nachfolgenden Handelsstufe nur in den Verkehr gebracht werden, wenn die Füllmenge in diesem Zeitpunkt die für Fertigpackungen festgelegte unterste Minusabweichung von der Nennfüllmenge nicht überschreitet.

§ 32 Unverpackte Backwaren

(1) Unverpackte Backwaren gleichen Nenngewichts wie Brot, Kleingebäck und Feine Backwaren (Backwaren), die nach Gewicht in den Verkehr gebracht werden, dürfen gewerbsmäßig nur so hergestellt werden, daß ihr Gewicht zum Zeitpunkt der Herstellung im Mittel das Nenngewicht nicht unterschreitet.
(2) Unverpackte Backwaren nach Absatz 1 dürfen gewerbsmäßig nur in den Geltungsbereich dieser Verordnung verbracht werden, wenn ihr Gewicht zum Zeitpunkt der Herstellung im Mittel das Nenngewicht nicht unterschreitet.
(3) Backwaren dürfen erstmals gewerbsmäßig nur in den Verkehr gebracht werden, wenn die Minusabweichung vom Nenngewicht das Zweifache der in der Tabelle des § 22 Abs. 3 festgelegten Werte nicht überschreitet.

Fertigpackungsverordnung

(4) Die Backwaren dürfen ohne Verwendung von Meßgeräten hergestellt und in den Verkehr gebracht werden. Meßgeräte, die nur zur Herstellung dieser Backwaren verwendet werden, sind von der Eichpflicht ausgenommen.

(5) § 6 Abs. 2 Nr. 2 und 3 des Eichgesetzes und § 33 a Nr. 1 bis 3 dieser Verordnung gelten entsprechend. Für die Einhaltung der Verpflichtungen nach den Absätzen 1 und 3 gilt § 27 entsprechend.

(6) Unverpacktes Brot gleichen Gewichts, mit einem Gewicht von mehr als 250 Gramm darf gewerbsmäßig nur in den Verkehr gebracht werden, wenn das Gewicht leicht erkennbar und deutlich lesbar auf dem Brot oder durch ein Schild auf oder neben dem Brot angegeben ist. Die Vorschriften der § 6 Abs. 2 und 6, § 10 Abs. 2 Satz 1 Nr. 7, § 18 Abs. 4 und § 20 Abs. 1 über die Füllmengenangabe gelten entsprechend.

§ 33 Verkaufseinheiten ohne Umhüllung

(1) Verkaufseinheiten gleichen Nenngewichts, gleicher Nennlänge oder gleicher Nennfläche ohne Umhüllung mit den nachstehend genannten Erzeugnissen (Verkaufseinheiten) dürfen gewerbsmäßig nur so hergestellt werden, daß das Gewicht, die Länge oder die Fläche zum Zeitpunkt der Herstellung im Mittel das Nenngewicht, die Nennlänge oder die Nennfläche nicht unterschreitet:

- Bänder, Litzen und Garne jeder Art,
- Draht,
- Kabel,
- Schläuche,
- Tapeten,
- flächige Textilerzeugnisse mit einer Fläche von mehr als 0,4 Quadratmeter,
- Geflechte und Gewebe jeder Art.

(2) Verkaufseinheiten dürfen gewerbsmäßig nur in den Geltungsbereich dieser Verordnung verbracht werden, wenn das Gewicht, die Länge oder die Fläche zum Zeitpunkt der Herstellung im Mittel das Nenngewicht, die Nennlänge oder die Nennfläche nicht unterschreitet.

(3) Verkaufseinheiten dürfen erstmals gewerbsmäßig nur in den Verkehr gebracht werden, wenn ihr Gewicht, ihre Länge oder ihre Fläche die in den §§ 22 und 23 festgelegten Minusabweichungen nicht überschreitet.

(4) Verkaufseinheiten dürfen ohne Verwendung von Meßgeräten hergestellt und in den Verkehr gebracht werden. Meßgeräte, die nur zur Herstellung von Verkaufseinheiten verwendet werden, sind von der Eichpflicht ausgenommen.

(5) Verkaufseinheiten dürfen gewerbsmäßig nur in den Verkehr gebracht werden, wenn auf ihnen das Gewicht, die Länge oder die Fläche leicht erkennbar und deutlich lesbar angegeben ist. Sofern nicht die Angabe in einer bestimmten Größe vorgeschrieben ist, hat sie der allgemeinen Verkehrsauffassung zu entsprechen.

(6) § 6 Abs. 2 Nr. 2 und 3 des Eichgesetzes und die § 6 Abs. 2, 5 und 6, § 18 Abs. 2 und 4, §§ 29 bis 31 Abs. 1 und § 33 a Nr. 1 und 3 dieser Verordnung gelten entsprechend. Für die Einhaltung der Verpflichtungen nach den Absätzen 1 und 3 gilt § 27 entsprechend.

(7) Absatz 1 bis 6 gilt nicht für Verkaufseinheiten, die ausschließlich für Letztverbraucher bestimmt sind, die das Erzeugnis in ihrer selbständigen beruflichen oder gewerblichen Tätigkeit verwenden.

SECHSTER ABSCHNITT

Ausnahmen, Nachschau, Ordnungswidrigkeiten, Übergangs- und Schlußvorschriften

§ 33a Ausnahmen
Die Vorschriften dieser Verordnung gelten nicht für
1. Fertigpackungen, die zum Verbringen aus dem Geltungsbereich dieser Verordnung oder für die Ausrüstung von Seeschiffen bestimmt sind, ausgenommen Fertigpackungen mit dem EWG-Zeichen der Anlage 9,
2. Fertigpackungen, deren Menge nicht nach Gewicht, Volumen oder Länge zu kennzeichnen ist und die an Letztverbraucher abgegeben werden, die das Erzeugnis in ihrer selbständigen beruflichen oder gewerblichen Tätigkeit verwenden,
3. Gratisproben, die als solche gekennzeichnet sind,
4. geeichte formbeständige Behältnisse.

§ 34 Nachschau
(1) Die Einhaltung der §§ 22 bis 24, 32 Abs. 1 bis 3 und § 33 Abs. 1 bis 3 ist von der zuständigen Behörde durch Stichproben zu prüfen. Die Prüfung kann bei der Herstellung oder dem Verbringen in den Geltungsbereich dieser Verordnung und in allen Stufen des Handels erfolgen. Für die Prüfung ist das Verfahren zur Prüfung der Füllmengen von Fertigpackungen der Anlagen 4 a und 4 b anzuwenden. Für die Prüfung von Fertigpackungen ungleicher Nennfüllmenge gelten die Sätze 1 und 2 entsprechend.
(2) Die Einhaltung des § 3 ist von der zuständigen Behörde durch Stichproben in den Betrieben zu prüfen, die Maßbehältnisse herstellen oder in den Geltungsbereich dieser Verordnung verbringen. Für die Prüfung ist das Verfahren zur Prüfung von Maßbehältnissen der Anlage 5 anzuwenden.

§ 35
(weggefallen)

§ 36
(weggefallen)

§ 37 Übergangsvorschriften
Die nach früheren Vorschriften erteilten Fabrikmarken für Flaschen gelten als Herstellerzeichen im Sinne dieser Verordnung.

§ 38
(weggefallen)

§ 39
(Inkrafttreten; abgelöste Vorschriften)

Fertigpackungsverordnung

Anlage 1
(zu § 1)

**Verbindliche Werte
für die Nennfüllmengen von Fertigpackungen mit Wein und Spirituosen**

1. Nach Volumen verkaufte Erzeugnisse (Angabe der Menge in Milliliter)

Stiller Wein	Im Füllmengenbereich zwischen 100 ml und 1 500 ml sind ausschließlich die acht nachstehenden Nennfüllmengen zulässig: ml: 100 – 187 – 250 – 375 – 500 – 750 – 1 000 – 1 500
Gelbwein	Im Füllmengenbereich zwischen 100 ml und 1 500 ml ist ausschließlich die nachstehende Nennfüllmenge zulässig: ml: 620
Schaumwein	Im Füllmengenbereich zwischen 125 ml und 1 500 ml sind ausschließlich die fünf nachstehenden Nennfüllmengen zulässig: ml: 125 – 200 – 375 – 750 – 1 500
Likörwein	Im Füllmengenbereich zwischen 100 ml und 1 500 ml sind ausschließlich die sieben nachstehenden Nennfüllmengen zulässig: ml: 100 – 200 – 375 – 500 – 750 – 1 000 – 1 500
Aromatisierter Wein	Im Füllmengenbereich zwischen 100 ml und 1 500 ml sind ausschließlich die sieben nachstehenden Nennfüllmengen zulässig: ml: 100 – 200 – 375 – 500 – 750 – 1 000 – 1 500
Spirituosen	Im Füllmengenbereich zwischen 100 ml und 2 000 ml sind ausschließlich die neun nachstehenden Nennfüllmengen zulässig: ml: 100 – 200 – 350 – 500 – 700 – 1 000 – 1 500 – 1 750 – 2 000

2. Begriffsbestimmungen für die Erzeugnisse

Stiller Wein	Wein im Sinne von Artikel 1 Abs. 2 Buchstabe b der Verordnung (EG) Nr. 1493/1999 des Rates vom 17. Mai 1999 über die gemeinsame Marktorganisation für Wein[1]) (KN-Code ex 2204).
Gelbwein	Wein im Sinne von Artikel 1 Abs. 2 Buchstabe b der Verordnung (EG) Nr. 1493/1999 (KN-Code ex 2204) mit der Ursprungsbezeichnung „Côtes du Jura", „Arbois", „L'Etoile" und „Château-Chalon" in Flaschen im Sinne von Anhang I Nr. 3 der Verordnung (EG) Nr. 753/2002 der Kommission vom 29. April 2002 mit Durchführungsbestimmungen zur Verordnung (EG) Nr. 1493/1999 des Rates hinsichtlich der Beschreibung, der Bezeichnung, der Aufmachung und des Schutzes bestimmter Weinbauerzeugnisse[2]).

Schaumwein	Wein im Sinne von Artikel 1 Abs. 2 Buchstabe b und des Anhangs I Nr. 15, 16, 17 und 18 der Verordnung (EG) Nr. 1493/1999 (KN-Code 2204 10).
Likörwein	Wein im Sinne von Artikel 1 Abs. 2 Buchstabe b und des Anhangs I Nr. 14 der Verordnung (EG) Nr. 1493/1999 (KN-Code 2204 21-2204 29).
Aromatisierter Wein	Aromatisierter Wein im Sinne von Artikel 2 Abs. 1 Buchstabe a der Verordnung (EWG) Nr. 1601/91 des Rates vom 10. Juni 1991 zur Festlegung der allgemeinen Regeln für die Begriffsbestimmung, Bezeichnung und Aufmachung aromatisierten Weines, aromatisierter weinhaltiger Getränke und aromatisierter weinhaltiger Cocktails[3]) (KN-Code 2205).
Spirituosen	Spirituosen im Sinne von Artikel 2 Abs. 1 bis 3 der Verordnung (EG) Nr. 110/2008 des Europäischen Parlaments und des Rates vom 15. Januar 2008 zur Begriffsbestimmung, Bezeichnung, Aufmachung und Etikettierung von Spirituosen sowie zum Schutz geografischer Angaben für Spirituosen und zur Aufhebung der Verordnung (EWG) Nr. 1576/89[4]) (KN-Code 2208).

[1]) ABl. EG Nr. L 179 S. 1, zuletzt geändert durch die Verordnung (EG) Nr. 1791/2006 (ABl. EU Nr. L 363 S. 1).
[2]) ABl. EG Nr. L 118 S. 1, zuletzt geändert durch die Verordnung (EG) Nr. 382/2007 (ABl. EU Nr. L 95 S. 12).
[3]) ABl. EG Nr. L 149 S. 1, zuletzt geändert durch die Beitrittsakte von 2005.
[4]) ABl. EG Nr. L 39 S. 16.

Anlagen 2 und 3
(weggefallen)

Anlage 4a
(zu § 34 Abs. 1)

**Verfahren zur Prüfung der Füllmengen
nach Gewicht oder Volumen gekennzeichneter Fertigpackungen
durch die zuständigen Behörden**

1. Ort der Prüfung
   Fertigpackungen sind in der Regel beim Hersteller oder beim Einführer zu prüfen. Die Prüfung soll grundsätzlich im Abfüllbetrieb vorgenommen werden. Sie kann auch in einem Lager sowie in den Räumen der zuständigen Behörde erfolgen.

2. Umfang der Prüfung
   Die Prüfung der Fertigpackungen besteht aus
   a) der Feststellung der Losgröße,
   b) der Entnahme der zugehörigen Zufallsstichprobe,
   c) den zusätzlichen Feststellungen der Nummer 6,
   d) der Feststellung des Mittelwertes nach § 22 Abs. 1 und 2,
   e) der Feststellung der Einhaltung der zulässigen Minusabweichungen nach § 22 Abs. 3 und 4.

3. Feststellung der Losgröße
   Die Losgröße entspricht der Gesamtmenge der Fertigpackungen gleicher Nennfüllmenge, gleicher Aufmachung und gleicher Herstellung, die am selben Ort abgefüllt sind. Die Losgröße wird bei der Prüfung im Abfüllbetrieb begrenzt durch die in einer Stunde hergestellten Fertigpackungen.
   Die Losgröße wird bei der Prüfung in einem Lager durch die Zugehörigkeit zu einer Lieferung oder Charge begrenzt; falls die Zugehörigkeit zu einer Lieferung oder Charge nicht festgestellt werden kann, wird die Losgröße durch die Anzahl der gleichbeschaffenen Fertigpackungen des Lagerbestandes begrenzt.

4. Umfang der Stichproben
   Bei der stichprobenweisen Prüfung der Fertigpackungen muß es sich um eine Zufallsstichprobe handeln. Für den Umfang der Stichproben gelten nachstehende Tabellen. Der Stichprobenumfang bemißt sich nach Tabelle d oder e, wenn alle Fertigpackungen der Stichprobe zerstört werden müssen.
   Der Umfang sonstiger Prüfungen richtet sich nach Nummer 6.
   a) Nicht-zerstörende Prüfung
   Normale Doppel-Stichprobenprüfung

N	Reihenfolge	n_1, n_2	n_k	c_1, c_k	d_1, d_k	k
100 bis 500	1.	30		1	3	0,503
	2.	30	60	4	5	0,344
501 bis 3200	1.	50		2	5	0,379
	2.	50	100	6	7	0,262
3201 u. mehr	1.	80		3	7	0,295
	2.	80	160	8	9	0,207

b) Nicht-zerstörende Prüfung
   Normale Einfach-Stichprobenprüfung

N	n	c	d	k
100 bis 500	50	3	4	0,379
501 bis 3200	80	5	6	0,295
3201 und mehr	125	7	8	0,234

c) Nicht zerstörende Prüfung
   Vollprüfung

N
10 bis 99

Bei der Losgröße von weniger als 100 Fertigpackungen erstreckt sich die nicht-zerstörende Prüfung auf sämtliche Fertigpackungen (Vollprüfung)

d) Zerstörende Prüfung
   Einfach-Stichprobenprüfung mit vermindertem Stichprobenumfang

N	n	c	d	k
100 bis 500	8	0	1	1,237
501 bis 3200	13	1	2	0,847
3201 und mehr	20	1	2	0,640

e) Zerstörende Prüfung
   Einfach-Stichprobenprüfung mit vermindertem Stichprobenumfang für Fertigpackungen, die mit dem Zeichen „e" der Anlage 9 gekennzeichnet sind

N	n	c	d	k
unabhängig vom Losumfang ($N \geq 110$)	20	1	2	0,640

f) Nicht-zerstörende Prüfung
   Einfach-Stichprobenprüfung für Fertigpackungen mit Natur- und Hilfsstoffen über 10 l

N		bei Prüfung zum Zeitpunkt der Herstellung		bei Prüfung am Lager und im Handel	
	n	c	d	c	d
unabhängig vom Losumfang ($N \geq 20$)	20	1	2	2	3

In den Tabellen bedeuten:
N   Losgröße
n   Stichprobenumfang
n_1, n_2 Stichprobenumfang der 1. oder der 2. Stichprobe
n_k kumulierter Stichprobenumfang = Summe aus dem Stichprobenumfang der 1. und 2. Stichprobe
c   Annahmezahl
c_1, c_k Annahmezahl der 1. oder der kumulierten Stichprobe
d   Rückweisezahl
d_1, d_k Rückweisezahl der 1. oder der kumulierten Stichprobe
k   Faktor zur Berechnung des Vertrauensbereichs; $k = \frac{t}{\sqrt{n}}$ mit t als Zufallsvariable der Studentverteilung

Texte zum Lebensmittelrecht

5. Bestimmung der Füllmengen
Es sind in der Regel zu bestimmen
a) Gewichte durch Wägung,
b) Gewichte von Textilerzeugnissen im Sinne des Artikel 19 Absatz 3 der Verordnung (EU) Nr. 1007/2011 des Europäischen Parlaments und des Rates vom 27. September 2011 über die Bezeichnung von Textilfasern und die damit zusammenhängende Etikettierung und Kennzeichnung der Faserzusammensetzung von Textilerzeugnissen und zur Aufhebung der Richtlinie 73/44/EWG des Rates und der Richtlinien 96/73/EG und 2008/121/EG des Europäischen Parlaments und des Rates (ABl. L 272 vom 18.10.2011, S. 1) nach den allgemein anerkannten Regeln der Technik; als Gewicht gilt das Trockengewicht ohne Umhüllung, Einlage und dergleichen und ohne Beschwerung, wenn die Beschwerung nicht durch die Art des Erzeugnisses und die Herstellung bedingt ist, zuzüglich eines Feuchtigkeitszuschlages für die in Anhang IX der Verordnung (EU) Nr. 1007/2011 aufgeführten Fasern,
c) Volumen durch Wägung in Verbindung mit einer Bestimmung der mittleren Dichte,
d) Füllvolumen bei Fertigpackungen mit Stoffen im Sinne des § 1 Nr. 2, 3 bis 5 des Düngemittelgesetzes oder mit Torf durch Wägung in Verbindung mit einer Bestimmung der mittleren Schüttdichte nach den anerkannten Regeln der Technik.
Die Unsicherheit der Meßergebnisse soll nicht größer sein als das 0,2fache der zulässigen Minusabweichung von der Nennfüllmenge. Bei den Feststellungen nach den Nummern 7 und 8 ist diese Unsicherheit nicht zu berücksichtigen.

6. Zusätzliche Feststellungen
6.1 Unsicherheit
Die Proben für die Feststellungen nach den Nummern 6.2 und 6.3 müssen zufällig ausgewählt werden. Die Unsicherheit der ermittelten Werte soll nicht größer sein als
a) das ± 0,2fache der zulässigen Minusabweichung von der Nennfüllmenge bei den Feststellungen nach Nummer 6.2,
b) 0,5% bei den Feststellungen nach Nummer 6.3.
Bei den Feststellungen nach den Nummern 7 und 8 ist diese Unsicherheit nicht zu berücksichtigen.
6.2 Bestimmung der mittleren Tara
Die Tarastreuung kann vernachlässigt werden, wenn das Taragewicht im Mittel nicht mehr als 10 v. H. der Nennfüllmenge beträgt. Als Taramittelgewicht gilt bei der Prüfung am Abfüllort das Mittel von 10, bei der Prüfung im Lager oder in den Räumen der zuständigen Behörde das Mittel von 5 Taraproben. Die Tarastreuung kann ferner vernachlässigt werden, wenn die Standardabweichung der Taragewichte von 25 Taraproben bei der Prüfung am Abfüllort und von 5 Taraproben bei der Prüfung im Lager oder in den Räumen der zuständigen Behörde nicht größer als das 0,25fache der zulässigen Minusabweichung ist.
In allen anderen Fällen ist das Gewicht jeder einzelnen Leerpackung festzustellen.
6.3 Bestimmung des Trocknungsverlustes bei Textilerzeugnissen
Der mittlere Trocknungsverlust des Erzeugnisses ist an mindestens 3 Fertigpackungen aus der Stichprobe nach Nummer 4 Buchstabe a, b oder c zu bestimmen. Das Gesamtgewicht dieser Trocknungsprobe muß mindestens 35 g betragen.

7. Feststellung des Mittelwertes
7.1 Die Vorschriften des § 22 Abs. 1 und 2 über die mittlere Füllmenge sind erfüllt, wenn der festgestellte Mittelwert $\bar{x}$ der Füllmengen x_i
a) aus der Stichprobe nach Nummer 4 Buchstabe a, b, d und e, vermehrt um den Betrag k · s oder
b) bei einer Vollprüfung nach Nr. 4 Buchstabe c
größer oder gleich der Nennfüllmenge ist.
Der k-Wert ergibt sich aus den Tabellen unter Nummer 4; s ist die Standardabweichung der Füllmengen x_i der Stichprobe

$$s = +\sqrt{\frac{1}{n-1} \cdot \sum_{i=1}^{n}(x_i - \bar{x})^2}$$

7.2 Fertigpackungen mit nach Gewicht gekennzeichneten Textilerzeugnissen
Von dem festgestellten Mittelwert $\bar{x}$ der Stichprobe und den festgestellten Einzelgewichten x_i der Stichprobe wird der mittlere Trocknungsverlust abgezogen; der aus Anhang IX der Verordnung (EU) Nr. 1007/2011 berechnete Feuchtigkeitszuschlag wird hinzugerechnet. Im übrigen gilt Nummer 7.1.

8. Feststellung der Einhaltung der zulässigen Minusabweichungen
8.1 Normale Doppel-Stichprobenprüfung nach Nummer 4 Buchstabe a
Ist die Anzahl der Fertigpackungen, die die zulässigen Minusabweichungen überschreiten, in der ersten Stichprobe gleich der ersten Annahmezahl c_1 oder kleiner, so sind die Vorschriften erfüllt.
Ist die Anzahl der Fertigpackungen, die die zulässigen Minusabweichungen überschreiten, gleich der ersten Rückweisezahl d_1 oder größer, so sind die Vorschriften nicht erfüllt.
Liegt die Anzahl der Fertigpackungen der ersten Stichprobe, die die zulässigen Minusabweichungen überschreiten, zwischen der ersten Annahmezahl c_1 und der ersten Rückweisezahl d_1, so ist eine zweite Stichprobe zu untersuchen, deren Umfang im Plan angegeben ist. Die jeweilige Anzahl der Fertigpackungen der ersten und zweiten Stichprobe, die die zulässigen Minusabweichungen überschreiten, sind zu kumulieren.
Ist die kumulierte Anzahl der Fertigpackungen gleich der kumulierten Annahmezahl c_k oder kleiner, so sind die Vorschriften erfüllt.
Ist die kumulierte Anzahl gleich der kumulierten Rückweisezahl d_k oder größer, so sind die Vorschriften nicht erfüllt.
8.2 Normale Einfach-Stichprobenprüfung nach Nummer 4 Buchstabe b
Ist die Anzahl der Fertigpackungen, die die zulässigen Minusabweichungen überschreiten, gleich der Rückweisezahl d oder größer, sind die Vorschriften nicht erfüllt.
8.3 Vollprüfung nach Nummer 4 Buchstabe c
Ist die Anzahl der Fertigpackungen, die die zulässigen Minusabweichungen überschreiten, größer als 2 v. H. der Anzahl der in der Vollprüfung geprüften Fertigpackungen, sind die Vorschriften nicht erfüllt.
8.4 Einfach-Stichprobenprüfung nach Nummer 4 Buchstabe d, e und f
Ist die Anzahl der Fertigpackungen, die die zulässigen Minusabweichungen überschreiten, gleich der Rückweisezahl d oder größer, so sind die Vorschriften nicht erfüllt.

Fertigpackungsverordnung

8a. Prüfung des Abtropfgewichtes
Abtropfgewichte sind nach den allgemein anerkannten Regeln der Technik zu bestimmen. Die Nummern 1 bis 5 und 7 gelten entsprechend. Bei Fertigpackungen mit den nachstehend genannten Erzeugnissen muß das angegebene Abtropfgewicht den Anforderungen des § 22a Abs. 1 bis 3 in dem nachstehenden Zeitraum, gerechnet vom Zeitpunkt der Herstellung an, genügen
   a) Obst, Gemüse und sonstige pflanzliche Lebensmittel 30 Tage bis Ablauf des Mindesthaltbarkeitsdatums,
   b) Fische, sonstige wechselwarme Tiere, Krusten-, Schalen-, Weichtiere oder Erzeugnisse aus diesen Tieren 2 Tage bis 14 Tage,
   c) Fleisch und Fleischerzeugnisse 5 Tage bis Ablauf des Mindesthaltbarkeitsdatums,
   d) sonstige Erzeugnisse 14 Tage bis Ablauf des Mindesthaltbarkeitsdatums.

9. Nachschau
Die Nachschau der Herstellung und Einfuhr von gleichbeschaffenen Fertigpackungen (§ 16 des Eichgesetzes und § 34 Abs. 1 dieser Verordnung) hat in der Regel mindestens einmal jährlich zu erfolgen. Bei Fertigpackungen, die mit dem Zeichen „e" der Anlage 9 gekennzeichnet sind und in einem anderen Mitgliedstaat der Europäischen Gemeinschaften oder in einem anderen Vertragsstaat des Abkommens über den Europäischen Wirtschaftsraum hergestellt worden sind, erfolgt die Nachschau in der Regel nur aus besonderem Anlaß. Das gleiche gilt für Fertigpackungen, die über einen anderen Mitgliedstaat der Europäischen Gemeinschaften oder über einen anderen Vertragsstaat des Abkommens über den Europäischen Wirtschaftsraum in den Geltungsbereich dieser Verordnung eingeführt worden sind.

10. Unverpackte Backwaren und Verkaufseinheiten gleichen Gewichts ohne Umhüllung.
Die Nummern 1 bis 8 dieser Anlage sind auf die Prüfung unverpackter Backwaren und Verkaufseinheiten gleichen Gewichts ohne Umhüllung entsprechend anzuwenden.

Anlage 4b
(zu § 34 Abs. 1)

**Verfahren zur Prüfung der Füllmengen
nach Länge, Fläche oder Stückzahl gekennzeichneter Fertigpackungen
durch die zuständigen Behörden**

1. Ort der Prüfung
   Fertigpackungen sind in der Regel beim Hersteller oder beim Einführer zu prüfen. Die Prüfung soll grundsätzlich im Abfüllbetrieb vorgenommen werden. Sie kann auch in einem Lager sowie in den Räumen der zuständigen Behörde erfolgen.

2. Umfang der Prüfung
   Die Prüfung der Fertigpackungen besteht aus
   a) der Feststellung der Losgröße,
   b) der Entnahme der zugehörigen Zufallsstichprobe,
   c) den zusätzlichen Feststellungen der Nummer 6, soweit erforderlich,
   d) der Feststellung des Mittelwertes nach § 23 Abs. 1 und 2 und § 24 Abs. 2,
   e) der Feststellung der Einhaltung der zulässigen Minusabweichungen nach § 23 Abs. 3 und § 24 Abs. 2.

3. Feststellung der Losgröße
   Die Losgröße entspricht der Gesamtmenge der Fertigpackungen gleicher Nennfüllmenge, gleicher Aufmachung und gleicher Herstellung, die am selben Ort abgefüllt sind. Die Losgröße wird bei der Prüfung im Abfüllbetrieb begrenzt durch die in einer Stunde hergestellten Fertigpackungen.
   Die Losgröße wird bei der Prüfung in einem Lager durch die Zugehörigkeit zu einer Lieferung oder Charge begrenzt; falls die Zugehörigkeit zu einer Lieferung oder Charge nicht festgestellt werden kann, wird die Losgröße durch die Anzahl der gleichbeschaffenen Fertigpackungen des Lagerbestandes begrenzt.
   In jedem Falle ist die Losgröße auf 10 000 Fertigpackungen begrenzt.

4. Umfang der Stichproben
   Bei der stichprobenweisen Prüfung der Fertigpackungen muß es sich um eine Zufallsstichprobe handeln.
   Für den Stichprobenumfang gilt folgende Tabelle:

N	n	c	a
26 bis 50	3	0	1,0
51 bis 150	5	0	0,35
151 bis 500	8	1	0,2
501 bis 3200	13	1	0,15
3201 und mehr	20	1	0,1

Bei Fertigpackungen mit einer Nennfüllmenge von 30 Stück oder weniger gilt in jedem Falle c = 0.

In der Tabelle bedeuten:
N Losgröße
n Stichprobenumfang
c Annahmezahl
a Faktor zur Berechnung des Sicherheitszuschlages

5. Bestimmung der Füllmengen
Es sind in der Regel zu bestimmen:
5.1 Längen durch Längenmessung,
5.2 Längen von Garnen durch Wägung in Verbindung mit einer Bestimmung der Feinheit,
5.3 Flächen durch Längenmessung,
5.4 Stückzahl durch Zählung.
Abweichend von den Nummern 5.1, 5.3 und 5.4 können bestimmt werden:
5.5 Längen durch Wägung in Verbindung mit der Bestimmung der mittleren längenbezogenen Masse nach Nummer 6.1, wenn folgende Bedingungen gleichzeitig erfüllt sind:
5.5.1 Die Wägewerte der nach Nummer 6.1 ermittelten Einzellängen dürfen vom gebildeten Mittelwert um nicht mehr als ± 1 v. H. abweichen.
5.5.2 Bei der Prüfung der Fertigpackungen muß der Wägewert, der 2 v. H. der gekennzeichneten Länge entspricht, mindestens das 10fache des Teilungswertes der verwendeten Waage betragen.
5.6 Stückzahlen durch Wägung in Verbindung mit der Bestimmung der mittleren stückzahlbezogenen Masse nach Nummer 6.2, wenn folgende Bedingungen gleichzeitig erfüllt sind:
5.6.1 Die Wägewerte der 10 Mittelwerte $\bar{x}$, die nach Nummer 6.2 bestimmt sind, dürfen von dem Gesamtmittelwert $\bar{x}$ um nicht mehr als ± 1 v. H. abweichen.
5.6.2 Bei der Prüfung der Fertigpackungen muß der Wägewert, der der zulässigen Minusabweichung entspricht, mindestens das 10fache des Teilungswertes der verwendeten Waage betragen.
Bei den Feststellungen nach den Nummern 7 und 8 sind die in dieser Nummer enthaltenen Unsicherheiten nicht zu berücksichtigen.
Für die Feststellungen nach den Nummern 5.5 und 5.6 sind in der Regel Netto-Wägungen vorzunehmen.

6. Zusätzliche Feststellungen
6.1 Bestimmungen der mittleren längenbezogenen Masse
Die mittlere langenbezogene Masse des Erzeugnisses ist aus dem Gewicht von mindestens 5 Einzellängen von je mindestens 1 m Länge zu bestimmen. Ist die mittlere längenbezogene Masse größer als $\frac{200\ g}{m}$, brauchen die Einzellängen nicht größer als 0,2 m zu sein.
6.2 Bestimmung der mittleren stückzahlbezogenen Masse
Die mittlere stückzahlbezogene Masse ist aus 10 Gruppen zu mindestens je 10 Einzelstücken zu bestimmen. Die Gesamtzahl der Einzelstücke muß dabei mindestens 10 v. H. der Nennstückzahl der Fertigpackungen betragen.
6.3 Bestimmung der Länge von Textilerzeugnissen
Die Länge von Textilerzeugnissen ist nach den allgemein anerkannten Regeln der Technik zu bestimmen. Die mittlere feuchtigkeitsbedingte Längenänderung von Textilerzeugnissen und die mittlere Feinheit von Garnen sind an drei Proben aus der Stichprobe nach Nummer 4 zu bestimmen.

7. Feststellung des Mittelwertes
   Die Vorschriften des § 23 Abs. 1 und 2 und des § 24 Abs. 2 über die mittlere Füllmenge sind erfüllt, wenn der festgestellte Mittelwert $\bar{x}$ der Füllmengen x_i, aus der Stichprobe, vermehrt um den Betrag $a \cdot R$ größer oder gleich der Nennfüllmenge ist.
   Der Faktor a ergibt sich aus der Tabelle unter Nummer 4; R ist die Spannweite der Füllmengen x_i der Stichprobe.

8. Feststellung der Einhaltung der zulässigen Minusabweichungen
   Die Anzahl der Fertigpackungen mit einer Füllmenge, deren Minusabweichung größer ist als zulässig, wird festgestellt. Ist diese Anzahl größer als die Annahmezahl c in der Tabelle unter Nummer 4, sind die Vorschriften über die zulässige Minusabweichung nicht erfüllt.

9. Verkaufseinheiten gleicher Länge oder gleicher Fläche ohne Umhüllung.
   Die Vorschriften dieser Anlage sind auf die Prüfung von Verkaufseinheiten gleicher Länge oder gleicher Fläche entsprechend anzuwenden.

Fertigpackungsverordnung

Anlage 5
(zu § 34 Abs. 2)

Verfahren zur Prüfung von Maßbehältnissen durch die zuständigen Behörden

1. Ort der Prüfung
   Maßbehältnisse sind in der Regel beim Hersteller der Flaschen oder beim Importeur zu prüfen. Die Prüfung soll grundsätzlich bei der Herstellung vorgenommen werden, sie kann auch im Lager erfolgen.

2. Entnahme der Zufallsstichprobe
   Es wird eine Stichprobe von 35 Maßbehältnissen zufallsmäßig aus einem Los entnommen, das einer Stundenproduktion von Flaschen desselben Musters aus derselben Herstellung entspricht und bei importierten Flaschen durch die Anzahl der gleichbeschaffenen Flaschen einer Lieferung oder, falls die Zugehörigkeit zu einer Lieferung nicht festgestellt werden kann, durch den Lagerbestand bestimmt ist.

3. Messung des Volumens der Flaschen der Stichprobe
   Die Flaschen werden leer gewogen. Sie werden mit Wasser von bekannter Dichte bei einer Temperatur von 20 °C randvoll oder bis zur Höhe des angegebenen Abstandes von der oberen Randebene gefüllt. Sie werden gefüllt gewogen.
   Die Unsicherheit der Bestimmung des Volumens darf höchstens 1 Fünftel der nach § 3 Abs. 2 zulässigen Abweichungen für das Nennvolumen der Flaschen betragen.

4. Auswertung der Ergebnisse
4.1 Zu berechnen sind
   der Mittelwert $\bar{x}$ der gemessenen Volumen x_i der Flaschen der Stichprobe,
   die Standardabweichung s der gemessenen Volumen x_i der Flaschen der Stichprobe.
4.2 Es werden folgende Grenzwerte berechnet
   obere Toleranzgrenze T_o als Summe aus dem Randvollvolumen oder dem durch die angegebene Entfernung begrenzten Volumen und der zugehörigen Abweichung nach § 3 Abs. 2 oder 3,
   untere Toleranzgrenze T_u als Differenz aus dem Randvollvolumen oder dem durch die angegebene Entfernung begrenzten Volumen und der zugehörigen Abweichung nach § 3 Abs. 2 oder 3.
4.3 Annahmekriterien
   Das Los genügt den Vorschriften des § 3 Abs. 2 oder 3, wenn die Werte $\bar{x}$ und s gleichzeitig folgende drei Ungleichungen erfüllen:
   $\bar{x} + k \cdot s \leq T_o$
   $\bar{x} - k \cdot s \geq T_u$
   $s \leq F (T_o - T_u)$
   mit k = 1,57 und F = 0,266
4.4 Berechnung der Werte $\bar{x}$ und s
   Der Mittelwert der Stichprobe ist $\bar{x} = \dfrac{\sum\limits_{i=1}^{35} x_i}{35}$

Die Standardabweichung der Stichprobe ist

$$s = +\sqrt{\frac{1}{34} \cdot \sum_{i=1}^{35} (x_i - \bar{x})^2}$$

5. Wenn das Kontrollergebnis nicht zufriedenstellend ist, kann eine zweite Prüfung durchgeführt werden. Die Stichprobe ist dann aus einem Los zu entnehmen, das einer längeren Produktionsdauer entspricht, oder es sind die Eintragungen auf geeigneten Kontrollkarten des Herstellers zu berücksichtigen, wenn dessen Betrieb von den zu ständigen Behörden kontrolliert worden ist.
6. Die Nachschau der Herstellung und Einfuhr von Maßbehältnissen (§ 16 des Eichgesetzes sowie § 34 Abs. 2 dieser Verordnung) hat in der Regel mindestens einmal jährlich zu erfolgen. Bei Maßbehältnissen, die mit dem Zeichen nach Anlage 8 gekennzeichnet sind und in einem anderen Mitgliedstaat der Europäischen Gemeinschaften oder in einem anderen Vertragsstaat des Abkommens über den Europäischen Wirtschaftsraum hergestellt worden sind, erfolgt die Nachschau in der Regel nur aus besonderem Anlaß. Das gleiche gilt für Maßbehältnisse, die über einen anderen Mitgliedstaat der Europäischen Gemeinschaften oder über einen anderen Vertragsstaat des Abkommens über den Europäischen Wirtschaftsraum in den Geltungsbereich dieser Verordnung eingeführt worden sind.

Anlage 6
(weggefallen)

Anlage 7

**Geeignete Kontrollmeßgeräte im Sinne des § 27
und geeignete Waagen im Sinne des § 31 Fertigpackungsverordnung**

1 Zu § 27
1.1 Soweit nachstehend nichts anderes festgelegt ist, sind Kontrollmeßgeräte im Sinne des § 27 Abs. 1 geeignet, wenn sie geeicht sind und die Verkehrsfehlergrenze nicht größer ist als das 0,2fache der zulässigen Minusabweichung der zu prüfenden Fertigpackung. Die zuständige Behörde kann in besonderen Fällen für die Kontrolle von Fertigpackungen mit bestimmten Erzeugnissen die Verwendung nicht dem Mess- und Eichgesetz entsprechender Kontrollmeßgeräte zulassen, wenn die Geräte eine ausreichende Meßgenauigkeit erwarten lassen.
1.1.1 Werden nichtselbsttätige Waagen als Kontrollwaagen verwendet, darf der Eichwert nicht größer sein als

Nennfüllmenge Q_N der Fertigpackungen in g oder ml	größter zulässiger Eichwert in g
weniger als 10	0,1
von 10 bis weniger als 50	0,2
von 50 bis weniger als 150	0,5
von 150 bis weniger als 500	1,0
von 500 bis weniger als 2500	2,0
2500 und mehr	5,0

1.1.2 Werden gemäß § 7m Abs. 1, 3 und 4 der Eichordnung zu kennzeichnende selbsttätige Waagen als Kontrollwaagen verwendet, so müssen diese mindestens die Anforderungen der Genauigkeitsklasse XIII (1) gemäß Abschnitt 1 Nr. 4.2 der Anlage 10 (zu § 7k) der Eichordnung erfüllen. Für die nicht nach § 7m Abs. 1, 3 und 4 zu kennzeichnenden selbsttätigen Waagen gilt Nummer 1.1.2 in der bis vor dem 11. April 2009 geltenden Fassung fort.

2 Zu § 27 in Verbindung mit § 32 Abs. 5 Satz 2
Als Kontrollmeßgeräte zur Prüfung unverpackter Backwaren sind geeichte Handelswaagen geeignet.

3 Zu § 27 in Verbindung mit § 33 Abs. 6 Satz 2
Für die Prüfung von Verkaufseinheiten ohne Umhüllung gilt Nummer 1 entsprechend.

4	Zu § 31
4.1	Soweit in Nummer 4.2 nichts anderes festgelegt ist, sind als nachgeschaltete Waagen im Sinne des § 31 Abs. 2 Nr. 1 Satz 1 geeignet: – geeichte nichtselbsttätige Waagen, deren Verkehrsfehlergrenze nicht größer ist als das 0,2fache der zulässigen Minusabweichung, und – geeichte selbsttätige Waagen, die Nummer 1.1.2 Satz 1 entsprechen.
4.2	Werden nichtselbsttätige Waagen als Kontrollwaagen verwendet, darf der Eichwert nicht größer sein als

Nennfüllmenge Q_N der Fertigpackungen in kg oder l	größter zulässiger Eichwert in g
mehr als 10 bis weniger als 15	10
15 bis weniger als 25	20
25 bis weniger als 100	50

5 Zusatzeinrichtungen an Kontrollmeßgeräten nach den Nummern 1 bis 4, die zur Registrierung und Auswertung von Meßwerten dienen, unterliegen nicht der Eichpflicht. Sie sind von der zuständigen Behörde auf ordnungsgemäße Arbeitsweise zu überprüfen.

Anlage 8

Zeichen nach § 2 Abs. 3 Nr. 4 Buchstabe b

3

Mindesthöhe des Zeichens: 3 mm

Anlage 9

Zeichen nach § 21 Abs. 1

Mindesthöhe des Zeichens: 3 mm

Verordnung (EG) Nr. 1925/2006 des Europäischen Parlaments und des Rates über den Zusatz von Vitaminen und Mineralstoffen sowie bestimmten anderen Stoffen zu Lebensmitteln

Vom 20. Dezember 2006

(ABl. Nr. L 404/26), geänd. durch VO (EG) Nr. 108/2008 vom 15. 1. 2008 (ABl. Nr. L 39/11), ber. durch ABl. Nr. L 50/71 vom 23. 2. 2008, geänd. durch VO (EG) Nr. 1170/2009 vom 30. 11. 2009 (ABl. Nr. L 314/36, ber. durch ABl. Nr. L 203/21 vom 5. 8. 2010), VO (EU) Nr. 1161/2011 vom 14. 11. 2011 (ABl. Nr. L 296/29), VO (EU) Nr. 1169/2011 vom 25. 10. 2011 (ABl. Nr. L 304/18), VO (EU) Nr. 119/2014 vom 7. 2. 2014 (ABl. Nr. L 39/44) und VO (EU) 2015/403 vom 11. 3. 2015 (ABl. Nr. L 67/4)

DAS EUROPÄISCHE PARLAMENT UND DER RAT DER EUROPÄISCHEN UNION –

gestützt auf den Vertrag zur Gründung der Europäischen Gemeinschaft, insbesondere auf Artikel 95,

auf Vorschlag der Kommission,

nach Stellungnahme des Europäischen Wirtschafts- und Sozialausschusses (¹),

gemäß dem Verfahren des Artikels 251 des Vertrags (²),

in Erwägung nachstehender Gründe:

(1) Es gibt eine breite Palette von Nährstoffen und anderen Zutaten, die Lebensmitteln bei der Herstellung zugesetzt werden können, unter anderem Vitamine, Mineralstoffe einschließlich Spurenelementen, Aminosäuren, essenzielle Fettsäuren, Ballaststoffe, verschiedene Pflanzen und Kräuterextrakte. Ihr Zusatz zu Lebensmitteln ist in den Mitgliedstaaten durch unterschiedliche nationale Vorschriften geregelt, die den freien Verkehr dieser Erzeugnisse behindern, ungleiche Wettbewerbsbedingungen schaffen und somit direkte Auswirkungen auf das Funktionieren des Binnenmarktes haben. Daher ist es notwendig, Gemeinschaftsvorschriften zur Harmonisierung der nationalen Bestimmungen über den Zusatz von Vitaminen und Mineralstoffen sowie bestimmten anderen Stoffen zu Lebensmitteln zu erlassen.

(2) Mit dieser Verordnung soll der Zusatz von Vitaminen und Mineralstoffen zu Lebensmitteln sowie die Verwendung bestimmter anderer Stoffe oder Zutaten geregelt werden, die andere Stoffe als Vitamine oder Mineralstoffe enthalten und Lebensmitteln zugesetzt werden oder bei der Herstellung von Lebensmitteln unter Bedingungen verwendet werden, die zur Aufnahme von Mengen führen, welche weit über den unter normalen Bedingungen bei einer ausgewogenen und abwechslungsreichen Ernährung vernünftigerweise anzunehmenden Mengen liegen und/oder die sonst ein potenzielles Risiko für die Verbraucher bergen. Bestehen keine spezifischen Gemeinschaftsvorschriften über ein Verbot oder eine Beschränkung der Verwendung von unter diese Verordnung oder andere spezifische Gemeinschaftsvorschriften fallenden Stoffen oder Zutaten, die andere Stoffe als Vitamine oder Mineralstoffe enthalten, so können unbeschadet der Bestimmungen des Vertrags einschlägige einzelstaatliche Vorschriften angewendet werden.

(¹) ABl. C 112 vom 30.4.2004, S. 44.
(²) Stellungnahme des Europäischen Parlaments vom 26. Mai 2005 (ABl. C 117 E vom 18.5.2006, S. 206), Gemeinsamer Standpunkt des Rates vom 8. Dezember 2005 (ABl. C 80 E vom 4.4.2006, S. 27) und Standpunkt des Europäischen Parlaments vom 16. Mai 2006 (noch nicht im Amtsblatt veröffentlicht). Beschluss des Rates vom 12. Oktober 2006.

(3) In einigen Mitgliedstaaten ist der obligatorische Zusatz einiger Vitamine und Mineralstoffe in bestimmten herkömmlichen Lebensmitteln aus Gründen der öffentlichen Gesundheit vorgeschrieben. Derartige Gründe mögen aus Sicht der öffentlichen Gesundheit auf nationaler und sogar auf regionaler Ebene berechtigt sein, können jedoch zum jetzigen Zeitpunkt nicht als Grundlage für gemeinschaftsweit geltende Harmonisierungsvorschriften über den obligatorischen Zusatz von Nährstoffen dienen. Sofern dies jedoch erforderlich werden sollte, könnten derartige Bestimmungen auf Gemeinschaftsebene erlassen werden. In der Zwischenzeit wäre es sinnvoll, Informationen über solche nationalen Maßnahmen zusammenzustellen.

(4) Die Lebensmittelhersteller dürfen Lebensmitteln Vitamine und Mineralstoffe freiwillig zusetzen oder sind gemäß einschlägigen Gemeinschaftsvorschriften dazu verpflichtet, sie als Nährstoffe zuzusetzen. Sie dürfen auch zu technologischen Zwecken als Zusatzstoffe, Farbstoffe, Aromastoffe oder zu anderen derartigen Zwecken zugesetzt werden, einschließlich zugelassener önologischer Verfahren und Verarbeitung, die in den entsprechenden Gemeinschaftsvorschriften vorgesehen sind. Diese Verordnung sollte unbeschadet bereits geltender spezifischer Gemeinschaftsvorschriften über den Zusatz oder die Verwendung von Vitaminen und Mineralstoffen zu bzw. in speziellen Erzeugnissen oder Erzeugnisgruppen oder ihren Zusatz aus anderen als den unter diese Verordnung fallenden Zwecken gelten.

(5) Da mit der Richtlinie 2002/46/EG des Europäischen Parlaments und des Rates vom 10. Juni 2002 zur Angleichung der Rechtsvorschriften der Mitgliedstaaten über Nahrungsergänzungsmittel ([1]) detaillierte Vorschriften über Nahrungsergänzungsmittel, die Vitamine und Mineralstoffe enthalten, erlassen wurden, sollten die Bestimmungen der vorliegenden Verordnung hinsichtlich Vitaminen und Mineralstoffen nicht für Nahrungsergänzungsmittel gelten.

(6) Die Hersteller setzen Lebensmitteln Vitamine und Mineralstoffe zu verschiedenen Zwecken zu, unter anderem, um bei Lebensmitteln den Gehalt wiederherzustellen, wenn dieser bei der Herstellung, Lagerung oder dem Behandeln reduziert wurde, oder um einen vergleichbaren Nährwert wie bei Lebensmitteln herbeizuführen, zu denen sie als Alternative gedacht sind.

(7) Eine angemessene, abwechslungsreiche Ernährung kann in der Regel alle für eine normale Entwicklung und die Gesunderhaltung erforderlichen Nährstoffe in den Mengen liefern, wie sie aufgrund allgemein anerkannter wissenschaftlicher Daten festgelegt wurden und empfohlen werden. Aus Untersuchungen geht jedoch hervor, dass dieser Idealfall weder auf alle Vitamine und Mineralstoffe noch auf alle Bevölkerungsgruppen in der Gemeinschaft zutrifft. Lebensmittel mit zugesetzten Vitaminen und Mineralstoffen scheinen in signifikanter Weise zur Aufnahme dieser Nährstoffe beizutragen, so dass man davon ausgehen kann, dass sie einen positiven Beitrag zur Gesamtzufuhr liefern.

(8) In der Gemeinschaft können derzeit einige, wenn auch nicht sehr häufig auftretende Nährstoffdefizite nachgewiesen werden. Veränderungen der sozioökonomischen Lage in der Gemeinschaft und die Lebensweisen verschiedener Bevölkerungsgruppen haben zu unterschiedlichen Ernährungsanforderungen und zu sich ändernden Ernährungsgewohnheiten geführt. Dies wiederum hat zu

---

([1]) ABl. L 183 vom 12.7.2002, S. 51. Geändert durch die Richtlinie 2006/37/EG der Kommission (ABl. L 94 vom 1.4.2006, S. 32).

Änderungen des Energie- und Nährstoffbedarfs geführt, sowie zu Zufuhrmengen an bestimmten Vitaminen und Mineralstoffen bei verschiedenen Bevölkerungsgruppen, die unterhalb der in den verschiedenen Mitgliedstaaten empfohlenen Menge liegen. Außerdem weisen neuere wissenschaftliche Daten darauf hin, dass die Zufuhrmengen an bestimmten Nährstoffen zur Erhaltung einer optimalen Gesundheit und eines optimalen Wohlbefindens höher als die derzeit empfohlenen sein könnten.

(9) Für den Zusatz zu Lebensmitteln sollten nur Vitamine und Mineralstoffe zugelassen werden, die in der Ernährung normalerweise vorkommen, als Bestandteil der Ernährung verzehrt und als essenzielle Nährstoffe betrachtet werden, was jedoch nicht bedeutet, dass ihr Zusatz notwendig ist. Eine mögliche Kontroverse darüber, um welche essenziellen Nährstoffe es sich dabei handelt, sollte vermieden werden. Daher ist es zweckmäßig, eine Positivliste dieser Vitamine und Mineralstoffe zu erstellen.

(10) Die chemischen Stoffe, die als Quelle der Vitamine und Mineralstoffe verwendet werden und die Lebensmitteln zugesetzt werden dürfen, müssen sicher und auch bioverfügbar, d.h. für den Körper verwertbar sein. Daher sollte auch für diese Stoffe eine Positivliste erstellt werden. Diese Liste sollte diejenigen Stoffe enthalten, die der Wissenschaftliche Ausschuss „Lebensmittel" in einer Stellungnahme vom 12. Mai 1999 anhand der genannten Kriterien Sicherheit und Bioverfügbarkeit gebilligt hat und die bei der Herstellung von Lebensmitteln für Säuglinge und Kleinkinder, von anderen Lebensmitteln für besondere Ernährungszwecke oder von Nahrungsergänzungen verwendet werden können. Natriumchlorid (Kochsalz) wird zwar nicht in dieser Liste aufgeführt, darf jedoch weiter als Zutat bei der Zubereitung von Lebensmitteln verwendet werden.

(11) Um mit den wissenschaftlichen und technologischen Entwicklungen Schritt zu halten, ist gegebenenfalls eine rasche Überarbeitung der Listen erforderlich. Solche Überarbeitungen stellen technische Durchführungsmaßnahmen dar, deren Erlass zur Verfahrensvereinfachung und -beschleunigung der Kommission übertragen werden sollte.

(12) Lebensmittel, denen Vitamine und Mineralstoffe zugesetzt wurden, werden meistens von den Herstellern beworben und können bei den Verbrauchern den Eindruck erwecken, als handele es sich dabei um Erzeugnisse mit einem nährstoffbezogenen, physiologischen oder sonstigen gesundheitlichen Vorteil gegenüber ähnlichen oder anderen Erzeugnissen, denen diese Nährstoffe nicht zugesetzt wurden. Dies kann zu Verbraucherentscheidungen führen, die ansonsten möglicherweise unerwünscht sind. Um dieser möglichen unerwünschten Wirkung zu begegnen, wird es als sinnvoll erachtet, für Erzeugnisse, denen Vitamine und Mineralstoffe zugesetzt werden können, einige Beschränkungen vorzusehen, zusätzlich zu denjenigen, die sich aus technologischen Überlegungen ergeben oder die aus Sicherheitsgründen erforderlich werden, wenn Höchstgrenzen für Vitamine und Mineralstoffe in derartigen Erzeugnissen festgelegt werden. Der im Erzeugnis vorhandene Gehalt an bestimmten Stoffen, wie z. B. Alkohol, wäre in diesem Zusammenhang ein geeignetes Kriterium dafür, einen Zusatz an Vitaminen und Mineralstoffen nicht zu erlauben. Ausnahmen von dem Verbot des Zusatzes von Vitaminen und Mineralstoffen zu alkoholischen Getränken sollten ausschließlich zu dem Zweck gewährt werden, traditionelle Weinrezepte zu schützen, wobei die Kommission über die betreffenden Erzeugnisse zu unterrichten ist. Es dürfen keinerlei Angaben über die nährwert- oder gesundheitsbezogenen Vorteile der

Zusätze gemacht werden. Überdies sollten, damit bei den Verbrauchern keine Verwirrung über den natürlichen Nährwert frischer Lebensmittel entsteht, diesen keine Vitamine und Mineralstoffe zugesetzt werden dürfen.

(13) Werden Vitamine und Mineralstoffe in Spurenmengen als Authentizitätsindikatoren verwendet, um Betrug vorzubeugen, so fällt diese Verwendung nicht unter die vorliegende Verordnung.

(14) Eine übermäßige Zufuhr an Vitaminen und Mineralstoffen kann schädliche Auswirkungen auf die Gesundheit haben, weshalb es gegebenenfalls erforderlich ist, sichere Höchstgehalte für den Zusatz dieser Stoffe zu Lebensmitteln festzulegen. Diese Gehalte müssen die Gewähr dafür bieten, dass die normale Verwendung der Erzeugnisse gemäß den Anweisungen des Herstellers und im Rahmen einer abwechslungsreichen Ernährung für die Verbraucher sicher ist. Daher sollte es sich um sichere Gesamthöchstgehalte an den Vitaminen und Mineralstoffen handeln, die in dem Lebensmittel natürlicherweise vorhanden sind und/oder diesem – zu welchem Zweck auch immer, einschließlich zu technologischen Zwecken – zugesetzt werden.

(15) Daher sollten bei der Festsetzung solcher Höchstgehalte und etwa erforderlicher sonstiger Bedingungen, die den Zusatz dieser Nährstoffe zu Lebensmitteln einschränken, die sicheren Höchstgehalte, die im Rahmen einer wissenschaftlichen Risikobewertung auf der Grundlage allgemein akzeptierter wissenschaftlicher Daten festgelegt wurden, sowie ihre mögliche Zufuhr über andere Lebensmittel berücksichtigt werden. Außerdem sollte die Bevölkerungsreferenzzufuhr an Vitaminen und Mineralstoffen gebührend berücksichtigt werden. Sofern es erforderlich ist, Beschränkungen für bestimmte Vitamine und Mineralstoffe hinsichtlich der Lebensmittel festzulegen, denen sie zugesetzt werden dürfen (z. B. der Zusatz von Jod zu Salz), sollte dabei dem Zweck des Zusatzes, der Wiederherstellung des Nährstoffgehalts, wenn dieser bei der Herstellung, Lagerung oder Behandlung reduziert wurde, oder der Herbeiführung eines vergleichbaren Nährwerts bei Lebensmitteln, die als Alternative gedacht sind, Priorität eingeräumt werden.

(16) Vitamine und Mineralstoffe, die Lebensmitteln zugesetzt werden, sollten zu einem Mindestgehalt im Lebensmittel führen. Andernfalls würde das Vorhandensein zu geringer und unbedeutender Mengen in diesen angereicherten Lebensmitteln keinen Nutzen für die Verbraucher bringen und wäre irreführend. Dem gleichen Grundsatz entspringt die Anforderung, dass diese Nährstoffe im Lebensmittel in einer signifikanten Menge vorhanden sein sollten, damit sie bei der Nährwertkennzeichnung aufgeführt werden dürfen. Daher wäre es sinnvoll, dass der Mindestgehalt an Vitaminen und Mineralstoffen in Lebensmitteln, denen die Vitamine und Mineralstoffe zugesetzt wurden, den signifikanten Mengen entspricht, die vorhanden sein sollten, damit diese Nährstoffe bei der Nährwertkennzeichnung angegeben werden dürfen, wenn keine entsprechenden Ausnahmeregelungen vorgesehen sind.

(17) Die Festlegung von Höchstgehalten und etwaiger sonstiger Verwendungsbedingungen unter Anwendung der in dieser Verordnung niedergelegten Grundsätze und Kriterien sowie die Festlegung von Mindestgehalten stellen eine technische Durchführungsmaßnahme dar, deren Erlass zur Verfahrensvereinfachung und -beschleunigung der Kommission übertragen werden sollte.

(18) Die Richtlinie 2000/13/EG des Europäischen Parlaments und des Rates vom 20. März 2000 zur Angleichung der Rechtsvorschriften der Mitgliedstaaten über die Etikettierung und Aufmachung von Lebensmitteln sowie die Werbung hierfür ([1]) enthält allgemeine Kennzeichnungsvorschriften und Definitionen. Die vorliegende Verordnung sollte somit auf die erforderlichen zusätzlichen Vorschriften beschränkt werden. Diese sollten auch unbeschadet der Verordnung (EG) Nr. 1924/2006 des Europäischen Parlaments und des Rates vom 20. Dezember 2006 über nährwert- und gesundheitsbezogene Angaben über Lebensmittel ([2]) gelten.

(19) Aufgrund der Bedeutung von Erzeugnissen, denen Vitamine und Mineralstoffe zugesetzt wurden, für die Ernährung sowie aufgrund ihrer möglichen Wirkung auf die Ernährungsgewohnheiten und die gesamte Nährstoffzufuhr sollten die Verbraucher in der Lage sein, die gesamte Ernährungsqualität der Erzeugnisse zu beurteilen. Daher sollte die Nährwertkennzeichnung abweichend von Artikel 2 der Richtlinie 90/496/EWG des Rates vom 24. September 1990 über die Nährwertkennzeichnung von Lebensmitteln ([3]) obligatorisch sein.

(20) Eine normale und abwechslungsreiche Ernährung umfasst viele Zutaten, die ihrerseits aus vielen Stoffen zusammengesetzt sind. Die Aufnahme dieser Stoffe oder Zutaten bei normaler und herkömmlicher Verwendung und in der üblichen Ernährung wäre nicht bedenklich und braucht nicht geregelt zu werden. Einige andere Stoffe als Vitamine und Mineralstoffe oder Zutaten, die diese enthalten, werden Lebensmitteln als Auszüge oder Konzentrate zugesetzt und können dazu führen, dass sie in deutlich höherer Menge aufgenommen werden als bei einer angemessenen und abwechslungsreichen Ernährung. Die Sicherheit einer solchen Vorgehensweise ist in einigen Fällen starker Kritik ausgesetzt und ihr Nutzen ist unklar; daher sollte sie geregelt werden. In solchen Fällen ist es angezeigt, dass die Beweislast für die Sicherheit der Lebensmittel bei den Lebensmittelunternehmern liegt, da sie für die Sicherheit der Lebensmittel, die sie in Verkehr bringen, verantwortlich sind.

(21) Wegen des besonderen Charakters von Lebensmitteln mit zugesetzten Vitaminen und Mineralstoffen sollten die für die Überwachung zuständigen Stellen zusätzlich zu den üblichen über weitere Mittel verfügen, die die effiziente Überwachung dieser Erzeugnisse erleichtern.

(22) Da das Ziel dieser Richtlinie, nämlich das wirksame Funktionieren des Binnenmarktes für den Zusatz von Vitaminen und Mineralstoffen sowie bestimmten anderen Stoffen zu gewährleisten und gleichzeitig ein hohes Verbraucherschutzniveau sicherzustellen, auf Ebene der Mitgliedstaaten nicht ausreichend verwirklicht werden kann und daher besser auf Gemeinschaftsebene zu verwirklichen ist, kann die Gemeinschaft im Einklang mit dem in Artikel 5 des Vertrags niedergelegten Subsidiaritätsprinzip tätig werden. Entsprechend dem in demselben Artikel niedergelegten Grundsatz der Verhältnismäßigkeit geht diese Verordnung nicht über das zur Erreichung dieses Ziels erforderliche Maß hinaus, wobei von einem hohen Verbraucherschutzniveau ausgegangen wird.

([1]) ABl. L 109 vom 6.5.2000, S. 29. Zuletzt geändert durch die Richtlinie 2003/89/EG (ABl. L 308 vom 25.11.2003, S. 15).
([2]) Siehe Seite 9 dieses Amtsblattes.
([3]) ABl. L 276 vom 6.10.1990, S. 40. Zuletzt geändert durch die Richtlinie 2003/120/EG der Kommission (ABl. L 333 vom 20.12.2003, S. 51).

(23) Die zur Durchführung dieser Verordnung erforderlichen Maßnahmen sollten gemäß dem Beschluss 1999/468/EG des Rates vom 28. Juni 1999 zur Festlegung der Modalitäten für die Ausübung der der Kommission übertragenen Durchführungsbefugnisse ([1]) erlassen werden –

HABEN FOLGENDE VERORDNUNG ERLASSEN:

KAPITEL I

GEGENSTAND, ANWENDUNGSBEREICH UND DEFINITIONEN

Artikel 1

Gegenstand und Anwendungsbereich

(1) Mit dieser Verordnung werden die Rechts- und Verwaltungsvorschriften der Mitgliedstaaten über den Zusatz von Vitaminen und Mineralstoffen sowie bestimmten anderen Stoffen zu Lebensmitteln mit dem Ziel angeglichen, das wirksame Funktionieren des Binnenmarkts zu gewährleisten und gleichzeitig ein hohes Verbraucherschutzniveau sicherzustellen.

(2) Die Bestimmungen dieser Verordnung über Vitamine und Mineralstoffe gelten nicht für Nahrungsergänzungsmittel nach der Richtlinie 2002/46/EG.

(3) Diese Verordnung gilt unbeschadet spezifischer Bestimmungen in Gemeinschaftsvorschriften über

a) Lebensmittel, die für eine besondere Ernährung bestimmt sind, und, sofern keine spezifischen Bestimmungen vorliegen, unbeschadet der Anforderungen an die Zusammensetzung solcher Erzeugnisse, die aufgrund der besonderen Ernährungsbedürfnisse der Menschen, für die sie bestimmt sind, erforderlich sind;

b) neuartige Lebensmittel und neuartige Lebensmittelzutaten

c) genetisch veränderte Lebensmittel;

d) Lebensmittelzusatzstoffe und Aromastoffe;

e) zugelassene önologische Verfahren und Behandlungen.

Artikel 2

Definitionen

Im Sinne dieser Verordnung bezeichnet der Ausdruck

1. „Behörde" die Europäische Behörde für Lebensmittelsicherheit, die mit der Verordnung (EG) Nr. 178/2002 des Europäischen Parlaments und des Rates vom 28. Januar 2002 zur Festlegung der allgemeinen Grundsätze und Anforderungen des Lebensmittelrechts, zur Errichtung der Europäischen Behörde für Lebensmittelsicherheit und zur Festlegung von Verfahren zur Lebensmittelsicherheit ([2]) eingesetzt wurde.

2. „anderer Stoff" einen anderen Stoff als ein Vitamin oder einen Mineralstoff, der eine ernährungsbezogene oder eine physiologische Wirkung hat.

([1]) ABl. L 184 vom 17.7.1999, S. 23.
([2]) ABl. L 31 vom 1.2.2002, S. 1. Zuletzt geändert durch die Verordnung (EG) Nr. 575/2006 der Kommission (ABl. L 100 vom 8.4.2006, S. 3).

KAPITEL II
ZUSATZ VON VITAMINEN UND MINERALSTOFFEN

Artikel 3
Voraussetzungen für den Zusatz von Vitaminen und Mineralstoffen

(1) Lebensmitteln dürfen nur die in Anhang I aufgeführten Vitamine und/oder Mineralstoffe in den in Anhang II aufgeführten Formen nach Maßgabe dieser Verordnung zugesetzt werden.

(2) Vitamine und Mineralstoffe in für den menschlichen Körper bioverfügbarer Form dürfen einem Lebensmittel unabhängig davon zugesetzt werden, ob sie normalerweise in dem Lebensmittel enthalten sind oder nicht, um insbesondere dem Umstand Rechnung zu tragen, dass

a) in der Bevölkerung oder in bestimmten Bevölkerungsgruppen ein Mangel an einem oder mehreren Vitaminen und/oder Mineralstoffen besteht, der anhand klinischer oder subklinischer Nachweise belegt werden kann oder der sich durch geschätzte niedrige Nährstoffaufnahmemengen ergibt, oder

b) die Möglichkeit besteht, den Ernährungszustand der Bevölkerung oder bestimmter Bevölkerungsgruppen zu verbessern und/oder aufgrund von Veränderungen der Ernährungsgewohnheiten entstandene mögliche Defizite bei der Zufuhr von Vitaminen oder Mineralstoffen über die Nahrung zu beheben, oder

c) sich die allgemein anerkannten wissenschaftlichen Kenntnisse über die Bedeutung von Vitaminen und Mineralstoffen in der Ernährung und deren gesundheitliche Auswirkungen weiterentwickelt haben.

(3) Änderungen der Listen, auf die in Absatz 1 des vorliegenden Artikels Bezug genommen wird, werden nach dem in Artikel 14 Absatz 3 genannten Regelungsverfahren mit Kontrolle erlassen, wobei die Stellungnahme der Behörde berücksichtigt wird.

Aus Gründen äußerster Dringlichkeit kann die Kommission auf das in Artikel 14 Absatz 4 genannte Dringlichkeitsverfahren zurückgreifen, um ein Vitamin oder einen Mineralstoff aus den in Absatz 1 dieses Artikels genannten Listen zu streichen.

Bevor die Kommission diese Änderungen vornimmt, führt sie mit betroffenen Gruppen, insbesondere mit der Lebensmittelindustrie und Verbraucherverbänden, Konsultationen durch.

Artikel 4
Beschränkungen des Zusatzes von Vitaminen und Mineralstoffen

Vitamine und Mineralstoffe dürfen nicht zugesetzt werden zu

a) nicht verarbeiteten Lebensmitteln, unter anderem jedoch nicht ausschließlich Obst, Gemüse, Fleisch, Geflügel und Fisch;

b) Getränken mit einem Alkoholgehalt von mehr als 1,2 % vol., außer, in Abweichung von Artikel 3 Absatz 2, Erzeugnissen,

i) die in Artikel 44 Absätze 6 und 13 der Verordnung (EG) Nr. 1493/1999 des Rates vom 17. Mai 1999 über die gemeinsame Marktorganisation für Wein (¹) genannt sind und

ii) die vor dem Erlass der vorliegenden Verordnung in Verkehr gebracht wurden und

iii) über die die Kommission von einem Mitgliedstaat gemäß Artikel 11 unterrichtet wurde,

vorausgesetzt, dass keine nährwert- und gesundheitsbezogenen Angaben gemacht werden.

Maßnahmen zur Änderung nicht wesentlicher Bestimmungen dieser Verordnung, mit denen weitere Lebensmittel oder Lebensmittelkategorien festgelegt werden, denen bestimmte Vitamine und Mineralstoffe nicht zugesetzt werden dürfen, können im Lichte wissenschaftlicher Erkenntnisse unter Berücksichtigung ihres Nährwerts nach dem in Artikel 14 Absatz 3 genannten Regelungsverfahren mit Kontrolle erlassen werden.

Artikel 5
Reinheitskriterien

(1) Die Reinheitskriterien für die in Anhang II aufgeführten Vitamin- und Mineralstoffverbindungen zur Änderung nicht wesentlicher Bestimmungen dieser Verordnung durch Ergänzung werden nach dem in Artikel 14 Absatz 3 genannten Regelungsverfahren mit Kontrolle erlassen, sofern sie nicht aufgrund von Absatz 2 des vorliegenden Artikels gelten.

(2) Für die in Anhang II aufgeführten Vitamin- und Mineralstoffverbindungen gelten die Reinheitskriterien, die durch Gemeinschaftsvorschriften im Hinblick auf ihre Verwendung bei der Herstellung von Lebensmitteln zu anderen als den von dieser Verordnung erfassten Zwecken festgelegt wurden.

(3) Für die in Anhang II aufgeführten Vitamin- und Mineralstoffverbindungen, für die im Gemeinschaftsrecht keine Reinheitskriterien festgelegt wurden, gelten bis zu einer solchen Festlegung die allgemein anerkannten Reinheitskriterien, die von internationalen Gremien empfohlen werden; nationale Bestimmungen mit strengeren Reinheitskriterien dürfen so lange beibehalten werden.

Artikel 6
Bedingungen für den Zusatz von Vitaminen und Mineralstoffen

(1) Wird ein Vitamin oder Mineralstoff Lebensmitteln zugesetzt, so darf der Gesamtgehalt des Vitamins oder Mineralstoffs, das/der – zu welchem Zweck auch immer – in dem Lebensmittel zum Zeitpunkt des Verkaufs vorhanden ist, nicht über den Höchstgehalten liegen. Maßnahmen, die diesen Gehalt festsetzen und die eine Änderung nicht wesentlicher Bestimmungen dieser Verordnung durch ihre Ergänzung bewirken, werden nach dem in Artikel 14 Absatz 3 genannten Regelungsverfahren mit Kontrolle erlassen. Die Kommission kann zu diesem Zweck bis zum 19. Januar 2009 einen Entwurf der Maßnahmen für die Höchstgehalte vorlegen. Für konzentrierte und dehydrierte Erzeugnisse werden die Höchstgehalte für den Zustand festgelegt, in dem die Lebensmittel entsprechend den Anweisungen des Herstellers zum Verzehr zubereitet sind.

(¹) ABl. L 179 vom 14.7.1999, S. 1. Zuletzt geändert durch die Verordnung (EG) Nr. 2165/2005 (ABl. L 345 vom 28.12.2005, S. 1).

(2) Bedingungen, die den Zusatz eines spezifischen Vitamins oder Mineralstoffes zu einem Lebensmittel oder einer Lebensmittelkategorie verbieten oder beschränken und die eine Änderung nicht wesentlicher Bestimmungen auch durch Ergänzung dieser Verordnung bewirken, werden nach dem in Artikel 14 Absatz 3 genannten Regelungsverfahren mit Kontrolle festgelegt.

(3) Bei der Festlegung der in Absatz 1 genannten Höchstgehalte und der in Absatz 2 genannten Bedingungen wird Folgendes berücksichtigt:

a) die sicheren Höchstgehalte an Vitaminen und Mineralstoffen, die durch eine wissenschaftliche Risikobewertung auf der Grundlage allgemein anerkannter wissenschaftlicher Daten festgelegt werden, wobei gegebenenfalls die unterschiedliche Empfindlichkeit der einzelnen Verbrauchergruppen zu berücksichtigen ist, und

b) die Aufnahmemengen an Vitaminen und Mineralstoffen, die aus anderen Ernährungsquellen zugeführt werden.

(4) Bei der Festsetzung der in Absatz 1 genannten Höchstgehalte und der in Absatz 2 genannten Bedingungen ist zudem die Bevölkerungsreferenzzufuhr an Vitaminen und Mineralstoffen ausreichend zu berücksichtigen.

(5) Bei der Festsetzung der in Absatz 1 genannten Höchstgehalte und der in Absatz 2 genannten Bedingungen für Vitamine und Mineralstoffe, deren Bevölkerungsreferenzzufuhr nahe an den sicheren Höchstgehalten liegt, ist erforderlichenfalls auch Folgendes zu berücksichtigen:

a) der Anteil der einzelnen Erzeugnisse an der Gesamternährung der Bevölkerung im Allgemeinen oder bestimmter Bevölkerungsgruppen;

b) das gemäß der Verordnung (EG) Nr. 1924/2006 festgelegte Nährstoffprofil des Erzeugnisses.

(6) Der Zusatz eines Vitamins oder eines Mineralstoffs zu Lebensmitteln muss bewirken, dass das Vitamin oder der Mineralstoff in dem Lebensmittel mindestens in einer signifikanten Menge vorhanden ist, sofern dies im Anhang zur Richtlinie 90/496/EWG definiert ist. Maßnahmen, die die Mindestgehalte einschließlich geringerer Gehalte, die von den oben genannten signifikanten Mengen in spezifischen Lebensmitteln oder Lebensmittelkategorien abweichen, festsetzen und die eine Änderung nicht wesentlicher Bestimmungen dieser Verordnung durch ihre Ergänzung bewirken, werden nach dem in Artikel 14 Absatz 3 der vorliegenden Verordnung genannten Regelungsverfahren mit Kontrolle erlassen.

Artikel 7
Kennzeichnung, Aufmachung und Werbung

(1) Die Kennzeichnung und Aufmachung von Lebensmitteln, denen Vitamine und Mineralstoffe zugesetzt werden, sowie die Werbung für diese Lebensmittel dürfen keinen Hinweis enthalten, mit dem behauptet oder suggeriert wird, dass die Zufuhr angemessener Nährstoffmengen bei einer ausgewogenen, abwechslungsreichen Ernährung nicht möglich sei. Gegebenenfalls kann nach dem in Artikel 14 Absatz 3 genannten Regelungsverfahren mit Kontrolle eine Ausnahmeregelung hinsichtlich eines speziellen Nährstoffs, die eine Änderung nicht wesentlicher Bestimmungen dieser Verordnung durch Ergänzung bewirkt, festgelegt werden.

(2) Die Kennzeichnung und Aufmachung von Lebensmitteln, denen Vitamine und Mineralstoffe zugesetzt wurden, sowie die Werbung für diese Lebensmittel

dürfen den Verbraucher in Bezug auf den Ernährungswert des Lebensmittels infolge des Zusatzes der Nährstoffe nicht irreführen oder täuschen.

(3) Die Nährwertkennzeichnung von Erzeugnissen, denen Vitamine und Mineralstoffe zugesetzt wurden und die in den Anwendungsbereich dieser Verordnung fallen, ist obligatorisch. Es sind die in Artikel 30 Absatz 1 der Verordnung (EU) Nr. 1169/2011 des Europäischen Parlaments und des Rates vom 25. Oktober 2011 betreffend die Information der Verbraucher über Lebensmittel [1] aufgeführten Angaben zu machen und es ist der Gesamtgehalt an Vitaminen und Mineralstoffen anzugeben, den das Lebensmittel nach dem Zusatz aufweist.

(4) Auf der Kennzeichnung von Erzeugnissen, denen Vitamine und Mineralstoffe zugesetzt wurden, darf nach Maßgabe der Verordnung (EG) Nr. 1924/2006 ein Hinweis auf diesen Zusatz angebracht werden.

(5) Dieser Artikel gilt unbeschadet sonstiger lebensmittelrechtlicher Vorschriften über bestimmte Lebensmittelkategorien.

(6) Die Durchführungsbestimmungen zu diesem Artikel werden erforderlichenfalls nach dem in Artikel 14 Absatz 2 genannten Verfahren genauer festgelegt.

KAPITEL III
ZUSATZ BESTIMMER ANDERER STOFFE

Artikel 8
Stoffe, deren Verwendung Beschränkungen unterliegt, die verboten sind oder die von der Gemeinschaft geprüft werden

(1) Das in dem vorliegenden Artikel vorgesehene Verfahren findet Anwendung, wenn ein anderer Stoff als Vitamine oder Mineralstoffe oder eine Zutat, die einen anderen Stoff als Vitamine oder Mineralstoffe enthält, Lebensmitteln zugesetzt oder bei der Herstellung von Lebensmitteln unter Bedingungen verwendet wird, die zu einer Aufnahme von Mengen dieses Stoffes führen würden, welche weit über den unter normalen Bedingungen in einer ausgewogenen und abwechslungsreichen Ernährung vernünftigerweise anzunehmenden Mengen liegen, und/oder die ein potenzielles Risiko für die Verbraucher bergen würden.

(2) Die Kommission kann aus eigener Initiative oder anhand der von den Mitgliedstaaten übermittelten Angaben, nachdem die Behörde jeweils eine Bewertung der vorliegenden Informationen vorgenommen hat, nach dem in Artikel 14 Absatz 3 genannten Regelungsverfahren mit Kontrolle die Aufnahme des Stoffs oder der Zutat in Anhang III beschließen; dies bewirkt eine Änderung nicht wesentlicher Bestimmungen dieser Verordnung. Im Einzelnen verfährt sie wie folgt:

a) Stellt sich heraus, dass eine derartige Verwendung gesundheitsschädlich ist, so wird der Stoff und/oder die Zutat, die diesen enthält,
   i) in Anhang III Teil A aufgenommen, und der Zusatz dieses Stoffs und/oder dieser Zutat zu Lebensmitteln oder deren Verwendung bei der Herstellung von Lebensmitteln verboten, oder
   ii) in Anhang III Teil B aufgenommen, und der Zusatz dieses Stoffs und/oder dieser Zutat zu Lebensmitteln oder deren Verwendung bei der Herstellung von Lebensmitteln nur unter den dort genannten Bedingungen erlaubt.

---

[1] ABl. L 304 vom 22.11.2011, S. 18.

b) Stellt sich heraus, dass eine derartige Verwendung möglicherweise gesundheitsschädlich ist, jedoch weiterhin eine wissenschaftliche Unsicherheit besteht, so wird der Stoff in Anhang III Teil C aufgenommen.

Aus Gründen äußerster Dringlichkeit kann die Kommission auf das in Artikel 14 Absatz 4 genannte Dringlichkeitsverfahren zurückgreifen, um den Stoff oder die Zutat in Anhang III Teil A oder B aufzunehmen.

(3) Gemeinschaftsvorschriften über bestimmte Lebensmittel können Beschränkungen oder das Verbot der Verwendung bestimmter Stoffe enthalten, die über die in dieser Verordnung festgelegten Beschränkungen oder Verbote hinausgehen.

(4) Lebensmittelunternehmer oder andere Interessengruppen dürfen der Behörde jederzeit wissenschaftliche Daten vorlegen, anhand deren die Sicherheit eines in Anhang III Teil C aufgeführten Stoffes bei der Verwendung in einem Lebensmittel oder in einer Lebensmittelkategorie nachgewiesen und der Zweck dieser Verwendung erklärt wird. Die Behörde unterrichtet unverzüglich die Mitgliedstaaten und die Kommission über die Vorlage und stellt ihnen die betreffenden Unterlagen zur Verfügung.

(5) Binnen vier Jahren ab dem Datum, zu dem ein Stoff in Anhang III Teil C aufgenommen wurde, wird nach dem in Artikel 14 Absatz 3 genannten Regelungsverfahren mit Kontrolle unter Berücksichtigung der Stellungnahme der Behörde zu den nach Absatz 4 des vorliegenden Artikels zur Bewertung vorgelegten Unterlagen eine Entscheidung darüber getroffen, ob die Verwendung eines in Anhang III Teil C aufgeführten Stoffes allgemein erlaubt wird oder ob er in Anhang III Teil A oder B aufgenommen wird.

Aus Gründen äußerster Dringlichkeit kann die Kommission auf das in Artikel 14 Absatz 4 genannte Dringlichkeitsverfahren zurückgreifen, um den Stoff oder die Zutat in Anhang III Teil A oder B aufzunehmen.

(6) Die Kommission legt nach dem in Artikel 14 Absatz 2 genannten Verfahren Durchführungsbestimmungen zur Anwendung dieses Artikels einschließlich Bestimmungen für die Vorlage nach Absatz 4 des vorliegenden Artikels fest.

KAPITEL IV
ALLGEMEINE UND SCHLUSSBESTIMMUNGEN

Artikel 9
Gemeinschaftsregister

(1) Die Kommission erstellt und führt ein Gemeinschaftsregister über den Zusatz von Vitaminen und Mineralstoffen und bestimmten anderen Stoffen zu Lebensmitteln, nachstehend „das Register" genannt.

(2) Das Register umfasst

a) die in Anhang I aufgeführten Vitamine und Mineralstoffe, die Lebensmitteln zugesetzt werden dürfen;

b) die in Anhang II aufgeführten Vitamin- und Mineralstoffverbindungen, die Lebensmitteln zugesetzt werden dürfen;

c) die gemäß Artikel 6 festgelegten Höchst- und Mindestgehalte an Vitaminen und Mineralstoffen, die Lebensmitteln zugesetzt werden dürfen, und die damit verbundenen Bedingungen;

d) die in Artikel 11 genannten Informationen über einzelstaatliche Vorschriften zu dem obligatorischen Zusatz von Vitaminen und Mineralstoffen;
e) die in Artikel 4 vorgesehenen Beschränkungen des Zusatzes von Vitaminen und Mineralstoffen;
f) die Stoffe, für die Unterlagen nach Artikel 17 Absatz 1 Buchstabe b vorgelegt wurden;
g) Informationen über die in Anhang III aufgeführten Stoffe und die Gründe, weshalb sie dort aufgenommen wurden.
h) Informationen über die in Anhang III Teil C aufgeführten Stoffe, deren Verwendung gemäß Artikel 8 Absatz 5 allgemein erlaubt ist.

(3) Das Register wird veröffentlicht.

Artikel 10
Freier Warenverkehr

Unbeschadet des Vertrags, insbesondere seiner Artikel 28 und 30, können die Mitgliedstaaten den Handel mit Lebensmitteln, die die Bestimmungen dieser Verordnung und der zu ihrer Durchführung verabschiedeten Gemeinschaftsvorschriften erfüllen, nicht durch die Anwendung nicht harmonisierter einzelstaatlicher Vorschriften über den Zusatz von Vitaminen und Mineralstoffen zu Lebensmitteln beschränken oder verbieten.

Artikel 11
Einzelstaatliche Vorschriften

(1) Die Mitgliedstaaten unterrichten die Kommission bis zum 19. Juli 2007 über das Vorliegen einzelstaatlicher Vorschriften über den obligatorischen Zusatz von Vitaminen und Mineralstoffen sowie von Erzeugnissen, die unter die Ausnahme des Artikels 4 Buchstabe b fallen.

(2) Wenn Gemeinschaftsvorschriften fehlen und ein Mitgliedstaat es für erforderlich hält, neue Rechtsvorschriften zum
a) obligatorischen Zusatz von Vitaminen und Mineralstoffen zu bestimmten Lebensmitteln oder Lebensmittelkategorien oder
b) Verbot oder der Beschränkung der Verwendung bestimmter anderer Stoffe bei der Herstellung von bestimmten Lebensmitteln zu erlassen, so unterrichtet er die Kommission nach dem in Artikel 12 festgelegten Verfahren.

Artikel 12
Meldeverfahren

(1) Hält ein Mitgliedstaat es für erforderlich, neue Rechtsvorschriften zu erlassen, so teilt er der Kommission und den übrigen Mitgliedstaaten die geplanten Maßnahmen mit und begründet diese.

(2) Die Kommission konsultiert den in Artikel 14 Absatz 1 genannten Ausschuss, falls sie es für sinnvoll hält oder wenn ein Mitgliedstaat es verlangt, und nimmt zu den geplanten Maßnahmen Stellung.

(3) Der betroffene Mitgliedstaat darf die geplanten Maßnahmen erst sechs Monate nach der Mitteilung gemäß Absatz 1 und unter der Bedingung treffen, dass die Stellungnahme der Kommission nicht ablehnend ausfällt.

Fällt die Stellungnahme ablehnend aus, so entscheidet die Kommission vor Ablauf der in Unterabsatz 1 genannten Frist nach dem in Artikel 14 Absatz 2 genannten Verfahren, ob die geplanten Maßnahmen durchgeführt werden dürfen. Die Kommission kann bestimmte Änderungen an den geplanten Maßnahmen vorschreiben.

Artikel 13
Schutzmaßnahmen

(1) Hat ein Mitgliedstaat triftige Gründe zu der Annahme, dass ein Erzeugnis die menschliche Gesundheit gefährdet, obwohl es den Bestimmungen dieser Verordnung entspricht, so kann er die Anwendung der fraglichen Bestimmungen auf seinem Hoheitsgebiet vorübergehend aussetzen oder einschränken.

Er teilt dies den übrigen Mitgliedstaaten und der Kommission unverzüglich unter Angabe der Gründe für seine Entscheidung mit.

(2) Nach dem in Artikel 14 Absatz 2 genannten Verfahren wird – gegebenenfalls nach Anhörung der Behörde – eine Entscheidung getroffen.

Die Kommission kann dieses Verfahren auf eigene Initiative einleiten.

(3) Der in Absatz 1 genannte Mitgliedstaat kann die Aussetzung oder Einschränkung aufrechterhalten, bis er von der Entscheidung nach Absatz 2 unterrichtet wird.

Artikel 14
Ausschussverfahren

(1) Die Kommission wird durch den Ständigen Ausschuss für die Lebensmittelkette und Tiergesundheit unterstützt, der durch Artikel 58 Absatz 1 der Verordnung (EG) Nr. 178/2002 eingesetzt wurde.

(2) Wird auf diesen Absatz Bezug genommen, so gelten die Artikel 5 und 7 des Beschlusses 1999/468/EG unter Beachtung von dessen Artikel 8.

Der Zeitraum nach Artikel 5 Absatz 6 des Beschlusses 1999/468/EG wird auf drei Monate festgesetzt.

(3) Wird auf diesen Absatz Bezug genommen, so gelten Artikel 5a Absätze 1 bis 4 und Artikel 7 des Beschlusses 1999/468/EG unter Beachtung von dessen Artikel 8.

(4) Wird auf diesen Absatz Bezug genommen, so gelten Artikel 5a Absätze 1, 2 und 6 sowie Artikel 7 des Beschlusses 1999/468/EG unter Beachtung von dessen Artikel 8.

Artikel 15
Überwachung

Um eine wirksame Überwachung der Lebensmittel zu erleichtern, denen Vitamine und Mineralstoffe zugesetzt wurden, sowie derjenigen Lebensmittel, die in Anhang III Teil B und Teil C aufgeführte Stoffe enthalten, können die Mitgliedstaaten vorschreiben, dass der Hersteller des Erzeugnisses oder derjenige, der in ihrem Hoheitsgebiet das Erzeugnis in Verkehr bringt, der zuständigen Behörde das Inverkehrbringen anzeigt, indem er ein Muster des für das Erzeugnis verwendeten Etiketts zur Verfügung stellt. In diesen Fällen können auch Informationen über die Rücknahme des Erzeugnisses vom Markt verlangt werden.

Artikel 16
Bewertung

Bis zum 1. Juli 2013 legt die Kommission dem Europäischen Parlament und dem Rat einen Bericht über die Auswirkungen der Durchführung dieser Verordnung vor, insbesondere, was die Entwicklung des Marktes für Lebensmittel, denen Vitamine und Mineralstoffe zugesetzt wurden, ihren Verzehr, die Nährstoffzufuhr für die Bevölkerung, Veränderungen der Ernährungsgewohnheiten und den Zusatz bestimmter anderer Stoffe anbelangt; dem Bericht liegen Vorschläge für eine Änderung dieser Verordnung bei, die die Kommission für erforderlich hält. In diesem Zusammenhang liefern die Mitgliedstaaten der Kommission bis zum 1. Juli 2012 die relevanten Informationen. Die Durchführungsbestimmungen zu diesem Artikel werden nach dem in Artikel 14 Absatz 2 genannten Verfahren festgelegt.

Artikel 17
Übergangsmaßnahmen

(1) Abweichend von Artikel 3 Absatz 1 können die Mitgliedstaaten in ihrem Hoheitsgebiet bis zum 19. Januar 2014 die Verwendung von Vitaminen und Mineralstoffen erlauben, die nicht in Anhang I aufgeführt sind oder nicht in den in Anhang II aufgeführten Formen verwendet werden, sofern

a) der fragliche Stoff Lebensmitteln zugesetzt wird, die am 19. Januar 2007 in der Gemeinschaft in Verkehr sind, und

b) die Behörde auf der Grundlage von Unterlagen über die Verwendung des fraglichen Stoffes, die der Kommission vom Mitgliedstaat spätestens am 19. Januar 2010 vorzulegen sind, zur Verwendung dieses Stoffes oder seiner Verwendung in dieser Form bei der Herstellung des Lebensmittels keine ablehnende Stellungnahme abgegeben hat.

(2) Bis zum 19. Januar 2014 können die Mitgliedstaaten gemäß dem Vertrag weiterhin bestehende nationale Beschränkungen oder Verbote des Handels mit Lebensmitteln anwenden, denen Vitamine oder Mineralstoffe zugesetzt werden, die nicht in der Liste in Anhang I aufgeführt sind oder in Formen verwendet werden, die nicht in Anhang II aufgeführt sind.

(3) Die Mitgliedstaaten können unter Beachtung des Vertrags bestehende nationale Bestimmungen über Höchst- und Mindestgehalte von Vitaminen und Mineralstoffen, die in Anhang I aufgeführt sind und Lebensmitteln zugesetzt werden, und über die Bedingungen für diesen Zusatz weiterhin anwenden, bis die entsprechenden Gemeinschaftsmaßnahmen nach Artikel 6 oder nach anderen spezifischen Gemeinschaftsbestimmungen erlassen wurden.

Artikel 18
Inkrafttreten

Diese Verordnung tritt am zwanzigsten Tag nach ihrer Veröffentlichung im *Amtsblatt der Europäischen Union* in Kraft.

Sie gilt ab dem 1. Juli 2007.

Lebensmittel, die vor dem 1. Juli 2007 in Verkehr gebracht oder gekennzeichnet wurden und dieser Verordnung nicht entsprechen, dürfen bis zu ihrem Mindesthaltbarkeitsdatum, jedoch nicht länger als bis zum 31. Dezember 2009 weiter in Verkehr gebracht werden.

ANHANG I
VITAMINE UND MINERALSTOFFE, DIE LEBENSMITTELN ZUGESETZT WERDEN DÜRFEN

1. **Vitamine**
   Vitamin A
   Vitamin D
   Vitamin E
   Vitamin K
   Vitamin B1
   Vitamin B2
   Niacin
   Pantothensäure
   Vitamin B6
   Folsäure
   Vitamin B12
   Biotin
   Vitamin C

2. **Mineralstoffe**
   Calcium
   Magnesium
   Eisen
   Kupfer
   Jod
   Zink
   Mangan
   Natrium
   Kalium
   Selen
   Chrom
   Molybdän
   Fluorid
   Chlorid
   Phosphor
   Bor

ANHANG II

Vitamin- und Mineralstoffverbindungen, die Lebensmitteln zugesetzt werden dürfen

1. **Vitaminverbindungen**

    VITAMIN A
    Retinol
    Retinylacetat
    Retinylpalmitat
    β-Carotin

    VITAMIN D
    Cholecalciferol
    Ergocalciferol

    VITAMIN E
    D-α-Tocopherol
    DL-α-Tocopherol
    D-α-Tocopherylacetat
    DL-α-Tocopherylacetat
    D-α-Tocopherylsäuresuccinat

    VITAMIN K
    Phyllochinon (Phytomenadion)
    Menachinon (¹)

    VITAMIN B_1
    Thiaminhydrochlorid
    Thiaminmononitrat

    VITAMIN B_2
    Riboflavin
    Natrium-Riboflavin-5'-phosphat

    NIACIN
    Nicotinsäure
    Nicotinamid

    PANTOTHENSÄURE
    Calcium-D-pantothenat
    Natrium-D-pantothenat
    D-Panthenol

    VITAMIN B_6
    Pyridoxinhydrochlorid
    Pyridoxin-5'-phosphat
    Pyridoxindipalmitat

    FOLSÄURE
    Pteroylmonoglutaminsäure
    Calcium-L-methylfolat

    VITAMIN B_{12}
    Cyanocobalamin
    Hydroxocobalamin

    BIOTIN
    D-Biotin

    VITAMIN C
    L-Ascorbinsäure
    Natrium-L-ascorbat
    Calcium-L-ascorbat
    Kalium-L-ascorbat
    L-Ascorbyl-6-palmitat

2. **Mineralstoffverbindungen**

    Calciumcarbonat
    Calciumchlorid
    Calciumcitratmalat
    Calciumsalze der Zitronensäure
    Calciumgluconat
    Calciumglycerophosphat
    Calciumlactat

(¹) Menachinon kommt in erster Linie als Menachinon-7 und in geringerem Maße als Menachinon-6 vor.

Calciumsalze der
Orthophosphorsäure
Calciumhydroxid
Calciummalat
Calciumoxid
Calciumsulfat
Magnesiumacetat
Magnesiumcarbonat
Magnesiumchlorid
Magnesiumsalze der
Zitronensäure
Magnesiumgluconat
Magnesiumglycerophosphat
Magnesiumsalze der
Orthophosphorsäure
Magnesiumlactat
Magnesiumhydroxid
Magnesiumoxid
Magnesiumkaliumcitrat
Magnesiumsulfat
Eisenbisglycinat
Eisencarbonat
Eisencitrat
Eisenammoniumcitrat
Eisengluconat
Eisenfumarat
Eisennatriumdiphosphat
Eisenlactat
Eisensulfat
Eisen(II)-Ammoniumphosphat
Eisen(III)-Natrium-EDTA
Eisendiphosphat
(Eisenpyrophosphat)
Eisensaccharat

Elementares Eisen
(Carbonyl + elektrolytisch +
wasserstoffreduziert)
Kupfercarbonat
Kupfercitrat
Kupfergluconat
Kupfersulfat
Kupfer-Lysinkomplex
Natriumiodid
Natriumiodat
Kaliumiodid
Kaliumiodat
Zinkacetat
Zinkbisglycinat
Zinkchlorid
Zinkcitrat
Zinkgluconat
Zinklactat
Zinkoxid
Zinkcarbonat
Zinksulfat
Mangancarbonat
Manganchlorid
Mangancitrat
Mangangluconat
Manganglycerophosphat
Mangansulfat
Natriumbicarbonat
Natriumcarbonat
Natriumcitrat
Natriumgluconat
Natriumlactat
Natriumhydroxid
Natriumsalze der
Orthophosphorsäure

Selen-angereicherte Hefe (²)
Natriumselenat
Natriumhydrogenselenit
Natriumselenit
Natriumfluorid
Kaliumfluorid
Kaliumbicarbonat
Kaliumcarbonat
Kaliumchlorid
Kaliumcitrat
Kaliumgluconat
Kaliumglycerophosphat
Kaliumlactat

Kaliumhydroxid
Kaliumsalze der Orthophosphorsäure
Chrom(III)-chlorid und sein Hexahydrat
Chrom(III)-sulfat und sein Hexahydrat
Chrompicolinat
Chrom(III)-lactattrihydrat
Ammoniummolybdat (Molybdän(VI))
Natriummolybdat (Molybdän(VI))
Borsäure
Natriumborat

(²) In Gegenwart von Natriumselenit als Selenquelle in Kultur gewonnene Arten von Selen-angereicherter Hefe, die in handelsüblicher getrockneter Form nicht mehr als 2,5 mg Se/g enthalten. Die in der Hefe vorherrschende organische Selenart ist Selenomethionin (zwischen 60 und 85 % des insgsamt extrahierten Selens des Produkts). Der Gehalt an anderen organischen Selenverbindungen einschließlich Selenocystein darf 10 % des insgesamt extrahierten Selens nicht überschreiten. Der Gehalt an anorganischem Selen darf üblicherweise 1 % des insgesamt extrahierten Selens nicht überschreiten.

VO (EG) Nr. 1925/2006

ANHANG III
STOFFE, DEREN VERWENDUNG IN LEBENSMITTELN VERBOTEN ODER EINGESCHRÄNKT IST ODER VON DER GEMEINSCHAFT GEPRÜFT WIRD

Teil A – Verbotene Stoffe

Ephedrakraut und Zubereitungen daraus, die aus *Ephedra*-Arten gewonnen werden

Teil B – Stoffe, deren Verwendung eingeschränkt ist

Teil C – Stoffe, die von der Gemeinschaft geprüft werden

Yohimberinde und Zubereitungen daraus, die aus Yohimbe (*Pausinystalia yohimbe* (K. Schum) Pierre ex Beille) gewonnen werden

Verordnung über Nahrungsergänzungsmittel
(Nahrungsergänzungsmittelverordnung – NemV)

Vom 24. Mai 2004

(BGBl. I S. 1011), geänd. durch Art. 1 der 1. VO zur Änd. der NahrungsergänzungsmittelVO und zur Änd. der 1. VO zur Änd. der DüngeVO vom 17. 1. 2007 (BGBl. I S. 46), Art. 8 der VO zur Anpassung von Verordnungen nach dem BMELV-Vertrag von Lissabon-Anpassungsgesetz vom 13. 12. 2011 (BGBl. I S. 2720), Art. 2 der 3. VO zur Änd. der Fruchtsaft- und ErfrischungsgetränkeVO und anderer lebensmittelrechtlicher Vorschriften vom 23. 10. 2013 (BGBl. I S. 3889) und Art. 64 der 10. ZuständigkeitsanpassungsVO vom 31. 8. 2015 (BGBl. I S. 1474)

§ 1
Anwendungsbereich

(1) Nahrungsergänzungsmittel im Sinne dieser Verordnung ist ein Lebensmittel, das

1. dazu bestimmt ist, die allgemeine Ernährung zu ergänzen,
2. ein Konzentrat von Nährstoffen oder sonstigen Stoffen mit ernährungsspezifischer oder physiologischer Wirkung allein oder in Zusammensetzung darstellt und
3. in dosierter Form, insbesondere in Form von Kapseln, Pastillen, Tabletten, Pillen und anderen ähnlichen Darreichungsformen, Pulverbeuteln, Flüssigampullen, Flaschen mit Tropfeinsätzen und ähnlichen Darreichungsformen von Flüssigkeiten und Pulvern zur Aufnahme in abgemessenen kleinen Mengen, in den Verkehr gebracht wird.

(2) Nährstoffe im Sinne dieser Verordnung sind Vitamine und Mineralstoffe, einschließlich Spurenelemente.

§ 2
Abgabe in Fertigpackungen

Ein Nahrungsergänzungsmittel, das zur Abgabe an den Verbraucher bestimmt ist, darf gewerbsmäßig nur in einer Fertigpackung in den Verkehr gebracht werden.

§ 3
Zugelassene Stoffe

(1) Bei der Herstellung eines Nahrungsergänzungsmittels dürfen nur die in Anhang I der Richtlinie 2002/46/EG des Europäischen Parlaments und des Rates vom 10. Juni 2002 zur Angleichung der Rechtsvorschriften der Mitgliedstaaten über Nahrungsergänzungsmittel (ABl. L 183 vom 12.7.2002, S. 51) aufgeführten Nährstoffe im Sinne des § 1 Absatz 2 in den in Anhang II der Richtlinie 2002/46/EG aufgeführten Formen verwendet werden. Die Anhänge I und II der Richtlinie 2002/46/EG sind jeweils in der am 5. Dezember 2011 geltenden Fassung (ABl. L 296 vom 15.11.2011, S. 29) anzuwenden.

(2) Die in Anhang II der Richtlinie 2002/46/EG, in der am 5. Dezember 2011 geltenden Fassung (ABl. L 296 vom 15.11.2011, S. 29), genannten Stoffe müssen vorbehaltlich des Satzes 2 den in der Verordnung (EU) Nr. 231/2012 der Kommission vom 9. März 2012 mit Spezifikationen für die in den Anhängen II und III der Verordnung (EG) Nr. 1333/2008 des Europäischen Parlaments und des Rates aufgeführten Lebensmittelzusatzstoffe (ABl. L 83 vom 22.3.2012, S. 1), in der jeweils geltenden Fassung, festgelegten Reinheitsanforderungen entsprechen. Stoffe des Anhangs II der Richtlinie 2002/46/EG, in der am 5. Dezember 2011 geltenden Fassung (ABl. L 296 vom 15.11.2011, S. 29), die nicht in der Verordnung (EU) Nr. 231/2012 aufgeführt sind, müssen den nach den allgemein anerkannten Regeln der Technik erreichbaren Reinheitsanforderungen entsprechen.

§ 4
Kennzeichnung

(1) Für ein Nahrungsergänzungsmittel ist die Bezeichnung „Nahrungsergänzungsmittel" Verkehrsbezeichnung im Sinne der Lebensmittel-Kennzeichnungsverordnung.

(2) Ein Nahrungsergänzungsmittel darf gewerbsmäßig nur in den Verkehr gebracht werden, wenn auf der Fertigpackung zusätzlich zu den durch die Lebensmittel-Kennzeichnungsverordnung vorgeschriebenen Angaben angegeben sind:

1. die Namen der Kategorien von Nährstoffen oder sonstigen Stoffen, die für das Erzeugnis kennzeichnend sind, oder eine Angabe zur Charakterisierung dieser Nährstoffe oder sonstigen Stoffe,
2. die empfohlene tägliche Verzehrsmenge in Portionen des Erzeugnisses,
3. der Warnhinweis „Die angegebene empfohlene tägliche Verzehrsmenge darf nicht überschritten werden.",
4. ein Hinweis darauf, dass Nahrungsergänzungsmittel nicht als Ersatz für eine ausgewogene und abwechslungsreiche Ernährung verwendet werden sollten,
5. ein Hinweis darauf, dass die Produkte außerhalb der Reichweite von kleinen Kindern zu lagern sind.

Abweichend von Satz 1 Nr. 3 kann auch ein gleichsinniger Warnhinweis angegeben werden.

(3) Ein Nahrungsergänzungsmittel darf gewerbsmäßig nur in den Verkehr gebracht werden, wenn auf der Fertigpackung zusätzlich

1. die Menge der Nährstoffe oder sonstigen Stoffe mit ernährungsspezifischer oder physiologischer Wirkung im Nahrungsergänzungsmittel, bezogen auf die auf dem Etikett angegebene tägliche Verzehrsmenge in den in Anhang I der Richtlinie 2002/46/EG, in der am 30. November 2009 geltenden Fassung (ABl. L 314 vom 30.11.2009, S. 36), jeweils genannten Maßeinheiten als Durchschnittswerte, die auf der Analyse des Erzeugnisses durch den Hersteller beruhen, und
2. die in dem Nahrungsergänzungsmittel enthaltenen Vitamine und Mineralstoffe jeweils als Prozentsatz der in Anlage 1 der Nährwert-Kennzeichnungsverordnung angegebenen Referenzwerte, sofern dort für diese Stoffe Referenzwerte festgelegt sind,

angegeben sind. Die Angabe nach Satz 1 Nummer 2 kann auch in grafischer Form erfolgen.

(4) Ein Nahrungsergänzungsmittel darf gewerbsmäßig nicht unter Bezeichnungen, Angaben oder Aufmachungen in den Verkehr gebracht werden sowie nicht mit Darstellungen oder sonstigen Aussagen beworben werden, mit denen behauptet oder unterstellt wird, dass bei einer ausgewogenen, abwechslungsreichen Ernährung im Allgemeinen die Zufuhr angemessener Nährstoffmengen nicht möglich sei.

(5) Für die Art und Weise der Kennzeichnung nach den Absätzen 1 bis 3 gilt § 3 Abs. 3 Satz 1, 2 und 3 erster Halbsatz der Lebensmittel-Kennzeichnungsverordnung entsprechend.

§ 5
Anzeige

(1) Wer ein Nahrungsergänzungsmittel als Hersteller oder Einführer in den Verkehr bringen will, hat dies spätestens beim ersten Inverkehrbringen dem Bundesamt für Verbraucherschutz und Lebensmittelsicherheit unter Vorlage eines Musters des für das Erzeugnis verwendeten Etiketts anzuzeigen.

(2) Wurde das Nahrungsergänzungsmittel bereits in einem anderen Mitgliedstaat der Europäischen Union in den Verkehr gebracht, so ist, sofern das in diesem Mitgliedstaat geltende Recht eine Anzeigepflicht vorsieht, in der Anzeige nach Absatz 1 zusätzlich die Behörde des anderen Mitgliedstaates anzugeben, bei der die erste Anzeige erfolgt ist.

(3) Das Bundesamt für Verbraucherschutz und Lebensmittelsicherheit übermittelt die Anzeige unverzüglich dem Bundesministerium für Ernährung und Landwirtschaft und den für die Lebensmittelüberwachung zuständigen obersten Landesbehörden.

§ 6
Straftaten und Ordnungswidrigkeiten

(1) Nach § 58 Abs. 1 Nr. 18, Abs. 4 bis 6 des Lebensmittel- und Futtermittelgesetzbuches wird bestraft, wer vorsätzlich oder fahrlässig entgegen § 3 Abs. 1 einen Nährstoff verwendet.

(2) Nach § 59 Abs. 1 Nr. 21 Buchstabe a des Lebensmittel- und Futtermittelgesetzbuches wird bestraft, wer entgegen § 4 Abs. 2 Nr. 3 oder Absatz 4 ein Nahrungsergänzungsmittel gewerbsmäßig in den Verkehr bringt.

(3) Wer eine in Absatz 2 bezeichnete Handlung fahrlässig begeht, handelt nach § 60 Absatz 1 Nummer 2 des Lebensmittel- und Futtermittelgesetzbuches ordnungswidrig.

(3a) Ordnungswidrig im Sinne des § 60 Absatz 2 Nummer 26 Buchstabe a des Lebensmittel- und Futtermittelgesetzbuches handelt, wer vorsätzlich oder fahrlässig entgegen § 5 Absatz 1, auch in Verbindung mit Absatz 2, eine Anzeige nicht, nicht richtig, nicht vollständig oder nicht rechtzeitig erstattet.

(4) Ordnungswidrig im Sinne des § 60 Abs. 2 Nr. 26 Buchstabe b des Lebensmittel- und Futtermittelgesetzbuches handelt, wer vorsätzlich oder fahrlässig entgegen § 2, § 4 Absatz 2 Nummer 1, 2, 4 oder Nummer 5 oder Absatz 3 Satz 1 ein Nahrungsergänzungsmittel gewerbsmäßig in den Verkehr bringt.

**Verordnung (EG) Nr. 834/2007 des Rates
über die ökologische/biologische Produktion und die Kennzeichnung
von ökologischen/biologischen Erzeugnissen und zur Aufhebung
der Verordnung (EWG) Nr. 2092/91**

Vom 28. Juni 2007

(ABl. Nr. L 189/1), geänd. durch VO (EG) Nr. 967/2008 vom 29. 9. 2008 (ABl. Nr. L 264/1) und VO (EU) Nr. 517/2013 vom 13. 5. 2013 (ABl. Nr. L 158/1), ber. durch ABl. Nr. L 300/72 vom 18. 10. 2014

DER RAT DER EUROPÄISCHEN UNION –

gestützt auf den Vertrag zur Gründung der Europäischen Gemeinschaft, insbesondere auf Artikel 37,

auf Vorschlag der Kommission,

nach Stellungnahme des Europäischen Parlaments ([1]),

in Erwägung nachstehender Gründe:

(1) Die ökologische/biologische Produktion bildet ein Gesamtsystem der landwirtschaftlichen Betriebsführung und der Lebensmittelproduktion, das beste umweltschonende Praktiken, ein hohes Maß der Artenvielfalt, den Schutz der natürlichen Ressourcen, die Anwendung hoher Tierschutzstandards und eine Produktionsweise kombiniert, die der Tatsache Rechnung tragen, dass bestimmte Verbraucher Erzeugnissen, die unter Verwendung natürlicher Substanzen und nach natürlichen Verfahren erzeugt worden sind, den Vorzug geben. Die ökologische/biologische Produktionsweise spielt somit eine doppelte gesellschaftliche Rolle, denn sie bedient einerseits auf einem spezifischen Markt die Verbrauchernachfrage nach ökologischen/biologischen Erzeugnissen und stellt andererseits öffentliche Güter bereit, die einen Beitrag zu Umwelt- und Tierschutz ebenso wie zur Entwicklung des ländlichen Raums leisten.

(2) Der Anteil des ökologischen/biologischen Agrarsektors nimmt in den meisten Mitgliedstaaten zu. Besonders in den letzten Jahren ist eine wachsende Verbrauchernachfrage zu verzeichnen. Die jüngsten Reformen der gemeinsamen Agrarpolitik, die auf Marktorientierung und den Verbraucherwünschen entsprechende Qualitätserzeugnisse abheben, werden den Markt für ökologische/biologische Erzeugnisse voraussichtlich weiter stimulieren. Vor diesem Hintergrund nehmen die Rechtsvorschriften über die ökologische/biologische Produktion einen zunehmend wichtigen Stellenwert in der agrarpolitischen Strategie ein und stehen in enger Beziehung zu den Entwicklungen auf den Agrarmärkten.

(3) Der gemeinschaftsrechtliche Rahmen für den ökologischen/biologischen Produktionssektor sollte dem Ziel dienen, einen fairen Wettbewerb und einen ordnungsgemäß funktionierenden Binnenmarkt für ökologische/biologische Erzeugnisse zu gewährleisten und das Vertrauen der Verbraucher in als ökologisch/biologisch gekennzeichnete Erzeugnisse zu wahren und zu rechtfertigen. Er sollte ferner auf die Schaffung von Voraussetzungen abzielen, unter denen sich dieser Sektor entsprechend den jeweiligen Produktions- und Marktentwicklungen fortentwickeln kann.

([1]) Stellungnahme vom 22. Mai 2007 (noch nicht im Amtsblatt veröffentlicht).

(4) Die Mitteilung der Kommission an den Rat und das Europäische Parlament über einen Europäischen Aktionsplan für ökologische Landwirtschaft und ökologisch erzeugte Lebensmittel sieht eine Verbesserung und Verstärkung der gemeinschaftlichen Standards für den ökologischen/biologischen Landbau sowie der Einfuhr- und Kontrollvorschriften vor. Der Rat hat die Kommission in seinen Schlussfolgerungen vom 18. Oktober 2004 aufgefordert, den gemeinschaftsrechtlichen Rahmen dafür im Hinblick auf Vereinfachung und Gesamtkohärenz zu überarbeiten und insbesondere durch Festlegung von Grundprinzipien eine Harmonisierung der Normen zu begünstigen und nach Möglichkeit eine weniger ins Detail gehende Regelung anzustreben.

(5) Es ist daher angezeigt, die Ziele, Grundsätze und Regeln für die ökologische/biologische Produktion genauer zu formulieren, um so zu mehr Transparenz, Verbrauchervertrauen und einer harmonisierten Sichtweise in Bezug auf das ökologische/biologische Produktionskonzept beizutragen.

(6) Zu diesem Zweck sollte die Verordnung (EWG) Nr. 2092/91 des Rates vom 24. Juni 1991 über den ökologischen Landbau/die biologische Landwirtschaft und die entsprechende Kennzeichnung der landwirtschaftlichen Erzeugnisse und Lebensmittel ([1]) aufgehoben und durch eine neue Verordnung ersetzt werden.

(7) Es sollte ein gemeinschaftlicher Rechtsrahmen mit allgemeinen Vorschriften für die ökologische/biologische Produktion festgelegt werden, der sich auf die pflanzliche und die tierische Erzeugung sowie die Aquakulturproduktion, einschließlich der Vorschriften für das Sammeln von Wildpflanzen und Meeresalgen, für die Umstellung und für die Produktion von verarbeiteten Lebensmitteln, einschließlich Wein, sowie von Futtermitteln und von ökologischer/biologischer Hefe erstreckt. Die Kommission sollte die Verwendung der Erzeugnisse und Stoffe zulassen und darüber entscheiden, welche Verfahren im ökologischen/biologischen Landbau und bei der Verarbeitung von ökologischen/biologischen Lebensmitteln eingesetzt werden.

(8) Die Entwicklung der ökologischen/biologischen Produktion sollte insbesondere durch Förderung der Verwendung neuer, für die ökologische/biologische Produktionsweise besser geeigneter Techniken und Substanzen weiter unterstützt werden.

(9) Genetisch veränderte Organismen (GVO) und Erzeugnisse, die aus oder durch GVO erzeugt wurden, sind mit dem ökologischen/biologischen Produktionskonzept und der Auffassung der Verbraucher von ökologischen/biologischen Erzeugnissen unvereinbar. Sie sollten daher nicht im ökologischen/biologischen Landbau oder bei der Verarbeitung von ökologischen/biologischen Erzeugnissen verwendet werden.

(10) Es ist das Ziel, das Vorkommen von GVO in ökologischen/biologischen Erzeugnissen auf das geringstmögliche Maß zu beschränken. Bei den bestehenden Kennzeichnungsschwellen handelt es sich um Höchstwerte, die ausschließlich mit einem zufälligen und technisch nicht zu vermeidenden Vorhandensein von GVO im Zusammenhang stehen.

---

[1] ABl. L 198 vom 22.7.1991, S. 1. Zuletzt geändert durch die Verordnung (EG) Nr. 394/2007 der Kommission (ABl. L 98 vom 13.4.2007, S. 3).

(11) Der ökologische/biologische Landbau sollte in erster Linie erneuerbare Ressourcen in lokal organisierten landwirtschaftlichen Systemen nutzen. Um so wenig wie möglich auf nicht erneuerbare Ressourcen zurückzugreifen, sollten Abfälle und Nebenerzeugnisse pflanzlichen und tierischen Ursprungs verwertet werden, um den Anbauflächen die Nährstoffe wieder zuzuführen.

(12) Der ökologische/biologische Pflanzenbau sollte dazu beitragen, die Bodenfruchtbarkeit zu erhalten und zu verbessern und die Bodenerosion zu verhindern. Die Pflanzen sollten ihre Nährstoffe vorzugsweise über das Ökosystem des Bodens und nicht aus auf den Boden ausgebrachten löslichen Düngemitteln beziehen.

(13) Zentrale Elemente im Bewirtschaftungssystem des ökologischen/biologischen Pflanzenbaus sind die Pflege der Bodenfruchtbarkeit, die Wahl geeigneter Arten und Sorten, eine mehrjährige Fruchtfolge, die Wiederverwertung organischen Materials und Anbautechniken. Zusätzliche Düngemittel, Bodenverbesserer und Pflanzenschutzmittel sollten nur verwendet werden, wenn sie mit den Zielen und Grundsätzen der ökologischen/biologischen Produktion vereinbar sind.

(14) Die Tierhaltung ist von fundamentaler Bedeutung für die Organisation der landwirtschaftlichen Erzeugung in einem ökologisch/biologisch wirtschaftenden Betrieb, insofern als sie das notwendige organische Material und die Nährstoffe für die Anbauflächen liefert und folglich zur Bodenverbesserung und damit zur Entwicklung einer nachhaltigen Landwirtschaft beiträgt.

(15) Zur Vermeidung einer Belastung der Umwelt, insbesondere von natürlichen Ressourcen wie Boden und Wasser, sollte in der ökologischen/biologischen tierischen Erzeugung grundsätzlich für eine enge Verbindung zwischen tierischer Erzeugung und dem Land, für geeignete mehrjährige Fruchtfolgen und die Fütterung der Tiere mit ökologischen/biologischen Pflanzenerzeugnissen, die im Betrieb selbst oder in benachbarten ökologisch/biologisch wirtschaftenden Betrieben erzeugt werden, gesorgt werden.

(16) Da die ökologische/biologische Tierhaltung eine an das Land gebundene Wirtschaftstätigkeit darstellt, sollten die Tiere so oft als möglich Zugang zu Auslauf im Freien oder zu Weideflächen haben.

(17) Die ökologische/biologische Tierhaltung sollte hohe Tierschutzstandards achten sowie den tierartspezifischen verhaltensbedingten Bedürfnissen genügen, und die Gesunderhaltung des Tierbestands sollte auf der Krankheitsvorbeugung basieren. Besondere Aufmerksamkeit sollte in diesem Zusammenhang den Bedingungen der Stallunterbringung, den Haltungspraktiken und der Besatzdichte gelten. Darüber hinaus sollte bei der Wahl der Tierrassen deren Fähigkeit zur Anpassung an die lokalen Verhältnisse berücksichtigt werden. Die Durchführungsbestimmungen für die tierische Erzeugung und die Aquakultur sollten wenigstens die Befolgung der Bestimmungen des Europäischen Übereinkommens zum Schutz von Tieren in landwirtschaftlichen Tierhaltungen und der sich daran anschließenden Empfehlungen seines Ständigen Ausschusses (T-AP) gewährleisten.

(18) Das System der ökologischen/biologischen tierischen Erzeugung sollte anstreben, die Produktionszyklen der verschiedenen Tierarten mit ökologisch/biologisch aufgezogenen Tieren zu realisieren. Daher sollte eine Vergrößerung

des Genpools der ökologisch/biologisch gehaltenen Tiere gefördert, die Selbstversorgung verbessert und so die Entwicklung des Sektors gewährleistet werden.

(19) Ökologisch/biologisch verarbeitete Erzeugnisse sollten mithilfe von Verarbeitungsmethoden erzeugt werden, die sicherstellen, dass die ökologische/biologische Integrität und die entscheidenden Qualitätsmerkmale des Erzeugnisses auf allen Stufen der Produktionskette gewahrt bleiben.

(20) Verarbeitete Lebensmittel sollten nur dann als ökologische/biologische Erzeugnisse gekennzeichnet werden, wenn alle oder fast alle Zutaten landwirtschaftlichen Ursprungs aus ökologischer/biologischer Produktion stammen. Jedoch sollten für verarbeitete Lebensmittel, in denen Zutaten landwirtschaftlichen Ursprungs enthalten sind, die nicht aus ökologischer/biologischer Produktion stammen können, wie zum Beispiel für Erzeugnisse der Jagd und der Fischerei, besondere Kennzeichnungsvorschriften erlassen werden. Darüber hinaus sollte es zur Unterrichtung des Verbrauchers und im Interesse der Markttransparenz und der verstärkten Verwendung von Zutaten aus ökologischer/biologischer Produktion unter bestimmten Voraussetzungen möglich sein, im Verzeichnis der Zutaten auf die ökologische/biologische Produktion hinzuweisen.

(21) In der Anwendung der Produktionsvorschriften ist eine gewisse Flexibilität angezeigt, um eine Anpassung der ökologischen/biologischen Standards und Anforderungen an die lokalen klimatischen und geografischen Gegebenheiten, spezifische Tierhaltungspraktiken und den örtlichen Entwicklungsstand zu ermöglichen. Deshalb sollte die Anwendung von Ausnahmeregelungen zugestanden werden, aber nur in den Grenzen der im Gemeinschaftsrecht genau festgelegten Bedingungen.

(22) Es ist wichtig, das Vertrauen der Verbraucher in ökologische/biologische Erzeugnisse zu wahren. Daher sollten Ausnahmen von den Anforderungen an die ökologische/biologische Produktion unbedingt auf die Fälle begrenzt sein, in denen die Anwendung von Ausnahmeregelungen als gerechtfertigt anzusehen ist.

(23) Im Interesse des Verbraucherschutzes und eines fairen Wettbewerbs sollten die Begriffe, die der Kennzeichnung von ökologischen/biologischen Erzeugnissen dienen, in der gesamten Gemeinschaft und unabhängig von der verwendeten Sprache vor der Benutzung für nicht ökologische/biologische Erzeugnisse geschützt werden. Der Schutz sollte sich auch auf die gebräuchlichen Ableitungen und Diminutive dieser Begriffe erstrecken, ganz gleich, ob sie alleine oder kombiniert verwendet werden.

(24) Um Klarheit für den Verbraucher auf dem gesamten Gemeinschaftsmarkt zu schaffen, sollte das Gemeinschaftslogo für alle in der Gemeinschaft produzierten vorverpackten ökologischen/biologischen Lebensmittel vorgeschrieben werden. Für alle in der Gemeinschaft produzierten nicht vorverpackten ökologischen/biologischen Erzeugnisse und alle aus Drittländern eingeführten ökologischen/biologischen Erzeugnisse sollte das Gemeinschaftslogo auf freiwilliger Basis ebenfalls benutzt werden können.

(25) Es erscheint jedoch angezeigt, die Verwendung des Gemeinschaftslogos auf Erzeugnisse zu beschränken, die ausschließlich oder fast ausschließlich ökolo-

gische/biologische Zutaten enthalten, um eine Irreführung des Verbrauchers in Bezug auf den ökologischen/biologischen Charakter des gesamten Erzeugnisses zu verhindern. Daher sollte es nicht verwendet werden dürfen zur Kennzeichnung von Umstellungserzeugnissen oder von Verarbeitungserzeugnissen, bei denen weniger als 95 % der Zutaten landwirtschaftlichen Ursprungs aus ökologischer/biologischer Produktion stammen.

(26) Das Gemeinschaftslogo sollte in keinem Fall die gleichzeitige Verwendung nationaler oder privater Logos ausschließen.

(27) Ferner sollten die Verbraucher zur Verhinderung betrügerischer Praktiken und zur Vermeidung von Unklarheiten darüber, ob das Erzeugnis aus der Gemeinschaft stammt oder nicht, bei der Verwendung des Gemeinschaftslogos über den Ort der Erzeugung der landwirtschaftlichen Ausgangsstoffe, aus denen sich die Erzeugnisse zusammensetzen, informiert werden.

(28) Die Gemeinschaftsvorschriften sollten zur Förderung eines einheitlichen ökologischen/biologischen Produktionskonzepts beitragen. Die zuständigen Behörden, die Kontrollbehörden und die Kontrollstellen sollten sich jeglicher Verhaltensweisen enthalten, die den freien Verkehr von Erzeugnissen, deren Konformität von einer Behörde oder Stelle eines anderen Mitgliedstaats bescheinigt wurde, behindern könnten. Insbesondere sollten sie keine zusätzlichen Kontrollen einführen oder finanzielle Belastungen auferlegen.

(29) Im Hinblick auf die Kohärenz mit den Gemeinschaftsvorschriften in anderen Bereichen sollte den Mitgliedstaaten erlaubt werden, für die pflanzliche und tierische Erzeugung in ihrem jeweiligen Hoheitsgebiet nationale Produktionsvorschriften anzuwenden, die strenger sind als die gemeinschaftlichen Produktionsvorschriften für die ökologische/biologische Produktion, sofern diese nationalen Vorschriften auch auf die nichtökologische/nichtbiologische Erzeugung Anwendung finden und im Übrigen mit dem Gemeinschaftsrecht vereinbar sind.

(30) Die Verwendung von GVO in der ökologischen/biologischen Produktion ist verboten. Im Interesse der Klarheit und Kohärenz sollte es nicht möglich sein, ein Erzeugnis als ökologisch/biologisch zu kennzeichnen, aus dessen Etikett hervorgehen muss, dass es GVO enthält oder aus GVO besteht oder hergestellt wurde.

(31) Um sicherzustellen, dass die ökologischen/biologischen Erzeugnisse im Einklang mit den Anforderungen erzeugt werden, die der gemeinschaftsrechtliche Rahmen für die ökologische/biologische Produktion vorschreibt, sollten die Tätigkeiten der Unternehmer auf allen Stufen der Produktion, der Aufbereitung und des Vertriebs ökologischer/biologischer Erzeugnisse einem im Einklang mit der Verordnung (EG) Nr. 882/2004 des Europäischen Parlaments und des Rates vom 29. April 2004 über amtliche Kontrollen zur Überprüfung der Einhaltung des Lebensmittel- und Futtermittelrechts sowie der Bestimmungen über Tiergesundheit und Tierschutz ([1]) eingerichteten und betriebenen Kontrollsystem unterliegen.

([1]) ABl. L 165 vom 30.4.2004, S. 1. Berichtigung im ABl. L 191 vom 28.5.2004, S. 1.

(32) In einigen Fällen könnte es als unverhältnismäßig erscheinen, die Melde- und Kontrollvorschriften auf bestimmte Arten von Einzelhandelsunternehmern, z. B. auf solche, die Erzeugnisse direkt an Endverbraucher oder -nutzer verkaufen, anzuwenden. Es ist daher angebracht, den Mitgliedstaaten zu erlauben, solche Unternehmer von diesen Anforderungen auszunehmen. Um jedoch Betrug zu verhindern, sollte die Ausnahmeregelung nicht für diejenigen Einzelhandelsunternehmer gelten, die ökologische/biologische Erzeugnisse erzeugen, aufbereiten oder an einem anderen Ort als der Verkaufsstelle lagern, aus einem Drittland einführen oder die vorgenannten Tätigkeiten an Dritte vergeben haben.

(33) Ökologische/biologische Erzeugnisse, die in die Europäische Gemeinschaft eingeführt werden, sollten auf dem Gemeinschaftsmarkt als ökologisch/biologisch in den Verkehr gebracht werden dürfen, wenn sie nach Produktionsvorschriften und im Rahmen von Kontrollvorkehrungen erzeugt wurden, die den gemeinschaftsrechtlichen Anforderungen entsprechen oder aber diesen gleichwertig sind. Ferner sollte für die aufgrund gleichwertiger Garantien eingeführten Erzeugnisse eine durch die zuständige Behörde oder die anerkannte Kontrollbehörde oder -stelle des betreffenden Drittlands ausgestellte Bescheinigung vorliegen.

(34) Die Gleichwertigkeitsprüfung für die Einfuhrerzeugnisse sollte die internationalen Standards im *Codex Alimentarius* berücksichtigen.

(35) Es erscheint angebracht, die Liste der Drittländer beizubehalten, deren Produktionsvorschriften und Kontrollvorkehrungen durch die Kommission als gleichwertig mit den gemeinschaftsrechtlichen Anforderungen anerkannt wurden. Für nicht in dieser Liste aufgeführte Drittländer sollte die Kommission ein Verzeichnis der Kontrollbehörden und -stellen aufstellen, die als zuständig für die Durchführung der Kontrollen und Zertifizierung in den betreffenden Drittländern anerkannt sind.

(36) Es sollten zweckdienliche statistische Daten erhoben werden, um verlässliche Informationen für die Durchführung und Begleitung dieser Verordnung und als Instrumente für Produzenten, Marktteilnehmer und politische Entscheidungsträger zu erhalten. Der Bedarf an statistischen Daten sollte im Rahmen des Statistischen Programms der Gemeinschaft festgelegt werden.

(37) Diese Verordnung sollte ab einem Zeitpunkt gelten, der der Kommission hinreichend Zeit lässt, die zu ihrer Durchführung erforderlichen Maßnahmen zu erlassen.

(38) Die zur Durchführung dieser Verordnung erforderlichen Maßnahmen sollten gemäß dem Beschluss 1999/468/EG des Rates vom 28. Juni 1999 zur Festlegung der Modalitäten für die Ausübung der der Kommission übertragenen Durchführungsbefugnisse ([1]) erlassen werden.

(39) Angesichts der dynamischen Entwicklung des Öko-/Biosektors, einiger äußerst sensibler Fragen im Zusammenhang mit ökologischen/biologischen Produktionsmethoden und der Notwendigkeit, ein reibungsloses Funktionieren des Binnenmarktes und des Kontrollsystems zu gewährleisten, erscheint es ange-

---

([1]) ABl. L 184 vom 17.7.1999, S. 23. Geändert durch den Beschluss 2006/512/EG (ABl. L 200 vom 22.7.2006, S. 11).

zeigt, die Gemeinschaftsvorschriften für den ökologischen/biologischen Landbau unter Berücksichtigung der bei der Anwendung dieser Bestimmungen gewonnenen Erfahrungen einer künftigen Überprüfung zu unterziehen.

(40) Solange keine detaillierten Produktionsvorschriften der Gemeinschaft für bestimmte Tierarten, Wasserpflanzen und Mikroalgen vorliegen, sollten die Mitgliedstaaten die Möglichkeit haben, nationale Standards oder bei deren Fehlen private Standards anzuwenden, die von den Mitgliedstaaten genehmigt oder anerkannt worden sind –

HAT FOLGENDE VERORDNUNG ERLASSEN:

TITEL I
ZIEL, GELTUNGSBEREICH UND BEGRIFFSBESTIMMUNGEN

Artikel 1
Ziel und Anwendungsbereich

(1) Diese Verordnung schafft die Grundlage für eine nachhaltige Entwicklung der ökologischen/biologischen Produktion, wobei gleichzeitig ein reibungsloses Funktionieren des Binnenmarkts sichergestellt, ein fairer Wettbewerb gewährleistet, das Vertrauen der Verbraucher gewahrt und die Verbraucherinteressen geschützt werden.

In ihr sind allgemeine Ziele und Grundsätze festgelegt, um die Vorschriften dieser Verordnung zu untermauern und die Folgendes betreffen:

a) alle Stufen der Produktion, der Aufbereitung und des Vertriebs ökologischer/biologischer Erzeugnisse und deren Kontrollen;

b) die Verwendung von Angaben in der Kennzeichnung und Werbung, die auf die ökologische/biologische Produktion Bezug nehmen.

(2) Diese Verordnung gilt für folgende Erzeugnisse der Landwirtschaft, einschließlich der Aquakultur, sofern sie in Verkehr gebracht werden oder dazu bestimmt sind, in Verkehr gebracht zu werden:

a) lebende oder unverarbeitete landwirtschaftliche Erzeugnisse,

b) verarbeitete landwirtschaftliche Erzeugnisse, die zur Verwendung als Lebensmittel bestimmt sind,

c) Futtermittel,

d) vegetatives Vermehrungsmaterial und Saatgut für den Anbau.

Die Erzeugnisse der Jagd und der Fischerei wild lebender Tiere gelten nicht als aus ökologischer/biologischer Produktion stammend.

Diese Verordnung gilt auch für als Lebensmittel oder Futtermittel verwendete Hefen.

(3) Diese Verordnung findet auf alle Unternehmer Anwendung, die auf irgendeiner Stufe der Produktion, der Aufbereitung oder des Vertriebs von Erzeugnissen im Sinne des Absatzes 2 tätig sind.

Die Arbeitsgänge in gemeinschaftlichen Verpflegungseinrichtungen unterliegen jedoch nicht dieser Verordnung. Die Mitgliedstaaten können nationale Vorschriften oder bei deren Fehlen private Standards für die Kennzeichnung und die Kontrolle von Erzeugnissen aus Arbeitsgängen in gemeinschaftlichen Verpflegungseinrichtungen anwenden, sofern diese Regelungen mit dem Gemeinschaftsrecht vereinbar sind.

(4) Diese Verordnung gilt unbeschadet der sonstigen Rechtsvorschriften der Gemeinschaft oder der nationalen Vorschriften, die im Einklang mit dem Gemeinschaftsrecht auf die in diesem Artikel definierten Erzeugnisse Anwendung finden, wie z. B. die Bestimmungen für die Produktion, Aufbereitung, Vermarktung, Etikettierung und Kontrolle dieser Erzeugnisse, einschließlich der lebens- und futtermittelrechtlichen Vorschriften.

Artikel 2

Begriffsbestimmungen

Für die Zwecke dieser Verordnung gelten folgende Begriffsbestimmungen:

a) „ökologische/biologische Produktion": Anwendung des Produktionsverfahrens nach den Vorschriften dieser Verordnung auf allen Stufen der Produktion, der Aufbereitung und des Vertriebs;

b) „Stufen der Produktion, der Aufbereitung und des Vertriebs": alle Stufen, angefangen von der Primärproduktion eines ökologischen/biologischen Erzeugnisses bis zu seiner Lagerung, seiner Verarbeitung, seiner Beförderung, seinem Verkauf oder seiner Abgabe an den Endverbraucher und gegebenenfalls der Kennzeichnung, der Werbung, der Einfuhr, der Ausfuhr und der im Rahmen von Unteraufträgen ausgeführten Tätigkeiten;

c) „ökologisch/biologisch": aus ökologischer/biologischer Produktion stammend oder sich darauf beziehend;

d) „Unternehmer": die natürlichen oder juristischen Personen, die für Einhaltung der Vorschriften dieser Verordnung in den ihrer Kontrolle unterliegenden ökologischen/biologischen Betrieben verantwortlich sind;

e) „pflanzliche Erzeugung": Erzeugung landwirtschaftlicher Kulturpflanzen, einschließlich der Ernte von Wildpflanzen für Erwerbszwecke;

f) „tierische Erzeugung": Erzeugung von an Land lebenden Haustieren oder domestizierten Tieren (einschließlich Insekten);

g) die Begriffsbestimmung für „Aquakultur" ist die Begriffsbestimmung der Verordnung (EG) Nr. 1198/2006 des Rates vom 27. Juli 2006 über den Europäischen Fischereifonds ([1]);

h) „Umstellung": Übergang von nichtökologischem/nichtbiologischem auf ökologischen/biologischen Landbau innerhalb eines bestimmten Zeitraums, in dem die Vorschriften für die ökologische/biologische Produktion angewendet wurden;

([1]) ABl. L 223 vom 15.8.2006, S. 1.

i) „Aufbereitung": Arbeitsgänge zur Haltbarmachung und/oder Verarbeitung ökologischer/biologischer Erzeugnisse, einschließlich Schlachten und Zerlegen bei tierischen Erzeugnissen, sowie Verpackung, Kennzeichnung und/oder Änderung der Kennzeichnung betreffend die ökologische/biologische Produktionsweise;

j) die Begriffsbestimmungen für „Lebensmittel", „Futtermittel" und „Inverkehrbringen" sind die Begriffsbestimmungen der Verordnung (EG) Nr. 178/2002 des Europäischen Parlaments und des Rates vom 28. Januar 2002 zur Festlegung der allgemeinen Grundsätze und Anforderungen des Lebensmittelrechts, zur Errichtung der Europäischen Behörde für Lebensmittelsicherheit und zur Festlegung von Verfahren zur Lebensmittelsicherheit ([1]);

k) „Kennzeichnung": alle Begriffe, Angaben, Bezeichnungen, Hersteller- oder Handelsmarken, Abbildungen oder Zeichen auf Verpackungen, Schriftstücken, Schildern, Etiketten, Ringen oder Verschlüssen, die ein Erzeugnis begleiten oder sich auf dieses beziehen;

l) die Begriffsbestimmung für „vorverpackte Lebensmittel" ist die Begriffsbestimmung des Artikels 1 Absatz 3 Buchstabe b der Richtlinie 2000/13/EG des Europäischen Parlaments und des Rates vom 20. März 2000 zur Angleichung der Rechtsvorschriften der Mitgliedstaaten über die Etikettierung und Aufmachung von Lebensmitteln sowie die Werbung hierfür ([2]);

m) „Werbung": jede Darstellung gegenüber der Öffentlichkeit mit anderen Mitteln als einem Etikett, mit der beabsichtigt oder wahrscheinlich die Einstellung, die Überzeugung oder das Verhalten beeinflusst oder verändert wird, um direkt oder indirekt den Verkauf von ökologischen/biologischen Erzeugnissen zu fördern;

n) „zuständige Behörde": die für die Durchführung amtlicher Kontrollen im Bereich der ökologischen/biologischen Produktion gemäß dieser Verordnung zuständige zentrale Behörde eines Mitgliedstaats oder jede andere Behörde, der diese Zuständigkeit übertragen wurde, gegebenenfalls auch die entsprechende Behörde eines Drittlandes;

o) „Kontrollbehörde": eine öffentliche Verwaltungsorganisation eines Mitgliedstaats, der die zuständige Behörde ihre Zuständigkeit für die Inspektion und die Zertifizierung im Bereich der ökologischen/biologischen Produktion gemäß dieser Verordnung ganz oder teilweise übertragen hat, gegebenenfalls auch die entsprechende Behörde eines Drittlandes oder die entsprechende Behörde, die ihre Tätigkeit in einem Drittland ausübt;

p) „Kontrollstelle": ein unabhängiger privater Dritter, der die Inspektion und die Zertifizierung im Bereich der ökologischen/biologischen Produktion gemäß dieser Verordnung wahrnimmt, gegebenenfalls auch die entsprechende Stelle eines Drittlandes oder die entsprechende Stelle, die ihre Tätigkeit in einem Drittland ausübt;

([1]) ABl. L 31 vom 1.2.2002, S. 1. Zuletzt geändert durch die Verordnung (EG) Nr. 575/2006 der Kommission (ABl. L 100 vom 8.4.2006, S. 3).
([2]) ABl. L 109 vom 6.5.2000, S. 29. Zuletzt geändert durch die Richtlinie 2006/142/EG der Kommission (ABl. L 368 vom 23.12.2006, S. 110).

q) „Konformitätszeichen": Bestätigung der Übereinstimmung mit bestimmten Standards oder anderen normativen Dokumenten in Form eines Zeichens;

r) die Begriffsbestimmung für „Zutaten" ist die Begriffsbestimmung des Artikel 6 Absatz 4 der Richtlinie 2000/13/EG;

s) die Begriffsbestimmung für „Pflanzenschutzmittel" ist die Begriffsbestimmung der Richtlinie 91/414/EWG des Rates vom 15. Juli 1991 über das Inverkehrbringen von Pflanzenschutzmitteln ([1]);

t) die Begriffsbestimmung für „genetisch veränderter Organismus (GVO)" ist die Begriffsbestimmung der Richtlinie 2001/18/EG des Europäischen Parlaments und des Rates vom 12. März 2001 über die absichtliche Freisetzung genetisch veränderter Organismen in die Umwelt und zur Aufhebung der Richtlinie 90/220/EWG des Rates ([2]) und der nicht aus einem der in Anhang I.B der Richtlinie 2001/18/EG aufgeführten Verfahren der genetischen Veränderung hervorgegangen ist;

u) „aus GVO hergestellt": ganz oder teilweise aus GVO gewonnen, jedoch nicht aus GVO bestehend oder GVO enthaltend;

v) „durch GVO hergestellt": unter Verwendung eines GVO als letztem lebenden Organismus im Produktionsverfahren gewonnen, jedoch nicht aus GVO bestehend, GVO enthaltend oder aus GVO hergestellt;

w) die Begriffsbestimmung für „Futtermittelzusatzstoffe" ist die Begriffsbestimmung der Verordnung (EG) Nr. 1831/2003 des Europäischen Parlaments und des Rates vom 22. September 2003 über Zusatzstoffe zur Verwendung in der Tierernährung ([3]);

x) „gleichwertig": in Bezug auf verschiedene Systeme oder Maßnahmen, durch Anwendung von Bestimmungen, die die gleiche Konformitätsgewähr bieten, geeignet, die gleichen Ziele und Grundsätze zu erfüllen;

y) „Verarbeitungshilfsstoffe": Stoffe, die nicht selbst als Lebensmittelzutaten verzehrt werden, jedoch bei der Verarbeitung von Rohstoffen, Lebensmitteln oder deren Zutaten aus technologischen Gründen während der Be- oder Verarbeitung verwendet werden und unbeabsichtigte, technisch unvermeidbare Rückstände oder Rückstandsderivate im Enderzeugnis hinterlassen können, unter der Bedingung, dass diese Rückstände gesundheitlich unbedenklich sind und sich technologisch nicht auf das Enderzeugnis auswirken;

z) die Begriffsbestimmung für „ionisierende Strahlung" ist die Begriffsbestimmung der Richtlinie 96/29/Euratom vom 13. Mai 1996 zur Festlegung der grundlegenden Sicherheitsnormen für den Schutz der Gesundheit der Arbeitskräfte und der Bevölkerung gegen die Gefahren durch ionisierende Strahlungen ([4]) mit der Einschränkung des Artikels 1 Absatz 2 der Richtlinie 1999/2/EG des Europäischen Parlaments und des Rates vom 22. Februar

---

([1]) ABl. L 230 vom 19.8.1991, S. 1. Zuletzt geändert durch die Richtlinie 2007/31/EG der Kommission (ABl. L 140 vom 1.6.2007, S. 44).
([2]) ABl. L 106 vom 14.4.2001, S. 1. Zuletzt geändert durch die Verordnung (EG) Nr. 1830/2003 (ABl. L 268 vom 18.10.2003, S. 24).
([3]) ABl. L 268 vom 18.10.2003, S. 29. Geändert durch die Verordnung (EG) Nr. 378/2005 der Kommission (ABl. L 59 vom 5.3.2005, S. 8).
([4]) ABl. L 159 vom 29.6.1996, S. 1.

1999 zur Angleichung der Rechtsvorschriften der Mitgliedstaaten über mit ionisierenden Strahlen behandelte Lebensmittel und Lebensmittelbestandteile ([1]);

aa) „Arbeitsgänge in gemeinschaftlichen Verpflegungseinrichtungen": die Aufbereitung ökologischer/biologischer Erzeugnisse in Gaststättenbetrieben, Krankenhäusern, Kantinen und anderen ähnlichen Lebensmittelunternehmen an der Stelle, an der sie an den Endverbraucher verkauft oder abgegeben werden.

TITEL II
ZIELE UND GRUNDSÄTZE DER ÖKOLOGISCHEN/ BIOLOGISCHEN PRODUKTION

Artikel 3
Ziele

Die ökologische/biologische Produktion verfolgt folgende allgemeine Ziele:

a) Errichtung eines nachhaltigen Bewirtschaftungssystems für die Landwirtschaft, das

   i) die Systeme und Kreisläufe der Natur respektiert und die Gesundheit von Boden, Wasser, Pflanzen und Tieren sowie das Gleichgewicht zwischen ihnen erhält und fördert,

   ii) zu einem hohen Niveau der biologischen Vielfalt beiträgt,

   iii) die Energie und die natürlichen Ressourcen wie Wasser, Boden, organische Substanz und Luft verantwortungsvoll nutzt,

   iv) hohe Tierschutzstandards beachtet und insbesondere tierartspezifischen verhaltensbedingten Bedürfnissen nachkommt;

b) Produktion qualitativ hochwertiger Erzeugnisse;

c) Herstellung einer reichen Vielfalt an Lebensmitteln und anderen landwirtschaftlichen Erzeugnissen, die der Nachfrage der Verbraucher nach Erzeugnissen entsprechen, die durch Verfahren hergestellt wurden, die der Umwelt, der menschlichen Gesundheit, der Pflanzengesundheit, sowie der Gesundheit und dem Wohlbefinden der Tiere nicht abträglich sind.

Artikel 4
Allgemeine Grundsätze

Die ökologische/biologische Produktion hat auf folgenden Grundsätzen zu beruhen:

a) geeignete Gestaltung und Handhabung biologischer Prozesse auf der Grundlage ökologischer Systeme unter Nutzung systeminterner natürlicher Ressourcen und unter Einsatz von Methoden, für die Folgendes gilt:

---

[1] ABl. L 66 vom 13.3.1999, S. 16. Zuletzt geändert durch die Verordnung (EG) Nr. 1882/2003 (ABl. L 284 vom 31.10.2003, S. 1).

i) Verwendung lebender Organismen und mechanischer Produktionsverfahren,

ii) Pflanzenbau und Tiererzeugung sind flächengebunden; Aquakultur in Einklang mit dem Grundsatz der nachhaltigen Nutzung der Fischerei,

iii) keine Verwendung von GVO und aus oder durch GVO hergestellten Erzeugnissen mit Ausnahme von Tierarzneimitteln,

iv) Vornahme von Risikobewertungen und gegebenenfalls Durchführung von Vorsorge- und Präventivmaßnahmen;

b) Beschränkung der Verwendung externer Produktionsmittel. Sind externe Produktionsmittel erforderlich oder gibt es die geeigneten Bewirtschaftungspraktiken oder -verfahren nach Buchstabe a nicht, so beschränken sie sich auf

i) Produktionsmittel aus der ökologischen/biologischen Produktion,

ii) natürliche oder naturgemäß gewonnene Stoffe,

iii) schwer lösliche mineralische Düngemittel;

c) strenge Beschränkung der Verwendung chemisch-synthetischer Produktionsmittel auf Ausnahmefälle, in denen

i) geeignete Bewirtschaftungspraktiken fehlen und

ii) die externen Produktionsmittel nach Buchstabe b auf dem Markt nicht erhältlich sind oder

iii) die Verwendung von externen Produktionsmitteln nach Buchstabe b unannehmbare Umweltfolgen hätte;

d) erforderlichenfalls Anpassung im Rahmen dieser Verordnung der Vorschriften für die ökologische/biologische Produktion zur Berücksichtigung des Gesundheitszustandes, regionaler Unterschiede bei Klima und örtlichen Verhältnissen, der Entwicklungsstadien und spezifischer Tierhaltungspraktiken.

Artikel 5

Spezifische Grundsätze für die landwirtschaftliche Erzeugung

Neben den allgemeinen Grundsätzen nach Artikel 4 hat der ökologische/biologische Landbau auf folgenden spezifischen Grundsätzen zu beruhen:

a) Erhaltung und Förderung des Bodenlebens und der natürlichen Fruchtbarkeit des Bodens, der Bodenstabilität und der biologischen Vielfalt des Bodens zur Verhinderung und Bekämpfung der Bodenverdichtung und -erosion und zur Versorgung der Pflanzen mit Nährstoffen hauptsächlich über das Ökosystem des Bodens;

b) Minimierung der Verwendung von nicht erneuerbaren Ressourcen und von außerbetrieblichen Produktionsmitteln;

c) Wiederverwertung von Abfallstoffen und Nebenerzeugnissen pflanzlichen und tierischen Ursprungs als Produktionsmittel in der pflanzlichen und tierischen Erzeugung;

d) Berücksichtigung des örtlichen oder regionalen ökologischen Gleichgewichts bei den Produktionsentscheidungen;

e) Erhaltung der Tiergesundheit durch Stärkung der natürlichen Abwehrkräfte der Tiere sowie durch Auswahl der geeigneten Rassen und durch entsprechende Haltungspraktiken;

f) Erhaltung der Pflanzengesundheit durch vorbeugende Maßnahmen wie Auswahl geeigneter Arten und Sorten, die gegen Schädlinge und Krankheiten resistent sind, geeignete Fruchtfolge, mechanische und physikalische Methoden und Schutz von Nützlingen;

g) Betreiben einer flächengebundenen und an den Standort angepassten Tiererzeugung;

h) Beachtung eines hohen Tierschutzniveaus unter Berücksichtigung tierartspezifischer Bedürfnisse;

i) Gewinnung ökologischer/biologischer tierischer Erzeugnisse von Tieren, die seit Geburt bzw. Schlupf ununterbrochen in ökologischen/biologischen Betrieben gehalten wurden;

j) Wahl von Tierrassen unter Berücksichtigung ihrer Anpassungsfähigkeit an die örtlichen Bedingungen, ihrer Vitalität und ihrer Widerstandsfähigkeit gegen Krankheiten oder Gesundheitsprobleme;

k) Verwendung ökologischer/biologischer Futtermittel in der Tierhaltung, die sich aus Ausgangserzeugnissen aus dem ökologischen/biologischen Landbau und natürlichen, nicht landwirtschaftlichen Stoffen zusammensetzen;

l) Anwendung von Tierhaltungspraktiken, durch die das Immunsystem der Tiere und ihre natürlichen Abwehrkräfte gegen Krankheiten gestärkt werden; dazu gehören insbesondere regelmäßige Bewegung und Zugang zu Freigelände und gegebenenfalls zu Weideland;

m) Verzicht auf die Zucht künstlich erzeugter polyploider Tiere;

n) Erhaltung der biologischen Vielfalt der natürlichen aquatischen Ökosysteme und längerfristig der Gesundheit der aquatischen Umwelt und der Qualität der angrenzenden aquatischen und terrestrischen Ökosysteme in der Aquakultur;

o) Verwendung von Futtermitteln in der Aquakultur, die gemäß der nachhaltigen Nutzung der Fischereiressourcen im Sinne des Artikels 3 der Verordnung (EG) Nr. 2371/2002 des Rates vom 20. Dezember 2002 über die Erhaltung und nachhaltige Nutzung der Fischereiressourcen im Rahmen der gemeinsamen Fischereipolitik ([1]) gewonnen wurden, oder von ökologischen/biologischen Futtermitteln, die sich aus Ausgangserzeugnissen aus dem ökologischen/biologischen Landbau und aus natürlichen, nicht landwirtschaftlichen Stoffen zusammensetzen.

([1]) ABl. L 358 vom 31.12.2002, S. 59.

Artikel 6
Spezifische Grundsätze für die Verarbeitung von ökologischen/biologischen Lebensmitteln

Neben den allgemeinen Grundsätzen des Artikels 4 hat die Herstellung verarbeiteter ökologischer/biologischer Lebensmittel auf folgenden spezifischen Grundsätzen zu beruhen:

a) Herstellung ökologischer/biologischer Lebensmittel aus ökologischen/biologischen landwirtschaftlichen Zutaten, außer wenn eine Zutat auf dem Markt nicht als ökologisches/biologisches Erzeugnis erhältlich ist;

b) Beschränkung der Verwendung von Lebensmittelzusatzstoffen, von nichtökologischen/nichtbiologischen Zutaten mit überwiegend technischen und sensorischen Funktionen sowie von Mikronährstoffen und Verarbeitungshilfsstoffen auf ein Minimum und auf Fälle, in denen dies ein wesentliches technologisches Erfordernis darstellt oder besonderen Ernährungszwecken dient;

c) Ausschluss von Stoffen und Herstellungsverfahren, die in Bezug auf die tatsächliche Beschaffenheit des Erzeugnisses irreführend sein könnten;

d) sorgfältige Verarbeitung der Lebensmittel, vorzugsweise unter Anwendung biologischer, mechanischer und physikalischer Methoden.

Artikel 7
Spezifische Grundsätze für die Verarbeitung von ökologischen/biologischen Futtermitteln

Neben den allgemeinen Grundsätzen des Artikels 4 hat die Herstellung verarbeiteter ökologischer/biologischer Futtermittel auf folgenden spezifischen Grundsätzen zu beruhen:

a) Herstellung ökologischer/biologischer Futtermittel aus ökologischen/biologischen Futtermittel-Ausgangserzeugnissen, außer wenn ein Futtermittel-Ausgangserzeugnis auf dem Markt nicht als ökologisches/biologisches Erzeugnis erhältlich ist;

b) Beschränkung der Verwendung von Futtermittel-Zusatzstoffen und Verarbeitungshilfsstoffen auf ein Minimum und auf Fälle, in denen dies ein wesentliches technologisches oder zootechnisches Erfordernis darstellt oder besonderen Ernährungszwecken dient;

c) Ausschluss von Stoffen und Herstellungsverfahren, die in Bezug auf die tatsächliche Beschaffenheit des Erzeugnisses irreführend sein könnten;

d) sorgfältige Verarbeitung der Futtermittel, vorzugsweise unter Anwendung biologischer, mechanischer und physikalischer Methoden.

TITEL III
PRODUKTIONSVORSCHRIFTEN

KAPITEL 1
Allgemeine Produktionsvorschriften

Artikel 8
Allgemeine Anforderungen

Die Unternehmer müssen die Produktionsvorschriften einhalten, die in diesem Titel und in den in Artikel 38 Buchstabe a genannten Durchführungsbestimmungen festgelegt sind.

Artikel 9
Verbot der Verwendung von GVO

(1) GVO und aus oder durch GVO hergestellte Erzeugnisse dürfen nicht als Lebensmittel, Futtermittel, Verarbeitungshilfsstoff, Pflanzenschutzmittel, Düngemittel, Bodenverbesserer, Saatgut, vegetatives Vermehrungsmaterial, Mikroorganismus oder Tier in der ökologischen/biologischen Produktion verwendet werden.

(2) Für die Zwecke des Verbots nach Absatz 1 betreffend GVO oder aus GVO hergestellte Erzeugnisse in Zusammenhang mit Lebensmitteln und Futtermitteln können sich Unternehmer auf das Etikett auf dem Erzeugnis oder auf die Begleitpapiere verlassen, die gemäß der Richtlinie 2001/18/EG, der Verordnung (EG) Nr. 1829/2003 des Europäischen Parlaments und des Rates vom 22. September 2003 über genetisch veränderte Lebensmittel und Futtermittel ([1]) oder der Verordnung (EG) Nr. 1830/2003 über die Rückverfolgbarkeit und Kennzeichnung von genetisch veränderten Organismen und über die Rückverfolgbarkeit von aus genetisch veränderten Organismen hergestellten Lebensmitteln und Futtermitteln an ihm angebracht sind oder mit ihm bereitgestellt werden.

Die Unternehmer können davon ausgehen, dass keine GVO oder aus GVO hergestellte Erzeugnisse bei der Herstellung gekaufter Lebensmittel und Futtermittel verwendet wurden, wenn diese nicht gemäß den genannten Verordnungen gekennzeichnet oder mit einem Begleitpapier versehen sind, es sei denn, den Unternehmern liegen Informationen vor, die darauf hindeuten, dass die Kennzeichnung der betreffenden Erzeugnisse nicht mit den genannten Verordnungen im Einklang stehen.

(3) Für die Zwecke des Verbots nach Absatz 1 bezüglich anderer Erzeugnisse als Lebensmittel und Futtermittel oder durch GVO hergestellte Erzeugnisse haben Unternehmer vom Verkäufer eine Bestätigung zu verlangen, dass die gelieferten Erzeugnisse nicht aus oder durch GVO hergestellt wurden, wenn sie solche nichtökologischen/nichtbiologischen Erzeugnisse von Dritten beziehen und verwenden.

([1]) ABl. L 268 vom 18.10.2003, S. 1. Geändert durch die Verordnung (EG) Nr. 1981/2006 der Kommission (ABl. L 368 vom 23.12.2006, S. 99).

(4) Die Kommission entscheidet nach dem in Artikel 37 Absatz 2 genannten Verfahren über Maßnahmen zur Durchführung des Verbots der Verwendung von GVO sowie von Erzeugnissen, die aus oder durch GVO hergestellt wurden.

Artikel 10
Verbot der Verwendung ionisierender Strahlung

Die Verwendung ionisierender Strahlung zur Behandlung ökologischer/biologischer Lebens- oder Futtermittel oder der in ökologischen/biologischen Lebens- oder Futtermitteln verwendeten Ausgangsstoffe ist verboten.

KAPITEL 2
Landwirtschaftliche Erzeugung

Artikel 11
Allgemeine Vorschriften für die landwirtschaftliche Erzeugung

Der gesamte landwirtschaftliche Betrieb ist nach den Vorschriften für die ökologische/biologische Produktion zu bewirtschaften.

Im Einklang mit besonderen Bestimmungen, die nach dem in Artikel 37 Absatz 2 genannten Verfahren festzulegen sind, kann ein Betrieb jedoch in deutlich getrennte Produktionseinheiten oder, im Falle der Aquakultur, Produktionsstätten aufgeteilt werden, die nicht alle nach den Vorschriften für die ökologische/biologische Produktion wirtschaften. Dabei muss es sich bei Tieren um verschiedene Arten handeln. Bei der Aquakultur kann dies die gleiche Art betreffen, sofern eine angemessene Trennung zwischen den Produktionsstätten besteht. Bei Pflanzen muss es sich um verschiedene leicht zu unterscheidende Sorten handeln.

Wirtschaften gemäß Absatz 2 nicht alle Einheiten des Betriebs ökologisch/biologisch, muss der Unternehmer die Flächen, Tiere und Erzeugnisse, die in den ökologischen/biologischen Betriebseinheiten genutzt bzw. erzeugt werden, von den Flächen, Tieren und Erzeugnissen, die in den nichtökologischen/nichtbiologischen Einheiten genutzt bzw. erzeugt werden, getrennt halten und über die Trennung in angemessener Weise Buch führen.

Artikel 12
Vorschriften für die pflanzliche Erzeugung

(1) Neben den allgemeinen Vorschriften für die landwirtschaftliche Erzeugung des Artikels 11 gelten für die ökologische/biologische pflanzliche Erzeugung folgende Vorschriften:

a) Bei der ökologischen/biologischen pflanzlichen Erzeugung müssen Bodenbearbeitungs- und Anbauverfahren angewendet werden, die die organische Bodensubstanz erhalten oder vermehren, die Bodenstabilität und die biologische Vielfalt im Boden verbessern und Bodenverdichtung und Bodenerosion verhindern.

b) Fruchtbarkeit und biologische Aktivität des Bodens müssen durch mehrjährige Fruchtfolge, die Leguminosen und andere Gründüngungspflanzen einschließt, und durch Einsatz von aus ökologischer/biologischer Produktion stammenden Wirtschaftsdüngern tierischer Herkunft oder organischen Substanzen, die vorzugsweise kompostiert sind, erhalten und gesteigert werden.

c) Die Verwendung biodynamischer Zubereitungen ist zulässig.

d) Zusätzliche Düngemittel und Bodenverbesserer dürfen lediglich eingesetzt werden, wenn sie nach Artikel 16 für die Verwendung in der ökologischen/ biologischen Produktion zugelassen wurden.

e) Mineralische Stickstoffdünger dürfen nicht verwendet werden.

f) Alle verwendeten Anbauverfahren müssen dazu beitragen, Belastungen der Umwelt zu vermeiden oder so gering wie möglich zu halten.

g) Die Verhütung von Verlusten durch Schädlinge, Krankheiten und Unkräuter hat sich hauptsächlich auf den Schutz durch Nützlinge, geeignete Arten- und Sortenwahl, Fruchtfolge, Anbauverfahren und thermische Prozesse zu stützen.

h) Bei einer festgestellten Bedrohung der Kulturen dürfen lediglich solche Pflanzenschutzmittel eingesetzt werden, die nach Artikel 16 für die Verwendung in der ökologischen/biologischen Produktion zugelassen wurden.

i) Für die Erzeugung anderer Erzeugnisse als Saatgut und vegetativem Vermehrungsmaterial darf nur ökologisch/biologisch erzeugtes Saatgut und Vermehrungsmaterial verwendet werden. Zu diesem Zweck muss die Mutterpflanze bei Saatgut bzw. die Elternpflanze bei vegetativem Vermehrungsmaterial mindestens während einer Generation oder bei mehrjährigen Kulturen für die Dauer von zwei Wachstumsperioden nach den Vorschriften dieser Verordnung erzeugt worden sein.

j) Bei der pflanzlichen Erzeugung dürfen nur solche Reinigungs- und Desinfektionsmittel eingesetzt werden, die nach Artikel 16 für die Verwendung in der ökologischen/biologischen Produktion zugelassen wurden.

(2) Das Sammeln von Wildpflanzen und ihrer Teile, die in der freien Natur, in Wäldern und auf landwirtschaftlichen Flächen natürlich vorkommen, gilt als ökologische/biologische Produktion, sofern

a) diese Flächen vor dem Sammeln der Pflanzen mindestens drei Jahre nicht mit anderen als den nach Artikel 16 für die Verwendung in der ökologischen/ biologischen Produktion zugelassenen Mitteln behandelt worden sind;

b) das Sammeln die Stabilität des natürlichen Lebensraums und die Erhaltung der Arten in dem Sammelgebiet nicht beeinträchtigt.

(3) Die zur Durchführung der Erzeugungsvorschriften dieses Artikels erforderlichen Maßnahmen werden nach dem in Artikel 37 Absatz 2 genannten Verfahren erlassen.

Artikel 13

Vorschriften für die Erzeugung von Meeresalgen

(1) Das Sammeln von im Meer natürlich vorkommenden wild wachsenden Algen und ihrer Teile gilt als ökologische/biologische Produktion, sofern

a) die betreffenden Gewässer von hoher ökologischer Qualität im Sinne der Richtlinie 2000/60/EG des Europäischen Parlaments und des Rates vom 23. Oktober 2000 zur Schaffung eines Ordnungsrahmens für Maßnahmen der Gemeinschaft im Bereich der Wasserpolitik ([1]) und von einer Qualität sind, die bezeichneten Gewässern im Sinne der noch umzusetzenden Richtlinie 2006/113/EG des Europäischen Parlaments und des Rates vom 12. Dezember 2006 über die Qualitätsanforderungen an Muschelgewässer ([2]) entspricht und in gesundheitlicher Hinsicht nicht ungeeignet sind. Solange im Rahmen von Durchführungsbestimmungen keine detaillierten Vorschriften erlassen wurden, dürfen wild wachsende essbare Algen nicht in Gebieten gesammelt werden, die nicht den Kriterien für die Gebiete der Klasse A oder der Klasse B im Sinne des Anhangs II der Verordnung (EG) Nr. 854/2004 des Europäischen Parlaments und des Rates vom 29. April 2004 mit besonderen Verfahrensvorschriften für die amtliche Überwachung von zum menschlichen Verzehr bestimmten Erzeugnissen tierischen Ursprungs ([3]) genügen;

b) das Sammeln die langfristige Stabilität des natürlichen Lebensraums oder die Erhaltung der Arten im Sammelgebiet nicht beeinträchtigt.

(2) Die Algenzucht erfolgt in Küstengebieten, deren Umwelt- und Gesundheitsmerkmale mindestens den in Absatz 1 beschriebenen Merkmalen entsprechen müssen, um als ökologisch/biologisch gelten zu können; ferner

a) sind auf allen Stufen der Erzeugung von der Sammlung von Jungalgen bis zur Ernte nachhaltige Praktiken anzuwenden;

b) sind regelmäßig Jungalgen in freien Gewässern zu sammeln, um den Zuchtbestand in Innenanlagen zu ergänzen und sicherzustellen, dass ein großer Genpool erhalten bleibt;

c) dürfen außer in Innenanlagen keine Düngemittel verwendet werden; es dürfen nur solche Düngemittel eingesetzt werden, die nach Artikel 16 für die Verwendung in der ökologischen/biologischen Produktion zu diesem Zweck zugelassen wurden.

(3) Die zur Durchführung der Produktionsvorschriften dieses Artikels erforderlichen Maßnahmen werden nach dem in Artikel 37 Absatz 2 genannten Verfahren erlassen.

Artikel 14

Vorschriften für die tierische Erzeugung

(1) Neben den allgemeinen Vorschriften für die landwirtschaftliche Erzeugung des Artikels 11 gelten für die ökologische/biologische tierische Erzeugung folgende Vorschriften:

([1]) ABl. L 327 vom 22.12.2000, S. 1. Geändert durch die Richtlinie Nr. 2455/2001/EG (ABl. L 331 vom 15.12.2001, S. 1).
([2]) ABl. L 376 vom 27.12.2006, S. 14.
([3]) ABl. L 139 vom 30.4.2004, S. 206. Berichtigung im ABl. L 226 vom 25.6.2004, S. 83.

a) Herkunft der Tiere:

  i) Die ökologischen/biologischen Tiere müssen in ökologischen/biologischen Betrieben geboren und aufgezogen worden sein.

  ii) Nichtökologisch/nichtbiologisch aufgezogene Tiere können unter bestimmten Voraussetzungen zu Zuchtzwecken in den ökologischen/biologischen Betrieb eingestellt werden. Solche Tiere und von ihnen gewonnene Erzeugnisse können nach Einhaltung des in Artikel 17 Absatz 1 Buchstabe c genannten Umstellungszeitraums als ökologisch/biologisch gelten.

  iii) Tiere, die sich zu Beginn des Umstellungszeitraums in dem Betrieb befinden, und von ihnen gewonnene Erzeugnisse können nach Einhaltung des in Artikel 17 Absatz 1 Buchstabe c genannten Umstellungszeitraums als ökologisch/biologisch gelten.

b) Haltungspraktiken und Unterbringung der Tiere:

  i) Die Tierhalter müssen die nötigen Grundkenntnisse und -fähigkeiten in Bezug auf die Tiergesundheit und den Tierschutz besitzen.

  ii) Die Haltungspraktiken, einschließlich Besatzdichte und Unterbringung, müssen den entwicklungsbedingten, physiologischen und ethologischen Bedürfnissen der Tiere gerecht werden.

  iii) Die Tiere müssen ständigen Zugang zu Freigelände, vorzugsweise zu Weideland, haben, wann immer die Witterungsbedingungen und der Zustand des Bodens dies erlauben, es sei denn, es gelten mit dem Gemeinschaftsrecht im Einklang stehende Einschränkungen und Pflichten zum Schutz der Gesundheit von Mensch und Tier.

  iv) Der Tierbesatz muss so niedrig sein, dass Überweidung, Zertrampeln des Bodens, Erosion oder Umweltbelastung verursacht durch die Tiere oder die Ausbringung des von ihnen stammenden Wirtschaftsdüngers möglichst gering gehalten werden.

  v) Ökologische/biologische Tiere müssen von anderen Tieren getrennt gehalten werden. Das Weiden ökologischer/biologischer Tiere auf Gemeinschaftsweiden und das Weiden nichtökologischer/nichtbiologischer Tiere auf ökologischem/biologischem Grünland ist jedoch unter bestimmten restriktiven Bedingungen zulässig.

  vi) Anbindung oder Isolierung der Tiere ist untersagt, außer wenn dies bei einzelnen Tieren aus Sicherheits-, Tierschutz- oder tierärztlichen Gründen gerechtfertigt ist und zeitlich begrenzt wird.

  vii) Die Dauer von Tiertransporten muss möglichst kurz gehalten werden.

  viii) Ein Leiden der Tiere, einschließlich Verstümmelung, ist während der gesamten Lebensdauer der Tiere sowie bei der Schlachtung so gering wie möglich zu halten.

  ix) Der Standort von Bienenstöcken muss so gewählt werden, dass Nektar- und Pollenquellen vorhanden sind, die im Wesentlichen aus ökologisch/biologisch erzeugten Pflanzen oder gegebenenfalls aus Wildpflanzen oder nichtökologisch/nichtbiologisch bewirtschafteten Wäldern oder

Kulturpflanzen bestehen, die nur mit Methoden bewirtschaftet werden, die eine geringe Umweltbelastung mit sich bringen. Der Standort von Bienenstöcken muss sich in ausreichender Entfernung von Verschmutzungsquellen befinden, die die Imkereierzeugnisse kontaminieren oder die Gesundheit der Bienen beeinträchtigen können.

- x) Bienenstöcke und in der Bienenhaltung verwendetes Material müssen hauptsächlich aus natürlichen Stoffen bestehen.
- xi) Die Vernichtung von Bienen in den Waben als Methode zur Ernte der Imkereierzeugnisse ist untersagt.

c) Züchtung:
- i) Die Fortpflanzung hat auf natürlichem Wege zu erfolgen. Künstliche Befruchtung ist jedoch zulässig.
- ii) Die Fortpflanzung darf außer im Rahmen einer therapeutischen tierärztlichen Behandlung eines einzelnen Tieres nicht durch die Behandlung mit Hormonen oder ähnlichen Stoffen eingeleitet werden.
- iii) Andere Formen der künstlichen Fortpflanzung, wie zum Beispiel Klonen und Embryonentransfer, sind untersagt.
- iv) Es sind geeignete Rassen auszuwählen. Die Wahl geeigneter Rassen trägt auch zur Vermeidung von Leiden und Verstümmelung der Tiere bei.

d) Futtermittel:
- i) Die Futtermittel für die Tierhaltung sind hauptsächlich in dem Betrieb, in dem die Tiere gehalten werden, oder in anderen ökologischen/biologischen Betrieben im gleichen Gebiet zu erzeugen.
- ii) Die Tiere sind mit ökologischen/biologischen Futtermitteln zu füttern, die dem ernährungsphysiologischen Bedarf der Tiere in ihren verschiedenen Entwicklungsstadien entsprechen. Die Futterration kann teilweise Futtermittel enthalten, die aus Produktionseinheiten stammen, die sich in der Umstellung auf ökologischen/biologischen Landbau befinden.
- iii) Mit der Ausnahme von Bienen müssen die Tiere ständigen Zugang zu Weideland oder Raufutter haben.
- iv) Nichtökologische/nichtbiologische Futtermittelausgangserzeugnisse pflanzlichen Ursprungs, Futtermittelausgangserzeugnisse tierischen und mineralischen Ursprungs, Futtermittelzusatzstoffe, bestimmte Erzeugnisse für die Tierernährung und Verarbeitungshilfsstoffe dürfen nur dann verwendet werden, wenn sie nach Artikel 16 für die Verwendung in der ökologischen/biologischen Produktion zugelassen wurden.
- v) Die Verwendung von Wachstumsförderern und synthetischen Aminosäuren ist untersagt.
- vi) Junge Säugetiere müssen während der Säugeperiode mit natürlicher Milch, vorzugsweise mit der Milch der Muttertiere, gefüttert werden.

e) Krankheitsvorsorge und tierärztliche Behandlung:
- i) Die Krankheitsvorsorge muss auf der Wahl geeigneter Rassen und Linien, Tierhaltungsmanagementmethoden, hochwertigen Futtermitteln

und Auslauf, angemessener Besatzdichte und einer geeigneten und angemessenen Unterbringung unter hygienischen Bedingungen beruhen.

ii) Krankheiten sind unverzüglich zu behandeln, um ein Leiden der Tiere zu vermeiden; chemisch-synthetische allopathische Tierarzneimittel einschließlich Antibiotika dürfen erforderlichenfalls unter strengen Bedingungen verwendet werden, wenn die Behandlung mit phytotherapeutischen, homöopathischen und anderen Erzeugnissen ungeeignet ist. Insbesondere sind Beschränkungen in Bezug auf die Zahl der Behandlungen und Bestimmungen über die Wartezeiten festzulegen.

iii) Die Verwendung immunologischer Tierarzneimittel ist gestattet.

iv) Nach dem Gemeinschaftsrecht zum Schutz der Gesundheit von Mensch und Tier vorgeschriebene Behandlungen sind zulässig.

f) Zur Reinigung und Desinfektion dürfen in Gebäuden und Anlagen, in denen die Tiere gehalten werden, lediglich Reinigungs- und Desinfektionsmittel verwendet werden, die nach Artikel 16 für die Verwendung in der ökologischen/biologischen Produktion zugelassen wurden.

(2) Die zur Durchführung der Produktionsvorschriften dieses Artikels erforderlichen Maßnahmen und Bedingungen werden nach dem in Artikel 37 Absatz 2 genannten Verfahren erlassen.

Artikel 15

Vorschriften für die Erzeugung von Aquakulturtieren

(1) Neben den allgemeinen Vorschriften für die landwirtschaftliche Erzeugung des Artikels 11 gelten für die Erzeugung von Aquakulturtieren folgende Vorschriften:

a) Herkunft der Aquakulturtiere:

i) Die ökologische/biologische Aquakultur beruht auf der Aufzucht eines Jungbestands, der aus ökologischen/biologischen Brutbeständen und ökologischen/biologischen Betrieben stammt.

ii) Sind keine Jungbestände aus ökologischen/biologischen Brutbeständen oder Betrieben erhältlich, so können unter bestimmten Bedingungen nichtökologisch/nichtbiologisch erzeugte Tiere in einen Betrieb eingebracht werden.

b) Haltungspraktiken:

i) Die Tierhalter müssen die nötigen Grundkenntnisse und -fähigkeiten in Bezug auf die Tiergesundheit und Tierschutz besitzen.

ii) Haltungspraktiken, einschließlich Fütterung, Bauweise der Anlagen, Besatzdichte und Wasserqualität müssen den entwicklungsbedingten, physiologischen und verhaltensmäßigen Bedürfnissen der Tiere gerecht werden.

iii) Durch die Haltungspraktiken müssen negative Auswirkungen des Betriebs auf die Umwelt – einschließlich des Entweichens von Beständen – so gering wie möglich gehalten werden.

iv) Ökologische/biologische Tiere müssen von anderen Aquakulturtieren getrennt gehalten werden.

v) Beim Transport ist sicherzustellen, dass der Tierschutz erhalten bleibt.

vi) Ein Leiden der Tiere, einschließlich bei der Schlachtung, ist so gering wie möglich zu halten.

c) Fortpflanzung:

i) Künstliche Polyploidie-Induktion, künstliche Hybridisierung, das Klonen und die Erzeugung von gleichgeschlechtlichen Linien – mit Ausnahme einer manuellen Sortierung – ist untersagt.

ii) Es sind geeignete Linien auszuwählen.

iii) Es sind artenspezifische Bedingungen für die Bewirtschaftung der Brutbestände, für die Aufzucht und die Erzeugung von Jungfischen festzulegen.

d) Futtermittel für Fische und Krebstiere:

i) Die Tiere sind mit Futtermitteln zu füttern, die dem ernährungsphysiologischen Bedarf der Tiere in ihren verschiedenen Entwicklungsstadien entsprechen.

ii) Der pflanzliche Anteil der Futtermittel muss aus ökologischer/biologischer Produktion stammen; der aus Wassertieren gewonnene Anteil der Futtermittel muss aus der nachhaltigen Nutzung der Fischerei stammen.

iii) Nichtökologische/nichtbiologische Futtermittelausgangserzeugnisse pflanzlichen Ursprungs, Futtermittelausgangserzeugnisse tierischen und mineralischen Ursprungs, Futtermittelzusatzstoffe, bestimmte Erzeugnisse für die Tierernährung und Verarbeitungshilfsstoffe dürfen nur dann verwendet werden, wenn sie nach Artikel 16 für die Verwendung in der ökologischen/biologischen Produktion zugelassen wurden.

iv) Die Verwendung von Wachstumsförderern und synthetischen Aminosäuren ist untersagt.

e) Muscheln und andere Arten, die nicht gefüttert werden, sondern sich von natürlichem Plankton ernähren:

i) Diese Tiere, die sich durch Ausfiltern von Kleinlebewesen aus dem Wasser ernähren, müssen ihren ernährungsphysiologischen Bedarf in der Natur decken; dies gilt nicht für Jungtiere, die in Brutanlagen und Aufzuchtbecken gehalten werden.

ii) Sie müssen in Gewässern gehalten werden, die die Kriterien für die Gebiete der Klasse A oder der Klasse B im Sinne des Anhangs II der Verordnung (EG) Nr. 854/2004 erfüllen.

iii) Die betreffenden Gewässer müssen von hoher ökologischer Qualität im Sinne der Richtlinie 2000/60/EG und von einer Qualität sein, die bezeichneten Gewässern im Sinne der noch umzusetzenden Richtlinie 2006/113/EG entspricht.

f) Krankheitsvorsorge und tierärztliche Behandlung:

   i) Die Krankheitsvorsorge muss auf einer Haltung der Tiere unter optimalen Bedingungen durch eine angemessene Standortwahl, eine optimale Gestaltung des Betriebs, die Anwendung guter Haltungs- und Bewirtschaftungspraktiken, einschließlich regelmäßiger Reinigung und Desinfektion der Anlagen, hochwertige Futtermittel, eine angemessene Besatzdichte und die Wahl geeigneter Rassen und Linien beruhen.

   ii) Krankheiten sind unverzüglich zu behandeln, um ein Leiden der Tiere zu vermeiden; chemisch-synthetische allopathische Tierarzneimittel einschließlich Antibiotika dürfen erforderlichenfalls unter strengen Bedingungen verwendet werden, wenn die Behandlung mit phytotherapeutischen, homöopathischen und anderen Erzeugnissen ungeeignet ist. Insbesondere sind Beschränkungen in Bezug auf die Zahl der Behandlungen und Bestimmungen über die Wartezeiten festzulegen.

   iii) Die Verwendung immunologischer Tierarzneimittel ist gestattet.

   iv) Nach dem Gemeinschaftsrecht zum Schutz der Gesundheit von Mensch und Tier vorgeschriebene Behandlungen sind zulässig.

g) Zur Reinigung und Desinfektion dürfen in Teichen, Käfigen, Gebäuden und Anlagen lediglich Reinigungs- und Desinfektionsmittel verwendet werden, die nach Artikel 16 für die Verwendung in der ökologischen/biologischen Produktion zugelassen wurden.

(2) Die zur Durchführung der Produktionsvorschriften dieses Artikels erforderlichen Maßnahmen und Vorkehrungen werden nach dem in Artikel 37 Absatz 2 genannten Verfahren erlassen.

Artikel 16

Im Landbau verwendete Erzeugnisse und Stoffe und Kriterien für ihre Zulassung

(1) Die Kommission lässt nach dem in Artikel 37 Absatz 2 genannten Verfahren die Erzeugnisse und Stoffe, die im ökologischen/biologischen Landbau für folgende Zwecke verwendet werden dürfen, zur Verwendung in der ökologischen/biologischen Produktion zu und nimmt sie in ein beschränktes Verzeichnis auf:

a) als Pflanzenschutzmittel;

b) als Düngemittel und Bodenverbesserer;

c) als nichtökologische/nichtbiologische Futtermittelausgangserzeugnisse pflanzlichen Ursprungs, Futtermittelausgangserzeugnisse tierischen und mineralischen Ursprungs und bestimmte Erzeugnisse für die Tierernährung;

d) als Futtermittelzusatzstoffe und Verarbeitungshilfsstoffe;

e) als Mittel zur Reinigung und Desinfektion von Teichen, Käfigen, Gebäuden und Anlagen für die tierische Erzeugung;

f) als Mittel zur Reinigung und Desinfektion von Gebäuden und Anlagen für die pflanzliche Erzeugung, einschließlich Lagerung in einem landwirtschaftlichen Betrieb.

Die in dem beschränkten Verzeichnis aufgeführten Erzeugnisse und Stoffe dürfen nur insoweit verwendet werden, wie die entsprechende Verwendung in der Landwirtschaft allgemein in den betreffenden Mitgliedstaaten gemäß den einschlägigen Gemeinschaftsvorschriften oder den nationalen Vorschriften im Einklang mit dem Gemeinschaftsrecht zugelassen ist.

(2) Die Zulassung der in Absatz 1 genannten Erzeugnisse und Stoffe unterliegt den Zielen und Grundsätzen des Titels II sowie folgenden allgemeinen und speziellen Kriterien, die als Ganzes zu bewerten sind:

a) Ihre Verwendung ist für eine nachhaltige Produktion notwendig und für die beabsichtigte Verwendung unerlässlich;

b) alle Erzeugnisse und Stoffe müssen pflanzlichen, tierischen, mikrobiellen oder mineralischen Ursprungs sein, es sei denn, solche Erzeugnisse oder Stoffe sind nicht in ausreichender Menge oder Qualität erhältlich oder Alternativen stehen nicht zur Verfügung;

c) im Falle der in Absatz 1 Buchstabe a genannten Erzeugnisse gilt Folgendes:

   i) Ihre Verwendung ist unerlässlich für die Bekämpfung eines Schadorganismus oder einer bestimmten Krankheit, zu deren Bekämpfung keine anderen biologischen, physischen, züchterischen Alternativen oder anbautechnischen Praktiken oder sonstigen effizienten Bewirtschaftungspraktiken zur Verfügung stehen;

   ii) Erzeugnisse, die nicht pflanzlichen, tierischen, mikrobiellen oder mineralischen Ursprungs und nicht mit ihrer natürlichen Form identisch sind, dürfen nur zugelassen werden, wenn in ihren Verwendungsbedingungen jeglicher Kontakt mit den essbaren Teilen der Pflanze ausgeschlossen wird;

d) im Falle der in Absatz 1 Buchstabe b genannten Erzeugnisse ist die Verwendung unerlässlich, um die Fruchtbarkeit des Bodens zu fördern oder zu erhalten oder einen besonderen ernährungsphysiologischen Bedarf von Pflanzen zu decken oder spezifische Bodenverbesserungszwecke zu erfüllen;

e) im Falle der in Absatz 1 Buchstaben c und d genannten Erzeugnisse gilt Folgendes:

   i) Sie sind für die Erhaltung der Tiergesundheit, des Wohls und der Vitalität der Tiere erforderlich und tragen zu einer angemessenen Ernährung bei, die den physiologischen und verhaltensgemäßen Bedürfnissen der betreffenden Art entspricht, oder es ist ohne Rückgriff auf diese Stoffe unmöglich, solche Futtermittel herzustellen oder haltbar zu machen;

   ii) Futtermittel mineralischen Ursprungs, Spurenelemente, Vitamine oder Provitamine sind natürlichen Ursprungs. Stehen diese Stoffe nicht zur Verfügung, so können chemisch genau definierte analoge Stoffe für die Verwendung in der ökologischen/biologischen Produktion zugelassen werden.

(3) a) Die Kommission kann nach dem in Artikel 37 Absatz 2 genannten Verfahren Bedingungen und Einschränkungen hinsichtlich der landwirtschaftlichen Erzeugnisse, bei denen die in Absatz 1 genannten Erzeugnisse und Stoffe angewendet werden dürfen, der Anwendungsweise, der

Dosierung, des Verwendungszeitraums und des Kontakts mit den landwirtschaftlichen Erzeugnissen festlegen und gegebenenfalls über die Rücknahme der Zulassung dieser Erzeugnisse und Stoffe entscheiden.

b) Ist ein Mitgliedstaat der Ansicht, dass ein Erzeugnis oder Stoff in das in Absatz 1 genannte Verzeichnis aufgenommen oder daraus gestrichen werden sollte oder dass die unter Buchstabe a genannten Spezifikationen für die Anwendung geändert werden sollten, so stellt er sicher, dass der Kommission und den Mitgliedstaaten offiziell ein Dossier mit den Gründen für die Aufnahme, Streichung oder Änderungen übermittelt wird.

Änderungs- oder Rücknahmeanträge sowie die diesbezüglichen Entscheidungen werden veröffentlicht.

c) Erzeugnisse und Stoffe, die vor der Annahme dieser Verordnung für Zwecke verwendet wurden, die den in Absatz 1 genannten Zwecken entsprechen, können nach deren Annahme weiter verwendet werden. Die Kommission kann die Zulassung solcher Erzeugnisse oder Stoffe in jedem Fall gemäß Artikel 37 Absatz 2 zurücknehmen.

(4) Die Mitgliedstaaten können in ihrem Hoheitsgebiet die Verwendung von Erzeugnissen und Stoffen im ökologischen/biologischen Landbau für andere als die in Absatz 1 aufgeführten Zwecke regeln, sofern ihre Verwendung den Zielen und Grundsätzen des Titels II und den allgemeinen und spezifischen Kriterien des Absatzes 2 entspricht und dabei das Gemeinschaftsrecht beachtet wird. Die betreffenden Mitgliedstaaten unterrichten die anderen Mitgliedstaaten und die Kommission über solche nationalen Vorschriften.

(5) Die Verwendung von Erzeugnissen und Stoffen, die nicht von den Absätzen 1 und 4 erfasst werden, ist im ökologischen/biologischen Landbau zulässig, sofern ihre Verwendung den Zielen und Grundsätzen des Titels II und den allgemeinen Kriterien dieses Artikels entspricht.

Artikel 17

Umstellung

(1) Folgende Vorschriften gelten für landwirtschaftliche Betriebe, auf denen mit der ökologischen/biologischen Produktion begonnen wird:

a) Der Umstellungszeitraum beginnt frühestens, wenn der Unternehmer den zuständigen Behörden seine Tätigkeit gemeldet und seinen Betrieb dem Kontrollsystem gemäß Artikel 28 Absatz 1 unterstellt hat.

b) Während des Umstellungszeitraums finden sämtliche Vorschriften dieser Verordnung Anwendung.

c) Je nach der Art der pflanzlichen oder tierischen Erzeugung werden spezifische Umstellungszeiträume festgelegt.

d) In einem Betrieb oder einer Betriebseinheit mit teilweiser ökologischer/biologischer Produktion und teilweiser Umstellung auf ökologische/biologische Produktion muss der Unternehmer die ökologisch/biologisch produzierten Erzeugnisse und die Umstellungserzeugnisse getrennt halten, und die entsprechenden Tiere müssen getrennt oder leicht unterscheidbar sein, und er muss über die Trennung Buch führen.

e) Zur Bestimmung des genannten Umstellungszeitraums kann ein dem Zeitpunkt des Beginns des Umstellungszeitraums unmittelbar vorangehender Zeitraum berücksichtigt werden, sofern bestimmte Bedingungen erfüllt sind.

f) Während des unter Buchstabe c genannten Umstellungszeitraums produzierte Tiere und tierische Erzeugnisse dürfen nicht unter Verwendung der in den Artikeln 23 und 24 genannten Angaben bei der Kennzeichnung und Werbung vermarktet werden.

(2) Die zur Durchführung der Bestimmungen dieses Artikels erforderlichen Maßnahmen und Bedingungen und insbesondere die Zeiträume nach Absatz 1 Buchstaben c bis f werden nach dem in Artikel 37 Absatz 2 genannten Verfahren festgelegt.

KAPITEL 3
Herstellung verarbeiteter Futtermittel

Artikel 18
Allgemeine Vorschriften für die Herstellung verarbeiteter Futtermittel

(1) Die Herstellung verarbeiteter ökologischer/biologischer Futtermittel muss räumlich oder zeitlich getrennt von der Herstellung verarbeiteter nichtökologischer/nichtbiologischer Futtermittel erfolgen.

(2) Ökologische/biologische Futtermittelausgangserzeugnisse oder Umstellungsfuttermittelausgangserzeugnisse dürfen nicht zusammen mit den gleichen Futtermittelausgangserzeugnissen aus nichtökologischer/nichtbiologischer Produktion zur Herstellung eines ökologischen/biologischen Futtermittels verwendet werden.

(3) Futtermittelausgangserzeugnisse, die bei der Herstellung ökologischer/biologischer Futtermittel eingesetzt oder weiterverarbeitet werden, dürfen nicht unter Einsatz von chemisch-synthetischen Lösungsmitteln hergestellt worden sein.

(4) Stoffe und Verfahren, die bei der Verarbeitung und Lagerung ökologischer/biologischer Futtermittel verloren gegangene Eigenschaften wiederherstellen oder das Ergebnis nachlässiger Verarbeitung korrigieren oder anderweitig in Bezug auf die tatsächliche Beschaffenheit dieser Erzeugnisse irreführend sein könnten, dürfen nicht verwendet werden.

(5) Die zur Durchführung der Erzeugungsvorschriften dieses Artikels erforderlichen Maßnahmen und Vorkehrungen werden nach dem in Artikel 37 Absatz 2 genannten Verfahren erlassen.

KAPITEL 4
Herstellung verarbeiteter Lebensmittel

Artikel 19
Allgemeine Vorschriften für die Herstellung verarbeiteter Lebensmittel

(1) Die Aufbereitung verarbeiteter ökologischer/biologischer Lebensmittel muss räumlich oder zeitlich getrennt von jener nichtökologischer/nichtbiologischer Lebensmittel erfolgen.

(2) Für die Zusammensetzung verarbeiteter ökologischer/biologischer Lebensmittel gilt Folgendes:

a) Das Erzeugnis wird überwiegend aus Zutaten landwirtschaftlichen Ursprungs hergestellt; bei der Bestimmung, ob ein Erzeugnis überwiegend aus Zutaten landwirtschaftlichen Ursprungs hergestellt ist, werden hinzugefügtes Wasser und Kochsalz nicht berücksichtigt.

b) Es dürfen nur Zusatzstoffe, Verarbeitungshilfsstoffe, Aromastoffe, Wasser, Salz, Zubereitungen aus Mikroorganismen und Enzymen, Mineralstoffe, Spurenelemente, Vitamine sowie Aminosäuren und andere Mikronährstoffe in Lebensmitteln, die für eine besondere Ernährung bestimmt sind, verwendet werden, sofern diese gemäß Artikel 21 für die Verwendung in der ökologischen/biologischen Produktion zugelassen worden sind.

c) Nichtökologische/nichtbiologische landwirtschaftliche Zutaten dürfen nur verwendet werden, wenn sie nach Artikel 21 für die Verwendung in der ökologischen/biologischen Produktion zugelassen worden sind oder von einem Mitgliedstaat vorläufig zugelassen wurden.

d) Eine ökologische/biologische Zutat darf nicht zusammen mit der gleichen nichtökologischen/nichtbiologischen oder während der Umstellung erzeugten Zutat vorkommen.

e) Lebensmittel aus während der Umstellung erzeugten Pflanzen dürfen nur eine pflanzliche Zutat landwirtschaftlichen Ursprungs enthalten.

(3) Stoffe und Verfahren, die bei der Verarbeitung und Lagerung ökologischer/biologischer Lebensmittel verloren gegangene Eigenschaften wiederherstellen oder das Ergebnis nachlässiger Verarbeitung korrigieren oder anderweitig in Bezug auf die tatsächliche Beschaffenheit dieser Erzeugnisse irreführend sein könnten, dürfen nicht verwendet werden.

Die zur Durchführung der Produktionsvorschriften dieses Artikels erforderlichen Maßnahmen, insbesondere hinsichtlich der Verarbeitungsverfahren und der Bedingungen für die in Absatz 2 Buchstabe c genannte vorläufige Zulassung durch die Mitgliedstaaten, werden nach dem in Artikel 37 Absatz 2 genannten Verfahren erlassen.

Artikel 20
Allgemeine Vorschriften für die Herstellung ökologischer/ biologischer Hefe

(1) Für die Herstellung ökologischer/biologischer Hefe dürfen nur ökologisch/ biologisch erzeugte Substrate verwendet werden. Andere Erzeugnisse und Stoffe dürfen nur insoweit verwendet werden, wie sie nach Artikel 21 für die Verwendung in der ökologischen/biologischen Produktion zugelassen wurden.

(2) Ökologische/biologische Hefe darf in ökologischen/biologischen Lebens- oder Futtermitteln nicht zusammen mit nichtökologischer/nichtbiologischer Hefe vorkommen.

(3) Ausführliche Vorschriften für die Herstellung können nach dem in Artikel 37 Absatz 2 genannten Verfahren festgelegt werden.

Artikel 21
Kriterien für bestimmte Erzeugnisse und Stoffe bei der Verarbeitung

(1) Die Zulassung von Erzeugnissen und Stoffen nach Artikel 19 Absatz 2 Buchstaben b und c zur Verwendung in der ökologischen/biologischen Produktion und deren Aufnahme in ein beschränktes Verzeichnis unterliegen den Zielen und Grundsätzen des Titels II sowie folgenden Kriterien, die als Ganzes zu bewerten sind:

i) Gemäß diesem Kapitel zugelassene Alternativen stehen nicht zur Verfügung;

ii) ohne sie kann das Lebensmittel nicht hergestellt oder haltbar gemacht werden oder können ernährungsspezifische Anforderungen, die aufgrund des Gemeinschaftsrechts festgelegt wurden, nicht eingehalten werden.

Außerdem müssen die in Artikel 19 Absatz 2 Buchstabe b genannten Erzeugnisse und Stoffe in der Natur vorkommen und dürfen nur mechanischen, physikalischen, biologischen, enzymatischen oder mikrobiologischen Prozessen unterzogen worden sein, außer wenn die betreffenden Erzeugnisse und Stoffe aus solchen Quellen nicht in ausreichender Menge oder Qualität auf dem Markt erhältlich sind.

(2) Die Kommission entscheidet nach dem in Artikel 37 Absatz 2 genannten Verfahren über die Zulassung und die Aufnahme der Erzeugnisse und Stoffe in das beschränkte Verzeichnis gemäß Absatz 1 des vorliegenden Artikels und legt spezifische Bedingungen und Einschränkungen ihrer Verwendung fest; sie entscheidet erforderlichenfalls auch über die Rücknahme der Zulassung.

Ist ein Mitgliedstaat der Ansicht, dass ein Erzeugnis oder Stoff in das in Absatz 1 genannte Verzeichnis aufgenommen werden oder daraus gestrichen werden sollte oder dass die im vorliegenden Absatz genannten Spezifikationen für die Verwendung geändert werden sollten, so stellt er sicher, dass der Kommission und den Mitgliedstaaten offiziell ein Dossier mit den Gründen für die Aufnahme, Streichung oder Änderungen übermittelt wird.

Änderungs- oder Rücknahmeanträge sowie die diesbezüglichen Entscheidungen werden veröffentlicht.

Erzeugnisse und Stoffe, die vor der Annahme dieser Verordnung für die Zwecke des Artikels 19 Absatz 2 Buchstaben b und c verwendet wurden, können nach deren Annahme weiterhin verwendet werden. Die Kommission kann die Zulassung für diese Erzeugnisse und Stoffe in jeden Fall im Einklang mit Artikel 37 Absatz 2 zurücknehmen.

KAPITEL 5
Flexibilität

Artikel 22
Ausnahmen von den Produktionsvorschriften

(1) Die Kommission kann im Rahmen der Ziele und Grundsätze des Titels II und der Bestimmungen des Absatzes 2 des vorliegenden Artikels nach dem in Artikel 37 Absatz 2 genannten Verfahren Bestimmungen über die Gewährung von Ausnahmen von den in den Kapiteln 1 bis 4 festgelegten Produktionsvorschriften erlassen.

(2) Ausnahmen nach Absatz 1 sind auf ein Mindestmaß zu beschränken und gegebenenfalls zeitlich zu begrenzen; sie dürfen nur gewährt werden, wenn

a) sie für die Aufnahme oder die Aufrechterhaltung der ökologischen/biologischen Produktion in Betrieben mit klimabedingten, geografischen oder strukturellen Beschränkungen erforderlich sind;

b) sie zur Versorgung mit Futtermitteln, Saatgut und vegetativem Vermehrungsmaterial, lebenden Tieren oder anderen landwirtschaftlichen Produktionsmitteln erforderlich sind, soweit diese nicht als ökologische/biologische Erzeugnisse auf dem Markt erhältlich sind;

c) sie zur Versorgung mit Zutaten landwirtschaftlichen Ursprungs erforderlich sind, soweit diese nicht als ökologische/biologische Erzeugnisse auf dem Markt erhältlich sind;

d) sie zur Lösung spezifischer Probleme in der ökologischen/biologischen Tierhaltung erforderlich sind;

e) sie im Hinblick auf die Verwendung spezifischer Erzeugnisse und Stoffe in der Verarbeitung nach Artikel 19 Absatz 2 Buchstabe b erforderlich sind, damit seit langem eingeführte Lebensmittel als ökologische/biologische Erzeugnisse hergestellt werden können;

f) sie als befristete Maßnahme zur Erhaltung oder Wiederaufnahme der ökologischen/biologischen Produktion in Katastrophenfällen erforderlich sind;

g) Lebensmittelzusatzstoffe oder andere Stoffe nach Artikel 19 Absatz 2 Buchstabe b oder Futtermittelzusatzstoffe oder andere Stoffe nach Artikel 16 Absatz 1 Buchstabe d verwendet werden müssen und diese Stoffe anders als durch GVO hergestellt auf dem Markt nicht erhältlich sind;

h) die Verwendung von Lebensmittelzusatzstoffen oder anderen Stoffen nach Artikel 19 Absatz 2 Buchstabe b oder von Futtermittelzusatzstoffen nach Artikel 16 Absatz 1 Buchstabe d aufgrund von Rechtsvorschriften der Gemeinschaft oder von nationalen Rechtsvorschriften erforderlich ist.

(3) Die Kommission kann nach dem in Artikel 37 Absatz 2 genannten Verfahren spezifische Bestimmungen zur Anwendung der in Absatz 1 des vorliegenden Artikels genannten Ausnahmen erlassen.

TITEL IV
KENNZEICHNUNG

Artikel 23
Verwendung von Bezeichnungen mit Bezug auf die ökologische/biologische Produktion

(1) Im Sinne dieser Verordnung gilt ein Erzeugnis als mit Bezug auf die ökologische/biologische Produktion gekennzeichnet, wenn in der Etikettierung, der Werbung oder den Geschäftspapieren das Erzeugnis, seine Zutaten oder die Futtermittelausgangserzeugnisse mit Bezeichnungen versehen werden, die dem Käufer den Eindruck vermitteln, dass das Erzeugnis, seine Bestandteile oder die Futtermittelausgangserzeugnisse nach den Vorschriften dieser Verordnung gewonnen wurden. Insbesondere dürfen die im Anhang aufgeführten Bezeichnungen, daraus abgeleitete Bezeichnungen und Verkleinerungsformen wie „Bio-" und „Öko-", allein oder kombiniert, in der gesamten Gemeinschaft und in allen ihren Amtssprachen bei der Kennzeichnung von Erzeugnissen und der Werbung für sie verwendet werden, wenn diese Erzeugnisse die mit dieser Verordnung oder im Einklang mit ihr erlassenen Vorschriften erfüllen.

Bei der Kennzeichnung von lebenden oder unverarbeiteten landwirtschaftlichen Erzeugnissen und der Werbung für diese dürfen Bezeichnungen mit Bezug auf die ökologische/biologische Produktion nur dann verwendet werden, wenn darüber hinaus alle Bestandteile dieses Erzeugnisses im Einklang mit dieser Verordnung erzeugt worden sind.

(2) Die Bezeichnungen nach Absatz 1 dürfen nirgendwo in der Gemeinschaft und in keiner ihrer Amtssprachen bei der Kennzeichnung und Werbung sowie in den Geschäftspapieren für Erzeugnisse, die die Vorschriften dieser Verordnung nicht erfüllen, verwendet werden, außer wenn sie nicht für landwirtschaftliche Erzeugnisse in Lebensmitteln oder Futtermitteln verwendet werden oder eindeutig keinen Bezug zur ökologischen/biologischen Produktion haben.

Darüber hinaus sind alle Bezeichnungen, einschließlich in Handelsmarken verwendeter Bezeichnungen, sowie Kennzeichnungs- und Werbepraktiken, die den Verbraucher oder Nutzer irreführen können, indem sie ihn glauben lassen, dass das betreffende Erzeugnis oder die zu seiner Produktion verwendeten Zutaten die Vorschriften dieser Verordnung erfüllen, nicht zulässig.

(3) Die Bezeichnungen nach Absatz 1 dürfen nicht für Erzeugnisse verwendet werden, die nach den gemeinschaftlichen Vorschriften eine Kennzeichnung oder einen Hinweis tragen müssen, die bzw. der besagt, dass sie GVO enthalten, aus GVO bestehen oder aus GVO hergestellt worden sind.

(4) Bei verarbeiteten Lebensmitteln dürfen die Bezeichnungen nach Absatz 1 in folgenden Fällen verwendet werden:

a) in der Verkehrsbezeichnung, vorausgesetzt

   i) die verarbeiteten Lebensmittel erfüllen die Anforderungen des Artikels 19;

   ii) mindestens 95 Gewichtsprozent ihrer Zutaten landwirtschaftlichen Ursprungs sind ökologisch/biologisch;

b) nur im Verzeichnis der Zutaten, vorausgesetzt die Lebensmittel erfüllen die Anforderungen des Artikels 19 Absatz 1 und Absatz 2 Buchstaben a, b und d;

c) im Verzeichnis der Zutaten und im selben Sichtfeld wie die Verkehrsbezeichnung, vorausgesetzt

   i) die Hauptzutat ist ein Erzeugnis der Jagd oder der Fischerei;

   ii) sie enthalten andere Zutaten landwirtschaftlichen Ursprungs, die ausschließlich ökologisch/biologisch sind;

   iii) die Lebensmittel erfüllen die Anforderungen des Artikels 19 Absatz 1 und Absatz 2 Buchstaben a, b und d.

Im Verzeichnis der Zutaten ist anzugeben, welche Zutaten ökologisch/biologisch sind.

Finden die Buchstaben b und c dieses Absatzes Anwendung, so darf der Bezug auf die ökologische/biologische Produktion nur im Zusammenhang mit den ökologischen/biologischen Zutaten erscheinen und muss im Verzeichnis der Zutaten der Gesamtanteil der ökologischen/biologischen Zutaten an den Zutaten landwirtschaftlichen Ursprungs angegeben werden.

Die Bezeichnungen und die Prozentangabe gemäß Unterabsatz 3 müssen in derselben Farbe, Größe und Schrifttype wie die übrigen Angaben im Verzeichnis der Zutaten erscheinen.

(5) Die Mitgliedstaaten treffen die erforderlichen Maßnahmen, um die Einhaltung dieses Artikels sicherzustellen.

(6) Die Kommission kann die Liste der Bezeichnungen im Anhang nach dem in Artikel 37 Absatz 2 genannten Verfahren anpassen.

Artikel 24

Verbindliche Angaben

(1) Werden Bezeichnungen nach Artikel 23 Absatz 1 verwendet, muss

a) die Kennzeichnung auch die nach Artikel 27 Absatz 10 erteilte Codenummer der Kontrollbehörde oder Kontrollstelle enthalten, die für die Kontrolle des Unternehmers zuständig ist, der die letzte Erzeugungs- oder Aufbereitungshandlung vorgenommen hat;

b) bei vorverpackten Lebensmitteln auf der Verpackung auch das Gemeinschaftslogo nach Artikel 25 Absatz 1 erscheinen;

c) bei der Verwendung des Gemeinschaftslogos im selben Sichtfeld wie das Logo auch die Angabe des Orts der Erzeugung der landwirtschaftlichen Ausgangsstoffe erscheinen, aus denen sich das Erzeugnis zusammensetzt, und zwar je nach Fall in einer der folgenden Formen:

- „EU-Landwirtschaft", wenn die landwirtschaftlichen Ausgangsstoffe in der EU erzeugt wurden;
- „Nicht-EU-Landwirtschaft", wenn die landwirtschaftlichen Ausgangsstoffe in Drittländern erzeugt wurden;
- „EU-/Nicht-EU-Landwirtschaft", wenn die landwirtschaftlichen Ausgangsstoffe zum Teil in der Gemeinschaft und zum Teil in einem Drittland erzeugt wurden.

Sind alle landwirtschaftlichen Ausgangsstoffe, aus denen sich das Erzeugnis zusammensetzt, in demselben Land erzeugt worden, so kann die genannte Angabe „EU" oder „Nicht-EU" durch die Angabe dieses Landes ersetzt oder um diese ergänzt werden.

Bei der genannten Angabe „EU" oder „Nicht-EU" können kleine Gewichtsmengen an Zutaten außer Acht gelassen werden, sofern die Gesamtmenge der nicht berücksichtigten Zutaten 2 Gewichtsprozent der Gesamtmenge der Ausgangsstoffe landwirtschaftlichen Ursprungs nicht übersteigt.

Die genannte Angabe „EU" oder „Nicht-EU" darf nicht in einer auffälligeren Farbe, Größe oder Schrifttype als die Verkehrsbezeichnung des Erzeugnisses erscheinen.

Bei aus Drittländern eingeführten Erzeugnissen sind die Verwendung des Gemeinschaftslogos nach Artikel 25 Absatz 1 und die Angabe nach Unterabsatz 1 fakultativ. Erscheint das Gemeinschaftslogo nach Artikel 25 Absatz 1 jedoch in der Kennzeichnung, so muss die Angabe nach Unterabsatz 1 auch in der Kennzeichnung erscheinen.

(2) Die Angaben nach Absatz 1 müssen an gut sichtbarer Stelle, deutlich lesbar und unverwischbar angebracht sein.

(3) Spezifische Kriterien zur Aufmachung, Zusammensetzung und Größe der Angaben nach Absatz 1 Buchstaben a und c werden von der Kommission nach dem in Artikel 37 Absatz 2 genannten Verfahren erlassen.

Artikel 25
Logos für ökologische/biologische Produktion

(1) Das Gemeinschaftslogo für ökologische/biologische Produktion darf in der Kennzeichnung, Aufmachung und Werbung von Erzeugnissen verwendet werden, sofern diese die Vorschriften dieser Verordnung erfüllen.

Das Gemeinschaftslogo darf nicht für Umstellungserzeugnisse und Lebensmittel im Sinne des Artikels 23 Absatz 4 Buchstaben b und c verwendet werden.

(2) Nationale und private Logos dürfen in der Kennzeichnung und Aufmachung von Erzeugnissen sowie in der Werbung hierfür verwendet werden, sofern diese Erzeugnisse die Vorschriften dieser Verordnung erfüllen.

(3) Die Kommission legt nach dem in Artikel 37 Absatz 2 genannten Verfahren spezifische Kriterien für die Aufmachung, Zusammensetzung, Größe und Gestaltung des Gemeinschaftslogos fest.

Artikel 26
Besondere Kennzeichnungsvorschriften

Die Kommission erlässt nach dem in Artikel 37 Absatz 2 genannten Verfahren besondere Vorschriften für die Kennzeichnung und Zusammensetzung von

a) ökologischen/biologischen Futtermitteln,

b) Umstellungserzeugnissen pflanzlichen Ursprungs,

c) vegetativem Vermehrungsmaterial und Saatgut für den Anbau.

TITEL V
KONTROLLEN

Artikel 27
Kontrollsystem

(1) Die Mitgliedstaaten führen ein System für Kontrollen ein und bestimmen eine oder mehrere zuständige Behörde(n), die für die Kontrolle der Einhaltung der Verpflichtungen gemäß der vorliegenden Verordnung im Einklang mit der Verordnung (EG) Nr. 882/2004 zuständig ist (sind).

(2) Zusätzlich zu den Bedingungen gemäß der Verordnung (EG) Nr. 882/2004 umfasst das für die Zwecke der vorliegenden Verordnung eingerichtete Kontrollsystem mindestens die Anwendung von Vorkehrungen und Kontrollmaßnahmen, die von der Kommission nach dem in Artikel 37 Absatz 2 genannten Verfahren festzulegen sind.

(3) Im Rahmen dieser Verordnung werden Art und Häufigkeit der Kontrollen auf der Grundlage einer Bewertung des Risikos des Auftretens von Unregelmäßigkeiten und Verstößen in Bezug auf die Erfüllung der Anforderungen dieser Verordnung bestimmt. Alle Unternehmer mit Ausnahme von Großhändlern, die nur mit abgepackten Erzeugnissen handeln, und Unternehmern nach Artikel 28 Absatz 2, die an Endverbraucher oder -nutzer verkaufen, müssen in jedem Fall mindestens einmal jährlich darauf überprüft werden, ob sie die Vorschriften dieser Verordnung einhalten.

(4) Die zuständige Behörde kann

a) ihre Kontrollbefugnisse einer oder mehreren anderen Kontrollbehörden übertragen. Die Kontrollbehörden müssen angemessene Garantien für Objektivität und Unparteilichkeit bieten und über qualifiziertes Personal und die erforderlichen Ressourcen für die Wahrnehmung ihrer Aufgaben verfügen;

b) Kontrollaufgaben einer oder mehreren Kontrollstellen übertragen. In diesem Fall benennen die Mitgliedstaaten Behörden, die für die Zulassung und Überwachung dieser Kontrollstellen zuständig sind.

(5) Die zuständige Behörde kann einer bestimmten Kontrollstelle nur dann Kontrollaufgaben übertragen, wenn die Voraussetzungen des Artikels 5 Absatz 2 der Verordnung (EG) Nr. 882/2004 erfüllt sind und wenn insbesondere

a) die Aufgaben, die die Kontrollstelle wahrnehmen darf, sowie die Bedingungen, der sie hierbei unterliegt, genau beschrieben sind;

b) nachgewiesen ist, dass die Kontrollstelle

   i) über die Sachkompetenz, Ausrüstung und Infrastruktur verfügt, die zur Wahrnehmung der ihr übertragenen Aufgaben notwendig sind,

   ii) über eine ausreichende Zahl entsprechend qualifizierter und erfahrener Mitarbeiter verfügt und

   iii) im Hinblick auf die Durchführung der ihr übertragenen Aufgaben unabhängig und frei von jeglichem Interessenkonflikt ist;

c) die Kontrollstelle nach der Europäischen Norm EN 45011 bzw. ISO Guide 65 (Allgemeine Anforderungen an Stellen, die Produktzertifizierungssysteme betreiben) in der zuletzt im *Amtsblatt der Europäischen Union*, Reihe C, bekannt gemachten Fassung akkreditiert und von den zuständigen Behörden zugelassen ist;

d) die Kontrollstelle der zuständigen Behörde regelmäßig bzw. immer, wenn diese darum ersucht, die Ergebnisse der durchgeführten Kontrollen mitteilt. Wird aufgrund der Ergebnisse der Kontrollen ein Verstoß festgestellt oder vermutet, so unterrichtet die Kontrollstelle unverzüglich die zuständige Behörde;

e) eine wirksame Koordinierung zwischen der übertragenden zuständigen Behörde und der Kontrollstelle stattfindet.

(6) Zusätzlich zu den Voraussetzungen des Absatzes 5 berücksichtigt die zuständige Behörde bei der Zulassung einer Kontrollstelle folgende Kriterien:

a) das vorgesehene Standardkontrollverfahren mit einer ausführlichen Beschreibung der Kontrollmaßnahmen und Vorkehrungen, die die Stelle den ihrer Kontrolle unterliegenden Unternehmern gegenüber zur Auflage macht;

b) die Maßnahmen, die die Kontrollstelle bei Feststellung von Unregelmäßigkeiten und/oder Verstößen zu ergreifen gedenkt.

(7) Die zuständigen Behörden dürfen folgende Aufgaben den Kontrollstellen nicht übertragen:

a) Überwachung und Überprüfung anderer Kontrollstellen;

b) Gewährung von Ausnahmen nach Artikel 22, es sei denn, dies ist in den von der Kommission nach Artikel 22 Absatz 3 erlassenen spezifischen Bestimmungen vorgesehen.

(8) Gemäß Artikel 5 Absatz 3 der Verordnung (EG) Nr. 882/2004 veranlassen die zuständigen Behörden, die Kontrollstellen Aufgaben übertragen, bei Bedarf Überprüfungen oder Inspektionen der Kontrollstellen. Ergibt eine Überprüfung oder Inspektion, dass diese Stellen die ihnen übertragenen Aufgaben nicht ordnungsgemäß ausführen, so kann die übertragende zuständige Behörde die Übertragung entziehen. Dies geschieht unverzüglich, wenn die Kontrollstelle nicht rechtzeitig angemessene Abhilfemaßnahmen trifft.

(9) Zusätzlich zu den Anforderungen nach Absatz 8 muss die zuständige Behörde
a) sicherstellen, dass die Kontrollstelle ihre Kontrollen objektiv und unabhängig wahrnimmt;
b) die Wirksamkeit der Kontrollen überprüfen;
c) etwaige festgestellte Unregelmäßigkeiten oder Verstöße sowie die daraufhin getroffenen Abhilfemaßnahmen zur Kenntnis nehmen;
d) der Kontrollstelle die Zulassung entziehen, wenn diese die Voraussetzungen nach den Buchstaben a und b nicht erfüllt oder den Kriterien nach den Absätzen 5 und 6 nicht mehr genügt oder die Anforderungen der Absätze 11, 12 und 14 nicht erfüllt.

(10) Die Mitgliedstaaten teilen jeder Kontrollbehörde oder Kontrollstelle, die Kontrollaufgaben nach Absatz 4 durchführt, eine Codenummer zu.

(11) Die Kontrollbehörden und Kontrollstellen gewähren den zuständigen Behörden Zugang zu ihren Diensträumen und Einrichtungen und leisten jede Auskunft und Unterstützung, die den zuständigen Behörden zur Erfüllung ihrer Aufgaben nach diesem Artikel erforderlich erscheint.

(12) Die Kontrollbehörden und Kontrollstellen stellen sicher, dass gegenüber den ihrer Kontrolle unterstehenden Unternehmern mindestens die Vorkehrungen und Kontrollmaßnahmen nach Absatz 2 angewandt werden.

(13) Die Mitgliedstaaten stellen sicher, dass das eingerichtete Kontrollsystem im Einklang mit Artikel 18 der Verordnung (EG) Nr. 178/2002 für jedes Erzeugnis die Rückverfolgbarkeit auf allen Stufen der Produktion, der Aufbereitung und des Vertriebs erlaubt, um insbesondere den Verbrauchern die Gewähr dafür zu bieten, dass die ökologischen/biologischen Erzeugnisse in Übereinstimmung mit den Anforderungen der vorliegenden Verordnung hergestellt worden sind.

(14) Die Kontrollbehörden und Kontrollstellen übermitteln den zuständigen Behörden jährlich spätestens bis zum 31. Januar ein Verzeichnis der Unternehmer, die am 31. Dezember des Vorjahres ihrer Kontrolle unterstanden. Bis spätestens zum 31. März jedes Jahres ist ein zusammenfassender Bericht über die im Vorjahr ausgeführten Kontrolltätigkeiten vorzulegen.

Artikel 28

Teilnahme am Kontrollsystem

(1) Jeder Unternehmer, der Erzeugnisse im Sinne des Artikels 1 Absatz 2 erzeugt, aufbereitet, lagert, aus einem Drittland einführt oder in Verkehr bringt, ist verpflichtet, vor dem Inverkehrbringen von jeglichen Erzeugnissen als ökologische/biologische Erzeugnisse oder als Umstellungserzeugnisse
a) seine Tätigkeit den zuständigen Behörden des Mitgliedstaats, in dem diese Tätigkeit ausgeübt wird, zu melden;
b) sein Unternehmen dem Kontrollsystem nach Artikel 27 zu unterstellen.

Unterabsatz 1 gilt auch für Ausführer, die Erzeugnisse ausführen, die im Einklang mit den Produktionsvorschriften dieser Verordnung hergestellt wurden.

Lässt ein Unternehmer eine seiner Tätigkeiten von einem Dritten ausüben, so unterliegt dieser Unternehmer dennoch den unter den Buchstaben a und b genannten Pflichten, und die in Auftrag gegebenen Tätigkeiten unterliegen dem Kontrollsystem.

(2) Die Mitgliedstaaten können Unternehmer, die Erzeugnisse direkt an Endverbraucher oder -nutzer verkaufen, von der Anwendung dieses Artikels befreien, sofern diese Unternehmer die Erzeugnisse nicht selbst erzeugen, aufbereiten oder an einem anderen Ort als in Verbindung mit der Verkaufsstelle lagern oder solche Erzeugnisse nicht aus einem Drittland einführen oder solche Tätigkeiten auch nicht von Dritten ausüben lassen.

(3) Die Mitgliedstaaten bestimmen eine Behörde oder Stelle, die diesbezügliche Meldungen entgegennimmt.

(4) Die Mitgliedstaaten stellen sicher, dass jeder Unternehmer, der die Vorschriften dieser Verordnung erfüllt und als Beitrag zu den Kontrollkosten eine angemessene Gebühr entrichtet, einen Anspruch hat, in das Kontrollsystem einbezogen zu werden.

(5) Die Kontrollbehörden und Kontrollstellen führen ein aktualisiertes Verzeichnis mit Namen und Anschriften der ihrer Kontrolle unterliegenden Unternehmer. Dieses Verzeichnis ist den betroffenen Parteien zur Einsicht bereitzuhalten.

(6) Die Kommission erlässt nach dem in Artikel 37 Absatz 2 genannten Verfahren Durchführungsbestimmungen zur Regelung des Verfahrens für die Meldung und Unterstellung nach Absatz 1 des vorliegenden Artikels, insbesondere hinsichtlich der in die Meldung nach Absatz 1 Buchstabe a des vorliegenden Artikels aufzunehmenden Informationen.

Artikel 29

Bescheinigungen

(1) Die Kontrollbehörden und Kontrollstellen nach Artikel 27 Absatz 4 stellen jedem Unternehmer, der ihren Kontrollen unterliegt und in seinem Tätigkeitsbereich die Anforderungen dieser Verordnung erfüllt, eine entsprechende Bescheinigung aus. Diese Bescheinigung muss zumindest über die Identität des Unternehmers und die Art oder das Sortiment der Erzeugnisse sowie über die Geltungsdauer der Bescheinigung Aufschluss geben.

(2) Jeder Unternehmer muss die Bescheinigungen seiner Lieferanten prüfen.

(3) Die Form der in Absatz 1 genannten Bescheinigung wird nach dem in Artikel 37 Absatz 2 genannten Verfahren erstellt, wobei die Vorteile einer elektronischen Bescheinigung zu berücksichtigen sind.

Artikel 30

Maßnahmen bei Verstößen und Unregelmäßigkeiten

(1) Bei Feststellung einer Unregelmäßigkeit hinsichtlich der Einhaltung der Vorschriften dieser Verordnung stellt die Kontrollbehörde oder Kontrollstelle sicher, dass in der Kennzeichnung und Werbung für die gesamte von der Unregel-

mäßigkeit betroffene Partie oder Erzeugung kein Bezug auf die ökologische/ biologische Produktion erfolgt, wenn dies in einem angemessenen Verhältnis zur Bedeutung der Vorschrift, gegen die verstoßen wurde, sowie zu der Art und den besonderen Umständen der Unregelmäßigkeit steht.

Bei Feststellung eines schwerwiegenden Verstoßes oder eines Verstoßes mit Langzeitwirkung untersagt die Kontrollbehörde oder Kontrollstelle dem betreffenden Unternehmer die Vermarktung von Erzeugnissen mit einem Bezug auf die ökologische/biologische Produktion in der Kennzeichnung und Werbung für eine mit der zuständigen Behörde des betreffenden Mitgliedstaats vereinbarte Dauer.

(2) Die Informationen über Unregelmäßigkeiten oder Verstöße, die den ökologischen/biologischen Status eines Erzeugnisses beeinträchtigen, müssen umgehend zwischen den betroffenen Kontrollstellen, Kontrollbehörden, zuständigen Behörden und Mitgliedstaaten ausgetauscht und gegebenenfalls der Kommission mitgeteilt werden.

Die Ebene, auf der die Mitteilung erfolgt, ist von der Schwere und dem Umfang der Unregelmäßigkeit bzw. des Verstoßes abhängig.

Die Form und die Modalitäten dieser Mitteilungen können von der Kommission nach dem in Artikel 37 Absatz 2 genannten Verfahren geregelt werden.

Artikel 31
Informationsaustausch

Auf Antrag müssen die zuständigen Behörden, die Kontrollbehörden und die Kontrollstellen einschlägige Informationen über die Ergebnisse ihrer Kontrollen mit anderen zuständigen Behörden, Kontrollbehörden und Kontrollstellen austauschen, soweit der Antrag mit der Notwendigkeit begründet ist zu gewährleisten, dass ein Erzeugnis nach den Vorschriften dieser Verordnung hergestellt wurde. Sie können diese Informationen auch von sich aus austauschen.

TITEL VI
HANDEL MIT DRITTLÄNDERN

Artikel 32
Einfuhr konformer Erzeugnisse

(1) Ein aus einem Drittland eingeführtes Erzeugnis darf in der Gemeinschaft als ökologisches/biologisches Erzeugnis in Verkehr gebracht werden, sofern

a) das Erzeugnis den Vorschriften der Titel II, III und IV sowie den gemäß dieser Verordnung erlassenen für seine Produktion einschlägigen Durchführungsbestimmungen genügt;

b) alle Unternehmer, einschließlich der Ausführer, der Kontrolle durch eine nach Absatz 2 anerkannte Kontrollbehörde oder Kontrollstelle unterworfen worden sind;

c) die betreffenden Unternehmer den Einführern oder den nationalen Behörden die von der Kontrollbehörde oder Kontrollstelle gemäß Buchstabe b ausgestellte Bescheinigung nach Artikel 29 jederzeit vorlegen können, die die Identität des Unternehmers, der den letzten Arbeitsgang durchgeführt hat, belegt und es ermöglicht, die Einhaltung der Bestimmungen der Buchstaben a und b dieses Absatzes durch diesen Unternehmer zu überprüfen.

(2) Die Kommission erkennt nach dem in Artikel 37 Absatz 2 genannten Verfahren die Kontrollbehörden und Kontrollstellen nach Absatz 1 Buchstabe b des vorliegenden Artikels, einschließlich der Kontrollbehörden und Kontrollstellen nach Artikel 27, die in Drittländern für die Durchführung der Kontrollen und die Ausstellung der Bescheinigungen nach Absatz 1 Buchstabe c des vorliegenden Artikels zuständig sind, an und stellt ein Verzeichnis dieser Kontrollbehörden und Kontrollstellen auf.

Die Kontrollstellen müssen nach der Europäischen Norm EN 45011 bzw. ISO Guide 65 (Allgemeine Anforderungen an Stellen, die Produktzertifizierungssysteme betreiben) in der zuletzt im *Amtsblatt der Europäischen Union*, Reihe C, bekannt gemachten Fassung akkreditiert sein. Die Kontrollstellen werden einer regelmäßigen Evaluierung vor Ort, Überwachung und mehrjährigen Wiederbewertung ihrer Tätigkeiten durch die Akkreditierungsstelle unterzogen.

Bei der Prüfung der Anträge auf Anerkennung fordert die Kommission bei der Kontrollbehörde oder Kontrollstelle alle erforderlichen Informationen an. Die Kommission kann auch Sachverständige beauftragen, vor Ort eine Prüfung der Produktionsvorschriften und der von der betreffenden Kontrollbehörde oder Kontrollstelle in dem Drittland durchgeführten Kontrolltätigkeiten vorzunehmen.

Die anerkannten Kontrollstellen oder Kontrollbehörden stellen die Bewertungsberichte der Akkreditierungsstelle oder gegebenenfalls der zuständigen Behörde über die regelmäßige Evaluierung vor Ort, Überwachung und mehrjährige Wiederbewertung ihrer Tätigkeiten zur Verfügung.

Auf der Grundlage der Bewertungsberichte stellt die Kommission mit Unterstützung der Mitgliedstaaten eine angemessene Überwachung über die anerkannten Kontrollbehörden und Kontrollstellen sicher, indem sie eine regelmäßige Überprüfung ihrer Anerkennung vornimmt. Die Art der Überwachung wird anhand einer Bewertung des Risikos von Unregelmäßigkeiten oder Verstößen gegen die Bestimmungen dieser Verordnung festgelegt.

Artikel 33

Einfuhr von Erzeugnissen mit gleichwertigen Garantien

(1) Ein aus einem Drittland eingeführtes Erzeugnis darf auch in der Gemeinschaft als ökologisches/biologisches Erzeugnis in Verkehr gebracht werden, sofern

a) das Erzeugnis nach Produktionsvorschriften produziert wurde, die den Vorschriften der Titel III und IV gleichwertig sind;

b) die Unternehmer Kontrollmaßnahmen unterworfen worden sind, die an Wirksamkeit denjenigen des Titels V gleichwertig sind und die fortlaufend und effektiv angewandt worden sind;

c) die Unternehmer ihre Tätigkeiten auf allen Stufen der Produktion, der Aufbereitung und des Vertriebs des Erzeugnisses in dem betreffenden Drittland einem nach Absatz 2 anerkannten Kontrollsystem oder einer nach Absatz 3 anerkannten Kontrollbehörde oder Kontrollstelle unterstellt haben;

d) die zuständigen Behörden, Kontrollbehörden oder Kontrollstellen des nach Absatz 2 anerkannten Drittlandes oder eine nach Absatz 3 anerkannte Kontrollbehörde oder Kontrollstelle eine Kontrollbescheinigung für das Erzeugnis erteilt hat, wonach es den Bestimmungen dieses Absatzes genügt.

Das Original der Bescheinigung gemäß diesem Absatz muss der Ware bis zum Betrieb des ersten Empfängers beigefügt sein; anschließend hat der Einführer die Bescheinigung mindestens zwei Jahre lang für die Kontrollbehörde oder Kontrollstelle bereitzuhalten.

(2) Die Kommission kann nach dem in Artikel 37 Absatz 2 genannten Verfahren diejenigen Drittländer anerkennen, deren Produktionssystem Grundsätzen und Produktionsvorschriften genügt, die denen der Titel II, III und IV gleichwertig sind, und deren Kontrollmaßnahmen von gleichwertiger Wirksamkeit sind wie diejenigen des Titels V; sie kann diese Länder in ein entsprechendes Verzeichnis aufnehmen. Bei der Gleichwertigkeitsprüfung sind die Leitlinien CAC/GL 32 des *Codex Alimentarius* zu berücksichtigen.

Bei der Prüfung der Anträge auf Anerkennung fordert die Kommission bei dem Drittland alle erforderlichen Informationen an. Die Kommission kann Sachverständige beauftragen, vor Ort eine Prüfung der Produktionsregeln und Kontrollmaßnahmen des betreffenden Drittlandes vorzunehmen.

Bis zum 31. März jedes Jahres übermitteln die anerkannten Drittländer der Kommission einen kurzen Jahresbericht über die Anwendung und Durchsetzung der in dem betreffenden Land geltenden Kontrollmaßnahmen.

Auf der Grundlage der in diesen Jahresberichten enthaltenen Informationen stellt die Kommission mit Unterstützung der Mitgliedstaaten eine angemessene Überwachung der anerkannten Drittländer sicher, indem sie deren Anerkennung regelmäßig überprüft. Die Art der Überwachung wird anhand einer Bewertung des Risikos von Unregelmäßigkeiten oder Verstößen gegen die Bestimmungen dieser Verordnung festgelegt.

(3) Für Erzeugnisse, die nicht gemäß Artikel 32 eingeführt und nicht aus einem nach Absatz 2 des vorliegenden Artikels anerkannten Drittland eingeführt werden, kann die Kommission nach dem in Artikel 37 Absatz 2 genannten Verfahren die Kontrollbehörden und Kontrollstellen, einschließlich der Kontrollbehörden und Kontrollstellen nach Artikel 27, die in Drittländern für die Durchführung von Kontrollen und die Erteilung von Bescheinigungen nach Absatz 1 des vorliegenden Artikels zuständig sind, anerkennen und ein Verzeichnis dieser Kontrollbehörden und Kontrollstellen erstellen. Bei der Gleichwertigkeitsprüfung sind die Leitlinien CAC/GL 32 des *Codex Alimentarius* zu berücksichtigen.

Die Kommission prüft jeden Antrag auf Anerkennung, der von einer Kontrollbehörde oder Kontrollstelle eines Drittlandes eingereicht wird.

Bei der Prüfung der Anträge auf Anerkennung fordert die Kommission bei der Kontrollbehörde oder Kontrollstelle alle erforderlichen Informationen an. Die Tätigkeit der Kontrollstelle oder Kontrollbehörde wird von einer Akkreditierungsstelle oder gegebenenfalls einer dafür zuständigen Behörde einer regelmäßigen Evaluierung vor Ort, Überwachung und mehrjährigen Wiederbewertung unterzogen. Die Kommission kann auch Sachverständige beauftragen, vor Ort eine Prüfung der Produktionsvorschriften und der von der betreffenden Kontrollbehörde oder Kontrollstelle in dem Drittland durchgeführten Kontrolltätigkeiten vorzunehmen.

Die anerkannten Kontrollstellen oder Kontrollbehörden stellen die Bewertungsberichte der Akkreditierungsstelle oder gegebenenfalls der zuständigen Behörde über die regelmäßige Evaluierung vor Ort, Überwachung und mehrjährige Wiederbewertung ihrer Tätigkeiten zur Verfügung.

Auf der Grundlage dieser Bewertungsberichte stellt die Kommission mit Unterstützung der Mitgliedstaaten eine angemessene Überwachung der anerkannten Kontrollbehörden und Kontrollstellen sicher, indem sie eine regelmäßige Überprüfung der Anerkennung vornimmt. Die Art der Überwachung wird anhand einer Bewertung des Risikos von Unregelmäßigkeiten oder Verstößen gegen die Bestimmungen dieser Verordnung festgelegt.

TITEL VII
ÜBERGANGS- UND SCHLUSSBESTIMMUNGEN

Artikel 34
Freier Warenverkehr für ökologische/biologische Erzeugnisse

(1) Die zuständigen Behörden, Kontrollbehörden und Kontrollstellen dürfen die Vermarktung von ökologischen/biologischen Erzeugnissen, die von einer in einem anderen Mitgliedstaat ansässigen anderen Kontrollbehörde oder Kontrollstelle kontrolliert wurden, nicht aus Gründen des Produktionsverfahrens, der Kennzeichnung oder der Darstellung dieses Verfahrens verbieten oder einschränken, sofern diese Erzeugnisse den Anforderungen dieser Verordnung entsprechen. Insbesondere dürfen keine anderen als die in Titel V vorgesehenen Kontrollen oder finanziellen Belastungen vorgeschrieben werden.

(2) Die Mitgliedstaaten können in ihrem Hoheitsgebiet für die ökologische/biologische pflanzliche und tierische Erzeugung strengere Vorschriften anwenden, sofern diese Vorschriften auch für die nichtökologische/nichtbiologische Erzeugung gelten und mit dem Gemeinschaftsrecht im Einklang stehen und die Vermarktung außerhalb des Hoheitsgebiets des betreffenden Mitgliedstaats produzierter ökologischer/biologischer Erzeugnisse dadurch nicht unterbunden oder eingeschränkt wird.

Artikel 35
Mitteilungen an die Kommission

Die Mitgliedstaaten übermitteln der Kommission regelmäßig folgende Informationen:

a) Name und Anschrift sowie gegebenenfalls Codenummer und Konformitätszeichen der zuständigen Behörden;

b) Liste der Kontrollbehörden und Kontrollstellen und ihrer Codenummern sowie gegebenenfalls ihrer Konformitätszeichen. Die Kommission veröffentlicht regelmäßig das Verzeichnis der Kontrollbehörden und Kontrollstellen.

Artikel 36

Statistische Informationen

Die Mitgliedstaaten übermitteln der Kommission die statistischen Angaben, die für die Durchführung dieser Verordnung und die Folgemaßnahmen erforderlich sind. Diese statistischen Angaben werden im Rahmen des statistischen Programms der Gemeinschaft definiert.

Artikel 37

Ausschuss für ökologische/biologische Produktion

(1) Die Kommission wird von einem Regelungsausschuss für ökologische/biologische Produktion unterstützt.

(2) Wird auf diesen Absatz Bezug genommen, so gelten die Artikel 5 und 7 des Beschlusses 1999/468/EG.

Der Zeitraum nach Artikel 5 Absatz 6 des Beschlusses 1999/468/EG wird auf drei Monate festgesetzt.

Artikel 38

Durchführungsbestimmungen

Die Kommission erlässt nach dem in Artikel 37 Absatz 2 genannten Verfahren im Rahmen der Ziele und Grundsätze des Titels II Durchführungsbestimmungen zu dieser Verordnung. Dazu gehören insbesondere Durchführungsbestimmungen zu

a) den Produktionsvorschriften des Titels III, insbesondere hinsichtlich der spezifischen Anforderungen und Bedingungen, die die Unternehmer zu erfüllen haben;

b) den Kennzeichnungsvorschriften des Titels IV;

c) dem Kontrollsystem des Titels V, insbesondere zu Mindestkontrollanforderungen, Überwachung und Überprüfung, spezifischen Kriterien für die Übertragung von Aufgaben an private Kontrollstellen, den Kriterien für deren Zulassung und den Entzug der Zulassung sowie den Bescheinigungen gemäß Artikel 29;

d) den Vorschriften für Einfuhren aus Drittländern nach Titel VI, insbesondere hinsichtlich der Kriterien und Verfahren für die Anerkennung von Drittländern und Kontrollstellen nach Artikel 32 und Artikel 33, einschließlich der Veröffentlichung der Verzeichnisse der anerkannten Drittländer und Kontrollstellen sowie hinsichtlich der Bescheinigung nach Artikel 33 Absatz 1 Buchstabe d wobei die Vorteile einer elektronischen Bescheinigung zu berücksichtigen sind;

e) den Vorschriften für den freien Warenverkehr für ökologische/biologische Erzeugnisse nach Artikel 34 und für Mitteilungen an die Kommission nach Artikel 35.

Artikel 39
Aufhebung der Verordnung (EWG) Nr. 2092/91

(1) Die Verordnung (EWG) Nr. 2092/91 wird zum 1. Januar 2009 aufgehoben.

(2) Verweisungen auf die aufgehobene Verordnung (EWG) Nr. 2092/91 gelten als Verweisungen auf die vorliegende Verordnung.

Artikel 40
Übergangsmaßnahmen

Sofern erforderlich, werden Maßnahmen zur Erleichterung des Übergangs von den Vorschriften der Verordnung (EWG) Nr. 2092/91 zu den Vorschriften der vorliegenden Verordnung nach dem in Artikel 37 Absatz 2 genannten Verfahren erlassen.

Artikel 41
Bericht an den Rat

(1) Die Kommission legt dem Rat bis zum 31. Dezember 2011 einen Bericht vor.

(2) In dem Bericht werden insbesondere die bei der Anwendung dieser Verordnung gesammelten Erfahrungen dargelegt und Überlegungen insbesondere zu folgenden Fragen angestellt:

a) Anwendungsbereich dieser Verordnung, insbesondere hinsichtlich ökologischer/biologischer Lebensmittel, die durch gemeinschaftliche Verpflegungseinrichtungen aufbereitet werden;

b) Verbot der Verwendung von GVO, einschließlich der Verfügbarkeit von nicht durch GVO hergestellten Erzeugnissen, der Erklärung des Verkäufers sowie der Durchführbarkeit spezifischer Toleranzschwellen und deren Auswirkungen auf den ökologischen/biologischen Sektor;

c) Funktionieren des Binnenmarktes und des Kontrollsystems, wobei insbesondere zu bewerten ist, ob die eingeführten Verfahren nicht zu unlauterem Wettbewerb oder zu Hindernissen für die Produktion und die Vermarktung ökologischer/biologischer Erzeugnisse führen.

(3) Die Kommission fügt dem Bericht gegebenenfalls geeignete Vorschläge bei.

Artikel 42
Inkrafttreten und Anwendung

Diese Verordnung tritt am siebten Tag nach ihrer Veröffentlichung im *Amtsblatt der Europäischen Union* in Kraft.

Für bestimmte Tierarten, Wasserpflanzen und Mikroalgen, für die keine ausführlichen Produktionsvorschriften vorliegen, gelten die Kennzeichnungsvorschriften des Artikels 23 und die Kontrollvorschriften des Titels V. Bis zur Aufnahme ausführlicher Produktionsvorschriften gelten nationale Bestimmungen oder – falls solche Bestimmungen nicht bestehen – von den Mitgliedstaaten akzeptierte oder anerkannte private Standards.

Diese Verordnung gilt ab dem 1. Januar 2009.

Artikel 24 Absatz 1 Buchstaben b und c gelten jedoch ab dem 1. Juli 2010.

ANHANG
ANGABEN NACH ARTIKEL 23 ABSATZ 1

- BG: биологичен
- ES: ecológico, biológico
- CS: ekologické, biologické
- DA: økologisk
- DE: ökologisch, biologisch
- ET: mahe, ökoloogiline
- EL: βιολογικό
- EN: organic
- FR: biologique
- GA: orgánach
- HR: ekološki
- IT: biologico
- LV: bioloģisks, ekoloģisks
- LT: ekologiškas
- LU: biologesch
- HU: ökológiai
- MT: organiku
- NL: biologisch
- PL: ekologiczne
- PT: biológico
- RO: ecologic
- SK: ekologické, biologické
- SL: ekološki
- FI: luonnonmukainen
- SV: ekologisk.

Verordnung über die Zulassung von Zusatzstoffen zu Lebensmitteln zu technologischen Zwecken (Zusatzstoff-Zulassungsverordnung – ZZulV)*⁾

Vom 29. Januar 1998

(BGBl I S. 231), geändert durch 1. VO zur Änderung zusatzstoffrechtlicher Vorschriften vom 13. 11. 2000 (BGBl. I S. 1520), VO zur Änderung zusatzstoffrechtlicher und anderer lebensmittelrechtlicher Verordnungen vom 20. 12. 2002 (BGBl. I S. 4695), VO über Fruchtsaft, einige ähnliche Erzeugnisse und Fruchtnektar (FruchtsaftVO) vom 24. 5. 2004 (BGBl. I S. 1016), Art. 1 der VO zur Änd. der Zusatzstoff-ZulassungsVO und anderer lebensmittelrechtlicher VOen vom 20. 1. 2005 (BGBl. I S. 128), Art. 2 § 3 des G zur Neuordnung des Lebensmittel- und des Futtermittelrechts vom 1. 9. 2005 (BGBl. I S. 2618), Art. 2 der VO zur Änd. lebensmittelrechtlicher und tabakrechtlicher Bestimmungen vom 22. 2. 2006 (BGBl. I S. 444), Art. 1 der 2. VO zur Änd. zusatzstoffrechtlicher Vorschriften vom 10. 7. 2007 (BGBl. I S. 1399), Art. 15 der VO zur Durchführung von Vorschriften des gemeinschaftlichen Lebensmittelhygienerechts vom 8. 8. 2007 (BGBl. I S. 1816), Art. 1 der 2. VO zur Änd. der Zusatzstoff-ZulassungsVO und anderer lebensmittelrechtlicher VOen vom 30. 1. 2008 (BGBl. I S. 132), Art. 3 der VO zur Änd. lebensmittelrechtlicher Vorschriften vom 30. 9. 2008 (BGBl. I S. 1911), Art. 1 der VO zur Änd. der Zusatzstoff-ZulassungsVO und der FruchtsaftVO vom 21. 5. 2010 (BGBl. I S. 674), Art. 1 der 3. VO zur Änd. zusatzstoffrechtlicher Vorschriften vom 21. 2. 2011 (BGBl. I S. 276), Art. 1 der 3. VO zur Änd. der Zusatzstoff-ZulassungsVO und anderer lebensmittelrechtlicher VOen vom 28. 3. 2011 (BGBl. I S. 530) und Art. 3 der 2. VO zur Änd. der Fruchtsaftverordnung und anderer lebensmittelrechtlicher Vorschriften vom 21. 5. 2012 (BGBl. I S. 1201)

§ 1 Allgemeine Vorschriften

(1) Die in den Anlagen aufgeführten Zusatzstoffe sind nach Maßgabe dieser Verordnung für die Verwendung beim gewerbsmäßigen Herstellen und Behandeln von Lebensmitteln zu den in den §§ 3 bis 6a angegebenen technologischen Zwecken zugelassen.

(2) Rechtsvorschriften, die bei bestimmten Lebensmitteln die Kenntlichmachung abweichend von den Vorschriften dieser Verordnung regeln, sowie die Vorschriften der Lebensmittel-Kennzeichnungsverordnung über das Verzeichnis der Zutaten bleiben unberührt.

(3) Die §§ 3 bis 6 gelten nicht für Zusatzstoffe, die für den Zusatz zu Trinkwasser nach Verlassen der in § 8 der Trinkwasserverordnung genannten Entnahmestellen bestimmt sind.

§ 2 Begriffsbestimmungen

Im Sinne dieser Verordnung bedeutet:
1. „unbehandelte Lebensmittel": Lebensmittel im Sinne des Artikels 3 Absatz 2 Buchstabe d der Verordnung: (EG) Nr. 1333/2008 des Europäischen Parlaments und des Rates vom 16. Dezember 2008 über Lebensmittelzusatzstoffe (ABl. L 354 vom 31.12.2008, S. 16);
2. „Höchstmenge": höchstzulässiger Gehalt an zugesetzten Zusatzstoffen in Lebensmitteln in dem Zustand, in dem die Lebensmittel in den Verkehr gebracht werden, falls in den Anlagen zu dieser Verordnung nichts anderes festgelegt ist; sofern ein Lebensmittel noch der Zubereitung bedarf, bezieht sich die jeweilige Höchstmenge auf das nach der Gebrauchsanleitung zubereitete Lebensmittel;

---

*⁾ Bis zum 28. Oktober 1998 dürfen Lebensmittel sowie Erzeugnisse, die dem Weingesetz vom 8. Juli 1994 (BGBl. I S. 1467) unterliegen, die den durch die Verordnung zur Neuordnung lebensmittelrechtlicher Vorschriften neu erlassenen oder geänderten Vorschriften nicht entsprechen, nach den bis zum 6. Februar 1998 geltenden Vorschriften hergestellt, behandelt oder gekennzeichnet und bis zum Abbau der Vorräte in den Verkehr gebracht werden. Satz 1 gilt für die Zusatzstoff-Verkehrsordnung vom 10. Juli 1984 (BGBl. I S. 897), zuletzt geändert durch Artikel 2 der Verordnung vom 22. Dezember 1993 (BGBl. I S. 2092) nur insoweit, als in der Zusatzstoff-Verkehrsverordnung vom 29. Januar 1998 (BGBl. I S. 230, 269) keine Reinheitsanforderungen für Zusatzstoffe geregelt sind.

3. „Lebensmittel ohne Zuckerzusatz": Lebensmittel im Sinne des Artikels 3 Absatz 2 Buchstabe e der Verordnung (EG) Nr. 1333/2008;
4. „brennwertvermindert": Lebensmittel im Sinne des Artikels 3 Absatz 2 Buchstabe f der Verordnung (EG) Nr. 1333/2008;
5. „Verbraucher": Verbraucher im Sinne des § 3 Nr. 4 des Lebensmittel- und Futtermittelgesetzbuches; dem Verbraucher stehen Gaststätten, Einrichtungen zur Gemeinschaftsverpflegung sowie Gewerbetreibende, soweit sie Lebensmittel zum Verbrauch innerhalb ihrer Betriebsstätte beziehen, gleich.

§ 3 Farbstoffe
(1) Zum Färben von Lebensmitteln oder zum Erzielen von Farbeffekten bei Lebensmitteln sind die in Anlage 1 aufgeführten Zusatzstoffe und deren Aluminiumlacke für die jeweils dort genannten Lebensmittel zugelassen.
(2) Zusatzstoffe nach Absatz 1 sind nicht für die Herstellung von Bier zugelassen, das unter der Bezeichnung „nach dem deutschen Reinheitsgebot gebraut" oder gleichsinnigen Angaben in den Verkehr gebracht wird.
(3) Die in Anlage 1 aufgeführten Zusatzstoffe sind zum Färben von Eiern oder zum Erzielen von Farbeffekten bei Eiern oder für Kennzeichnungen auf Schalen von Eiern im Sinne der Verordnung (EG) Nr. 589/2008 der Kommission vom 23. Juni 2008 mit Durchführungsbestimmungen zur Verordnung (EG) Nr. 1234/2007 des Rates hinsichtlich der Vermarktungsnormen für Eier (ABl. L 163 vom 24.6.2008, S. 6), die durch die Verordnung (EG) Nr. 598/2008 (ABl. L 164 vom 25.6.2008, S. 14) geändert worden ist, zugelassen.

§ 4 Süßungsmittel
(1) Zum Süßen von Lebensmitteln sind die in Anlage 2 aufgeführten Zusatzstoffe für die dort genannten Lebensmittel und für Tafelsüße zugelassen.
(2) Zusatzstoffe nach Absatz 1 sind nicht für die Herstellung von Bier zugelassen, das unter der Bezeichnung „nach dem deutschen Reinheitsgebot gebraut" oder gleichsinnigen Angaben in den Verkehr gebracht wird.

§ 5 Andere Zusatzstoffe als Farbstoffe und Süßungsmittel
(1) Die in den Anlagen 3, 4, und 5 aufgeführten Zusatzstoffe sind für die dort genannten Lebensmittel zu den in Anlage 7 angegebenen technologischen Zwecken zugelassen.
(2) Für nicht alkoholische, aromatisierte Getränke, alkoholfreien und alkoholreduzierten Wein, Apfelwein, Birnenwein, Fruchtwein, Getränke auf Weinbasis und Flüssigteekonzentrat ist Dimethyldicarbonat (E 242) zugelassen. Bei dem gewerbsmäßigen Herstellen oder Behandeln der in Satz 1 genannten Getränke dürfen nicht mehr als 250 Milligramm Dimethyldicarbonat (E 242) je Liter zugesetzt werden. Die in Satz 1 genannten Getränke dürfen an den Verbraucher nur abgegeben werden, wenn Dimethyldicarbonat (E 242) in dem Getränk nicht mehr nachweisbar ist.
(3) Abweichend von Absatz 1 dürfen bei der Herstellung von Bier, das unter der Bezeichnung „nach dem deutschen Reinheitsgebot gebraut" oder gleichsinnigen Angaben in den Verkehr gebracht wird, nur verwendet werden:
1. bei der Bierbereitung abgefangenes Kohlendioxid,
2. Kohlendioxid und Stickstoff, wenn sie bis auf technisch unvermeidbare Mengen nicht in das Bier übergehen; eine Erhöhung des Kohlensäuregehaltes des Bieres darf durch die Verwendung nicht eintreten.

§ 6 Zusatzstoffe für Säuglings- und Kleinkindernahrung
Die in Anlage 6 aufgeführten Zusatzstoffe sind für die dort genannten Lebensmittel zu den in Anlage 7 angegebenen technologischen Zwecken zugelassen.

§ 6a Zusatzstoffe für Trinkwasser
Für den Zusatz zu Trinkwasser nach Verlassen der in § 8 der Trinkwasserverordnung genannten Entnahmestellen sind die in Anlage 6a Spalte 2 aufgeführten Zusatzstoffe einschließlich ihrer Ionen, sofern diese durch Ionenaustauscher oder Elektrolyse zugefügt werden, zu den in Spalte 3 jeweils genannten technologischen Zwecken zugelassen.

§ 7 Höchstmengenfestsetzungen
(1) Bei dem Herstellen oder Behandeln von Lebensmitteln, die in den Anlagen 1 bis 6a aufgeführt und die dazu bestimmt sind, in den Verkehr gebracht zu werden, dürfen die nach § 3 Abs. 1, § 4 Abs. 1, § 5 Abs. 1, § 6 und § 6a zugelassenen Zusatzstoffe über die in den Anlagen jeweils festgesetzten Höchstmengen, auch im Sinne des Absatzes 2, hinaus nicht verwendet werden. Bei den in Anlage 1 aufgeführten Lebensmitteln ist die Höchstmenge auf die Menge der färbenden Anteile des Zusatzstoffes zu beziehen.
(2) Sind in den Anlagen Zusatzstoffe für Lebensmittel „quantum satis (qs)" zugelassen, dürfen sie nur nach Artikel 3 Absatz 2 Buchstabe h der Verordnung (EG) Nr. 1333/2008 verwendet werden.
(3) Sofern in den Anlagen für Lebensmittel mehrere Zusatzstoffe mit einer gemeinsamen Höchstmenge zugelassen sind, dürfen diese Stoffe vorbehaltlich besonderer Regelungen einzeln oder insgesamt bis zu dieser Höchstmenge verwendet werden.

§ 8 Verwendung von Lebensmitteln und Zusatzsstoffen
(1) Lebensmitteln, die als Zutat für ein anderes Lebensmittel bestimmt sind, dürfen auch die Zusatzstoffe zugesetzt werden, die nur für das andere Lebensmittel zugelassen sind.
(2) Lebensmittel mit einem zulässigen Gehalt an Farbstoffen dürfen auch als Zutat für andere Lebensmittel verwendet werden, für die diese Zusatzstoffe nicht zugelassen sind. Dies gilt nicht für in Anlage 1 Teil A Nr. 1 bis 30 aufgeführte Lebensmittel.
(3) Lebensmittel mit einem zulässigen Gehalt an Süßungsmitteln dürfen auch als Zutat für Lebensmittel ohne Zuckerzusatz oder mit vermindertem Brennwert, diätetische Lebensmittel, die für eine Reduktionsdiät bestimmt sind, oder für Lebensmittel mit langer Haltbarkeit verwendet werden, für die diese Zusatzstoffe nicht zugelassen sind.
(4) Lebensmittel mit einem zulässigen Gehalt an Zusatzstoffen im Sinne der §§ 5 und 6a dürfen auch als Zutat für andere Lebensmittel verwendet werden, für die diese Zusatzstoffe nicht zugelassen sind. Dies gilt nicht für in Anlage 4 Teil A Nr. 1 bis 13 aufgeführten Lebensmittel.
(5) Zusatzstoffe, die in einem Lebensmittel eine technologische Wirkung ausüben, dürfen in Aromen nur dann verwendet werden, wenn sie auch für das andere Lebensmittel zugelassen sind.
(6) Die Absätze 1 bis 5 gelten nicht für Säuglings- und Kleinkindernahrung, sofern in Anlage 6 nichts anderes bestimmt ist.

§ 9 Kenntlichmachung

(1) Der Gehalt an Zusatzstoffen in Lebensmitteln muß bei der Abgabe an Verbraucher wie folgt nach Absatz 6 kenntlich gemacht werden:
1. bei Lebensmitteln mit einem Gehalt an Farbstoffen durch die Angabe „mit Farbstoff",
2. bei Lebensmitteln mit einem Gehalt an Zusatzstoffen, die zur Konservierung verwendet werden, durch die Angabe mit „Konservierungsstoff" oder „konserviert",
   diese Angaben können durch folgende Angaben ersetzt werden:
   a) „mit Nitritpökelsalz" bei Lebensmitteln mit einem Gehalt an Natrium- oder Kaliumnitrit, auch gemischt und in Mischungen mit Kochsalz, jodiertem Kochsalz oder Kochsalzersatz,
   b) „mit Nitrat" bei Lebensmitteln mit einem Gehalt an Natrium- oder Kaliumnitrat, auch gemischt, oder
   c) „mit Nitritpökelsalz und Nitrat" bei Lebensmitteln mit einem Gehalt an Natrium- oder Kaliumnitrit und Natrium- oder Kaliumnitrat, jeweils auch gemischt und in Mischungen mit Kochsalz, jodiertem Kochsalz oder Kochsalzersatz.
3. bei Lebensmitteln mit einem Gehalt an Zusatzstoffen, die als Antioxidationsmittel verwendet werden, durch die Angabe „mit Antioxidationsmittel",
4. bei Lebensmitteln mit einem Gehalt an Zusatzstoffen, die als Geschmacksverstärker verwendet werden, durch die Angabe „mit Geschmacksverstärker",
5. bei Lebensmitteln mit einem Gehalt an Zusatzstoffen der Anlage 5 Teil B von mehr als 10 Milligramm in einem Kilogramm oder einem Liter, berechnet als Schwefeldioxid, durch die Angabe „geschwefelt",
6. bei Oliven mit einem Gehalt an Eisen-II-gluconat (E 579) oder Eisen-II-lactat (E 585) durch die Angabe „geschwärzt",
7. bei frischen Zitrusfrüchten, Melonen, Äpfeln und Birnen mit einem Gehalt an Zusatzstoffen der Nummern E 901 bis 904, E 912 oder E 914, die zur Oberflächenbehandlung verwendet werden, durch die Angabe „gewachst",
8. bei Fleischerzeugnissen mit einem Gehalt an Zusatzstoffen der Nummern E 338 bis E 341, E 450 bis E 452, die bei der Herstellung der Fleischerzeugnisse verwendet werden, durch die Angabe „mit Phosphat".

(2) Der Gehalt an einem Zusatzstoff der Anlage 2 in Lebensmitteln, ausgenommen Tafelsüßen, ist in Verbindung mit der Verkehrsbezeichnung durch die Angabe „mit Süßungsmittel", bei mehreren Zusatzstoffen der Anlage 2 durch die Angabe „mit Süßungsmitteln" nach Absatz 6 kenntlich zu machen. Bei Lebensmitteln, ausgenommen Tafelsüßen, mit einem Gehalt an einem Zuckerzusatz im Sinne des § 2 Nr. 3 und einem Zusatzstoff der Anlage 2 ist dies durch die Angabe „mit einer Zuckerart und Süßungsmittel", sofern mehrere Zuckerzusätze oder mehrere Zusatzstoffe der Anlage 2 enthalten sind, sind die betreffenden Zutaten in der Mehrzahl jeweils in Verbindung mit der Verkehrsbezeichnung nach Absatz 6 kenntlich zu machen. Werden Lebensmittel im Sinne des Satzes 2 lose oder nach Maßgabe des § 1 Abs. 2 der Lebensmittel-Kennzeichnungsverordnung an den Verbraucher abgegeben, so reicht die Angabe nach Satz 1 aus.

(3) Bei Tafelsüßen, ausgenommen Tafelsüßen in Fertigpackungen, ist der Gehalt an Zusatzstoffen der Anlage 2 durch die Angabe „auf der Grundlage von . . . ", ergänzt durch den oder die Namen der für die Tafelsüße verwendeten Süßungsmittel, in Verbindung mit der Verkehrsbezeichnung nach Absatz 6 kenntlich zu machen.

(4) Tafelsüßen, ausgenommen Tafelsüßen in Fertigpackungen, und andere Lebensmittel, die Aspartam oder Aspartam-Acesulfamsalz enthalten, dürfen nur in den Verkehr gebracht werden, wenn der Hinweis „enthält eine Phenylalaninquelle" nach Absatz 6 angegeben ist.

(5) Tafelsüßen, ausgenommen Tafelsüßen in Fertigpackungen, mit einem Gehalt an Zusatzstoffen der Nummern E 420, E 421, E 953, E 965 bis E 968 und andere Lebensmittel mit einem Gehalt an diesen Zusatzstoffen von mehr als 100 Gramm in einem Kilogramm oder einem Liter dürfen nur in den Verkehr gebracht werden, wenn der Hinweis „kann bei übermäßigem Verzehr abführend wirken" nach Absatz 6 angegeben ist.

(6) Die Angaben nach Absatz 1 bis 5 sind gut sichtbar, in leicht lesbarer Schrift und unverwischbar anzugeben. Sie sind wie folgt anzubringen:
1. bei loser Abgabe von Lebensmitteln auf einem Schild auf oder neben dem Lebensmittel,
2. bei der Abgabe von Lebensmitteln in Umhüllungen oder Fertigpackungen nach § 1 Abs. 2 der Lebensmittel-Kennzeichnungsverordnung auf einem Schild auf oder neben dem Lebensmittel, auf der Umhüllung oder auf der Fertigpackung,
3. bei der Abgabe von Lebensmitteln in Fertigpackungen, die nach der Lebensmittel-Kennzeichnungsverordnung zu kennzeichnen sind, auf der Fertigpackung oder dem mit ihr verbundenen Etikett,
4. bei der Abgabe von Lebensmitteln im Versandhandel auch in den Angebotslisten,
5. bei der Abgabe von Lebensmitteln in Gaststätten auf Speise- und Getränkekarten,
6. bei der Abgabe von Lebensmitteln in Einrichtungen zur Gemeinschaftsverpflegung auf Speisekarten oder in Preisverzeichnissen oder, soweit keine solchen ausgelegt oder ausgehängt werden, in einem sonstigen Aushang oder einer schriftlichen Mitteilung.

In den Fällen der Nummern 5 und 6 dürfen die vorgeschriebenen Angaben in Fußnoten angebracht werden, wenn bei der Verkehrsbezeichnung auf diese hingewiesen wird.

(7) Bei Lebensmitteln, die in zur Abgabe an den Verbraucher bestimmten Fertigpackungen verpackt sind, und deren Haltbarkeit durch eine Schutzatmosphäre verlängert wird, ist der Hinweis „unter Schutzatmosphäre verpackt" anzugeben. Absatz 6 Satz 1 und 2 Nr. 3 gilt entsprechend.

(8) Die Angaben nach Absatz 1 können entfallen,
1. wenn Zusatzstoffe nur den Zutaten eines Lebensmittels zugesetzt sind, sofern die Zusatzstoffe in dem Lebensmittel keine technologische Wirkung mehr ausüben,
2. bei Lebensmitteln in Fertigpackungen, wenn auf der Umhüllung oder der Fertigpackung ein Verzeichnis der Zutaten im Sinne der Lebensmittel-Kennzeichnungsverordnung angegeben ist, oder
3. bei Lebensmitteln, die lose oder in Umhüllungen oder Fertigpackungen nach § 1 Abs. 2 der Lebensmittel-Kennzeichnungsverordnung an den Endverbraucher abgegeben werden, wenn in einem Aushang oder in einer schriftlichen Aufzeichnung, die dem Verbraucher im Sinne des § 2 Nr. 5 Halbsatz 1 unmittelbar zugänglich ist, alle bei der Herstellung des Lebensmittels verwendeten Zusatzstoffe angegeben werden; auf die Aufzeichnung muß bei dem Lebensmittel oder in einem Aushang hingewiesen werden; Absatz 6 Satz 1

sowie die §§ 5 und 6 der Lebensmittel-Kennzeichnungsverordnung gelten entsprechend.
Die Angabe nach Absatz 1 Nr. 5 kann ferner entfallen, sofern Schwefeldioxid oder Sulfite nach § 6 Abs. 6 Satz 2 der Lebensmittel-Kennzeichnungsverordnung angegeben werden.
(9) Die Angaben nach Absatz 1 Nr. 2 und 7 müssen bei Zitrusfrüchten, die an andere Personen als Verbraucher abgegeben werden, auf einer Außenfläche der Packungen oder Behältnisse angebracht sein; Absatz 6 Satz 1 gilt entsprechend.
(10) Tafelsüßen dürfen an den Verbraucher oder an Gaststätten, Einrichtungen und Gewerbetreibende im Sinne des § 1 Absatz 1 der Lebensmittel-Kennzeichnungsverordnung nur abgegeben werden, wenn
1. im Falle des Artikels 23 Absatz 2 der Verordnung (EG) Nr. 1333/2008 ihre Verkehrsbezeichnung, auch in Verbindung mit Artikel 23 Absatz 5,
2. im Falle des Artikels 23 Absatz 3 der Verordnung (EG) Nr. 1333/2008 ihre Kennzeichnung, auch in Verbindung mit Artikel 23 Absatz 5,
mit den dort bezeichneten Angaben versehen ist.

§ 9a Übergangsvorschriften
(1) Bis zum 31. Dezember 2000 dürfen Lebensmittel, die den Vorschriften dieser Verordnung nicht entsprechen, nach den bis zum 25. November 2000 geltenden Vorschriften hergestellt, behandelt, gekennzeichnet und bis zum Abbau der Vorräte in den Verkehr gebracht werden.
(2) Bis zum 27. Januar 2006 dürfen Lebensmittel nach den bis zum 25. Januar 2005 geltenden Vorschriften gekennzeichnet oder in den Verkehr gebracht und danach noch bis zum Abbau der Vorräte weiter in den Verkehr gebracht werden.
(3) Abweichend von Absatz 2 dürfen Lebensmittel, die unter Verwendung von Süßstoffen nach den bis zum 25. Januar 2005 geltenden Vorschriften bis zum 29. Juli 2005 erstmalig in den Verkehr gebracht worden sind, bis zum 29. Januar 2006 weiter in den Verkehr gebracht werden.
(4) Bis zum Ablauf des 14. August 2008 dürfen Lebensmittel, die den Vorschriften dieser Verordnung nicht entsprechen, nach den bis zum 14. Februar 2008 geltenden Vorschriften in den Verkehr gebracht und gekennzeichnet und danach bis zum Abbau der Vorräte in den Verkehr gebracht werden.

§ 10 Straftaten und Ordnungswidrigkeiten
(1) Nach § 58 Abs. 1 Nr. 18, Abs. 4 bis 6 des Lebensmittel- und Futtermittelgesetzbuches wird bestraft, wer vorsätzlich oder fahrlässig
1. entgegen § 5 Abs. 2 Satz 2 Dimethyldicarbonat über die dort genannte Höchstmenge hinaus zusetzt oder
2. entgegen § 5 Abs. 2 Satz 3 ein nichtalkoholisches, aromatisiertes Getränk, alkoholfreien Wein oder ein Flüssigteekonzentrat, in denen Dimethyldicarbonat nachweisbar ist, gewerbsmäßig an den Verbraucher abgibt.
(2) Nach § 59 Abs. 1 Nr. 21 Buchstabe a des Lebensmittel- und Futtermittelgesetzbuches wird bestraft, wer entgegen § 9 Abs. 4 oder 5 ein dort genanntes Lebensmittel gewerbsmäßig in den Verkehr bringt.
(3) Nach § 59 Abs. 1 Nr. 21 Buchstabe a des Lebensmittel- und Futtermittelgesetzbuches wird bestraft, wer entgegen § 7 Abs. 1 Satz 1 bei dem gewerbsmäßigen Herstellen oder Behandeln eines dort genannten Lebensmittels einen Zusatzstoff über die festgesetzte Höchstmenge hinaus verwendet.
(4) Nach § 59 Abs. 1 Nr. 21 Buchstabe a des Lebensmittel- und Futtermittelgesetzbuches wird bestraft, wer entgegen § 9 Abs. 1, 2 Satz 1 oder 2 Abs. 3 bei

der gewerbsmäßigen Abgabe von Lebensmitteln an Verbraucher den Gehalt an einem Zusatzstoff nicht, nicht richtig, nicht vollständig oder nicht in der vorgeschriebenen Weise kenntlich macht.
(4a) Nach § 59 Absatz 1 Nummer 21 Buchstabe a des Lebensmittel- und Futtermittelgesetzbuches wird bestraft, wer entgegen § 9 Absatz 10 eine Tafelsüße abgibt.
(5) Wer eine in den Absätzen 2 bis 4a bezeichnete Handlung fahrlässig begeht, handelt nach § 60 Absatz 1 Nummer 2 des Lebensmittel- und Futtermittelgesetzbuches ordnungswidrig.

Anlagen 1–6
(nicht abgedruckt)

Anlage 6a
(zu § 6a)

Zusatzstoffe, die für Trinkwasser zugelassen sind

E-Nummer	Zusatzstoff	technologischer Zweck	Höchstmenge
1	2	3	4
E 170	Calciumcarbonat	Einstellung des pH-Wertes, des Salzgehaltes, des Calciumgehaltes, der Säurekapazität	qs
E 509	Calciumchlorid	Einstellung des pH-Wertes, des Salzgehaltes, des Calciumgehaltes, der Säurekapazität	qs
E 516	Calciumsulfat	Einstellung des pH-Wertes, des Salzgehaltes, des Calciumgehaltes, der Säurekapazität	qs
E 526	Calciumhydroxid	Einstellung des pH-Wertes, des Salzgehaltes, des Calciumgehaltes, der Säurekapazität	qs
E 529	Calciumoxid	Einstellung des pH-Wertes, des Salzgehaltes, des Calciumgehaltes, der Säurekapazität	qs
E 507	Salzsäure	Einstellung des pH-Wertes, des Salzgehaltes, der Säurekapazität	qs
E 500 I	Natriumcarbonat	Einstellung des pH-Wertes, des Salzgehaltes, der Säurekapazität	qs
E 500 II	Natriumhydrogencarbonat	Einstellung des pH-Wertes, des Salzgehaltes, der Säurekapazität	qs
E 501 I	Kaliumcarbonat	Einstellung des pH-Wertes, des Salzgehaltes, der Säurekapazität	qs
E 501 II	Kaliumhydrogencarbonat	Einstellung des pH-Wertes, des Salzgehaltes, der Säurekapazität	qs
E 525	Kaliumhydroxid	Einstellung des pH-Wertes, des Salzgehaltes, der Säurekapazität	qs
E 524	Natriumhydroxid	Einstellung des pH-Wertes	qs
E 513	Schwefelsäure	Einstellung des pH-Wertes, des Salzgehaltes, der Säurekapazität	qs
E 174 – – – –	Silber, Silberchlorid, Silbersulfat, Natriumsilberchloridkomplex, Silbernitrat	Konservierung, nur bei nicht systematischem Gebrauch	0,08 mg/l, berechnet als Silber

Anlage 7
(nicht abgedruckt)

Verordnung (EG) Nr. 1333/2008 des Europäischen Parlaments und des Rates über Lebensmittelzusatzstoffe

Vom 16. Dezember 2008

(ABl. Nr. L 354/16), geänd. durch VO (EU) Nr. 238/2010 vom 22. 3. 2010 (ABl. Nr. L 75/17), ber. durch ABl. Nr. L 105/114 vom 27. 4. 2010, geänd. durch VO (EU) Nr. 1129/2011 vom 11. 11. 2011 (ABl. Nr. L 295/1, ber. durch ABl. Nr. L 138/20 vom 24. 5. 2013), VO (EU) Nr. 1130/2011 vom 11. 11. 2011 (ABl. Nr. L 295/178), VO (EU) Nr. 1131/2011 vom 11. 11. 2011 (ABl. Nr. L 295/205), VO (EU) Nr. 232/2012 vom 16. 3. 2012 (ABl. Nr. L 78/1), VO (EU) Nr. 380/2012 vom 3. 5. 2012 (ABl. Nr. L 119/14), VO (EU) Nr. 470/2012 vom 4. 6. 2012 (ABl. Nr. L 144/16), VO (EU) Nr. 471/2012 vom 4. 6. 2012 (ABl. Nr. L 144/19), VO (EU) Nr. 472/2012 vom 4. 6. 2012 (ABl. Nr. L 144/22), VO (EU) Nr. 570/2012 vom 28. 6. 2012 (ABl. Nr. L 169/43), VO (EU) Nr. 583/2012 vom 2. 7. 2012 (ABl. Nr. L 173/8), VO (EU) Nr. 675/2012 vom 23. 7. 2012 (ABl. Nr. L 196/52), VO (EU) Nr. 1049/2012 vom 8. 11. 2012 (ABl. Nr. L 310/41) und VO (EU) Nr. 1057/2012 vom 12. 11. 2012 (ABl. Nr. L 313/11), ber. durch ABl. Nr. L 322/8 vom 21. 11. 2012, geänd. durch VO (EU) Nr. 1147/2012 vom 4. 12. 2012 (ABl. Nr. L 333/34), VO (EU) Nr. 1148/2012 vom 4. 12. 2012 (ABl. Nr. L 333/37), VO (EU) Nr. 1149/2012 vom 4. 12. 2012 (ABl. Nr. L 333/40), VO (EU) Nr. 1166/2012 vom 7. 12. 2012 (ABl. Nr. L 336/75), VO (EU) Nr. 25/2013 vom 16. 1. 2013 (ABl. Nr. L 13/1), VO (EU) Nr. 244/2013 vom 19. 3. 2013 (ABl. Nr. L 77/3), VO (EU) Nr. 256/2013 vom 20. 3. 2013 (ABl. Nr. L 79/24), VO (EU) Nr. 438/2013 vom 13. 5. 2013 (ABl. Nr. L 129/28), VO (EU) Nr. 509/2013 vom 3. 6. 2013 (ABl. Nr. L 150/13), VO (EU) Nr. 510/2013 vom 3. 6. 2013 (ABl. Nr. L 150/17), VO (EU) Nr. 723/2013 vom 26. 7. 2013 (ABl. Nr. L 202/8), VO (EU) Nr. 738/2013 vom 30. 7. 2013 (ABl. Nr. L 204/32), VO (EU) Nr. 739/2013 vom 30. 7. 2013 (ABl. Nr. L 204/35), VO (EU) Nr. 816/2013 vom 28. 8. 2013 (ABl. Nr. L 230/1), VO (EU) Nr. 817/2013 vom 28. 8. 2013 (ABl. Nr. L 230/7), VO (EU) Nr. 818/2013 vom 28. 8. 2013 (ABl. Nr. L 230/12), VO (EU) Nr. 913/2013 vom 23. 9. 2013 (ABl. Nr. L 252/11), VO (EU) Nr. 1068/2013 vom 30. 10. 2013 (ABl. Nr. L 289/58), VO (EU) Nr. 1069/2013 vom 30. 10. 2013 (ABl. Nr. L 289/61), VO (EU) Nr. 1274/2013 vom 6. 12. 2013 (ABl. Nr. L 328/79), VO (EU) Nr. 59/2014 vom 23. 1. 2014 (ABl. Nr. L 21/9), VO (EU) Nr. 264/2014 vom 14. 3. 2014 (ABl. Nr. L 76/22), VO (EU) Nr. 298/2014 vom 21. 3. 2014 (ABl. Nr. L 89/36), VO (EU) Nr. 497/2014 vom 14. 5. 2014 (ABl. Nr. L 143/6), VO (EU) Nr. 505/2014 vom 15. 5. 2014 (ABl. Nr. L 145/32), VO (EU) Nr. 506/2014 vom 15. 5. 2014 (ABl. Nr. L 145/35), VO (EU) Nr. 601/2014 vom 4. 6. 2014 (ABl. Nr. L 166/11), VO (EU) Nr. 685/2014 vom 20. 6. 2014 (ABl. Nr. L 182/23), VO (EU) Nr. 923/2014 vom 25. 8. 2014 (ABl. Nr. L 252/11), VO (EU) Nr. 957/2014 vom 10. 9. 2014 (ABl. Nr. L 270/1), VO (EU) Nr. 969/2014 vom 12. 9. 2014 (ABl. Nr. L 272/8), VO (EU) Nr. 1084/2014 vom 15. 10. 2014 (ABl. Nr. L 298/8), VO (EU) Nr. 1092/2014 vom 16. 10. 2014 (ABl. Nr. L 299/19), VO (EU) Nr. 1093/2014 vom 16. 10. 2014 (ABl. Nr. L 299/22), VO (EU) 2015/537 vom 31. 3. 2015 (ABl. Nr. L 88/1), VO (EU) 2015/538 vom 31. 3. 2015 (ABl. Nr. L 88/4), VO (EU) 2015/639 vom 23. 4. 2015 (ABl. Nr. L 106/16), VO (EU) 2015/647 vom 24. 4. 2015 (ABl. Nr. L 107/1, ber. durch ABl. Nr. L 214/30 vom 13. 8. 2015), VO (EU) 2015/649 vom 24. 4. 2015 (ABl. Nr. L 107/17, ber. durch ABl. Nr. L 123/122 vom 19. 5. 2015, VO (EU) 2015/1362 vom 6. 8. 2015 (ABl. Nr. L 210/22), VO (EU) 2015/1378 vom 11. 8. 2015 (ABl. Nr. L 213/1), VO (EU) 2015/1739 vom 28. 9. 2015 (ABl. Nr. L 253/3), VO (EU) 2015/1832 vom 12. 10. 2015 (ABl. Nr. L 266/27), VO (EU) 2016/56 vom 19. 1. 2016 (ABl. Nr. L 13/46), VO (EU) 2016/263 vom 25. 2. 2016 (ABl. Nr. L 50/25), VO (EU) 2016/324 vom 7. 3. 2016 (ABl. Nr. L 61/1, ber. durch ABl. Nr. L 165/24 vom 23. 6. 2016), VO (EU) 2016/441 vom 23. 3. 2016 (ABl. Nr. L 78/47), VO (EU) 2016/479 vom 1. 4. 2016 (ABl. Nr. L 87/1), VO (EU) 2016/683 vom 2. 5. 2016 (ABl. Nr. L 117/28) und VO (EU) 2016/691 vom 4. 5. 2016 (ABl. Nr. L 120/4)

DAS EUROPÄISCHE PARLAMENT UND DER RAT DER EUROPÄISCHEN UNION –

gestützt auf den Vertrag zur Gründung der Europäischen Gemeinschaft, insbesondere auf Artikel 95,

auf Vorschlag der Kommission,

nach Stellungnahme des Europäischen Wirtschafts- und Sozialausschusses ([1]),

gemäß dem Verfahren des Artikels 251 des Vertrags ([2]),

in Erwägung nachstehender Gründe:

([1]) ABl. C 168 vom 20.7.2007, S. 34.
([2]) Stellungnahme des Europäischen Parlaments vom 10. Juli 2007 (ABl. C 175 E vom 10.7.2008, S. 142), Gemeinsamer Standpunkt des Rates vom 10. März 2008 (ABl. C 111 E vom 6.5.2008, S. 10), Standpunkt des Europäischen Parlaments vom 8. Juli 2008 (noch nicht im Amtsblatt veröffentlicht) und Entscheidung des Rates vom 18. November 2008.

(1) Der freie Verkehr mit sicheren und bekömmlichen Lebensmitteln ist ein wichtiger Aspekt des Binnenmarktes und trägt wesentlich zur Gesundheit und zum Wohlergehen der Bürger und zur Wahrung ihrer sozialen und wirtschaftlichen Interessen bei.

(2) Bei der Durchführung der Gemeinschaftspolitik ist ein hohes Schutzniveau für Leben und Gesundheit der Menschen zu gewährleisten.

(3) Diese Verordnung ersetzt bisherige Richtlinien und Entscheidungen über Zusatzstoffe, die zur Verwendung in Lebensmitteln zugelassen sind, um durch umfassende und straffe Verfahren das ordnungsgemäße Funktionieren des Binnenmarkts sowie ein hohes Niveau des Schutzes der menschlichen Gesundheit und der Verbraucher einschließlich der Wahrung der Verbraucherinteressen zu gewährleisten.

(4) Mit dieser Verordnung wird die Verwendung von Lebensmittelzusatzstoffen in der Gemeinschaft harmonisiert. Hierzu gehört auch die Verwendung von Zusatzstoffen in Lebensmitteln, für welche die Richtlinie 89/398/EWG des Rates vom 3. Mai 1989 zur Angleichung der Rechtsvorschriften der Mitgliedstaaten über Lebensmittel, die für eine besondere Ernährung bestimmt sind ([1]), gilt, sowie die Verwendung einiger Farbstoffe zur Kennzeichnung der Genusstauglichkeit von Fleisch und zur Verzierung und Kennzeichnung von Eiern. Mit ihr wird zudem die Verwendung von Zusatzstoffen in Lebensmittelzusatzstoffen und -enzymen harmonisiert, wodurch sie deren Sicherheit und Qualität gewährleistet und deren Lagerung und Verwendung erleichtert. Hierfür gibt es auf Gemeinschaftsebene bisher keine Vorschriften.

(5) Lebensmittelzusatzstoffe sind Stoffe, die in der Regel nicht selbst als Lebensmittel verzehrt, sondern Lebensmitteln aus in dieser Verordnung dargelegten technologischen Gründen, wie etwa zu deren Konservierung, zugesetzt werden. Diese Verordnung sollte für alle Lebensmittelzusatzstoffe gelten; deshalb sollte die Liste der Funktionsgruppen entsprechend dem Stand des wissenschaftlichen Fortschritts und der technologischen Entwicklung aktualisiert werden. Stoffe, die zur Aromatisierung und/oder Geschmacksgebung oder zu ernährungsphysiologischen Zwecken zugesetzt werden, wie z. B. Salzersatzstoffe, Vitamine und Mineralstoffe, sollten allerdings nicht als Lebensmittelzusatzstoffe gelten. Die Verordnung sollte auch nicht auf Stoffe Anwendung finden, die als Lebensmittel gelten und für einen technologischen Zweck verwendet werden, wie etwa Natriumchlorid oder Safran zum Färben, sowie Lebensmittelenzyme. Zubereitungen aus Lebensmitteln und anderen natürlichen Ausgangsstoffen, die in dem Enderzeugnis eine technologische Funktion erfüllen und die durch selektive Extraktion von Bestandteilen (z. B. Pigmenten) im Vergleich zu ihren ernährungsphysiologischen oder aromatisierenden Bestandteilen gewonnen werden, gelten jedoch als Zusatzstoffe im Sinne dieser Verordnung. Lebensmittelenzyme werden von der Verordnung (EG) Nr. 1332/2008 des Europäischen Parlaments und des Rates vom 16. Dezember 2008 über Lebensmittelenzyme ([2]) abgedeckt, welche die Anwendung der vorliegenden Verordnung ausschließt.

(6) Stoffe, die selbst nicht als Lebensmittel verzehrt, aber bei der Verarbeitung von Lebensmitteln verwendet werden und als Rückstand im Enderzeugnis verbleiben, in dem sie keinen technologischen Zweck erfüllen (Verarbeitungshilfsstoffe), sollten von dieser Verordnung ausgenommen sein.

([1]) ABl. L 186 vom 30.6.1989, S. 27.
([2]) Siehe Seite 7 dieses Amtsblatts.

(7) Lebensmittelzusatzstoffe sollten nur zugelassen und verwendet werden, wenn sie den in dieser Verordnung festgelegten Kriterien genügen. Zusatzstoffe müssen in ihrer Verwendung sicher sein; es muss eine technologische Notwendigkeit für ihre Verwendung geben und ihre Verwendung darf die Verbraucher nicht irreführen und muss diesen einen Nutzen bringen. Die Irreführung der Verbraucher kann sich unter anderem auf die Beschaffenheit, Frische und Qualität der verwendeten Zutaten, die Naturbelassenheit eines Erzeugnisses und die Natürlichkeit des Herstellungsverfahrens oder die ernährungsphysiologische Qualität des Erzeugnisses, einschließlich seines Frucht- oder Gemüsegehalts, beziehen. Bei der Zulassung von Lebensmittelzusatzstoffen sollten auch noch andere für diesen Bereich relevante Faktoren wie gesellschaftliche, wirtschaftliche und ethische Faktoren, Traditionen und Umwelterwägungen, das Vorsorgeprinzip sowie die Durchführbarkeit von Kontrollen berücksichtigt werden. Hinsichtlich der Verwendung von Lebensmittelzusatzstoffen und der Festlegung der jeweiligen Höchstmengen sollte dem Konsum von Lebensmittelzusatzstoffen aus anderen Quellen und der Gefährdung bestimmter Verbrauchergruppen (z. B. Allergiker) durch solche Lebensmittelzusatzstoffe Rechnung getragen werden.

(8) Lebensmittelzusatzstoffe müssen den genehmigten Spezifikationen entsprechen, die eine verlässliche Identifizierung des Zusatzstoffs einschließlich seines Ursprungs erlauben und die zulässigen Reinheitskriterien beschreiben. Die bisherigen Spezifikationen für Zusatzstoffe in der Richtlinie 95/31/EG der Kommission vom 5. Juli 1995 zur Festlegung spezifischer Reinheitskriterien für Süßungsmittel, die in Lebensmitteln verwendet werden dürfen [1], der Richtlinie 95/45/EG der Kommission vom 26. Juli 1995 zur Festlegung spezifischer Reinheitskriterien für Lebensmittelfarbstoffe [2] und der Richtlinie 96/77/EG der Kommission vom 2. Dezember 1996 zur Festlegung spezifischer Reinheitskriterien für andere Lebensmittelzusatzstoffe als Farbstoffe und Süßungsmittel [3] sollten solange gelten, bis die entsprechenden Zusatzstoffe Bestandteil der Anhänge dieser Verordnung sind. Dann sollten die Spezifikationen für solche Zusatzstoffe in einer Verordnung geregelt werden. Sie sollten den in den Gemeinschaftslisten der Anhänge zu dieser Verordnung erfassten Zusatzstoffen direkt zugeordnet werden. Da solche Spezifikationen aus Gründen der Klarheit aber komplex und umfangreich sein müssen, sollten sie nicht in die Gemeinschaftslisten, sondern in eine oder mehrere Verordnungen aufgenommen werden.

(9) Einige Zusatzstoffe dürfen für bestimmte zugelassene önologische Verfahren und Behandlungen verwendet werden. Dabei sollten diese Verordnung und die besonderen Bestimmungen der einschlägigen Gemeinschaftsvorschriften beachtet werden.

(10) Im Interesse der Harmonisierung sollten die Risikobewertung und die Zulassung von Lebensmittelzusatzstoffen nach dem Verfahren erfolgen, das in der Verordnung (EG) Nr. 1331/2008 des Europäischen Parlaments und des Rates vom 16. Dezember 2008 zur Festlegung eines einheitlichen Genehmigungsverfahrens für Lebensmittelzusatzstoffe, -enzyme und -aromen [4] vorgesehen ist.

---

[1] ABl. L 178 vom 28.7.1995, S. 1.
[2] ABl. L 226 vom 22.9.1995, S. 1.
[3] ABl. L 339 vom 30.12.1996, S. 1.
[4] Siehe Seite 1 dieses Amtsblatts.

(11) Nach der Verordnung (EG) Nr. 178/2002 des Europäischen Parlaments und des Rates vom 28. Januar 2002 zur Festlegung der allgemeinen Grundsätze und Anforderungen des Lebensmittelrechts, zur Errichtung der Europäischen Behörde für Lebensmittelsicherheit und zur Festlegung von Verfahren zur Lebensmittelsicherheit ([1]) ist die Europäische Behörde für Lebensmittelsicherheit (nachstehend „Behörde" genannt) in allen Fragen anzuhören, die die öffentliche Gesundheit betreffen können.

(12) Ein Lebensmittelzusatzstoff, der in den Geltungsbereich der Verordnung (EG) Nr. 1829/2003 des Europäischen Parlaments und des Rates vom 22. September 2003 über genetisch veränderte Lebensmittel und Futtermittel ([2]) fällt, sollte nach der genannten Verordnung sowie nach der vorliegenden Verordnung zugelassen werden.

(13) Ein bereits gemäß dieser Verordnung zugelassener Lebensmittelzusatzstoff, der mit Produktionsmethoden oder Ausgangsstoffen hergestellt wird, die sich wesentlich von denjenigen unterscheiden, die in die Risikobewertung durch die Behörden einbezogen wurden, oder sich von denjenigen unterscheiden, auf die sich die festgelegten Spezifikationen beziehen, sollte der Behörde zur Bewertung vorgelegt werden. Unter „sich wesentlich unterscheiden" könnte unter anderem eine Änderung der Produktionsmethode zu verstehen sein, wenn ein Produkt nicht mehr durch Pflanzenextraktion, sondern durch Fermentation mit Hilfe eines Mikroorganismus oder durch eine gentechnisch veränderte Variante des ursprünglichen Mikroorganismus hergestellt wird, sowie eine Änderung bei den Ausgangsstoffen oder eine Änderung der Partikelgröße, einschließlich der Anwendung der Nanotechnologie.

(14) Lebensmittelzusatzstoffe sollten ständig überwacht und müssen erforderlichenfalls unter Berücksichtigung veränderter Verwendungsbedingungen und neuer wissenschaftlicher Informationen neu bewertet werden. Wenn erforderlich, sollte die Kommission gemeinsam mit den Mitgliedstaaten geeignete Maßnahmen in Erwägung ziehen.

(15) Mitgliedstaaten, in denen das Verbot der Verwendung bestimmter Zusatzstoffe in Lebensmitteln, die als traditionell gelten und auf ihrem Hoheitsgebiet hergestellt werden, am 1. Januar 1992 noch galt, sollten dieses Verbot weiterhin anwenden dürfen. Bei Produkten wie „Feta" und „Salame cacciatore" sollte diese Verordnung unbeschadet strengerer Bestimmungen über die Verwendung bestimmter Bezeichnungen gemäß der Verordnung (EG) Nr. 510/2006 des Rates vom 20. März 2006 zum Schutz von geografischen Angaben und Ursprungsbezeichnungen für Agrarerzeugnisse und Lebensmittel ([3]) und der Verordnung (EG) Nr. 509/2006 des Rates vom 20. März 2006 über die garantiert traditionellen Spezialitäten bei Agrarerzeugnissen und Lebensmitteln ([4]) gelten.

(16) Sofern keine weiteren Beschränkungen gelten, darf ein Zusatzstoff in Lebensmitteln außer durch direkten Zusatz auch durch Übertragung aus Zutaten, in denen der Zusatzstoff zugelassen ist, enthalten sein; dies gilt unter der Voraussetzung, dass der Zusatzstoffgehalt im Enderzeugnis die Menge, die bei Einhaltung sachgerechter technologischer Bedingungen und einer guten Herstellungspraxis zugeführt würde, nicht übersteigt.

([1]) ABl. L 31 vom 1.2.2002, S. 1.
([2]) ABl. L 268 vom 18.10.2003, S. 1.
([3]) ABl. L 93 vom 31.3.2006, S. 12.
([4]) ABl. L 93 vom 31.3.2006, S. 1.

(17) Für Lebensmittelzusatzstoffe gelten weiterhin die allgemeinen Kennzeichnungsbestimmungen der Richtlinie 2000/13/EG des Europäischen Parlaments und des Rates vom 20. März 2000 zur Angleichung der Rechtsvorschriften der Mitgliedstaaten über die Etikettierung und Aufmachung von Lebensmitteln sowie die Werbung hierfür ([1]) und gegebenenfalls der Verordnung (EG) Nr. 1829/2003 und der Verordnung (EG) Nr. 1830/2003 des Europäischen Parlaments und des Rates vom 22. September 2003 über die Rückverfolgbarkeit und Kennzeichnung von genetisch veränderten Organismen und über die Rückverfolgbarkeit von aus genetisch veränderten Organismen hergestellten Lebensmitteln und Futtermitteln ([2]). In der vorliegenden Verordnung sollte zudem die Kennzeichnung der als solche an die Hersteller oder Endverbraucher verkauften Zusatzstoffe geregelt werden.

(18) Die gemäß dieser Verordnung zugelassenen Süßungsmittel können in Tafelsüßen verwendet werden, die direkt an die Verbraucher verkauft werden. Die Hersteller dieser Erzeugnisse sollten für die Verbraucher auf angemessene Weise Informationen bereitstellen, die diesen eine sichere Verwendung des Erzeugnisses ermöglichen. Diese Informationen könnten auf unterschiedliche Art und Weise bereitgestellt werden, z. B. auf der Kennzeichnung der Erzeugnisse, auf Websites im Internet, im Rahmen von Hotlines und in den Verkaufsstellen. Möglicherweise ist es erforderlich, auf der Ebene der Gemeinschaft Leitlinien zu erstellen, damit diese Anforderung einheitlich umgesetzt wird.

(19) Die zur Durchführung dieser Verordnung erforderlichen Maßnahmen sollten gemäß dem Beschluss 1999/468/EG des Rates vom 28. Juni 1999 zur Festlegung der Modalitäten für die Ausübung der der Kommission übertragenen Durchführungsbefugnisse ([3]) erlassen werden.

(20) Insbesondere sollte die Kommission die Befugnis erhalten, die Anhänge dieser Verordnung zu ändern und geeignete Übergangsregelungen zu erlassen. Da es sich hierbei um Maßnahmen von allgemeiner Tragweite handelt, die eine Änderung nicht wesentlicher Bestimmungen dieser Verordnung auch durch Ergänzung um neue nicht wesentliche Bestimmungen bewirken, sind sie nach dem Regelungsverfahren mit Kontrolle des Artikels 5a des Beschlusses 1999/468/EG zu erlassen.

(21) Aus Gründen der Effizienz ist es erforderlich, die Fristen, die normalerweise im Rahmen des Regelungsverfahrens mit Kontrolle Anwendung finden, für den Erlass bestimmter Änderungen der Anhänge II und III, die im Rahmen anderweitigen Gemeinschaftsrechts bereits zugelassene Stoffe sowie geeignete Übergangsregelungen für diese Stoffe betreffen, abzukürzen.

(22) Für eine verhältnismäßige und effiziente Fortentwicklung und Aktualisierung des Gemeinschaftsrechts auf dem Gebiet der Zusatzstoffe ist es notwendig, Daten zu erheben, Informationen auszutauschen und die Arbeit der Mitgliedstaaten zu koordinieren. Zu diesem Zweck kann es sinnvoll sein, Studien zur Untersuchung konkreter Fragen erstellen, um so den Entscheidungsfindungsprozess zu erleichtern. Es ist zweckmäßig, dass die Gemeinschaft solche Studien aus ihrem Haushalt finanziert. Die Finanzierung solcher Maßnahmen wird von der Verordnung (EG) Nr. 882/2004 des Europäischen Parlaments und des Rates

---

[1] ABl. L 109 vom 6.5.2000, S. 29.
[2] ABl. L 268 vom 18.10.2003, S. 24.
[3] ABl. L 184 vom 17.7.1999, S. 23.

vom 29. April 2004 über amtliche Kontrollen zur Überprüfung der Einhaltung des Lebensmittel- und Futtermittelrechts sowie der Bestimmungen über Tiergesundheit und Tierschutz ([1]) abgedeckt.

(23) Die Mitgliedstaaten führen amtliche Kontrollen durch, um die Einhaltung der vorliegenden Verordnung gemäß der Verordnung (EG) Nr. 882/2004 durchzusetzen.

(24) Da das Ziel dieser Verordnung, nämlich die Festlegung von Gemeinschaftsvorschriften über Lebensmittelzusatzstoffe, auf Ebene der Mitgliedstaaten nicht ausreichend verwirklicht werden kann und daher wegen der Einheitlichkeit des Marktes und eines hohen Verbraucherschutzniveaus besser auf Gemeinschaftsebene zu verwirklichen ist, kann die Gemeinschaft im Einklang mit dem in Artikel 5 des Vertrags niedergelegten Subsidiaritätsprinzip tätig werden. Entsprechend dem in demselben Artikel genannten Grundsatz der Verhältnismäßigkeit geht diese Verordnung nicht über das für das Erreichen dieses Zieles erforderliche Maß hinaus.

(25) Nach Erlass dieser Verordnung sollte die Kommission mit Unterstützung des Ständigen Ausschusses für die Lebensmittelkette und Tiergesundheit die geltenden Zulassungen auf alle nicht sicherheitsbezogenen Kriterien, wie Aufnahmemengen, technologische Notwendigkeit und Gefahr einer Irreführung der Verbraucher, prüfen. Alle in der Gemeinschaft weiterhin zugelassenen Zusatzstoffe sollten in die Gemeinschaftslisten in den Anhängen II und III dieser Verordnung aufgenommen werden. Anhang III dieser Verordnung sollte gemäß der Verordnung (EG) Nr. 1331/2008 um die übrigen in Lebensmittelzusatzstoffen und -enzymen sowie als Trägerstoffe für Nährstoffe verwendeten Zusatzstoffe und die Bedingungen für ihre Verwendung ergänzt werden. Um eine angemessene Übergangsfrist einzuräumen, sollte Anhang III mit Ausnahme der Regelungen für Trägerstoffe für Zusatzstoffe und Lebensmittelzusatzstoffe in Aromen nicht vor dem 1. Januar 2011 gelten.

(26) Bis zur Erstellung der künftigen Gemeinschaftslisten der Lebensmittelzusatzstoffe sollte ein vereinfachtes Verfahren zur Aktualisierung der derzeit in den geltenden Richtlinien enthaltenen Listen der Lebensmittelzusatzstoffe eingeführt werden.

(27) Unbeschadet der Ergebnisse der in Erwägungsgrund 25 genannten Überprüfung sollte die Kommission spätestens ein Jahr nach Erlass dieser Verordnung der Behörde ein Programm zur Neubewertung der Sicherheit der bereits in der Gemeinschaft zugelassenen Zusatzstoffe vorgeben. In dem Programm sollten die Notwendigkeit und die Reihenfolge der Schwerpunkte für die Prüfung der zugelassenen Zusatzstoffe festgelegt werden.

(28) Durch diese Verordnung werden die folgenden Rechtsakte aufgehoben und ersetzt: Richtlinie des Rates vom 23. Oktober 1962 zur Angleichung der Rechtsvorschriften der Mitgliedstaaten für färbende Stoffe, die in Lebensmitteln verwendet werden dürfen ([2]), Richtlinie 65/66/EWG des Rates vom 26. Januar 1965 zur Festlegung spezifischer Reinheitskriterien für konservierende Stoffe, die in Lebensmitteln verwendet werden dürfen ([3]), Richtlinie 78/663/EWG des Rates vom 25. Juli 1978 zur Festlegung spezifischer Reinheitskriterien für Emulga-

---

[1] ABl. L 165 vom 30.4.2004, S. 1.
[2] ABl. 115 vom 11.11.1962, S. 2645/62.
[3] ABl. 22 vom 9.2.1965, S. 373.

toren, Stabilisatoren, Verdickungs- und Geliermittel, die in Lebensmitteln verwendet werden dürfen (¹), Richtlinie 78/664/EWG des Rates vom 25. Juli 1978 zur Festlegung der spezifischen Reinheitskriterien für Stoffe mit antioxydierender Wirkung, die in Lebensmitteln verwendet werden dürfen (²), Erste Richtlinie 81/712/EWG der Kommission vom 28. Juli 1981 zur Festlegung gemeinschaftlicher Analysemethoden für die Überwachung der Reinheitskriterien bestimmter Lebensmittelzusatzstoffe (³), Richtlinie 89/107/EWG des Rates vom 21. Dezember 1988 zur Angleichung der Rechtsvorschriften der Mitgliedstaaten über Zusatzstoffe, die in Lebensmitteln verwendet werden dürfen (⁴), Richtlinie 94/35/EG des Europäischen Parlaments und des Rates vom 30. Juni 1994 über Süßungsmittel, die in Lebensmitteln verwendet werden dürfen (⁵), Richtlinie 94/36/EG des Europäischen Parlaments und des Rates vom 30. Juni 1994 über Farbstoffe, die in Lebensmitteln verwendet werden dürfen (⁶), Richtlinie 95/2/EG des Europäischen Parlaments und des Rates vom 20. Februar 1995 über andere Lebensmittelzusatzstoffe als Farbstoffe und Süßungsmittel (⁷), Entscheidung Nr. 292/97/EG des Europäischen Parlaments und des Rates vom 19. Dezember 1996 über die Aufrechterhaltung einzelstaatlicher Verbote der Verwendung bestimmter Zusatzstoffe bei der Herstellung einiger Lebensmittel (⁸) und Entscheidung 2002/247/EG der Kommission vom 27. März 2002 über die Aussetzung des Inverkehrbringens und die Einfuhr von Gelee-Süßwaren mit dem Lebensmittelzusatzstoff E 425 Konjak (⁹). Einige Bestimmungen dieser Rechtsakte sollten jedoch übergangsweise Gültigkeit behalten, bis die Gemeinschaftslisten in den Anhängen dieser Verordnung ausgearbeitet sind –

HABEN FOLGENDE VERORDNUNG ERLASSEN:

KAPITEL I

GEGENSTAND, ANWENDUNGSBEREICH UND BEGRIFFSBESTIMMUNGEN

Artikel 1

Gegenstand

Diese Verordnung enthält Bestimmungen über die in Lebensmitteln verwendeten Zusatzstoffe mit Blick auf die Gewährleistung des reibungslosen Funktionierens des Binnenmarkts bei gleichzeitiger Gewährleistung eines hohen Schutzniveaus für die Gesundheit der Menschen und eines hohen Niveaus des Schutzes der Verbraucher einschließlich des Schutzes der Verbraucherinteressen und der lauteren Gepflogenheiten im Lebensmittelhandel unter angemessener Berücksichtigung des Umweltschutzes.

(¹) ABl. L 223 vom 14.8.1978, S. 7.
(²) ABl. L 223 vom 14.8.1978, S. 30.
(³) ABl. L 257 vom 10.9.1981, S. 1.
(⁴) ABl. L 40 vom 11.2.1989, S. 27.
(⁵) ABl. L 237 vom 10.9.1994, S. 3.
(⁶) ABl. L 237 vom 10.9.1994, S. 13.
(⁷) ABl. L 61 vom 18.3.1995, S. 1.
(⁸) ABl. L 48 vom 19.2.1997, S. 13.
(⁹) ABl. L 84 vom 28.3.2002, S. 69.

Zu diesem Zweck legt die Verordnung Folgendes fest:
a) Gemeinschaftslisten der in den Anhängen II und III aufgeführten Zusatzstoffe;
b) Bedingungen für die Verwendung von Zusatzstoffen in Lebensmitteln, einschließlich in Lebensmittelzusatzstoffen und Lebensmittelenzymen, für die die Verordnung (EG) Nr. 1332/2008 gilt, und in Lebensmittelaromen, für die die Verordnung (EG) Nr. 1334/2008 des Europäischen Parlaments und des Rates vom 16. Dezember 2008 über Aromen und bestimmte Lebensmittelzutaten mit Aromaeigenschaften zur Verwendung in und auf Lebensmitteln gilt ([1]);
c) Regeln für die Kennzeichnung der als solche verkauften Lebensmittelzusatzstoffe.

Artikel 2
Anwendungsbereich

(1) Diese Verordnung gilt für Lebensmittelzusatzstoffe.

(2) Diese Verordnung gilt für die folgenden Stoffe nur, wenn sie als Lebensmittelzusatzstoffe verwendet werden:
a) Verarbeitungshilfsstoffe;
b) Stoffe, die gemäß den Gemeinschaftsbestimmungen über Pflanzengesundheit für den Schutz von Pflanzen oder Pflanzenerzeugnissen verwendet werden;
c) Stoffe, die Lebensmitteln zu Ernährungszwecken zugefügt werden;
d) Stoffe, mit denen Wasser für den menschlichen Gebrauch aufbereitet wird und die unter die Richtlinie 98/83/EG des Rates vom 3. November 1998 über die Qualität von Wasser für den menschlichen Gebrauch ([2]) fallen;
e) Aromen gemäß der Verordnung (EG) Nr. 1334/2008.

(3) Diese Verordnung gilt vom Zeitpunkt der Verabschiedung der Gemeinschaftsliste der Lebensmittelenzyme gemäß Artikel 17 der Verordnung (EG) Nr. 1332/2008 nicht für Lebensmittelenzyme, die unter die genannte Verordnung fallen.

(4) Diese Verordnung gilt unbeschadet besonderer Gemeinschaftsbestimmungen über die Verwendung von Lebensmittelzusatzstoffen
a) in bestimmten Lebensmitteln;
b) für nicht von dieser Verordnung abgedeckte Zwecke.

Artikel 3
Begriffsbestimmungen

(1) Für die Zwecke dieser Verordnung gelten die Begriffsbestimmungen der Verordnungen (EG) Nr. 178/2002 und 1829/2003.

---

[1] Siehe Seite 34 dieses Amtsblatts.
[2] ABl. L 330 vom 5.12.1998, S. 32.

(2) Für die Zwecke dieser Verordnung gelten ferner folgende Begriffsbestimmungen:

a) „Lebensmittelzusatzstoff": ein Stoff mit oder ohne Nährwert, der in der Regel weder selbst als Lebensmittel verzehrt noch als charakteristische Lebensmittelzutat verwendet wird und einem Lebensmittel aus technologischen Gründen bei der Herstellung, Verarbeitung, Zubereitung, Behandlung, Verpackung, Beförderung oder Lagerung zugesetzt wird, wodurch er selbst oder seine Nebenprodukte mittelbar oder unmittelbar zu einem Bestandteil des Lebensmittels werden oder werden können;

Folgende Stoffe gelten nicht als Lebensmittelzusatzstoffe:

   i) Monosaccharide, Disaccharide und Oligosaccharide und wegen ihrer süßenden Eigenschaften verwendete Lebensmittel, die diese Stoffe enthalten;

   ii) Lebensmittel, getrocknet oder in konzentrierter Form, einschließlich Aromen, die bei der Herstellung von zusammengesetzten Lebensmitteln wegen ihrer aromatisierenden, geschmacklichen oder ernährungsphysiologischen Eigenschaften beigegeben werden und eine färbende Nebenwirkung haben;

   iii) Stoffe, die zum Umhüllen oder Überziehen verwendet werden, aber nicht Teil der Lebensmittel sind und nicht mit diesen Lebensmitteln verzehrt werden sollen;

   iv) Erzeugnisse, die Pektin enthalten und aus getrockneten Rückständen ausgepresster Äpfel oder aus getrockneten Schalen von Zitrusfrüchten oder aus einer Mischung daraus durch Behandlung mit verdünnter Säure und anschließender teilweiser Neutralisierung mit Natrium- oder Kaliumsalzen gewonnen wurden („flüssiges Pektin");

   v) Kaubasen zur Herstellung von Kaugummi;

   vi) Weiß- oder Gelbdextrin, geröstete oder dextrinierte Stärke, durch Säure- oder Alkalibehandlung modifizierte Stärke, gebleichte Stärke, physikalisch modifizierte Stärke und mit amylolitischen Enzymen behandelte Stärke;

   vii) Ammoniumchlorid;

   viii) Blutplasma, Speisegelatine, Proteinhydrolysate und deren Salze, Milcheiweiß und Gluten;

   ix) Aminosäuren sowie deren Salze (außer Glutaminsäure, Glycin, Cystein und Cystin sowie deren Salze), die nicht die Funktion eines Zusatzstoffes haben;

   x) Kaseinate und Kasein;

   xi) Inulin;

b) „Verarbeitungshilfsstoff": ein Stoff, der

   i) nicht als Lebensmittel verzehrt wird

   ii) bei der Verarbeitung von Rohstoffen, Lebensmitteln oder deren Zutaten aus technologischen Gründen während der Be- oder Verarbeitung verwendet wird und

iii) unbeabsichtigte, technisch unvermeidbare Rückstände des Stoffes oder seiner Derivate im Enderzeugnis hinterlassen kann, sofern diese Rückstände gesundheitlich unbedenklich sind und sich technologisch nicht auf das Enderzeugnis auswirken;

c) „Funktionsklasse": eine der in Anhang I aufgeführten, nach der technologischen Funktion in Lebensmitteln geordneten Gruppen von Zusatzstoffen;

d) „unbehandelte Lebensmittel": Lebensmittel, die keiner Behandlung unterzogen worden sind, die zu einer substanziellen Änderung des ursprünglichen Zustands der Lebensmittel führt; eine substanzielle Änderung liegt insbesondere nicht vor, wenn die Lebensmittel geteilt, ausgelöst, getrennt, ausgebeint, fein zerkleinert, enthäutet, geschält, gemahlen, geschnitten, gesäubert, garniert, tiefgefroren, gefroren, gekühlt, geschliffen oder enthülst, verpackt oder ausgepackt worden sind;

e) „Lebensmittel ohne Zuckerzusatz": Lebensmittel ohne

i) Zusatz von Monosacchariden oder Disacchariden;

ii) Zusatz von Lebensmitteln wegen ihrer süßenden Eigenschaften, die Monosaccharide oder Disaccharide enthalten;

f) „brennwertvermindert": Lebensmittel mit einem Brennwert, der gegenüber dem Brennwert des ursprünglichen Lebensmittels oder eines gleichartigen Erzeugnisses um mindestens 30 % reduziert ist.

g) „Tafelsüße": Zubereitungen zugelassener Süßungsmittel, die andere Lebensmittelzusatzstoffe und/oder Lebensmittelzutaten enthalten können und die als Ersatz für Zucker zur Abgabe an den Endverbraucher bestimmt sind.

h) „quantum satis": keine numerische Angabe einer Höchstmenge; die Stoffe sind jedoch gemäß der guten Herstellungspraxis nur in der Menge zu verwenden, die erforderlich ist, um die gewünschte Wirkung zu erzielen, und unter der Voraussetzung, dass die Verbraucher nicht irregeführt werden.

KAPITEL II
GEMEINSCHAFTSLISTEN DER ZUGELASSENEN ZUSATZSTOFFE

Artikel 4
Gemeinschaftslisten der Zusatzstoffe

(1) Nur die in der Gemeinschaftsliste in Anhang II aufgeführten Lebensmittelzusatzstoffe dürfen als solche in Verkehr gebracht und unter den darin festgelegten Bedingungen in Lebensmitteln verwendet werden.

(2) Nur die in der Gemeinschaftsliste in Anhang III aufgeführten Lebensmittelzusatzstoffe dürfen unter den darin festgelegten Bedingungen in Lebensmittelzusatzstoffen, -enzymen und -aromen verwendet werden.

(3) Die Liste der Lebensmittelzusatzstoffe in Anhang II wird nach Kategorien von Lebensmitteln, denen sie zugesetzt werden dürfen, erstellt.

(4) Die Liste der Lebensmittelzusatzstoffe in Anhang III wird nach Lebensmittelzusatzstoffen, -enzymen, -aromen und Nährstoffen bzw. nach deren jeweiligen Kategorien, denen sie zugesetzt werden dürfen, erstellt.

(5) Die Lebensmittelzusatzstoffe müssen den in Artikel 14 genannten Spezifikationen entsprechen.

Artikel 5
Verbot von nicht mit dieser Verordnung in Einklang stehenden Lebensmittelzusatzstoffen und/oder Lebensmitteln

Niemand darf einen Lebensmittelzusatzstoff oder ein Lebensmittel, in dem ein Lebensmittelzusatzstoff vorhanden ist, in Verkehr bringen, wenn die Verwendung des Lebensmittelzusatzstoffs nicht mit dieser Verordnung in Einklang steht.

Artikel 6
Allgemeine Bedingungen für die Aufnahme von Lebensmittelzusatzstoffen in die Gemeinschaftsliste und für die Verwendung der Lebensmittelzusatzstoffe

(1) Ein Lebensmittelzusatzstoff darf nur in die Gemeinschaftslisten in den Anhängen II und III aufgenommen werden, wenn die folgenden Voraussetzungen und gegebenenfalls andere berücksichtigenswerte legitime Faktoren – einschließlich umweltrelevanter Faktoren – erfüllt sind:

a) der Lebensmittelzusatzstoff ist bei der vorgeschlagenen Dosis für die Verbraucher gesundheitlich unbedenklich, soweit die verfügbaren wissenschaftlichen Daten ein Urteil hierüber erlauben,

b) es besteht eine hinreichende technische Notwendigkeit, und es stehen keine anderen wirtschaftlich und technisch praktikablen Methoden zur Verfügung, und

c) durch die Verwendung des Lebensmittelzusatzstoffs werden die Verbraucher nicht irregeführt.

(2) Lebensmittelzusatzstoffe werden nur in die Gemeinschaftslisten in den Anhängen II und III aufgenommen, wenn sie für die Verbraucher Vorteile bringen und daher einem oder mehreren der folgenden Zwecke dienen:

a) Erhaltung der ernährungsphysiologischen Qualität des Lebensmittels;

b) Bereitstellung von Zutaten oder Bestandteilen für Lebensmittel, die für Gruppen von Verbrauchern mit besonderen Ernährungswünschen erforderlich sind;

c) Förderung der gleich bleibenden Qualität oder Stabilität eines Lebensmittels oder Verbesserung seiner organoleptischen Eigenschaften, sofern sich dadurch die Art, Substanz oder Qualität des Lebensmittels nicht derart verändert, dass die Verbraucher irregeführt werden;

d) Verwendung als Hilfsstoff bei Herstellung, Verarbeitung, Zubereitung, Behandlung, Verpackung, Transport oder Lagerung von Lebensmitteln, einschließlich Lebensmittelzusatzstoffen, -enzymen und -aromen, sofern der Zusatzstoff nicht dazu verwendet wird, die Auswirkungen des Einsatzes mangelhafter Rohstoffe oder unerwünschter, auch unhygienischer Verfahren oder Techniken im Verlauf einer dieser Tätigkeiten zu verschleiern.

(3) Abweichend von Absatz 2 Buchstabe a kann ein Lebensmittelzusatzstoff, der die ernährungsphysiologische Qualität eines Lebensmittels mindert, in die Gemeinschaftsliste in Anhang II aufgenommen werden, wenn
a) dieses Lebensmittel kein wichtiger Bestandteil einer normalen Ernährung ist oder
b) der Lebensmittelzusatzstoff für die Herstellung von Lebensmitteln für Gruppen von Verbrauchern mit speziellen Ernährungsbedürfnissen benötigt wird.

Artikel 7
Besondere Bedingungen für Süßungsmittel

Ein Lebensmittelzusatzstoff darf in die Gemeinschaftsliste in Anhang II unter der Funktionsklasse der Süßungsmittel nur aufgenommen werden, wenn er einem oder mehreren der in Artikel 6 Absatz 2 aufgeführten Zwecke und außerdem einem der folgenden Zwecke dient:
a) Zuckerersatz bei der Herstellung von brennwertverminderten Lebensmitteln, von nicht kariogenen Lebensmitteln oder von Lebensmitteln ohne Zuckerzusatz,
b) Zuckerersatz, sofern dadurch die Haltbarkeit des Lebensmittels verbessert wird,
c) Herstellung von Lebensmitteln, die für eine besondere Ernährung bestimmt sind, gemäß Artikel 1 Absatz 2 Buchstabe a der Richtlinie 89/398/EWG.

Artikel 8
Besondere Bedingungen für Farbstoffe

Ein Lebensmittelzusatzstoff darf in die Gemeinschaftsliste in Anhang II unter der Funktionsklasse der Farbstoffe nur aufgenommen werden, wenn er einem oder mehreren der in Artikel 6 Absatz 2 aufgeführten Zwecke und außerdem einem der folgenden Zwecke dient:
a) das ursprüngliche Erscheinungsbild von Lebensmitteln wiederherstellt, deren Farbe durch Verarbeitung, Lagerung, Verpackung und Vertrieb mit nachteiligen Folgen für die optische Akzeptanz beeinträchtigt worden ist;
b) Lebensmittel äußerlich ansprechender macht;
c) normalerweise farblose Lebensmittel färbt.

Artikel 9
Einteilung der Lebensmittelzusatzstoffe nach Funktionsklassen

(1) Die Lebensmittelzusatzstoffe werden in den Anhängen II und III den einzelnen Funktionsklassen von Anhang I je nach ihrer technischen Hauptfunktion zugeordnet.
Diese Zuordnung schließt nicht aus, dass sie auch für andere Zwecke verwendet werden können.
(2) Sofern es aufgrund des wissenschaftlichen Fortschritts oder der technischen Entwicklung erforderlich ist, sind Maßnahmen zur Änderung nicht wesentlicher

Bestimmungen dieser Verordnung, die die Aufnahme weiterer Funktionsklassen in Anhang I betreffen, gemäß dem Regelungsverfahren mit Kontrolle nach Artikel 28 Absatz 3 zu erlassen.

Artikel 10
Inhalt der Gemeinschaftslisten von Lebensmittelzusatzstoffen

(1) Ein Lebensmittelzusatzstoff, der die in den Artikeln 6, 7 und 8 genannten Bedingungen erfüllt, kann nach dem in der Verordnung (EG) Nr. 1331/2008 festgelegten Verfahren aufgenommen werden in

a) die Gemeinschaftsliste in Anhang II der vorliegenden Verordnung und/oder

b) die Gemeinschaftsliste in Anhang III der vorliegenden Verordnung.

(2) Der Eintrag eines Lebensmittelzusatzstoffes in die Gemeinschaftslisten in den Anhängen II und III enthält folgende Einzelheiten:

a) Bezeichnung des Lebensmittelzusatzstoffes und seine E-Nummer;

b) Lebensmittel, denen der Lebensmittelzusatzstoff zugesetzt werden darf;

c) Bedingungen, unter denen der Lebensmittelzusatzstoff verwendet werden darf;

d) gegebenenfalls Beschränkungen der direkten Abgabe des Lebensmittelzusatzstoffes an die Endverbraucher.

(3) Änderungen der Gemeinschaftslisten in den Anhängen II und III erfolgen nach dem in der Verordnung (EG) Nr. 1331/2008 vorgesehenen Verfahren.

Artikel 11
Festlegung der Verwendungsmengen

(1) Bei der Festlegung der in Artikel 10 Absatz 2 Buchstabe c genannten Bedingungen ist Folgendes zu berücksichtigen:

a) die geringste Dosis, die notwendig ist, um die gewünschte Wirkung zu erzielen, wird als Verwendungsmenge festgelegt;

b) dabei sind zu berücksichtigen:

   i) die für den Lebensmittelzusatzstoff festgelegte akzeptierbare Tagesdosis oder gleichwertige Bewertungen und die wahrscheinliche tägliche Aufnahmemenge unter Berücksichtigung aller Quellen;

   ii) sofern Lebensmittelzusatzstoffe in Lebensmitteln Verwendung finden, die von speziellen Verbrauchergruppen konsumiert werden, die mögliche tägliche Menge der Aufnahme des Lebensmittelzusatzstoffes durch die Verbraucher in jenen Gruppen.

(2) In bestimmten Fällen wird keine numerische Höchstmenge für Lebensmittelzusatzstoffe festgelegt (quantum satis). Zusatzstoffe werden dann nach dem Quantum-satis-Prinzip verwendet.

(3) Die in Anhang II genannten Höchstmengen der Lebensmittelzusatzstoffe gelten für die in Verkehr gebrachten Lebensmittel, sofern nicht anders angegeben. Abweichend von diesem Grundsatz finden bei getrockneten und/oder konzentrierten Lebensmitteln, die rekonstituiert werden müssen, die Höchstmengen auf die nach den Anweisungen auf dem Etikett rekonstituierten Lebensmittel Anwendung, wobei der Mindestverdünnungsfaktor zu berücksichtigen ist.

(4) Die in Anhang II genannten Höchstmengen der Farbstoffe gelten für die Mengen des färbenden Grundbestandteils in der färbenden Zubereitung, sofern nicht anders angegeben.

Artikel 12
Änderungen im Produktionsprozess oder in Ausgangsstoffen für einen Lebensmittelzusatzstoff, der bereits in der Gemeinschaftsliste aufgeführt ist

Wenn bei einem Lebensmittelzusatzstoff, der bereits in der Gemeinschaftsliste aufgeführt ist, sein Produktionsverfahren oder die verwendeten Ausgangsstoffe erheblich geändert werden oder die Partikelgröße – z. B. durch die Anwendung der Nanotechnologie – geändert wird, ist dieser nach den neuen Verfahren oder mit den neuen Ausgangsstoffen hergestellte Lebensmittelzusatzstoff als ein anderer Zusatzstoff anzusehen, und es ist ein neuer Eintrag in die Gemeinschaftsliste bzw. eine Änderung der Spezifikationen erforderlich, bevor der Zusatzstoff in Verkehr gebracht werden darf.

Artikel 13
Lebensmittelzusatzstoffe, die in den Anwendungsbereich der Verordnung (EG) Nr. 1829/2003 fallen

(1) Ein Lebensmittelzusatzstoff, der in den Anwendungsbereich der Verordnung (EG) Nr. 1829/2003 fällt, kann erst nach seiner Zulassung gemäß der Verordnung (EG) Nr. 1829/2003 nach der vorliegenden Verordnung in die Gemeinschaftslisten in den Anhängen II und III aufgenommen werden.

(2) Wenn ein Lebensmittelzusatzstoff, der bereits in der Gemeinschaftsliste aufgeführt ist, aus anderen Ausgangsstoffen produziert wird, die in den Geltungsbereich der Verordnung (EG) Nr. 1829/2003 fallen, muss er nicht noch einmal gemäß dieser Verordnung zugelassen werden, solange der neue Ausgangsstoff eine Zulassung gemäß der Verordnung (EG) Nr. 1829/2003 besitzt und der Lebensmittelzusatzstoff den in der vorliegenden Verordnung festgelegten Spezifikationen entspricht.

Artikel 14
Spezifikationen von Lebensmittelzusatzstoffen

Die Spezifikationen der Lebensmittelzusatzstoffe, insbesondere bezüglich Herkunft, Reinheit und sonstiger notwendiger Angaben, werden nach dem Verfahren der Verordnung (EG) Nr. 1331/2008 vorgesehenen Verfahren bei der ersten Eintragung eines Zusatzstoffes in die Gemeinschaftslisten in den Anhängen II und III festgelegt.

KAPITEL III
VERWENDUNG VON ZUSATZSTOFFEN IN LEBENSMITTELN

Artikel 15
Verwendung von Zusatzstoffen in unbehandelten Lebensmitteln

Lebensmittelzusatzstoffe dürfen in unbehandelten Lebensmitteln nur in den in Anhang II ausdrücklich vorgesehenen Fällen verwendet werden.

Artikel 16
Verwendung von Lebensmittelzusatzstoffen in Säuglings- und Kleinkindernahrung

Lebensmittelzusatzstoffe dürfen in Säuglings- und Kleinkindernahrung im Sinne der Richtlinie 89/398/EWG – auch in diätetischen Lebensmitteln für Säuglinge und Kleinkinder für besondere medizinische Zwecke – nur in den in Anhang II dieser Verordnung ausdrücklich vorgesehenen Fällen verwendet werden.

Artikel 17
Verwendung von Farbstoffen zur Kennzeichnung

Nur in Anhang II dieser Verordnung aufgeführte Lebensmittelfarbstoffe sind für die Kennzeichnung der Genusstauglichkeit gemäß der Richtlinie 91/497/EWG des Rates vom 29. Juli 1991 zur Änderung und Kodifizierung der Richtlinie 64/433/EWG zur Regelung gesundheitlicher Fragen beim innergemeinschaftlichen Handelsverkehr mit frischem Fleisch zwecks Ausdehnung ihrer Bestimmungen auf die Gewinnung und das Inverkehrbringen von frischem Fleisch [1] und für andere vorgeschriebene Kennzeichnungen bei Fleischerzeugnissen sowie für Farbverzierungen der Schalen von Eiern und Stempelaufdrucke auf den Schalen von Eiern gemäß der Verordnung (EG) Nr. 853/2004 des Europäischen Parlaments und des Rates vom 29. April 2004 mit spezifischen Hygienevorschriften für Lebensmittel tierischen Ursprungs [2] zugelassen.

Artikel 18
Migrationsgrundsatz

(1) Ein Lebensmittelzusatzstoff darf enthalten sein

a) in einem zusammengesetzten Lebensmittel, das nicht in Anhang II aufgeführt ist, falls der Zusatzstoff in einer der Zutaten des zusammengesetzten Lebensmittels zugelassen ist;

b) in einem Lebensmittel mit zugesetzten Lebensmittelzusatzstoffen, -enzymen oder -aromen, falls der Zusatzstoff

    i) nach dieser Verordnung im Lebensmittelzusatzstoff, -enzym oder -aroma zugelassen ist und

---

[1] ABl. L 268 vom 24.9.1991, S. 69.
[2] ABl. L 139 vom 30.4.2004, S. 55.

ii) durch den Lebensmittelzusatzstoff, das Lebensmittelenzym oder das Lebensmittelaroma in das Lebensmittel übertragen worden ist und

iii) in dem endgültigen Lebensmittel keine technische Funktion erfüllt;

c) in einem Lebensmittel, das ausschließlich für die Zubereitung eines zusammengesetzten Lebensmittels verwendet wird, sofern Letzteres dieser Verordnung genügt.

(2) Absatz 1 gilt nur in ausdrücklichen Ausnahmefällen für Säuglingsanfangsnahrung, Folgenahrung, Getreidebeikost und andere Beikost sowie diätetische Lebensmittel für besondere medizinische Zwecke für Säuglinge und Kleinkinder gemäß der Richtlinie 89/398/EWG.

(3) Wird ein Lebensmittelzusatzstoff in einem Lebensmittelaroma, -zusatzstoff oder -enzym einem Lebensmittel zugefügt und erfüllt in diesem Lebensmittel eine technische Funktion, so gilt er nicht als Lebensmittelzusatzstoff des zugefügten Lebensmittelaromas, -zusatzstoffes oder -enzyms, sondern als Zusatzstoff dieses Lebensmittels und muss somit den vorgegebenen Bedingungen für die Verwendung in diesem Lebensmittel genügen.

(4) Unbeschadet des Absatzes 1 sind als Süßungsmittel verwendete Lebensmittelzusatzstoffe in zusammengesetzten Lebensmitteln ohne Zuckerzusatz, in brennwertverminderten zusammengesetzten Lebensmitteln, in zusammengesetzten Lebensmitteln für kalorienarme Ernährung, in nicht kariogenen zusammengesetzten Lebensmitteln und in zusammengesetzten Lebensmitteln mit verlängerter Haltbarkeit zugelassen, sofern das Süßungsmittel für eine der Zutaten des zusammengesetzten Lebensmittels zugelassen ist.

Artikel 19
Auslegungsentscheidungen

Erforderlichenfalls kann nach dem in Artikel 28 Absatz 2 genannten Regelungsverfahren entschieden werden, ob

a) ein bestimmtes Lebensmittel einer der Gruppen in Anhang II angehört;

b) ein in den Anhängen II und III aufgeführter und mit der Mengenangabe „quantum satis" zugelassener Lebensmittelzusatzstoff gemäß den in Artikel 11 Absatz 2 aufgeführten Kriterien verwendet wird; oder

c) ein bestimmter Stoff der Definition des Begriffs „Lebensmittelzusatzstoff" gemäß Artikel 3 entspricht.

Artikel 20
Traditionelle Lebensmittel

Die in Anhang IV aufgeführten Mitgliedstaaten dürfen die Verwendung bestimmter Klassen von Lebensmittelzusatzstoffen bei der Herstellung der in diesem Anhang aufgeführten traditionellen Lebensmittel auf ihrem Hoheitsgebiet weiterhin verbieten.

KAPITEL IV

KENNZEICHNUNG

Artikel 21
Kennzeichnung von Lebensmittelzusatzstoffen, die nicht für den Verkauf an den Endverbraucher bestimmt sind

(1) Lebensmittelzusatzstoffe, die nicht für den Verkauf an den Endverbraucher bestimmt sind, dürfen unabhängig davon, ob sie einzeln oder gemischt mit anderen Zusatzstoffen und/oder anderen Zutaten nach Maßgabe von Artikel 6 Absatz 4 der Richtlinie 2000/13/EG zum Verkauf angeboten werden, nur mit der in Artikel 22 der vorliegenden Verordnung vorgesehenen Kennzeichnung in Verkehr gebracht werden, die gut sichtbar, deutlich lesbar und unverwischbar sein muss. Die Angaben müssen für den Käufer leicht verständlich formuliert sein.

(2) Der Mitgliedstaat, in dem das Erzeugnis in Verkehr gebracht wird, kann im Einklang mit dem Vertrag vorschreiben, dass die in Artikel 22 vorgesehenen Angaben in seinem Hoheitsgebiet in einer oder mehreren, von ihm zu bestimmenden Amtssprachen der Gemeinschaft gemacht werden. Dies steht der Abfassung der Angaben der Kennzeichnung in mehreren Sprachen nicht entgegen.

Artikel 22
Allgemeine Anforderungen an die Kennzeichnung von Lebensmittelzusatzstoffen, die nicht für den Verkauf an den Endverbraucher bestimmt sind

(1) Werden nicht für die Abgabe an den Endverbraucher bestimmte Lebensmittelzusatzstoffe einzeln oder gemischt mit anderen Zusatzstoffen und/oder mit Lebensmittelzutaten und/oder mit anderen zugefügten Stoffen zum Verkauf angeboten, weisen ihre Verpackungen oder Behältnisse folgende Angaben auf:

a) die Bezeichnung und/oder die E-Nummer, die in dieser Verordnung für jeden Lebensmittelzusatzstoff festgelegt ist, oder eine die Bezeichnung und/oder E-Nummer jedes Lebensmittelzusatzstoffs beinhaltende Verkehrsbezeichnung;

b) entweder die Angabe „für Lebensmittel" oder die Angabe „für Lebensmittel, begrenzte Verwendung" oder einen genaueren Hinweis auf die vorgesehene Verwendung in Lebensmitteln;

c) gegebenenfalls besondere Anweisungen für die Lagerung und/oder Verwendung;

d) eine Angabe zur Kennzeichnung der Partie oder des Loses;

e) eine Gebrauchsanweisung, wenn der Lebensmittelzusatzstoff sonst nicht sachgemäß verwendet werden könnte;

f) Name oder Firma und Anschrift des Herstellers, Verpackers oder Verkäufers;

g) die Angabe der Höchstmenge jedes Bestandteils oder jeder Gruppe von Bestandteilen, die einer mengenmäßigen Begrenzung in Lebensmitteln unterliegen, und/oder geeignete Angaben in klarer und leicht verständlicher Formulierung, die es dem Käufer ermöglichen, diese Verordnung oder andere einschlägige Vorschriften des Gemeinschaftsrechts einzuhalten; gilt diese Mengenbegrenzung für eine Gruppe von Bestandteilen, die einzeln oder gemeinsam verwendet werden, so kann der gemeinsame Prozentsatz als einziger Wert angegeben werden; die mengenmäßige Begrenzung wird entweder zahlenmäßig oder nach dem „quantum-satis"-Prinzip ausgedrückt;

h) Nettomenge;
i) das Mindesthaltbarkeits- oder Verbrauchsdatum;
j) gegebenenfalls Angaben über einen Lebensmittelzusatzstoff oder sonstige Stoffe, auf die in diesem Artikel Bezug genommen wird und die in Anhang IIIa – Verzeichnis der Lebensmittelzutaten – der Richtlinie 2000/13/EG aufgeführt sind.

(2) Werden Lebensmittelzusatzstoffe gemischt mit anderen Zusatzstoffen und/oder mit anderen Lebensmittelzutaten zum Verkauf angeboten, wird auf ihren Verpackungen oder Behältnissen eine Liste aller Zutaten in absteigender Reihenfolge ihres Anteils am Gesamtgewicht angegeben.

(3) Werden Stoffe (einschließlich Lebensmittelzusatzstoffen oder anderer Lebensmittelzutaten) Lebensmittelzusatzstoffen zugesetzt, um die Lagerung, den Verkauf, die Standardisierung, die Verdünnung oder die Lösung der Zusatzstoffe zu erleichtern, wird auf ihren Verpackungen oder Behältnissen eine Liste aller dieser Stoffe in absteigender Reihenfolge ihres Anteils am Gesamtgewicht angegeben.

(4) Abweichend von den Absätzen 1, 2 und 3 brauchen die in Absatz 1 Buchstaben e, f und g und in den Absätzen 2 und 3 vorgesehenen Angaben nur in den vor oder bei Lieferung vorzulegenden Warenbegleitpapieren gemacht zu werden, sofern die Angabe „nicht für den Verkauf im Einzelhandel" an gut sichtbarer Stelle auf der Verpackung oder dem Behältnis des betreffenden Erzeugnisses erscheint.

(5) Abweichend von den Absätzen 1, 2 und 3 brauchen im Falle der Lieferung von Lebensmittelzusatzstoffen in Tankwagen die Angaben nur in den bei Lieferung vorzulegenden Begleitpapieren gemacht zu werden.

Artikel 23

Kennzeichnung von Lebensmittelzusatzstoffen, die für den Verkauf an den Endverbraucher bestimmt sind

(1) Unbeschadet der Richtlinie 2000/13/EG, der Richtlinie 89/396/EWG des Rates vom 14. Juni 1989 über Angaben oder Marken, mit denen sich das Los, zu dem ein Lebensmittel gehört, feststellen lässt ([1]), und der Verordnung (EG) Nr. 1829/2003 dürfen zum Verkauf an den Endverbraucher bestimmte Lebensmittelzusatzstoffe, die einzeln oder gemischt mit anderen Zusatzstoffen und/oder anderen Zutaten angeboten werden, nur in den Verkehr gebracht werden, wenn ihre Verpackungen folgende Angaben aufweisen:

([1]) ABl. L 186 vom 30.6.1989, S. 21.

a) die Bezeichnung und die E-Nummer jedes Lebensmittelzusatzstoffs gemäß dieser Verordnung oder eine die Bezeichnung und die E-Nummer jedes Lebensmittelzusatzstoffs beinhaltende Verkehrsbezeichnung;

b) die Angabe „für Lebensmittel" oder die Angabe „für Lebensmittel, begrenzte Verwendung" oder einen genaueren Hinweis auf die vorgesehene Verwendung in Lebensmitteln.

(2) Abweichend von Absatz 1 Buchstabe a muss die Verkehrsbezeichnung von Tafelsüßen mit dem Hinweis versehen sein „Tafelsüße auf der Grundlage von ...", ergänzt durch den bzw. die Namen der für die Rezeptur der Tafelsüße verwendeten Süßungsmittel ... ergänzt durch den bzw. die Namen der für die Rezeptur der Tafelsüße verwendeten Süßungsmittel.

(3) Die Kennzeichnung von Tafelsüßen, die Polyole und/oder Aspartam enthalten, muss folgende Warnhinweise umfassen:

a) Polyole: „Kann bei übermäßigem Verzehr abführend wirken";

b) Aspartam/Aspartam-Acesulfamsalz: „Enthält eine Phenylalaninquelle".

(4) Die Hersteller von Tafelsüßen stellen auf angemessene Weise Informationen bereit, die deren sichere Verwendung durch die Verbraucher ermöglichen. Mit Blick auf die Umsetzung dieses Absatzes können nach dem in Artikel 28 Absatz 3 genannten Regelungsverfahren mit Kontrolle Leitlinien angenommen werden.

(5) Für die in den Absätzen 1 bis 3 des vorliegenden Artikels vorgesehenen Angaben gilt Artikel 13 Absatz 2 der Richtlinie 2000/13/EG entsprechend.

Artikel 24
Anforderungen an die Kennzeichnung von Lebensmitteln, die bestimmte Lebensmittelfarbstoffe enthalten

(1) Unbeschadet der Richtlinie 2000/13/EG enthält die Kennzeichnung von Lebensmitteln, die in Anhang V der vorliegenden Verordnung aufgeführte Lebensmittelfarbstoffe enthalten, die in dem genannten Anhang aufgeführten zusätzlichen Angaben.

(2) Bezüglich der in Absatz 1 des vorliegenden Artikels vorgesehenen Angaben gilt Artikel 13 Absatz 2 der Richtlinie 2000/13/EG entsprechend.

(3) Falls im Ergebnis wissenschaftlicher Fortschritte oder technischer Entwicklungen erforderlich, wird Anhang V durch Maßnahmen zur Änderung nicht wesentlicher Bestimmungen dieser Verordnung nach dem in Artikel 28 Absatz 4 genannten Regelungsverfahren mit Kontrolle geändert.

Artikel 25
Sonstige Kennzeichnungsanforderungen

Die Artikel 21, 22, 23 und 24 gelten unbeschadet genauerer oder weiter gehender Rechts- oder Verwaltungsvorschriften über Gewichte und Maße oder über die Aufmachung, Einstufung, Verpackung und Kennzeichnung gefährlicher Stoffe und Zubereitungen oder über die Beförderung solcher Stoffe und Zubereitungen.

KAPITEL V
VERFAHRENSVORSCHRIFTEN UND DURCHFÜHRUNG

Artikel 26
Informationspflichten

(1) Der Hersteller oder Verwender eines Lebensmittelzusatzstoffes teilt der Kommission unverzüglich jede neue wissenschaftliche oder technische Information mit, die die Bewertung der Sicherheit des Zusatzstoffes berühren könnte.

(2) Der Hersteller oder Verwender eines Lebensmittelzusatzstoffes unterrichtet die Kommission auf deren Aufforderung über die tatsächliche Verwendung des Zusatzstoffes. Diese Angaben werden den Mitgliedstaaten von der Kommission zur Verfügung gestellt.

Artikel 27
Überwachung der Aufnahme von Lebensmittelzusatzstoffen

(1) Die Mitgliedstaaten überwachen systematisch den Verbrauch und die Verwendung von Lebensmittelzusatzstoffen ausgehend von einem risikobezogenen Ansatz und erstatten der Kommission und der Behörde in angemessenen zeitlichen Abständen Bericht über die Ergebnisse.

(2) Nach Anhörung der Behörde wird nach dem in Artikel 28 Absatz 2 genannten Regelungsverfahren eine einheitliche Methode für die Erhebung von Daten über die Aufnahme von Lebensmittelzusatzstoffen über die Nahrung durch die Mitgliedstaaten festgelegt.

Artikel 28
Ausschuss

(1) Die Kommission wird von dem Ständigen Ausschuss für die Lebensmittelkette und Tiergesundheit unterstützt.

(2) Wird auf diesen Absatz Bezug genommen, so gelten die Artikel 5 und 7 des Beschlusses 1999/468/EG unter Beachtung von dessen Artikel 8.

Die Frist nach Artikel 5 Absatz 6 des Beschlusses 1999/468/EG wird auf drei Monate festgesetzt.

(3) Wird auf diesen Absatz Bezug genommen, so gelten Artikel 5a Absätze 1 bis 4 und Artikel 7 des Beschlusses 1999/468/EG unter Beachtung von dessen Artikel 8.

(4) Wird auf diesen Absatz Bezug genommen, so sind Artikel 5a Absätze 1 bis 4, Absatz 5 Buchstabe b und Artikel 7 des Beschlusses 1999/468/EG unter Beachtung von dessen Artikel 8 anzuwenden.

Die Zeiträume nach Artikel 5a Absatz 3 Buchstabe c und Absatz 4 Buchstaben b und e des Beschlusses 1999/468/EG des Rates werden auf 2 Monate bzw. 2 Monate bzw. 4 Monate festgesetzt.

Artikel 29
Gemeinschaftliche Finanzierung der Harmonisierung

Die Rechtsgrundlage für die Finanzierung der aus dieser Verordnung resultierenden Maßnahmen ist Artikel 66 Absatz 1 Buchstabe c der Verordnung (EG) Nr. 882/2004.

KAPITEL VI
ÜBERGANGS- UND SCHLUSSBESTIMMUNGEN

Artikel 30
Erstellung der Gemeinschaftslisten der Zusatzstoffe

(1) Lebensmittelzusatzstoffe, die gemäß den Richtlinien 94/35/EG, 94/36/EG und 95/2/EG unter Berücksichtigung der Änderungen nach Maßgabe von Artikel 31 dieser Verordnung für die Verwendung in Lebensmitteln zugelassen sind, und ihre Verwendungsbedingungen werden in Anhang II dieser Verordnung aufgenommen, nachdem geprüft wurde, ob sie den Artikeln 6, 7 und 8 dieser Verordnung entsprechen. Die Maßnahmen zur Änderung nicht wesentlicher Bestimmungen dieser Verordnung für die Aufnahme dieser Zusatzstoffe in Anhang II werden nach dem in Artikel 28 Absatz 4 genannten Regelungsverfahren mit Kontrolle erlassen. Diese Prüfung erfolgt ohne eine neue Risikobewertung durch die Behörde. Die Prüfung ist bis zum 20. Januar 2011 abzuschließen.

Lebensmittelzusatzstoffe und Verwendungen, die nicht mehr benötigt werden, werden nicht in den Anhang II aufgenommen.

(2) Lebensmittelzusatzstoffe, die nach der Richtlinie 95/2/EG für die Verwendung in Lebensmittelzusatzstoffen zugelassen sind, und ihre Verwendungsbedingungen werden in Anhang III Teil 1 dieser Verordnung aufgenommen, nachdem geprüft wurde, ob sie Artikel 6 dieser Verordnung entsprechen. Die Maßnahmen zur Änderung nicht wesentlicher Bestimmungen für die Aufnahme dieser Zusatzstoffe in Anhang III werden nach dem in Artikel 28 Absatz 4 genannten Regelungsverfahren mit Kontrolle erlassen. Diese Prüfung erfolgt ohne eine neue Risikobewertung durch die Behörde. Die Prüfung ist bis zum 20. Januar 2011 abzuschließen.

Lebensmittelzusatzstoffe und Verwendungen, die nicht mehr benötigt werden, werden nicht in den Anhang III aufgenommen.

(3) Lebensmittelzusatzstoffe, die nach der Richtlinie 95/2/EG für die Verwendung in Lebensmittelaromen zugelassen wurden, und ihre Verwendungsbedingungen werden in Anhang III Teil 4 dieser Verordnung aufgenommen, nachdem geprüft wurde, ob sie Artikel 6 dieser Verordnung entsprechen. Die Maßnahmen zur Änderung nicht wesentlicher Bestimmungen für die Aufnahme dieser Zusatzstoffe in Anhang III werden nach dem in Artikel 28 Absatz 4 genannten Regelungsverfahren mit Kontrolle erlassen. Diese Prüfung erfolgt ohne eine neue Risikobewertung durch die Behörde. Die Prüfung ist bis zum 20. Januar 2011 abzuschließen.

Lebensmittelzusatzstoffe und Verwendungen, die nicht mehr benötigt werden, werden nicht in den Anhang III aufgenommen.

(4) Die Spezifikationen der in den Absätzen 1 bis 3 genannten Lebensmittelzusatzstoffe werden nach der Verordnung (EG) Nr. 1331/2008 vorgesehenen Verfahren bei der ersten Eintragung dieser Zusatzstoffe in die Anhänge gemäß dem in diesen Absätzen beschriebenen Verfahren festgelegt.

(5) Maßnahmen zur Änderung nicht wesentlicher Bestimmungen dieser Verordnung, die geeignete Übergangsmaßnahmen betreffen, werden nach dem in Artikel 28 Absatz 3 genannten Regelungsverfahren mit Kontrolle erlassen.

Artikel 31
Übergangsbestimmungen

Bis zur Fertigstellung der Gemeinschaftslisten von Lebensmittelzusatzstoffen gemäß Artikel 30 werden die Anhänge der Richtlinien 94/35/EG, 94/36/EG und 95/2/EG erforderlichenfalls durch Maßnahmen zur Änderung nicht wesentlicher Bestimmungen der genannten Richtlinien geändert, die von der Kommission nach dem in Artikel 28 Absatz 4 der vorliegenden Verordnung genannten Regelungsverfahren mit Kontrolle erlassen werden.

Lebensmittel, die bis 20. Januar 2010 in Verkehr gebracht oder gekennzeichnet werden und nicht im Einklang mit Artikel 22 Absatz 1 Buchstabe i und Artikel 22 Absatz 4 stehen, dürfen bis zu ihrem Mindesthaltbarkeits- oder Verbrauchsdatum verkauft werden.

Lebensmittel, die bis 20. Juli 2010 in Verkehr gebracht oder gekennzeichnet werden und nicht im Einklang mit Artikel 24 stehen, dürfen bis zu ihrem Mindesthaltbarkeits- oder Verbrauchsdatum verkauft werden.

Artikel 32
Neubewertung zugelassener Lebensmittelzusatzstoffe

(1) Lebensmittelzusatzstoffe, die vor dem 20. Januar 2009 zugelassen wurden, werden von der Behörde einer neuen Risikobewertung unterzogen.

(2) Nach Anhörung der Behörde wird für solche Zusatzstoffe bis 20. Januar 2010 ein Bewertungsprogramm nach dem in Artikel 28 Absatz 2 genannten Regelungsverfahren aufgestellt. Das Programm wird im *Amtsblatt der Europäischen Union* veröffentlicht.

Artikel 33
Aufhebung von Rechtsakten

(1) Folgende Rechtsakte werden aufgehoben:

a) Richtlinie des Rates vom 23. Oktober 1962 zur Angleichung der Rechtsvorschriften der Mitgliedstaaten für färbende Stoffe, die in Lebensmitteln verwendet werden dürfen,

b) Richtlinie 65/66/EWG,

c) Richtlinie 78/663/EWG,

d) Richtlinie 78/664/EWG,
e) Richtlinie 81/712/EWG,
f) Richtlinie 89/107/EWG,
g) Richtlinie 94/35/EG,
h) Richtlinie 94/36/EG,
i) Richtlinie 95/2/EG,
j) Entscheidung 292/97/EG,
k) Entscheidung 2002/247/EG.

(2) Bezugnahmen auf die aufgehobenen Rechtsakte gelten als Bezugnahmen auf die vorliegende Verordnung.

Artikel 34
Übergangsbestimmungen

Abweichend von Artikel 33 gelten die folgenden Bestimmungen weiterhin, bis die Übernahme von Lebensmittelzusatzstoffen, die nach den Richtlinien 94/35/EG, 94/36/EG und 95/2/EG bereits zugelassen sind, gemäß Artikel 30 Absätze 1, 2 und 3 dieser Verordnung abgeschlossen ist:

a) Artikel 2 Absätze 1, 2 und 4 der Richtlinie 94/35/EG sowie deren Anhang;

b) Artikel 2 Absätze 1 bis 6, 8, 9 und 10 der Richtlinie 94/36/EG sowie deren Anhänge I bis V;

c) Artikel 2 und 4 der Richtlinie 95/2/EG sowie deren Anhänge I bis VI.

Unbeschadet des Buchstabens c wird die mit der Richtlinie 95/2/EG erfolgte Zulassung von E 1103 Invertase und E 1105 Lysozym mit Wirkung vom Datum des Geltungsbeginns der Gemeinschaftsliste von Lebensmittelenzymen gemäß Artikel 17 der Verordnung (EG) Nr. 1332/2008 aufgehoben.

Artikel 35
Inkrafttreten

Diese Verordnung tritt am zwanzigsten Tag nach ihrer Veröffentlichung im *Amtsblatt der Europäischen Union* in Kraft.

Sie gilt ab 20. Januar 2010.

Artikel 4 Absatz 2 gilt für Anhang III Teile 2, 3 und 5 ab 1. Januar 2011, und Artikel 23 Absatz 4 gilt ab 20. Januar 2011. Artikel 24 gilt ab 20. Juli 2010. Artikel 31 gilt ab 20. Januar 2009.

ANHANG I

Funktionsklassen von Lebensmittelzusatzstoffen in Lebensmitteln und Lebensmittelzusatzstoffen in Lebensmittelzusatzstoffen und -enzymen

1. „Süßungsmittel" sind Stoffe, die zum Süßen von Lebensmitteln und in Tafelsüßen verwendet werden.
2. „Farbstoffe" sind Stoffe, die einem Lebensmittel Farbe geben oder die Farbe in einem Lebensmittel wiederherstellen; hierzu gehören natürliche Bestandteile von Lebensmitteln sowie natürliche Ausgangsstoffe, die normalerweise weder als Lebensmittel verzehrt noch als charakteristische Lebensmittel zutaten verwendet werden. Zubereitungen aus Lebensmitteln und anderen essbaren natürlichen Ausgangsstoffen, die durch physikalische und / oder chemische Extraktion gewonnen werden, durch die die Pigmente im Vergleich zu auf ihren ernährungsphysiologischen oder aromatisierenden Bestandteilen selektiv extrahiert werden, gelten als Farbstoffe im Sinne dieser Verordnung.
3. „Konservierungsstoffe" sind Stoffe, die die Haltbarkeit von Lebensmitteln verlängern, indem sie sie vor den schädlichen Auswirkungen von Mikroorganismen schützen, und / oder vor dem Wachstum pathogener Mikroorganismen schützen.
4. „Antioxidationsmittel" sind Stoffe, die die Haltbarkeit von Lebensmitteln verlängern, indem sie sie vor den schädlichen Auswirkungen der Oxidation wie Ranzigwerden von Fett und Farbveränderungen schützen.
5. „Trägerstoffe" sind Stoffe, die verwendet werden, um Lebensmittelzusatzstoffe, -aromen oder -enzyme, Nährstoffe und / oder sonstige Stoffe, die einem Lebensmittel zu Ernährungszwecken oder physiologischen Zwecken zugefügt werden, zu lösen, zu verdünnen, zu dispergieren oder auf andere Weise physikalisch zu modifizieren, ohne ihre Funktion zu verändern (und ohne selbst eine technologische Wirkung auszuüben), um deren Handhabung, Einsatz oder Verwendung zu erleichtern.
6. „Säuerungsmittel" sind Stoffe, die den Säuregrad eines Lebensmittels erhöhen und / oder diesem einen sauren Geschmack verleihen.
7. „Säureregulatoren" sind Stoffe, die den Säuregrad oder die Alkalität eines Lebensmittels verändern oder steuern.
8. „Trennmittel" sind Stoffe, die die Tendenz der einzelnen Partikel eines Lebensmittels, aneinander haften zu bleiben, herabsetzen.
9. „Schaumverhüter" sind Stoffe, die die Schaumbildung verhindern oder verringern.
10. „Füllstoffe" sind Stoffe, die einen Teil des Volumens eines Lebensmittels bilden, ohne nennenswert zu dessen Gehalt an verwertbarer Energie beizutragen.
11. „Emulgatoren" sind Stoffe, die es ermöglichen, die einheitliche Dispersion zweier oder mehrerer nicht mischbarer Phasen wie z. B. Öl und Wasser in einem Lebensmittel herzustellen oder aufrechtzuerhalten.
12. „Schmelzsalze" sind Stoffe, die in Käse enthaltene Proteine in eine dispergierte Form überführen und hierdurch eine homogene Verteilung von Fett und anderen Bestandteilen herbeiführen.

13. „Festigungsmittel" sind Stoffe, die dem Zellgewebe von Obst und Gemüse Festigkeit und Frische verleihen bzw. diese erhalten oder die zusammen mit einem Geliermittel ein Gel erzeugen oder festigen.
14. „Geschmacksverstärker" sind Stoffe, die den Geschmack und/oder Geruch eines Lebensmittels verstärken.
15. „Schaummittel" sind Stoffe, die die Bildung einer einheitlichen Dispersion einer gasförmigen Phase in einem flüssigen oder festen Lebensmittel ermöglichen.
16. „Geliermittel" sind Stoffe, die Lebensmitteln durch Gelbildung eine festere Konsistenz verleihen.
17. „Überzugmittel (einschließlich Gleitmittel)" sind Stoffe, die der Außenoberfläche eines Lebensmittels ein glänzendes Aussehen verleihen oder einen Schutzüberzug bilden.
18. „Feuchthaltemittel" sind Stoffe, die das Austrocknen von Lebensmitteln verhindern, indem sie die Auswirkungen einer Atmosphäre mit geringem Feuchtigkeitsgehalt ausgleichen, oder Stoffe, die die Auflösung eines Pulvers in einem wässrigen Medium fördern.
19. „Modifizierte Stärken" sind durch ein- oder mehrmalige chemische Behandlung aus essbaren Stärken gewonnene Stoffe. Diese essbaren Stärken können einer physikalischen oder enzymatischen Behandlung unterzogen und durch Säure- oder Alkalibehandlung dünnkochend gemacht oder gebleicht worden sein.
20. „Packgase" sind Gase außer Luft, die vor oder nach dem Lebensmittel oder gleichzeitig mit diesem in das entsprechende Behältnis abgefüllt worden sind.
21. „Treibgase" sind andere Gase als Luft, die ein Lebensmittel aus seinem Behältnis herauspressen.
22. „Backtriebmittel" sind Stoffe oder Kombinationen von Stoffen, die Gas freisetzen und dadurch das Volumen eines Teigs vergrößern.
23. „Komplexbildner" sind Stoffe, die mit Metallionen chemische Komplexe bilden.
24. „Stabilisatoren" sind Stoffe, die es ermöglichen, den physikalisch-chemischen Zustand eines Lebensmittels aufrechtzuerhalten. Zu den Stabilisatoren zählen Stoffe, die es ermöglichen, die einheitliche Dispersion zweier oder mehrerer nicht mischbarer Phasen in einem Lebensmittel aufrechtzuerhalten, Stoffe, durch welche die vorhandene Farbe eines Lebensmittels stabilisiert, bewahrt oder intensiviert wird, und Stoffe, die die Bindefähigkeit eines Lebensmittels verbessern, einschließlich der Bildung von Proteinvernetzungen, die die Bindung von Lebensmittelstücken in rekonstituierten Lebensmitteln ermöglichen.
25. „Verdickungsmittel" sind Stoffe, die die Viskosität eines Lebensmittels erhöhen.
26. „Mehlbehandlungsmittel" sind Stoffe außer Emulgatoren, die dem Mehl oder dem Teig zugefügt werden, um deren Backfähigkeit zu verbessern.
27. „Kontrastverstärker" sind Stoffe, die nach dem Aufbringen auf der äußeren Oberfläche von Obst und Gemüse an bestimmten, zuvor (z. B. durch Laserbehandlung) depigmentierten Stellen dazu beitragen, dass sich diese Stellen von der verbleibenden Fläche abheben, indem sie infolge der Reaktion mit bestimmten Komponenten der Epidermis Farbe geben.

ANHANG II
EU-Liste der für die Verwendung in Lebensmitteln zugelassenen Zusatzstoffe mit den Bedingungen für ihre Verwendung

(nicht abgedruckt)

ANHANG III
EU-Liste der für die Verwendung in Lebensmittelzusatzstoffen, -enzymen und -aromen sowie in Nährstoffen zugelassenen Zusatzstoffe, auch Trägerstoffe, mit den Bedingungen für ihre Verwendung

(nicht abgedruckt)

ANHANG IV

Traditionelle Erzeugnisse, für die einzelne Mitgliedstaaten das Verbot der Verwendung bestimmter Klassen von Lebensmittelzusatzstoffen aufrechterhalten können

Mitgliedstaat	Lebensmittel	Klassen von Lebensmittelzusatzstoffen, für die ein Verbot aufrechterhalten werden kann
Deutschland	Nach deutschem Reinheitsgebot gebrautes Bier	Alle, ausgenommen Treibgase
Frankreich	Brot nach französischer Tradition	Alle
Frankreich	Trüffelkonserven nach französischer Tradition	Alle
Frankreich	Schneckenkonserven nach französischer Tradition	Alle
Frankreich	Eingelegtes Gänse- und Entenfleisch nach französischer Tradition („Confit")	Alle
Österreich	„Bergkäse" nach österreichischer Tradition	Alle, ausgenommen Konservierungsmittel
Finnland	„Mämmi" nach finnischer Tradition	Alle, ausgenommen Konservierungsmittel
Schweden Finnland	Obstsirupe nach schwedischer bzw. finnischer Tradition	Farbstoffe
Dänemark	„Kødboller" nach dänischer Tradition	Konservierungsmittel und Farbstoffe
Dänemark	„Leverpostej" nach dänischer Tradition	Konservierungsmittel (ausgenommen Sorbinsäure) und Farbstoffe
Spanien	„Lomo embuchado" nach spanischer Tradition	Alle, ausgenommen Konservierungs- und Antioxidationsmittel
Italien	„Mortadella" nach italienischer Tradition	Alle, ausgenommen Konservierungs- und Antioxidationsmittel, Säureregulatoren, Geschmacksverstärker, Stabilisatoren und Packgase
Italien	„Cotechino e zampone" nach italienischer Tradition	alle, ausgenommen Konservierungs- und Antioxidationsmittel, Säureregulatoren, Geschmacksverstärker, Stabilisatoren und Packgase

VO (EG) Nr. 1333/2008

ANHANG V

Liste der Lebensmittelfarbstoffe nach Artikel 24, für die bei der Kennzeichnung von Lebensmitteln zusätzliche Angaben gemacht werden müssen

Lebensmittel, die einen oder mehrere der folgenden Lebensmittelfarbstoffe enthalten	Angaben
Gelborange S (E 110) (*)	„Bezeichnung oder E-Nummer des Farbstoffs/der Farbstoffe": Kann Aktivität und Aufmerksamkeit bei Kindern beeinträchtigen.
Chinolingelb (E 104) (*)	
Azorubin (E 122) (*)	
Allurarot AC (E 129) (*)	
Tartrazin (E 102) (*)	
Cochenillerot A (E 124) (*)	

(*) Ausgenommen:
   a) Lebensmittel, bei denen der Lebensmittelfarbstoff/die Lebensmittelfarbstoffe bei Fleischerzeugnissen zur Kennzeichnung zu Gesundheits- oder anderen Zwecken verwendet wurde/wurden, sowie Stempelaufdrucke und Farbverzierungen auf den Schalen von Eiern und
   b) Getränke, die mehr als 1,2 % Alkohol (Volumenkonzentration) enthalten.

Verordnung (EG) Nr. 1334/2008 des Europäischen Parlaments und des Rates über Aromen und bestimmte Lebensmittelzutaten mit Aromaeigenschaften zur Verwendung in und auf Lebensmitteln sowie zur Änderung der Verordnung (EWG) Nr. 1601/91 des Rates, der Verordnungen (EG) Nr. 2232/96 und (EG) Nr. 110/2008 und der Richtlinie 2000/13/EG

Vom 16. Dezember 2008

(ABl. Nr. L 354/34), ber. durch ABl. Nr. L 105/115 vom 27. 4. 2010, geänd. durch DVO (EU) Nr. 872/2012 vom 1. 10. 2012 (ABl. Nr. L 267/1), VO (EU) Nr. 545/2013 vom 14. 6. 2013 (ABl. Nr. L 163/15), VO (EU) Nr. 985/2013 vom 14. 10. 2013 (ABl. Nr. L 273/18), VO (EU) Nr. 246/2014 vom 13. 3. 2014 (ABl. Nr. L 74/58), VO (EU) Nr. 1098/2014 vom 17. 10. 2014 (ABl. Nr. L 300/41), VO (EU) 2015/648 vom 24. 4. 2015 (ABl. Nr. L 107/15), VO (EU) 2015/1102 vom 8. 7. 2015 (ABl. Nr. L 181/54), VO (EU) 2015/1760 vom 1. 10. 2015 (ABl. Nr. L 257/27, ber. durch ABl. Nr. L 305/56 vom 21. 11. 2015), VO (EU) 2016/54 vom 19. 1. 2016 (ABl. Nr. L 13/40), VO (EU) 2016/55 vom 19. 1. 2016 (ABl. Nr. L 13/43), VO (EU) 2016/178 vom 10. 2. 2016 (ABl. Nr. L 35/6), VO (EU) 2016/637 vom 22. 4. 2016 (ABl. Nr. L 108/24) und VO (EU) 2016/692 vom 4. 5. 2016 (ABl. Nr. L 120/7)

DAS EUROPÄISCHE PARLAMENT UND DER RAT DER EUROPÄISCHEN UNION –

gestützt auf den Vertrag zur Gründung der Europäischen Gemeinschaft, insbesondere auf Artikel 95,

auf Vorschlag der Kommission,

nach Stellungnahme des Europäischen Wirtschafts- und Sozialausschusses ([1]),

gemäß dem Verfahren des Artikels 251 des Vertrags ([2]),

in Erwägung nachstehender Gründe:

(1) Die Richtlinie 88/388/EWG des Rates vom 22. Juni 1988 zur Angleichung der Rechtsvorschriften der Mitgliedstaaten über Aromen zur Verwendung in Lebensmitteln und über Ausgangsstoffe für ihre Herstellung ([3]) bedarf einer Aktualisierung, die der technischen und wissenschaftlichen Entwicklung Rechnung trägt. Aus Gründen der Klarheit und Zweckmäßigkeit sollte die Richtlinie 88/388/EWG durch diese Verordnung ersetzt werden.

(2) Der Beschluss 88/389/EWG des Rates vom 22. Juni 1988 über die von der Kommission vorzunehmende Erstellung eines Verzeichnisses der Ausgangsstoffe und sonstigen Stoffe für die Herstellung von Aromen ([4]) sieht vor, dass dieses Verzeichnis binnen 24 Monaten nach Erlass des Beschlusses erstellt wird. Dieser Beschluss ist inzwischen überholt und sollte aufgehoben werden.

(3) Die Richtlinie 91/71/EWG der Kommission vom 16. Januar 1991 zur Ergänzung der Richtlinie 88/388/EWG des Rates zur Angleichung der Rechtsvorschriften der Mitgliedstaaten über Aromen zur Verwendung in Lebensmitteln und über Ausgangsstoffe für ihre Herstellung ([5]) regelt die Kennzeichnung von Aromen. Da diese Regelung durch die vorliegende Verordnung ersetzt wird, sollte die Richtlinie nun aufgehoben werden.

(4) Der freie Verkehr mit sicheren und bekömmlichen Lebensmitteln ist ein wichtiger Aspekt des Binnenmarkts und trägt wesentlich zur Gesundheit und

---

([1]) ABl. C 168 vom 20.7.2007, S. 34.
([2]) Standpunkt des Europäischen Parlaments vom 10. Juli 2007 (ABl. C 175 E vom 10.7.2008, S. 176), Gemeinsamer Standpunkt des Rates vom 10. März 2008 (ABl. C 111 E vom 6.5.2008, S. 46), Standpunkt des Europäischen Parlaments vom 8. Juli 2008 (noch nicht im Amtsblatt veröffentlicht) und Entscheidung des Rates vom 18. November 2008.
([3]) ABl. L 184 vom 15.7.1988, S. 61.
([4]) ABl. L 184 vom 15.7.1988, S. 67.
([5]) ABl. L 42 vom 15.2.1991, S. 25.

zum Wohlergehen der Bürger sowie zu ihren sozialen und wirtschaftlichen Interessen bei.

(5) Im Interesse des Schutzes der menschlichen Gesundheit sollte sich diese Verordnung auf Aromen, Ausgangsstoffe für Aromen und Lebensmittel, die Aromen enthalten, erstrecken. Sie sollte sich ferner auf bestimmte Lebensmittelzutaten mit Aromaeigenschaften erstrecken, die Lebensmitteln hauptsächlich zum Zweck der Aromatisierung zugesetzt werden und die erheblich dazu beitragen, dass bestimmte natürliche, jedoch unerwünschte Stoffe in Lebensmitteln vorhanden sind (nachstehend „Lebensmittelzutaten mit Aromaeigenschaften" genannt), sowie auf deren Ausgangsstoffe und Lebensmittel, die sie enthalten.

(6) Rohe Lebensmittel, die keiner Verarbeitung unterzogen wurden, und nicht zusammengesetzte Lebensmittel, wie zum Beispiel Gewürze, Kräuter, Tee und teeähnliche Erzeugnisse (z. B. Früchtetee oder Kräutertee) sowie Mischungen von Gewürzen und/oder Kräutern, Teemischungen und Mischungen von teeähnlichen Erzeugnissen, fallen nicht in den Anwendungsbereich dieser Verordnung, sofern sie als solche verzehrt und/oder dem Lebensmittel nicht hinzugefügt werden.

(7) Aromen werden verwendet, um den Geruch und/oder Geschmack von Lebensmitteln zum Nutzen für den Verbraucher zu verbessern beziehungsweise zu verändern. Aromen und Lebensmittelzutaten mit Aromaeigenschaften sollten nur verwendet werden, wenn sie den in dieser Verordnung festgelegten Kriterien genügen. Ihre Verwendung muss sicher sein, so dass bestimmte Aromen vor ihrer Zulassung in Lebensmitteln einer Risikoabschätzung unterzogen werden sollten. Nach Möglichkeit sollte der Frage nachgegangen werden, ob die Verwendung bestimmter Aromen negative Auswirkungen auf gefährdete Personengruppen haben könnte. Damit keine Irreführung der Verbraucher über die Verwendung von Aromen möglich ist, sollte deren Vorhandensein in Lebensmitteln stets angemessen gekennzeichnet werden. Aromen sollten insbesondere nicht in einer Weise verwendet werden, dass sie den Verbraucher über Fragen unter anderem betreffend die Beschaffenheit, Frische und Qualität der verwendeten Zutaten, die Naturbelassenheit eines Erzeugnisses, die Natürlichkeit des Herstellungsverfahrens oder die ernährungsphysiologische Qualität des Erzeugnisses irreführen können. Bei der Zulassung von Aromen sollten auch noch andere für den zu prüfenden Sachverhalt relevante Faktoren wie gesellschaftliche, wirtschaftliche und ethische Faktoren, Traditionen und Umwelterwägungen, das Vorsorgeprinzip sowie die Durchführbarkeit von Kontrollen berücksichtigt werden.

(8) Seit 1999 haben der Wissenschaftliche Lebensmittelausschuss und später auch die durch die Verordnung (EG) Nr. 178/2002 des Europäischen Parlaments und des Rates vom 28. Januar 2002 zur Festlegung der allgemeinen Grundsätze und Anforderungen des Lebensmittelrechts, zur Errichtung der Europäischen Behörde für Lebensmittelsicherheit und zur Festlegung von Verfahren zur Lebensmittelsicherheit eingerichtete Europäische Behörde für Lebensmittelsicherheit ([1]) (nachstehend „Behörde" genannt) Stellungnahmen zu zahlreichen Stoffen abgegeben, die von Natur aus in Ausgangsstoffen für Aromen und Lebensmittelzutaten mit Aromaeigenschaften vorkommen und die nach Ansicht des Sachverständigenausschusses für Aromastoffe des Europarats toxikologisch bedenklich sind. Stoffe, deren toxikologische Bedenklichkeit vom Wissenschaft-

---

([1]) ABl. L 31 vom 1.2.2002, S. 1.

lichen Lebensmittelausschuss bestätigt wurde, sollten als unerwünschte Stoffe gelten, die als solche keine Verwendung in Lebensmitteln finden sollten.

(9) Da unerwünschte Stoffe natürlich in Pflanzen vorkommen können, kann dies auch in Aromaextrakten und Lebensmittelzutaten mit Aromaeigenschaften der Fall sein. Pflanzen werden traditionell als Lebensmittel oder Lebensmittelzutaten verwendet. Für das Vorhandensein dieser unerwünschten Stoffe in jenen Lebensmitteln, die am stärksten zur Aufnahme solcher Stoffe durch den Menschen beitragen, sollten geeignete Höchstwerte festgelegt werden, wobei sowohl der Notwendigkeit des Schutzes der menschlichen Gesundheit als auch der Tatsache Rechnung zu tragen ist, dass ihr Vorhandensein in herkömmlichen Lebensmitteln unvermeidbar ist.

(10) Bei den Höchstmengen für bestimmte von Natur aus vorhandene, jedoch unerwünschte Stoffe sollte der Schwerpunkt auf dem Lebensmittel oder den Lebensmittelkategorien liegen, die am stärksten zur Aufnahme dieser Stoffe über die Nahrung beitragen. Sollten zusätzliche natürlich vorkommende unerwünschte Stoffe ein Sicherheitsrisiko für die Gesundheit der Verbraucher darstellen, sollten nach Einholung der Stellungnahme der Behörde Höchstwerte für diese Stoffe festgelegt werden. Die Mitgliedstaaten sollten Kontrollen risikobezogen gemäß der Verordnung (EG) Nr. 882/2004 des Europäischen Parlaments und des Rates vom 29. April 2004 über amtliche Kontrollen zur Überprüfung der Einhaltung des Lebensmittel- und Futtermittelrechts sowie der Bestimmungen über Tiergesundheit und Tierschutz ([1]) durchführen. Die Lebensmittelhersteller sind verpflichtet, dem Vorhandensein dieser Stoffe Rechnung zu tragen, wenn sie Lebensmittelzutaten mit Aromaeigenschaften und/oder Aromen für die Zubereitung aller Lebensmittel verwenden, um sicherzustellen, dass Lebensmittel, die nicht sicher sind, nicht in Verkehr gebracht werden.

(11) Rechtsvorschriften auf Gemeinschaftsebene sollten die Verwendung bestimmter Stoffe pflanzlichen, tierischen, mikrobiologischen oder mineralischen Ursprungs, deren Einsatz bei der Herstellung von Aromen und Lebensmittelzutaten mit Aromaeigenschaften sowie bei der Lebensmittelherstellung für die menschliche Gesundheit bedenklich ist, verbieten oder einschränken.

(12) Risikobewertungen sollten von der Behörde durchgeführt werden.

(13) Im Interesse der Harmonisierung sollten die Risikobewertung und die Zulassung evaluierungsbedürftiger Aromen und Ausgangsstoffe gemäß dem Verfahren erfolgen, das in der Verordnung (EG) Nr. 1331/2008 des Europäischen Parlaments und des Rates vom 16. Dezember 2008 zur Festlegung eines einheitlichen Zulassungsverfahrens für Lebensmittelzusatzstoffe, -enzyme und -aromen vorgesehen ist ([2]).

(14) Aromastoffe sind definierte chemische Stoffe, zu denen durch chemische Synthese gewonnene oder durch chemische Verfahren isolierte Aromastoffe und natürliche Aromastoffe gehören. Gemäß der Verordnung (EG) Nr. 2232/96 des Europäischen Parlaments und des Rates vom 28. Oktober 1996 zur Festlegung eines Gemeinschaftsverfahrens für Aromastoffe, die in oder auf Lebensmitteln verwendet werden oder verwendet werden sollen ([3]), läuft derzeit ein Programm

---

([1]) ABl. L 165 vom 30.4.2004, S. 1. Berichtigte Fassung im ABl. L 191 vom 28.5.2004, S. 1.
([2]) Siehe Seite 1 dieses Amtsblatts.
([3]) ABl. L 299 vom 23.11.1996, S. 1.

zur Bewertung von Aromastoffen. Nach dieser Verordnung soll binnen fünf Jahren nach der Annahme dieses Programms eine Liste der Aromastoffe festgelegt werden. Für die Aufstellung dieser Liste sollte eine neue Frist festgesetzt werden. Es soll vorgeschlagen werden, diese Liste in das in Artikel 2 Absatz 1 der Verordnung (EG) Nr. 1331/2008 genannte Verzeichnis aufzunehmen.

(15) Aromaextrakte sind andere Aromen als definierte chemische Stoffe, die durch geeignete physikalische, enzymatische oder mikrobiologische Verfahren aus Stoffen pflanzlichen, tierischen oder mikrobiologischen Ursprungs gewonnen und als solche verwendet oder für den menschlichen Verzehr aufbereitet werden. Aus Lebensmitteln hergestellte Aromaextrakte müssen vor ihrer Verwendung in Lebensmitteln nicht bewertet oder zugelassen werden, es sei denn, es bestünden Zweifel an ihrer Sicherheit. Aromaextrakte, die nicht aus Lebensmitteln hergestellt werden, sollten jedoch einer Sicherheitsbewertung unterzogen und zugelassen werden.

(16) Nach der Begriffsbestimmung der Verordnung (EG) Nr. 178/2002 sind Lebensmittel alle Stoffe oder Erzeugnisse, die dazu bestimmt sind oder von denen nach vernünftigem Ermessen erwartet werden kann, dass sie in verarbeitetem, teilweise verarbeitetem oder unverarbeitetem Zustand von Menschen aufgenommen werden. Stoffe pflanzlichen, tierischen oder mikrobiologischen Ursprungs, für die hinreichend nachgewiesen werden kann, dass sie bisher für die Herstellung von Aromen verwendet worden sind, gelten für die Zwecke dieser Verordnung als Lebensmittel, selbst wenn einige dieser Ausgangsstoffe wie beispielsweise Rosenholz und Erdbeerblätter nicht als solche als Lebensmittel verwendet wurden. Sie müssen nicht bewertet werden.

(17) Ebenso müssen thermisch gewonnene Reaktionsaromen, die unter genau festgelegten Bedingungen aus Lebensmitteln hergestellt wurden, vor ihrer Verwendung in Lebensmitteln nicht bewertet oder zugelassen werden, es sei denn, es bestünden Zweifel an ihrer Sicherheit. Thermisch gewonnene Reaktionsaromen, die aus anderen Stoffen als Lebensmitteln hergestellt wurden oder bei denen bestimmte Herstellungsbedingungen nicht eingehalten wurden, sollten jedoch einer Sicherheitsbewertung unterzogen und zugelassen werden.

(18) Mit der Verordnung (EG) Nr. 2065/2003 des Europäischen Parlaments und des Rates vom 10. November 2003 über Raucharomen zur tatsächlichen oder beabsichtigten Verwendung in oder auf Lebensmitteln ([1]) wird ein Verfahren zur Bewertung der Sicherheit und zur Zulassung von Raucharomen festgelegt; Ziel der Verordnung ist die Erstellung einer Liste der in der Gemeinschaft ausschließlich zugelassenen Primärrauchkondensate und Primärteerfraktionen.

(19) Aromavorstufen, wie z.B. Kohlenhydrate, Oligopeptide und Aminosäuren, aromatisieren Lebensmittel durch chemische Reaktionen, die während der Lebensmittelverarbeitung ablaufen. Aus Lebensmitteln hergestellte Aromavorstufen müssen vor ihrer Verwendung in Lebensmitteln nicht bewertet oder zugelassen werden, es sei denn, es bestünden Zweifel an ihrer Sicherheit. Aromavorstufen, die nicht aus Lebensmitteln hergestellt werden, sollten jedoch einer Sicherheitsbewertung unterzogen und zugelassen werden.

([1]) ABl. L 309 vom 26.11.2003, S. 1.

(20) Sonstige Aromen, die nicht unter die Begriffsbestimmungen der zuvor genannten Aromen fallen, können nach Durchführung eines Bewertungs- und Zulassungsverfahrens in und auf Lebensmitteln verwendet werden. Ein Beispiel hierfür könnten Aromen sein, die durch sehr kurzzeitige Erhitzung von Öl oder Fett auf eine extrem hohe Temperatur gewonnen werden und eine Art Grillaroma verleihen.

(21) Stoffe pflanzlichen, tierischen, mikrobiologischen oder mineralischen Ursprungs, die keine Lebensmittel sind, können nur nach einer wissenschaftlichen Bewertung ihrer Sicherheit für die Herstellung von Aromen zugelassen werden. Es könnte notwendig sein, nur die Verwendung bestimmter Teile dieser Stoffe zuzulassen oder Bedingungen für ihre Verwendung festzulegen.

(22) Aromen können die durch die Verordnung (EG) Nr. 1333/2008 des Europäischen Parlaments und des Rates vom 16. Dezember 2008 über Lebensmittelzusatzstoffe ([1]) zugelassenen Lebensmittelzusatzstoffe und/oder andere Lebensmittelzutaten für technologische Zwecke, wie beispielsweise für ihre Lagerung, Standardisierung, Verdünnung oder Lösung und Stabilisierung, enthalten.

(23) Ein Aroma- oder Ausgangsstoff, der in den Anwendungsbereich der Verordnung (EG) Nr. 1829/2003 des Europäischen Parlaments und des Rates vom 22. September 2003 über genetisch veränderte Lebensmittel und Futtermittel ([2]) fällt, sollte sowohl nach jener Verordnung als auch nach der vorliegenden Verordnung zugelassen werden.

(24) Für Aromen gelten weiterhin die allgemeinen Kennzeichnungsbestimmungen der Richtlinie 2000/13/EG des Europäischen Parlaments und des Rates vom 20. März 2000 zur Angleichung der Rechtsvorschriften der Mitgliedstaaten über die Etikettierung und Aufmachung von Lebensmitteln sowie die Werbung hierfür ([3]) und gegebenenfalls der Verordnung (EG) Nr. 1829/2003 und der Verordnung (EG) Nr. 1830/2003 des Europäischen Parlaments und des Rates vom 22. September 2003 über die Rückverfolgbarkeit und die Kennzeichnung von genetisch veränderten Organismen und die Rückverfolgbarkeit von aus genetisch veränderten Organismen hergestellten Lebensmitteln und Futtermitteln ([4]). In dieser Verordnung sollte zudem die Kennzeichnung der als solche an die Hersteller oder Endverbraucher verkauften Aromen geregelt werden.

(25) Aromastoffe oder Aromaextrakte sollten nur dann als „natürlich" gekennzeichnet werden, wenn sie bestimmten Kriterien entsprechen, die sicherstellen, dass die Verbraucher nicht irregeführt werden.

(26) Spezielle Informationspflichten sollten sicherstellen, dass die Verbraucher nicht über die bei der Herstellung natürlicher Aromen verwendeten Ausgangsstoffe getäuscht werden. Insbesondere wenn der Begriff „natürlich" zur Bezeichnung eines Aromas verwendet wird, sollten die aromatisierenden Bestandteile des Aromas vollständig natürlichen Ursprungs sein. Zudem sollten die Ausgangsstoffe der Aromen angegeben werden, es sei denn, die genannten Ausgangsstoffe sind im Aroma oder Geschmack des Lebensmittels nicht erkennbar.

---

[1] Siehe Seite 16 dieses Amtsblatts.
[2] ABl. L 268 vom 18.10.2003, S. 1.
[3] ABl. L 109 vom 6.5.2000, S. 29.
[4] ABl. L 268 vom 18.10.2003, S. 24.

Wird ein Ausgangsstoff angegeben, so sollten mindestens 95 % des Aromabestandteils aus dem genannten Stoff gewonnen sein. Da die Verwendung von Aromen den Verbraucher nicht irreführen darf, dürfen Stoffe des verbleibenden Anteils, der höchstens 5 % betragen darf, nur für die Standardisierung verwendet werden oder zur Verleihung zum Beispiel einer frischeren, schärferen, reiferen oder grüneren Aromanote. Wurden weniger als 95 % des aus dem genannten Ausgangsstoff gewonnenen Aromabestandteils verwendet und ist das Aroma des Ausgangsstoffs immer noch erkennbar, so sollte der Ausgangsstoff mit dem Hinweis auf den Zusatz von anderen natürlichen Aromen kenntlich gemacht werden, zum Beispiel Kakaoextrakt, dem zur Verleihung einer Banannennote andere natürliche Aromen zugesetzt wurden.

(27) Die Verbraucher sollten darüber informiert werden, wenn der Räuchergeschmack eines bestimmten Lebensmittels darauf zurückzuführen ist, dass Raucharomen zugesetzt wurden. Gemäß der Richtlinie 2000/13/EG sollte die Etikettierung beim Verbraucher keine falsche Vorstellung darüber hervorrufen, ob das Erzeugnis herkömmlich mit frischem Rauch geräuchert oder mit Raucharomen behandelt wurde. Die Richtlinie 2000/13/EG bedarf der Anpassung an die in dieser Verordnung festgelegten Begriffsbestimmungen für Aromen, Raucharomen und den Begriff „natürlich" als Beschreibung von Aromen.

(28) Bei der Bewertung der Sicherheit von Aromastoffen für die menschliche Gesundheit spielen Angaben zum Verbrauch und zur Verwendung von Aromastoffen eine entscheidende Rolle. Es sollte daher in regelmäßigen Abständen geprüft werden, in welchen Mengen Lebensmitteln Aromastoffe zugesetzt werden.

(29) Die zur Durchführung dieser Verordnung erforderlichen Maßnahmen sollten gemäß dem Beschluss 1999/468/EG des Rates vom 28. Juni 1999 zur Festlegung der Modalitäten für die Ausübung der der Kommission übertragenen Durchführungsbefugnisse ([1]) erlassen werden.

(30) Insbesondere sollte die Kommission die Befugnis erhalten, die Anhänge zu dieser Verordnung zu ändern und geeignete Übergangsmaßnahmen hinsichtlich der Festlegung der Gemeinschaftsliste zu erlassen. Da es sich hierbei um Maßnahmen von allgemeiner Tragweite handelt, die eine Änderung nicht wesentlicher Bestimmungen dieser Verordnung, auch durch Ergänzung um neue nicht wesentliche Bestimmungen, bewirken, sind sie nach dem Regelungsverfahren mit Kontrolle des Artikels 5a des Beschlusses 1999/468/EG zu erlassen.

(31) Wenn aus Gründen äußerster Dringlichkeit die Fristen, die normalerweise im Rahmen des Regelungsverfahrens mit Kontrolle Anwendung finden, nicht eingehalten werden können, muss die Kommission beim Erlass der in Artikel 8 Absatz 2 beschriebenen Maßnahmen und für Änderungen der Anhänge II bis V dieser Verordnung die Möglichkeit haben, das Dringlichkeitsverfahren nach Artikel 5a Absatz 6 des Beschlusses 1999/468/EG anzuwenden.

(32) Die Anhänge II bis V dieser Verordnung sollten erforderlichenfalls an den wissenschaftlichen und technischen Fortschritt angepasst werden, wobei den von Herstellern und Verwendern der Aromen und/oder den sich aus der Überwachung und den Kontrollen durch die Mitgliedstaaten ergebenden Informationen Rechnung zu tragen ist.

([1]) ABl. L 184 vom 17.7.1999, S. 23.

(33) Für eine verhältnismäßige und effiziente Fortentwicklung und Aktualisierung des Gemeinschaftsrechts auf dem Gebiet der Aromen ist es notwendig, Daten zu erheben, Informationen auszutauschen und die Arbeiten der Mitgliedstaaten zu koordinieren. Für diese Zwecke könnte es sinnvoll sein, Studien zu erstellen, in denen konkrete Fragen untersucht werden, um so den Entscheidungsfindungsprozess zu erleichtern. Es ist zweckmäßig, dass die Gemeinschaft solche Studien aus ihrem Haushalt finanziert. Die Finanzierung solcher Maßnahmen wird durch die Verordnung (EG) Nr. 882/2004 abgedeckt.

(34) Bis zur Erstellung der Gemeinschaftsliste sollte dafür gesorgt werden, dass Aromastoffe, die nicht unter das in der Verordnung (EG) Nr. 2232/96 vorgesehene Bewertungsprogramm fallen, bewertet und zugelassen werden. Deshalb sollte eine Übergangsregelung festgelegt werden. Diese Regelung sollte die Bewertung und Zulassung von Aromastoffen nach dem in der Verordnung (EG) Nr. 1331/2008 festgelegten Verfahren vorsehen. Die Fristen, die diese Verordnung für die Abgabe der Stellungnahme der Behörde und für die Vorlage eines Verordnungsentwurfs der Kommission zur Aktualisierung der Gemeinschaftsliste beim Ständigen Ausschuss für die Lebensmittelkette und Tiergesundheit vorsieht, sollten jedoch keine Anwendung finden, da das laufende Bewertungsprogramm Vorrang haben sollte.

(35) Da das Ziel dieser Verordnung, nämlich die Festlegung einer Gemeinschaftsregelung für die Verwendung von Aromen und bestimmten Lebensmittelzutaten mit Aromaeigenschaften in Lebensmitteln, auf Ebene der Mitgliedstaaten nicht ausreichend verwirklicht werden kann und daher im Interesse der Einheitlichkeit des Marktes und eines hohen Verbraucherschutzniveaus besser auf Gemeinschaftsebene zu verwirklichen ist, kann die Gemeinschaft im Einklang mit dem in Artikel 5 des Vertrags niedergelegten Subsidiaritätsprinzip tätig werden. Nach dem Grundsatz der Verhältnismäßigkeit geht diese Verordnung wie in dem genannten Artikel festgehalten nicht über das für die Erreichung dieses Ziels erforderliche Maß hinaus.

(36) Die Verordnung (EWG) Nr. 1601/91 des Rates vom 10. Juni 1991 zur Festlegung der allgemeinen Regeln für die Begriffsbestimmung, Bezeichnung und Aufmachung aromatisierter weinhaltiger Getränke und aromatisierter weinhaltiger Cocktails ([1]) und die Verordnung (EG) Nr. 110/2008 des Europäischen Parlaments und des Rates vom 15. Januar 2008 zur Begriffsbestimmung, Bezeichnung, Aufmachung und Etikettierung von Spirituosen sowie zum Schutz geografischer Angaben für Spirituosen ([2]) müssen an bestimmte neue Begriffsbestimmungen angepasst werden, die in dieser Verordnung festgelegt sind.

(37) Die Verordnungen (EWG) Nr. 1601/91, (EG) Nr. 2232/96 und (EG) Nr. 110/2008 sowie die Richtlinie 2000/13/EG sollten entsprechend geändert werden –

([1]) ABl. L 149 vom 14.6.1991, S. 1.
([2]) ABl. L 39 vom 13.2.2008, S. 16.

HABEN FOLGENDE VERORDNUNG ERLASSEN:

KAPITEL I
GEGENSTAND, ANWENDUNGSBEREICH UND BEGRIFFSBESTIMMUNGEN

Artikel 1
Gegenstand

Diese Verordnung enthält Bestimmungen über Aromen und Lebensmittelzutaten mit Aromaeigenschaften zur Verwendung in und auf Lebensmitteln mit Blick auf die Gewährleistung des reibungslosen Funktionierens des Binnenmarkts bei gleichzeitiger Gewährleistung eines hohen Schutzniveaus für die Gesundheit der Menschen und eines hohen Niveaus des Schutzes der Verbraucher einschließlich des Schutzes der Verbraucherinteressen und der lauteren Gepflogenheiten im Lebensmittelhandel unter angemessener Berücksichtigung des Umweltschutzes.

Zu diesem Zweck legt die Verordnung Folgendes fest:

a) eine Gemeinschaftsliste von Aromen und Ausgangsstoffen, die zur Verwendung in und auf Lebensmitteln zugelassen sind, gemäß Anhang I (nachstehend „Gemeinschaftsliste" genannt);

b) Bedingungen für die Verwendung von Aromen und Lebensmittelzutaten mit Aromaeigenschaften in und auf Lebensmitteln;

c) Regeln für die Kennzeichnung von Aromen.

Artikel 2
Anwendungsbereich

(1) Diese Verordnung gilt für:

a) Aromen, die in oder auf Lebensmitteln verwendet werden oder dafür bestimmt sind, unbeschadet spezifischerer Bestimmungen gemäß der Verordnung (EG) Nr. 2065/2003;

b) Lebensmittelzutaten mit Aromaeigenschaften;

c) Lebensmittel, die Aromen und/oder Lebensmittelzutaten mit Aromaeigenschaften enthalten;

d) Ausgangsstoffe für Aromen und/oder Ausgangsstoffe für Lebensmittelzutaten mit Aromaeigenschaften.

(2) Diese Verordnung gilt nicht für:

a) Stoffe mit ausschließlich süßem, saurem oder salzigem Geschmack;

b) rohe Lebensmittel;

c) nicht zusammengesetzte Lebensmittel und Mischungen von beispielsweise, aber nicht ausschließlich, frischen, getrockneten oder tiefgekühlten Gewürzen und/oder Kräutern, Teemischungen und Mischungen von teeähnlichen Erzeugnissen als solche, sofern sie nicht als Lebensmittelzutaten verwendet wurden.

Artikel 3
Begriffsbestimmungen

(1) Für die Zwecke dieser Verordnung gelten die Begriffsbestimmungen der Verordnungen (EG) Nr. 178/2002 und (EG) Nr. 1829/2003.

(2) Für die Zwecke dieser Verordnung gelten ferner folgende Begriffsbestimmungen:

a) „Aroma": Erzeugnis,
   i) das als solches nicht zum Verzehr bestimmt ist und Lebensmitteln zugesetzt wird, um ihnen einen besonderen Geruch und/oder Geschmack zu verleihen oder diese zu verändern;
   ii) das aus den folgenden Kategorien hergestellt wurde oder besteht: Aromastoffe, Aromaextrakte, thermisch gewonnene Reaktionsaromen, Raucharomen, Aromavorstufen, sonstige Aromen oder deren Mischungen;

b) „Aromastoff": chemisch definierter Stoff mit Aromaeigenschaften;

c) „natürlicher Aromastoff": Aromastoff, durch geeignete physikalische, enzymatische oder mikrobiologische Verfahren aus pflanzlichen, tierischen oder mikrobiologischen Ausgangsstoffen gewonnen, die als solche verwendet oder mittels eines oder mehrerer der in Anhang II aufgeführten herkömmlichen Lebensmittelzubereitungsverfahren für den menschlichen Verzehr aufbereitet werden. Natürliche Aromastoffe sind Stoffe, die natürlich vorkommen und in der Natur nachgewiesen wurden;

d) „Aromaextrakt": Erzeugnis, das kein Aromastoff ist und gewonnen wird aus
   i) Lebensmitteln, und zwar durch geeignete physikalische, enzymatische oder mikrobiologische Verfahren, bei denen sie als solche verwendet oder mittels eines oder mehrerer der in Anhang II aufgeführten herkömmlichen Lebensmittelzubereitungsverfahren für den menschlichen Verzehr aufbereitet werden,

   und/oder

   ii) Stoffen pflanzlichen, tierischen oder mikrobiologischen Ursprungs, die keine Lebensmittel sind, und zwar durch geeignete physikalische, enzymatische oder mikrobiologische Verfahren, wobei die Stoffe als solche verwendet oder mittels eines oder mehrerer der in Anhang II aufgeführten herkömmlichen Lebensmittelzubereitungsverfahren aufbereitet werden;

e) „thermisch gewonnenes Reaktionsaroma": Erzeugnis, das durch Erhitzen einer Mischung aus verschiedenen Zutaten gewonnen wird, die nicht unbedingt selbst Aromaeigenschaften besitzen, von denen mindestens eine Zutat Stickstoff (Aminogruppe) enthält und eine andere ein reduzierender Zucker ist; als Zutaten für die Herstellung thermisch gewonnener Reaktionsaromen kommen in Frage:
   i) Lebensmittel

   und/oder

   ii) andere Ausgangsstoffe als Lebensmittel;

f) „Raucharoma": Erzeugnis, das durch Fraktionierung und Reinigung von kondensiertem Rauch gewonnen wird, wodurch Primärrauchkondensate, Primärteerfraktionen und/oder daraus hergestellte Raucharomen im Sinne der Begriffsbestimmungen von Artikel 3 Nummern 1, 2 und 4 der Verordnung (EG) Nr. 2065/2003 entstehen;

g) „Aromavorstufe": Erzeugnis, das nicht unbedingt selbst Aromaeigenschaften besitzt und das Lebensmitteln nur in der Absicht zugesetzt wird, sie durch Abbau oder durch Reaktion mit anderen Bestandteilen während der Lebensmittelverarbeitung zu aromatisieren; sie kann gewonnen werden aus:
   i) Lebensmitteln
   und/oder
   ii) anderen Ausgangsstoffe als Lebensmittel;

h) „sonstiges Aroma": Aroma, das Lebensmitteln zugesetzt wird oder werden soll, um ihnen einen besonderen Geruch und/oder Geschmack zu verleihen, und das nicht unter die Begriffsbestimmungen der Buchstaben b bis g fällt;

i) „Lebensmittelzutat mit Aromaeigenschaften": Lebensmittelzutat, die kein Aroma ist und die Lebensmitteln in erster Linie zum Zweck der Aromatisierung oder der Veränderung des Aromas zugesetzt werden kann und die wesentlich zum Vorhandensein bestimmter natürlich vorkommender, jedoch unerwünschter Stoffe in Lebensmitteln beiträgt;

j) „Ausgangsstoff": Stoff pflanzlichen, tierischen, mikrobiologischen oder mineralischen Ursprungs, aus dem Aromen oder Lebensmittelzutaten mit Aromaeigenschaften hergestellt werden; es kann sich dabei handeln um:
   i) Lebensmittel
   oder
   ii) andere Ausgangsstoffe als Lebensmittel;

k) „geeignetes physikalisches Verfahren": physikalisches Verfahren, bei dem die chemischen Eigenschaften der Aromabestandteile nicht absichtlich verändert werden und das unter anderem – unbeschadet der Auflistung von herkömmlichen Lebensmittelzubereitungsverfahren in Anhang II – ohne Einsatz von Singulett-Sauerstoff, Ozon, anorganischen Katalysatoren, Metallkatalysatoren, metallorganischen Reagenzien und/oder UV-Strahlen durchgeführt wird.

(3) Für die Zwecke der Begriffsbestimmungen des Absatzes 2 Buchstaben d, e, g und j gelten Ausgangsstoffe, deren bisherige Verwendung bei der Herstellung von Aromen eindeutig belegt ist, im Sinne dieser Verordnung als Lebensmittel.

(4) Aromen können die durch die Verordnung (EG) Nr. 1333/2008 zugelassene Lebensmittelzusatzstoffe und/oder andere Lebensmittelzutaten enthalten, die zu technologischen Zwecken zugefügt wurden.

KAPITEL II
BEDINGUNGEN FÜR DIE VERWENDUNG VON AROMEN, LEBENSMITTELZUTATEN MIT AROMAEIGENSCHAFTEN UND AUSGANGSSTOFFEN

Artikel 4
Allgemeine Bedingungen für die Verwendung von Aromen oder Lebensmittelzutaten mit Aromaeigenschaften

In Lebensmitteln dürfen nur Aromen oder Lebensmittelzutaten mit Aromaeigenschaften verwendet werden, die folgende Bedingungen erfüllen:

a) Sie stellen nach den verfügbaren wissenschaftlichen Daten keine Gefahr für die Gesundheit der Verbraucher dar, und

b) die Verbraucher werden durch ihre Verwendung nicht irregeführt.

Artikel 5
Verbot von nicht mit dieser Verordnung in Einklang stehenden Aromen und/oder Lebensmitteln

Niemand darf ein Aroma oder irgendein Lebensmittel, in dem ein solches Aroma und/oder eine solche Lebensmittelzutat mit Aromaeigenschaften vorhanden ist/sind, in Verkehr bringen, wenn die Verwendung dieses Aromas und/oder dieser Lebensmittelzutat nicht mit dieser Verordnung in Einklang steht.

Artikel 6
Vorhandensein bestimmter Stoffe

(1) Die in Anhang III Teil A aufgeführten Stoffe dürfen Lebensmitteln nicht als solche zugesetzt werden.

(2) Unbeschadet der Verordnung (EG) Nr. 110/2008 des Rates dürfen die Höchstmengen bestimmter Stoffe, die von Natur aus in Aromen und/oder Lebensmittelzutaten mit Aromaeigenschaften vorkommen, in den in Anhang III Teil B aufgeführten zusammengesetzten Lebensmitteln nicht infolge der Verwendung von Aromen und/oder Lebensmittelzutaten mit Aromaeigenschaften in diesen Lebensmitteln überschritten werden. Die Höchstmengen der in Anhang III aufgeführten Stoffe gelten für Lebensmittel zum Zeitpunkt des Inverkehrbringens, soweit nichts anderes bestimmt ist. Abweichend von diesem Grundsatz finden bei getrockneten und/oder konzentrierten Lebensmitteln, die rekonstituiert werden müssen, die Höchstmengen auf die nach den Anweisungen auf dem Etikett rekonstituierten Lebensmittel Anwendung, wobei der Mindestverdünnungsfaktor zu berücksichtigen ist.

(3) Durchführungsbestimmungen zu Absatz 2 können nach dem in Artikel 21 Absatz 2 genannten Regelungsverfahren und erforderlichenfalls gemäß dem Gutachten der Europäischen Behörde für Lebensmittelsicherheit (nachstehend „Behörde" genannt) erlassen werden.

Artikel 7
Verwendung bestimmter Ausgangsstoffe

(1) Die in Anhang IV Teil A aufgeführten Ausgangsstoffe dürfen nicht zur Herstellung von Aromen und/oder Lebensmittelzutaten mit Aromaeigenschaften verwendet werden.

(2) Aus den in Anhang IV Teil B aufgeführten Ausgangsstoffen hergestellte Aromen und/oder Lebensmittelzutaten mit Aromaeigenschaften dürfen nur unter den in diesem Anhang genannten Bedingungen verwendet werden.

Artikel 8
Aromen und Lebensmittelzutaten mit Aromaeigenschaften, die nicht bewertet und zugelassen werden müssen

(1) Die im Folgenden genannten Aromen und Lebensmittelzutaten mit Aromaeigenschaften können ohne Bewertung und Zulassung nach dieser Verordnung in oder auf Lebensmitteln verwendet werden, sofern sie mit Artikel 4 in Einklang stehen:

a) die in Artikel 3 Absatz 2 Buchstabe d Ziffer i genannten Aromaextrakte;

b) die in Artikel 3 Absatz 2 Buchstabe e Ziffer i genannten thermisch gewonnenen Reaktionsaromen, die den in Anhang V festgelegten Bedingungen für die Herstellung von thermisch gewonnenen Reaktionsaromen entsprechen und bei denen die Höchstmengen für bestimmte Stoffe in thermisch gewonnenen Reaktionsaromen gemäß Anhang V nicht überschritten werden;

c) die in Artikel 3 Absatz 2 Buchstabe g Ziffer i genannten Aromavorstufen;

d) Lebensmittelzutaten mit Aromaeigenschaften;

(2) Werden von der Kommission, einem Mitgliedstaat oder der Behörde Zweifel an der Sicherheit eines Aromas oder einer Lebensmittelzutat mit Aromaeigenschaften gemäß Absatz 1 geäußert, so nimmt die Behörde ungeachtet des Absatzes 1 eine Risikoabschätzung bei diesem Aroma oder dieser Lebensmittelzutat mit Aromaeigenschaften vor. Die Artikel 4, 5 und 6 der Verordnung (EG) Nr. 1331/2008 gelten dann entsprechend. Erforderlichenfalls erlässt die Kommission nach Stellungnahme der Behörde Maßnahmen zur Änderung nicht wesentlicher Bestimmungen dieser Verordnung, auch durch Ergänzung, nach dem in Artikel 21 Absatz 3 genannten Regelungsverfahren mit Kontrolle. Diese Maßnahmen werden gegebenenfalls in den Anhängen III, IV und/oder V festgelegt. In Fällen äußerster Dringlichkeit kann die Kommission das in Artikel 21 Absatz 4 vorgesehene Dringlichkeitsverfahren anwenden.

KAPITEL III
GEMEINSCHAFTSLISTE DER FÜR DIE VERWENDUNG IN ODER AUF LEBENSMITTELN ZUGELASSENEN AROMEN UND AUSGANGSSTOFFE

Artikel 9
Aromen und Ausgangsstoffe, die bewertet und zugelassen werden müssen

Dieses Kapitel gilt für:
a) Aromastoffe;
b) die in Artikel 3 Absatz 2 Buchstabe d Ziffer ii genannten Aromaextrakte;
c) thermisch gewonnene Reaktionsaromen, die durch Erhitzung von Zutaten entstehen, die ganz oder teilweise unter Artikel 3 Absatz 2 Buchstabe e Ziffer ii fallen, und/oder die nicht den in Anhang V festgelegten Bedingungen in Bezug auf die Herstellung thermisch gewonnener Reaktionsaromen und/ oder in Bezug auf die Höchstmengen für bestimmte unerwünschte Stoffe gemäß Anhang V entsprechen;
d) die in Artikel 3 Absatz 2 Buchstabe g Ziffer ii genannten Aromavorstufen;
e) die in Artikel 3 Absatz 2 Buchstabe h genannten sonstigen Aromen;
f) die in Artikel 3 Absatz 2 Buchstabe j Ziffer ii genannten Ausgangsstoffe, die keine Lebensmittel sind.

Artikel 10
Gemeinschaftsliste der Aromen und Ausgangsstoffe

Von den in Artikel 9 genannten Aromen und Ausgangsstoffen dürfen nur die in der Gemeinschaftsliste aufgeführten Aromen und Ausgangsstoffe als solche in Verkehr gebracht und in und auf Lebensmitteln verwendet werden, gegebenenfalls unter den in der Gemeinschaftsliste festgelegten Bedingungen.

Artikel 11
Aufnahme von Aromen und Ausgangsstoffen in die Gemeinschaftsliste

(1) Aromen oder Ausgangsstoffe können nur dann nach dem Verfahren der Verordnung (EG) Nr. 1331/2008 in die Gemeinschaftsliste aufgenommen werden, wenn sie die in Artikel 4 der vorliegenden Verordnung genannten Bedingungen erfüllen.

(2) Bei der Aufnahme eines Aromas oder eines Ausgangsstoffs in die Gemeinschaftsliste ist im Einzelnen anzugeben:
a) die Bezeichnung des zugelassenen Aromas oder Ausgangsstoffs;
b) soweit erforderlich, unter welchen Bedingungen das Aroma verwendet werden darf.

(3) Änderungen der Gemeinschaftsliste erfolgen nach dem Verfahren der Verordnung (EG) Nr. 1331/2008.

Artikel 12
Aromen oder Ausgangsstoffe, die unter die Verordnung (EG) Nr. 1829/2003 fallen

(1) Aromen oder Ausgangsstoffe, die in den Anwendungsbereich der Verordnung (EG) Nr. 1829/2003 fallen, können gemäß der vorliegenden Verordnung erst in die in Anhang I enthaltene Gemeinschaftsliste aufgenommen werden, wenn sie gemäß der Verordnung (EG) Nr. 1829/2003 zugelassen wurden.

(2) Wenn ein Aroma, das bereits in die Gemeinschaftsliste aufgenommen wurde, aus einem anderen Ausgangsstoff, der unter die Verordnung (EG) Nr. 1829/2003 fällt, hergestellt wird, ist eine erneute Zulassung gemäß dieser Verordnung nicht erforderlich, sofern dieser in Übereinstimmung mit der Verordnung (EG) Nr. 1829/2003 zugelassen ist und das Aroma den Spezifikationen gemäß dieser Verordnung gerecht wird.

Artikel 13
Auslegungsentscheidungen

Erforderlichenfalls kann nach dem in Artikel 21 Absatz 2 genannten Regelungsverfahren entschieden werden,

a) ob ein bestimmter Aromastoff oder bestimmte Aromastoffgemische, Ausgangsstoffe oder Lebensmittelarten unter die Kategorien nach Artikel 2 Absatz 1 fallen oder nicht;
b) welcher der in Artikel 3 Absatz 2 Buchstaben b bis j definierten spezifischen Kategorien ein bestimmter Aromastoff angehört;
c) ob ein bestimmtes Erzeugnis einer Lebensmittelkategorie angehört oder nicht oder ob es eines der in Anhang I oder in Anhang III Teil B aufgeführten Lebensmittel ist.

KAPITEL IV
KENNZEICHNUNG

Artikel 14
Kennzeichnung von Aromen, die nicht für den Verkauf an den Endverbraucher bestimmt sind

(1) Aromen, die nicht für den Verkauf an den Endverbraucher bestimmt sind, dürfen nur mit der in den Artikeln 15 und 16 vorgesehenen Kennzeichnung in Verkehr gebracht werden, die gut sichtbar, deutlich lesbar und unverwischbar sein muss. Die in Artikel 15 vorgesehenen Angaben müssen für den Käufer leicht verständlich formuliert sein.

(2) Der Mitgliedstaat, in dem das Erzeugnis in Verkehr gebracht wird, kann im Einklang mit dem Vertrag vorschreiben, dass die in Artikel 15 vorgesehenen Angaben in seinem Hoheitsgebiet in einer oder mehreren, von ihm zu bestimmenden Amtssprachen der Gemeinschaft gemacht werden. Dies schließt nicht aus, dass diese Angaben in mehreren Sprachen erfolgen.

Artikel 15
Allgemeine Anforderungen an die Kennzeichnung von Aromen, die nicht für den Verkauf an den Endverbraucher bestimmt sind

(1) Werden nicht für die Abgabe an den Endverbraucher bestimmte Aromen einzeln oder gemischt mit anderen Aromen und/oder mit Lebensmittelzutaten und/oder unter Zusatz von anderen Stoffen gemäß Artikel 3 Absatz 4 zum Verkauf angeboten, müssen ihre Verpackungen oder Behältnisse folgende Angaben aufweisen:

a) Verkehrsbezeichnung: entweder das Wort „Aroma" oder eine genauere Angabe oder eine Beschreibung des Aromas;

b) entweder die Angabe „für Lebensmittel" oder die Angabe „für Lebensmittel, begrenzte Verwendung" oder einen genaueren Hinweis auf die vorgesehene Verwendung in Lebensmitteln;

c) gegebenenfalls besondere Anweisungen für die Lagerung und/oder Verwendung;

d) Angabe zur Kennzeichnung der Partie oder des Loses;

e) in absteigender Reihenfolge der Gewichtsanteile eine Liste:

  i) der enthaltenen Aromakategorien und

  ii) aller anderen im Erzeugnis enthaltenen Stoffe oder Materialien mit ihrer Bezeichnung oder gegebenenfalls ihrer E-Nummer;

f) Name oder Firma und Anschrift des Herstellers, Verpackers oder Verkäufers;

g) die Angabe der Höchstmenge jedes Bestandteils oder jeder Gruppe von Bestandteilen, die einer mengenmäßigen Begrenzung in Lebensmitteln unterliegen, und/oder geeignete Angaben in klarer und leicht verständlicher Formulierung, die es dem Käufer ermöglichen, diese Verordnung oder andere einschlägige Vorschriften des Gemeinschaftsrechts einzuhalten;

h) die Nettofüllmenge;

i) das Mindesthaltbarkeitsdatum oder das Verbrauchsdatum;

j) gegebenenfalls Angaben über Aromen oder sonstige Stoffe, auf die in diesem Artikel Bezug genommen wird und die in Anhang IIIa – Verzeichnis der Lebensmittelzutaten – der Richtlinie 2000/13/EG aufgeführt sind.

(2) Abweichend von Absatz 1 brauchen die in den Buchstaben e und g dieses Absatzes vorgesehenen Angaben nur in den vor oder bei Lieferung vorzulegenden Warenbegleitpapieren gemacht zu werden, sofern die Angabe „nicht für den Verkauf im Einzelhandel" an gut sichtbarer Stelle auf der Verpackung oder dem Behältnis des betreffenden Erzeugnisses erscheint.

(3) Abweichend von Absatz 1 brauchen im Falle der Lieferung von Aromen in Tankwagen alle Angaben nur in den bei der Lieferung vorzulegenden Warenbegleitpapieren gemacht zu werden.

Artikel 16
Besondere Anforderungen an die Verwendung des Begriffs „natürlich"

(1) Wird der Begriff „natürlich" zur Bezeichnung eines Aromas in der Verkehrsbezeichnung gemäß Artikel 15 Absatz 1 Buchstabe a verwendet, so gelten die Absätze 2 bis 6 des vorliegenden Artikels.

(2) Der Begriff „natürlich" darf zur Bezeichnung eines Aromas nur verwendet werden, wenn der Aromabestandteil ausschließlich Aromaextrakte und/oder natürliche Aromastoffe enthält.

(3) Der Begriff „natürliche(r) Aromastoff(e)" darf nur zur Bezeichnung von Aromen verwendet werden, deren Aromabestandteil ausschließlich natürliche Aromastoffe enthält.

(4) Der Begriff „natürlich" darf in Verbindung mit einer Bezugnahme auf ein Lebensmittel, eine Lebensmittelkategorie oder einen pflanzlichen oder tierischen Aromaträger nur verwendet werden, wenn der Aromabestandteil ausschließlich oder mindestens zu 95 Gew.-% aus dem in Bezug genommenen Ausgangsstoff gewonnen wurde.

Die Bezeichnung lautet „natürliches ‚Lebensmittel bzw. Lebensmittelkategorie bzw. Ausgangsstoff(e)'-Aroma".

(5) Die Bezeichnung „natürliches ‚Lebensmittel bzw. Lebensmittelkategorie bzw. Ausgangsstoff(e)'-Aroma mit anderen natürlichen Aromen" darf nur verwendet werden, wenn der Aromabestandteil zum Teil aus dem in Bezug genommenen Ausgangsstoff stammt, dessen Aroma leicht erkennbar ist.

(6) Der Begriff „natürliches Aroma" darf nur verwendet werden, wenn der Aromabestandteil aus verschiedenen Ausgangsstoffen stammt und wenn eine Nennung der Ausgangsstoffe ihr Aroma oder ihren Geschmack nicht zutreffend beschreiben würde.

Artikel 17
Kennzeichnung von Aromen, die für den Verkauf an den Endverbraucher bestimmt sind

(1) Unbeschadet der Richtlinie 2000/13/EG, der Richtlinie 89/396/EWG des Rates vom 14. Juni 1989 über Angaben oder Marken, mit denen sich das Los, zu dem ein Lebensmittel gehört ([1]), feststellen lässt, und der Verordnung (EG) Nr. 1829/2003 dürfen für den Verkauf an den Endverbraucher bestimmte Aromen, die einzeln oder gemischt mit anderen Aromen und/oder anderen Zutaten zum Verkauf angeboten werden, nur in Verkehr gebracht werden, wenn ihre Verpackungen entweder die Angabe „für Lebensmittel" oder die Angabe „für Lebensmittel, begrenzte Verwendung" oder einen genaueren Hinweis auf die vorgesehene Verwendung in Lebensmitteln aufweisen, die gut sichtbar, deutlich lesbar und unverwischbar sein muss.

(2) Wird der Begriff „natürlich" zur Bezeichnung eines Aromas in der Verkehrsbezeichnung gemäß Artikel 15 Absatz 1 Buchstabe a verwendet, so gilt Artikel 16.

([1]) ABl. L 186 vom 30.6.1989, S. 21.

Artikel 18
Sonstige Kennzeichnungserfordernisse

Die Artikel 14 bis 17 lassen genauere oder weitergehende Rechts- oder Verwaltungsvorschriften über Gewichte und Maße oder über die Aufmachung, Einstufung, Verpackung und Etikettierung gefährlicher Stoffe und Zubereitungen oder über die Beförderung solcher Stoffe und Zubereitungen unberührt.

KAPITEL V
VERFAHRENSVORSCHRIFTEN UND DURCHFÜHRUNG

Artikel 19
Berichterstattung durch die Lebensmittelunternehmer

(1) Der Hersteller oder Verwender eines Aromastoffs oder deren Vertreter unterrichtet die Kommission auf deren Aufforderung über die Mengen des Aromastoffs, der Lebensmitteln in der Gemeinschaft in einem Zwölfmonatszeitraum zugesetzt wird. Die in diesem Zusammenhang bereitgestellten Informationen werden vertraulich behandelt, sofern diese Information nicht für die Sicherheitsbewertung erforderlich ist.

Angaben über die Verwendungsmengen für die einzelnen Lebensmittelkategorien in der Gemeinschaft werden den Mitgliedstaaten von der Kommission zur Verfügung gestellt.

(2) Für ein bereits gemäß dieser Verordnung zugelassenes Aroma, das mit Produktionsmethoden oder Ausgangsstoffen hergestellt wird, die sich erheblich von denjenigen unterscheiden, die in die Risikobewertung der Behörde einbezogen wurden, werden der Kommission gegebenenfalls von einem Hersteller oder Verwender vor dem Inverkehrbringen des Aromas die notwendigen Angaben vorgelegt, damit die Behörde eine Bewertung des Aromas in Bezug auf geänderte Produktionsmethoden oder Eigenschaften durchführen kann.

(3) Der Hersteller oder Verwender von Aromen und/oder Ausgangsstoffen teilt der Kommission unverzüglich jede neue wissenschaftliche oder technische Information mit, die ihm bekannt oder zugänglich ist und die die Bewertung der Sicherheit des Aromastoffs beeinflussen könnte.

(4) Durchführungsbestimmungen zu Absatz 1 werden nach dem in Artikel 21 Absatz 2 genannten Regelungsverfahren erlassen.

Artikel 20
Überwachung und Berichterstattung durch die Mitgliedstaaten

(1) Die Mitgliedstaaten führen Systeme zur Überwachung des Verzehrs und der Verwendung der in der Gemeinschaftsliste verzeichneten Aromen und des Verzehrs der in Anhang III verzeichneten Stoffe auf der Grundlage eines risikobezogenen Ansatzes ein und teilen die Ergebnisse der Kommission und der Behörde in angemessenen zeitlichen Abständen mit.

(2) Nach Anhörung der Behörde wird spätestens am 20. Januar 2011 nach dem in Artikel 21 Absatz 2 genannten Regelungsverfahren eine einheitliche Methode für die Erhebung von Daten über den Verzehr und die Verwendung der in der Gemeinschaftsliste verzeichneten Aromen und der in Anhang III verzeichneten Stoffe durch die Mitgliedstaaten festgelegt.

Artikel 21
Ausschuss

(1) Die Kommission wird von dem Ständigen Ausschuss für die Lebensmittelkette und Tiergesundheit unterstützt.

(2) Wird auf diesen Absatz Bezug genommen, so gelten die Artikel 5 und 7 des Beschlusses 1999/468/EG unter Beachtung von dessen Artikel 8.

Die in Artikel 5 Absatz 6 des Beschlusses 1999/468/EG vorgesehene Frist wird auf drei Monate festgesetzt.

(3) Wird auf diesen Absatz Bezug genommen, so gelten die Artikel 5a Absätze 1 bis 4 und Artikel 7 des Beschlusses 1999/468/EG unter Beachtung von dessen Artikel 8.

(4) Wird auf diesen Absatz Bezug genommen, so gelten Artikel 5a Absätze 1, 2, 4 und 6 sowie Artikel 7 des Beschlusses 1999/468/EG unter Beachtung von dessen Artikel 8.

Artikel 22
Änderung der Anhänge II bis V

Änderungen der Anhänge II bis V dieser Verordnung zur Änderung nicht wesentlicher Bestimmungen dieser Verordnung werden erforderlichenfalls nach Stellungnahme der Behörde nach dem in Artikel 21 Absatz 3 genannten Regelungsverfahren mit Kontrolle erlassen, um dem wissenschaftlichen und technischen Fortschritt Rechnung zu tragen.

Aus Gründen äußerster Dringlichkeit kann die Kommission auf das in Artikel 21 Absatz 4 genannte Dringlichkeitsverfahren zurückgreifen.

Artikel 23
Gemeinschaftliche Finanzierung der Harmonisierung

Die Rechtsgrundlage für die Finanzierung der aus dieser Verordnung resultierenden Maßnahmen ist Artikel 66 Absatz 1 Buchstabe c der Verordnung (EG) Nr. 882/2004.

KAPITEL VI
ÜBERGANGS- UND SCHLUSSBESTIMMUNGEN

Artikel 24
Aufhebungen

(1) Die Richtlinie 88/388/EWG, der Beschluss 88/389/EWG und die Richtlinie 91/71/EWG werden mit Wirkung vom 20. Januar 2011 aufgehoben.

(2) Die Verordnung (EG) Nr. 2232/96 wird mit Wirkung vom Tag der Anwendbarkeit der in Artikel 2 Absatz 2 jener Verordnung genannten Liste aufgehoben.

(3) Bezugnahmen auf die aufgehobenen Rechtsakte gelten als Bezugnahmen auf die vorliegende Verordnung.

Artikel 25
Aufnahme der Liste der Aromastoffe in die Gemeinschaftsliste der Aromen und Ausgangsstoffe sowie Übergangsregelung

(1) Die Gemeinschaftsliste wird am Tag der Annahme der in Artikel 2 Absatz 2 der Verordnung (EG) Nr. 2232/96 genannten Liste der Aromastoffe durch Aufnahme in Anhang I der vorliegenden Verordnung erstellt.

(2) Bis zur Erstellung der Gemeinschaftsliste gilt für die Bewertung und Zulassung von Aromastoffen, die nicht unter das in Artikel 4 der Verordnung (EG) Nr. 2232/96 vorgesehene Bewertungsprogramm fallen, die Verordnung (EG) Nr. 1331/2008.

Abweichend von diesem Verfahren gilt die in Artikel 5 Absatz 1 und Artikel 7 der Verordnung (EG) Nr. 1331/2008 genannte Frist von neun Monaten nicht für derartige Bewertungen und Zulassungen.

(3) Geeignete Übergangsmaßnahmen zur Änderung nicht wesentlicher Bestimmungen dieser Verordnung, auch durch Ergänzung, werden nach dem in Artikel 21 Absatz 3 genannten Regelungsverfahren mit Kontrolle erlassen.

Artikel 26
Änderung der Verordnung (EWG) Nr. 1601/91

Artikel 2 Absatz 1 wird wie folgt geändert:

1. Buchstabe a dritter Gedankenstrich erster Untergedankenstrich erhält folgende Fassung:

   „– Aromastoffe und/oder Aromaextrakte nach Artikel 3 Absatz 2 Buchstaben b und d der Verordnung (EG) Nr. 1334/2008 des Europäischen Parlaments und des Rates vom 16. Dezember 2008 über Aromen und bestimmte Lebensmittelzutaten mit Aromaeigenschaften zur Verwendung in und auf Lebensmitteln (*), und/oder

---

(*) ABl. L 354 vom 31.12.2008, S. 34."

2. Buchstabe b zweiter Gedankenstrich erster Untergedankenstrich erhält folgende Fassung:
    „– Aromastoffe und/oder Aromaextrakte nach Artikel 3 Absatz 2 Buchstaben b und d der Verordnung (EG) Nr. 1334/2008 und/oder".
3. Buchstabe c zweiter Gedankenstrich erster Untergedankenstrich erhält folgende Fassung:
    „– Aromastoffe und/oder Aromaextrakte nach Artikel 3 Absatz 2 Buchstaben b und d der Verordnung (EG) Nr. 1334/2008 und/oder".

Artikel 27
Änderung der Verordnung (EG) Nr. 2232/96

Artikel 5 Absatz 1 der Verordnung (EG) Nr. 2232/96 erhält folgende Fassung:
„(1) Die Liste der Aromastoffe gemäß Artikel 2 Absatz 2 wird nach dem Verfahren des Artikels 7 spätestens bis zum 31. Dezember 2010 angenommen."

Artikel 28
Änderung der Verordnung (EG) Nr. 110/2008

Verordnung (EG) Nr. 110/2008 wird wie folgt geändert:
1. Artikel 5 Absatz 2 Buchstabe c erhält folgende Fassung:
    „c) enthält Aromastoffe gemäß Artikel 3 Absatz 2 Buchstabe b der Verordnung (EG) Nr. 1334/2008 des Europäischen Parlaments und des Rates vom 16. Dezember 2008 über Aromen und bestimmte Lebensmittelzutaten mit Aromaeigenschaften zur Verwendung in und auf Lebensmitteln (*) und Aromaextrakte gemäß Artikel 3 Absatz 2 Buchstabe d derselben Verordnung;

    (*) ABl. L 354 vom 31.12.2008, S. 34."
2. Artikel 5 Absatz 3 Buchstabe c erhält folgende Fassung:
    „c) enthält ein oder mehrere Aromen im Sinne von Artikel 3 Absatz 2 Buchstabe a der Verordnung (EG) Nr. 1334/2008;".
3. Anhang I Nummer 9 erhält folgende Fassung:
    „9. *Aromatisierung*
    Verfahren, bei dem zur Herstellung einer Spirituose ein oder mehrere Aromen gemäß Artikel 3 Absatz 2 Buchstabe a der Verordnung (EG) Nr. 1334/2008 verwendet werden."
4. Anhang II wird wie folgt geändert:
    a) Nummer 19 Buchstabe c erhält folgende Fassung:
        „c) Andere Aromastoffe gemäß Artikel 3 Absatz 2 Buchstabe b der Verordnung (EG) Nr. 1334/2008 und/oder Aromaextrakte gemäß Artikel 3 Absatz 2 Buchstabe d derselben Verordnung, und/oder Duftstoffpflanzen oder Teile davon können zusätzlich verwendet werden, wobei die organoleptischen Merkmale der Wacholderbeeren wahrnehmbar bleiben müssen, wenn auch zuweilen in abgeschwächter Form;".

b) Nummer 20 Buchstabe c erhält folgende Fassung:

„c) Bei der Herstellung von Gin dürfen nur Aromastoffe gemäß Artikel 3 Absatz 2 Buchstabe b der Verordnung (EG) Nr. 1334/2008 und/oder Aromaextrakte gemäß Artikel 3 Absatz 2 Buchstabe d derselben Verordnung verwendet werden, wobei der Wacholdergeschmack vorherrschend bleiben muss;".

c) Nummer 21 Buchstabe a Unterabsatz ii erhält folgende Fassung:

„ii) eine Mischung eines so gewonnenen Destillats mit Ethylalkohol landwirtschaftlichen Ursprungs der gleichen Zusammensetzung, Reinheit und gleichem Alkoholgehalt; zur Aromatisierung von destilliertem Gin können auch Aromastoffe und/oder Aromaextrakte gemäß Kategorie 20 Buchstabe c verwendet werden."

d) Nummer 23 Buchstabe c erhält folgende Fassung:

„c) Andere Aromastoffe gemäß Artikel 3 Absatz 2 Buchstabe b der Verordnung (EG) Nr. 1334/2008 und/oder Aromaextrakte gemäß Artikel 3 Absatz 2 Buchstabe d derselben Verordnung können zusätzlich verwendet werden, der Kümmelgeschmack muss aber vorherrschend bleiben."

e) Nummer 24 Buchstabe c erhält folgende Fassung:

„c) Andere natürliche Aromastoffe gemäß Artikel 3 Absatz 2 Buchstabe c der Verordnung (EG) Nr. 1334/2008 und/oder Aromaextrakte gemäß Artikel 3 Absatz 2 Buchstabe d derselben Verordnung können zusätzlich verwendet werden, jedoch muss ein wesentlicher Teil des Aromas aus der Destillation von Kümmelsamen (Carum carvi L.) und/oder Dillsamen (Anethum graveolens L.) stammen; der Zusatz ätherischer Öle ist nicht zulässig."

f) Nummer 30 Buchstabe a erhält folgende Fassung:

„a) Spirituosen mit bitterem Geschmack oder Bitter sind Spirituosen mit vorherrschend bitterem Geschmack, die durch Aromatisieren von Ethylalkohol landwirtschaftlichen Ursprungs mit Aromastoffen gemäß Artikel 3 Absatz 2 Buchstabe b der Verordnung (EG) Nr. 1334/2008 und/oder Aromaextrakten gemäß Artikel 3 Absatz 2 Buchstabe d derselben Verordnung erzeugt werden."

g) Nummer 32 Buchstabe c Unterabsatz 1 erhält folgende Fassung:

„c) Aromastoffe gemäß Artikel 3 Absatz 2 Buchstabe b der Verordnung (EG) Nr. 1334/2008 und die Aromaextrakte gemäß Artikel 3 Absatz 2 Buchstabe d derselben Verordnung können zur Herstellung von Likör verwendet werden. Jedoch dürfen ausschließlich natürliche Aromastoffe gemäß Artikel 3 Absatz 2 Buchstabe c der Verordnung (EG) Nr. 1334/2008 und Aromaextrakte gemäß Artikel 3 Absatz 2 Buchstabe d derselben Verordnung zur Herstellung folgender Liköre verwendet werden:"

Der einleitende Teil des zweiten Unterabsatzes wird gestrichen.

h) Nummer 41 Buchstabe c erhält folgende Fassung:
   „c) Ausschließlich Aromastoffe gemäß Artikel 3 Absatz 2 Buchstabe b der Verordnung (EG) Nr. 1334/2008 und Aromaextrakte gemäß Artikel 3 Absatz 2 Buchstabe d derselben Verordnung können zur Herstellung von Eierlikör oder Advocaat oder Avocat oder Advokat verwendet werden."
i) Nummer 44 Buchstabe a erhält folgende Fassung:
   „a) Väkevä glögi oder spritglögg sind Spirituosen, die durch Aromatisierung von Äthylalkohol landwirtschaftlichen Ursprungs mit Aroma von Gewürznelken und/oder Zimt unter Verwendung eines der nachstehenden Herstellungsverfahren gewonnen werden: Einweichen und/oder Destillieren, erneutes Destillieren des Alkohols unter Beigabe von Teilen der vorstehend genannten Pflanzen, Zusatz von natürlichen Aromastoffen von Gewürznelken oder Zimt gemäß Artikel 3 Absatz 2 Buchstabe c der Verordnung (EG) Nr. 1334/2008 oder eine Kombination dieser Methoden."
j) Nummer 44 Buchstabe c erhält folgende Fassung:
   „c) Andere Aromen, Aromastoffe und/oder Aromaextrakte gemäß Artikel 3 Absatz 2 Buchstaben b, d und h der Verordnung (EG) Nr. 1334/2008 können zusätzlich verwendet werden, der Geschmack der entsprechenden Gewürze muss aber vorherrschend bleiben."
k) In Buchstabe c der Nummern 25, 26, 27, 28, 29, 33, 34, 35, 36, 37, 38, 39, 40, 42, 43, 45 und 46, ist der Begriff „Extrakte" durch „Aromaextrakte" zu ersetzen.

Artikel 29
Änderung der Richtlinie 2000/13/EG

Anhang III der Richtlinie 2000/13/EG erhält folgende Fassung:

„ANHANG III
BEZEICHNUNG VON AROMEN IN DER ZUTATENLISTE

1. Unbeschadet des Absatzes 2 werden Aromen bezeichnet mit den Begriffen
   - ‚Aroma' oder einer genaueren Bezeichnung bzw. einer Beschreibung des Aromas, wenn der Aromabestandteil Aromen im Sinne von Artikel 3 Absatz 2 Buchstaben b, c, d, e, f, g oder h der Verordnung (EG) Nr. 1334/2008 des Europäischen Parlaments und des Rates vom 16. Dezember 2008 über Aromen und bestimmte Lebensmittelzutaten mit Aromaeigenschaften zur Verwendung in Lebensmitteln (*) enthält;
   - ‚Raucharoma' oder ‚Raucharoma aus ‚Lebensmittel bzw. Lebensmittelkategorie bzw. Ausgangsstoff(e)" (beispielsweise Raucharoma aus Buchenholz), wenn der Aromabestandteil Aromen im Sinne von Artikel 3 Absatz 2 Buchstabe f der Verordnung (EG) Nr. 1334/2008 enthält und den Lebensmitteln einen Räuchergeschmack verleiht.
2. Der Begriff ‚natürlich' wird zur Bezeichnung von Aroma im Sinne von Artikel 16 der Verordnung (EG) Nr. 1334/2008 verwendet.

(*) ABl. L 354 vom 31.12.2008, S. 34."

Artikel 30
Inkrafttreten

Diese Verordnung tritt am zwanzigsten Tag nach ihrer Veröffentlichung im *Amtsblatt der Europäischen Union* in Kraft.

Sie gilt ab dem 20. Januar 2011.

Artikel 10 gilt nach Ablauf von 18 Monaten ab dem Beginn der Anwendung der Gemeinschaftsliste.

Die Artikel 26 und 28 gelten ab dem Beginn der Anwendung der Gemeinschaftsliste.

Artikel 22 gilt ab dem 20. Januar 2009. Lebensmittel, die vor dem 20. Januar 2011 rechtmäßig in Verkehr gebracht oder gekennzeichnet werden und nicht mit dieser Verordnung in Einklang stehen, dürfen bis zu ihrem Mindesthaltbarkeits- oder Verbrauchsdatum vermarktet werden.

VO (EG) Nr. 1334/2008

ANHANG I
Unionsliste der Aromen und Ausgangsstoffe

(nicht abgedruckt)

ANHANG II
Liste herkömmlicher Lebensmittelzubereitungsverfahren

Zerhacken	Überziehen
Erhitzen, Kochen, Backen, Braten (bis 240 °C bei atmosphärischem Druck) und Druckkochen (bis 120 °C)	Kühlen
Schneiden	Destillation/Rektifikation
Trocknen	Emulgieren
Verdampfen	Extraktion, einschließlich Lösemittelextraktion gemäß der Richtlinie 88/344/EWG
Vergären	Filtern
Zermahlen	
Aufgießen	Mazeration
mikrobiologische Prozesse	Mischen
Schälen	Perkolation
Auspressen	Tiefkühlen/Gefrieren
Rösten/Grillen	Ausdrücken
Einweichen	

ANHANG III
Vorhandensein bestimmter Stoffe

Teil A: Stoffe, die Lebensmitteln nicht als solche zugesetzt werden dürfen

Agaricinsäure
Aloin
Capsaicin
1,2-Benzopyron, Cumarin
Hyperizin
Beta-Asaron
1-Allyl-4-methoxybenzol, Estragol
Blausäure
Menthofuran
4-Allyl-1,2-dimethoxybenzol, Methyleugenol
Pulegon
Quassin
1-Allyl-3,4-methylendioxibenzol, Safrol
Teucrin A
Thujon (alpha- und beta-)

Teil B: Höchstmengen bestimmter Stoffe, die von Natur aus in Aromen und Lebensmittelzutaten mit Aromaeigenschaften vorkommen, in bestimmten verzehrfertigen zusammengesetzten Lebensmitteln, denen Aromen und/oder Lebensmittelzutaten mit Aromaeigenschaften zugesetzt worden sind

Bezeichnung des Stoffes	Zusammengesetzte Lebensmittel, in denen die Menge dieses Stoffes eingeschränkt ist	Höchstmenge mg/kg
Beta-Asaron	Alkoholische Getränke	1,0
1-Allyl-4-methoxybenzol Estragol (*)	Milcherzeugnisse	50
	Verarbeitetes Obst und Gemüse (einschließlich Pilze, Wurzelgemüse, Knollen, Hülsenfrüchte, Leguminosen), verarbeitete Nüsse und Samen	50
	Fischerzeugnisse	50
	Alkoholfreie Getränke	10
Blausäure	Nougat, Marzipan oder ein entsprechendes Ersatzerzeugnis sowie ähnliche Erzeugnisse	50
	Steinfruchtobstkonserven	5
	Alkoholische Getränke	35

VO (EG) Nr. 1334/2008

Bezeichnung des Stoffes	Zusammengesetzte Lebensmittel, in denen die Menge dieses Stoffes eingeschränkt ist	Höchstmenge mg/kg
Menthofuran	Süßwaren mit Minze/Pfefferminze, mit Ausnahme von sehr kleinen Süßwaren zur Erfrischung des Atems	500
	Sehr kleine Süßwaren zur Erfrischung des Atems	3 000
	Kaugummi	1 000
	Alkoholische Getränke mit Minze/Pfefferminze	200
4-Allyl-1,2-dimethoxybenzol Methyleugenol (*)	Milcherzeugnisse	20
	Fleischzubereitungen und Fleischerzeugnisse einschließlich Geflügel und Wild	15
	Fischzubereitungen und Fischerzeugnisse	10
	Suppen und Saucen	60
	Verzehrfertige pikante Knabbererzeugnisse	20
	Alkoholfreie Getränke	1
Pulegon	Süßwaren mit Minze/Pfefferminze, mit Ausnahme von sehr kleinen Süßwaren zur Erfrischung des Atems	250
	Sehr kleine Süßwaren zur Erfrischung des Atems	2 000
	Kaugummi	350
	Nichtalkoholische Getränke mit Minze/Pfefferminze	20
	Alkoholische Getränke mit Minze/Pfefferminze	100
Quassin	Alkoholfreie Getränke	0,5
	Backwaren	1
	Alkoholische Getränke	1,5
1-Allyl-3,4-methylendioxi-benzol, Safrol (*)	Fleischzubereitungen und Fleischerzeugnisse einschließlich Geflügel und Wild	15
	Fischzubereitungen und Fischerzeugnisse	15
	Suppen und Saucen	25
	Alkoholfreie Getränke	1

Bezeichnung des Stoffes	Zusammengesetzte Lebensmittel, in denen die Menge dieses Stoffes eingeschränkt ist	Höchstmenge mg/kg
Teucrin A	Spirituosen mit bitterem Geschmack oder bitter ([1])	5
	Liköre ([2]) mit bitterem Geschmack	5
	Andere alkoholische Getränke	2
Thujon (alpha- und beta-)	Alkoholische Getränke, mit Ausnahme der aus Artemisia-Arten hergestellten	10
	aus Artemisia-Arten hergestellte alkoholische Getränke	35
	aus Artemisia-Arten hergestellte nichtalkoholische Getränke	0,5
Cumarin	Traditionelle und/oder saisonale Backwaren, bei denen Zimt in der Kennzeichnung angegeben ist	50
	Frühstücksgetreideerzeugnisse einschließlich Müsli	20
	Feine Backwaren außer traditionelle und/oder saisonale Backwaren, bei denen Zimt in der Kennzeichnung angegeben ist	15
	Dessertspeisen	5

(*) Die Höchstwerte gelten nicht, wenn ein zusammengesetztes Lebensmittel keine hinzugefügten Aromen enthält und die einzigen Lebensmittelzutaten mit Aromaeigenschaften, die hinzugefügt wurden, frische, getrocknete oder tiefgekühlte Kräuter oder Gewürze sind. Die Kommission schlägt gegebenenfalls Änderungen zu dieser Ausnahme nach Konsultation der Mitgliedstaaten und der Behörde auf der Grundlage der durch die Mitgliedstaaten bereitgestellten Daten und der neuesten wissenschaftlichen Erkenntnisse und unter Berücksichtigung der Verwendung von Kräutern, Gewürzen und natürlichen Armomaextrakten vor.
([1]) Im Sinne von Anhang II Nummer 30 der Verordnung (EG) Nr. 110/2008.
([2]) Im Sinne von Anhang II Nummer 32 der Verordnung (EG) Nr. 110/2008.

VO (EG) Nr. 1334/2008

ANHANG IV

Liste der Ausgangsstoffe, deren Verwendung bei der Herstellung von Aromen und Lebensmittelzutaten mit Aromaeigenschaften Einschränkungen unterliegt

Teil A: *Ausgangsstoffe, die nicht zur Herstellung von Aromen und Lebensmitteln mit Aromaeigenschaften verwendet werden dürfen*

Ausgangsstoff	
Lateinische Bezeichnung	Gebräuchliche Bezeichnung
Acorus calamus L. – tetraploide Form	Kalmus – tetraploide Form

Teil B: *Bedingungen für die Verwendung von Aromen und Lebensmittelzutaten mit Aromaeigenschaften, die aus bestimmten Ausgangsstoffen hergestellt wurden*

Ausgangsstoff		Verwendungsbedingungen
Lateinische Bezeichnung	Gebräuchliche Bezeichnung	
Quassia amara L. und Picrasma excelsa (Sw)	Quassia	Aus diesem Ausgangsstoff hergestellte Aromen und Lebensmittelzutaten mit Aromaeigenschaften dürfen nur zur Herstellung von Getränken und Backwaren verwendet werden.
Laricifomes officinales (Villars: Fries) Kotl. et Pouz oder Fomes officinalis	Lärchenschwamm	Aus diesen Ausgangsstoffen hergestellte Aromen und Lebensmittelzutaten mit Aromaeigenschaften dürfen nur zur Herstellung von alkoholischen Getränken verwendet werden
Hypericum perforatum L.	Johanniskraut	
Teucrium chamaedrys L.	Edelgamander	

ANHANG V

Bedingungen für die Herstellung thermisch gewonnener Reaktionsaromen und Höchstmengen bestimmter Stoffe in thermisch gewonnenen Reaktionsaromen

Teil A: *Herstellungsbedingungen*

a) Die Temperatur der Erzeugnisse bei der Verarbeitung darf 180 °C nicht überschreiten.

b) Die Dauer der thermischen Verarbeitung darf 15 Minuten bei 180 °C nicht überschreiten, wobei sich die Verarbeitungszeit bei niedrigeren Temperaturen verlängern kann, d. h. durch Verdoppelung der Erhitzungsdauer bei jeder Senkung der Temperatur um 10 °C, bis zu einer Höchstdauer von 12 Stunden.

c) Der pH-Wert darf bei der Verarbeitung 8,0 nicht überschreiten.

Teil B: *Höchstmengen bestimmter Stoffe*

Stoffe	Höchstmengen µg/kg
2-Amino-3,4,8-trimethylimidazo [4,5-f] chinoxalin (4,8-DiMeIQx)	50
2-Amino-1-methyl-6-phenylimidazol [4,5-b] pyridin (PhIP)	50

Aromenverordnung*)

In der Neufassung vom 2. Mai 2006

(BGBl. I S. 1127), geänd. durch Art. 4 der VO zur Änd. weinrechtlicher Bestimmungen sowie der AromenVO vom 27. 9. 2007 (BGBl. I S. 2308), ber. durch BGBl. I S. 2465 vom 18. 10. 2007, geänd. durch Art. 4 der 2. VO zur Änd. der Zusatzstoff-ZulassungsVO und anderer lebensmittelrechtlicher VOen vom 30. 1. 2008 (BGBl. I S. 132), Art. 1 der VO zur Änd. lebensmittelrechtlicher Vorschriften vom 30. 9. 2008 (BGBl. I S. 1911) und Art. 1 der 2. VO zur Änd. der Aromenverordnung und anderer lebensmittelrechtlicher Verordnungen vom 29. 9. 2011 (BGBl. I S. 1996)

§ 1 Begriffsbestimmung

(1) Aromen im Sinne dieser Verordnung sind Erzeugnisse gemäß Artikel 3 Absatz 2 Buchstabe a der Verordnung (EG) Nr. 1334/2008 des Europäischen Parlaments und des Rates vom 16. Dezember 2008 über Aromen und bestimmte Lebensmittelzutaten mit Aromaeigenschaften zur Verwendung in und auf Lebensmitteln sowie zur Änderung der Verordnung (EWG) Nr. 1601/91 des Rates, der Verordnungen (EG) Nr. 2232/96 und (EG) Nr. 110/2008 und der Richtlinie 2000/13/EG (ABl. L 354 vom 31.12.2008, S. 34, L 105 vom 27.4.2010, S. 115).

(2) Als Aromen im Sinne dieser Verordnung gelten nicht Erzeugnisse gemäß Artikel 2 Absatz 2 der Verordnung (EG) Nr. 1334/2008.

§ 2 Verbote und Beschränkungen

Verzehrfertige Lebensmittel, die Chinin enthalten, dürfen gewerbsmäßig nur in den Verkehr gebracht werden, wenn dessen Gehalt die in Anlage 4 festgesetzten Höchstmengen nicht überschreitet.

---

*) Diese Verordnung dient der Umsetzung der
- Richtlinie 88/388/EWG des Rates zur Angleichung der Rechtsvorschriften der Mitgliedstaaten über Aromen zur Verwendung in Lebensmitteln und über Ausgangsstoffe für ihre Herstellung vom 22. Juni 1988 (ABl. EG Nr. L 184 S. 61 und Nr. L 345 S. 29),
- Richtlinie 91/71/EWG der Kommission zur Ergänzung der Richtlinie 88/388/EWG zur Angleichung der Rechtsvorschriften der Mitgliedstaaten über Aromen zur Verwendung in Lebensmitteln und über Ausgangsstoffe für ihre Herstellung vom 16. Januar 1991 (ABl. EG Nr. L 42 S. 25),
- Richtlinie 92/115/EWG des Rates vom 17. Dezember 1992 zur ersten Änderung der Richtlinie 88/344/EWG zur Angleichung der Rechtsvorschriften der Mitgliedstaaten über Extraktionslösungsmittel, die bei der Herstellung von Lebensmitteln und Lebensmittelzutaten verwendet werden (ABl. EG Nr. L 409 S. 31),
- Richtlinie 95/2/EG des Europäischen Parlaments und des Rates vom 20. Februar 1995 über andere Lebensmittelzusatzstoffe als Farbstoffe und Süßungsmittel (ABl. EG Nr. L 61 S. 1),
- Richtlinie 96/85/EG des Europäischen Parlaments und des Rates vom 19. Dezember 1996 zur Änderung der Richtlinie 95/2/EG über andere Lebensmittelzusatzstoffe als Farbstoffe und Süßungsmittel (ABl. EG Nr. L 86 S. 4),
- Richtlinie 2002/67/EG der Kommission vom 18. Juli 2002 über die Etikettierung von chininhaltigen und von koffeinhaltigen Lebensmitteln (ABl. EG Nr. L 191 S. 20),
- Richtlinie 2003/114/EG des Europäischen Parlaments und des Rates vom 22. Dezember 2003 zur Änderung der Rchtlinie 95/2/EG über andere Lebensmittelzusatzstoffe als Farbstoffe und Süßungsmittel (ABl. EU Nr. L 24 S. 58).

Aromenverordnung

§ 3 Zusatzstoffe

(1) Als Zusatzstoffe werden zugelassen
1. die in Anlage 5 Nr. 1 Buchstabe a aufgeführten Aromastoffe zur Herstellung von Aromen, die zur Verwendung bei den in Anlage 6 aufgeführten Lebensmitteln und ihren Zutaten bestimmt sind,
2. der in Anlage 5 Nr. 1 Buchstabe b aufgeführte Aromastoff zur Herstellung von Lakritzwaren,
3. die in Anlage 5 Nr. 1 Buchstabe c aufgeführten Aromastoffe zur Herstellung von Spirituosen und alkoholfreien Erfrischungsgetränken,
4. die in Anlage 5 Nr. 2 aufgeführten Stoffe zur Geschmacksbeeinflussung von Aromen, die dort aufgeführten Aminosäuren und deren Salze sowie Glutaminsäure, Mononatriumglutamat und Monokaliumglutamat darüber hinaus zur Herstellung von Reaktionsaromen.

(2) Der Gehalt an diesen Zusatzstoffen darf die in Anlage 5 jeweils festgesetzten Höchstmengen nicht überschreiten. Der Gehalt an Glutaminsäure und Glutamaten darf im verzehrfertigen Lebensmittel insgesamt 10 000 Milligramm pro Kilogramm, berechnet als Glutaminsäure, nicht überschreiten.

(3) Zum Räuchern von Lebensmitteln allgemein, ausgenommen das Räuchern von Wasser, wässrigen Lösungen, Speiseölen, anderen Flüssigkeiten und Nitritpökelsalz, wird frisch entwickelter Rauch aus naturbelassenen Hölzern und Zweigen, Heidekraut und Nadelholzsamenständen, auch unter Mitverwendung von Gewürzen, zugelassen.

(4) Zum Räuchern von Malz für die Whiskyherstellung wird frisch entwickelter Rauch aus Torf zugelassen.

(5) (weggefallen)

§ 4 Hinweise auf natürliche Herkunft

Aromen, die zur Abgabe an Verbraucherinnen und Verbraucher im Sinne des § 3 Nummer 4 des Lebensmittel- und Futtermittelgesetzbuches bestimmt sind, und in deren Verkehrsbezeichnung der Begriff „natürlich" verwendet wird, dürfen gewerbsmäßig nur in den Verkehr gebracht werden, wenn der Begriff „natürlich" im Einklang mit Artikel 17 Absatz 2 in Verbindung mit Artikel 16 der Verordnung (EG) Nr. 1334/2008 verwendet wird.

§ 5 Verkehrsverbot

Aromen und alkoholfreie Erfrischungsgetränke, die Chinin oder dessen Salze enthalten, dürfen gewerbsmäßig nur in den Verkehr gebracht werden, wenn sie durch die Angabe „chininhaltig" kenntlich gemacht sind.

Satz 1 gilt nicht für alkoholfreie Erfrischungsgetränke, die nach den Vorschriften der Lebensmittel-Kennzeichnungsverordnung zu kennzeichnen sind.

§ 6 Straftaten und Ordnungswidrigkeiten

(1) Nach § 58 Abs. 1 Nr. 18, Abs. 4 bis 6 des Lebensmittel- und Futtermittelgesetzbuches wird bestraft, wer vorsätzlich oder fahrlässig
1. (aufgehoben)
2. entgegen § 2 dort genannte Lebensmittel in den Verkehr bringt.

(2) Nach § 59 Abs. 1 Nr. 21 Buchstabe a des Lebensmittel- und Futtermittelgesetzbuches wird bestraft, wer bei dem gewerbsmäßigen Herstellen von Lebensmitteln, die dazu bestimmt sind, in den Verkehr gebracht zu werden, Zusatzstoffe über die durch § 3 Abs. 2 festgesetzten Höchstmengen hinaus verwendet.

(3) Nach § 59 Abs. 1 Nr. 21 Buchstabe a des Lebensmittel- und Futtermittelgesetzbuches wird bestraft, wer
1. entgegen § 4 dort genannte Aromen in den Verkehr bringt oder
2. entgegen § 5 dort genannte Erzeugnisse in den Verkehr bringt.

(3a) Nach § 59 Absatz 3 Nummer 2 Buchstabe a des Lebensmittel- und Futtermittelgesetzbuches wird bestraft, wer entgegen Artikel 14 Absatz 1 Satz 1 in Verbindung mit Artikel 16 der Verordnung (EG) Nr. 1334/2008 des Europäischen Parlaments und des Rates vom 16. Dezember 2008 über Aromen und bestimmte Lebensmittelzutaten mit Aromaeigenschaften zur Verwendung in und auf Lebensmitteln sowie zur Änderung der Verordnung (EWG) Nr. 1601/91 des Rates, der Verordnungen (EG) Nr. 2232/96 und (EG) Nr. 110/2008 und der Richtlinie 2000/13/EG (ABl. L 354 vom 31.12.2008, S. 34) Aromen in den Verkehr bringt, in deren Verkehrsbezeichnung der Begriff „natürlich" nicht richtig verwendet wird.

(4) Nach § 59 Abs. 3 Nr. 1 des Lebensmittel- und Futtermittelgesetzbuches wird bestraft, wer entgegen Artikel 4 Abs. 2 der Verordnung (EG) Nr. 2065/2003 des Europäischen Parlaments und des Rates vom 10. November 2003 über Rauchenaromen zur tatsächlichen oder beabsichtigen Verwendung in oder auf Lebensmitteln (ABl. EU Nr. L 309 S. 1) ein Raucharoma oder ein Lebensmittel, in oder auf dem ein Raucharoma vorhanden ist, in den Verkehr bringt.

(5) Wer eine in Absatz 2, 3, 3a oder Absatz 4 bezeichnete Handlung fahrlässig begeht, handelt nach § 60 Abs. 1 des Lebensmittel- und Futtermittelgesetzbuches ordnungswidrig.

(6) Ordnungswidrig im Sinne des § 60 Absatz 4 Nummer 2 Buchstabe a des Lebensmittel- und Futtermittelgesetzbuches handelt, wer vorsätzlich oder fahrlässig entgegen Artikel 14 Absatz 1 Satz 1 in Verbindung mit Artikel 15 Absatz 1 oder entgegen Artikel 17 Absatz 1 der Verordnung (EG) Nr. 1334/2008 Aromen in den Verkehr bringt, die nicht oder nicht in der vorgeschriebenen Weise gekennzeichnet sind.

§ 7 Übergangsvorschrift

(1) Bis zum 27. Januar 2006 dürfen Aromen und andere Lebensmittel nach den bis zum 25. Januar 2005 geltenden Vorschriften gekennzeichnet oder in den Verkehr gebracht und danach noch bis zum Abbau der Vorräte weiter in den Verkehr gebracht werden.

(2) Bis zum Ablauf des 14. August 2008 dürfen Aromen und andere Lebensmittel nach den bis zum 14. Februar 2008 geltenden Vorschriften gekennzeichnet oder in den Verkehr gebracht werden und danach noch bis zum Abbau der Vorräte weiter in den Verkehr gebracht werden.

Anlage 1 bis 3
(aufgehoben)

Anlage 4
(zu § 2)

**Höchstmengen an bestimmten Stoffen
in verzehrfertigen aromatisierten Lebensmitteln**

Stoffe	Getränke mg/kg	andere Lebensmittel mg/kg	Sonderregelungen
Chinin	0	0	300 mg/kg in Spirituosen 85 mg/kg in alkoholfreien Erfrischungsgetränken

Anlage 5
(zu § 3)

Zusatzstoffe

1. Aromastoffe

E-Nummer	Aromastoffe	Höchstmenge mg/kg verzehrfertiges Lebensmittel
1	2	3
	a) Ethylvanillin	250
	Allylphenoxiacetat	2
	α-Amylzimtaldehyd	1
	Anisylaceton	25
	Hydroxicitronellal Hydroxicitronellaldiäthylacetal Hydroxicitronellaldimethylacetal	insgesamt 25 berechnet als Hydroxicitronellal
	6-Methylcumarin	30
	Methylheptincarbonat	4
	β-Naphthylmethylketon	5
	2-Phenylpropionaldehyd	1
	Piperonylisobutyrat	3
	Propenylguaethol	25
	Resorcindimethylether	5
	Vanillinacetat	25
	b) Ammoniumchlorid	20 000
	c) Chininhydrochlorid Chininsulfat	insgesamt 300 bei Spirituosen, 85 bei alkoholfreien Erfrischungsgetränken, jeweils berechnet als Chinin (einschließlich der Zusätze nach Anlage 4)*)

*) Die Höchstmengen beziehen sich auf einen Liter.

2. Geschmacksbeeinflussende Stoffe

E-Nummer	Stoffe	Höchstmenge mg/kg verzehrfertiges Lebensmittel
1	2	3
E 640	L-Alanin L-Arginin L-Asparaginsäure L-Citrullin L-Cystein L-Cystin Glycin L-Histidin L-Isoleucin L-Leucin L-Lysin L-Methionin L-Phenylalanin L-Serin Taurin L-Threonin L-Valin sowie die Natrium- und Kaliumverbindungen und die Hydrochloride dieser Aminosäuren	insgesamt 500 und nicht mehr als 300 je Einzelsubstanz, jeweils berechnet als Aminosäure
	Maltol	10
	Äthylmaltol	50

Aromenverordnung

Anlage 6
(zu § 3 Abs. 1 Nr. 1)

Lebensmittel, denen Aromen mit Aromastoffen nach Anlage 5 Nr. 1 Buchstabe a zugesetzt werden dürfen:
1. Künstliche Heiß- und Kaltgetränke, Brausen
2. Cremespeisen, Pudding, Geleespeisen, rote Grütze, süße Soßen und Suppen
3. Speiseeis
4. Backwaren, Teigmassen und deren Füllungen
5. Zuckerwaren, Brausepulver
6. Füllungen für Schokoladenwaren
7. Kaugummi
8. Erzeugnisse nach Anlage 1 Nr. 2 bis 6, 8 und 9 der Kakaoverordnung: nur Ethylvanillin

Bedarfsgegenständeverordnung

In der Neufassung vom 23. Dezember 1997

(BGBl. I S. 5), geändert durch Änd.V vom 26. 11. 1998 (BGBl. I S. 3492), 4. VO zur Änd. der GefahrgutV vom 18. 10. 1999 (BGBl. I S. 2059), geänd. durch 6. Änd.V vom 7. 3. 2000 (BGBl. I S. 179), 7. Änd.V vom 14. 6. 2000 (BGBl. I S. 849), 8. Änd.V vom 21. 12. 2000 (BGBl. I S. 1886), Art. 3a des Biozidgesetzes vom 20. 6. 2002 (BGBl. I S. 2076), 9. Änd.V vom 7. 4. 2003 (BGBl. I S. 486), Art. 1 der VO zur Änd. der BedarfsgegenständeVO und zur Änd. oder Aufhebung weiterer lebensmittelrechtlicher Vorschriften vom 7. 1. 2004 (BGBl. I S. 31), 10. Änd.V vom 8. 12. 2004 (BGBl. I S. 3307), 11. Änd.V vom 13. 7. 2005 (BGBl. I S. 2150), Art. 1 der VO zur Änd. der BedarfsgegenständeVO und der Kosmetik-VO vom 13. 7. 2005 (BGBl. I S. 2159), Art. 1 der 2. VO zur Änd. der BedarfsgegenständeVO und der KosmetikVO vom 30. 5. 2006 (BGBl. I S. 1279), 12. VO zur Änd. der BedarfsgegenständeVO vom 30. 11. 2006 (BGBl. I S. 2730), 13. VO zur Änd. der BedarfsgegenständeVO vom 20. 12. 2006 (BGBl. I S. 3381), Art. 13 der VO zur Durchführung von Vorschriften des gemeinschaftlichen Lebensmittelhygienerechts vom 8. 8. 2007 (BGBl. IS. 1816), 14. VO zur Änd. der BedarfsgegenständeVO vom 11. 2. 2008 (BGBl. IS. 154), 15. VO zur Änd. der BedarfsgegenständeVO vom 30. 4. 2008 (BGBl. IS. 784), 16. VO zur Änd. der BedarfsgegenständeVO vom 16. 6. 2008 (BGBl. I S. 1107), 17. VO zur Änd. der BedarfsgegenständeVO vom 23. 9. 2009 (BGBl. IS. 3130), 18. VO zur Änd. der BedarfsgegenständeVO vom 3. 8. 2010 (BGBl. IS. 1138), 19. VO zur Änd. der BedarfsgegenständeVO vom 11. 10. 2010 (BGBl. I S. 1393), 20. VO zur Änd. der BedarfsgegenständeVO vom 7. 2. 2011 (BGBl. I S. 226), Art. 5 der VO zur Anpassung von Verordnungen nach dem BMELV-Vertrag von Lissabon-Anpassungsgesetz vom 13. 12. 2011 (BGBl. I S. 2720), Art. 1 der VO zur Änd. der BedarfsgegenständeVO und anderer lebensmittelrechtlicher VOen vom 24. 6. 2013 (BGBl. I S. 1682) und Art. 2 Abs. 1 des G zur Durchführung der Verordnung (EU) Nr. 1007/2011 und zur Ablösung des Textilkennzeichnungsgesetzes vom 15. 2. 2016 (BGBl. I S. 198)

Auf Grund des Artikels 2 der Fünften Verordnung zur Änderung der Bedarfsgegenständeverordnung vom 17. April 1997 (BGBl. I. S. 796) wird nachstehend der Wortlaut der Bedarfsgegenständeverordnung in der seit 23. April 1997 geltenden Fassung bekanntgemacht. Die Neufassung berücksichtigt:

1. die am 16. April 1992 in Kraft getretene Verordnung vom 10. April 1992 (BGBl. I S. 866),

2. den am 1. November 1993 in Kraft getretenen Artikel 3 Nr. 2 der Verordnung vom 26. Oktober 1993 (BGBl. I S. 1782, 2049),[2])

3. den am 1. Januar 1994 in Kraft getretenen Artikel 30 des Gesetzes vom 27. April 1993 (BGBl. I S. 512, 2436),

4. die am 22. April 1994 in Kraft getretene Verordnung vom 11. April 1994 (BGBl. I S, 775),

5. die am 29. Juli 1994 in Kraft getretene Verordnung vom 15. Juli 1994 (BGBl. I S. 1670),

6. die am 24. Dezember 1994 in Kraft getretene Verordnung vom 16. Dezember 1994 (BGBl. I S. 3836),

7. den am 1. Januar 1995 in Kraft getretenen Artikel 5 des Gesetzes vom 25. Oktober 1994 (BGBl. I S. 3082),

8. die am 28. Juli 1995 in Kraft getretene Verordnung vom 20. Juli 1995 (BGBl. I S. 954),

9. die am 23. April 1997 in Kraft getretene eingangs genannte Verordnung.

Die Rechtsvorschriften wurden erlassen auf Grund

zu 1. des § 5 Abs. 3, des § 9 Abs. 1 Nr. 1 Buchstabe a in Verbindung mit Abs. 3, des § 31, Abs. 2, des § 32 Abs. 1 Nr. 1 bis 5, 8, 9 Buchstabe b und Nr. 9 b in Verbindung mit Abs. 3 sowie des § 44 Nr. 2 des Lebensmittel- und Bedarfsgegenständegesetzes vom 15. August 1974 (BGBl. I S. 1945, 1946),

Bedarfsgegenständeverordnung

	von denen § 32 zuletzt durch Gesetz vom 22. Januar 1991 (BGBl. I S. 121) geändert worden ist, jeweils in Verbindung mit Artikel 56 Abs. 1 des Zuständigkeitsanpassungs-Gesetzes vom 18. März 1975 (BGBl. I S. 705) und dem Organisationserlaß vom 23. Januar 1991 (BGBl. I S. 530),
zu 2.	des § 32 Abs. 1 Nr. 1 in Verbindung mit Abs. 3 des Lebensmittel- und Bedarfsgegenständegesetzes in der Fassung der Bekanntmachung vom 8. Juli 1993 (BGBl. I S. 1169) in Verbindung mit Artikel 56 des Zuständigkeitsanpassungs-Gesetzes vom 18. März 1975 (BGBl. I S. 705) und dem Organisationserlaß vom 23. Januar 1991 (BGBl. I S. 530),
zu 4.	des § 31 Abs. 2, des § 32 Abs. 1 Nr. 1 bis 5 und 9 b in Verbindung mit Abs. 3 sowie des § 44 Nr. 2 des Lebensmittel- und Bedarfsgegenständegesetzes in der Fassung der Bekanntmachung vom 8. Juli 1993 (BGBl. I S. 1169),
zu 5.	des § 32 Abs. 1 Nr. 1, 4 und 8 in Verbindung mit Abs. 3 des Lebensmittel- und Bedarfsgegenständegesetzes in der Fassung der Bekanntmachung vom 8. Juli 1993 (BGBl. I S. 1169),
zu 6.	des § 32 Abs. 1 Nr. 1 in Verbindung mit Abs. 3 des Lebensmittel- und Bedarfsgegenständegesetzes in der Fassung der Bekanntmachung vom 8. Juli 1993 (BGBl. I S. 1169),
zu 8.	des § 32 Abs. 1 Nr. 1 und Nr. 9 b in Verbindung mit Abs. 3 des Lebensmittel- und Bedarfsgegenständegesetzes in der Fassung der Bekanntmachung vom 8. Juli 1993 (BGBl. I S. 1169), der durch Artikel 1 Nr. 3, 4 und 5 des Gesetzes vom 25. November 1994 (BGBl. I S. 3538) geändert worden ist,
zu 9.	des § 31 Abs. 2, des § 32 Abs. 1 Nr. 1, 2, 4 und 5 in Verbindung mit Abs. 3 sowie des § 44 Nr. 2 des Lebensmittel- und Bedarfsgegenständegesetzes in der Fassung der Bekanntmachung vom 8. Juli 1993 (BGBl. I S. 1169), von denen § 31 Abs. 2 durch Artikel 1 Nr. 3, § 32 Abs. 1 durch Artikel 1 Nr. 3, 4, 5 und 12 sowie § 44 Nr. 2 durch Artikel 1 Nr. 3 und 5 des Gesetzes vom 25. November 1994 (BGBl. I S. 3538) geändert worden ist.

§ 1 Gleichstellung

Imprägnierungsmittel in Aerosolpackungen für Leder- und Textilerzeugnisse, die für den häuslichen Bedarf bestimmt und nicht Erzeugnisse im Sinne des § 2 Abs. 6 Satz 1 Nr. 8 des Lebensmittel- und Futtermittelgesetzbuches sind, werden den Bedarfsgegenständen gleichgestellt.

§ 2 Begriffsbestimmungen

Im Sinne dieser Verordnung sind
1. Lebensmittelbedarfsgegenstände:
   Bedarfsgegenstände im Sinne des § 2 Abs. 6 Satz Nr. 1 des Lebensmittel- und Futtermittelgesetzbuches;
2. Lebensmittelbedarfsgegenstände aus Zellglasfolie:
   zur Verwendung als Lebensmittelbedarfsgegenstände bestimmte
   a) unbeschichtete Zellglasfolien,

b) beschichtete Zellglasfolien mit einer aus Cellulose gewonnenen Beschichtung oder

c) beschichtete Zellglasfolien mit einer Beschichtung aus Kunststoff im Sinne des Artikels 3 Nummer 2 der Verordnung (EU) Nr. 10/2011 der Kommission vom 14. Januar 2011 über Materialien und Gegenstände aus Kunststoff, die dazu bestimmt sind, mit Lebensmitteln in Berührung zu kommen (ABl. L 12 vom 15.1.2011, S. 1; L 278 vom 25.10.2011, S. 13) in der jeweils geltenden Fassung,

jeweils hergestellt aus regenerierter Cellulose, die aus nicht zu anderen Zwecken verarbeitetem Holz oder aus nicht zu anderen Zwecken verarbeiteter Baumwolle gewonnen worden ist, auch mit Beschichtung auf einer oder auf beiden Seiten; ausgenommen sind Kunstdärme aus regenerierter Cellulose;

3. (aufgehoben)
3a. (aufgehoben)
3b. (aufgehoben)
3c. (aufgehoben)
4. Lebensmittelbedarfsgegenstände aus Keramik:

zur Verwendung als Lebensmittelbedarfsgegenstände bestimmte Gegenstände, die aus einer Mischung anorganischer Stoffe mit einem im allgemeinen hohen Gehalt an Ton oder Silikat unter möglichem Zusatz von geringen Mengen organischer Stoffe hergestellt und nach ihrer Ausformung gebrannt sind. Sie können hochgebrannt und mit Glasuren oder Dekor versehen sein;

5. Bedarfsgegenstände aus Vinylchloridpolymerisaten:

a) Bedarfsgegenstände im Sinne des § 2 Absatz 6 Satz 1 Nummer 3 des Lebensmittel- und Futtermittelgesetzbuches,

b) Bedarfsgegenstände im Sinne des § 2 Absatz 6 Satz 1 Nummer 5 des Lebensmittel- und Futtermittelgesetzbuches, die bei bestimmungsgemäßem oder vorauszusehendem Gebrauch mit den Schleimhäuten des Mundes in Berührung kommen und

die unter Verwendung von Vinylchloridpolymerisaten oder Vinylchloridkopolymerisaten hergestellt sind;

6. Babyartikel:

jedes Produkt, das dazu bestimmt ist, den Schlaf, die Entspannung, das Füttern und das Saugen von Kindern zu erleichtern oder ihrer hygienischen Versorgung zu dienen.

§ 3 Verbotene Stoffe

Bei dem gewerbsmäßigen Herstellen oder Behandeln der in Anlage 1 aufgeführten Bedarfsgegenstände dürfen die dort genannten Stoffe nicht verwendet werden.

§ 4 Zugelassene Stoffe

(1) Bei dem gewerbsmäßigen Herstellen von Lebensmittelbedarfsgegenständen aus den in § 2 Nr. 2 Buchstabe a und b genannten Zellglasfolien dürfen nur die in Anlage 2 aufgeführten Stoffe unter Einhaltung der dort in Spalte 2 genannten Verwendungsbeschränkungen verwendet werden. Die Stoffe dürfen nur verwendet werden, wenn sie den in Spalte 4 festgesetzten Reinheitsanforderungen entsprechen. Soweit in Spalte 4 keine Reinheitsanforderungen festgelegt sind, müssen die verwendeten Stoffe im Hinblick auf ihren Einsatzbereich handelsüblichen Reinheitsanforderungen genügen. Abweichend von Satz 1 dürfen auch andere als die dort genannten Stoffe als Farbstoff und Klebstoff verwendet werden, sofern ein Übergang der Stoffe auf die mit der Folie in Berührung kommenden Lebensmittel oder deren Oberfläche nach einer anerkannten Analysenmethode nicht festzustellen ist.

(1a) Bei dem gewerbsmäßigen Herstellen von Lebensmittelbedarfsgegenständen aus den in § 2 Nr. 2 Buchstabe c genannten Zellglasfolien dürfen vor der Beschichtung nur die in Anlage 2 Teil A aufgeführten Stoffe unter Einhaltung der dort in Spalte 2 genannten Verwendungsbeschränkungen verwendet werden. Absatz 1 Satz 2 bis 4 ist anzuwenden.

(2) Vorbehaltlich des Absatzes 3 dürfen bei dem gewerbsmäßigen Herstellen von Lebensmittelbedarfsgegenständen im Sinne des § 2 Nummer 2 Buchstabe c hinsichtlich der Beschichtung als

1. Monomere oder andere Ausgangsstoffe,
2. Additive außer Farbmittel,
3. Hilfsstoffe bei der Herstellung von Kunststoffen außer Lösungsmittel sowie
4. durch mikrobielle Fermentation gewonnene Makromoleküle

nur die in Anhang I Nummer 1 Tabelle 1 der Verordnung (EU) Nr. 10/2011 in der am 1. Januar 2013 geltenden Fassung aufgeführten Stoffe unter Einhaltung der Beschränkungen und Spezifikationen nach Anhang I Nummer 1 Tabelle 1 Spalte 10 und Nummer 4 der Verordnung (EU) Nr. 10/2011 in der am 1. Januar 2013 geltenden Fassung verwendet werden. Die Stoffe dürfen nur verwendet werden, wenn sie den allgemeinen Anforderungen nach Artikel 8 Satz 1 der Verordnung (EU) Nr. 10/2011 in der jeweils geltenden Fassung entsprechen. Artikel 6 Absatz 3 der Verordnung (EU) Nr. 10/2011 in der jeweils geltenden Fassung gilt entsprechend.

(3) Abweichend von Absatz 2 dürfen bei dem gewerbsmäßigen Herstellen von Lebensmittelbedarfsgegenständen im Sinne des § 2 Nummer 2 Buchstabe c hinsichtlich der Beschichtung als Additive auch die in Anlage 13 aufgeführten Stoffe unter Einhaltung der in Anlage 13 Spalte 4 genannten Beschränkungen verwendet werden, sofern Artikel 3 Absatz 1 der Verordnung (EG) Nr. 1935/2004 dem nicht entgegensteht.

(4) Bei dem gewerbsmäßigen Herstellen von Materialien und Gegenständen aus Kunststoff im Sinne des Artikels 3 Nummer 1 der Verordnung (EU) Nr. 10/2011 dürfen neben den nach Anhang I der Verordnung (EU) Nr. 10/2011 zugelassenen Zusatzstoffen als Additive auch die in Anlage 13 aufgeführten Stoffe unter Einhaltung der in Anlage 13 Spalte 4 genannten Beschränkungen verwendet werden, sofern Artikel 3 Absatz 1 der Verordnung (EG) Nr. 1935/2004 dem nicht entgegensteht.

§ 5 Verbotene Verfahren

Bei dem Herstellen der in Anlage 4 aufgeführten Bedarfsgegenstände dürfen die dort genannten Verfahren nicht angewendet werden.

§ 6 Höchstmengen

Gewerbsmäßig dürfen nicht in den Verkehr gebracht werden
1. Lebensmittelbedarfsgegenstände aus Zellglasfolie, wenn sie die in Anlage 2 aufgeführten Stoffe über die dort in Spalte 3 festgesetzten Höchstmengen hinaus enthalten,
2. Lebensmittelbedarfsgegenstände im Sinne des § 2 Nummer 2 Buchstabe c, wenn sie hinsichtlich der Beschichtung die in Anhang I Nummer 1 Tabelle 1 der Verordnung (EU) Nr. 10/2011 in der am 1. Januar 2013 geltenden Fassung aufgeführten Stoffe über die dort jeweils in Spalte 10 festgesetzten Höchstmengen hinaus enthalten,
3. in Anlage 5 aufgeführte Bedarfsgegenstände, wenn sie die dort in Spalte 3 genannten Stoffe über die in Spalte 4 festgesetzten Höchstmengen hinaus enthalten,
4. in Anlage 5a aufgeführte Bedarfsgegenstände, wenn sie die in Spalte 3 dieser Anlage aufgeführten Stoffe über die in Spalte 4 festgesetzten Höchstmengen nach den dort genannten Maßgaben freisetzen.

Satz 1 Nr. 1 gilt nicht, soweit die Beschichtung aus Kunststoff im Sinne des § 2 Nr. 2 Buchstabe c besteht.

§ 7 Verwendungsverbote

(1) Lebensmittelbedarfsgegenstände, die den Anforderungen der §§ 4 bis 6 nicht entsprechen, dürfen beim gewerbsmäßigen Herstellen oder Behandeln von Lebensmitteln nicht verwendet werden.

(2) Bedruckte Zellglasfolie darf gewerbsmäßig nur so verwendet werden, daß die bedruckte Seite nicht mit Lebensmitteln in Berührung kommt.

§ 8 Übergang von Stoffen auf Lebensmittel

(1) (aufgehoben)

(1a) (aufgehoben)

(1b) (aufgehoben)

(1c) Bei den in Artikel 1 Abs. 2 in Verbindung mit Abs. 3 der Verordnung (EG) Nr. 1895/2005 der Kommission vom 18. November 2005 über die Beschränkung der Verwendung bestimmter Epoxyderivate in Materialien und Gegenständen, die dazu bestimmt sind, mit Lebensmitteln in Berührung zu kommen (ABl. EU Nr. L 302 S. 28), genannten Materialien und Gegenständen dürfen Anteile der in Anhang I der Verordnung (EG) Nr. 1895/2005 aufgeführten Stoffe, die von den Materialien oder Gegenständen auf Lebensmittel übergehen, die dort festgesetzten spezifischen Migrationshöchstwerte nicht überschreiten.

(1d) (aufgehoben)

(2) (aufgehoben)

(3) Bei den in Anlage 6 aufgeführten Lebensmittelbedarfsgegenständen dürfen Anteile der dort genannten Stoffe, die von den Bedarfsgegenständen auf Lebensmittel übergehen, die dort angegebenen Höchstmengen nicht überschreiten.

(4) Die Artikel 10, 11, 12, 17 und 18 der Verordnung (EU) Nr. 10/2011 in der jeweils geltenden Fassung gelten für Lebensmittelbedarfsgegenstände im Sinne des § 2 Nummer 2 Buchstabe c hinsichtlich der Beschichtung entsprechend.

§ 9 Warnhinweise

In Anlage 7 aufgeführte Bedarfsgegenstände dürfen gewerbsmäßig nur in den Verkehr gebracht werden, wenn die dort aufgeführten Warnhinweise an der dort genannten Stelle unverwischbar, deutlich sichtbar, leicht lesbar und in deutscher Sprache angegeben sind.

§ 10 Kennzeichnung, Nachweispflichten

(1) (aufgehoben)

(1a) Lebensmittelbedarfsgegenstände aus Zellglasfolie dürfen gewerbsmäßig nur in den Verkehr gebracht werden, wenn ihnen eine schriftliche Erklärung in deutscher Sprache beigefügt ist, in der bescheinigt wird, dass sie den Anforderungen dieser Verordnung und der Verordnung (EG) Nr. 1935/2004 entsprechen. Satz 1 gilt nicht für das Inverkehrbringen im Einzelhandel und für Lebensmittelbedarfsgegenstände aus Zellglasfolie, die offensichtlich für das Herstellen, Behandeln, Inverkehrbringen oder den Verzehr von Lebensmitteln verwendet werden sollen.

(2) Bei Lebensmittelbedarfsgegenständen aus Keramik, die noch nicht mit Lebensmitteln in Berührung gekommen sind, gilt Absatz 1a Satz 1 entsprechend; Absatz 1 Satz 2 findet keine Anwendung. Die Erklärung muss vom Hersteller oder, sofern dieser nicht in der Europäischen Union ansässig ist, dem in der Europäischen Union ansässigen Einführer ausgestellt sein und folgende zusätzliche Angaben enthalten:

1. Name und Anschrift des Herstellers und, sofern dieser nicht in der Europäischen Union ansässig ist, auch des Einführers,
2. Identität des Lebensmittelbedarfsgegenstandes aus Keramik,
3. Datum der Erstellung der Erklärung.

Darüber hinaus müssen der Hersteller oder der Einführer für Zwecke der Überwachung Nachweise darüber vorhalten, ob der Lebensmittelbedarfsgegenstand die in Anlage 6 Nummer 2 festgelegten Höchstmengen einhält. Diese Nachweise müssen mindestens die Ergebnisse der durchgeführten Analysen, die Testbedingungen sowie Name und Anschrift des Laboratoriums, das die Analyse durchgeführt hat, enthalten.

(2a) Die in Artikel 1 Absatz 2 in Verbindung mit Absatz 3 der Verordnung (EG) Nr. 1895/2005 genannten Materialien und Gegenstände, die BADGE oder seine Derivate enthalten, dürfen gewerbsmäßig nur in den Verkehr gebracht werden, wenn ihnen eine schriftliche Erklärung in deutscher Sprache beigefügt ist, in der bescheinigt wird, dass sie den Anforderungen der Verordnung (EG) Nr.

1895/2005 und der Verordnung (EG) Nr. 1935/2004 entsprechen. Satz 1 gilt nicht für das Inverkehrbringen im Einzelhandel.

(3) Die in Anlage 9 aufgeführten Bedarfsgegenstände dürfen gewerbsmäßig an Verbraucherinnen oder Verbraucher nur abgegeben werden, wenn die in Spalte 3 aufgeführten Angaben an den in Spalte 4 vorgesehenen Stellen unverwischbar, deutlich sichtbar, leicht lesbar und in deutscher Sprache angebracht sind.

(4) Wer Bedarfsgegenstände in Verkehr bringt, hat die Angaben nach Artikel 15 Abs. 1 Buchstabe a und b der Verordnung (EG) Nr. 1935/2004 in deutscher Sprache anzubringen.

§ 10a Kennzeichnung von Schuherzeugnissen

(1) Schuherzeugnisse nach Anlage 11 Nr. 1 müssen von dem Hersteller oder seinem in der Europäischen Union niedergelassenen Bevollmächtigten oder, sofern weder der Hersteller noch sein Bevollmächtigter in der Europäischen Union eine Niederlassung hat, von demjenigen, der die Schuherzeugnisse in der Europäischen Union erstmals in den Verkehr bringt, vor dem gewerbsmäßigen Inverkehrbringen mit den Angaben nach Absatz 2 Satz 1 in Verbindung mit Absatz 3 versehen werden. Die Angaben nach Satz 1 sind an mindestens einem Schuherzeugnis eines jeden Paares lesbar, haltbar und gut sichtbar anzubringen. Wer Schuherzeugnisse gewerbsmäßig abgibt, muß sicherstellen, daß bei der Abgabe die Kennzeichnung nach Maßgabe von Satz 2 angebracht ist. Die Angaben können durch schriftliche Angaben ergänzt werden.

(2) Schuherzeugnisse sind mit der Angabe ihrer Bestandteile und der Angabe der hierfür verwendeten und nach Absatz 3 bestimmten Materialien durch Piktogramme oder schriftliche Angaben nach Maßgabe der Anlage 11 Nr. 2 und 3 zu kennzeichnen. Dies gilt nicht für

1. gebrauchte Schuhe,
2. Sicherheitsschuhwerk, das unter die Verordnung über das Inverkehrbringen von persönlichen Schutzausrüstungen fällt,
3. Spielzeugschuhe.

Die Vorschriften der Chemikalien-Verbotsverordnung bleiben unberührt.

(3) In der Kennzeichnung nach Absatz 2 ist das Material anzugeben, das mindestens 80 Prozent jeweils

1. der Fläche des Obermaterials,
2. der Fläche von Futter und Decksohle und
3. des Volumens der Laufsohle

ausmacht. Entfallen auf kein Material mindestens 80 Prozent, so sind Angaben zu den beiden Materialien mit den größten Anteilen am Schuhbestandteil zu machen. Die Bestimmung der Materialien des Obermaterials erfolgt unabhängig von Zubehör oder Verstärkungsteilen, wie Knöchelschützern, Randeinfassungen, Verzierungen, Schnallen, Laschen, Ösen oder ähnlichen Vorrichtungen.

§ 11 Untersuchungsverfahren

Die in Anlage 10 genannten Untersuchungen sind nach den dort aufgeführten Untersuchungsverfahren durchzuführen.

§ 11a Besondere Vorschriften für die Einfuhr

(1) § 18 Absatz 1 der Lebensmitteleinfuhr-Verordnung gilt entsprechend für die Einfuhr von Bedarfsgegenständen mit der Maßgabe, dass an die Stelle

1. des Verbotes des § 5 Absatz 1 Satz 1 des Lebensmittel- und Futtermittelgesetzbuches das Verbot des § 30 Nummer 1 des Lebensmittel- und Futtermittelgesetzbuches und
2. des Verbotes des Artikels 14 Absatz 2 Buchstabe a der Verordnung (EG) Nr. 178/2002 das Verbot des § 30 Nummer 2 des Lebensmittel- und Futtermittelgesetzbuches

tritt.

(2) Sendungen von Lebensmittelbedarfsgegenständen nach Artikel 1 in Verbindung mit Artikel 2 Buchstabe a der Verordnung (EU) Nr. 284/2011 der Kommission vom 22. März 2011 mit besonderen Bedingungen und detaillierten Verfahren für die Einfuhr von Polyamid- und Melamin-Kunststoffküchenartikeln, deren Ursprung oder Herkunft die Volksrepublik China oder die Sonderverwaltungsregion Hongkong, China, ist (ABl. L 77 vom 23.3.2011, S. 25) dürfen aus Drittländern nur über einen der benannten spezifischen Orte der ersten Einführung im Sinne des Artikels 5 der Verordnung (EU) Nr. 284/2011 eingeführt werden. Das Bundesamt für Verbraucherschutz und Lebensmittelsicherheit macht die Liste der benannten spezifischen Orte der ersten Einführung im Sinne des Artikels 5 der Verordnung (EU) Nr. 284/2011 im Bundesanzeiger und nachrichtlich auf seiner Internetseite bekannt.

§ 12 Straftaten und Ordnungswidrigkeiten

(1) Nach § 58 Abs. 1 Nr. 18, Abs. 4 bis 6 des Lebensmittel- und Futtermittelgesetzbuches wird bestraft, wer vorsätzlich oder fahrlässig entgegen § 7 Bedarfsgegenstände verwendet.

(2) Nach § 58 Abs. 1 Nr. 18, Abs. 4 bis 6 des Lebensmittel- und Futtermittelgesetzbuches wird bestraft, wer vorsätzlich oder fahrlässig

1. entgegen § 3 bei dem Herstellen oder Behandeln der in Anlage 1 aufgeführten Bedarfsgegenstände dort genannte Stoffe verwendet,
2. entgegen § 4 Abs. 1 Satz 1 oder Abs. 1a Satz 1 bei dem Herstellen von Lebensmittelbedarfsgegenständen aus Zellglasfolie
    a) andere als in der Anlage 2 aufgeführte Stoffe oder
    b) in Anlage 2 aufgeführte Stoffe unter Nichteinhaltung der dort genannten Verwendungsbeschränkungen

    verwendet,
3. entgegen § 4 Absatz 2 Satz 1 einen Stoff verwendet oder
4. entgegen § 5 bei dem Herstellen der in Anlage 4 aufgeführten Bedarfsgegenstände dort genannte Verfahren anwendet.

(2a) Nach § 58 Absatz 3 Nummer 2, Absatz 4 bis 6 des Lebensmittel- und Futtermittelgesetzbuches wird bestraft, wer
1. gegen die Verordnung (EG) Nr. 1895/2005 der Kommission vom 18. November 2005 über die Beschränkung der Verwendung bestimmter Epoxyderivate in Materialien und Gegenständen, die dazu bestimmt sind, mit Lebensmitteln in Berührung zu kommen (ABl. L 302 vom 19.11.2005, S. 28), verstößt, indem er vorsätzlich oder fahrlässig
   a) entgegen Artikel 3 bei der Herstellung der dort genannten Materialien oder Gegenstände BFDGE verwendet oder
   b) entgegen Artikel 4 bei der Herstellung der dort genannten Materialien oder Gegenstände NOGE verwendet oder
2. gegen die Verordnung (EG) Nr. 450/2009 der Kommission vom 29. Mai 2009 über aktive und intelligente Materialien und Gegenstände, die dazu bestimmt sind, mit Lebensmitteln in Berührung zu kommen (ABl. L 135 vom 30.5.2009, S. 3), verstößt, indem er vorsätzlich oder fahrlässig entgegen Artikel 5 Absatz 1 in Verbindung mit Absatz 2 Buchstabe c Ziffer i oder ii einen der dort genannten Stoffe benutzt.

(3) Nach § 59 Abs. 1 Nr. 21 Buchstabe a des Lebensmittel- und Futtermittelgesetzbuches wird bestraft, wer entgegen § 6 Satz 1 Bedarfsgegenstände in den Verkehr bringt, wenn sie dort genannte Stoffe über die festgesetzten Höchstmengen oder Restgehalte hinaus enthalten oder freisetzen.

(3a) Nach § 59 Absatz 3 Nummer 1 des Lebensmittel- und Futtermittelgesetzbuches wird bestraft, wer entgegen Artikel 4 Buchstabe e in Verbindung mit Artikel 10 Absatz 2 der Verordnung (EG) Nr. 450/2009 Materialien und Gegenstände in Verkehr bringt.

(4) Wer eine in Absatz 3 oder 3a bezeichnete Handlung fahrlässig begeht, handelt nach § 60 Abs. 1 des Lebensmittel- und Futtermittelgesetzbuches ordnungswidrig.

(5) Ordnungswidrig im Sinne des § 60 Abs. 2 Nr. 26 Buchstabe a des Lebensmittel- und Futtermittelgesetzbuches handelt, wer vorsätzlich oder fahrlässig entgegen § 9 Bedarfsgegenstände in den Verkehr bringt, die nicht oder nicht in der vorgeschriebenen Weise mit Warnhinweisen versehen sind.

(6) Ordnungswidrig im Sinne des § 60 Absatz 2 Nummer 26 Buchstabe a des Lebensmittel- und Futtermittelgesetzbuches handelt, wer vorsätzlich oder fahrlässig
1. entgegen § 10 Absatz 1a Satz 1, auch in Verbindung mit Absatz 2, oder Absatz 2a Satz 1 einen Lebensmittelbedarfsgegenstand gewerbsmäßig in den Verkehr bringt,
2. (aufgehoben)
3. entgegen § 10 Absatz 2 Satz 3 und 4 Nachweise nicht, nicht richtig oder nicht vollständig vorhält,
4. entgegen § 10 Absatz 3 einen Bedarfsgegenstand abgibt,
5. entgegen § 10 Absatz 4 eine Angabe nicht in deutscher Sprache anbringt oder

6. entgegen § 10a Absatz 1 Satz 1 oder 2 ein Schuherzeugnis nicht mit den vorgeschriebenen Angaben versieht oder entgegen § 10a Absatz 1 Satz 3 die Anbringung der vorgeschriebenen Kennzeichnung nicht sicherstellt.

(7) Ordnungswidrig im Sinne des § 60 Absatz 4 Nummer 2 Buchstabe a des Lebensmittel- und Futtermittelgesetzbuches handelt, wer vorsätzlich oder fahrlässig

1. gegen die Verordnung (EG) Nr. 1935/2004 des Europäischen Parlaments und des Rates vom 27. Oktober 2004 über Materialien und Gegenstände, die dazu bestimmt sind, mit Lebensmittel in Berührung zu kommen und zur Aufhebung der Richtlinien 80/590/EWG und 89/109/EWG (ABl. L 338 vom 13.11.2004, S. 4) verstößt, indem er
    a) entgegen Artikel 15 Absatz 1 in Verbindung mit Absatz 3 Materialien oder Gegenstände nicht, nicht richtig, nicht vollständig, nicht in der vorgeschriebenen Weise oder nicht rechtzeitig kennzeichnet,
    b) entgegen Artikel 17 Absatz 2 Satz 1 nicht über ein System oder Verfahren verfügt oder
    c) als Unternehmer entgegen Artikel 17 Absatz 2 Satz 2 eine Angabe nicht, nicht richtig, nicht vollständig oder nicht rechtzeitig zur Verfügung stellt.
2. gegen die Verordnung (EG) Nr. 2023/2006 der Kommission vom 22. Dezember 2006 über gute Herstellungspraxis für Materialien und Gegenstände, die dazu bestimmt sind, mit Lebensmitteln in Berührung zu kommen (ABl. L 384 vom 29.12.2006, S. 75), die durch die Verordnung (EG) Nr. 282/2008 (ABl. L 86 vom 28.3.2008, S. 9) geändert worden ist, verstößt, indem er
    a) entgegen Artikel 4 Buchstabe b in Verbindung mit Anhang Buchstabe A nicht sicherstellt, dass die Fertigungsverfahren für die in Artikel 1 genannten Materialien und Gegenstände in Übereinstimmung mit den dort genannten ausführlichen Regeln für die gute Herstellungspraxis durchgeführt werden,
    b) entgegen Artikel 7 Absatz 1 oder Absatz 2 eine dort genannte Unterlage nicht, nicht richtig oder nicht vollständig führt oder
    c) entgegen Artikel 7 Absatz 3 die Dokumentation den zuständigen Behörden nicht oder nicht rechtzeitig zugänglich macht oder
3. gegen die Verordnung (EG) Nr. 450/2009 verstößt, indem er
    a) entgegen Artikel 4 Buchstabe f in Verbindung mit Artikel 12 Absatz 1 und 2 Materialien und Gegenstände in Verkehr bringt oder
    b) entgegen Artikel 13 eine Unterlage nicht, nicht richtig, nicht vollständig oder nicht rechtzeitig zur Verfügung stellt.

§ 13 Unberührtheitsklausel

Die Bestimmungen der auf das Chemikaliengesetz gestützten Rechtsverordnungen und der Verordnung über die Sicherheit von Spielzeug bleiben unberührt.

§ 14 (Aufhebung von Vorschriften)

§ 15 Ausschluß der Anwendung des Gesetzes betreffend den Verkehr mit blei- und zinkhaltigen Gegenständen
(aufgehoben)

§ 16 Übergangsvorschriften

(1) Lebensmittelbedarfsgegenstände, die den Vorschriften dieser Verordnung in der bis zum 10. April 2003 geltenden Fassung entsprechen und vor dem 11. April 2003 erstmals in den Verkehr gebracht wurden, dürfen noch bis zum Abbau der Bestände weiter in den Verkehr gebracht werden. Soweit jedoch bei der Herstellung von Lebensmittelbedarfsgegenständen die Stoffe mit den PM/REF-Nummern 13510, 13720, 14650, 14950, 15310, 15700, 16240, 16570, 16600, 16630, 16690, 18640, 22420, 22570, 25210, 25240, 25270, 25840, 36840, 39120, 40320, 40580, 45650, 68860, 71670 oder 87040 verwendet werden und diese Stoffe den Vorschriften dieser Verordnung in der bis zum 10. April 2003 geltenden Fassung entsprechen, dürfen diese Bedarfsgegenstände noch bis zum 29. Februar 2004 hergestellt und eingeführt und nach diesem Termin noch bis zum Abbau der Bestände in den Verkehr gebracht werden.

(2) Bedarfsgegenstände nach Anlage 1 Nr. 7 Spalte 2, die bis zum 9. Januar 2004 nach den bis dahin geltenden Vorschriften dieser Verordnung hergestellt oder bis zu diesem Tag in den Geltungsbereich des Lebensmittel- und Bedarfsgegenständegesetzes verbracht worden sind und die nicht den Anforderungen des § 3 in Verbindung mit Anlage 1 Nr. 7 entsprechen, dürfen noch bis zum 29. Februar 2004 in den Verkehr gebracht werden. Abweichend von Satz 1 dürfen Textilerzeugnisse, hergestellt aus wiedergewonnenen Fasern, noch bis zum 1. Januar 2005 hergestellt oder in den Geltungsbereich des Lebensmittel- und Bedarfsgegenständegesetzes verbracht werden, wenn die in Anlage 1 Nr. 7 Spalte 3 genannten Azofarbstoffe, die aus den wiedergewonnenen gefärbten Fasern stammen, die dort angegebenen Amine in Mengen von weniger als 70 Milligramm in einem Kilogramm freisetzen.

(3) Lebensmittelbedarfsgegenstände aus Kunststoff, die den Vorschriften dieser Verordnung in der bis zum 20. Juli 2005 geltenden Fassung entsprechen und die bis zum Ablauf des 28. Februar 2006 hergestellt oder eingeführt worden sind, dürfen auch nach diesem Zeitpunkt noch bis zum Abbau der Bestände weiter in den Verkehr gebracht werden.

(4) Lebensmittelbedarfsgegenstände aus Zellglasfolie, die den Vorschriften dieser Verordnung in der bis zum 20. Juli 2005 geltenden Fassung entsprechen und die bis zum Ablauf des 28. Januar 2006 hergestellt oder eingeführt worden sind, dürfen auch nach diesem Zeitpunkt noch bis zum Abbau der Bestände in den Verkehr gebracht werden.

(5) Lebensmittelbedarfsgegenstände aus Kunststoff, bei deren Herstellung der Stoff Azodicarbonamid (PM/REF-Nr. 36640) verwendet worden ist und die bis zum 1. August 2005 in Kontakt mit Lebensmitteln gekommen sind, dürfen auch nach dem 1. August 2005 in den Verkehr gebracht werden, wenn der Tag der Abfüllung auf ihnen angegeben ist. Für Verschlüsse, die für in Enghalsglasflaschen abgefüllte kohlensäurehaltige Getränke verwendet werden, gilt abweichend von Satz 1 das Datum 1. Dezember 2005. Der Tag der Abfüllung nach

Satz 1 kann durch eine andere Angabe ersetzt werden, sofern diese die Ermittlung des Tages der Abfüllung ermöglicht. Der für das Inverkehrbringen Verantwortliche hat auf Nachfrage das Datum der Abfüllung den zuständigen Behörden mitzuteilen.

(6) Lebensmittelbedarfsgegenstände aus Keramik, die den Vorschriften dieser Verordnung in der bis zum 9. Juni 2006 geltenden Fassung entsprechen und die bis zum Ablauf des 19. Juni 2007 hergestellt oder in die Europäische Gemeinschaft eingeführt worden sind, dürfen auch nach diesem Zeitpunkt noch bis zum Abbau der Bestände in den Verkehr gebracht werden.

(7) (aufgehoben)

(8) PVC-Dichtungsmaterial, das
1. epoxidiertes Sojabohnenöl (PM/REF-Nr. 88640) enthält und zur Abdichtung von Glasgefäßen mit Säuglingsanfangsnahrung, Folgenahrung, Getreidebeikost oder anderer Beikost verwendet wird, die vor dem 7. Dezember 2006 abgefüllt worden sind, und
2. den Anforderungen nach Anlage 3 Abschnitt 2 Teil A in der bis zum 6. Dezember 2006 geltenden Fassung entspricht,

kann weiterhin in Verkehr gebracht werden, soweit das Abfülldatum auf dem Lebensmittelbedarfsgegenstand angebracht ist. Das Abfülldatum kann vom Verwender des Lebensmittelbedarfsgegenstandes durch eine andere Angabe ersetzt werden, soweit diese die Ermittlung des Abfülldatums ermöglicht. Auf Anordnung der zuständigen Behörde ist ihr vom Verwender des Lebensmittelbedarfsgegenstandes das Abfülldatum bekannt zu geben.

(9) Lebensmittelbedarfsgegenstände aus Kunststoff, die den Vorschriften dieser Verordnung in der bis zum 13. Mai 2008 geltenden Fassung entsprechen, dürfen noch bis zum 30. April 2009 hergestellt oder eingeführt und auch nach diesem Datum in den Verkehr gebracht werden. Abweichend von Satz 1 dürfen die nachfolgend genannten Lebensmittelbedarfsgegenstände aus Kunststoff noch bis zum 30. Juni 2008 hergestellt oder eingeführt und auch nach diesem Datum in den Verkehr gebracht werden:

1. Deckel, die eine Dichtung enthalten und die hinsichtlich der Beschränkungen und Spezifikationen für die PM/Ref-Nummer 36640 nicht dieser Verordnung in der bis zum 13. Mai 2008 geltenden Fassung entsprechen und
2. Lebensmittelbedarfsgegenstände, die Phthalate enthalten und hinsichtlich der Beschränkungen und Spezifikationen für die PM/Ref-Nummern 74560, 74640, 74880, 75100 und 75105 dieser Verordnung in der bis zum 13. Mai 2008 geltenden Fassung entsprechen.

(10) Bedarfsgegenstände nach Anlage 4 Nr. 1 Buchstabe b, die vor dem 8. Juli 2008 hergestellt oder eingeführt worden sind und den bis dahin geltenden Rechtsvorschriften entsprechen, dürfen noch bis zum 1. April 2009 in den Verkehr gebracht werden.

(11) Bedarfsgegenstände nach Anlage 7 Nr. 2, die nicht den dort genannten Warnhinweis tragen, dürfen noch bis zum Ablauf des 31. August 2009 in den Verkehr gebracht werden.

(12) Lebensmittelbedarfsgegenstände aus Kunststoff und Lebensmittelbedarfsgegenstände im Sinne des § 2 Nummer 2 Buchstabe c hinsichtlich der aufzubrin-

genden Beschichtung, die den Vorschriften dieser Verordnung in der bis zum 28. September 2009 geltenden Fassung entsprechen, dürfen vorbehaltlich des Absatzes 13 noch bis zum 6. März 2010 hergestellt oder eingeführt und auch nach diesem Datum in den Verkehr gebracht werden. Abweichend von Satz 1 ist § 4 Absatz 3 für die Herstellung oder Einfuhr der dort bezeichneten Lebensmittelbedarfsgegenstände bereits ab dem 1. Januar 2010 anzuwenden; Lebensmittelbedarfsgegenstände, die den Anforderungen des § 4 Absatz 3b entsprechen, dürfen auch nach dem dort genannten Datum noch in den Verkehr gebracht werden.

(13) Absatz 12 Satz 1 gilt nicht, wenn bei der Herstellung der genannten Lebensmittelbedarfsgegenstände der Stoff 2,4,4'-Trichlor-2'-hydroxydiphenylether (PM/REF-Nr. 93930) verwendet worden ist. Lebensmittelbedarfsgegenstände nach Satz 1 dürfen noch bis zum 1. November 2011 in den Verkehr gebracht werden.

(14) Trinkflaschen aus Kunststoff, die für Säuglinge bestimmt sind und den Vorschriften dieser Verordnung in der bis zum 11. Februar 2011 geltenden Fassung entsprechen, dürfen noch bis zum 28. Februar 2011 hergestellt und bis zum 31. Mai 2011 eingeführt und in den Verkehr gebracht werden.

§ 17 (Inkrafttreten)

Anlage 1
(zu § 3)

Stoffe, die bei dem Herstellen oder Behandeln von bestimmten Bedarfsgegenständen nicht verwendet werden dürfen

Lfd. Nr.	Bedarfsgegenstand	Verbotene Stoffe
1	2	3
1.	Niespulver	Pulver aus Panamarinde (Quillaja saponaria), ihre Saponine und deren Derivate Pulver aus der Wurzel der Christ-, Weihnachtsrose (Helleborus niger) – schwarzer Nieswurz Pulver aus der Wurzel des Bärenfußes (Helleborus viridis) – grüner Nieswurz Pulver aus der Wurzel des weißen Germers (Veratrum album) – weißer Nieswurz Pulver aus der Wurzel des schwarzen Germers (Veratrum nigrum) – schwarzer Nieswurz Holzstaub Benzidin und seine Derivate o-Nitrobenzaldehyd
2.	Stinkbomben	Ammoniumsulfid und Ammoniumhydrogensulfid Ammoniumpolysulfide
3.	Tränengas	Flüchtige Ester der Bromessigsäure: Methylbromacetat Ethylbromacetat Propylbromacetat Butylbromacetat

Bedarfsgegenständeverordnung

Lfd. Nr.	Bedarfsgegenstand	Verbotene Stoffe			
1	2	3			
4.	Bedarfsgegenstände im Sinne des § 5 Abs. 1 Nr. 6 des Lebensmittel- und Bedarfsgegenständegesetzes, die unter Verwendung von Textilien hergestellt sind, ausgenommen Schutzkleidung sowie für entsprechend hergestellte Spieltiere und Puppen	Tri-(2,3-dibrompropyl)-phosphat (TRIS) Tris-(aziridinyl)-phosphinoxid (TEPA) Polybromierte Biphenyle (PBB)			
5.	Scherzspiele	Flüssige Stoffe und Zubereitungen, die nach der Gefahrstoffverordnung als gefährlich eingestuft oder einzustufen sind			
6.	(aufgehoben)				
7.	Textil- und Ledererzeugnisse, die längere Zeit mit der menschlichen Haut oder der Mundhöhle direkt in Berührung kommen können, insbesondere: 1. Kleidung, Bettwäsche, Handtücher, Haarteile, Perücken, Hüte, Windeln und sonstige Toilettenartikel, Schlafsäcke, 2. Schuhe, Handschuhe, Uhrarmbänder, Handtaschen, Geldbeutel und Brieftaschen, Aktentaschen, Stuhlüberzüge, Brustbeutel, 3. Textil- und Lederspielwaren und Spielwaren mit Textil- oder Lederbekleidung, 4. für den Endverbraucher bestimmte Garne und Gewebe	Azofarbstoffe, die bei Anwendung der in Anlage 10 Nr. 7 angegebenen Methode durch reduktive Spaltung einer oder mehrerer Azogruppen eines oder mehrere der nachfolgenden Amine in nachweisbaren Mengen freisetzen. Die Verwendung von Azofarbstoffen gilt als nachgewiesen bei Freisetzungsraten je Aminkomponente von mehr als 30 mg in einem Kilogramm Fertigerzeugnis oder gefärbten Teilen davon.			
		Stoffname	CAS-Nummer	Index-Nummer	EG-Nummer
		Biphenyl-4-ylamin 4-Aminobiphenyl Xenylamin	92-67-1	612-072-00-6	202-177-1
		Benzidin	92-87-5	612-042-00-2	202-199-1
		4-Chlor-o-toluidin	95-69-2		202-441-6
		2-Naphthylamin	91-59-8	612-022-00-3	202-080-4
		o-Aminoazotoluol 4-Amino-2′,3-dimethyl-azobenzol 4-o-Tolylazo-o-toluidin	97-56-3	611-006-00-3	202-591-2
		5-Nitro-o-toluidin 2-Amino-4-nitrotoluol	99-55-8		202-765-8

Bedarfsgegenständeverordnung

Lfd. Nr.	Bedarfsgegenstand	Verbotene Stoffe			
1	2	3			
		Stoffname	CAS-Nummer	Index-Nummer	EG-Nummer
		4-Chloranilin	106-47-8	612-137-00-9	203-401-0
		4-Methoxy-m-phenylendiamin	615-05-4		210-406-1
		2,4-Diaminoanisol			
		4,4'-Methylendianilin	101-77-9	612-051-00-1	202-974-4
		4,4'-Diaminodiphenylmethan			
		3,3'-Dichlorbenzidin	91-94-1	612-068-00-4	202-109-0
		3,3'-Dichlorbiphenyl-4,4'-ylendiaminen			
		3,3'-Dimethoxybenzidin	119-90-4	612-036-00-X	204-355-4
		o-Dianisidin			
		3,3'-Dimethylbenzidin	119-93-7	612-041-00-7	204-358-0
		4,4'-Bi-o-Toluidin			
		4,4'-Methylendi-o-toluidin	838-88-0	612-085-00-7	212-658-8
		3,3'-Dimethyl-4,4'-diamino-diphenylmethan			
		6-Methoxy-m-toluidin	120-71-8		204-419-1
		p-Cresidin			
		4,4'-Methylen-bis-(2-chloranilin)	101-14-4	612-078-00-9	202-918-9
		2,2'-Dichlor-4,4'-methylendianilin			
		4,4'-Oxydianilin	101-80-4		202-977-0
		4,4'-Thiodianilin	139-65-1		205-370-9
		o-Toluidin	95-53-4	612-091-00-X	202-429-0
		2-Aminotoluol			
		4-Methyl-m-phenylendiamin	95-80-7	612-099-00-3	202-453-1
		2,4-Toluylendiamin			
		2,4,5-Trimethylanilin	137-17-7		205-282-0

Bedarfsgegenständeverordnung

Lfd. Nr.	Bedarfsgegenstand	Verbotene Stoffe			
1	2	3			
		Stoffname	CAS-Nummer	Index-Nummer	EG-Nummer
8.		o-Anisidin	90-04-0	612-035-00-4	201-963-1
		2-Methoxyanilin			
		4-Amino-azobenzol	60-09-3	611-008-00-4	200-453-6
	a) Spielzeug und Babyartikel	Folgende Phthalate (oder andere CAS- und EINECS-Nummern, die diesen Stoff betreffen):			
		Di(2-ethylhexyl)phthalat (DEHP) CAS-Nr. 117-81-7 EINECS-Nr. 204-211-0			
		Dibutylphthalat (DBP) CAS-Nr. 84-74-2 EINECS-Nr. 201-557-4			
		Benzylbutylphthalat (BBP) CAS-Nr. 85-68-7 EINECS-Nr. 201-622-7;			
	b) Spielzeug und Babyartikel, die von Kindern in den Mund genommen werden können	Di-isononylphthalat (DINP) CAS-Nrn. 28553-12-0 und 68515-48-0 EINECS-Nrn. 249-079-5 und 271-090-9			
		Di-isodecylphthalat (DIDP) CAS-Nrn. 26761-40-0 und 68515-49-1 EINECS-Nrn. 247-977-1 und 271-091-4			
		Di-n-octylphthalat (DNOP) CAS-Nr. 117-84-0 EINECS-Nr. 204-214-7			

Bedarfsgegenständeverordnung

Lfd. Nr.	Bedarfsgegenstand	Verbotene Stoffe
1	2	3
9.	Materialien und Gegenstände aus Kunststoff im Sinne des Artikels 3 Nummer 1 der Verordnung (EU) Nr. 10/2011 und Lebensmittelbedarfsgegenstände im Sinne des § 2 Nummer 2 Buchstabe c hinsichtlich der Beschichtung	Zu a) und b): Phthalate gelten als nicht verwendet, sofern ihre Konzentration im weichmacherhaltigen Material des Endprodukts insgesamt 0,1 % nicht übersteigt. 2,4,4'-Trichlor-2'-hydroxydiphenylether CAS-Nr. 0003380-34-5 PEM/REF-Nr. 93930
10.	(aufgehoben)	

Anlage 2
(zu § 4 Abs. 1 und 1a und § 6 Satz 1 Nr. 1)

Stoffe, die für die Herstellung von Zellglasfolien zugelassen sind

Teil A
Zellglasfolie ohne Lackbeschichtung

Stoff[1]	Verwendungsbeschränkung	Höchstmengen	Reinheitsanforderungen
1	2	3	4
1. Regenerierte Cellulose	Der Anteil in der Folie muß mindestens 72%[2]) betragen.		
2. Zusatzstoffe			
2.1 Feuchthaltemittel		Nicht mehr als insgesamt 27%[2])	
– Bis(2-hydroxyethyl)ether [Diethylenglykol]			Nur für zu beschichtendes Zellglas und für die Verpackung von nicht feuchten Lebensmitteln, d. h. die kein physikalisch freies Wasser an der Oberfläche haben.
– Ethandiol [Monoethylenglykol]			Auf das Lebensmittel, das mit der Folie in Berührung kommt, dürfen Mono- und Diethylenglykol insgesamt zu höchstens 30 mg/kg Lebensmittel übergehen.
– 1,3-Butandiol			
– Glycerin			

Stoff[1]	Verwendungsbeschränkung	Höchstmengen	Reinheitsanforderungen
1	2	3	4
– 1,2-Propandiol [1,2-Propylenglykol]			Mittleres Molekulargewicht zwischen 250 und 1200
– Polyethylenoxid [Polyethylenglykol]			Mittleres Molekulargewicht nicht größer als 400 mit einem Gehalt an freiem 1,3-Propandiol von nicht mehr als 1 Gewichts-%
– 1,2-Polypropylenoxid [1,2-Polypropylenglykol]			
– Sorbit			
– Tetraethylenglykol			
– Triethylenglykol			
– Harnstoff			
2.2 Andere Stoffe Erste Gruppe		Nicht mehr als insgesamt 1%[2]) Der Gehalt der Folie an jedem Stoff oder jeder Stoffgruppe darf 2 mg/dm[2] nicht überschreiten.	
– Essigsäure und ihre Ammonium-, Calcium-, Magnesium-, Kalium- und Natriumsalze			
– Ascorbinsäure und ihre Ammonium-, Calcium-, Magnesium-, Kalium- und Natriumsalze			

Bedarfsgegenständeverordnung

Stoff[1]	Verwendungsbeschränkung	Höchstmengen	Reinheitsanforderungen
1	2	3	4
– Benzoesäure und ihr Natriumsalz			
– Ameisensäure und ihre Ammonium-, Calcium-, Magnesium-, Kalium- und Natriumsalze			
– geradkettige gesättigte oder ungesättigte Fettsäuren mit gerader Kohlenstoffzahl C_8 – C_{20}, Behensäure, Rizinolsäure und deren Ammonium-, Calcium-, Magnesium-, Kalium-, Natrium-, Aluminium- und Zinksalze			
– Citronensäure, D,L-Milchsäure, Maleinsäure, Weinsäure und ihre Natrium- und Kaliumsalze			
– Sorbinsäure und ihre Ammonium-, Calcium-, Magnesium-, Kalium- und Natriumsalze			
– Amide geradkettiger, gesättigter oder ungesättigter Fettsäuren mit gerader Kohlenstoffzahl C_8 – C_{20}, Behensäureamid und Rizinolsäureamid			

Bedarfsgegenständeverordnung

Stoff[1]	Verwendungsbeschränkung	Höchstmengen	Reinheitsanforderungen
1	2	3	4
– Natürliche Stärke (Lebensmittelqualität) und Stärkemehl			
– Stärke (Lebensmittelqualität) und Stärkemehl, chemisch modifiziert			
– Amylose			
– Calciumcarbonat, Magnesiumcarbonat, Magnesiumchlorid, Calciumchlorid			
– Glycerinester mit geradkettigen, gesättigten oder ungesättigten Fettsäuren mit gerader Kohlenstoffzahl C_8–C_{20} und/oder Adipinsäure, Citronensäure, 12-Hydroxystearinsäure [Oxystearin], Rizinolsäure			
– Ester des Polyoxyethylens (Anzahl der Oxyethylengruppen zwischen 8 und 14) mit geradkettigen, gesättigten oder ungesättigten Fettsäuren mit geradzahliger Kohlenstoffkette C_8–C_{20}			

Bedarfsgegenständeverordnung

Stoff[1]	Verwendungsbeschränkung	Höchstmengen	Reinheitsanforderungen
1	2	3	4
– Sorbitester mit geradkettigen, gesättigten oder ungesättigten Fettsäuren mit geradzahliger Kohlenstoffkette C_8–C_{20}			
– Mono- und/oder Diester der Stearinsäure mit Ethandiol und/oder Bis(2-hydroxyethyl)ether und/oder Triethylenglykol			
– Oxide und Hydroxide des Aluminiums, Calciums, Magnesiums und Siliciums, Silicate und Silicathydrate des Aluminiums, Calciums, Magnesiums und Kaliums			
– Polyethylenoxid [Polyethylenglykol]			Mittleres Molekulargewicht zwischen 1200 und 4000
– Natriumpropionat			
Zweite Gruppe		Die Folienseite, die mit den Lebensmitteln in Berührung kommt, darf insgesamt höchstens 1 mg/dm^2 und von jedem Stoff oder Stoffgruppe höchstens 0,2 mg/dm^2 enthalten, sofern nicht geringere Mengen angegeben sind.	
– Alkyl-(C_8–C_{18})benzolsulfonat, Natriumsalz			

Bedarfsgegenständeverordnung

Stoff[1]	Verwendungsbeschränkung	Höchstmengen	Reinheitsanforderungen
1	2	3	4
– Isopropylnaphthalinsulfonat, Natriumsalz			
– Alkyl-(C_8–C_{18})sulfat Natriumsalz			
– Alkyl-(C_8–C_{18})sulfonat Natriumsalz			
– Dioctylsulfosuccinat, Natriumsalz			
– Distearat des Dihydroxydiethylentriaminmonoacetat		Die Folienseite, die mit den Lebensmitteln in Berührung kommt, darf höchstens 0,05 mg/dm^2 enthalten.	
– Ammonium-, Magnesium-, Kaliumsalze des Laurylsulfats			
– N,N′-Distearoyldiaminoethan [N,N′-Distearoylethylendiamin] und N,N′-Dipalmitoyldiaminoethan [N,N′-Dipalmitoylethylendiamin] und N,N′-Dioleyldiaminoethan [N,N′-Dioleylethylendiamin]			
– 2-Heptadecyl-4,4-bis-(Methylenstearat)-oxazolin			

Bedarfsgegenständeverordnung

Stoff[1]	Verwendungsbeschränkung	Höchstmengen	Reinheitsanforderungen
1	2	3	4
– Polyethylenaminostear-amidethylsulfat		Die Folienseite, die mit den Lebensmitteln in Berührung kommt, darf höchstens 0,1 mg/dm² enthalten.	
Dritte Gruppe Verankerungsmittel		Die Folienseite, die mit den Lebensmitteln in Berührung kommt, darf insgesamt höchstens 1 mg/dm² enthalten.	
– Melamin-Formaldehyd, kondensiert, modifiziert oder nicht modifiziert: Kondensationsprodukt aus Melamin-Formaldehyd, modifiziert mit einem oder mehreren der nachfolgenden Produkte: Butanol, Diethylentriamin, Ethanol, Triethylentetramin, Tetraethylenpentamin, Tris-(2-hydroxyethyl)-amin, 3,3'-Diaminodipropylamin 4,4'-Diaminodibutylamin		Freier Formaldehyd: Die Folienseite, die mit den Lebensmitteln in Berührung kommt, darf höchstens 0,5 mg/dm² enthalten. Freies Melamin; Die Folienseite, die mit den Lebensmitteln in Berührung kommt, darf höchstens 0,3 mg/dm² enthalten.	
– Kondensationsprodukte aus Melamin-Harnstoff-Formaldehyd, modifiziert mit Tris-(2-hydroxyethyl)-amin		Freier Formaldehyd: Die Folienseite, die mit den Lebensmitteln in Berührung kommt, darf höchstens 0,5 mg/dm² enthalten.	

Texte zum Lebensmittelrecht

Bedarfsgegenständeverordnung

Stoff[1]	Verwendungsbeschränkung	Höchstmengen	Reinheitsanforderungen
1	2	3	4
– Kationische vernetzte Polyalkylenamine			
a) Polyamid-Epichlorhydrinharze auf Basis Diaminopropylmethylamin und Epichlorhydrin		Freies Melamin: Die Folienseite, die mit den Lebensmitteln in Berührung kommt, darf höchstens 0,3 mg/dm^2 enthalten	
b) Polyamid-Epichlorhydrinharze auf Basis Epichlorhydrin, Adipinsäure, Caprolactam, Diethlentriamin und/oder Ethylendiamin			
c) Polyamid-Epichlorhydrinharze auf Basis von Adipinsäure, Diethlentriamin und Epichlorhydrin oder einer Mischung von Epichlorhydrin und Ammoniak			
d) Polyamid-Polyamin-Epichlorhydrinharze auf Basis von Epichlorhydrin, Dimethyladipat und Diethlentriamin			

Bedarfsgegenständeverordnung

Stoff[1])	Verwendungsbeschränkung	Höchstmengen	Reinheitsanforderungen
1	2	3	4
e) Polyamid-Polyamin-Epichlorhydrazinharze auf Basis von Epichlorhydrin, Adipinsäureamid und Diaminopropylmethylamin			
– Polyethylenamine und Polyethylenimine		Die Folienseite, die mit den Lebensmitteln in Berührung kommt, darf höchstens 0,75 mg/dm² enthalten.	
– Kondensationsprodukte aus Harnstoff-Formaldehyd, nicht modifiziert oder modifiziert mit einem oder mehreren der nachfolgenden Produkte: Methanol, Ethanol, Butanol, Diethylentriamin, Triethylentetramin, Tetraethylenpentamin, Guanidin, Natriumsulfit, Sulfanilsäure, Diaminodiethylamin, 3,3'-Diaminodipropylamin, Diaminopropan, Diaminobutan, Aminomethylsulfonsäure		Freier Formaldehyd: Die Folienseite, die mit den Lebensmitteln in Berührung kommt, darf höchstens 0,5 mg/dm² enthalten.	

Bedarfsgegenständeverordnung

Stoff[1]	Verwendungsbeschränkung	Höchstmengen	Reinheitsanforderungen
1	2	3	4
Vierte Gruppe		Die Folienseite, die mit den Lebensmitteln in Berührung kommt, darf von diesen Stoffen und Stoffgruppen insgesamt höchstens 0,01 mg/dm^2 enthalten	
– Reaktionsprodukte von aminierten Speiseölen und Polyethylenoxid			
– Laurylsulfat des Monoethanolamins			

[1]) Die üblichen technischen Bezeichnungen sind in eckigen Klammern angegeben.
[2]) Die angegebenen Prozentsätze beziehen sich auf das Gewicht und sind im Verhältnis zu der Menge an wasserfreier Zellglasfolie berechnet.

Teil B
Beschichtete Zellglasfolie

Stoff	Verwendungsbeschränkung	Höchstmengen	Reinheitsanforderungen
1	2	3	4
A. In Teil A aufgeführte Stoffe	Siehe Teil A	Siehe Teil A	Siehe Teil A
B. Lacke			
1. Polymere			
– Ethyl-, Hydroxyethyl-, Hydroxypropyl- und Methylether der Cellulose			

Bedarfsgegenständeverordnung

Stoff	Verwendungsbeschränkung	Höchstmengen	Reinheitsanforderungen
1	2	3	4
– Cellulosenitrat		Die Folienseite, die mit den Lebensmitteln in Berührung kommt, darf höchstens 20 mg/dm^2 enthalten.	Der Stickstoffgehalt liegt zwischen 10,8 % und 12,2 %.
2. Harze	Nur zur Herstellung von Zellglasfolien, die mit einem Lack aus Cellulosenitrat beschichtet sind	Die Folienseite, die mit den Lebensmitteln in Berührung kommt, darf insgesamt höchstens 12,5 mg/dm^2 enthalten.	
– Kasein			
– Kolophonium und/oder seine Polymerisations-, Hydrierungs- oder Disproportionierungsprodukte und deren Ester mit Methyl-, Ethyl- und mehrwertigen C_2–C_6-Alkoholen oder Mischungen dieser Alkohole			
– Kolophonium und/oder seine Polymerisations-, Hydrierungs- oder Disproportionierungsprodukte kondensiert mit Acrylsäure und/oder Maleinsäure und/oder Citronensäure und/oder Fumarsäure und/oder Phthalsäure und/oder Bisphenolformaldehyd			

Bedarfsgegenständeverordnung

Stoff	Verwendungsbeschränkung	Höchstmengen	Reinheitsanforderungen
1	2	3	4
verestert mit Methyl-, Ethyl- und mehrwertigen C_2–C_6-Alkoholen oder deren Mischungen			
– Ester des Bis-(2-hydroxyethyl)-ethers mit Additionsprodukten des β-Pinen und/oder Dipenten und/oder Diterpen und Maleinsäureanhydrid			
– Gelatine (Lebensmittelqualität)			
– Rizinusöl und seine Dehydrations- oder Hydrierungsprodukte und die Kondensationsprodukte mit Polyglycerin, Adipinsäure, Maleinsäure, Citronensäure, Phthalsäure und Sebacinsäure			
– Poly-β-pinen [Terpenharze]			
– Harnstoff-Formaldehydharze (siehe Verankerungsmittel)			

Bedarfsgegenständeverordnung

Stoff	Verwendungsbeschränkung	Höchstmengen	Reinheitsanforderungen
1	2	3	4
3. Weichmacher		Die Folienseite, die mit den Lebensmitteln in Berührung kommt, darf höchstens 6 mg/dm² enthalten.	
– Acetyltributylcitrat			
– Acetyl-tri-(2-ethylhexyl)citrat			
– Di-iso-butyl- und Di-n-butyladipat			
– Di-n-hexylazelat			
– Dicyclohexylphthalat		Die Folienseite, die mit den Lebensmitteln in Berührung kommt, darf höchstens 4 mg/dm² enthalten.	
– Diphenyl-(2-ethylhexyl)-phosphat		Die Menge an Diphenyl-(2-ethylhexyl)-phosphat darf nicht überschreiten: a) 2,4 mg/kg im Lebensmittel, das mit der Folie in Berührung gekommen ist, oder b) 0,4 mg/dm² in der Beschichtung auf der mit dem Lebensmittel in Berührung kommenden Folienseite.	
– Glycerinmonoacetat [Monoacetin]			
– Glycerindiacetat [Diacetin]			

Bedarfsgegenständeverordnung

Stoff	Verwendungsbeschränkung	Höchstmengen	Reinheitsanforderungen
1	2	3	4
– Glycerintriacetat [Triacetin] – Dibutylsebacat – Di-n-butyl- und Di-isobutyltartrat			
4. Andere Zusatzstoffe		In der unbeschichteten Zellglasfolie und der Beschichtung zusammen insgesamt nicht mehr als 6 mg/dm² Berührungsfläche mit den Lebensmitteln	
4.1 Zusatzstoffe, die in Teil A aufgeführt sind	Siehe Teil A	Die gleichen Höchstmengen wie in Teil A (die Mengen beziehen sich jedoch auf die unbeschichtete Zellglasfolie und die Beschichtung insgesamt).	Siehe Teil A
4.2 Spezielle Zusatzstoffe für Lacke		Die Folienseite, die mit den Lebensmitteln in Berührung kommt, darf von jedem Stoff oder jeder Stoffgruppe höchstens 2 mg/dm² des Lackes enthalten, sofern nicht geringere Mengen angegeben sind.	
– 1-Hexadecanol und 1-Octadecanol			

Bedarfsgegenständeverordnung

Stoff	Verwendungsbeschränkung	Höchstmengen	Reinheitsanforderungen
1	2	3	4
– Ester der geradkettigen, gesättigten oder ungesättigten Fettsäuren mit geradzahliger Kohlenstoffkette von C_8–C_{20} und Rizinolsäure mit geradkettigen Ethyl-, Butyl-, Amyl- und Oleylalkoholen			
– Montanwachs, Montansäuren (C_{26}–C_{32}) gereinigt und/oder deren Ester mit Ethandiol und/oder 1,3-Butandiol und/oder deren Calcium- und Kaliumsalze enthaltend			
– Carnaubawachs			
– Bienenwachs			
– Espartowachs			
– Candelillawachs			
– Dimethylpolysiloxan		Die Folienseite, die mit den Lebensmitteln in Berührung kommt, darf höchstens 1 mg/dm² des Lackes enthalten.	
– Epoxydiertes Sojaöl (mit einem Oxirangehalt zwischen 6 und 8 %)			
– Gereinigtes Paraffin und gereinigte mikrokristalline Wachse			

Texte zum Lebensmittelrecht

Bedarfsgegenständeverordnung

Stoff	Verwendungsbeschränkung	Höchstmengen	Reinheitsanforderungen
1	2	3	4
– Pentaerythrit-tetrastearat			
– Mono- und bis-(octa-decyldiethylenoxid)-phosphat		Die Folienseite, die mit den Lebensmitteln in Berührung kommt, darf höchstens 0,2 mg/dm^2 des Lackes enthalten.	
– Aliphatische Säuren (C_8–C_{20}) verestert mit Mono- und/oder bis (2-hydroxyethyl)-amin			
– 2- und 3-tert-butyl-4-hydroxyanisol [Butylhydroxyanisol, BHA]		Die Folienseite, die mit den Lebensmitteln in Berührung kommt, darf höchstens 0,06 mg/dm^2 des Lackes enthalten.	
– 2,6-Di-tert-butyl-4-methylphenol [Butylhydroxytoluol, BHT]		Die Folienseite, die mit den Lebensmitteln in Berührung kommt, darf höchstens 0,06 mg/dm^2 des Lackes enthalten.	
– Di-n-octylzinn-bis-(2-ethylhexyl)-maleat)		Die Folienseite, die mit den Lebensmitteln in Berührung kommt, darf höchstens 0,06 mg/dm^2 des Lackes enthalten.	

Bedarfsgegenständeverordnung

Stoff	Verwendungsbeschränkung	Höchstmengen	Reinheitsanforderungen
1	2	3	4
5. Lösemittel		Die Folienseite, die mit den Lebensmitteln in Berührung kommt, darf insgesamt höchstens 0,6 mg/dm² des Lackes enthalten.	
– Butylacetat			
– Ethylacetat			
– Isobutylacetat			
– Isopropylacetat			
– Propylacetat			
– Aceton			
– Butylalkohol			
– Ethylalkohol			
– Isobutylalkohol			
– Isopropylalkohol			
– Propylalkohol			
– Cyclohexan			
– Ethylenglykolmono-butylether			
– Ethylenglykolmono-butylether-acetat			
– Methylethylketon			
– Methylisobutylketon			

Bedarfsgegenständeverordnung

Stoff	Verwendungsbeschränkung	Höchstmengen	Reinheitsanforderungen
1	2	3	4
– Tetrahydrofuran – Toluol		Die Folienseite, die mit den Lebensmitteln in Berührung kommt, darf insgesamt höchstens 0,06 mg/dm² des Lackes enthalten.	

Anlage 3
(aufgehoben)

Anlage 4
(zu § 5)

Verfahren,
die beim Herstellen bestimmter Bedarfsgegenstände nicht angewendet werden dürfen

Lfd. Nr.	Bedarfsgegenstand	Verfahren
1	2	3
1.	a) Beruhigungs- und Flaschensauger aus Elastomeren oder Gummi b) Spielzeug aus Natur- oder Synthesekautschuk für Kinder bis zu 36 Monaten, das bestimmungsgemäß oder vorhersehbar in den Mund genommen wird	Verfahren, die bewirken, dass aus dem Bedarfsgegenstand N-Nitrosamine oder in N-Nitrosamine umsetzbare Stoffe in eine Speichellösung in einer Menge abgegeben werden, die mit einer in Anlage 10 Nr. 6 beschriebenen Methode nachweisbar sind
2.	Bedarfsgegenstände aus Leder, die dazu bestimmt sind, nicht nur vorübergehend mit dem menschlichen Körper in Berührung zu kommen, insbesondere Bekleidungsgegenstände, Uhrarmbänder, Taschen und Rucksäcke, Stuhlüberzüge, Brustbeutel sowie Lederspielwaren	Verfahren, die bewirken, dass in dem Bedarfsgegenstand Chrom(VI) mit der in Anlage 10 Nummer 8 beschriebenen Methode nachweisbar ist.

Bedarfsgegenständeverordnung

Anlage 5
(zu § 6 Nr. 3)

Bedarfsgegenstände, die bestimmte Stoffe nur bis zu einer festgelegten Höchstmenge enthalten dürfen

Lfd. Nr.	Bedarfsgegenstand	Stoffe	Höchstmenge
1	2	3	4
1.	Bedarfsgegenstände aus Vinylchloridpolymerisaten	monomeres Vinylchlorid	1 Milligramm je Kilogramm Bedarfsgegenstand
2.	Spielwaren	frei verfügbares Benzol	5 Milligramm je Kilogramm des Gewichts der Spielware oder der benzolhaltigen Teile von Spielwaren
3.	Naturbelassene Hölzer und Zweige, Heidekraut und Nadelholzsamenstände zur Entwicklung frischen Rauches zum Räuchern von Lebensmitteln	Pentachlorphenol und seine Salze, berechnet als Pentachlorphenol	0,05 Milligramm je Kilogramm Holz
4.	Luftballons aus Natur- oder Synthesekautschuk	a) N-Nitrosamine b) in N-Nitrosamine umsetzbare Stoffe	a) 0,05 Milligramm je Kilogramm Luftballon b) 1,0 Milligramm je Kilogramm Luftballon

Bedarfsgegenständeverordnung

Anlage 5a
(zu § 6 Nr. 4)

Bedarfsgegenstände, die bestimmte Stoffe nur bis zu einer festgelegten Höchstmenge freisetzen dürfen

Lfd. Nr.	Bedarfsgegenstand	Stoffe	Höchstmenge
1	2	3	4
1.	Nickelhaltige Bedarfsgegenstände, die unmittelbar und länger mit der Haut in Berührung kommen	Nickel und seine Verbindungen	0,5 µg Nickel/cm^2/Woche, freigesetzt von den Teilen der Bedarfsgegenstände, die unmittelbar und länger mit der Haut in Berührung kommen
2.	Bedarfsgegenstände wie unter Nr. 1, jedoch mit einer nickelfreien Beschichtung	Nickel und seine Verbindungen	Wie unter Nr. 1, aber Einhaltung der Höchstmenge für einen Zeitraum von mindestens zwei Jahren bei normaler Verwendung
3.	Stäbe jedweder Form, die in durchstochene Ohren oder andere durchstochene Körperpartien eingeführt werden	Nickel und seine Verbindungen	Weniger als 0,2 µg Nickel/cm^2/Woche, freigesetzt von den Stäben jedweder Form, die in durchstochene Ohren oder andere durchstochene Körperpartien eingeführt werden

Texte zum Lebensmittelrecht

Bedarfsgegenständeverordnung

Anlage 6
(zu § 8 Absatz 3 und § 10 Absatz 2 Satz 3)

Bedarfsgegenstände, von denen bestimmte Stoffe nur bis zu einer festgelegten Höchstmenge auf Lebensmittel übergehen dürfen

Lfd. Nr.	Bedarfsgegenstand	Höchstmenge
1	2	3
1.	(aufgehoben)	
2.	Lebensmittelbedarfsgegenstände aus Keramik	Blei[1])
	– Nicht füllbare Gegenstände;	$0,8\ mg/dm^2$
	– Füllbare Gegenstände mit einer Fülltiefe bis 25 mm	
	– Füllbare Gegenstände mit einer Fülltiefe von mehr als 25 mm	$4,0\ mg/l$
	– Koch- und Backgeräte; Verpackungs- und Lagerbehältnisse mit mehr als 3 Liter Füllvolumen	$1,5\ mg/l$
		Cadmium[1])
		$0,07\ mg/dm^2$
		$0,3\ mg/l$
		$0,1\ mg/l$

[1]) Wird bei einem Prüfgegenstand die Höchstmenge um nicht mehr als 50 % überschritten, so gilt diese gleichwohl als eingehalten, wenn bei mindestens drei anderen in bezug auf Wirkstoff, Form, Abmessung, Dekor und Glasur gleichen Keramikgegenständen die Höchstmenge im arithmetischen Mittel nicht überschritten wird und bei keinem einzelnen dieser Keramikgegenstände eine Überschreitung um mehr als 50 % festgestellt wird.
Besteht ein Lebensmittelbedarfsgegenstand aus Keramik aus einem Behälter und einem Keramikdeckel, so gilt als Höchstmenge der Wert, der für den Behälter allein gilt. Der Behälter allein und die innere Oberfläche des Deckels werden unter den gleichen Bedingungen getrennt geprüft. Die Summe der beiden so festgestellten Werte, wird je nach Fall auf die Fläche oder das Volumen des Behälters allein bezogen.

Anlage 7
(zu § 9)

Bedarfsgegenstände, die mit einem Warnhinweis versehen sein müssen

Lfd. Nr.	Erzeugnis	Warnhinweis	Stoffe(n), an oder auf der/denen der Warnhinheis anzubringen ist
1	2	3	4
1.	Imprägnierungsmittel in Aerosolpackungen für Leder- und Textilerzeugnisse, die für den häuslichen Bedarf bestimmt sind, ausgenommen solche, die Schäume erzeugen	„Vorsicht! Unbedingt beachten! Gesundheitsschäden durch Einatmen möglich! Nur im Freien oder bei guter Belüftung verwenden! Nur wenige Sekunden sprühen! Großflächige Leder- und Textilerzeugnisse nur im Freien besprühen und gut ablüften lassen! Von Kindern fernhalten!"	Aerosolpackung und Verpackung der einzelnen Aerosolpackung(en)
2.	Luftballons	„Zum Aufblasen eine Pumpe verwenden!"	Verpackung und Verpackung einzelner Verpackungen

Bedarfsgegenständeverordnung

Anlage 8
(aufgehoben)

Anlage 9
(zu § 10 Abs. 3)

Bedarfsgegenstände, bei denen bestimmte Inhaltsstoffe anzugeben sind

Lfd. Nr.	Erzeugnis	Kennzeichnung	Stellen, an denen oder auf denen die Kennzeichnung anzubringen ist
1	2	3	4
1.	(gestrichen)		
2.	Textilien mit einem Massengehalt von mehr als 0,15 vom Hundert an freiem Formaldehyd, die beim bestimmungsgemäßen Gebrauch mit der Haut in Berührung kommen und mit einer Ausrüstung versehen sind	„Enthält Formaldehyd. Es wird empfohlen, das Kleidungsstück zur besseren Hautverträglichkeit vor dem ersten Tragen zu waschen."	Bedarfsgegenstand oder Verpackung oder Etikett, das sich auf dem Bedarfsgegenstand oder seiner Verpackung befindet.
3.	Reinigungs- und Pflegemittel, die für den häuslichen Bedarf bestimmt sind, mit einem Massengehalt von mehr als 0,1 vom Hundert Formaldehyd	„Enthält Formaldehyd"	Bedarfsgegenstand oder Verpackung oder Etikett, das sich auf dem Bedarfsgegenstand oder seiner Verpackung befindet.

Anlage 10
(zu § 11)

Verfahren zur Untersuchung bestimmter Bedarfsgegenstände

Lfd. Nr.	Untersuchung	Verfahren
1	2	3
1.	(aufgehoben)	
2.	Bestimmung der Höchstmengen von Blei und Cadmium, die von Lebensmittelbedarfsgegenständen aus Keramik auf Lebensmittel übergehen dürfen	Grundregeln und Analysenmethode, die in den Anhängen I und II der Richtlinie 84/500/EWG des Rates vom 15. Oktober 1984 zur Angleichung der Rechtsvorschriften der Mitgliedstaaten über Keramikgegenstände, die dazu bestimmt sind, mit Lebensmitteln in Berührung zu kommen (ABl. EG Nr. L 277 S. 12), geändert durch die Richtlinie 2005/31/EG der Kommission vom 29. April 2005 (ABl. EU Nr. L 110 S. 36), genannt sind.
3.	Bestimmung des Vinylchloridgehaltes bei Bedarfsgegenständen aus Vinylchloridpolymerisaten	Analysenmethode, die in der Amtlichen Sammlung von Untersuchungsverfahren nach § 64 Abs. 1 des Lebensmittel- und Futtermittelgesetzbuches[1] unter der Gliederungsnummer B 80.32-1 (EG), Stand November 1981, veröffentlicht ist
4.	(aufgehoben)	
5a.	Referenzprüfverfahren zur Bestimmung der Nickellässigkeit bei Bedarfsgegenständen im Sinne der Anlage 5a Nr. 1 bis 3 dieser Verordnung	Analysenmethode, die in der Amtlichen Sammlung von Untersuchungsverfahren nach § 64 Abs. 1 des Lebensmittel- und Futtermittelgesetzbuches unter der Gliederungsnummer B 82.02-6 (DIN EN 1811), Stand Oktober 1999, veröffentlicht ist
5b.	Simulierte Abrieb- und Korrosionsprüfung zum Nachweis der Nickelabgabe von mit Beschichtungen versehenen Bedarfsgegenständen im Sinne der Anlage 5a Nr. 2 dieser Verordnung	Analysenmethode, die in der Amtlichen Sammlung von Untersuchungsverfahren nach § 64 Abs. 1 des Lebensmittel- und Futtermittelgesetzbuches unter der Gliederungsnummer B 82.02-7 (DIN EN 12472), Stand Oktober 1999, veröffentlicht ist

Lfd. Nr.	Untersuchung	Verfahren
1	2	3
6.	Bestimmung der Abgabe von N-Nitrosaminen und in N-Nitrosamine umsetzbaren Stoffen aus Beruhigungs- und Flaschensaugern aus Elastomeren oder Gummi, Spielzeug und Luftballons aus Natur- oder Synthesekautschuk in eine Testlösung	Analysenmethode, die in den Anhängen I und II der Richtlinie 93/11/EWG der Kommission vom 15. März 1993 über die Freisetzung von N-Nitrosaminen und N-nitrosierbaren Stoffen aus Flaschen- und Beruhigungssaugern aus Elastomeren oder Gummi (ABl. EG Nr. L 93 S. 37) genannt ist, oder eine andere validierte Methode, mit der mindestens die folgenden Mengen bestimmt werden können: – 0,01 mg der insgesamt freigesetzten N-Nitrosamine/kg (Elastomer- oder Gummiteile der Materialproben), – 0,1 mg aller N-nitrosierbaren Stoffe/kg (Elastomer- oder Gummiteile der Materialproben)
7.	Nachweis der Verwendung verbotener Azofarbstoffe	Analysenmethode, die im Anhang I Nr. 43 der Richtlinie 76/769/EWG des Rates vom 27. Juli 1976 zur Angleichung der Rechts- und Verwaltungsvorschriften der Mitgliedstaaten für Beschränkungen des Inverkehrbringens und der Verwendung gewisser gefährlicher Stoffe und Zubereitungen (ABl. EG Nr. L 262 S. 201), geändert durch die Richtlinie 2004/21/EG der Kommission vom 24. Februar 2004 (ABl. EU Nr. L 57 S. 4), genannt ist.
8.	Bestimmung des Gehaltes von Chrom (VI)	Analysenmethode, die in der Amtlichen Sammlung von Untersuchungsverfahren nach § 64 Absatz 1 des Lebensmittel- und Futtermittelgesetzbuches unter der Gliederungsnummer B 82.02-11, Stand 2008-10, veröffentlicht ist.

[1]) Zu beziehen durch Beuth-Verlag GmbH, Berlin und Köln.

Bedarfsgegenständeverordnung

Anlage 11
(zu § 10a)

1. Begriffsbestimmungen der Schuherzeugnisse:

   Schuherzeugnisse sind Erzeugnisse mit Sohle, die den Fuß schützen oder bedecken sowie die in Nummer 2 aufgeführten Bestandteile, sofern sie getrennt abgegeben werden, und die jeweils dazu bestimmt sind, an die Verbraucherin oder den Verbraucher im Sinne des § 3 Nr. 4 des Lebensmittel- und Futtermittelgesetzbuches, wobei Gewerbetreibende, soweit sie einen Bedarfsgegenstand zum Verbrauch innerhalb ihrer Betriebsstätte beziehen, der Verbraucherin oder dem Verbraucher nicht gleichstehen, abgegeben zu werden.

2. Begriffsbestimmung der einzelnen Schuhbestandteile mit den entsprechenden Piktogrammen beziehungsweise schriftlichen Angaben:

1	2	Piktogramm 3	Schriftliche Angaben 4
a)	Obermaterial Äußerer Bestandteil des Schuhes, der mit der Laufsohle verbunden ist		Obermaterial
b)	Futter und Decksohle Oberteilfutter und Decksohle, die die Innenseite des Schuhwerkes ausmachen		Futter und Decksohle
c)	Laufsohle Unterer Teil des Schuherzeugnisses, der der Abnutzung ausgesetzt und mit dem Oberteil verbunden ist		Laufsohle

Bedarfsgegenständeverordnung

3. Begriffsbestimmung der Materialien von Schuhbestandteilen mit den entsprechenden Piktogrammen beziehungsweise schriftlichen Angaben:

1	2	Piktogramm 3	Schriftliche Angaben 4
a)	Leder Die allgemeine Bezeichnung für gegerbte Häute und Felle, deren ursprüngliche Faserstruktur im wesentlichen erhalten bleibt und durch die Gerbung unverweslich ist. Die Haare oder die Wolle können erhalten oder entfernt sein. Leder sind auch Spalte oder Teile der Haut, die vor oder nach der Gerbung abgetrennt wurden. Wenn jedoch eine mechanische oder chemische Auflösung in Fasern, kleine Stücke oder Pulver vorgenommen wird, so ist Material, das ohne oder mit Bindemitteln in Bahnen oder andere Formen gebracht wird, nicht Leder. Bei Leder mit einem Oberflächenüberzug aus Kunststoff oder mit einer aufgeklebten Schicht darf die aufgebrachte Schicht nicht stärker als 0,15 mm sein. Wird in zusätzlichen schriftlichen Angaben nach § 10 a Abs. 1 der Ausdruck „Volleder" verwendet, so bezeichnet er Häute, die ihre ursprüngliche Narbenseite nach Entfernung der Oberhaut aufweisen, ohne daß Teile der Narbenschicht durch Schleifen, Schmirgeln oder Spalten verlorengegangen sind.		Leder

Bedarfsgegenständeverordnung

		Piktogramm	Schriftliche Angaben
1	2	3	4
	Beschichtetes Leder Erzeugnis, bei dem der Oberflächenüberzug oder die aufgeklebte Schicht nicht mehr als ein Drittel der Lederstärke ausmacht, aber stärker als 0,15 mm ist.		Beschichtetes Leder
b)	Natürliche und synthetische Textilien Textilien sind sämtliche Erzeugnisse, die in den Anwendungsbereich eines Textilkennzeichnungsgesetzes und der Verordnung (EU) Nr. 1007/2011 des Europäischen Parlaments und des Rates vom 27. September 2011 über die Bezeichnung von Textilfasern und die damit zusammenhängende Etikettierung und Kennzeichnung der Faserzusammensetzung von Textilerzeugnissen und zur Aufhebung der Richtlinie 73/44/EWG des Rates und der Richtlinien 96/73/EG und 2008/121/EG des Europäischen Parlaments und des Rates (ABl. L 272 vom 18.10.2011, S. 1) fallen.		Textil
c)	Sonstiges Material		Sonstiges Material

Bedarfsgegenständeverordnung

Anlage 12
(aufgehoben)

Anlage 13
(zu § 4 Absatz 3 und 4)

Vorläufiges Verzeichnis der Additive

PM/REF-Nr.	CAS-Nr.	Bezeichnung	Beschränkungen
1	2	3	4
86430	–	20 % (w/w) Silberchlorid, geschichtet auf 80 % (w/w) Titandioxid	–
86432	–	Silberhaltiges Glas (Silber-Magnesium-Calcium-Phosphat-Borat)	Nur zur Verwendung in Polyolefinen.
86432/20	–	Silberhaltiges Glas (Silber-Magnesium-Aluminium-Phosphat-Silikat), Silbergehalt weniger als 2 %	–
86432/40	–	Silberhaltiges Glas (Silber-Magnesium-Aluminium-Natrium-Phosphat-Silikat-Borat), Silbergehalt weniger als 0,5 %	–
86432/60	–	Silberhaltiges Glas (Silber-Magnesium-Natrium-Phosphat), Silbergehalt weniger als 3 %	–
86434	–	Silber-Natriumhydrogen-Zirconium-Phosphat	–
86437	–	Silber Zeolith A (Silber-Zink-Natrium-Ammonium-Aluminosilikat), Silbergehalt 2–5 %	Nur zur Verwendung a) in Polyolefinen bis zu 40 °C, Kontaktzeit unter 1 Tag, b) in Polyalkylterephthalaten bis zu 99 °C, Kontaktzeit unter 2 Stunden.
86437/50	–	Silber-Zink-Aluminium-Bor-Phosphat-Glas, gemischt mit 5–20 % Bariumsulfat, Silbergehalt 0,35–0,6 %	Nur zur Verwendung a) in Polyolefinen bis zu 40 °C, Kontaktzeit unter 1 Tag, b) in Polyalkylterephthalaten bis zu 99 °C, Kontaktzeit unter 2 Stunden.

PM/REF-Nr.	CAS-Nr.	Bezeichnung	Beschränkungen
1	2	3	4
86438	–	Silber-Zink Zeolith A (Silber-Zink-Natrium-Aluminosilikat-Calciummetaphosphat), Silbergehalt 1–1,6 %	–
86438/50	–	Silber-Zink Zeolith A (Silber-Zink-Natrium-Magnesium-Aluminosilikat-Calciumphosphat), Silbergehalt 0,34–0,54 %	–

Verordnung (EG) Nr. 1935/2004 des Europäischen Parlaments und des Rates über Materialien und Gegenstände, die dazu bestimmt sind, mit Lebensmitteln in Berührung zu kommen und zur Aufhebung der Richtlinien 80/590/EWG und 89/109/EWG

Vom 27. Oktober 2004

(ABl. Nr. L 338/4), geänd. durch VO (EG) Nr. 596/2009 vom 18. 6. 2009 (ABl. Nr. L 188/14)

DAS EUROPÄISCHE PARLAMENT UND DER RAT DER EUROPÄISCHEN UNION –

gestützt auf den Vertrag zur Gründung der Europäischen Gemeinschaft, insbesondere auf Artikel 95, auf Vorschlag der Kommission, nach Stellungnahme des Europäischen Wirtschafts- und Sozialausschusses ([1]),

gemäß dem Verfahren des Artikels 251 des Vertrags ([2]),

in Erwägung nachstehender Gründe:

(1) In der Richtlinie 89/109/EWG des Rates vom 21. Dezember 1988 zur Angleichung der Rechtsvorschriften der Mitgliedstaaten über Materialien und Gegenstände, die dazu bestimmt sind, mit Lebensmitteln in Berührung zu kommen ([3]), werden allgemeine Grundsätze zur Beseitigung der Unterschiede zwischen den Rechtsvorschriften der Mitgliedstaaten in Bezug auf die genannten Materialien und Gegenstände festgelegt; ferner ist darin der Erlass von Durchführungsrichtlinien für bestimmte Gruppen von Materialien und Gegenständen (Einzelrichtlinien) vorgesehen. Diese Vorgehensweise hat sich als erfolgreich erwiesen und sollte deshalb beibehalten werden.

(2) Die im Rahmen der Richtlinie 89/109/EWG erlassenen Einzelrichtlinien enthalten im Allgemeinen Bestimmungen, die den Mitgliedstaaten geringen Spielraum bei ihrer Umsetzung lassen und zudem zur raschen Anpassung an den technischen Fortschritt häufig geändert werden müssen. Deshalb sollte es möglich sein, solche Maßnahmen in Form von Verordnungen oder Entscheidungen zu treffen. Zugleich sollten weitere Fragen geregelt werden. Die Richtlinie 89/109/EWG sollte daher ersetzt werden.

(3) Diese Verordnung beruht auf dem Grundsatz, dass Materialien oder Gegenstände, die dazu bestimmt sind, mit Lebensmitteln unmittelbar oder mittelbar in Berührung zu kommen, ausreichend inert sein müssen, damit ausgeschlossen wird, dass Stoffe in Mengen, die genügen, um die menschliche Gesundheit zu gefährden oder eine unvertretbare Veränderung der Zusammensetzung von Lebensmitteln oder eine Beeinträchtigung ihrer organoleptischen Eigenschaften herbeizuführen, in Lebensmittel übergehen.

([1]) ABl. C 117 vom 30.4.2004, S. 1.
([2]) Stellungnahme des Europäischen Parlaments vom 31. März 2004 (noch nicht im Amtsblatt veröffentlicht) und Beschluss des Rates vom 14. Oktober 2004.
([3]) ABl. L 40 vom 11.2.1989, S. 38. Geändert durch die Verordnung (EG) Nr. 1882/2003 des Europäischen Parlaments und des Rates (ABl. L 284 vom 31.10.2003, S. 1).

(4) Im Gegensatz zu herkömmlichen Materialien und Gegenständen, die dazu bestimmt sind, mit Lebensmitteln in Berührung zu kommen, sind bestimmte neue Arten von Materialien und Gegenständen, mit denen der Zustand von Lebensmitteln aktiv erhalten oder verbessert werden soll (aktive Lebensmittelkontakt-Materialien und -Gegenstände), von ihrer Zusammensetzung her nicht inert. Andere Arten von neuen Materialien und Gegenständen wiederum sind dazu bestimmt, den Zustand von Lebensmitteln zu überwachen (intelligente Lebensmittelkontakt-Materialien und -Gegenstände). Beide Arten von Materialien und Gegenständen können mit Lebensmitteln in Berührung kommen. Aus Gründen der Klarheit und der Rechtssicherheit ist es daher notwendig, aktive und intelligente Lebensmittelkontakt-Materialien und -Gegenstände in den Anwendungsbereich dieser Verordnung einzubeziehen und die wesentlichen Anforderungen für ihre Verwendung festzulegen. Weitere Anforderungen sollten in so bald wie möglich zu erlassenden Einzelmaßnahmen aufgestellt werden, die Positivlisten zugelassener Stoffe und/oder Materialien und Gegenstände enthalten sollten.

(5) Aktive Lebensmittelkontakt-Materialien und -Gegenstände sind derart beschaffen, dass sie gezielt „aktive" Bestandteile enthalten, die auf das Lebensmittel übergehen oder ihm bestimmte Stoffe entziehen sollen. Sie sollten von Materialien und Gegenständen unterschieden werden, die üblicherweise dazu verwendet werden, im Verlauf des Herstellungsprozesses ihre natürlichen Bestandteile an bestimmte Arten von Lebensmitteln abzugeben, z. B. Holzfässer.

(6) Aktive Lebensmittelkontakt-Materialien und -Gegenstände dürfen die Zusammensetzung oder die organoleptischen Eigenschaften der Lebensmittel nur dann verändern, wenn die Veränderungen mit den Gemeinschaftsvorschriften für Lebensmittel, wie zum Beispiel den Bestimmungen der Richtlinie 89/107/EWG ([1]) über Zusatzstoffe im Einklang stehen. Insbesondere sollten Stoffe wie Zusatzstoffe, die bestimmten aktiven Lebensmittelkontakt-Materialien und -Gegenständen gezielt beigegeben werden und die an verpackte Lebensmittel oder die solche Lebensmittel umgebende Umwelt abgegeben werden sollen, gemäß den einschlägigen Gemeinschaftsvorschriften für Lebensmittel zugelassen werden und darüber hinaus weiteren Regelungen unterliegen, die in einer Einzelmaßnahme festgelegt werden.

Außerdem sollte der Verbraucher in Übereinstimmung mit den Lebensmittelvorschriften, einschließlich der Bestimmungen über die Lebensmittelkennzeichnung, durch eine angemessene Kennzeichnung oder Information bei der sicheren und bestimmungsgemäßen Verwendung von aktiven Materialien und Gegenstände unterstützt werden.

(7) Aktive und intelligente Lebensmittelkontakt-Materialien und -Gegenstände sollten keine Veränderungen der Zusammensetzung oder der organoleptischen Eigenschaften von Lebensmitteln herbeiführen oder Informationen über den Zustand von Lebensmitteln geben, die den Verbraucher irreführen könnten. Zum Beispiel sollten aktive Lebensmittelkontakt-Materialien und -Gegenstände keine Stoffe wie Aldehyde oder Amine abgeben oder absorbieren, um einen beginnenden Verderb der Lebensmittel zu kaschieren. Derartige Veränderungen, die geeignet sind, die Anzeichen des Verderbs zu beeinflussen, könnten den Verbraucher irreführen und sollten deshalb nicht zulässig sein. Entsprechend könnten

---

([1]) Richtlinie 89/107/EWG des Rates vom 21. Dezember 1988 zur Angleichung der Rechtsvorschriften der Mitgliedstaaten über Zusatzstoffe, die in Lebensmitteln verwendet werden dürfen (ABl. L 40 vom 11.2.1989, S. 27). Zuletzt geändert durch die Verordnung (EG) Nr. 1882/2003.

auch aktive Lebensmittelkontakt-Materialien und -Gegenstände, die Lebensmittel farblich so verändern, dass falsche Informationen über deren Zustand vermittelt werden, den Verbraucher irreführen; diese Materialien sollten daher ebenfalls nicht zulässig sein.

(8) Jedwede Materialien und Gegenstände, die dazu bestimmt sind, mit Lebensmitteln in Berührung zu kommen, und die in Verkehr gebracht werden, sollten den Anforderungen dieser Verordnung entsprechen. Allerdings sollten Materialien und Gegenstände, die als Antiquitäten abgegeben werden, ausgenommen werden, da sie nur in eingeschränkten Mengen zur Verfügung stehen und daher nur begrenzt mit Lebensmitteln in Berührung kommen.

(9) Überzüge oder Beschichtungen, die Bestandteil eines Lebensmittels sind und mit diesem verzehrt werden können, sollten nicht unter diese Verordnung fallen. Andererseits sollte diese Verordnung für Überzüge oder Beschichtungen gelten, mit denen Käserinden, Fleisch- und Wurstwaren oder Obst überzogen werden, die jedoch kein Ganzes mit dem Lebensmittel bilden und nicht dazu bestimmt sind, mitverzehrt zu werden.

(10) Es ist erforderlich, für die Verwendung von Materialien und Gegenständen, auf die diese Verordnung Anwendung findet, und für die Stoffe, die für ihre Herstellung verwendet werden, Einschränkungen und Bedingungen festzulegen. Es empfiehlt sich, solche Einschränkungen und Bedingungen in Einzelmaßnahmen festzulegen, die den technischen Besonderheiten der einzelnen Gruppen von Materialien und Gegenständen Rechnung tragen.

(11) Gemäß der Verordnung (EG) Nr. 178/2002 des Europäischen Parlaments und des Rates vom 28. Januar 2002 zur Festlegung der allgemeinen Grundsätze und Anforderungen des Lebensmittelrechts, zur Errichtung der Europäischen Behörde für Lebensmittelsicherheit und zur Festlegung von Verfahren zur Lebensmittelsicherheit ([1]) sollte die Europäische Behörde für Lebensmittelsicherheit („die Behörde") konsultiert werden, bevor im Rahmen von Einzelmaßnahmen Bestimmungen erlassen werden, die die öffentliche Gesundheit berühren können.

(12) Umfasst eine Einzelmaßnahme ein Verzeichnis von Stoffen, die in der Gemeinschaft zur Verwendung bei der Herstellung von Materialien und Gegenständen, die dazu bestimmt sind, mit Lebensmitteln in Berührung zu kommen, zugelassen sind, so sollten diese Stoffe vor ihrer Zulassung einer Sicherheitsbewertung unterzogen werden. Die Sicherheitsbewertung und die Zulassung dieser Stoffe sollte unbeschadet der einschlägigen Anforderungen der Gemeinschaftsvorschriften über die Registrierung, Bewertung, Zulassung und Beschränkung chemischer Stoffe erfolgen.

(13) Unterschiede zwischen den einzelstaatlichen Rechts- und Verwaltungsvorschriften über die Sicherheitsbewertung und die Zulassung von Stoffen, die bei der Herstellung von Materialien und Gegenständen, die dazu bestimmt sind, mit Lebensmitteln in Berührung zu kommen, verwendet werden, können den freien Verkehr solcher Materialien und Gegenstände behindern und ungleiche und unlautere Wettbewerbsbedingungen schaffen. Deshalb sollte ein Zulassungsverfahren auf Gemeinschaftsebene festgelegt werden. Damit die Sicherheitsbewertung in harmonisierter Weise erfolgt, sollte sie von der Behörde durchgeführt werden.

([1]) ABl. L 31 vom 1.2.2002, S. 1. Geändert durch die Verordnung (EG) Nr. 1642/2003 (ABl. L 245 vom 29.9.2003, S. 4).

(14) An die Sicherheitsbewertung der Stoffe sollte sich eine Risikomanagemententscheidung über die Aufnahme der betreffenden Stoffe in eine Gemeinschaftsliste zugelassener Stoffe anschließen.

(15) Es empfiehlt sich, die Möglichkeit vorzusehen, dass spezifische Handlungen oder Unterlassungen der Behörde aufgrund dieser Verordnung einer Überprüfung auf dem Verwaltungsweg unterzogen werden können. Diese Überprüfung sollte unbeschadet der Rolle der Behörde als unabhängige wissenschaftliche Referenzstelle bei der Risikobewertung erfolgen.

(16) Die Kennzeichnung stellt für die Benutzer eine Hilfe im Hinblick auf einen bestimmungsgemäßen Gebrauch der Materialien und Gegenstände dar. Die Kennzeichnungsmethoden können je nach Benutzer unterschiedlich sein.

(17) Mit der Richtlinie 80/590/EWG der Kommission ([1]) wurde ein Symbol für Materialien und Gegenstände eingeführt, die dazu bestimmt sind, mit Lebensmitteln in Berührung zu kommen. Der Einfachheit halber sollte dieses Symbol in diese Verordnung übernommen werden.

(18) Die Rückverfolgbarkeit von Materialien und Gegenständen, die dazu bestimmt sind, mit Lebensmitteln in Berührung zu kommen, sollte auf allen Stufen gewährleistet sein, um Kontrollen, den Rückruf fehlerhafter Produkte, die Unterrichtung der Verbraucher und die Feststellung der Haftung zu erleichtern. Die Unternehmer sollten zumindest jene Firmen ermitteln können, von denen sie die Materialien und Gegenstände bezogen oder an die sie solche abgegeben haben.

(19) Bei der Überwachung der Übereinstimmung der Materialien und Gegenstände mit dieser Verordnung sollten die speziellen Bedürfnisse der Entwicklungsländer und insbesondere der am wenigsten entwickelten Länder berücksichtigt werden. Die Kommission ist durch die Verordnung (EG) Nr. 882/2004 des Europäischen Parlaments und des Rates vom 29. April 2004 über amtliche Kontrollen zur Überprüfung der Einhaltung des Lebensmittel- und Futtermittelrechts sowie der Bestimmungen über Tiergesundheit und Tierschutz ([2]) verpflichtet worden, die Entwicklungsländer im Hinblick auf Lebensmittelsicherheit einschließlich der Sicherheit von Materialien und Gegenständen, die mit Lebensmitteln in Berührung kommen, zu unterstützen. Zu diesem Zweck sind in der genannten Verordnung spezielle Vorschriften festgelegt worden, die auch für Materialien und Gegenstände, die mit Lebensmitteln in Berührung kommen, gelten sollten.

(20) Es ist erforderlich, Verfahren für den Erlass von Schutzmaßnahmen in Fällen festzulegen, in denen Materialien oder Gegenstände eine ernsthafte Gefahr für die menschliche Gesundheit darstellen können.

(21) Für die Dokumente, die sich im Besitz der Behörde befinden, gilt die Verordnung (EG) Nr. 1049/2001 des Europäischen Parlaments und des Rates vom 30. Mai 2001 über den Zugang der Öffentlichkeit zu Dokumenten des Europäischen Parlaments, des Rates und der Kommission ([3]).

([1]) Richtlinie 80/590/EWG der Kommission vom 9. Juni 1980 zur Festlegung des Symbols für Materialien und Gegenstände, die dazu bestimmt sind, mit Lebensmitteln in Berührung zu kommen (ABl. L 151 vom 19.6.1980, S. 21). Zuletzt geändert durch die Beitrittsakte von 2003.
([2]) ABl. L 165 vom 30.4.2004, S. 1. Berichtigt in ABl. L 191 vom 28.5.2004, S. 1.
([3]) ABl. L 145 vom 31.5.2001, S. 43.

(22) Die von Innovatoren getätigten Investitionen bei der Beschaffung von Daten und Informationen zur Untermauerung eines Antrags nach dieser Verordnung sollten geschützt werden. Um die unnötige Wiederholung von Studien und insbesondere von Tierversuchen zu vermeiden, sollte jedoch eine gemeinsame Nutzung von Daten gestattet sein, wenn sich die betroffenen Parteien hierüber einigen.

(23) Im Hinblick auf eine hohe Qualität und die Einheitlichkeit der Untersuchungsergebnisse sollten gemeinschaftliche und nationale Referenzlabors benannt werden. Dieses Ziel wird im Rahmen der Verordnung (EG) Nr. 882/2004 verwirklicht.

(24) Die Verwendung recycleter Materialien und Gegenstände sollte in der Gemeinschaft aus Gründen des Umweltschutzes bevorzugt werden, sofern strenge Anforderungen zur Gewährleistung der Lebensmittelsicherheit und des Verbraucherschutzes festgelegt werden. Bei der Festlegung solcher Anforderungen sollten auch die technischen Merkmale der verschiedenen in Anhang I aufgeführten Gruppen von Materialien und Gegenständen berücksichtigt werden. Priorität sollte dabei die Harmonisierung der Regelungen für wieder verwertete Kunststoffmaterialien und -gegenstände haben, da deren Verwendung zunimmt und es entweder keine einzelstaatlichen Rechtsvorschriften und Bestimmungen gibt oder diese voneinander abweichen. Daher sollte der Öffentlichkeit so bald wie möglich der Entwurf einer Einzelmaßnahme für wieder verwertete Kunststoff-Materialien und -Gegenstände zugänglich gemacht werden, um die Rechtslage in der Gemeinschaft zu klären.

(25) Die zur Durchführung dieser Verordnung erforderlichen Maßnahmen sowie Änderungen der Anhänge I und II dieser Verordnung sollten gemäß dem Beschluss 1999/468/EG des Rates vom 28. Juni 1999 zur Festlegung der Modalitäten für die Ausübung der der Kommission übertragenen Durchführungsbefugnisse ([1]) erlassen werden.

(26) Die Mitgliedstaaten sollten Regelungen für Sanktionen bei Verstößen gegen die Bestimmungen dieser Verordnung festlegen und die Durchsetzung dieser Sanktionen sicherstellen. Die Sanktionen müssen wirksam, verhältnismäßig und abschreckend sein.

(27) Die Unternehmer müssen genügend Zeit haben, um sich auf einige der in dieser Verordnung festgelegten Anforderungen einzustellen.

(28) Da die Ziele dieser Verordnung aufgrund der Unterschiede zwischen den einzelstaatlichen Rechtsvorschriften und Bestimmungen auf Ebene der Mitgliedstaaten nicht ausreichend erreicht werden können und daher besser auf Gemeinschaftsebene zu erreichen sind, kann die Gemeinschaft im Einklang mit dem in Artikel 5 des Vertrags niedergelegten Subsidiaritätsprinzip tätig werden. Entsprechend dem in demselben Artikel genannten Verhältnismäßigkeitsprinzip geht diese Verordnung nicht über das für die Erreichung dieser Ziele erforderliche Maß hinaus.

(29) Die Richtlinien 80/590/EWG und 89/109/EWG sollten daher aufgehoben werden –

HABEN FOLGENDE VERORDNUNG ERLASSEN:

([1]) ABl. L 184 vom 17.7.1999, S. 23.

Artikel 1
Zweck und Gegenstand

(1) Zweck dieser Verordnung ist es, das wirksame Funktionieren des Binnenmarkts in Bezug auf das Inverkehrbringen von Materialien und Gegenständen in der Gemeinschaft sicherzustellen, die dazu bestimmt sind, mit Lebensmitteln unmittelbar oder mittelbar in Berührung zu kommen, und gleichzeitig die Grundlage für ein hohes Schutzniveau für die menschliche Gesundheit und die Verbraucherinteressen zu schaffen.

(2) Die Verordnung gilt für Materialien und Gegenstände, einschließlich aktiver und intelligenter Lebensmittelkontakt-Materialien und -Gegenstände (nachstehend „Materialien und Gegenstände" genannt), die als Fertigerzeugnis

a) dazu bestimmt sind, mit Lebensmitteln in Berührung zu kommen

oder

b) bereits mit Lebensmitteln in Berührung sind und dazu bestimmt sind,

oder

c) vernünftigerweise vorhersehen lassen, dass sie bei normaler oder vorhersehbarer Verwendung mit Lebensmitteln in Berührung kommen oder ihre Bestandteile an Lebensmittel abgeben.

(3) Die Verordnung gilt nicht für

a) Materialien und Gegenstände, die als Antiquitäten abgegeben werden;

b) Überzugs- und Beschichtungsmaterialien, wie Materialien zum Überziehen von Käserinden, Fleisch- und Wurstwaren oder Obst, die mit dem Lebensmittel ein Ganzes bilden und mit diesem verzehrt werden können;

c) ortsfeste öffentliche oder private Wasserversorgungsanlagen.

Artikel 2
Definitionen

(1) Zum Zweck dieser Verordnung gelten die entsprechenden Definitionen der Verordnung (EG) Nr. 178/2002, mit Ausnahme der Definitionen der Begriffe „Rückverfolgbarkeit" und „Inverkehrbringen"; diese Ausdrücke bezeichnen:

a) „Rückverfolgbarkeit" die Möglichkeit, ein Material oder einen Gegenstand durch alle Herstellungs-, Verarbeitungs- und Vertriebsstufen zu verfolgen;

b) „Inverkehrbringen" das Bereithalten von Materialien und Gegenständen für Verkaufszwecke einschließlich des Anbietens zum Verkauf oder jeder anderen Form der Weitergabe, gleichgültig, ob unentgeltlich oder nicht, sowie den Verkauf, den Vertrieb oder andere Formen der Weitergabe selbst.

(2) Ferner bezeichnet der Ausdruck

a) „Aktive Lebensmittelkontakt-Materialien und -Gegenstände" (nachstehend „aktive Materialien und Gegenstände" genannt) Materialien und Gegenstände, die dazu bestimmt sind, die Haltbarkeit eines verpackten Lebensmittels zu verlängern oder dessen Zustand zu erhalten bzw. zu verbessern. Sie sind derart beschaffen, dass sie gezielt Bestandteile enthalten, die Stoffe an das verpackte Lebensmittel oder die das Lebensmittel umgebende Umwelt abgeben oder diesen entziehen können;

b) „intelligente Lebensmittelkontakt-Materialien und -Gegenstände" (nachstehend „intelligente Materialien und Gegenstände" genannt) Materialien und Gegenstände, mit denen der Zustand eines verpackten Lebensmittels oder die das Lebensmittel umgebende Umwelt überwacht wird;

c) „Unternehmen" alle Unternehmen, gleichgültig, ob sie auf Gewinnerzielung ausgerichtet sind oder nicht und ob sie öffentlich oder privat sind, die Tätigkeiten im Zusammenhang mit jedweder Stufe der Herstellung, der Verarbeitung und des Vertriebs von Materialien und Gegenständen durchführen;

d) „Unternehmer" die natürlichen oder juristischen Personen, die dafür verantwortlich sind, dass die Anforderungen dieser Verordnung in dem ihrer Kontrolle unterstehenden Unternehmen erfüllt werden.

Artikel 3
Allgemeine Anforderungen

(1) Materialien und Gegenstände, einschließlich aktiver und intelligenter Materialien und Gegenstände, sind nach guter Herstellungspraxis so herzustellen, dass sie unter den normalen oder vorhersehbaren Verwendungsbedingungen keine Bestandteile auf Lebensmittel in Mengen abgeben, die geeignet sind,

a) die menschliche Gesundheit zu gefährden

oder

b) eine unvertretbare Veränderung der Zusammensetzung der Lebensmittel herbeizuführen

oder

c) eine Beeinträchtigung der organoleptischen Eigenschaften der Lebensmittel herbeizuführen.

(2) Kennzeichnung, Werbung und Aufmachung der Materialien und Gegenstände dürfen den Verbraucher nicht irreführen.

Artikel 4
Besondere Anforderungen an aktive und intelligente Materialien und Gegenstände

(1) In Anwendung von Artikel 3 Absatz 1 Buchstaben b) und c) dürfen aktive Materialien und Gegenstände nur Veränderungen der Zusammensetzung oder der organoleptischen Eigenschaften von Lebensmitteln herbeiführen, sofern diese Veränderungen mit den Gemeinschaftsvorschriften für Lebensmittel wie etwa den Vorschriften der Richtlinie 89/107/EWG über Zusatzstoffe in Lebensmitteln und den entsprechenden Durchführungsbestimmungen oder in Ermangelung von Gemeinschaftsvorschriften mit den einschlägigen nationalen Vorschriften in Einklang stehen.

(2) Solange noch keine zusätzlichen Regelungen im Rahmen einer Einzelmaßnahme über aktive und intelligente Materialien und Gegenstände erlassen worden sind, erfolgen die Zulassung und die Verwendung von Stoffen, die aktiven Materialien und Gegenständen gezielt beigefügt werden, damit sie in das Lebensmittel oder die das Lebensmittel umgebende Umwelt abgegeben werden, gemäß den einschlägigen Gemeinschaftsvorschriften für Lebensmittel; dabei sind diese Verordnung und ihre Durchführungsbestimmungen einzuhalten.

Diese Stoffe gelten als Zutaten im Sinne von Artikel 6 Absatz 4 Buchstabe a) der Richtlinie 2000/13/EG [1].

(3) Aktive Materialien und Gegenstände dürfen keine Veränderungen der Zusammensetzung oder der organoleptischen Eigenschaften von Lebensmitteln herbeiführen, die den Verbraucher irreführen könnten; dazu gehört zum Beispiel das Kaschieren des Verderbs von Lebensmitteln.

(4) Intelligente Materialien und Gegenstände dürfen keine Informationen über den Zustand von Lebensmitteln geben, die Verbraucher irreführen könnten.

(5) Aktive und intelligente Materialien und Gegenstände, die bereits mit Lebensmitteln in Berührung gekommen sind, müssen mit einer angemessenen Kennzeichnung versehen werden, die es dem Verbraucher gestattet, nicht essbare Teile zu identifizieren.

(6) Aktive und intelligente Materialen und Gegenstände sind mit einer angemessenen Kennzeichnung zu versehen, aus der hervorgeht, dass es sich um aktive und/oder intelligente Materialien oder Gegenstände handelt.

Artikel 5

Einzelmaßnahmen für Gruppen von Materialien und Gegenständen

(1) Für die Gruppen von Materialien und Gegenständen, die in Anhang I aufgeführt sind, sowie gegebenenfalls für Kombinationen aus solchen Materialien und Gegenständen oder recycelte Materialien und Gegenstände, die bei der Herstellung dieser Materialien und Gegenstände verwendet werden, können von der Kommission Einzelmaßnahmen erlassen oder geändert werden.

Solche Einzelmaßnahmen können Folgendes umfassen:

a) ein Verzeichnis der für die Verwendung bei der Herstellung von Materialien und Gegenständen zugelassenen Stoffe;

b) ein Verzeichnis oder mehrere Verzeichnisse der als Bestandteil aktiver oder intelligenter Materialien und Gegenstände, die mit Lebensmitteln in Berührung kommen, zugelassenen Stoffe oder ein Verzeichnis oder mehrere Verzeichnisse der aktiven oder der intelligenten Materialien und Gegenstände und, sofern erforderlich, spezielle Voraussetzungen für die Verwendung dieser Stoffe und/oder der Materialien und Gegenstände, deren Bestandteil sie sind;

c) Reinheitskriterien für die in Buchstabe a) genannten Stoffe;

---

[1] Richtlinie 2000/13/EG des Europäischen Parlaments und des Rates vom 20. März 2000 zur Angleichung der Rechtsvorschriften der Mitgliedstaaten über die Etikettierung und Aufmachung von Lebensmitteln sowie die Werbung hierfür (ABl. L 109 vom 6.5.2000, S. 29). Zuletzt geändert durch die Richtlinie 2003/89/EG (ABl. L 308 vom 25.11.2003, S. 15).

d) besondere Bedingungen für die Verwendung der unter Buchstabe a) genannten Stoffe und/oder der Materialien und Gegenstände, in denen sie verwendet werden;

e) spezifische Migrationsgrenzwerte für den Übergang bestimmter Bestandteile oder Gruppen von Bestandteilen in oder auf Lebensmittel, wobei etwaigen anderen Expositionsquellen im Zusammenhang mit solchen Bestandteilen angemessen Rechnung zu tragen ist;

f) einen Gesamtmigrationswert für Bestandteile, die in oder auf Lebensmittel übergehen;

g) Vorschriften zum Schutz der menschlichen Gesundheit vor Gefahren durch oralen Kontakt mit den Materialien und Gegenständen;

h) sonstige Vorschriften zur Sicherstellung der Einhaltung der Artikel 3 und 4;

i) Grundregeln zur Kontrolle der Einhaltung der Buchstaben a) bis h);

j) Vorschriften für die Entnahme von Proben sowie für die Analysemethoden zur Kontrolle der Einhaltung der Buchstaben a) bis h);

k) spezifische Vorschriften zur Sicherstellung der Rückverfolgbarkeit der Materialien und Gegenstände, einschließlich Vorschriften über die Dauer der Aufbewahrung von Aufzeichnungen, oder Vorschriften, die erforderlichenfalls Abweichungen von den Anforderungen des Artikels 17 ermöglichen;

l) zusätzliche Vorschriften für die Kennzeichnung aktiver und intelligenter Materialien und Gegenstände;

m) Vorschriften, mit denen die Kommission verpflichtet wird, ein öffentlich zugängliches Gemeinschaftsregister (nachstehend „Register" genannt) zugelassener Stoffe oder Verfahren oder Materialien oder Gegenstände zu erstellen und zu führen;

n) spezifische Verfahrensregeln, mit denen das in den Artikeln 8 bis 12 genannte Verfahren erforderlichenfalls angepasst oder so gestaltet werden kann, dass es für die Zulassung bestimmter Arten von Materialien und Gegenständen und/oder bei deren Herstellung verwendeter Verfahren geeignet ist; dies schließt erforderlichenfalls ein Verfahren für die Einzelzulassung eines Stoffes, eines Verfahrens oder eines Materials oder Gegenstands im Wege einer an den Antragsteller gerichteten Entscheidung ein.

Die in Buchstabe m genannten Einzelmaßnahmen werden von der Kommission nach dem in Artikel 23 Absatz 2 genannten Regelungsverfahren erlassen.

Die in den Buchstaben f, g, h, i, j, k, l und n genannten Einzelmaßnahmen zur Änderung nicht wesentlicher Bestimmungen dieser Verordnung werden nach dem in Artikel 23 Absatz 3 genannten Regelungsverfahren mit Kontrolle erlassen.

Die in den Buchstaben a bis e genannten Einzelmaßnahmen zur Änderung nicht wesentlicher Bestimmungen dieser Verordnung werden nach dem in Artikel 23 Absatz 4 genannten Regelungsverfahren mit Kontrolle erlassen.

(2) Die Kommission kann bestehende Einzelrichtlinien über Materialien und Gegenstände ändern. Diese Maßnahmen zur Änderung nicht wesentlicher Bestimmungen dieser Verordnung durch Ergänzung werden nach dem in Artikel 23 Absatz 4 genannten Regelungsverfahren mit Kontrolle erlassen.

Artikel 6
Nationale Einzelmaßnahmen

Diese Verordnung hindert die Mitgliedstaaten nicht daran, wenn keine Einzelmaßnahmen im Sinne des Artikels 5 ergriffen wurden, nationale Vorschriften beizubehalten oder zu erlassen, sofern diese mit den Vertragsbestimmungen in Einklang stehen.

Artikel 7
Rolle der Europäischen Behörde für Lebensmittelsicherheit

Vorschriften, die die öffentliche Gesundheit berühren können, werden nach Anhörung der Europäischen Behörde für Lebensmittelsicherheit, nachstehend „die Behörde" genannt, erlassen.

Artikel 8
Allgemeine Anforderungen für die Zulassung von Stoffen

(1) Ist ein Verzeichnis der Stoffe nach Artikel 5 Absatz 1 Unterabsatz 2 Buchstaben a) und b) beschlossen, so ist zur Erlangung der Zulassung eines nicht in diesem Verzeichnis aufgeführten Stoffes ein Antrag gemäß Artikel 9 Absatz 1 einzureichen.

(2) Ein Stoff darf nur dann zugelassen werden, wenn angemessen und ausreichend nachgewiesen worden ist, dass bei seiner Verwendung unter den in den Einzelmaßnahmen festzulegenden Bedingungen das Material oder der Gegenstand im fertigen Zustand die Anforderungen des Artikels 3 und, wenn diese anwendbar sind, des Artikels 4 erfüllt.

Artikel 9
Beantragung der Zulassung eines neuen Stoffes

(1) Zum Erhalt der in Artikel 8 Absatz 1 genannten Zulassung findet folgendes Verfahren Anwendung:

a) Bei der zuständigen Behörde eines Mitgliedstaats ist ein Antrag einzureichen, der Folgendes enthält:
   i) Namen und Anschrift des Antragstellers,
   ii) die technischen Unterlagen mit allen Angaben gemäß den von der Behörde zu veröffentlichenden Leitlinien für die Sicherheitsbewertung eines Stoffes,
   iii) eine Zusammenfassung der technischen Unterlagen.

b) Die in Buchstabe a) genannte zuständige Behörde
   i) bestätigt dem Antragsteller den Erhalt des Antrags schriftlich innerhalb von 14 Tagen nach dessen Eingang. In der Bestätigung ist das Datum des Antragseingangs zu nennen;
   ii) unterrichtet unverzüglich die Behörde
       und
   iii) stellt der Behörde den Antrag und alle vom Antragsteller gelieferten sonstigen Informationen zur Verfügung.

c) Die Behörde unterrichtet die anderen Mitgliedstaaten und die Kommission unverzüglich über den Antrag und stellt ihnen den Antrag und alle vom Antragsteller gelieferten sonstigen Informationen zur Verfügung.

(2) Die Behörde veröffentlicht ausführliche Leitlinien für die Erstellung und Einreichung von Anträgen ([1]).

Artikel 10
Stellungnahme der Behörde

(1) Die Behörde gibt innerhalb von sechs Monaten nach Eingang eines gültigen Antrags eine Stellungnahme darüber ab, ob der Stoff unter bestimmungsgemäßer Verwendung des Materials oder Gegenstands, in dem er verwendet wird, den Sicherheitskriterien des Artikels 3 und, wenn diese anwendbar sind, des Artikels 4 entspricht.

Die Behörde kann diese Frist um höchstens sechs weitere Monate verlängern. In einem solchen Fall begründet sie die Verzögerung gegenüber dem Antragsteller, der Kommission und den Mitgliedstaaten.

(2) Die Behörde kann den Antragsteller gegebenenfalls auffordern, die dem Antrag beigefügten Unterlagen innerhalb einer von der Behörde festgelegten Frist zu ergänzen. Fordert die Behörde zusätzliche Informationen an, wird die in Absatz 1 vorgesehene Frist ausgesetzt, bis diese Informationen vorliegen. Diese Frist wird ebenso für den Zeitraum ausgesetzt, der dem Antragsteller zur Ausarbeitung mündlicher oder schriftlicher Erläuterungen eingeräumt wird.

(3) Zur Ausarbeitung ihrer Stellungnahme

a) prüft die Behörde, ob die vom Antragsteller vorgelegten Informationen und Unterlagen Artikel 9 Absatz 1 Buchstabe a) entsprechen; in diesem Fall wird der Antrag als gültig angesehen; sie prüft ferner, ob der Stoff den Sicherheitskriterien des Artikels 3 und, wenn diese anwendbar sind, des Artikels 4 entspricht;

b) unterrichtet die Behörde den Antragsteller, die Kommission und die Mitgliedstaaten, wenn ein Antrag ungültig ist.

(4) Befürwortet die Stellungnahme die Zulassung des bewerteten Stoffes, so enthält sie

a) die Bezeichnung des Stoffes, einschließlich der Spezifikationen,

und

b) gegebenenfalls Empfehlungen hinsichtlich der Bedingungen oder Einschränkungen für die Verwendung des bewerteten Stoffes und/oder des Materials oder Gegenstands, in dem er verwendet wird,

und

c) eine Beurteilung, ob das vorgeschlagene Analyseverfahren für die vorgesehenen Kontrollzwecke geeignet ist.

---

[1] Bis zur Veröffentlichung dieser Leitlinien können Antragsteller die „Guidelines of the Scientific Committee on Food for the presentation of an application for safety assessment of a substance to be used in food contact materials prior to its authorisation" (Leitlinien des Wissenschaftlichen Ausschusses „Lebensmittel" zur Einreichung eines Antrags auf Sicherheitsbewertung eines Stoffes, der in Materialien mit Lebensmittelkontakt verwendet werden soll, im Hinblick auf dessen Zulassung) konsultieren: http://europa.eu.int/comm/food/fs/sc/scf/out82_en.pdf

(5) Die Behörde übermittelt ihre Stellungnahme an die Kommission, die Mitgliedstaaten und den Antragsteller.

(6) Die Behörde veröffentlicht ihre Stellungnahme, nachdem sie alle gemäß Artikel 20 als vertraulich geltenden Informationen gestrichen hat.

Artikel 11
Gemeinschaftszulassung

(1) Die Gemeinschaftszulassung eines Stoffes oder mehrerer Stoffe erfolgt in Form des Erlasses einer Einzelmaßnahme. Die Kommission erstellt gegebenenfalls einen Entwurf einer Einzelmaßnahme gemäß Artikel 5 zur Zulassung des oder der von der Behörde bewerteten Stoffe(s) und gibt darin die Bedingungen für die Verwendung dieser Stoffe an oder ändert sie.

(2) In dem Entwurf der Einzelmaßnahme werden die Stellungnahme der Behörde, die einschlägigen Vorschriften des Gemeinschaftsrechts und andere sachdienliche berechtigterweise zu berücksichtigende Faktoren berücksichtigt. Falls der Entwurf der Einzelmaßnahme nicht mit der Stellungnahme der Behörde übereinstimmt, erläutert die Kommission unverzüglich die Gründe für die Abweichung. Hat die Kommission nicht die Absicht, nach befürwortender Stellungnahme der Behörde einen Entwurf einer Einzelmaßnahme zu erstellen, so teilt sie dies dem Antragsteller unverzüglich mit und erläutert ihm die Gründe.

(3) Die Gemeinschaftszulassung in Form einer Einzelmaßnahme nach Absatz 1 wird von der Kommission angenommen. Diese Maßnahme zur Änderung nicht wesentlicher Bestimmungen dieser Verordnung durch Ergänzung wird nach dem in Artikel 23 Absatz 4 genannten Regelungsverfahren mit Kontrolle erlassen.

(4) Nachdem die Zulassung für einen Stoff gemäß dieser Verordnung erteilt wurde, muss jeder Unternehmer, der den zugelassenen Stoff oder Materialien oder Gegenstände, die den zugelassenen Stoff enthalten, verwendet, die mit dieser Zulassung verbundenen Bedingungen oder Einschränkungen erfüllen.

(5) Der Antragsteller oder der Unternehmer, der den zugelassenen Stoff oder Materialien oder Gegenstände, die den zugelassenen Stoff enthalten, verwendet, unterrichtet die Kommission unverzüglich über neue wissenschaftliche oder technische Informationen, die die Bewertung der Sicherheit des zugelassenen Stoffes in Bezug auf die menschliche Gesundheit berühren könnten. Falls erforderlich, überprüft die Behörde die Bewertung.

(6) Die Erteilung einer Zulassung schränkt nicht die allgemeine zivil- und strafrechtliche Haftung eines Unternehmers in Bezug auf den zugelassenen Stoff oder Materialien oder Gegenstände, die den zugelassenen Stoff enthalten, und das Lebensmittel, das mit diesem Material oder Gegenstand in Berührung kommt, ein.

Artikel 12
Änderung, Aussetzung und Widerruf von Zulassungen

(1) Der Antragsteller oder der Unternehmer, der den zugelassenen Stoff oder Materialien oder Gegenstände, die den zugelassenen Stoff enthalten, verwendet, kann nach dem Verfahren des Artikels 9 Absatz 1 eine Änderung der bestehenden Zulassung beantragen.

(2) Der Antrag muss Folgendes enthalten:

a) eine Bezugnahme auf den ursprünglichen Antrag;

b) technische Unterlagen mit den neuen Informationen gemäß den in Artikel 9 Absatz 2 genannten Leitlinien;

c) eine neue, vollständige Zusammenfassung der technischen Unterlagen in standardisierter Form.

(3) Die Behörde bewertet auf eigene Initiative oder auf Ersuchen eines Mitgliedstaats oder der Kommission nach dem in Artikel 10 festgelegten Verfahren, soweit dieses anwendbar ist, ob die Stellungnahme oder die Zulassung noch im Einklang mit dieser Verordnung steht. Erforderlichenfalls kann sie den Antragsteller anhören.

(4) Die Kommission prüft die Stellungnahme der Behörde unverzüglich und erstellt einen Entwurf der zu treffenden Einzelmaßnahme.

(5) Der Entwurf einer Einzelmaßnahme zur Änderung einer Zulassung muss alle notwendigen Änderungen der Verwendungsbedingungen sowie gegebenenfalls der mit dieser Zulassung verbundenen Einschränkungen enthalten.

(6) Die endgültige Einzelmaßnahme zur Änderung, zur Aussetzung oder zum Widerruf der Zulassung wird von der Kommission erlassen. Diese Maßnahme zur Änderung nicht wesentlicher Bestimmungen dieser Verordnung durch Ergänzung wird nach dem in Artikel 23 Absatz 4 genannten Regelungsverfahren mit Kontrolle erlassen. Aus Gründen äußerster Dringlichkeit kann die Kommission auf das in Artikel 23 Absatz 5 genannte Dringlichkeitsverfahren zurückgreifen.

Artikel 13

Zuständige Behörden der Mitgliedstaaten

Jeder Mitgliedstaat teilt der Kommission und der Behörde Bezeichnung und Anschrift sowie eine Kontaktstelle der nationalen zuständigen Behörde(n) mit, die in seinem Hoheitsgebiet für die Entgegennahme des Zulassungsantrags im Sinne der Artikel 9 bis 12 zuständig ist/sind. Die Kommission veröffentlicht Bezeichnung und Anschrift der einzelstaatlichen zuständigen Behörden sowie die Kontaktstellen, die gemäß diesem Artikel mitgeteilt wurden.

Artikel 14

Überprüfung auf dem Verwaltungsweg

Handlungen oder Unterlassungen der Behörde im Rahmen der ihr mit dieser Verordnung übertragenen Befugnisse können von der Kommission aus eigener Initiative oder auf Ersuchen eines Mitgliedstaats oder einer unmittelbar und individuell betroffenen Person überprüft werden.

Zu diesem Zweck ist bei der Kommission binnen einer Frist von zwei Monaten ab dem Tag, an dem die betroffene Partei von der Handlung oder Unterlassung Kenntnis erlangt hat, ein Antrag zu stellen.

Die Kommission entscheidet innerhalb von zwei Monaten und verpflichtet die Behörde gegebenenfalls, ihre Handlung rückgängig zu machen oder der Unterlassung abzuhelfen.

Artikel 15

Kennzeichnung

(1) Unbeschadet der in Artikel 5 genannten Einzelmaßnahmen sind Materialien und Gegenstände, die noch nicht mit Lebensmitteln in Berührung gekommen sind, wenn sie in Verkehr gebracht werden, wie folgt zu kennzeichnen:

a) mit der Angabe „Für Lebensmittelkontakt" oder mit einem besonderen Hinweis auf ihren Verwendungszweck wie zum Beispiel dem als Kaffeemaschine, Weinflasche oder Suppenlöffel oder mit dem in Anhang II abgebildeten Symbol

und

b) erforderlichenfalls mit besonderen Hinweisen für eine sichere und sachgemäße Verwendung

und

c) mit dem Namen oder der Firma sowie in jedem Fall der Anschrift oder dem Sitz des Herstellers, des Verarbeiters oder eines in der Gemeinschaft niedergelassenen und für das Inverkehrbringen verantwortlichen Verkäufers

und

d) gemäß Artikel 17 mit einer angemessenen Kennzeichnung oder Identifikation, die eine Rückverfolgbarkeit des Materials oder Gegenstands gestattet

und

e) im Falle aktiver Materialien und Gegenstände mit Angaben zu dem/den zulässigen Verwendungszweck(en) sowie anderen einschlägigen Informationen wie dem Namen und der Menge der von dem aktiven Bestandteil abgegebenen Stoffe, so dass die Lebensmittelunternehmer, die diese Materialien und Gegenstände verwenden, die anderen einschlägigen Gemeinschaftsvorschriften oder, sofern solche nicht bestehen, die nationalen Vorschriften für Lebensmittel, einschließlich der Vorschriften über die Lebensmittelkennzeichnung, einhalten können.

(2) Die Angaben nach Absatz 1 Buchstabe a) sind jedoch nicht verpflichtend für Gegenstände, die aufgrund ihrer Beschaffenheit eindeutig dafür bestimmt sind, mit Lebensmitteln in Berührung zu kommen.

(3) Die in Absatz 1 vorgeschriebenen Angaben müssen gut sichtbar, deutlich lesbar und unverwischbar sein.

(4) Die Abgabe von Materialien und Gegenständen an den Endverbraucher ist untersagt, wenn die nach Absatz 1 Buchstaben a), b) und e) erforderlichen Angaben nicht in einer für den Käufer leicht verständlichen Sprache angebracht sind.

(5) Der Mitgliedstaat, in dem das Material oder der Gegenstand vermarktet wird, kann in seinem Hoheitsgebiet unter Beachtung der Bestimmungen des Vertrags vorschreiben, dass diese Angaben auf dem Etikett in einer oder mehreren von ihm bestimmten Amtssprachen der Gemeinschaft abgefasst sind.

(6) Die Absätze 4 und 5 stehen der Abfassung der Angaben auf dem Etikett in mehreren Sprachen nicht entgegen.

(7) Bei der Abgabe an den Endverbraucher stehen die in Absatz 1 vorgeschriebenen Angaben

a) auf den Materialien und Gegenständen oder auf deren Verpackung

oder

b) auf Etiketten, die sich auf den Materialien oder Gegenständen oder auf deren Verpackung befinden,

oder

c) auf einer Anzeige, die sich in unmittelbarer Nähe der Materialien oder Gegenstände befindet und für den Käufer gut sichtbar ist; bei den in Absatz 1 Buchstabe c) genannten Angaben besteht diese Möglichkeit jedoch nur, wenn sich diese Angaben oder ein Etikett mit diesen Angaben aus technischen Gründen weder auf der Herstellungs- noch auf der Vermarktungsstufe auf den Materialien oder Gegenständen anbringen lassen.

(8) Auf anderen Handelsstufen als bei der Abgabe an den Endverbraucher stehen die in Absatz 1 vorgeschriebenen Angaben

a) in den Begleitpapieren

oder

b) auf den Etiketten oder Verpackungen

oder

c) auf den Materialien oder Gegenständen selbst.

(9) Die in Absatz 1 Buchstaben a), b) und e) vorgesehenen Angaben sind Materialien und Gegenständen vorbehalten, die Folgendem entsprechen:

a) den Kriterien des Artikels 3 und, soweit sie Anwendung finden, des Artikels 4

und

b) den in Artikel 5 genannten Einzelmaßnahmen oder, sofern solche nicht erlassen wurden, den für diese Materialien und Gegenstände geltenden nationalen Vorschriften.

Artikel 16

Konformitätserklärung

(1) In den in Artikel 5 genannten Einzelmaßnahmen ist vorzuschreiben, dass den Materialien und Gegenständen, die unter die betreffenden Einzelmaßnahmen fallen, eine schriftliche Erklärung beizufügen ist, nach der sie den für sie geltenden Vorschriften entsprechen.

Es müssen geeignete Unterlagen bereitgehalten werden, mit denen die Einhaltung der Vorschriften nachgewiesen wird. Diese Unterlagen sind den zuständigen Behörden auf Verlangen zur Verfügung zu stellen.

(2) Diese Verordnung hindert die Mitgliedstaaten nicht daran, in Ermangelung von Einzelmaßnahmen nationale Vorschriften für die Konformitätserklärungen für Materialien oder Gegenstände beizubehalten oder zu erlassen.

Artikel 17

Rückverfolgbarkeit

(1) Die Rückverfolgbarkeit der Materialien und Gegenstände muss auf sämtlichen Stufen gewährleistet sein, um Kontrollen, den Rückruf fehlerhafter Produkte, die Unterrichtung der Verbraucher und die Feststellung der Haftung zu erleichtern.

(2) Die Unternehmer müssen unter gebührender Berücksichtigung der technologischen Machbarkeit über Systeme und Verfahren verfügen, mit denen ermittelt werden kann, von welchem Unternehmen und an welches Unternehmen die unter diese Verordnung und die dazugehörigen Durchführungsbestimmungen fallenden Materialien oder Gegenstände sowie gegebenenfalls die für deren Herstellung verwendeten Stoffe oder Erzeugnisse bezogen beziehungsweise geliefert wurden. Diese Angaben sind der zuständigen Behörde auf Anfrage zur Verfügung zu stellen.

(3) Die Materialien und Gegenstände, die in der Gemeinschaft in Verkehr gebracht werden, müssen im Rahmen eines geeigneten Systems zu identifizieren sein, das die Rückverfolgbarkeit anhand der Kennzeichnung oder einschlägiger Unterlagen und Informationen ermöglicht.

Artikel 18

Schutzmaßnahmen

(1) Gelangt ein Mitgliedstaat aufgrund von neuer Information oder einer Neubewertung bereits vorhandener Information mit ausführlicher Begründung zu dem Schluss, dass die Verwendung eines Materials oder Gegenstands die menschliche Gesundheit gefährdet, obwohl das Material oder der Gegenstand den einschlägigen Einzelmaßnahmen entspricht, so kann er die Anwendung der betreffenden Vorschriften in seinem Hoheitsgebiet vorläufig aussetzen oder einschränken.

Er teilt dies den anderen Mitgliedstaaten und der Kommission unverzüglich unter Angabe der Gründe für die Aussetzung oder Einschränkung mit.

(2) Die Kommission prüft so bald wie möglich, gegebenenfalls nach Einholung einer Stellungnahme der Behörde, in dem in Artikel 23 Absatz 1 genannten Ausschuss die von dem in Absatz 1 des vorliegenden Artikels genannten Mitgliedstaat angegebenen Gründe; anschließend gibt sie unverzüglich ihre Stellungnahme ab und ergreift die geeigneten Maßnahmen.

(3) Ist die Kommission der Ansicht, dass die einschlägigen Einzelmaßnahmen geändert werden müssen, um den in Absatz 1 genannten Schwierigkeiten zu begegnen und den Schutz der menschlichen Gesundheit zu gewährleisten, so werden diese Änderungen nach dem in Artikel 23 Absatz 2 genannten Verfahren erlassen.

(4) Der in Absatz 1 genannte Mitgliedstaat kann die Aussetzung oder Einschränkung aufrechterhalten, bis die in Absatz 3 genannten Änderungen erlassen sind oder die Kommission es abgelehnt hat, solche Änderungen zu erlassen.

Artikel 19
Zugang der Öffentlichkeit

(1) Die Anträge auf Zulassung, die zusätzlichen Informationen, der Antragsteller und die Stellungnahmen der Behörde werden mit Ausnahme vertraulicher Informationen der Öffentlichkeit gemäß den Artikeln 38, 39 und 41 der Verordnung (EG) Nr. 178/2002 zugänglich gemacht.

(2) Die Mitgliedstaaten behandeln Anträge auf Zugang zu Dokumenten, die sie im Rahmen der vorliegenden Verordnung erhalten haben, gemäß Artikel 5 der Verordnung (EG) Nr. 1049/2001.

Artikel 20
Vertraulichkeit

(1) Der Antragsteller kann angeben, welche der gemäß Artikel 9 Absatz 1, Artikel 10 Absatz 2 und Artikel 12 Absatz 2 vorgelegten Informationen vertraulich behandelt werden müssen, weil ihre Bekanntgabe seiner Wettbewerbsposition erheblich schaden könnte. In solchen Fällen ist eine nachprüfbare Begründung anzugeben.

(2) Folgende Informationen werden nicht als vertraulich angesehen:

a) Name und Anschrift des Antragstellers und chemische Bezeichnung des Stoffes;

b) Informationen von unmittelbarer Relevanz für die Bewertung der Sicherheit des Stoffes;

c) das oder die Analyseverfahren.

(3) Die Kommission bestimmt nach Rücksprache mit dem Antragsteller, welche Informationen vertraulich zu behandeln sind, und unterrichtet den Antragsteller und die Behörde über ihre Entscheidung.

(4) Die Behörde übermittelt der Kommission und den Mitgliedstaaten auf Anfrage alle in ihrem Besitz befindlichen Informationen.

(5) Die Kommission, die Behörde und die Mitgliedstaaten ergreifen die erforderlichen Maßnahmen zur Gewährleistung der angemessenen Vertraulichkeit der Informationen, die sie gemäß dieser Verordnung erhalten haben, es sei denn, es handelt sich um Informationen, die, wenn die Umstände es erfordern, aus Gründen des Gesundheitsschutzes öffentlich bekannt gegeben werden müssen.

(6) Zieht ein Antragsteller seinen Antrag zurück oder hat er ihn zurückgezogen, so wahren die Behörde, die Kommission und die Mitgliedstaaten Geschäfts- und Betriebsgeheimnisse, einschließlich Informationen über Forschung und Entwicklung sowie Informationen, über deren Vertraulichkeit die Kommission und der Antragsteller nicht einer Meinung sind.

Artikel 21
Austausch vorhandener Daten

Informationen in dem gemäß Artikel 9 Absatz 1, Artikel 10 Absatz 2 und Artikel 12 Absatz 2 eingereichten Antrag dürfen zugunsten eines anderen Antragstellers verwendet werden, sofern es sich nach Auffassung der Behörde bei dem betreffenden Stoff um denselben Stoff handelt, für den der ursprüngliche Antrag eingereicht wurde, und zwar einschließlich Reinheitsgrad und Art der Verunreinigungen, und der andere Antragsteller mit dem ursprünglichen Antragsteller vereinbart hat, dass diese Informationen verwendet werden dürfen.

Artikel 22

Änderungen der Anhänge I und II werden von der Kommission erlassen. Diese Maßnahmen zur Änderung nicht wesentlicher Bestimmungen dieser Verordnung werden nach dem in Artikel 23 Absatz 3 genannten Regelungsverfahren mit Kontrolle erlassen.

Artikel 23
Ausschussverfahren

(1) Die Kommission wird von dem mit Artikel 58 Absatz 1 der Verordnung (EG) Nr. 178/2002 eingesetzten Ständigen Ausschuss für die Lebensmittelkette und Tiergesundheit unterstützt.

(2) Wird auf diesen Absatz Bezug genommen, so gelten die Artikel 5 und 7 des Beschlusses 1999/468/EG unter Beachtung von dessen Artikel 8.

Der Zeitraum nach Artikel 5 Absatz 6 des Beschlusses 1999/468/EG wird auf drei Monate festgesetzt.

(3) Wird auf diesen Absatz Bezug genommen, so gelten Artikel 5a Absätze 1 bis 4 und Artikel 7 des Beschlusses 1999/468/EG unter Beachtung von dessen Artikel 8.

(4) Wird auf diesen Absatz Bezug genommen, so gelten Artikel 5a Absätze 1 bis 4 und 5 Buchstabe b sowie Artikel 7 des Beschlusses 1999/468/EG unter Beachtung von dessen Artikel 8.

Die Zeiträume nach Artikel 5a Absatz 3 Buchstabe c und Absatz 4 Buchstaben b und e des Beschlusses 1999/468/EG werden auf zwei Monate, einen Monat bzw. zwei Monate festgesetzt.

(5) Wird auf diesen Absatz Bezug genommen, so gelten Artikel 5a Absätze 1, 2, 4 und 6 sowie Artikel 7 des Beschlusses 1999/468/EG unter Beachtung von dessen Artikel 8.

Artikel 24
Inspektionen und Kontrollmaßnahmen

(1) Die Mitgliedstaaten führen amtliche Kontrollen durch, um die Einhaltung dieser Verordnung in Einklang mit den einschlägigen Vorschriften des Gemeinschaftsrechts über amtliche Lebensmittel- und Futtermittelkontrollen sicherzustellen.

(2) Soweit erforderlich, leistet die Behörde nach Aufforderung durch die Kommission Unterstützung bei der Erarbeitung technischer Leitlinien für Probenahmen und Tests, um die Koordination bei der Anwendung des Absatzes 1 zu erleichtern.

(3) Das gemeinschaftliche Referenzlabor für Materialien und Gegenstände, die dazu bestimmt sind, mit Lebensmitteln in Berührung zu kommen, und die ent-

sprechend der Verordnung (EG) Nr. 882/2004 eingerichteten nationalen Referenzlabors unterstützen die Mitgliedstaaten bei der Anwendung des Absatzes 1, indem sie zu einer hohen Qualität und Einheitlichkeit der Untersuchungsergebnisse beitragen.

Artikel 25

Sanktionen

Die Mitgliedstaaten legen Regeln über Sanktionen fest, die bei Verstößen gegen die Bestimmungen dieser Verordnung verhängt werden, und ergreifen die erforderlichen Maßnahmen, um deren Durchsetzung zu gewährleisten. Die vorgesehenen Sanktionen müssen wirksam, verhältnismäßig und abschreckend sein. Die Mitgliedstaaten teilen der Kommission die entsprechenden Bestimmungen spätestens am 13. Mai 2005 mit und setzen sie von allen späteren Änderungen dieser Bestimmungen unverzüglich in Kenntnis.

Artikel 26

Aufhebungen

Die Richtlinien 80/590/EWG und 89/109/EWG werden aufgehoben.

Bezugnahmen auf die aufgehobenen Richtlinien gelten als Bezugnahmen auf die vorliegende Verordnung und sind nach der Entsprechungstabelle in Anhang III zu lesen.

Artikel 27

Übergangsregelungen

Materialien und Gegenstände, die vor dem 3. Dezember 2004 rechtmäßig in Verkehr gebracht wurden, können vermarktet werden, bis die Bestände aufgebraucht sind.

Artikel 28

Inkrafttreten

Diese Verordnung tritt am zwanzigsten Tag nach ihrer Veröffentlichung im *Amtsblatt der Europäischen Union* in Kraft.

Artikel 17 gilt ab 27. Oktober 2006.

ANHANG I
Verzeichnis der Gruppen von Materialien und Gegenständen, für die Einzelmaßnahmen erlassen werden können

1. Aktive und intelligente Materialien und Gegenstände
2. Klebstoffe
3. Keramik
4. Kork
5. Gummi
6. Glas
7. Ionenaustauscherharze
8. Metalle und Legierungen
9. Papier und Karton
10. Kunststoffe
11. Druckfarben
12. Regenerierte Cellulose
13. Silikone
14. Textilien
15. Lacke und Beschichtungen
16. Wachse
17. Holz

VO (EG) Nr. 1935/2004

ANHANG II

Symbol

ANHANG III
Entsprechungstabelle

Richtlinie 89/109/EWG	Vorliegende Verordnung
Artikel 1	Artikel 1
—	Artikel 2
Artikel 2	Artikel 3
—	Artikel 4
Artikel 3	Artikel 5
—	Artikel 7
—	Artikel 8
—	Artikel 9
—	Artikel 10
—	Artikel 11
—	Artikel 12
—	Artikel 13
—	Artikel 14
Artikel 4	—
Artikel 6	Artikel 15
—	Artikel 16
—	
—	Artikel 17
Artikel 5	Artikel 18
Artikel 7	Artikel 6
—	Artikel 19
—	Artikel 20
—	Artikel 21
—	Artikel 22
Artikel 8	—
Artikel 9	Artikel 23
—	Artikel 24
—	
—	Artikel 25
Artikel 10	Artikel 26
—	Artikel 27
Artikel 11	—
Artikel 12	—
Artikel 13	Artikel 28
Anhang I	Anhang I
Anhang II	—
Anhang III	Anhang III
Richtlinie 80/590/EWG	**Vorliegende Verordnung**
Anhang	Anhang II

Verordnung (EG) Nr. 852/2004 des Europäischen Parlaments und des Rates über Lebensmittelhygiene

Vom 29. April 2004

(ABl. Nr. L 139/1), ber. durch ABl. Nr. L 226/3 vom 25. 6. 2004, ABl. Nr. L 204/26 vom 4. 8. 2007 und ABl. Nr. L 46/51 vom 21. 2. 2008, geänd. durch VO (EG) Nr. 1019/2008 vom 17. 10. 2008 (ABl. Nr. L 277/7), ber. durch ABl. Nr. L 58/3 vom 3. 3. 2009, geänd. durch VO (EG) Nr. 219/2009 vom 11. 3. 2009 (ABl. Nr. L 87/109)

DAS EUROPÄISCHE PARLAMENT UND DER RAT DER EUROPÄISCHEN UNION –

gestützt auf den Vertrag zur Gründung der Europäischen Gemeinschaft, insbesondere auf die Artikel 95 und 152 Absatz 4 Buchstabe b),

auf Vorschlag der Kommission ([1]),

nach Stellungnahme des Wirtschafts- und Sozialausschusses ([2]),

nach Anhörung des Ausschusses der Regionen,

gemäß dem Verfahren des Artikels 251 des Vertrags ([3]),

in Erwägung nachstehender Gründe:

(1) Ein hohes Maß an Schutz für Leben und Gesundheit des Menschen ist eines der grundlegenden Ziele des Lebensmittelrechts, wie es in der Verordnung (EG) Nr. 178/2002 ([4]) festgelegt wurde. In der genannten Verordnung werden noch weitere gemeinsame Grundsätze und Definitionen für das einzelstaatliche und das gemeinschaftliche Lebensmittelrecht festgelegt, darunter das Ziel des freien Verkehrs mit Lebensmitteln in der Gemeinschaft.

(2) Mit der Richtlinie 93/43/EWG des Rates vom 14. Juni 1993 über Lebensmittelhygiene ([5]) wurden die allgemeinen Hygienevorschriften für Lebensmittel und die Verfahren für die Überprüfung der Einhaltung dieser Vorschriften festgelegt.

(3) Die Erfahrung hat gezeigt, dass diese Vorschriften und Verfahren eine solide Grundlage für die Gewährleistung der Sicherheit von Lebensmitteln bilden. Im Rahmen der Gemeinsamen Agrarpolitik sind viele Richtlinien angenommen worden, in denen spezifische Hygienevorschriften für die Produktion und das Inverkehrbringen der in Anhang I des Vertrags aufgeführten Erzeugnisse festgelegt worden sind. Diese Hygienevorschriften haben Hemmnisse im Handel mit

---

([1]) ABl. C 365 E vom 19.12.2000, S. 43.
([2]) ABl. C 155 vom 29.5.2001, S. 39.
([3]) Stellungnahme des Europäischen Parlaments vom 15. Mai 2002 (ABl. C 180 E vom 31.7.2003, S. 267), Gemeinsamer Standpunkt des Rates vom 27. Oktober 2003 (ABl. C 48 E vom 24.2.2004, S. 1), Standpunkt des Europäischen Parlaments vom 30. März 2004 (noch nicht im Amtsblatt veröffentlicht) und Beschluss des Rates vom 16. April 2004.
([4]) Verordnung (EG) Nr. 178/2002 des Europäischen Parlaments und des Rates vom 28. Januar 2002 zur Festlegung der allgemeinen Grundsätze des Lebensmittelrechts, zur Errichtung der Europäischen Behörde für Lebensmittelsicherheit und zur Festlegung von Verfahren zur Lebensmittelsicherheit (ABl. L 31 vom 1.2.2002, S. 1). Verordnung geändert durch die Verordnung (EG) Nr. 1642/2003 (ABl. L 245 vom 29.9.2003, S. 4).
([5]) ABl. L 175 vom 19.7.1993, S. 1. Richtlinie geändert durch die Verordnung (EG) Nr. 1882/2003 des Europäischen Parlaments und des Rates (ABl. L 284 vom 31.10.2003, S. 1).

VO (EG) Nr. 852/2004

den betreffenden Erzeugnissen reduziert und so zur Schaffung des Binnenmarktes beigetragen und gleichzeitig für den Verbraucher ein hohes Gesundheitsschutzniveau gewährleistet.

(4) Zum Schutz der öffentlichen Gesundheit enthalten diese Vorschriften und Verfahren gemeinsame Grundregeln, insbesondere betreffend die Pflichten der Hersteller und der zuständigen Behörden, die Anforderungen an Struktur, Betrieb und Hygiene der Unternehmen, die Verfahren für die Zulassung von Unternehmen, die Lager- und Transportbedingungen und die Genusstauglichkeitskennzeichnung.

(5) Diese Grundregeln stellen die allgemeine Grundlage für die hygienische Herstellung aller Lebensmittel einschließlich der in Anhang I des Vertrags aufgeführten Erzeugnisse tierischen Ursprungs dar.

(6) Neben dieser allgemeinen Grundlage sind für bestimmte Lebensmittel spezifische Hygienevorschriften erforderlich. Diese Vorschriften sind in der Verordnung (EG) Nr. 853/2004 des Europäischen Parlaments und des Rates vom 29. April 2004 mit spezifischen Hygienevorschriften für Lebensmittel tierischen Ursprungs ([1]) niedergelegt.

(7) Hauptziel der neuen allgemeinen und spezifischen Hygienevorschriften ist es, hinsichtlich der Sicherheit von Lebensmitteln ein hohes Verbraucherschutzniveau zu gewährleisten.

(8) Zur Gewährleistung der Lebensmittelsicherheit von der Primärproduktion bis hin zum Inverkehrbringen oder zur Ausfuhr ist ein integriertes Konzept erforderlich. Jeder Lebensmittelunternehmer in der gesamten Lebensmittelkette sollte dafür sorgen, dass die Lebensmittelsicherheit nicht gefährdet wird.

(9) Die Gemeinschaftsvorschriften sollten weder für die Primärproduktion für den privaten häuslichen Gebrauch noch für die häusliche Verarbeitung, Handhabung oder Lagerung von Lebensmitteln zum häuslichen privaten Verbrauch gelten. Außerdem sollten sie nur für Unternehmen gelten, wodurch eine gewisse Kontinuität der Tätigkeiten und ein gewisser Organisationsgrad bedingt ist.

(10) Gesundheitsgefahren, die auf Ebene der Primärproduktion gegeben sind, sollten identifiziert und in angemessener Weise unter Kontrolle gebracht werden, um sicherzustellen, dass die Ziele dieser Verordnung erreicht werden. Bei der direkten Abgabe kleiner Mengen von Primärerzeugnissen durch den erzeugenden Lebensmittelunternehmer an den Endverbraucher oder an ein örtliches Einzelhandelsunternehmen ist es angezeigt, die öffentliche Gesundheit durch einzelstaatliche Rechtsvorschriften zu schützen, und zwar insbesondere aufgrund der engen Beziehungen zwischen Erzeuger und Verbraucher.

(11) Die Anwendung der Grundsätze der Gefahrenanalyse und der Überwachung kritischer Kontrollpunkte (HACCP-Grundsätze) auf den Primärsektor ist noch nicht allgemein durchführbar. Es sollte aber Leitlinien für eine gute Verfahrenspraxis geben, die zur Anwendung einer geeigneten Hygienepraxis in den landwirtschaftlichen Betrieben beitragen. Soweit erforderlich, sollten außerdem spezifische Hygienevorschriften für die Primärproduktion diese Leitlinien ergänzen. Die Hygieneanforderungen an die Primärproduktion und damit zusammenhängende Vorgänge sollten sich von denen für andere Arbeitsvorgänge unterscheiden.

([1]) Siehe Seite 22 dieses Amtsblatts.

(12) Die Lebensmittelsicherheit beruht auf mehreren Faktoren. Die Mindesthygieneanforderungen sollten in Rechtsvorschriften festgelegt sein; zur Überwachung der Erfüllung der Anforderungen durch die Lebensmittelunternehmer sollte es amtliche Kontrollen geben; die Lebensmittelunternehmer sollten Programme für die Lebensmittelsicherheit und Verfahren auf der Grundlage der HACCP-Grundsätze einführen und anwenden.

(13) Eine erfolgreiche Umsetzung der Verfahren auf der Grundlage der HACCP-Grundsätze erfordert die volle Mitwirkung und das Engagement der Beschäftigten des jeweiligen Lebensmittelunternehmens. Diese sollten dafür entsprechend geschult werden. Das HACCP-System ist ein Instrument, das Lebensmittelunternehmern hilft, einen höheren Lebensmittelsicherheitsstandard zu erreichen. Das HACCP-System sollte nicht als ein Verfahren der Selbstregulierung angesehen werden und nicht die amtliche Überwachung ersetzen.

(14) Obwohl die Einführung von Verfahren auf der Grundlage der HACCP-Grundsätze für die Primärproduktion zunächst noch nicht vorgeschrieben werden sollte, sollte im Rahmen der Überprüfung dieser Verordnung, die die Kommission im Rahmen der Durchführung vornehmen wird, auch untersucht werden, ob diese Anforderung ausgedehnt werden kann. Die Mitgliedstaaten sollten jedoch die Unternehmen im Rahmen der Primärproduktion anregen, diese Grundsätze so weit wie möglich anzuwenden.

(15) Die HACCP-Anforderungen sollten den im Codex Alimentarius enthaltenen Grundsätzen Rechnung tragen. Sie sollten so flexibel sein, dass sie, auch in kleinen Betrieben, in allen Situationen anwendbar sind. Insbesondere muss davon ausgegangen werden, dass die Identifizierung der kritischen Kontrollpunkte in bestimmten Lebensmittelunternehmen nicht möglich ist und dass eine gute Hygienepraxis in manchen Fällen die Überwachung der kritischen Kontrollpunkte ersetzen kann. So bedeutet auch die verlangte Festsetzung von „kritischen Grenzwerten" nicht, dass in jedem Fall ein in Zahlen ausgedrückter Grenzwert festzusetzen ist. Im Übrigen muss die Verpflichtung zur Aufbewahrung von Unterlagen flexibel sein, um einen übermäßigen Aufwand für sehr kleine Unternehmen zu vermeiden.

(16) Flexibilität ist außerdem angezeigt, damit traditionelle Methoden auf allen Produktions-, Verarbeitungs- und Vertriebsstufen von Lebensmitteln weiterhin angewandt werden können, wie auch in Bezug auf strukturelle Anforderungen an die Betriebe. Die Flexibilität ist für Regionen in schwieriger geografischer Lage – einschließlich der in Artikel 299 Absatz 2 des Vertrags aufgeführten Gebiete in äußerster Randlage – von besonderer Bedeutung. Die Flexibilität sollte jedoch die Ziele der Lebensmittelhygiene nicht in Frage stellen. Außerdem sollte das Verfahren, das den Mitgliedstaaten die Möglichkeit der Flexibilität einräumt, vollkommen transparent sein, da alle nach den Hygienevorschriften hergestellten Lebensmittel sich in der Gemeinschaft im freien Verkehr befinden werden. Dabei sollte vorgesehen werden, dass etwaige Meinungsverschiedenheiten in dem mit der Verordnung (EG) Nr. 178/2002 eingesetzten Ständigen Ausschuss für die Lebensmittelkette und Tiergesundheit erörtert und gelöst werden.

(17) Die Umsetzung der Hygienevorschriften kann durch Zielvorgaben, z. B. Ziele für die Reduzierung pathogener Erreger oder Leistungsnormen, gelenkt werden. Daher müssen entsprechende Verfahrensvorschriften festgelegt werden. Solche Zielvorgaben würden das geltende Lebensmittelrecht ergänzen, beispielsweise die Verordnung (EWG) Nr. 315/93 des Rates vom 8. Februar 1993 zur Fest-

legung von gemeinschaftlichen Verfahren zur Kontrolle von Kontaminanten in Lebensmitteln ([1]), die für bestimmte Kontaminanten die Festlegung von Höchstwerten vorsieht, und die Verordnung (EG) Nr. 178/2002, die das Inverkehrbringen nicht sicherer Lebensmittel untersagt und eine einheitliche Grundlage für die Anwendung des Vorsorgeprinzips schafft.

(18) Um dem technischen und wissenschaftlichen Fortschritt Rechnung zu tragen, sollte eine enge und effiziente Zusammenarbeit zwischen der Kommission und den Mitgliedstaaten im Ständigen Ausschuss für die Lebensmittelkette und Tiergesundheit sichergestellt werden. Die vorliegende Verordnung trägt den internationalen Verpflichtungen im Rahmen des WTO-Übereinkommens über gesundheitspolizeiliche und pflanzenschutzrechtliche Maßnahmen und den im Codex Alimentarius enthaltenen internationalen Lebensmittelsicherheitsstandards Rechnung.

(19) Die Registrierung der Betriebe und die Kooperation der Lebensmittelunternehmer sind erforderlich, damit die zuständigen Behörden die amtlichen Kontrollen wirksam durchführen können.

(20) Ein wesentlicher Aspekt der Lebensmittelsicherheit ist die Rückverfolgbarkeit des Lebensmittels und seiner Zutaten auf allen Stufen der Lebensmittelkette. Die Verordnung (EG) Nr. 178/2002 enthält Regelungen zur Rückverfolgbarkeit von Lebensmitteln und Zutaten sowie ein Verfahren zum Erlass von Bestimmungen zur Anwendung dieser Grundsätze auf bestimmte Sektoren.

(21) In die Gemeinschaft eingeführte Lebensmittel müssen den allgemeinen Anforderungen der Verordnung (EG) Nr. 178/2002 genügen oder müssen Bestimmungen entsprechen, die den Gemeinschaftsbestimmungen gleichwertig sind. Die vorliegende Verordnung regelt bestimmte spezifische Hygieneanforderungen für in die Gemeinschaft eingeführte Lebensmittel.

(22) Aus der Gemeinschaft in Drittländer ausgeführte Lebensmittel müssen den allgemeinen Anforderungen der Verordnung (EG) Nr. 178/2002 entsprechen. Die vorliegende Verordnung regelt bestimmte spezifische Hygieneanforderungen für aus der Gemeinschaft ausgeführte Lebensmittel.

(23) Lebensmittelhygienevorschriften der Gemeinschaft müssen wissenschaftlich fundiert sein. Zu diesem Zweck ist erforderlichenfalls die Europäische Behörde für Lebensmittelsicherheit zu konsultieren.

(24) Die Richtlinie 93/43/EWG sollte aufgehoben werden, da sie durch die vorliegende Verordnung ersetzt wird.

(25) Die Anforderungen dieser Verordnung sollten nicht gelten, bevor nicht alle Teile der neuen Lebensmittelhygienevorschriften in Kraft getreten sind. Ferner ist es angezeigt, einen Zeitraum von mindestens 18 Monaten zwischen dem Inkrafttreten und der Anwendung der neuen Vorschriften vorzusehen, um den betroffenen Wirtschaftszweigen Zeit zur Anpassung zu lassen.

(26) Die zur Durchführung dieser Verordnung erforderlichen Maßnahmen sollten gemäß dem Beschluss 1999/468/EG des Rates vom 28. Juni 1999 zur Festlegung der Modalitäten für die Ausübung der der Kommission übertragenen Durchführungsbefugnisse ([2]) erlassen werden –

---

[1] ABl. L 37 vom 13.2.1993, S. 1. Verordnung geändert durch die Verordnung (EG) Nr. 1882/2003.
[2] ABl. L 184 vom 17.7.1999, S. 23.

HABEN FOLGENDE VERORDNUNG ERLASSEN:

KAPITEL I
ALLGEMEINE BESTIMMUNGEN

Artikel 1
Geltungsbereich

(1) Diese Verordnung enthält allgemeine Lebensmittelhygienevorschriften für Lebensmittelunternehmer unter besonderer Berücksichtigung folgender Grundsätze:

a) Die Hauptverantwortung für die Sicherheit eines Lebensmittels liegt beim Lebensmittelunternehmer.

b) Die Sicherheit der Lebensmittel muss auf allen Stufen der Lebensmittelkette, einschließlich der Primärproduktion, gewährleistet sein.

c) Bei Lebensmitteln, die nicht ohne Bedenken bei Raumtemperatur gelagert werden können, insbesondere bei gefrorenen Lebensmitteln, darf die Kühlkette nicht unterbrochen werden.

d) Die Verantwortlichkeit der Lebensmittelunternehmer sollte durch die allgemeine Anwendung von auf den HACCP-Grundsätzen beruhenden Verfahren in Verbindung mit einer guten Hygienepraxis gestärkt werden.

e) Leitlinien für eine gute Verfahrenspraxis sind ein wertvolles Instrument, das Lebensmittelunternehmern auf allen Stufen der Lebensmittelkette hilft, die Vorschriften der Lebensmittelhygiene einzuhalten und die HACCP-Grundsätze anzuwenden.

f) Auf der Grundlage wissenschaftlicher Risikobewertungen sind mikrobiologische Kriterien und Temperaturkontrollerfordernisse festzulegen.

g) Es muss sichergestellt werden, dass eingeführte Lebensmittel mindestens denselben oder gleichwertigen Hygienenormen entsprechen wie in der Gemeinschaft hergestellte Lebensmittel.

Diese Verordnung gilt für alle Produktions-, Verarbeitungs- und Vertriebsstufen von Lebensmitteln und für Ausfuhren sowie unbeschadet spezifischerer Vorschriften für die Hygiene von Lebensmitteln.

(2) Diese Verordnung gilt nicht für

a) die Primärproduktion für den privaten häuslichen Gebrauch;

b) die häusliche Verarbeitung, Handhabung oder Lagerung von Lebensmitteln zum häuslichen privaten Verbrauch;

c) die direkte Abgabe kleiner Mengen von Primärerzeugnissen durch den Erzeuger an den Endverbraucher oder an lokale Einzelhandelsgeschäfte, die die Erzeugnisse unmittelbar an den Endverbraucher abgeben;

d) Sammelstellen und Gerbereien, die ausschließlich deshalb unter die Definition „Lebensmittelunternehmen" fallen, weil sie mit Rohstoffen für die Herstellung von Gelatine oder Kollagen umgehen.

VO (EG) Nr. 852/2004

(3) Im Rahmen der einzelstaatlichen Rechtsvorschriften erlassen die Mitgliedstaaten Vorschriften für die Tätigkeiten im Sinne des Absatzes 2 Buchstabe c). Mit diesen einzelstaatlichen Vorschriften muss gewährleistet werden, dass die Ziele dieser Verordnung erreicht werden.

Artikel 2
Begriffsbestimmungen

(1) Für die Zwecke dieser Verordnung bezeichnet der Ausdruck

a) „Lebensmittelhygiene" (im Folgenden „Hygiene" genannt) die Maßnahmen und Vorkehrungen, die notwendig sind, um Gefahren unter Kontrolle zu bringen und zu gewährleisten, dass ein Lebensmittel unter Berücksichtigung seines Verwendungszwecks für den menschlichen Verzehr tauglich ist;

b) „Primärerzeugnisse" Erzeugnisse aus primärer Produktion einschließlich Anbauerzeugnissen, Erzeugnissen aus der Tierhaltung, Jagderzeugnissen und Fischereierzeugnissen;

c) „Betrieb" jede Einheit eines Lebensmittelunternehmens;

d) „zuständige Behörde" die Zentralbehörde eines Mitgliedstaats, die für die Einhaltung der Bestimmungen dieser Verordnung zuständig ist, oder jede andere Behörde, der die Zentralbehörde diese Zuständigkeit übertragen hat, gegebenenfalls auch die entsprechende Behörde eines Drittlandes;

e) „gleichwertig" in Bezug auf unterschiedliche Systeme ein zur Verwirklichung derselben Ziele geeignetes Verfahren;

f) „Kontamination" das Vorhandensein oder das Hereinbringen einer Gefahr;

g) „Trinkwasser" Wasser, das den Mindestanforderungen der Richtlinie 98/83/EG des Rates vom 3. November 1998 über die Qualität von Wasser für den menschlichen Gebrauch ([1]) entspricht;

h) „sauberes Meerwasser" natürliches, künstliches oder gereinigtes Meer- oder Brackwasser, das keine Mikroorganismen, keine schädlichen Stoffe und kein toxisches Meeresplankton in Mengen aufweist, die die Gesundheitsqualität von Lebensmitteln direkt oder indirekt beeinträchtigen können;

i) „sauberes Wasser" sauberes Meerwasser und Süßwasser von vergleichbarer Qualität;

j) „Umhüllung" das Platzieren eines Lebensmittels in eine Hülle oder ein Behältnis, die das Lebensmittel unmittelbar umgeben, sowie diese Hülle oder dieses Behältnis selbst;

k) „Verpackung" das Platzieren eines oder mehrerer umhüllter Lebensmittel in ein zweites Behältnis sowie dieses Behältnis selbst;

l) „luftdicht verschlossener Behälter" einen Behälter, der seiner Konzeption nach dazu bestimmt ist, seinen Inhalt gegen das Eindringen von Gefahren zu schützen;

([1]) ABl. L 330 vom 5.12.1998, S. 32. Richtlinie geändert durch die Verordnung (EG) Nr. 1882/2003.

m) „Verarbeitung" eine wesentliche Veränderung des ursprünglichen Erzeugnisses, beispielsweise durch Erhitzen, Räuchern, Pökeln, Reifen, Trocknen, Marinieren, Extrahieren, Extrudieren oder durch eine Kombination dieser verschiedenen Verfahren;

n) „unverarbeitete Erzeugnisse" Lebensmittel, die keiner Verarbeitung unterzogen wurden, einschließlich Erzeugnisse, die geteilt, ausgelöst, getrennt, in Scheiben geschnitten, ausgebeint, fein zerkleinert, enthäutet, gemahlen, geschnitten, gesäubert, garniert, enthülst, geschliffen, gekühlt, gefroren, tiefgefroren oder aufgetaut wurden;

o) „Verarbeitungserzeugnisse" Lebensmittel, die aus der Verarbeitung unverarbeiteter Erzeugnisse hervorgegangen sind; diese Erzeugnisse können Zutaten enthalten, die zu ihrer Herstellung oder zur Verleihung besonderer Merkmale erforderlich sind.

(2) Ferner gelten die Begriffsbestimmungen der Verordnung (EG) Nr. 178/2002.

(3) Im Sinne der Anhänge dieser Verordnung bedeuten Ausdrücke wie „erforderlichenfalls", „geeignet", „angemessen" und „ausreichend" im Hinblick auf die Ziele dieser Verordnung erforderlich, geeignet, angemessen und ausreichend.

KAPITEL II
VERPFLICHTUNGEN DER LEBENSMITTELUNTERNEHMER

Artikel 3
Allgemeine Verpflichtung

Die Lebensmittelunternehmer stellen sicher, dass auf allen ihrer Kontrolle unterstehenden Produktions-, Verarbeitungs- und Vertriebsstufen von Lebensmitteln die einschlägigen Hygienevorschriften dieser Verordnung erfüllt sind.

Artikel 4
Allgemeine und spezifische Hygienevorschriften

(1) Lebensmittelunternehmer, die in der Primärproduktion tätig sind und die in Anhang I aufgeführten damit zusammenhängenden Vorgänge durchführen, haben die allgemeinen Hygienevorschriften gemäß Anhang I Teil A sowie etwaige spezielle Anforderungen der Verordnung (EG) Nr. 853/2004 zu erfüllen.

(2) Lebensmittelunternehmer, die auf Produktions-, Verarbeitungs- und Vertriebsstufen von Lebensmitteln tätig sind, die den Arbeitsgängen gemäß Absatz 1 nachgeordnet sind, haben die allgemeinen Hygienevorschriften gemäß Anhang II sowie etwaige spezielle Anforderungen der Verordnung (EG) Nr. 853/2004 zu erfüllen.

(3) Lebensmittelunternehmer treffen gegebenenfalls folgende spezifischen Hygienemaßnahmen:

a) Erfüllung mikrobiologischer Kriterien für Lebensmittel;

b) Verfahren, die notwendig sind, um den Zielen zu entsprechen, die zur Erreichung der Ziele dieser Verordnung gesetzt worden sind;

c) Erfüllung der Temperaturkontrollerfordernisse für Lebensmittel;

d) Aufrechterhaltung der Kühlkette;

e) Probennahme und Analyse.

(4) Die in Absatz 3 genannten Kriterien, Erfordernisse und Ziele sowie die entsprechenden Methoden für die Probenahme und die Analyse werden von der Kommission festgelegt. Diese Maßnahmen zur Änderung nicht wesentlicher Bestimmungen dieser Verordnung durch Ergänzung werden nach dem in Artikel 14 Absatz 3 genannten Regelungsverfahren mit Kontrolle erlassen.

(5) Falls in dieser Verordnung, in der Verordnung (EG) Nr. 853/2004 und in deren Durchführungsmaßnahmen keine Probenahme- und Analysemethoden festgelegt sind, können die Lebensmittelunternehmer in anderen gemeinschaftlichen oder einzelstaatlichen Rechtsvorschriften festgelegte geeignete Methoden anwenden; bestehen solche Methoden nicht, so können die Lebensmittelunternehmer Methoden anwenden, die den Ergebnissen der Referenzmethode gleichwertige Ergebnisse erbringen, sofern diese Methoden nach international anerkannten Regeln oder Protokollen wissenschaftlich validiert sind.

(6) Die Lebensmittelunternehmer können für die Erfüllung ihrer Verpflichtungen aus dieser Verordnung unterstützend auf Leitlinien gemäß den Artikeln 7, 8 und 9 zurückgreifen.

Artikel 5

Gefahrenanalyse und kritische Kontrollpunkte

(1) Die Lebensmittelunternehmer haben ein oder mehrere ständige Verfahren, die auf den HACCP-Grundsätzen beruhen, einzurichten, durchzuführen und aufrechtzuerhalten.

(2) Die in Absatz 1 genannten HACCP-Grundsätze sind die Folgenden:

a) Ermittlung von Gefahren, die vermieden, ausgeschaltet oder auf ein akzeptables Maß reduziert werden müssen,

b) Bestimmung der kritischen Kontrollpunkte, auf der (den) Prozessstufe(n), auf der (denen) eine Kontrolle notwendig ist, um eine Gefahr zu vermeiden, auszuschalten oder auf ein akzeptables Maß zu reduzieren,

c) Festlegung von Grenzwerten für diese kritischen Kontrollpunkte, anhand deren im Hinblick auf die Vermeidung, Ausschaltung oder Reduzierung ermittelter Gefahren zwischen akzeptablen und nicht akzeptablen Werten unterschieden wird,

d) Festlegung und Durchführung effektiver Verfahren zur Überwachung der kritischen Kontrollpunkte,

e) Festlegung von Korrekturmaßnahmen für den Fall, dass die Überwachung zeigt, dass ein kritischer Kontrollpunkt nicht unter Kontrolle ist,

f) Festlegung von regelmäßig durchgeführten Verifizierungsverfahren, um festzustellen, ob den Vorschriften gemäß den Buchstaben a) bis e) entsprochen wird,

g) Erstellung von Dokumenten und Aufzeichnungen, die der Art und Größe des Lebensmittelunternehmens angemessen sind, um nachweisen zu können, dass den Vorschriften gemäß den Buchstaben a) bis f) entsprochen wird.

Wenn Veränderungen am Erzeugnis, am Herstellungsprozess oder in den Produktionsstufen vorgenommen werden, so überprüft der Lebensmittelunternehmer das Verfahren und passt es in der erforderlichen Weise an.

(3) Absatz 1 gilt nur für Lebensmittelunternehmer, die auf einer Produktions-, Verarbeitungs- oder Vertriebsstufe von Lebensmitteln tätig sind, die der Primärproduktion und den in Anhang I aufgeführten damit zusammenhängenden Vorgängen nachgeordnet sind.

(4) Die Lebensmittelunternehmer haben

a) gegenüber der zuständigen Behörde den Nachweis zu erbringen, dass sie Absatz 1 entsprechen; dieser Nachweis erfolgt in der von der zuständigen Behörde unter Berücksichtigung der Art und Größe des Lebensmittelunternehmens verlangten Form;

b) sicherzustellen, dass die Dokumente, aus denen die gemäß diesem Artikel entwickelten Verfahren hervorgehen, jederzeit auf dem neuesten Stand sind;

c) die übrigen Dokumente und Aufzeichnungen während eines angemessenen Zeitraums aufzubewahren.

(5) Durchführungsvorschriften zu diesem Artikel können nach dem in Artikel 14 Absatz 2 genannten Verfahren erlassen werden. Solche Vorschriften können die Durchführung dieses Artikels für bestimmte Lebensmittelunternehmer erleichtern, insbesondere indem sie zur Erfüllung von Absatz 1 die Anwendung der Verfahren vorsehen, die in den Leitlinien für die Anwendung der HACCP-Grundsätze festgelegt sind. In diesen Vorschriften kann auch festgelegt werden, wie lange die Lebensmittelunternehmer die Dokumente und Aufzeichnungen gemäß Absatz 4 Buchstabe c) aufzubewahren haben.

Artikel 6

Amtliche Kontrollen, Registrierung und Zulassung

(1) Die Lebensmittelunternehmer arbeiten gemäß anderen anwendbaren Gemeinschaftsregelungen oder, wenn solche Regelungen nicht bestehen, gemäß den einzelstaatlichen Rechtsvorschriften mit den zuständigen Behörden zusammen.

(2) Insbesondere haben die Lebensmittelunternehmer der entsprechenden zuständigen Behörde in der von dieser verlangten Weise die einzelnen ihrer Kontrolle unterstehenden Betriebe, die auf einer der Stufen der Produktion, der Verarbeitung oder des Vertriebs von Lebensmitteln tätig sind, zwecks Registrierung zu melden.

Ferner stellen die Lebensmittelunternehmer sicher, dass die Kenntnisse der zuständigen Behörde über die Betriebe stets auf dem aktuellen Stand sind, indem sie unter anderem alle wichtigen Veränderungen bei den Tätigkeiten und Betriebsschließungen melden.

(3) Die Lebensmittelunternehmer stellen jedoch sicher, dass die Betriebe von der zuständigen Behörde nach mindestens einer Kontrolle an Ort und Stelle zugelassen werden, wenn eine solche Zulassung vorgeschrieben ist:

a) nach dem einzelstaatlichen Recht des Mitgliedstaats, in dem der Betrieb sich befindet,

b) nach der Verordnung (EG) Nr. 853/2004

oder

c) aufgrund eines von der Kommission gefassten Beschlusses. Diese Maßnahme zur Änderung nicht wesentlicher Bestimmungen dieser Verordnung wird nach dem in Artikel 14 Absatz 3 genannten Regelungsverfahren mit Kontrolle erlassen.

Ein Mitgliedstaat, der gemäß Buchstabe a) die Zulassung bestimmter auf seinem Gebiet niedergelassener Unternehmen nach seinem einzelstaatlichen Recht vorschreibt, setzt die Kommission und die anderen Mitgliedstaaten von den einschlägigen einzelstaatlichen Vorschriften in Kenntnis.

KAPITEL III
LEITLINIEN FÜR EINE GUTE VERFAHRENSPRAXIS

Artikel 7
Ausarbeitung, Verbreitung und Anwendung der Leitlinien

Die Mitgliedstaaten fördern die Ausarbeitung von einzelstaatlichen Leitlinien für eine gute Hygienepraxis und für die Anwendung der HACCP-Grundsätze gemäß Artikel 8. Gemäß Artikel 9 werden gemeinschaftliche Leitlinien ausgearbeitet.

Die Verbreitung und die Anwendung sowohl von einzelstaatlichen als auch von gemeinschaftlichen Leitlinien werden gefördert. Die Lebensmittelunternehmer können diese Leitlinien jedoch auf freiwilliger Basis berücksichtigen.

Artikel 8
Einzelstaatliche Leitlinien

(1) Werden einzelstaatliche Leitlinien für eine gute Verfahrenspraxis erstellt, so werden sie von der Lebensmittelwirtschaft wie folgt ausgearbeitet und verbreitet:

a) im Benehmen mit Vertretern von Beteiligten, deren Interessen erheblich berührt werden könnten, wie zuständige Behörden und Verbrauchervereinigungen,

b) unter Berücksichtigung der einschlägigen Verfahrenskodizes des Codex Alimentarius

und

c) sofern sie die Primärproduktion und damit zusammenhängende Vorgänge gemäß Anhang I betreffen, unter Berücksichtigung der Empfehlungen in Anhang I Teil B.

(2) Einzelstaatliche Leitlinien können unter der Federführung eines nationalen Normungsgremiums gemäß Anhang II der Richtlinie 98/34/EG ([1]) erstellt werden.

(3) Die Mitgliedstaaten prüfen die einzelstaatlichen Leitlinien, um sicherzustellen, dass sie

a) gemäß Absatz 1 ausgearbeitet wurden,

b) in den betreffenden Sektoren durchführbar sind

und

c) als Leitlinien für die ordnungsgemäße Anwendung der Artikel 3, 4 und 5 in den betreffenden Sektoren und für die betreffenden Lebensmittel geeignet sind.

(4) Die Mitgliedstaaten übermitteln der Kommission einzelstaatliche Leitlinien, die die Anforderungen gemäß Absatz 3 erfüllen. Die Kommission erstellt und unterhält ein Registrierungssystem für diese Leitlinien, das sie den Mitgliedstaaten zur Verfügung stellt.

(5) Die gemäß Richtlinie 93/43/EWG ausgearbeiteten Leitlinien für eine gute Hygienepraxis gelten nach dem Inkrafttreten der vorliegenden Verordnung weiter, sofern sie den Zielen dieser Verordnung gerecht werden.

Artikel 9
Gemeinschaftliche Leitlinien

(1) Vor der Ausarbeitung gemeinschaftlicher Leitlinien für eine gute Hygienepraxis oder für die Anwendung der HACCP-Grundsätze hört die Kommission den in Artikel 14 genannten Ausschuss an. Im Rahmen dieser Anhörung sollen die Zweckmäßigkeit, der Anwendungsbereich und der Gegenstand solcher Leitlinien geprüft werden.

(2) Werden gemeinschaftliche Leitlinien erstellt, so trägt die Kommission dafür Sorge, dass sie wie folgt ausgearbeitet und verbreitet werden:

a) von oder im Benehmen mit geeigneten Vertretern der europäischen Lebensmittelwirtschaft, einschließlich kleiner und mittlerer Unternehmen, und anderen Interessengruppen, wie Verbrauchervereinigungen,

b) in Zusammenarbeit mit Beteiligten, deren Interessen erheblich berührt werden könnten, einschließlich der zuständigen Behörden,

c) unter Berücksichtigung der einschlägigen Verfahrenskodizes des Codex Alimentarius

und

d) sofern sie die Primärproduktion und damit zusammenhängende Vorgänge gemäß Anhang I betreffen, unter Berücksichtigung der Empfehlungen in Anhang I Teil B.

---

[1] Richtlinie 98/34/EG des Europäischen Parlaments und des Rates vom 22. Juni 1998 über ein Informationsverfahren auf dem Gebiet der Normen und technischen Vorschriften (ABl. L 204 vom 21.7.1998, S. 37). Richtlinie geändert durch die Beitrittsakte von 2003.

(3) Der in Artikel 14 genannte Ausschuss prüft den Entwurf der gemeinschaftlichen Leitlinien, um sicherzustellen, dass sie
a) gemäß Absatz 2 ausgearbeitet wurden,
b) in den betreffenden Sektoren gemeinschaftsweit durchführbar sind und
c) als Leitlinien für die ordnungsgemäße Anwendung der Artikel 3, 4 und 5 in den betreffenden Sektoren und für die betreffenden Lebensmittel geeignet sind.

(4) Die Kommission fordert den in Artikel 14 genannten Ausschuss auf, alle nach diesem Artikel erstellten gemeinschaftlichen Leitlinien in Zusammenarbeit mit den in Absatz 2 genannten Gremien in regelmäßigen Abständen zu überprüfen.

Mit dieser Überprüfung soll sichergestellt werden, dass die Leitlinien durchführbar bleiben und soll den technologischen und wissenschaftlichen Entwicklungen Rechnung getragen werden.

(5) Die Titel und Fundstellen gemeinschaftlicher Leitlinien, die nach diesem Artikel erstellt wurden, werden in der Reihe C des *Amtsblatts der Europäischen Union* veröffentlicht.

KAPITEL IV
EINFUHREN UND AUSFUHREN

Artikel 10
Einfuhren

In Bezug auf die Hygiene von eingeführten Lebensmitteln umfassen die in Artikel 11 der Verordnung (EG) Nr. 178/2002 genannten entsprechenden Anforderungen des Lebensmittelrechts auch die Vorschriften der Artikel 3 bis 6 der vorliegenden Verordnung.

Artikel 11
Ausfuhren

In Bezug auf die Hygiene von ausgeführten oder wieder ausgeführten Lebensmitteln umfassen die in Artikel 12 der Verordnung (EG) Nr. 178/2002 genannten entsprechenden Anforderungen des Lebensmittelrechts auch die Vorschriften der Artikel 3 bis 6 der vorliegenden Verordnung.

KAPITEL V
SCHLUSSBESTIMMUNGEN

Artikel 12

Übergangsmaßnahmen von allgemeiner Tragweite zur Änderung nicht wesentlicher Bestimmungen dieser Verordnung, auch durch Ergänzung um neue nicht wesentliche Bestimmungen, insbesondere weitere Angaben zu den in dieser Verordnung festgelegten Erfordernissen, werden nach dem in Artikel 14 Absatz 3 genannten Regelungsverfahren mit Kontrolle erlassen.

Sonstige Durchführungs- oder Übergangsmaßnahmen können nach dem in Artikel 14 Absatz 2 genannten Regelungsverfahren erlassen werden.

Artikel 13
Änderung und Anpassung der Anhänge I und II

(1) Die Anhänge I und II können von der Kommission angepasst oder aktualisiert werden, wobei Folgendem Rechnung zu tragen ist:

a) der Notwendigkeit, die Empfehlungen aus Anhang I Teil B Nummer 2 zu überarbeiten;

b) den bei der Anwendung von HACCP-gestützten Systemen gemäß Artikel 5 gesammelten Erfahrungen;

c) technologischen Entwicklungen und ihren praktischen Konsequenzen sowie den Verbrauchererwartungen im Hinblick auf die Zusammensetzung von Lebensmitteln;

d) wissenschaftlichen Gutachten, insbesondere neuen Risikobewertungen;

e) mikrobiologischen und Temperaturkriterien für Lebensmittel.

Diese Maßnahmen zur Änderung nicht wesentlicher Bestimmungen dieser Verordnung, auch durch Ergänzung, werden nach dem in Artikel 14 Absatz 3 genannten Regelungsverfahren mit Kontrolle erlassen.

(2) Unter Berücksichtigung der relevanten Risikofaktoren kann die Kommission Ausnahmen von den Anhängen I und II gewähren, um insbesondere die Anwendung von Artikel 5 für Kleinbetriebe zu erleichtern, sofern die Erreichung der Ziele dieser Verordnung durch diese Ausnahmen nicht in Frage gestellt wird. Diese Maßnahmen zur Änderung nicht wesentlicher Bestimmungen dieser Verordnung durch Ergänzung werden nach dem in Artikel 14 Absatz 3 genannten Regelungsverfahren mit Kontrolle erlassen.

(3) Die Mitgliedstaaten können, ohne die Erreichung der Ziele dieser Verordnung zu gefährden, nach den Absätzen 4 bis 7 des vorliegenden Artikels einzelstaatliche Vorschriften zur Anpassung der Anforderungen des Anhangs II erlassen.

(4) a) Die einzelstaatlichen Vorschriften gemäß Absatz 3 haben zum Ziel

  i) die weitere Anwendung traditioneller Methoden auf allen Produktions-, Verarbeitungs- oder Vertriebsstufen von Lebensmitteln zu ermöglichen

  oder

  ii) den Bedürfnissen von Lebensmittelunternehmen in Regionen in schwieriger geografischer Lage durch entsprechende Anpassungen Rechnung zu tragen.

b) In den anderen Fällen betreffen sie lediglich den Bau, die Konzeption und die Ausrüstung der Betriebe.

(5) Mitgliedstaaten, die gemäß Absatz 3 einzelstaatliche Vorschriften erlassen wollen, teilen dies der Kommission und den anderen Mitgliedstaaten mit. Die Mitteilung enthält

a) eine ausführliche Beschreibung der Anforderungen, die nach Ansicht des betreffenden Mitgliedstaats angepasst werden müssen, und die Art der angestrebten Anpassung,

b) eine Beschreibung der betroffenen Lebensmittel und Betriebe,

c) eine Erläuterung der Gründe für die Anpassung, einschließlich gegebenenfalls einer Zusammenfassung der Ergebnisse der durchgeführten Gefahrenanalyse und der Maßnahmen, die getroffen werden sollen, um sicherzustellen, dass die Anpassung die Ziele dieser Verordnung nicht gefährdet,

sowie

d) alle sonstigen relevanten Informationen.

(6) Die anderen Mitgliedstaaten haben ab Eingang einer Mitteilung gemäß Absatz 5 drei Monate Zeit, um der Kommission schriftliche Bemerkungen zu übermitteln. Im Fall der Anpassungen gemäß Absatz 4 Buchstabe b) wird diese Frist auf vier Monate verlängert, wenn ein Mitgliedstaat dies beantragt. Die Kommission kann die Mitgliedstaaten in dem in Artikel 14 Absatz 1 genannten Ausschuss anhören; wenn sie schriftliche Bemerkungen von einem oder mehreren Mitgliedstaaten erhält, muss sie diese Anhörung durchführen. Die Kommission kann nach dem Verfahren gemäß Artikel 14 Absatz 2 entscheiden, ob die geplanten Vorschriften – erforderlichenfalls mit geeigneten Änderungen – erlassen werden dürfen. Die Kommission kann gegebenenfalls gemäß Absatz 1 oder 2 des vorliegenden Artikels allgemeine Maßnahmen vorschlagen.

(7) Ein Mitgliedstaat darf einzelstaatliche Vorschriften zur Anpassung des Anhangs II nur erlassen,

a) wenn eine entsprechende Entscheidung gemäß Absatz 6 vorliegt

oder

b) wenn die Kommission die Mitgliedstaaten einen Monat nach Ablauf der Frist gemäß Absatz 6 nicht davon in Kenntnis gesetzt hat, dass ihr schriftliche Bemerkungen vorliegen oder dass sie beabsichtigt, die Annahme einer Entscheidung gemäß Absatz 6 vorzuschlagen.

Artikel 14

Ausschussverfahren

(1) Die Kommission wird von dem Ständigen Ausschuss für die Lebensmittelkette und Tiergesundheit unterstützt.

(2) Wird auf diesen Absatz Bezug genommen, so gelten die Artikel 5 und 7 des Beschlusses 1999/468/EG unter Beachtung von dessen Artikel 8.

Der Zeitraum nach Artikel 5 Absatz 6 des Beschlusses 1999/468/EG wird auf drei Monate festgesetzt.

(3) Wird auf diesen Absatz Bezug genommen, so gelten Artikel 5a Absätze 1 bis 4 und Artikel 7 des Beschlusses 1999/468/EG unter Beachtung von dessen Artikel 8.

Artikel 15

Anhörung der Europäischen Behörde für Lebensmittelsicherheit

Die Kommission hört die Europäische Behörde für Lebensmittelsicherheit in jeder in den Anwendungsbereich dieser Verordnung fallenden Angelegenheit an, die erhebliche Auswirkungen auf die öffentliche Gesundheit haben könnte, und insbesondere, bevor sie Kriterien, Erfordernisse oder Ziele gemäß Artikel 4 Absatz 4 vorschlägt.

Artikel 16

Bericht an das Europäische Parlament und den Rat

(1) Die Kommission unterbreitet dem Europäischen Parlament und dem Rat spätestens am 20. Mai 2009 einen Bericht.

(2) Dieser Bericht enthält insbesondere einen Überblick über die bei der Anwendung dieser Verordnung gemachten Erfahrungen sowie Überlegungen dazu, ob eine Ausdehnung der Anforderungen des Artikels 5 auf Lebensmittelunternehmer, die in der Primärproduktion tätig sind und die in Anhang I aufgeführten damit zusammenhängenden Vorgänge durchführen, wünschenswert und durchführbar wäre.

(3) Die Kommission fügt dem Bericht gegebenenfalls geeignete Vorschläge bei.

Artikel 17

Aufhebung

(1) Die Richtlinie 93/43/EWG wird mit Wirkung ab dem Datum, ab dem die vorliegende Verordnung gilt, aufgehoben.

(2) Verweisungen auf die aufgehobene Richtlinie gelten als Verweisungen auf die vorliegende Verordnung.

(3) Nach Artikel 3 Absatz 3 und Artikel 10 der Richtlinie 93/43/EWG erlassene Beschlüsse bleiben jedoch bis zu ihrer Ersetzung durch Beschlüsse gemäß der vorliegenden Verordnung oder gemäß der Verordnung (EG) Nr. 178/2002 in Kraft. Bis zur Festlegung der in Artikel 4 Absatz 3 Buchstaben a) bis e) der vorliegenden Verordnung genannten Kriterien oder Erfordernisse können die Mitgliedstaaten einzelstaatliche Bestimmungen zur Festlegung solcher Kriterien oder Erfordernisse, die sie gemäß der Richtlinie 93/43/EWG angenommen hatten, beibehalten.

(4) Bis zur Anwendung neuer Gemeinschaftsregelungen mit Vorschriften für die amtliche Überwachung von Lebensmitteln ergreifen die Mitgliedstaaten die geeigneten Maßnahmen, um sicherzustellen, dass die in dieser Verordnung oder im Rahmen dieser Verordnung festgelegten Verpflichtungen erfüllt werden.

Artikel 18

Inkrafttreten

Diese Verordnung tritt 20 Tage nach ihrer Veröffentlichung im *Amtsblatt der Europäischen Union* in Kraft.

Ihre Anwendung beginnt 18 Monate nach dem Zeitpunkt, zu dem alle folgenden Rechtsakte in Kraft getreten sind:

a) Verordnung (EG) Nr. 853/2004,

b) Verordnung (EG) Nr. 854/2004 des Europäischen Parlaments und des Rates vom 29. April 2004 mit besonderen Verfahrensvorschriften für die amtliche Überwachung von zum menschlichen Verzehr bestimmten Erzeugnissen tierischen Ursprungs ([1])

([1]) Siehe seite 83 dieses Amtsblatts.

und

c) Richtlinie 2004/41/EG des Europäischen Parlaments und des Rates vom 21. April 2004 zur Aufhebung bestimmter Richtlinien über Lebensmittelhygiene und Hygienevorschriften für die Herstellung und das Inverkehrbringen von bestimmten, zum menschlichen Verzehr bestimmten Erzeugnissen tierischen Ursprungs ([1]).

Sie gilt jedoch frühestens ab dem 1. Januar 2006.

([1]) ABl. L 157 vom 30.4.2004.

ANHANG I
PRIMÄRPRODUKTION

TEIL A: ALLGEMEINE HYGIENEVORSCHRIFTEN FÜR DIE PRIMÄRPRODUKTION UND DAMIT ZUSAMMENHÄNGENDE VORGÄNGE

I. Geltungsbereich

1. Dieser Anhang gilt für die Primärproduktion und die folgenden damit zusammenhängenden Vorgänge:

   a) die Beförderung, die Lagerung und die Behandlung von Primärerzeugnissen am Erzeugungsort, sofern dabei ihre Beschaffenheit nicht wesentlich verändert wird,

   b) die Beförderung lebender Tiere, sofern dies zur Erreichung der Ziele dieser Verordnung erforderlich ist,

   und

   c) im Falle von Erzeugnissen pflanzlichen Ursprungs, Fischereierzeugnissen und Wild die Beförderung zur Lieferung von Primärerzeugnissen, deren Beschaffenheit nicht wesentlich verändert wurde, vom Erzeugungsort zu einem Betrieb.

II. Hygienevorschriften

2. Die Lebensmittelunternehmer müssen so weit wie möglich sicherstellen, dass Primärerzeugnisse im Hinblick auf eine spätere Verarbeitung vor Kontaminationen geschützt werden.

3. Unbeschadet der allgemeinen Verpflichtung nach Nummer 2 müssen die Lebensmittelunternehmer die einschlägigen gemeinschaftlichen und einzelstaatlichen Rechtsvorschriften über die Eindämmung von Gefahren bei der Primärproduktion und damit zusammenhängenden Vorgängen einhalten, einschließlich

   a) der Maßnahmen zur Verhinderung der Kontamination durch Bestandteile der Luft, des Bodens und des Wassers, durch Futtermittel, Düngemittel, Tierarzneimittel, Pflanzenschutzmittel und Biozide und durch die Lagerung, Behandlung und Beseitigung von Abfällen

   sowie

   b) der Maßnahmen betreffend die Tiergesundheit und den Tierschutz sowie die Pflanzengesundheit, die sich auf die menschliche Gesundheit auswirken, einschließlich der Programme zur Überwachung und Bekämpfung von Zoonosen und Zoonoseerregern.

4. Die Lebensmittelunternehmer, die Tiere halten, ernten oder jagen oder Primärerzeugnisse tierischen Ursprungs gewinnen, müssen die jeweils angemessenen Maßnahmen treffen, um

   a) die für die Primärproduktion und damit zusammenhängenden Vorgänge verwendeten Anlagen, einschließlich der zur Lagerung und Behandlung von Futtermitteln verwendeten Anlagen, zu reinigen und erforderlichenfalls nach der Reinigung in geeigneter Weise zu desinfizieren;

b) Ausrüstungen, Behälter, Transportkisten, Fahrzeuge und Schiffe zu reinigen und erforderlichenfalls nach der Reinigung in geeigneter Weise zu desinfizieren;

c) die Sauberkeit von Schlachttieren und erforderlichenfalls von Nutztieren so weit wie möglich sicherzustellen;

d) erforderlichenfalls zur Vermeidung von Kontaminationen Trinkwasser oder sauberes Wasser zu verwenden;

e) sicherzustellen, dass das an der Behandlung von Lebensmitteln beteiligte Personal gesund und in Bezug auf Gesundheitsrisiken geschult ist;

f) Kontaminationen durch Tiere und Schädlinge so weit wie möglich vorzubeugen;

g) Abfälle und gefährliche Stoffe so zu lagern und so damit umzugehen, dass eine Kontamination verhindert wird;

h) zu verhindern, dass auf den Menschen übertragbare Infektionskrankheiten durch Lebensmittel eingeschleppt und verbreitet werden, unter anderem durch Sicherheitsvorkehrungen beim Einbringen neuer Tiere und durch Meldung an die zuständige Behörde bei Verdacht auf Ausbruch einer solchen Krankheit;

i) die Ergebnisse einschlägiger Analysen von Tiermaterialproben oder sonstiger Proben, die für die menschliche Gesundheit von Belang sind, zu berücksichtigen

und

j) Futtermittelzusatzstoffe und Tierarzneimittel nach den einschlägigen Rechtsvorschriften korrekt zu verwenden.

5. Lebensmittelunternehmer, die Pflanzenerzeugnisse erzeugen oder ernten, müssen die jeweils angemessenen Maßnahmen treffen, um

a) die Anlagen, Ausrüstungen, Behälter, Transportkisten, Fahrzeuge und Schiffe zu reinigen und erforderlichenfalls nach der Reinigung in geeigneter Weise zu desinfizieren,

b) erforderlichenfalls hygienische Produktions-, Transport- und Lagerbedingungen für die Pflanzenerzeugnisse sowie deren Sauberkeit sicherzustellen,

c) erforderlichenfalls zur Vermeidung von Kontaminationen Trinkwasser oder sauberes Wasser zu verwenden,

d) sicherzustellen, dass das an der Behandlung von Lebensmitteln beteiligte Personal gesund und in Bezug auf Gesundheitsrisiken geschult ist,

e) Kontaminationen durch Tiere und Schädlinge so weit wie möglich zu verhindern,

f) Abfälle und gefährliche Stoffe so zu lagern und so damit umzugehen, dass eine Kontamination verhindert wird,

g) die Ergebnisse einschlägiger Analysen von Pflanzenmaterialproben oder sonstiger Proben, die für die menschliche Gesundheit von Belang sind, zu berücksichtigen und

h) Pflanzenschutzmittel und Biozide nach den einschlägigen Vorschriften korrekt zu verwenden.

6. Die Lebensmittelunternehmer treffen geeignete Abhilfemaßnahmen, wenn sie über Probleme unterrichtet werden, die im Rahmen der amtlichen Überwachung festgestellt werden.

III. Buchführung

7. Die Lebensmittelunternehmer müssen in geeigneter Weise über die Maßnahmen, die zur Eindämmung von Gefahren getroffen wurden, Buch führen und die Bücher während eines der Art und Größe des Lebensmittelunternehmens angemessenen Zeitraums aufbewahren. Die Lebensmittelunternehmer müssen die in diesen Büchern enthaltenen relevanten Informationen der zuständigen Behörde und den belieferten Lebensmittelunternehmern auf Verlangen zur Verfügung stellen.

8. Lebensmittelunternehmer, die Tiere halten oder Primärerzeugnisse tierischen Ursprungs gewinnen, müssen insbesondere Buch führen über

a) Art und Herkunft der an die Tiere verfütterten Futtermittel,

b) die den Tieren verabreichten Tierarzneimittel und die sonstigen Behandlungen, denen die Tiere unterzogen wurden, die Daten der Verabreichung und die Wartefristen,

c) aufgetretene Krankheiten, die die Sicherheit von Erzeugnissen tierischen Ursprungs beeinträchtigen können,

d) die Ergebnisse von Analysen von Tiermaterialproben oder sonstiger für Diagnosezwecke genommener Proben, die für die menschliche Gesundheit von Belang sind,

und

e) einschlägige Berichte über Untersuchungen, die an den Tieren oder Erzeugnissen tierischen Ursprungs vorgenommen wurden.

9. Lebensmittelunternehmer, die Pflanzenerzeugnisse erzeugen oder ernten, müssen insbesondere Buch führen über

a) die Verwendung von Pflanzenschutzmitteln und Bioziden,

b) aufgetretene Schädlinge und Krankheiten, die die Sicherheit von Erzeugnissen pflanzlichen Ursprungs beeinträchtigen können,

und

c) die Ergebnisse einschlägiger Analysen von Pflanzenproben oder sonstigen Proben, die für die menschliche Gesundheit von Belang sind.

10. Der Lebensmittelunternehmer kann von anderen Personen, wie beispielsweise Tierärzten, Agronomen und Agrartechnikern, beim Führen der Bücher unterstützt werden.

TEIL B: EMPFEHLUNGEN FÜR DIE LEITLINIEN FÜR DIE GUTE HYGIENE-PRAXIS

1. Die in Artikel 7 bis 9 dieser Verordnung genannten einzelstaatlichen und gemeinschaftlichen Leitlinien sollten eine Richtschnur für die gute Hygienepraxis zur Eindämmung von Gefahren bei der Primärproduktion und damit zusammenhängenden Vorgängen darstellen.

2. Die Leitlinien für die gute Hygienepraxis sollten angemessene Informationen über mögliche Gefahren bei der Primärproduktion und damit zusammenhängenden Vorgängen und Maßnahmen zur Eindämmung von Gefahren enthalten, einschließlich der in gemeinschaftlichen und einzelstaatlichen Rechtsvorschriften oder Programmen dargelegten einschlägigen Maßnahmen. Dazu können beispielsweise gehören:

   a) die Bekämpfung von Kontaminationen durch Mykotoxine, Schwermetalle und radioaktives Material;

   b) die Verwendung von Wasser, organischen Abfällen und Düngemitteln;

   c) die vorschrifts- und sachgemäße Verwendung von Pflanzenschutzmitteln und Bioziden sowie deren Rückverfolgbarkeit;

   d) die vorschrifts- und sachgemäße Verwendung von Tierarzneimitteln und Futtermittelzusatzstoffen sowie deren Rückverfolgbarkeit;

   e) die Zubereitung, Lagerung, Verwendung und Rückverfolgbarkeit von Futtermitteln;

   f) die vorschriftsgemäße Entsorgung von verendeten Tieren, Abfall und Einstreu;

   g) die Schutzmaßnahmen zur Verhütung der Einschleppung von auf den Menschen übertragbaren Infektionskrankheiten durch Lebensmittel und die Meldepflichten gegenüber der zuständigen Behörde;

   h) die Verfahren, Praktiken und Methoden, um sicherzustellen, dass Lebensmittel unter angemessenen Hygienebedingungen hergestellt, behandelt, verpackt, gelagert und befördert werden, einschließlich einer gründlichen Reinigung und Schädlingsbekämpfung;

   i) die Maßnahmen im Hinblick auf die Sauberkeit der Schlacht- und der Nutztiere;

   j) die Maßnahmen im Hinblick auf die Buchführung.

ANHANG II

ALLGEMEINE HYGIENEVORSCHRIFTEN FÜR ALLE LEBENSMITTEL-UNTERNEHMER (AUSGENOMMEN UNTERNEHMER, FÜR DIE ANHANG I GILT)

EINLEITUNG

Die Kapitel V bis XII gelten für alle Produktions-, Verarbeitungs- und Vertriebsstufen von Lebensmitteln; für die übrigen Kapitel gilt Folgendes:

- Kapitel I gilt für alle Betriebsstätten, in denen mit Lebensmitteln umgegangen wird, ausgenommen die Betriebsstätten gemäß Kapitel III;
- Kapitel II gilt für alle Räumlichkeiten, in denen Lebensmittel zubereitet, behandelt oder verarbeitet werden, ausgenommen Essbereiche und die Betriebsstätten gemäß Kapitel III;
- Kapitel III gilt für alle in der Überschrift dieses Kapitels genannten Betriebsstätten;
- Kapitel IV gilt für alle Beförderungen.

KAPITEL I

Allgemeine Vorschriften für Betriebsstätten, in denen mit Lebensmitteln umgegangen wird (ausgenommen die Betriebsstätten gemäß Kapitel III)

1. Betriebsstätten, in denen mit Lebensmitteln umgegangen wird, müssen sauber und stets instand gehalten sein.

2. Betriebsstätten, in denen mit Lebensmitteln umgegangen wird, müssen so angelegt, konzipiert, gebaut, gelegen und bemessen sein, dass

   a) eine angemessene Instandhaltung, Reinigung und/oder Desinfektion möglich ist, aerogene Kontaminationen vermieden oder auf ein Mindestmaß beschränkt werden und ausreichende Arbeitsflächen vorhanden sind, die hygienisch einwandfreie Arbeitsgänge ermöglichen,

   b) die Ansammlung von Schmutz, der Kontakt mit toxischen Stoffen, das Eindringen von Fremdteilchen in Lebensmittel, die Bildung von Kondensflüssigkeit oder unerwünschte Schimmelbildung auf Oberflächen vermieden wird,

   c) gute Lebensmittelhygiene, einschließlich Schutz gegen Kontaminationen und insbesondere Schädlingsbekämpfung, gewährleistet ist

   und

   d) soweit erforderlich, geeignete Bearbeitungs- und Lagerräume vorhanden sind, die insbesondere eine Temperaturkontrolle und eine ausreichende Kapazität bieten, damit die Lebensmittel auf einer geeigneten Temperatur gehalten werden können und eine Überwachung und, sofern erforderlich, eine Registrierung der Lagertemperatur möglich ist.

3. Es müssen genügend Toiletten mit Wasserspülung und Kanalisationsanschluss vorhanden sein. Toilettenräume dürfen auf keinen Fall unmittelbar in Räume öffnen, in denen mit Lebensmitteln umgegangen wird.

4. Es müssen an geeigneten Standorten genügend Handwaschbecken vorhanden sein. Diese müssen Warm- und Kaltwasserzufuhr haben; darüber hinaus müssen Mittel zum Händewaschen und zum hygienischen Händetrocknen vorhanden sein. Soweit erforderlich, müssen die Vorrichtungen zum Waschen der Lebensmittel von den Handwaschbecken getrennt angeordnet sein.
5. Es muss eine ausreichende und angemessene natürliche oder künstliche Belüftung gewährleistet sein. Künstlich erzeugte Luftströmungen aus einem kontaminierten in einen reinen Bereich sind zu vermeiden. Die Lüftungssysteme müssen so installiert sein, dass Filter und andere Teile, die gereinigt oder ausgetauscht werden müssen, leicht zugänglich sind.
6. Alle sanitären Anlagen müssen über eine angemessene natürliche oder künstliche Belüftung verfügen.
7. Betriebsstätten, in denen mit Lebensmitteln umgegangen wird, müssen über eine angemessene natürliche und/oder künstliche Beleuchtung verfügen.
8. Abwasserableitungssysteme müssen zweckdienlich sein. Sie müssen so konzipiert und gebaut sein, dass jedes Kontaminationsrisiko vermieden wird. Offene oder teilweise offene Abflussrinnen müssen so konzipiert sein, dass die Abwässer nicht aus einem kontaminierten zu einem oder in einen reinen Bereich, insbesondere einen Bereich fließen können, in dem mit Lebensmitteln umgegangen wird, die ein erhöhtes Risiko für die Gesundheit des Endverbrauchers darstellen könnten.
9. Soweit erforderlich, müssen angemessene Umkleideräume für das Personal vorhanden sein.
10. Reinigungs- und Desinfektionsmittel dürfen nicht in Bereichen gelagert werden, in denen mit Lebensmitteln umgegangen wird.

KAPITEL II

Besondere Vorschriften für Räume, in denen Lebensmittel zubereitet, behandelt oder verarbeitet werden (ausgenommen Essbereiche und die Betriebsstätten gemäß Kapitel III)

1. Räume, in denen Lebensmittel zubereitet, behandelt oder verarbeitet werden (ausgenommen Essbereiche und die Betriebsstätten gemäß Kapitel III, jedoch einschließlich Räume in Transportmitteln), müssen so konzipiert und angelegt sein, dass eine gute Lebensmittelhygiene gewährleistet ist und Kontaminationen zwischen und während Arbeitsgängen vermieden werden. Sie müssen insbesondere folgende Anforderungen erfüllen:

    a) Die Bodenbeläge sind in einwandfreiem Zustand zu halten und müssen leicht zu reinigen und erforderlichenfalls zu desinfizieren sein. Sie müssen entsprechend wasserundurchlässig, Wasser abstoßend und abriebfest sein und aus nichttoxischem Material bestehen, es sei denn, die Lebensmittelunternehmer können gegenüber der zuständigen Behörde nachweisen, dass andere verwendete Materialien geeignet sind. Gegebenenfalls müssen die Böden ein angemessenes Abflusssystem aufweisen;

    b) die Wandflächen sind in einwandfreiem Zustand zu halten und müssen leicht zu reinigen und erforderlichenfalls zu desinfizieren sein. Sie müssen entsprechend wasserundurchlässig, Wasser abstoßend und abriebfest sein und aus nichttoxischem Material bestehen sowie bis zu einer den jeweiligen Arbeitsvorgängen angemessenen Höhe glatte Flächen aufweisen, es sei denn, die Lebensmittelunternehmer können gegenüber der zuständigen Behörde nachweisen, dass andere verwendete Materialien geeignet sind,

c) Decken (oder soweit Decken nicht vorhanden sind, die Dachinnenseiten) und Deckenstrukturen müssen so gebaut und verarbeitet sein, dass Schmutzansammlungen vermieden und Kondensation, unerwünschter Schimmelbefall sowie das Ablösen von Materialteilchen auf ein Mindestmaß beschränkt werden,

d) Fenster und andere Öffnungen müssen so gebaut sein, dass Schmutzansammlungen vermieden werden. Soweit sie nach außen öffnen können, müssen sie erforderlichenfalls mit Insektengittern versehen sein, die zu Reinigungszwecken leicht entfernt werden können. Soweit offene Fenster die Kontamination begünstigen, müssen sie während des Herstellungsprozesses geschlossen und verriegelt bleiben,

e) Türen müssen leicht zu reinigen und erforderlichenfalls zu desinfizieren sein. Sie müssen entsprechend glatte und Wasser abstoßende Oberflächen haben, es sei denn, die Lebensmittelunternehmer können gegenüber der zuständigen Behörde nachweisen, dass andere verwendete Materialien geeignet sind

und

f) Flächen (einschließlich Flächen von Ausrüstungen) in Bereichen, in denen mit Lebensmitteln umgegangen wird, und insbesondere Flächen, die mit Lebensmitteln in Berührung kommen, sind in einwandfreiem Zustand zu halten und müssen leicht zu reinigen und erforderlichenfalls zu desinfizieren sein. Sie müssen entsprechend aus glattem, abriebfestem, korrosionsfestem und nichttoxischem Material bestehen, es sei denn, die Lebensmittelunternehmer können gegenüber der zuständigen Behörde nachweisen, dass andere verwendete Materialien geeignet sind.

2. Geeignete Vorrichtungen zum Reinigen, Desinfizieren und Lagern von Arbeitsgeräten und Ausrüstungen müssen erforderlichenfalls vorhanden sein. Diese Vorrichtungen müssen aus korrosionsfesten Materialien hergestellt, leicht zu reinigen sein und über eine angemessene Warm- und Kaltwasserzufuhr verfügen.

3. Geeignete Vorrichtungen zum Waschen der Lebensmittel müssen erforderlichenfalls vorhanden sein. Jedes Waschbecken bzw. jede andere Vorrichtung zum Waschen von Lebensmitteln muss im Einklang mit den Vorschriften des Kapitels VII über eine angemessene Zufuhr von warmem und/oder kaltem Trinkwasser verfügen und sauber gehalten sowie erforderlichenfalls desinfiziert werden.

KAPITEL III

Vorschriften für ortsveränderliche und/oder nichtständige Betriebsstätten (wie Verkaufszelte, Marktstände und mobile Verkaufsfahrzeuge), vorrangig als private Wohngebäude genutzte Betriebsstätten, in denen jedoch Lebensmittel regelmäßig für das Inverkehrbringen zubereitet werden, sowie Verkaufsautomaten

1. Die Betriebsstätten und Verkaufsautomaten müssen, soweit praktisch durchführbar, so gelegen, konzipiert und gebaut sein und sauber und instand gehalten werden, dass das Risiko der Kontamination, insbesondere durch Tiere und Schädlinge, vermieden wird.

2. Insbesondere gilt erforderlichenfalls Folgendes:

    a) Es müssen geeignete Vorrichtungen (einschließlich Vorrichtungen zum hygienischen Waschen und Trocknen der Hände sowie hygienisch einwandfreie sanitäre Anlagen und Umkleideräume) zur Verfügung stehen, damit eine angemessene persönliche Hygiene gewährleistet ist;

    b) Flächen, die mit Lebensmitteln in Berührung kommen, sind in einwandfreiem Zustand zu halten und müssen leicht zu reinigen und erforderlichenfalls zu desinfizieren sein. Sie müssen entsprechend aus glattem, abriebfestem, korrosionsfestem und nichttoxischem Material bestehen, es sei denn, die Lebensmittelunternehmer können gegenüber der zuständigen Behörde nachweisen, dass andere verwendete Materialien geeignet sind;

    c) es müssen geeignete Vorrichtungen zum Reinigen und erforderlichenfalls Desinfizieren von Arbeitsgeräten und Ausrüstungen vorhanden sein;

    d) soweit Lebensmittel im Rahmen der Tätigkeit des Lebensmittelunternehmens gesäubert werden müssen, muss dafür Sorge getragen werden, dass die jeweiligen Arbeitsgänge unter hygienisch einwandfreien Bedingungen ablaufen;

    e) die Zufuhr einer ausreichenden Menge an warmem und/oder kaltem Trinkwasser muss gewährleistet sein;

    f) es müssen angemessene Vorrichtungen und/oder Einrichtungen zur hygienischen Lagerung und Entsorgung von gesundheitlich bedenklichen und/oder ungenießbaren (flüssigen und festen) Stoffen und Abfällen vorhanden sein;

    g) es müssen angemessene Vorrichtungen und/oder Einrichtungen zur Haltung und Überwachung geeigneter Temperaturbedingungen für die Lebensmittel vorhanden sein;

    h) die Lebensmittel müssen so aufbewahrt werden, dass das Risiko einer Kontamination, soweit praktisch durchführbar, vermieden wird.

KAPITEL IV

Beförderung

1. Transportbehälter und/oder Container zur Beförderung von Lebensmitteln müssen sauber und instand gehalten werden, damit die Lebensmittel vor Kontamination geschützt sind, und müssen erforderlichenfalls so konzipiert und

gebaut sein, dass eine angemessene Reinigung und/oder Desinfektion möglich ist.

2. Transportbehälter und/oder Container müssen ausschließlich der Beförderung von Lebensmitteln vorbehalten bleiben, wenn die Gefahr von Kontamination besteht.

3. Werden in Transportbehältern und/oder Containern neben Lebensmitteln zusätzlich auch andere Waren befördert oder verschiedene Lebensmittel gleichzeitig befördert, so sind die Erzeugnisse erforderlichenfalls streng voneinander zu trennen.

4. Lebensmittel, die in flüssigem, granulat- oder pulverförmigem Zustand als Massengut befördert werden, werden in Transportbehältern und/oder Containern/Tanks befördert, die ausschließlich der Beförderung von Lebensmitteln vorbehalten sind. Die Container sind in einer oder mehreren Sprachen der Gemeinschaft deutlich sichtbar und dauerhaft als Beförderungsmittel für Lebensmittel auszuweisen, oder sie tragen den Aufdruck „Nur für Lebensmittel".

5. Wurden Transportbehälter und/oder Container für die Beförderung anderer Waren als Lebensmittel oder die Beförderung verschiedener Lebensmittel verwendet, so sind sie zwischen den einzelnen Ladungsvorgängen sorgfältig zu reinigen, damit kein Kontaminationsrisiko entsteht.

6. Lebensmittel sind in Transportbehältern und/oder Containern so zu platzieren und zu schützen, dass das Kontaminationsrisiko so gering wie möglich ist.

7. Transportbehälter und/oder Container, die zur Beförderung von Lebensmitteln verwendet werden, müssen erforderlichenfalls die Lebensmittel auf einer geeigneten Temperatur halten können und eine Überwachung der Beförderungstemperatur ermöglichen.

KAPITEL V

Vorschriften für Ausrüstungen

1. Gegenstände, Armaturen und Ausrüstungen, mit denen Lebensmittel in Berührung kommen, müssen

   a) gründlich gereinigt und erforderlichenfalls desinfiziert werden. Die Reinigung und die Desinfektion muss so häufig erfolgen, dass kein Kontaminationsrisiko besteht,

   b) so gebaut, beschaffen und instand gehalten sein, dass das Risiko einer Kontamination so gering wie möglich ist,

   c) mit Ausnahme von Einwegbehältern oder -verpackungen so gebaut, beschaffen und instand gehalten sein, dass sie gereinigt und erforderlichenfalls desinfiziert werden können,

   und

   d) so installiert sein, dass die Ausrüstungen und das unmittelbare Umfeld angemessen gereinigt werden können.

2. Die Ausrüstungen müssen erforderlichenfalls mit entsprechenden Kontrollvorrichtungen versehen sein, damit die Ziele dieser Verordnung auf jeden Fall erreicht werden.
3. Chemische Zusatzstoffe müssen, soweit sie erforderlich sind, um eine Korrosion der Ausrüstungen und Behälter zu verhindern, nach guter fachlicher Praxis verwendet werden.

KAPITEL VI
Lebensmittelabfälle

1. Lebensmittelabfälle, ungenießbare Nebenerzeugnisse und andere Abfälle müssen so rasch wie möglich aus Räumen, in denen mit Lebensmitteln umgegangen wird, entfernt werden, damit eine Anhäufung dieser Abfälle vermieden wird.
2. Lebensmittelabfälle, ungenießbare Nebenerzeugnisse und andere Abfälle sind in verschließbaren Behältern zu lagern, es sei denn, die Lebensmittelunternehmer können der zuständigen Behörde gegenüber nachweisen, dass andere Behälterarten oder andere Entsorgungssysteme geeignet sind. Diese Behälter müssen angemessen gebaut sein, einwandfrei instand gehalten sowie leicht zu reinigen und erforderlichenfalls leicht zu desinfizieren sein.
3. Es sind geeignete Vorkehrungen für die Lagerung und Entsorgung von Lebensmittelabfällen, ungenießbaren Nebenerzeugnissen und anderen Abfällen zu treffen. Abfallsammelräume müssen so konzipiert und geführt werden, dass sie sauber und erforderlichenfalls frei von Tieren und Schädlingen gehalten werden können.
4. Alle Abfälle sind nach geltendem Gemeinschaftsrecht hygienisch einwandfrei und umweltfreundlich zu entsorgen und dürfen Lebensmittel weder direkt noch indirekt kontaminieren.

KAPITEL VII
Wasserversorgung

1. a) Es muss in ausreichender Menge Trinkwasser zur Verfügung stehen, das erforderlichenfalls zu verwenden ist, um zu gewährleisten, dass die Lebensmittel nicht kontaminiert werden.
   b) Sauberes Wasser kann für unzerteilte Fischereierzeugnisse verwendet werden.
   Sauberes Meerwasser kann für lebende Muscheln, Stachelhäuter, Manteltiere und Meeresschnecken verwendet werden; sauberes Wasser kann auch zur äußeren Reinigung verwendet werden.
   Wird sauberes Wasser verwendet, so müssen für die Versorgung hiermit angemessene Einrichtungen und Verfahren zur Verfügung stehen, um zu gewährleisten, dass eine solche Verwendung kein Kontaminationsrisiko für die Lebensmittel darstellt.
2. Brauchwasser, das beispielsweise zur Brandbekämpfung, Dampferzeugung, Kühlung oder zu ähnlichen Zwecken verwendet wird, ist separat durch ordnungsgemäß gekennzeichnete Leitungen zu leiten. Es darf weder eine Verbindung zur Trinkwasserleitung noch die Möglichkeit des Rückflusses in diese Leitung bestehen.

3. Aufbereitetes Wasser, das zur Verarbeitung oder als Zutat verwendet wird, darf kein Kontaminationsrisiko darstellen. Es muss den Trinkwassernormen entsprechen, es sei denn, die zuständige Behörde hat festgestellt, dass die Wasserqualität die Genusstauglichkeit des Lebensmittels in seiner Fertigform in keiner Weise beeinträchtigen kann.

4. Eis, das mit Lebensmitteln in Berührung kommt oder Lebensmittel kontaminieren kann, muss aus Trinkwasser oder – bei der Kühlung von unzerteilten Fischereierzeugnissen – aus sauberem Wasser hergestellt werden. Es muss so hergestellt, behandelt und gelagert werden, dass eine Kontamination ausgeschlossen ist.

5. Dampf, der unmittelbar mit Lebensmitteln in Berührung kommt, darf keine potenziell gesundheitsgefährdenden oder kontaminationsfähigen Stoffe enthalten.

6. Werden Lebensmittel in hermetisch verschlossenen Behältnissen hitzebehandelt, so ist sicherzustellen, dass das nach dem Erhitzen zum Kühlen verwendete Wasser keine Kontaminationsquelle für die Lebensmittel darstellt.

KAPITEL VIII

Persönliche Hygiene

1. Personen, die in einem Bereich arbeiten, in dem mit Lebensmitteln umgegangen wird, müssen ein hohes Maß an persönlicher Sauberkeit halten; sie müssen geeignete und saubere Arbeitskleidung und erforderlichenfalls Schutzkleidung tragen.

2. Personen, die an einer Krankheit leiden, die durch Lebensmittel übertragen werden kann, oder Träger einer solchen Krankheit sind, sowie Personen mit beispielsweise infizierten Wunden, Hautinfektionen oder -verletzungen oder Diarrhöe ist der Umgang mit Lebensmitteln und das Betreten von Bereichen, in denen mit Lebensmitteln umgegangen wird, generell verboten, wenn die Möglichkeit einer direkten oder indirekten Kontamination besteht. Betroffene Personen, die in einem Lebensmittelunternehmen beschäftigt sind und mit Lebensmitteln in Berührung kommen können, haben dem Lebensmittelunternehmer Krankheiten und Symptome sowie, wenn möglich, deren Ursachen unverzüglich zu melden.

KAPITEL IX

Vorschriften für Lebensmittel

1. Ein Lebensmittelunternehmer darf andere Zutaten bzw. Rohstoffe als lebende Tiere oder andere Materialien, die bei der Verarbeitung von Erzeugnissen eingesetzt werden, nicht akzeptieren, wenn sie erwiesenermaßen oder aller Voraussicht nach mit Parasiten, pathogenen Mikroorganismen oder toxischen, verdorbenen oder fremden Stoffen derart kontaminiert sind, dass selbst nach ihrer hygienisch einwandfreien normalen Aussortierung und/oder Vorbehandlung oder Verarbeitung durch den Lebensmittelunternehmer das Endprodukt für den menschlichen Verzehr nicht geeignet wäre.

2. Rohstoffe und alle Zutaten, die in einem Lebensmittelunternehmen vorrätig gehalten werden, sind so zu lagern, dass gesundheitsgefährdender Verderb verhindert wird und Schutz vor Kontamination gewährleistet ist.
3. Lebensmittel sind auf allen Stufen der Erzeugung, der Verarbeitung und des Vertriebs vor Kontaminationen zu schützen, die sie für den menschlichen Verzehr ungeeignet oder gesundheitsschädlich machen bzw. derart kontaminieren, dass ein Verzehr in diesem Zustand nicht zu erwarten wäre.
4. Es sind geeignete Verfahren zur Bekämpfung von Schädlingen vorzusehen. Auch sind geeignete Verfahren vorzusehen, um zu vermeiden, dass Haustiere Zugang zu den Räumen haben, in denen Lebensmittel zubereitet, behandelt oder gelagert werden (oder, sofern die zuständige Behörde dies in Sonderfällen gestattet, um zu vermeiden, dass ein solcher Zugang zu einer Kontamination führt).
5. Rohstoffe, Zutaten, Zwischenerzeugnisse und Enderzeugnisse, die die Vermehrung pathogener Mikroorganismen oder die Bildung von Toxinen fördern können, dürfen nicht bei Temperaturen aufbewahrt werden, die einer Gesundheitsgefährdung Vorschub leisten könnten. Die Kühlkette darf nicht unterbrochen werden. Es darf jedoch für begrenzte Zeit von den Temperaturvorgaben abgewichen werden, sofern dies aus praktischen Gründen bei der Zubereitung, Beförderung und Lagerung sowie beim Feilhalten und beim Servieren von Lebensmitteln erforderlich ist und die Gesundheit des Verbrauchers dadurch nicht gefährdet wird. Lebensmittelunternehmen, die Verarbeitungserzeugnisse herstellen, bearbeiten und umhüllen, müssen über geeignete, ausreichend große Räume zur getrennten Lagerung der Rohstoffe einerseits und der Verarbeitungserzeugnisse andererseits und über ausreichende, separate Kühlräume verfügen.
6. Soweit Lebensmittel kühl vorrätig gehalten oder serviert werden sollen, müssen sie nach ihrer Erhitzung oder, falls keine Erhitzung stattfindet, nach fertiger Zubereitung so schnell wie möglich auf eine Temperatur abgekühlt werden, die keinem Gesundheitsrisiko Vorschub leistet.
7. Gefrorene Lebensmittel sind so aufzutauen, dass das Risiko des Wachstums pathogener Mikroorganismen oder der Bildung von Toxinen in den Lebensmitteln auf ein Mindestmaß beschränkt wird. Sie müssen bei einer Temperatur auftauen, die keinem Gesundheitsrisiko Vorschub leistet. Sofern Tauflüssigkeit ein Gesundheitsrisiko darstellt, muss diese abfließen können. Aufgetaute Lebensmittel müssen so bearbeitet werden, dass das Risiko des Wachstums pathogener Mikroorganismen oder der Bildung von Toxinen auf ein Mindestmaß beschränkt wird.
8. Gesundheitsgefährdende und/oder ungenießbare Stoffe, einschließlich Futtermittel, sind entsprechend zu etikettieren und in separaten, verschlossenen Behältnissen zu lagern.

KAPITEL X
Vorschriften für das Umhüllen und Verpacken von Lebensmitteln

1. Material, das der Umhüllung und Verpackung dient, darf keine Kontaminationsquelle für Lebensmittel darstellen.

2. Umhüllungen müssen so gelagert werden, dass sie nicht kontaminiert werden können.

3. Die Umhüllung und Verpackung der Erzeugnisse muss so erfolgen, dass diese nicht kontaminiert werden. Insbesondere wenn Metall- oder Glasbehältnisse verwendet werden, ist erforderlichenfalls sicherzustellen, dass das betreffende Behältnis sauber und nicht beschädigt ist.

4. Umhüllungen und Verpackungen, die für Lebensmittel wieder verwendet werden, müssen leicht zu reinigen und erforderlichenfalls leicht zu desinfizieren sein.

KAPITEL XI

Wärmebehandlung

Die folgenden Anforderungen gelten nur für Lebensmittel, die in hermetisch verschlossenen Behältern in Verkehr gebracht werden:

1. Bei jeder Wärmebehandlung zur Verarbeitung eines unverarbeiteten Erzeugnisses oder zur Weiterverarbeitung eines verarbeiteten Erzeugnisses muss

    a) jeder Teil des behandelten Erzeugnisses für eine bestimmte Zeit auf eine bestimmte Temperatur erhitzt werden

    und

    b) verhindert werden, dass das Erzeugnis während dieses Prozesses kontaminiert wird.

2. Um sicherzustellen, dass mit dem angewandten Verfahren die angestrebten Ziele erreicht werden, müssen die Lebensmittelunternehmer regelmäßig die wichtigsten in Betracht kommenden Parameter (insbesondere Temperatur, Druck, Versiegelung und Mikrobiologie) überprüfen, unter anderem auch durch die Verwendung automatischer Vorrichtungen.

3. Das angewandte Verfahren sollte international anerkannten Normen entsprechen (z. B. Pasteurisierung, Ultrahocherhitzung oder Sterilisierung).

KAPITEL XII

Schulung

Lebensmittelunternehmer haben zu gewährleisten, dass

1. Betriebsangestellte, die mit Lebensmitteln umgehen, entsprechend ihrer Tätigkeit überwacht und in Fragen der Lebensmittelhygiene unterwiesen und/oder geschult werden,

2. die Personen, die für die Entwicklung und Anwendung des Verfahrens nach Artikel 5 Absatz 1 der vorliegenden Verordnung oder für die Umsetzung einschlägiger Leitfäden zuständig sind, in allen Fragen der Anwendung der HACCP-Grundsätze angemessen geschult werden

    und

3. alle Anforderungen der einzelstaatlichen Rechtsvorschriften über Schulungsprogramme für die Beschäftigten bestimmter Lebensmittelsektoren eingehalten werden.

LMHV

Verordnung über Anforderungen an die Hygiene beim Herstellen, Behandeln und Inverkehrbringen von Lebensmitteln (Lebensmittelhygiene-Verordnung – LMHV)*)

In der Neufassung vom 21. Juni 2016

(BGBl. I Nr. 29, S. 1469)

§ 1 Anwendungsbereich

Diese Verordnung dient der Regelung spezifischer lebensmittelhygienischer Fragen sowie der Umsetzung und Durchführung von Rechtsakten der Europäischen Gemeinschaft oder der Europäischen Union auf dem Gebiet der Lebensmittelhygiene.

§ 2 Begriffsbestimmungen

(1) Im Sinne dieser Verordnung sind
1. nachteilige Beeinflussung: eine Ekel erregende oder sonstige Beeinträchtigung der einwandfreien hygienischen Beschaffenheit von Lebensmitteln, wie durch Mikroorganismen, Verunreinigungen, Witterungseinflüsse, Gerüche, Temperaturen, Gase, Dämpfe, Rauch, Aerosole, tierische Schädlinge, menschliche und tierische Ausscheidungen sowie durch Abfälle, Abwässer, Reinigungsmittel, Pflanzenschutzmittel, Tierarzneimittel, Biozid-Produkte oder ungeeignete Behandlungs- und Zubereitungsverfahren,
2. leicht verderbliches Lebensmittel: ein Lebensmittel, das in mikrobiologischer Hinsicht in kurzer Zeit leicht verderblich ist und dessen Verkehrsfähigkeit nur bei Einhaltung bestimmter Temperaturen oder sonstiger Bedingungen erhalten werden kann,
3. Erlegen: Töten von Groß- und Kleinwild nach jagdrechtlichen Vorschriften.

(2) Im Übrigen gelten die Begriffsbestimmungen des
1. Artikels 2 Absatz 1 der Verordnung (EG) Nr. 852/2004 des Europäischen Parlaments und des Rates vom 29. April 2004 über Lebensmittelhygiene (ABl. EU Nr. L 139 S. 1, Nr. L 226 S. 3) und
2. Anhangs I der Verordnung (EG) Nr. 853/2004 des Europäischen Parlaments und des Rates vom 29. April 2004 mit spezifischen Hygienevorschriften für Lebensmittel tierischen Ursprungs (ABl. EU Nr. L 139 S. 55, Nr. L 226 S. 22)

entsprechend.

---

*) Diese Verordnung dient der Umsetzung folgender Richtlinie:
Richtlinie 98/28/EG der Kommission vom 29. April 1998 über die Zulassung einer Abweichung von bestimmten Vorschriften der Richtlinie 93/43/EWG über Lebensmittelhygiene bei der Beförderung von Rohzucker auf See (ABl. L 140 vom 12.5.1998, S. 10).

§ 3 Allgemeine Hygieneanforderungen

Lebensmittel dürfen nur so hergestellt, behandelt oder in den Verkehr gebracht werden, dass sie bei Beachtung der im Verkehr erforderlichen Sorgfalt der Gefahr einer nachteiligen Beeinflussung nicht ausgesetzt sind. Mit lebenden Tieren nach § 4 Absatz 1 Nummer 1 des Lebensmittel- und Futtermittelgesetzbuches darf nur so umgegangen werden, dass von ihnen zu gewinnende Lebensmittel bei Beachtung der im Verkehr erforderlichen Sorgfalt der Gefahr einer nachteiligen Beeinflussung nicht ausgesetzt sind.

§ 4 Schulung

(1) Leicht verderbliche Lebensmittel dürfen nur von Personen hergestellt, behandelt oder in den Verkehr gebracht werden, die auf Grund einer Schulung nach Anhang II Kapitel XII Nummer 1 der Verordnung (EG) Nr. 852/2004 über ihrer jeweiligen Tätigkeit entsprechende Fachkenntnisse auf den in Anlage 1 genannten Sachgebieten verfügen. Die Fachkenntnisse nach Satz 1 sind auf Verlangen der zuständigen Behörde nachzuweisen. Satz 1 gilt nicht, soweit ausschließlich verpackte Lebensmittel gewogen, gemessen, gestempelt, bedruckt oder in den Verkehr gebracht werden. Satz 1 gilt nicht für die Primärproduktion und die Abgabe kleiner Mengen von Primärerzeugnissen nach § 5.

(2) Bei Personen, die eine wissenschaftliche Ausbildung oder eine Berufsausbildung abgeschlossen haben, in der Kenntnisse und Fertigkeiten auf dem Gebiet des Verkehrs mit Lebensmitteln einschließlich der Lebensmittelhygiene vermittelt werden, wird vermutet, dass sie für eine der jeweiligen Ausbildung entsprechende Tätigkeit

1. nach Anhang II Kapitel XII Nummer 1 der Verordnung (EG) Nr. 852/2004 in Fragen der Lebensmittelhygiene geschult sind und
2. über nach Absatz 1 erforderliche Fachkenntnisse verfügen.

§ 5 Anforderungen an die Abgabe kleiner Mengen bestimmter Primärerzeugnisse

(1) Wer kleine Mengen der in Absatz 2 genannten Primärerzeugnisse direkt an Verbraucher oder an örtliche Betriebe des Einzelhandels zur unmittelbaren Abgabe an Verbraucher abgibt, hat bei deren Herstellung und Behandlung unbeschadet der Anforderungen der Tierische Lebensmittel-Hygieneverordnung die Anforderungen der Anlage 2 einzuhalten. Örtliche Betriebe des Einzelhandels sind im Falle von Absatz 2 Nummer 2 Betriebe des Einzelhandels, die im Umkreis von nicht mehr als 100 Kilometern vom Wohnort des Jägers oder dem Erlegeort des Wildes gelegen sind.

(2) Kleine Mengen im Sinne des Absatzes 1 Satz 1 sind im Falle von

1. pflanzlichen Primärerzeugnissen, Honig, lebenden, frischen oder zubereiteten Fischereierzeugnissen, deren Beschaffenheit nicht wesentlich verändert wurde, oder lebenden Muscheln aus eigener Erzeugung, eigenem Fang oder eigener Ernte:

a) bei direkter Abgabe an Verbraucher haushaltsübliche Mengen,
b) bei Abgabe an Betriebe des Einzelhandels Mengen, die der für den jeweiligen Betrieb tagesüblichen Abgabe an Verbraucher entsprechen,
2. erlegtem Wild: die Strecke eines Jagdtages,
3. Eiern: Eier aus eigener Erzeugung von Betrieben mit weniger als 350 Legehennen.

§ 6 Herstellung bestimmter traditioneller Lebensmittel

Für Lebensmittelunternehmer, die ein in Anlage 3 Spalte 1 genanntes Lebensmittel herstellen, gelten die in Anlage 3 Spalte 2 jeweils bezeichneten Anforderungen des Anhangs II der Verordnung (EG) Nr. 852/2004 nicht hinsichtlich der in Anlage 3 Spalte 3 jeweils bezeichneten Räume oder Geräte und Ausrüstungen.

§ 6a Ausnahmen für die Herstellung von Hart- und Schnittkäse in Betrieben der Alm- oder Alpwirtschaft

Für Lebensmittelunternehmer, die in Betrieben der Alm- oder Alpwirtschaft Hart- oder Schnittkäse mit einer Reifungszeit von jeweils mehr als 60 Tagen herstellen, gelten die in Anlage 3a Spalte 2 jeweils bezeichneten Anforderungen der Verordnung (EG) Nr. 852/2004 nicht, soweit die in Anlage 3a Spalte 3 jeweils bezeichneten Anforderungen erfüllt werden.

§ 7
(weggefallen)

§ 8 Hygienische Anforderungen an die Beförderung von Rohzucker in Seeschiffen

(1) Rohzucker, der nach Raffination als Lebensmittel verwendet werden soll, darf abweichend von Anhang II Kapitel IV Nummer 4 der Verordnung (EG) Nr. 852/2004 als Massengut in Seeschiffen in nicht ausschließlich für die Beförderung von Lebensmitteln bestimmten Behältern befördert werden, wenn hinsichtlich der Behälter folgende Anforderungen eingehalten werden:
1. Vor dem Laden des Rohzuckers sind die Behälter gründlich zu reinigen, um sie von Rückständen der zuvor beförderten Ladung und sonstigen Verunreinigungen zu befreien; die Behälter sind zu überprüfen, um festzustellen, ob die genannten Rückstände ordnungsgemäß entfernt worden sind.
2. Die Ladung unmittelbar vor dem Rohzucker darf kein Flüssigmassengut gewesen sein.

(2) Die für das jeweilige Schiff verantwortliche Person hat Nachweise mit Angaben über die in dem jeweiligen Behälter, in dem sich der Rohzucker befindet, unmittelbar zuvor beförderte Ladung sowie über Art und Umfang der Reinigung nach Absatz 1 Nummer 1 für die Dauer der Beförderung zur Raffinerie mit sich zu führen. Auf den Unterlagen für die Beförderung des Rohzuckers hat die für das jeweilige Schiff verantwortliche Person vor Beginn der Beförderung gut

sichtbar und dauerhaft die Angabe „Dieses Erzeugnis ist erst nach Raffination für den menschlichen Verzehr geeignet" anzubringen.

(3) Im Falle einer Umladung der Behälter hat die für das abgebende Schiff verantwortliche Person die Nachweise nach Absatz 2 Satz 1 der für das Empfängerschiff verantwortlichen Person zu übergeben und letztere die übergebenen Nachweise entsprechend Absatz 2 Satz 1 mit sich zu führen.

(4) Nach Abschluss der Beförderung sind die Nachweise nach Absatz 2 Satz 1 von dem Beförderungsunternehmen für ein Jahr aufzubewahren. Satz 1 gilt nicht, soweit die Nachweise der für die Raffination verantwortlichen Person übergeben worden sind. Soweit die Nachweise nach Absatz 2 Satz 1 der für die Raffination verantwortlichen Person übergeben worden sind, sind sie von dieser für ein Jahr aufzubewahren.

(5) Die in den Absätzen 2 und 3 vorgeschriebenen Nachweise sind der zuständigen Behörde auf Verlangen vorzulegen.

§ 9 Zulassung zur Ausfuhr

(1) Soweit ein Drittland die Einfuhr von Lebensmitteln von einer besonderen Zulassung abhängig macht, erteilt die zuständige Behörde im Rahmen der Durchführung des Artikels 12 Absatz 2 Satz 1 der Verordnung (EG) Nr. 178/2002 des Europäischen Parlaments und des Rates vom 28. Januar 2002 zur Festlegung der allgemeinen Grundsätze und Anforderungen des Lebensmittelrechts, zur Errichtung der Europäischen Behörde für Lebensmittelsicherheit und zur Festlegung von Verfahren zur Lebensmittelsicherheit (ABl. EG Nr. L 31 S. 1) auf Antrag Betrieben, die Lebensmittel herstellen, be- oder verarbeiten, eine Zulassung zur Ausfuhr.

(2) Die Zulassung nach Absatz 1 ist zu erteilen, wenn der Betrieb die allgemeinen und besonderen Anforderungen des Drittlandes an die Einfuhr erfüllt und der Antrag stellende Lebensmittelunternehmer die Einhaltung der hygienischen Anforderungen des Drittlandes zusichert, die sich auf die Herstellung, Be- oder Verarbeitung der Lebensmittel, betriebseigene Kontrollen, besondere amtliche Untersuchungen oder sonstige amtliche Überwachungen beziehen.

(3) Die Zulassung nach Absatz 1 kann unter Vergabe einer Zulassungsnummer erteilt werden. Sie kann unter dem Vorbehalt erteilt werden, dass die Zulassung widerrufen werden kann, wenn der Betrieb die Anforderungen nach Absatz 2 nicht erfüllt. Im Übrigen bleiben die verwaltungsverfahrensrechtlichen Vorschriften über Rücknahme und Widerruf unberührt.

§ 10 Ordnungswidrigkeiten

Ordnungswidrig im Sinne des § 60 Absatz 2 Nummer 26 Buchstabe a des Lebensmittel- und Futtermittelgesetzbuches handelt, wer vorsätzlich oder fahrlässig

1. entgegen § 3 Satz 1 Lebensmittel herstellt, behandelt oder in den Verkehr bringt,
2. entgegen § 3 Satz 2 mit einem lebenden Tier umgeht,
3. entgegen § 4 Absatz 1 Satz 1 ein leicht verderbliches Lebensmittel herstellt, behandelt oder in den Verkehr bringt,

4. entgegen § 5 Absatz 1 Satz 1 in Verbindung mit Anlage 2 Nummer 2 Buchstabe g Umhüllungen oder Verpackungen nicht richtig lagert,
5. entgegen § 5 Absatz 1 Satz 1 in Verbindung mit Anlage 2 Nummer 3 Buchstabe c nicht sicherstellt, dass dort genannte Personen nicht mit Primärerzeugnissen umgehen,
6. entgegen § 8 Absatz 2 Satz 1 oder Absatz 3 einen dort genannten Nachweis nicht, nicht richtig, nicht vollständig oder nicht rechtzeitig übergibt oder nicht, nicht richtig oder nicht vollständig mit sich führt,
7. entgegen § 8 Absatz 2 Satz 2 die dort bezeichnete Angabe nicht, nicht richtig, nicht vollständig oder nicht rechtzeitig anbringt,
8. entgegen § 8 Absatz 4 Satz 1 oder 3 einen dort genannten Nachweis nicht oder nicht mindestens ein Jahr aufbewahrt oder
9. entgegen § 8 Absatz 5 einen dort genannten Nachweis nicht, nicht vollständig oder nicht rechtzeitig vorlegt.

Anlage 1
(zu § 4 Absatz 1 Satz 1)

Anforderungen an Fachkenntnisse in der Lebensmittelhygiene

1. Eigenschaften und Zusammensetzung des jeweiligen Lebensmittels
2. Hygienische Anforderungen an die Herstellung und Verarbeitung des jeweiligen Lebensmittels
3. Lebensmittelrecht
4. Warenkontrolle, Haltbarkeitsprüfung und Kennzeichnung
5. Betriebliche Eigenkontrollen und Rückverfolgbarkeit
6. Havarieplan, Krisenmanagement
7. Hygienische Behandlung des jeweiligen Lebensmittels
8. Anforderungen an Kühlung und Lagerung des jeweiligen Lebensmittels
9. Vermeidung einer nachteiligen Beeinflussung des jeweiligen Lebensmittels beim Umgang mit Lebensmittelabfällen, ungenießbaren Nebenerzeugnissen und anderen Abfällen
10. Reinigung und Desinfektion

Anlage 2
(zu § 5 Absatz 1 Satz 1)

Anforderungen an die Abgabe kleiner Mengen von Primärerzeugnissen

1. Zur Vermeidung einer nachteiligen Beeinflussung von Primärerzeugnissen sind die jeweils angemessenen Maßnahmen zu treffen, um

   a) Wände, Böden und Arbeitsflächen in Betriebsstätten sowie Verkaufseinrichtungen, Anlagen, Ausrüstungsgegenstände, Behältnisse, Container und Fahrzeuge, die mit Primärerzeugnissen in Berührung kommen können, instand zu halten, regelmäßig zu reinigen und erforderlichenfalls in geeigneter Weise zu desinfizieren,

   b) hygienische Herstellungs-, Transport- und Lagerungsbedingungen für die Primärerzeugnisse sowie deren Sauberkeit in angemessener Weise sicherzustellen,

   c) beim Umgang mit und bei der Reinigung von Primärerzeugnissen Trinkwasser oder, falls angemessen, sauberes Wasser oder sauberes Meerwasser zu verwenden,

   d) Abfälle und gefährliche Stoffe so zu lagern, damit so umzugehen und sie so zu entsorgen, dass eine Kontamination der Primärerzeugnisse verhindert wird.

2. Zur Sicherstellung einer guten Lebensmittelhygiene in Betrieben und Verkaufseinrichtungen gilt zusätzlich Folgendes:

   a) Bei der Lagerung von Primärerzeugnissen ist das Risiko einer Verunreinigung so weit wie möglich zu vermeiden.

   b) Erforderlichenfalls muss eine ausreichende Versorgung mit kaltem oder warmem Trinkwasser oder mit sauberem Wasser vorhanden sein.

   c) Erforderlichenfalls müssen geeignete Vorrichtungen zum Reinigen und Desinfizieren von Räumlichkeiten, Arbeitsgeräten und Ausrüstungsgegenständen vorhanden sein.

   d) Erforderlichenfalls müssen geeignete Vorrichtungen zur Ermöglichung einer angemessenen Personalhygiene, Vorrichtungen zum hygienischen Waschen und Trocknen der Hände sowie hygienische Sanitäreinrichtungen und Umkleidemöglichkeiten zur Verfügung stehen.

   e) Erforderlichenfalls müssen zur Säuberung von Primärerzeugnissen geeignete Vorrichtungen für eine hygienische Vorgehensweise vorhanden sein.

   f) Erforderlichenfalls müssen angemessene Vorrichtungen oder Einrichtungen zur Einhaltung geeigneter Temperaturbedingungen für die Primärerzeugnisse vorhanden sein.

   g) Umhüllungen und Verpackungen müssen so gelagert werden, dass sie nicht verunreinigt werden können.

3. Es sind die jeweils angemessenen Maßnahmen zu treffen, um sicherzustellen, dass
   a) das für die Behandlung von Primärerzeugnissen eingesetzte Personal gesund und in Bezug auf Gesundheitsrisiken und in Fragen der Lebensmittelhygiene geschult ist,
   b) Personen, die mit Primärerzeugnissen umgehen, ein hohes Maß an persönlicher Hygiene halten sowie geeignete und saubere Arbeitskleidung und erforderlichenfalls Schutzkleidung tragen,
   c) Personen mit infizierten Wunden, Hautinfektionen oder Geschwüren nicht mit Primärerzeugnissen umgehen, wenn nicht ausgeschlossen werden kann, dass Primärerzeugnisse direkt oder indirekt kontaminiert werden können.

Anlage 3
(zu § 6)

Traditionelle Lebensmittel

Lebensmittel	Anforderungen des Anhangs II der Verordnung (EG) Nr. 852/2004	Räume, Geräte und Ausrüstungen
Milcherzeugnisse	Kapitel II Nummer 1	Räume mit a) gemauerten Bodenflächen, Wandflächen oder Decken, b) mit Bodenflächen, Wandflächen oder Decken aus offenporigem Naturstein, c) mit Bodenflächen aus anderen natürlichen Materialien, in denen die Lebensmittel reifen oder geräuchert werden, Höhlen oder Felsenkeller, in denen die Lebensmittel reifen
	Kapitel V Nummer 1	a) Kessel aus Kupfer, b) Arbeitsgeräte aus Holz, c) Gewebe aus Naturfasern oder sonstigen Materialien pflanzlicher Herkunft, die zur Herstellung, Lagerung oder Verpackung der Erzeugnisse verwendet werden
Im Naturreifeverfahren hergestellte Rohwürste	Kapitel II Nummer 1	Räume mit a) gemauerten Bodenflächen, Wandflächen oder Decken, b) mit Bodenflächen, Wandflächen oder Decken aus offenporigem Naturstein, c) mit Bodenflächen aus anderen natürlichen Materialien, in denen die Erzeugnisse reifen oder geräuchert werden

Lebensmittel	Anforderungen des Anhangs II der Verordnung (EG) Nr. 852/2004	Räume, Geräte und Ausrüstungen
Rohe Pökelfleischerzeugnisse	Kapitel II Nummer 1 Buchstabe f und Kapitel V Nummer 1	Spieße und Stellagen aus Holz, an denen die Erzeugnisse während der Reifung oder Räucherung aufgehängt werden
	Kapitel II Nummer 1	Räume, Kammern oder Türme mit a) gemauerten Bodenflächen, Wandflächen oder Decken, b) mit Bodenflächen oder Wandflächen aus offenporigem Naturstein, c) mit Decken aus Naturstein oder anderen natürlichen Materialien, in denen die Erzeugnisse reifen oder geräuchert werden
	Kapitel II Nummer 1 Buchstabe f und Kapitel V Nummer 1	Spieße und Stellagen aus Holz, an denen die Erzeugnisse während der Reifung oder Räucherung aufgehängt werden
Latwerge und Süßwaren	Kapitel V Nummer 1	Kessel aus Kupfer, die zur Herstellung der Erzeugnisse verwendet werden
Fruchtaufstriche, Süßwaren, Suppen und Eintöpfe	Kapitel V Nummer 1	Geräte aus Holz, die zur Herstellung der Erzeugnisse verwendet werden
Obst und Gemüse in Essig- oder Essig-Zuckerlösung, Gemüse in milchsaurer Gärung, Essig	Kapitel V Nummer 1	Fässer und Töpfe aus Holz oder Steingut, die zur Herstellung der Erzeugnisse verwendet werden
Brot und Backwaren	Kapitel V Nummer 1	Geräte und Ausrüstungen aus Holz, Eisen oder offenporigem Stein, die zur Herstellung der Erzeugnisse verwendet werden

Anlage 3a
(zu § 6a)

Ausnahmen für die Herstellung von Hart- und Schnittkäse in Betrieben der Alm- oder Alpwirtschaft

1	2	3
Lfd. Nr.	Anforderungen nach Artikel 4 Absatz 2 in Verbindung mit Anhang II der Verordnung (EG) Nr. 852/2004	Anforderungen für die Herstellung von Hart- und Schnittkäse in Betrieben der Alm- und Alpwirtschaft
1	Kapitel I Nummer 4 Satz 1 in Verbindung mit Satz 2 Halbsatz 1 (Handwaschbecken mit Warm- und Kaltwasserzufuhr)	Der Betrieb verfügt über andere hygienisch unbedenkliche Handwaschgelegenheiten.
2	Kapitel I Nummer 3 Satz 1 und Nummer 8 (Kanalisationsanschluss und Abwasserableitungssystem)	Sicherstellung durch das Eigenkontrollsystem, dass Lebensmittel weder direkt noch indirekt durch Abwässer nachteilig beeinflusst werden.
3	Kapitel I Nummer 4 Satz 3 (von Handwaschbecken getrennte Vorrichtungen zum Waschen der Lebensmittel)	Zeitlich getrennte Nutzung der Vorrichtungen für das Waschen der Hände und das Waschen der Lebensmittel und Vermeidung der nachteiligen Beeinflussung von Lebensmitteln.
4	Kapitel VII Nummer 1 Buchstabe a (Verfügbarkeit von Trinkwasser)	Ausreichende Verfügbarkeit von Wasser, das einmal jährlich auf die Einhaltungen der Anforderungen der Trinkwasserverordnung untersucht wird.

Gesetz zur Verbesserung der gesundheitsbezogenen Verbraucherinformation (Verbraucherinformationsgesetz – VIG)

In der Neufassung vom 17. Oktober 2012

(BGBl. I S. 2166), ber. durch BGBl. I S. 2725 vom 21. 12. 2012, geänd. durch Art. 2 Abs. 34 des G zur Strukturreform des Gebührenrechts des Bundes vom 7. 8. 2013 (BGBl. I S. 3154)

§ 1 Anwendungsbereich

Durch dieses Gesetz erhalten Verbraucherinnen und Verbraucher freien Zugang zu den bei informationspflichtigen Stellen vorliegenden Informationen über

1. Erzeugnisse im Sinne des Lebensmittel- und Futtermittelgesetzbuches (Erzeugnisse) sowie
2. Verbraucherprodukte, die dem § 2 Nummer 26 des Produktsicherheitsgesetzes unterfallen (Verbraucherprodukte),

damit der Markt transparenter gestaltet und hierdurch der Schutz der Verbraucherinnen und Verbraucher vor gesundheitsschädlichen oder sonst unsicheren Erzeugnissen und Verbraucherprodukten sowie vor Täuschung beim Verkehr mit Erzeugnissen und Verbraucherprodukten verbessert wird.

§ 2 Anspruch auf Zugang zu Informationen

(1) Jeder hat nach Maßgabe dieses Gesetzes Anspruch auf freien Zugang zu allen Daten über

1. von den nach Bundes- oder Landesrecht zuständigen Stellen festgestellte nicht zulässige Abweichungen von Anforderungen
    a) des Lebensmittel- und Futtermittelgesetzbuches und des Produktsicherheitsgesetzes,
    b) der auf Grund dieser Gesetze erlassenen Rechtsverordnungen,
    c) unmittelbar geltender Rechtsakte der Europäischen Gemeinschaft oder der Europäischen Union im Anwendungsbereich der genannten Gesetze

    sowie Maßnahmen und Entscheidungen, die im Zusammenhang mit den in den Buchstaben a bis c genannten Abweichungen getroffen worden sind,
2. von einem Erzeugnis oder einem Verbraucherprodukt ausgehende Gefahren oder Risiken für Gesundheit und Sicherheit von Verbraucherinnen und Verbrauchern,
3. die Zusammensetzung von Erzeugnissen und Verbraucherprodukten, ihre Beschaffenheit, die physikalischen, chemischen und biologischen Eigenschaften einschließlich ihres Zusammenwirkens und ihrer Einwirkung auf den Körper, auch unter Berücksichtigung der bestimmungsgemäßen Verwendung oder vorhersehbaren Fehlanwendung,
4. die Kennzeichnung, die Herkunft, die Verwendung, das Herstellen und das Behandeln von Erzeugnissen und Verbraucherprodukten,

5. zugelassene Abweichungen von den in Nummer 1 genannten Rechtsvorschriften über die in den Nummern 3 und 4 genannten Merkmale oder Tätigkeiten,
6. die Ausgangsstoffe und die bei der Gewinnung der Ausgangsstoffe angewendeten Verfahren,
7. Überwachungsmaßnahmen oder andere behördliche Tätigkeiten oder Maßnahmen zum Schutz von Verbraucherinnen und Verbrauchern, einschließlich der Auswertung dieser Tätigkeiten und Maßnahmen, sowie Statistiken über Verstöße gegen in § 39 Absatz 1 Satz 1 des Lebensmittel- und Futtermittelgesetzbuches und § 26 Absatz 1 Satz 1 des Produktsicherheitsgesetzes genannte Rechtsvorschriften, soweit sich die Verstöße auf Erzeugnisse oder Verbraucherprodukte beziehen,

(Informationen), die bei einer Stelle im Sinne des Absatzes 2 unabhängig von der Art ihrer Speicherung vorhanden sind. Der Anspruch nach Satz 1 besteht insoweit, als kein Ausschluss- oder Beschränkungsgrund nach § 3 vorliegt.

(2) Stelle im Sinne des Absatzes 1 Satz 1 ist

1. jede Behörde im Sinne des § 1 Absatz 4 des Verwaltungsverfahrensgesetzes, die auf Grund

   a) anderer bundesrechtlicher oder

   b) landesrechtlicher

   Vorschriften öffentlich-rechtliche Aufgaben oder Tätigkeiten wahrnimmt, die der Erfüllung der in § 1 des Lebensmittel- und Futtermittelgesetzbuches genannten Zwecke oder bei Verbraucherprodukten der Gewährleistung von Sicherheit und Gesundheit nach den Vorschriften des Produktsicherheitsgesetzes sowie der auf Grund des Produktsicherheitsgesetzes erlassenen Rechtsverordnungen dienen,

2. jede natürliche oder juristische Person des Privatrechts, die auf Grund

   a) anderer bundesrechtlicher oder

   b) landesrechtlicher

   Vorschriften öffentlich-rechtliche Aufgaben oder Tätigkeiten wahrnimmt, die der Erfüllung der in § 1 des Lebensmittel- und Futtermittelgesetzbuches genannten Zwecke oder bei Verbraucherprodukten der Gewährleistung von Sicherheit und Gesundheit nach den Vorschriften des Produktsicherheitsgesetzes sowie der auf Grund des Produktsicherheitsgesetzes erlassenen Rechtsverordnungen dienen und der Aufsicht einer Behörde unterstellt ist.

Satz 1 gilt im Fall einer Gemeinde oder eines Gemeindeverbandes nur, wenn der Gemeinde oder dem Gemeindeverband die Aufgaben nach diesem Gesetz durch Landesrecht übertragen worden sind.

(3) Zu den Stellen im Sinne des Absatzes 2 Satz 1 gehören nicht die obersten Bundes- und Landesbehörden, soweit sie im Rahmen der Gesetzgebung oder beim Erlass von Rechtsverordnungen tätig werden, unabhängige Organe der Finanzkontrolle sowie Gerichte, Justizvollzugsbehörden, Strafverfolgungs- und Disziplinarbehörden und diesen vorgesetzte Dienststellen.

(4) Die Vorschriften dieses Gesetzes gelten nicht, soweit in anderen Rechtsvorschriften entsprechende oder weitergehende Vorschriften vorgesehen sind.

§ 3 Ausschluss- und Beschränkungsgründe

Der Anspruch nach § 2 besteht wegen

1. entgegenstehender öffentlicher Belange nicht,
   a) soweit das Bekanntwerden der Informationen
      aa) nachteilige Auswirkungen haben kann auf internationale Beziehungen oder militärische und sonstige sicherheitsempfindliche Belange der Bundeswehr oder
      bb) die Vertraulichkeit der Beratung von Behörden berührt oder eine erhebliche Gefahr für die öffentliche Sicherheit verursachen kann;
   b) während der Dauer eines Verwaltungsverfahrens, eines Gerichtsverfahrens, eines strafrechtlichen Ermittlungsverfahrens, eines Disziplinarverfahrens, eines Gnadenverfahrens oder eines ordnungswidrigkeitsrechtlichen Verfahrens hinsichtlich der Informationen, die Gegenstand des Verfahrens sind, es sei denn, es handelt sich um Informationen nach § 2 Absatz 1 Satz 1 Nummer 1 oder 2 oder das öffentliche Interesse an der Bekanntgabe überwiegt;
   c) soweit das Bekanntwerden der Information geeignet ist, fiskalische Interessen der um Auskunft ersuchten Stelle im Wirtschaftsverkehr zu beeinträchtigen, oder Dienstgeheimnisse verletzt werden könnten;
   d) soweit Informationen betroffen sind, die im Rahmen einer Dienstleistung entstanden sind, die die Stelle auf Grund einer privatrechtlichen Vereinbarung außerhalb des ihr gesetzlich zugewiesenen Aufgabenbereichs des Verbraucherschutzes erbracht hat;
   e) in der Regel bei Informationen nach § 2 Absatz 1 Satz 1 Nummer 1, die vor mehr als fünf Jahren seit der Antragstellung entstanden sind;
2. entgegenstehender privater Belange nicht, soweit
   a) Zugang zu personenbezogenen Daten beantragt wird,
   b) der Schutz des geistigen Eigentums, insbesondere Urheberrechte, dem Informationsanspruch entgegensteht,
   c) durch die begehrten Informationen Betriebs- oder Geschäftsgeheimnisse, insbesondere Rezepturen, Konstruktions- oder Produktionsunterlagen, Informationen über Fertigungsverfahren, Forschungs- und Entwicklungsvorhaben sowie sonstiges geheimnisgeschütztes technisches oder kaufmännisches Wissen, offenbart würden oder
   d) Zugang zu Informationen beantragt wird, die einer Stelle auf Grund einer durch Rechtsvorschrift angeordneten Pflicht zur Meldung oder Unterrichtung mitgeteilt worden sind; dies gilt auch, wenn das meldende oder unterrichtende Unternehmen irrig angenommen hat, zur Meldung oder Unterrichtung verpflichtet zu sein.

Satz 1 Nummer 2 Buchstabe a bis c gilt nicht, wenn die Betroffenen dem Informationszugang zugestimmt haben oder das öffentliche Interesse an der Bekanntgabe überwiegt. Im Fall des Satzes 1 Nummer 1 Buchstabe b zweiter Halbsatz dürfen Informationen nach § 2 Absatz 1 Satz 1 Nummer 1 während eines laufenden strafrechtlichen Ermittlungsverfahrens oder eines Verfahrens vor einem Strafgericht nur

1. soweit und solange hierdurch der mit dem Verfahren verfolgte Untersuchungszweck nicht gefährdet wird und
2. im Benehmen mit der zuständigen Staatsanwaltschaft oder dem zuständigen Gericht

herausgegeben werden. Im Fall des Satzes 1 Nummer 2 Buchstabe a gilt § 5 Absatz 1 Satz 2 und Absatz 3 und 4 des Informationsfreiheitsgesetzes entsprechend. Der Zugang zu folgenden Informationen kann nicht unter Berufung auf das Betriebs- und Geschäftsgeheimnis abgelehnt werden:

1. Informationen nach § 2 Absatz 1 Satz 1 Nummer 1 und 2,
2. Informationen nach § 2 Absatz 1 Satz 1 Nummer 3 und 4, soweit im Einzelfall hinreichende Anhaltspunkte dafür vorliegen, dass von dem jeweiligen Erzeugnis oder Verbraucherprodukt eine Gefährdung oder ein Risiko für Sicherheit und Gesundheit ausgeht und auf Grund unzureichender wissenschaftlicher Erkenntnis oder aus sonstigen Gründen die Ungewissheit nicht innerhalb der gebotenen Zeit behoben werden kann, und
3. Informationen nach § 2 Absatz 1 Satz 1 Nummer 3 bis 6, soweit sie im Rahmen der amtlichen Überwachungstätigkeit nach den in § 2 Absatz 1 Satz 1 Nummer 1 genannten Vorschriften gewonnen wurden und die Einhaltung der Grenzwerte, Höchstgehalte oder Höchstmengen betreffen, die in den in § 2 Absatz 1 Satz 1 Nummer 1 genannten Vorschriften enthalten sind.

Gleiches gilt für den Namen des Händlers, der das Erzeugnis oder Verbraucherprodukt an Verbraucher abgibt, sowie für die Handelsbezeichnung, eine aussagekräftige Beschreibung und bildliche Darstellung des Erzeugnisses oder Verbraucherproduktes und in den Fällen des § 2 Absatz 1 Satz 1 Nummer 1 zusätzlich für den Namen und die Anschrift des Herstellers, Bevollmächtigten, Einführers, Händlers sowie jedes Gliedes der Liefer- und Vertriebskette; Satz 1 Nummer 2 Buchstabe a ist nicht anzuwenden.

§ 4 Antrag

(1) Die Information wird auf Antrag erteilt. Der Antrag muss hinreichend bestimmt sein und insbesondere erkennen lassen, auf welche Informationen er gerichtet ist. Ferner soll der Antrag den Namen und die Anschrift des Antragstellers enthalten. Zuständig ist

1. soweit Zugang zu Informationen bei einer Stelle des Bundes beantragt wird, diese Stelle,
2. im Übrigen die nach Landesrecht zuständige Stelle.

Abweichend von Satz 4 Nummer 1 ist im Fall einer natürlichen oder juristischen Person des Privatrechts für die Bescheidung des Antrags die Aufsicht führende Behörde zuständig.

(2) Informationspflichtig ist jeweils die nach Maßgabe des Absatzes 1 Satz 4 auch in Verbindung mit Satz 5 zuständige Stelle. Diese ist nicht dazu verpflichtet, Informationen, die bei ihr nicht vorhanden sind oder auf Grund von Rechtsvorschriften nicht verfügbar gehalten werden müssen, zu beschaffen.

(3) Der Antrag soll abgelehnt werden,
1. soweit er sich auf Entwürfe zu Entscheidungen sowie Arbeiten und Beschlüsse zu ihrer unmittelbaren Vorbereitung bezieht, es sei denn, es handelt sich um die Ergebnisse einer Beweiserhebung, ein Gutachten oder eine Stellungnahme von Dritten,
2. bei vertraulich übermittelten oder erhobenen Informationen oder
3. wenn durch das vorzeitige Bekanntwerden der Erfolg bevorstehender behördlicher Maßnahmen gefährdet würde,
4. soweit durch die Bearbeitung des Antrags die ordnungsgemäße Erfüllung der Aufgaben der Behörde beeinträchtigt würde,
5. bei wissenschaftlichen Forschungsvorhaben einschließlich der im Rahmen eines Forschungsvorhabens erhobenen und noch nicht abschließend ausgewerteten Daten, bis diese Vorhaben wissenschaftlich publiziert werden.

(4) Ein missbräuchlich gestellter Antrag ist abzulehnen. Dies ist insbesondere der Fall, wenn der Antragsteller über die begehrten Informationen bereits verfügt.

(5) Wenn der Antragsteller sich die begehrten Informationen in zumutbarer Weise aus allgemein zugänglichen Quellen beschaffen kann, kann der Antrag abgelehnt und der Antragsteller auf diese Quellen hingewiesen werden. Die Voraussetzungen nach Satz 1 sind insbesondere dann erfüllt, wenn die Stelle den Informationszugang bereits nach § 6 Absatz 1 Satz 3 gewährt. Satz 1 gilt entsprechend, soweit sich in den Fällen des § 2 Absatz 1 Satz 1 Nummer 2 bis 6 eine der in § 3 Satz 6 genannten Personen im Rahmen einer nach den Vorschriften des Verwaltungsverfahrensgesetzes oder den entsprechenden Vorschriften der Verwaltungsverfahrensgesetze der Länder durchgeführten Anhörung verpflichtet, die begehrte Information selbst zu erteilen, es sei denn, der Antragsteller hat nach § 6 Absatz 1 Satz 2 ausdrücklich um eine behördliche Auskunftserteilung gebeten oder es bestehen Anhaltspunkte dafür, dass die Information durch die Person nicht, nicht rechtzeitig oder nicht vollständig erfolgen wird.

§ 5 Entscheidung über den Antrag

(1) Das Verfahren einschließlich der Beteiligung Dritter, deren rechtliche Interessen durch den Ausgang des Verfahrens berührt werden können, richtet sich nach dem Verwaltungsverfahrensgesetz oder den Verwaltungsverfahrensgesetzen der Länder. Für die Anhörung gelten § 28 des Verwaltungsverfahrensgesetzes oder die entsprechenden Vorschriften der Verwaltungsverfahrensgesetze der Länder mit der Maßgabe, dass von einer Anhörung auch abgesehen werden kann
1. bei der Weitergabe von Informationen im Sinne des § 2 Absatz 1 Satz 1 Nummer 1,
2. in Fällen, in denen dem oder der Dritten die Erhebung der Information durch die Stelle bekannt ist und er oder sie in der Vergangenheit bereits Gelegenheit hatte, zur Weitergabe derselben Information Stellung zu nehmen, insbesondere wenn bei gleichartigen Anträgen auf Informationszugang eine Anhörung zu derselben Information bereits durchgeführt worden ist.

Bei gleichförmigen Anträgen von mehr als 20 Personen gelten die §§ 17 und 19 des Verwaltungsverfahrensgesetzes entsprechend.

(2) Der Antrag ist in der Regel innerhalb von einem Monat zu bescheiden. Im Fall einer Beteiligung Dritter verlängert sich die Frist auf zwei Monate; der Antragsteller ist hierüber zu unterrichten. Die Entscheidung über den Antrag ist auch der oder dem Dritten bekannt zu geben. Auf Nachfrage des Dritten legt die Stelle diesem Namen und Anschrift des Antragstellers offen.

(3) Wird dem Antrag stattgegeben, sind Ort, Zeit und Art des Informationszugangs mitzuteilen. Wird der Antrag vollständig oder teilweise abgelehnt, ist mitzuteilen, ob und gegebenenfalls wann die Informationen ganz oder teilweise zu einem späteren Zeitpunkt zugänglich sind.

(4) Widerspruch und Anfechtungsklage haben in den in § 2 Absatz 1 Satz 1 Nummer 1 genannten Fällen keine aufschiebende Wirkung. Auch wenn von der Anhörung Dritter nach Absatz 1 abgesehen wird, darf der Informationszugang erst erfolgen, wenn die Entscheidung dem oder der Dritten bekannt gegeben worden ist und diesem ein ausreichender Zeitraum zur Einlegung von Rechtsbehelfen eingeräumt worden ist. Der Zeitraum nach Satz 2 soll 14 Tage nicht überschreiten.

(5) Ein Vorverfahren findet abweichend von § 68 der Verwaltungsgerichtsordnung auch dann statt, wenn die Entscheidung von einer obersten Bundesbehörde erlassen worden ist. Widerspruchsbehörde ist die oberste Bundesbehörde.

§ 6 Informationsgewährung

(1) Die informationspflichtige Stelle kann den Informationszugang durch Auskunftserteilung, Gewährung von Akteneinsicht oder in sonstiger Weise eröffnen. Wird eine bestimmte Art des Informationszugangs begehrt, so darf dieser nur aus wichtigem Grund auf andere Art gewährt werden. Die informationspflichtige Stelle kann Informationen, zu denen Zugang zu gewähren ist, auch unabhängig von einem Antrag nach § 4 Absatz 1 über das Internet oder in sonstiger öffentlich zugänglicher Weise zugänglich machen; § 5 Absatz 1 gilt entsprechend. Die Informationen sollen für die Verbraucherinnen und Verbraucher verständlich dargestellt werden.

(2) Soweit der informationspflichtigen Stelle keine Erkenntnisse über im Antrag nach § 4 Absatz 1 begehrte Informationen vorliegen, leitet sie den Antrag, soweit ihr dies bekannt und möglich ist, von Amts wegen an die Stelle weiter, der die Informationen vorliegen, und unterrichtet den Antragsteller über die Weiterleitung.

(3) Die informationspflichtige Stelle ist nicht verpflichtet, die inhaltliche Richtigkeit der Informationen zu überprüfen, soweit es sich nicht um personenbezogene Daten handelt. Der informationspflichtigen Stelle bekannte Hinweise auf Zweifel an der Richtigkeit sind mitzuteilen.

(4) Stellen sich die von der informationspflichtigen Stelle zugänglich gemachten Informationen im Nachhinein als falsch oder die zugrunde liegenden Umstände als unrichtig wiedergegeben heraus, so ist dies unverzüglich richtig zu stellen, sofern der oder die Dritte dies beantragt oder dies zur Wahrung erheblicher Be-

lange des Gemeinwohls erforderlich ist. Die Richtigstellung soll in derselben Weise erfolgen, in der die Information zugänglich gemacht wurde.

§ 7 Gebühren und Auslagen

(1) Für individuell zurechenbare öffentliche Leistungen der Behörden nach diesem Gesetz werden vorbehaltlich des Satzes 2 kostendeckende Gebühren und Auslagen erhoben. Der Zugang zu Informationen nach § 2 Absatz 1 Satz 1 Nummer 1 ist bis zu einem Verwaltungsaufwand von 1 000 Euro gebühren- und auslagenfrei, der Zugang zu sonstigen Informationen bis zu einem Verwaltungsaufwand von 250 Euro. Sofern der Antrag nicht gebühren- und auslagenfrei bearbeitet wird, ist der Antragsteller über die voraussichtliche Höhe der Gebühren und Auslagen vorab zu informieren. Er ist auf die Möglichkeit hinzuweisen, seinen Antrag zurücknehmen oder einschränken zu können.

(2) Die Bundesregierung wird ermächtigt, durch Rechtsverordnung ohne Zustimmung des Bundesrates die gebührenpflichtigen Tatbestände und die Gebührenhöhe zu bestimmen, soweit dieses Gesetz durch Stellen des Bundes ausgeführt wird. § 15 Absatz 2 des Verwaltungskostengesetzes vom 23. Juni 1970 (BGBl. I S. 821) in der am 14 August 2013 geltenden Fassung findet keine Anwendung.